A CONCISE DICTIONARY OF OLD ICELANDIC

BY

GEIR T. ZOËGA

FIRST MASTER IN THE GRAMMAR SCHOOL OF REYKJAVÍK
AUTHOR OF
AN ENGLISH-ICELANDIC AND ICELANDIC-ENGLISH DICTIONARY

PREFACE

While it cannot be said that the study of Icelandic has been neglected in Britain, there can be no doubt that it might with advantage become much more general than it has been. There are several good reasons why it should be so. The Scandinavian influence was the earliest, and one of the strongest, of those outward forces which have gone to the making of modern English, and for the proper investigation and appreciation of this a knowledge of Icelandic is of the first importance. Not only does it supply a linguistic basis for such a study; it is also the source of much of the information necessary for the understanding of that period of British history. In itself, too, Old Icelandic literature, both in poetry and prose, presents a wealth of interesting material, which in some respects stands unrivalled among the literatures of mediaeval Europe, and without which our knowledge of the ancient North would be the merest shadow of what it is.

This important language and literature first became easily accessible to the English student with the publication (in 1869–74) of the Icelandic Dictionary begun by Richard Cleasby, and completed for the Clarendon Press by Gudbrand Vigfusson. This still remains the fullest record of Icelandic as a whole, although some portions of the older vocabulary have been more fully dealt with in later works. For beginners, however, and for those whose interests chiefly centre in the old Icelandic prose-writings, some more convenient and cheaper work has been greatly needed, and the present volume is intended to supply this want. In the main it is founded on the Oxford Dictionary, and has been compiled on the general principle of including all those words which the ordinary student of Icelandic is likely to meet with in the course of his reading. With the exception of the Edda poems, the purely poetic vocabulary has for the most part been omitted, as well as a number of compounds occurring only in legal, theological, or technical works. The line has not been very strictly drawn, however, and in doubtful cases insertion has been preferred to omission, especially where space readily admitted of this course. In the English renderings of the Icelandic words it has usually been possible to follow the larger work, but changes have been freely made wherever they seemed to be required. To make the precise meaning of the word still more evident, a short phrase or sentence has frequently been inserted after the English equivalent, and the student will find the usefulness of these illustrations increase as his knowledge of the language improves. The more difficult examples have been translated, entirely or in part, especially those illustrating the idiomatic uses of common verbs, which even in a concise dictionary must be treated with considerable fullness.

The arrangement of the larger dictionary has on the whole been followed, but a few changes have been introduced. The most important of these are the insertion of genitive compounds in their alphabetical places instead of under the simple word (e. g. *alda-*, *aldar-* on p. 7 instead of under *öld* on p. 528), and the separation of *æ* from *œ*. Although these vowels were confused in Icelandic from an early date, and editions of old texts printed in Iceland usually employ *æ* only, the distinction has much value for etymology and for the study of the other Scandinavian tongues. The vowel *ø* has also been distinguished from *ö* (for which many editions use the more original *ǫ*), but without separation of the words containing them. In the reflexive forms of verbs the later *-st* has been used instead of the early *-sk*; the student must note, however, that in many editions the intermediate *-z* is employed. For purely philological purposes a different procedure would in some points have been advisable, but the dictionary is intended in the first place to assist in reading the Icelandic sagas as they appear in the most accessible editions.

For the convenience of beginners the tables of declensions and conjugations, and the lists of irregular forms, are reprinted (with some alterations and corrections) from the 'Outlines of Grammar' given in the larger work. A table of irregular verbs is unnecessary, as the conjugation of these is fully given in the dictionary itself.

For the original suggestion which led to my undertaking this work I am indebted to Dr. W. A. Craigie, Taylorian Lecturer in the Scandinavian Languages in Oxford, and one of the foremost scholars in both ancient and modern Icelandic. Dr. Craigie has, moreover, revised the whole of the manuscript and proofs, and by doing so has helped considerably towards greater exactness in the renderings and correctness in the English. Although it is too much to expect that in a work of this nature all errors and omissions have been avoided, I trust that those which exist may prove to be of a minor character, and that the dictionary as a whole may help to bring about a wider interest in the language and literature of my native country.

REYKJAVÍK,
March, 1910.

ICELANDIC DICTIONARY

A

a, a negative suffix to verbs, *not*; era úmakligt, at *it is not unmeet that.*

abbadís (pl. -ar), f. *abbess.*

abbast (að), v. ref.. *to be angry, to quarrel* (a. við e-n, upp á e-n).

abbindi (=afbindi), n. *constipation.*

aðal, n. *nature, disposition.*

aðal-, in compds., *chief, head, principal*; **-akkeri,** n. *sheet-anchor*; **-ból,** n. *manor*; **-borinn,** pp. *of noble birth,* =óðal-borinn; **-festr,** f. see alaðsfestr; **-fylking,** f. *the main body of troops, centre*; **-haf,** n. *the high sea*; **-henda,** f. = alhenda; **-hending,** f. *full* or *perfect rhyme,* as *góð: blóð* (opposed to 'skothending'); **-hendr,** a. (verse) *with perfect rhymes*; **-kelda,** f. *chief well*; **-kirkja,** f. *chief part of a church,* opp. to 'forkirkja'; **-liga,** adv. *completely, quite*; **-merki,** n. *chief banner*; **-ritning,** f. *chief writing*; **-skáli,** m. *the main hall,* opp. to 'forskáli, forhús'; **-tré,** n. *trunk of a tree*; **-troll,** n. *downright ogre*; **-túlkr,** m. *chief spokesman.*

aðild, f. *chief defendantship* or *prosecutorship.*

aðildarmaðr, m. =aðili.

aðili (-ja, -jar, later -a, -ar), m. *chief defendant* (varnaraðili) or *prosecutor* (sóknaraðili, sakaraðili).

af, prep. w. dat. I. Of place: (1) *off, from*; G. hljóp af hesti sínum, *G. jumped off his horse*; ganga af mótinu, *to go away from the meeting*; Flosi kastaði af sér skikkjunni, *threw off his cloak*; Gizzur gekk af útsuðri at gerðinu. *from the south-west*; hann hafði leyst af sér skúa sína, *he had taken off his shoes*; Steinarr vildi slíta hann af sér, *throw him off*; tók Gísli þá af sér vápnin, *took off his arms*; bréf af Magnúsi konungi, *a letter from king M.*; land af landi, *from one land to the other*; hverr af öðrum, *one after another, in succession*; vil ek þú vinnir af þér skuldina, *work off the debt*; muntu enga sætt af mér fá, *no peace at my hand*; rísa af dauða, *to rise from the dead*; vakna af draumi, *to awaken from a dream*; lúka upp af hrossi, *to open a gate from off a horse*; vindr stóð af landi, *the wind blew from the land*; (2) *out of*; verða tekinn af heimi, *to be taken out of the world*; gruflar hón af læknum, *she scrambles out of the brook*; Otradalr var mjök af vegi, *far out of the way.* Connected with *út*; föstudaginn fór út herrinn af borginni, *marched out of the town.* II. Of time; *past, beyond*: af ómaga-aldri, *able to support oneself, of age*; ek em nú af léttasta skeiði, *no longer in the prime of life*; þá er sjau vikur eru af sumri, *when seven weeks of summer are past*; var mikit af nótt, *much of the night was past.* III. In various other relations: (1) þiggja lið af e-m, *to receive help from one*; hafa umboð af e-m, *to be another's deputy*; vera góðs (ills) maklegr af e-m, *to deserve good (bad) of one*; féll þar lið mart af Eyvindi, *many of Eyvind's men fell there*; þá eru þeir útlagir ok af goðorði sínu, *have forfeited their 'goðorð'*; þá skalt þú af allri fjárheimtunni, *forfeit all the claim*; ek skal stefna þér af konunni, *summon thee to give up*; (2) *off, of*; höggva fót, hönd, af e-m, *to cut off one's foot, hand*; vil ek, at þú takir slíkt sem þér líkar af varningi, *whatever you like of the stores*; þar lá forkr einn ok brotit af endanum, *with the point broken off*; absol., beit hann höndina af, *bit the hand off*; fauk af höfuðit, *the head flew off*; (3) *of, among*; hinn efniligasti maðr af ungum mönnum, *the most promising of the young men*; (4) *with*; hlaða (ferma) skip af e-u, *to load* (*freight*) *a ship with*; fylla heiminn af sínu kyni, *to fill the world with his offspring*; (5) *of* (=*ór* which is more frequent); húsit var gert af timbrstokkum, *was built of trunks of trees*; (6) *fig.*, eigi vita menn hvat af honum er orðit, *what has become of him*; hvat hefir þú gert af Gunnari, *what hast thou done with Gunnar?*; (7) denoting parentage, descent, origin; ok eru af þeim komnir Gilsbekkingar, *are descended from them*; kominn af Trójumönnum, *descended from the Trojans*; (8) *by*, *of* (after passive); ek em sendr hingat af Starkaði, *sent hither by S.*; ástsæll af landsmönnum, *beloved of*; (9) *on account of, by reason of, by*; úbygðr af frosti ok kulda, *because of frost and cold*; ómáli af áverkum, *speechless from wounds*; af ástsæld hans, *by his popularity*; af því, *therefore*; af hví, *wherefore, why*; af því at, *because*; (10) *by means of, by*; framfœra e-n af verkum sínum, *by means of his own labour*; af sínu fé, *by one's own means*; absol., hann fekk af hina mestu sœmd, *derived great honour from it*; (11) with adjectives, *in regard to*; mildr af fé, *liberal of money*; góðr af griðum, *merciful*; fastr af drykk, *close* (*stingy*) *in regard to drink*; (12) used absol. with a verb, *off, away*; hann bað hann þá róa af fjörðinn, *to row the firth off*; ok er þeir höfðu af fjórðung, *when they had covered one fourth of the way*; sofa af nóttina, *to sleep the night away*.

afar, adv., used as an intensive before an adj. or another adv., *very, exceedingly* (a. auðigr, a. breiðr, a. vel, a. illa).

afarkosta-laust, adv. *on fair terms*.

afar-kostr, m. *hard terms*; **-ligr**, a. *immense, huge*; **-menni**, n. *an outstanding man*; **-orð**, n. *overbearing word*; **-úðigr**, a. *overbearing*; **-yrði**, n. pl. *proud speech*.

af-auðit, pp. n., e-m verðr afauðit um e-t, *one has bad luck* (*fails*) *in a thing*; **-blómga** (**að**), v. *to deprive of flowers*; fig., afblómga frægð e-s, *to detract from one's fame*; **-boð**, n. *threats, high words*; **-bragð**, n. *paragon* (afbragð annarra manna); in genitive, as a prefix to nouns, *surpassing, excellent* (afbragðs vænleikr, afbragðs maðr).

afbragðligr, a. *surpassing*.

af-brigð, n. *deviation, transgression*.

afbrigðar-tré, n. *tree of transgression*.

af-brigði, n. (1) *alteration*; (2) = **-brigð**; **-brot**, n. *offence, transgression*; **-brugðning**, f. *deviation*; **-brúðigr**, a. *jealous*; **-brýða** (-dda, -ddr), v. *to be jealous*; **-brýði**, n. *jealousy*.

afburðar, gen. from 'afburðr', used as an intensive before adjectives and adverbs, *very, exceedingly* (a. digr, a. vænn, a. sterkliga, a. vel).

afburðar-maðr, m. *man of mark*; **-samr**, a. *given to distinguish oneself*; **-skip**, n. *first-rate ship*.

af-burðr, m. *superiority*; kvað honum eigi annat vænna til afburðar, *to get the better of it*; ok vilda ek, at hón yrði eigi með minnum afburðum, *less glorious*; **-dalr**, m. *a remote, an out-of-the-way, valley*; **-deilingr**, m. *part, portion, share*; **-dráttr**, m. (1) *diminution, deduction*; (2) *subtraction*; **-drif**, n. pl. *destiny, fate* (líkligr til stórra afdrifa); **-drykkja**, f. = ofdrykkja; **-dœma** (-da, -dr), v. (1) *to take away from one by judicial decision* (afdœma e-n e-u); (2) *to prohibit*; **-eggja** (**að**), v. *to dissuade*; **-eigna** (**að**), v. *to dispossess* (afeigna e-m e-t); **-eista** (**að**), v. *to castrate*; **-erfa** (-**ða**, -**ðr**), v. *to disinherit*; **-eyringr**, m. *one whose ears have been cut off*; **-fall**, n. *diminution, abatement*; selja e-t með afföllum, *to sell at a discount*.

affara-, gen. pl. from 'afför', *departure*; hence **affara-dagr**, m. *the last day of a feast*; -dagr jóla, *Twelfth-night*; **affara-kveld**, n. *the last evening of a feast*.

af-feðrast (**að**), v. *to degenerate*; **-ferma** (-da, -dr), v. *to unload* (afferma skip); **-fletta** (-tta, -ttr), v. *to strip* (afflетta e-n e-u); **-flutningr**, m. (1) *depreciation*; (2) *dissuasion*; **-flytja** (see **flytja**), v. (1) *to disparage* (afflytja fyrir e-m); (2) *to represent as unadvisable*; **-fœra**, v. *to misrepresent*; **-gamall**, a. *very old, decrepit*; **-ganga**, f. (1) *digression*; (2) *deviation from the right course* (afganga guðs laga); **-gangr**, m. (1) *surplus*; hafa hey með afgöngum, *to spare*; afgangs, *left over, remaining*; (2) *decease, death*; **-gelja**, f. *chattering*; **-gipt**, f. *indulgence, absolution.*

afgiptar-bréf, n. *letter of indulgence.*

af-gjarn, a. *eager to be off* (afgjarnt er öfundarfé); **-gjöf**, f. *tribute*; **-glapa** (**að**), v. *to disturb an assembly* or *public meeting*; **-glapan**, f. *disturbance* (þings afglapan); **-glapi**, m. *fool, simpleton*; **-greizla**, f. *payment, contribution.*

afgöngu-dagr, m. = affara-dagr.

af-gøra (**-ða**, **-ðr**), v. *to do amiss, do wrong* (ek hefi engan hlut afgørt við þik); **-gørð**, f. *transgression, offence*; **-hallr**, a. *having a downward slope*; **-haugr**, m. *side-mound*; **-hefð**, f. *withholding another's property*; **-helgast** (**að**), v. refl. *to become unholy, to be profaned*; **-hellir**, m. *side-cave*; **-henda** (**-nda**, **-ndr**), v. (1) *to hand over*; (2) *to pay* (afhenda skuld); **-hendis**, adv. *off one's hand*; **-hendr**, a. *out of one's hand*; segja e-n (sér) afhendan, *to give one up*; **-hent**, a. n. *unfit* (e-m er e-t afhent); **-heyrandi**, pr. p. *out of hearing, absent*, opp. to 'áheyrandi'; **-heyris**, adv. *out of hearing*, opp. to 'áheyris'; **-hlaup**, n. *surplus*; **-hlutr**, m. *share of a thing*; **-hlýðast** (**-dd**), v. refl. *to disobey*; **-hrapi**, m. *impoverishment*; **-hroð**, n. *damage, loss*; gjalda mikit afhroð, *to sustain a heavy loss*; gera mikit afhroð, *to make great havoc*; **-huga**, a. indecl. *having turned one's mind from*; verða afhuga e-u, *to mind no more*; **-hugaðr**, a. = -huga (-hugaðr við e-t); **-hugast** (**að**), v. refl. *to put out of one's mind*, with dat.; **-hús**, n. *outhouse, side-apartment*; **-hvarf**, n. *deviation from the direct path* (opp. to 'gagnvegr'); **-hýða** (**-dda**, **-ddr**), v. *to scourge thoroughly*; **-hylja** (see **hylja**), v. *to uncover*; **-hyrning**, f. *by-corner, recess*; **-hæra** (**-ða**, **-ðr**), v. *to cut off the hair*; **-höfða** (**að**), v. *to behead*; **-högg**, n. *hewing off, mutilation*; *chippings.*

afi, m. (1) *grandfather*; (2) *man*; a. eptir afa, *in regular descent.*

af-kaup, n. *bad bargain* (opp. to 'hagkeypi').

af-kárr, a. *strange, prodigious.*

afkleyfis-orð, n., **-samstafa**, f. *a superfluous word, syllable* (in a verse).

af-klæða (**-dda**, **-ddr**), v. *to undress*; refl., afklæðast, *to undress oneself*; **-komandi** (pl. **-endr**), m. *descendant*; **-kvistr**, m. *lateral branch, offshoot*; **-kvæmi**, n. *offspring.*

afkvæmis-maðr, m. *descendant.*

af-kynjaðr, pp. *degenerate*; **-kynjast** (**að**), v. refl. *to degenerate.*

afl, m. *hearth of a forge.*

afl, n. (1) *physical strength* (ramr, styrkr, at afli); (2) *force, violence*; taka með afli, *by force*; (3) *plurality of votes, majority*; ok skal afl ráða, *the majority shall decide*; (4) *virtue, inherent power*; a. dauðfœrandi grasa, *the virtue of poisonous herbs.*

afla (**að**), v. *to gain, earn, procure* (a. e-m e-s); a. sér fjár ok frama, *to earn fame and wealth*; aflaði þessi bardagi honum mikillar frægðar, *brought him great fame*; (2) with acc., *to earn* (aflaði hann þar fé mikit); refl., e-m aflast e-t, *one gains a thing*; (3) with dat., *to perform, accomplish* (hann aflaði brátt mikilli vinnu); with infin., *to be able* (ekki aflar hann því at standa í móti yðr).

afla-fár, a. *short of strength*; e-m verðr afla-fátt, *one fails in strength.*

aflag, n. (1) *slaughtering of cattle*; (2) gen., aflags = afgangs, *left over.*

af-laga, adv. *unlawfully*; **-lagliga**, adv. = aflaga.

afla-lítill, a. *deficient in strength, weak*; **-maðr**, m. *powerful man*; **-mikill**, a. (1) *strong*; (2) *powerful*; **-munr**, m. *odds*; etja við -muninn, *to fight against odds.*

aflan, f. *gain, acquisition.*

aflanar-maðr, m. *good steward.*

afla-skortr, m. *short-coming in power* or *strength*; **-stund**, f. *fishing-season.*

af-lausn, f. (1) *discharge* (*release*) *from claim* or *obligation*; (2) *absolution*, *indulgence* (aflausn synda); **-lát**, n. (1) *leaving off*, *relinquishing* (aflát synda, misverka); án afláti, *incessantly*; (2) *remission*, *pardon* (aflát misgerninga, synda); **-láta** (see **láta**), v. with infin. *to cease*; **-leggja** (see **leggja**), v. (1) *to put aside*; (2) *to give up*, *abandon*; **-leiðing**, f. (1) *terms*; góðar afleiðingar eru með þeim, *they are on good terms*; (2) metric., *continuation*; **-leiðingr**, m. = afleiðing (1); þeir skildu góðan afleiðing, *they parted on friendly terms*; **-leiðis**, adv. (1) *out of the right path* or *course* (sigla afleiðis); (2) fig., ganga afleiðis, *to go astray*; snúa (draga, fœra) e-t afleiðis, *to pervert*, *misrepresent* (þú fœrðir orð þeirra afleiðis); snúa e-m afleiðis, *to lead astray*; **-leifar**, f. pl. *leavings*, *remnants*; **-leitinn**, a. *of odd appearance*; **-leitliga**, adv. *perversely* (illa ok afleitliga); **-leitligr**, a. *perverse*, *deformed*; **-leitr**, a. (1) *strange*, *hideous*, *disgusting* (hversu afleitir oss sýnast þeirra hættir); (2) with dat., *deserted by*; afleitr hamingjunni, *luckless*; **-lendis**, adv. *abroad* (= erlendis); **-lendr**, a. *far from land*, *in open sea*; **-letja** (see **letja**), v. *to dissuade from* (afletja e-n at gera e-t, afletja e-t fyrir sér); **-létta** (**-tta**, **-tt**), v. *to cease*; cf. létta af; **-léttr**, a. *prompt*, *ready*.

afl-fátt, a. n. *short of strength*; **e-m** verðr -fátt, *one fails in strength*.

afl-gróf, f. *forge-pit*; **-hella**, f. *hearth-stone in a forge*.

afli, m. (1) *means*, *gain*, *earnings*, *proceeds* (afli ok herfang); (2) *might*, *power*; hafa afla til einskis, *to have means for nothing*, *be unable to do anything*; (3) *troops*, *forces*; þeir draga afla at yðr, *they gather forces against you*; aflinn (*the main body*) Magnúss konungs flýði allr.

af-lima (**að**), v. *to dismember*, *mutilate*; -lima, a. indecl. (1) *dismembered*, *mutilated*; (2) fig., verða aflima, *to lose the use of one's limbs*, *to become paralysed*; (3) verða e-m aflima, *to be parted from* (ek kveð aflima orðnar þérdísir); **-liman**, f. *dismembering*, *mutilation*.

afl-lauss, a. *nerveless*, *weak*; *palsied*, *paralytic*; **-leysi**, n. *weakness*, *nervelessness*; **-lítill**, a. *weak*, *feeble*; **-mikill**, a. *strong*, *of great strength*.

af-lofa (**að**), v. *to prohibit*; **-loka** (**að**), v. *to open* (afloka hurðina).

afl-raun, f. *trial* (*proof*) *of strength* (þótti þetta mikil -raun); pl. *bodily exercises* (Skallagrímr hendi mikit gaman at -raunum ok leikum); **-skortr**, m. *lack of strength* (ekki varð mér -skortr við þik fyrrum).

afls-maðr, m. *strong man*; **-munr**, m. *difference in strength*, *odds*.

afl-vani, a. *deficient in strength*; verða afl-vani, *to succumb*, *be overpowered*.

afl-vöðvi, m. *the biceps muscle*.

af-lögliga, adv. *unlawfully*; **-lögligr**, a. *unlawful*, *contrary to law*; **-má** (see **má**), v. *to blot out*, *destroy*; **-mœðra** (**að**), v. *to wean*; **-nám**, n. (1) *taking away*, *extirpation*, *destruction*; (2) at afnámi, *by reservation* (before division of property, spoil, or inheritance); (3) *loss* (ef hann verðr at skaða þeim mönnum, er oss mun þykkja afnám í); (4) *surplus*.

afnáms-fé, n., **-gripr**, m. *goods*, *an article of value*, *taken before a division*; cf. afnám (2).

af-nefjaðr, pp. *having the nose cut off*, *noseless*; **-neita** (**að** or **-tta**, **-tt**), v. (1) *to renounce* (afneita veröldinni); (2) *deny*, *refuse* (eigi vil ek því afneita); **-neitan**, **-neiting**, f. *abnegation*, *renunciation*, *denial*; **-neyzla**, f. *use* (afneyzla skógarins); **-níta** (**-tta**, **-tt**), v. = -neita.

afr, m. *some kind of beverage*.

af-ráð, n. *payment*; gjalda afráð, *to pay heavily*, *suffer severely*.

af-reið, f. *setting off on horseback*.

af-reizla, f. *outlay*, *payment*.

af-rek, n. *great achievement*, *deed of prowess* (vinna afrek; margir lofuðu mjök afrek Egils).

af-reka (**að**), v. *to achieve*, *perform* (munu þér mikit afreka).

afreks-gripr, m. *a thing of great value*; **-maðr**, m. *a valiant man*, *hero*;

afreks-verk, n. *valiant deed, great achievement, exploit.*

af-remma, f. *restriction, encumbrance.*

afrendi, f. *strength, valour*; **afrendr**, a. *strong* (a. at afli); cf. afr-hendr.

af-rétt, f. *common pasture*, = af-réttr.

afréttar-dómr, m. *a court held for deciding causes concerning common pasture*; **-menn**, m. pl. *partners in common pasture.*

af-réttr, m. *common pasture* (þat er afréttr, er tveir menn eigo saman eða fleiri).

afr-hendr, a. *strong*, = afrendr.

af-roð, n. = afhroð, afráð; **-róg**, n. *justification, excuse*; **-ruðningr**, m. *clearing off, defence*; **-runr** (pl. -ir), m. *injury, wrong*; **-rœkja** (-ta, -tr), v. *to neglect*, = úrœkja (afrœkja boð e-s); refl., afrœkjast e-u *or* e-t, *to neglect*; *to leave off* (konungar afrœktust at sitja at Uppsölum); **-saka** (að), v. *to excuse, exculpate*; **-sakan**, f. *excuse, exculpation*; **-sanna** (að), v. *to prove to be false, refute*; **-segja** (see segja), v. (1) *to resign, renounce* (afsagði hann sér heiminn); (2) *to refuse, deny* (þeir afsögðu leiðangr úti at hafa); **-setning**, f. *deposition*; **-siða**, a. indecl. *immoral*; **-sifja** (að), v. *to alienate from one's family* (afsifja sér e-t); **-síða**, adv. *aside, apart*; **-skapligr**, a. *monstrous, huge, shocking* (afskapligt áfelli); **-skeiðis**, adv. *out of the right path, astray*, = afleiðis, afvegis; **-skipan**, f. *dismissal, deposition*; **-skipta**, a. indecl. *wronged, cheated*; vera görr afskipta, *to be wronged.*

afskipta-lauss, a. *having nothing to do with* (gera sér -laust við e-n); **-lítill**, a. *caring little about* (um e-t); **-samr**, a. = afskiptinn.

af-skipti, n. pl. *dealings (with), intercourse* (ok engi afskipti veita heiðnum goðum); **-skiptinn**, a. *meddlesome*; **-skiptr**, pp. (1) *wronged, cheated*; (2) afskiptr af e-u, *void of, having no interest in*; **-skrámligr**, a. *hideous, monstrous* (afskrámligt illvirki); **-skræmiliga**, adv. *hideously*; óttast afskræmiliga *to be scared at*; **-skurðr**, m. *cutting off*; **-skyld**, f. *obligation, encumbrance*; **-slíðra** (að), v. *to unsheath*; **-smekkr**, m. *taste*; **-snið**, n. *a bit cut off, snip*; **-sniðning**, f. *cutting* or *snipping off.*

afsniðningar-járn, n. *chopper.*

af-sníðis, adv. *obliquely, aslant* (afsníðis um handlegginn); **-spraki**, m. *rumour, news*; **-springi**, n. (1) *offspring, progeny*; (2) *produce (growth) of the earth*; **-springr**, m. (1) = -springi; (2) *band, detachment*; (3) fig. *offshoot* (er mikil ván, at þar verði nökkur afspringr af þessum ófriði); (4) *rumour, notice* (fá nökkurn afspring um e-t); **-spurn**, f. *news, information*; **-standa** (see standa), v. *to cede, part with*; **-stigr**, m. *by-path*; **-stúka**, f. *side-nook, side-room*; **-styrmi**, n. *manikin, pigmy*; **-svar**, n. *refusal*; veita e-u afsvör, *to refuse, deny*; **-svara** (að), v. *to deny, refuse* (afsvara e-u *or* um e-t); **-sveipa** (að), v. *to uncover* (afsveipa líkit); **-sviptr**, pp. *deprived of*; afsviptr þinni ásjónu, *cut off from thy countenance*; **-sýnis**, adv. *out of sight*; **-sæll**, a. *unfortunate, luckless.*

af-tak, n. (1) *taking away*; (2) *slaying, manslaughter*; hvat hann vildi bjóða fyrir aftak Geirsteins, *for the slaying of G.*; **-taka**, f. (1) *taking away, loss*; (2) *slaying*, = aftak (hann hafði verit at aftöku Þorkels fóstra).

aftaka-maðr, m. *a determined person* (-maðr um e-t); **-minni**, a. compar. *less stubborn, more pliable.*

af-tekja, f. *revenue* (ábúð ok aftekja staðanna); **-tekning**, f. *taking away*; **-tekt**, f. (1) = aftekja; (2) = aftak 2; **-telja** (see telja), v. *to represent as unadvisable, dissuade* (aftelja e-t fyrir e-m); **-tigna** (að), v. *to strip of dignity* or *honour*; **-trúa**, f. *unbelief, heresy*; **-trúa** (að), v. *to make one abandon his religious faith*; refl., aftrúast, *to fall into unbelief*; **-tœkiligr**, a. *advisable*; **-tœkr**, a. *blameworthy* (at fátt muni vera aftœkt um skapsmuni yðra); **-tœma** (-da, -dr), v. *to empty*; refl., aftœmast, *to be emptied* or *cleared of* (e-u).

afusa, f. *gratitude*; see 'aufusa'.

af-valdr, a. vera afvaldr e-u *or* e-s,

to be the cause of a thing; **-vega**, adv. *out of the right way*, *astray*; **-vegaðr**, pp. *led astray*, *misled*; **-vegar**, **-vegis**, adv. = -vega; **-velta**, a. indecl. *fallen on the back and unable to rise*; **-vensla**, f. *expenses*, *outlay*; **-vik**, n. *creek*, *recess*; **-vinna**, f. = afvensla.

af-virða (**-rða**, **-rðr**), v. (1) *to disgrace*, *dishonour* (afvirða náunga sinn); afvirða fyrir e-m, *to throw a slur on one*; (2) *to detest*, *abhor* (afvirða ódáðirnar); refl., afvirðast, *to think it unworthy of oneself*, with infin.

afvirðiligr, a. *detestable*, *mean*.

af-virðing, f. *disparagement*, *depreciation*; **-vænn**, a. *unexpected*, = úvænn; **-vöxtr**, m. *decrease*, *loss*, opp. to 'ávöxtr'.

af-þokka (**að**), v. *to disparage*, *discredit*, *to bring into discredit* (afþokka fyrir e-m); refl., afþokkast e-m, *to displease*; **-þokkan**, f. (1) *disparagement*; (2) *displeasure*, *dislike*; **-þváttr**, m. *washing off*, *ablution*; **-þýða** (**-dda**, **-ddr**), v. = afvirða, afþokka; **-æta**, f. *a great bully*.

aga, v. impers., nú agir við, *now there is a great uproar*.

aga-lauss, a. (1) *free from disturbances* (var nú allt kyrt ok agalaust); (2) *unpunished*; **-samligr**, a. *unruly*; **-samr**, a. *turbulent*; agasamt mun þá verða í heraðinu, ef, *there will be uproar in the district*, *if*.

agi, m. (1) *awe*, *terror* (þá skelfr jörð öll í aga miklum); (2) *uproar*, *turbulence* (a. ok úfriðr); (3) *discipline*, *constraint*.

agn, n. *bait*; ganga á agnit, *to nibble the bait*; **-sax**, n. *a knife for cutting bait*; **-ör**, f. *barb of a fish-hook*.

aka (**ek**, **ók**, **ókum**, **ekinn**), v. (1) *to drive* (a vehicle or animal drawing a vehicle), with dat.: gott er heilum vagni heim at a., *it is good to get home safe and sound*; a. þrennum eykjum, *with three yoke of horses*; (2) *to carry* or *convey* in a vehicle, *to cart*, with dat. or acc. (hann ók heyjum sínum á yxnum: hann ók skarni á hóla); a. saman hey, *to cart hay*; líkin váru ekin í sleða, *carried in a sledge*; (3) with the prep. í or á; Freyr ók í kerru með gelti; ríðr Þ. hesti þeim, er hann hafði ekit á; (4) absol., *to drive in a vehicle* (fóru þeir í sleðann ok óku alla nóttina); with acc. of the road (óku úrgar brautir); (5) naut., *to trim the sail* (a. seglum at endilöngum skipum); (6) *to remove*, with dat.; ók hann af sér fjötrinum, *worked it off by rubbing*; ók Oddr sér þar at, *worked himself thither* (of a fettered prisoner); a. e-m á bug *or* a. bug á e-n, *to make one give way*, *repel*; intrans. = akast, *to move slowly*; hvárrgi ók (*gave way*) fyrir öðrum; a. undan, *to retire*, *retreat*; (7) impers., hart ekr at e-m, *one is in great straits*; ekr nú mjök at, *I am hard pressed*; e-m verðr nær ekit, *one gets into straits*, *is hard pressed*; refl., e-m ekst e-t í tauma, *one is thwarted in a thing*.

akarn, n. *acorn*.

ak-braut, f. *carriage-road*; -fœri, n. *driving gear*, *carriage and harness*.

akkeri, n. *anchor*; liggja um akkeri, *to lie at anchor*; leggjast um a., *to cast anchor*; heimta upp a., *to weigh anchor*; a. hrífr við, *the anchor holds*.

akkeris-fleinn, m. *fluke of an anchor*; **-lauss**, a. *without anchor*; **-leggr**, m. *shank of an anchor*; **-lægi**, n. *anchorage*; **-sát**, f. = -lægi; **-stokkr**, m. *anchor-stock*; **-strengr**, m. *anchor-rope*, *cable*; **-sæti**, n. = -sát.

akr (gen. **akrs**, pl. **akrar**), m. (1) *field*, *corn-field* (bleikir akrar en slegin tún): (2) *crop* (þeir höfðu niðrbrotit akra hans alla).

akra-ávöxtr, m. *produce of the fields*; **-gerði**, n. *enclosure of arable land*; **-merki**, n. *field-boundary*; **-skipti**, n. *parcelling out of fields*; **-spillir**, m. *destroyer of fields*.

akr-dái, m. *a kind of weed* (galeopsis); **-deili**, n. *patch of arable land*; **-for**, f. *plough-furrow*; **-gerð**, f. *agriculture*.

akrgerðar-maðr, m. *husbandman*.

akr-gerði, n. *enclosure of arable land*; **-hæna**, f. *quail*; **-karl**, m. *ploughman*, *reaper*; **-kál**, n. *potherbs*;

-kvísl, f. *dung-fork*, = mykikvísl; **-land**, n. *arable land*; **-lengd**, f. *a field's length* (svá at akrlengd var í millum þeirra); **-lykkja**, f. = -gerði; **-maðr**, m. = -karl, akrgerðarmaðr.

akrplógs-maðr, m. *ploughman*.

akr-rein, f. *strip of arable land*; **-skipti**, n. *division of a field*; **-skurðr**, m. *reaping*.

akrskurðar-maðr, m. *reaper*.

akr-súra, f. *field-sorrel*; **-tíund**, f. *tithe paid on arable land*; **-verð**, n. *price of a corn-field*; **-verk**, *field-work, harvest-work*.

akrverks-maðr, m. *husbandman*; *tiller of the ground*.

akta (**að**), v. (1) *to number, tax, value* (a. fólkit, a. vísaeyri konungs); (2) *to examine, search into* (aktið þér ok öll leyni þau, er hann má felast); (3) *to devote attention to, to study* (a. ýmisligar íþróttir, bókligar listir); (4) *to procure* (a. þá hluti er hinum sjúka henta); a. e-t inn, *to furnish, supply*; (5) *to debate, discuss in parliament* (nú sem þetta var aktat, gengu menn til lögréttu).

ak-tamr, a. *tame under the yoke* (griðungr -tamr); **-taumr**, m. esp. in pl. aktaumar, *braces* (*straps*) *of a sail* (cf. aka segli); Þórarinn hafði -taumana um herðar sér, *had the braces round his shoulders*; sitja í -taumum, *to manage the sail*; fig., *to have the whole management of a thing*.

ala (**el, ól, ólum, alinn**), v. (1) *to beget*; börn ólu þau, *they begat children*; börn þau, er hann elr við þeirri konu, *begets by that woman*; (2) *to bear, give birth to* (Þóra ól barn um sumarit); börn þau öll, er alin eru fyrir jól, *who are born before Christmas*; alnir ok úalnir (= úbornir), *born and unborn, present and future generations*; (3) *to bring up* (children); ala skal barn hvert er borit verðr, *every child that is born shall be brought up*; adding the particle 'upp'; skal eigi upp ala, heldr út bera barn þetta, *this child shall not be brought up, but be exposed to perish*; of animals, *to rear, breed* (einn smásauð, er hann ól heima í húsi sínu); (4) *to give food to, harbour, entertain* (a. gest ok ganganda); guð elr gesti, *God pays for the guests*; (5) fig. in various phrases; a. aldr, a. aldr sinn, *to pass one's days*; a. sút, *to grieve, mourn* (= sýta); a. önn of e-t *or* at e-u, *to take care of, see to*; a. e-t eptir e-m, *to give one encouragement in a thing* (ól hann eptir engum mönnum ódáðir); a. á mál, *to press or urge a matter* (nú elr Gunnarr á málit við Þórð ok segir).

alaðs-festr, f. *the last ounce* (eyrir) *of the sum* 'fjörbaugr' *to be paid by a convict in the Court of Execution*.

al-auðn, f. *total devastation*; **-auðr**, a. *altogether waste*; **-bata**, a. indecl. *completely cured, quite well*; **-berr**, a. (1) *quite bare, stark-naked*; (2) *manifest*; **-bitinn**, pp. *bitten all over*; **-bjartr**, a. *quite bright, brilliant*; **-blindr**, a. *stone-blind*; **-blóðugr**, a. *bloody all over*; **-breiðr**, a. *of the full breadth* (albreitt lérept); **-brotinn**, pp. *quite broken, shattered*; **-brynjaðr**, pp. *cased in mail*; **-búa** (see búa), v. *to fit out, furnish* or *equip completely* (albúa kirkju); **-búinn**, pp. (1) *completely equipped* (ok er Björn var albúinn ok byrr rann á); (2) albúinn e-s, at gera e-t, *quite ready* (*willing*) *to do a thing*; **-bygðr**, pp. *completely inhabited*; at albygðu landi, *after the colonization was finished*.

alda, f. *a heavy* (*swelling*) *wave, a roller*.

alda, gen. pl. of 'öld'.

aldafars-bók, f. = *De Ratione Temporum*, a work by Bede (svá segir heilagr Beda í -bók þeirri, er hann gerði um landaskipan í heiminum).

alda-mót, n. pl. *the meeting of two* (*lunar*) *cycles, change of cycles*.

aldar, gen. sing. of 'öld'.

aldar-eðli, n. *everlasting possession* (at -eðli); **-faðir**, m. *patriarch*; **-far**, n. *spirit* or *manners of the age*; **-mál**, n. *tenure for life*; **-menn**, m. pl., hinir fyrstu -menn várir, *our first ancestors*; **-rof**, n. *end of ages*; **-róg**, n. *strife of men*; **-tal**, n. *age* (gamall at -tali); **-trygðir**, f. pl. *everlasting truce*; **-þopti**, m. = aldavinr.

alda-skipti, n. *change of time*; **-tal**, n. (1) *chronology*; (2) *computation of time* (by the various chronological cycles).

al-dauða, a. indecl. *dead and gone, extinct* (eptir dauða Haralds var aldauða hin forna ætt Danakonunga); aldauða arfr, *inheritance to which there is no heir alive.*

alda-vinr, m. *old, trusty friend.*

aldin, n. *tree-fruit* (nuts, acorns, apples); fig., blezat sé a. kviðar þíns, *the fruit of thy womb.*

aldin-berandi, pr. p. *bearing fruit.*

aldin-falda, a. indecl. *wearing an old-fashioned head-dress.*

aldin-garðr, m. *garden, orchard.*

aldini, n. = aldin.

aldin-lauss, a. *bearing no fruit* (-laust tré).

aldinn, a. *old* (inn aldni jötunn).

aldin-skógr, m. *wood of fruit-trees*; **-tré**, n. *fruit-tree*; **-viðr**, m. *fruit-bearing trees.*

aldr (gen. **aldrs**), m. (1) *age, life-time*; sautján vetra at aldri, *seventeen years of age*; ungr at aldri, *young*; á ungum aldri, *in* (*one's*) *youth*; á gamals aldri, *in* (*one's*) *old age*; hniginn at aldri, *in the decline of life*; hniginn á efra aldr, *stricken in years*; á léttasta aldri, *in the prime of life*; lifa langan aldr, *to enjoy a long life*; nema, ræna e-n aldri, *to take one's life*; týna (slíta) aldri, *to lose one's life*; (2) *old age*; vera við a., *to be up in years*; aldri farinn *or* orpinn, *very old*; (3) *long period, age* (eptir marga vetr ok mikinn a.); allan a. *through all time, always*; of a., um a. (ok æfi), *for ever and ever*; after a negation, *ever* (þvílíka gersemi höfum vér eigi sét um a.); hverr um a. var svá djarfr, *who ever was so bold?*

aldraðr, a. *elderly* (öldruð kona).

aldr-dagar, m. pl., um -daga, *for ever and ever* (= um aldr); **-fremd**, f. *everlasting honour.*

aldri, adv. (1) *never* (a. skal ek heðan ganga fyrr en hann ríss upp); (2) *ever*, after a preceding negative or a comparative (er nú ørvænt at vér munum a. fá dýr skotit); gerðu þá verra en aldri fyrr, *worse than ever before.*

aldrigi (aldri-gi, dat. of aldr with the negative suffix -gi), adv. = aldri.

aldr-lag, n. (1) *one's appointed lot* or *fortune, destiny*; (2) *end of life, death*; verða e-m at -lagi, *to bring one to his end.*

aldr-lok, n. pl. *end of life, death*; **-máli**, m. *tenure for life*; **-nari**, m. poet. name of *fire*; **-rúnar**, f. pl. *life-runes, charms for preserving life*; **-sáttr**, a. *on terms of peace for ever*; **-slit**, n. pl. *end of life, death* (til -slita).

aldrs-munr, m. *difference in years.*

aldr-stamr, a. *fey, doomed to death*; **-tili**, m. *loss of life, death*; **-tjón**, n. *loss of life*; **-tregi**, m. *life-long sorrow.*

ald-rœnn, a. *elderly, aged.*

aldyggiligr, **-dyggr**, a. *faithful*; **-dœli**, a. *very easy to deal with, gentle.*

aleiga, f. *one's entire property*; **aleigu-mál**, n., **-sök**, f. *a suit involving a person's whole property.*

al-eyða (-dda, -ddr), v. *to lay totally waste, devastate*; **-eyða**, f. *devastation*; gera aleyðu, *to turn into a wilderness*; **-eyða**, a. indecl. *altogether waste, empty, void of people* (þar var aleyða at mönnum); hann brennir ok gerir aleyða landit, *makes the land an utter waste.*

al-fari, a. fara (ríða í brott) al-fari, *to go away* (*ride off*) *for good*; **-farinn**, pp. *worn out, far gone*; **-feginn**, a. *very glad*; **-frjáls**, a. *quite free*; **-fróðr**, a. *very wise*; **-fullr**, a. *quite full*; **-fúinn**, a. *quite rotten*; **-föðr**, m. *father of all* (name of Odin); **-gangsa**, a. indecl. *quite common*; **-geldr**, a. *quite gelded*; **-gera** (-ða, -ðr), v. *to finish, make perfect.*

alger-leikr, m. *perfection*; **-liga**, adv. *completely, fully*; **-ligleikr**, m. = -leikr.

al-gerr, a. *perfect, complete*; *finished*; **-gervi**, f. (1) *perfection*; (2) *full attire*; **-gildi**, n. *full value.*

algildis-vitni, n. *competent witness.*

al-gjafta, a. indecl. *stall-fed*; **-gleymingr**, m. *great glee*; slá á algleyming, *to become very merry*; **-góðr**, a.

perfectly good; **-grár**, a. *quite grey*; **-gróinn**, pp. *perfectly healed*; **-grœnn**, a. *quite green*; **-gullinn**, a. *all-golden*; **-gæft**, adv. *fully*.

al-gøra—**al-gørvi**, see algera, &c.

al-heiðinn, a. *utterly heathen*; **-heilagr**, a. *all-holy*; **-heill**, a. (1) *completely whole, entire*; (2) *perfectly healthy* (alheill at líkam); **-heilsa**, f. *perfect health*; **-henda**, f. *a metre having two pairs of rhyming words in every line*; **-hending**, f. = -henda; **-hendr**, a. *with full rhyme in every line* (tvau kvæði alhend); **-hreinn**, a. *quite pure, clean*; **-huga**, a. indecl. *whole-hearted, in full earnest*; **-hugat**, pp. n. *resolved, fully determined*; ef þér er þat alhugat, *if you are in real earnest*; adv. *in earnest, sincerely* (iðrast alhugat); **-hugi**, m. *earnest*; þetta er alhugi minn, *I am in real earnest*; **-hugligr**, a. *sincere*; **-hungraðr**, a. *starving, famished*; **-húsa** (**að**), v. *to build fully*; **-hvítr**, a. *quite white*; **-hýsa** (-ta, -tr), v. = **-húsa**; alhýst, *with all the buildings finished*; **-hýsi**, n. *all the farm-buildings*; **-hœgr**, a. *quite easy, smooth* (alhœgt tungubragð).

ali-björn, m. *tame bear*; **-dýr**, n. *domestic animal*; **-fiskr**, m. *fish fattened in a pond*; **-fugl**, m. *tame fowl*; **-gás**, f. *tame goose*.

alin (gen. sing. **alnar** or **álnar**; pl. **alnar** or **álnir**), f. = öln; (1) the old Icelandic *ell* (about half a yard); (2) *unit of value, an ell of woollen stuff* (a. vaðmáls), = one sixth of an ounce (eyrir).

ali-sauðr, m. *home-fed* (*pet*) *sheep*; **-svín**, n. *tame swine*.

al-jafn, a. *quite equal*; **-járnaðr**, pp. *shod on all four feet*; **-keyptr**, pp. *dearly bought*, = fullkeyptr; **-klæðnaðr**, m. *a full suit of clothes*; **-kristinn**, a. *entirely Christian*; **-kristnaðr**, pp. *completely christianized*; **-kunna**, a. indecl. (1) *universally known, notorious* (sem alkunna er orðit); (2) *fully informed*; unz alkunna, *until I know the whole*; **-kunnigr**, a., **-kunnr**, a. *notorious*; **-kyrra**, a. indecl. *completely calm, tranquil*.

all- may be prefixed to almost every adjective and adverb in an intensive sense, *very, extremely*; **-annt**, a. n. *very eager*; **-apr**, a. *very harsh*; **-auðsóttligr**, a. *very easy to accomplish*; **-auðveldliga**, adv. *very easily*; **-auðveldr**, a. *very easy*; **-ágætr**, a. *very famous*; **-áhyggjusamliga**, adv. *very anxiously*; **-ákafliga**, adv. *with much ardour*; **-ákaft**, adv. *very fast* (ríða -ákaft); **-áræðiliga**, adv. *very appositely*; **-áræðislítill**, a. *very timid*; **-ástúðligr**, a. *very hearty, intimate*; **-beinn**, a. *very hospitable*; **-beiskr**, a. *very harsh, bitter*; **-bitr**, a. *very sharp*; **-bjartr**, a. *very bright, splendid*; **-bjúgr**, a. *very much bent*; **-blíðliga**, adv. *very kindly*; **-blíðr**, a. *very mild, gentle*; **-bráðgörr**, a. *very precocious*; **-brosligr**, a. *very laughable, funny*; **-digr**, a. *very big*; **-djarfliga**, adv. *very boldly*; **-drengiliga**, adv. *very gallantly*; **-dræmt**, adv. *very boastfully*; **-dýrr**, a. *very dear*; **-eigulegr**, a. *very precious*; **-einarðliga**, adv. *very frankly, sincerely*; **-eldiligr**, a. *of a very aged appearance*; **-fagr**, a. *very bright, fair*; **-fast**, adv. *very firmly*; drekka -fast, *to drink very hard*; **-fastorðr**, a. *very true to one's word*; **-fámáligr**, a. *of very few words*; **-fámennr**, a. *followed* or *attended by very few persons*; **-fáræðinn**, a. *very chary of words*; **-feginn**, a. *very glad*; **-feginsamliga**. adv. *very gladly*; **-feigligr**, a. *having the mark of death plain on one's face*; **-feitr**, a. *very fat*; **-fémikill**, a. *very costly*; **-fjarri**, adv. *very far, far from*; **-fjartekit**, pp. n. *very far-fetched*; **-fjölkunnigr**, a. *very deeply versed in sorcery*; **-fjölmennr**, a. *followed* or *attended by very many people*; *in very great numbers*; **-fjölrœtt**, pp. n. *very much talked of*; **-forsjáll**, a. *very prudent*; **-frekr**, a. *very daring*; **-fríðr**, a. *very beautiful*; **-fróðr**, a. *very learned*; **-frægr**, a. *very famous*; **-fúss**, a. *very eager*; **-fýsiligr**, a. *very desirable*.

All-föðr, m. *father of all* (a name of Odin).

all-gamall, a. *very old*; **-gemsmik-**

ill, a. *very wanton*; **-gerla**, adv. *very clearly, precisely*; **-gerviligr**, a. *very manly*; **-gestrisinn**, a. *very hospitable*; **-geysiligr**, a. *very impetuous*; **-glaðliga**, adv. *very joyfully*; **-glaðr**, a. *very joyful*; **-glatt**, adv. *very bright* (ljós brann -glatt); **-gleymr**, a. *very gleeful, in high spirits* (verða -gleymr við e-t); **-glæsiligr**, a. *very shiny, splendid*; **-gløggsær**, a. *clearly visible, very transparent*; **-gløggt**, adv. *very precisely* (vita e-t -gløggt); **-góðr**, a. *very good*; **-góðvænliga**, adv. *very promisingly*; **-grimmr**, a. *very cruel* or *fierce*; **-grunsamliga**, adv. *very suspiciously*, **-gørla**, adv. = -gerla; **-gørviligr**, a. = -gerviligr; **-harðr**, a. *very hard, stern*; **-heimskr**, a. *very silly, stupid*; **-herðimikill**, a. *very broad-shouldered*; **-hjaldrjúgr**, a. *very talkative*; **-hógliga**, adv. *very gently*; **-hraustr**, a. *very valiant*; **-hrumliga**, adv. *very infirmly* (from age); **-hræddr**, a. *very much afraid*; **-hræðinn**, a. *very timid*; **-hugsjúkr**, a. *very much grieved, anxious*; **-hvass**, a. *blowing very hard* (var -hvast á norðan); **-hyggiligr**, a. *very prudent, judicious*; **-hæðiligr**, a. *very scoffing*; **-hældreginn**, a. *very slow in walking, dragging the heels*; **-hœgliga**, adv. *gently, meekly* (svara -hœgliga); **-iðinn**, a. *very diligent*; **-illa**, adv. *very badly*; **-illr**, a. *very bad*; **-jafnlyndr**, a. *very calm, even-tempered.*

al-ljóss, a. (1) *quite light*; dagr alljóss, *broad daylight*; (2) *quite clear.*

all-kaldr, a. *very cold*; **-kappsamliga**, adv. *with very much zeal, very liberally*; **-karlmannliga**, adv. *very manfully*; **-kaupmannliga**, adv. *in a very businesslike way*; **-kátligr**, a. *very funny*; **-kátr**, a. *very merry*; **-kerskiligr**, a. *very funny, pleasant*; **-kynligr**, a. *very strange*; **-kærr**, a. *very dear, beloved*; **-langr**, a. *very long*; **-laust**, adv. *very loosely*; **-lágr**, a. *very low, short of stature*; **-léttbrúnn**, a. *of very cheerful countenance*; **-léttmælt**, pp. n. *very cheerfully spoken*; **-léttr**, a. *very light* (in weight); **-líkliga**, adv. *in very agreeable terms*; **-líkligr**, a. *very likely*; **-líkr**, a. *very like*; **-lítill**, a. *very little*; **-lyginn**, a. *much given to lying*; **-mannhættr**, a. *very dangerous*; **-mannskœðr**, a. *very murderous*; **-mannvænn**, a. (a man) *of very great promise*; **-margliga**, adv. *very affably*; **-margmæltr**, a. *very talkative*; **-margr**, a. *very numerous*; pl. allmargir, *very many*; **-margrœtt**, pp. n. *very much spoken of*; **-málugr**, a. *very loquacious*; **-máttfarinn**, a. *very much worn out*; **-máttlítill**, a. *very weak*; **-meginlauss**, a. *very void of strength*; **-mikill**, a. *very great*; **-misjafnt**, adv. *very variously, in very different ways*; **-ljóss**, a. *very light*; **-mjór**, a. *very slim, slender*; **-mjök**, adv. *very much*; **-nauðigr**, a. *very reluctant*; **-nauðuliga**, adv. *very dangerously* (-nauðuliga staddr); **-náinn**, a. *very near, nearly related*; **-nær**, adv. *very near*; **-nærri**, adv. = -nær.

al-loðinn, a. *shaggy all over*; **-lokit**, pp. n. *entirely gone.*

all-opt, adv. *very often*; **-orðfátt**, a. n., gera allorðfátt um, *to be very chary of words as to*; **-ógurligr**, a. *very frightful.*

allr (öll, allt), a. (1) *all, entire, whole*; hón á allan arf eptir mik, *she has all the heritage after me*; af öllum hug, *with all (one's) heart*; hvítr a., *white all over*; bú allt, *the whole estate*; allan daginn, *the whole day*; í allri veröld, *in the whole world*; allan hálfan mánuð, *for the entire fortnight*; with addition of 'saman'; allt saman féit, *the whole amount*; um þenna hernað allan saman, *all together*; (2) used almost adverbially, *all, quite, entirely*; klofnaði hann a. í sundr, *he was all cloven asunder*, kváðu Örn allan villast, *that he was altogether bewildered*; var Hrappr a. brottu, *quite gone*; a. annarr maðr, *quite another man*; (3) *gone, past*; áðr þessi dagr er a, *before this day is past*; var þá öll þeirra vinátta, *their friendship was all over*; allt er nú mitt megin, *my strength is exhausted, gone*; (4) *departed, dead* (þá er Geirmundr var a.); (5) neut. sing. (allt) used as a subst. in the sense of *all, everything*; eigi er enn þeirra allt, *they have not yet altogether won the game*; þá var allt (*all, everybody*) við þá hrætt; hér er skammætt allt, *here everything is transient*; því öllu, with a compar. *all the more* (því öllu þungbærri); with gen., allt missera (= öll misseri), *all the year round*; allt annars, *all the rest*; at öllu annars, *in all other respects*; alls fyrst, *first of all*; alls mest, *most of all*; in adverbial phrases: at öllu, *in all respects, in every way*; í öllu, *in everything*; með öllu, *wholly, quite*; neita með öllu, *to refuse outright*; (6) pl. allir (allar, öll), as adj. or substantively, *all* (þeir gengu út allir); ór öllum fjórðungum á landinu, *from all the quarters of the land*; allir aðrir, *all others, every one else*; flestir allir, *nearly all, the greatest part of*; gen. pl. (allra) as an intensive with superlatives, *of all things, all the more*; nú þykkir mér þat allra sýnst, er, *all the more likely, as*; allra helzt, er þeir heyra, *particularly now when they hear*; allra sízt, *least of all.*

allraheilagra-messa, f., **-messudagr,** m. *Allhallow-mass, All Saints' day.*

all-rammskipaðr, pp. *very strongly manned*; **-rauðr,** a. *very red*; **-ráðligr,** a. *very advisable*; **-reiðiligr,** a. *looking very angry*; **-reiðr,** a. *very angry*; **-ríkmannligr,** a. *very grand, magnificent*; **-ríkr,** a. *very powerful*; **-röskliga,** adv. *very briskly.*

alls, gen. sing. of 'allr', used as an adv.; (1) a. ekki (eigi), *not at all, by no means*; þeir ugðu a. ekki at sér, *they were not a bit afraid*; a. engi, *no one at all*; sometimes without a negative following it, *quite, altogether*; ær a. geldar, *ewes quite barren*; a. vesall, *altogether wretched*; hann var eigi a. tvítugr, *not quite twenty years old*; (2) in connexion with numbers, *in all*; alls fórust níu menn, *there perished nine in all*; (3) *altogether, far*; alls of lengi, alls til lengi, *far too long a time.*

alls, conj. *as, since* (a. þú ert góðr drengr kallaðr); with addition of 'er' (a. er þú ert svá þráhaldr á þínu máli).

all-sannligr, a. *very likely*; **-sáttfúss,** a. *very placable*; **-seinn,** a. *very slow*; **-seint,** adv. *very slowly.*

alls-endis, adv., esp. with a preceding negative, *in every respect, quite, thoroughly*; also, til -endis; **-háttar,** adv. *of every kind.*

allsherjar-, *general, public, common*; **-búð,** f. *the booth of the* -goði; **-dómr,** m. *public judgement*; **-fé,** n. *public property*; **-goði,** m. *the supreme priest* (who opened the alþingi every year); **-lið,** n. *public troops*; **-lýðr,** m. *the people, commonalty*; **-lög,** n. pl. *public law*; **-þing,** n. *general assembly.*

all-sigrsæll, a. *very successful in war*; **-skammr,** a. *very short*; neut., -skammt, *a very short way, short distance*; **-skömmu,** *a very short time ago*; **-skapliga,** adv. *very fittingly*; **-skapværr,** a. *of a very gentle disposition*; **-skapþungr,** a. *very depressed in spirit* (e-m er -skapþungt); **-skemtiligr,** a. *very amusing*; **-skillítill,** a. *very untrustworthy*; **-skjallkœnliga,** adv. *in a very coaxing way*; **-skjótt,** adv. *very soon*; **-skygn,** a. *very sharp-sighted*; **-skyldr,** a. (1) *very obligatory*, neut., -skylt, *bounden duty*; (2) *very nearly related, near akin*; **-skynsamliga,** adv. *very judiciously*; **-sköruligr,** a. *very striking* or *magnificent* (allskörulig veizla); **-slæliga,** adv. *very sluggishly*; **-slœgliga,** adv. *very cunningly*; **-smár,** a. *very small*; **-snarpliga,** adv. *very sharply* or *smartly*; **-snarpr,** a. *very sharp*; **-snemma,** adv. *very early*; **-snjallr,** a. *very shrewd* or *clever*; **-spakr,** a. *very gentle, very wise*; **-starsýnn,** a. *looking fixedly upon*; **-sterkligr,** a. *very strong-looking*; **-sterkr,** a. *very strong*; **-stilliliga,** adv. *very calmly, very composedly*; **-stirðr,** a. *very stiff*; **-stórhöggr,** a. *dealing very hard blows*; **-stórliga,** adv. *very haughtily*; **-stórmannliga,** adv. *very munificently*; **-stórorðr,** a. *using very big words*; **-stórr,** a.

very great or *big*; **-styggr,** a. *very ill-humoured, very cross*; **-styrkliga,** adv. *very stoutly*; **-styrkr,** a. *very strong.*

alls-valdandi, pr. p. of God, *Almighty*; **-valdari,** m. *almighty ruler*; **-valdr,** a. = -valdandi; **-vesall,** a. *utterly wretched.*

all-svangr, a. *very hungry.*

all-svinnliga, adv. *very wisely, prudently.*

alls-völdugr, a. = alls-valdr.

all-sættfúss, a. *very placable, very eager for peace.*

all-sœmiligr, a. *very honourable.*

allt, neut. from 'allr'; (1) *right up to, all the way*; Brynjólfr gengr a. at honum, *close up to him*; a. norðr um Stað, *all the way north, round Cape Stað*; (2) *everywhere*; Sigröðr var konungr a. um Þrændalög, *over all Drontheim*; vóru svírar a. gulli búnir, *all overlaid with gold*; (3) *already*; vóru a. komin fyrir hann bréf, *warrants of arrest were already awaiting him*; (4) of time, *all through, until* (a. til Jónsvöku); (5) a. til, a. of, *far too* (þú ert a. of heimskr); (6) a. at einu, a. eins, *all the same, nevertheless* (ek ætla þó útan a. eins).

all-tillátsamr, a. *very indulgent*; **-tíðrœtt,** pp. n. *very much talked of*; **-tíðvirkr,** a. *very quick at work*; **-torfyndr,** a. *very hard to find*; **-torfœrt,** a. n. *very hard to pass*; **-torsóttr,** pp. *very difficult to reach*; **-tortryggiliga,** adv. *very suspiciously*; **-trauðr,** a. *very slow, unwilling*; **-tregr,** a. *very tardy*; **-trúr,** a. *very true*; **-tryggr,** a. *very trusty*; **-undarligr,** a. *very strange*; **-ungr,** a. *very young*; **-úbeinskeytr,** a. *shooting very badly*; **-úblíðr,** a. *very harsh, unkind*; **-úbragðligr,** a. *very ill-looking*; **-údæll,** a. *very untractable*; **-úfagr,** a. *very ugly*; **-úfimliga,** adv. *very awkwardly*; **-úframliga,** adv. *very timidly*; **-úfrýnn,** a *very sullen*; **-úfrægr,** a. *very inglorious*; **-úglaðr,** a. *very gloomy, sad*; **-úhœgr,** a. *very difficult*; **-úhöfðingligr,** a. *very plebeian*; **-úkátr,** a. *in very low spirits*; **-úknár,** a. *very weak of frame*; **-úkonungligr,** a. *very unkingly*; **-úkunnigr,** a. *quite unknown*; **-úlífligr,** a. *very unlikely to live*; **-úlíkliga,** adv. *very unlikely*; **-úlíkr,** a. *very unlike*; **-úmáttuliga,** adv. *very weakly*; **-úráðinn,** a. *very undecided*; **-úráðliga,** adv. *very unadvisedly* or *rashly*; **-úsannligr,** a. *very unjust, very unlikely*; **-úsáttfúss,** a. *very implacable*; **-úskyldr,** a. *far from being incumbent on one* (hitt ætla ek mér -úskylt); **-úspakr,** a. *very unruly*; **-úsváss,** a. *very uncomfortable* (var þá veðr -úsvást); **-úsýnn,** a. *very uncertain, very doubtful*; **-úsæligr,** a. *of very wretched appearance*; **-úvinsæll,** a. *very unpopular*; **-úvísliga,** adv. *very unwisely*; **-úvænligr,** a. *of very unfavourable prospect*; **-úvænn,** a. (1) *very ugly*; (2) *very unpromising* or *unfavourable*; neut., -úvænt, *very unfavourably*; **-úþarfr,** a. *very unprofitable, injurious* (e-m).

all-valdr, m. *sovereign, king* (heilir all-valdar báðir!).

allvalds-konungr, m. = allvaldr.

all-vandlátr, a. *very difficult to please*; **-vandliga,** adv. *very carefully, exactly*; **-vant,** a. n., e-m er -vant um, *one is in a very great strait*; **-varfœrr,** a. *very cautious, careful*; **-vaskr,** a. *very brisk* or *gallant*; **-veðrlítit,** a. n. *very calm*; **-vegliga,** adv. *splendidly, nobly*; **-vegligr,** a. *very grand*; **-vel,** adv. *very well*; **-vesall,** a. *very miserable, vile*; **-vingott,** a. n. *on very friendly terms* (var -vingott með þeim); **-vinsæll,** a. *very popular*; **-virðuligr,** a. *very worthy, dignified*; **-vitr,** a. *very wise*; **-vitrliga,** adv. *very prudently*; **-víða,** adv. *very widely*; **-vígliga,** adv. *in a very warlike manner*; **-vígmannliga,** adv. *very martially*; **-vígmóðr,** a. *quite wearied out with fighting*; **-víss,** a. *quite certain*; **-vænligr,** a., **-vænn,** a. *very promising*; þykkja -vænt um e-n, *to be delighted with one*; **-vænt,** adv. *very favourably* (konungr tók þessu -vænt); **-vörpuligr,** a. *of a very stately frame*; **-vöxtuligr,** a. *very tall*; **-þarfliga,** adv. *very pressingly*; biðja -þarfliga, *to beg very hard*; **-þéttr**, a. *very crowded*; **-þrekligr**, a. *of a very robust frame*; **-þungliga**, adv. *very heavily*; taka -þungliga á e-m, *to be very hard upon*; **-þungr**, a. (1) *very disagreeable, hard*; (2) *hostile, badly disposed towards* (til e-s); **-þykkr**, a. *very thick*; féllu þeir -þykkt, *in great numbers*; **-œfr**, a. *very furious*; **-œgiligr**, a. *very terrible*; **-œstr**, pp. *greatly excited*; **-örorðr**, a. *very frank, outspoken*; **-øruggr**, a. *very unflinching.*

almanna-bygð, f. *a well-peopled district*; **-fœri**, n. *public way*; **-leið**, f. *public road*; **-lof**, n. *universal praise*; **-skript**, f. *general confession*; **-stofa**, f. *the common hall*, opp. to 'litla stofa'; **-tal**, n. (1) *common reckoning* (at -tali); (2) *general census*; **-vegr**, m. *high road*, = þjóðvegr, þjóðleið.

al-máttigr, a. *almighty*; **-máttr**, m. *almightiness, omnipotence*; **-menni**, n. *the people, public*; **-menniliga**, adv. *generally, commonly*; **-menniligr**, a. *general, common.*

almenning, f., **almenningr**, m. (1) *common land*; (2) *common* or *public pasture*; (3) *public thoroughfare* (in Norse towns); (4) *the people, public in general*; (5) *levy, conscription*; fullr (allr), hálfr almenningr, *a full (complete)* or *half levy of men and ships.*

almennings-bréf, n. *proclamation*; **-drykkja**, f. *public banquet*; **-far**, n. *public ferry*; **-gata**, f. *public road*; **-glófar**, m. pl. *common gloves*; **-hús**, n. *a house for the use of travellers*; **-mörk**, f., **-skógr**, m. *public forest*; **-stræti**, n. *public thoroughfare*; **-tollr**, m. *public tax*; **-trú**, f. *catholic faith* (=almennilig trú); **-vegr**, m. *public way*; **-öl**, n. *common ale.*

almennr, a. *common, general, public.*

al-múgi, m. *the commons, common people* (konungrinn ok almúginn); **-múgr**, m. = al-múgi; **-mæli**, n. (1) *common saying, general report*; þat er almæli, at, *all people say (agree), that*; (2) *saying, proverb*; þótt almælit sannaðist, at móðurbrœðrum verði menn líkastir, *though the saying proved true, that*; **-mæltr**, pp. *spoken by all*; -mælt tíðindi, *common news*; (2) of a child *that has learnt to talk*; **-mætti**, n. = almáttr.

al-naktr, a. *quite naked.*

alna-mál, n. *measure by the ell* (see alin).

al-nýr, a. *quite new*; **-nöktr**, a. = alnaktr.

al-ogat, a., **-ogi**, m., **-ogligr**, a., see -hugat, -hugi, -hugligr.

alr (-s, -ir), m. *awl*; skjálfa þótti húsit, sem á als oddi léki, *as if it were balanced on the point of an awl.*

al-rauðr, a. *quite red*; **-ráðinn**, pp. *quite determined*; **-ránn**, a. *utterly plundered*; **-reyndr**, pp. *fully proved.*

alri, m. *elder tree*, see elri.

al-roskinn, a. *quite grown up*; **-rotinn**, a. *quite rotten*; **-rœmdr**, pp. *rumoured by all*; alrœmt er, *every one says*; **-sagðr**, pp. *spoken of by all*; **-sátt**, f., alsáttum sáttir, *completely reconciled*; **-sáttr**, a. *fully reconciled*; **-sekr**, a. *an outlaw in the greater degree* = skógarmaðr; **-siða**, a. indecl., er Kristni var alsiða, *when the Christian faith had become universal*; **-skipaðr**, pp. (1) of a ship, *fully manned*; (2) of a bench, *quite full*; **-skjaldaðr**, a. *closely set with shields*; **-skrifaðr**, pp. *written all over*; **-skygn**, a. *fully seeing*; **-skyldr**, a. (1) *quite bound in duty, obliged*; (2) *quite binding*; **-slitinn**, pp. *quite worn out*; **-slíkr**, a. *quite the same*; **-smíðaðr**, pp. *completely built*; **-snauðr**, a. *very poor*; **-snotr**, a., **-spakr**, a. *all-wise, very clever*; **-stýfðr**, pp. (a metre) *in masculine rhymes*; **-stýfingr**, m. *an animal with close-cropped ears* (= afeyringr); **-svartr**, a. *quite black*; **-sveittr**, a., **-sveitugr**, a. *perspiring all over*; **-sviðr**, **-svinnr**, a. *all-wise*; **-sýkn**, a. *altogether free* or *guiltless* (al-sýkn saka); **-sýkna**, f. *complete rehabilitation*; **-sæll**, a. *altogether happy*; **-sætt**, f., **-sætti**, n. *complete reconciliation.*

altari, n. and m. *altar.*

altaris-blæja, f. *altar-cloth*; **-bók**,

f. *altar-book*; **-brík,** f. *altar-piece*; **-búnaðr,** m. *altar-furniture*; **-dagr,** m. *anniversary of the consecration of an altar*; **-dúkr,** m. *altar-cloth*; **-embætti,** n. *service of the altar*; **-fórn,** f. *offering on the altar*; **-gólf,** n. *the floor round an altar*; **-horn,** n. *corner of an altar*; **-hús,** n. *chapel*; **-klæði,** n. *altar-cloth*; **-líkneski,** n. *image placed on an altar*; **-messa,** f. *mass at an altar*; **-staðr,** m. *the place where an altar stands*; **-steinn,** m. *altar-slab*; **-stika,** f. *candlestick for an altar*; **-þjónusta,** f. *altar-service.*

al-tjaldaðr, pp. *hung all round with tapestry*; **-ugat,** a. = alhugat.

al-úð, f. (older form ölúð) *affection, sincerity.*

alúðar-maðr, m., **-vinr,** m. *sincere* or *devoted friend.*

al-valdr, a. = allvaldr.

alvara, f. (1) *seriousness, earnest*; taka e-t fyrir alvöru, *to take it in earnest*; vissa ek eigi, at þér var a., *that you were in earnest*; (2) *affection* = alúð; er öll hans a. (*inclination*) til Ólafs konungs.

alvar-liga, adv. (1) *seriously, earnestly*; (2) *heartily* (fagna e-m -liga); (3) *entirely* (-liga hreinn); **-ligr,** a. *hearty, affectionate* (-lig vinátta).

al-vaskligr, a. *most valiant, martial*; **-vaxinn,** pp. *quite grown up*; **-vápnaðr,** pp. *in full armour*; **-vátr,** a. *thoroughly wet, wet through*; **al-verki** and **-verkja,** a. indecl. *aching, feeling pains all over the body.*

al-virkr, a., alvirkr dagr, *a full working day*; **-víst,** adv. *with full certainty*; **-vitr,** a. *all-wise*; **-væpni,** n. *complete arms*; hafa alvæpni, með alvæpni, (*to be*) *fully armed.*

alvöru-liga, adv. *earnestly, sincerely*; **-ligr,** a. = alvarligr; **-samliga,** adv. = -liga; **-samligr,** a. *sincere, devoted* (-samlig þjónusta).

al-yrkr, a. = alvirkr (dagr); **-þakinn,** pp. *thatched all over*; **-þiljaðr,** pp. *completely wainscotted* or *panelled.*

alþingi, n. *the annual parliament* or *general assembly* of the Icelandic Commonwealth (held in June).

al-þingis, adv. *quite, altogether* (= öllungis).

alþingis-dómr, m. *court of justice at the* alþingi; **-för,** f. *journey to the* a.; **-helgun,** f. *inauguration of the* a.; **-lof,** n. *permission, leave, given by the* a.; **-mál,** n. *parliamentary rules* or *proceedings*; **-nefna,** f. *nomination of judges to the courts of the* a.; **-reið,** f. *journey to the* a.; **-sátt,** f. *agreement entered into at the* a.; **-sáttarhald,** n. *the keeping of* alþingissátt.

al-þjóð, f. *people in general* (alþjóð manna).

al-þykkr, a. *quite thick, foggy* (veðr alþykkt).

al-þýða f. (1) *the whole people* (bauð hann alþýðu ríkis síns at göfga líkneskjuna); (2) *people in general, the majority* or *bulk of the people* (var þat heit þá fest ok játat af allri alþýðu); vera lítt við alþýðu skap, *to be unpopular*; (3) *the common people* (ánauð ok úfrelsi gekk yfir fólk allt, bæði ríka menn ok alþýðu).

al-þýðast (dd), v. refl., alþýðast til e-s, *to incline towards, attach oneself to*; **-þýði,** n. = -þýða.

alþýðis-fólk, n. *the common people.*

alþýðligr, a. *common, general*; -ligr maðr = mennskr maðr, *a common man*; í -ligri rœðu, *in ordinary speech*; hitt væri -ligra, *more plain.*

alþýðu-drykkja, f. *common banquet*; **-leið,** f. *high-road* (= almannaleið); **-lof,** n. *general praise, popularity*; **-mál,** n. *general report*; **-tal,** n. *common reckoning,* opp. to 'rímtal'; **-vápn,** n. *ordinary weapon*; **-vegr,** m. = -leið; **-virðing,** f. *public opinion*; **-vitni,** n. *universal testimony*; **-þyss,** m. *general tumult.*

al-þægr, a. *quite acceptable* or *pleasing* (to one); **-œstr,** pp. *quite excited, stirred up.*

ama (að), v. *to vex, molest*; refl., amast við e-n, e-t, *to inconvenience, trouble* (ömuðust liðsmenn lítt við hana); *to object to, disapprove, show dislike to* (a. við bygð e-s).

amalera (að), v. *to enamel* (foreign word).

amban, f. (Norse) = ömbun.

ambátt, f. (1) *bondwoman*; (2) *concubine.*

ambátta-fang, n. *tussle between bondwomen.*

ambáttar-barn, n., **-dóttir,** f. *child, daughter of a bondwoman*; **-ligr,** a. *vile, like an* ambátt; **-mót,** n. *expression (mien) of a bondwoman* (er eigi -mót á henni); **-sonr,** m. *son of a bondwoman.*

amboð, n.=andboð, annboð.

amma, f. *grandmother* (föður-móðir, móður-móðir).

ampli, m., **ampúll,** m. *jug* (ampulla).

amra (**að**), v. *to howl* or *yell piteously* (of cats).

an, conj. *than* (an old form for 'en').

and-, a prefix denoting whatever is *opposite, against, towards,* and fig. *hostile, adverse*; often spelt an- or ann-.

anda (**að**), v. *to breathe, live* (meðan þeir megu a.); refl., andast, *to breathe one's last, die*; **andaðr,** pp. *dead*; hún var þá önduð, *had breathed her last.*

anda-gift, f. *inspiration*; **-kast,** n. *breathing*; **-lauss,** a. *without breathing* (lifa -lauss); **-liga,** adv. *spiritually*; **-ligr,** a. *spiritual* (-lig fœða).

andar-, gen. from 'önd'; **-auga,** n. *spiritual eye*; **-dauði,** m. *spiritual death*; **-dráttr,** m. *breath, respiration.*

andar-egg, n. *duck's egg*; **-fygli,** n. *ducks.*

andar-gjöf, f.=-gift; **-gustr,** m. *breath of wind*; **-heilsa,** f. *spiritual welfare*; **-kraptr,** m. *strength of mind*; **-rúm,** n. *breathing time*; **-sár,** n. *mental wound.*

andar-steggi, -steggr, m. *drake.*

andar-sýn, f. *vision*; **-tak,** n. *breath*; **-vani, -vanr,** a. *breathless, lifeless.*

and-blásinn, pp. *blown up, inflated with wind* or *air.*

and-boð, n. *utensil* (=annboð).

and-dyri, n., **-dyrr,** f. pl. *porch.*

and-fang, n. *reception, hospitality.*

and-fælur, f. pl. *fright*; vakna með -fælum, *to awake in a fright.*

and-fœtingr, m. (1) *a person whose feet are turned backwards*; (2) pl. **and-fœtingar,** *Antipodes.*

and-hlaup, n. *suffocation.*

and-hvalr, m. *bottle-nosed whale.*

andi, m. (1) *breath, breathing*; a. Ingimundar er ekki góðr, *his breath smells, is foul*; (2) *current of air* (a. handar þinnar); (3) gramm., *aspiration* (linr, snarpr a.); (4) *soul* (guð skapaði líkamann ok andann); gjalda guði sinn anda, *to die*; (5) *spirit, spiritual being*; úhreinn a., *an unclean spirit*; heilagr a., *the Holy Ghost.*

and-kostr, m. see annkostr.

and-lauss, a. *breathless, lifeless.*

and-lát, n. (1) *death* (þá er þú fregn andlát mitt); (2) *the last gasp*; þá var konungr nær andláti, *was almost breathing his last.*

andláts-dagr, m., **-dœgr,** n. *day of death*; **-sorg,** f. *grief for a death*; **-tíð,** f., **-tími,** m. *time of death.*

and-liga, adv. *spiritually*; **-ligr,** a. *spiritual* (biskup hefir andligt vald til andligra hluta).

andlit, n. *face, countenance.*

andlits-björg, f. *visor*; **-blíða,** f. *mild expression of the countenance*; **-mein,** n. *cancer in the face*; **-skepna,** f. *form* or *make of the face*; **-sköp,** n. pl.=-skepna; var vel -sköpum, *had well-formed features*; **-vænn,** a. *fine-featured*; **-vöxtr,** m. *form of the face, features.*

and-marki, m., see annmarki.

and-málugr, a. *contentious, quarrelsome*; **-mæli,** n. pl. *contradiction, objection.*

and-nes, n. *promontory, headland*; **-orða,** a. *indecl.*, at verða andorða, *to come to words with*; **-óf,** n. *paddling with the oars,* so as to keep a boat from drifting (cf. andœfa).

and-rammr, a. *having foul breath.*

andrar, m. pl. *snow-shoes.*

andrjá, f. *tumult, uproar.*

and-róði, m. *pulling against tide and wind*; þeir tóku (áttu) mikinn -róða, *they had a hard pull*; **-róðr** (-rs), m.=andróði; **-saka** (**að**), v. *to reprimand* (hann -sakaði sveinana harðliga); **-sakan,** f. *reprimand, rebuke*; **-skoti,** m. (1) *opponent, adversary*; (2) *the devil, satan.*

and-spilli, n. *colloquy, discourse.*

and-spjall, n. (1) = andspilli; (2) pl. andspjöll, *answer, reply*.

and-stefja (**að**), v. *to respond, answer*; **-stefna** (**-da, -t**), v. = -stefja; **-streymi**, n. *adversity*; **-streymr**, a. *strongly adverse* (-streym ørlög); Sighvatr var heldr -streymr um eptirmálin, *hard to come to terms with*; **-stygð**, f. *disgust*; e-m er -stygð af e-u, *one feels abhorrence for*; **-styggiligr, -styggr**, a. *abominable, odious*; **-svar**, n. *answer, reply, decision* (vera skjótr í -svörum); **-svara** (**að**), v. (1) *to answer* (e-m); (2) *to respond* (= andstefja); (3) *to answer for, be responsible for* (e-u).

andsvara-maðr, m. *respondent, defender*.

and-syptir, m. *difficulty in breathing*.

and-sœlis, adv. *against the course of the sun, withershins* (= rangsœlis), opp. to 'réttsœlis'.

and-vaka, f. (1) *sleeplessness*; (2) *wakefulness*; **and-vaki**, a. *sleepless* (liggja -vaki).

and-vana or **-vani**, a. *destitute of, wanting*, with gen. (auðs andvani ok alls gamans); **-vanr**, a. = -vani; andvanr átu, *famished for food*.

andvara-gestr, m. *unwelcome guest*; **-lauss**, a. *free from care* or *anxiety*.

and-varða (**að**), v. *to hand over* (= afhenda).

and-vari, m. *care, anxiety*.

and-varp, n. (1) *breath, breathing*; (2) *sigh*; **-varpa** (**að**), v. *to heave a sigh* (= varpa öndinni); **-varpan**, f. *sighing, sobbing*.

and-vegi, n. *throne* (= öndvegi); **-verðr**, a. = öndverðr; **-viðri**, n. *head wind*; **-virði**, n. *worth, equivalent, price*; andvirði hvalsins, *the value of the whale*.

and-virki, n. (1) *hay, hay-stacks, crop*; nautafjöldi var kominn í tún ok vildi brjóta -virki, *throw down the cocks*; -virki (*fodder*) gekk þar upp fyrir hestum; (2) Norw. *agricultural implements*; viðarköst, timbr, grindr, sleða eða önnur -virki; (3) fig., legit hafa mér -virki nærr garði en at berjast við þik, *I have had business more urgent than to fight with you*.

and-vitni, n. *contradictory testimony*; **-vígr**, a. *a match for* (hann var eigi betr en -vígr öðrum þeirra brœðra); **-yrði**, n. pl. *objection, contradiction*; **-æra**, f. *resistance*; **-æris**, adv. *adversely, unfavourably* (ganga mun ykkr -æris); **-œfa** (**-ða, -t**), v. *to keep pulling against wind and tide* so as to prevent a boat from drifting astern; **-œpa** (**-ta, -t**), v. *to reply against* (ekki er þess getit, at Þórðr andœpti þessarri vísu).

ang, n. *fragrance* (með unað ok a.).

anga (**að**), v. *to exhale odour* or *fragrance*; **angan**, f. *sweet odour*; a. Friggjar, *the love of Frigg*.

angi, m. *sweet odour*.

angi, m. *prickle, sting* (þetta mál hefir anga).

angist, f. *anguish*.

angistar-ár, n. *year of misery*; **-neyð**, f. *great distress*; **-tími**, m. *hour of distress*.

angr (gen. **-rs**), m. *grief, sorrow*; gera e-m angr, *to do one harm*; vera e-m at angri = angra e-n.

-angr (gen. **-rs**), m. in Norse local names, *bay, firth*.

angra (**að**), v. *to grieve, vex, distress* (mik hefir angrat hungr ok frost); with dat. (hvárt sem mér angrar reykr eða bruni); impers. *to be grieved* (angraði honum mjök); refl., angrast af e-u, *to be vexed at, take offence at*; a. við e-n, *to fall out with*.

angraðr, pp. *sorrowful, sad, vexed* (reiðr ok a.).

angran, f. *sorrow, affliction*.

angr-fullr, a. *sorrowful, sad*; **-gapi**, m. *rash, foolish person*; **-lauss**, a. *free from care*; **-ligr**, a. *sad*; **-ljóð**, n. pl. *mourning songs, dirges*; **-lyndi**, n. *sadness, low spirits*; **-mœðast** (**dd**), v. refl. *to be in low spirits*; **-samliga**, adv. *sorrowfully, sadly*; **-samligr**, a. = -fullr; **-samr**, a. (1) *troublesome* (-söm fluga); (2) *depressed, downcast*; e-m er -samt, *one is in low spirits*; **-semd, -semi**, f. *depression of spirits*; **-væri**, f. *dejection*; **-œði**, n. *moody temper, sullenness*.

ankanna-fullr, a. *full of faults*; **-laust**, adv. *with flawless title* (Magnús konungr hafði þá ríki einn saman ok ankannalaust).

ann-, in several compds.=and-.

anna (**að**), v. *to be able to do* (a. e-u); cf. 'annast'.

annarligr, a. *strange, alien.*

annarr (**önnur, annat**), a., indef. pron., ord. numb.; (1) *one of the two, the one* (*of two*); Egill þessi hefir aðra hönd (*only one hand*) ok er kallaðr einhendr; á aðra hönd, *on the one side*; a. . . . a. *one . . . the other* (hét a. Sörli, en a. Þorkell); (2) *second*; í annat sinn, *for the second time*; høggr hann þegar annat (*viz.* högg), *a second blow*; (3) *the next following*; á öðru hausti, *the next autumn*; annat sumar eptir; fig., *next in value* or *rank*; annat mest hof í Noregi, *the next greatest temple*; fjölmennast þing annat eptir brennu Njáls, *the fullest assembly next to that after the burning of N.*; (4) *some other* (hón lék á gólfinu við aðrar meyjar); Þórarinn ok tíu menn aðrir, *and ten men besides*; hann var örvari af fé en nokkurr a., *than anybody else*; (5) *other, different*; öl er a.maðr, *ale* (*a drunken man*) *is another man, is not the same man*; þau höfðu annan átrúnað, *a different religion*; (6) in various combinations; a. slíkr, *such another, another of the same sort*; gekk a. til at öðrum (*one after another*) at biðja hann; hverja nótt aðra sem aðra, *every night in turn*; annat var orð Finns harðara en annat, *each word of Finn was harder than another*; aðrir . . . aðrir, *some . . . others*; einir ok aðrir, *various*; ymsir ok aðrir, *now one, now another* (nefna upp ymsa ok aðra); hvárr (*or* hverr) . . annan, *each other, one another* (hétu hvárir öðrum atförum); við þau tíðindi urðu allir glaðir ok sagði hverr öðrum, *one told the news to another, man to man.*

annarra-brœðra, gen. pl. used ellipt. in the sense of children of 'næsta brœðra', *third cousins*; **-brœðri**, m. *third cousin.*

annarr hvárr, indef. pron., *one or other of two persons, either* (drepa annan hvárn þeirra sona Skalla-gríms); at öðru hváru, *every now and then*, aðrir hvárir, *one or other of the two parties*; neut. used as adv., annat hvárt . . . eða, *either . . . or.*

annarr hverr, indef. pron. *every other alternately*; annan hvern dag, *every other day*; annat hvert orð, *every other* (*second*) *word*; at öðru hverju, *every now and then.*

annarr tveggi, annarr tveggja, indef. pron. *one or other of the two*=annarr hvárr; er aðrir tveggju eru lengra í burt komnir en ördrag, *when either of the two parties has got farther away than an arrow's flight*; annat tveggja . . . eða, *either . . . or.*

annars, gen. from 'annarr', used as adv. *otherwise, else* (stendr a. ríki þitt í mikilli hættu).

annarsligr, a.=annarligr.

annarstaðar, adv. *elsewhere, in another place*=annars staðar.

annast (**að**), v. refl. (1) *to take care of* (mál þetta mun ek a.); (2) *to provide for, support* (a. börn, ómaga); a. sik, *to support oneself*; (3) a. um e-t, *to be busy about, to occupy oneself with* (a. um matreiðu).

annáll (**-s, -ar**), m. *chronological register, annals.*

ann-boð, n. *agricultural implements.*

ann-friðr, m. *cessation from lawsuits* during the spring farming.

ann-kostr, m.=önnkostr.

ann-kvista, v. *to take care of.*

annmarka-fullr, a. *faulty, full of faults*; **-lauss**, a. *faultless.*

ann-marki, m. (1) *defect, flaw, fault* (þú leyndir -marka á honum); (2) *adversity* (þú gaft mér varygð í farsælu, huggan í -marka).

ann-ríkt, a. n., eiga -ríkt, *to be very busy*; **-samligr**, a. *toilsome, laborious*; **-samt**, a. n., e-m er -samt, *one is very busy*; **-semd**, f. *business, care, concern*; bera mikla -semd fyrir e-u, *to be concerned about.*

annt, a. n., e-m er a., *eager, anxious*; mörgum var a. heim, *many were eager to get home*; hví mun honum svá a. at hitta mik, *why is he so eager?* ekki er a. um þat, *it is not pressing*; hvat er nú a. mínum einga syni, *what has my only son at heart?* sagði sér a. (*that he was busy*) um daga; vera a. til e-s, *to be eager for.*

antikristr, m. *Antichrist.*

anza (að), v. (1) *to heed, take notice of* (a. e-u); (2) *to reply, answer* (a. til e-s).

apa (að), v. *to mock, make sport of, to befool* (margan hefir auðr apat); refl., apast at e-u, *to become the fool of.*

apaldr (gen. **-rs** or **-s**, pl. **-rar** or **-ar**), m. *apple-tree.*

apaldrs-garðr, m. *orchard*; **-klubba, -kylfa**, f. *club made of apple-tree*; **-tré**, n. *apple-tree.*

apal-grár, a. *dapple-grey.*

api, m. (1) *ape, monkey*; (2) *fool* (margr verðr af aurum api).

apli, m. *bull*, = þjórr, graðungr.

appella, appellera (**að**), v. *to cite, summon to the pope.*

apr (ópr, aprt), a. (1) *hard, sharp*; en aprasta hríð, *the sharpest fighting*; aprastr við at eiga, *the worst to deal with*; (2) *sad, dispirited.*

aprligr, a. *cold, chilly* (-ligt veðr).

aptan, adv. *from behind, behind*, opp. to 'framan'; þá greip hann a. undir hendr honum, *from behind*; fyrir a., as prep. with acc., *behind*; ek hjó varginn í sundr fyrir a. bóguna, *just behind the shoulders.*

aptann (gen. **-s**, dat. **aptni**; pl. **aptnar**), m. *evening*; síð um aptaninn, *late in the evening*; miðr a., *middle-eve*, 6 *o'clock.*

aptan-drykkja, f. *evening carouse*; **-kveld**, n. = aptann; **-langt**, adv. *all the evening*; **-skæra**, f. *twilight*; **-stjarna**, f. *evening star*; **-söngr**, m. *evensong, vespers.*

aptansongs-mál, n. *the time of evensong.*

aptan-tíðir, f. pl. = aptansöngs tíðir; **-tími**, m. *the time of evening.*

aptari, a. compar. = eptri.

aptarla, adv. *behind, far in the rear.*

aptarr, adv. compar. *farther back.*

aptast, adv. superl. *farthest back.*

aptastr, a. superl. *farthest back.*

aptna (**að**), v. impers. *to become evening*; refl., aptnast = aptna.

aptr, adv. (1) *back*; fara (snúa, koma, senda, sœkja, hverfa) a., *to go* (*turn* &c.) *back*; reka a., *to drive back, repel*; kalla a., *to recall, revoke*; (2) *backwards*; fram ok a., *backwards and forwards, to and fro*; þeir settu hnakka á bak sér a., *they bent their necks backwards*; (3) lúka (láta) a., *to shut, close*; hlið, port, hurð er a., *is shut*; (4) *at the back, in the rear*; þat er maðr fram, en dýr a., *the fore part a man, the hind part a beast*; bæði a. ok fram, *stem and stern* (of a ship); Sigurðr sat a. á kistunni, *S. sat aft on the stern-chest*; (5) *again*; Freyja vaknar ok snerist við ok sofnar a., *and falls asleep again.*

aptra (**að**), v. *to take back, withdraw, recall*; a. ferð sinni, *to desist from, give up*; a. sér, *to withdraw, waver, hesitate.*

aptran, f. *withdrawal, keeping back.*

aptr-bati, m. *convalescence*; vera í -bata, *to be on the way to recovery*; **-bati**, a. *convalescent, getting better, recovering*; **-beiðiligr**, a. *reciprocal*; **-borinn**, pp. *born again, regenerate*; **-byggi**, m. (esp. pl. -byggjar opp. to frambyggjar) *a man in the stern in a ship of war*; **-dráttr**, m. *reflux of the tide* (-dráttr hafsins); **-drepa**, f. *relapse, shock*; **-elding**, f. *dawning*; **-ferð**, f. *journey back, return*; **-fœrsla**, f. *bringing back*; **-för**, f. = -ferð; **-ganga**, f., **-gangr**, m. *ghost, apparition*; **-gjald**, n. *repayment*; **-hald**, n. *checking, holding back.*

aptrhald-samr, a. *saving, close.*

aptrhalds-maðr, m. *one who impedes the progress of a thing.*

aptr-hlaup, n. *running back*; **-hnekking**, f. *repulse*; **-huppr**, m. *haunch*; **-hvarf**, n. (1) *return*; illr -hvarfs, *disinclined to face the enemy again*; (2) *relapse, apostasy*; (3) *turning away from sin* (rare); **-kall**, n. *recalling, revocation*; **-kast**, n. *hurling back, repulse*; **-kaup**, n. *repurchase*; **-koma** or **-kváma**, f. *coming back, return*; **-kvæmt**, a. n. *admitting of return*; esp. eiga -kvæmt, *to be allowed to return* (from exile); **-lausn**, f. *redemption*; *right of redeeming*; **-mjór**, a.

tapering behind; **-mundr**, m. *regret, loss*; mér er mikill -mundr at e-u, *I miss a thing greatly*; **-reka**, a. indecl. *driven back* (by stress of weather); **-rekstr**, m. *driving back, repulse*; **-sjá**, f. *regret, longing* (=eptirsjá); **-skipan**, f. *restoration* (-skipan allra hluta); **-velting**, f. *rolling back.*

apynja, f. *she-ape, she-monkey.*

ara-hreiðr, n. *eagle's nest, eyrie.*

arðar-, gen. from 'örð'; **-leiga**, f. *rent for one year's crop*; **-máli**, m. *contract, agreement for one year.*

arðr (gen. **arðrs**), m. a simple form of *plough.*

arðr-for, f. *furrow, trench made by a plough*; **-gangr**, m. *coulter*; **-járn**, n. *plough-iron*; -járn þat er ristill (*coulter*) heitir; **-uxi**, m. *plough-ox.*

arðs-geldingr, m.=arðruxi.

arfa, f. *heiress* (Norse, rare).

arfa-sáta, f. *a heap*, or *small rick, of chickweed* (arfi).

arfa-þáttr, m. *section of law treating of inheritance* (arfr).

arf-borinn, pp. *by birth entitled to inherit, legitimate* (=til arfs alinn); **-deild**, f.=arfskipti; **-gengr**, a. *entitled to inherit.*

arfi, m. *heir, heiress*; a. e-s or at e-u, *heir to a property.*

arfi, m. *chickweed.*

arf-kaup, n. *sum paid for another's expectation of inheritance*; **-leiða** (-dda, -ddr), v. *to adopt as an heir* (=ættleiða); **-leiðing**, f. *adoption of an heir*; **-nyti** (gen. **-nytja**), m. *heir, inheritor* (poet.).

arfr (gen. **arfs**), m. (1) *inheritance*; taka arf, *to take possession of an inheritance*; taka arf eptir e-n, *to be heir to a person, to inherit*; standa til arfs eptir e-n, *to be entitled to inherit a person*; hón á allan arf eptir mik, *she is my sole heir*; selja arf, *to sell the expectation of inheritance* (=selja arfván); (2) *patrimony*=föðurleifð.

arf-rán, n. *unjust taking of one's inheritance*; **-ræning**, f. = arf-rán; **-ræningr**, m. *one stripped of his inheritance*; **-sal**, n. *cession of right of inheritance* (on condition of getting maintenance for life).

arfsals-maðr, m. *one who has made another his heir* on condition of being maintained by him for life; **-máldagi**, m. *deed concerning* 'arfsal'.

arf-skipti, n. *partition of an inheritance*; **-skot**, n. *fraud in matters of inheritance*; **-sókn**, f. *suit in a case of inheritance*; **-svik**, n. pl. *defrauding in matters of inheritance*; **-svipting**, f. *taking away of one's inheritance*; **-tak**, n. *the act of taking one as* arfsalsmaðr (taka e-n arftaki); **-taka**, f. *receiving, taking possession of, an inheritance*; **-takari**, **-taki**, m. *inheritor*; **-tekinn**, pp. *taken by inheritance*; **-tekja**, f.=-taka.

arftekju-land, n. *land obtained by inheritance.*

arf-tœki, n.=arftaka; **-tœkr**, a. =arfgengr; verða arftœkr e-s, *to receive by inheritance.*

arftöku-karl, m. *one taken as* arfsalsmaðr; **-maðr**, m. *inheritor, successor to an inheritance.*

arf-ván, f. *expectancy of inheritance*; **-þegi**, m. *heir.*

arg-hola, f. *harlot.*

argr, a. (1) *unmanly, effeminate, cowardly* (sem fyrir úlfi örg geit rynni); (2) *lewd*; (3) *wicked, pernicious* (þú hit argasta dýr).

argskapr, m. *effeminacy, cowardice, wickedness.*

ari, m. *eagle* (=örn).

arin-dómr, m. *fireside gossip*; **-eldr**, m. *hearth-fire*; **-elja**, f. *a home-rival to a wife*; **-greypr**, a. *encompassing the hearth* (bekkir aringreypir); **-hella**, f. *hearth-stone.*

arinn (gen. **arins**; dat. **arni**; pl. **arnar**), m. (1) *hearth* (eldr var á arni); as a law term, fara eldi ok arni, *to remove one's homestead*, taking fire and hearth together; (2) *an elevated platform.*

arins-horn, n. *corner of the hearth*; **-járn**, n. *poker.*

arka (að), v. *to walk heavily, trudge*; a. at auðnu, *to take whatever course fate may decide.*

arkar-fótr, m. *the foot of a chest* (örk); **-smíð**, f. *the building of Noah's Ark.*

arma, f. *pity*; dróttinn sá örmu á mannkyni, *took pity upon*.

arm-baugr, m. *armlet, bracelet*.

arm-bryst, n. *cross-bow*.

arm-fylking, f. = fylkingar-armr.

armingi (pl. **-jar**), m. *poor fellow* (= aumingi).

arm-leggr, m. *arm* (= armr).

armligr, a. *pitiful, miserable*.

armr (**-s**, **-ar**), m. (1) *arm*; leggja arma um e-n, *to embrace* (of a woman); koma á arm e-m, *to come into one's embraces* (of a woman marrying); (2) *the wing of a body*, opp. to its centre; armar úthafsins, *the arms of the ocean*, viz. bays and firths; armr fylkingar, *a wing of an army*.

armr, a. (1) *unhappy, poor*; (2) *wretched, wicked*; hinn armi Bjarngrímr, *the wretch, scoundrel B.*; hin arma kerlingin, *the wicked old woman*.

arm-skapaðr, pp. *misshapen, miserable, poor*; **-vitki**, f. *compassion*; **-vitugr**, a. *charitable, compassionate*; lítt armvitugr, *hard-hearted*.

armœða, f. *distress, trouble*; **armœðast**, v. refl. *to distress oneself*.

arnar-, gen. from 'örn'; **-hamr**, m. *eagle's plumage*; **-hreiðr**, n. *eagle's nest, eyrie*; **-kló**, f. *talon of an eagle*; **-líki**, n. *eagle's shape*; **-ungi**, m. *eaglet*.

arning, f. *tillage, ploughing* (related to 'erja').

arn-súgr, m. *the rushing sound caused by the flight of an eagle*.

ars, m. *posteriors*, = rass.

arta, f. *a species of teal, garganey*.

aska, f. *ashes* (mold ok a.; dust eitt ok a.). Cf. ösku-.

aska-smiðr, m. *shipwright*?

aska-spillir, m. *ship-spoiler*?

ask-limar, f. pl. *branches of an ash*.

ask-maðr, m. *shipman, viking, pirate*; cf. askr (3).

askr (**-s**, **-ar**), m. (1) *ash, ash-tree*; (2) *ash-spear*; (3) *small ship* (þeir sigla burt á einum aski); (4) *wooden vessel* or *dish* (stórir askar fullir af skyri); (5) a Norse *measure for liquids* equal to four bowls (bollar), or sixteen 'justur'.

ask-rakki, m. *marten*; **-viðr**, m. *ash-tree*.

asna, f. *she-ass*.

asna-höfuð, n. *ass's-head*; **-kjálki**, m. *jawbone of an ass*.

asni, m. *ass, donkey*.

at, prep. **A.** with dative. I. Of motion: (1) *towards, against*; Otkell laut at Skamkatli, *bowed down to S.*; hann sneri egginni at Ásgrími, *turned the edge against A.*; (2) *close up to*; Brynjólfr gengr allt at honum, *quite up to him*; þeir kómust aldri at honum, *they could never get near him, to close quarters with him*; (3) *to, at*; koma at landi, *to come to land*; ganga at dómi, *to go into court*; (4) *along* (= eptir); ganga at stræti, *to walk along the street*; dreki er niðr fór at ánni (*went down the river*) fyrir strauminum; refr dró hörpu at ísi, *on the ice*; (5) denoting hostility; renna (sœkja) at e-m, *to rush at, assault*; gerði þá at þeim þoku mikla, *they were overtaken by a thick fog*; (6) *around*; vefja motri at höfði sér, *to wrap a veil round one's head*; bera grjót at e-m, *to heap stones upon the body*; (7) denoting business, engagement; ríða at hrossum, at sauðum, *to go looking after horses, watching sheep*; fara at landskuldum, *to go collecting rents*. II. Of position, &c.; (1) denoting *presence at, near, by, upon*; at kirkju, *at church*; at dómi, *in court*; at lögbergi, *at the hill of laws*; (2) denoting *participation in*; vera at veizlu, brullaupi, *to be at a banquet, wedding*; vera at vígi, *to be an accessory in man-slaying*; (3) ellipt., vera at, *to be about, to be busy at*; kvalararnir, er at vóru at pína hann, *who were tormenting him*; var þar at kona nökkur at binda (*was there busy dressing*) sár manna; (4) with proper names of places (farms); konungr at Danmörku ok Noregi, *king of*; biskup at Hólum, *bishop of Hólar*; at Helgafelli, at Bergþórshváli; (5) used ellipt. with a genitive, *at (a person's) house*; at hans (*at his house*) gisti fjölmenni mikit; at Marðar, *at Mard's home*;

at hins heilaga Ólafs konungs, *at St. Olave's church*; at Ránar, *at Ran's (abode)*. III. Of time; (1) *at, in*; at upphafi, *at first, in the beginning*; at skilnaði, *at parting, when they parted*; at páskum, *at Easter*; at kveldi, *at eventide*; at þinglausnum, *at the close of the Assembly*; at fjöru, *at the ebb*; at flœðum, *at the floodtide*; (2) adding 'komanda' or 'er kemr'; at ári komanda, *next year*; at vári, er kemr, *next spring*; generally with 'komanda' understood; at sumri, hausti, vetri, vári, *next summer*, &c.; (3) used with an absolute dative and present or past part.; at sér lifanda, *during his lifetime*; at öllum ásjándum, *in the sight of all*; at áheyranda höfðingjanum, *in the hearing of the chief*; at upprennandi sólu, *at sunrise*; at liðnum sex vikum, *after six weeks are past*; at honum önduðum, *after his death*; (4) denoting uninterrupted succession, *after*; hverr at öðrum, annarr at öðrum, *one after another*; skildu menn at þessu, *thereupon, after this*; at því (*thereafter*) kómu aðrar meyjar. IV. fig. and in various uses; (1) *to, into*, with the notion of destruction or change; brenna (borgina) at ösku, *to burn to ashes*; verða at ormi, *to become a snake*; (2) *for, as*; gefa e-t at gjöf, *as a present*; eiga e-n at vin, *to have one as friend*; (3) *by*; taka sverð at hjöltum, *by the hilt*; draga út björninn at hlustunum, *by the ears*; kjósa at afli, álitum, *by strength, appearance*; (4) *as regards, as to*; auðigr at fé, *wealthy in goods*; vænn (fagr) at áliti, *fair of face*; (5) as a law term, *on the ground of, by reason of*; ryðja (*to challenge*) dóm at mægðum, kvið at frændsemi; (6) as a paraphrase of a genitive; faðir, móðir at barni (=barns, *of a child*); aðili at sök =aðili sakar; (7) with adjectives denoting colour, size, age, *of*; hvítr, svartr, rauðr at lit, *white, black, red of colour*; mikill, lítill at stœrð, vexti, *tall, small of stature*; tvítugr at aldri, *twenty years of age*; kýr at fyrsta, öðrum kálfi, *a cow that has calved once, twice*; (8) determining the source from which anything comes, *of, from*; Ari nam ok marga frœði at Þuríði (*from her*); þiggja, kaupa, geta, leigja e-t at e-m, *to receive, buy, obtain, borrow a thing from one*; hafa veg (virðing) styrk at e-m, *to derive honour, power, from one*; (9) *according to, after* (heygðr at fornum sið); at ráði allra vitrustu manna, *by the advice of*; at landslögum, *by the law of the land*; at vánum, *as was to be expected*; at leyfi e-s, *by one's leave*; (10) in adverbial phrases; gróa (vera grœddr) at heilu, *to be quite healed*; bíta af allt gras at snøggu, *quite bare*; at fullu, *fully*; at vísu, *surely*; at frjálsu, *freely*; at eilífu, *for ever and ever*; at röngu, at réttu, *wrongly, rightly*; at líku, at sömu, *equally, all the same*; at mun, at ráði, at marki, *to a great extent*. B. with acc., *after, upon* (=eptir); sonr á at taka arf at föður sinn, *to take the inheritance after his father*; eiga féránsdóm at e-n, *to hold a court of execution upon a person*; at þat (=eptir þat), *after that, thereafter*; connected with a past part. or adj., at Gamla fallinn, *after the fall of Gamli*; at Hrungni dauðan, *upon the death of Hrungnir*.

at, (1) as the simple mark of the infinitive, *to*; at ganga, at ríða, at hlaupa, *to walk, to ride, to run*; (2) in an objective sense; hann bauð þeim at fara, sitja, *he bade (ordered) them to go, sit*; gefa e-m at eta, at drekka, *to give one to eat, to drink*; (3) denoting design or purpose, *in order to* (hann gekk í borg at kaupa silfr).

at, (1) demonstrative particle before a comparative, *the, all the, so much the*; hón grét at meir, *she wept the more*; þykkir oss at líkara, *all the more likely*; þú ert maðr at verri (*so much the worse*), er þú hefir þetta mælt; (2) rel. pron., *who, which, that* (=er); þeir allir, at þau tíðindi heyrðu, *all those who heard*; sem þeim er títt, at (*as is the custom of those who*) kaupferðir reka.

at, conj., *that*; (1) introducing a subjective or objective clause; þat var einhverju sinni, at Höskuldr hafði vinaboð, *it happened once that H.*; vilda ek, at þú réðist austr í fjörðu, *I should like you to go*; (2) relative to 'svá', denoting proportion, degree; svá mikill lagamaðr, at, *so great a lawyer, that*; (3) with subj., denoting end or purpose, *in order that* (skáru þeir fyrir þá (*viz.* hestana) melinn, at þeir dœi eigi af sulti); (4) *since, because, as* (=því at); (5) connected with þó, því, svá; þó at (with subj.), *though, although*; því at, *because, for*; svá at, *so that*; (6) temp., þá at (=þá er), *when*; þegar at (=þ. er), *as soon as*; þar til at (=þ. t. er), *until, till*; áðr at (=á. en), *before*; (7) used superfluously after an interrog. pron. or adv.; Olafr spurði, hvern styrk at hann mundi fá honum, *what help he was likely to give him*; in a relative sense; með fullkomnum ávexti, hverr at (*which*) þekkr ok þægiligr mun verða.

at, negative verbal suffix, =-a; varat, *was not.*

at, n. *an incited conflict* or *fight* (see etja); odda at, Yggs at, *battle.*

ata (að), v. *to stain, smear.*

atall (ötul, atalt), a. *fierce*; ötul augu, *fierce, piercing eyes.*

at-beini, m. *assistance, help.*

atblástrar-maðr, m. *instigator.*

atburða-lauss, a. *eventless, uneventful.*

at-burðr, m. (1) *occurrence, event*; verðr sá atburðr, at, *it so happens that*; dráp Bárðar ok þá atburði er þar höfðu orðit, *and the events that had happened there*; (2) *incident, circumstance*; Ó. sagði honum alla atburði (*all the circumstances, particulars*) um sitt mál; í hverjum atburðum, *under what circumstances*; með hverjum atburðum, *in what manner, how*; (3) *chance, accident*; slíkt kalla ek atburð, en eigi jartegn, *such a thing I call an accident, and not a miracle*; af atburð, *by chance*; *accidentally*; með atburð, *by chance*; *peradventure, perhaps*; (4) *attack*; (5) *gesture* (með atburð kallaði hann mik til sín); var hón en fríðasta jungfrú ok vel at atburðum, *of good manners, well-bred.*

at-búnaðr, m. *proper outfit, equipment, &c.*; veita atbúnað dauðum mönnum, *to lay out dead bodies.*

at-djúp, n. *deep water close to shore*; **-djúpr**, a. *deep close to the shore.*

atdráttar-maðr, m., mikill -maðr, *a good housekeeper.*

at-dráttr, m. *provisions, supplies for household use*; hafði hann atdrátt at þeirra búi, *he supplied their household*; atdrættir ok útvegar, *ways and means.*

at-dugnaðr, m. *assistance, help.*

at-eggjan, f. *egging on*, =áeggjan.

at-fall, n. *rising tide, flood-tide.*

atfanga, gen. pl. from atföng, *provisions*; **-dagr**, m. **-kveld**, n. *the day*, or *evening, preceding a church festival*; atf. jóla, *Christmas Eve*; **-lauss**, a. *destitute of means of subsistence, without resources*; **-maðr**, m.=atdráttarmaðr.

atfara-laust, a. n. *without onslaught* or *armed aggression* (see atför).

atfarar-dómr, m. *sentence of execution* (for payment); **-þing**, n. *court of execution.*

at-ferð, f. (1) *proceeding, conduct, behaviour* (skynsamlig atferð); víkjast eptir atferðum enna fyrri frænda þinna, *to follow their (good) example*; (2) *activity, energy*; (3) *attack, assault*; veita e-m atferð, *to set upon one*; (4) a law term, *execution* (með dómrofum ok atferðum).

atferðar-bót, f. *improvement of conduct*; **-góðr**, a. *well-behaved*; **-leysi**, n. *inactivity, idleness*; **-maðr**, m. *energetic man.*

atferðligr, a. *fit* or *manly.*

at-ferli, n. *action, proceeding, procedure*; hann spurðist fyrir um atferli heraðsmanna, *what they were doing*; **-flutning**, f. *conveyance to a place, supply*; **-frétt**, f. *asking, inquiry.*

atfréttar-maðr, m. *inquirer* (e-s, *after something*).

at-fundull, a. *fault-finding, censorious*; **-fylgi**, n., **-fylgja**, f. *help,* *backing, support*; **-fyndiligr**, a. *blameable, reprehensible*; **-fyndli**, f. *censoriousness*; **-fœrsla**, f. *exertion, activity*.

atfœrslu-maðr, m. *a man of vigour*.

at-för, f. (1) *proceeding, method*; (2) *attack*; gera atför at e-m, veita e-m atför, *to make an attack upon*; (3) a law term, *execution* (dómr ok atför); **-ganga**, f. (1) *attack, onslaught*; veita e-m atgöngu, *to attack*; (2) *help, assistance*; **-gangr**, m. (1) *fighting, combat*; (2) *inroad, intrusion*; veita e-m atgang, *to intrude upon*; (3) *help, co-operation*.

atgangs-mikill, a. *energetic*.

atgeirr, m. *bill* or *halberd*.

atgengiligr, a. *acceptable, inviting*.

at-gerð, at-gervi, see atgørð, atgørvi.

at-geyminn, a. *careful, mindful, attentive*; **-geymsla**, f. *attention, heedfulness*; **-gæzla**, f. *care, caution*.

at-gørð, f. (1) *achievement* (þessa heims atgørðir); (2) *accomplishment, ability*; (3) *surgical operation* (cf. gøra at meini); (4) pl., *measures, steps taken*; litlar atgørðir, *small measures*; var eigi vænt til atgørða, *there were few expedients*.

atgørða-lauss, a. *inactive, idle*; **-laust** er um e-t, *no steps are taken*; **-maðr**, m. *a ready man*.

atgørðar-maðr, m. = atgørvimaðr; **-mikill**, a. *active, energetic*; **-vinr**, m. *a friend in deed*.

at-gørvi, f. (or neut.), *accomplishments, ability*.

atgørvi-maðr or **atgørvis-maðr**, m. *a man of great* (physical) *accomplishments*.

athafnar-lauss, a. *inactive*; **-maðr**, m. *an enterprising man*.

at-hald, n. (1) *constraint, restraint*; (2) *ascetic abstinence*.

athalds-maðr, m. *ascetic*; **-taumr**, m. *constraining force*.

at-hjúkan, f. *nursing, attendance on a sick person*.

at-hlaup, n. *onset, attack*; í einu athlaupi, *in one rush* (in a battle); tókst nú þegar athlaup, *a hand to hand fight*.

at-hlátr, m. *mockery, laughing-stock*; **-hlœgi**, n. = -hlátr; **-hlœgiligr**, a. *ridiculous*.

athuga-lauss, a. *heedless, careless*; **-leysi**, n. *heedlessness*; **-lítill**, a. *rather heedless*.

at-hugall, a. *heedful, thoughtful, careful*.

athuga-maðr, m. *devout person*; **-samliga**, adv. *attentively*; **-samligr**, a. (1) *attentive*; (2) = -verðr; **-samr**, a. *heedful, attentive*; **-verðr**, a. *worthy of attention*.

at-hugi, m. *attention, meditation*; af öllum athuga, *carefully*; flytja fram bœnir sínar með athuga, *with devotion*; leiða e-t athuga, *to reflect upon, to take into consideration*.

athugliga, adv. *attentively*.

at-hvarf, n. *courteous attentions to any one*, in the phrases, gøra e-m athvarf, gøra at athvarfi við e-n.

at-hyggja, f. *attention* (með allri hugarins athyggju); **-hygli**, f. *heedfulness, attentiveness*; **-hyllast**, v. refl., *to cultivate one's friendship*; *to side with* (e-n); **-hæfi**, n. *conduct, behaviour, proceeding* (í öllu sínu athæfi); **-hæfiligr**, a. *fit, fitting*; **-höfn**, f. (1) *doings, business*; fengin var þeim önnur athöfn, *occupation*; (2) *behaviour, conduct*; **-kall**, n. *demand, claim*; **-kast**, n. *rebuke, reproach*.

atkeri, m. *anchor*; see 'akkeri'.

at-koma, -kváma, f. (1) *arrival*; (2) *pain, visitation*; **-kominn**, pp. *situated* (vel, illa atkominn).

atkvæða-lauss, a. *unimportant, of no consequence*; **-maðr**, m. *a man of importance*; **-mikill**, a. *of weight, influential*.

at-kvæði, n. (1) *technical term*; skal sœkja sem þjófssök fyrir utan atkvæði, *with exception of the technical terms, without calling it theft*; (2) *word, expression*; (3) *sound, pronunciation* (atkvæði nafns hvers þeirra); (4) *decision*; var því vikit til atkvæða Marðar, *referred to Mard's decision*; S. veitti atkvæði (*ordered, decreed*), at hætta skyldi áverkum; af atkvæði guðanna, *by the gods' decree*; (5) *spell, charm*; atkvæði Finnunnar, *the spell of the Finnish witch*.

at-laga, f. (1) *laying the ships alongside for attack* in a sea-fight, *attack, assault* (also on land); (2) *landing*, without notion of fight (jarl skipaði svá fyrir um atlöguna).

at-lát, n. *compliance*; atlát synda, *indulgence in sin.*

atlátsamr, a. *compliant* (e-u).

atlögu-skip, n. *a ship engaged in battle.*

atmælasamr, a. *fault finding.*

at-mæli, n. *blame, censure*; **-rás**, f. *charge, attack*; **-reið**, f. (1) *riding at*; (2) *charge of horse.*

atreiðar-áss, m. *quintain-post.*

at-rekandi, m. *vigorous efforts, great exertions.*

at-renna, f. *running knot, noose, slip-knot.*

atrennu-lykkja, f. = atrenna.

at-róðr, m. (1) *rowing towards*; (2) *rowing against the enemy* (to make an attack).

atsamr, a. *quarrelsome, contentious.*

at-seta, f. *residence*; hafa atsetu e-s staðar, *to reside*, esp. of kings; **-setr**, n. = -seta.

at-skelking, f. *derision, ridicule.*

atskiljanligr, a. *various, different.*

atskjaldaðr, a. *covered with shields.*

atskjótaðr, a. *situated*; illa atskjótaðr, *badly off.*

at-sókn, f. (1) *onslaught, attack*; (2) *run of visitors* or *guests seeking hospitality* (föng vóru lítil, en atsókn mikil).

atsóknar-maðr, m. *aggressor.*

at-spurning, f. *inquiry*; leiða atspurningum um e-ð, *to make inquiries about a thing.*

at-staða, f. (1) *assistance, support*; (2) *zeal*; (3) *importunity, obtrusion*; **-staddr**, a. *situated, circumstanced* (vel, illa atstaddr); **-stuðning**, f. **-stuðningr**, m., **-stoð**, f. *support, assistance*; **-súgr**, m., only in the phrase, bora frekan atsúg til e-s, *to lay vigorous claim to*; **-svif**, n. *incident, bearing*; **-tekinn**, pp. = -staddr; **-tekt**, f. *state, condition.*

at-tönn, f. *tusk*, = vígtönn (cf. at, n.).

at-veizla, f. *assistance* (cf. 'veita at'); **-verknaðr**, m. *work*, esp. in haymaking; var Þórgunnu ætlat nautsfóðr til atverknaðar, *to toss and dry it.*

at-vik, n. (1) esp. in plur., *details, particulars*; eptir atvikum, *according to the circumstances of the case*; greina e-t með atvikum, *circumstantially*; (2) *concession*; (3) *onset, assault*, = atvígi.

at-vinna, f. (1) *assistance, support*; (2) *means of subsistence.*

atvinnu-lauss, a. *without means of subsistence.*

at-vist, f. *presence*, esp. *the act of being present* at a crime; vera í atsókn ok atvist, *to be present and a partaker in the onslaught*; **atvistar -maðr**, m. *aider and abettor.*

at-vígi, n. *onset, onslaught.*

atyrða (-rða, -rðr), v. *to rebuke*; **-yrði**, n. pl. *abusive words.*

auð- adverbial prefix to a great many adjectives, adverbs, and participles (opp. to tor-), *easily*; **-beðinn**, pp. *easily persuaded*; **-bœnn**, a. *easily moved by entreaty*; **-bœttr**, pp. *easily compensated for*; **-eggjaðr**, pp. *easily egged on*; **-fenginn**, pp., **-fengr**, a. *easy to get*; **-fundinn**, pp., **-fyndr**, a. *easy to find*; -fundit (-fynt), *easy to perceive, clear*; **-fœrr**, a. (1) *easy to pass* (-fœrr vegr); (2) *easily accessible.*

auðga (að), v. *to enrich* (a. e-n e-u); refl., auðgast, *to grow wealthy.*

auð-gengr, a. *easy to pass* (stígr -gengr); **-gætligr**, a., **-gætr**, a. *easy to get*; -görr, pp. *easily done*; **-heyrt**, pp. n. *easily heard, clear.*

auð-hóf, n., **-hœfi**, n. pl. *riches*, = auðœfi.

auðigr and **auðugr**, a. *rich, wealthy* (a. at fé); skip mikit ok auðigt, *with a rich lading.*

auðit, pp. n. of an obs. verb; e-m verðr e-s au., *it falls to one's lot*; oss varð eigi þeirrar hamingju au., *this good fortune was not destined for us*; þó at mér verði lífs au., *though life be granted to me*; hafði þeim orðit sigrs au., *they had won the day*; varð þeim eigi erfingja au., *to them no heir was granted*; au. fé, *means possessed.*

auð-kendr, pp. *easy to recognize, of*

distinguished appearance; **-kenni**, n. *mark, distinction*; **-kenniligr**, a. *easy to recognize*; **-keyptr**, pp. *easily bought, cheap*; **-kjörinn**, pp. *easily chosen, easy to decide on*; **-kumall**, a. *tender, delicate, easily hurt* or *wounded*; -kumall í skapi, *irritable*; **-kvaddr**, pp. *easily moved* (váru menn til þess -kvaddir).

auð-kvisa, f., **-kvisi**, m.; see 'aukvisi'.

auð-kvæðr, a. *easily talked over, easily moved, pliable.*

auð-kymli, f. *weakness* (þá varp hón af sér -kymli konunnar).

auð-kýfingr, m. *a man of great wealth.*

auð-lattr, pp. *easily kept in check*; **-látinn**, pp. *of easy, affable manners, complaisant.*

auð-legð, f. *wealth, riches*; **-maðr**, m. *wealthy man*; **-mildingr**, m. *generous, free-handed man.*

auð-mjúkliga, adv. (1) *humbly*; (2) *easily*; **-mjúkligr**, a. *humble* (auðmjúkligt bœnarbréf); **-mjúkr**, a. (1) *humble, meek*; (2) *pliable, docile*; **-munaðr**, pp. *easily remembered*; **-mýkja** (**-ta, -tr**), v. (1) *to humble*; auð-mýkja sik, *to humble oneself*; (2) *to make pliable*; **-mýkt**, f. *meekness, humility.*

auðn, f. (1) *wilderness, desert* (úfœriligar auðnir); (**2**) *uninhabited and uncultivated tract of land, waste* (bygðust þá margar auðnir landsins); (3) *deserted farm* or *habitation* (sá bœr hét síðan á Hrappstöðum, þar er nú auðn); (4) *desolation*; ríki mitt stendr mjök til auðnar, *is in a state of desolation*; liggja (leggja) í auðn, *to lie* (*to lay*) *waste*; (5) *destruction* (auðn borgarinnar).

auðna, f. (1) *fate*; a. mun því ráða, *Fate must settle that*; (2) *good fortune*; með auðnu þeirri, at Þorkatli var lengra lífs auðit, *by that good fortune that longer life was destined for Thorkel.*

auðna, f. *desolation*, = auðn.

auðna (**að**), v. impers. *to fall out by fate*; ef honum auðnaði eigi aptr at koma, *if he did not have the good fortune to return*; ef guð vill, at þess auðni, *that it shall succeed*; sem auðnar, *as luck decides.*

auðnar-glutr, n. *squandering, prodigality*; **-hús**, n. *deserted house*; **-maðr**, m. *destroyer*; **-óðal**, n. *impoverished estate*; **-sel**, n. *deserted shieling*; **-staðr**, m. *a desert place.*

auðnu-lauss, a. *luckless*; **-maðr**, m. *lucky man, favourite of fortune*; **-samliga**, adv. *fortunately.*

auð-næmiligr, a. *easy to learn.*

auð-næmr, a. *easily learned, soon got by heart.*

auðr, a. *empty, void, desolate*; húsin voru auð, *uninhabited*; auð skip (=hroðin), *empty ships*, all the crew being slain or put to flight; a. af mönnum, *void of people*; a. at yndi, *devoid of pleasure, cheerless.*

auðr, m. *riches, wealth*; auðr fjár, *great wealth*; auðr er valtastr vina, *wealth is the ficklest of friends.*

auð-ráð, n. *wealth*, = auðræði.

auð-ráðinn, pp. (1) *easily explained* (of a dream); (2) *easy to manage* (of a boat); **-ráðr**, a. *pliable, yielding.*

auð-rann, n. *rich house*; **-ræði**, n. pl. *means, property, wealth*; **-salir**, m. pl. *rich* (*splendid*) *halls.*

auð-sénn, pp. *easily seen, evident*; **-skilligr**, a. *easy to understand*; **-skreiðr**, a. = örskreiðr; **-skœðr**, a. *easily damaged, delicate, tender*; **-sóttligr**, a. (1) *easy to perform, an easy task* (þótti þetta eigi vera -sóttligt); (2) *that can easily be taken by force* (borg -sóttlig); **-sóttr**, pp. *easy to win* (mál -sótt); auðsóttr til bœna, *pliable, yielding.*

auð-stafr, m. poet. *wealthy man.*

auð-sveipr, a. *pliable, yielding.*

auð-sýna (**-da, -dr**), v. *to show, exhibit*; refl., -sýnast, *to appear clearly*; **-sýniliga**, adv. *clearly*; **-sýniligr**, a. *evident, clear*; **-sýning**, f. *making evident, explanation*; **-sýnn**, a. *easily seen, clear, evident*; **-sæligr**, a. = -sýniligr; **-sær**, a. = -sýnn; **-trúa**, a. indecl., **-trúinn**, a. *credulous*; **-tryggi**, f. *simplicity, credulity*; **-tryggr**, a. *simple-hearted, credulous.*

auðugr, a.; see 'auðigr'.

auð-velda (að), v. *to make easy, take lightly.*

auðvelda-verk, n. *an easy task.*

auð-veldi, n. *easiness, facility*; með -veldi, *easily*; **-veldliga**, adv. (1) *easily, lightly*; taka -veldliga á e-u, *to make light of*; (2) *without reluctance, willingly*; **-veldligr**, a. *easy to overcome* (hversu -veldlig sú borg var); **-veldr**, a. **-velliligr**, a. (1) *easy*; (2) *compliant.*

auð-virða, &c.; see 'afvirða'.

auð-vitað, pp. n. *easy to know, clear, evident*; **-víst**, a. n.,=-vitað.

auð-þrifligr, a. *weakly, feeble.*

auð-œfi, n.pl. *opulence, wealth, riches.*

aufi, interj. *woe! alas!*; a. mér *or* a. mik, *woe is me!*

aufusa or **aufúsa**, f. *thanks, gratitude, satisfaction, pleasure*; kunna e-m aufúsu fyrir e-t, *to be thankful, obliged to one, for a thing*; gefa e-m aufúsu, *to thank*; e-m er au. á e-u, *one is pleased, gratified, with*; ef yðr er þar nökkur au. á, *if it be any pleasure to you*; var mönnum mikil au. á því, *were much pleased by it.*

aufúsu-gestr, m. *a welcome guest*, opp. to 'andvara-gestr'; **-lauss**, a. *ungrateful, unthankful*; **-orð**, n. *thanks*; **-svipr**, m. *friendly mien.*

auga (gen. pl. **augna**), n. *eye*; lúka (bregða) upp augum, bregða augum í sundr, *to open (lift up) the eyes*; lúka aptr augum, *to shut the eyes*; renna (bregða, leiða) augum til e-s, *to turn the eyes to*; leiða e-n augum, *to measure one with the eyes*; berja augum í e-t, *to take into consideration*; koma augum á e-t, *to set eyes on, become aware of*; hafa augu á e-u, *to have, keep, an eye upon*; segja e-m e-t í augu upp, *to one's face, right in the face*; unna e-m sem augum í höfði sér, *as one's own eye-balls*; e-m vex e-t í augu, *one has scruples about*; náit er nef augum, *the nose is neighbour to the eyes*; gloggt er gests augat, *a guest's eye is sharp*; mörg eru dags augu, *the day has many eyes*; eigi leyna augu, ef ann kona manni, *the eyes cannot hide it if a woman love a man*; (2) *hole, aperture* in a needle (nálarauga), in a millstone (kvarnarauga) or an axe-head; (3) *pit* full of water.

auga-bora, f. *socket of the eye*; **-bragð**, n. (1) *twinkling of an eye, moment*; á einu augabragði, *in the twinkling of an eye*; (2) *glance, look*; snart -bragð, *a keen glance*; hafa -bragð af e-u, á e-u, *to cast a look at*; (3) *a butt for ridicule*; hafa e-n at -bragði, *to make sport of, to ridicule*; verða at -bragði, *to become a laughing-stock*; **-bragðligr**, a. (1) *momentary*; (2) *instantaneous*; **-staðr**, m. *socket of the eye*; **-steinn**, m. *apple* (or *pupil*) *of the eye.*

aug-brá, f. *eye-lashes*; **-dapr**, a. *weak-sighted*; **-fagr**, a.=augnafagr; **-lit**, n. *face, countenance*; fyrir (*or* í) guðs augliti, *before the face of God*; **-ljós**, n., in the phrase, koma í -ljós, *to come to light, appear*; **-ljóss**, a. *clear, manifest.*

augna-bending, f. *a warning look* or *glance*; **-bragð**, n.=augabragð; **-fagr**, a. *fair-eyed, having beautiful eyes*; **-fullr**, a. *full of eyes*; **-gaman**, n. *delight of the eyes*; **-karl**, m. *pan of the hip-joint*; **-kast**, n. *wild glance*; **-lag**, n. *look*; **-mein**, n. *disease of the eye*; **-myrkvi**, m. *dimness of the eye*; **-sjáldr**, n. *eyeball, pupil*; **-skot**, n. (1) *look, glance of the eye*; (2) *measure by the eye* (at augnaskoti); **-staðr**, m.=augastaðr; **-sveinn**, m. *a lad leading a blind man*; **-verkr**, m. *pain in the eye*; **-þungi**, m. *heaviness of the eye.*

aug-sjándi, pr. p. *seeing with one's own eyes*; at augsjándum postulum sínum, *in sight of his apostles*; **-sjón**, f.=augsýn; **-súrr**, a. *blear-eyed*,=súreygr; **-sýn**, f. *sight*; koma í -sýn e-m, *to appear before him*; í -sýn e-m, *in the face of*; **-sýnast** (d), v. refl. *to appear clearly*; **-sýniliga**, adv. *visibly*; **-sýniligr**, a. *visible*; **-sýnn**, a.=auð-sýnn, aug-ljóss.

auk, adv. and conj. (1) *besides*,=at auki (hundrað manna ok auk kappar hans); (2) *also*,=ok.

auka (**eyk, jók, jókum, aukinn**), v. (1) *to augment, increase* (a. virðing e-s; a. ætt sína; a. vandræði); *to prolong* (a. þing); aukanda ferr um e-t, *something goes on increasing*; eigi er þat aukit (*it is no exaggeration*) þó at hann sé sagðr ríkastr maðr á Íslandi; orðum aukit, *exaggerated*; aukin (*more than*) þrjú hundruð manna; (2) *to add*, with dat. (jók ek því es mér varð síðar kunnara); a. synd á synd ofan, *to heap sin upon sin*; a. e-u við, *to add*; aukast orðum við, *to come to words, to converse*; with acc., a. ný vandræði (=nýjum vandræðum) á hin fornu, *to add new difficulties to the old ones*; impers., jók stórum um hans harm, *his grief increased greatly*; (3) *to surpass, exceed*; þat er eykr sex aura, þá á konungr hálft þat er eykr, *if it exceeds six ounces, the king takes half the excess.*

auka (**að**), v. (a Norse form) = the preceding.

auka-gørð, f. *unnecessary work.*

auka-hlutr, m., at -hlut, *in addition, to boot*, = at auk.

aukan, f. *increase, augmentation.*

auka-nafn, n. *nickname, additional name*; **-smíði**, n. *superfluous thing*; **-tungl**, n. *intercalary moon*; **-verk**, n. *superfluous work.*

auki, m. (1) *addition, increase* (a. fagnaðar, pínsla); verða at moldar auka, *to become dust, to die*; til auka, *in addition, to boot*; fœrast í alla auka (afls síns), *to exert to the utmost one's bodily strength*; (2) *seed, progeny, offspring* (eigi gaft þú mér auka eðr afkvæmi); (3) *produce of the earth*; (4) *interest of capital.*

auk-nefna (**-da, -dr**), v. *to nickname*; **-nefni**, n. *contemptuous name, nickname* (eigi em ek bastarðr nema at -nefni, of William the Conqueror).

aukning, f. *increase.*

aukvisi, m. *degenerate person, laggard* (einn er au. ættar hverrar).

auma, f. *misery*, in the phrase, sjá aumu *or* aumur á e-m, *to take pity upon*; cf. 'arma'.

aum-hjartaðr, a. *tender-hearted, charitable.*

aumingi (**-ja**), m. *miserable person, wretch* (guðs aumingi).

aumka (**að**), v. *to commiserate, to feel pity for* (a person, &c.).

aumkan, f. *lamentation, wailing.*

aum-leikr, m. *misery, wretchedness*; **-liga**, adv. *piteously, wretchedly*; **-ligleikr**, m. = -leikr; **-ligr**, a. *poor, miserable* (aumligr ok hörmuligr).

aumr, a. *poor, miserable, unhappy, wretched.*

aum-staddr, pp. *in a poor, wretched state*; *miserably situated.*

aura-, gen. pl. from aurar; see 'eyrir'.

aura-dagr, m. *pay-day*; **-lag**, n. *standard of money*; **-lán**, n. *worldly luck*; **-lógan**, f. *squandering of money, profuseness*; **-lykt**, f. *payment*; **-skortr**, m. *scarcity of money*; **-taka**, f. *receipt of money.*

aur-borð, n. *the second plank from the keel of a boat.*

aur-gáti, m.; see 'ørgáti'.

aurigr (acc. **aurgan**), a. *clayey, muddy.*

aurr, m. *moist earth, clay, mud* (aurr etr iljar, en ofan kuldi).

aurriða-bekkr, m. *trout-stream*; **-fiski**, n. *trout-fishery*; **-net**, n. *trout-net*; **-vatn**, n. *a lake with trout.*

aurriði, m. *salmon-trout.*

aur-skór, m. '*mud-shoe*', *horse-shoe*; **-skriða**, f. *landslip.*

ausa (**eys, jós, jósum, ausinn**), v. *to sprinkle, pour*, with dat.; þær taka hvern dag vatn í brunninum ok ausa (*viz.* því) upp yfir askinn, *pour it over the ash-tree*; a. síld ór netjum, *to empty the nets of the herrings*; fig., a. sauri á e-n, *to bespatter with abuse*; a. e-m e-u í augu upp, *to throw ... in one's face*; (2) a. e-n (*or* e-t) e-u, *to besprinkle with a thing*; a. e-n moldu, *to sprinkle with earth, to bury*; a. barn vatni, a sort of baptism in the heathen age (Sigurðr jarl jós sveininn vatni ok kallaði Hákon); (3) with acc., *to bale*; a. skip upp, *to bale the ship out*; fig., a. bát sinn, *to make water*; (4) of a horse, *to kick* or *lash out with the hind legs.*

ausa, f. *ladle*; ekki er enn sopit, þó í ausuna sé komit, *there's many a slip 'twixt the cup and the lip.*

aus-ker, n.=austrs-ker.

ausli, m.; see 'auvisli, usli'.

austan, adv. *from the east*; á austan, *blowing from east*; fyrir austan (as a prep. with acc.), *east of*; (2) without motion, *on the eastern side* (þrjú hlið vóru austan á borginni); (3) with gen., *to the east of* (austan árinnar; austan fjarðar).

austan-ferð, f. *journey from the east*; **-gola**, f. *light breeze from the east*; **-kváma**, f. *arrival from the east*; **-marð**, m. *a man from the east*; **-veðr**, n. *easterly gale*; **-verðr**, a. *eastern, easterly*; **-vindr**, m. *east wind*.

austar-liga, adv., **-ligr**, a. *easterly*.

austarr, adv. compar. *more to the east*; **austast**, adv. superl. *most to the east*; **austastr**, a. superl. *most easterly, easternmost*.

aust-firðingr, m. *one from the east of Iceland*; **-firðir**, m. pl. *the east firths of Iceland*; **-firzkr**, a. *from the east firths* (*in Iceland*).

aust-ker, n.=austrs-ker.

aust-maðr, m. '*eastman*', *a man from the east*; in Iceland and in the Orkneys, *a man from Norway*.

austr, n. (1) *the east* (sól í austri; til austrs); (2) as adv., *in the east* (ek var a. ok ána varðak); *towards the east* (þú vart a. sendr).

austr (**-rs** or **-rar**), m. (1) *the act of baling out water*; standa í austri, *to be engaged in baling*; (2) *bilge-water* (skipit fullt **af** austri).

austr-átt, f.=austrætt.

austr-biti, m. *a cross-beam near the baling-place* (in a ship).

austrfarar-knörr, m., **-skip**, n. *vessel bound for the Baltic*.

austr-ferð, **-för**, f. *voyage to the east*, esp. to Russia or the eastern Baltic.

austr-hálfa, f. (1) *the eastern part*; hennar (*of Europe*) -hálfa; (2) *Asia* (=austr-hálfa heimsins).

austrhálfu-lýðr, m., **-þjóð**, f. *people of the east*.

austr-kendr, a. *easterly* (var veðrit austrkennt).

austr-ker, n. *scoop*,=austrs-ker.

austr-ligr, a. *eastern*.

austr-lönd, n. pl. *the East*.

austr-mál, n. *turn at baling*.

austr-oka (**að**), v. *to lavish, squander* (-oka fé sínu).

austr-ríki, n. *the eastern empire*, esp. the east of Europe; also of Asia.

austr-rúm, n. *the baling-place* in a ship.

austrs-ker, n. *scoop, bucket for baling out water*.

austr-vegr, m. *the east*, esp. the eastern Baltic, Russia.

austrvegs-konungr, m. *king of Russia*; -konungar, *the three kings from the east*; **-maðr**, m. *inhabitant of the* austrvegr.

austr-ætt, f. *eastern region of the heaven, east*.

aust-rœnn, a. *eastern, coming from the east*; -rœn gola, *easterly breeze*; -rœnn maðr=austmaðr; -rœnn viðr, *timber from Norway*.

aust-skota, f. *scoop*,=austrs-ker.

auvi, interj. *alas!*=aufi (auvi mér veslugri).

auvirðast (**að**), v. refl., *to become worthless*,=afvirðast.

auvirði, n. (1) *worthless wretch*; (2) a law term, *damage, anything impairing the value of a thing*.

auvirðiligr, a. *worthless, wretched*.

auvirðis-maðr, m. *a worthless wretch*.

auvirðskapr, m. *worthlessness*.

auvisla-bót, f. *compensation for damage*.

auvisli (af, vesall), m., contr. **ausli**, **usli**; (1) a law term, *damage*; bœta auvisla, *to pay compensation for damage done*; (2) *hurt, injury* in general; setja undan öllum auvisla, *to get off unscathed*.

ax, n. *ear of corn*.

axar-, see 'øxar-'.

ax-helma, f. *stalk and ear of corn*.

axlar-bein, n. *shoulder-bone, shoulder-blade*; **-liðr**, m. *shoulder-joint*.

axl-byrðr, f. *load borne on the shoulder* (öxl); **-hár**, a. *as high as a man's shoulder* (axlhár e-m).

ay, interj.=auvi (ay mér veslugri).

Á

á, prep., A. with dat. I. of place; (1) *on, upon, in*; á gólfi, *on the floor*; á hendi, *on the hand* (of a ring); á sjá ok landi, *on sea and land*; á bókum enskum, *in English books*; á himni, *in heaven*; á jörðu, *on earth*; hafa lykil á sér, . . . *on one's person*; vera á þingi, *to be present at a meeting*; vera á skógi, *to be out in a forest* (of a hunter, robber, deer); þær eyjar liggja á Breiðafirði, . . . *in Broadfirth*; (2) in connexion with proper names of countries, esp. those ending in '-land', *in*; á Englandi, Írlandi, Skotlandi, Bretlandi, Grœnlandi, Íslandi, &c., á Mœri, Ögðum, Fjölum; á Mýrum (in Iceland); á Finnmörk, á Fjóni (a Danish island), but í Danmörk, Svíþjóð; also before names of Icel. farms denoting open spaces; á Þórisstöðum, á Möðruvöllum, á Fitjum. II. of time; (1) *during, in the course of*; á nótt, *by night*; á degi, *by day*; á því ári, vári, sumri, *in that year, spring, summer*; á þrem sumrum, *in the course of three summers*; var hann á fám dögum heill, *within few days*; á dögum e-s, *in the days of, in his reign* or *time*; (2) used of a fixed recurrent period or season; á várum, sumrum, haustum, vetrum, *every spring, summer*, &c.; á kveldum, *in the evening*; þrisvar á ári, mánuði, *three times a year, a month*. III. fig. and in various relations; (1) denoting personal relation, *in, to, towards*; bœta e-t á e-m, *to make amends to one* (personally); sjá á e-m, *to read on* or *in one's face*; hafa elsku (hatr) á e-m, *to bear love* (*hatred*) *to one*; rjúfa sætt á e-m, *to break a truce on one*; (2) with a reflexive pron., denoting personal appearance, temper, look; vera þungr, léttr á sér, *to be heavy* or *light* (either bodily or mentally); kátr ok léttr á sér, *of a gay and light disposition*; þat bragð hafði hann á sér, *he looked as if*; sýna fáleika á sér, *to show displeasure*; (3) as periphrasis of the possessive pron. or a genitive; hann rétti á sér fingrna, *he stretched his fingers*; fótrinn á honum, *his foot*; í vörunum á honum, *in his lips*; stafn, skutr, árar, segl á skipi, *the stem, stern, oars, sail of a ship*; blöð á tré, *leaves of a tree*; egg á sverði = sverðsegg; (4) denoting instrumentality, *by, by means of*; afla fjár á hólmgöngum, *to make money by duelling*; fella e-n á bragði, . . . *by a trick* (in wrestling); komast undan á flótta, *to escape by flight*; (5) with numerals; á þriðja tigi manna, *between twenty and thirty*; á níunda tigi, *between eighty and ninety years of age*; á öðru hundraði skipa, *with above a hundred sail*; (6) in many adverbial phrases; á lífi, *alive*; á brautu, *away*; á floti, *afloat*; á milli, *between*; á laun, *secretly*; á móti, *against*; á enda, *at an end*; á flugi, *a-flying, in the air*; á gangi, *walking*; á skjálfi, *a-shivering*; á hleri, *a-listening*; á veiðum, *a-hunting*; á beit, *a-grazing*; (7) used absol. in reference to the air or the weather; þoka var á mikil, *a thick fog was on*; allhvast á norðan, *very strong breeze from the north*; gørði á regn, *rain came on*. B. with acc. I. of place; (1) indicating direction with or without motion, *towards, to, on, upon*; ganga á land, *to go ashore*; ganga á skóg, *into the wood*; stíga á skip, *to go on board*; á bæði borð, *on both sides* (of the ship); á hlið, *sidewise*; höggva á tvær hendr, *to hew* or *strike right and left*; stefna á fótinn, *to aim at the foot*; gekk veðrit á vestr, *the wind veered to the west*; hárit tók ofan á belti, *reached down to the belt*; reka austr á haf, *to drift eastwards on the sea*; (2) in some cases the acc. is used instead of the dat., esp. with verbs denoting *to hear* or *to see*; þeir sá boða mikinn inn á fjörðinn, *they saw great breakers away in the firth*; with phrases denoting *to be placed, seated, to sit*, the seat is freq. in acc.; sitja á miðjan bekk, *to be seated on the middle bench*; skyldi konungs sæti vera á þann bekk; (3) denoting parts of the body; bíta e-n á barka, *to bite one in the throat*; skera e-n á háls, *to cut one's throat*; kalinn á kné, *frozen* (*frost-bitten*) *up to the knee.* II. of time; (1) connected with 'evening, morning, the seasons' with the article; á kveldit, *every evening*; á sumarit, *every summer*; á vetrinn, *in the winter-time*; the plur., however, is much more common in such cases; á nætrnar, *by night, every night*; á morgnana, *in the morning, every morning*; á kveldin, *in the evening*; á várin, *in spring*; á sumrin, *in summer*; á haustin, *in autumn* (cf. A. II. 1.); 'dagr' is always used in sing. with the art. suffixed; á daginn, *during the day-time, every day in turn*; (2) denoting a movement onward in time; er leið á vetrinn (daginn, kveldit, nóttina), *as the winter*, &c., *wore on.* III. fig. and in various relations; (1) *on, upon, to*; bjóða vöxtu á féit, *to offer interest on the money*; fá á e-n, *to make an impression upon*; koma á rœðu við e-n, *to enter into talk with, to speak with*; (2) of colour, complexion, *in respect of, in regard to*; hvítr, jarpr, døkkr á hár, *having white, brown, dark hair*; døkkr á hörund, *of dark complexion*; (3) denoting *skill, dexterity*; hagr á tré, *a good carpenter*; hagr á járn, málm, *an expert worker in iron, metals*; fimr á boga, *good at the bow*; meistari á hörpuslátt, *a master in harp-playing*; mikill á íþrótt, *highly accomplished*; frœðimaðr á landnámssögur ok forna frœði, *a great scholar in history and antiquities*; (4) denoting *dimensions*; á hæð (lengd, breidd, dýpt), *in height* (*length, breadth, depth*); (5) denoting *instrumentality*; bjargast á sínar hendr, *to live on the work of one's own hands*; vega á skálir, *to weigh in scales*; nefna e-n á nafn, *by name*; (6) denoting *manner*; á þessa lund, *in this wise*; á marga (ymsa, alla) vega, *in many* (*various, all*) *respects*; esp. of a language; mæla, rita á e-a tungu, *to speak, write in a tongue*; á Írsku, *in Irish*; (7) in some phrases the acc. is used instead of the dat.; hann lét ekki á sik finna, *he showed no sign of motion*; (8) in distributive sense; skal mörk kaupa gæzlu á kú eðr oxa, *a mark . . . for every cow*; (9) connected with nouns, in prepositional and adverbial phrases; á hendr e-m, *against*; á hœla e-m, *at one's heels, close behind*; á bak e-m, *at the back of, behind*; á braut, *away*; á víxl, *so as to cross, cross-wise.*

á (gen. **ár**, pl. **ár**, gen. **á**, dat. **ám**), f. *river*; hér kemr á til sævar, *here the river runs into the sea*, fig., = *this is the very end.*

á-auki, m. (1) *increase*; (2) *interest of money, yield, profit*; (3) *reward.*

á-austr (-rs), m. *abusive language.*

á-barning, f. (1) *thrashing, flogging* (= barsmíð); (2) *assault* (of the Evil One), *temptation.*

á-batan, f. = ábati.

á-bati, m. *profit, gain.*

á-bersemi, f. *disposition to accuse.*

á-blásinn, pp. *inspired* (bók guðliga áblásin).

á-blásning, f. (1) *breathing upon* (með elds á.); (2) gramm., *aspiration*; (3) *inspiration*; **á-blástr**, m. (1) *breathing upon*; (2) *inspiration.*

ábóta-dœmi, n. *abbacy, abbotship*; **-kosning**, f. *election of an abbot*; **-ligr**, a. *abbatial*; **-sonr**, m. *son of an abbot*; **-stétt**, f. *the rank, dignity of an abbot*; **-stofa**, f. *abbot's parlour*; **-sæti**, n. *seat of an abbot*; **-vald**, n. *the power, dignity of an abbot.*

ábóta-vant, a. n. *in need of improvement, imperfect* (þar er honum þótti -vant um kristnihaldit).

ábóti, m. *abbot.*

á-breiða, f., **á-breizl**, n. *bed-covering, counterpane.*

á-brúðigr, a. = afbrúðigr; **ábrýða**, v. = afbrýða; **á-brýði**, f. = afbrýði.

áburðar-klæði, n. pl. *fine clothes, showy dress*; **-kona**, f. *a showy, dressy woman*; **-maðr**, m. *showy person, dandy*; **-mikill**, a. *puffed up, showy*; **-samligr**, **-samr**, a. *showy.*

á-burðr, m. (1) *charge*; (2) *salve, ointment*; (3) *pomp* or *bravery in dress* (cf. 'berast mikit á').

á-búð, f. (1) *tenancy*; ef land spillist í ábúð hans, *during his tenancy*; (2) *duties of a tenant*.

ábúðar-maðr. m. *an inhabitant*; **-skylda**, f. *duties of a tenant*.

á-búnaðr, m. *tenancy* (=ábúð).

á-byrgð, f. *responsibility*; vera í á. um e-t, *to be responsible for*; vera ór á. um e-t, *to be exempt from responsibility in a case*; hafa mikit í á., *to have much at stake*; e-t er í ábyrgðum við mik, *I am responsible for it*.

ábyrgðar-fullr, a. *full of responsibility, responsible*; **-hlutr**, m. *an object, matter involving risk and responsibility*; **-lauss**, a. *irresponsible, free from risk*; **-lítill**, a. *involving little risk*; **-ráð**, n. *responsible step*; **-samligr**, a. *momentous, very important*.

á-byrgja (-ða, -ðr), v. *to make one answerable for* (á. e-m e-t *or* e-t á hendi e-m); refl., ábyrgjast e-t, *to answer for, warrant*.

á-bœli, n. *tenancy, farm*, =ábúð.

áðan, adv. (1) *before* (löngu á.); (2) *a little while ago* (Kolr fór frá seli á.).

áðr, adv. (1) *already* (ek hef áðr ráðit brullaup mitt); (2) *before, heretofore*; litlu (löngu) á., *a little while* (*long*) *before*; (3) =áðr en, *previous to the time when, before, ere*; þeir höfðu skamma hríð setið á. þar kom Gunnhildr, *they had sat but a short while before G. came*; dóu margir á. þeir kœmi til fyrirheitsjarðar, *before they came to the land of promise*; (4) *until, till* (þat var svipstund ein á. stofan brann); (5) sem á., *nevertheless, for all that* (hón bað hann þat eigi gera, en hann tekr hana sem á.).

á-dreifing, f. *sprinkling upon*.

áðr-nefndr, pp. *before mentioned*.

á-drykkja. f. *the act of drinking to*; sitja fyrir ádrykkju e-s, *to sit over against one as his drinking-mate* (regarded as a mark of honour).

á-drykkr, m. *a wave dashing over a ship*.

á-eggja (að), v. *to egg* or *urge on, to exhort* (á. e-m).

á-eggjan, f. *egging on, instigation*.

áeggjanar-fífl, n. *a fool* or *tool egged on by another* (hafa e-n at -fífli); **-greinir**, f. pl. *exhortations*; **-óp**, n. *encouraging shout*.

á-eggjari, m. *instigator* (áeggjari glœpa).

áfa, f. *disturbance, quarrel, strife*.

á-fall, n. (1) *heavy sea* (dashing over a ship); (2) law term, *imposition of a fine* (á. sektar); (3) =áfelli, *calamity, visitation*.

áfalls-dómr, m. *sentence of condemnation* or *punishment*.

á-fang, n. (1) *laying hands upon, rough handling* (varð hann fyrir miklu spotti ok áfangi); (2) *mulct, fine*, incurred by illegal seizure of another man's goods; sex aura á., *a fine of six ounces*.

á-fangi, m.=áfang 2.

á-fangr, m.; see ái-vangr.

á-fastr, a. *fastened to, joined to*.

á-fátt, a. n. *defective, faulty*.

á-felli, n. *calamity*; standa undir áfelli, *to be under great hardship*; hvert á. jarl hafði veitt honum, *what penalties the earl had laid on him*.

áfellis-dómr, m. *condemnation*.

á-fenginn, pp., **-fengr**, a. *intoxicating* (á. mjöðr, drykkr).

á-flog, n. pl. *brawl, fighting*.

á-form, n. *arrangement*.

á-forma (að), v. *to arrange about a thing* (um e-t).

á-fram, adv. *forward, onward*; féll hann á., *on the face*; komst aldri lengra á. fyrir honum um skáldskapinn, *he never got any further in his verse-making*; héldu þeir á. leiðina, *they held forward on their way*.

á-frá, prep. *from*, =frá (á. þeim degi).

á-frýja, v.=frýja á e-n.

á-frýja, f. *reproach, rebuke*.

á-fýsi, f. *gratification, satisfaction* (oss er engi á. at).

á-fœra (-ða, -ðr), v. *to reproach*.

á-ganga, f. = ágangr (veita e-m ágöngu).

á-gangr, m. *molestation, annoyance, assault, aggression*.

ágang-samr, a. *aggressive.*

ágangs-maðr, m. *an aggressor* (við mína ágangsmenn).

á-gauð, f. *barking* (at one); *abusive language*; veita e-m mikla ágauð, *to abuse grossly.*

á-gengiligr, a. *acceptable, agreeable.*

á-gengt, a. n., e-m verðr ágengt, *one is exposed to* ágangr.

á-gildi, n. *value of a ewe* (ær).

á-gildr, a. *of a ewe's value.*

á-girnast (d), v. refl. *to covet, lust after* (ágirnast e-t=girnast á e-t); **á-girnd**, f. (1) *ardent desire, ambition*; (2) *cupidity, avarice* (hann hafði dregit undir sik Finnskattinn með ágirnd).

ágirndar-bál, n., **-eldr**, **-logi**, m. *flame of ambition* or *cupidity*; **-löstr**, m. *vice* (*passion*) *of avarice.*

á-girni, f. (1) *ambition*; (2) *greed, cupidity.*

ágirnis-fullr, a. *avaricious, selfish.*

á-gjarn, a. (1) *ambitious* (á. ok fégjarn); á. til fjár, *covetous*; (2) *impetuous, eager* (kappar ágjarnir ok óhræddir).

ágjarn-liga, adv. (1) *eagerly, vehemently*; (2) *with greed* or *cupidity*; **-ligr**, a. *proceeding from cupidity* or *avarice* (-lig rán).

ágóða-hlutr, m. *profitable share.*

á-góði, m. *gain, profit, benefit.*

á-grip, n., in the phrase, lítill ágripum, *small of size.*

ágæta (-tta, -ttr), v. *to praise* or *commend highly.*

ágæta-, gen. pl. from 'ágæti', is prefixed to many words to express something *capital, excellent*; **-góðr**, a. *excellent*; **-gripr**, m. *capital thing*; **-naut**, n. *fine ox*; **-skjótr**, a. *very swift*; **-vel**, adv. *excellently well.*

ágæti, n. *glory, fame, renown, excellence*; in pl., *glorious deeds* (mikil ágæti vóru sögð af Gunnari); gera e-t at ágætum, *to praise highly.*

ágætingr, m.=ágætismaðr, ágætr maðr.

ágætis-, gen. from 'ágæti', prefixed to a great many words with the same meaning as 'agæta-'; **-gripr**, m.= agæta-gripr; **-læknir**, m. *excellent physician*; **-maðr**, m. *excellent man*; **-verk**, n. *master-piece*; used as an adv. *highly, extremely* (húsfrú ágætis siðsöm).

ágæt-liga, adv. *capitally*; **-ligr**, a. *excellent, goodly.*

ágæ r, a. *famous, excellent*; ágætr höfðingi, *excellent chief*; ágætir gimsteinar, *noble gems.*

á-gørð, f. *gain, profit* (=ávöxtr).

á-hald, n. (1) *laying hold of*, esp. in pl., *fighting, brawl*; verða áhöld með mönnum, *they come to a tussle*; (2) *possession*; veita e-u áhald *or* áhöld, *to take possession of*; (3) hafa áhöld við e-m um e-t, *to be equal to* (*match for*) *one in a thing.*

á-hankast (að), v. refl. *to become entangled.*

á-heit, n. *invocation, vow.*

á-henda (-nda, -ndr), v. *to lay hands upon, seize*; **á-hendr**, pp. *within reach*; þau urðu áhend, *they were seized.*

á-heyrandi, pr. p. *within hearing, listening*; at öllum boðsmönnum áheyröndum, *in the hearing* (*presence*) *of all the guests.*

á-heyriligr, a. *worth hearing, well sounding*; **á-heyris**, adv. *within hearing, in one's hearing*; **á-heyrsi**, **-heyrsli**, a. indecl., verða e-s á., *to get to know by hearing.*

á-hlaup, n. (1) *onset, attack, incursion*; gera e-t með áhlaupum, *to do a thing impetuously*; (2) *leaping, covering* (of animals).

áhlaupa-maðr, m. *an impetuous person.*

á-hlekking, f. (1) *stumbling block* (drepa fótum í áhlekkingar); (2) *error, slip*; (3) *adversity*; **á-hleypinn**, a. *impetuous, vehement*; **á-hlýðast** (dd), v. refl. *to give ear to, listen to* (á. ummæli e-s); á. við e-n, *to agree with*; **á-hlýðinn**, a. *giving a willing ear, listening readily* (á. um e-t, til e-s); ekki á., *obstinate, self-willed.*

áhrins-orð, n. pl. *words* (*spells*) *that come true* (verða at -orðum).

áhuga-fullr, a. *full of care*; **-lítill**, a. *slow*; **-maðr**, a. *eager, aspiring* *man*; **-mikill**, a. *eager, vigorous*; **-samt**, a. n., e-m er -samt, *one is concerned* (about something); **-verðr**, a. *causing concern, serious*.

á-hugi, m. (1) *intention, mind*; e-m er e-t í áhuga, *one intends to do a thing*; (2) *eagerness* (ekki skortir ykkr áhuga); (3) *mind, opinion* (eigi er því at leyna, hverr minn á. er um þetta); (4) *care, solicitude*,=áhyggja; (5) *devotion*; biðja þeir goðin með miklum áhuga, *fervently*.

á-hyggja, f. *care, concern, anxiety*; bera áhyggju fyrir e-m, *to be concerned about*; fær þat honum mikillar áhyggju ok reiði, *it causes him much concern and anger*.

áhyggjast (að), v. refl., á. e-t *or* um e-t, *to be concerned about, take care or thought for*.

áhyggju-fenginn, **-fullr**, a. *anxious, concerned*; **-lauss**, a. *unconcerned*; **-mikill**, a. *very anxious*; e-m gerist -mikit, *one grows very anxious*; **-samliga**, adv. *gravely, anxiously*; **-samligr**, a. *anxious-looking*; **-samr**, a. *anxious, careful*; **-svipr**, m., **-yfirbragð**, n. *grave, anxious look*.

á-höfn, f. (1) *the freight or loading of a ship*; (2) *luggage*.

á-högg, n. *slaughter of a ewe* (ær).

ái, m. *great-grandfather*.

ái-fangi, **ái-fangr**, m. *resting-place* (for horses to rest and graze); **-fóðr**, n. *fodder for horses at a resting-place*; **-vangr**, m.=ái-fangr (cf. 'æja', *to bait*, and 'vangr', *field*).

ákafa-maðr, m. *an eager, impetuous man* (-maðr um e-t).

ákafast (að), v. refl., *to be vehement, eager*; á. á e-t, *to busy oneself eagerly with a thing*.

ákafi, m. *eagerness, vehemence*; með ákafa miklum, *vehemently*; í ákafa, *eagerly, impetuously*; the gen. 'ákafa' is prefixed to a great many adjectives and to some substantives, in the sense of *in a high degree, very*; ákafa fagr, *very beautiful*; ákafa reiðr, *very angry, furious*; ákafa drífa, *a heavy snow-drift*.

ákaf-leikr, m. *eagerness, vehemence*; **-liga**, adv. (1) *vehemently, impetuously*; fara ákafliga, *to rush on*; biðja -liga, *to pray fervently*; (2) *very, exceedingly* (-liga reiðr); **-ligr**, a. *vehement, hot* (ákafligr bardagi, -lig reiði); **-lyndi**, n. *a hot, impetuous temper*; **-lyndr**, a. *hot-tempered, impetuous*.

ákafr, a. *vehement, fierce* (á. bardagi); þenna dag var veizlan allra áköfust, *at the highest pitch*; neut. as adv., kalla ákaft á Bárð, *to pray to B. fervently*; ríða sem ákafast, *to ride at a furious pace*.

á-kall, n. (1) *calling upon, invocation* (á. á nafn guðs); (2) *clamour, shouting*; (3) *claim, demand* (á. til e-s, *to a thing*).

ákalls-lauss, a. *free from all claims or demands*.

á-kals, n. *an importunate, urgent request* (cf. kalls).

á-kast, n. (1) *throwing upon, casting at*; (2) fig., *assault* (á. óhreins anda); (3) pl. *taunts*; **á-kastan**, f. *casting upon*; **ákasta-samr**, a. *taunting*.

á-kefð, f.=ákafi (vægiliga en eigi með ákefð).

ákefðar-orð, n. pl. *passionate or violent words*.

á-kenning, f. (1) *smack, savour* (hafa á. e-s *or* af e-u); (2) *slight reprimand* (gera e-m á.); **á-kenningr**, m.=ákenning.

á-keypi, n. *right of pre-emption*.

á-klagan, f. *accusation, charge*.

á-klæði, n. *bed-covering, counterpane* (sængr með áklæðum).

á-kneiki, n. *shame* (snúa e-u e-m til ákneikis); **-koma**, **-kváma**, f. (1) *touch*; úfriðar á., *visitation of war*; (2) *hurt, wound*.

á-kúfóttr, a. *round as a ball*.

á-kveðinn, pp. *fixed, appointed*; ákveðin orð, *marked, pointed words*; með ákveðnum orðum, *in express words*.

á-kvæði, n. *decision, verdict*; með ákvæðum, *expressly*.

ákvæðis-teigr, m. *a piece of field to be mown in a day*; **-verk**, n. *piece-work* (þat er títt á Íslandi at hafa ákvæðisverk).

á-kynnis, adv. *on a visit*.

á-kæra (-ða, -ðr), v. *to complain of.*

á-kæra, f. *charge, complaint* (bera ákæru á e-n); **á-kærari**, m. *accuser, complainant*; **á-kærsla**, f. = ákæra.

ákærslu-lauss, a. = ákærulauss; **-maðr**, m. = ákærumaðr.

ákæru-lauss, a. *undisputed, unimpeached*; **-maðr**, m. *accuser, complainant.*

ál (pl. **-ar**), f. *leather-strap.*

á-lag, n. (1) esp. pl., álög, *impost, tax, burden*; (2) *visitation, tribulation*; (3) law term, *additional fine*; (4) *spell, charm.*

á-laga, f. esp. pl. álögur, = álag (1).

ála-garðr, m. *eel-pond, stew for eels.*

álags-háttr, m. a kind of metre, the first syllable of the following line completing the sentence.

álar-endi, m. *end of a leather strap*; **-reip**, n. *rope of leather.*

ála-virki, n. = álagarðr.

ál-belti, m. *leathern belt*; **-borinn**, pp. *measured with a thong* or *cord* (of a field); **-burðr**, m. *measurement* (*of a field*) *with a cord.*

á-leiðis, adv. (1) *onwards, forwards* (fóru á. til skipa sinna); vildu snúa á. för sinni, *proceed on their journey*; fig., koma e-u á., *to bring about*; víkja á. með e-m, *to side with one*; (2) *on the right path*, opp. to afleiðis; snúa e-m á., *to convert one.*

á-leikni, f. *pertness*; **á-leikr**, m. *trick*; **á-leiksi**, a. *having got the worst of the game.*

á-leita (að), v. *to molest, annoy*; **á-leitiligr**, a. *reprehensible*; **á-leitinn**, a. *aggressive*; **á-leitni**, f. (1) *aggressiveness* (á. við e-n); (2) *blame, censure.*

á-lengdar, adv. *for the future* (engum friði heit ek þér á.).

á-lengr, adv. (1) *for the future, always* (þessi illvirki skyldi eigi á. úhefnd vera); (2) *furthermore*; (3) á. er, *as soon as* (álengr er hann er sextán vetra).

álfa, f. = hálfa.

álfa-blót, n. *sacrifices to the elves*; **-kyn**, n. *the race of elves.*

álf-kona, f. *female elf*; **-kunnigr**, **-kunnr**, a. *akin to the elves.*

álfr (-s, -ar), m. *elf, fairy* (hóll er skamt heðan er álfar búa í).

álf-rek, n., **-reki**, m. *dirt, excrements* (which drive away the elves); ganga -rek, -reka, at -reka = ganga ørna sinna.

álf-röðull, m. poet. *the sun.*

á-lit, n. (1) *aspect, appearance, countenance* (vænn at áliti, fagr álitum, døkkr álits); (2) *view, consideration, reflection*; með skjótum álitum, *without mature consideration*; eigi með nógum álitum, *inconsiderately*; gøra e-t at álitum, *to take into consideration*; (3) *opinion, judgement* (at réttsýnna manna áliti).

álita-leysi, n. *absence of reflection*; **-lítill**, a. *inconsiderate*; **-mál**, n. pl. in the phrase, gøra e-t at -málum = gøra e-t at álitum.

álit-liga, adv. *becomingly, respectably, pretty well*; **-ligr**, a. *deliberate.*

á-litning, f. *consideration* (á. himnaríkis fagnaðar).

á-líkr, a. *like, resembling.*

á-ljótr (gen. **-s** or **-ar**), m. (1) *serious bodily injury* that leaves a mark, wilfully inflicted; (2) *contumelious language* (mæla áljót).

áljóts-eyrir, m. *a fine for* 'áljótr'; **-ráð**, n. *intention to inflict* 'áljótr'.

álka, f. *auk*; **álku-ungi**, m. *young auk* (fugl þvílíkastr sem álku-ungi).

áll (-s, -ar), m. (1) *eel*; (2) *a deep narrow channel in sea* or *river* (eru nú þeir einir álar til lands, er ek get vaðit); (3) *germ, sprout of a plant.*

álmr, m. (1) *elm*; (2) poet. *man.*

álm-sveigr, m. *elm-twig*; **-tré**, n. *elm-tree* = álmr (1).

álmviðar-skógr, m. *elm-wood.*

álnar-breiðr, a. *an ell broad*; **-kefli**, n. *a staff an ell long*; **-langr**, a. *an ell long*; **-tíund**, f. *tithe of the value of an ell*; **-virði**, n. *the value of an ell* (alin, öln).

álpt (pl. **álptir** and **elptr**), f. *swan.*

álptar-hamr, m. *the skin and plumage of a swan*; **-hreiðr**, n. *swan's nest*; **-líki**, n. *swan's shape* or *form.*

álpt-veiðr, f. *catching wild swans.*

ál-reip, n. *rope of leather.*

á-lútr, a. *bending forwards, stooping* (cf. lútr).

á-lygi, f. *slander, calumny.*

á-lykt, f. *issue, decision.*

ályktar-áminning, f. *final admonition*; **-dómr**, m. *final judgement*; **-orð**, n. *the last word, peroration*; **-vitni**, n. *conclusive testimony.*

á-lyktan, f. *conclusion, final decision.*

á-lægja, a. indecl. *in heat* (of a mare).

ámátligr, ámáttigr, a. *loathsome, unpleasant, piteous.*

á-minna (-ta, -tr), v. *to admonish*; **á-minning**, f. (1) *admonition, warning; the act of reminding one* (of something); (2) *recollection* (á. allra synda).

áminningar-maðr, m. *admonisher, reminder*; **-orð**, n. pl. *admonition, exhortation*; **-vísur**, f. pl. *admonitory or warning verses.*

á-mót, n. *confluence of* (two or more) *rivers* (uppi hjá ámóti).

á-munr, a. *like* (á. e-m).

ámu-sótt, f. *erysipelas.*

á-mæla (-ta, -t), v. *to blame* (á. e-m fyrir e-t).

á-mælandi (pl. -endr), m. *reprover.*

á-mæli, n. *blame, reproof, reproach*; leggja e-m e-t til ámælis, *to reproach one for, or with, a thing.*

ámælis-laust, adv. *without reproach*; **-orð**, n. *reproof*; **-samr**, a. *bringing reproach, shameful*; **-verðr**, a. *blame-worthy.*

án, prep. *without*; (1) with gen.; þess máttu Gautar illa án vera, *they could not well do without it*; án allrar vægðar, *without any mercy*; (2) with dat.; án e-s ráði, *without (against) his will*; án afláti, *incessantly*; (3) with acc.; án alla flærð, *without any deceit*; án leyfi, *without leave.*

á-nafnaðr, a. *renowned, famous.*

á-nauð, f. (1) *oppression, constraint*; (2) *bondage*; (3) *straits, hardship* (also in pl.).

ánauðar-ok, n. *yoke of bondage*; **-vist**, f. *life of oppression* or *bondage.*

á-nauðga (að), v. (1) *to reduce to bondage, to enslave* (á. e-m); (2) *to oppress*; **á-nauðigr**, a. *oppressed, enslaved*; **á-nauðr**, m. = ánauð.

á-nefna (-da, -dr), v. *to name, appoint* (á. dag til orrustu).

á-netja (að), v. *to entangle* as in a net (á. e-n e-u); refl., ánetjast e-u, *to be entangled in.*

á-neyða (-dda, -ddr), v. *to force, subject by force.*

áning, f. *resting, baiting*; cf. 'æja'.

á-nyt, f. *ewe's milk*, = ær-nyt.

á-nýja (að), v. *to renew.*

á-nœgja, v. = nœgja; lát sér e-t á., *to be content, rest satisfied, with.*

ár, n. (1) *year*; at ári, *next year*; telja árum, *to count time by years*; (2) *plenty, abundance, fruitfulness* (þá var ár um öll lönd); (3) the name of the Rune *A*.

ár, f. *oar*; draga skip á árum, *to pull the boat with oars*; þungr undir árum, *heavy to pull*; draga árar um e-t, *to contend for*; koma eigi ár sinni fyrir borð, *to be under restraint.*

ár, n. *first beginning*; ár var alda, *in times of yore*; at morgins ári, um morguninn í ár = árla um morguninn, *early in the morning.*

ár, adv. (1) *anciently, of yore*; (2) *early* (ár um morguninn).

ára-burðr, m. *the movement of the oars*; koma (ráðast) undir -burð e-s, *to become dependent on one*; vera undir -burði e-s, *to be under one's protection*; **-gangr**, m. *splashing of oars*; **-glam**, n. = -gangr; **-lag**, n. *time in rowing*; kunna áralag, *to be able to handle an oar.*

ár-áll, m. *river-channel.*

ár-angr (-rs), m. (1) *season*, = árferð; (2) *produce of the earth.*

árar-hlumr, m. *oar-handle*; **-hlutr**, m. *piece of an oar*; **-stubbi**, m. *stump of an oar*; **-tré**, n. *wood for making oars.*

á-rás, f. *assault, attack*, = áhlaup.

ára-tal, n. *number of years*; fimtugr at -tali, *fifty years of age*; **-tala**, f. (1) = -tal; (2) *calculation, reckoning of years.*

ár-bakki, m. *bank of a river.*

ár-bót, f. *bettering of the season or produce.*

ár-brot, n. *inundation of a river*; **-brú**, f. *bridge over a river.*

ár-búinn, a. *early ready.*

ár-býll, a. *dwelling in abundance.*

ár-dagar, m. pl., í -daga, *in days of yore*; **-degis**, adv. *early in the day.*

ár-djúp, n. *pool in a river.*

á-reið, f. *charge of cavalry, invasion of horsemen.*

á-reitingr, m. *inducement.*

á-rennil gr, a. *easy to face.*

á-reyðr, f. a kind of *salmon.*

ár-eyrr, f. *bar, sand-bank at the mouth of a river*; **-farvegr**, m. *course of a river.*

ár-ferð, f. (1) *season* (góð árferð); (2) *good luck.*

ár-fljótr, a. *fast, swift* (of a rowing vessel).

ár-gali, m. *'the early singer', the cock, chanticleer.*

árgalla-lauss, a. *free from failure of crop, fertile.* **ár-galli**, m. *failure of crop.*

ár-gangr, m. *a year's course, year.*

ár-gljúfr, n. pl. *steep cliffs overhanging a river.*

ár-guð, m. *god of plenty* (the god Frey); **-gœzka**, f. *good season.*

ár-hlutr, m. *one's portion of a river* (as regards fishing rights).

á-riða, f. *smearing, rubbing* (cf. 'ríða á').

árla, adv. (1) *early*; with gen., árla dags; (2) *in times of yore.*

ár-langt, adv., **-lengis**, adv. *for a year, during a whole year*; **-liga**, adv. (1)=árla; (2) *yearly*; **-ligr**, a. (1) *annual, yearly*; (2) *early.*

ár-maðr, m. *steward*, esp. of a king's or bishop's estates.

ár-megn, n. *main stream* or *current of a river.*

ár-menning, f. *stewardship.*

árna (að), v. (1) *to earn, gain, get* (á. e-t); (2) á. e-m e-s, *to procure a thing for one*; á. e-m góðs, *to pray for good to one*; á. e-m ills, *to imprecate evil upon, to curse*; á. e-m lífs, *to intercede for one's life*; á. e-s við guð, *to pray to God for a thing.*

árna (að), v. *to go forward, to wander* (á. úrgar brautir).

árnaðar-maðr, m. *intercessor* (esp. of Christ and the saints); **-orð**, n. *intercession* (of the saints).

árnaðr, m. *intercession.*

árnan, f.=árnaðr.

árnandi (pl. **-endr**), m. *intercessor*, =árnaðarmaðr.

ár-óss, m. *mouth of a river.*

árr (pl. **ærir** and **árar**, acc. **áru** and **ára**), m. (1) *messenger, servant*; (2) pl. *angels* (ærir ok höfuðærir).

árr, a. *early* (at árum degi).

ár-risull, a. *given to rising early.*

ár-sali. **-salr**, m. *precious hangings of a bed* (kult ok blæjur ok ársali).

ár-samr, a. *fertile* (ársamr vetr).

ár-sáinn, pp. *early sown.*

ár-skyld, f. *yearly rent.*

ár-straumr, m. *current in a river*; **-strönd**, f. *bank of a river.*

ár-sæli, f. *the fact of having prosperous seasons* (during one's reign); **-sæll**, a. *happy in having good seasons.*

ár-tal. n. *reckoning by years*; **-tekja**, f. *yearly rent*; **-tíð**, f. *anniversary of a man's death.*

ártíðar-dagr, m.=ártíð; **-skrá**, f. *obituary.*

á-runi, m. *attack*,=árás.

ár-vað, n. *ford of a river.*

ár-vakr, a. *early awake, early rising* (árvakr ok ósvefnugr).

ár-vegr. m.=árfarvegr.

ár-vænligr, **-vænn**, a. *promising a good season.*

ár-vöxtr, m. *the rising or swelling of a river.*

áræða-mikill. a. *daring, enterprising* (cf. áræðis-mikill).

á-ræði, n. (1) *attack*; veita e-m á., *to attack*; (2) *courage, daring, pluck.*

á-ræðiligr. a. (1) *likely, probable*; (2) *daring, dangerous*; (3) ekki áræðiligt, *not easy to face.*

á-ræðinn. a. *daring, enterprising.*

áræðis-fullr, a.=áræðinn; **-lítill**, a. *of small courage*; **-mikill**, a. *daring*; **-raun**, f. *test of courage, daring deed*; **-skortr**. m. *want of courage*; **-snarr**, a. *of great courage, plucky.*

á-saka (að), v. *to accuse, reproach*

(opp. to 'afsaka'); **á-sakan,** f. *charge, censure.*

ásakanar-efni, n. *matter for censure*; **-orð,** n. pl. *words of reproach.*

á-sakari, m. *accuser, adversary.*

á-samt, adv. (1) vera á., *to be together*, esp. of married people; (2) koma á., *to agree*; þau kómu vel á., *they lived happily together.*

á-sauðr, m. *ewe*; coll. *ewes.*

á-sáld, n. *sprinkling*, fig., of a *snow-storm.*

á-sáttr, pp. *agreed, having come to terms* (á. um e-t).

ás-brú, f. *bridge of the Gods, the rainbow.*

ás-drengr, m. *short pillar*; **-endi,** m. *the end of a beam.*

á-seta, f. (1) *sitting upon*; (2) *tenure of a farm* (áseta á jörð).

á-setning, f. *laying on, putting on* (á. stólunnar).

ás-garðr, m. *the residence of the Gods*; **-grindr,** f. pl. *the gate of* ásgarðr.

á-sigling, f. *sailing upon.*

á-sjá (gen. **ásjár**), f. (1) *help, aid, protection* (biðja e-n ásjár); (2) *superintendence, inspection*; (3) *appearance, shape.*

ásjá-ligr, a. *handsome, pretty*; **-mál,** n. *a matter worthy of, or requiring, consideration.*

á-sjána, f. older form for 'ásjóna'.

ásjón, f. *superintendence, inspection*; =ásýn.

á-sjóna, f. (1) *countenance, look*; kvenna vænst bæði at ásjónu (*appearance*) ok vitsmunum; grepp-ligr í ásjónu, *ugly-looking*; (2) *form, shape* (andi drottins í dúfu ásjónu).

á-skelling, f. *chiding, severe reproof* (cf. 'skella á').

á-skeyti, n. *attack.*

á-skilnaðr, m. (1) *disagreement, difference*; (2) *separation*; í tvennum áskilnaði, *in two different ways.*

á-skoran, f. *a pressing request; a challenge.*

á-skot, n. *shooting at*; svá mikil á., at, *so hard shooting, that.*

ás-kunnigr, -kunnr, a. *akin or related to the gods.*

á-skurðr, m. *carving*, in wood or stone (áskurðr ok trésmíði).

á-skynja, a. indecl., á. e-rar íþróttar, *experienced, expert in an art*; also with dat.; **á-skynjandi,** pr. p.= áskynja.

á-slátta, f. *injury* inflicted by some one (á. djöfuls).

ás-liðar, m. pl. *champions of the Gods*; **-megin,** n. *the divine strength of the Gods*, esp. used of Thor; **-megir,** m. pl. *the sons of the Gods*; **-móðr,** m. *divine wrath* (sá hann þá Þór í ásmóði).

á-sókn, f. (1) *attack, assault*; (2) *indictment, accusation.*

ásóknar-maðr, m. *accuser.*

áss (gen. **áss** and **ásar**; pl. **æsir,** acc. **æsi** and **ásu**), m. *one of the old heathen gods* in general, or esp. one of the older branch, in opp. to the younger ones (the *Vanir*).

áss (gen. **áss,** pl. **ásar**), m. (1) *a thick pole, main beam* (in a house); (2) in a ship, *yard of a sail* (beitiáss); (3) *rocky ridge.*

ás-stubbi, m. *stump of a beam.*

ást, f. (1) *love, affection*; hafa á. á e-m, *to feel a love for*; fella á. til e-s *or* við e-n, *to take a fancy to* or *for one*; (2) pl. ástir, *love between man and woman*, esp. *affection between man and wife* (vel er um ástir okkrar, sagði hón).

á-staða, f. (1) *assertion, contention*; (2) pl. *disagreement, discord.*

ásta-lauss, a. *loveless.*

ástar-andi, m. *spirit of love*; **-angr,** n. *grief from love*; **-auga,** n. *loving eye, tender look* (líta, renna -augum til e-s); **-band,** n. *tie* or *band of love*; **-boðorð,** n. *commandment of love*; **-bragð,** n. *token of love*; **-brími, -bruni,** m. *fire of love, ardent love*; **-drykkr,** m. *love-potion*; **-eldr,** m.= -brími: **-fullr,** a. (1) *loving*; (2) *enamoured*; **-fundr,** m. *affectionate meeting*; **-gjöf,** f. *gift of grace*; **-grein,** f. *kind of affection*; **-gyðja,** f. *goddess of love* (Venus); **-gørningr,** m. *act of charity*; **-harmr,** m. *grief from love*; **-hirting,** f. *chastisement of love*; **-hiti,** m. *warmth of love*;

-hugi, -hugr, m. *love, affection*; **-hygli,** f. *devotion*; **-ilmr,** m. *sweetness of love*; **-kveðja,** f. *hearty greeting*; **-kveikja,** f. *kindler of love*; **-lauss,** a. *loveless*; **-leysi,** n. *absence of love*; **-logi,** m. *flame of love*; **-mark,** n. *token of love*; **-orð,** n. pl. *words of love* (mæla -orðum til e-s); **-reiði,** f. *anger from love*; **-samband,** n. *band of love*; **-sigr,** m. *victory of love*; **-snæðingr,** m. *love-feast*; **-sœtleikr,** m. *sweetness of love*; **-várkunn,** f. *compassion*; **-verk,** n. *act of charity*; **-vél,** f. *artifice of love* (bók -véla, *Ars amandi*); **-þjónusta,** f. *service of love*; **-þokki,** m. *love, affection*; **-œði,** n. *fury of love.*

ást-blindr, a. *blind from love*; **-bundinn,** pp. *in bonds of love, deeply enamoured.*

á-stemma, f. *damming up of a river.*

ást-fenginn, pp. (1) *love-exciting* (-fenginn drykkr); (2) *bound in love* (-fenginn við Maríu); **-fólginn,** pp. *beloved, dear* to one (e-m); **-fóstr.** n. *loving fosterage* (leggja -fóstr við e-n; fœða e-n upp -fóstri); **-gjöf,** f. *gift of love, grace*; **-goði,** or **-góði,** m. *darling*; **-hollr,** a. *affectionate* (e-m); **-hugaðr,** a. *dearly loving, affectionate*; **-hugi,** m. *affection.*

á-stig, n. *treading upon* (slétt stræti til ástigs).

ást-igr, a. *dear, lovely*; pl. contr. ástgir, ástgar; **-kynni,** n. *hearty welcome*; **-lauss,** a. *void of love, loveless*; **-leysi,** n. *want of love, unkindness*; **-menn,** m. pl. *dearly beloved friends*; **-mær,** f. *darling maid, sweetheart*; **-ráð,** n. *kindly advice.*

á-stríðari, m. *adversary, tempter.*

ást-ríki, f. *affectionate tenderness*; hafa -ríki af e-m, *to be much loved by*; **-ríkr,** a. *full of love* (-ríkt hugskot); -ríkr e-m *or* til e-s, *full of love to*; **-samliga,** adv. *affectionately*; **-samligr,** a. *affectionate*; **-samr,** a. *full of love, tenderly disposed towards* (við e-n); **-semd,** f. *love, affection.*

ástsemdar-frændsemi, f. *affectionate relationship*; **-ráð,** n. *kind advice*; **-verk,** n. *work of love*; **-vinátta,** f. *loving friendship.*

ást-semi, f. = -semd; **-sæld,** f. *popularity*; **-sæll,** a. *beloved by all, popular* (-sæll e-m *or* af e-m).

á-stunda (að), v. *to study, take pains with*, = stunda á e-t; **á-stundan,** f. (1) *care, painstaking, endeavour*; (2) *strong desire* (hafa á. til guðs); (3) *intention.*

ást-úð, f. *love, affection*; leggja ástúð til e-s, *to become fond of one.*

ástúðar-frændsemi, f. *affectionate kinship*; **-vinr,** m. *dear friend.*

ást-úðigr, a. *beloved, dear* (-úðigr öllu fólki); -úðigt er með þeim, *they are on friendly or loving terms*; **-úðligr,** a. *amiable, friendly* (við e-n *or* e-m); *loving.*

ást-vina, f. *dear (female) friend*; **-vinátta,** f. *intimate friendship*; **-vinr,** m. *intimate friend*; **-þokki,** m. = ástarþokki.

ás-ynja, f. *goddess*, the fem. answering to 'áss'.

á-sýn, f. (1) *countenance, presence* (kasta e-m burt frá sinni á.); (2) *appearance, shape* (guðs hold ok blóð í á. brauðs ok víns); (3) *view, opinion* (með rangri á.); (4) dat. pl. used as adv., hversu var hann ásýnum, *how did he look?*; gen. as adv., minna ásýnar, *apparently less.*

á-sýna (-da, -dr), v. *to shew*; **á-sýnd,** f. = ásýn; ásýndum = ásýnum; ásýndar = ásýnar; **á-sýniligr,** a. *conspicuous, stately*; **á-sýnis,** adv. *in appearance, to look at* (fríðr á.); **á-sýnt,** a. n. *to be seen, visible*; ef eigi verðr á., *if no mark* (of the blow) *can be seen*; þat er á., *it is evident.*

á-sœkni, f. *aggressiveness.*

át, n. (1) the act of *eating*; eiga át ok drykkju við e-n, *to eat and drink with one*; kýr hafnaði átinu, *the cow would not eat*; (2) *food* (át ok drykkr).

áta, f. (1) *eating*; góðr átu, *good eating*; (2) *food, meat*; sá hafi húð ok átu, er átti, *let the owner* (of the ox) *have the hide and meat.*

á-tak, n. (1) *touch, touching*; svá átaks (*to the touch*) sem skinn;

(2) *firm hold or grasp*; átök ok sviptingar, in wrestling.

á-tala, f. *rebuke, reprimand* (veita e-m átölur).

átan, n. *eatable thing, proper food* (cf. 'úátan').

á-tekjur, f. pl. *manner of taking a thing* (Þorsteini óx móðr við átekjur hans).

á-tekning, f. (1) *touching*; (2) *the sense of feeling*; **á-tekt**, f. (1) =átekjur; (2) =átekning (1).

át-fátt, a. n. *short of food*.

át-frekr, a. *greedy, voracious*; girni, f. *greediness of food*.

átján, card. numb. *eighteen*.

átjándi, ord. numb. *eighteenth*.

átján-sessa, f. *a ship having eighteen rowing benches*.

á-troð, n., **átroði**, m. *treading upon, trampling* (verða fyrir átroða).

átrúnaðar-maðr, m. *a believer, a worshipper*.

á-trúnaðr, m. *belief in* (drauma á.); forn á., *the old (heathen) faith*.

átt, f. (1) *family, race*; (2) *quarter, direction*; see 'ætt'.

átta, card. numb., *eight*; áttandi, ord. numb. *eighth*=átti, áttundi.

áttar-auki, m. *increase of the family*; **-mót**, n. *relationship*; **-œxling**, f. *propagation of kin*.

átta-tigir, m. pl., **-tíu**, card. numb. *eighty*.

átt-bogi, m. *lineage*,=ættbogi.

átt-feðmingr, m. *a measure of eight fathoms* (-feðmingr torfs).

átt-hagi, m. *one's native place, one's home* (í átthaga sínum).

átt-hyrndr, a. *eight-cornered, octagonal*.

átti, ord. numb. *the eighth* (átti dagr Jóla; við átta mann).

áttján, card. numb. *eighteen*, the older form=átján.

átt-leggr, m.=ættleggr; **-lera**, a. indecl. *degenerate*.

átt-mælt, a. n. name of a metre, a verse containing eight lines, each being a separate sentence.

átt-niðjungr, **-niðr**, **-runnr**, m. *kinsman, descendant*.

átt-rœðr, a. (1) *eighty years of age*; (2) *measuring eighty fathoms*, in height, breadth, or depth.

átt-stafr, m. *kinsman*,=ættingi.

átt-strendr, a. *octagonal*.

áttugandi, ord. numb. *eightieth*.

áttungr, m. (1) *the eighth part* (a. manna); (2) *division of the country* (in some parts of Norway).

áttungr, m. *kinsman*,=ættingi.

áttungs-kirkja, f. *a church* belonging to an 'áttungr' (in Norway).

átt-vísi, f. *genealogical knowledge*, =ættvísi.

átt-æringr, m. *eight-oared boat*; **-ærr**, a. *of eight oars* (skip áttært).

átu-þýfi, n. *stolen eatables*.

átölu-lauss, a. *undisputed*.

ávalt (=of allt), adv. *always*.

á-vant, a. n. in the phrase, e-s er á., *is wanted, needed* (einnar mér Freyju á. þykkir).

á-varðr, a. *dear, acceptable*, only of man in relation to the gods (avarðir goðunum; ávarðr Guði).

á-varp, n. *calculation* (in round numbers), *opinion, estimate* (at ávarpi flestra manna).

á-vaxta (að), v. *to make fertile* or *productive*; á. fé, *to put out to interest*; refl., ávaxtast, *to increase*; ávaxtast með þorn ok klungr, *to become overgrown with*.

ávaxta-lauss, a. (1) *unproductive*; (2) *fruitless, resultless*; **-ligr**, a. *profitable, useful* (e-m).

á-vaxtan, f. *increase, augmentation*.

ávaxtar-samligr, a. *profitable*; **-samr**, a.=ávaxt-samr; **-tími**, m. *the time of harvest*.

ávaxta-samr, a.=avaxtsamr.

ávaxt-lauss, a. *unfruitful*; **-samligr**, a.=avaxtar-samligr; **-samr**, a. *profitable, fruitful*.

á-ván, f. *faint expectation or hint*; segja e-m áván e-s, *to give one some hint of a thing*.

á-veiðr, f. *river fishery*.

á-verk, n. (1) *bodily injury* or *lesion, wound* (veita, bjóða, e-m á.); (2) *unlawful use of another man's land* (as cutting trees in his forest).

áverka-bót, f. *compensation for an* áverki; **-drep**, n. *a stroke producing* áverki; **-maðr**, *perpetrator of an* áverki; **-mál**, n. *an action concerning* áverki.

á-verki, m. = áverk.

á-viðris, adv. *on the weather side of* (áviðris e-u = á veðr e-u).

á-viljaðr, a. *inclined to*, with inf.

á-vinna (see **vinna**), v. *to gain, make profit.*

á-vinningr, m. (1) *attainment*; í ávinning, at, *in order to attain, that*; (2) *profit, gain.*

á-vinnt, a. n. *difficult, toilsome*; þá mun á. um söxin, *then those in the bow will be hard put to it.*

á-vist, f. *abode, residence*; Snorra þótti betra ávistar í Hlíð, *Snorri preferred living at Hillside.*

á-vita, a. indecl., verða e-s á., *to become aware of a thing.*

á-vitall or **á-vitull**, m. *hint, intimation, indication.*

á-viti, a. = ávita.

á-víga, a. indecl., in phr., verða á., *to lose most people in a combat.*

á-vísa (**að**), v. *to point at, indicate.*

á-vísan, f. *indication, intimation.*

á-vít, n. pl. *reprimand, rebuke*; berja e-n ávítum, *to upbraid one.*

á-víta (**að**), v. *to chide, rebuke* (á. e-n um e-t).

ávíta-laust, a. n. *blameless.*

ávítan, f. *rebuke, reprimand.*

ávítanar-orð, n. *word of blame.*

ávíta-orð, n. = ávítanarorð; **-samligr**, a. *blameable.*

ávít-samligr, a. = ávítasamligr; **-samr**, a. *apt to blame, censorious.*

á-væni, n. = áván.

á-vöxtr, m. (1) *produce, growth, fruit*; (2) *interest, rent*; (3) *gain.*

á-þekkr, a. *similar* (á. e-m).

áþéttar-orð, áþéttis-orð, n. *defamatory language, invective.*

á-þjá (see **þjá**), v. *to oppress.*

á-þján, f. *oppression, harsh or oppressive rule.*

áþjánar-ok, n. *yoke of tyranny.*

á-þrætni, f. *mutual strife.*

á-þyngd, f. *exaction, oppression.*

B

bað, n. *bath*, esp. *steam-* or *vapour-bath* (fara *or* ganga til baðs, koma ór baði, ganga frá baði; taka bað).

baðast (**að**), v. refl., *to take a bath, to bathe.*

bað-ferð, f. *going to the bath* (vera í -ferð); um -ferðir, *about the time for bathing*; **-kápa**, f. *bathing-cloak*; **-kona**, f. *female bathing attendant.*

baðmr, m. (1) *tree*; (2) *bosom.*

bað-stofa, f. *bath-room, bathing-room*; in later times, *sitting-room.*

baðstofu-gluggr, m. *opening* (*window*) *in the roof of a* baðstofa.

bagall, m. *a bishop's staff, crozier.*

bagal-stafr, m. = bagall.

baggi, m. *pack, bundle.*

baglaðr, a. *crooked, deformed.*

bak, n. (1) *back* (binda bagga á b. sér); fig., bera sök á baki, *to be guilty*; leggja bleyðiorð á b. e-m, *to charge one with being a coward*; hafa marga vetr á baki, *to be advanced in years*; snúa baki við, *to turn the back, flee*; ganga á b. heitum, orðum, *to go back on one's word*; (2) = hest-bak; fara á b., *to mount*; fara, stíga, spretta af baki, *to dismount*; (3) *the backside of a thing* (cf. handarbak, hurðarbak, húsbak); á baki húsunum, *at the back of the houses*; gøra e-t á baki e-m, *in one's absence, behind one's back*; ríða at baki e-m, *behind him on the same horse*; berr er hverr at baki nema sér bróður eigi, *bare is one's back without a brother behind it*; á bak, (*a*) *behind*; koma á b. e-m, *to attack in the rear*; (*b*) *after*; á b. jólum, *after Christmas*; hvat sem á b. kemr, *whatever may come after* or *follow*; (*c*) absol., falla á b. aptr, *to fall backwards*; brjóta á b. orð e-s, *to refute, make them null and void*; **brjóta á b.** Rómverja, *to defeat them.*

baka (**að**), v. (1) *to bake* (b. brauð); (2) *to warm and rub the body and limbs*, at a large fire (see 'bakeldr'); esp. refl., bakast (við eld); (3) *to rub*, =strjúka; bakaði Helgi fótinn, *he rubbed the (broken) leg*.

bakan, n. *bacon* (rare).

bakara-meistari, m. *master-baker*; **-ofn**, m. *baker's oven*.

bakari, m. *baker*.

bak-bit, n. *backbiting, slander*; **-bítari**, m. *backbiter, slanderer*; **-borði**, m. *the larboard side of a ship, port*, opp. to 'stjórnborði'; **-brjóta** (see brjóta), v. *to violate*, =brjóta á bak; **-byrðingar**, m. pl. *the crew on the larboard side*, opp. to the 'stjórnbyrðingar'; **-byrðr**, f. *a burden to carry on the back*.

bakelda-gørð, f. *the action of making a* bakeldr, or *the rubbing of the back at a* bakeldr.

bak-eldr, m. *a fire at which to bake (warm and rub) the body and limbs* (sitja við -elda).

bak-fall, n. (1) *falling backwards*, esp. in pl., róa -föllum, knýja árar með stórum -föllum, *to take long pulls with the oars*; (2) *attack in the rear*, =-slag; veita e-m -fall, *to attack in the rear*; **-ferð**, f. *mounting on horseback*; **-ferla** (**að**), v. *to drive back, annul, make void*; **-hlutr**, m. *the hind part, backside*; **-hold**, n. pl. *the flesh on the back of cattle*; **-hverfast** (**ð**), v. refl., *to turn one's back upon* (við e-ð); **-jarl**, m. *a foe attacking in the rear*.

bakka-kólfr, m. *a kind of blunt-headed arrow*; **-stokkar**, m. pl. *stocks on which a ship is built*; setja fram af -stokkum, *to launch*.

bakki, m. (1) *bank* (of a river, lake, chasm, &c.); (2) *ridge, bank* (hann settist undir bakka í hrísrunni); (3) *a mound on which the target is set up*; setja spán í bakka, *to set up a target*; (4) *bank of clouds* above the horizon; (5) *back of a knife* or other cutting instrument, opp. to 'egg'.

bak-klæði, n. *tapestry*; **-lengja**, f. *the back-strip of a hide*; **-máll**, **-málugr**, a. *backbiting, slanderous*; **-mæla** (**-ta**, **-t**), v. *to backbite* (-mæla e-m); **-mælgi**, f., **-mæli**, n. *backbiting, slander*.

bakmælis-maðr, m. *calumniator*.

bak-rauf, f. *anus*, a nickname; **-sárr**, a. *having a sore back* (of a horse); **-setja** (see **setja**), v. *to neglect, omit* (-setja at gera e-t); **-skyrta**, f. *the hind part of a shirt*; **-slag**, n., **-sletta**, f. *attack in the rear*, =bakfall (2); **-slettr**, m. =baksletta; **-stakkr**, m. *the hind part of a cloak*; **-stokkar**, m. pl. =bakkastokkar.

bakstr (**-rs**), m. (1) *baking*; (2) *baked bread*, esp. *communion bread*; (3) *poultice, fomentation*; (4) *warming, rubbing* (of the body).

bakstr-brauð, n. *baked bread*; **-buðkr**, m. *a box in which the communion bread was kept*; **-eldr**, m. (1) =bakeldr; (2) *fire for making bread* (gera þeir -elda stóra til brauðs); **-hús**, n. *bakehouse*; **-járn**, n. *an iron plate for baking communion bread*; **-kona**, f. *female baker*; **-ofn**, m. *baking-oven*; **-sveinn**, m. *baker boy*.

bak-vana, a. indecl. *having a sore back* (of horses); **-verkr**, m. *pain in the back*; **-verpast** (**t**), v. (1) *to turn away from, disregard* (við e-t *or* við e-m); (2) *to flee before one* (-verpast við sínum úvinum).

baldikin, n. *baldaquin, rich brocade*.

baldinn, a. *untractable, unruly*.

baldrast (**að**), v. refl., *to crowd together in a confused throng*.

baldriði, m. =ballriði.

bali, m. *grassy bank*.

ballr, a. *dangerous, dire*; böll ráð, *fatal schemes*; ballir draumar, *bad, ill-boding dreams*; böll þrá, *heavy grief*.

ballrast (**að**), v. refl., =baldrast.

ball-riði, m. poet., '*bold rider*,' *hero* (Freyr er beztr allra ballriða).

balsamr, m. *balsam*.

bana (**að**), v. *to kill*, with dat.

bana-blóð, n. *blood shed in slaying*; **-dagr**, m. *day of death*; **-drykkr**, m. *baneful draught, poison*; **-dægr**, n. =-dagr; **-hogg**, n. *death-blow* (fá -högg; varð þat hans -högg); **-lag**,

n. *stabbing to death*; **-maðr**, m. *killer, slayer*; **-orð**, n. (1) *tidings of one's death* (segja -orð e-s); bera -orð af e-m, *to slay one in fight*; (2) *death*; þiggja -orð af e-m, *to be killed by one*; kenna e-m -orð, *to charge with slaying one*; **-ráð**, n. *planning a person's death*; ráða *or* veita e-m -ráð, *to bring about one's death*; **-sár**, n. *death-wound, a mortal wound*; **-skot**, n. *mortal shot*; **-sótt**, f. *death-sickness, mortal illness*; **-spjót**, n., in the phrase, berast -spjót eptir, *to be deadly enemies*; **-tilræði**, n. *mortal attack* (veita e-m -tilræði); **-þúfa**, f. *a knoll that causes one's death*; hníga við -þúfu, *to die*; drepa fótum við -þúfu, *to stumble against or over a fatal knoll.*

band, n. (1) *the act of binding* or *settling*, opp. to 'lausn'; fig., lausn ok b. allra vandamála, *the decision in all difficult cases*; (2) *band, cord* (mjótt b.); (3) in pl., (*a*) *bonds, fetters* (hafa e-n í böndum); (*b*) *bond, confederacy* (ganga í bönd ok eið); (*c*) poet., *the gods*, cf. 'höpt'; blóta bönd, *to worship the gods*; at mun banda, *at the will of the gods.*

banda (**að**), v. *to make a sign by waving the hand*; b. á móti fénu, *to drive away the sheep*; with dat., b. höndum, *to wave the hands.*

banda-maðr, m. *confederate, one who is in league with others.*

bandingi (-ja), m. *prisoner.*

band-vetlingr, m. *a kind of glove.*

bang, n. *hammering*; **banga** (**að**), v. *to hammer, knock*; b. dyrr *or* á dyrr, *to knock at the door.*

bang-hagr, a. *knowing how to use the hammer.*

bani, m. (1) *death*; fá (bíða, hafa, taka) bana, *to die*; ráða sér bana, *to commit suicide*; leiða e-n til bana, *to cause one's death* (of an illness); kominn at bana, *sinking fast*; (2) *that which causes death, bane*; *slayer* (fjögurra manna b.).

bann, n. (1) *excommunication, anathema, interdict*; hit meira b., *the greater exc.*; hit minna b. (*the lesser exc.*) þat sem forboð er kallat á norrœnu; (2) *prohibition*, opp. to 'lof' (hlýða boði ok banni e-s); leggja b. fyrir e-t, *to prohibit.*

banna (**að**), v. (1) *to forbid, prohibit* (b. e-m e-t *or* with infin.); (2) *to curse* (b. e-m); refl. bannast um, *to swear* (to do a thing).

bannaðar-orð, n. = bannanarorð.

bannan, f. *curse, imprecation.*

bannanar-orð, n. pl. = bannan.

bann-fœra (-ða, -ðr), v. *to place under the ban.*

banns-atkvæði, n. *sentence of excommunication*; **-áfelli**, n., **-dómr**, m. = -atkvæði.

bann-setja (see **setja**), v. (1) *to place under the ban*; (2) *to curse*; **-setning**, f. *excommunication*; **-settliga**, adv. *wickedly*; **-settligr**, a. *execrable, detestable*; **-settr**, pp. (1) *placed under the ban*; (2) *accursed.*

banns-mál, n. *a case liable to excommunication*; **-pína**, f. *punishment of excommunication*; **-spjót**, n. *spear of excommunication*; **-verk**, n. *an act liable to excommunication.*

bann-syngja (see **syngja**), v. *to pronounce an anathema against.*

banns-sök, f. *an offence liable to excommunication.*

ban-orð, f. = banaorð; **-vænligr**, a. *mortal, deadly*; **-vænn**, a. (1) = -vænligr (-vænt sár); (2) *deadly sick*; ok er dró at því at hann var -vænn, *when all hope of life was gone.*

barar, f. pl. (1) *hand-barrow, stretcher* (Þ. var borinn í börum um fjallit); (2) *funeral bier* carried by horses (mœddust hestarnir undir börunum).

barátta, f. (1) *contest, fighting*; (2) *fight, battle.*

baráttu-fullr, a. *combative, fond of fighting*; **-maðr**, m. *warrior*; **-samr**, a. *given to fighting.*

barð, n. (1) *beard* (rare); (2) *brim*, of a hat or helmet; (3) *the beak* or *armed prow of ships* (of war), *stem*; róa fyrir b. e-m (= róa fyrir stafn e-m), *to thwart one.*

barða, f. *a kind of axe.*

bardaga-búinn, pp. *ready for battle*; **-frest**, n. *delay of battle*;

-fullr, a. = -gjarn; **-fýst**, f. *love of combat*; **-gjarn**, a. *eager for combat*; **-guð**, m. *god of battle*; **-gyðja**, f. *goddess of battle*; **-laust**, adv. *without battle*; **-list**, f. *art of war*; **-lykt**, f. *the close of a battle*; **-maðr**, m. *warrior*; **-stef**, n., **-stefna**, f. *a time fixed for a battle.*

bardagi, m. (1) *beating, thrashing*; (2) *fight, battle* (heyja, eiga bardaga við e-n); (3) *calamity, scourge.*

barð-hvalr, m. *a sort of whale.*

barði, m. *a sort of ship, 'ram.'*

barð-mikill, a. *with a great* 'barð' (3).

barir, f. pl. = barar (rare).

barka-kýli, n. *Adam's apple.*

barki, m. *windpipe, weazand.*

barki, m. *a sort of small boat, launch.*

bark-lauss, a *without bark* (börkr).

barlak, n. *barley*, = bygg.

barmi, m. poet., *brother.*

barmr, m. *brim, rim* (of a vessel or a steel cap).

barm-tog, n. *a rope* for hauling the nets ashore.

barn, n. (1) *bairn, child*; vera með barni, *to be with child*; ganga með barni, *to go with child*; barns hafandi *or* hafandi at barni, *with child, pregnant*; frá blautu barni, *from one's tender years*; (2) = manns-barn; hvert b., *every man, every living soul.*

barna (að), v. *to get with child.*

barna-börn, n. pl. *grand-children*; **-eldi**, n. *procreation of children*; **-fœri**, n. in the phrase, ekki -fœri, *no task for children*; **-gaman**. n. *child's play*; **-karl**, m. *children's friend.*

barn-aldr, m. = barnsaldr.

barna-leikr, m. *child's play.*

barn-alinn, pp. *native*; -alinn á Íslandi, *a native of Iceland.*

barna-mál, n. *childish affair*; gera e-t at -málum, *to treat as a trifle, trifle with*; **-messa**, f. *Holy Innocents' Day*; **-skap**, n. *childish temper*; hafa ekki -skap, *to be no baby*; **-vipr**, n. *childish trifles, gewgaws*; **-þáttr**, m. *the section of law concerning infants.*

barn-beri, a. *with child, pregnant*; **-burðr**, m. *childbirth*; **-bærr**, a. *capable of bearing children*, opp. to 'úbyrja'; **-dómr**, m. *childhood*; **-eign**, f. (1) *getting* or *having children*; (2) *children, family* (furðu illa -eign gat Loki); **-eskja**, f. *childhood*, = barnœska; **-faðir**, m. *a child's alleged father*; **-fóstr**, n. *fostering of a child* (a kind of adoption in olden times); bjóða e-m -fóstr, *to offer to do this for another man*; **-fóstra**, f. *foster-mother*; **-fóstri**, m. *foster-father*; **-fúlga**, f. *pay for the maintenance of a child*; **-fœddr**, pp. = -alinn; borinn ok -fœddr, *born and bred*; **-fœði**, n. *native place, birthplace* (eiga -fœði e-s staðar); **-getnaðr**, m. (1) *procreation of children*; (2) *pregnancy* (hón hafði fengit -getnað af þeirra samvistu); **-gœlur**, f. pl. *nursery songs, lullabies.*

barningr, m. *thrashing*, see 'lama-barningr'.

barn-lauss, a *childless*; **-leikr**, m. = barnaleikr; **-leysi**, n. *childlessness*; **-ligr**, a. *childish, childlike.*

barns-aldr, m. (time of) *childhood* (nýkominn af -aldri); **-bein**, n., in the phrase, frá (*or* af) blautu -beini, *from childhood*; **-full**, a. f. *pregnant*; **-fylgja**, f. *the after-birth*, = eptirburðr; **-grátr**, m. *the crying of a baby*; **-húfa**, f. *child's cap.*

barn-skikkja, f. *child's cloak*; **-skírn**, f. *christening of an infant*; **-skírnar-orð**, n. pl. *words used in christening, baptismal formula.*

barn-sótt, f. *pains, throes of childbirth* (taka -sótt); **-sæll**, a. *fortunate in one's children*; **-sæng**, f. *childbed*; **-teitr**, a. *glad as a child*; **-ungr**, a. *very young, youthful*; **-úmagi**, m., **-úmegð**, f. (see these words); **-œska**, f. *childhood* (bráð er barnœska).

barr, n. (1) *acicular leaves, needles* of the fir or pine (wrongly applied by Snorri, who speaks of the 'barr' of the ash); (2) *barley.*

barr-axlaðr, a. *high-shouldered, with sharp, prominent shoulder bones*, **-haddaðr**, a. poet., *barley-haired* (of the earth).

Barreyskr, a. *from Barra* (in the Hebrides).

barr-skeptr, a. *high-shafted*, of an axe (breiðöx barrskept).

barr-viðr, m. *pine-forest; the wood of the fir.*

bar-smíð, f. (1) *thrashing, flogging*; (2) in pl., *fight, row.*

barún (pl. barúnar), m. *baron.*

bar-viðri, n. *beating storm, violent blasts* (b. ok regn mikit).

bassi, m. *bear*, = bersi.

bast, n. (1) *bast, the inner bark of the lime-tree* (bleikr sem b.); (2) *cord or string of bast* (sá þeir á b. bauga dregna).

basta (að), v. *to bind with a rope of bast* (úbastaðr ok úbundinn).

bastarðr, m. *bastard.*

bastari, m. *bastrope-maker.*

bast-bleikr, a. *pale as bast* (= bleikr sem b.); **-lína**, f. *cord of bast*; **-taug**, f. *rope* or *cord of bast*; **-vesall**, a. = -bleikr; **-øx**, f. *a kind of axe.*

bati, m. *improvement, advantage.*

batna (að), v. (1) *to improve, get better*; (2) impers., e-m batnar, *one recovers* (after sickness); the disease is added in gen. (e-m batnar síns meins, sjúkleika).

batnaðr (gen. -ar), m. *improvement* (berja e-n til batnaðar).

bauga-brot, n. *fragments of rings* (given in payment); **-tal**, n. *enumeration of 'rings'* (baugar), *the section of law dealing with weregilds.*

baug-bót, f. *supplemental payment to the* 'baugr' (baugþak, þveiti); **-broti**, m. *'ring-breaker', free-handed man*; **-bœtandi** (pl. -endr), m. *one who has to pay the weregild* (baugr); **-eiðr**, m. *the oath upon the sacred temple ring*; **-gildi**, n. (1) *the 'weregild' to be paid to the 'agnates' of the slain*, opp. to 'nefgildi', *the same amount to be paid to the 'cognates'*; (2) *agnatic relationship.*

baug-gildingr, m. = next.

bauggildis-maðr, m., usually pl. -menn, *agnates* who are bound to pay or receive the 'bauggildi'.

baug-gildr, a. *payable, fit to pay as* 'bauggildi' (-gildr eyrir, -gilt fé).

baugr (-s, -ar), m. (1) *ring, armlet* (of gold or silver) worn on the wrist, esp. *the sacred ring* (stallahringr) on the altar in heathen temples, cf. 'baugeiðr'; (2) in olden times, before minted gold or silver came into use, such rings were commonly used as a medium of payment; hence 'baugr' simply means *money*; (3) *fine of varying amount for manslaughter, weregild*; (4) *gaff-hook?* (5) in the phrase, eiga (kost) á baugi, *to have a (single) chance left*; ef sá væri á baugi, *if there were no other chance*; þú munt eiga slíkan á baugi brátt, *thou wilt soon have the very same chance* or *lot* (viz. death); (6) *the painted circle on a round shield.*

baug-rýgr (-rýgjar, -rýgir), f. *an only daughter entitled to receive and pay weregild.*

baugs-helgr, f. *personal sacredness* (so that one's death must be atoned for by a weregild).

baug-variðr, pp. *adorned with rings*; **-þak**, n. *'ring-covering', supplemental payment* to be added to the 'baugr' (3); at -þaki, fig., *in addition, to boot*; **-þiggjandi** (-endr), m. *receiver of weregild.*

bauka (að), v. *to dig, to rummage.*

baula, f. *cow*; **baulu-fall**, n. *the carcase of a slaughtered cow*; **-fótr**, m. *cow's foot*, a nickname.

baun (pl. -ir), f. *bean*; **bauna-lögr**, m. *bean-broth.*

bauta, v. *beat, chase?* (svá bautu vér björnuna).

bautaðar-, **bautar-** or **bautasteinn**, m. *stone monument, memorial stone* (reisa, setja bautastein).

baztr, a. superl., = beztr.

báðir (báðar, bæði, gen. beggja), a. *both* (báðir tveir).

bági, m. poet., *adversary.*

bágr, a. *uneasy, awkward* (verðr honum nú bág höndin); bágt var mjök um matbjargir, *provisions were very scarce.*

bágr, m. *contest, resistance*, in such phrases as, brjóta bág við e-n, *to contend against, offer resistance to*; fór í bág með þeim, *a conflict arose between them; they quarrelled.*

bág-ráðr, a. *difficult to deal with*,

opp. to 'auð-ráðr'; **-rækr**, a. *difficult to drive* (of geese).

bákn, n. *beacon, signal.*

bákna (að), v. *to beckon, make signs* (þeir báknuðu vápnunum til þeirra Hákonar).

bál. n. (1) *fire*; slá b. = drepa eld; (2) *flame, blaze*; gera b., *to make a blaze*; (3) *pyre, funeral pile*; bera e-n á b., *to carry to the pyre*; stíga á b., *to mount the pyre.*

bál-för, f. *funeral.*

bálkr, m. (1) *partition, balk* (b. um þveran hellinn); (2) *section in a code of laws*; (3) *body, group, host.*

bára, f. *wave, billow*; vant er at sigla milli skers ok báru, *between Scylla and Charybdis.*

bára (að), v. *to fall and rise in waves* (vatnit hrœrðist mjök ok báraði).

báróttr, a. *undulated, wavy* (haussinn var allr b. útan sem hörpuskel).

bár-stórt, a. n., var -stórt, *the waves ran high.*

báru-fall, n. *heavy sea*; **-skot**, n. *swell*; **-stormr**. m. *storm with heavy sea*; **-stórt** = bár-stórt.

bása (að), v. *to drive into a stall*, with dat. = bæsa.

bás-hella, f. *a flag-stone separating two stalls in a cowhouse.*

báss, m. *boose or stall in a cowhouse* (binda kú á bás).

básún, m. *bassoon* (for. word).

bát-festr, f. *a rope by which a boat is made fast*; **-lauss** a. *having no boat*; **-leysi**, n. *want of a boat*; **-maðr**, m. *boatman.*

bátr (-s, -ar), m. *boat*; sjá fyrir báti sínum, *to go one's own course, to mind one's own business.*

báts-borð. n. *the side of a boat*; **-farmr**, m. *boat's freight*; **-haki**, m. *boat-hook.*

bát-stafn. m. *boat's prow.*

beðja f. poet., *bed-fellow, wife.*

beð-mál. n. pl. *bed-talk.*

beðr (-jar -ir), m. *bolster, bedding*; ganga á beð e-m, *to go to bed with one, to marry.*

beiða (-dda, -ddr), v. *to ask, beg, request*; b. e-n e-s, *or* b. e-m (*for one*) e-s; b. e-s af e-m, *to ask a thing of or from a person*; b. e-n máls, orða, *to address one*; with acc., b. lögbeiðing, *to make a lawful request*; refl., beiðast, *to request on one's own behalf* (b. laga, griða); **beiddr**, pp *unwilling, reluctant* (b. fór ek heiman at biðja þín, Guðrún).

beiðing, f., **beiðni**, f., **beiðsla**, f. *request, demand.*

beiðslu-maðr, m. *a person asking.*

beimar, m. pl. poet., *men, heroes.*

bein, n. (1) *bone*; láta með beini ganga, *to deal blows to the very bone, give no quarter*; hafa b. í hendi, *to be well off*; (2) *leg*, = fótleggr; (3) pl. *mortal remains*; bera bein *or* beinin, *to be buried* (hér mun ek b. bera á Íslandi).

beina (-da, -dr), v. (1) *to stretch out, put into motion*; b. flug, *to stretch the wings for flight*; b. skrið sinn, *to creep*, of a serpent; b. raustina, *to raise the voice, speak aloud*; (2) *to further, promote*; b. för (ferð) e-s, *to help one forwards*; b. at *or* til með e-m, *to lend one help, to assist one*; b. e-u til e-s, *to contribute to a thing*; b. at e-u, *to lend a hand to*; b. fyrir e-m, *to support, entertain.*

beina-, gen. pl. from 'bein' and gen. sing. from 'beini'.

beina-bót, f. *accommodation, comfort for guests.*

beina-fœrsla, f. *removal of bones* (from one churchyard to another); **-hrúga**, f. *heap of bones*; **-lag**, n. *burying of one's bones, death.*

beina-spell. n. *spoiling the comfort of guests*; **-þurfi**, a. *in need of hospitable treatment.*

bein-brjóta (see **brjóta**), v. *to break one's bones*; **-brot**, n. *fracture of a bone*; **-fastr**, a., -fast sár, *a wound to the bone*; **-fiskr**, m. *a kind of fish*; **-gróinn**, pp. *grown fast to the bone*; **-högg**, n. *a blow injuring the bone* (svöðusár ok eigi beinhögg).

beini, m. (1) *help, benefit*; (2) esp. *hospitable entertainment, hospitality* (vinna, veita e-m beina); ganga um beina, *to wait upon the guests.*

beinir, m. = beini (1).

beini-samr, a. *ready* (*willing*) *to help*; **-semi**, f. *readiness to help*.

bein-knúta, f. *joint-bone*; **-kross**, m. *cross of bone*; **-lauss**, a. *boneless, without bones*.

bein-leiðis, adv. *straight, directly*.

bein-leiki, m. *hospitable treatment, hospitality*, = beini (2).

beinn, a. (1) *straight*; bein rás, *straight course*; beinstr vegr, *the straightest* (*shortest*) *way*; (2) *hospitable* (bóndi var beinn við þá); gera beint við e-n, *to treat one kindly*.

-beinn, a. *-legged* (berbeinn, *bare-legged*; digrbeinn, *thick-legged*).

beinn, m. *a kind of tree, ebony?*

bein-skeyti, f. *straight shooting, marksmanship*; **-skeytr**, a. *straight-shooting, a good shot*.

beins-litr, m. *colour of a bone*.

bein-stórr, a. *big-boned* (maðr mikill ok beinstórr).

beint, adv. (1) *straight, in a straight line, straight on*; (2) *just* (þat kom mér b. í hug); b. sex tigir skipa, *precisely sixty ships*; nú b., *just now*; þá b., b. í þessu, *just then*.

bein-verkir, m. pl. *pain in the legs*.

bein-viðr, m. *holly*.

bein-vöxtr, m. *bone-growth, size of bones* (lítill beinvöxtum).

beiska, f. *bitterness, sourness*.

beiska (að), v. *to embitter*.

beisk-leikr, m. *bitterness, harshness*; **-liga**, adv. *bitterly* (gráta -liga); **-ligr**, a. *bitterish*; **-lundaðr**, a. *bitter-hearted, malevolent*.

beiskr, a. (1) *bitter, acrid* (b. drykkr); (2) *exasperated, angry* (hón varð beisk við); (3) *painful, sore* (beiskr bruni).

beit, f. *pasturage, pasture*.

beit, f. *a plate of metal mounted on the brim* (of a thing).

beit, n. poet., *ship*.

beita, f. *bait*, esp. for fish.

beita (-tta, -ttr), v. (1) to 'cause to bite', *graze*, with the animals in dat. (b. nautum), the pasture in acc. (b. haga, land, engi); absol. *to pasture cattle* (b. í skógi); b. upp land, *to exhaust by grazing*; b. upp (*to consume*) engjum ok heyjum; (2) *to handle, use a weapon* (b. sverði); (3) *to hunt* or *chase* (with dogs or hawks); b. e-n hundum, *to set dogs on one*; (4) fig., b. e-n brögðum, úlögum, illu, *to deal cunningly, unlawfully, badly with one*; recipr., við höfum opt brögðum beizt, *schemed against each other*; (5) *to harness* (a horse, &c.) *to a vehicle* (b. hest fyrir vagn); beittu enn blakka mar, *saddle thy black steed*; fig., b. e-n fyrir e-t, *to put one at the head of*; refl., beitast fyrir e-t *or* e-u, *to lead the cause*; (6) *to furnish* (*a vehicle*) *with horses* (vagn at b.); (7) *to steer* or *sail near the wind, to cruise* (beita þeir í brott frá landinu); fengu þeir beitt fyrir Skotland, *they weathered S.*

beit-fiskr, m. *fish to be caught with bait?* (al. 'beinfiskr.')

beiti, n. *pasturage*.

beiti-áss, m. *sail-yard*.

beiting, f. (1) *grazing*; (2) *sailing by the wind* (cf. þrá-beiting).

beitinga-mál, n. *a lawsuit about right of grazing* or *pasturage*.

beittr, a. *sharp, keen* (of cutting instruments).

beizl, n. *bridle*; leggja b. við hest, *to bridle a horse*.

beizla (að), v. *to bridle*.

beizla. f. = beiðsla.

beizl-ál, f. *bridle-rein*; **-hringr**, m. *bridle-ring*; **-tamr**, a. *used to the bridle*; **-taumr**, m. *bridle-rein*.

beizlu-maðr, m. = beiðslumaðr.

bejur, bæjur, f. pl. *fetters, irons* (foreign word).

bekkjar-gjöf, f. '*bench-gift*' (a gift which the bridegroom offered to the bride at the wedding festival).

bekkjar-kvern, f. *water-mill*.

bekkjast (t), v. refl. *to strive to get a thing* (b. til e-s); b. til við e-n, *to pick a quarrel with one*.

bekkju-nautr, m. *bench-fellow*.

bekk-klæði, n. *covering of a bench*.

bekkr (gen. -s or -jar, pl. -ir), m. *bench*; œðri b., *the upper bench* (along the north side of the hall, looking towards the sun); úœðri b., *the lower* (*inferior*) *bench* (along the southern side); breiða, strá bekki, *to cover*, *strew the benches* (in preparation for a feast or wedding).

bekkr (gen. **-s** or **-jar**, pl. **-ir**), m. *beck, brook* (poet.).

bekk-skrautuðr, m. *adorner (ornament) of the bench* (poet.).

bekri, m. *ram*; brjóta bekrann, *to break one's neck* (rare).

belg-fláttr, m. *flaying* or *taking off the skin of an animal entire* (flá hafrana -flætti).

belgja (**-ða, -ðr**), v. *to inflate, puff out* (b. hvápta, augun).

belgr (gen. **-s** or **-jar**, pl. **-ir**), m. (1) *the skin* (of a quadruped) taken off whole (cf. kálfsbelgr, kattbelgr, hafrbelgr, otrbelgr); (2) *skin-bag, skin-case* (draga belg á *or* yfir höfuð e-m); (3) *bellows* (smiðju-belgr).

belja (**að**), v. *to bellow* (b. sem naut).

beljan, f. *bellowing, lowing.*

bella (**bell, ball, —**), v. *to hit, hurt,* with dat. (ball þér nú?); ekki má ófeigum b., *one not fated to die is proof against all shots.*

bella (**-da, -t**), v. *to dare, venture,* with dat.; (hverr mun hafa þessu bellt?); *to deal in, display* (bella svikum, lygi, gleði).

belli-bragð, n. *knavish trick.*

bellinn, a. *tricky, trickish.*

bell-vísi, f. *trickishness.*

belta-dráttr, m. *a close struggle.*

belti, n. *belt* (cf. gjörð, lindi).

beltis-púss, m. *a pouch attached to the belt*; **-staðr,** m. *waist.*

ben (**-jar, -jar**), f. (1) *mortal wound* (ben, ef at bana verðr); (2) *small bleeding wound*; also of *the wound produced by letting blood.*

ben, n. *wound*=ben, f.

benda (**-nda, -ndr**), v. *to beckon, make a sign with the head* or *hand* (b. e-m til sín, at fylgja sér); with acc., b. e-t fyrir, *to forebode, betoken.*

benda (**-nda, -ndr**), v. *to bend* (b. sverð um kné sér); b. boga, *to bend a bow*; b. höfuðit, *to bow the head*; refl., bendast á um e-t, *to dispute, contest about.*

benda, f. *band, tie* (cf. höfuðbenda).

bendi, n. *cord.*

bendill, m. *small cord, string.*

bending, f. (1) *sign, token*; gera e-m bending, *to make a sign to one*; (2) *foreboding, betokening* (víst eru þetta bendingar stórra bardaga).

bendr, pp. *bended, bent* (skjóta af bendum boga).

benja (**að**), v. *to wound mortally* (bróður minn hefr þú benjaðan).

benja-lýsing, f. a sort of *coroner's inquest* upon a slain man; **-váttr**, m. a sort of *coroner's juryman*; **-vætti,** n. *the verdict of a* benjaváttr.

ben-lauss, a. *free from wounds*; **-logi,** m. poet. '*wound-flame*', *sword*; **-rögn,** n. '*wound-drops*'; **-vöndr,** m. poet. '*wound-wand*', *sword.*

benzl, n. pl. *bent state of a bow*; taka boga af benzlum, *to unbend it.*

ber (gen. pl. **berja**), n. *berry.*

bera (**ber; bar, bárum; borinn**), v. I. (1) *to bear, carry, convey* (bar B. biskup í börum suðr í Hvamm); b. (farm) af skipi, *to unload a ship*; b. (mat) af borði, *to take (the meat) off the table*; b. e-t á hesti, *to carry on horseback*; (2) *to wear* (b. klæði, vápn, kórónu); b. œgishjálm, *to inspire fear and awe*; (3) *to bear, produce, yield* (jörðin berr gras; tré bera aldin, epli); (4) *to bear, give birth to,* esp. of sheep and cows; kýr hafði borit kálf, *had calved*; absol., ván at hón mundi bera, *that the cow would calve*; the pp. is used of men; hann hafði verit blindr borinn, *born blind*; verða borinn í þenna heim, *to be born into this world*; þann sóma, sem ek em til borinn, *born to*; borinn e-m, frá e-m (rare), *born of*; Nótt var Nörvi borin, *was the daughter of N.*; borinn Sigmundi, *son of S.*; (5) b. e-n afli, ofrafli, ofrliði, ofrmagni, ofríki, *to bear one down, overcome, oppress, one by odds or superior force*; b. e-n ráðum, *to overrule one*; b. e-n málum, *to bear one down (wrongfully) in a lawsuit*; b. e-n sök, *to charge one with a fault*; b. e-n bjóri, *to make drunk with beer*; verða bráðum borinn, *to be taken by surprise*; borinn verkjum, *overcome by pains*; þess er borin ván, *there is no hope, all hope is gone*; borinn baugum, *bribed*; cf. bera fé á e-n, *to bribe one*; (6) *to bear, be capable of bearing* (of a ship, horse, vehicle); þeir hlóðu bæði skipin sem borð báru, *with as much as they could carry*; fig., *to sustain, support* (svá mikill mannfjöldi, at landit fekk eigi borit); of persons, *to bear up against, endure, support* (grief, sorrow, &c.); absol., bar hann drengiliga, *he bore it manfully*; similarly, b. (harm) af sér, berast vel (illa, lítt) af; bar hon sköruliga af sér, *she bore up bravely*; hversu berst Auðr af um bróðurdauðann, *how does she bear it?* hon berst af lítt, *she is much cast down*; b. sik vel upp, *to bear well up against*; (7) b. e-t á e-n, á hendr e-m, *to charge* or *tax one with* (eigi erum vér þess valdir, er þú berr á oss); b. (kvið) á e-n, *to give a verdict against, declare guilty* (í annat sinn báru þeir á Flosa kviðinn); b. af e-m (kviðinn), *to give a verdict for*; b. e-t af sér, *to deny having done a thing*; b. *or* b. vitni, vætti, *to bear witness, testify*; b. *or* b. um e-t, *to give a verdict in a case*; b. e-n sannan at sök, *to prove one guilty by evidence*; b. e-n undan sök, *to acquit*; b. í sundr frændsemi þeirra, *to prove (by evidence) that they are not relations*; b. e-m vel (illa) söguna, *to give a favourable (unfavourable) account of one*; refl. (pass.), berast, *to be proved by evidence* (þótt þér berist þat faðerni, er þú segir); (8) *to set forth, report, tell*; b. e-m kveðju (orð, orðsending), *to bring one a greeting, compliments (word, message)*; b. *or* b. fram erindi sín fyrir e-n, *to state (tell) one's errand* or *to plead one's case before one*; b. e-m njósn, *to apprise one*; b. e-t upp, *to produce, mention, tell*; b. upp gátu, *to give (propound) a riddle*; b. upp erindi sín, *to state one's errand*; b. saman ráð sín, *to consult together*; eyddist það ráð, er þeir báru saman, *which they had designed*; (9) *to keep, hold, bear*, of a title (b. jarlsnafn, konungsnafn); b. (eigi) giptu, gæfu, hamingju, auðnu til e-s, *(not) to have the good fortune to do a thing* (bar hann enga gæfu til at þjóna þér); b. vit, skyn, kunnáttu á e-t, *to have knowledge of, understanding about*; vel viti borinn, *endowed with a good understanding*; b. hug, áræði, þor, traust til e-s, *to have courage, confidence to do a thing*; b. áhyggju fyrir e-u, *to be concerned about*; b. ást, elsku, hatr til e-s, *to bear affection, love, hatred to*; (10) *to bear off* or *away, carry off* (some gain); b. sigr af e-m, af e-u, *to carry off the victory from* or *in*; hann hafði borit sigr af tveim orustum, *he had been victorious in two battles*; b. hærra (lægra) hlut, *to get the best (the worst) of it*; b. efra (hærra) skjöld, *to gain the victory*; b. hátt (lágt) höfuðit, *to bear the head high (low), to be in high (low) spirits*; b. halann bratt, lágt, *to cock up* or *let fall the tail, to be in high* or *low spirits*; (11) with preps.; b. af e-m, *to surpass*; en þó bar Bolli af, *surpassed all the rest*; b. af sér högg, lag, *to ward off, parry a blow* or *thrust*; b. eld at, *to set fire to*; b. fjötur (bönd) at e-m, *to put fetters (bonds) on one*; b. vápn á e-n, *to attack one with sharp weapons*; b. á *or* í, *to smear, anoint* (b. vatn í augu sér, b. tjöru í höfuð sér); b. e-t til, *to apply to, try if it fits* (b. til hvern lykil af öðrum at portinu); b. e-t um, *to wind round*; þá bar hann þá festi um sik, *made it fast round his body*; b. um með e-m, *to bear with, have patience with*; b. út barn, *to expose a child*; (12) refl., berast mikit (lítit) á, *to bear oneself proudly (humbly)*; láta af b., *to die*; láta fyrir b. e-s staðar, *to stay, remain in a place* (for shelter); b. e-t fyrir, *to design a thing* (barst hann þat fyrir at sjá aldregi konur); at njósna um, hvat hann bærist fyrir, *to inquire into what he was about*; b. vápn á, *to attack one another*; b. at *or* til, *to happen*; þat barst at (*happened*) á einhverju sumri; ef svá harðliga kann til at b., *if that misfortune does happen*; b. í móti, *to happen, occur*; hefir þetta vel í móti borizt, *it is a happy coincidence*; b. við, *to be prevented*; ok nú lét almáttugr guð við b. kirkjubrunann, *prevented, stopped the burning of the church*; II. impers., denoting a sort of passive or involuntary motion; (1) with acc., *it bears* or *carries one to a place*; alla berr at sama brunni, *all come to the same well (end)*; bar hann (acc.) þá ofan gegnt Ósuri, *he happened to come down just opposite to Ó.*; esp. of ships and sailors; berr oss (acc.) til Íslands eða annarra landa, *we drift to Iceland or other countries*; þá (acc.) bar suðr í haf, *they were carried out southwards*; Skarpheðin (acc.) bar nú at þeim, *S. came suddenly upon them*; ef hann (acc.) skyldi bera þar at, *if he should happen to come there*; e-n berr yfir, *one is borne onwards*, of a bird flying, a man riding; hann (acc.) bar skjótt yfir, *it passed quickly* (of a flying meteor); (2) followed by preps.; Gunnar sér, at rauðan kyrtil bar við glugginn, *that a red kirtle passed before the window*; hvergi bar skugga (acc.) á, *there was nowhere a shadow*; e-t berr fram (hátt), *is prominent*; Ólafr konungr stóð í lyptingu ok bar hann (acc.) hátt mjök, *stood out conspicuously*; e-t berr á milli, *comes between*; leiti (acc.) bar á milli, *a hill hid the prospect*; fig., e-m berr e-t á milli, *they are at variance about a thing*; mart (acc.) berr nú fyrir augu mér, *many things come now before my eyes*; veiði (acc.) berr í hendr e-m, *game falls to one's lot*; e-t berr undan, *goes amiss, fails*; b. saman, *to coincide*; bar nöfn þeirra saman, *they had the same name*; fig., with dat.; bar öllum sögum vel saman, *all the stories agreed well together*; fund várn bar saman, *we met*; (3) b. at, til, við, at hendi, til handa, *to befall, happen*, with dat. of the person; svá bar at einn vetr, *it happened one winter*; þó at þetta vandræði (acc.) hafi nú borit oss (dat.) at hendi, *has befallen us*; bar honum svá til, *it so befell him*; þat bar við (*it so happened*), at Högni kom; raun (acc.) berr á, *it is proved by fact*; (4) of time, *to fall upon*; ef þing (acc.) berr á hina helgu viku, *if the parliament falls in the holy week*; b. í móti, *to coincide, happen exactly at the same time*; (5) denoting cause; e-t berr til, *causes a thing*; konungr spurði, hvat til bæri úgleði hans, *what was the cause of his grief*; ætluðu þat þá allir, at þat mundi til b., *that that was the reason*; berr e-m nauðsyn til e-s, *one is obliged to do a thing*; (6) e-t berr undir e-n, *falls to a person's lot*; hon á arf at taka, þegar er undir hana berr, *in her turn*; e-t berr frá, *is surpassing*; er sagt, at þat (acc.) bæri frá, hvé vel þeir mæltu, *it was extraordinary how well they spoke*; (7) e-t berr bráðum, *happens of a sudden*; e-t berr stóru, stórum (stœrrum), *it amounts to much (more), it matters a great deal (more), it is of great (greater) importance*; (8) absol. or with an adv., vel, illa, with infin.; e-m berr (vel, illa) at gera e-t, *it becomes, beseems one (well, ill) to do a thing* (berr yðr vel, herra, at sjá sannindi á þessu máli); used absol., berr vel, illa, *it is beseeming, proper, fit*, or *unbeseeming, improper, unfit* (þat þykkir eigi illa b., at).

bera (að), v. *to make bare* (hon beraði líkam sinn).

bera, f. *she-bear*, = birna.

ber-bakt, adv. *bare-backed, without saddle* (ríða -bakt); **-beinn**, a. *bare-legged*; **-brynjaðr**, a. *wearing a coat of mail with no garment over it*; **-dreymr**, a. *having clear dreams as to the future*.

ber-fjall, n. *bear-skin* (cf. 'bera').

ber-fœttr, a. *bare-footed, bare-legged*; berfœttr bróðir, *bare-footed friar, minorite*.

berg, n. (1) *rock, boulder*; (2) *cliff, precipice* (framan í bergi).

berg-búi, m. *rock-dweller, giant*; **-danir**, m. pl. = -búar; **-hamarr**, m. *rocky precipice*; **-hlíð**, f. *the side of a berg, mountain slope*; **-högg**, n. *a quarrying tool*.

bergi-biti, m. *a bit to taste, small bit*; **-ligr**, a. *inviting to taste*.

berging, f. *tasting, taste*.

bergisamligr, a. = bergiligr.

bergja (-ða, -ðr), v. *to taste*, with dat.; Þórgunna vildi øngum mat b., *Th. would taste no food*; b. ölvi, *to taste* (*drink*) *ale*; b. dauða, *to taste death*; also b. á e-u (enn höfum við eigi á dauða bergt).

bergning, f. = berging (rare).

berg-nös, f. = bergsnös; **-rifa**, f. *fissure in a rock*, = bjargrifa; **-risi**, m. *hill-giant*; **-skor**, f. *rift in a rocky hill*, = bjargskora; **-snos**, f. *a rocky projection*; **-tollr**, m. *rock-toll*, paid for catching fowl thereon; **-vörðr**, m. *a watch or lookout for rocks and cliffs* (halda bergvörð).

ber-höfði, a. indecl. *bare-headed*; **-högg**, n. in the phrase, ganga í (*or* á) -högg við e-n, *to enter into open fight with*; Jóan gekk á berhögg at banna allar þær úhœfur, *interdicted these abuses boldly and openly*.

berill, m. *vessel*, *barrel* for fluids (mjöðrinn var borinn í berlum).

berindis, adv. *openly* (rare).

berja (ber; barða, börðum; barðr, bariðr), v. (1) *to beat*, *strike*, *smite* (b. e-n); hár svá fagrt sem barit gull, *as beaten gold*; b. korn af hálmi, *to thresh*; b. húð af e-m, *to scourge severely*; b. e-n grjóti, *to stone* (= grýta); b. e-n illyrðum, ávítum, *to abuse*, *reproach one*; b. á e-m, *to attack one with blows*, *give one a thrashing*; b. á hurð, dyrr, at hurðu, at dyrum, *to knock*, *rap at a door*; b. sér á brjóst, *to smite one's breast* (in repentance); b. til e-s = b. á e-m; b. e-n til e-s, *to drive one with blows to do a thing* (verða barðr til bœkr); (2) with dat., b. grjóti í andlit e-m, *to throw stones in one's face*; b. saman vápnum, skjöldum, *to dash weapons*, *shields against each other*; b. (*to neglect*, *slight*) guðs boðum; b. e-u niðr (opp. to ljósta e-u upp), *to hush up*; (3) intrans., hjarta hans barði (*beat*, *throbbed*) undir síðunni; (4) impers., skýjagrjóti barði í augu þeim, *hailstones dashed in their eyes*; þeim barði saman, *they dashed against each other*; (5) refl., berjast, *to fight* (við e-n, *with* or *against a person*: við veðr, *against bad weather*; við e-m, *for a person*); b. á e-t, *to assail*, *attack* (b. á borgina, á guðs lýð); þótt hann berðist lengi mót (*offered resistance*).

berja-vín, n. *berry-wine*.

berkja (-ta, -t), v. *to boast*, *brag*.

ber-kyrtlaðr, a. *wearing the kirtle only*, *without cloak or mantle*; **-leggjaðr**, **-leggr**, a. *bare-legged*; **-liga**, adv. (1) *openly*, *barely*; (2) *quite*, *altogether* (berliga úviljandi); **-ligr**, a. *open*, *manifest*, *clear*.

berlings-áss, m. *pole* (-áss digr þrettán alna langr).

ber-málugr, a. *outspoken*; **-mælgi**, f., **-mæli**, n. pl. *outspokenness*, *frankness*; **-mæltr**, a. = -málugr.

bernska, f. *childhood* (hann var þá í bernsku).

bernsk-liga, adv. *childishly*; **-ligr**, a. *childish*; **bernskr**, a. *childish*, *childlike*.

bernsku-aldr, m. *years*, *days*, *of childhood*; **-bragð**, n. *childish trick*; **-ligr**, a. *belonging to childhood*, *childish*; **-maðr**, m. *childish person*, *youth*; **-ráð**, n. *childish design*.

berr, a. (1) *bare*, *naked* (lík bert ok blóðugt); undir berum himni, *in the open air*; hvíla á berri jörðu, *on the bare ground*; (2) *open*, *clear*, *manifest*; segja e-t berum orðum, *in plain words*; verða berr at e-u, *to be convicted of a thing*; gøra e-t bert, *to make known*; gøra sik beran í e-u, *to reveal*, *show one's mind in a thing*; vóru berastir í því Þrændir, *the Th. were most undisguised in it*.

ber-serkr (-s, -ir), m. '*bear-sark*', *berserker*, *a wild warrior* of the heathen age.

berserks-gangr, m. *fury of the berserkers*.

bersi, m., see 'bessi'.

ber-skjaldaðr, a. *without a shield*; **-syndugr**, a. *guilty of open sin* (bersyndugr maðr); **-sögli**, f. *outspokenness*, *freedom of speech*.

bert, adv. *openly*, *clearly* (mæla b.).

ber-yrði, n. pl. = bermæli, bersögli.

bessi (for 'bersi', cf. 'bera', f.), m. *he-bear*, *Bruin*.

besti, n. = bast.

betr, adv. compar., (1) *better*; b. þœtti mér, *I would rather*; vánu b., *better than expected*; hafa b., *to get the better of it*; (2) *more*; leggit fram b. hit mikla skipit, *bring further forward*; þrjú hundruð ok þrír tigir ok sex b., *to boot*; ef hann orkar (*or* má) b., *if he can do more*; ekki máttu sumir menn b. en fá staðizt, *they were just able to keep up against him*; svá hár, at engi annarra tók b. en í öxl honum, *reached higher than to his shoulder*.

betra (að), v. *to better, improve* (b. líf sitt); refl. *to become better*; impers., þeir sögðu, at konungi betraðist mjök, *that the king felt much better*.

betran, f. *bettering, improvement*.

betranligr, a. *improvable*.

betr-feðrungr, m. *a man better than his father*, = feðr-betrungr.

betri, a. compar., **beztr**, superl. *better, best*; þeim þótti betra at, *they thought it better to*; beztr bóndi, *an excellent farmer*; er mér hefir beztr verit, *best* (*kindest*) *towards me*; with gen., meðan bezt er sumars, *during the best part of the summer*.

beygja (-ða, -ðr), v. *to bend, bow* (b. hálsinn fyrir e-m); b. e-m krók, *to make it awkward for one*.

beyglast (að), v. refl. *to become bent* (spjótit beyglaðist).

beysta (-sta, -str), v. *to beat*; b. korn, *to thresh*; b. bakföllum, *to pull hard at the oars*.

beysti, n. *ham, gammon of bacon*.

beytill, m. *fescue-grass* (?), cf. 'góibeytill'.

bezt (older 'bazt'), adv., superl. to 'vel', *best*; b. búinn, *best equipped*; b. allra manna, *best of all men*.

beztr (older 'baztr'), a. superl., see 'betri'.

biblia, f. *the Bible*; also 'biflía'.

bið, n. pl. *waiting, delay*; góðr í biðum, *patient*.

biða (að), v. *to wait*; b. e-s, *to wait for* (þeir biðuðu þeirra).

biða, f. *awaiting* (rare).

biðan, f. *delay, biding*.

bið-angr, m. = biðan, biðvangr.

biðill (pl. **biðlar**), m. *wooer, suitor*.

biðja (**bið**; **bað, báðum**; **beðinn**), v. (1) *to ask, beg a thing of one* (b. e-n e-s); with infin., *to beg one to do a thing*; inn bið þú hann ganga, *ask him to step in*; with the infin. sign 'at', *to beg leave*; biðr hann at fara norðr á Hálogaland, *asked for furlough to go to H.*; with 'at' and a subj. (biðja viljum vér, at þú sér í liðsbóninni með oss); b. e-s, *to beg for a thing* (b. miskunnar, matar); b. e-m e-s, *to beg for a thing on behalf of one*; b. e-m lífs, griða, *to beg for one's life, to sue for quarter for another*; b. sér ölmusu, *to ask for alms*; b. (sér) konu, *to ask in marriage*; b. fyrir e-m, *to intercede* (*pray*) *for one*; (2) *to pray to God* (b. til guðs); b. bœn sína (bœnar sinnar, bœn sinni), *to say one's prayers*; (3) refl., biðjast fyrir, *to say one's prayers*; b. undan, *to excuse oneself* (from doing a thing).

bið-leika (að), v. *to wait, stay, tarry* (= 'bíða').

bið-lund, f. *forbearance, patience*.

biðlundar-góðr, a. *patient*; **-mál**, n. *a matter that can wait*.

bið-lyndi, n., **-stóll**, m. (rare), = bið-lund.

bið-stund, f. *time passed in waiting; delay, respite*.

biðstundar-tími, m. = biðstund.

bið-vangr, m. = biðangr.

bifast (ð and að), v. refl. (1) *to shake, tremble* (allr Ása salr undir bifðist); (2) *to be moved*; vagninn bifast hvergi, *cannot be moved*.

bif-röst, f. poet., mythical name of *the rainbow*.

bik, n. *pitch* (svartr sem b.; biki svartari); **bika** (að), v. *to pitch*.

bikarr, m. *large drinking cup, beaker* (cf. 'sáttar-bikarr').

bikkja, f. *bitch* (= grey, tík).

bikkja (-ta, -tr), v. *to plunge into water*; hann bikkti sér út af borðinu, hann bikkti í sjóinn, *he plunged overboard*.

bikkju-hvelpr, m. *bitch's whelp*; **-sonr**, m. *son of a bitch*; **-stakkr**, m. *skin of a bitch*.

bil, n. (1) *an open space left* (b. er

þarna); (2) *moment*; þat bil, *that very moment*; í því bili, *at the same moment, just then.*

bila (að), v. (1) *to give way, break, crack*; þá er skipit hljóp af stokkunum, þá bilaði í skarar nökkurar, *some of the seams gave way*; (2) with dat., flestum bilar áræðit, *most people lose heart*; with infin., Þórr vill fyrir engan mun b. at koma til einvígis, *Th. will by no means fail to meet*; (3) impers., hug ok áræði mun mik aldregi b., *I shall never be wanting in courage and pluck.*

bil-bugr, m. *failing of heart, giving way*; láta engan -bug á sér sjá, *to show no sign of fear, stand firm.*

bilt, a. n., only in the phrase, e-m verðr b., *one is startled, alarmed*; Þór (dat.) varð b. einu sinni (*for once Thor's heart failed him*) at slá hann með hamrinum.

bimbult a. n., in the phrase, e-m er b., *one feels uneasy* (kerling fær ekki sofnat um nóttina, svá var henni bimbult).

binda (bind; batt, bundum; bundinn), v. (1) *to bind, tie, fasten, tie up*; b. hest, hund, *to tie up a horse, a dog*; b. skó, þvengi, *to tie shoes, thongs*; b. stein við háls e-m, *to fasten a stone to one's neck*; b. fyrir augu e-m, *to blindfold one*; (2) *to bind in parcels, to pack up* (b. varning til skips); b. hey á hest, *to truss hay on a horse's back*; b. korn, *to tie up sheaves of corn*; b. klyf, *to tie up a pack*; (3) b. e-t um e-t, *to bind round*; hann batt silkiræmu um fót sér, *he bound a strip of silk round his leg*; b. um e-t, *to put a bandage on*; batt Yngvildr um fót honum, *bound up his* (*wounded*) *leg*; b. um sár, *to bind up a wound*; fig., hefir margr hlotit um sárt at b. fyrir mér, *many a man has had wounds to tie up by my means* (i.e. inflicted by me); þykkir mér bezt um heilt at b., *to bind a sound limb, to keep safe and sound*; b. sár = b. um sár; b. hönd e-s, *to bind his hand*; (4) *to make, form, contract, enter into* (b. samfélag, vináttu, tengdir, hjúskap); b. sætt ok frið, *to make a reconciliation and peace*; b. ráð, *to resolve*; absol. with infin., *to fix, engage* (bundu þeir Þórir at hittast á ákveðnum stað); (5) refl., *to bind* or *engage oneself*; em ek þó eigi þess búinn, nema fleiri bindist, *unless more persons bind themselves, enter the league*; b. á hendi (höndum) e-m, *to bind oneself to serve another* (b. á hendi konungum); b. fyrir e-u, *to put oneself at the head of an undertaking*; b. (= binda sik) í e-u, *to engage in a thing* (b. í heitum); b. í banns atkvæði, *to bring on oneself the sentence of excommunication*; with gen. (b. e-s = b. af *or* frá e-u), *to refrain from a thing*; eigi bazt hann ferligra orða, *he did not refrain from bad words.*

bindandi, f. = bindendi.

bindandis-tími, m. *time of abstinence.*

bindendi, f. and n. *abstinence* (b. matar ok drykkjar ok margra annara girnda).

bindendis-kraptr, m. *virtue of abstinence*; **-lauss**, a. *licentious*; **-líf**, n. *life of abstinence*; **-maðr**, m. *an ascetic.*

bingr, m. *bed, bolster* (statt upp úr binginum).

birgðir, f. pl. *stores, provisions.*

birgiligr, a. *serviceable, useful.*

birgja (-ða, -ðr), v., b. e-n at e-u, *to furnish, provide one with a thing* (nú vil ek b. bú þitt at málnytu í sumar).

birgr, a. *well-furnished, provided* (at e-u) *with a thing* (b. at kosti).

birki-, in compds., *birch-.*

birkinn, a. *birchen*; only in 'birkinn viðr' = birkiviðr.

birki-raptr, m. *birch-rafter*; **-viðr**, m. *birch-wood.*

birkja (-ta, -tr), v. *to bark, strip off the bark from a tree* (b. við).

birkja, f. *birch-juice.*

birna, f. *she-bear*, = bera.

birta (-rta, -rtr), v. (1) *to brighten, light up, illuminate*; var birt allt hlýrit (*the bow of the vessel was made bright*) bæði hvítum steini ok rauðum; stjörnur birta náttina, *light up the night*; b. blinda, *to make the* *blind see*; b. hjörtu vár, *to enlighten our hearts*; b. rœðu, *to elucidate, make it clearer*; impers., veðrit (acc.) birtir, *it clears up*; þokunni (dat.) birtir, *the fog lifts*; (2) *to reveal, manifest, show* (skjótt mun ek b. mitt skaplyndi); with dat., b. ást sinni, *to manifest one's love*; refl., birtast, *to appear* (birtist þá skaði þeirra); dagrinn birtist, *the day dawns*; b. e-m, *to appear to one.*

birta, f. (1) *brightness, fair complexion*; (2)=birti.

birtari, m. *revealer.*

birti, n. *brightness, light.*

birting, f. (1) *brightness*; (2) *revelation*; birtingar tíð, *the Epiphany.*

birtingr, m. *a kind of fish, sea-trout* (?).

biskup (-s, -ar), m. (1) *bishop*; (2) *the Jewish high-priest.*

biskupa (að), v. *to confirm* (b. börn),=ferma.

biskupa-fundr, m., **-mót**, n. *synod of bishops.*

biskupan, f. *confirmation*, =ferming.

biskupa-þing, n. *council of bishops.*

biskup-dómr, m. = biskupsdómr; **-liga**, adv. *episcopally*; **-ligr**, a. *episcopal*; biskupligt embætti, *the office of bishop.*

biskups-búningr, m. *bishop's robes*; **-búr**, n. *bishop's larder*; **-dómr**, m. (1) *dignity or rank of a bishop*; (2) *the period during which a bishop holds office, episcopate* (í -dómi e-s); (3) *episcopal see, bishopric*; **-dóttir**, f. *bishop's daughter*; **-dœmi**, n.= -dómr (3); **-efni**, n. *bishop-elect*; **-frændi**, m. *relative of a bishop*; **-garðr**, m. *bishop's manor*; **-gisting**, f.; **-herbergi**, n. pl. *bishop's apartments*; **-kør**, n., **-kosning**, f. *election of a bishop*; **-lauss**, a. *without a bishop* (landit er -laust); **-maðr**, m. *one in the service of a bishop*; **-mark**, n. *sign of a bishop*; **-mágr**, m. *brother-in-law of a bishop*; **-messa**, f. *a mass celebrated by a bishop*; **-mítr**, n. *bishop's mitre*; **-nafn**, n. *title of a bishop*; **-ríki**, n. *episcopal see, bishopric*; **-sekt**, f. *a fine to be paid to the bishop*; **-skattr**, m. *a duty to be paid to the bishop* (in Norway); **-skrúð**, n., **-skrúði**, m. *bishop's robes*; **-sonr**, m. *son of a bishop*; **-stafr**, m. *bishop's staff, crosier*; **-stjórn**, f. *administration of a bishop*; **-stóll**, m. (1) *episcopal seat*; (2) *bishopric*; **-sýsla**, f. (1)= -stjórn; (2) *province of a bishop, diocese*; **-tign** f. *dignity* or *rank of a bishop*; **-tíund**, f. *the tithe to be paid to the bishop* (in Iceland); **-vatn**, n. *water consecrated by the bishop Guðmund*; **-veldi**, n. *episcopal power*; **-vígsla**, f. *consecration of a bishop.*

bismara-pund, n. *a certain weight.*

bismari, m. *steel-yard* (mælir ok pundari ok bismari).

bisund, f. *a gold coin, besant* (foreign word).

bit, n. (1) *bite* (at tönnunum er bitsins ván); (2) *sharpness, edge* (of cutting instruments); (3) *pasture*= beit (Norse).

bita (að), v. (1) *to cut into bits*; (2) b. út (útbita), with dat., *to extend, distend, stretch out.*

bit-bein, n. *bone of contention* (hafa ríki þessi lengi at öfund orðit ok -beinum); **-hundr**, m. *snappish dog.*

biti, m. (1) *bit, mouthful*; biðja bitum, *to go begging*; (2) *eyetooth* (upp eru komnir bitar ok jaxlar); (3) *cross-beam, cross-girder.*

bitill, m.=bitull.

bitlaðr, pp. *bitted, bridled*; cf. 'gullbitlaðr'.

bitlingr, m. *bit, morsel*; stela bitlingum, *to steal trifles.*

bitr (acc. **bitran**), a. (1) *biting, snapping* (b. naðra); (2) *cutting, sharp* (bitrt sverð); (3) *painful, bitter* (b. tregi); **-leikr**, m. *bitterness*; **-ligr**, a. *sharp, keen* (-ligt sverð).

bit-sótt, f. *disease* (of cattle, sheep) *from vermin.*

bitull, m. *the bit of a bridle.*

bíða (bíð; beið, biðum; beðit), v. (1) *to abide, wait for*, with gen., bíð þú mín hér, *wait for me here*; þeir biðu byrjar, *they waited for favourable wind*; b. sinnar stundar, *to bide one's time*; b. e-s ór stað (þaðan, héðan), *to stand waiting in the same place* (*there, here*); var eigi langt at b., at (*it was not long before*) sannaðist saga ábóta míns; (2) *to suffer, undergo, sustain*, with acc., b. bana (dauða, hel), skaða, *to suffer death, loss*; b. ámæli, *to be blamed*; b. ósigr, *to be defeated*; b. enga ró, *to feel no peace, be uneasy*; b. bót (bœtr) e-s, *to recover, overcome*; (3) e-t bíðr e-s, *is in store for one, awaits one* (fagnaðu, vin minn, því at þín bíðr eilífr fagnaðr); (4) impers., e-t (acc.) bíðr, *there is, there is to be had*, with a preceding negative; hvárki bíðr þar báru né vinds blæ, *there is felt neither wave nor breath of air*; varla beið brauð eðr fœðu, *was scarcely to be had.*

bíðandi, f. *biding, waiting, delay.*

bíðendr, m. pl. *those who wait*; b. eigu byr, *get a fair wind.*

bíldóttr, a. *spotted on the cheeks* (of a sheep).

bíldr, m. *an instrument for letting blood, lancet* (örit var sem bílds spor væri, *a scar as from a* b.).

bíld-ör, f. *a kind of arrow.*

bílífi, n. *luxury*, = býlífi.

bíta (**bít**; **beit**, **bitum**; **bitinn**), v. (1) *to bite* with the teeth (hundr bítr mann; E. beit skarð ór horninu); b. gras, *to graze*, also absol. (naut bitu á velli); b. af e-m eyrun, *to bite off his ears*; b. e-t í sundr, *to bite asunder or through*; b. á vörrinni, kampinum, *to bite the lip, the beard*; impers., of fish, *to bite, take the bait* (bítr vel á um daginn); (2) of sharp instruments, weapons; þeir er eigi bitu járn, *those whom iron could not bite*; sverðit beit eigi, *did not cut*; e-m bítr, *one's weapon* (*scythe*) *cuts well* (allt bitu honum annan veg vápnin); fig., beit þetta ráð, *was effective*; (3) of a ship, *to go near the wind*; skip, er vér köllum b. allra skipa bezt, *the best sailer*; impers., beit þeim eigi fyrir Reykjanes, *they could not clear or weather Reykjaness*; (4) fig., *to bite, sting, hurt* (þik skulu allir eiðar b., þeir er Helga hafðir unna); sekt, sök bítr e-n, *one is convicted or found guilty*; þau mál, sem sekt bítr, *matters liable to punishment*; b. á e-n, *to affect, make an impression on one*; þetta lét Kjartan á sik b., *K. took this to heart*; láta e-t eigi á sik b., *to be proof against, to be unaffected by a thing*; (5) e-t bítr fyrir, *is decisive, decides or settles the matter*, esp. so as to render it impossible; b. e-m at fullu, *to prove fatal to* (hafa mik nú at fullu bitit hans ráð); (6) refl., bítast (of horses), *to bite*, in fighting (var honum mikil forvitni, hvé bítast vildi hestrinn); *to bite one another* (bítast sem hundar eða hestar).

bjalla, f. *bell* (hann vígði klukkur ok bjöllur).

bjannak, n. *benediction* (from Irish *beannacht*).

bjarg, n. (1) *rock, boulder*; (2) *precipice, cliff* (by the sea).

bjarga (**berg**; **barg**, **burgum**; **borginn**), v. (1) *to help, save*, with dat.; nema Þ. byrgi honum, *unless Th. helped him*; sá er öldum bergr, *who saves mankind* (viz. against the giants, i.e. Thor); guðs son er öllum heimi barg, *who saved the whole world*; impers., e-m er borgit, *one is saved, comes safe and sound out of danger* (brutu skip sitt ok týndu fé öllu, en mönnum varð borgit flestum); b. skipshöfn, *to rescue the shipwrecked*; b. skipi, *to haul a ship out of the reach of the tide*; b. hval, *to secure a dead whale* (by dragging it ashore); b. konum, *to help labouring women* (cf. 'bjargrúnar'); b. kúm, *to attend cows calving*; b. nám, *to render the last service to dead bodies* (cf. 'nábjargir'); b. sök, máli, *to succeed in winning a case, a suit*; (2) refl., bjargast, *to keep up the heart*, esp. against cold or hunger; Oddr bargst vel á fjallinu (in a snow storm); b. sjálfr, *to gain one's bread*; b. á sínar hendr, *to support oneself with one's own hands*; b. úti, *to find one's food* (*graze*) *in the field* (of cattle); Snorri goði fann, at nafni hans bargst lítt við ostinn, *that he got on slowly with eating the cheese*;

verði þér nú at b. við slíkt sem til er, *you must now put up with what you can get.*

bjarga (**að**), v. (rare), = preceding (bjargat mun málinu verða).

bjargar-vist, f. *a situation which yields food and clothing.*

bjarg-aurar, m. pl. *means enough for support.*

bjarg-gengr, a. *clever at climbing on fowling cliffs* (cf. 'ganga í bjarg').

bjarg-hagr, a. *a dexterous carpenter or smith for household work.*

bjarg-högg, n. *instrument for hewing steps in a rock.*

bjarg-kostr, m. *means of support*; **-kviðr**, m. *verdict of acquittal*; **-leysi**, n. *starvation, destitution*; **-ráð**, n. (1) *means of salvation*; (2) *advice given to an outlaw with intent to save his life.*

bjarg-rifa, f. *rift in a rock*, = bergrifa.

bjarg-rúnar, f. pl. *runes for helping women in labour*; **-rýgr** (**rýgjar**, **-rýgir**), f. *midwife.*

bjarg-skora, f. *rift in a rocky hill*, = bergskor.

bjargs-maðr, m. *a self-supporting person.*

bjarg-snös, f. = bergsnös; **-steinn**, m. *boulder, crag.*

bjarg-vel, adv. *well enough.*

bjarg-vættr, f. *helping sprite, good genius.*

bjarkan, n. *the runic letter B.*

bjarkeyjar-réttr, m. *town-law.*

Bjarmar, m. pl., name of a people or tribe of the Russian empire, *the Perms* of the present day.

bjarnar-báss, m. = bjarnbáss; **-hamr**, m. *the hide, shape of a bear*; **-híð**, n. *a black bear's lair*; **-hold**, n. *bear's flesh*; **-hrammr**, m. *bear's paw*; **-slátr**, n. *meat of a slaughtered bear.*

bjarn-báss, m. *a pit for catching bears*; **-dýr**, **-dýri**, n. *bear*; **-eggjan**, f. *brutal provocation*; **-feldr**, m. *bear-skin cloak*; **-fell**, n. *bear's fell, bear's skin*; **-gjöld**, n. pl. *reward for killing a bear*; **-húnn**, m. *bear's cub*; **-igull**, m. a kind of *sea-urchin*; **-ólpa**, f. = bjarnskinnsólpa; **-skinn**, n. *bearskin.*

bjarnskinns-ólpa, f. *a bearskin cloak.*

bjarn-staka, f. *bearskin*; **-sviða**, f. *large knife for killing bears*; **-veiðar**, f. pl. *bear-hunting* (fara á -veiðar); **-ylr**, m. *bear's warmth, the vital warmth of an ice-bear.*

bjart-eygðr, **-eygr**, a. *bright-eyed*; **-haddaðr**, a. *fair-haired*; **-leikr**, m. *brightness*; **-leitr**, a. *fair-complexioned*; **-liga**, adv. *clearly, plainly*; **-litaðr**, a. *light-coloured.*

bjartr, a. (1) *bright, shining* (bjart ljós, sólskin); (2) *illustrious* (með björtum sigri).

bjart-viðri, n. *clear weather.*

bjálfi (or bjálbi), m. *fur, skin*, esp. in compds., hreinbjálfi, geitbjálfi.

bjálki, m. *balk, beam.*

bjóð, n. (1) *small table*; (2) *small bowl.*

bjóða (**býð**; **bauð**, **buðum**; **boðinn**), v. (1) *to offer*; þeir höfðu boðit honum laun, *they had offered him rewards*; Þ. bauð at gefa (*offered to give*) Gunnlaugi hestinn; b. grið, *to offer pardon*; b. e-t til lífs sér, *as a ransom for one's life*; b. e-t fram, *to proffer, produce* (b. fram vitni); b. e-t upp, af hendi, *to give up, leave off*; þá býðr hann upp hornit, *gives up the horn, will not drink more*; b. e-t undan e-m, *to offer to take a thing off one's hands* (er þá kostr at b. undan þeim manni varðveizluna fjárins); b. e-t við, *to make a bid*; b. við tvenn verð, *to bid double*; refl., bjóðast, *to offer oneself, volunteer one's service*; Þóroddr bauzt (*offered himself*) til þeirrar farar; (2) *to do a thing to one*, in a bad sense; b. e-m ófrið, *to wage war against one*; b. e-m ójöfnuð, ofríki, *to treat unfairly, oppress*; b. e-m ógn, *to affright, terrify*; b. e-m rangt, *to treat one unjustly*; (3) *to bid, invite* (b. e-m til sín *or* heim); b. mönnum til boðs, *to bid guests to a banquet, wedding*; (4) *to bid, order*; sem lög buðu, *as the law prescribed*; b. e-m erendi, *to commit a thing to one's charge*; b.

e-m varnað á e-u, *to forbid*; b. e-m af landi, *to order one out of the land*; b. e-m af embætti, *to depose one*; b. út liði, skipum, *to levy troops, ships*; b. e-m um, *to delegate to one, to commit to one's charge* (þeim manni er biskup hefir um boðit at nefna vátta); (5) *to proclaim, announce*; b. trú (kristni), *to proclaim, preach a religion* (*the Christian faith*); b. messudag, *to proclaim a holy day*; (6) of a mental state, *to have presentiment of*; e-m býðr e-t í hug (skap), *one has a foreboding, presentiment of*; mér býðr e-t fyrir, *I forebode*; mér býðr hugr við e-u, *I abhor, dislike*; impers., mér býðr ávallt hita (acc.), er ek kem í þeirra flokk, *I feel uneasy whenever* . . . ; mér bauð ótta, *I felt a fear*; bauð þeim mikla þekt (*they felt much pleasure*), er þeir sá líkit; ef yðr býðr svá við at horfa, *when you are in such a frame of mind*; (7) býðr e-m, *it beseems, becomes one*; sem konungsbarni býðr, *as befits a princess*; eptir þat fór vígsla fram eptir því sem býðr, *as it is due, or proper.*

bjór-blandaðr, pp. *mixed with beer.*

bjórr, m. *beer* (öl heitir með mönnum, en með Ásum b.).

bjórr (-s, -ar), m. (1) *triangular cut off piece of skin* (bjórar þeir, er menn sníða ór skóm sínum fyrir tám eða hæl); (2) *triangular strip of land*, = geiri (b. lá ónuminn fyrir austan Fljót); (3) *front wall, party wall*; engi var bjórrinn milli húsanna, *there was no partition between the houses*; (4) *a sort of tapestry of triangular shape* (var stofan vel tjölduð ok settir upp bjórar).

bjórr (-s, -ar), m. *beaver*, esp. *the beaver's skin* (b. ok safali).

bjór-reifr, a. *cheerful from beer-drinking*; **-sala**, f. *vending of beer*; **-salr**, m. *beer-hall.*

bjór-skinn, n. *beaver skin*; **-skinn-feldr**, m. *cloak made of beaver skin.*

bjór-tunna, f. *barrel of beer*; **-veig**, f. *beer*; **-verpill**, m. *beer-cask.*

bjúga (pl. **bjúgu**), n. *sausage* (cf. 'mörbjúga').

bjúg-leikr, m. *crookedness*; **-leitr**, a. *of crooked countenance*; **-nefjaðr**, a. *hook-nosed*, = nefbjúgr.

bjúgr, a. *bowed, hooked, crooked, bent*; hann var b. á baki, *he sat bent or bowed* (*from age*) *on horseback*; hvárt er yðr þykkir bjúgt eða beint, *whether it seems to you crooked or straight, whether you like it or not.*

björg (gen. **bjargar**, pl. **bjargir**), f. (1) *help, deliverance, out of need or danger*, esp. *help* (food, shelter, transport) *given to an outlaw* (veita e-m b., einnar nætr b.); lögmæt b., *lawful point of defence* (in pleading in the Court); (2) *means of subsistence, stores, provisions* (fjögurra missera b.).

björk (gen. **bjarkar**), f. *birch, birch-tree.*

björn (gen. **bjarnar**, pl. **birnir**, acc. **björnu**), m. *bear* (hvítabjörn, *the white bear*; híðbjörn, skógbjörn, urðbjörn, viðbjörn, *the black bear*).

blað, n. (1) *leaf of a plant*; (2) *leaf in a book*; (3) *blade of a knife* (knífsblað), *of an oar* (árarblað); (4) *skirt of a kirtle, shirt, cloak* (kyrtilblað, skyrtublað, feldarblað).

blaðra (að), v. (1) *to flutter to and fro*, as a leaf in the wind (sá þeir, at tungan blaðraði); (2) with dat., *to move* (the tongue) *to and fro* (hann blaðraði tungunni ok leitaði við at mæla); *to wag the tail* (b. halanum); (3) absol., *to utter inarticulately* (blaðrar ok bendir hann); with acc. (blaðrandi þessi orð).

blaðra, f. *bladder*; *blain.*

blak, n. *slap* (with the open hand).

blaka (að and -ta), v. (1) *to flutter, wave* (of the leaves of a tree); (2) with dat., b. vængjunum, *to flap the wings*; (3) with acc., b. e-n, *to give one a slap.*

blaka, f. (1) *veil* (cf. 'silkiblaka'); (2) *fan.*

blakk-fjallr, a. *with black hide* (birnir blakkfjallir).

blakkr, a. *black, dun-coloured* (beittu, Sigurðr, enn blakka mar).

blakkr, m. poët. *a dun-coloured horse.*

blakra (**að**), v. *to flutter with the wings.*

bland, n. (1) *mixture*; í b. við e-n, *in company with*; í b. með e-m, *among*; (2) *sexual intercourse* (hafa konu í b.=til lags við sik).

blanda (**blend**; **blétt**, **bléndum**; **blandinn**), v. *to blend*, *mix*, e-t e-u, *with a thing* (b. mjöð, drykk, eitri); b. e-t saman, *to mix together* (b. saman hvítt ok rautt); more common, b. e-u við e-t; b. vatni við vín, *to mix wine with water*; b. mötuneyti (dat.) við e-n, *to eat together with one*; refl., blandast við e-n, *to have intercourse with one*, esp. of sexual intercourse (blandast við konur af heiðnum þjóðum).

blanda (**að**), v.=prec.

blanda, f. *mixture of two fluids* (fór fyrst ór blóð, síðan blanda), esp. *sour whey mixed with water.*

blandan, f. *mixing*, *blending.*

blandinn, pp. (cf. 'blanda', v.) *mixed*; Helgi var b. mjök, *had a mixed creed*; hón er blandin mjök, *she is a woman of mixed report.*

blauðast (**að**), v. refl.,=bleyðast.

blauð-hugaðr, a. = blauthugaðr; **-liga**, adv. *cowardly.*

blauðr, a. (1) *weak*, *cowardly*; bíð nú, ef þú ert eigi b., *if thou art not a coward*; (2) *feminine*, opp. to 'hvatr', but only used of animals, dogs, cats, fishes; hafit nú hendr á hundinum, þótt b. sé, *take the dog*, *though it be a bitch.*

blaut-barn, n., in the phrase, frá -barns beini=frá blautu barns beini, see 'blautr'; **-fiskr**, m. *fresh fish*; **-holdr**, a. *having soft*, *smooth flesh* (mærin var væn ok -hold); **-hugaðr**, a. *faint-hearted* (opposed to 'harðhugaðr'); **-klæddr**, pp. *clothed in soft raiment* (eða vildut þér sjá -klæddan mann?); **-leikr**, m. *softness*; **-lendr**, a. *soft*, *moist-soiled*; **-liga**, adv. *effeminately* (klæddr -liga); **-ligr**, a. *soft*, *voluptuous* (blautligir kossar); blautlig kvæði, *amorous ditties.*

blautr, a. (1) *soft* (b. sem silkiræma); b. fiskr, *fresh fish*, opp. to 'harðr fiskr'; frá blautu barns beini, *from very babyhood*; (2) *effeminate*, *timorous*, *weak* (fár er gamall harðr, ef hann er í bernsku b.); (3) *wet*, *soaked* (þar vóru vellir blautir, því at regn höfðu verit).

blá-ber, n. *blaeberry*, *bilberry*; **-brúnaðr**, a. *bluish brown*; **-djúp**, n. *the blue deep sea*; **-eygðr**. **-eygr**, a. *blue-eyed*; **-fastr**, a. *quite immovable*; **-fáinn**, **-fár**, a. *with a bluish polish*; **-feldr**, m. *cloak of blue fur*; **-flekkóttr**, a. *speckled with blue*; **-hvítr**, a. *bluish white*; **-kápa**, f. *blue cloak*; **-kinn**, f. *blue cheek*; **-klæddr**, pp. *dressed in blue*; **-leitr**, a. *blue-faced*, *black-faced*; **-lendingr**, m. *Ethiopian*; **-lenzkr**, a. *Ethiopian*, *from* Bláland, *Ethiopia*; **-maðr**, m. *a black man*, *negro.*

bláman, f. *the livid colour of bruise.*

blá-mengdr, **-mengjaðr**, a. *blue-mingled*; **-merktr**, pp. *marked with blue.*

blámi, m. *lividness*,=bláman.

blána (**að**), v. *to become blue or livid* (þrútna ok b. í andliti).

blár, a. (1) *blue*, *livid* (b. ok blóðugr); (2) *black* (b. sem kol); falda blá, *to wrap the head in black.*

blá-rendr, a. *blue-striped* (-rendar brœkr).

blása (**blæs**; **blés**, **blésum**; **blásinn**), v. (1) *to blow*, of the wind; blásandi byrr, *a spanking breeze*; (2) *to blow with the mouth* (hann blés í kross yfir drykk sínum); *to pant* (hestrinn tók at frýsa ok b.); b. við, *to draw a deep breath*, *to sigh* (jarl blés þá við mœðiliga); fig., b. móti e-m, *to be unfavourably disposed towards one*; (3) with dat., *to set in motion by blowing or breathing*; blés mœðiliga öndinni, *breathed hard*; b. e-m e-u í brjóst, *to inspire*, *suggest a thing to one* (guð blés henni því í brjóst); b. eldi, eitri, of serpents; (4) *to blow with a musical instrument*; b. lúðri, horni, *to blow the trumpet*, *horn*; b. liði (*troops*) til landgöngu; b. til stefnu, *to a meeting*; b. herblástr, *to sound an alarm*; (5) *to melt*, *cast* (b. gullmálm, rauða); yxn tveir ór eiri blásnir (*cast*); (6) *to* *blow up, inflate* (sem belgr bláſinn); (7) impers., blés upp fótinn, kviðinn, *the leg, belly, swelled up*; of land, *to be laid bare, stripped of the turf* (hafði blásit hauginn ok lá silfrit bert).

blásari, m. *blower of a trumpet or horn.*

blá-silfr, n. *bad silver*, opp. to 'skírt silfr'.

blásinn, pp. (1) *inflated* (belgr b.); (2) *swollen* (sýndist fótrinn b.); (3) *stripped of turf, bare, barren* (meltorfa blásin mjök).

blá-stafaðr, a. *blue-striped* (segl blástafat).

blástr (gen. **blástrar** and **blástar**, dat. **blæstri** and **blæsti**), m. (1) *blast, blowing of the wind*; (2) *blowing of an animal, hissing of a serpent* (heyrði blást drekanna); (3) *breathing, breath* (málit gørist af blæstrinum); (4) *blast of a trumpet*; (5) *blowing of a bellows*; (6) *swelling of the body or a limb, mortification.*

blástr-belgr, m. *bellows*; **-horn**, n. *trumpet, horn*; **-járn**, n. *blast iron* (cast, not wrought); **-pípa**, f. *flute*; **-samr**, a. *windy*; **-svalr**, a. *cold-blowing.*

blá-svartr, a. *raven-black*; **-tönn**, f. *blue-black tooth*, a nickname.

bleðgi or **blegði**, m. *wedge, plug.*

bleðja (**bleð**, **bladda**, **bladdr**), v. (1) *to pick off* (leaves or fruit); fig., *to kill off one by one* (b. hirðina *or* b. hirðina af); (2) *to tear asunder* (b. klæði sín); (3) *to cover*, as with a leaf (b. ásjónuna).

bleik-álóttr, a. *fawn-coloured with a dark stripe down the back* (-álóttr hestr); **-hárr**, a. *fair-haired*; **-hvítr**, a. *yellowish white.*

bleikja (**-ta**, **-tr**), v. *to bleach* (b. lérept); b. hadda sína, *to wash the hair* (said of women).

bleikja, f. *chalk or white clay.*

bleikr, a. *pale, whitish*; bleikt hár, *fair hair*; b. á hár, *fair-haired*; b. (*wan, pallid*) ok blóðlauss; b. sem nár, *deadly pale*; b. sem bast, *pale as bast.*

blek, n. *ink*; **-horn**, n. *inkstand.*

blekki-liga, adv. *delusively*; **-ligr**, a. *delusive* (blekkilig er þessa heims hamingja).

blekking, f. *delusion, fraud.*

blekkinga-maðr, m. *deceiver.*

blekkingar-andi, m. *lying spirit.*

blekkja (**-ta** **-tr**), v. *to impose upon, deceive*; refl., blekkjast, *to be disappointed.*

blek-skortr, m. *lack of ink.*

blendingr, m. (1) *blending, mixture*; (2) *a being half man and half giant* (b. en ekki fullkomit troll).

blesóttr, a. *having a blaze or white mark on the forehead* (b. hestr).

blest-mæltr, **blestr**, a. *lisping.*

bletsa (**að**), v. = bleza.

bleyða, f. *craven*, = bleyðimaðr.

bleyða (**-dda**, **-ddr**), v. *to dishearten, humble* (ef þú bleyðir hjarta þitt); refl., bleyðast, *to lose heart or courage* (= verða blauðr).

bleyði, f. *cowardice*; **-maðr**, m. *coward*; **-mannligr**, a. *cowardly, craven*; **-mark**, n. *mark of cowardice*; **-orð**, n. *charge of cowardice*; leggja -orð at baki e-m, *to charge one with being a coward* (blauðr); bera bleyðiorð fyrir e-m, *to be called a coward by one.*

bleyta, f. *mud, mire.*

bleyta (**-tta**, **-ttr**), v. *to make soft, moisten* (b. húð); b. hjarta, skaphöfn e-s, *to soften one's heart, temper.*

bleza (**að**), v. *to bless* (blezaði guð þá hinn sjaunda daginn); also with dat. (guð blezaði bæði fuglum ok fiskum).

blezaðar-fullr, a. *rich in blessing.*

blezan, f. *blessing, benediction.*

blezanar-andi, m. *spirit of blessing*; **-orð**, n. pl. *words of blessing.*

bliat or **bliaz**, n. *a kind of costly stuff* (for. word).

blik, n. (1) *gleam, sheen*; (2) *bleaching* (liggja á bliki); (3) *vizor of a helmet.*

blika (**að**), v. *to gleam, twinkle* (of shields).

blik-hvítr, a. *white-gleaming* (of a shield).

blikna (**að**), v. *to grow* (*turn*) *pale or pallid* (b. af hræzlu, hugleysi).

bliknan, f. *growing pale.*

blikra (**að**), v. impers., e-m blikrar, *one feels uneasy* or *anxious*.

blinda (að), v. *to blind, deprive of sight* (dróttinn blindaði augu þeirra); hann blindar sjálfan sik allra sanninda, *he blinds himself to all truth*.

blindi, f. *blindness*.

blindingr, m. *hidden peg, dowel*.

blind-leiki, **-leikr**, m. *blindness*.

blindr, a. *blind*; b. báðum augum, *blind of both eyes*; hann hafði verit b. borinn, *born blind*; with gen., b. ens sanna um e-t, *blind as to the truth or reality about a thing*; e-m er e-t blint, *it is obscure, hidden to one*; Einarr lét sér þat blint vera, *E. professed ignorance about it*.

blíða, f. *friendliness, gentleness*; hófst þá enn at nýju b. (*friendly relations*) með þeim mágum.

blíða (-dda, -ddr), v.=blíðka.

blíðast (að), v. refl.,=blíðkast.

blíðindi, n. pl. *comforts, delights*.

blíðing, f. *enticement, allurement*.

blíðka (að), v. *to soften, mitigate* (b. e-n með gjöfum); refl., blíðkast, *to grow mild*; b. e-m, *to insinuate oneself into one's favour*.

blíðkan, f. *caressing, caresses*.

blíð-látr, a. *displaying friendliness or kindness*; **-leikr**, m. (1) *friendliness, gentleness*; (2) *mildness, balminess* (-leikr loptsins); **-leitr**, a. *of mild countenance*; **-liga**, adv. *kindly, with kindness* (taka, fagna e-m -liga); **-ligr**, a. (1) *gentle, friendly* (-ligr í yfirbragði); (2) *delightful*; **-lundaðr**, a. *of gentle disposition*; **-læti**, n. *caressing*; **-mæli**, n. pl. *fair words, blandishments*; **-mæltr**, a. *affable, bland*.

blíðr, a. (1) *gentle, friendly* (vera b. ok þekkr við menn); (2) *pleasant, agreeable*; þat er þér blíðara, *that pleases you better*; (3) *mild, balmy* (blítt veðr).

blíðskapar-orð, n. *friendly word*.

blíð-skapr (-ar), m. *friendliness, kindness*; *caresses* (eiga -skap með konu).

blíðu-bragð, n. *friendly mien* (= blítt yfirbragð); *caressing*; **-fullr**, a. *friendly*.

blíð-viðri, n. *mild weather*; **-yrði**, n. pl.,=blíðmæli.

blígja (-ða, -t), v. *to gaze* (blígja augum).

blíkja (**blík**; **bleik**, **bliku**; —), v. an obsolete verb,=blika.

blístra, f. *the mouthpiece of bellows*.

blístra (**að**), v. *to whistle*; b. í spor e-m *or* e-s, *to whistle after one who has run away*.

blístran, f. *whistling* (with the mouth).

blota-maðr, m. *effeminate person*.

blotna (**að**), v. *to become soft or moist*; fig., *to give way, yield* (b. við e-t, fyrir e-m).

blóð, n. (1) *blood*; rann honum mjök b., *he lost much blood*; nema (taka) e-m b., *to bleed one*; vekja e-m b., *to draw blood of one*; ganga blóði, *to have a hemorrhage or dysentery*; blanda blóði saman, *to enter into foster-brothership by mixing blood together*; (2) *offspring, blood-relations*.

blóð-band, n. *bandage to stop bleeding*, esp. pl. (-bönd); **-bogi**, m. *gush or jet of blood*; **-bolli**, m.=blótbolli; **-drefjar**, f. pl. *spattering of blood*; **-dreif**, f. *sprinkling* (*streak*) *of blood*; **-drekkr**, m. *one who drinks blood*; **-drif**, n. *flowing of blood*; **-dropi**, m. *drop of blood*; **-drykkja**, f. *drink of blood*; **-drög**, n. pl., = -dreif; **-fall**, n. *hemorrhage*.

blóðfalls-sótt, f. *the bloody flux, dysentery*.

blóð-flekkr, m. *fleck or stain of blood*; **-fors**, m. *gush of blood*; **-fullr**, a. *full of blood*.

blóðga (**að**), v. *to make bloody, to smear with blood*; refl., blóðgast, *to become bloody*.

blóð-kýll, m. *blood-bag*; fig., *blood-sucker*; **-lauss**, a. *bloodless*; **-lát**, n. (1) *loss of blood*; (2) *blood-letting, bleeding*; **-látinn**, pp. (*that has been*) *bled*; **-lifr**, f. *clotted blood*; **-ligr**, a. *bloody*; **-lœkr**, m. *stream of blood*; **-maðkr**, m. *maggot bred in putrefying blood*; **-nætr**, f. pl. '*blood-nights*', in the prov., 'blóð-nætr eru hverjum bráðastar,' referring to the fierce desire to revenge a homicide newly committed; **-ormr**, m. poet. '*blood-serpent*', *sword*; **-rauðr**, a. *blood-red*; **-rás**, f. *hemorrhage*; **-refill**, m. *point of a sword*; **-reiðr**, a. *very wrathful* (=dreyrrauðr af reiði); **-reitr**, m. *field of blood*; **-rekinn**, pp. *stained with blood*; **-risa**, a. indecl. *bruised and bloody* (blár ok blóðrisa); **-segi** or **-sigi**, m. *clot of blood*; **-sjúkr**, a. *dysenteric*.

blóðs-litr, m. *colour of blood*.

blóð-sótt, f. *dysentery*; **-spýja**, f. *spitting of blood*.

blóðs-teigr, m.=blóðreitr.

blóð-stjarna, f. *the bloody star*, *Venus*; **-stokkinn**, pp. *bespattered with blood*; **-storkinn**, a. *stiff with gore, gory*; **-straumr**, m. *stream of blood*.

blóðs-úthelling, f. *shedding of blood*.

blóð-tjörn, f. *pool of blood*.

blóðugr (acc. **blóðgan**), a. *bloody*.

blóð-vaka, f. *drawing of blood* (svá hart, at -vaka yrði); cf. 'vekja e-m blóð'; **-varmr**, a. *warm-blooded*; **-ær**, f. *a ewe fit for slaughter*; **-örn**, m. '*blood eagle*', in the phrase, rísta -örn á baki e-m, a cruel method of putting captured enemies to death in the heathen times; **-øx**, f. '*bloody axe*', a nickname.

blóm, n. *bloom*, *blossom*, *flower*; fig., í œsku blómi, *in the flower of youth*.

blóma-kinn, f. '*red cheek*', a nickname; **-ligr**, a. *blooming*, *shining*; **-mikill**, a. *rich-blossoming*.

blómandi, pr. p. *blooming*, *flourishing* (b. grös).

blóma-samligr, a.=blómaligr.

blóm-berandi, pr. p., **-beranligr**, a. *bloom-bearing*, *flourishing*.

blómga (**að**), v. *to fertilize*; refl., blómgast, *to blossom*, *bloom*; fig., *to thrive*, *flourish*, *prosper* (réttir siðir skyldu b. fagrliga um norðrlönd); **blómgaðr**, pp. *which has blossoms upon it*; **blómgan**, f. *the fact of blooming* or *flourishing*; **blómgandi**, pr. p., **blómganligr**, a. *blooming*, *flourishing*.

blómi, m.=blóm; fig., standa (vera) með blóma, miklum blóma, *to thrive*, *prosper*, *flourish*; í blóma aldrs síns, *in the flower of his age*.

blómstr (**-rs**), m. = blóm (allan akrsins b.).

blóra-maðr, m. *a person to put the blame upon*.

blót, n. (1) *sacrifice*, *sacrificial feast or banquet* (efna, efla b.); (2) *idol-worship* in general; (3) *idol*,=blœti (öll b. braut hann niðr); (4) *swearing*, *cursing*.

blóta (**blœt**; **blét**, **blétum**; **blótinn**), v. (1) *to worship*, *to worship with sacrifice*, with acc. of that which is worshipped; b. hof, lund, fors, heiðit goð, álfa, heiðnar vættir, lifandi menn, *to worship temple*, *grove*, *waterfall*, &c.; very rare with dat. (b. goðum); (2) *to sacrifice*, with dat. of the object sacrificed (b. mönnum ok fé); absol., b. til friðar, sigrs, langlífis, árs, byrjar, *to make a sacrifice for peace*, *victory*, *long life*, *good season*, *fair wind*.

blóta (**að**), v. (1)=blóta (blœt, &c.); (2) *to curse*, with dat.='banna' (bið þú fyr þeim, er þér blóta); absol., *to swear*; refl., blótast, *to go about swearing*.

blótan, f. (1) *sacrificing*; (2) *cursing*, *swearing*.

blót-auðigr, a. *rich in sacrifices* (-auðigt hof); **-biskup**, m. *heathen priest*; **-bolli**, m. *sacrificial bowl*; **-dómr**, m. *idolatry*; **-drykkja**, f. *sacrificial feast*; **-fé**, n. *sacred* or *accursed goods*; **-girni**, f. *inclination for idolatry*; **-goði**, m. *heathen sacrificing priest*; **-gröf**, f. *sacrificial pit*; **-guð**, n. *heathen god*; **-gyðja**, f. *heathen priestess*; **-haugr**, m. *sacrificial mound or cairn*; **-hof**, n. *heathen temple*; **-hús**, n. *heathen house of worship*; **-höfðingi**, m. *heathen chief*; **-hörgr**, m. *stone altar for sacrifice*; **-kálfr**, m. *a calf worshipped with sacrifices*; **-kennimaðr**, m. *heathen priest*; **-klæði**, n. pl. *garments worn at sacrifices*; **-kona**, f. *idolatress*; **-koppr**, m. = -bolli; **-lundr**, m. *sacred grove*, *heathen* *place of sacrifice*; **-maðr**, m. *heathen worshipper*, *idolater*; **-matr**, m. *food eaten at the sacrificial feasts*.

blótnaðr, m. *sacrificing to heathen gods*, *idolatry*.

blót-naut, n. (1) *an ox worshipped as an idol*; (2) *a bull to be sacrificed*; **-neyti**, n. (rare) = -naut; **-risi**, m. *a giant worshipped as an idol*.

blotskapar-tími, m. *the time of heathenism*.

blót-skapr (-ar), m. (1) *heathen worship*, *idolatry*; (2) *things belonging to worship*; (3) *sacrifice*; **-skógr**, m. *sacred or sacrificial forest*; **-spánn**, m. *chip used in divination*; fella -spán, *to consult the gods*; **-staðr**, m. *a place of heathen sacrifice*; **-stallr**, m. *heathen or sacrificial altar*; **-tré**, n. *sacred tree*; **-stöpull**, m. *a pillar on which an idol stands*; **-trygill**, m. *small sacrificial trough* (trog); **-veizla**, f. *sacrificial banquet*; **-viðr**, m. = -lundr; **-villa**, f. *heathenish or idolatrous heresy*; **-vǫllr**, m. *heathen sacrificial field*.

blunda (að), v. *to shut the eyes* (b. báðum augum).

blundr, m. *dozing*, *slumber* (occurs as a nickname).

blund-skaka (að), v. *to blink with the eyes*; **-stafir**, m. pl. *soporiferous runes*; bregða -stöfum, *to break the slumber-spells*.

blygð, f. *shame*; **blygða** (að), v. *to put to shame*, *seduce*.

blygðar-lauss, a. *blameless*.

blys, n. *torch*.

blý, n. *lead* (søkkva sem b.); **-band**, n. *leaden band*; **-kleppr**, m. *plummet*; **-ligr**, a. *leaden*; **-skeyti**, n. *leaden missile*; **-steyptr**, pp. *cast in lead*; **-stika**, f. *leaden candlestick*; **-stokkr**, m. *leaden box*; **-þekja** (see þekja), v. *to roof with lead*; **-þungi**, m. *leaden weight*.

blæja, f. (1) *fine coloured cloth* (hon hafði knýtt um sik blæju ok vóru í mörk blá); (2) *cover of a bed*; koma undir eina blæju, *to be married*; (3) *burial sheet* (svipti hon blæju af Sigurði): (4) *cover of an altar table*.

blæju-endi, m. *the end of a* 'blæja'; **-horn**, n. *corner of a* b.; **-hvalr**, m. *a kind of whale*.

blær, m. *gentle breeze*, *puff of air*; kenna blæ (*to feel a draught*) á andliti sér.

blœða (-dda, -tt), v. *to bleed*; blœddu nasar hans, *he was bleeding at the nose*; impers., e-m blœðir, *one bleeds or loses blood* (engum blœddi hans manna).

blœsma, a. indecl. *at heat* (of ewes and goats).

blœti, n. *a thing worshipped*, *idol*.

blöðru-sótt, f. *stone in the bladder*.

blöskra (að), v. *to blink with the eyes*, *to flinch* (hann blöskraði ekki); also impers., e-m blöskrar.

boð, n. (1) *bid*, *offer*; bjóða b. fyrir e-n, *to make bids or offers for one*; hvat er í boði, *what is the offer*; eiga b. á jörð, *to have the right of being offered an estate*, *before it is sold to another*; (2) *banquet*, *wedding feast*; hafa e-n í boði sínu, *to entertain one at one's feast*; fóru þeir allir til boðsins, *to the wedding feast*; (3) *bidding*, *order*, *commandment*; ganga undir b. e-s, *to submit to one's bidding*; eptir boði e-s, *at or by one's order*; (4) *message*; gera e-m b., *to send to one*, *send one word; a summons*, *a sign or token of summons*, being an arrow, axe or the like to call people to battle or council (hefja boð).

boða (að), v. (1) *to announce*, *proclaim*; b. kristni, *to preach Christianity*; b. helga trú, *to proclaim the holy faith*; (2) *to bid*, *order*, with dat., konungr boðaði honum á sinn fund *or* til sín, *the king bade him come to him*; b. e-m saman, *to call together*, *to summon*; (3) *to bode*, *signify* (hvat þetta mundi b.).

boða-fall, n. *dash of a breaker* (boði) *on a reef or shoal*.

boðan, f. *announcement*, *preaching*, *proclaiming* (boðan nafns hans); hátíð dróttinligrar boðanar, *the feast of the Annunciation*.

boðanar-nótt, f., -nótt sællar guðs móður Marie, *the night before the Annunciation of the Virgin Mary*; **-tíð**, f. *time of announcement*.

boðari, m. *proclaimer, announcer.*

boða-slóð, f. *the surf of breakers* (cf. 'boði' 2).

boð-burðr, m. *carrying of the message arrow* (cf. 'boð' 4); **-fall**, n. *neglect to send on the* boð (4); **-fasta**, f. *a fast ordered by the canonical law*; **-ferð**, f. *the course of a* boð (4); **-greizla**, f. =boðburðr.

boði, m. (1) *announcer, messenger* (cf. 'sendiboði, fyrirboði'); (2) *a breaker* (on hidden rocks).

boðinn, pp. (cf. 'bjóða'), vera b. ok búinn til e-s, *to be ready and willing to do a thing.*

boð-leggja (see leggja), v.=lögbjóða; **-leið**, f.=-ferð; **-ligr**, a. *fit to be offered*; **-orð**. n. *order, bidding, commandment* (guðs -orð).

boðorða-breytni, f. *alteration of an ordinance*; **-brot**, n. *breach (neglect) of an order*; **-maðr**, m. *public officer.*

boð-reizla, f.=boðgreizla; **-rífr**, a. *ready to make an offer.*

boðs-fólk, n. *guests*, =boðsmenn.

boð-skapr (-ar), m. *bidding, order*; **-skopti**, m.=-slotti; **-skurðr**, m. *message, summons to a meeting*; **-sletta**, f., **-slotti**, m. *intruder at a feast, uninvited guest*; **-slóð**, f.= boðleið.

boðs-maðr, m. *guest at a feast.*

boð-sœmiligr, a. *fit for wearing at a feast* (-sœmilig klæði).

boga-háls, m. *the tip of a bow* (bogi), *where the string is fastened*; **-mynd**, f. *form of a bow*; **-skot**, n. *bow-shot, shooting with a bow*; **-strengr**, m. *bow-string*; **-vápn**, n. *bow* (used as a weapon).

bogi, m. (1) *bow*; skjóta af boga, *to shoot with a bow* (cf. álmbogi, handbogi, hornbogi, lásbogi, ýbogi); (2) *arch* (of a bridge), *vault*; fig., bera mál ór boga, *to disentangle a case*; (3) *gush, jet* (cf. 'blóðbogi').

boginn, pp. (from a lost strong verb, bjúga), *bowed, bent, curved*; b. af elli, *bent with age.*

bog-limir, m. pl. '*curved limbs*', *arms and legs*; **-maðr**, m. *bowman, archer*; **-mannliga**, adv. *bowmanlike.*

bogmanns-merki, n. the zodiacal sign *Sagittarius.*

bogna (**að**), v. (1) *to become curved, to bend*; (2) *to give way, yield* (b. við, b. fyrir e-u).

bogra (**að**), v. *to creep along bowed or stooping*; þá boru bograr hann inn, *he creeps in through that hole*; b. fyrir e-m, *to bow before one.*

bog-styrkr, a. *strong at the bow*; **-sveigir**, m. *bow-swayer, archer* (cf. 'sveigja boga').

bokki, m. '*buck*', *fellow*; Höttr heiti ek, b. sæll, *my dear fellow!*; stœrri bokkar, *bigger men.*

bokkr, m.=bukkr.

bola (**að**), v. *to cut to pieces* (b. í sundr, brytja ok bola).

bol-fimligr, a. *agile of body.*

Bolgara-land, n. *Bulgaria.*

Bolgarar, m. pl. *the Bulgarians.*

bol-hlíf, f. *covering for the body.*

boli, m. *bull*, =graðungr.

bol-járn, n.=boløx.

bol-klæði, n. pl. *body-garments.*

bolli, m. (1) *small vessel, bowl*; (2) *a measure*=$\frac{1}{4}$ askr.

bolr, m.=bulr; (1) *the bole or trunk of a tree*; (2) *the trunk of the body*; ganga milli bols ok höfuðs á e-m, *to pass between one's trunk and head, to slay one.*

bols-vöxtr, m.=bolvöxtr.

bolungr, m.=bulungr.

bol-vöxtr, m. *the growth, form of the body* (far þú af klæðum ok vil ek sjá -vöxt þinn).

bol-øx, f. *wood-axe.*

bops, n. *bump, thump* (mikit fall, svá at b. kvað í skrokkinum).

bora, f. *bore, hole*; **bora** (**að**), v. *to bore, to bore holes in*; b. rauf, *to bore a hole*; refl., borast fram, *to push one's way through a crowd.*

borð, n. (1) *board, plank*; (2) *the side of a ship* (hlóðu skipin sem b. báru); borð á stjórn = stjórnborði; hlaupa (steypast, detta) fyrir b., *overboard*; mikill borði, prop.=borðhár, borðmikill, of a ship floating high out of the sea, fig., *proud of mind* (=skapstórr); bera e-n (hlut e-s, mál e-s) fyrir borð, *to neglect, slight* *one*; verða (allr) fyrir borð borinn, verða allr fyrir borði, *to be* (*quite*) *thrown overboard*, i.e. *slighted*; ganga at borði við e-n, *to submit, yield to, to come to terms with one*; e-n brestr á borði, *one fails, is beaten*; á annat borð, *on the other hand; otherwise, else*; þykkir vera harðr á annat b., *a hard one to pull against*; (3) *the inner margin of a vessel between the rim and the liquid* (er nú gott berandi b. á horninu); (4) *board, table* (used for meals); fara, ganga, koma til borðs *or* undir b., *to go, come to table*; setjast yfir b., undir b., *to sit down at table*; sitja yfir b. *or* borðum, *to sit at table*; rísa (standa upp) frá borði, *to rise from table*; ryðja b., *to clear the table*; þjóna fyrir borðum, *to wait at table*; setja e-m b., *to set a table before one*; borð eru uppi *or* upp tekin, *the tables are set up*; but 'borð eru upp tekin' may also mean *the tables are removed*, = borð eru ofan; (4) *board, food, maintenance at table* (veita, halda e-m b.); (5) *chess-board*; bjóða e-m undir b., *to invite one to play at chess*.

borða (**að**), v. (1) *to sit down at table*; (2) *to set a table, serve up* (b. fyrir þurftugum).

borða-hríð, f. *the time that a meal lasts*; **-munr**, m. *difference in the height of ships*; **-stund**, f. = -hríð; **-víti**, n. *table-sconce*.

borð-búnaðr, m. *table-service* (cloth, dishes, &c.); **-diskr**, m. *dish, plate*; **-dúkr**, m. *table-cloth*; **-fastr**, a. *maintained at one's table*; **-fjöl**, f. *thin board*; **-fœri**, n. in the phrase, taka sér -fœri = ganga ørna sinna (?); **-hald**, n. *taking food, maintenance at table*; **-hár**, a. *rising high out of the sea* (of a ship); **-hús**, n. *a room where the plate is kept*; **-hæð**, f. *the height of a ship out of the water*.

borði, m. *textile fabric, tapestry* (tjalda höll, kirkju, borða); slá borða, rekja borða, *to weave*; sitja við borða, *to sit weaving*; byrða e-t í borða, *to ornament tapestry with figures woven in it*.

borð-ker, n. *a cup used at table*; **-kista**, f. *a box for keeping the table-service*; **-klerkr**, m. *clerical attendant at table*; **-knífr**, m. *table-knife*; **-lægr**, a., (viðr, *timber*) *fit for cutting into planks*; **-maðr**, m. *table-companion*; **-mikill**, a. = -hár; **-munr**, m. = borðamunr; **-prestr**, m. *a priest who says grace at a bishop's table*; **-prýði**, f. *ornaments of a table*; **-sálmr**, m. '*board-psalm*', *grace*; **-skutill**, m. *a small movable table*, esp. for a single person.

borðs-tilganga, f. *going to table* (at mealtimes).

borð-stokkr, m. *gunwale*.

borð-sveinn, m. *attendant at table, waiter*; **-tafl**, n. *chess-board*; **-veggr**, m. *a plank wall*; **-vegr**, m. = -stokkr; **-vers**, n. *verse of grace* (cf. borð-sálmr); **-viðr**, m. *boards, planks*; **-þak**, n. *covering of planks*; **-þakiðr**, pp. *covered, lined with planks*; **-þili**, n. *the bulwarks of a ship*.

borg (**-ar**, **-ir**), f. (1) *a small dome-shaped hill*; (2) *stronghold, fortification, castle*; (3) *fortified town, city*.

borga (**að**), v. *to be a surety, guarantee, for*; b. e-m e-t, *to guarantee something to one*; b. fyrir e-n, *to become bound for, to be security for* (anza ek lítt, þótt þú játir at lúka, ef engi borgar fyrir þik).

borgan, f. *guarantee, surety, security*; ganga í b. fyrir e-n = borga fyrir e-n.

borganar-maðr, m. *a guarantee, a surety*.

borgar-armr, m. *arm, wing of a fort*; **-auðn**, f. *destruction of a castle or fortified town*; **-gata**, f. *a road leading to a* borg; **-greifi**, m. *burggrave, governor of a town*; **-gørð**, f. *building of a fort*; **-hlið**, n. *gate of a fort*; **-hreysi**, n. *ruins of a fort*; **-höfðingi**, m. *leading citizen*.

borgari, m. *inhabitant of a* borg, *burgher*.

borgar-klettr, m. *a rock on which a fort is built*; **-kona**, f. *townswoman*; **-lið**, n. *garrison*; **-lím**, n. *lime for building a fort*; **-lýðr**, m. *townsfolk*;

-maðr, m. (1) *garrisoner*; (2) *townsman, citizen*; (3) *fellow-citizen* (-maðr engla); **-múgr**, m. *the mob of a city*; **-múrr**, m. *city-wall*; **-port**, n. = -hlið; **-siðr**, m. *city-manners, urbanity*; **-smíð**, f. *building of a fort or town*; **-staðr**, m. *site of a town*; **-veggr**, m. *wall of a fort or town*.

borga-skipan, f. *a list of cities*.

borg-firzkr, a. *belonging to the district* Borgar-fjörðr, in the west of Iceland.

borg-hlið, f. = borgarhlið.

borgin-orðr, a. *cautious in words, reserved*.

borgit, pp. n., from bjarga; e-m er b., *one is safe*; era hera at borgnara þótt hœna beri skjöld, *a hare is none the better off though a hen shield him*.

borg-staðr, m. = borgarstaðr.

borg-veggr, m. = borgarveggr.

botn (gen. **botns** or **botz**, pl. **botnar**), m. *bottom* (of a vessel, of a haycock, of the sea); (2) *the head of a bay, firth, lake, valley* (fjarðar-, vatns-, dals-botn).

botn-hola, f. *pit*, in the phrase, vera kominn í -holu, *to have got into a scrape*.

bóandi, m., see 'búandi'.

bófi, m. *knave, rogue*, used as a nickname.

bógr (gen. **bógar**, dat. **bœgi**; pl. **bœgir**, acc. **bógu**), m. *shoulder* (of an animal).

bók (gen. **bókar** and **bœkr**; pl. **bœkr**), f. (1) *beech, beech-tree*; (2) poet. *textile fabric with figures woven in it* (bœkr þínar enar bláhvítu); (3) *book*; lesa á b., *to read a book*; rita á b., setja á bœkr, *to set down in writing, to put on record*; kunna (festa) e-t útan bókar, *to know (to get) by heart*; heilög b., *the divine book, the Bible*; (4) *the Gospel* (vinna eið at bók; cf. 'bókar-eiðr'); (5) *Latin*; kenna e-m á bók, *to teach one Latin*; nema á b., *to learn Latin*; setja e-n til bókar, *to put one to school* (in order to make him priest); hann heitir á b. (*in Latin*) Jaskonius; svá segir (er sagt) á bókum (*in Latin books*); (6) *law-book, code of law* (lögbók, Jónsbók).

bóka (að), v. *to affirm by oath on the book* (*Gospel*); bókaðr eiðr = bókareiðr.

bóka-fullting, n. *help derived from books*; **-gørð**, *writing (transcription) of books*; **-kis a**, f. *book-box*; **-lán**, n. *lending of books*; **-lesning**, f., **-lestr**, m. *reading of (Latin) books*; **-list**, f. *book-lore*.

bókar-blað, n. *leaf of a book*; **-eiðr**, m. *oath upon the Gospel*; **-eiðstafr**, m. *wording of a* bókareiðr; **-gørð**, f. *book-writing*; **-lag**, n. *lawful price fixed in the code*; **-skeyting**, f. *conveyance of an estate by help of the law-book*; **-tak**, n. *the touching the Gospel* (in taking an oath); **-verð**, n. *the price of a book*; **-vitni**, n. *evidence confirmed by a* bókareiðr (= bókat vitni).

bóka-skilningr, m. *book-learning*.

bóka-stóll, m. *a reading desk, lectern*.

bók-fell, n. *parchment, vellum*; **-fróðr**, a. *book-learned*; **-frœði**, f. *book-knowledge, book-lore, learning*; **-lauss**, a. *bookless, unscholarly*; **-laust**, adv. *by heart* (allar ritningar helgar man hann -laust); **-lestr**, m. = bókalestr; **-ligr**, a. *literary*; -ligar listir, *the liberal arts*; **-list**, f. *book-lore, learning*; **-lærðr**, pp. *book-learned*; **-mál**, n. (1) *book language, learned language, Latin* (á bók nam ek aldri, ok eigi heyrða ek frá -máli sagt); (2) *the canon law*; blót þau, sem fyrirboðin eru at -máli, *in the canon of the church*; (3) *the Julian Calendar*; at -máli, *according to the calendar*; **-mánaðr**, m. *calendar month*, opp. to the Icel. months; **-nám**, n. *book-training, study* (vera at -námi, setja e-n til -náms); **-næmi**, n. = -nám; **-rúnar**, f. pl. *runes engraved on beech-wood*; **-saga**, f. *written narrative*; **-setja** (see **setja**), v. *to commit to writing*; **-skygn**, a. *seeing well enough to read a book*; **-speki**, f. *book-wisdom, book-knowledge*; **-stafr**, m. *character*, *letter*; **-sögn**, f. = -saga; **-tal**, n. = -mál 3; **-vit**, n. *learning, erudition*; **-víss**, a. = -lærðr.

ból, n. (1) *lair* or *lying place* (of beasts and cattle); (2) *couch, bed* (tóku sumir heyhjálma nökkura ok gerðu sér af b.); (3) *farm*, esp. in Norway, = bólstaðr, bœr, jörð.

bóla, f. (1) *the boss of a shield*; (2) *blain, botch*.

ból-festa, f. *estate held by a lease, leasehold*.

bólginn, a. *swollen*; b. bræði, b. af reiði, *swollen with anger*.

bólgna (**að**), v. *to swell, become swollen*.

bólna-sótt, f. (1) *disease of blains* or *boils*; (2) *smallpox*.

bólstaðar-gørð, f. *the building of a homestead*.

ból-staðr, m. (1) *abode, homestead* (hón á þar -staði mikla); (2) *farm*.

bólstr (gen. **bólstrs**, pl. **bólstrar**), m. *bolster, pillow* (hníga við bólstri).

bón, f. *request, petition*, = bœn.

bónar-maðr, m. *beggar-man*.

bónda-bani, m. *slayer of a woman's husband*; **-dóttir**, f. *daughter of a* bóndi; **-eiðr**, m. *a* bóndi's *oath of allegiance*; **-far**, *a* bóndi's *ferry-boat*; **-fé**, n. *district fund*; **-fólk**, n. *peasantry, farmers*; **-fylking**, f. *host of peasants*; **-herr**, m. *army of peasants*; **-hlutr**, m. *one fourth of the tithe to be distributed among the peasants*; **-kirkja**, f. *the church belonging to the* bóndi *in Thingvalla*; **-kirkjugarðr**, m. *the churchyard belonging to the* -kirkja; **-lauss**, a. *husbandless, widowed*; **-lið**, n. = -herr; **-múgr**, m. *crowd, host of peasants*; **-nafn**, n. *the name, title of* bóndi; **-réttr**, m. *the right of a* bóndi; **-safnaðr**, m. = bónda-múgr; **-skapr**, m. *the estate of the* bœndr, opp. to the clergy; **-son**, m. *son of a* bóndi; **-tala**, f., vera í -tölu, *to be counted among* bœndr; **-ungi**, m. *young farmer*; **-val**, n. *the élite of* bœndr; var þá gott -val, *there were choice* bœndr *to be found*; **-ætt**, f. *a* bóndi's *extraction* (hann er -ættar).

bóndi (pl. **bœndr**, gen. **bónda**), m. (1) *husbandman, farmer, peasant* (dóttir eins lítils bónda); *a yeoman, franklin, landowner* (hinir stœrri bœndr); (2) *master, head of a household* (= húsbóndi); (3) *husband* (nú er b. dauðr, en kona lifir eptir).

bón-hús, n. = bœnhús (rare); **-leið**, f. *begging path*; fara -leið, *to go begging from house to house*; **-orð**, n. (1) *request, petition*; (2) *wooing, courtship*; hefja, vekja -orð, *to make a proposal*.

bónorðs-ferð, **-för**, f. *wooing journey*; fara -för, *to go a-wooing*; **-mál**, n. *the business of wooing*.

bón-ríki, n. *importunity or persistence in begging*.

bót (pl. **bœtr**, also poet. **bótir**), f. (1) *bettering, cure, remedy*; fá b. sinna meina, *to get cure for one's evils*; ráða e-u b., ráða e-s bœtr, *to remedy, retrieve*; vinna e-m b., *to relieve one* (in sickness); bíða e-s b., *to get over, recover* (a loss, misfortune); bera e-t til bóta, *to amend*; þótti mikilla bóta ávant, at, *much seemed wanting that*; e-t berr til bóta (impers.), *it is a comfort, satisfaction*; (2) *atonement, compensation*, esp. pl. = mannbœtr, *weregeld*; sœtar syndir verða at sárum bótum, *sweet sins are turned to sore penance*; (3) *patch* (svört bót var á millum herða honum).

bóta-lauss, a. *without redress or compensation* (hafa sár -laust; vígin vóru -laus); **-maðr**, m. *a person who has to receive* 'bœtr' *for hurt and damage suffered* (opp. to úbótamaðr); **-verðr**, a. *worth redress*.

bóti, m. *boot* (for wearing).

bót-lausliga, adv. *irreparably*; **-lauss**, a. *irreparable*; **-sama** (**að**), v. *to repair* (-sama um búðir, hús); **-þarfa**, a. indecl. *needing* 'bœtr' *or satisfaction*.

braga (**að**), v. *to flicker, flash* (of the northern lights).

bragar-full, n. *toast*, esp. at a funeral banquet; **-laun**, n. pl. *gift for a poem*.

bragð, n. (1) *sudden or brisk movement*; *moment*; bragðs, af bragði, *at* *once*; af (*or* á) skömmu bragði, *shortly, quickly, in a short time*; (2) fig., in many phrases, verða fyrri (skjótari) at bragði, *to make the first move, to be beforehand with* (þeir hafa orðit fyrri at bragði at stefna en vér); vera í bragði með e-m, skerast í b. með e-m, *to lend one a helping hand*; taka e-t bragðs *or* til bragðs, *to take some step* (to get out of difficulties); úviturligt b., *a foolish step*; úheyriligt b., *an unheard-of proceeding*; gerðist þar at svá mikit b., at, *it went so far that*; lítit b. mun þá at (*it must be very slight*), ef þú finnr ekki; (3) *trick, scheme, device*, chiefly in pl.; beita e-n brögðum, hafa brögð við e-n, *to deal cunningly with, impose upon*; ferr at fornum brögðum, *in the old way*; búa yfir brögðum, *to brood over wiles*; leika e-m b., *to play or serve one a trick*; hefir hann miklu bragði á oss komit, *he has played a bad trick upon us*; (4) *countenance, look, expression*; þannig ertu í bragði sem, *thou lookest as if*; með betra bragði, *in a better mood*; bleyðimannligr í bragði, *having the look of a coward*; Sturla gerði þat b. á (*made as if*), at hann hefði fundit Pál prest; (5) *embroidered figure* (hekla saumuð öll brögðum).

bragða (að), v. (1) *to move, stir* (þat bragðar allt, sem kvikt er); (2) *to flicker, flash* (of light).

bragða-drykkr, m. *poisoned drink*.

bragða-karl, m. *sly fellow*.

bragð-alr, m. '*twirling awl*', a kind of fi e-drill; **bragðals-eldr**, m. *fire produced by a* bragðalr.

bragð-illr, a. *ill-looking*; **-ligr**, a. *expedient, suitable*; **-mikill**, a. *expressive-looking*; **-samr**, a. *crafty*; **-vísi**, f. *craft, subtlety*; **-vísliga**, adv. *cunningly*; **-vísligr**, a. *cunning*.

bragnar, m. pl. poet. *heroes, men*.

bragr, m. (1) *poetry*, = skáldskapr; (2) *the best, foremost* (Ása bragr = *Thor*; bragr kvenna); *most eloquent*.

brak, n. *creaking noise, crack*.

braka (að), v. *to creak, crack* (brakaði mjök í skipinu).

brakan, f. *creaking, cracking*.

brakki, m., **brakun**, m. *intermediary, broker*.

branda-dyrr, f. pl. *main entrance, front door*, so called because of the 'brandar' (*ships' beaks*) fixed as ornaments over or beside it.

brand-gás, f. *common sheldrake*.

brand-krossi, m. *the name given to a* brandkrossóttr uxi.

brand-krossóttr, a. *brindled brown with a white cross on the forehead*.

brandr (-s, -ar), m. (1) *brand, firebrand* (brandr af brandi brennr); (2) *ship's beak* (= svíri); fellr brattr breki bröndum hæri, *the waves break high above the* 'brandar'; (3) *ships' beaks put up as ornaments over or at each side of the chief entrance of dwellings* (brandana af knerrinum lét hann setja yfir útidyrr sínar); (4) *the blade of a sword* (brast sverðit undir hjaltinu ok fór brandrinn grenjandi niðr í ána).

brand-reið, f. *gridiron, brander* (steikja á -reið).

brand-øx, f. *a sort of axe*.

branga, f. (Hamðismál 20)?

brasta (að), v. *to bluster, swagger* (þeir brasta allmikit).

bratt-gengni, f. *skill in climbing*; **-gengr**, a. *skilful in climbing*; **-leitr**, a. *with prominent forehead*; **-lendi**, n. *steep ground*.

brattr, a. (1) *steep*; brött brekka, *a steep slope*; brattar bárur, *high waves*; bera bratt halann, *to carry the tail high*; reynt hefi ek fyrr brattara, *I have been in a worse plight*; (2) *sudden*, = bráðr (brött fyrirætlan).

bratt-steinn, m. *stone column*.

brauð, n. *bread*; hleifr brauðs, *a loaf of bread*.

brauð-bakstr, m. *bread-baking*; **-diskr**, m. *bread-plate*; **-gørð**, f. *bread-making*; **-hleifr**, m. *a loaf of bread*; **-járn**, n. *girdle, griddle* (for baking bread); **-kass**, m. *bread-basket*; **-laupr**, m., **-meiss**, m. *bread-box*; **-moli**, m. *crumb of bread*; **-ofn**, m. *bread-oven*; **-skífa**, f. *slice of bread*; **-sufl**, n. *whatever is eaten with bread*.

braut (pl. **brautir**), f. (1) *road* (cut through rocks, forests, &c.); ryðja b., *to cut a road*; (2) as adv. *away*, either with or without the prep. 'á' or 'í' (fara, ganga, komast b. *or* á b., brautu; vera á b. *or* brautu; kasta e-u í b., hverfa í b., vera í b. *or* brautu) Cf. brott, burt.

braut- in compds., see 'brott'.

brauta-mót, n. *meeting of roads.*

brautar-gengi, n. *help, furtherance.*

brautingi (-ja), m. *a wayfarer*; *tramp, beggar*; bráð eru brautingja erendi, *the wanderer's errand is urgent.*

brá (gen. **brár**, pl. **brár**), f. *eyelash.*

bráð, f. *meat, raw flesh*; varmar bráðir, *the corpses of the newly slain.*

bráð, n. *pitch.*

bráð, f. *haste*, only used in adverb. phrases, í b., *soon, shortly*, = bráðliga; bæði í b. ok lengðar, *now and ever.*

bráða-bugr, m., in the phrase, gøra -bug at e-u, *to hasten to do a thing, do it without delay*; **-fangs**, adv. *at once*, = bráðfengis.

bráða-hola, f. *a hole where the wild beasts carry their prey* (bráð).

bráða-hríð, f. *sudden storm.*

bráða-lauss, a. *without prey* (haukar bráðalausir).

bráðan, adv. *soon, shortly*, = brátt.

bráða-sótt, f. *sudden illness, plague*; **-þeyr**, m. *sudden thaw.*

bráð-dauði, m. *sudden death*; **-dauðr**, a., in the phrase, verða -dauðr, *to die suddenly*; **-endis**, adv. *of a sudden*; **-fara**, a. indecl., verða -fara, *to travel in haste*; **-feginn**, a. *exceeding glad*; **-feigligr**, a. *rushing to death*; **-fengis**, adv. *suddenly, at once*; **-fengr**, a. *quick to act, prompt*; **-geðr**, a. *hot-tempered, hasty* (-geð er bernskan); **-gerr**, a. *matured early in life, precocious*; **-gerviligr**, a. *of early promise*; **-hættligr**, a. *most dangerous*; **-kallaðr**, pp., verða -kallaðr, *to die suddenly*; **-kjörit**, pp. n. *hastily chosen*; **-komliga** = bráðliga; **-la**, adv. = bráðliga.

bráð-lauss, a. *not pitched.*

bráð-látinn, pp. = bráðdauðr; **-látr**, a. *eager, impatient*; **-liga**, adv. *hastily, at once*; -liga er, *as soon as*; **-ligr**, a. *sudden* (-ligr dauði); **-litit**, pp. n., gera -litit á e-t, *to look hastily at a thing*; **-lyndi**, n. *hot temper, hastiness*; **-lyndr**, a. *hot-tempered, hasty*; **-læti**, n. *impatience*; **-mælt**, pp. n. *hastily spoken.*

bráðna (að), v. *to melt*, of snow, &c.

bráð-orðr, a. *hasty of speech.*

bráðr (neut. **brátt**), a. (1) *sudden* (b. bani); (2) *hasty, hot-tempered*; þú hefir verit hølzti b. (*too eager, too rash*) í þessu máli.

bráð-ráðinn, pp. *hastily or rashly decided*; **-reiðr**, a. *very wrathful*; **-ræði**, n. *rashness*; **-sjúkr**, a. *taken suddenly ill*; **-skapaðr**, a. *of hasty disposition* (= skapbráðr); **-skeyti**, n. *hastiness, rashness*; **-skeytiligr**, a. *rash*; **-skeyttr**, a. *heedless, rash*; **-sýnn**, a. *seen at a glance.*

bráðum, adv. *soon, shortly.*

bráðung, f. *haste*; bráðungar þarf við, *one must make haste*; af bráðungu, *in a hurry.*

bráð-þroskaðr, pp. *early matured or grown-up.*

brá-hvítr, a. *with white eyelashes.*

bráss, m. *cook?* (tóku þeir brás Buðla ok brugðu til knífi).

brátt, adv. *soon*; b. er, *as soon as.*

breða-fönn, f. *a great heap or drifted mass of snow.*

bréf, n. *letter, written deed.*

bréfa (að), v. *to give an account, to write* (b. af e-u).

bréfa-bók, f. *register-book*; **-brot**, n. *breach of ordinances*; **-gørð**, f. *letter-writing*; **-maðr**, m. *letter-carrier, public courier*; **-sveinn**, m. *letter-boy.*

bréf-laust, adv. *without a written document.*

bregða (**bregð**; **brá**, **brugðum**; **brugðinn**), v. with dat. (1) *to cause to move* (*quickly*); b. sverði, knífi, *to draw a sword, knife*; b. fingri, hendi í e-t, *to put* (*thrust*) *the finger, hand, into*; hón brá hárinu undir belti sér, *she put* (*fastened*) *her hair under her belt*; b. kaðli um e-t, *to pass a rope round a thing*; b. augum sundr, *to open the eyes*; b. e-m á eintal, *to take* *one apart*; b. sér sjúkum, *to feign illness*; (2) *to deviate from, disregard* (vér höfum brugðit af ráðum þínum); (3) *to alter, change*; b. lit, litum, *to change colour, to turn pale*; b. e-m í e-s líki, *to turn one* (by spell) *into another shape* (þú brátt þér í merar líki); (4) *to break up, leave off, give up*; b. tjöldum, *to strike the tents*; b. samvist, *to leave off living together*; b. ráðahag, *to break off an engagement* (*wedding*); b. boði, *to countermand a feast*; b. sýslu, *to leave off working*; b. svefni, blundi, *to awake*; b. tali, *to break off talking*; b. orrustu, kaupi, *to break off a battle, bargain*; (5) *to break* (b. trúnaði, heiti, sáttmáli); (6) b. e-m e-u, *to upbraid, reproach one with a thing* (Kálfr brá mér því í dag); (7) with preps., b. e-m á loft, *to lift one aloft*; b. e-u á, *to give out, pretend* (hann brá á því, at hann mundi ríða vestr til Miðfjarðar); absol., b. á e-t, *to begin* (*suddenly*) *doing a thing*; b. á leik, *to begin playing or sporting*; Kimbi brá á gaman, *took it playfully, laughed at it*; þeir brugðu á glímu ok á glens, *they started wrestling and playing*; hestrinn brá á leik, *broke into play, ran away*; hönd bregðr á venju, *is ready for its old work*; þá brá Ingimundr til útanferðar, *I. started to go abroad*; b. e-u undan, *to put it out of the way, to hide it*; b. upp hendi, höndum, *to hold up the hand*; b. e-u við, *to ward off with* (b. við skildi); fig., *to put forth as an example, to praise, wonder at* (þínum drengskap skal ek við b.); absol., b. við, *to start off, set about a thing without delay*; brá hann við skjótt ok fór, *he started off at once and went*; (8) refl., bregðast, *to fail, come to naught* (þat mun eigi b.); b. e-m, *to deceive, disappoint one* (Gunnar kvaðst aldri skyldu b. Njáli né sonum hans); þeim brást frumhlaupit, *they failed in the onslaught*; b. brögðum, *to play one another tricks*; b. orðum, brigzlum, *to upbraid one another*; b. við, *to make a sudden motion with the body* (Hrútr brást skjótt við undan högginu); b. við fast, *to turn sharply*; b. á beina við e-n, *to show hospitality towards*; b. reiðr við e-t, *to get angry at*; b. úkunnr við e-t, *to be startled at the novelty of a thing*; (9) impers., e-u bregðr, *it ceases, fails*; svá hart, at nyt bregði (*to drive the ewes*) *so fast that they fail to give milk*; veðráttu brá eigi, *there was no change in the weather*; of a sudden appearance, kláða brá á hvarmana, *the eye-lids began to itch*; þá brá ljóma af Logafjöllum, *then from L. there burst flashes of light*; ljósi bregðr fyrir, *a light passes before the eye*; with preps., bregðr af vexti hans frá öðrum selum, *his shape differs from that of other seals*; e-m bregðr í brún, *one is amazed, startled* (nú bregðr mönnum í brún mjök); e-m bregðr til e-s, *one person takes after, resembles another*; en því bregðr mér til foreldris míns, *in that I am like my father*; þat er mælt, at fjórðungi bregði til fóstrs, *the fostering makes the fourth part of a man*; e-m bregðr við e-t = e-m bregðr í brún; brá þeim mjök við, er þeir sá hann inn ganga, *it startled them much when they saw him come in*; en þó brá fóstru Melkorku mest við þessi tíðindi, *this news most affected M.'s nurse.*

breiða (-dda, -ddr), v. *to spread*; b. borð, *to lay the cloth on the table*; b. faðm, *to stretch out the arms*; b. út, *to lay out for drying*, as hay; b. út hendr, *to stretch out the hands*; b. e-t yfir e-n, *to cover one with a thing*, chiefly of the bed-clothes.

breidd, f. *breadth.*

breið-dœlskr, a. *from Broaddale*; **Breið-firðingr**, m. *a man from Broadfirth*; **breið-firzkr**, a. *belonging to Broadfirth.*

breiðka (að), v. *to grow broad, to broaden.*

breið-laginn, a. *broadish*; **-leikr**, m. *broadness, breadth*; **-leitr**, a. *broad-faced.*

breiðr (neut. **breitt**), a. *broad*; á breiðan, *in breadth*, = á breidd; standa breitt, *to spread over a wide space*; sitja breitt, *with the legs wide apart.*

breið-skeggr, a. *broad-bearded*, as a nickname; **-vaxinn**, pp. *broad-framed, stout, square-built*; **-øx**, f. *axe with a broad blade*.

brek, n. *claim, demand* (eru Brynhildar brek of mikil).

breka (**að**), v. *to keep asking* (látum barn hafa þat er brekar).

brek-boð, n. *fraudulent bidding*.

breki, m. poet. *breaker*.

brekka, f. *slope*; leiða þræl í brekku (viz. þingbrekku), *to proclaim a bondsman free*.

brekku-brún, f. *the edge of a slope*; **-megin**, n. (1) *strength to climb a hill*; (2) *the steepest part of a slope*; **-munr**, m. *difference in height*.

brek-laust, adv. *without fraud*; **-ráð**, n. pl. *an attempt at fraudulent acquisition*; **-sekt**, f. *fraudulent outlawry* (in order to disable one from pleading his case); **-vísi**, f. *importunity, importunate solicitation*.

brenna (**brenn**; **brann**, **brunnum**; **brunninn**), v. (1) *to burn with a flame* (logi, ljós, eldr, kerti brennr); (2) *to be consumed by fire* (á Flugumýri brann fé mikit); nú breðr (= brennr) víðara en hann vildi, *the fire spreads wider than he wished*; b. inni, *to perish by fire*; b. upp, *to be burnt up* (á þeiri nátt brann upp allt Danavirki); hlutr e-s brennr við, *one gets the worst of it*; brann brátt þeirra hlutr við, *it soon grew too hot for them*; rautt mun fyrir b., mun nökkut fyrir b., *things will brighten up or improve*.

brenna (**-da**, **-dr**), v. (1) *to burn* (b. bál); (2) *to destroy by fire* (b. bœ, hof, skip at köldum kolum); b. e-n inni, *to burn one to death in his house*; b. e-t upp, *to burn up*; (3) *to cauterize* (as a surgical operation); b. e-n við bölvi, *to burn one to cure his malady*; b. e-m díla, *to burn spots on one's back*; fig. *to brand one's back*; b. e-m illan díla, *to inflict a severe injury upon one*; (4) *to produce by burning* (b. e-t til líms); b. kol, *to burn wood for charcoal*; b. salt, *to produce salt by burning* (sea-weed); (5) *to purify* (silver or gold) *by burning*; brent silfr, *pure silver* (eyrir brendr, mörk brend).

brenna, f. *the burning of a house or person* (þá er b. var á Flugumýri; Njáls brenna).

brenniligr, a. *that burns well* (eldr b.).

brenni-steinn, m. = brennusteinn.

brennu-maðr, m. *incendiary*; **-mál**, n. *action for fire*; **-saga**, f. *the story of the burning* (of Njál); **-staðr**, m. *the place where a fire has been*; **-steinn**, m. *brimstone, sulphur*.

brennusteins-logi, m. *sulphur flame*; **-vatn**, n. *sulphur well*; **-þefr**, m. *smell of brimstone, sulphureous smell*.

brennu-sumar, n. *summer of fires*; **-vargr**, m. *an outlawed incendiary*.

bresta (**brest**; **brast**, **brustum**; **brostinn**), v. (1) *to burst, to be rent* (steinninn brast); þá brast í sundr jörðin (*the earth burst*) undir hesti hans; (2) *to break, snap, with a noise* (brast í sundr boginn); (3) *to crash*, of the sound alone; þá brast strengr, *then twanged the bowstring*; (4) *to burst forth* (skriða brast); eldr brestr upp, *fire breaks out*; blóð brestr út, *blood bursts out*; (5) *to rise, begin*; flótti brestr, *the ranks break in flight*; bardagi brestr, *the battle breaks out, begins*; (6) impers., e-n brestr e-t, *one lacks, falls short of* (eigi brestr mik áræði); ef oss brestr á borði, *if we fall short, get the worst of it*; þat mun aldri b. (*it will never fail*), at.

brestr (**-s**, **-ir**), m. (1) *crash* (varð þar við hár b.); (2) *chink, crack* (b. hafði verit á hringnum); berja í brestina, *to cry off a bargain*; (3) *want, loss* (hvárt ábati eðr b. í varð).

Bretar, m. pl. *the Welsh*.

Bretland, n. *Wales*; syðra Bretland, *Brittany*.

bretta (**-tta**, **-ttr**), v. *to turn upwards* (b. hala sinn).

breysk-leikr, m. *infirmity, weakness* (líkamsins -leikr); **-ligr**, a. *frail, weak* (mannsins -lig náttúra).

breyskr, a. (1) *brittle* (b. leirpottr); (2) *weak, infirm*.

breyta (**-tta**, **-ttr**), v. (1) *to change, alter* (b. átrúnaði); refl., breytast;

hafa þau eigi breyzt síðan, *they have not changed since*; (2) *to vary*; b. háttum, *to vary the metre*; b. hári sínu, *to dress one's hair*; réttr ok breyttr, *plain and artificial*; (3) absol. *to conduct oneself, do, act*; munum við báðir í brott komast, ef við breytum svá, *if we do so*; b. eptir e-m, *to imitate*; b. til e-s, *to attempt*.

breyti-liga, adv. *strangely*; **-ligr**, a. *strange*; **breyting**, f. *change*.

breytinn, a. (1) *variable*; b. í búningi, *fashionable in dress*; (2) *courteous, attentive* (b. í öllum atvikum við konurnar).

breytni, f. *change*; gera b. á um e-t, *to make an alteration in a thing*; b. í klæðnaði, *fashion*.

brezka, f. *the Welsh language*.

brezkr, a. *Welsh*.

brigð, f. (1) *right to reclaim* (chiefly of landed property); fyrnist þá eigi brigðin, *then the right of reclamation will not be lost*; (2) n. pl. *change* (engi brigð mun ek hér á gera); kaupa e-t í b. við annan mann, *to purchase a thing already bought by another*.

brigða (-ða, -ðr), v. (1) *to try to recover* (lost property) *by lawful procedure* (b. land, fé); (2) with dat. *to annul, make void* (b. kaupi, dómi, sáttmáli); b. e-m frelsi, *to revoke one's liberty*.

brigðar-maðr, m. *reclaimer of lost property*.

brigði, n. pl. (1) = brigð, f.; (2) = brigð, n. pl. (gera b. á e-u).

brigði-ligr, a. (1) *variable*; (2) *corruptible, perishable* (-ligr líkami).

brigð-kaup, n. *void bargain*; **-liga**, adv. *variably*; **-ligr**, a. = brigðiligr; **-lyndi**, n. *fickle-mindedness*; **-lyndr**, a. *fickle-minded*; **-mæli**, n. *breach of promise*.

brigðr, a. *fickle, faithless*.

brigð-ræði, n. *fickleness, cunning*.

brigðull, a. *variable, inconstant*.

brigzl, n. = brigzli.

brigzla (að), v. *to upbraid* (e-m e-u *or* e-t) *one with a thing*; at honum sé því brigzlat, *that it be thrown in his teeth*.

brigzla-lauss, a. *blameless*.

brigzlan, f. *reproach, blame*.

brigzlanar-hlátr, m. *reproachful or scornful laughter*.

brigzli, n. *reproach, blame*; fœra e-m e-t í b., hafa e-m e-t at brigzlum, *to upbraid one with a thing, to throw a thing in one's teeth*; eilíft b., *everlasting reproach*.

brim, n. *surf* (sker ok b.).

brim-dýr, n. poet. *ship*; **-gangr**, m. *dashing of the surf*.

brimill, m. *a big sort of seal, male seal*; also as a nickname.

brim-lauss, a. *surf-less, calm*; **-leysa**, f. *calm (smooth) sea*; **-leysi**, n. = -leysa; **-orri**, m. a kind of *duck*; **-rúnar**, f. pl. poet. '*surf-curbing*' *runes*; **-sorfinn**, pp. *surf-worn* (-sorfit grjót); **-stormr**, m. *surf-raising gale*; **-svín**, n. poet. *ship, vessel*; **-tog**, n. *a rope to tug a boat through the surf*.

bringa, f. (1) *chest* (hárit tók ofan á bringuna); e-m skýtr (*or* slær) skelk í bringu, *one gets frightened*; (2) *brisket* (of an animal).

bring-spalir, f. pl. = **-spelir** (acc. **-spölu**), m. pl. *the 'breast-rails', the lower part of the chest* (bar sverðit at kviðnum fyrir neðan bringspölu).

bringu-bein, n. *the breast-bone*; **-breiðr**, a. *broad-chested*; **-sár**, n. *a wound in the chest*; **-teinar**, m. pl. = bringspelir.

brík (-ar, pl. bríkr), f. (1) *thin board*; (2) *low wooden screen*; (3) *short bench*, near the door.

bríkar-búningr, m., **-klæði**, n. *covering for an altar-screen*.

brími, m. poet. *fire*.

brímir (gen. -is), m. poet. *sword*.

brjá (brjáða, brját), v. *to sparkle, flicker, gleam*.

brjándi, f. *or* n. *flickering, gleam*.

brjósk, n. *cartilage* (sem brjósk væri þar, sem bein skyldu vera).

brjóst, n. (1) *the front of the chest, breast* (hyl vel b. þitt); (2) *woman's breast*; fœða barn á brjósti, *to feed a child at the breast*; (3) fig. *the seat of the affections and emotions, mind, heart, feeling, disposition*; mun hann vera þrályndr í skapi sem faðir hans, en hafa b. verra, *a harder heart*; mun hann optar mér í brjósti (*in my mind*) en þér; (4) *the front* (of a wave or a battalion); (5) *breast-work, protection* (hann er sjálfr b. ok hlífiskjöldr kristni sinnar); vera b. fyrir e-m, *to be one's defender, to shield one*; (6) vinna eið fyrir brjóst e-s, *on one's behalf.*

brjóst-afl, n. *strength of chest*; **-barn**, n. *a child at the breast, suckling*; **-björg**, f. *breast-plate*; **-bragð**, n. *compassion*; **-búnaðr**, m. *breast ornament, brooch*; **-drekkr**, m. *suckling*, = spendrekkr; **-fastligr**, a. *faithful*; **-fastr**, a. *fixed in the heart*; **-festa** (**-sta**, **-str**), v., -festa sér e-t, *to impress on one's mind*; **-friðr**, m. *peace of mind*; **-gjörð**, f. *saddle-girth*; **-gœði**, f. *compassion*; **-heill**, a. *having a sound chest*; **-kaldr**, a. *hostile*; **-kirkja**, f. *the heart*; **-kringla**, f. *brooch*; **-leysi**, n. *feebleness of mind*; **-megin**, n. *strength of mind* or *heart*; **-mikill**, a. *broad-chested*; **-mœði**, f. *shortness of breath, weariness*; **-reiðr**, a. *enraged*; **-reip**, n. *breast-rope, girdle*; **-samligr**, a. = -fastligr; **-stofa**, f. *front-room*; **-sullr**, m. *a boil in the lungs*; **-sviði**, m. *heart-burn*; **-vit**, n. *mother-wit*; **-vitra**, f. = -vit; **-þili**, n. *front wall, party wall*, = bjórþili; **-þungt**, a. n., e-m er -þungt, *suffers from difficult breathing.*

brjóta (**brýt**; **braut**, **brutum**; **brotinn**), v. (1) *to break*; b. fót sinn, *to break one's leg*; b. tennr ór höfði manns, *to break the teeth out of the head*; b. mann um stein, *to break a man on a stone*; b. e-n í hjóli, *to break on the wheel*; (2) *to break open* (b. haug, búr); (3) *to destroy, demolish* (b. hof, skurðgoð, kastala); b. skip, *to break one's ship, be shipwrecked*; (4) *to break, violate, transgress* (b. heit, lög); en þér konungr brutuð lög á Agli, *you broke the law in Egil's case*; (5) *to force, compel* (b. menn til kristni); b. e-n til hlýðni, *to force to submission*; (6) in various fig. phrases; b. odd af oflæti sínu, *to break the point off one's pride, to humble oneself*; b. straum fyrir e-m, *to break the stream before one, to bear the brunt of battle*; (7) with preps., b. af brúna, *to break off the bridge*; b. af við e-n, *to wrong one*; b. á bak, *to force or drive back* (b. fylking á bak); *to neglect, disregard* (b. á bak ráð e-s); b. niðr, *to demolish, break down* (b. niðr hús); b. niðr blótskap, villu, *to put down, abolish*; b. sik niðr við jörðu, *to bow down to the earth*; b. saman, *to fold* (b. saman skikkju); *to unite* (b. saman et forna lögmál ok nýja); b. sundr, í sundr, *to break asunder* (b. sundr silfrker); *to unfold* (clothes); b. (land, þjóð) undir sik, *to subdue*; b. upp, *to break up* (þeir brutu upp þilit); *to force or break open* (b. upp hurð, búr, kirkju, bréf); *to unpack* (b. upp gersemar sínar); b. upp vistir, *to bring out the victuals* (for the mess); b. upp vápn, *to get out the weapons, prepare for battle*; (8) refl., brjótast á e-t, *to break in upon*; Önundr brauzt á hurðina, *tried to break in the door*; b. á milli, *to break out between*; b. fram, *to break forth*; b. í haug, *to break into a cairn*; b. í e-u, *to exert oneself in a thing*; þessi maðr brýzt í miklu ofrefli, *struggles against great odds*; b. um, *to make a hard struggle* (björn brauzt um í vök); b. við e-t, *to fight or struggle hard against*; b. við ofrefli, *to fight against odds*; b. við borgargørðina, *to exert oneself in making the burg*; b. við e-u, *to struggle against* (b. við forlögunum, gæfu sinni); (9) impers. in a passive sense; skipit (acc.) braut í spán, *the ship was broken to pieces*; þá braut kirkju (acc.), *the church was blown down*; strauminn braut á öxlinni, *the current broke against his shoulder.*

brjótr, m. *one that breaks, destroyer.*

brodda (**að**), v. *to prick, goad, incite* (broddaðr af óhreinsan).

brodd-högg, n. *a blow from a pike.*

broddr, (1) *spike*; (2) a kind of *shaft* = broddör; (3) *sting* (of an insect); (4 *prick, goad*; (5) *the front* *of a column or body of men*, opp. to 'hali', *the rear* (b. fylkingar); (6) vera í broddi lífsins, *to be in the prime of life*.

brodd-skot, n. *a shot with a shaft* (broddr); **-spjót**, n. a kind of *pike* (the blade ending in a four-edged point); **-stafr**, m., **-stöng**, f. *a (mountaineer's) staff, pole, with an iron spike*; **-ör**, f. *a shaft with four-edged point*, = broddr 2.

brokkari, m. *cart-horse, trotter*.

brokunar-maðr, m. *an intermediary, a broker*, = brakki.

brosa (-ta, -at), v. *to smile*; b. at e-u, *to smile at*; b. við, *to smile in reply* (Guðrún leit við honum ok brosti við).

brosa, f. *smile* (svara með brosu).

brosan, f. *smiling, smile*.

bros-leitr, a. *with smiling face*; **-ligr**, a. *ridiculous*.

brosma, f. *a fish of the cod-kind*.

brot, n. (1) *breaking* (cf. 'skipbrot'); sigla til brots, *to run ashore under full sail*; (2) *fragment, broken piece*; (3) *fracture* (bein-brot); (4) *a shallow place in a river or a firth*; (5) *lever*; (6) *spasm, convulsion*; falla í brot, *to have an epileptic fit*.

brota-silfr, n. *old silver broken to be recast*.

brot-fall, n. *epileptic fit*; **-fallinn**, pp. *epileptic, affected with epilepsy*.

brotfalls-sótt, f. *epileptic disease*.

brot-feldr, a. = -fallinn; **-geiri**, m. *an angular strip of land*.

broti, m. *heap of trees felled in a wood* (fella brota).

brot-ligr, a. *guilty of an offence*.

brotna (að), *to break, be broken*; skip brotnar í spán, *the ship is broken to pieces*.

brotning, f. *breaking*.

brott, adv. *away, off*, = braut, burt; also á b., í b. (fara b. *or* á b., hlaupast á b. *or* í b.).

brott-búinn, a. *ready to start*; **-búningr**, m. *preparations for departure*.

brottfarar-leyfi, n. *leave to go away*; **-öl**, n. *parting banquet*.

brott-ferð, f. *departure*.

brottferðar-öl, n. = brottfararöl.

brott-flutning, f. *carrying off*; **-fúsliga**, adv. *with eagerness to depart*; **-fúss**, a. *eager to depart*; **-fýsi**, f. *eagerness to get away*; **-fœrsla**, f. *transportation*; **-för**, f. = -ferð; **-ganga**, f. *departure*; **-hald**, n. *going away* (skip var búit til -halds); **-hlaup**, n. *running away*; **-hvarf**, n. *disappearance*; **-höfn**, f. *taking off*; **-kváma**, f. *coming away*; **-laga**, f. *retreat* (after a sea-battle), opp. to 'atlaga'; **-reið**, f. *riding away*; **-rekstr**, m. *driving away, expulsion*; **-sending**, f. *sending away*; **-sigling**, f. *sailing away*; **-sniðning**, f. *cutting away or off*; **-söngr**, m. *divine service performed elsewhere than at the parish church*; **-taka**, f., **-tekning**, f. *taking away, removal*; **-tœkiligr**, a. *removable*.

brottu, adv., á b., í b., *away* = braut, brott (er vér vorum brottu; meðan jarl væri í brottu).

brott-varp, n. *throwing away*; **-vist**, f. *absence*; **-vísan**, f. *dismissal*.

bróðerni, n. *brotherhood*.

bróðir (gen., dat., and acc. **bróður**, pl. **brœðr**), m. (1) *brother*; (2) *friar*.

bróður-arfr, m. *a brother's inheritance*; **-bani**, m. *the slayer of a brother*; **-baugr**, m. *weregild due to the brother*; **-blóð**, n. *a brother's blood*; **-bœtr**, f. pl. *weregild for a brother*; **-dauði**, m. *a brother's death*; **-deild**, f. = -hluti; **-dóttir**, f. *a brother's daughter, niece*; **-dráp**, n. *the slaying of a brother*; **-gildr**, a. *equal in right to a brother*; **-gjöld**, n. pl. = -bœtr; **-hefnd**, f. *revenge for the slaying of a brother*; **-hluti**, m. *the share* (as to *weregild* or *inheritance*) *of a brother*; **-kona**, f., **-kván**, f. *a brother's wife*; **-leikr**, *m. brotherhood*; **-ligr**, a. *brotherly, fraternal* (bróðurlig ást).

bróðursonar-baugr, m. *weregild for a brother's son*.

bróður-sonr, m. *a brother's son, nephew*.

brók (-ar, pl. **brœkr**), f. (1) *one leg of a pair of breeches* (ok lét hann leika laust knéit í brókinni); (2) *breeches* (but the pl. 'brœkr' is more common); vera í brókum, *to wear breeches*; gyrðr í brœkr, *with breeches girt over one's underclothing.*

bróka-belti, m. *breech-belt*; **-vaðmál**, n. *cloth (wadmal) for breeches.*

brók-lauss, a. *breechless*; **-lindi**, m. *waist-belt*=brókabelti.

brugðinn, pp. (see 'bregða') *accustomed to, versed in* (b. við e-t).

brugðning, f. *breach, violation, alteration* (for the worse).

brugg, n. (1) *brewing*; (2) *machination, scheming.*

brugga (að), v. (1) *to brew*; (2) *to concoct, scheme*; b. *or* b. saman svik, *to concoct a fraud*; b. e-m bana, *to scheme his death*; (3) *to break* (b. sáttmáli við e-n).

brugginn, pp. *brewed* (b. mjöðr).

bruggu-kanna, f. *brewing can*; **-ketill**, m. *brewing kettle.*

brullaup, n.=brúðlaup, brúðkaup.

brum, n. (1) *bud*; (2) *point of time* (í þetta brum).

brumr, m.=brum (í þenna brum).

bruna (að), v. *to advance with great speed, to rush* (b. fram).

bruna-dómr, m. *a sentence to be burnt*; **-flekkr**, m. *burnt spot*; **-hraun**, n. *burnt lava-field*; **-vegr**, m. *the torrid zone*; **-þefr**, m. *smell of burning*; **-öld**, f. *the burning age, the (heathen) time when the dead were burnt* (opp. to 'haugs-öld').

brund-tíð, f. *the time when the ewes are* 'blœsma'.

bruni, m. *burning, heat, fire*; fig. *burning passion* (b. öfundar, losta-girndar, heilagrar trúar).

brunn-lœkr, m. *brooklet coming from a well*; **-migi**, m. *defiler of wells, fox.*

brunnr, m. (1) *spring*; (2) *well.*

brunns-munni, m. *the mouth or opening of a well.*

brunn-vaka, f. *an instrument to get at water under ice or snow*; **-vatn**, n. *spring-water*; **-vígsla**, f. *consecration of a well.*

brú (-ar, pl. -ar, -r, **brýr**), f. *bridge.*

brúa (að), v. *to bridge over* (brúat var yfir díkit).

brúar-fundr, m. *the battle of the Bridge*; **-gørð**, f. *bridge-making*; **-sporðr**, m. *head or end of a bridge.*

brúða, f. (1) *doll, puppet*; (2) *chair-post*; á brúðum stólsins var skorinn Þórr, *Thor was carved on the chair-posts.*

brúðar-bekkr, m. *the bride's bench*; **-efni**, n. *a bride to be, bride-elect*; **-faðmr**, m. *a bride's embrace*; **-hús**, n. *bride's chamber*; **-lín**, n. *bride's veil*; **-stóll**, m. *bride's chair.*

brúð-bekkr, m.=brúðarbekkr; **-fé**, n. *bride's fee or gift*; **-ferð**, **-för**, f. *bride's journey*; **-gumi**, m. *bridegroom*; **-hús**, n. *bride's chamber*; **-hvíla**, f. *bridal bed*; **-kaup**, n. *wedding feast, bridal* (at bjóða mönnum til -kaups); **-kaupligr**, a. *pertaining to a wedding feast* (-kaupligr viðbúnaðr).

brúðkaups-ferð, f. = brúðferð; **-gørð**, f. *holding a wedding*; **-maðr**, m. *wedding guest*; **-veizla**, f. *wedding feast.*

brúð-kona, f. *bridesmaid*; **-laup**, n. *wedding, wedding feast*; drekka, gera -laup, *to hold a wedding*; gera -laup til konu, *to wed*; ráða -laup, *to fix the wedding day.*

brúðlaups-dagr, m. *wedding day*; **-ferð**, f.=brúðferð; **-klæði**, n. pl. *wedding garment*; **-kostr**, m. *the cost of a wedding*; **-stefna**, f. *wedding meeting*; **-veizla**, f. *wedding feast*; **-vitni**, n. *marriage-witness.*

brúð-maðr, m. *bridegroom's man, bridesman*; **-messa**, f. *marriage-service.*

brúðr (gen. **-ar**, dat. and acc. **-i**, pl. **-ir**), f. (1) *bride* (konur skipuðu pall, ok var brúðrin döpr); (2) esp. pl. *bridesmaids*=brúðkonur; sat Þórhalla milli brúða, *Th. was seated among the bridesmaids*=milli brúðkvenna.

brúð-stóll, m. *bride's chair or seat*, =brúðarstóll.

brúk, n. *a heap* (brúkum *in heaps*); esp. *a heap of seaweed* (= þarabrúk).

brún (pl. **brýnn**), f. (1) *brow, the projecting edge of a cliff or hill* (cf. fjalls-, heiðar-, ís-brún); (2) *eye-*

brow; láta síga brýnn á nef, fyrir brár, ofan fyrir augun, setja síða b., hleypa brúnum, *to knit the brows*; lypta brúnum, hefja upp brún, *to lift the eyebrows, become cheerful, brighten up*; also impers., hefr e-m upp b., *one brightens up*; lypti þá mjök brúnum manna, *their faces brightened up*; e-m bregðr í b., *one is amazed.*

brún (pl. **brúnir**), f. *a kind of stuff.*

brúnaðr, a. *dark-coloured, brown.*

brúna-mikill, a. *heavy-browed*; **-síðr**, a. *having overhanging brows*; **-skurðr**, m. *cutting the hair straight across the brows.*

brúnar-bein, n. pl. *the bone of the eye-brow.*

brún-áss, m. *ridge-pole, ridge-piece.*

brún-hvítr, a. *white-browed.*

brún-móálóttr, a. *of mouse-grey colour with a black stripe down the back* (of a horse).

brúnn, a. (1) *brown*; (2) of polished metal, *bright* (beit brún egg).

brúnn, m. *black horse.*

brún-síðr, a. = brúnasíðr; **-skarpr**, a. *light in the head*; **-völr**, **-völvi**, **-ölvi**, a. *frowning.*

brusi, m. *buck, he-goat.*

brú-steinn, m. *pavement.*

brydda (**-dda**, **-ddr**), v. (1) *to prick, goad*; (2) *to rough-shoe* (aka jó óbryddum á ísi hálum); (3) *to show the point* (bryddu upp ór þokunni kollarnir); (4) impers., af þessi gørð herra páfans bryddi (*arose*) svá mikla styrjöld, at.

brydding, f. *bordering, edging.*

bryðja, f. *a sort of trough.*

bryggja, f. (1) *gangboard, gangway*; skjóta bryggjum, *to shoot out the gangway*; (2) *landing-stage, pier, quay* (lágu langskip konungs með endilöngum bryggjum); (3) rarely, *bridge*, = brú.

bryggju-búð, f. *storehouse on a pier*; **-ker**, n. *a tub at a pier?*; **-lægi**, n. *landing-stage*; **-mangari**, m. *shop-keeper at a landing-pier*; **-sporðr**, m. *the head of a pier.*

bryna (**að**), v. = bruna.

bryn-brœkr, f. pl. *war-breeches*; **-glófi**, m. *war-glove, gauntlet*; **-hattr**, m., **-hetta**, f. *war-hood*; **-hosa**, f. *war-hose, greave*; **-höttr**, m. = -hattr, -hetta.

brynja, f. *coat of mail.*

brynja (**að**), v. *to cover or arm with a coat of mail*; brynjaðr, *wearing a coat of mail, mailclad.*

brynju-bítr, m. '*mail-biter*', *sword*; **-bönd**, n. pl. *cords to fasten the coat of mail*; **-hattr**, m., **-hetta**, f. = brynhattr, brynhetta; **-hálsbjörg**, f. *the neckpiece of a hauberk*; **-hringr**, m. *a ring of a coat of mail* (hringabrynja); **-lauss**, a. *without a coat of mail, unprotected*; **-meistari**, m. *maker of coats of mail*; **-rokkr**, m. *military tunic* (worn over the coat of mail).

bryn-klungr, m. *a sort of weapon used in defending a besieged castle*; **-knífr**, m. *war-knife*; **-kolla**, f. *a mail-cap* (worn under the helmet).

brynna (**-ta**, **-t**), v. *to water, give water to* (b. nautum).

bryn-stakkr, m. *mail-jacket*; **-stúka**, f. *mail-sleeve*; **-tröll**, n. *a sort of halberd*; **-þing**, n. *fight, combat* (poet.); **-þvari**, m. *a sort of halberd* (= bryn-tröll).

bryti (gen. **brytja** or **bryta**), m. *bailiff, under-steward*; konungs b., *a steward on royal estates.*

brytja (**að**), v. *to chop* (b. mat); b. lið heiðingja, *to put to the sword*; b. niðr, *to cut down.*

brytjan, f. *chopping.*

bryt-skálm, f. *chopper* (kallar hann þat sverð brytskálm sína).

brýna (**-da**, **-dr**), v. (1) *to whet, sharpen* (b. ljá, kníf, sverð); (2) brýna upp skipi, *to drag a boat or ship half ashore, put it on the 'edge' of the sea-board*; (3) *to egg on*; b. hug e-s, *to encourage.*

brýni, n. (1) *whetstone*; (2) *spices* (ekki hafa þeir salt við mat ok ekki brýni).

brýning, f. (1) *whetting, sharpening*; (2) fig. *egging on, incitement.*

brýn-ligr, a. = brýnn; er -ligt um e-t, *it is promising, likely.*

brýnn, a. *prompt, ready*; ef brýn féföng lægi fyrir, *ready means*; brýn sök, *just, cogent cause*; brýn vörn, *a* *clear case for defence*; b. byrr, *straight, fair wind.*

brýnn, f. pl., from 'brún'; **-brýnn**, a. *-browed* (létt-brýnn, þung-brýnn).

bræða (-dda, -ddr), v. (1) *to melt* (b. jökul, snjó, ís); (2) *to tar, pitch* (b. skip).

bræða (-dda, -ddr), v. *to hurry, make haste* (nú seinkaða ek, en þú bræddir heldr).

bræði, f. *anger, passion*; mæla e-t í b., *in a passion.*

bræði-ligr, a. *meltable, fusible.*

bræði-mæli, n. pl. *angry language.*

brækta (að), v. *to bleat* (b. sem geit).

brœðra-börn, n. pl. *first cousins* (agnate); **-dœtr**, f. pl. *nieces* (of brothers); **-eign**, f. *property of brothers*; **-garðr**, m. *monastery*, = kórsbrœðragarðr; **-lag**, n. (1) *fellowship as of brethren*, = fóstbrœðralag (sverjast í -lag); (2) *brotherhood, religious fraternity.*

brœðralags-bréf, n. *letter of* (*religious*) *fraternity.*

brœðra-mark, n. *the constellation Gemini*; **-partr**, m. = bróðurdeild; **-samnaðr**, m. *assembly* (*union*) *of brothers*; **-skáli**, m. *apartment for friars*; **-skipti**, n. *division of inheritance among brothers*; **-synir**, m. pl. *brothers' sons, cousins.*

brœðrunga, f. *female first cousin.*

brœðrungr, m. *male first cousin* (agnate); also = brœðrunga; hón var b. (*she was first cousin*) Ásnýjar.

brœðrungs-barn, n. *child of a first cousin*; **-baugr**, m. *share of weregild due to a first cousin.*

brœklingar, m. pl. '*breechlings*', a nickname of the Irish.

brögðóttr, a. *crafty, cunning.*

brögðu-liga, adv. *cunningly, slyly* (blekkja, svíkja e-n -liga); **-ligr**, a. *crafty, sly.*

brölta (-lta, -lt), v. *to toss or tumble about.*

brøstu-liga, adv. *boastingly*; láta -liga, *to brag.*

buðka-grös, n. pl. *herbs kept in a box* (for use in medicine).

buðkr, m. *small box* (originally a box to keep herbs and balsams in).

buðlungr, m. poet. *king.*

buffeit, n. *buffet* (slá e-m b.).

buffeita (-tta, -tr), v. *to buffet.*

buga (að), v. *to bow, bend.*

bugr, m. *bend, curve*; *the bight* (inside) *of a ring* (í bug hringinum); *of the bent fingers* (b. fingranna); *the concave side of the sails* (sá af landi í bug allra seglanna); *a curve, disorder*, of a line of men or ships (rétta þann bug, er á var orðinn flotanum); aka e-m á bug, aka bug á e-m, *to make one give way, repel.*

bug-stafr, m. *crooked stick.*

bukka-skinn, n. *the skin of he-goats*; **-vara**, f. = -skinn.

bukkr, m. (1) *buck, he-goat*; (2) *battering ram.*

bukk-skinn, n. *the skin of a he-goat* (cf. 'bukka-skinn').

bukl, n. *the boss of a shield.*

buklara-bóla, f. = bukl; **-fetill**, m. *strap of a buckler.*

buklari, m. *buckler, shield.*

bukram, bukran, n. = *buckram.*

bula (að), v. *to cut through*, = bola.

bulr, m. = bolr.

bulungr, m. *pile of logs, firewood.*

bul-øx, f. = bol-øx.

bumba, f. *drum* (berja á bumbur).

bundin, n. *sheaf* (*of corn*).

bunki, m. *heap, pile*, = búlki (rare).

burða-munr, m. *difference of birth.*

burðar-dagr, m. *birthday*; **-maðr**, m. *bearer, carrier*; **-sveinn**, m. *errand-boy*; **-tíð**, f., **-tími**, m. *birth-time.*

burdeigja (að), v. *to capriole*, of a horse (for. word).

burðr (-ar, -ir), m. (1) *carriage, bearing*, of the limbs or body (b. líkamans birtir hugskotsins ráð); (2) *birth* (frá Krists burði); of domestic animals, *lambing, calving* (þær kýr, er bezt búast til burðar); (3) *fetus, the thing born, offspring* (fíll gengr tvö ár með burðinum; hinn hæsti b. várr dróttinn J. Kr.); (4) pl., burðir, *birth, extraction*; heiðinn at burðum, *heathen by birth*; burðir ok ætt, *birth and kinship.*

burðugr, a. *of high birth.*

burgeiss, m. *burgess.*

buris, m. *borax* (for. word).

burr (-ar, -ir), m. poet. *son.*

burst or **bust**, f. (1) *bristle, bristles*; draga b. ór nefi e-m, *to draw a bristle out of one's nose, to cheat one*; (2) *gablehead or ridge of a house.*

bursta-kollr, m. *bristle-scalp*, an assumed name.

burstar-hár, n. *bristly hair.*

bursti, m. *bristly hair.*

burst-ígull, m. *hedge-hog.*

burt, adv. = brott.

burt, f., in the phrase, ríða á b., *to ride a tilt.*

burt-búningr, m. *preparation to leave a place* (vera í -búningi).

burt-reið, f. *riding a tilt.*

burtreiðar-maðr, m. *tilter*; **-vápn**, n. *tilt-weapon.*

burt-stöng, f. *a lance for tilting.*

busil-kinna, f. *a woman with fat or chubby cheeks.*

busl, n. *bustle, commotion* (þá váru goðin í busli miklu).

buss, m. *box, boxwood.*

bust, f. (1) *bristle* = burst; (2) *a kind of fish.*

busti, m. = bursti.

buza, f. *a sort of merchant-ship.*

bú, n. (1) *household, farming*; þat er bú, er maðr hefir málnytan smala, *it is 'bú', if a man has a milking stock*; gøra, setja, reisa bú, *to set up a home for oneself*; bregða búi, *to give up farming*; eiga bú við e-n, *to share a household with one*; fara búi, *to remove one's household*; vera fyrir búi, *to manage a household*; búa búi sínu, *to have one's own household*; búa úmegðar-búi, *to have many dependants* (unable to work); (2) *the stock of a farmstead* (sumir lágu úti á fjöllum með bú sín); drepa niðr bú, höggva bú, *to kill or destroy one's stock*; (3) *housekeeping*; fá til búsins, *to procure necessaries for the maintenance of the household*; einskis þurfti í bú at biðja, *there was plenty of everything*; (4) *farm, estate*; fara milli búa sinna, *to go from one estate to another*; eiga bú, *to own an estate*; (5) *home, house* (reið Hrútr heim til bús síns); vera at *or* á búi með e-m, *to live at one's house.*

búa (**bý**; **bjó, bjoggum** or **bjuggum**; **búinn**), *v.* (1) *to prepare, make ready*; b. skip í för, *to make a ship ready for a voyage*; b. ferð sína, *to make ready for a journey* (*voyage*); b. veizlu, *to prepare* (*make preparations*) *for a feast*; b. mál á hendr e-m, *to take out a summons against one, begin a lawsuit*; (2) *to dress, attire, adorn, ornament*; bjó hón hana sem hón kunni bezt, *she dressed her as well as she could*; sá þeir konur vel búnar, *well dressed*; b. beð, rekkju, *to make a bed*; b. öndvegi, hús, *to make a high seat, adorn a house* (for a feast); öll umgjörðin var búin gulli ok silfri, *adorned* (*mounted*) *with gold and silver*; vápn búit mjök, *much ornamented*; (3) *to fix one's abode in a place*, = byggja (þegar munu jötnar Ásgarð b.); (4) *to deal with, to treat*; þeir bjuggu búi sem þeim líkaði, *they treated it as they liked*, viz. *recklessly*; Haraldr bjó heldr úsparliga kornum Sveins, *used S.'s stores rather unsparingly*; (5) *to live, dwell* (b. í tjöldum); þeir bjuggu þar um nóttina, *they stayed there during the night*; sá maðr bjó á skipi (*had his berth*) næst Haraldi; (6) *to have a household* (cattle, sheep, and milk); meðan þú vilt b., *as long as thou wilt keep house*; b. á *or* at, with the name of the place added in dat., *to live at or in* (hann bjó á Velli; Gunnar bjó at Hlíðarenda); (7) *to be*, = vera (skip þau öll, er á vatni búa); b. í skapi, brjósti e-m, *to be, dwell in one's mind* (eigi býr þér lítit í skapi); sýnandi þá hjartaliga gleði, er í brjósti býr, *that fills the breast*; (8) *to behave, conduct oneself* (bjuggu þeir þar fremr úfriðliga); (9) with preps., b. af e-u, *to lose*; láta e-n af baugum b., *to let him be deprived of his riches*; b. at e-u, *to treat*, = b. e-u (cf. 4); þeir höfðu spurt hvern veg Þórólfr hafði búit at herbergjum þeirra, *how Th. had treated their premises*; b. e-t fyrir, *to prepare* (þeir hlutir, er guð hefir fyrir búit sínum ástvinum); b. fyrir, *to be present* (hann ætlar, at Selþórir muni fyrir b. í hverju holti); b. hjá konu, *to lie with a woman*; b. í e-u, *to be at the bottom of*, = b. undir e-u (en í þessu vináttumerki bjuggu enn fleiri hlutir); b. með e-m *or* e-rri, *to cohabit with*; b. með konu, *to lie with*; b. saman, *to live together* (as husband and wife, as friends); *to have a common household* (ef menn búa saman); b. e-t til, *to prepare, take the preparatory steps in a case* (b. sök, mál, vígsmál til, cf. 1); b. til veizlu, *to prepare for a feast*; b. til seyðis, *to get the fire ready for cooking*; b. til vetrsetu, *to make preparations for a winter abode*; b. um e-n, *to make one's bed* (var búit um þá Þórodd á seti ok lögðust þeir til svefns); Þórólfr lét setja upp skip sitt ok um b., *he had his ship laid up and fenced round*; kváðu nú Guðrúnu eiga at b. um rauða skör Bolla, *said that G. would have to dress B.'s* (her husband's) *bloody head*; b. um andvirki, *to fence and thatch hayricks*; at b. svá um, at aldri mátti vökna, *to pack it up so that it could not get wet*; b. svá um, at (with subj.), *to arrange it so, that*; b. eigi um heilt við e-n, *to be plotting something against one*; b. um nökkurn skoll, *to brood over some mischief* (*deceit*); b. um grun, *to be suspicious*; b. um hverfan hug, *to be fickle-minded*; gott er um öruggt at b., *to be in a safe position*; b. undir e-u, *to be subject to, suffer, endure* (hart mun þykkja undir at b.); eiga undir slíkum ofsa at b., *to have to put up with such insolence*; *to be the* (*hidden*) *reason of, to be at the bottom of* (þat bjó þar undir, at hann vildi taka ríkit undir sik); þér vitið gørst, hvat yðr býr undir (*what reason you have*) at girnast eina útlenda mey; b. e-n veg við e-n, *to behave or act so and so towards one*; sárt býr þú nú við mik, Þóra, *thou treatest me sorely*; b. við e-t, *to enjoy* (þú býr við eilífa ást ok bíðr eilífra ömbuna); *to submit to, put up with*; ok mun eigi við þat mega b., *it will be too hard to bide*; b. yfir e-u, *to hide, conceal*; framhlutr ormsins býr yfir eitri, *is venomous*; lítill búkr býr yfir miklu viti, *little body holds mickle wit*; b. yfir brögðum, flærð ok vélum, *to brood over tricks, falsehood, and deceit*; (10) refl., búast, *to make oneself ready, get ready* (bjuggust þeir at ríða austr); b. ferðar sinnar, *to make oneself ready for a journey*; = b. at fara (b. ór Þrándheimi; b. út til Íslands, b. á land upp); bjuggust þeir fóstbrœðr í hernað, *they prepared to go on a freebooting trip*; b. til bardaga, *to make oneself ready for a battle*; b. fyrir, *to have one's own household* (þat þing skal sœkja bóndi hverr, er býst fyrir ok bóndanafn berr); b. um (= búa um sik), *to make one's own bed, to make oneself comfortable, to encamp* (var hörð veðrátta, svá at ekki mátti úti um búast); b. við e-u, *to prepare for a thing* (b. við veizlu, boði); b. (vel, kristiliga) við dauða sínum, *to prepare for one's death*; b. við vetri, *to provide for the winter*; absol., b. við, *to make preparations* (nú ríða hér úvinir þínir at þér; skaltu svá við búast, *get ready to meet them*).

búa-grettur, f. pl. *quarrel between neighbours*; **-kviðr**, m. *verdict of neighbours*; **-kvöð**, f. *summoning of neighbours*.

búandi (pl. **búendr**), m. = bóndi.

búand-karl, m. *farmer* (-karl eða þorpari); **-ligr**, a. *peasant-like, stout, sturdy*; **-maðr**, m. = bóndi.

búa-virðing, f. *a fixing compensation by verdict of neighbours* (búar).

búð, f. (1) *temporary dwelling, booth*; farmanna búðir, *merchants' booths*; esp. of the temporary dwellings at the Icelandic parliament; tjalda b., *to fit up a booth* (with tent-roof and hangings); (2) *abode, dwelling-place*; fara búðum, *to change one's abode*; hafa harða, kalda b., *to have a hard, cold abode*.

búð (= búið, búit), used as adv., *may be*; b. svá sé til ætlat, *may be, it will come so to happen*; b. eigi hendi hann slíka úgiptu í annat sinn, *may be* *he will not have such misfortune again.*

búðar-dvöl, f. *dwelling in a booth*; **-dyrr,** f. pl. *door of a booth*; **-gögn,** n. pl. *utensils of a booth*; **-hamarr,** m. *a rock upon which a booth is erected*; **-ketill,** m. *booth-kettle*; **-kviðr,** m. a sort of *verdict given by the inmates of a booth*; **-lið,** n. *the inmates of a booth*; **-maðr,** m. *inmate of a booth*; **-nagli,** m. *booth-peg*; **-rúm,** n. *lodging in a booth* (biðja, kveðja e-n -rúms); **-sund,** n. *passage, lane between two booths*; **-topt,** f. *the walls of a* (deserted) *booth*; **-veggr,** m. *the wall of a booth*; **-verðr,** m.= -vörðr; **-virki,** n. *a fortification round a booth*; **-vist,** f. *lodging in a booth* (hafa -vist með e-m); **-vörðr** (gen. -varðar), m. (1) *cooking, cookery*; halda -vörð, *to take care of the cookery*; (2) *food, meat*; eigi hafða ek þína veðra mér til -varðar, *the rams of thy flock I have not eaten*; ráða til -varðar, *to prepare for a meal.*

búð-seta, f. *living in a cottage.*

búðsetu-maðr, m. *cottager* (þeir eru búðsetumenn en eigi bœndr).

búðu-nautr, m. *fellow-inmate of, companion in, a booth.*

bú-far, n. *household condition*; **-fé,** n. *live stock,* esp. *the milch kine*; **-fellir,** m. *starvation of live stock*; **-fénaðr,** m.=-fé; **-ferill** (pl. -ferlar), m. *mover of one's household*; **-ferli,** n. *chattels belonging to a household*; fara -ferli sínu, *to remove, change one's household and home*; esp. *live stock*; hafði hann með sér skuldalið (*dependants, family*) ok -ferli (*live stock*); **-ferski,** n. *domestic or household utensils.*

búfjár-ábyrgð, f. *responsibility for* búfé; **-eyrir,** m. *value in live stock*; **-fóðr,** n. *food for cattle*; **-gangr,** m. = -hagar; **-hagar,** m. pl. *pasture-fields on an estate,* esp. *the home-pastures*; **-hagr,** m. *condition of the live stock*; **-hald,** n. *keeping of live stock*; **-laust,** a. n. *without live stock* (búa -laust); **-leiga,** f. *rent of live stock*; **-matr,** m. *food for cattle, stores of fodder*; **-vegr,** m. *cattle-track.*

bú-fœrsla, f. *removing of one's household*; **-föng,** n. pl. *household necessaries*; **-gagn,** n. *household utensil,*=búsgagn; **-garðr,** m. *farm* (esp. a big one); **-gørð,** f. *making a household in a place*; **-hagi,** m. *pasture*; **-hlífð,** f. *a saving of household provisions*; **-hlutr,** m. *an implement of husbandry*; **-höfn,** f. *pasture-field*; **-högg,** n. *slaughtering of cattle.*

búi, m. (1) *dweller, inhabitant,* esp. in compds. (berg-, hellis-, ein-búi); helvítis búar, *inhabitants of hell*; himna búar, *inhabitants of heaven, angels*; (2) *neighbour*=nábúi (Steinólfr b. hans); (3) a law term, *neighbour acting as juror*; kveðja búa, *to summon the neighbours.*

búi-griðungr, m. *a bull kept at the mountain-dairy,* opp. to 'heima-g'; **-maðr,** m. *neighbour-man.*

búinn, pp. (cf. 'búa'), (1) *prepared, fit, adapted*; ek em gamall ok lítt til b. at (*little fit to*) hefna sona minna; (2) b. at e-u, *endowed with* (at flestum íþróttum vel b.); (3) *ready, willing*; margir munu búnir at kaupa, *ready, willing to buy*; engir munu sýna sik búnari (*more willing*) til liðveizlu; with gen., b. þeirrar ferðar, *ready to make that journey*; (4) b. til e-s, við e-u, *on the point of*; hann var b. til falls, *he was just about to tumble*; var búit við váða miklum, *there was an imminent danger*; (5) svá búit, *as matters stand, thus*; eigi má hlýða svá b., *it will not do thus, something else must be done*; stendr nú svá b. um hríð, *matters stand thus* (*unchanged*) *for a while*; þeir segja Eyjólfi til svá búins, *they tell Eyolf the present state of things*; þér skulut ganga með vápnum, en berjast eigi svá búit, *not fight as yet*; at svá búnu, *as matters stand* (hann kvaðst ekki fýsast til Íslands at svá búnu); *at present, as yet* (þenna draum segjum vér engum at svá búnu); við svo búit, *thus, things being so* (þeir skildu við svá búit).

bú-karl, m. *farmer*, = búand-karl.

búk-digr, a. *thick-set* (*in body*).

bú-ketill, m. *large kettle*; **-kostr**, m. (1) *household provisions, stores*; (2) *livelihood, trade* (er þat búkostr þeirra ok skemtan at sœkja sjóinn); **-kot**, n. *small farm, cottage*.

búkr (**-s**, **-ar**), m. (1) *body, trunk*, esp. *the trunk without the head*; (2) *belly*, = kviðr.

búk-reki, m. *skin or leather bag* (for holding liquids).

bú-lag, n. *joint housekeeping*; **-land**, n. *home land*; **-lauss**, a. *having no household*; **-leiga**, f. *rent of cattle*.

búlka-brún, f. *the edge of the* 'búlki'; **-stokkar**, m. pl. *the bulwark* fencing the 'búlki' in the middle of the ship.

búlki, m. *cargo* (stowed in the middle of the ship, cf. fyrir framan *or* aptan búlka); binda búlka, *to bind bulk, cover in the hold*; leysa (rjúfa, brjóta) búlka, *to break bulk*.

bú-maðr, m. (1) *husbandman, farmer* (-maðr sáði akr sinn); (2) = búsýslumaðr; -maðr mikill, *a skilled, stirring husbandman*; **-missa**, f. *loss in stock*.

búnaðar-bálkr, m. *the section of law about household matters*; **-maðr**, m. = búmaðr; **-munr**, m. = búnings-munr.

búnaðr (gen. **-ar**), m. (1) *household, housekeeping*; reisa, setja búnað = reisa, gøra bú, *to set up a household*; fara búnaði sínum = fara búferli, *to remove one's household*; (2) *equipment, dress*, = búningr; (3) *preparations* (for a voyage, freebooting expedition, &c.); (4) = búningr 4.

bú-nautn, f., in the phrase, til -nautnar, *for household use*.

búningr, m. (1) *dress, attire, apparel*; (2) *equipment of a ship* (reiði ok b.); (3) *the dressing and arrangement of a table*; (4) *ornaments* (kyrtill með búningi).

búnings-bót, f. *improvement in dress*; **-lauss**, a. *without ornaments*; **-munr**, m. *difference in apparel*.

bú-nyt, f. *milk of sheep and cattle*; **-prestr**, m. *a priest having a homestead or farm*.

búr, n. (1) *women's apartment*; (2) *pantry* (búr þat er konur hafa matreiðu í); (3) *storehouse*.

bú-rakki, m. *farm-dog*; **-ráð**, n. *household management*: **-rán**, n. a kind of *robbery, theft* (to the amount of *three cows* at least or *three cows' value*).

búr-brot, n. *breaking into a pantry*; **-dyrr**, f. pl. *pantry-door*; **-hilla**, f. *pantry-shelf*; **-hringr**, m. *the door ring of a* 'búrhurð'; **-hundr**, m. *watch-dog at a storehouse*; **-hurð**, f. *the door of a* 'búr'; **-hvalr**, m. *a sort of whale, cachalot* (?).

bú-risna, f. *munificent or hospitable house-keeping*.

búr-lykill, m. *pantry-key*.

búrs-hringr, m. = búrhringr; **-hurð**, f. = búrhurð.

bús-afleifar, f. pl. *remains of stores*; **-búhlutir**, m. pl. *implements of husbandry*; **-efni**, n. pl. *household goods*; **-far**, n. = búfar; **-forráð**, n. pl. *management of household affairs*, = búráð (taka til -forráða = taka við búráðum); **-gagn**, n. = búgagn; **-gørð**, f. = búgørð; **-hlutir**, m. pl. = -búhlutir; **-hœgindi**, n. pl. *help towards keeping a household*.

bú-sifjar, f. pl. *relations between neighbours*; góðar búsifjar, *good neighbourhood*; var illa í -sifjum þeirra, *they were not on good terms as neighbours*; veita e-m þungar -sifjar, *to be a troublesome neighbour to one*.

bús-kerfi, n. *household utensils*, = búferski.

bú-skjóla, f. *milk-pail*; **-skortr**, m. *failure of stores*; **-skylft**, a. n., hafa -skylft, *to have an expensive household*.

búslits-maðr, m. *a* 'bóndi' *without homestead* (cf. slíta búi sínu).

bú-smali, m. *cattle*, esp. *milch cows*; **-staðr**, m. *dwelling-place, abode*; taka sér -stað, *to fix one's abode*.

bús-tilskipan, f. *settling of a household*.

bú-stjórn, f. *management of household affairs*; **-stýra**, f. *a female housekeeper.*

bús-umsvif, n. pl. *household cares*; **-umsýsla**, f. *management of a* 'bú'.

bú-sýsla, f. *household business.*

búsýslu-maðr, m. = búmaðr (-maðr mikill).

bú-verk, n. *dairy work* (milking, churning and the like); **-þegn**, m. *husbandman* (bœndr ok -þegnar); illr -þegn, *a bad (evil) husbandman.*

bygð, f. (1) *colonization* (frá Íslands b.); (2) *abode, habitation*; setja, hefja b. sína e-s staðar, *to fix one's abode in a place*; fœra b. sína, *to remove*; banna (lofa, leyfa) e-m b., *to forbid (allow) one to settle in a place*; (3) *inhabited land or district*, opp. to 'úbygðir', *deserts.*

bygðar-fleygr, -fleyttr, a. *rumoured through the district*; **-lag**, n. *district, neighbourhood*; taka sér -lag í e-m stað, *to settle in a place.*

bygðarlags-maðr, m. *inhabitant of a district.*

bygðar-land, n. *land for settling on*; taka sér -land e-s staðar, *to settle in a place*; **-leyfi**, n. *leave to settle*; **-lýðr**, m., **-menn**, m. pl. *inhabitants of a district*; **-rómr**, m. *rumour going about in the neighbourhood*; **-stefna**, f. *district-meeting.*

bygð-fleygr, -fleyttr, a. = bygðarfleyttr.

bygg, n. *barley*; **-brauð**, n. *barley-bread*; **-hjálmr**, m. *barley-rick*; **-hlaða**, f. *barley-barn*; **-hleifr**, m. *barley-loaf*; **-hús**, n. = -hlaða.

-byggi (pl. **-byggjar**), m. *inhabitant*; only in plur. compds. (fram-, aptur-, stafn-, Eyr-byggjar).

byggiligr, a. *habitable.*

bygging, f. *letting out land for rent* (b. jarðar).

byggja (**-ða, -ðr**), v., older form **byggva**; (1) *to settle in a place*, as colonist; sumar þat, er þeir Ingólfr fóru at b. Ísland, *when I. went out to settle in Iceland*; Ingólfr bygði fyrstr landit, *was the first settler*; absol., Helgi bygði norðr í Eyjafirði, *settled in E.*; (2) *to people* (eptir Nóaflóð lifðu átta menn, er bygðu heiminn); Ísland bygðist (*was peopled*) ór Norvegi; (3) *to inhabit, live in a country* (þá er landit hafði sex tigi vetra bygt verit); þess get ek, at menn byggi húsit, *that the house is inhabited*; b. bœ, *to settle on a farm* (hann bygði bœ þann er í Eyju heitir); absol., kona, er bygði (*lived*) í einum afdal; hvar byggir þú, *where dwellest thou?*; (4) *to dwell in, occupy* (b. höll, helli); b. eina sæng, *to share the same bed* (of a married couple; also absol., b. með e-rri); bygði hann í skipum, *he dwelt (lived) in ships.*

byggja (**-ða, -ðr**), v. (1) *to let out* (konungr má b. almenning hverjum sem hann vill); nú byggir maðr dýrra (*lets out at a higher rent*) en vandi hefir á verit; (2) *to lend money at interest* (engi skal b. dautt fé á leigu); Hrútr bygði allt féit. *H. put all the money out at interest*; (3) b. frændsemi, sifjar, *to enter into a marriage with a relation or one allied by marriage* (in such or such degree); þat var bannat at b. svá náit at frændsemi, *intermarriage between so near relations was forbidden.*

byggjandi (pl. **-jendr**), m. *an inhabitant* (borgin ok byggjendr hennar).

bygg-mjöl, n. *barley-meal*; **-sáð**, n. *barley-seed.*

byggva, v., older form for 'byggja'.

bylgja (gen. pl. **bylgna**), f. *billow.*

bylgju-fall, n. *heavy sea*; **-gangr**, m. *swell, sea.*

bylgna-gangr, m. = bylgjugangr.

bylja (**bylr, buldi, bulit**), v. *to resound, roar* (buldi í hömrunum).

byljóttr, a. *gusty* (veðr nökkut byljótt).

bylmingr, m. *a sort of bread.*

bylr (pl. **-ir**, dat. **-jum**). m. *squall, gust of wind*; þá er bylirnir kómu, *when the squalls came along.*

byrð, f. *birth, descent* (rare).

byrða (**-rða, -rðr**), v. *to weave in* (figures).

byrða, f. *a large box or bin.*

byrði, n. *board (side) of a ship.*

byrðingr, m. *merchant-ship.*

byrðings-maðr, m. *a merchant-*

seaman; **-segl**, n. *the sail of a* byrðingr.

byrðr (-ar, -ar), f. *burden, load.*

byr-fall, n. *dropping of a breeze.*

byrgi, n. *enclosure, fence.*

byrging, f. (1) *closing, shutting up*; (2) *close, conclusion, end.*

byrgis-kona, f. *concubine*; **-maðr**, m. *paramour*; **-skapr**, m. *concubinage.*

byrgja (-ða, -ðr), v. (1) *to close, shut* (b. dyrr eða vindaugu); b. sinn munn, *to shut the mouth*; b. aptr húsit, *to close the house*; b. e-n inni, *to shut one in* (í húsum); fig. *to outwit one* (b. e-n inni fyrir vitsmuna sakir); b. e-t fyrir e-m, *to exclude one from*; b. e-n úti, *to shut one out*; b. e-t úti, *to prevent, preclude* (b. úti váða); (2) b. e-t með skömmu máli, *to comprise it within a small compass.*

byrja (að), v. (1) *to originate* (ór himninum byrjast öll gœzka); (2) *to beget*, esp. in pass., byrjast, *to be begotten* (á þeirri sömu nótt sem hann byrjaðist); (3) *to enter upon, begin*; b. ferð sína, *to begin one's journey*; (4) b. mál e-s, *to plead* (*support*) *one's cause* (ek skal b. þitt mál sem ek kann); b. rœðu, *to deliver a speech* (= flytja rœðu); hefir þú fram byrjat (*stated*) erendi þitt.

byrja (að), v. impers. with dat. *to behove, beseem*; sem byrjar (*as it behoves*) hlýðnum syni; sem þeim byrjaði at manntali, *in due proportion to their number.*

byrja (að), v. impers., e-m byrjar vel (illa), *one gets fair* (*foul*) *wind* (byrjaði þeim vel um haustit).

byrjan-ligr, a. *that is to begin.*

byrjar-gol, n. *gentle breeze.*

byrla (að), v. *to pour out*; byrlar hann í hornin, *he fills out the cups*; with dat., *to serve* (a cup) *to one* (Snjófríð byrlaði ker mjaðar fullt konungi).

byrlari, m. *cup-bearer.*

byr-leiði, n. *favourable wind* (fá gott -leiði); **-léttr**, a. *gently blowing*; **-leysa**, f. *lack of fair wind.*

byrli, m. = byrlari.

byr-ligr, a. *promising a fair wind* (því at ekki er -ligt); ekki -ligr draumr, *a bad dream*; **-lítill**, a. *faintly blowing with fair wind.*

byrr (-jar, -ir), m. *fair wind*; e-m gefr vel byri (acc. pl.), *one gets a fair wind*; bíða byrjar, liggja til byrjar, *to wait, lie by, for a fair wind*; b. rennr á, *a fair breeze begins to blow*; b. tekr at vaxa, *the wind freshens.*

byrsta (-sta, -str), v. (1) *to furnish with bristles*; (2) *to cover as with bristles*; borg gulli byrst, *with the gable-head mounted with gold*; (3) refl., byrstast, *to bristle up, to show anger.*

byrstr, pp. *set with bristles*; fig. *exasperated.*

byr-sæll, a. *lucky in getting fair wind*; **-vænligr**, **-vænn**, a. *promising a fair wind.*

bysja (busti), v. *to gush* (busti blóð á brímis eggjar).

bytna (að), v. *to come to the bottom.*

bytta, f. *small tub, pail, bucket.*

byttu-austr, m. *baling* (a ship) *with buckets.*

byxa (-ta, -t), v., b. sér, *to jump* (síðan byxti hann sér á sjóinn).

byxing, f. *violent tossing.*

bý, n. *bee*; **-fluga**, f. = bý; **-flygi**, n. = -flugur.

býfur, f. pl. *clumsy feet*; rétta b., *to stretch out the legs.*

býr (-jar, -ir), m. = bœr.

býsn, n. and f. *wonder, portent* (þetta eru stór b.).

býsna (að), v. (1) *to bode, portend* (þetta býsnar tjón ok sorg); (2) b. skal til batnaðar, *things must run to an extreme before they get better.*

býsna-veðr, n. *portentous weather*; **-vetr**, m. *a winter of portents.*

bý-stokkr, m. *bee-hive.*

býta (-tta, -tt), v. (1) *to deal out* (býtti Hrafn silfrinu); (2) *to exchange* (býttum við jörðum okkar).

býti, n. *exchange, barter.*

bæði (n. dual from 'báðir', used as) conj., (1) b. . . ok, *both . . and*; b. vitr ok framgjarn, *both wise and bold*; b. at lærdómi ok vitrleik ok atgervi, *both in learning, and wisdom, and* *accomplishments*; (2) b. .. enda, *both .. and also, and indeed.*

bægi-fótr, m. '*lame-foot*', a nickname of one who was 'haltr'.

bæging, f. *thwarting.*

bæginn, a. *cross-grained.*

bægja (-ða, -t), v. (1) *to make one give way, to push*, with dat.; b. skipi ór lægi, *to push the ship from her moorings*; b. heraðsvist, *to remove from the district*; honum bægði veðr ok bar hann til eyja þeirra er Syllingar heita, *the weather drove him out of his course and he was carried to the Scilly islands*; (2) *to hinder* (ef eigi bægja nauðsynjar þeirra); (3) refl., bægjast við e-n, *to quarrel or strive with one* (þá vill hann eigi við þá bægjast).

bæla (-da, -dr), v. *to consume by fire* (brenna ok b.).

bæra (-ði, -t), v. impers., gekk áin undir þat þá er meirr bærði, *when the waves* (bárur) *rose higher.*

bæri-ligr, a. (1) *able to be carried* (-ligr á herðum); (2) *fit, seemly.*

bærr, a. *entitled to*; b. er hverr at ráða sínu, *every one has a right to dispose of his own property.*

bæsa (-ta, -tr), v. *to drive cattle into the stall* (=bása).

bæsingr, m. (*one born in a* báss), *a child of an outlawed mother.*

bœjar-biskup, m. *town bishop*; **-bruni**, m. *burning of a town* or *farm-house*; **-bygð**, f. *town-district*; **-fólk**, n. = -menn; **-gjald**, n. *town-rate*; **-lýðr**, m. = -menn; **-lögmaðr**, m. *town-justice*; **-maðr**, m. (1) *inhabitant of a town*; -menn, *townsfolk, townsmen*; (2) *citizen*; **-seta**, f. *dwelling* (*stay*) *in town*; **-starf**, n., **-sýsla**, f. *town office.*

bœki-skógr, m. *beech-wood* (svín er ganga í bœkiskógi).

bœklingr, m. *little book, booklet.*

bœli, n. (1) *den, lair*; (2) *farm, dwelling.*

bœn (pl. -ir), f. *request, prayer*; er sú b. allra vár, at, *we all beg, that*; skaltu veita mér b. þá (*grant me the request*), er ek mun biðja þik; fella b. at e-m, til e-s, *to entreat one*; gera e-t at bœn e-s, *at his entreaty or prayer*; vera (liggja) á bœnum, *to be at prayers*; biðja b. sinni, bœnar sinnar til guðs, *to pray to God*; góðr bœna, *ready or willing to grant a request* (konungr var góðr bœna).

bœna (-da, -dr), v. *to request, entreat, pray* (b. e-n).

bœna-fullting, n. *the support of prayers*; **-gørð**, f. = -hald, n. (*saying*) *prayers* (H. gekk hverja nótt til kirkju til -halds).

bœnahalds-maðr, m. *one who prays, religious man* (-maðr mikill).

bœna-hús, n. = bœnhús; **-kall**, n. *calling upon* (God) *in prayer*; **-kraptr**, m. *power of prayer.*

bœnar-bréf, n. *petition*; **-orð**, n. pl. (1) *entreaty, prayer*; (2) *wooing, courtship*; **-staðr**, m. (1) *place of worship*; (2) *request, entreaty* (þat er -staðr minn til allrar alþýðu, at); **-tími**, m. *hour of prayers.*

bœna-staðr, m. (1) = bœnarstaðr 1.; (2) = bœnarstaðr 2.; á því er mér -staðr, at, *I beg, that*; gera e-t fyrir -stað e-s, *to do a thing at one's intercession*; **-traust**, n. *confidence in one's prayer or intercession* (fela sik undir -traust e-s).

bœn-bifast (að), v. refl. *to be moved by prayers*; **-heyrðr**, pp. *willing to hear one's prayers*; (gørast -heyrðr við e-n); **-hús**, n. *house of prayer, chapel*; **-rœkinn**, a. *diligent in prayer.*

bœr (gen. bœjar, pl. -ir, dat. -jum), m. (1) *farmhouse, farmstead*; reisa, gøra, setja bœ, efna til bœjar, *to build a farmstead*; (2) *farm, landed estate* (nú búa tveir menn á einum bœ eða fleiri); (3) *town*; í bœ ok í heraði = í kaupangri ok í heraði; borgir ok bœir, *castles and towns.*

bœta (-tta, -ttr), v. (1) *to better, improve* (ár þær, sem mikit bœta landit); b. ráð sitt (*to better one's condition*) ok biðja konu; b. aptr, *to restore*; b. at e-u, *to repair*; b. upp borg, *to repair it*; (2) *to make up for, compensate*; ef þér vilit eigi b. (*make up for*) þat er þér hafit brotit; b. glœp sinn, syndir sínar, *to atone for* *one's crime, sins*; b. e-m e-t, *to compensate one for a thing* (= b. e-t við e-n); Styrr vá mörg víg, en bœtti engi (*viz.* víg), *S. slew many men, but paid for none*; b. mann fé (dat.), *to pay weregild for one slain* (Hrafnkell bœtti engan mann fé); b. sál sína, *to devote one's efforts to the saving of one's soul*; b. um e-t, *to improve a thing*; ekki bœtist um, *matters grow worse*; b. yfir e-t, *to make good again, redress*; (3) *to heal, restore to health*; guð bœtti honum af þessi sótt, *God healed him of that disease*; with gen. of the disease; b. e-m sinnar vanheilsu, *to restore one to health*; refl., e-m bœtist, *one gets better, is restored to health*; with gen. of the disease (bœttist Búa augnaverkjarins).

bœtandi (pl. -endr), m. *one who has to pay weregild.*

bœttr, pp. (cf. 'bœta') *atoned for*; er mér ekki sonr minn at bœttari, þótt Bolli sé drepinn, *my son's death is none the more atoned for though B. is slain*; ok er eigi at bœttra, þótt, *things are no better, though.*

bœxl, n. *shoulder of a dragon*; *flipper of a whale.*

böð (gen. **böðvar**), f. poet. *battle.*

böð-frœkinn, a. *valiant in battle, warlike.*

böðvast (**að**), v. refl. *to become quarrelsome* (böðvaðist at víni).

böggull, m. *a small bag, bundle*, a nickname.

böl (dat. **bölvi**; gen. pl. **bölva**), n. *bale, misfortune* (þá er bótin næst, er bölit er hæst).

böl-bœn, f. *imprecation*; **-fengi**, f. *malice*; **-fenginn**, a. *evil-minded.*

böllóttr, a. *ball-shaped, round like a ball* (böllótt eggskurn).

böllr (gen. **ballar**, dat. **belli**; pl. **bellir**, acc. **böllu**), m. (1) *ball, globe* (b. jarðar); (2) b. svínfylkingar, *the front of a phalanx.*

böl-rann, n. *house of woe*; **-stafir**, m. pl. '*evil runes*', *misfortune.*

bölva (**að**), v. (1) *to curse*, with dat.; (2) *to swear.*

bölvan, f. *curse, imprecation.*

bölva-smiðr, m. *the contriver of mischief* (Loki).

böl-víss, a. '*balewise*', *malignant, mischievous.*

börkr (gen. **barkar**, dat. **berki**), m. *bark* (á berki ok á baðmi).

börr, m. *a kind of tree*; b. skjaldar, *warrior* (poet.).

börur, f. pl. = barar, barir.

D

dafla (**að**), v. *to dabble (splash) with the oars* (þú skalt d. í árum).

dafna (**að**), v. *to thrive* (hann nam at vaxa ok vel dafna).

daga (**að**), v. impers., *to dawn*; eptir um morguninn er trautt var dagat, *at early dawn*; e-n dagar uppi, *the day dawns upon one* (of dwarfs and giants).

daga-kaup, n. *daily wages*; fara með -kaup, *to work for daily wages, be a day-labourer.*

dagan, f. *dawn, daybreak.*

daga-tal, n. *tale of days.*

dag-bað, n. *daily bath*; **-bolli**, m. '*day-bowl*' (a vessel containing sufficient wine for a whole day); **-drykkja**, f. *day-drinking* (beginning after the 'dagverðr'); **-far**, n., in the phrase, fara -fari (dat.) ok náttfari, *to travel day and night*; **-fasta**, f. *fasting by day*; **-fátt**, a. n., in the phrase, e-m verðr -fátt, *the day is not long enough for one*; **-ferð**, **-fór**, f. *day's journey*; **-ganga**, f. *day's walk*; **-langr**, a. *day-long, lasting all day* (-langt erfiði); **-langt**, as adv., *all through the day*; **-leið**, f. *day's journey* (fara fullum dagleiðum); **-lengis**, adv. *all day long*, = -langt; **-liga**, adv. *daily, every day*; **-ligr**, a. *daily, occurring every day*; **-mál**, n. pl. *the time about 9 o'clock a.m.*

dagmála-skeið, n., **-tíð**, f. = dagmál.

dag-messa, f. *day-mass* (held at 'dagmál'); **-mögr**, m. *'son of the day'*, poet. *man.*

dagr (gen. **dags**, dat. **degi**; pl. **dagar**), m. (1) *day*; at kveldi skal dag leyfa, *at eventide shall the day be praised*; dagr kemr upp í austri, sezt í vestri, *the day rises in the east, sets in the west*; öndverðr d., *the early day, forenoon*; miðr d., *midday*; hallandi d., *declining day*; at kveldi dags, síð dags, *late in the day*; sannr (em d., *true as day*; í dag, *to-day*; á sor um) daginn, *during the day*; sama dags, *the same day*; annan dag, *the next day*; annars dags, *another day*; hindra dags, *the day after, to-morrow*; dag frá degi, hvern dag frá öðrum, *from day to day*; dag eptir dag, *day after day*; nótt ok dag, *night and day*; dögunum optar, *more times than there are days, over and over again*; á deyjanda degi, *on one's death-day*; (2) pl., *days, times*; ef aðrir dagar (*better days*) koma; góðir dagar, *happy days*; (3) esp. pl., *lifetime*; á dögum e-s, um daga e-s, *in the days of, during or in the reign of*; eptir minn dag, *when I am dead* (gaf honum alla sína eign eptir sinn dag); mátti hann eigi lengr gefa en um sína daga, *than for his lifetime*; ráða (taka) e-n af dögum, *to put to death.*

dag-ráð, n. (1) *convenient time* (for doing a thing); (2) leita -ráðs, *to be an observer of days or times* (menn skulu eigi leita -ráðs at sýslu sinni); **-róðr**, m. *day's rowing*; **-sannr**, a. *plain (true) as day*; þú segir -sanna (=hit -sanna), *the obvious truth.*

dags-brún, f. *the first streak of daylight, daybreak.*

dag-setr, n. *nightfall* (um kveld nær -setri).

dagsetrs-skeið, n. *the time about nightfall.*

dag-sett, pp. n., er -sett var, *when the day was at an end, at nightfall.*

dags-hald, n. *the celebration of a day*; **-helgr** (gen. **-helgar**), f. *hallowedness of a day.*

dag-skemtan, f. *pastime*; **-skjarr**, a. *shunning the daylight*; **-slátta**, f. *day's mowing* (=three quarters of an acre of grassland).

dags-ljós, n. *daylight*; **-magn**, n., at -magni œrnu, *in full daylight*; **-munr**, m. *a day's difference* (svá at -mun sér á).

dag-starf, n. *day's work*; **-stingr**, m. *daybreak* (rare); **-stjarna**, f. *the morning star*; **-stund**, f. (1) *day time, a whole day*; (2) *an hour of the day*; **-stœtt**, a. n. *fixed as to the day* (eigi höfum vér fundit -stœtt, nær signaðr Thomas var kjörinn til erkibiskups).

dags-upprás, f. *dawn, daybreak*; **-verk**, n. = dagstarf.

dag-tíðir, f. pl. *day-service*; **-tími**, m. *the time of daylight.*

dag-veizla, f. *help to win the day.*

dagverðar-borð, n. *day-meal table* (sitja, snæða, at -borði); **-drykkja**, f. *the drinking after* dagverðr, = dagdrykkja; **-mál**, n. *the time of the day-meal.*

dag-verðr (**-verðar**, **-verði**, pl. **-verðir**), m. *'day-meal'* (the chief meal, taken at the time of 'dagmál'), = dögurðr; **-villr**, a. *not knowing what day it is*, = daga villr; **-vöxtr**, m. *growth of a day*; vaxa -vöxtum, *to grow visibly day by day*; **-þing**, n. *appointed meeting, conference*; **-þinga** (**að**), v. *negotiate* (við e-n um e-t); **-þingan**, f. (1) *negotiation*; (2) *agreement between parties.*

dala (**að**), v. impers. *to become dented* (dalaði ekki né sprakk).

dal-búi, m. = -byggi; **-bygð**, f. *dale-country*; **-byggi** (pl. **-jar**), m. *dweller in a dale*; **-land**, n. *dale-ground.*

dalmatika, f. *dalmatic.*

dalr (gen. **dals**, dat. **dal** or **dali**; pl. **dalar** or **dalir**), m. *dale, valley* (djúpir dalir).

dals-botn, m. *bottom* (= *head*) *of a dale*; **-mynni**, n. *mouth of a dale.*

dal-verpi, n. *little dale.*

Dana-konungr, m. *King of the Danes*; **-veldi**, n. *the Danish empire*; **-virki**, n. *the Danish wall.*

Danir, m. pl. *the Danes.*

Danmörk, f. *Denmark.*

dans, m. (1) *dance, dancing*; (2) *dance-tune*; slá d., *to strike up a dance-tune*; (3) *ballad* (þeir gørðu um hann dansa marga).

dansa (að), v. *to dance*.

danska, f. *Danish* (*language*).

danskr, a. *Danish*; dönsk tunga, *the Danish* (*or old Scandinavian*) *language*.

dans-leikr, m. *dance, dancing*.

dapi, m. *pool, puddle*, a nickname.

dapr (acc. **dapran**), a. *downcast, sad*; of things, *dreary* (d. dagr, daprar nætr, döpr heimkynni).

daprast (að), v. refl. *to become faint*; dapraðist honum sundit, *the swimming became difficult for him*.

dapr-eygðr, a. *weak-sighted*; **-ligr**, a. *dismal, sad*; daprlig ásjóna, *a sad look*; daprlig kona, *a dismal-looking woman*; daprligir draumar, *dismal dreams*.

darr, n. *spear, dart*; **darraðr** (gen. **-ar**), m.=darr; vefr darraðar, *web of spears, woof of war*.

dasaðr, pp. *weary and exhausted* (from cold or bodily exertion).

dasast (að), v. refl. *to become weary and exhausted*.

datta (að), v. *to throb*; dattaði hjarta hans við, *his heart sank*.

dauða-bönd, n. pl. (1) *bonds of death*; (2) *wrappings for the dead, winding-sheet*; **-dagr**, m. *death-day, dying day*; **-dómr**, m. *sentence of death*; **-drep**, n. *plague*; **-dreyri**, m. *blood of death*; **-drukkinn**, pp. *dead-drunk*; **-drykkr**, m. *deadly draught*; **-dvöl**, f. *delay of one's death*; **-dœgr**, n. *death-day*; **-dœmdr**, pp. *doomed to death*; **-fleinn**, m. *deadly shaft*; **-flóð**, n. *plague*; **-fylgja**, f. '*death-fetch*', *an apparition boding one's death*; **-jörð**, f. *hell*, opp. to 'jörð lifandi manna', 'údáinsakr', *paradise*; **-kraptr**, m. *deadly power*; **-kvöl**, f. *death-pang*; **-kyn**, n. *manner of death*; **-litr**, m. *colour* (*pallor*) *of death*; **-maðr**, m. *a man doomed to death*; vilja hafa e-n at -manni, *to seek his life*; **-mark**, n. *sign of death*; **-mein**, n. *mortal disease*; **-net**, n. *the net of death* (draga -net at e-m); **-orð**, n.=banaorð; segja -orð e-s, *to relate one's death*; **-pína**, f. *capital punishment* (þola -pínu); **-ráð**, n. *the planning of a person's death*,=banaráð; **-róg**, n. *deadly slander*; **-skattr**, m. *tribute of death*; **-skellr**, m. *death-blow*; á næsta dag eptir datt honum -skellr, *he was surprised by death*; **-skuld**, f. *the debt of nature* (gjalda -skuld); **-slag**, n. *death-blow*; veita e-m -slag, *to strike one dead*; **-slig**, n. *deadly strain* (of the muscles or tendons, of a horse); **-snara**, f. *snare of death*; **-sonr**, m.=-maðr; **-steytr**, m.=-slag; **-stingr**, m. *deadly thrust*; setja e-m -sting, *to kill one*; **-stund**, f. *hour of death*; **-svefn**, m. *deadly swoon, fatal sleep*; **-sverð**, n. *fatal sword*; **-sök**, f. (1) *cause of one's death*; (2) *matter of death, a deed deserving death*; **-tákn**, n. *token of death*; **-útlegð**, f. *penalty of death*; **-verk**, n.=-sök 2.

dauð-dagi, m. *death, manner of death*; **-drukkinn**, pp. = dauðadrukkinn; **-fœrandi**, pr. p. *death-bringing, deadly* (-fœranda gras, eitr).

dauði, m. *death*; taka dauða, *to meet one's death, die*; d. ferr á e-n, *one is surprised by death*; draga e-m til dauða, *to cause one's death*: sá vegr, er til dauða dregr, *that leads to death*; liggja fyrir dauðanum, *to be dying or on the point of death*.

dauð-leikr, m. (1) *deadness, lifelessness*; (2) *the state of being mortal, mortality*; **-liga**, adv. *mortally*; **-ligr**, a. (1) *deadly, fatal* (-ligr harmr, -lig synd, -ligt eitr); (2) *liable to death, mortal* (-ligr maðr).

dauðr (gen. **dauðs**), m. = dauði (drepa, brenna, e-n til dauðs).

dauðr, a. (1) *dead*; verða, vera, d., *to become dead, die*; falla niðr d., *to drop down dead*; ganga d., *to reappear* (of ghosts),=ganga aptr; (2) *inanimate* (dautt fé, opp. to 'kvikfé').

dauð-staddr, a. *dying, at the point of death*; **-strá**, n. pl., in the phrase, liggja á -strám, *to be dying* (cf. 'líkstrá', 'nástrá'); **-vána**, a. indecl. =dauðvænn 2; **-vænn**, a. (1) *deadly, fatal* (-vænn drykkr); (2) *sinking* *fast, past all hope*; **-yfli**, n. *lifeless thing, carcase.*

dauf-heyrast (ð), v. refl. *to turn a deaf ear to* (við e-t); **-heyrðr**, a. *turning a deaf ear to* (við e-t); **-leikr**, m. *slothfulness, sloth*; **-lig-leikr**, m. *dullness*; **-ligr**, a. *lonely, dull* (þótti honum daufligt).

daufr, a. *deaf* (dumbir ok daufir).

daunaðr, a., illa d., *evil-smelling.*

daun-mikill, a. *having a strong (bad) smell.*

daunn, m. *bad smell*, opp. to 'ilmr'.

daun-semd, f. *stench, stink.*

daunsna (að), v. *to smell (sniff) at.*

dauss, m. *the two at dice, deuce*; kasta daus ok ás, *to throw deuce-ace.*

dá (**dái, dáða, dáðr**), v. *to admire* (dáðu menn mjök dans hans); refl., dást at e-m, *to admire one.*

dá, n. *trance, senseless state* (falla í dá, liggja í dái).

dáð, f. (1) *deed*; drýgja d., *to do a daring deed*; (2) *valour, energy* (ef nökkur d. er í þér); (3) *merit, virtue* (syndalauss ok allra dáða fullr).

dáða-fullr, a. *deedful*; **-lauss**, a. *voluptuous, sensual.*

dáð-lauss, a. *inactive, sluggish, spiritless*; **-leysi**, n. *dastardliness*; **-leysingi** (pl. **-jar**), m. *a good-for-nothing, worthless person*; **-rakkr**, a. *valiant, doughty*; **-semi**, f. *bravery*; **-vandr**, a. *virtuous.*

dáendi or **dáindi**, n. (1) *excellence*; (2) *admiration*; (3) *miracle.*

dá-leikar, m. pl. *intimacy.*

dá-liga, adv. *badly*; **-ligr**, a. *bad, evil*; *poor, wretched.*

dálkr, m. (1) *a pin* (to fasten a cloak with); (2) *dagger.*

dámaðr, a. *tasted, flavoured* (þat er dámat allíkt mungáti).

dám-góðr, a. *well-flavoured.*

dámr, m. *flavour* (illr d.).

dánar-arfr, m. *inheritance from one deceased*; **-dagr**, m., **-dœgr**, n. *day of death*; **-fé**, n. = -arfr.

dár, n. *scoff*; draga d. at e-m, *to make game or jest of one, to ridicule one*; cf. 'dára'.

dár, a., scarcely used except in the neut., 'dátt,' (1) e-m verðr dátt við e-t, *one is startled at a thing* (við þau tíðendi varð honum svá dátt, sem hann væri steini lostinn); (2) e-m verðr dátt um e-t, *one is pleased with a thing*; svá var dátt með þeim, at, *they were on such friendly terms that*; gera sér dátt við e-n, *to be very familiar with one*; þá var nú í dátt efni komit, *they had come to be good friends.*

dára (að), v. (1) *to mock, make sport of one*, with acc.; (2) *to impose upon one*; d. e-t af e-m, *to cheat one out of a thing.*

dára-samligr, a. *foolish*; **-skapr**, m. (1) *scoff, mockery*; gøra -skap at e-u, *to make sport of*; (2) *imposition, fraud.*

dári, m. *fool, buffoon.*

dáru-skapr, m. = dáraskapr.

dá-sama (að), v. *to admire*; -samandi, *admirable*; **-samliga**, adv. *admirably, wonderfully*; **-samligr**, a. *admirable, wonderful*; **-semd**, f. (1) *admiration*; (2) *marvellous glory*; **-semi**, f. = -semd.

dási, m. *sluggard.*

dá-vænn, a. *very pretty.*

deging, f. *dawn, dawning.*

degradera (að), v. *degrade, dismiss* (d. e-n af vígslu).

deig, n. *dough.*

deigja (-**ða**, -**ðr**), v. *to make soft, to weaken.*

deigja, f. *servant-maid, dairy-maid* (deigja eðr önnur hjún).

deigr, a. (1) *soft*, of metal; (2) *timid, cowardly.*

deila (-**da**, -**dr**), v. (1) *to divide into parts*; sú á, er deilir með jötna sonum grund ok með goðum, *that river which parts the giants and the gods*; allt þat land, er vatnsföll deila til sjófar, *of which the rivers form the boundaries down to the sea*; vildi H. bæði kjósa ok d., *H. would both choose and deal* (viz. divide the catch in shares and choose for himself the share he liked best); láta e-n kjósa ok d., *to give one an arbitrary power in a case*; with dat. (hversu má keisarinn d. sér í tvá staði); (2) *to deal out, apportion, allot*; deildr hlutr, *a share allotted to one*; d. dögurð, mat á málum, *to deal out portions of food in a household*; d. víg með verum, *to deal victory fairly among men*; (3) *to distinguish, discern*, = greina; eptir þat sá sól ok mátti þá d. ættir, *they could then discern the quarters of heaven*; d. liti, *to discern colours*; eigi deilir litr kosti (acc. pl.), *colour is no sure test of the quality*; (4) *to busy* or *occupy oneself with, deal with* (engi maðr á önnur mál at d. í kirkju, nema biðja fyrir sér); hann við Ríg rúnar deildi, *he capped runes (spells) with R.*; d. orðspeki við e-n, *to contend in learning with one*; þótt hringbrotar heiptir deili, *though men hate one another*; d. kníf ok kjötstykki, *to share knife and meat*; (5) d. við e-n, *to quarrel with one* (d. við heimska hali); deili gröm við þik, *may the fiends bandy words with thee*; d. um e-t, *to quarrel, contest about*; þeir deildu um (*they had a lawsuit about*) jarðir; d. á e-n, *to contend against one*; d. illyrðum, illdeildum, *to chide, abuse one another*; d. afli, ofríki, við e-n, *to deal harshly and overbearingly with one*; impers., ef í þat deilir, *if there be dissent on that point*; ef í deilir með þeim, *if they disagree*; (6) *to be master of, possess* (d. bauga, fé); hug skaltu d., *thou shalt control thy mind* (*feelings*); þar er munuð deilir, *when love is concerned, in a matter of love*; (7) refl., deilast, *to spread, branch off* (svá víða sem kristni deilist um heim); meðan mér deilist lífit til, *as long as life is granted me*; d. at e-u, *to disagree about a thing*.

deila, f. *disagreement, contest*; eiga, halda, deilu við e-n, *to quarrel or contend with one*.

deild, f. (1) *dole, share*; fara at deildum, *to be parcelled out*; fá illt ór deildum, *to get a bad share, be worsted*; í nökkurri d., *partly*; í aðra d., í þriðju d., *secondly, thirdly*; (2) *quarrel, contest, litigation*; leggja mál í d., *to make a matter the subject of a lawsuit*.

deildar-arfr, m. *inheritance in shares*; **-lið**, n. *strong body of men that can be divided in detachments*.

deili, n. pl. *distinctive features*; kunna, vita öll (engi) d. á e-u, *to know all (nothing) about a thing*; sá þó öll d. á. honum, *all his features were visible*.

deilir, m. *one who deals out, distributor*; bauga d., *giver of rings*; sverða d., *warrior, hero* (poet.).

deilis-steinn, m. *boundary stone*.

deilu-efni, n. *matter of dispute*; **-gjarn**, a. *quarrelsome, contentious*; **-mál**, n. *quarrel*; **-vænligr**, a. *likely to lead to a quarrel*.

dekan (pl. **-ar**), m. *deacon*, = djákn.

dekreta (**að**), v. *to decree* (rare).

dekreta, f. *decree* (rare).

dengð, f., **denging**, f. *the sharpening of a scythe by hammering* (cf. 'lé-denging').

dengir, m. *one who hammers or sharpens*, a nickname.

dengja (**-da, -dr**), v. (1) *to beat, to hammer*; (2) *to sharpen* (a scythe) *by hammering*; (3) *to egg on*.

depill (dat. **depli**), m. *spot, dot*.

des (**-jar, -jar**), f. *hay-rick*.

detta (**dett**; **datt, duttum**; **dott-inn**), v. *to drop, fall*; d. niðr dauðr, *to drop down dead*; duttu þær ofan, *they tumbled down*; sauðfénaðr datt niðr unnvörpum (*dropped down, died suddenly, in heaps*) í megrð; spjót dettr ór hendi e-m, *the spear drops out of one's hand*; dauðinn dettr á, *comes on suddenly*; datt norðanveðrit í logn, *the north wind fell altogether*; láta e-t d. niðr, *to let a matter drop*.

dett-hendr, a. *a kind of metre*.

detti-yrði, n. *scoff, sneers*.

dettr, m. *thump* (heyrðu þeir brest ok dett sem nakkvat félli).

dett-yrði, n. = detti-yrði.

deyða (**-dda, -ddr**), v. (1) *to kill, put to death*; (2) *to make null and void* (d. dóm); d. líkamliga löstu, girndir holdsins, d. sik, *to mortify the lusts of the flesh*.

deyðr, a. *deserving of, liable to, death* (dræpr ok d.).

deyfa (**-ða, -ðr**), v. (1) *to make deaf* (daufr); impers., hann deyfði, *he* *became deaf*; (2) *to make blunt* (d. egg, sverð, vápn); (3) *to soothe, allay* (d. kvalar, sakar).

deyfð, f., **deyfi**, f. *deafness.*

deyja (**dey**; **dó**, **dóum**; **dáinn**), v. *to die* (deyr fé, deyja frændr); hann dó af eitri, ór sárum, *he died of poison, from wounds*; á deyjanda degi, *on one's dying day, on one's deathbed*; of a limb (dó fótleggrinn allr); of inanimate things, dáinn arfr, *an inheritance left to the heir.*

deyna (**-da**, **-t**), v. *to stink.*

deyning, f. *stink, stench.*

digla (**að**), v. *to drip* (digladi niðr úr kyrtlinum).

digna (**að**), v. (1) *to lose temper* (of steel); (2) *to lose heart.*

digr (acc. **digran**), a. (1) *big, stout*, opp. to 'grannr'; d. sem naut, *big as an ox*; d. fótr, *a big leg*; hon gekk d. með tveim, *she was big with twins*; (2) *thick*, = þjokkr, opp. to 'þunnr'; digrt belti, *a thick belt*; nautssíða feit ok d., *a fat and thick side of beef*; (3) of sound, *deep* (þat hljóð er digrara); (4) *big, haughty*; digr orð, *big words, threats*; gera sik digran, *to puff oneself up.*

digrast (**að**), v. refl. (1) *to grow big*, of a pregnant woman; (2) *to make oneself big, become haughty* (eigi digrast hann eða drambar).

digr-barkliga, adv. *haughtily, boastfully* (láta, mæla, -barkliga).

digr-beinn, a. *big-legged.*

digrð, f. *bigness, thickness.*

digr-hálsaðr, a. *big-necked*, = hálsdigr; **-leikr**, m. (1) *bigness*; (2) of sound, *deepness, lowness of pitch*; **-liga**, adv. *haughtily* (láta -liga); **-ligr**, a. *big, haughty* (-lig orð, andsvör); **-nefjaðr**, a. *big-nosed*, = nefdigr; **-yrði**, n. pl. *big words.*

digull (pl. **diglar**), m. (1) *a hanging drop, drip*; (2) *crucible, melting-pot.*

dik, n. *run, leap*; taka d., *to take to running.*

dikt, n. *composition in Latin.*

dikta (**að**), v. (1) *to compose in Latin* (d. ok skrifa bréf á Látínu); (2) *to bring about, make*; (3) *to invent, devise, think out* (hann gerir á sömu leið sem fjandinn fyrir honum diktar).

diktan, f. *composition in Latin.*

diktr, m. = dikt (rare).

dilk-fé, n. *ewes together with their lambs* (dilkfjáreign).

dilkr, m. *a sucking-lamb, kid, calf, pig* (þótt kýr leiði dilka).

dilks-höfuð, n. *lamb's head.*

dilk-ær, f. *a ewe with a lamb.*

dimma (**að**), v. *to make dark, darken*; impers., um kveldit, er d. tók, *when it began to grow dark*; tekr at d. af nótt, *the night comes on*; refl., dimmast, *to grow dark* (er nótt dimmaðist).

dimma, f. *darkness* (d. nætrinnar); dimmu dregr á e-t, *it begins to look gloomy, threatening.*

dimm-hljóðr, a. = dimmraddaðr.

dimmr, a. *dim, dark, gloomy*; døkkt ok dimmt ský, *a dim and dark cloud*; e-m verðr dimmt fyrir augum, *one sees dimly.*

dimm-raddaðr, a. *deep-voiced.*

dirfa (**-ða**, **-t**), v. *to make bold*; esp. d. sik *or* dirfast, *to dare*; dirfast til e-s *or* at e-u, *to have courage for a thing*; bœndr dirfðust mjök við Birkibeina, *became bold, impudent*; dirfast at gera e-t, *to dare to do a thing.*

dirfð, f. *boldness, courage.*

dirokkr, m. *drudge.*

diskorda (**að**), v. *to disagree with* (við e-n).

diskr (**-s**, **-ar**), m. *plate, dish.*

disputa (**að**), **disputera** (**að**), v. *to dispute.*

díar, m. pl. *gods or priests.*

díki, m. *dike, ditch.*

díli, m. *spot, mark.*

dís (pl. **dísir**), f. (1) *sister* (heitir ok systir d.); (2) *a female guardian angel, goddess*; (3) *maid.*

dísa-blót, n. *a sacrifice to the* dísir; **-salr**, m. *hall (temple) of the* dísir.

dívisera (**að**), v. *to distribute.*

djarf-leikr, m. *boldness, courage*; **-liga**, adv. (1) *boldly*; (2) *certainly* (þat væri -liga minn dauði); **-ligr**, a. *bold, daring*; **-mannligr**, a. *bold-looking*; **-mæltr**, a. *bold of speech.*

djarfr, a. *bold*, *daring* (d. í orrustum); d. ok dularfullr, *impudent and arrogant*.

djarf-tœki, n. *boldness in taking*; **-tœkr**, a. *bold in taking*.

djákn (**-s**, **-ar**), m., **djákni**, m. *deacon*.

djásn, n. *diadem*.

djúp, n. (1) *deep water*, *deep place*; (2) *the deep sea*, *deep* (kastaði hann øxinni fyrir borð á djúpi); (3) *pit* (d. helvítis).

djúp-auðigr, a. *very rich*; **-hugaðr**, a. *sagacious*, *ingenious*; **-hyggja**, f. *sagacity*; **-leikr**, m. *depth*; **-ligr**, a. *deep*, *profound* (-lig ráð).

djúpr, a. (1) *deep* (d. sær, djúp tjörn, djúpt vatn); d. höttr, *a deep hat* (coming down over the eyes); (2) *heavy*, *severe* (djúp laun ok ill); neut., djúpt, as adv., *deep*, *deeply*; leggjast djúpt, *to dive deep*.

djúp-ráðr, **-ráðugr**, a. *deep-counselling*, *cunning*; **-ræði**, n. *deep-scheming*; **-settr**, pp. (1) *deep-laid* (-sett ráð, orð); (2) *deep*, *penetrating*.

djúps-höfn, f. *fishing-line*.

djúp-sæi, f. *deep-seeing*, *penetration*.

djúp-sær, a. *penetrating*; **-úðigr**, a. *deep-minded*; **-vitr**, a. *deeply wise*, *profound*, *sagacious*.

djöfla-blót, n. *worshipping of devils*; **-flokkr**, m. *host of devils*; **-mót**, n. *meeting of devils*.

djöfull (dat. **djöfli**, pl. **djöflar**), m. *devil*; freq. as a term of abuse (taki þér djöful þenna).

djöful-ligr, a. *devilish*.

djöful-óðr, a. *possessed*.

djöfuls-kraptr, m. *diabolical power*; **-prestr**, m. *priest of the devil*.

djöful-œrr, a. = djöfulóðr.

djörfung, f. *boldness*, *daring feat* (þá djörfung þorði engi at gøra).

djörfungar-fullr, a. *bold*, *audacious*.

doðka, f. *a kind of bird*.

doðna (**að**), v. *to become insensible*.

doðr-kvisa, f. *a kind of bird*.

dofi, m. *torpor*, *numbness*; **dofinn**, a. *benumbed*, *dead* (d. er mér fótr minn); **dofna** (**að**), v. *to lose vitality or force*, *to become benumbed* (eitrormarnir dofna af nætr kuldanum); *to become dead*, of limbs (dofnaði höndin); hugrinn dofnar, *the mind gets heavy*; impers., dofnar yfir e-u, *the matter begins to die down*.

doki, m. *strip*, *shred* (rísta blæjur í sundr í doka).

dokka, f. *windlass*.

doparr, m., **doppa**, f. *knob*, *boss* (of metal).

dorg, f. *trailing-line* (þeir reru með dorgar sínar at smá-fiski).

dottr, m. *a poor*, *wretched creature* (hestr er þeir kalla dott).

dólg, n. *direful enmity*; **dólg-liga**, adv. *in a hostile manner* (láta -liga).

dólgr, m. *enemy*, *fiend*; dauðir dólgar, *ghosts*.

dólg-rögnir, m. poet. *warrior*; **-spor**, n. *gaping wounds*; **-viðr**, m. = -rögnir.

dóma-dagr, *doomsday*, = dómsdagr.

dómandi (pl. **-endr**), m. *judge*, = dómari.

dómara-sæti, n. *judgement-seat*.

dómari, m. *judge* (dómarans er at sitja).

dóm-fé, n. *fee or payment fixed by sentence*; **-festa**, f. *submitting to subpœna*; **-flogi**, m. *defaulter* (from court); **-hringr**, m. '*judgement-ring*'; **-hús**, n. *court-house*; **-kirkja**, f. *cathedral*; **-leggja** (see leggja), v. *to lay before a court*; **-ligr**, a. *judicial*; -ligt atkvæði, *judgement*; **-nefna**, f. *the nomination of judges*.

dómr (**-s**, **-ar**), m. (1) *opinion*, *judgement* (d. um dauðan hvern); (2) *judicial decision*, *decree*, *judgement*, *sentence*; stríðr d., *a severe judgement*; réttlátr í dómum, *impartial as judge*; segja upp dóm, *to pronounce* (*pass*) *sentence*; (3) *court* (*of judicature*), *the body of judges*; ganga í dóm, *to go into court*, *take one's seat in court*; setja dóm, *to set the court*, *to let the judges take their seats*; sitja í dómi, *to sit in judgement or in court*; nefna dóm, *to nominate* (*appoint*) *the judges*; sœkja mál í dóm, *to prosecute a lawsuit in court*; hleypa upp dómi, *to break up the court by force*; bera fé í dóm, *to bribe the court*; ryðja dóm, *to challenge the* *court*; mál ferr í dóm, *a case goes into court*; (4) *state, condition*; heiðinn d., *heathenism*; kristinn d., *the Christian faith*; (5) heilagr d., helgir dómar, *relic, relics*; (6) in compds., *-dom, -head, -hood* (guðdómr, *Godhead*, manndómr, *manhood*, konungdómr, *kingdom, &c.*).

dóm-rof, n. *disregard of judgement*; **-ruðning**, f. *challenging of judges*.

dóms-dagr, m. *doomsday, day of judgement* (á -degi, þá er guð kemr at dœma allt mannkyn).

dóm-seta, f. *sitting in court, judgement*; **-setning**, f. *setting or opening the court*.

dóms-maðr, m. *judge*; **-orð**, n. *judgement, sentence*.

dóm-spekt, f. *acuteness of judgement, wise discernment*; **-staðr**, m. *a place in which a court is held*; **-stefna**, f. *summoning, citing*; **-stóll**, m. *judgement-seat, tribunal*; **-sæti**, n. = -stóll; **-sætr**, a. *qualified to sit in a court as lawful judge* (eiga -sætt); **-varzla**, f. *the guarding of a court*; **-vörzlumaðr**, m. *a man who guards the court*.

dóttir (gen., dat., and acc., **dóttur**, pl. **dœtr**), f. *daughter*.

draf, n. *draff, husks*.

drafl, n. *idle talk, tattle*.

drafli, m. *curdled milk when cooked*.

drafls-yrði, n. = drafl.

drafna (**að**), v. *to become rotten as draff* (d. sundr).

drag, n. (1) *the iron rim under the keel of a boat or a sledge*; fig., leggja d. undir ofmetnað e-s, *to encourage one's pride*; (2) *an additional line to a stanza*.

draga (**dreg**; **dró**, **drógum**; **dreginn**), v. (1) *to draw, drag, pull*; d. heim viðinn, *to drag the logs home*; d. árar, *to pull the oars*; absol., drógu þeir skjótt eptir, *they soon pulled up to them*; d. boga, *to draw the bow*; d. segl, *to hoist sails* (= d. upp segl); d. fisk, *to catch, pull up fish with a line*; d. kvernstein, *to turn the mill-stone, to grind*; við ramman mun reip at d., *it will be pulling a rope against a strong man*, i.e. *it will be a difficult task*; (2) *to draw, inhale* (d. úþefjan með nösum); d. nasir af e-u, *to smell a thing*; d. öndina, *to breathe, live*; (3) *to procure, earn, gain* (þegar hann hafði fé dregit sem hann vildi); d. e-m e-t, *to procure (or get) one a thing* (eigi sögðust þeir vita, at hann drœgi Haraldi ríki); (4) *to employ as a measure* (d. kvarða við vaðmál); (5) *to prolong, protract* (dvalir þessar drógu tímann); (6) *to delay, put off, defer*; vil ek þessi svör ekki láta d. fyrir mér lengi, *I will not wait long for these answers*; hann dró um þat engan hlut, *he made no subterfuge*; (7) *to delineate, draw* a picture (var dregit á skjöldinn leo með gulli); í þann tíma, sem hann dregr klæðaföllin (*the folds*); (8) *to trim or line garments* (treyjan var dregin útan ok innan við rauðu silki); with dat., hjálmr hans var dreginn leiri (*overlaid with clay*), er áðr var (dreginn) gulli; (9) intrans. *to move, draw*; drógu þeir þeim svá nær (*came so near to them*), at; (10) with preps.; d. föt, skóklæði af e-m, *to pull off one's clothes, shoes*; d. hring af hendi sér, *to take off a ring from one's hand*; dró hann þá af grunninu, *he pulled them off the shallow*; d. e-t af e-u, *to draw, derive from* a source; d. e-t af, *to take off* (Þ. hafði látit af d. brúna); d. e-t af við e-n, *to keep back, withhold, from one*; man héðan af eigi af dregit við oss, *henceforth we shall not be neglected, stinted*; Egill dró at sér skipit, *E. pulled the ship close up to himself*; d. vél at e-m, *to draw wiles around one*; d. spott, skaup, at e-u, *to hold a thing up to ridicule*; d. at lið, föng, *to collect troops, stores*; dró at honum sóttin, *the illness drew closer to him, he grew worse*; impers., dró at mætti hans, dró at um mátt hans, *his strength declined* (*fell off*); til þess er dró at degi, *till the day drew near*; þá er dregr at jólum, *when Yule drew near*; dró at því (*the time drew near*), at hann væri banvænn; tók þá at d. fast at heyjum hans, *his stock of hay was rapidly* *diminishing*; svá dregr at mér af elli, svengd, þorsta, *I am so overcome by old age, hunger, thirst*; nú þykki mér sem fast dragi at þér, *that thou art sinking fast*; d. hring á hönd sér, *to put a ring on one's hand*; d. (grun) á e-t, *to suspect*; d. á vetr, *to rear through the winter* (Hrafnkell dró á vetr kálf ok kið); impers., dregr á tunglit, *the moon is obscured* (= dregr myrkr á tunglit); dimmu þykkir d. á ráðit Odds, *it looks as if a cloud was drawing over Odds' affairs*; dregr á gleði biskups, *the bishop's gladness was obscured*; d. eptir e-m, *to gain on one* (Þórarinn sótti ákaft róðrinn ok hans menn, ok drógu skjótt eptir þeim Steinólfi ok Kjallaki); d. eptir e-m um e-t, *to approach one, be nearly equal to one, in a thing*; um margar íþróttir (*in many accomplishments*) dró hann fast eptir Ólafi konungi; d. e-t fram, *to produce, bring forward* (d. fram athugasamlig dœmi); *to further, promote* (d. fram hlut e-s); d. fram kaupeyri sinn, *to make money*; d. fram skip, *to launch a ship*; impers., dregr frá, (*cloud, darkness*) *is drawn off*; hratt stundum fyrir, en stundum dró frá, (*clouds*) *drew sometimes over, sometimes off*; dregr fyrir sól, tungl, *the sun, moon, is obscured by clouds or eclipse* (tunglskin var ljóst, en stundum dró fyrir); ok er í tók at d. skúrirnar, *when showers began to gather*; d. e-ð saman, *to collect, gather* (d. lið, her, skip saman); impers., saman dró kaupmála með þeim, *they struck a bargain*; saman dró hugi þeirra, *their hearts were drawn together*; dregr þá saman *or* dregr saman með þeim, *the distance between them grows less*; d. e-t í sundr, *to draw asunder, disjoin* (vil ek eigi d. í sundr sættir yðrar); impers., dregr þá í sundr *or* dregr í sundr með þeim, *the distance between them increases*; d. e-n til e-s, *to move, prompt, induce*; engi ofkæti dregr mik til þessarar ferðar, *it is not from wantonness that I undertake this journey*; slíkt dregr hann til vinsældar, *this furthers his popularity*, ef hann drœgi ekki til, *if he was not concerned*; d. e-t til dœmis um e-t, *to adduce as a proof of*; hann hét at d. allt til sætta (*to do everything in his power for reconciliation*) með þeim Skota konungi; impers., nema til verra dragi, *unless matters turn out for the worse*; with dat., þat samband þeirra, er þeim dregr báðum til bana, *which will prove fatal to both of them*; at hér mundi til mikillar úgiptu d. um kaup þessi, *that much mischief would arise from this bargain*; dró þá enn til sundrþykkju með þeim Svíum, *the old feud with the Swedes began over again*; svá er þat, segir R., ef ekki dregr til, *unless some unforeseen thing happens*; d. e-t undan e-m, *to seek to deprive one of a thing* (þeir hafa bundizt í því at d. bœndr undan þér); d. e-t undan, *to delay* (drógu Skotar undan sættina); hví dregr þú undan at bjóða mér til þín? *why dost thou put off inviting me to come?*; d. rót undan (tölu), *to extract the root*; d. undan e-m, *to escape from one* (nú lægir seglin þeirra ok draga þeir undan oss); impers., hann (acc.) dró undan sem nauðuligast, *he had a narrow escape*; lítt dró enn undan við þik, *there was little chance of drawing out of thy reach*; d. e-t undir sik, *to appropriate or take fraudulently to oneself* (hafði dregit undir sik finnskattinn); impers., dró yðr (acc.) undir hrakningina, en oss (acc.) undan, *you came in for hard usage, but we escaped*; d. upp skip, *to drag a ship ashore*; d. upp segl, *to hoist a sail* (*sails*); d. upp fisk, *to pull up fish with a line*; impers., þoku dregr upp, *fog is coming on*; (11) refl., dragast, *to draw oneself, move*; d. aptr á leið, *to remain behind*; d. á hendr e-m, *to gather around one*; d. á e-t, *to give a partial promise* (Þorvarðr dróst á at ljá Sturlu sverðit, ok fórst þat fyrir); d. á legg, *to grow up*; þegar honum dróst aldr, *when he grew up*; e-m dragast penningar, *one makes money*; herr, lið, dregst e-m, *troops gather round one*; d. vel, illa, *to do well, ill*; dróst þá liðit mjök af kulda, *the host suffered much from cold*; þau drógust (*they pulled against each other, fought*) um einn gullhring; Sigvaldi dregst út frá flotanum, *S. draws away from the fleet*; d. við e-t, *to become discouraged.*

draga, f. only in pl. 'drögur', (1) *timber carried on horseback and trailing along the ground*; (2) metric. term, *repetition, anadiplosis* (when a stanza begins with the last word of the preceding one).

dragi, m. *trail or long line of laden horses.*

drag-kyrtill, m. *a trailing kirtle* or *gown*; **-loka**, f. *bolt*; fig. *loiterer*; **-máll**, a. *drawling.*

dragna (**að**), v. *to drag, trail oneself along* (hann dragnar síðan heim at búrinu); refl., dragnast=dragna.

dragna-hross, n. *a horse carrying timber* ('drögur').

drag-nál, f. *bodkin*; **-net**, n. *dragnet*; **-reip**, n. *halyard.*

dragsa (**að**), v. *to drag along.*

drag-síðr, a. *trailing behind* (-síðar silkislœðr).

dramb, n. (1) *arrogance* (ofbeldi ok dramb); (2) *pomp.*

dramba (**að**), v. *to be haughty, behave with arrogance* (d. við e-m, í móti e-m); d. af e-u, *to pride oneself on*; d. yfir sér, *to boast*; d. yfir e-m, *to lord it over one, look down upon one.*

dramban, f. *haughty behaviour.*

dramb-hosur, f. pl. *a sort of 'court-breeches'*; **-lauss**, a. *unpresuming, modest*; **-látliga**, adv. *haughtily*; **-látr**, a. *haughty*; **-læti**, n. *haughtiness, pride.*

dramblætis-kona, a. *proud woman.*

dramb-samliga, adv. *haughtily*; **-samligr**, a. *haughty* (-samligr metnaðr); **-samr**, a. *haughty, proud*; **-semi**, f. *haughtiness, pride.*

drambsemis-andi, m. *spirit of pride*; **-fótr**, m. *a foot showing pride* (hefja -fót í mót e-m); **-háls**, m. *a haughty person.*

drambs-fullr, a. *arrogant.*

dramb-skapr, m. *arrogance.*

drambs-maðr, m. *a haughty person.*

dramb-vísi, f. = -semi; **-víss**, a. = -samr; **-yrði**, n. pl. *proud speech, haughty language.*

drangr (**-s, -ar**), m. *a detached pillar of rock.*

drang-steinn, m.=drangr.

drasill, m. poet. *horse*,=drösull.

dratta (**að**), v. *to drag, trail oneself along.*

draug-hent, a. n. *a sort of metre*; **-hús**, n. pl. *'house of ghosts', burial mound* (poet.).

draugr (**-s, -ar**), m. *the dead inhabitant of a cairn, ghost, spirit.*

drauma-maðr, m. *a great dreamer*; **-ráðning**, f. *reading of dreams*; **-skrimsl**, n. *dream-monster, phantasm*; **-vetr**, m. *winter of dreams.*

draum-heill, n. *divination by dreams*; **-kona**, f. *'dream-woman', one who appears in dreams*; **-ligr**, a. *dream-like* (-lig sjónhverfing); **-maðr**, m. *a man who appears in dreams*; **-órar**, m. pl. *dream-phantasies.*

draumr (**-s, -ar**), m. *dream*; eigi er mark at draumum, *dreams are not worth noticing*; segja e-m draum, *to tell one's dream to another*; ráða draum, *to read* (*interpret*) *a dream*; d. rætist, *a dream proves true*; vakna eigi við góðan draum, *to awake from a bad dream*; e-m er draums, *one dreams, is in a trance.*

draum-skrök, n. pl. *dream-phantasm*; **-spakr**, a. *skilled in interpreting dreams*; **-speki**, f. *skill in interpreting dreams*; **-spekingr**, m. *a skilful interpreter of dreams*; **-stoli**, a. *one who never dreams* (cf. 'þat er eigi manns eðli, at hann dreymi aldri'); **-þing**, n. *assembly of dreams*, poet. *sleep.*

drák, dráka, f. *streak.*

dráp, n. *slaughter, killing.*

drápa, f. *a heroic laudatory poem with refrains in the central portion* (contrasted with 'flokkr').

dráp-gjarn, a. *blood-thirsty.*

drápu-mál, n. *a lawsuit concerning a* drápa.

dráp-veðr, n. *destructive gale.*

dráttr (gen. **-ar**, dat. **drætti**, pl. **drættir**, acc. **dráttu**), m. (1) *pull*; (2) *draught of fish*; *draught of a seine*; (3) *hesitation*, =undandráttr.

dregg (**-jar**, **-jar**), f. *yeast*, *leaven*.

dregill (dat. **dregli**), m. *ribbon*.

dreginn, pp. of 'draga'. (1) *drawn*, *pinched*, *starved* (hestar mjök dregnir); (2) *long* (of vowels).

dreglaðr, pp. *furnished with ribbons*, *laced*.

dregla-húfa, f. *a laced cap*; **-lið**, n. *soldiers decorated with ribbons*, = dreglat lið.

dreif, f. *scattering*; drepa e-u á d., *to scatter about*; fig. *to throw or cast aside*, *to let drop*; þeir drápu öllu á d. um þessa fyrirætlun, *gave it up altogether*; (2) *string or chain* (valrinn komst hvergi, því at dreifarnar héldu honum).

dreifa (**-ða**, **-ðr**), v. (1) *to scatter*, *disperse*, with dat. (dreifðu þeir þá öllu liðinu); *to strew* (tak duft ok dreif á sárit); *to sprinkle* (d. vatni umhverfis stein); d. e-n blóði *or* með blóði, *to bedabble one with blood*; reflex., dreifast, *to be spread out*; (2) *to derive* (d. orð af orði).

dreifing, f. *scattering*, *diffusion*; d. blóðs, *effusion of blood*.

dreift, adv. *scatteredly*; fara d., *to march in loose order* (of troops).

dreita (**-tta**, **-ttr**), v., in the phrase, d. e-n inni, *to shut one up so as to force him to ease himself* (dríta) *within doors*.

dreka-hamr, m. *slough of a dragon*; **-bœli**, n. *lair of a dragon*; **-hofuð**, n. *a dragon's head on a ship's prow*; **-líki**, n. *shape of a dragon*; **-merki**, n. *a banner bearing the sign of a dragon*.

dreki, m. (1) *dragon*; (2) *ship of war* (bearing a dragon's head as an ornament at the prow).

drekka (**drekk**; **drakk**, **drukkum**; **drukkinn**), v. (1) *to drink* (d. mjöð, öl, mungát); d. full, minni, horn, *to drink a toast*, *cup*, *horn*; d. drykk, *to drink a draught* (þú skalt d. af tvá drykki); d. brjóst, spena, *to suck*; d. úmælt, *without measure*; d. fast (mjök), *to drink hard*; d. e-n af stokki, *to drink one under the table*; d. sér lítit vit, d. frá sér vit allt, *to drink away one's reason*; (2) *to hold*, *celebrate* a feast (d. veizlu, brullaup, erfi); (3) with preps., d. af keri, *to drink out of a vessel* (drukku þeir af einu silfrkeri); *to drink off* (*empty*) *a vessel*, *cup* (hann tók við horninu ok drakk af); d. á e-n, *to drink to a person*; refl., drekkast á, *to drink to one another*; impers., drekkr á e-n, *one ships a sea*; d. til e-s = d. á e-n; d. e-t út, *to consume or spend in drinking*.

drekka, f. (1) *drink*, *beverage*; (2) *a drinking feast or banquet*; Ægis d., *the drinking at Ægir's*.

drekkandi, ger. *drinkable* (mátti hvergi vatn finna, þat er drekkanda væri).

drekkja (**-ta**, **-tr**), v. (1) *to put under water*, *submerge*, with dat. (d. skipi); drekktust þrjár snekkjur fyrir atróðri þeirra, *were sunk*; (2) *to drown*; impers., e-m drekkir, *one gets drowned*; (3) fig. *to quell*, *suppress* (d. kristninni).

drembi-liga, adv. *haughtily*.

drengi-liga, adv. *bravely*; **-ligr**, a. (1) *brave*, *valiant*; (2) *generous*.

drengja (**-da**, **-dr**), v., naut. term, *to bind fast*, *haul taut to a pole* (drengr).

drengja-val, n. *a choice company of gallant men*.

dreng-leysi, n. *want of generosity*, *unmanliness*; **-lundaðr**, **-lyndr**, a. *noble-minded*, *generous*; **-maðr**, m. (1) = drengr 1; (2) *bachelor*, opp. to 'bóndi'; **-mannligr**, a. *noble-minded*, *gentlemanly*; **-menska**, f. *noble-mindedness*.

drengr (**-s**, pl. **-ir**, gen. **-ja**), m. (1) *a bold*, *valiant*, *chivalrous man*; d. góðr, *a good-hearted*, *noble-minded man* (auðigr at fé ok d. góðr); ekki þykki mér þú sterkr, en d. ertu g., *but thou art a good fellow*; drengir, en eigi dáðleysingjar, *gallant men*, *and no faint-hearts*; at þú mættir drengrinn af verða sem beztr, *that you might get the greatest credit from it*;

hafa dreng í serk, *to have a stout heart in one's breast*; (2) *a young, unmarried man* (drengir heita ungir menn búlausir, meðan þeir afla sér fjár eða orðstírs); (3) *attendant* (þeir heita konungs drengir, er höfðingjum þjóna); (4) *fellow* (lætr síðan sverðit ríða á hálsinn á þeim leiða dreng); (5) *pole*, cf. 'ásdrengr'.

drengs-aðal, n. *the nature of a* drengr; **-bót**, f. *what makes a man the better* drengr; **-bragð**, n. *a brave or gallant deed.*

drengskapar-fall, n. *failure in* drengskapr; **-raun**, f. *test, trial of one's* drengskapr.

dreng-skapr (gen. **-skapar**), m. *high-mindedness, courage*; falla með -skap, *to fall fighting bravely*; með litlum -skap, *cowardly*; þínum -skap (*manliness*) skal ek við bregða.

drengs-verk, n. *a noble deed.*

drep, n. (1) *bodily hurt, blow* (þat er d. ef bein brotna); (2) *killing, slaying*, = dráp; (3) *plague, pestilence*, = drepsótt; (4) *mortification, gangrene.*

drepa (**drep**; **drap, drápum**; **drepinn**), v. I. with acc. or absol.; (1) *to strike, beat, knock*; d. e-n vendi, *to strike one with a rod*; hann tók hörpu sína ok drap strengi (*struck the strings*) til sláttar; d. járn, *to hammer iron*; d. *or* d. högg á dyrr, *to knock at the door*; d. botn úr keraldi, *to knock the bottom out of a tub*; at eigi drepir þú mik í djúp, *that you knock me not into the deep*; d. í hel, í dauða, til heljar, *to smite to death*; (2) *to kill, slay* (skulu vér nú fara at honum ok d. hann); (3) in a game of chess, *to take* a piece (þá drap jarl af honum riddara); (4) *to produce by a blow or blows*; d. eld, *to strike fire* (= d. upp eld); d. slóð, *to make a trail* (drápu kyrtlarnir döggslóðina); (5) with prepp., d. af, *to kill, slaughter* (cattle); d. niðr, *to kill off* (þótt hirðmenn þínir sé drepnir niðr sem svín); d. sik ór dróma, *to get rid of* (*throw off*) *a fetter*; d. til e-s, *to strike, hit, at one*; d. e-t undir sik, *to knock or drag down* (skaltu standa hiá, er fjándi sá drepr mik undir sik); d. upp eld = d. eld; d. e-t út, *to divulge a thing*; d. yfir e-t, *to hide, suppress*; drap hann brátt yfir (*he soon mastered*) harm sinn; (6) refl., drepast, *to perish, die*, esp. of cattle (fé hans drapst aldri af drephríðum); recipr. *to put one another to death* (þá drepast menn fyrir ágirni sakir); d. menn fyrir, *to kill one another's men*; (7) impers., drepr honum aldregi ský (acc.) í augu, *his eyes never get clouded*; ofrkappit (acc.) drepr fyrir þeim (*their high spirits break down*), þegar hamingjan brestr; drap þó heldr í fyrir honum, *he rather grew worse, his eyes grew weaker*; nú drepr ór hljóð (acc.) fyrst ór konunginum, *the king became silent at once*; þá drap stall ór hjarta hans, *his heart failed*; ofan drap flaugina, *the vane was knocked down*; regn (acc.) drepr í gegnum e-t, *the rain beats through* (the thatch); II. with dat.; (1) *to put, thrust*; hendi drap á kampa, *he put his hand to his beard*; d. fœti (fótum) í e-ð, *to strike* (*knock*) *one's foot against, stumble over* (drap fótunum í þrøskuldinn ok lá fallinn); d. höfði, *to droop* (with) *the head* (Egill drap höfðinn niðr í feld sinn); d. fingri í munn sér, *to put the finger into the mouth*; d. hendi til e-s, við e-m, *to give one a slap with the hand*; d. hendi við e-u, *to wave away with the hand, to refuse a kind offer* (d. hendi við boðnu gulli); (2) *to tuck up the sleeves or skirts* of a garment (hann hafði drepit upp skautunum); d. hári undir belti sér, *to tuck the hair under the belt* (of a lady); (3) *to dip, immerse*; d. skeggi (*the beard*) í Breiðafjörð, *to be drowned in B.*; d. barni í vatn, *to baptize a child*; (4) d. orði, dómi á e-t, *to talk, judge of*; d. huldu á e-t, *to hide, keep secret*; d. e-u á dreif, *see* 'dreif'; fig., d. í egg e-u, *to turn a deaf ear to*; (5) *to spoil* (d. gleði, teiti e-s); d. kosti e-s, *to destroy one's happiness*; impers., drap þá skjótt kosti, *the cheer was soon gone*; (6) d. niðr e-u, *to suppress* (d. niðr konungs rétti, illu orði); d. niðr sœmd e-s, *to* *drag down one's reputation, to disparage one*; d. niðr máli, *to quash a lawsuit.*

drep-hríð, f. (1) *a destructive snow-storm*; (2) = drepsótt; **-ráð**, n. *an intended affray or assault*; **-samligr**, a. *deadly, destructive*; **-sleggja**, f. *sledge-hammer*; **-sótt**, f. *plague, pest*; **-sóttr**, pp. *plague-stricken.*

drettingr, m. *loiterer*, a nickname.

dreyma (-da, -dr), v. (1) *to appear to one* (e-n) *in a dream* (sá maðr dreymir mik opt); (2) *to dream* (ein kona dreymdi þann draum); usually impers., with double acc., mik dreymdi draum, *I dreamt a dream*; konung dreymdi aldri, *the king never had a dream.*

dreypa (-ta, -tr), v. *to let fall in drops*, with dat. (hann dreypir vígðu vatni í munn henni).

dreyra (-ða, -t), v. *to bleed, ooze* (of blood from a slight wound); hann reist í lófa sér krossmark, svá at dreyrði, *so that blood flowed.*

dreyra-lœkr, m. *stream of blood*; **-runninn**, pp. *spattered with blood.*

dreyr-fáðr, a. *stained with blood*; **-gjarn**, a. *eager for blood, blood-thirsty.*

dreyri, m. *blood, gore*; vekja e-m dreyra, *to bleed one*; rauðr sem d. = dreyrrauðr.

dreyr-rauðr, a. *red as blood*; e-n setr -rauðan, *one turns scarlet* (Guðrúnu setti dreyrrauða); **-stafir**, pl. *bloody runes, blood* (poet.).

dreyrugr, a. (1) *bloody, gory*; (2) *blood-thirsty.*

drif, n. (1) *driven snow* (hvítr sem d.); (2) *spoon-drift* (sjór var hvítr fyrir drifi).

drif-hvítr, a. *white as driven snow.*

drift, dript, f. (1) *snow-drift* (þar var snjór í driptum); (2) *drifting snow* (hvítr sem d.).

drit, n. *dirt of birds* (fugladrit).

drífa (**dríf**; **dreif, drifum**; **drifinn**), *v.* (1) *to drift, drive* like spray or snow (þá drífr snær ór öllum áttum); fig., of missiles, *to shower, fly*, like flakes of snow (láta d. skot, vápn, á e-n); veðr var drífanda, *there was a great snow-storm*; esp. impers. with dat., dreif sandinn, *the sand drifted*; lauðri dreif á lypting útan, *the spray drove over the poop*; þegar dreif í Löginn krömmu, *there fell wet snow in the Lake, it began to sleet*; (2) *to crowd, throng, rush*; þá drífr ofan mannfjöldi mikill til strandar, *a great crowd rushes down to the shore*; dreif allt fólk á hans fund, *all people crowded to see him*; tóku menn þá at d. brott frá hertoganum, *men began to desert the duke*; d. yfir e-n, *to befall, happen to one*; refl., láta yfir drífast (= d. yfir sik), *to yield, give in* (rán ok útlegðir þeirra manna, er eigi létu yfir d.); (3) *to perform*; d. leik, *to play*; en í annan stað á ek at d. mikinn vanda, *I am in a hard strait*; (4) *to besprinkle with* (e-t e-u; döggu drifinn).

drífa, f. *fall of snow, snow-drift* (skotvápn flugu svá þykt sem d.).

drífanda, adv. *with might and main*; róa d., *to pull so that the spray splashes about.*

drífu-él, n. *a drifting snow-storm* (um kveldit gerði á -él blautt).

dríta (**drít**; **dreit, dritum**; **dritinn**), v. *to ease oneself* (d. á e-n); öll ertu, deigja, dritin, *thou art altogether filthy.*

drjúgan, adv. = drjúgum.

drjúg-deildr, pp. *substantial*; **-látr**, a. *self-important*; **-liga**, adv. *with an air of importance*; **-ligr**, a. *ample*; **-mæltr**, a. *long-winded in speaking.*

drjúgr, a. *substantial, lasting, ample*; verða drjúgari (drjúgastr), *to get the better (best) of it*; þú munt þeim öllum drjúgari verða, *you will outdo them all*; Baglar réðust at, ok varð þat drjúgara, at, *the issue was, that.*

drjúgt, adv. *in great numbers, copiously* (Kolskeggr vá d. menn); d. manna, *a good many people.*

drjúg-talat, pp. n.; þeim varð -talat, *they talked long together.*

drjúgum (prop. dat. pl. from 'drjúgr'), adv. (1) *much, to a great extent, greatly*; fóru d. dag þann

fram, *they went far that day*; vegr Gunnar d. menn, *G. slew men in great numbers*; (2) *almost, nearly* (d. dauðr af kulda); d. allr, *almost all*; enginn d., *scarcely anybody*.

drjúpa (**drýp**; **draup**, **drupum**; **dropit**), v. (1) *to drip, to fall in drops* (Þórólfr kvað smjör d. af hverju strái); (2) *to let in rain, be leaky* (hlaðan draup þegar er snjárinn bráðnaði); (3) *to droop with the head*, = drúpa.

drjúpr, a. *dripping, leaky* (d. salr).

drokr, m. = dirokkr.

dropa-lauss, a. *water-tight*; **-rúm**, n. *dripping-place* (from the eaves).

dropi, m. *drop* (regns d.).

dróg, f. *streak* = drák.

drómi, m. *fetter*; drepa ór dróma, *to act with great vigour*.

drómundr, m. *a kind of ship used in the Mediterranean*.

drós, f. poet. *girl, maid*.

drótt, f. (1) *household, people*; dyggvar dróttir, *good, upright people*; öll d., *all people*; (2) *the host of the king's men, body-guard of a king* (dróttinn).

dróttin-hollr, a. *faithful to one's master*; **-lauss**, a. *without a master*; **-ligr**, a. *pertaining to Our Lord*; -lig bœn, *the Lord's Prayer*.

dróttinn (**-s**, pl. **dróttnar**), m. (1) *lord, master*; þræll eða d., *slave or master*; dýrt er dróttins orð, *the master's word is strong*; (2) *king, chief*; áðr vóru þeir (viz. *the kings*) dróttnar kallaðir; (3) *the Lord* (guð d. minn, d. várr Jesus Kristr).

dróttinsdaga-hald, n. *observance of the Lord's day*; **dróttins-dagr**, m. *the Lord's day*.

dróttinsdags-helgr, f. = dróttinsdagr; **-kveld**, n. *Sunday evening*; **-nótt**, f. *Saturday night*.

dróttins-kveld, n. = dróttinsdagskveld; **-morginn**, m. *Sunday morning*; **-nótt**, f. = dróttinsdagsnótt.

dróttin-svik, n. pl. *treason towards a lord or master*; **-sviki**, m. *traitor*.

drótt-kvæðr, a. *in the heroic or court metre* (-kvæðr háttr); **-látr**, a. *beloved of the household, gentle*; **-megir**, m. pl. *people, men*.

dróttna (**að**), v. *to rule, govern*; d. yfir e-u, *to rule over*; with dat. (þó lætr hann þat eigi d. huga sínum).

dróttnan, f. *sway, rule* (d. alls heims).

dróttnari, m. *ruler*.

dróttning, f. (1) *mistress*; þræll sá, er vegr at dróttni (*master*) sínum eða dróttningu (*mistress*); (2) *queen*; (3) *princess*.

dróttningar-dómr, m. *queenhood, queenship*; **-efni**, n. *a future queen*; **-nafn**, n. *the title of a queen*.

dróttning-ligr, a. *becoming a queen, queenly*.

drótt-seti, m. *a steward at the king's table*.

drukkinn, pp. *drunken, tipsy*.

drukna (**að**), v. *to be drowned*.

druknan, f. *death by drowning*.

drumbr, m. *log of wood*.

drúpa (**-ta**, **-t**), v. *to droop*, from sorrow (svá drúpir nú Danmörk, sem dauðr sé Knútr sonr minn); drúpir örn yfir, *the eagle hovers over* (*it*).

drúpr, m. *drooping spirits, coldness*.

drykk-fátt, a. n., hafa -fátt, *to be short of drink*.

drykkja, f. (1) *drinking*; sitja einn við drykkju, *to sit alone drinking*; taka til drykkju, *to begin drinking* (tóku menn til drykkju um kveldit); þreyta drykkju við e-n, *to contend in drinking with one*; (2) *drink, beverage*, = drykkr (byrla e-m drykkju); (3) *drinking-bout, banquet* (d. skyldi vera at hvárratveggja); (4) *drinking-cup* (rare).

drykkjaðr, pp. *refreshed with drink* (vel mettr ok d.).

drykkjar-bolli, m. *drinking-cup*; **-föng**, n. pl. *drinkables*; **-horn**, n. *drinking-horn*; **-ker**, n. *drinking-vessel*; **-kostr**, m. *drinking-cheer*; **-laust**, adv. *without drink* (eta mat sinn -laust); **-stútr**, m. *a kind of drinking-can*.

drykkju-borð, n. *drinking-table* (sitja yfir -borðum); **-föng**, n. pl. = drykkjarföng; **-lítill**, a. *sober*; **-maðr**, m. *drinker* (lítill, mikill drykkjumaðr); **-mál**, n. *time of drinking*; **-skapr**, m. (*hard*) *drinking*;

-skáli, m. *drinking-hall*; **-stofa**, f.= -skáli.

drykk-lauss, a. *without drink*; **-leysi**, n. *want of drinkables.*

drykkr (-jar, -ir), m. (1) *drink, drinking*; sitja at (yfir) drykk, *to sit drinking*; hvat hafa Einherjar at drykk, *what kind of drink have the E.*; (2) *draught*; þreyta á drykkinn, *to take a deep draught*; drekka í tveimr, þremr, drykkjum, *to drain in two, three draughts.*

drykk-sæll, a. *lucky in drink.*

drysil-djöfull, m. *petty devil, devilkin*; **-hross**, n. *paltry horse*; **-menni**, n. *a paltry man.*

drýgindi, n. pl. *increase, saving.*

drýgja (-ða, -ðr), v. (1) *to commit, perpetrate, carry out, practise* (d. synd, hórdóm, munuðlífi); d. vilja e-s, *to comply with one's wishes*; d. hlýðni við e-n, *to obey one*; (2) *to make to go far, eke out* (dróttinn drýgði svá þær vistir, at þær, &c.); hvat þarf þetta orðum d. (*to expatiate on*)?

drýg-liga, adv.=drjúgliga; **-mæltr**, a. *long-winded.*

dræpi-ligr, a. *deserving death.*

dræplingr, m. *a petty* drápa.

dræpr, a. *who may be killed with impunity.*

dræsa, f. *idle talk, twaddle.*

drœmt, a. n., láta d. við, *to hesitate.*

dröfn (gen. **drafnar**, pl. **drafnir**), f. poet. *billow.*

drögur, f. pl., see 'draga', f.

drösull, m. poet. *horse*,=drasill.

dröttr, m. *lubber* (rare).

dubba (að), v. (1) *to equip, arm* (Saul dubbar nú David með sjálfs síns herklæðum); d. e-n upp, *to attire one in full dress*; d. sik, *to trim oneself*; (2) d. e-n til riddara, *to dub one a knight.*

dubban, f. *dubbing a knight.*

dubl, dufl, n. *game at dice, gambling.*

dubla, dufla (að), v. *to gamble.*

dublari, m. *gambler.*

duga (-ða, -at), v. (1) *to help, aid, support*, with dat.; d. e-m at *or* við, *to succour, lend help* (Gísli fór at d. þeim við); (2) *to do, suffice*; þat er þér man d., *which will do for thee*; hefir oss þó dugat þessi átrúnaðr, *this faith has served us very well*; fátt er svá illt at einugi dugi, *few things are utterly useless*; mun þér eigi þat d. at sofa hér, *it will not do* (*is not safe*) *for thee to sleep here*; (3) absol., *to show prowess. do good service*; dugði hverr sem hann mátti, *every one did his best*; (4) *to suffice, be strong enough*; ef þitt œði dugir, *if thy wit suffices*; ef vitni duga, *if the witnesses fail not.*

dugandi, pr. p. *doughty* (d. maðr).

dugandis-maðr, dugand-maðr, m. *a brave, doughty man.*

dugga, f. *a useless fellow.*

dug-lauss, a. *good for nothing.*

dugnaðar-maðr, m. (1) *helper, help in need*; (2)=dugandi maðr; **-stigr**, m. *path of virtue*; **-vápn**, n. *weapon of defence* (against temptation).

dugnaðr (gen. -ar), m. (1) *aid, assistance*; veita e-m dugnað, *to give help to one*; (2) *virtue.*

dugr, m. *doughtiness, strength of soul or body* (aldri er d. í þér).

dul, f. (1) *concealment*; drepa, draga d. á e-t, *to conceal*; með d., *secretly*; (2) *self-conceit*; d. ok vil, *pride and wilfulness*; ætla sér þá d., *to be so conceited*; draga d. á sik, *to think a great deal of oneself*; ganga fram í d., *to go on in one's conceit.*

dula (að), v. *to deny* (rare).

dular-búnaðr, m. *disguise*; **-eiðr**, m. *oath of denial*; **-fullr**, a. *self-conceited*; **-klæði**, n. pl. *disguise*; **-kufl**, m. *a cloak used for a disguise.*

dul-eiðr, m.=dulareiðr; **-höttr**, m. *a hood used for a disguise.*

dulinn, a.=dularfullr (d. at sér).

dul-klæði, n. pl.=dularklæði.

dulnaðr, m. *conceit, self-conceit.*

dul-remmi, -ræna, f. *self-conceit*; **-samr**, a. *self-conceited.*

dumba, f. *dust, cloud of dust.*

dumbr, a. (also **dumbi**) *dumb, mute* (gaf hann dumbum mál, en daufum heyrn); d. stafr, *a mute* (*letter*).

dumpa (að), v. *to thump* (rare).

duna (að), v. *to boom, roar* (dunar í skóginum); **duna**, f. *a rushing, thundering noise.*

Dun-á, f. *the Danube.*

dunga, f. *a useless fellow,* = dugga (huglaus dunga).

dun-henda, f. = dunhendr háttr.

dun-hendr, a., -hendr háttr, *a sort of metre* (when the second line of each couplet begins with the concluding word of the first line); **-hent,** a. n. = -hendr háttr.

dunn, m. *band, gang, drove* (flyktust skarfarnir saman í einn dun).

dunna, f. *the wild duck, mallard.*

dupt, n. *dust* (verða at dupti).

dupti, m. *dust* (einn léttr dupti).

dupt-liga, adv. *like dust*; **-ligr,** a. *consisting of dust* (-ligr maðr).

dupt-ugr, a. *dusty, covered with dust.*

dura-dómr, m. *a court at the door of the defendant*; **-gætti,** n. = dyrigætti; **-stafr,** m. = dyristafr; **-stoð,** f. *door-post*; **-umbúningr,** m. *door-frame*; **-veggr,** m. *door-jamb*; **-vörðr,** m. *door-keeper.*

dur-vörðr, m. *door-keeper.*

dusil-hross, n. = drysil-hross.

dusil-menni, n. = drysil-menni.

dusla (að), v. *to be busy with trifling matters* (Sveinki var þar duslandi).

dust, n. *dust* (vér erum dust ok aska; verða at dusti).

dust, n. *tilt* (halt eitt d. með mik).

dustera (að), v. *to run a tilt.*

dusti, m. *grain of dust.*

dúfa (gen. pl. dúfna), f. (1) *dove, pigeon*; (2) poet. *wave.*

dúfl, n. *noise made by submersion* (rare); **dúfla** (að), v. *to make a noise* (when falling into water).

dúfu-ligr, a. *dove-like*; **-ungi,** m. *a young dove.*

dúka (að), v. *to cover with a cloth* (matsveinar fóru at d. borð).

dúk-lauss, a. *without a cloth.*

dúkr (-s, -ar), m. (1) *any cloth or textile fabric*; (2) *table-cloth*; (3) *towel, napkin.*

dúk-slitr, n. *rags of a cloth.*

dún-beðr, n. *a bed of down.*

dún-hœgindi, n. *pillow or bolster of down*; **-klæði,** n. pl. *bed-clothes of eider-down*; **-koddi,** m. *pillow of down.*

dúnn, m. *down, bed of down* (sofi hann á dúni).

dúra (að), v. *to nap, take a nap.*

dúrr, m. *nap, slumber.*

dús, n. *lull, dead calm*; opt kemr œðiregn ór dúsi, *a lull is often followed by a heavy shower.*

dúsa (að), v. *to quake* (jörð dúsaði).

dvala (að), v. *to delay, put off,* with acc. (mun-a Helgi hjörþing d.); with dat.; ef ér dvalið ferðinni, *if you put off the journey.*

dvala, f. (1) *a long stay*; (2) *delay.*

dvalan, f. *prolongation* (d. lífs þíns).

dval-samligr, a. *slow, tardy* (-samligt setr sólarinnar); **-samr,** a. *causing delay*; e-m verðr -samt, *one is delayed.*

dvelja (**dvel, dvalda, dvaldr** or **dvalinn**), v. (1) *to delay*; d. för e-s, *to delay one's journey*; d. ferð sína, *to put off one's (own) journey*; d. dóm, *to defer judgement*; d. ráð fyrir konu, *to put off a woman's marriage*; gátu þeir hann eptir dvalit, *they managed to keep him back*; d. e-n frá e-u, *to keep one from doing a thing*; absol., dvaldi þat fyrir ferð þeirra, *it delayed their journey*; (2) = dveljast, *to tarry* (ok vildu eigi d. ok eigi bíða Ólafs konungs); dvel eigi, *tarry not! make haste!*; (3) with acc. of time, *to wait, stay* (konungr dvaldi mestan hluta sumars á Hálogalandi); d. stund e-s, *to hold one up*; d. af stundir, *to kill the time*; (4) refl., dveljast, *to stay, make a stay* (dvaldist þar um hríð); sá dagr mun d., *that day will be long in coming*; d. munu stundirnar áðr en sagt er allt þat, er ek veit, *it will take many hours, it will be a long time, before all is told*; ef þat dvelst, at ek koma eigi hingat, *if I should be hindered from coming*; impers., dvaldist þeim þar lengi, *they made a long stay there*; dvaldist þeim þar at því, *in (doing) that they lost much time.*

dvena (að), v. an old form for 'dvina'.

dverg-máli, m. *echo* (steinn svarar með -mála).

dvergr (-s, -ar), m. (1) *dwarf* (lágr

ok digr sem d.); (2) one of *the short pillars* which support the beams and rafters in a house; (3) *some kind of ornament* (? *a brooch*) in a lady's dress (sat þar kona . . . dúkr var á hálsi, dvergar á öxlum).

dvina (að), v. *to dwindle, cease, subside* (dvinar þroti þjótanda hafs); d. munda ek láta ferðina, *I would let the journey drop*; sœkjum til borgarinnar ok gerið eigi at d. við, *do not saunter.*

dvöl (gen. **dvalar,** pl. **dvalar** or **dvalir**), f. (1) *short stay, stop*; *delay*; eiga skamma dvöl, *to make a short stay*; meðan þessi d. (*pause*) var; bera til dvala, *to cause delay*; (2) in prosody, *quantity.*

dvol, n. pl. *delay*; svá at engi skulu d. á vera, *without delay*; urðu d. dœgra, *her life was prolonged.*

dyblissa, dybliza, f. *dungeon,* = myrkvastofa.

dygð, f. (1) *probity, faithfulness*; lið ok d. (*help and faithful service*) góðs drengs; trúa e-m til dygðar um e-t, *to trust in one's integrity*; (2) *virtue, virtuous deed* (fyrir þvílíkar dygðir veitti guð honum sína miskunn); (3) *help* (biðið hann veita yðr d.); (4) *virtue, good quality* (þat tré hefir fjórar dygðir, þá fyrstu, at þat kann eigi fúna).

dygðar-dœmi, n. *an instance of virtuous action*; **-lauss,** a. (1) *devoid of virtues* (-laus grös); (2) *wicked* (var hann svá -lauss, at); **-leysi,** n. *faithlessness, wickedness*; **-maðr,** m. *trusty man*; **-verk,** n. *virtuous action*; **-þjónasta,** f. *efficacious, faithful service.*

dygðugr, a. (1) *faithful, trusty* (d. maðr); (2) *efficacious* (dygðugt oleum).

dyggi-liga, adv. (1) *faithfully* (varðveita e-t -liga); (2) *thoroughly* (-liga þurr); **-ligr,** a. *faithful, honest* (-lig þjónosta).

dygg-leikr, m. *faithfulness, probity.*

dygg-liga, adv. = dyggiliga.

dyggr (accus. **dyggvan,** rarely **dyggan**), a. *faithful, trusty*; dyggvar dróttir, *worthy, good people.*

dykr (pl. **dykir**), m. *a crashing noise*; varð af því d. mikill, *it gave a great crash.*

dylgjur, f. pl. *suppressed enmity* (vóru dylgjur miklar með þeim).

dylja (**dyl**; **dulda**; **duldr, duliðr, dulinn**), v. (1) *to keep* (one) *in ignorance of a thing,* d. e-n e-s (eigi skalt þú þat gera at d. þik sjálfan sanninda); d. e-s, *to conceal, deny, disavow*; Þórir dylr þess ekki, *Th. does not deny it*; Eysteinn duldi þeirra orða fyrir sik, *E. professed that he had never said any such thing*; allir duldu, at né eitt vissi til Hrapps, *all pretended ignorance about Hrapp*; vera, ganga, duldr (duliðr, dulinn) e-s, *to be unaware of, to be kept in ignorance of* (hefir hon verit alls þessa duld; veit engi ætt mína ok ganga þess allir duldir); dulið (dulin) ertu, Hyndla, *H., thou art mistaken* (*deceived*); duliðr (dulinn) at e-m, *mistaken about one*; (2) refl., dyljast, *to conceal* (*hide*) *oneself*; at þat sé flugumenn ok vili d. (*disguise themselves*) undir munka búnaði; d. í e-u, *to conceal a thing from oneself, be ignorant of* = ganga duldr e-s (Eiríkr konungr þarf nú ekki at d. í því, at); d. við e-t, *to refuse to acknowledge, to ignore*; trúit þessu eigi, meðan þér megit d., *as long as you can ignore it, till you get full evidence*; en Sveinn duldist við þat, *but S. shrank from believing it.*

dylminn, a. *careless, indifferent.*

dymbil-dagar, m. pl. *the three days before Easter.*

dymbildaga-vika, f. *Holy Week, Passion Week.*

dyn-bjalla, f. *a tinkling bell.*

dyngja, f. *a lady's bower* (brúðrin sat í dyngju sinni um daginn).

dyngju-veggr, m. *the wall of a* dyngja.

dynja (**dyn, dunda, dunit**), v. (1) *to boom, resound* (fram reið Óðinn, foldvegr dundi); (2) *to gush, shower, pour*; blóð dynr ór sárum e-s, *blood gushes out of his wounds*; dundi ákaft regn ór lopti, *the rain poured down in streams*; dundu á þá (*or* þeim) vápnin, spjótin, *the weapons* (*spears*) *showered upon them.*

dynkr, m.=dykr, dynr.

dynr (pl. **-ir**), f. *din, noise, clattering of hoofs* (riðu þeir heim mikinn dyn í túnit eptir hörðum velli); engi d. verðr af hlaupi kattarins, *noiseless are the cat's steps*; gera sem mestan dyn, *to make the greatest noise*; koma e-m dyn fyrir dyrr, *to make a din before one's doors, take one by surprise.*

dyn-skot, n. *a noisy but harmless shot* (ek mun skjóta dynskot).

dyntr, m.=dykr, dynr.

dyr, n. pl.=dyrr, f. pl.

dyrgja (**-ða, -ðr**), v. *to take* (fish) *with a hand-line* (d. fiska).

dyrgja, f. *dwarf woman.*

dyri-gætti, n. *door-frame*; **-stafr**, m. *door-post.*

dyrr (gen. **dura**), f. pl. *door-opening, doorway* (Oddr hljóp út or durunum).

dys (**-jar, -jar**), f. *cairn.*

dysja (**að**), v. *to bury in a cairn.*

dyttr, m. *dint*, a nickname.

dý, n. *quaking bog, quagmire.*

dýfa (**-ða, -t**), v. *to dip* (d. e-m í vatn).

dýja (**dý, dúða, dúit**), v. *to shake*; d. dörr, spjót, *to shake the spears, to fight*; skör nam at d., *he shook* (*tossed*) *his locks.*

dýna, f. *down-bed, feather-bed, pillow or bolster filled with down.*

dýpt, f. *depth.*

dýr, n. (1) *animal, beast, quadruped*, opp. to birds and reptiles (skapari manna, fugla ok dýra ok skriðkykvenda); (2) *wild beast; deer* (renna hundum at dýrum, reisa dýr).

dýra-garðr, m. (1) *enclosure to catch wild beasts*; (2) *a yard with wild beasts*; **-gröf**, f. *a pit to catch wild beasts*; **-hold**, n., **-kjöt**, n. *flesh of animals*; **-leit**, f. *search for game*; **-rödd**, f. *voice of beasts*; **-skinn**, n. *skin of wild beasts*; **-veiðr**, f. *deer-hunting* (fara á dýra-veiði, vera at dýra-veiðum).

dýr-bit, n. *biting of lambs* (*sheep*) *by foxes* (eigi varð bónda mein at -biti síðan).

dýrð, f. *glory* (himnaríkis d.).

dýrðar-dagr, m. *day of glory, feast*; **-fullr**, a. *full of glory*; **-hús**, n. *house of glory*; **-konungr**, m. *the King of Glory* (*Christ*); **-kóróna**, f. *crown of glory*; **-líf**, n. *life of glory*; **-maðr**, m. *a glorious man, saint*; **-samliga**, adv. *gloriously*; **-samr**, a. *glorious*; **-staðr**, m. *a glorious place*; **-söngr**, m. *song of glory, hymn*; **-verk**, n. *glorious work.*

dýr-gildr, a. *dearly paid for*; **-goldinn**, pp.=-gildr; skal þér þat -goldit verða, *thou shalt pay dearly for that*; **-gripr**, m. *a thing of great value, a treasure.*

dýr-hundr, m. *deer-hound, fox-hound.*

dýrka (**að**), v. (1) *to exalt, glorify* (guð dýrkaði son sinn); (2) *to celebrate* (d. þenna dag); d. hátíð e-s = halda hátíð e-s; (3) *to worship* (far þú með mér at d. dróttin guð þinn); *to pray one reverentially* (kastar hón sér fram á gólfit fyrir fœtr konungi ok dýrkaði hann); refl., dýrkast, *to magnify oneself, to glory*; sá er dýrkast, dýrkist hann með guði, *he that glorieth, let him glory in the Lord.*

dýrkan, f. (1) *adoration, worship* (veita goðum d.); (2) *glorifying* (d. andar ok líkama); **-ligr**, a. *glorious.*

dýr-kálfr, m. *deer-calf.*

dýr-keyptr, pp. *dearly bought*; **-lagðr**, pp. *dearly rated*; **-leikr**, m. *dearness*; **-ligr**, a. *glorious* (-ligr klæðnaðr, -lig veizla); **-lingr**, m. *holy man, saint*; **-mætr**, a. *precious.*

dýrr (**dýrri, dýrstr**), a. (1) *high-priced, dear*; ek met hana dýrra en aðrar, *I put her at a higher price than the rest*; (2) *precious, costly* (skjöldinn þann inn dýra); dýrar hallir, *costly halls*; inn dýri mjöðr, *the goodly mead*; inn dýri háttr, *artificial metre*; (3) *of high worth, worthy* (in dýra dróttning, María); skatna dýrstr, *the best of men*; Jón Loptsson, er dýrstr (*noblest, worthiest*) maðr er á landi þessu.

dýrs-belgr, m. *beast's skin*; **-horn**, n. *an ox-horn*, esp. *a drinking-horn*; **-höfuð**, n. *head of a deer.*

dýr-skinn, n. *deer-skin.*

dæla, f. *ship's pump.*

dældar-maðr, m. *a gentle, easy man* (hann var engi -maðr ok hinn mesti garpr).

dæll, a. *gentle, easy to deal with* (vertu nú dæl meðan ek em brautu; ekki þótta ek dæll heima); þat er eigi svá dælt (=auðvelt, *easy*) at taka Sigurð jarl af lífdögum; dælt er heima hvat, *anything will pass at home*; gera sér dælt við e-n, *to put oneself on a free, familiar footing with one* (Þórðr gerði sér dælt við þau Þorvald ok Guðrúnu); ek mun nú gera mér dælt um ráðagørð við þik, *I will take the liberty to give thee straightforward advice.*

dæl-leiki, -leikr, m. *familiarity*; gør allt í -leikum við oss, *make no ceremony with us*; **-ligleikr**, m. = -leikr; **-ligr**, a. *pleasant to look at, genteel.*

dælu-austr, m. *baling out a ship with a* dæla; **-ker**, n. *a kind of bucket.*

dæsa (-ta, -t), v. *to fetch a deep groan* (d. við); refl., dæsast, *to become exhausted.*

dæstr, pp. *exhausted, worn out.*

dœgr, n. (1) *one half of the astron. day, twelve hours of the day or night* (í degi dœgr tvau, í dœgri stundir tólf; tuttugu ok fjórar stundir skulu vera í tveimr dœgrum); (2) *an astronomical day; twenty-four hours*; sjau dœgra sigling, *a sail of seven days* (between Norway and Iceland).

dœgra-far, n. *the division of day and night*; **-mót**, n. *the twilight at morning and evening*; **-skipti**, n. = -far; **-stytting**, f. *pastime*; **-tal**, n. *calculation of time.*

dœgr-far, n. = dœgrafar; **-ganga**, f. *twelve hours' walk.*

dœl, dœld, f. *a little dale, recess.*

dœll, m. *dalesman*, mostly in plur. compounds (Laxdœlir, Fljótsdœlir, Vatnsdœlir, &c.).

dœlska, f. *idle talk, nonsense.*

dœlskr, a. *foolish*, = fólskr.

dœma (-da, -dr), v. (1) *to give judgement, pass sentence*; d. mál, *to give judgement in a case*; d. dóm, *to give a verdict or sentence*; d. sekt, útlegð, *to pass sentence of a fine, outlawry*; d. eindaga á fé, *to fix a term for payment*; d. lög, *to pass a lawful sentence*; d. e-n skógarmann, *to proclaim one an outlaw*; d. e-m e-t, *to adjudge a thing to one*; d. e-m dóm, *to deal out a sentence to one*; d. e-n af e-u, *to declare one to have forfeited* (d. e-n af sinni sœmd); d. um e-t, *to judge of*; (2) *to talk, converse*; d. við e-n, *to talk with one*; drekka ok d., *to drink and talk*; en er þeir áttu of þessa hluti at d., *when they were talking of those things.*

dœma-fátt, a. n. *almost unexampled*; **-fróðr**, a. *wise in old instances*; **-lauss**, a. *unexampled*; **-maðr**, m. *a man to be imitated.*

dœmandi (pl. -endr), m. *a judge* = dómandi, dómari.

dœmi, n. (1) *proof, reason*; draga þeir eigi sízt til dœmis þar um, at, *in proof of this they specially adduce the fact, that*; (2) *incident, fact*; þó hafa mörg dœmi orðit í forneskju, *yet many things have happened in olden times*; hörð dœmi, *hard fate*; at eigi verði oss Adams d., *that the same shall not happen to us as to A.*; (3) *tale, story* (Ari prestr fróði, er mörg dœmi spaklig hefir saman sett); (4) *poem, verses* (þessi dœmi öll eru kveðin um þenna atburð); (5) *quotation* (draga fram dœmi af bókum); (6) *example for imitation, model* (eptir dœmum kristinna manna); taka d. af e-m, *to take an example by one*; (7) *example, instance, precedent* (djarfari en dœmi munu til vera); umfram d., ór dœmum, *unexampled, unprecedented* (kom þá svá mikill snjór, at þat var ór dœmum); meirr en til dœmis *or* til dœma, *beyond anything known*; til dœmis at taka (draga), *to take an example.*

dœmi-lauss, a. = dœma-lauss.

dœming, f. *judgement.*

dœmi-saga, f. *tale, fable*; *parable*; **-stóll**, m. *judgement seat.*

döf, f. (1) *rump* (döfin dýrsins); (2) a kind of *spear.*

dögg (gen. **döggvar**, dat. **dögg** or **döggu**; pl. **döggvar**), f. *dew*; -fall,

n. *dew-fall, deposit of dew*; **-lauss,** a. *dewless*; **-litr,** a. *besprinkled with dew*; **-óttr,** a. *bedewed.*

dögg-skór, m. *chape* (*of a sheath*); **-slóð,** f. *track left in the dew*; ok draga kyrtlarnir -slóðina, *the tunics brush the dew.*

döggva (að or -ða), v. (1) *to bedew* (döggvir hann jörðina af méldropum sínum); (2) *to irrigate, water.*

döggvan, f. *bedewing, irrigation.*

döggvar-drep, n. *mark* (*foot-print*) *in the dew.*

döggving, f. *irrigation*=döggvan.

döglingr, m. *king, descendant of king Dag.*

dögurðr, m.=dagverðr.

døkk-blár, a. *dark-blue*; **-brúnaðr, -brúnn,** a. *dark-brown*; **-grœnn,** a. *dark-green*; **-hárr,** a. *dark-haired*; **-jarpr,** a. *dark-auburn* (-jarpr á hár); **-leikr,** m. *duskiness*; **-litaðr,** pp. *dark-coloured.*

døkkna (að), v. *to darken* (himintunglin døkkna).

døkknan, f. *darkening.*

døkkr (acc. **-van**), a. *dark*; d. á hár, *dark-haired.*

døkk-rauðr, a. *dark-red.*

døkkva (**-ta, -tr**), v. *to darken, to make dark.*

døkkvi, m. *a dark spot.*

E

ebreska, f. *the Hebrew language.*

ebreskr, a. *Hebraic* (ebresk tunga).

eða or **eðr,** conj., (1) *or*; fyrr eða síðar, *sooner or later*; annathvárt . . . eða, *either . . . or*; hvárt . . . eða, *whether* (*if*) . . . *or*; hvárt er . . . eða, *whether . . . or*; (2) in comparison of two unlike things, *and* (mikinn mun eigum vér at gera þín eða annarra heimamanna); (3) after a comparative, *and perhaps* (ek em eigi verri riddari en S. konungr, eða nökkuru betri); (4) introducing a question, *but* (ek heiti Auðgisl, — eða ertu H. vandræðaskáld?); (5) sometimes after a negation, = né, *nor* (þeir munu hvárki fyrir sjá fé sínu eða fjörvi).

edda, f. (1) *great-grandmother*; (2) the name of *the book Edda*, written by Snorri Sturluson, *c.* 1220.

edik, n. *vinegar.*

eðla, f. *adder, viper,*=eyðla.

eðli (in old MSS. written **øðli**), n. (1) *nature*; manns e., mannligt e., *human nature*; arnar e., *the eagle's nature*; þat er í móti náttúrligu e., *it is against the order of nature*; (2) *origin, extraction* (hann var valskr at ætt ok e.); (3) *fœtus* (þótti henni kviknat hafa e. sitt).

eðli-borinn, pp. *born in wedlock.*

eðlis-lög, n. pl. *law of nature*; **-skapan, -skepna,** f. *natural condition or quality*; **-skynsemd,** f. *native intelligence.*

eðl-vina, f. *friend of vipers* (dub.).

eðr, conj., see 'eða'.

ef (older form **if**), conj. (1) *if, in case* (aldri hefðir þú í borgina komit, ef ek hefða vitat); in poetry generally with subj.; vega þú gakk, ef vreiðr séir (sér), *if thou be wroth*; (2) = hvárt, *if, whether* (Egill spurði, ef hann vildi upp ór gröfinni); (3) as a relat. part., sá ef=sá er (rare).

ef or **if,** n. *doubt*; ef er á e-u, *it is doubtful*; ekki er til efs, at, *it cannot be doubted that*; útan ef, *without doubt.*

efa or **ifa** (að), v. *to doubt* (engi efar þat); e. um e-t, *to doubt about a thing*; refl., efast í e-u, *to hesitate in, be in doubt*; e. um e-t = efa um e-t; with gen., e. e-s, *to change one's mind in a matter.*

efað-samligr, a. *doubtful*; **-semd,** f. *doubtfulness, uncertainty.*

efa-lausliga, adv. *without doubt*; **-lauss,** a. *indubitable, certain*; **-laust,** adv. *without doubt, certainly.*

efan, f. *doubt, doubting.*

efanar-lauss, a. *undoubted*; **-laust,** adv. *undoubtedly, indubitably.*

efan-leikr, m. *doubtfulness*; -leikr sagnar, *ambiguity of expression*;

-ligr, a. (1) *doubtful*; (2) *hesitating, irresolute*; (3) *uncertain* (efanligt er mannsins eðli).

efa-samliga, adv. *doubtfully*; **-semd**, f. (1) *doubt* (án -semd); (2) *ambiguity* (-semd andsvarsins); **-sök**, f. *doubtful case* (in law).

efja, f. *mud, ooze.*

efla (-da, -dr), v. (1) *to strengthen structurally, to reinforce* (e. veggi); létu þeir e. at nýju Danavirki, *they restored the Danish wall*; (2) *to found, raise* (e. stað, kirkju); e. her (lið) á hendr e-m, *to raise troops against one*; e. e-n, *to support, aid* (efldi Dofri hann síðan til ríkis í Noregi); e. e-n til rangs máls, *to help one in an unjust cause*; (3) *to perform*; e. heit, *to make a vow*; e. at brullaupi, *to hold a wedding*; (4) *to be able* (sem vér eflum ok orkum); (5) refl., eflast. *to grow strong* (hann fann, at mótstöðumenn hans efldust); e. at her, *to gather, raise troops*; e. til ríkis, *to win a kingdom (by force of arms)*; poet., e. við e-n, *to marry into one's family*, = mægjast.

ef-laust, adv. *undoubtedly, without doubt* (eflaust má hann þat vita).

efling, f. (1) *strengthening, increase in strength*; (2) *aid, support.*

efna (-da, -dr), v. *to perform, fulfil* (e. orð sín, sætt, heit); refl., efnast, *to turn out* in a certain way (efndist þat ok vel; þat efnist opt illa).

efna (að), v. *to prepare, make arrangements, for a thing* (e. til vetrsetu, veizlu, kaupstaðar).

efna-fæð, f., **-leysi**, n., **-skortr**, m. *scarcity, want, or shortness of means.*

efnd, f. *fulfilment of a promise* (raun mun eptir fara um efndir).

efni, n. (1) *stuff, material* (svá skildu þeir, at allir hlutir væri smíðaðir af nökkuru efni); ek em görr af ústyrku efni, *I am made of frail stuff*; cf. biskups-, brúðar-, frægðar-, konu-, konungs-, mágs-, manns-, mungáts-, smíðar-efni; (2) *matter of discourse, subject, theme* (þryti mér fyrr stundin til frásagnar en efnit til umrœðu); eigi með sönnu e., *with untrue statement, falsely*; nú er úti mitt e., *now my story is at an end*; (3) *matter, affair* (segir konungr frá öllu þessu e.); fátt er betr látit en e. eru til, *few things are reported better than they really are*; (4) *cause, reason*; látast báðir af því e., *both die from this cause*; fyrir þat e. (*for that reason*) keypti hann landit; (5) *state, condition, affair*; sagði, hver e. í vóru, *he told how matters stood*; ek veit eigi görla e. Gunnlaugs, *how G.'s affairs stand*; kominn í úvænt e., *into a critical condition*; óttalauss í öllu e., *in every respect*; er þessi hlutr kom til efnis, *when this came about*; berr þat til efnis, at, *it happens that*; (6) pl., *means*; ok bjuggust um eptir þeim efnum, sem þeir höfðu til, *according to their means*; engi vóru e. annars, þar vóru engi e. önnur, *there was no other chance or choice.*

efni-ligr, a. *hopeful, promising* (efniligir menn); ekki efniligt, *not advisable.*

efning, f. *keeping, fulfilment*, = efnd.

efni-tré, n. *wood-materials, timber.*

efri (older form **øfri**), a. compar., **efstr** (older form **øfstr**), a. superl., (1) *upper, uppermost*, opp. to 'neðri, neðstr'; bera efra skjöld, *to gain the victory*; verða e-m e., *to be superior to*; hit efra, (*a*) *high above ground* (fara hit efra í trjám sem apynjur eða íkornar); (*b*) *the upper or inland road*, opp. to 'hit ytra', *along the shore* (sumir fóru hit efra til Þríhyrningshálsa); *by land*, opp. to the sea; (*c*) of *the inner part* of a building, opposed to 'hit fremra' or the part nearest the door (konungr settist í hásæti ok alskipat var hit efra ok hit fremra); (2) *latter, last*; þetta var inn efra hlut sumars, *towards the end of summer*; á efra aldri, *advanced in years*; efsti dómr, *the last judgement*; efsta vika langaföstu, *the last week of Lent, Passion Week.*

Egðir, m. pl. *the inhabitants of* Agðir, a 'fylki' in Norway.

egðskr, a. *from* Agðir.

egg (gen. pl. eggja), n. *egg.*

egg (gen. -jar, dat. -ju; pl. -jar), f. *edge*; eyða (verja) oddi ok eggju, *by force of arms, with might and main.*

egg-bitinn, pp. *cut, wounded by an edge*; **-elningr**, m. *a scythe having an ell-long edge*; **-farvegr**, m. *the print of an edge*; **-hvass**, a. *sharp-edged, sharp* (-hvast járn).

eggja (**að**), v. *to incite, egg one on to do a thing* (e. e-n e-s *or* til e-s *or* á e-t); e. e-n fram, *to urge one on*; refl., láta at eggjast, *to yield to another's egging on*; e. upp á e-n, *to pick a quarrel with one, provoke one*; recipr. *to egg one another on* (eggjuðust nú fast hvárirtveggju).

eggja-broddr, m. *sharp-edged spike.*

eggjan, f. *egging on, goading.*

eggjanar-fífl, n. *fool, cat's paw*; **-orð**, n. pl. *inciting* (*egging*) *words.*

eggjari, m. *egger-on. inciter.*

egg-leikr, m. poet. *play with sharp weapons, battle*; **-móðr**, a. poet. *sword-smitten.*

egg-skurn, f. *egg-shell.*

egg-steinn, m. *sharp-edged stone*; **-teinn**, m. '*edge-twig*', *the steeled edge of a sword*; svá at fal báða -teina sverðsins, *so that both edges of the sword were hidden.*

egg-tíð, f. *egg-season*; **-ver**, n. '*egg-field*' (a place where eggs of sea-birds are gathered).

egg-volr, m. *the steeled edge of an axe* (hann snerpir eggvölinn).

Egipta-land, n. *the land of Egypt.*

egipzkr, a. *Egyptian.*

egna (**-da, -dr**), v. (1) *to use as a bait*, with dat. (e. oxahöfði á öngul); (2) *to furnish with a bait, to bait*, with acc. (e. snöru, net, gildru); (3) *to bait for* (e. aurriða); e. veiði, *to set bait for the prey*; (4) *to incite, provoke.*

ei, adv. (1) *ever*, = ey, æ; ei ok ei, *for ever and ever*; (2) *not*, = eigi (as 'aldri' for 'aldrigi').

eið, n. *isthmus, neck of land* (mjótt e.).

eiða, f. poet. *mother* (rare).

eiða-brigði, n. *breach of oath*; **-fullting**, n. *oath-help*; **-kona**, f. *female compurgator*; **-lið**, n. *oath-helpers, compurgators*; **-mál**, n. *the matter of taking an oath.*

eið-bróðir, m. *a sworn confederate*; **-bundinn**, pp. *oath-bound*; **-fall**, n. *failing in one's oath*; **-fœra** (**-ða, -ðr**), v. *to charge one with a thing by an oath*; **-fœring, -fœrsla**, f. *charging by an oath*; **-fœrr**, a. *able, competent to take an oath*; **-hjálp**, n. *oath-help*; **-laust**, adv. *without an oath.*

eiðr (**-s, -ar**), m. *oath*; vinna, sverja eið, *to take* (*swear*) *an oath*; rjúfa eið, *to break an oath*; ganga til eiða, *to proceed to the taking of oaths*; eigi verðr einn eiðr alla, *a single oath does not clear all men.*

eið-rof, n. *breach of an oath*; **-rofi**, m. *violator of an oath, perjurer*; **-spjall**, n. *taking of an oath*; hlýða til -spjalls e-s, *to listen to one's oath*; **-stafr**, m. *oath-formula*; **-svari**, m. *one bound by oath, liege-man*; **-sœrr**, a. *that may be sworn to, absolutely true*; **-unning**, f. *the taking of an oath*; **-varr**, a. *cautious* (*conscientious*) *as to an oath*; **-vætti**, n. *testimony on oath.*

eiga (**á, átta, áttr**), v. (1) *to own, possess* (Starkaðr átti hest góðan); (2) *to have* (e. börn, föður, móður, vin); e. konu, *to have her for wife*; hann átti Gró, *he was married to G.*; hann gekk at e. Þóru, *he took Th. for his wife, he married Th.*; enga vil ek þessa e., *I will not marry any of these*; e. heima, *to have a home, to live* (þeir áttu heima austr í Mörk); e. sér e-t = e. e-t (Höskuldr átti sér dóttur, er Hallgerðr hét); e. ván e-s, *to have hope of a thing, to reckon upon*; e. hlut at *or* í e-u, *to have a share in a thing, to be concerned in*; e. vald á e-u, *to have within one's power*; (3) *to be under obligation, be obliged, have to do a thing*; tólf menn, þeir er fylgð áttu með konungi, *who were bound to attend the king's person*; á ek þar fyrir at sjá, *I am bound* (*I have*) *to see to that*; átti Hrútr för í Vestfjörðu, *H. had to go to the V.*; (4) *to have a right* (*claim*) *to, be entitled to* (e. högg ok höfn í skóginum); e. mál á e-m, *to have a charge against one*; e. rétt á sér, *to have a* (*personal*) *claim to redress*;

(5) *to keep, hold*; e. fund, þing, samkvámu, stefnu, *to hold a meeting*; e. kaupstefnu, *to hold a market*; e. orrustu við e-n, *to fight a battle with one*; e. högg við e-n, *to exchange blows with one*; e. illt við e-n, *to quarrel with*; e. tal (*or* mál) við e-n, *to speak, converse with one*; (6) as an auxiliary with pp. = hafa (þat er við áttum mælt); e. skilit, *to have stipulated*; (7) *to have to* (skal þ. eigi at því e. at spotta); e. hendr sínar at verja, *to have to act in self-defence*; e. um vandræði at halda, *to be in a strait*; (8) e. e-m e-t, *to owe to one* (mun æ, hvat þú átt þeim er veitir); (9) *to be the person denoted by a thing*; þat muntu ætla, at ek mun e. hinn bleika uxann, *that the fawn-coloured ox means me*; (10) with preps., e. e-t at e-m, *to have something due from one, to expect from one* (þat vil ek e. at þér, at þú segir mér frá ferð þinni); *to deserve from one* (ok á ek annat at þér); þeir er mikit þóttust at sér e., *had much in their power*; e. e-t eptir, *to have to do yet, to have left undone* (þat áttu eptir, er erfiðast er, en þat er at deyja); *to leave behind one* (andaðist ok átti eptir tvá sonu vaxna); e. e-t saman, *to own in common*; e. skap saman, *to agree well, be of one mind*; eigi veit ek, hvárt við eigum heill saman, *whether we shall live happy together*; e. saman, *to quarrel*, = e. deild saman; e. um við e-n, *to have to deal with* (við brögðótta áttu nú um); þar sem við vini mína er um at e., *where my friends are concerned*; e. e-t undir e-m, *to have in another's hands*; Njáll átti mikit fé undir Starkaði ok í Sandgili, *N. had much money out at interest with St. and at Sandgil*; er sá eigi vel staddr, er líf sitt á undir þínum trúnaði, *whose life depends on thy good faith*; e. mikit (lítit) undir sér, *to have much (little) in one's power*; far þú við marga menn, svá at þú eigir allt undir þér, *that the whole matter rests in thy own hands*; hann sá, at hann átti ekki undir sér, *that he had no influence*; e. við e-n, *to have to do with, fight with* (brátt fundu þeir, at þeir áttu þar ekki við sinn maka); ekki á ek þetta við þik, *this is no business between thee and me*; e. gott (illt) við e-n, *to be on good (bad) terms with one*; e. við konu, *to have intercourse with*, = e. lag (samræði) við konu; recipr., eigast við, *to deal with one another; fight, quarrel*; e. við deildir, *to be engaged in strife*; áttust þeir höggvaskipti við, *they exchanged blows with one another.*

eiga, f. (1) *possession*; kasta sinni eigu, leggja sína eigu, á e-t, *to take possession of*; (2) *property.*

eigandi (pl. **eigendr**), m. *owner, possessor.*

eigi, adv. *not*; eigi ... ok, *nor* (e. vil ek ok þat mitt ráð kalla).

eigin, n. (1) *one's own, one's property*; (2) *new sprout of corn.*

eigin, a. indecl. *own*, = eiginn (var jarðaðr í sinni e. borg); this 'eigin' may also be considered as the first part of a compound; **-borg**, f. *one's own town*; **-bóndi**, m. *husband*; **-brœðr**, m. pl. *one's own brothers*; **-dóttir**, f. *one's own daughter*; **-giptast** (see **gipta**), v. refl., *to marry, be married to* (of a woman); **-girnd, -girni**, f. *selfishness*; **-gjarnligr**, a. *selfish*; **-húsfrú, -kona, -kván**, f. *wife*; **-kvángaðr, -kvæntr**, pp. *lawfully married* (of a man); **-kyn**, n. *peculiarity*; **-lauss**, a. *having no property, poor*; **-leikr**, m. *quality, peculiarity*; **-liga**, adv. *properly, strictly*; **-ligr**, a. *one's own, personal, particular*; sjá -ligum augum, *with one's own eyes*; -ligt nafn, *proper name*; **-maðr**, m. *husband.*

eiginn, a. *own, proper* (með samþykt eiginnar konu).

eigin-nafn, n. *proper name*; **-orð**, n. (1) *possession*; fá e-t at -orði, *to get possession of*, opp. to 'fá e-t at láni'; (2) *wedding, marriage* (bjóða e-m konu til -orðs); **-raun**, f. *one's own experience*; **-tunga**, f. *one's own native tongue.*

eign, f. (1) *property, possession*; kasta sinni e., leggja e. sína, á e-t, *to* *take possession of*; (2) *estate, landed property*, esp. pl. (hann átti eignir í Vík austr).

eigna (**að**), v. (1) *to assign, attribute to one* (eigna e-m e-t); eigna sér e-t, *to declare a thing to be one's own property, to take to oneself*; eigna sér land, *to take land into one's own hands*; refl., eignast, *to become the owner of, to get*; (2) *to dedicate to, name after one* (eigna e-m kvæði, eigna Þór hof).

eignaðr, pp. *having possessions or property* (vel eignaðr).

eigna-lauss, a. *having no property, destitute.*

eignar-ákall, n. *claim of ownership*; **-bróðir**, m. *one's own brother*; **-hlutr**, m. (1) *private share, property*; (2) *part of an estate*; **-jörð**, f. *patrimony*; **-kona**, f. = eiginkona; **-lýrittr**, m. *legal title of ownership*; **-maðr**, m. *owner, possessor*; **-nafn**, n. *proper name*; **-sonr**, m. *one's own son*; **-spúsa**, f. = -kona; **-vili**, m. *one's own will*; **-vitni**, **-vætti**, n. *witness of ownership.*

eigna-skipti, n. *exchange of land.*

ei-góðr, a. '*ever good*', *beloved*, as a nickname; **-grœnn**, a. *evergreen.*

eigu-ligr, a. *worth having, precious.*

eik (gen. **eikar** and **eikr**, pl. **eikr**), f. *oak*, also *a tree* in general.

eikar-kefli, m. *oaken stick*; **-stofn**, **-stubbi**, m. *oak stump, oak stub.*

eiki, n. *oak timber*; **-áss**, m. *oaken beam*; **-kylfa**, f. *oaken club*; **-köstr**, m. *pile of oak wood.*

eikinn, a. *wild, vehement* (*of fire*).

eiki-skógr, m. *oak wood, oak forest*; **-stobbi**, m. *stump of an oak*; **-stokkr**, m. *oak stock*; **-súla**, f. *oaken column*; **-tindaðr**, pp. *with oaken pegs*; **-viðr**, m. *oak wood, oak timber*; **-vöndr**, m. *twig of an oak tree.*

eikja, f. *a small ferry-boat.*

eikju-karfi, m. = eikja.

ei-ligr, a. *eternal* (rare).

eilífð, f. *eternity, eternal life.*

eilífðar-friðr, m. *everlasting peace*; **-yndi**, n. *everlasting happiness*; **-ömbun**, f. *eternal recompense.*

ei-lífi, n. = eilífð.

eilífis-fagnaðr, m. *everlasting joy.*

eilíf-leikr, m. *eternity*; **-liga**, adv. *eternally, to all eternity*; **-ligr**, a. *eternal, everlasting.*

ei-lífr, a. *eternal, everlasting*; at -lífu, *for ever and ever.*

ei-lítill, a. *very small, very little.*

eimi, **eimr**, m. *reek, vapour.*

ei-muni, m. *an ever memorable thing*; þat er þeim -muni, *they will never forget it.*

eimyrja, f. *embers* (eldr ok e.; allr er ægir sem í eimyrju hrœri).

eina, adv. *only, alone.*

ein-angr, m. *a great strait* (vaskr, öruggr, í einangri); **-angra** (**að**), v. *to put one in a strait.*

einarðar-fátt, a. n., e-m verðr -fátt, *one fails in courage*; **-lauss**, a. *wavering, treacherous*; **-leysi**, n. *inconstancy, unreliableness*; **-maðr**, m. *a steadfast, trusty man.*

einarð-liga, adv. *firmly, heartily*; **-ligr**, a. *firm, determined-looking, faithful*; **-mæltr**, a. *frank, outspoken.*

einarðr, a. (1) *single* (einart þak); (2) *firm, determined, reliable.*

einart, adv. (1) *incessantly*; (2) *straight, directly.*

ein-bakaðr, pp. *once-baked*; **-bani**, m. *single-handed slayer*; **-berni**, n. *only child*; **-beygðr**, pp. *sole, only* (-beygðr kostr); **-bjarga**, a. indecl. *self-supporting, independent*; **-breiðr**, a. *of a single breadth, half a yard broad* (of stuff); **-búi**, m. *single dweller*; **-bœli**, n. *single household*; **-daga** (**að**), v. *to fix a day for a thing* (eindaga fé, þing, leigu, brullaup); **-dagi**, m. *a fixed time, term*; **-drœgr**, a. *incessant, continuous* (gerum þeim eindrœgja hríðina); **-dœmi**, n. (1) *the right to be sole arbiter in a case*; (2) *an unexampled thing*; **-eggjaðr**, pp. *one-edged*; **-eiði** (= eins eiðr), n. *single oath*; **-eign**, f. *sole ownership*; **-eygðr**, a. *one-eyed*; **-falda** (**að**), v. *to use in the singular*; einfalda ákall, *to address with 'thou'*; **-faldleikr**, m. *simplicity*; **-faldliga**, adv. *simply, singly*; **-faldligleikr**, m. = -faldleikr.

ein-faldr, a. (1) *simple; single*; (2) *weak in intellect, silly*; (3) *plain, common* (einfaldr bóndi); **-farar**, f. pl. *walking alone*; **-feldi**, f. *simplicity, weak intellect*; **-feldr**, a. *bent on one thing, resolute*; **-ferðir**, f. pl. = -farar; **-fyndr**, a. (1) *belonging to the finder alone* (hvalr einfyndr); (2) *as finder entitled to the whole* (einfyndr at hval); **-fœrr**, a. *able to go alone*; **-fœtingr**, m. *one-legged man*; **-fœttr**, pp. *one-legged*; **-för**, f., see -farar.

einga, a. indecl. *only, single*; e. barn, *only child*; e. vinr, *only friend, intimate friend*.

ein-ganga, f. *solitary walk*; ganga eingöngu, *to walk alone*; **-getinn**, pp. *only begotten*; **-hama**, a. indecl., **-hamr**, a. *single-shaped*, opp. to 'hamrammr'; Þrándr var kallaðr eigi einhamr, *Th. was thought to be a werewolf*; **-harðr**, a. = einarðr; **-hendis**, adv. *straight, off-hand*; **-hendr**, a. *one-handed*; **-herjar**, m. pl. *the dead warriors* (in Valhalla); sing., einheri, *great champion* (of Thor); **-hjal**, n. *private talk* (*between two*); **-hleypingr**, m., **-hleypismaðr**, m. *single person without hearth or home*; **-hleypr**, a. *single, unmarried*: **-hlítr**, a. *fully sufficient, adequate* (til e-s, *to*); láta sér e-t einhlítt, *to rest satisfied with*; vera sér einhlítr, *not to need the help of others*; **-hugaðliga**, adv. *unanimously*; **-hugi**, a. *wholly intent on* (á e-t); **-hugsa (að)**, v. *to make up one's mind*; **-hverfa (-ða, -ðr)**, v. *to turn a thing in one direction*; einhverfa ætlan sína fyrir sér, *to decide upon doing a thing*; **-hverfr**, a. *determined*; **-hverr**, pron., see 'einnhverr'; einhvers staðar, *somewhere*; **-hyrndr**, a. *one-horned*; **-hyrningr**, m. *unicorn*.

einigr, a. (1) *any*; (2) *no*, = engi.

eining, f. *unity* (þrennr í einingu).

einir (gen. **einis**), m. *juniper*.

ein-járnungr, m. *a cutting tool or weapon made of one piece of iron*.

einka (að), v. *to appoint for a peculiar use* (einka e-t til e-s).

einka-, in compds., *special, particular*; **-gjöf**, f. *special gift*; **-grið**, n. *special truce*; **-gripr**, m. *special family heirloom*; **-jartegn**, n. *special token*; **-leyfi**, **-lof**, n. *special leave*; **-maðr**, m. *a person of special rank, dignitary*; **-mál**, n. (1) *special agreement*; (2) *privilege*.

einkan-liga, adv. *especially, particularly*; **-ligr**, a. *special, extraordinary*.

ein-kanna (að), v. = einka, *to assign specially*.

einkanna-hlutr, m. *a distinguishing mark or feature*.

einkar, adv. *very, exceedingly* (e. fagr, hræddr); e. mjök, *very much*; e. skjótt, *with great speed*; e. vel, *extremely well*; in compds. with nouns = einka-; **-eðli**, n. *special nature*; **-nafn**, n. *proper name*; **-skriptargangr**, m. *special confession*.

einka-sæla, f. *particular or personal happiness*; **-vinr**, m. *a particular friend*.

ein-kenna (-da, -dr), v. *to furnish with a distinctive mark, distinguish, signalize*; **-kenniligr**, a. *especial, particular*: **-kenning**, f. *distinction*.

einkum, adv. (1) *chiefly, especially*; (2) *very* (e. góðr, e. bezt).

ein-kunn, f. *mark of ownership* (on animals); **-kvæntr**, pp. *having only one wife*; **-kynna (-da, -dr)**, v. *to mark* (animals); **-lagi**, a., vera, gerast einlagi um e-t, *to act alone in a thing*; **-lát**, n. *deserting one's wife or husband* (cf. 'láta konu eina'); **-leikr**, m. *unity*; **-leitr**, a. *singular in one's behaviour, odd*; **-litr**, a. *of one colour*; **-lyndi**, n. *obstinacy, stubbornness*; **-lyndr**, a. *obstinate, stubborn*; **-læti**, n. (1) = einlyndi; (2) = -lát; ætla konu einlæti, *to intend to desert one's wife*; **-máll**, a. *opinionated*; **-man**, n. *solitude*; búa í einmani, *to live in solitude*; **-mana**, a. indecl. *solitary, lonely, friendless*.

einmánaðar-samkváma, f. *a meeting held in* 'einmánaðr'.

ein-mánaðr, m. *the last month of winter* (part of March and April); **-mani**, a. = -mana; **-menningr**, m., drekka einmenning, *to empty the* *drinking-horn each one by himself*; **-móðliga**, adv. *firmly, resolutely*; **-mæli**, n. (1) *private talk or conference*; (2) *common talk* (var þat allra manna einmæli); **-mælingr**, m. *one meal only*; hafa einmæling, *to eat one meal a day*; **-mælt**, adv. *once a day, one meal a day* (eta, drekka einmælt); **-mæltr**, pp. *unanimously said* (þat var einmælt, at).

einn, card. numb. and pron. (1) *one*; e. skal við e. eiga, *one shall fight against one*; e. ok e., *one by one, one at a time, singly*; (2) as ord. numb. =inn fyrsti (Urð hétu eina, aðra Verðandi, Skuld ina þriðju); (3) *the same, one and the same* (váru sveinarnir upp fœddir báðir í einu þorpi); allt á eina leið, *all in one way*; e. . . ok, *the same as* (í einu herbergi ok hinn); allr e., *the very same, quite the same* (þat er allt eitt ok himinn); allt at einu, *nevertheless, for all that* (þó at þú þjónaðir illum, þó var hann allt at einu þinn herra); (4) indef. *one, a certain* (e. vetr, e. dag, eitt kveld); e. vinr Þóris, *a certain friend of Th.*; before numbers, *about, some*; einar fimm þúsundir, *some five thousand*; einir . . aðrir, *some . . others* (einir tóku dúka ok aðrir rekkjublæjur); e. ok ýmiss, *one and another* (einar ok ýmissar þjóðir); (5) after a negation, *any*; né eitt, *not anything*; (6) gen. pl. 'einna' used in an intensive sense; einna manna bezt, *best of all (single) men*; einna verst, *by far the worst*; einna sízt, *by far the least, least of all*; engi er einna hvatastr, *no man is superior to all others*; (7) *alone* (Guðrún skyldi ein ráða fyrir fé þeirra); láta konu eina, *to desert or divorce one's wife*; with gen., hann varð e. sinna manna, *he was separated from his men*; if put after the noun 'einn' generally denotes *only, but*; segja þetta prett einn, *to call this a mere trick*; vín eitt, *wine only*; var þat (handklæði) raufar einar, *all in holes, mere tatters*; fáir einir, *only a few*; e. sér *or* sér e., *quite by oneself, alone* (hann var e. sér); e. saman, e. samt, *quite alone*; kona eigi ein saman, *not alone, with child*; at eins, *only, but*; eigi at eins, *not only*; því at eins, *only in that case*; údauðr at eins, *merely not dead, all but dead, barely alive*; at einu=at eins.

ein-nefna (**-da, -dr**), v. *to appoint*.

einn-hverr (**ein-hver, eitt-hvert**), indef. pron.; except in nom. and acc. sing. masc. and neut. ein- is generally indecl.; (1) *some, some one*; einnhvern dag, *some day*; eitthvert sinn, einhverju sinni, *sometime, once*; as a noun (meðan einnhverr várr búandanna er lífs); (2) as an intensive with superl.; ágætastr maðr einnhverr, *one of the very foremost men*; (3) *each, each one*, usually in two words (ór þeirra fjórðungi sem ór einum hverjum öðrum).

einnig, einnug (= einn veg), adv. *in the same way, likewise, also*; á e. (=á einn veg), *in the same manner*.

ein-nættr, a. *one night old*; **-ráðinn**, pp. *having made up one's mind, resolved* (í e-u, til e-s, *upon*); hafa einráðit at gera e-t, *to have made up one's mind to do a thing*; **-ráðr**, a. *self-willed*; **-reikull**, a. *inclined to roam about alone*; **-ræði**, n. *self-will*; **-rœða**, f. *private conference*; **-rœnligr**, a. *strange, odd*; **-rœnn**, a. *singular in his behaviour*.

eins, adv. *alike, in the same way*; e. ok, *as* (bar e. við ok í Valþjófsstöðum); *as if* (e. ok væri hann með öllu óttalauss); allt e. ok, *just as* (allt e. ok rakkar metja með tungu); allt e. =allt at einu, see einn 3; at eins, see einn 7.

ein-samall, a. *alone* (rare) = einn saman.

ein-seta, f. (1) *solitude*; (2) *solitary life, hermit's life*; (3) *hermitage*.

einsetu-bróðir, m. *anchoret, recluse, hermit*; **-klefi, -kofi**, m. *hermit's cell*; **-kona**, f. *hermitess, anchoress*; **-lifnaðr**, m. *the life of an anchoret, hermit's life*; **-ligr**, a. *pertaining to* einseta; **-líf**, n. = -lifnaðr; **-maðr, -munkr**, m.=-bróðir.

eins-hverr, indef. pron.=einnhverr.

ein-skapan, f. *the right to fix one's own terms*; **-skipa**, a. indecl. *with a* *single ship* (þú sigldir einskipa); **-skírr**, a. *perfectly clear* (einskírt veðr); **-skjaldar**, adv. *under the same shield, acting together*; **-skora** (**að**), v., einskora hug sinn, *to make up one's mind*; **-skærligr**, a. *pure.*

eins-liga, adv. *privately, singly*; **-ligr**, a. (1) *single* = einfaldr; einslig tala, *singular number*; (2) *private* (einslig áminning); (3) *especial, particular.*

ein-staðar, adv. *in some place*; **-staka**, a. indecl. *single, occurring now and then, here and there*; **-stapi**, m. a kind of *fern*; **-stigi**, n. *narrow path*; **-strengja** (**-da, -dr**), v. *to make firm*; einstrengja þá ætlan fyrir sér at, *to resolve firmly*; **-stœðr**, a. *solitary, bereaved.*

eins-vígi, n. *single combat*, = einvígi.

ein-sýnn, a. (1) *one-eyed*; (2) *evident, obvious*; at einsýnu, *evidently*; **-sætt**, a. n. *clear, evident*, only in the phrase, e-t er einsætt, *is the only thing to be done*; **-sögn**, f. *a single person's statement*; **-tal**, n. *private conference* (ganga á eintal); **-talat**, pp. n., varð þeim eintalat um Helgu, *they talked of nothing but H.*; **-teiti**, a. *in high spirits, quite merry*; **-tómi**, a. *quite unoccupied, disengaged*; **-trjánungr**, m. *a boat made of a single tree.*

einugi, neut. dat. from 'engi'; e. feti framarr, *not a step further.*

ein-urð, f. = -örð; **-vala**, a. indecl. *chosen, select*; einvala kappi, *great champion*; einvala lið, *picked troops*; **-vald**, n. *absolute government, sole sovereignty*; tíundi vetr einvalds hans, *the tenth year of his reign*; **-valdi**, m. *monarch, sovereign* (einvaldi e-s *or* yfir e-u); **-valdr**, m. = -valdi).

einvalds-herra, **-höfðingi**, m. *autocrat, monarch*; **-konungr**, m. *absolute king*; **-ríki**, n. *absolute sway, empire.*

ein-valinn, pp. *select, picked*; **-vild**, f., **-vili**, m. *self-will*; **-virðing**, f. *one's own choice*; af einvirðingu, *especially.*

einvirðu-liga, adv. *exceedingly, especially*; **-ligr**, a. *especial.*

ein-virki, m. *single worker, a poor husbandman who has no servants*; **-vist**, f. *solitude*; vera einvistum, *to live alone*; **-vígi**, n. *single combat, duel*; **einvígis-maðr**, m. *one who fights in single combat, a duellist.*

ein-vænn, a. *in a hopeless state, sinking fast* (liggja, vera, einvænn); **-völdugr**, a. *absolute*; **-vörðungum**, adv. *particularly*; **-yrki**, m. = -virki; **-þykki**, n. *self-will*; **-þykkr**, a. *self-willed, stubborn*; **-æri**, n. *term of one year*; **-ærr**, a. *lasting one year, of one year* (einær tíund); **-æti**, n. pl., only in the phrase, eta e-t einætum, *to eat alone, in private*; **-örð** (gen. **-arðar**), f. (1) *frankness, boldness, fairness* (hafa einörð til at ganga við e-u); einörð várrar frásagnar, *the fairness of our story*; (2) *fidelity, loyalty* (at landsfólkit mundi snúit frá einörðinni við konung); (3) *firm conviction* (þat er einörð mín, at þat er at engum kosti rétt).

Eir, f. *one of the heathen goddesses.*

eir, n. *brass, copper.*

eira (**-ða, -t**), v. (1) *to spare*, with dat. (at þeir skyldu eira konum ok kirkjum); e. undan e-u, *to yield to*; (2) e-m eirir e-t vel (illa), *it agrees well (ill) with one, he is well pleased (displeased) with it* (Eiríki konungi eirði þetta stórilla); honum eirir illa, ef, *he is annoyed, if*; (3) e. e-n af e-u, *to deprive one of.*

eir-altari, n. *brazen altar*; **-baugr**, m. *brazen ring.*

eirð, f. *clemency, mercy.*

eir-guð, m. *an idol of brass*; **-hjálmr**, m. *brazen helmet.*

eirinn, a. *forbearing, lenient.*

eir-ker, n. *brazen vessel*; **-ketill**, m. *brazen kettle*; **-kross**, m. *brazen cross*; **-kyrtill**, m. *brazen cloak*; **-ligr**, a. *brazen*; **-nökkvi**, m. *brazen boat*; **-ormr**, m. *brazen serpent*; **-peningr**, m. *brass coin, copper coin*; **-pípa**, f. *brass tube*; **-skjöldr**, m. *brazen shield*; **-steypari**, m. *brass-founder*; **-stólpi**, m. *pillar of brass*; **-teinn**, m. *brass wire*; **-uxi**, m. *brazen ox* (image).

eisa, f. *glowing embers.*

eisa (**að**), v. (1) *to rush on*; ganga eisanda, *to go dashing through the waves* (of a ship); eisandi uðr, *foaming wave*; (2) eisa eldum, *to shower down embers.*

eiskald, n., **eisköld**, f. poet. *heart.*

eiskra (**að**), v. *to roar, rage.*

eiskran, f. *roaring, raging.*

eista (gen. pl. eistna), n. *testicle, stone* (eistun þrútnuðu).

Eistland, n. *Esthonia.*

eistnestr, a. *Esthonian.*

Eistr, **Eistrir**, m. pl. *the Esthonians.*

eitla (**að**), v., only in the phrase, e. augum, *to look stern.*

eitr, n. *poison* (kasta eitri í drykk); fig. *bitterness, malice.*

eitra (**að**), v. *to poison* (eitra smyrsl); eitraðr, *poisonous* (eitrat hatr).

eitr-á, f. *poisonous stream*; **-bland-inn**, pp. *impregnated, tainted, with poison, poisoned, envenomed*; **-blás-inn**, pp. *swollen up with poison*; **-blástr**, m. (1) *inflammation from poison*; (2) *poisonous breath*; **-bólg-inn**, pp. = eitr-blásinn; **-dalr**, m. '*venom dale*'; **-drep**, n. *deadly poison, poisoning*; **-drepinn**, pp. *killed by poison, poisoned*; **-dropi**, m. *drop of poison*; **-drykkr**, m. *poisoned draught*; **-eggjaðr**, pp. *having a poisoned edge*; **-fár**, a. *venomous* (eitr-fár ormr); **-fluga**, f. *venomous insect*; **-fullr**, a. *full of poison*; **-herðr**, pp. *tempered in poison* (sverðit var -hert); **-kaldr**, a. *deadly cold*; **-kveisa**, f. *venomous sore*, a nickname; **-kvikja**, f. *venomous yeast*; **-kvikvendi**, n. *venomous creature*; **-ligr**, a. *poisonous*; **-maðkr**, m. *venomous maggot*; **-naðra**, f. *poisonous adder*; **-ormr**, m. *poisonous serpent*; **-padda**, f. *venomous toad.*

eitrs-fullr, a. *full of venom.*

eitr-tandraðr, pp. *glittering with poison*, = eitr-fár.

ei-vesandi, pr. p. *everlasting, eternal*; **-vist**, f. = eilífi.

ek, pers. pron. *I*; in poetry and old prose a pronominal *k* is suffixed to the verb, emk = em ek, vask = vas ek; sák = sá ek; mundak = munda ek; even if preceded by ek: ek sék, ek sitk; a preceding *g* becomes by assimilation *k*, hykk = hygg ek; the pronominal *k* is inserted between the suffixed negative, *-a* or *-at*, and the verb, sáka = sá ek-a, *I saw not*; veitka = veit ek-a, *I know not.*

ekja, f. *carting, carrying in a cart* (sumir tóku til ekju).

ekju-vegr, m. *cart-road.*

ekka-lauss, a. *griefless.*

ekki, m. *heavy sobbing, sorrow, grief* (angr ok ekki).

ekki, nom. and acc. neut. sing. of 'engi', *nothing, nought*; also used as adv., *not*, = eigi.

ekkja, f. *widow* (var þat lítit, at bera ekkju nafn); poet. *woman.*

ekkju-búnaðr, m. *widow's weeds*; **-dómr**, m. *widowhood*; **-lífi**, n. *widowed life*; **-sonr**, m. *widow's son.*

ekla, f. *dearth, want.*

ekra, f. *corn-field, acre.*

él, n. (1) *shower of rain, snow or hail*; (2) fig. *a hot fight.*

elda (elda, eldr), v. (1) *to light, kindle a fire* (hann eldir undir katlinum); with dat. of the fuel (e. viði); (2) *to kindle, light, set fire to*, with acc.; e. vita, *to kindle a beacon*; fig., e. hug e-s, *to kindle one's mind*; ek skal yðra húð e. knáliga með klungrum, *I shall make you smart*; (3) *to heat, warm* (e. hús, e. ofn til brauðs); *to smelt*; fig., e. grátt silfr, *to be bad friends*; (4) impers., eldi hér lengi af með þeim brœðrum, *the spark of resentment was long felt among the brothers*; (5) *it clears up*; eldi nökkut élit (acc.), *the shower cleared up a little*; nótt (acc.) eldir, *the night brightens, the day dawns.*

eldast (d), v. refl. *to grow old*; hann tekr nú at eldast mjök, *he is beginning to age fast.*

elda-hús, n., **-skáli**, m. = eldhús.

eld-bakaðr, pp. *baked on embers*; **-beri**, m. *fire-pan, brasier*; **-brandr**, m. *firebrand*; **-bruni**, m. (1) *fire, conflagration*; (2) *cauterization* (at grœða með -bruna); **-böllr**, m. *fire-ball*; **-fimr**, a. *inflammable, easily combustible*; **-fœri**, n. pl. *an apparatus for striking fire, tinder-box*; **-gróf**,

-gröf, f. *fire-pit*; **-hús**, n. (1) '*fire-house*', *hall or sitting-room*; (2) *kitchen*.

eldhús-dyrr, f. pl. *doorway of an* eldhús; **-fífl**, n. *an idiot who sits all day by the fire*; **-hurð**, f. *door of an* eldhús; **-skot**, n. (*see* skot).

eldi, n. (1) *procreation* (hafa eðli til barna eldis); (2) *fœtus, offspring* (eldi þat, er fram kemr af kviði konunnar); komast frá eldi sínu, *to be delivered of a child*; (3) *maintenance, feeding* (þar er ekki gesta eldi mælt).

eldi-brandr, m. (1) *firewood, fuel*; (2) *firebrand*.

eldi-gamall, a. *very old*; **-ligr**, a. *elderly, old-looking*.

elding, f. (1) *firing, heating, warming* (ofnar til eldingar); (2) *smelting, refining* (gull þat, er stenzt e.); (3) *lightning* (því næst flugu eldingar ok reiðar); (4) *daybreak, dawn* (= nætr-elding).

eldinga-flaug, **-flug**, n. *flash of lightning*; **-mánaðr**, m. *a month in which lightning is frequent*.

eldi-skíð, n. *piece of firewood*; **-stokkr**, m. *firebrand*; **-torf**, n. *turf for fuel*.

eldiviðar-fátt, a. n., e-m verðr -fátt, *one becomes short of fuel*; **-leysi**, n. *want of fuel*; **-stika**, f. *stick of firewood*.

eldi-viðr, m. *firewood, fuel*.

eld-ker, n. *brasier*; **-kveikja**, f. *fire-lighter*; fást mun annat til eldkveikna, *something else will be got to light a fire with*; **-ligr**, a. *fiery, of fire* (eldligr stólpi); **-næmr**, a. *easily catching fire, inflammable*.

eldr (-s, -ar), m. *fire*; taka eld, drepa (upp) eld, *to strike fire*; kveikja (upp) eld, *to light a fire*; bregða (koma, skjóta) eldi í e-t, láta (leggja) eld í e-t, *to set fire to, to set on fire*; e. varð lauss ok lék skjótt, *a fire broke out and spread rapidly*; e. hraut af sverðum þeirra, *sparks of fire flew from their swords*.

eldr, pp. *grown old, worn by age*; kvazt e. vera mjök frá úfriði, *said that he was too old for fighting*.

elds-bruni, m. *burning of fire*; **-daunn**, m. *smell of fire* (kenna -daun); **-fullr**, a. *full of fire*; **-gangr**, m. *raging of fire, conflagration*; **-glór**, n. *glare of fire*; **-gneisti**, m. *spark of fire*; **-gólf**, n. *hearth-floor*; **-gögn**, n. pl. *materials for firing*; **-gørð**, f. *making fire*; **-hiti**, m. *fiery heat*.

eld-skáli, m. = eldaskáli; **-skíð**, n. = eldiskíð.

elds-kveykja, f. = eldkveikja; **-litr**, m. *fiery hue*; **-líki**, n. *shape* (*likeness*) *of fire* (í -líki); **-ljós**, n. *fire-light*; **-logi**, m. *flame of fire*; **-matr**, m. *food of fire*; **-neyti**, n. *fuel*; **-písl**, f. *torture by fire*; **-sókn**, f. *fetching of fire*; **-stólpi**, m. *pillar of fire*.

eld-stokkr, m. *firebrand*; **-stó** (pl. **-stóar**), f. *fire-place, hearth*.

elds-uppkváma, f. *volcanic eruption*; **-váði**, m. *danger of fire; conflagration*; **-vélar**, f. pl. *fire devices*; **-verk**, n. *tending the fire*; **-viðr**, m. = eldiviðr; **-vimr**, m. *gleam of fire*; **-virki**, n. *tinder-box*.

eld-sætinn, **-sætr**, a. *habitually sitting by the fire* (for warmth); **-tinna**, f. *flint to strike fire with*.

elfar-bakki, m. *bank of a river*.

Elfar-byggjar, **-grímar**, m. pl. *the dwellers on the banks of the Gotha* (Gautelfr); **-kvíslir**, f. pl. *the arms of the Gotha*, also used of *the mouths of the Nile*; **-sker**, n. pl. *the skerries at the mouth of the Gotha*.

elfr (gen. **elfar**, dat. and acc. **elfi**), f. *river*; esp. as prop. name in Saxelfr, *the Elbe*; Gautelfr *or* Elfr, *the river Gotha* (in Sweden); Raumelfr (in Norway).

elfskr, a. *from the river Gotha*.

elg-fróði, m. *centaur* (a monster half man and half elk).

elgja-gröf, f. *elk pit*; **-hold**, n. *flesh of the elk*; **-veiðr**, f. *elk-hunting*.

elgr (-s, -ir), m. *elk*.

elg-skógr, m. *a forest with elks*.

eligr, a. *mean, poor*, = æligr.

Eli-vágar, m. pl. (mythol. name).

elja, f. *a rival wife* (þær konur eru eljur er einn mann eigu).

eljan, f. *endurance, energy*.

eljanar-lauss, a. *wanting energy, inactive.*

eljara-gletta, f. *pertness, sarcasm.*

eljun, f. = eljan; **eljunar-leysi**, n. *want of energy, weakness*; **-maðr**, m. *energetic man.*

eljun-frœkn, a. *doughty* (seldusk eiða eljunfrœknir); **-lauss**, a. = eljanarlauss; **-leysi**, n. = eljunarleysi.

él-kaldr, a. *ice-cold* (of a stream).

ella, adv. and conj. (1) *else, otherwise* (skaltu eigi annat þora en fara, ella skal ek drepa þik); eða ella, *or else*; eða heit hvers manns níðingr ella, *or else be called the 'nithing' of every man*; (2) *or, or else* (annathvárt at koma honum á mitt vald, ella drepa hann sjálfr).

ellar, adv. and conj. = ella, elligar.

elli, f. *old age* (fyrir e. sakir).

elli-belgr, m. *the 'slough' of old age* (kasta -belginum); **-bjúgr**, a. *bowed down with age*; **-dagar**, m. pl. *old days*; **-dauðr**, a.; verða -dauðr, *to die of old age.*

elliði, m. a kind of *ship.*

elli-dómr, m. *old age.*

ellifti, ord. numb. *the eleventh.*

ellifu, card. numb. *eleven.*

elli-gamall, a. *very old.*

elligar, adv. and conj. = ella.

elli-glöp, n. pl. *dotage of old age.*

él-ligr, a. *showery-looking* (þótti mér nökkut él-ligt vera).

elli-hamr, m. = -belgr; **-hrumr**, a. *decrepit with age*; **-hærur**, f. pl. *hoariness of age*; **-karl**, m. *old man*; **-lyf**, n. *medicine to keep off old age*; **-móðr**, a. *weary with age*; **-sjúkr**, a. *infirm through age*; **-stoð**, f. *stay of old age*; **-tíð**, f. *time of old age*; **-vafa**, f. *decrepitude, infirmity of age*; **-vamm**, n. *blemish of old age*; **-þokki**, m. *oldish look* (hratt hón af sér elli-þokka).

ellri, a. compar. *elder, older.*

ellztr, a. superl. *eldest, oldest* (ellztr brœðranna; hinn ellzti sonr).

elma, f. *branch, twig.*

elna (að), v. *to wax, grow*; sótt elnar á hendr e-m, e-m elnar sóttin, *one's illness becomes worse.*

elptr (gen. **elptar**), f. *swan* (= álpt).

elri, n., **elrir** (gen. **-is**), m. *alder.*

elris-hundr, m. *the wind* (poet.).

elska (að), v. *to love* (hann elskaði ekki annat goð meir en Frey); refl., elskast at e-m, *to grow fond of*; recipr., *to love one another* (höfðu þau Jón elskazt frá barnœsku).

elska, f. *love* (= ást); hafa elsku á e-m, *to love one*; leggja elsku á e-n *or* við e-n, *to take a fancy for, to fall in love with one.*

elskan-liga, adv. *lovingly*; **-ligr**, a. *beloved, lovable.*

elskari, m. *lover* (e. e-s).

elskhuga-maðr, m. *lover*, = elskari.

elsk-hugi, m. (1) *love*; (2) *beloved person* (minn ágætr elskhugi).

elskr, a. *fondly attached to one* (e. at e-m), of persons and animals.

elsku-band, n. *tie (bond) of love*; **-bragð**, n. *deed of love*; **-fullr**, a. *full of love*; **-grátr**, m. *tears of love*; **-grein**, f. *a special kind of love*; **-lauss**, a. *loveless*; **-leysi**, n. *lovelessness*; **-liga**, adv. (1) *lovingly*; (2) *heartily, delightfully*; **-ligr**, a. (1) *affectionate*; (2) *beloved, dear* (e. faðir!); elskuligr e-m, *dear to one*; **-mark**, n. *token of love.*

elta (**elta, eltr**), v. (1) *to knead* (e. leir); ek skal yðra húð e. (*belabour*) með klungrum; (2) *to chase, pursue*; e. øxn með vendi, *to drive cattle with a goad*; e. sauði, *to run after sheep*; refl., eltast eptir e-m, *to pursue eagerly.*

elting (pl. **-ar**), f. *pursuing, chasing.*

embætta (**-tta, -tt**), v. (1) *to attend, serve, wait upon*, e. e-m (eiga gestum at e.); e. fé, *to attend to the cattle, to milk*; (2) *to administer the sacrament to one* (e. e-m).

embætti, n. (1) *service*, = þjónosta 1; veita e-m e., *to serve one*; bindast í e-s e., *to enter one's service*; guðligt e., *holy service*; hefi ek mörg vandræði þolat í þínu e., *in your service*; (2) *the sacrament, eucharist*, = þjónosta 3; (3) *office* (biskupligt e.); bjóða e-m af e., *to depose one from office.*

embættis-fœrr, a. *able to perform one's duties*; **-gørð**, f. *performance of* *a (religious) duty*; **-lauss**, a. *holding no office* (of a priest); **-maðr**, m. (1) *servant*; (2) *priest*.

emenda (að), **emendera** (að), v. *to emend* (a book).

emja (að), v. *to howl, shriek*.

emjan, f. *howling, shrieking*.

en, conj. (1) *but*; **en** heima mun ek sitja, *but I will stay at home*; (2) as a copulative, *and*, = ok; ek kann ráðum Gunnhildar, en kappsemd Egils, *I know the devices of G. and (on the other hand) Egil's eagerness*; (3) = 'an', *than* (óbrigðra vin fær maðr aldregi en mannvit mikit).

en, in Norse MSS. = ef, er (rel. pron. and temp. conj.); (1) *if*; sælar væri sálurnar, en þær vissi, *if they knew*; (2) as a rel. pron., = er; mína dóttur, en (= er) allra meyja er fegrst, *who is the fairest of all maidens*; (3) *when*, = er, þá er (þeir vóru í hjá, en upp var lesit).

enda, conj. (1) with subj. (a standing phrase in the law connecting the latter clause of a conditional premiss) *if, and if, and in case that, and supposing that*; nú hefir maðr sveinbarn fram fœrt í œsku, enda verði sá maðr veginn síðan, þá ..., *if a man has brought a boy up in his youth, and it so happens that he* (the boy) *be slain, then* ...; (2) *even if, although*, with subj. (seg mér, hvat til berr, at þú veizt fyrir úorðna hluti, enda sér þú eigi spámaðr); (3) *even*; þá skal hann segja búum sínum til, enda á þingi, *even in parliament*; (4) *if only*, with subj. (fyrir engan mun þori ek at vekja konunginn, en segja má ek honum tíðindin, ef þú vill, enda vekir þú hann); (5) *and indeed, and of course, and also, and besides*; enda skulum vér þá leysa þik, *and then of course we shall loose thee*; sýnist þat jafnan, at ek em fégjarn, enda man svá enn, *and so it will be also in this case*; (6) *and yet*; eigi nenni ek at hafa þat saman, at veita Högna, enda drepa bróður hans, *I cannot bear to do both, help H. and yet kill his brother*; (7) ellipt. without a preceding premiss; enda tak þú nú øxi þína, *and now take thy axe*.

enda (að, or **enda**, **ent**), v. (1) *to end, bring to an end* (í því sama klaustri endi hann sína æfi); impers., endar þar sögu frá honum, *the tale of him ends there*; (2) *to fulfil, perform* (e. heit sitt); (3) *to mark the end of, to bound* (af suðri endir hana [i.e. *Asia*] úthafit); (4) refl., endast, *to end, come to an end* (reiði mannsins endist á einu augabragði); *to last, hold out* (berjast meðan dagrinn endist); meðan mér endast föng til, *as long as my provisions last*; ef honum endist aldr til, *if he lives so long*; meðan mér endast lífdagar, meðan ek endumst, *as long as I live*; *to turn out, to end* (well or ill), *to do* (enda mun þat fám bóndum vel e. at synja mér mægðar).

enda-dagr, m. *the last day, day of death* (vita sinn -dag); **-fjöl**, f. *end-board* (of a chest); **-lauss**, a. *endless, eternal* (endalaus pína, farsæld); **-liga**, adv. *definitively, finally*; **-ligr**, a. *definitive, final* (endaligt svar); **-lok**, n. pl. *end, conclusion*; **-lykt**, f. = -lok; **-mark**, n. *end, limit*; endamörk ríkis þíns, *the end of thy reign*; **-merki**, n. *limit, boundary*; **-mjór**, a. *thin at the end, tapering*; gera eigi endamjótt við e-n, *not to leave one in the lurch, treat one well to the end*; **-þarmr**, m. *rectum*.

endemi, **endimi**, n. = eindœmi 2, *something unexampled or unheard of* (þat er undr ok endemi); heyr á endemi, *for shame!*

endemis-maðr, m. *a monster, an extraordinary person*.

endemligr, a. *wonderful, strange*.

endi and **endir**, m. (1) *the end (extremity) of an object* (þar var skáli mikill ok dyrr á báðum endum); (2) *conclusion, end, issue* (hvern enda eiga mundi málit); gera enda á e-u, koma enda á e-t, *to bring to an end*; vera á enda, *to be at an end*; S. var vistum með föður sínum til enda, *S. stayed with his father to the end*; eigi er fyrir enda um gert með þeim, *their difference is not settled between them*; upphaf ok endir, *beginning and end*; hér skal nú ok endir á verða, *here it shall come to an end*; sá varð endir á, at, *the end of it was, that*; til alls endis, *to the very end.*

endi-land, n. *borderland*; **-lönd**, *confines*; **-langr**, *along the whole extent of, from one end to the other* (ríða um endilangt herað); ok lagðist þar endilangr, *at full length*; um endilangt, at endilöngu, *lengthways*; **-lauss**, a.=endalauss; **-leysa**, f. *nonsense* (-lokleysa); **-liga**, adv. (1) *finally* (staðfesta endiliga); (2) *completely*; **-ligr**, a.=endaligr; **-lok**, n. pl. =endalok; til endiloka heims, *to the end of the world*; **-lykt**, f.=endalykt; **-mark**, n. (1) *limit, end*; (2) *boundary*; (3) *aim, end*; **-merki**, n. =endamerki.

endimi, n. see endemi, eindœmi.

ending, f. *ending, termination.*

endir, m. esp. in nom., = 'endi' (upphaf ok endir míns máls).

end-langr, a.=endilangr.

endr, adv. (1) *in times of yore, formerly*,=endr fyrir löngu; (2) *again* (svá kom Óðins son endr at hamri); (3) endr ok sinnum, endr ok stundum, *from time to time, now and then.*

endranær, adv. *at other times, else* (bæði þá ok endranær).

endr-bati, m.=-bót; **-batna** (að), v. *to get well again, recover*; **-beiða** (-dda, -ddr), v. *to ask again*; **-bera** (see **bera**), v. *to regenerate*; **-borinn**, pp. *reborn, regenerated*; **-bót**, f. *restoration, regeneration*; **-búa** (see **búa**), v. *to renew, restore*; **-bœta** (-tta, -ttr), v. *to repair, restore* (þat þarf at endrbœta, er áðr hefir farizt); **-bœtari**, m. *restorer*; **-bœting**, f. *restoration, restitution*; **-bœtingr**, m. *a thing that wants repair*; **-fórn**, f. *presenting again*; **-fórna** (að), v. *to present again*; **-fœða** (-dda, -ddr), v. *to regenerate*,=endrbera, endrgeta; **-gefendr**, m. pl. *those who give again*; **-geta** (see **geta**), v.=endrfœða; **-getnaðr**, m. *regeneration*; **-getning**, f.=endrgetnaðr; **-gjald**, n. *repayment, return*; **-gjalda** (see **gjalda**), v. *to pay back, to repay*; **-grœða** (-dda, -ddr), v. *to heal again*; **-hreinsa** (að), v. *to purify again*; **-hrœra** (-ða, -ðr), v. *to move again*; **-lausn**, f. *redemption*; **-lífga** (að), v. *to call to life again*; **-lifna** (að), v. *to return to life, to revive*; **-minnast** (see **minna**), v. refl. *to remember, call to mind*, with gen.; **-minning**, f. *remembrance, recollection*; **-mæli**, n. *repetition* (verðr þat at endrmæli einu); **-mœðing**, f. *tribulation*; **-nýja** (að), v. *to renew, repeat*; impers. (endrnýjaði sóttina í annat sinn); **-nýjan**, **-nýjung**, f. *renewal*; **-reisa** (-ta, -tr), v. *to raise again*; **-rísa** (see **rísa**), v. *to arise again*; **-rjóða**, a. indecl. *downcast, dispirited*; **-semja** (see **semja**), v. *to renew*; **-skapa** (see **skapa**), v. *to create anew, re-create*; **-smíða** (að), v. *to rebuild*; **-taka** (see **taka**), v. *to resume, take up again* (endrtaka til e-s); **-tryggja** (-ða, -ðr), v. *to make secure again, reconcile*; **-þaga**, f. *renewed silence.*

eng (gen. **-jar**, pl. **-jar**), f. *meadow, meadow-land* (hann villtist í enginni); pl. *out-lying grass-fields.*

eng, **engi**, n. *meadow, meadow-land* (tún ok eng; akr ok engi).

engi (neut. **ekki**), indef. pron. (1) *no, none, no one*; hafa ekki e-s, *to have nothing of it, lose it altogether* (er búit við, at þú hafir þá ekki dýrsins); old dat. einugi=engu (fátt er svá illt, at einugi dugi); (2) *any*, after a negative (aldri fyrr fekk hann þvílíkan sigr í engri herferð); after comparative (þessir dvergar kunnu betr smíða af járni en engir aðrir).

engi-búi, m. *a neighbour who has to appear in an* engidómr; **-dalr**, m. *meadow-valley*; **-dómr**, m. *a court to decide the possession of a contested meadow.*

engill (pl. englar), m. *angel.*

engil-ligr, a. *angelical* (-lig ásjóna).

Engils-nes, n. *Cape San Angelo.*

engi-lykkja, f. *an enclosed piece of meadow*; **-mark**, n. (1) *boundary of a meadow*; (2) *the meadow within the boundary.*

engis-höfn, f. *possession of a meadow.*

engi-skipti, n. *division of a meadow.*

engiskiptis-búi, m.=engibúi.

engis-maðr, m, *owner of a meadow.*

engi-sprett, n. *grasshopper, locust*; **-teigr**, m. *strip of meadow-land*; **-verk**, n. *meadow-work*; um engiverk, *during the time of mowing the meadows*; **-vöxtr**, m. *that which grows upon meadows.*

engja-dómr, m.=engidómr; **-grasnautn**, n. *right of grazing, or making hay, in the* engjar; **-merki**, n. *boundary between meadow-lands*; **-skipti**, n.=engiskipti; **-teigr**, m.= engiteigr; **-vöxtr**, m.=engivöxtr.

engla-flokkr, m. *host of angels*; **-fylki**, n. *one of the nine hosts of angels*; **-lið**, n. coll. *angels*; **-líf**, n. *life of angels*; **-mjöl**, n. '*angel-meal*', *manna.*

Englands-far, n. *a ship that sails to England*; **-fari**, m. *one who makes voyages to England*; **-haf**, n. *the German Ocean*; **-sjór**, m. *the English Channel.*

Englar, m. pl. *the English, Englishmen* (var kominn herr Englanna).

engla-rödd, f. *angelic voice*; **-skari**, m., **-sveit**, f. *host of angels*; **-sýn**, f. *vision of angels*; **-söngr**, m. *song of angels.*

Englis-maðr, m. *Englishman.*

enn (**en, et**), the oldest form of the def. art.,=inn, hinn.

enn, adv. (1) *yet, still* (hann er enn ungr ok bernskr); (2) with compar., enn betri, verri, *still better, worse.*

enna, adv. =enn-na, *yet*; eigi enna, *not yet* (eigi veit ek enna).

enni, n. (1) *forehead* (þó spratt honum sveiti um enni); (2) *a steep crag* (in place-names).

enni-breiðr, a. *having a broad forehead*; **-dúkr**, m. *head-band, fillet*; **-leðr**, n. *skin of the forehead of animals.*

ennis-brattr, a. *having a straight-up forehead.*

enni-snauðr, a. *having a low forehead*; **-spænir**, m. pl. *ornamental work on ships of war both fore and aft*; **-svell**, n. *an icy slope.*

ennis-vöxtr, m. *shape of the forehead.*

enska, f. *the English language.*

enskr, a. *English*; enskir menn, *Englishmen.*

epla-át, n. *eating of apples* (*fruit*); **-garðr**, n. *orchard*; **-kyn**, n. *a kind of apples or fruit.*

epli, n. (1) *apple*; (2) *tree-fruit* (in general).

epli-berandi, pr. p. *bearing apples.*

eplóttr, a. *dapple-grey* (of a horse).

ept, prep.=eptir (rare).

eptir, prep with dat. and acc.; I. with dat. (1) with verbs of motion, *after* (ríða, róa, fara, ganga, senda e. e-m); (2) denoting the aim and object of many verbs; leita, spyrja, frétta e. e-u, *to search, ask, inquire after*; líta e. e-u, *to look after, attend to*; bíða eptir e-u, *to wait for*; vaka e. e-m, *to sit up waiting for one*; segja e. e-m, *to report behind one's back*; (3) following the course of a track, road, &c., *along*; niðr e. hálsinum, *down the hill*; e. endilöngu, *from one end to the other*; e. miðju, *along the middle*; (4) *after, according to, in accordance with* (e. sið þeirra ok lögum); hann leiddist e. fortölum hennar, *he was led by her persuasion*; gekk allt e. því sem H. hafði sagt, *according as H. had said*; (5) denoting proportion, comparison; fátt manna e. því sem hann var vanr, *few men in comparison to what he was wont to have*: (6) with verbs denoting imitation, indulgence, longing after; láta e. e-m, *to indulge one*; breyta e. e-m, *to imitate*; (7) *behind* (hann leiddi e. sér hestinn); fundust e. þeim írskar bœkr, *which they had left behind*; II. with acc. (1) of time, *after, in succession to* (vár kom e. vetr); hvern dag e. annan, *one day after the other*; ár e. ár, dag e. dag, *year by year, day by day*; e. þat, *after that, thereafter*; (2) denoting succession, inheritance; taka e-t í arf e. e-n, *to inherit from one*; hann tók konungdóm e. föður sinn, *after his father*; vita þá skömm e. sik, *to leave such a bad report*; skaði mikill er e. menn slíka, *there is a great loss in such men*; III. as adv. (1) *after*;

annat sumar e., *the second summer after*; um daginn e., *the day after*; e. um várit, *later during the spring*; e. koma úsvinnum ráð, *the fool is wise when too late*; (2) *behind*; bíða, sitja e., *to wait, stay behind*; vera, standa e., *to remain behind, be left*; halda e-u e., *to keep back*; skammt get ek e. þinnar æfi, *I guess that little is left of thy life*; (3) before the rel. part., e. er = e. þat er, *after* (ef maðr andast á þingi e. er menn eru á braut farnir); (4) e. á, *afterwards, later on*; *in addition*.

eptir-bátr, m. *a boat in tow*; fig., vera -bátr e-s, *to be inferior to one*; **-burðr**, m. *afterbirth*; **-dvöl**, f. *stay*; eiga eptirdvöl, *to make a stay*; **-dœmi**, n. *example*; **-farandi**, pr. p. *following, subsequent*; **-ferð**, f. *pursuit*; **-frétt**, f. *inquiry*; **-fœriligr**, a. *investigable*; **-för**, f. = eptirferð; veita e-m eptirför, *to pursue one*; **-ganga**, f. (1) *prosecution of a suit to get redress*; (2) *support, aid*; (3) *imitation* (í eptirgöngu hans dœma); **-gangr**, m., **-gengi**, n. = -ganga 2; **-glíkjari**, m. *imitator*.

eptirgöngu-kona, f. *(a female) underling* (ek mun eigi vera -kona hennar); **-maðr**, m. *a supporter, follower*.

eptir-gørð, f. *funeral honours*, esp. *gifts for the soul of the dead*; **-komandi**, pr. p. *following, future*; **-komari**, m. = -glíkjari; **-komendr**, m. pl. *offspring, descendants*; **-kæra**, f. *prosecution* (taka málit til eptirkæru); **-látligr**, a. *agreeable, pleasing*; **-látr**, **-látsamr**, a. *indulgent*; sér eptirlátr, *self-indulgent*; **-leifar**, f. pl. *remains*; **-leit**, f. (1) *search*; (2) *application to a person*; **-leitan**, f. = eptirleit; **-lífi**, n. *indulgence, self-indulgence*.

eptirlífis-maðr, m. *self-indulgent man*; **-synd**, f. *the sin of self-indulgence*.

eptir-lífr, a. *self-indulgent*; **-líking**, f. *imitation*; **-líkja** (-ta, -t), v. *to imitate*, with dat.; **-líkjandi** (pl. endr), m., **-líkjari**, m. *imitator*; **-læti**, n. (1) *complaisance, compliance*; (2) *indulgence, gratification of one's desires*; (3) *enjoyment*.

eptirlætis-lífi, n. *life of self-indulgence*; **-þjónosta**, f. *act of indulgence*.

eptir-mál, n. *an action on behalf of a person slain against the slayer*; eiga -mál eptir e-n, um e-n, *to have the right and duty to take action against the slayer*; **-máli**, m. *epilogue*, opp. to 'formáli'; **-máll**, a. *compliant* (e-m *or* við e-n, *with*).

eptirmáls-maðr, m. *prosecutor in a blood-feud* (eptirmál).

eptir-mælandi (pl. -endr), m. = eptirmálsmaðr; **-mæli**, n. (1) = -mál; (2) *compliance, indulgence*; veita e-m eptirmæli, *to take one's part*; (3) *good report*.

eptirmælis-maðr, m. *a person who is* eptirmáll.

eptir-rás, f. *running after, pursuit*; **-reið**, f. *pursuit on horseback*; **-reikna** (að), v. *to reflect on*; **-róðr**, m. *rowing in pursuit of one*.

eptirrýningar-maðr, m. *one clever at detecting what is unknown* (-maðr um stuldi); **-samr**, a. *clever at detecting*.

eptir-seta, f. *remaining behind*; **-sjá**, f. (1) *looking after, attention, care*; (2) *regret, grief*; e-m er eptirsjá at e-u, *one misses a thing, grieves at the loss of*; **-skoðan**, f. *examination, search*; **-sókn**, f. *a seeking after, pursuing*; **-staða**, f. *what remains, arrears*; **-staðsi**, a. *remaining behind*; verða eptirstaðsi, *to remain behind*; **-sýn**, f. *looking after one*.

eptri, a. compar. (1) *aftermost, hindmost*, opp. to 'fremri'; eptri fótr, *the hind leg*; hit eptra austrrúm, *the hindmost pumping place*; (2) *later, latter*, opp. to 'fyrri'.

er (older form **es**), rel. part. In old poems and in law phrases 'es' is suffixed to a demonstrative or interrogative word, pron. or adv., as *s*: sás, sús, þats, þeims, þærs; þars, þás, þegars, síðans, hveims, hvars, &c., = sá es, sú es, þar es, þá es, &c. I. used as a rel. pron., indecl., *who, which, that*; (1) Mörðr hét maðr, er (nom.) kallaðr var gígja; grös fögr, er (acc.) hón hafði í hendi; aðra hluti þá, er (gen.) menn vildu vísir verða; þann einn son, er (dat.) hann ann lítit; (2) with a prep. placed at the end of the sentence; land, er hann kom frá, *the land he came from*; jötunn, er ór steini var höfuðit á (viz. honum), *whose head was of stone*; (3) ellipt., the prep. being understood; ór þeim ættum, er mér þóttu fuglarnir fljúga (viz. ór), *from the quarter that I thought the birds flew from*; þeir hafa nú látit líf sitt, er mér þykkir eigi vert at lifa (viz. eptir), *whom I think it is not worth while to outlive*; (4) a personal or demonstr. pron. may be added to the rel. part., er þú, er þik; er hann, er hón, er hana, er hans, er hennar, er þeim, er þeiri, er þeira, &c.; œrr ertu, Loki, er þú (*who*) yðra telr ljóta leiðstafi; sá maðr, er hann vill, *that man who wishes*; nema ein Goðrún, er hón æva grét, *who never wept*; ekkja heitir sú, er búandi hennar (*whose husband*) varð sóttdauðr; þann konung, er undir honum eru skatt-konungar, *that king under whom are tributary kings*; (5) in the fourteenth century added to the interrog. pron., hverr; þat herbergi, í hverju er hann (*in which* = er hann í því) hefir sitt ráð ok ræðr; II. as a conj. and adv. (1) local, er, þar er, *there where*; hann sá á eldinum fölskann, er netit hafði brunnit, *where the net had been burnt*; Ó. gekk þar til, er H. lá, *to the spot where H. lay*; (2) of time, er, þá er, *when*; ok er, *and when*; en er, *but when*; þar til er, *until*; í því er, *just when*; eptir (þat) er, *when*; þegar er, *as soon as* (þegar er lýsti, stóð konungr upp); síðan er, *since*; meðan er, *while*; næst er vér kómum, *next when we came*; þá lét í hamrinum, sem er reið gengr, *as when it thunders*; (3) = at, *that*; ok fannst þat á öllu, er hón þóttist vargefin, *that she thought she was thrown away*; ek em þess sæll, er okkart félag sleit, *I am happy that*; skyldi fara fyrst leyniliga, en þó kom þar, er allir vissu, *but it came to this, that every one knew of it.*

ér, nom. pl. to 'þú', *ye*, = þér.

erði, n. *a heavy beam* (Grettir þreif e. tvau, er lágu í skipinu).

erenda-lok, n. pl. *the result* (*issue*) *of one's errand*; **-maðr**, m. *errand-man, messenger.*

erendi, eyrendi, ørendi (also **erindi**, etc.), n. (1) *errand, message, mission, business*; eiga e. við e-n, hafa e. til e-s, *to have business with one*; reka e., *to do an errand*; þess erendis, *to that purpose*; (2) *the result of one's errand or mission* (þótti mönnum hans e. lítit orðit); ef erendit eyðist, *if the errand turns to nought*; hefik erfiði ok e., *I have had toil, but also gained my quest*; (3) ganga erenda (eyrna, ørna) sinna, *to go to ease oneself*; (4) *speech*; tala langt e. ok snjallt, *to make a long and eloquent speech.*

erendi (from 'ør' and 'önd'), n. see 'ørendi'.

erendis-lauss, a. *without effect, vain*; fara at -lausu, *to go on a fool's errand*; **-leysa**, f. *failure of one's errand.*

erend-laust, adv. *in vain, to no purpose* (fara -laust); **-leysa**, f. = erendisleysa; **-reki**, m. *messenger.*

erfa (-ða, -ðr), v. (1) *to honour with a funeral feast* (síðan lét Egill e. sonu sína eptir fornum sið); (2) *to inherit* (erfir hón allt þat eptir börn sín).

erfð, f. *inheritance*; taka e., *to take possession of an inheritance*; taka, eignast e-t at e., *to get or come into possession of by inheritance.*

erfða-bálkr, m. *the section of law treating of inheritance*; **-einkunn**, f. *hereditary mark* (on cattle); **-fé**, n. *heritage, inheritance*; **-goðorð**, n. *hereditary priesthood*; **-jörð**, f. *hereditary estate*; **-land**, n. *patrimony, land of inheritance*; **-maðr**, m. *heir*; **-mark**, n. = -einkunn; **-mál**, n. *law-suit concerning an inheritance.*

erfðar-jörð, f., **-land**, n., **-maðr**, m., see erfða-; **-partr**, m. *share of inheritance*; **-úmagi**, m. *an* 'úmagi', *having an inherited right to receive support.*

erfða-skipan, f. *law or ordinance*

relating to inheritance; **-öldr**, m. *funeral feast*.

erfi, n. *funeral feast* (gøra e. e-s, e. eptir e-n; drekka e. e-s, eptir e-n).

erfiða (**að**), v. (1) *to toil, labour*; (2) e. e-m, *to cause one trouble*; e. sér í e-u, *to trouble oneself with*; (3) *to till* (e. jörðina); (4) impers., erfiðaði sóttarfar hans, *his illness grew more severe*.

erfiðari, m. *labourer*.

erfið-drýgi, n. *labour, laboriousness*; **-drœgr**, a. *difficult to do* (varð þeim þat -drœgt).

erfiði, n. *trouble, toil, labour*; höfum e. ok ekki erendi, *we have the toil, but no result*.

erfiðis-dauði, m. *painful death*; **-laun**, n. pl. *recompense for labour or suffering*; **-léttir**, m. *relief of labour*; **-liga**, adv.=erfiðliga; **-munir**, m. pl. *exertion, difficulty*; **-neyð**, f. *grinding labour*; **-orka**, f. *hard, weary labour*; **-samr**, a. *toilsome*; **-verk**, n. *hard or heavy work*.

erfið-lífi, n. *toilsome life*; **-liga**, adv. *with pain and toil*; e-t horfir -liga, *it looks hard*; búa -liga við e-n, *to treat one harshly*; varð mér þar -ligast um, *there I met with the greatest difficulties*; **-ligr**, a. *toilsome, difficult, adverse* (margir hlutir erfiðligir).

erfiðr, a. *difficult, hard, troublesome*; oss verðr erfitt at þjóna Norðmönnum, *it will be hard for us*; Guðrún var erfið á gripakaupum, *G. was troublesome (extravagant) in buying finery*; hvíldist Helgi, því at honum var orðit erfitt, *for he was exhausted*; þó at honum væri málit erfitt, *though he spoke with difficulty*.

erfi-drápa, f. *funeral poem*; **-flokkr**, m. *a short funeral poem*; **-kvæði**, n. =-drápa.

erfingi (pl. **-jar**), m. *heir, child* (þau áttu engan erfingja).

erfingja-lauss, a. *childless* (deyja -lauss); **-leysi**, n. *childlessness*.

erfi-nyti (gen. **-nytja**), m. *heir, child* (ek á ungan erfinytja).

erfis-gørð, f. *holding a funeral feast* (þá eyddist erfisgørðin).

erfi-veizla, f. *funeral feast*.

erfi-vörðr, m. poet. *heir*.

erfi-öl, n. *funeral feast*, =-veizla.

erf-skinn, n. *the skin of the glutton*.

ergi, f. (1) *lewdness, lust*; (2) *wickedness, devilry* (með allri ergi ok skelmisskap).

ergjast (**ð**), v. refl. *to lose courage, grow faint-hearted* (svá ergist hverr sem hann eldist).

erja (**er, arða, arinn**), v. (1) *to plough* (e. jörð sína); (2) *to scratch, scrape* (hann lætr erja skóinn um legginn).

erju-samr, a. *intrusive*.

erki-biskup, m. *archbishop*.

erki-biskupligr, a. *archiepiscopal*.

erkibiskups-dómr, m., **-dœmi**, n. *archbishopric*; **-efni**, m. *archbishop-elect*; **-garðr**, m. *archbishop's dwelling*; **-kosningr**, m. *election of an archbishop*; **-stóll**, m. *archiepiscopal seat* (cf. erki-stóll).

erki-býsn, f. *great portent*.

erki-djákn, m. *archdeacon*; **-prestr**, m. *archpriest*; **-stóll**, m. = erki-biskupsstóll.

er-lendast, v. refl. *to go into exile*; **-lending**, f. *exile*; **-lendis**, adv. *abroad, in a foreign land*.

erlendis-víg, n. *a manslaughter committed abroad*.

erlendr, a. *foreign*, =ørlendr.

erma-drög, n. pl. *sleeves reaching down to the feet*; **-kápa**, f. *cloak with sleeves*; **-langr**, a. *with long sleeves*; **-lauss**, a. *sleeveless*.

ermar-kjós, f. '*sleeve-bag*', *wide sleeve*; **-stúka**, f. *short sleeve*.

ermita-klæði, n. pl. *hermit clothes*; **-lífi**, n. *hermit life*.

ermiti, m. *hermit*, =einsetumaðr.

Erm-land, n. (1) *Armenia*; (2) *a province in Prussia*.

erm-lauss, a. *sleeveless, without sleeves* = ermalauss.

ermr (gen. **-ar**, dat. and acc. **-i**; pl. **-ar**), f. *sleeve*.

ermskr, a. *Armenian*.

ern, a. *brisk, vigorous*; **-ligr**, a. *vigorous-looking, sturdy*.

erpi, n. *a kind of wood*.

erriligr, a.=ernligr.

erta (**erta, ertr**), v. *to taunt, tease* (er eigi gott at erta illt skap); refl., ertast við e-n, *to tease one.*

erting (pl. **-ar**), f. *teasing, provocation* (margskonar ertingar).

ertinga-maðr, m. *one who will stand teasing* (engi -maðr).

ertla, f. *wagtail* (bird).

ertr (gen. **ertra**), f. pl. *pease.*

ertra-akr, m. *pea-field*; **-reitr**, m. *bed of pease*; **-réttr**, m. *dish of pease*; **-soð**, n., **-vellingr**, m. *pea-soup.*

es, old form for 'er', rel. part., and 3rd pers. sing. from 'vera'.

eski, n. *ashen box* (e. Friggjar).

eski-mær, f. *a lady's maid.*

eskingr, m. *fine snow* (like ashes).

eski-stöng, f. *ash pole.*

espingr, m. *a ship's boat.*

ess, n. *riding horse, steed.*

eta (**et**; **át, átum**; **etinn**), v. (1) *to eat* (e. kjöt, mat sinn, dagverð); fig., e. orð sín, *to eat one's own words*; (2) *to consume*; sorg etr hjarta, *sorrow eats away the heart*; refl., Gyðingar átust innan, er þeir heyrðu þetta, *the Jews fretted inwardly on hearing this.*

eta, f. (1) *crib, manger*; standa öllum fótum í etu, *to live at rack and manger*; (2) pl., etur, *cancer* (etur í andliti).

etall, a. *consuming* (e. ryðr).

etari, m. *great eater, glutton.*

etja (**et, atta, attr**). v. (1) *to incite, egg* (*goad*) *on to fight*, with dat.; e. hestum, *to make horses fight*; with acc., e. e-n til þolinmœði, *to exhort one to patience*; (2) e. hamingju, afli, við e-n, *to match one's luck, strength, with another's*; e. kappi við e-n, *to contend in rivalry, vie with one*; e. ráðum, hvárt . . ., *to consider, if* . . .; e. saman manndrápum, *to incite two parties to manslaughter*; (3) e. við e-t, *to contend against*; e. við aflsmun (liðsmun), *to fight against odds*; (4) *to put forth*; hann etr fram skallanum, *he exposes his bare skull* (to the blows); (5) *to cause to be eaten*; e. heyvi, heyjum, *to feed cattle upon hay*; (6) refl., etjast við e-n, *to contend with one*; ef menn etjast vitnum á, *if men contend* (*plead*) *with witnesses.*

etju-hundr, m. *deer-hound, fox-hound*; **-kostr**, m. *hard condition*; **-tík**, f. *female hound, bitch-hound.*

etki, neut. sing. from 'engi' and adv. = ekki.

etu-stallr, m. *crib, manger* (U. fal hann í etustalli), = eta (1).

ey, adv. (1) *always, ever*, = ei, æ; (2) *not*, = ei, eigi; ey manni þat veit, *no man knows.*

ey (gen. **eyjar**, dat. **ey** and **eyju**; pl. **eyjar**), f. *an island*; **-búi**, m. *islander.*

eyða (**-dda, -ddr**), v. (1) *to make empty* (auðr), *clear of, deprive of its contents* (e. allan fjörðinn bæði at mönnum ok fé); e. bygð (bœi ok borgir, heröð), *to desolate, lay waste*; (2) *to desert, depart from* (féllu sumir, en sumir eyddu hálfrýmin); e. veizluna, *to break up the feast*; e. þing, *to dissolve the meeting*; (3) *to do away with, destroy*, with dat. (eyddi eldr konum ok börnum); (4) *to spend, squander* (e. fé, peningum); (5) *to render void in law, annul*, with acc. or dat. (e. vígsmál *or* vígsmálum); (6) refl., eyðast, *to come to nought*; eyddist erfisgørðin fyrir honum, *he let the funeral feast drop.*

eyði, n. *waste or ruinous state*; leggja í e., *to lay waste*; vera (liggja) í e., *to be deserted or ruined.*

eyði-, in compds., *deserted, uninhabited*; **-borg**, f. *deserted town or castle*; **-bygð**, f. *desert country*; **-dalr**, m. *desolate valley*; **-ey**, f. *desert island*; **-fjall**, n. *wild* (*barren*) *mountain*; **-fjörðr**, m. *desolate firth*; **-haf**, n. *a sea whose coasts are desolate*; **-hús**, n. pl. *deserted dwellings*; **-jörð**, f. *deserted farm*; **-land**, n. *desert land*; **-liga**, adv. *in a desolate state*; **-ligr**, a. (1) *perishable*; (2) *sad, cheerless* (mér sýnist siðr þeirra veikligr ok -ligr); **-mörk**, f. *desert, wilderness*; **-rjóðr**, n. *desert clearing*; **-skemma**, f. *a deserted bower*; **-sker**, n. *desolate rock, skerry*; **-skógr**, m. *wild wood*; **-staðr**, m. *barren, desolate place*;

-tröð, f. *deserted pen (for cattle)*; **-veggr**, m. *ruinous wall.*

eyðla, f. *adder,* = eðla.

Ey-firðingar, m. pl. *the men of or from Eyjafirth*; **-firzkr**, a. *belonging to Eyjafirth.*

eyfit, adv. poet. *not at all* (e. hefi ek fé); eyfit eitt, *nothing at all.*

eygðr, a. = eygr.

eygja (**-ða, -ðr**), v. (1) *to furnish with a loop or eye* (e. snöru); (2) *to look* (til e-s, *at one*).

eygló, f. '*the everglowing*', poet. *the sun.*

eygr, a. *having eyes of a certain kind*; vel e., *with fine eyes*; mjök e., *large-eyed.*

eyja-maðr, m. *islander.*

eyjar-endi, m. *point of an island*; **-engi**, n. *meadow along a river*; **-kálfr**, m. *a small island close to a larger one*; **-maðr**, m. *islander*; **-nef**, n. = -endi; **-skeggi** (pl. **-skeggjar**), m. = -maðr; **-skekill**, **-skiki**, m. *strip of an island, small island*; **-sund**, n. = eyjasund; **-vist**, f. *stay in an island.*

eyja-sund, n. *a strait between islands* (öll eyjasund ok firðir).

eyjóttr, a. *full of islands.*

eyk-hestr, m. *cart-horse.*

eyki, n. *vehicle, cart.*

eykja-fóðr, n. *fodder for* eyk(i)r; **-gerfi**, n., **-reiði**, m. = eykreiði.

eykr (**-jar, -ir**), m. *beast of draught.*

eyk-reiði, m. *harness of an* eykr.

eykt, f. (1) *half-past three o'clock, p.m.* (var þat nær e. dags); (2) *time of three hours* (þá er þögn hafði verit nær hálfa e.).

eyktar-helgr, f. = nónhelgr; **-staðr**, m. *the place of the sun at half-past three, p.m.* (sól sezt í -stað); **-tíð**, f. = nóntíð.

eykt-heilagr, a. *to be kept holy from* eykt (*half-past three*) *of the preceding day,* = nónheilagr.

ey-land, n. *island*; **-lendingr**, m. *islander.*

eyma (**-da, -t**), v. (1) *to commiserate, pity*; e. sik, *to lament*; (2) impers., eymir af e-u, *one feels sore after something.*

eymd, f. (1) *misery, wretchedness*; sjá e. á e-m, *to pity one*; (2) *stinginess, meanness.*

eymdar-dagr, m. *day of distress*; **-ligr**, a. *piteous, pitiful*; **-orð**, n. pl. *wailing, lamentation*; **-tíð**, f. *time of distress or tribulation*; **-tíðindi**, n. pl. *disastrous news*; **-tími**, m. = -tíð.

eyra (pl. **eyru**), n. *ear* (eyrum hlýðir gestr, en augum skoðar); setja hnefa við e. e-m, *to give one a box on the ear*; leiða e-n af eyrum, *to get rid of one*; koma e-m til eyrna, *to come to one's ears*, of news; hafa nef í e. e-m, *to put the nose in one's ear, to whisper to one*, of a tell-tale.

eyrar-tangi, m. *point of a gravel-bank* (eyrr).

eyra-rúna, f. poet. *mistress, wife.*

eyrendi, **-indi**, n.; see 'erendi'.

eyrir (gen. **-is**, pl. **aurar**), m. (1) *ounce of silver, the eighth part of a mark* (átta aurar í mörk); hringr, er stendr sex aura, *a ring weighing or worth six* aurar; verðr þá at hálfri mörk vaðmála e., *then the* eyrir *is equal to half a mark in wadmal*; e. brendr = e. brends silfrs, *an ounce of pure silver*; (2) *ounce* (svá var haglit stórt, at hvert haglkornit vá eyri); (3) *money* in general, *property*; ljósir aurar verða at löngum trega, *bright silver brings long woe*; illr af aurum, *a miser*; gefin til aura (= til fjár), *wedded for money*; hann vissi ekki aura sinna tal, *he knew not the tale (extent) of his riches*; lausir aurar, opp. to 'fastr e.', *movables, chattels* (lönd ok lausir aurar); fríðr eyrir (= frítt fé, kvikfé), *cattle*; (4) *money, currency*; Flosi spurði í hverjum aurum hann vildi fyrir hafa, *asked in what money he wished to be paid.*

eyris-bót, f. *a fine of an* eyrir; **-kaup**, n. *a bargain to the amount of an* eyrir; **-lag**, n. *the worth of an* eyrir (-lag lérepts); **-land**, n. *land yielding a rent of an* eyrir; **-skaði**, m. *loss to the amount of an* eyrir; **-tíund**, f. *tithe of an* eyrir; **-tollr**, m. *toll of an* eyrir; **-þungi**, m. *the weight of an ounce.*

eyrna or **ørna**, gen. pl., see 'erendi 3'.

eyrna-blað, n. *lobe of the ear*; **-bora**, f. *orifice of the ear*; **-búnaðr**, m. *ornament of the ear*; **-gull**, n. *ear-ring*; **-heill**, a. *having sound ears*; **-lof**, n. *vain praise*; **-mark**, n. *ear-mark*, on sheep and cattle.

eyrr (gen. **eyrar**, dat. and acc. **eyri**; pl. **eyrar**), f. *sand- or gravel-bank*, either of the banks of rivers (ár-eyrar, dals-eyrar) or of a small point of land running into the sea, *a spit*.

eyr-silfr, n. *quicksilver, mercury*.

eyr-skár (acc. -skáan), a. *galloping over the gravel-banks*.

eyröggr, a. = øruggr.

Eystra-salt, n. *the Baltic*.

eystri, a. compar. *more eastern*; hit eystra, *the eastern way*.

ey-vana, a. *much used to*.

ey-verskr, a. *pertaining to the Orkneys, from the Orkneys*.

ey-vit, adv. = eyfit; **ey-vitar** (for 'ey vættar'), adv., **ey-vitu**, adv. *not, not at all*.

ey-þolinn, m. *the rivet in a clasp knife*.

F

faðerni, n. (1) *fatherhood, paternity*; ganga við f. at e-m *or* e-s, kennast f. e-s, *to acknowledge or admit paternity*; at f. eða móðerni, *on father's or mother's side*; var hann ljóss ok fagr eptir f. sínu, *like his father*; (2) *patrimony*.

faðir (gen., dat. and acc. **föður**, pl. **feðr**), m. *father*.

faðma (**að**), v. *to embrace*; refl., faðmast, *to embrace one another*.

faðman, f. *embracing*.

faðm-lag, n. *embrace*; **-lagast**, v. refl. = faðmast; **-leggjast**, v. refl. = leggjast í faðma, faðmast.

faðmr (**-s**, **-ar**), m. (1) *the out-stretched or embracing arms*; sofa (liggja) í faðmi e-m, *to sleep (lie) in one's arms*; leggjast í faðma, *to embrace each other*; fallast í faðma, *to be set off against each other, balance each other* (málin vóru í dóm lagin, ok féllust vígin í faðma); (2) *bosom* (legg hönd þína í sjálfs þíns faðm); (3) a measure of length, *fathom*.

fagna (**að**), v. (1) *to rejoice in a thing* (f. e-u, í e-u *or* af e-u); (2) f. e-m, *to welcome one, receive one with good or bad cheer* (var honum þar vel fagnat); (3) f. vetri, jólum, sumri, *to rejoice, make a feast, at the beginning of winter, Yule, summer*.

fagnaðar-atburðr, m. *joyful event*; **-dagr**, m. *day of rejoicing*; **-efni**, n. *matter of joy*; **-eyrendi**, n. *joyful message*; **-eyru**, n. pl., heyra e-t -eyrum, *to hear with joy*; **-fullr**, a. *joyful*; **-fundr**, m. *joyful meeting*; **-grátr**, m. *weeping for joy*; **-heit**, n. *joyful promise*; **-krás**, f. *dainty*; **-kveðja**, f. *joyful greeting*; **-lauss**, a. *joyless; wretched, poor*; **-lof**, n. *praise from a joyous heart* (syngja -lof guði); **-lúðr**, m. *trumpet of joy*; **-mark**, n. *sign of joy*; **-orð**, n. pl. *joyful words*; **-óp**, n. *shout of joy*; **-raust**, f. *voice of joy*; **-ráð**, n. *happy resolution*; **-saga**, f. *joyful news*, = feginsaga; **-samliga**, adv. *joyfully*; **-samligr**, a. *joyous, joyful*; **-skrúð**, n. *raiment of joy*; **-staðr**, m. *place of joy*; **-sýn**, f. *joyful sight*; **-sæll**, a. (1) *happy*; (2) *graceful, gracious*; **-söngr**, m. *song of joy*; **-tíð**, f. *time of joy*; **-tíðindi**, n. pl. *joyful, glad tidings*; **-tími**, m. = -tíð; **-veizla**, f. *joyful feast*; **-vist**, f. *abode of joy*; **-öl**, n. *joyous banquet*.

fagnaðr (gen. **-ar**), m. (1) *joy* (eilífr f.); (2) *welcome, greeting*; (3) *hospitable entertainment* (gerðu henni fagnað þá viku alla); öl ok annar f., *ale and other good cheer*; (4) kunna sér þann fagnað, *to be quite satisfied* *or content* (kunni hann sér þá þann fagnað at girnast ekki á Svíakonungs veldi).

fagna-fundr, m.=fagnaðarfundr.

fagr (**fögr, fagrt**; comp. **fegri**), a. *fair, fine, beautiful*; f. sýnum, álitum, *fair to see*; fagrt veðr, *fair* (*fine*) *weather*; f. söngr, *beautiful* (*sweet*) *song*; fagrt kvæði, *a fine poem*; talaði fagrt, en hugði flátt, *spoke fair, but thought false*.

fagr-búinn, pp. *beautifully dressed, equipped*; **-endi**, n. pl. *costly, fair things*; **-eygr**, a. *fair-eyed*; **-ferðugr**, a. *graceful, virtuous*; **-flekkóttr**, a. *fair-flecked* (of a snake); **-gali**, m. *flattery* (bera -gala á e-n, slá í -gala við e-n); **-glóa**, a. *fair-glowing*; **-grœnn**, a. *bright or light green*; **-hárr**, a. *fair-haired*; **-hljóðandi**, pr. p. *sweet-sounding*; **-hljóðr**, a. *sweet-voiced*; **-hljómandi**, pr. p.= -hljóðandi; **-klæddr**, pp. *fair-clad*; **-leikr**, m. *beauty*, = fegrð; **-leitr**, a. *of fair complexion, beautiful*; **-liga**, adv. *fairly, beautifully*; **-ligr**, a. (1) *fine-looking, handsome*; (2) *agreeable* (-lig þjónasta); **-limi**, m. '*fair-branch*', *a wood* (poet.); **-læti**, n. *blandishment*; **-máll**, a. *fair-spoken*; **-málugr**, a. = -máll; **-mæli**, n. *fair language*; **-mæltr**, a.=-máll; **-orðr**, a. *fair-spoken, bland*; **-rauðr**, a. *light-red*; **-skapaðr**, pp. *fair-shapen*; **-skrifaðr**, pp. *finely drawn, decorated with fine figures*; **-skrýddr**, pp. *dressed in fine clothes*; **-variðr**, pp. *wearing fine clothes* (of a lady); **-vaxinn**, pp. *of fair stature*; **-yndi**, n.= -endi; **-yrði**, n. pl. *fair words*; **-yrðr**, a.=-orðr.

fala (**að**), v. *to demand for purchase* (f. e-t af e-m *or* at e-m; f. til e-s).

falda (**feld**; **félt, féldum**; **faldinn**), v. *to array with a woman's hood* (f. e-n *or* e-m e-u, *or* með *or* við e-u); f. sik motri, með *or* við motri, *to hood oneself with a* motr; Brandr var faldinn, *Brand had on a woman's headgear*; hjálmi faldinn, *wearing a helmet*.

falda (**að**), v. (1) *to hood* (see prec.); (2) *to fold*; fá mer skyrtu þína, en ek skal f. hana saman, *I shall fold it up*; falda aptr, *to unfold*.

falda-feykir, m. *a magical dance in which the hoods* (faldar) *flew off the ladies' heads*.

fald-lauss, a. *hoodless*.

faldr, m. (1) *fold*; (2) *hem of a garment*; kyrtill hlaðbúinn í fald niðr, *a kirtle laced down to the hems*; (3) *a sort of* (*woman's*) *head-gear, hood*.

fall, n. (1) *fall*; f. er fararheill, *a fall bodes a lucky journey*; koma e-m til falls, *to cause one to fall*; föll berast á e-n, *one begins to reel or stagger*; (2) *fall, death in battle* (í flótta er f. verst); (3) *carcase of a slaughtered animal* (cf. 'nautsfall', 'sauðarfall'); (4) *frequent deaths from plague* (ef mýss gørðu mein á mat eða klæðum, þá kom f. í þær); (5) *heavy sea* (reis f. mikit allt frá grunni); (6) *sin, transgression*; (7) *downfall, ruin, decay*; f. engla, *the fall of angels*; gózin eru at falli komin, *the estates are dilapidated*; (8) *quantity* (*of a vowel or syllable*); (9) gramm., *case*.

falla (**fell**; **féll, féllum**; **fallinn**), v. (1) *to fall*; eigi fellr tré við fyrsta högg, *a tree falls not with the first stroke*; f. af baki, *to fall from horseback*; f. á kné, *to fall on one's knees*; f. áfram (á bak aptr), *to fall forwards* (*backwards*); f. flatr, *to fall prostrate*; f. til jarðar, *to fall to the ground*; refl., láta fallast (= sik falla), *to let oneself fall* (þá lét Loki f. í kné Skaða); (2) *to drop down dead, be killed, fall* (*in battle*); (3) *to die of plague* (féllu fátœkir menn um allt land); (4) *to flow, run* (of water, stream, tide); særinn féll út frá landi, *ebbed*; féll sjór fyrir hellismunnann, *the sea rose higher than the cave-mouth*; síðan féll sjór at, *the tide rose*; þeir sá þá ós mikinn f. í sjóinn, *fall into the sea*; á féll (*a river flowed*) við skála Ásólfs; var skipit svá hlaðit, at inn féll um söxin, *that the sea rushed in at the prow*; (5) of clothes, hair, *to fall, hang down*; hárit féll á herðar honum aptr, *the hair fell back on his shoulders*; létu kvennváðir um kné falla, *they let women's dress fall about his knees*; (6) *to fall, calm down* (of the wind); féll veðrit (*the storm fell*) ok gerði logn; (7) *to fail, be foiled*; sá eiðr fellr honum til útlegðar, *if he fails in taking the oath, he shall be liable to outlawry*; f. á verkum sínum, *to have been caught red-handed, to be justly slain*; f. *or* fallast at máli, sókn, *to fail in one's suit*; f. frá máli, *to give it up*; fallinn at frændum, *bereft of kinsmen*; dœmi ek fyrir dráp hans fallnar yðrar eignir, *I sentence your estates to be forfeited for his slaughter*; refl., ef gerðarmenn láta fallast, *if the umpires fail to do their duty*; þá féllust öllum Ásum orðtök ok svá hendr, *then voice and hands alike failed the Gods*; féllust þeim allar kveðjur, *their greetings died on their lips*; vill sá eigi fallast láta andsvör, *he will not fail or falter in replying*; (8) *to fall out, happen*; mér féll svá gæfusamliga (*it befell me so luckily*), at; stundum kann svá at f., at, *sometimes it may so happen that*; (9) *to be had or produced* (þat járn fellr í firði þeim; þar fellr hveiti ok vín); (10) with adv., e-m fellr e-t þungt, létt, *a thing falls heavily, lightly upon one* (þetta mun yðr þungt f.); féll þá keisaranum þyngra bardaginn, *the battle turned against the emperor*; e-m fellr e-t nær, *it falls nigh to one, touches one nearly*; henni féll meinit svá nær, at, *the illness fell on her so sore, that*; mér fellr eigi firr en honum, *it touches me no less than him*; hörmuliga fellr oss nú, at, *it falls out sadly for us, that*; (11) *to please, suit*; kvað sér þat vel f. til aftekta, *said that it suited him well for drawing revenue from*; honum féll vel í eyru lofsorð konungs, *the king's praise was pleasant in his ears*; jarli féllst þat vel í eyru, *the earl was well pleased to hear it*; mun mér illa f., ef, *it will displease me, if*; féll vel á með þeim, *they were on good terms*; refl., honum féllst þat vel í skap, *it suited his mind well, he was pleased with it*; féllst hvárt öðru vel í geð, *they loved each other*; (12) with preps. and advs., f. af, *to fall, abate* (féll af vindr, byrr); f. á e-n, *to befall one*; þær féllu lyktir á, at, *the end was, that*; f. í e-t, *to fall into*; f. í brot, *to fall in a fit*; f. í óvit, *to faint, swoon*; f. í villu, *to fall into heresy*; f. í vald e-s, *to fall into one's power*; féll veðrit í logn, *the storm calmed down*; f. niðr, *to fall, drop*; mitt kvæði mun skjótt niðr f., *my poem will soon be forgotten*; féll svá niðr þeirra tal, *their conversation dropped, they left off talking*; f. saman, *to fall in with, agree*; þó at eigi félli allt saman með þeim, *though they did not agree in everything*; f. til, *to occur, happen, fall out*; ef auðna fellr til, *if luck will have it so*; litlu síðar féll til fagrt leiði, *a fair wind came on*; öll þingvíti, er til falla, *all the fines that may fall in, be due*; nema þörf falli til, *unless need be*; sem sakir falla til, *as the case falls*; f. undir e-n, *to fall to one's lot* (of inheritance, obligation); arfr fellr undir e-n, *devolves upon one*; f. út, *to recede*, of the tide (þá er út féll sjórinn); f. við árar, *to fall to at the oars*.

fallerast (að), v. refl., (1) *to be mistaken*; (2) *to prove false*; (3) *to fall* (with a woman).

fall-hætt, a. n., e-m verðr -hætt, *one staggers, is in danger of falling*.

falligr, a. *pretty, handsome* (f. litr).

fallinn, pp. (1) svá f., *such-like, so made or constituted* (hví man hinn sami maðr svá f.); svá f. órskurðr, *a decision as follows*; (2) vel, illa f., *well, ill-disposed* (hann var vænn maðr ok vel f.); *fitted, worthy* (bezt til konungs f.); at hann væri betr til f. at deyja fyrir þá sök en faðir hans, *that he more deserved to die than his father did*; (3) neut., fallit, *fit*; ok hætti þá er honum þótti f., *stopped when he thought fit*; kallaði vel til f., *said it was quite right*; (4) *suited to one* (e-m); eigi þykki mér þér sú ferð vel fallin, *I think this journey will not do for thee*.

fall-jaki, m., **-jökull**, m. *ice-berg*;

-sótt, f. *plague* (ef fallsótt kemr í fé manns); **-staðr**, m. *a place to fall upon* (leita sér -staðar); **-valtligr, -valtr**, a. *unsteady, changeable, uncertain* (-valtr fagnaðr þessa heims).

falr (**-s, -ir**), m. *the socket of a spear-head, into which the shaft fits* (spjótsfalr).

falr, a. *for sale, to be sold*; eiga (hafa, láta) falt, *to have a thing for sale*; mér er e-t falt, *I am willing to part with*; þeir er mér eru falastir til þungs hlutar, *whom I would most willingly let suffer.*

fals, n. *fraud, deceit, imposture.*

fals-, in compds., *false, fraudulent, forged.*

falsa (**að**), v. (1) *to falsify, forge* (f. rit, bréf, innsigli); (2) *to defraud, impose upon* (f. e-n); f. e-t af e-m, *to get a thing from one by fraud* (vil ek eigi, at þú falsir fé af mínum þegnum); *to spoil* (f. brynju).

falsaðr, p.p. *false, falsified, adulterated* (f. guð, f. drykkr).

falsara-dómr, m. *fraud, imposture.*

falsari, m. *impostor, deceiver.*

fals-blandaðr, pp. *blended with fraud, guileful*; **-bréf**, n. *false deed*; **-bróðir**, m. *false friar*; **-greifi**, m. *false count* (Heinrekr -greifi); **-guð**, m. *false god*; **-heit**, n. *false promise*; **-kona**, f. *false woman, harlot*; **-konungr**, m. *false, self-made king*; **-kostr**, m. *false virtue*; **-kristr**, m. *false Christ*; **-lausliga**, adv. *without fraud*; **-lauss**, a. *guileless*; -laus máli, *good money*; -laust kaup, *a bargain in good faith*; **-laust**, adv. = -lausliga; **-leysi**, n. *sincerity, honesty*; **-liga**, adv. *falsely*; **-ligr**, a. *false*; **-mær**, f. *harlot*; **-óttr**, a. *deceitful*; **-peningar**, m. pl. *false money*; **-postoli**, m. *false apostle*; **-púsa**, f. *unfaithful wife*; **-samliga**, adv. = falsliga; **-samligr**, a. *false, fraudulent*; **-silfr**, n. *bad (adulterated) silver*; **-spámaðr**, m. *false prophet*; **-trú**, f. *false doctrine, heresy*; **-váttr**, m. *false witness*; **-vilnan**, f. *deceitful hope*; **-vitni**, n. *false witness (evidence)*; **-vitr**, a. *crafty, cunning.*

fambi, m. *fool*: cf. 'fimbul-fambi'.

fang, n. (1) *grasp, hold*; fá f. á e-m or af e-m, *to get hold of one* (fekk engi þeirra f. á mér); sá þeir, at þeir fengu ekki f. af Erlingi, *they saw that they could not catch E.*; (2) *wrestling, grappling* (taka f. við e-n, ganga til fangs); ganga á f. við e-n, g. í f. e-m, *to grapple with one, provoke one*; fangs er ván af frekum úlfi, *it is hard to deal with a hungry wolf*; (3) *the space between the arms, the breast and arms*; kom spjótit í f. honum, *the spear pierced his breast*; reka í f. e-m, *to throw in one's face*; hafa e-t í fangi sér, *to hold in one's arms, to have in one's power*; taka í f. sér, *to take into one's arms* (tók manninn í f. sér ok bar út); fœrast e-t í f., *to undertake a thing, take upon oneself*; fœrast e-t ór fangi, *to throw off, refuse*; (4) *catching fish, fishing*; halda (fara) til fangs, *to go a-fishing*; *take, catch, draught* (f. þat, er þeir áttu báðir); (5) *fœtus* in sheep and cows (ef graðungr eltir f. ór kú); (6) pl., föng, *baggage, luggage*; föng ok fargögn, *luggage and carriage; provisions* (öll vóru f. hin beztu); borð með hinum beztum föngum, *a table with the best of cheer*; (7) pl. *means, opportunity*; engi f. eru önnur á, *there is no other choice*; hafa f. á e-u, *to be enabled to do a thing* (höfðu eigi f. á at reka langt flóttann); af (eptir) föngum, *to the best of one's power, according to one's means.*

fanga (**að**), v. *to capture* (áðr en hann var fangaðr); f. dauða, *to catch one's death, die.*

fanga-brekka, f. *wrestling ground* (at the Althingi).

fangaðr, a. *having means* (föng) *for doing a thing.*

fanga-fár, a. *short of means or provisions*; e-m verðr -fátt, *falls short of provisions*; **-kviðr**, m. *a body of jurymen taken at random*; **-lauss**, a. *void of means or provisions*; **-leysi**, n. *want of stores*; **-lítill**, a. *vile, not worth fetching*; **-ráð**, n. *device, expedient*; góðr, fljótr -ráðs, *ready, quick at expedients.*

fangari, m. *wrestler*.

fanga-stakkr, m. *wrestling jerkin*; **-váttr**, m. *a witness taken at random*; **-vitni**, n. *testimony of a* -váttr.

fang-brögð, n. pl. *wrestling* (takast -brögðum).

fangelsi, n. *prison, jail*.

fang-hella, f. *a stone set on edge on a wrestling-ground*.

fangi, m. *prisoner* (rare).

fanginn, pp. *captured*; fig. *enticed*.

fang-lítill, a. *yielding little produce*; **-staðr**, m. *a place to grasp or lay hold of*; fá -stað á e-m, *to get a hold of one*; ljá -staðar á sér, *to let oneself be caught*.

fangs-tíð, f. *wedding season*.

fang-sæll, a. *having a good grasp, lucky*; **-taka**, f. *taking a hold* (in wrestling); **-vinr**, m. *an antagonist in wrestling* (poet.).

fann-hvítr, a. *snow-white*; **-mikill**, a. *snowy*.

fantr (-s, -ar), m. (1) *servant, footman* (fant sé ek hvern á hesti, en lendir menn ganga); (2) *landlouper, vagabond*.

far, n. (1) *a means of passage, ship*; bjarga fari á floti, *to save a vessel afloat*; in compds., *a trading vessel* (Íslands-far, Englands-far); (2) *passage*; taka (fá, ráða) sér fari *or* far, *to take a passage in a ship*; beiðast fars, *to ask for a passage*; synja e-m fars, *to deny one a passage*; banna e-m f., *to forbid one to sail* (cf. 'farbann'); (3) *trace, print, track* (Sveinki rak lömb sín til fjöru í förin); villast hundarnir farsins, *the hounds lose the track*; of et sama f., *on the same subject*; (4) *life, conduct, behaviour*; í fari konungsins, *in the king's character*; (5) *state, condition* (gefa þeir eigi gaum um hennar far); f. veðranna, *the course of the winds*; at fornu fari, *of yore, of old*.

fara (**fer**; **fór**, **fórum**; **farinn**), v. (1) *to move, pass along, go*; gekk hann hvargi sem hann fór, *he walked wherever he went*; f. heim (heiman), *to go home* (*from home*); f. á fund e-s, *to visit one*; fjöld ek fór, *I travelled much*; hann sagði, hversu orð fóru með þeim, *what words passed between them*; absol., *to go begging* (ómagar, er þar eigu at f. í því þingi); (2) with 'ferð, leið' or the like added in acc., gen., or dat.; f. leiðar sinnar, *to go one's way, proceed on one's journey* (= f. ferðar sinnar *or* ferða sinna, f. ferð sína, f. för sína, förum sínum); f. þessa ferð, *to make this journey*; f. fullum dagleiðum, *to travel full days-journeys*; f. stefnuför, *to go a-summoning*; f. bónorðsför, *to go a-wooing*; f. sigrför, *to go on the path of victory, to triumph*; f. góða för, *to make a lucky journey*; fig., f. ósigr, *to be defeated*; f. mikinn skaða, *to suffer great damage*; f. hneykju, skömm, *to incur disgrace*; f. erendleysu, *to fail in one's errand*; with the road in acc. (f. fjöll ok dala); (3) f. búðum, bygðum, vistum, *to move, change one's abode*; f. eldi ok arni, *to move one's hearth and fire*; (4) f. einn saman, *to go alone*; f. eigi ein saman, *to go with child* (=f. með barni); (5) with infin.; f. sofa, *to go to sleep* (allir menn vóru sofa farnir); f. vega, *to go to fight*; f. leita, *to go seeking* (var leita farit); (6) with an adj., &c.; f. villr, *to go astray*; f. haltr, *to walk lame*; f. vanstiltr, *to go out of one's mind*; f. duldr e-s, *to be unaware of*; f. andvígr e-m, *to give battle*; f. leyniliga (leynt), *to be kept secret*; eigi má þetta svá f., *this cannot go on in that way*; fjarri ferr þat, *far from it, by no means*; fór þat fjarri, at ek vilda, *I was far from desiring it*; (7) *to turn out, end*; fór þat sem líkligt var, *it turned out as was likely* (viz. *ended ill*); svá fór, at, *the end was, that*; ef svá ferr sem ek get til, *if it turns out as I guess*; á sömu leið fór um aðra sendimenn, *it went the same way with the other messengers*; (8) *to fare well, ill*; biðja e-n vel f., *to bid one farewell*; (9) *to suit, fit*, esp. of clothes, hair (ekki þykkir mér kyrtill þinn f. betr en stakkr minn; hárit fór vel); impers., fór illa á hestinum, *it sat ill on the horse*; (10) impers., e-m ferr vel, illa, *one behaves or acts* *well, ill*; honum hafa öll málin verst farit, *he has behaved worst in the whole matter*; e-m ferr vinveittliga, *one behaves in a friendly way*; (11) refl., esp. of a journey; farast vel, illa, *to go well, ill*; fórst þeim vel, *they got on well*; fórst þeim þá seint um daginn, *they got along slowly*; recipr., farast hjá, *to pass one another without meeting*, = f. á mis; f. í móti, *to march against one another*; (12) f. e-t höndum, *to touch with the hands*, esp. of a healing touch, = f. höndum um e-t (bið hann f. höndum meinit); f. land herskildi, brandi, *to visit a land with 'war-shield', with fire, to ravage or devastate it* (gekk síðan á land upp með liði sínu ok fór allt herskildi); (13) *to overtake* (Án hrísmagi var þeirra skjótastr ok gat farit sveininn); tunglit ferr sólina, *the moon overtakes the sun*; áðr hana Fenrir fari, *before F. overtakes her*; (14) *to ill-treat, treat cruelly*; menn sá ek þá, er mjök höfðu hungri farit hörund, *that had chastened their flesh with much fasting*; (15) *to put an end to, destroy*; f. sér (sjálfr), *to kill oneself*; f. lífi (fjörvi) e-s, *to deprive one of life*; þú hefir sigr vegit ok Fáfni (dat.) um farit, *killed F.*; (16) *to forfeit* (f. löndum ok lausafé); (17) refl., farast, *to perish*; f. af sulti, hita, mœði, *to die of hunger, heat, exhaustion*; of a ship, *to founder* (fórst þar byrðingrinn); *to be drowned* (alls fórust þar níu menn); þá er bæði himinn ok jörð hefir farizt, *when heaven and earth shall have passed away*; ferst nú vinátta ykkur, *your friendship is done with*; f. fyrir, *to come to nought* (at síðr muni fyrir f. nökkurt stórræði); (18) with preps. and advs., f. af klæðum, *to take off one's clothes*; f. at e-m, *to make an attack upon, to assault* (eigi mundi í annat sinn vænna at f. at jarlinum); f. at e-u, *to mind, pay heed to*; ekki fer ek at, þótt þú hafir svelt þik til fjár (*it does not matter to me, I do not care, though*); *to deal with a thing, proceed in a certain way*; svá skal at sókn f., *thus is the pleading to be proceeded with*; f. at lögum, úlögum, *to proceed lawfully, unlawfully*; f. mjúkliga at, *to proceed gently*; hér skulu við f. at með ráðum, *act with deliberation*; impers. with dat., *to do, behave*; illa hefir mér at farit, *I have done my business badly*; *to go in pursuit (search) of* (víkingar nökkurir þeir sem fóru at féföngum); f. at fuglaveiðum, *to go a-fowling*; f. at fé, *to tend sheep*; f. á e-n, *to come upon one*; sigu saman augu, þá er dauðinn fór á, *when death seized him*; f. á hæl *or* hæli, *to step back, retreat*; f. eptir e-m, *to follow one*; f. eptir e-u, *to go for, go to fetch* (Snorri goði fór eptir líkinu; f. eptir vatni); *to accommodate oneself to, conform to* (engi vildi eptir öðrum f.); þau orð er eptir fara, *the following words*; f. fram, *to go on, take place*; ef eigi ferr gjald fram, *if no payment takes place*; veizlan ferr vel fram, *the feast went on well*; spyrr, hvat þar fœri fram, *he asked, what was going on there*; f. fram ráðum e-s, *to follow one's advice*; allt mun þat sínu fram f., *it will take its own course*; kváðu þat engu gegna ok fóru sínu fram, *took their own way*; segir honum, hversu þeir fóru fram, *how they acted*; f. e-t fram, *to do, perform a thing*; spyrr hann, hvat nú sé fram faranda, *what is to be done*; f. fyrir e-t, *to pass for, be taken for* (fari sá fyrir níðing, er); refl., farast fyrir, *to come to nought* (fórst þat fyrir); f. hjá sér, *to be beside oneself*; f. í e-t, *to go into* (f. í tunnu); f. í sæng, rekkju, *to go to bed*; f. í sess sinn, sæti sitt, *to take one's seat*; f. í klæði, *to put on clothes, dress*; f. í vápn, brynju, *to put on armour*; f. í lag, *to go right or straight again* (þá fóru brýnn hans í lag); f. í vöxt, *to increase*; f. í þurð, *to wane*; f. í hernað, víking, *to go a-freebooting*; nú ferr í úvænt efni, *now matters look hopeless*; *to happen, occur* (allt þat, er í hafði farit um nóttina); f. með e-t, *to wield, handle, manage*; fór Hroptr með Gungni, *H. wielded (the spear)*

Gungnir; f. með goðorð, *to hold a* goðorð; f. með sök, *to manage a lawsuit*; *to practise, deal in*; f. með rán, *to deal in robbery*; f. með spott ok háð, *to go scoffing and mocking*; f. með galdra ok fjölkyngi, *to practise sorcery*; *to deal with, treat, handle* (þú munt bezt ok hógligast með hann fara); f. af hljóði með e-t, *to keep matters secret*; f. með e-m, *to go with one, follow one* (ek skal með yðr f. með allan minn styrk); f. með e-u, *to do* (*so and so*) *with a thing, to deal with, manage*; hvernig þeir skyldu f. með vápnum sínum, *what they were to do with their weapons*; sá maðr, er með arfinum ferr, *who manages the inheritance*; f. með málum sínum, *to manage one's case*; f. vel með sínum háttum, *to bear oneself well*; undarliga fara munkar þessir með sér, *these monks behave strangely*; f. með barni, *to go with child*; impers., ferr með þeim heldr fáliga, *they are on indifferent terms*; f. ór landi, *to leave the country*; f. ór klæðum, fötum, *to take off one's clothes, undress*; f. saman, *to go together; to shake, shudder*; fór en forna fold öll saman, *shivered all through; to concur, agree* (hversu má þat saman f.); f. til svefns, *to go to sleep* (= f. at sofa); f. um e-t, *to travel over* (f. um fjall); f. höndum um e-n, *to stroke or touch one with the hands* (hann fór höndum um þá, er sjúkir vóru); f. mörgum orðum um e-t, *to dilate upon a subject*; f. myrkt um e-t, *to keep a matter dark*; f. undan, *to excuse oneself* (from doing a thing), *to decline, refuse* (hvat berr til, at þú ferr undan at gera mér veizluna); borð fara upp, *the tables are removed*; f. út, *to go from Norway to Iceland*; *to come to a close, run out* (fóru svá út þessir fimm vetr); f. útan, *to go abroad* (from Iceland); f. við e-n, *to treat one, deal with one* in a certain way; margs á ek minnast, hve við mik fóruð, *I have many things to remember of your dealings with me*; f. yfir e-t, *to go through*; nú er yfir farit um landnám, *now an account of the settlements has been given*; skjótt yfir at f., *to be brief*.

fara-bók, f. *a book of travels, an itinerary*; **-hagr**, m. *travelling circumstances or condition*.

farald, n. (*mode of*) *travelling*, in the phrase, hverju (*or* með hverju) faraldi (*how, by what means*) hann hafði þar komit.

farandi (pl. **-endr**), m. *traveller*.

farand-kona, f. *beggar-woman*.

far-angr (gen. **-angrs**), m. *luggage*.

farar-bann, n. = farbann; **-beini**, m. *furthering one's journey*; **-blómi**, m. *travelling with pomp*; **-broddr**, m. *the front of a host*; **-búinn**, pp. = farbúinn; **-dvöl**, f. *delay*; **-efni**, n. pl. *equipment*; **-eyrir**, m. *money for travelling*; **-gögn**, n. pl. *necessaries for a journey*; **-greiði**, m. *conveyance*; **-haft**, n. *hindrance, stoppage*; **-hestr**, m. *nag, horse*; **-leyfi**, n. *leave to go*; **-mungát**, n. *ale for use on a journey*; **-nautr**, m. = förunautr.

fararskjóta-laust, adv. *without means of conveyance*.

farar-skjóti, m. *means of conveyance*; **-snúðr**, m. *speed on a journey*; **-stafr**, m. *walking-stick*; **-tálmi**, m. *hindrance, delay in one's journey*.

far-bann, n. *prohibition of sailing, embargo*; **-bauti**, m. *ogre*; **-beini**, m. = fararbeini; **-borði**, m., in the phrase, leita sér farborða, *to take precautions* (so as to get safe and sound out of a danger); **-búinn**, pp. *prepared to sail, ready for departure*.

fardaga-helgr, f. *the Sunday in* fardagar; **-skeið**, n. *the time of* fardagar.

far-dagar, m. pl. *removing days* (four successive days in summer, at the end of May, old style); **-drengr**, m. *sea-faring man*; **-flótti**, a. *fugitive, exiled*; **-fúss**, a. *eager for departing*; **-fýsi**, f. *eagerness to depart or travel*.

farga (að), v. (1) with acc., *to press*; (2) with dat., *to destroy, make away with*.

far-gæfa, f. *good luck on a journey*; **-gögn**, n. pl. *luggage, baggage*; **-gørvi**,

n. *travelling-gear*; **-hirðir**, m. *ferry-man.*

-fari, m. *sea-farer, voyager*, only in compds. (Dyflinnar-fari, Englands-fari); *traveller* (Jórsala-fari).

farinn, pp. (1) *gone, undone*; þá er farnir vóru forstöðumenn Troju, *when the defenders of Troy were dead and gone*; hans tafl var mjök svá farit, *his game was almost lost*; farinn af sulti ok mœði, *famished and exhausted*; f. at e-u, *destitute of* (f. at vistum, lausafé); tungl farit, *a 'dead' moon, new moon*; sól var skamt farin, *the sun was little advanced, not long risen*; þá var dagr alljós ok sól farin, *broad day and the sun high in the sky*; (2) so and so *conditioned*; vel andlits f., vel f. í andliti, *well-favoured*; mjök aldri f., *stricken in years*; vel orði (*or* orðum) f., *well-spoken, eloquent*; impers., e-m er e-n veg farit, *one is so and so*; er eigi einn veg farit úgæfu okkar, *our ill-luck is not of one piece*; veðri var þannig farit, at, *the weather was such that*; hversu landinu er farit, *what the condition of the country is*; henni er þannig farit, at hón er mikil ey, löng, *it* (viz. *the island*) *is so shaped that it is large and long*; fig., of disposition, character; er honum vel farit, *he is a well-disposed man*; þeim var úlíkt farit at mörgu, *they were unlike in many respects*; undarliga er yðr farit, *ye are strange men*; adding the prep. til: nú er annan veg til farit, *now matters are altered*; nú er svá til farit, at ek vil, *now the case is, that I wish*; (3) á förnum vegi, *on the high-road* (ef maðr andast á förnum vegi); hann kom heim af förnum vegi, *from a journey.*

far-kona, f. *beggar-woman.*

farkonu-sótt, f. *a kind of disease.*

far-kostr, m. *a vessel, a ship*; **-lami**, a. *unable to go further on a journey*; **-leiga**, f. *passage-money*; **-lengd**, f. *journey, travels*; **-ljóss**, a. *light enough for travelling* (nótt var þá farljós); **-lög**, n. pl. *nautical law*; **-maðr**, m. *sea-faring man, seaman, travelling merchant.*

farmanna-búðir, f. pl. *merchant booths*; **-lög**, n. pl. = farlög.

far-móðr, a. *weary from travelling.*

farmr (-s, -ar), m. *freight, cargo* (bera, flytja farm af skipi); *load* (in general); (2) *contents* (maðrinn finnr fötuna með sínum farmi).

far-mœða, f. *tiredness or weariness from travelling.*

farnaðr (gen. -ar), m. *furtherance, speed* (til farnaðar mér ok til ferðar); þar til er hón kynni nökkurn farnað, *till she had learned how to get on in the world.*

far-nagli, m. *plug* (in a boat).

farnast (að), v. refl., f. vel, *to speed well*; *to be fortunate.*

far-nest, n. *provisions for a journey* (í bagga hans var farnest hans).

farning, f. *ferrying over, passage* (veita e-m f.).

farningar-maðr, m. = ferjumaðr.

farningr (gen.-s), m. = farning.

far-rak, **-rek**, n. *strait, dilemma*; at þú komir aldri síðan í slíkt farrak, *in such a strait*; þat hafði Þórði orðit til farreks, at, *that mishap had befallen Thord, that.*

farri, m. *landlouper, vagrant.*

far-skip, n. *ferry-boat.*

fars-kostr, m. = farkostr.

far-snilli, f. *nautical art*; **-synjan** f. *refusing to ferry one over.*

far-sæla, f. *good speed, prosperity happiness*; **-sælast** (d), v. refl., *to speed well, have luck*; **-sæld**, f. = -sæla; friðr ok farsæld, *peace and happiness*; **-sæll**, a. (1) *speeding well in voyages* (svá farsæll, at hann kaus sér jafnan höfn); (2) *prosperous*; **-sælliga**, adv. *prosperously*; **-sælligr** a. *prosperous, advantageous, useful* (farsælligir hlutir).

farsælu-lauss, a. (1) *luckless*; (2) *miserable.*

far-tálmi, m. = farartálmi; **-tekja** f. *taking a passage in a ship*; **-vegr** m. (1) *track* (manna farvegr); (2) *channel, bed of a river*; (3) *road journey* (langr farvegr); **-þegi**, m *passenger.*

fast, adv. *firmly, fast* (sitja, standa binda, halda f.); sofa f., *to sleep fast* drekka f., *to drink hard*; leita f. eptir, *to urge, press hard*; ryðjast um f., *to make a hard onslaught*; leggja f. at, *to close with one* (in a sea-fight); telja f. á e-n, *to give one a severe lesson.*

fasta (að), v. *to fast, abstain from food*; f. þurt, *to fast on dry food.*

fasta, f. (1) *fast, fasting*; (2) *season appointed for fasting* (níu vikna f.).

fasta-eign, f. *real property*, opp. to 'lausafé', 'lauss eyrir'; **-far**, n., only in dat., (í) fastafari, *eagerly, constantly*; **-góz**, n. = fasta-eign.

fast-eygðr, **-eygr**, a. *firm-eyed*; **-garðr**, m. *fastness, stronghold*; fastgarðr er fyrir, *there are great obstacles in the way*; **-haldr**, a. (1) *tenacious, saving*; (2) *steadfast, constant* (fasthaldr á sinni fyriræ tlan); **-heitinn**, a. *true to one's word*; **-heldi**, f. (1) *closeness, parsimony*; (2) *tenacity, constancy*; **-hendr**, a. *close-fisted.*

fasti, m. poet. *fire*; fœra e-n í fasta, *to bring one into a strait.*

fastla, adv. = fastliga.

fast-liga, adv. *firmly, strongly*; trúa -liga, *to believe firmly*; e-t horfir -liga, *it looks hard, difficult*; vera -liga kominn, *to be set fast*; **-ligr**, a. *fast, firm, strong*; **-lyndr**, a. *firm, strong-minded*; **-máll**, a. *trusty*; **-mæli**, n. pl. *fast engagement* (binda e-t fastmælum).

fastna (að), v. (1) *to pledge, promise solemnly* (f. e-m lögbót); (2) *to betroth* (fastnaði Mörðr Hrúti dóttur sína); f. sér konu, *to engage a wife*; refl. fastnast, *to be betrothed.*

fastnaðar-mál, n. = festarmál; **-öl**, n. = festaröl.

fastnaðr (-ar), m. *betrothal.*

fastnandi (pl. -endr), m. *betrother.*

fast-næmr, a. (1) *close-fisted*; (2) *firm, trusty* (-næmr við vini sína).

fast-orðr, a. *true to one's word.*

fastr, a. (1) *fast, firm, sticking fast to the spot*; hrútr f. (*held fast, entangled*) á meðal viða; f. á velli, *standing fast* (in battle); standa f. fyrir, *to stand fast* (*firm*); (2) *close, close-fisted*; f. ok fégjarn, *close and covetous*; f. af e-u, *sparing of* (f. af drykk); (3) of a meeting: þá er sóknarþing er fast, *during the session*; (4) *firm, faithful* (fast heit, loforð, föst trú); fullr ok f., *definitive, permanent* (þessi grið skulu vera full ok föst); (5) *strong, hard* (f. bardagi); fast atkvæði, *hard syllable* (ending in a double consonant); (6) til fasta, *fast, firmly*; ráða, mæla, heita til fasta, *to make a firm agreement.*

fast-ráðinn, pp. *determined* (-ráðinn í e-u); hafa e-t -ráðit, *to have made up one's mind* (*about*); **-ríki**, n. *strong rule, tyranny*; **-settr**, pp. *fast-rooted* (-sett villa); **-tekinn**, pp. *determined, resolved* (hafa e-t fast-tekit með sér, -tekinn í e-u); **-tœkr**, a. *headstrong, stubborn*; **-úðigr**, a. *staunch, firm of mind*; **-úðliga**, adv. *firmly*; **-úðligr**, a. = -úðigr; **-vingr**, a. *steadfast as friend*, = vinfastr; **-yrðr**, a. = -orðr.

fat, n. (1) *vat, vessel, pail* (kona vildi bera vatn en hafði ekki f.); eitt fat (*basket*) með vínberjum; (2) *luggage, baggage* (bera föt sín á skip, bera föt á land); (3) *article of clothing, garment*, pl. (föt), *clothes, dress* (hann hafði föt sín í fangi sér, en sjálfr var hann naktr).

fata, f. *pail, bucket.*

fata (að), v. *to step*, = feta.

fata-búningr, m. *apparel*; **-búr**, n. *wardrobe*; **-gørvi**, n. *luggage, gear*; **-hestr**, m. *pack-horse*; **-hirzla**, f. *wardrobe*; **-hrúga**, f. *heap of clothes*; **-kista**, f. *clothes-chest.*

fatlaðr, pp. *impeded*; fjötri fatlaðr, *fettered.*

fat-lauss, a. (1) *without clothes*, = klæðlauss; (2) *without luggage.*

fatl-byrðr, f. *a burden fastened with straps* (cf. 'fetill').

fatnaðr (gen. -ar), m. *clothing.*

fat-prúðr, a. *dressy, finely dressed*; **-prýði**, f. *dressiness.*

fatr, n. *impediment, delay.*

fatrast (að), v. refl. *to be entangled or impeded* in a thing (fatrast mjök fyrir honum).

fats-töturr, m. *tatters.*

fattr, a. (*easily*) *bowed backwards.*

fatt-skolptaðr, a. *with upturned snout.*

fauska-gröptr, m. *digging dry logs out of the earth for fuel.*

fauskr (-s, -ar), m. *a rotten dry log* (fúinn fauskr, forn fauskr).

fax, n. *mane*; poet., vallar fax, *the field's mane, wood.*

faxaðr, pp. *maned, having a mane.*

fá (fæ; fekk, fengum; fenginn), v. (1) *to grasp with the hands, get hold of*; hón hefir fengit einn stein, *she has taken a stone*; (2) *to take, capture* (fengu þeir Gunnar); (3) *to get, gain, win*; sá fær er frjár, *he that woos wins*; fá fljóðs ást, *to win a woman's love*; hann bað konunnar ok fekk heitit hennar, *he asked the woman in marriage and got the promise of her hand*; fá sitt eyrindi, *to accomplish one's errand*; fá hærra hlut, *to get the better of it*; fá góðar viðtökur, *to get a good reception*; fá skilning á e-u, *to get knowledge of*; (4) *to suffer, endure*; fá úsigr, *to be defeated*; fá skaða, *to suffer harm*; fá úvit, *to fall senseless, to faint*; fá líflát, *to fall lifeless*; fá bana, *to come by one's death*; (5) *to get, procure*; hann fekk sér gott kvánfang, *he got a good wife*; (6) *to give, deliver to one, put into one's hands*; fá mér (*give me*) leppa tvá ór hári þínu; fáit nú konungi festu (*give the king bail*) þá er honum líki; fá e-m sök, *to charge one*; var sá sveinn fenginn í hendr okkr, *delivered into our hands*; fá e-m e-t at geyma, *to give a thing into one's charge* (= fá e-m e-t til geymslu); (7) with pp. following, *to be able to*; fá e-n veiddan, *to be able to catch one*; hon fær með engu móti vakit þá, *she could by no means awaken them*; þeir munu mik aldri fá sótt, *they will never be able to overcome me*; fengu þeir honum ekki nát, *they could not catch him*; skaltu hvergi fá undan hokat, *thou shalt have no chance of sneaking away*; hann fekk þó eigi víss orðit, *he could not make out for certain*; (8) with gen., *to get, take, gain, win*; þeir fengu fjár mikils, *they took a rich booty*; vel er þess fengit, *it is well earned, well done*; hann var eigi skáld, ok hann hafði ei þeirrar listar fengit, *he had not received that gift*; fá verðar, *to take a meal*; hann fekk sér sveitar (*he raised a band*) ok gørðist illvirki; fá konu, *to get a wife, marry* (hon var átján vetra, er Þorsteinn fekk hennar); (9) *to conceive*, of sheep and cattle (fá burðar, lambs); (10) *to touch, affect*; þat fekk mikils hinum hertekna manni, *it touched the captive deeply*; þá fær Þorbirni svá mjök (*Th. was so much moved*), at hann grætr; (11) impers., *one can get or find*; vápn svá góð, at eigi fær önnur slík, *that the like are not to be got*; at varla fái vitrara mann, *that a wiser man is hardly to be found*; also, *one may or can* (do something); þat skip fær vel varit eldi, *that ship can well be guarded against fire*; (12) with preps.; fá af sér (with infin.) *to bring oneself to*; þeir fengu af verra, *they got the worse of it*; fá at veizlu, brúðkaupi, blóti, *to get provisions for a feast* (hann fekk at blóti miklu); sá dagr er at jólum skal fá, *the day when preparations are to be made for Yule* (cf. 'atfanga-dagr'); fá á e-u, *to get hold of, grasp with the hand*; faðir Móða fekk á þremi, *the father of M. caught hold of the brim*; fá á e-n, *to touch, affect one, move* (opt fá á horskan lostfagrir litir); láta e-t á sik fá, *to be (deeply) affected by, take it to heart*; drykkr fær á e-n, *the drink intoxicates one* (er drykkr fekk á Hákon jarl); fá í e-t, *to take hold of, grasp with the hand* (= fá á e-u); forðuðu fingrum, fengu í snœri, *they took hold of the strings*; fá e-t *or* e-s til, *to get, procure* (var kirkja gör ok kennimanna til fengit); fá e-n til at gøra e-t, *to get one to do a thing*; þeir fengu menn til at ryðja skip sitt, *they got men to clear their ship*; fá til e-s, *to lay hold of*; þar var fjöld fjár, fengu til margir, *there was wealth of money, and many took a share of it*; (13) refl., fást í e-u, *to be busy, exert oneself, engage in a matter* (dróttningin mátti þar ekki í fást); Helgi leitaði þá, ef Sigurðr vildi í fást við Þorvald, *if S. would try with Th.*; segir hana ljúga ok fást í rógi, *and deal in slander*; fást við e-t = f. í e-u; f. við e-n, *to have to do with, to contend with one* (H. segist þá vilja ... fást eigi við fjánda þenna); *to wrestle* (*grapple*) *with one* (skaltu fást við blámann várn).

fá (**fá, fáða, fáðr**), v. *to draw, paint*; fá rúnar, *to draw runes or magic characters*; vér höfum fáða unga brúði á vegg, *we have painted the young bride on the wall*; gulli fáðr, *gilded*.

fá-bygðr, pp. *thinly peopled*.

fádœma-mikill, a. *uncommonly great* (högg fádœma-mikit).

fá-dœmi, n. pl. *exceptional things*; vera með fádœmum, *to be exceptional, portentous*; **-dœmiligr**, a. *exceptional, extraordinary*.

fádœmis-heimska, f. *extraordinary foolishness*.

fá-einir, a. pl. *only a few* (= fáir einir); **-fróðr**, a. *ignorant*; **-frœði**, f. *want of knowledge, ignorance*.

fága (**að**), v. (1) *to adorn, embellish* (gjörð fáguð með brögðum); (2) *to polish, clean* = fægja (hún fágar ok þvær fœtr þeirra allra); (3) *to take care* (*charge*) *of, to tend* (f. farsælulausa, sjúka); (4) *to cultivate* (f. rangan átrúnað); f. jörðina, *to till the earth*; (5) *to worship* (f. heiðin goð).

fágan, f. *worship* (f. guða).

fáganar-maðr, m. *worshipper*.

fágandi (pl. -endr), m., **fágari**, m. *cultivator, worshipper* (víngarðs fágandi, fágari skurðgoða).

fá-glýjaðr, pp. *of little glee, sad*.

fágu-ligr, a. *neatly polished*.

fá-gætr, a. *scarce, rare, uncommon*; **-heyrðr**, pp., **-heyriligr**, a. *unusual*; **-hjúaðr**, a. *few in family* (var þar fáhjúat); **-hæfr**, a. *of little use*.

fái, m. *image, figure*.

fáinn, a. *polished, stained*.

fá-kátr, a. *sad, in low spirits*.

fák-hestr, m. = fákr.

fá-klæddr, pp. *having few clothes on, thinly clad*.

fákr (**-s, -ar**), m. *horse* (poet.).

fá-kunnandi, f., **-kunnasta**, f. *ignorance*; **-kunnigr**, a. *ignorant*; **-kunnleikr**, m. = -kunnasta; **-kunnligr**, a. *unusual, rare*; **-kynsl**, n. pl. **-kynstr**, n. *shocking accident*.

fála, f. *giantess, hag, witch*.

fá-látr, a. *silent, reserved*; **-leikr**, m. *coldness, melancholy* (taka fáleika ok úgleði); **-liða**, a. indecl., **-liðaðr**, **-liðr**, a. *with few followers*; **-liga**, adv. *coldly* (fell með þeim heldr fáliga); **-ligr**, a. *cold, reserved*.

fálka-kaup, n. *purchase of falcons*; **-veiðr**, f. *catching of falcons*.

fálki, m. *falcon*.

fálma (**að**), v. *to fumble, grope about* (f. höndum, saxi); f. til e-s, *to try to get hold of one* (Hrappr vildi f. til mín); (2) *to flinch* (f. af hræzlu).

fá-lyndi, n. *steadfastness, faithfulness*; **-lyndr**, a. *steadfast, faithful*, opp. to 'fjöllyndr'; **-máligr**, a. *chary of words, reticent*; **-menni**, n. *few people*; **-mennr**, a. *having few followers* (fara fámennt); **-mæltr**, a. = -máligr; **-nefndr**, pp. *seldom mentioned*; **-nýtr**, a. *of little use*; **-orðr**, a. *sparing of words*.

fár (**fá, fátt**; compar. **færi** or **færri**, superl. **fæstr**), a. (1) *few*; með fá liði, við fá menn, *with few men*; fáir (= fáir menn), *few*; fáir einir, *only a few*; í fám orðum, *in few words*; the sing. often instead of plur., esp. in old sayings (fár er fagr, ef grætr; f. bregðr hinu betra, ef hann veit hit verra); neut. fátt, *few things* (fátt veit sá er sefr); var eigi boðit fæ̈ra en hundraði, *no fewer than a hundred were invited*; fátt af þeirra mönnum, *only a few of their men*; with gen., fátt manna, *few men*; fátt góðs, *but little good*; þeir ugðu fátt at sér, *they feared little for their own safety*; with numerals, fátt í, *less than, short of, save*; vetri fátt í fjóra tigu, *forty years all but one, thirty-nine years*; lítit fátt í fimm tigi vetra, *little short of fifty years*; hálfum eyri fátt í átta merkr, *eight marks less half an ounce*; sex menn it fæsta, *six men at least*; (2) *cold, reserved, in low spirits* = fálátr; var þá Gunnarr við hana leng-

fár, *was cold to her for a long time*; neut. fátt, *coolness*; var fátt um með þeim brœðrum *the brothers were on indifferent terms*; fátt var með þeim Hrúti um samfarar, *there was a coolness between H. and his wife*; hvárt er var í milli þeirra mart eða fátt, *whether they stood on good or bad terms, were friendly or not.*

fár, n. (1) *bale, harm, mischief*; lesa f. um e-n, *to speak foul calumnies of one*; af fári, *from evil passion*; ef ek vissa þat f. fyrir, *if I could foresee that bale*; full skal signa ok við fári sjá, *and so prevent harm from it*; þat er f. mikit (*'tis a bad omen*), ef þú fœti drepr; (2) *dangerous illness* (lá hann i þessu fári nær viku); (3) *fraud, false dealing.*

fá-ráðr, a. *perplexed, helpless.*

fár-hugr, m. *wrath, grudge*; **-kuldi**, m. *piercing coldness* (-kuldi veðrs); **-leikr**, m. *disaster*; **-liga**, adv. (1) *wrathfully*; (2) *abominably*; **-ligr**, a. *harmful, disastrous*; **-ramr**, a. *terribly strong.*

fárs-fullr, a. *ill-natured, malignant.*

fárs-skapr, m. *fierceness.*

fárs-kona, f. *wicked woman*; **-maðr**, m. *wicked man.*

fár-sótt, f. *pestilence*; **-verkr**, m. *severe pain*; **-viðri**, n. *baleful weather, tempest*; **-yrði**, n. pl. *foul language.*

fá-rœddr, pp. *little spoken of* (þar var fárœtt um); **-rœðinn**, a. *chary of words* (= fámáligr, fáorðr); **-sénn**, a. *seldom seen, rare*; **-sinni**, n. *loneliness, isolation*; **-skiptinn**, a. *little meddling, quiet*; **-skrúðigr**, **-skrúðligr**, a. *meagre, poor*; **-skýrliga**, adv. *foolishly* (spyrja fáskýrliga); **-skýrligr**, a. *foolish, silly*; **-staðar**, adv. *in few places*; **-talaðr**, pp. (1) = -orðr; (2) *having few vowel-sounds*; **-tíðindi**, n. pl. *rare occurrence*; **-tíðliga**, adv. *rarely*; **-tiðligr**, a., **-tíðr**, a. *uncommon, rare*; **-tœkdómr**, m. *poverty*; **-tœki**, n. *want, poverty*; ganga á fátœki, *to go a-begging.*

fátœkis-dómr, m. = fátœkdómr; **-fólk**, n. *poor folk*; **-land**, n. *land of affliction*; **-lið**, n. *poor people*; **-maðr**, m. *poor man.*

fátœk-leikr, m. *poverty*; **-liga**, adv. *poorly*; **-ligr**, a. *poorly, poor.*

fá-tœkr, a. *poor*; **-tœkt**, f. *poverty*; **-vingaðr**, pp. *having few friends* (hafa fávingat); **-vitr**, a. *unwise, foolish, silly*; **-vitra**, **-vizka**, f. *unwisdom, folly*; **-vizkr**, a. = fávitr; **-víss**, a. *foolish.*

fé (gen. **fjár**) n. (1) *cattle*, esp. *sheep*; þeir ráku féit (*the sheep*) upp á geilarnar; gæta fjár, *to herd or tend sheep*; ganganda fé, *live stock*, opp. to 'dautt fé', or 'liggjanda fé,' *valuables, money*; (2) *property, money* (hvárt sem fé þat er land eðr annat fé); fyrirgøra fé ok fjörvi, *to forfeit property and life*; fé er fjörvi firr, *life is dearer than money*; fé veldr frænda rógi, *money makes foes of kinsmen*; afla sér fjár ok frægðar (frama), *to gain wealth and fame*; hér er fé þat (*the money*), er Gunnarr greiddi; þiggit þat, herra, fé er í þvi, *there is value in it*; pl. fé (dat. fjám), *property, means.*

féauðnu-maðr, m. *a man lucky with his sheep*; **fé-boð**, n. *offer of money.*

fébóta-laust, adv. *without any compensation being paid.*

fé-brögð, n. pl. *devices for making money*; **-bœtr**, f. pl. *compensation*, esp. as *weregild*, opposed to 'mannhefndir.'

feðgar, m. pl. *father and son* (*or sons*); við f. *we, father and son*; vin þeirra Sturlu feðga, *a friend of Sturla and his father.*

feðgin, n. (1) *father or mother* (hvárttveggja feðginit); (2) pl. *parents*; várra fyrstu feðgina, *of our first parents*; f. eða ná-frændr, *parents or near kinsfolk*; hjá feðginum sínum ok forellrismönnum, *by his parents and forefathers.*

feðma (**að**), v. *to span or encompass with the arms.*

feðr, m. *father*, = faðir.

feðr-betrungr, m. = föðurbetrungr.

feðr-land, n. *fatherland*, = föðurland; **-munir**, m. pl. *patrimony.*

fé-drengr, m. *open-handed man* (-drengr góðr við sína vini); **-drjúgr**, a. *rich in sheep and cattle.*

fé-fang, n. *booty*; **-fastr**, a. *close-fisted*, = fastr af fé; **-fátt**, a. n. *in want of money* (e-m er *or* verðr féfátt); **-fellir**, m. *loss of sheep* (from plague or starvation); **-festi**, f. *closefistedness*; **-fletta** (-tta, -ttr), v. *to strip* (*one*) *of money*, *cheat* (*one*); **-frekr**, a. *greedy for money*; **-föng**, n. pl. *booty*, *plunder*, *spoil*, cf. 'féfang'; **-gefinn**, pp. *given for* (and *to*) *gain*.

fegin-leikr, m. *joyfulness*.

feginn, a. *glad*, *joyful*; verða f. *to rejoice*; fegnari en frá megi segja, *happy beyond description*; with dat., Ingi konungr varð honum hinn fegnasti, *king Ingi was delighted with his coming*; illu f. ver þú aldrigi, *never rejoice in mischief*; taka við e-m fegins hendi, *to receive one joyfully*, *with heart and hand*; finnast á fegins degi, *to meet on the day of joy*, *at the resurrection*.

fegin-saga, f. *joyful news*; **-samliga**, adv. *joyfully*; **-samligr**, a. *joyful*.

fé-girnd, **-girni**, f. *avarice*; **-gjald**, n. *payment*, *fine*; **-gjarn**, a. *covetous*, *avaricious*; **-gjöf**, f. *gift of money*; **-gløggr**, a. *close-handed*; **-góðr**, a. *good*, *current* (í fégóðum peningum).

fegra (**að** or **-ða**), v. *to embellish*, *beautify*; kanna siðu manna ok f. *to improve*, *better*; ekki þarf þat orðum at f. *there is no use trying to extenuate it*; f. um e-t, *to mend*, *polish up*.

fegrð, f. *beauty* (f. sólarinnar).

fegrðar-fullr, a. *beautiful*; **-lauss**, a. *void of beauty*.

fé-grið, n. pl., *security for property*; **-gyrðill**, m. *money-bag*, *purse* (worn on the belt); **-gætni**, f. *saving habits*; **-göfugr**, a. *blessed with wealth*; **-hirðir**, m. (1) *herd*, *shepherd*; (2) *treasurer*; **-hirzla**, f. (1) *treasury*; (2) *treasure*.

féhirzlu-hús, n. *treasure-house*; **-maðr**, m. *treasurer*.

fé-hús, n. (1) = fjós, *cattle-house*; (2) *treasury*.

feigð, f. *approach*, *foreboding*, *or sign of death* (þú sátt þegar í dag feigðina á honum).

feigðar-greip, f. *hand of death*.

feig-ligr, a. (1) *looking 'feylike'*; (2) *boding death*.

feigr, a. *fated to die*, *fey*; ekki má feigum forða, *there is no saving*, *or rescuing*, *a 'fey' man*; standa, ganga feigum fótum *to tread on the verge of ruin*; mæla feigum munni, *to talk with a 'fey' mouth*; vilja e-n feigan, *to wish one's death*.

feikn, a. *awful*, *terrible*.

feikn, f. *portent*, *terrible thing*.

feikna-lið, n. *terrible host*; **-veðr**, n. *fearful weather*, *tempest*.

feikn-stafir, m. pl. *baleful runes*, *evils*, *curses*.

feilast, v. refl. *to falter*, *be timid* (Sinfjötli lét sér ekki feilast).

feima, f. *bashful girl*.

feita (-tta, -ttr), v. *to fatten*.

feiti, f. *fatness*.

feiting, f. *fattening*.

feit-leikr, m. *fatness*, = feiti.

feitr, a. *fat*.

fé-kátr, a. *proud of one's wealth*; **-kostnaðr**, m. *expenditure*, *expense*; **-kostr**, m. = -kostnaðr; **-krókar**, m. pl. '*money-crooks*'; viz. *wrinkles about the eyes*, *marking a greedy man* (sýndist Hallfreði fékrókar í augum hans).

fel, f. *the folded skirt of a cloak* (?).

fela (**fel**; **fal**, **fálum**; **fólginn**), v. (1) *to hide*, *conceal* (fálu þeir gullit í Rín; þær austr ok vestr enda fálu); fel sverð þitt, *sheathe thy sword*; yrkja fólgit, *to use obscure phrases* (in poetry); impers., fal þá sýn (acc.) milli þeirra, *they lost sight of one another*; (2) f. e-m e-t, *to make over*, *to give in trust or charge to one*; hann fal Óðni allan þann val, *he gave all the slain to Odin*; mey frumunga fal hann (*entrusted to*) megi Gjúka; f. e-m e-t á hendi, *to commit a thing to one's charge*, *to commend*; fálu sik ok sálir sínar guði almáttkum á hendi, *they commended themselves and their souls to God Almighty*; f. e-t undir eið sinn (þegnskap sinn), *to vouch upon one's oath* (*upon one's honour*); f. e-t undir e-m, *to put under one's charge*; er und einum mér öll um fólgin hodd Niflunga, *the whole hoard* *of the Niflungs is in my hands alone*; man hér öll vár vinátta undir felast, *all our friendship will depend upon this*; f. e-n á brott, *to put one out for alimentation*; f. e-n inni = f. e-n á brott; sá bóandi, er hann felr sik inni, *the man with whom he boards and lodges*; f. búfé inni at e-m, *to put out (cattle, sheep) to one to keep*; (3) refl. felast, *to hide oneself* (mörg leyni þau, er f. mátti í); f. í faðmi e-m, *to be locked in one's arms*; f. á hendi e-m, *to put oneself in another's hands, enter his service* (Kolskeggr falst á hendi Sveini Dana-konungi).

fé-lag, n. *fellowship, partnership*; eiga -lag saman, *to be partners*; eiga (hafa) félag við e-n, hafa félag e-s, *to be in partnership with one*; leggja félag við e-n, *to enter into partnership with one*; leggja til félags, *to contribute to a common fund*; skipta til félags, *to share in partnership*.

félaga-erfð, f. *a partner's inheritance*.

fé-lagi, m. (1) *partner, shareholder* of any kind; also used of married people, *partner, mate* (hvat segir þú mér frá Hrúti, félaga þínum); ek vil skilja við félaga minn, *I wish to part with my mate*; (2) *fellow, mate, comrade*; góðr (gamansamr) félagi, *a good (merry) fellow*; félagi minn ok frændi, *my comrade and kinsman*.

félag-leikr, m. *friendliness*; **-ligr**, a. *friendly, kind* (e-m, við e-n).

félags-bú, n. *joint household*; **-fé**, n. *common fund*; **-gørð**, f. (1) *entrance into partnership*; (2) *contract* (nema annan veg hafi mælt verit í fégørð þeirra); **-hross**, n. *a horse owned in partnership with others*.

félagskap-ligr, a. = félagligr.

félag-skapr (gen. **-skapar**), m. (1) *fellowship, partnership*; (2) *companionship, friendship*; gørðist þar brátt -skapr góðr, *they soon became intimate friends*; binda saman lag sitt ok -skap, *to enter into close alliance*.

félags-lagning, f. *entering into partnership*; **-maðr**, m. *partner*; **-vætti**, n. *a witness in matters of a* félag.

fé-lauss, a. *penniless, poor*; **-laust**, adv. *gratis*, = kauplaust; **-lát**, n. *loss of money*.

feldar-blað, n. = -skaut; **-dálkr**, m. *cloak-pin*; **-röggvar**, f. pl. *the long hairs of the outside of a cloak*; **-skaut**, n. *the skirt of a cloak*; **-slitr**, n. *tatters of a cloak*.

feldr (**-ar**, **-ir**), m. *cloak*.

feldr, pp. *fitted*; vera vel (illa) f. til e-s, *to be well (ill) fitted for a thing*; neut., þér er ekki felt at, *it is not fit for thee to*.

fé-leysi, n. *want of money*; **-ligr**, a. *valuable, handsome* (esp., ekki féligr); **-lítill**, a. (1) *short of money, poor*; (2) *of little value* (félítill skógr).

feljóttr, a. *shabby, rough* (verja feljótt sem laki).

fell, n. '*fell*', *(isolated) hill, mountain*. Cf. 'fjall'.

fella (**-da**, **-dr**), v. (1) *to fell, make fall*; f. við, *to fell timber*; f. segl, *to take down sails*; (2) *to kill, slay* (in battle); f. e-n. frá landi, *to slay or dethrone (a king)*; f. fénað sinn, *to lose one's sheep or cattle from cold or hunger*; (3) *to cause to cease, abolish* (f. blót ok blótdrykkjur); f. rœðu sína, *to close one's speech*; f. niðr, *to put an end to, abandon, give up* (f. niðr þann átrúnað); (4) f. heitstrenging á sik, *to bring down on one's head the curse for a broken vow*; (5) *to tongue and groove, to fit*; f. stokk á horn, *to put a board on the horns of a savage bull*; (6) fig., f. ást (hug) til e-s, *to turn one's mind (love) towards one, to fall in love with*; f. bæn at e-m, *to address prayer to one, to beg of one*; f. sik við e-t, *to fit oneself to a thing*; f. sik mjök við umrœðuna, *to take a warm part in the debate*.

fella, f. (1) *framework, a framed board*; (2) *mouse-trap*.

felli-hurð, f. *trap-door*; **-kápa**, f. *a kind of plaid*.

felling, f. (1) *felling, knocking down*; (2) *joining, framing*.

fellir, m. *death*, esp. *of cattle*.

felli-sótt, f. *sudden illness*; **-vetr**, m. *a hard winter when the cattle die of cold or hunger*.

fellu-járn, n. *wrought iron.*

felms-fullr, a. *alarmed, frightened.*

felmta (-mta, -mtr), v. *to be in a state of fright and alarm* (fari menn stilliliga ok felmti eigi); felmtr, *frightened* (fara f.); e-m verðr felmt við, *one gets frightened.*

felmtr, m. *sudden fear, fright* (slær felmt á e-n).

fé-maðr, m. *moneyed man*; **-mál**, n. pl. *money-matters*; **-mikill**, a. (1) *moneyed, rich*; (2) *valuable, costly*; **-mildr**, a. *open-handed* (= mildr af fé); **-missa**, f. *loss of property*; **-munir**, m. pl. *valuables, property*; **-múta**, f. *bribe in money*; **-mætr**, a. *valuable.*

fen (gen. pl. fenja), n. *bog, quagmire* (mýrar ok fen).

féna (að), v. impers., e-m fénar, *one gains* (fénaði þér nú).

fénaðr (gen. -ar), m. *sheep, cattle.*

fengi, n. *booty*, = herfang; **-liga**, adv. *advantageously* (dreyma -liga).

fenginn, pp. *fitted* (vel til e-s f.).

fengi-sæll, a. *making a good haul.*

feng-lítill, a. *of little value.*

fengr (gen. fengjar), m. (1) *haul, take*; (2) *gain, booty* (verðr lítit til fengjar); (3) *store, supply.*

feng-samr, a. *making large provision*; **-semi**, f. *being* fengsamr.

fé-níðingr, m. *miser.*

fenjóttr, a. *boggy* (cf. 'fen').

fenna (-ta, -t), v. *to cover with snow*; impers., fennti fé, *the sheep were snowed up.*

fé-nýta (-tta, -ttr), v. *to turn to account, make use of* (-nýta sér e-t); **-nýtr**, a. *that will bring in money*; **-penningr**, m. *penny-worth, money*; **-pynd**, f. *extortion*; **-ráð**, n. pl. *advice in money matters*; **-rán**, n. *plunder.*

féráns-dómr, m. *court of execution.*

ferð, f. (1) *journey* (gera ferð sína heiman); vera í ferð með e-m, *to travel with one*; (2) *conduct, behaviour* (kurteiss í ferð).

ferða-maðr, m. *traveller.*

ferðar-broddr, m. *van* (= fararbroddr); **-búinn**, pp. *ready for a journey*; **-leyfi**, n. *leave to travel.*

ferðast (að), v. refl. *to travel.*

ferða-stafr, m. *walking-staff, pilgrim's staff.*

ferðugr, a. *ready* (eigi var hann f. at fara þessa ferð).

fer-elningr, m. *a fish four ells long*; **-falda** (að), v. *to make fourfold, multiply by four*; **-faldr**, a. *fourfold*; **-fœtingr**, *a quadruped*; **-fœttr**, a. *four-footed*; **-hyrndr**, a. *with four corners, square.*

fé-ríkr, a. *rich, wealthy.*

ferill (dat. ferli), m. (1) *track, trace*; (2) vera á ferli, *to be on the move, out of bed*; (3) *traveller* (veg-, Róm-ferill).

ferja (að, old form farða, farðr), v. *to ferry over a river or strait.*

ferja, f. *ferry-boat, large boat.*

ferju-ár, f. *ferryman's oar*; **-búi**, m. *one who lives near a ferry*; **-karl**, m. *ferryman, boatman*; **-maðr**, m. = -karl; **-skattr**, m. *ferry toll*; **-skip**, n. = ferja; **-smíð**, f. *making a* ferja.

fer-liga, adv. *monstrously*; **-ligleikr**, m. *monstrosity*; **-ligr**, a. *monstrous, hideous*; **-líkan**, n. *monstrous shape, monster*; **-líki**, n. = -líkan.

ferma (-da, -dr), v. *to load, lade* (f. skip af e-u).

ferming, f. *confirmation.*

fernir (fernar, fern), a. distrib. (*a set of*) *four.*

fer-skeyta, (-tta, -ttr), v. *to square*; **-skeyttr**, *square*; **-strendr**, a. *four-edged, four-sided*; **-tugandi**, a. *fortieth*; **-tugfaldr**, a. *fortyfold*; **-tugr**, a. (1) *forty years old*; (2) *measuring forty* (*ells, fathoms*, etc.); fertug drápa, *a poem of forty verses*; **-ærðr**, a. *four-oared.*

fé-samr, a. *lucrative*; **-sátt**, f. *agreement as to payment*; **-sekr**, a. *fined, sentenced to a fine*; **-sekt**, f. *fine*; **-sínki**, f. *niggardliness*; **-sínkr**, a. *niggardly*; **-sjóðr**, m. *bag of money*; **-sjúkr**, a. *greedy of money*; **-skaði**, m. *loss in money*; **-skipti**, n. *division of property*; **-skjálgr**, a., féskjálg augu, *eyes squinting towards money*; **-skortr**, m. *shortness of money*; **-skuld**, f. *money debt*; **-skurðr**, m. *detriment*; **-skygn**, a. *covetous*; **-skylft**, a. n., e-m er féskylft, *one has* *many expenses to defray*; **-snauðr,** a. *poor in money, penniless*; **-sníkja, -sníkni,** f. *intruding as a parasite, begging*; **-snúðr,** m. *lucre*; **-sparr,** a. *sparing, close-fisted*; **-spjöll,** n. pl. *spells to get wealth.*

festa (-sta, -str), v. (1) *to make fast, fasten* (f. skip, bát, hval); (2) *to hang up* (= f. upp); f. á gálga, *to hang on the gallows*; f. út til þerris, *to hang out for drying*; f. e-t við e-t, *to fasten to a thing*; (3) in various fig. phrases, festa trúnað á e-t, *to believe in*; f. hug við e-t, *to fix the mind upon*; f. yndi, *to feel happy* (in a place); f. e-t í minni, *to fix in the memory*; also absol., f. kvæði, *to learn a poem by heart*; (4) *to settle, stipulate*; f. sáttmál, *to make a settled agreement*; f. járn, *to pledge oneself to the ordeal of red-hot iron*; (5) *to betroth* (f. e-m dóttur sína); (6) impers. *to cleave, stick fast* (spjótit festi í skildinum); eld festir, *the fire catches, takes hold*; bein (acc.) festir, *the bone unites* (after a fracture); (7) refl., festast, *to grow to, stick fast to* (nafnit festist við hann); bardagi festist, *the battle closes up fast.*

festa, f. *bail, pledge* (svardagi ok f.).

festar-auga, f. *loop or eye at the end of a rope* (festr); **-endi,** m. *end of a rope*; **-fé,** n. *dowry*; **-garmr,** m. *chain-dog*; **-hald,** n. *holding the rope*; **-hundr,** m. = -garmr; **-hæll,** m. *peg for a rope*; **-kona,** f. *betrothed woman*; **-maðr,** m. *betrothed man*; **-mál,** n. pl. *betrothal, affiance*; **-mær,** f. = -kona; **-penningr,** m. *pledge, bail*; **-váttr,** m. *a witness at a betrothal*; **-vætti,** n. *evidence to a betrothal*; **-öl,** n. *betrothal-ale.*

fé-sterkr, a. *wealthy, rich.*

festi-liga, adv. *firmly, violently.*

festing, f. (1) *fixing, fastening*; (2) *firmament*; **festning,** f., **festningar-himinn,** m. = festing 2.

festr (gen. **festar,** dat. and acc. **festi**; pl. **festar**), f. (1) *rope, cord, cable* (for mooring a ship to the shore); (2) pl. *betrothals* (festar fara fram).

festu-maðr, m. *bail, surety.*

fé-sæla, f. *wealth*; **-sæll,** a. *wealthy*; **-sætt,** f. *an agreement as to payment* (of weregild); **-sök,** f. *suit, action for money.*

fet, n. (1) *pace, step*; ganga (stíga) feti framarr, *to go a step forward*; fara fullum fetum, *to go at full pace*; fetum (dat.) as adv. *at a pace*; (2) as a measure, *foot.*

feta (fet, fat, —), v. (1) *to step, find one's way* (f. leið, heim); (2) poet. with infin., hve ek yrkja fat, *how I managed to make my poem.*

fé-taka, f. *taking* (*receiving*) *money.*

feti, m. *blade of an axe.*

fetill (dat. **fetli**; pl. **fetlar**), m. *strap* (of a shield or sword).

fé-vani, a. *short of money*; **-ván,** f. *expectancy of money*; **-vænliga,** adv. *in a manner promising profit*; **-vænligr,** a. *profitable*; **-vænn,** a. = -vænligr; **-vöxtr,** m. *increase in one's property, gain, profit.*

feykja (-ta, -t), v. (1) *to blow, toss* (f. e-u); (2) *to rush* (hann feykir inn í húsit).

fé-þurfi, a. *in need of money.*

fiðla, f. *fiddle*; **fiðlari,** m. *fidaler.*

fiðraðr, a. *feathered* (of arrows).

fiðri, m. *feathers, plumage.*

fimbul-fambi, m. *monstrous fool*; **-ljóð,** n. pl. *mighty songs*; **-týr,** m. *mighty god*; **-vetr,** m. *the great and awful winter*; **-þulr,** m. *the mighty sage or speaker.*

fim-leikr, m. *nimbleness, agility*; **-liga,** adv. *nimbly*; **-ligr,** a. *nimble.*

fimm, card. numb. *five.*

fimr, a. *nimble, agile* (f. við leika).

fimt, f. *number of five.*

fimtán, card. numb. *fifteen.*

fimtándi, ord. numb. *fifteenth.*

fimtán-sessa, f. *a ship with fifteen rowers' benches.*

fimtar-dómr, m. *the Fifth or High Court* (*of law*) *in the Icelandic Commonwealth.*

fimtardóms-eiðr, m. *the oath to be taken in the Fifth Court*; **-lög,** n. pl. *the institution of the F. C.*; **-mál,** n. *an action before the F. C.*; **-stefna,** f. *a citation before the F. C.*

fimtar-tala, f. *the number of five.*

fimti, ord. numb. *fifth.*

fimtugr, a. (1) *fifty years old*; (2) *measuring fifty* (*ells, fathoms*).

fimtungr, m. *the fifth part.*

fingr (gen. **fingrar** or **fingrs**; pl. **fingr**), m. *finger* (fingr digrir); rétta e-m f., *to point one's finger at.*

fingr-brjótr, m. *wrong move* (in chess); **-gull**, n. *finger-ring of gold*; **-mjór**, a. *thin-fingered.*

fingrungr (**-s**, **-ar**), m. *finger-ring.*

finna (**finn**; **fann**, **fundum**; **fundinn**), v. (1) *to find* (þá fundu þeir Hjörleif dauðan); (2) *to meet one* (ok vildi eigi f. Hákon konung); (3) *to visit, to interview* (gakk þú at f. konung); (4) *to find out, invent* (rúnar munt þú finna); (5) *to discover* (ok fundu þar land mikit); (6) fig. *to find, perceive, notice, feel* (fundu þeir þá brátt, at); (7) f. e-m e-t, *to find fault with, blame* (þat eitt finn ek Gunnlaugi, at); (8) with preps., f. á e-t, *to come across, fall in with* (= hitta á e-t); impers., fann þat á, *it could be perceived*; fann lítt á honum, hvárt, *it was little to be seen whether*, etc.; f. at e-u, *to find fault with, censure, blame*; f. e-t til, *to bring forward, give as a reason* (hvat finnr þú til þess?); (9) refl., finnast til e-s, *to be pleased with*; impers., fannst Grími fátt til hans, *Grim was little pleased with him*; láta sér lítit um finnast, *to pay little heed to, rather dislike*; Ölvi fannst mikit um hann, *Ölvir admired him much.*

Finna, f. *Finn woman.*

Finnar, m. pl. *Finns* (usually the early non-Aryan inhabitants of Norway and Sweden; not identical with the modern Lapps or Finns).

Finn-ferð, **-för**, f., **-kaup**, n. *travelling or trading with the Finns*; **-gálkn**, n. *fabulous monster*; **-kona**, f. = Finna; **-land**, n. *Finland*; **-lendingar**, m. pl. *the Finns*; **-mörk**, f. *Finmark*; **-skattr**, m. *tribute paid by the Finns.*

finnskr, a. *Finnish.*

firar, m. pl. poet. *men, people.*

firin-verk, n. pl. poet. *abominations.*

firn, n. pl. *abomination, monstrous thing.*

firna (**að**), v. *to blame, reproach* (f. e-n e-s, e-n um e-t).

firna-, gen. pl., used as an intensive prefix with adjectives and nouns; **-djarfr**, a. *very daring*; **-frost**, n. *awful frost*; **-fullr**, a. *awful*; **-harðr**, a. *violent.*

firr, adv. compar., **first**, adv. superl., see 'fjarri'.

firra (**-ða**, **-ðr**), v. (1) f. e-n augum, *to lose sight of*; (2) *to deprive one of* (f. e-n e-u); (3) *to save, defend* (f. e-n ámæli); (4) refl. *to keep away from, shun, avoid* (firrast fund e-s).

firri, a. compar. *farther off*; fé er fjörvi firra, *money is less dear than life.* Cf. 'fjarri'.

firring, f. *shunning, removal.*

fiska (**að**), v. *to fish* (= fiskja).

fiska-kaup, n. *purchase of* (*dried*) *fish*; **-stöð**, f. *fishing-place*; **-stöng**, f. = fiskistöng; **-ver**, n. = fiskiver.

fisk-bein, n. *fish-bone*; **-bleikr**, a. *pale as fish*; **-gengd**, f. *shoal of fish*; **-hryggr**, m. *fish-spine.*

fiski (gen. **fiskjar**), f. *fishing*; róa, fara til fiskjar, *to go a-fishing.*

fiski-bátr, m. *fishing-boat*; **-fang**, n. *catch of fish*; pl. (-föng), *stores of fish*; **-gengd**, f. *shoal of fish*; **-karl**, m. *fisherman*; **-kufl**, m. *fishing-jacket*; **-ligr**, a. *fit for fishing*; **-lœkr**, m. *a brook full of fish, fish-brook*; **-maðr**, m. *fisherman.*

fiskinn, a. *good at fishing.*

fiski-róðr, m. *rowing out for fish*; **-saga**, f. *fish-news*; **-skáli**, m. *fisherman's hut*; **-skip**, n. *fishing-boat*; **-stöng**, f. *fishing-spear*; **-veiðr**, f. *catching of fish*; **-ver**, n. *fishing place or station.*

fiskja (**-ta**, **-t**), v. *to fish* (= fiska).

fiskr (**-s**, **-ar**), m. *fish*; flatr f., heilagr f., *flat-fish, halibut.*

fisk-reki, m. '*fish-driver*' (a kind of *whale*).

fit (pl. **fitjar**), f. (1) *webbed foot of swimming birds*; *flipper* (*of a seal*); (2) *meadow-land on the banks of a lake or river.*

fita, f. *fat, grease.*

fitja (**að**), v. *to web, knit* (hann lét f. saman fingrna).

fitja-skammr, a. *having short flippers* (selr ekki fitjaskammr).

fitna (**að**), v. *to become fat.*

fífil-bleikr, a. *dandelion-yellow.*

fífill, m. *dandelion.*

fífl, n. *fool, clown, boor.*

fífla, f. *wanton girl, romp.*

fífla (**-da**, **-dr**), v. *to beguile, seduce*; refl., fíflast, *to act as seducer.*

fíflingar, m. pl. *beguilement.*

fífl-megir, m. pl. *monsters, giants.*

fíflska, f. *foolishness, folly.*

fíflsku-fullr, a. *full of folly.*

fífl-yrði, n. pl. *foolish language.*

fífrildi, n. *butterfly.*

fíkjast (**t**), v. refl. *to have an eager desire* (á e-t, *for a thing*).

fíll (**-s**, **-ar**), m. *elephant.*

fínn, a. *fine, smooth* (rare).

fítons-andi, m. *spirit of prophecy heathen soothsaying.* (From med. L. *Phiton* for *Python.*)

fjaðraðr, a. *feathered* (= fiðraðr).

fjaðra-spjót, n. = fjaðr-spjót.

fjaðr-broddr, m. *point of a spear-blade*; **-hamr**, m. *feather-coat*; **-lauss**, a. *featherless*; **-sárr**, a. '*feather-sore*,' *moulting*; **-spjót**, n. *a kind of spear.*

fjala-brú, f. *a bridge of planks* (fjöl); **-köttr**, m. *mouse-trap.*

fjal-högg, n. *chopping-block.*

fjall, n. *mountain, fell.*

fjalla-dalr, m. *dale, valley*; **-gol**, n. *light breeze from the mountains*; **-sýn**, f. *mountain-view.*

fjall-berg, n. *crag, precipice*; **-bygð**, f. *district among fells*; **-dalr**, m. *dale in the fells*; **-ferð**, f. *mountain excursion*; **-garðr**, m. *range of mountains*; **-hagi**, m. *mountain pasture*; **-maðr**, m. *a man searching the fells for sheep*; **-rapi**, m. *dwarf-birch.*

fjalls-brún, f. *brow* (*edge*) *of a mountain*; **-hlíð**, f. *mountain-side*; **-múli**, m. *a hill projecting between two valleys.*

fjall-stong, f. *fellman's staff*; **-vegr**, m. *mountain road*; **-vindr**, m. *wind blowing from the mountains*, opp. to 'hafvindr'.

fjara, f. (1) *ebb-tide, ebb*; (2) *foreshore, beach* (var þá skógr milli fjalls ok fjöru).

fjara (**að**), v. impers. *to ebb*; skip (acc.) fjarar uppi, fjarar undan skipi, *the ship is left aground, or remains high and dry.*

fjar-borinn, pp. *remotely related.*

fjarða-gol, n. *a breeze blowing out of the firths.*

fjarðar-botn, m. *bottom or head of a firth*; **-horn**, n. *creek at the head of a firth*; **-íss**, m. *ice in a firth, land-ice*; **-kjaptr**, m., **-mynni**, n. *mouth of a firth.*

fjarg, n. *heathen god* (poet.).

fjarg-hús, n. *heathen temple.*

fjar-kominn, pp. *by no means entitled or obliged to* (til e-s); **-lægjast** (**ð**), v. refl. *to withdraw* (*recede*) *from*; **-lægr**, a. *far off, distant.*

fjarra-fleinn, m. *landlouper* (rare).

fjarri (**firr**, **first**), adv. (1) *far off* (svá at f. flugu brotin); with dat. *far from* (sólu f.); standa f. e-m, *to stand far from one*; compar., firr, *farther off*; farit firr húsi, *keep off from the house*; allt er fjörvi firr, *life is the nearest* (*dearest*) *thing*; firr meirr, *farther aloof* (bóndamúgrinn sat firr meirr); (2) fig., taka e-u fjarri, *to take a thing coldly, show disinclination, refuse* (Ormr tók því ekki f.); ok er þat ekki f. hennar skapi, *it is not far from her mind*; f. ferr því, *far from it, by no means*; nú sé ek eigi, at mér mætti firr um fara en þér, *now I see not how I can fare worse than thou*; (3) *far from, bereft of*; f. feðrmunum, *bereft of my patrimony.*

fjarski, m. *far distance*; vera (liggja) í fjarska, *to be* (*lie*) *afar off.*

fjar-stœðr, a. *far off*; -stœtt er um afl várt, *there is a great difference between our strengths*; **-sýnis**, adv. *at a great distance*; **-tœki**, n. *refusal* (hafa -tœki um e-t); **-tök**, n. pl. = -tœki; **-vist**, f. *living far off.*

fjá (early form fía), v. *to hate*; refl., fjást e-n = fjá e-n.

fjáðr, a. *moneyed, rich* (f. vel).

fjánda-kraptr, m. *fiendish power.*

fjándi (pl. **fjándr**), m. (1) *enemy, foe*; gefat þínum fjándum frið, *give no truce to thy foes*; (2) *fiend, devil.*

fjánd-liga, adv. *fiendishly*; **-ligr**,

a. *fiendish*; **-maðr**, m. *foe-man*; **-mæli**, n. pl. *words of a foe*; **-semi**, f. *enmity*; **-skapaðr**, a. *hostile, ill-disposed* (við e-n).

fjándskapar-fullr, a. *full of hostility*; **-maðr**, m. = fjándmaðr.

fjánd-skapast (**að**), v. refl. *to show hostility towards* (við e-n, til e-s); **-skapr**, m. *hostility, enmity, hatred* (leggja -skap á e-n).

fjár-aflan, f. *making money*; **-afli**, m. *property*; **-auðn**, f. *losing all one's money*; **-ágirnd, -ágirni**, f. *greed for money*; **-beit**, f. *pasture for sheep*; **-bón**, f. *asking for money*; **-burðr**, m. *bribery*; **-dráttr**, m. *making money*; **-eigandi**, pr. p. *wealthy* (vel -eigandi); **-eign**, f. *wealth, property*; **-eyðsla**, f. *spending of money*; **-eyðslumaðr**, m. *spendthrift*; **-fang**, n. *booty, plunder* (pl. -föng); **-far**, n. *money affairs*; **-forráð**, n. *administration* (*management*) *of one's money*; **-framlag**, n. *laying out contributions of money*; **-fundr**, m. '*find*' *of money*; **-fóðr**, n. **-fœði**, n. *fodder for sheep*; **-gjald**, n. *payment*; **-gjöf**, f. *gift of money*; **-geymsla, -gæzla**, f. *tending of sheep and cattle*.

fjárgæzlu-maðr, m., -maðr mikill, *a thrifty man*.

fjarhaga-maðr, m., góðr (lítill) -maðr, *a good* (*bad*) *manager*.

fjár-hagr, m. (*management of one's*) *money matters*; **-hald**, n. (1) *withholding one's money*; (2) *administration of one's money*; **-heimta**, f. *claim for money owing one*; **-hirzla**, f. = féhirzla; **-hlutir**, m. pl. = -munir; **-kostnaðr**, m. *expenses*; **-lán**, n. *loan of money*; **-lát**, n. *loss of money*; **-leiga**, f. *rent*; **-missa**, f. = -lát; **-munir**, m. pl. *property, valuables*; **-nám**, n. *seizure of money, plunder*; **-orkumaðr**, m. *wealthy man*; **-pynd**, f. *extortion*; **-rán**, n. *robbery*; **-reiður**, f. pl. *money matters*; **-rekstr**, m. *drove of sheep*; **-reyta**, f. *cheating, plunder*; **-sekt**, f. *fine in money*; **-sjóðr**, m. *treasure*; **-skaði**, m. *loss in money*; **-skakki**, m. *unjust sharing*; **-skipti**, n. *division of property*; **-staðr**, m. *a* (*good or bad*) *investment*; **-starf**, n. *management of one's money matters*; **-taka**, f. *seizure of money*; **-tilkall**, n. *claim for money*; **-tillag**, n. *contribution in money*; **-tjón**, n. *loss of money*; **-upptaka**, f., **-upptekt**, f. *seizure of one's property*; **-útlát**, n. pl. *outlay*; **-varðveizla**, f. (1) *administration* (*management*) *of another's property*; (2) = -geymsla; **-ván**, f. *expectation of money*; **-verðr**, a. *valuable*; **-viðtaka**, f. *receipt of money*; **-þurfi**, a. *needing money*; **-þurft**, f. *need of money*.

fjón, f. *hatred*; reka e-n fjónum, *to persecute*; vekja f., *to stir up quarrels*.

fjór-dagaðr, a. *having lain four days in the grave*.

fjórðunga-lok, n. *the last quarter of a verse*; **-mót**, n. pl. *the borders of the* fjórðungar (3); **-skipti**, n. *division into quarters*.

fjórðungr (**-s, -ar**), m. (1) *the fourth part, quarter*; f. rastar, *a distance of about a mile*; (2) a weight = *ten pounds*; (3) in Iceland, *one of the Quarters* into which the whole land was divided (Austfirðinga-, Vestfirðinga-, Norðlendinga-, Sunnlendinga-fjórðungr).

fjórðungs-dómr, m. *Quarter* (*district*) *court*; **-menn**, m. pl. *inhabitants of a Quarter*; **-úmagi**, m. *a pauper charged to a Quarter*; **-þing**, n. *Quarter* (*district*) *assembly*.

fjór-faldr, a. *fourfold*; **-fœttr**, a. *four-footed*.

fjórir (**fjórar, fjögur**), card. numb. *four*; fjögurra vegna, *to the four cardinal points*.

fjórtán, card. numb. *fourteen*.

fjórtándi, ord. numb. *fourteenth*.

fjórtán-sessa, f. *ship with fourteen thwarts*.

fjós, n. *cow-house, byre*; vera í fjósi, *to attend to the cows*; **-dyrr**, f. pl. *door of a cow-house*; **-gata**, f. *path to a cow-house*; **-hlaða**, f. *a barn connected with a cow-house*.

fjúk, n. *drifting snow-storm*.

fjúka (**fýk**; **fauk, fukum**; **fokinn**), v. (1) *to be drifted* (*tossed, blown*) *by the wind*; tók þá at f., *it began to snow and drift*; var fjúkanda veðr, *there* *was a* (*drifting*) *snow-storm*; nú er fokit í flest skjól, *now most places of shelter are snowed up*; *no refuge is left*; (2) fig. *to fly off* (fauk af höfuðið); láta fjúka í kveðlingum, *to let satiric verses fly*.

fjúk-renningr, m. *drifting snow*; **-viðri**, n. *snow-storm*.

fjöðr (gen. **fjaðrar**, pl. **fjaðrar**), f. (1) *feather, quill*; draga f. um e-t, *to slur over a thing*; (2) *fin or tail of a fish*; (3) *blade of a spear*.

fjöl (gen. **fjalar**, pl. **fjalar, fjalir**), f. *deal, board*.

fjöl-, used as a prefix, *much, manifold*; **-beiðni**, f. *hard begging, insistance*; **-breytinn**, a. *changeable, whimsical*; **-bygðr**, pp. *thickly peopled*.

fjöld, f. *multitude, great number, much*; f. ek fór, *I have travelled far*.

fjöldi, m. *multitude*; f. manna, skipa, *a great number of men, ships*.

fjölga (**að**), v. *to make more numerous*; impers., fjölgar e-t, and refl., fjölgast, *to become numerous, increase in number*.

fjölgan. f. *increase in number*.

fjöl-höfðaðr, a. *many-headed*.

fjöl-kunnigr, a. *skilled in magic*.

fjöl-kyngi, f. *the black art, witchcraft, wizardry, sorcery*.

fjölkyngis-fólk, n. *wizard-folk*; **-íþrótt**, f. *magic art*; **-kona**, f. *sorceress, witch*; **-veðr**, n. *gale produced by sorcery*.

fjöllóttr, a. *mountainous*.

fjöl-lyndi, n. *looseness, fickleness*; **-lyndr**, a. *loose, fickle*; **-margr**, a. *very many*; **-málugr**, a. *tattling*; **-menna** (**-ta, -tr**), v. (1) *to make numerous, increase in number*; (2) *to crowd, meet in crowds*; **-menni**, n. *many people, crowd*; **-mennr**, a. *numerous, with many people* (riðu menn -mennir til þings); fjöl-menn veizla, *a great banquet*; kemr þar -mennt, *many people*; **-mæli**, n. (1) *common talk* (fara, fœra, í -mæli); (2) *slander*; **-orðr**, a. *talkative*; **-ráðr**, a. *fickle, loose*; **-rœðinn**, a. = -orðr; **-rœðr**, a. *much talked of*; gerist (er) -rœtt um e-t, *it is much talked of*; **-skrúðigr**, a. *dressy*; **-skyld**, f. *important business*; **-skylda**, f., **-skyldi**, n. *much business, duties*; **-skyldr**, a. *important* (-skylt embætti).

fjör (dat. **fjörvi**), n. *life*; eiga fótum fjör at launa, *to make the heels save the head*.

fjör-baugr, m. '*life-money*.'

fjörbaugs-garðr, m. *the lesser outlawry*; **-maðr**, m. *one sentenced to this*; **-sök**, f. *a case involving this*.

fjör-brot, n. pl. *death-struggle* (liggja, vera, í -brotum).

fjörðr (gen. **fjarðar**, dat. **firði**; pl. **firðir**, acc. **fjörðu**), m. *firth, inlet*.

fjör-gjafi, m. *one who saves another's life*.

Fjörgyn (gen. **-jar**), f. *Mother-earth*.

fjör-lag, n. *death, slaughter* (verða e-m at -lagi); **-lausn**, f. (1) *release from life*; þola -lausn, *to suffer death*; (2) *ransom for one's life* (Æsir bjóða fyrir sik -lausn); **-löstr**, m. *loss of life, death*; verða e-m at -lesti, *to cause one's death*; **-ráð**, n. *plotting against one's life*.

fjörráða-sök, f. *a case of* fjörráð.

fjörráðs-mál, n. *a suit for* fjörráð.

fjör-segi, m. '*life-muscle*', *the heart*; **-sjúkr**, a. *dangerously ill*.

fjörsungr, m. *a kind of fish*.

fjöru-grjót, n. *the gravel* (*pebbles*) *on the beach*; **-mál**, n. (1) *low-water mark*, (2) *foreshore, beach*; **-steinn**, m. *pebble*.

fjötra (**að**), v. *to fetter*; f. hest, *to hobble a horse*.

fjötra-brot, n. pl. *fragments of a fetter*.

fjötrar-bora, -rauf, f. *a hole in a sledge through which the strap goes*.

fjötur-lauss, a. *unfettered*.

fjöturr (gen. **fjöturs** and **fjötrar**, pl. **fjötrar**), m. (1) *fetter, shackle* (setja e-n í fjötur); (2) *the straps of a sledge* (sleða-fjötrar).

flaðra (**að**), v. *to fawn* (f. at e-m).

flag-brjóska, n. *cartilage of the breastbone*.

flagð, n. *female monster, ogress, giantess*; opt eru flögð í fögru skinni, *oft lurks a witch under a fair skin*.

flagð-kona, f. *ogress* = tröllkona.

flagna (**að**), v. *to flake* (*scale*) *off*.

flag-spilda, f. *slice cut.*
flaka (-ta, -t), v. *to gape*, esp. of wounds (f. sundr af sárum).
flaki, m. *wicker-work shield* (for defence in battle).
flakka (**að**), v. *to rove about* (as a beggar).
flakna (**að**), v. *to flake off, split.*
flat-liga, adv. = flatt (fara -liga = fara flatt, see 'flatr'); **-nefr**, a. *flat-nosed* (a nickname).
flatr, a. (1) *flat, level* (um slétta dali ok flata völlu); f. fiskr, *flat fish, halibut*; (2) *flat, prostrate* (falla f., kasta sér flötum niðr); draga e-n flatan, *to drag one flat on the ground*; (3) of the flat side of a thing; bregða flötu sverðinu, *to turn the sword flat*; stýra á flatt skip e-s, *to steer on the broadside of another's ship*; (4) neut. flatt, as adv., fara f. fyrir e-m, *to fare ill, be worsted.*
flat-sæng, f. *bed made on the floor, shakedown*; **-vegr**, m. *flat side* (telgja -veg á tré).
flaug, f. (1) *flying, flight* (taka flaug sem fuglar); allt er á för ok flaugum, *in a commotion*; (2) *vane.*
flaugar-skegg, n. *the tail of a vane.*
flaug-trauðr, a. = flugtrauðr.
flaum-ósi, a. *rushing heedlessly on.*
flaumr, m. *eddy, violent stream.*
flaum-slit, n. pl. *breach of friendship.*
flaust, n. poet. *ship.*
flautir, f. pl. *a kind of whipped milk.*
flá (**flæ**; **fló**, **flógum**; **fleginn**), v. (1) *to flay* (f. belg, húð af e-m); f. e-n kvikan, *to flay alive*; (2) *to strip*; f. e-n af *or* ór klæðum, *to strip one of his clothes*; f. e-n at gripum, *to strip one for his money.*
flá (pl. **flár**), f. *float of a net.*
flár (**flá**, **flátt**), a. *false, deceitful*; mæla fagrt, en hyggja flátt, *to speak fair, but think false.*
flá-ráð, n. *deceit, fraud*; **-ráðr**, a. *false, deceitful*; **-ræði**, n. = -ráð.
fleinn (-s, -ar), m. (1) *pike*; (2) *fluke of an anchor* (akkeris-fleinn); (3) *dart, shaft* (fljúgandi fleinn).
fleipa (**að**), v. = fleipra.
fleipr, n. *babble, tattle.*
fleipra (**að**), v. *to babble, prattle.*
fleiri, a. compar., **flestr**, a. superl. (1) *more, most*; fleira lið, *more troops*; mun þat flestum manni úfœra þykkja, *it will seem impossible to most people*; neut., fleira, flest, *more, most things* (ekki sagði hann honum fleira; flest í þessu bréfi); with gen., fleira manna, *more people* (cfr. 'margt manna'); pl., hinir vóru þó miklu fleiri, *more numerous*; flestr allr (vel flestr), flestir allir (vel flestir), *almost all* (flest allt stórmenni; flest öll hof); (2) *more communicative, hearty*; hann gerðist við hann fleiri ok fleiri, *more and more intimate.*
fleki, m. = flaki.
flekka (**að**), v. *to stain, pollute.*
flekk-lauss, a. *unspotted, immaculate* (fœddr af flekklausri mey).
flekk-óttr, a. *flecked, spotted.*
flekkr (-s, -ir), m. *fleck, spot, stain.*
flenging, f. *scourging* (= húðstroka).
flengja (-da, -dr), v. *to scourge.*
flenna (-ta, -tr), v. *to set wide open.*
flenn-eygr, a. *with distended eyelids, open-eyed.*
flensa (**að**), v. *to kiss* (?).
flesk, **fleski**, n. *pork, ham, or bacon.*
fleski-sneið, f. *slice of bacon.*
flestr, a. superl., see 'fleiri'.
flet (gen. pl. **fletja**), n. *the raised flooring along the side-walls of a hall* (*to sit or lie on*) *together with the benches thereon.* Also in pl.
fletja (**flet**, **flatta**, **flattr**), v. *to 'make flat', cut open* (f. þorsk); refl., fletjast, *to stretch oneself, lie flat on the ground.*
flet-roð, n. '*clearing the house.*'
fletta (-tta, -ttr), v. (1) *to strip* (f. e-n klæðum *or* af klæðum); f. e-t af e-m *to strip* (*something*) *off one*; (2) *to strip, plunder.*
flétta (**að**), v. *to braid, plait.*
flétta, f. = fléttingr.
fletting, f. *stripping, plunder.*
fléttingr, m. *braid, plait.*
fley, n. poet. *a kind of swift ship.*
fleygi-gaflak, n. *javelin*; **-kvittr**, m. *loose rumour, vague report.*
fleygja (-ða, -ðr), v. (1) *to make fly* (f. haukum); (2) *to throw* (f. e-u).
fleygr, a. *able to fly.*

fleymi, n., **fleymingr**, m. *jest, sport*; hafa e-t í fleymingi, *to make sport of.*

fleyta (-tta, -ttr), v. (1) *to set afloat, launch* (f. skipum); (2) *to lift slightly from the ground.*

flikki, n. *flitch of bacon.*

flikkis-sneið, f. *slice of bacon.*

flim, n. *lampoon, libel* (in verse).

flim-beri, m. *lampooner.*

flimska, f. *mockery.*

flimta (að), v. *to lampoon, satirise.*

flimtan, f. *lampooning, satire.*

flís (pl. -ir), f. *splinter, chip.*

fljóð, n. poet. *woman.*

fljót, n. (1) = flot (2); vera á fljóti, *to be afloat*; (2) *river, lake.*

fljóta (**flýt**; **flaut**, **flutum**; **flotinn**), v. (1) *to float* on the water (hann sá þar f. langskip tjaldat); (2) *to run, stream*; (3) fig. *to float about, spread* (of news); (4) *to be flooded, to flow* (flaut í blóði gólf allt); flaut hann allr í tárum, *he was bathed in tears.*

fljót-leikr, m. *fleetness, speed*; **-liga**, adv. (1) *speedily*; (2) *readily, promptly*; **-ligr**, a. *speedy.*

fljótr, a. *swift, speedy*; neut., fljótt, as adv. *swiftly, quickly*; sem fljótast, *as soon as possible, at once.*

fljót-tœkr, a. *quick at apprehending* (-tœkr á e-t); **-virki**, f. *quickness in working*; **-virkr**, a. *quick in working.*

fljúga (**flýg**; **flaug**, **flugum**; **flog-inn**), v. (1) *to fly* (fór svá hart sem fugl flygi); (2) fig. of weapons, sparks, rumours, etc. (spjótit flaug yfir hann; gneistarnir flugu); (3) f. á e-n, *to fly at or on one.*

flog, n. *flight, flying*, = flug.

flogall, a. *lively, brisk, volatile.*

flokka-dráttr, m. *raising of bands.*

flokkr (-s, -ar), m. (1) *body of men* (f. eru fimm menn); (2) *company, host* (þeir gengu allir í einum flokki); (3) *band, troop, party*; hefja, reisa, flokk, *to raise a band*; fylla flokk e-s, *to join one's party, to side with one*; (4) *short poem*, without refrains (opp. to 'drápa').

flokks-foringi, **-hǫfðingi**, m. *captain, leader*; **-maðr**, m. *a man belonging to a party* (flokkr).

flokk-stjóri, m. = flokksforingi.

flot, n. (1) *fat, dripping* (from cooked meat); (2) *floating*; koma á f., *to be set afloat*: vera á floti, *to be afloat.*

flota (að), v. *to float, launch* (f. e-u).

flota-hólmr, m. *floating islet.*

flot-brúsi, m. *floating jar*, poet. *boat*; **-fundinn**, pp. *found afloat.*

floti, m. (1) *float, raft*; (2) *fleet.*

flotna (að), v. *to get afloat*; f. upp, *to float up, come to the surface.*

fló (gen. **flóar**; pl. **flœr**), f. *layer, stratum.*

fló (gen. **flóar**; pl. **flœr**), f. *a flea.*

flóa (að), v. *to flood, be flooded.*

flóð, n. (1) *flood, inundation, deluge*; (2) *flood, flood-tide*; at flóði, at flóðum, *at high-water.*

flói, m. (1) *marshy moor*; (2) *bay, large firth.*

flóka-hetta, f. *felt hood*; **-ólpa**, f. *felt coat*; **-stakkr**, m. *felt jacket*; **-trippi**, n. *a foal or young horse with a matted coat.*

flóki, m. (1) *matted hair* or *wool, felt*; (2) *cloudlet* (skýflóki).

flókinn, a. *entangled, matted.*

flóna (að), v. *to become warm.*

flórr, m. *floor of a cow-house.*

flótta-búinn, a. *ready to flee*; **-gjarn**, a. *eager to flee, craven*; **-maðr**, m. *one who flees*; **-menn**, *the flying host*; **-rekstr**, m. *pursuit of the flying host*; **-stigr**, m. *path of flight.*

flótti, m. (1) *flight*; leggja á flótta, *to take to flight*; støkkva e-m á flótta, *to put to flight*; (2) reka flóttann, *to pursue the flying host.*

flug, n. (1) *flight* (= flugr); á ferð ok flugi, *all in motion*; (2) *precipice.*

fluga (gen. pl. flugna), f. (1) *fly*; (2) *lure, bait*; koma flugu í munn e-m, *to allure, entrap one*; gína (taka) við flugu, *to swallow the fly, to be allured, entrapped.*

fluga-bjarg, n., **-hamarr**, m. *beetling crag, precipice*; **-straumr**, m. *violent and rapid stream.*

flugði, a pret. of a lost verb **flyggja**, hon flugði öll, *she shuddered all over.*

flug-dreki, m. *flying dragon*; **-dýr**, n. *flying insect*; **-liga**, adv. *swiftly*; **-ormr**, m. *flying snake.*

flugr (gen. **-ar**), m. (1) *flight* (= flaug); beina flug, *to spread the wings for* *flight*; (2) *flight* (= flótti); trauðr flugar, *slow to take to flight, bold.*

flug-sjór, m. *deep sea*; **-skjótr**, a. *very swift*; **-stigr**, m. *steep path.*

flugu-maðr, m. *hired bandit, assassin*; **-mannligr**, a. *having the look of an assassin.*

flug-vápn, n. *javelin, dart.*

flutning, f. (1) *transport, carriage of goods, conveyance of persons*; (2) *statement, report* (cf. flutningr).

flutningar-maðr, m. *one engaged in conveying goods.*

flutningr (**-s, -ar**), m. (1) = flutning (1); (2) = flutning (2); (3) *pleading* (f. máls).

flutnings-maðr, m. *a spokesman, pleader* (-maðr okkarr við konung).

flúð, f. *low skerry, reef flooded by the sea* (á flúð eða skeri).

flúr, n. (1) *flower*; (2) *flour.*

flyðra, f. *flounder.*

flygill, m. *flying apparatus.*

flyka, f. *phantom, ghost.*

flykkjast (t), v. *to crowd.*

flysja (**flusta**), v. *to split, cut in slices* (at flysja epli).

flytja (**flyt, flutta, fluttr**), v. (1) *to carry, convey* (f. vöru til skips); (2) *to recite, deliver* (f. *or* f. fram kvæði); f. mál e-s, *to plead one's cause, intercede for one*; f. (fram) sitt erendi, *to state one's errand*; (3) *to perform* (f. járnburð, skírslu); f. fórn, *to bring an offering*; (4) refl., flytjast, *to flit, remove.*

flytjandi, (1) pr. p., f. eyrir, *movables, chattels*; (2) m. (pl. **-endr**), *promoter, pleader* (f. máls).

flýja (**flý**; **flýða**; **flýiðr, flýðr**), v. (1) *to flee, take flight* (f. á land upp); f. undan e-m, *to flee from one pursuing*; (2) with acc., f. land, *to flee the country*; úhœgt mun forlögin at f., *it will be hard to avoid what is fated.*

flýta (**-tta, -tt**), *to hasten* (f. ferðinni); f. sér, *to speed oneself, make haste.*

flýtir (gen. **-is**), m. *haste, speed.*

flæma (**-da, -dr**), v. *to drive away ignominiously* (f. e-n brott).

Flæmingi (pl. **-jar**), m. *Fleming.*

flæmska, f. *Flemish* (*language*).

flæmskr, a. *Flemish.*

flærð, f. *falsehood, deceit.*

flærðar-fullr, a. *deceitful*; **-orð**, n. pl. *false* (*but fair*) *language*; **-samligr**, a. *deceitful*; **-stafir**, m. pl. *falseness, deceit.*

flærðari, m. *impostor.*

flærð-lauss, a. *sincere*; at -lausu, *faithfully, honestly.*

flærðr, pp. *adulterated, poisoned* (f. er drykkrinn).

flærð-samligr, -samr, a. *false, deceitful*; **-vitni**, n. *false witness.*

flœða (**-ddi, -ddr**), v. (1) *to flood over*; impers., þá flœðir uppi, *they are overtaken by the floodtide*; (2) impers., flœðir, *the tide rises.*

flœðar-bakki, m. *a bank covered at high-water*; **-mál**, n. *flood-mark*; **-sker**, n. *a reef flooded at high-water*; **-urð**, f. *rocks reached at high-water.*

flœði-bakki, m. = flœðar-bakki; **-sker**, n. = flœðar-sker.

flœðr (gen. **-ar**, acc. and dat. **-i**; pl. **-ar**), f. *flood-tide.*

flœja (**flœða, flóða**; **flœit, flóit**), v. = **flýja.**

flœkjast (t), v. refl. *to be entangled*; f. fyrir e-m, *to cross one's path, to be constantly in one's way.*

flœr, m. *warmth, heat*, = hiti.

flögra (**að**), v. *to flutter.*

flökr, n. *roaming about.*

flökra (**að**), v. *to roam about.*

flokta (**-kta, -kt**), v. (1) *to flutter and fly about*; (2) *to roam, wander.*

flöktan, f. *fluttering, roaming about.*

fnasa (**að**), v. *to snort with rage.*

fnasan, f. *sneezing, snorting.*

fnýsa, fnœsa (**-ta, -t**), v. *to sneeze*; f. eitri, *to blow out poison.*

fogl (**-s, -ar**), m. = fugl.

folald, n. *young foal.*

fold, f. *earth*; á foldu (dat.) *on earth.*

fold-vegr, m. = fold.

forað, m. (1) *dangerous place or situation, abyss, pit*; (2) *ogre, monster* (þú ert et mesta f.).

foraðs-hár, a. *terribly tall*; **-illr**, a. *abominable*; **-veðr**, n. *abominable weather.*

forátta, f. *pretext*; finna e-t til foráttu, *to plead as one's excuse.*

for-beini, m. *furtherance*; **-berg**, n.

projecting rock; **-bergis**, adv. *down-hill*; **-boð**, n. *prohibition* (leggja -boð á e-t); **-boða** (**að**), v. (1) *to forbid* (= fyrirbjóða); (2) *to put under an interdict*; **-brekkis**, adv. *down-hill*; **-brekkt**, a. n. *down-hill*; **-bœnir**, f. pl. *evil wishes, imprecations* (biðja e-m forbœna).

forða (**að**), v. (1) *to put forth* (forðuðu fingrum); (2) *to save*; f. fjörvi, lífi, f. sér, *to save one's life*; (3) refl., forðast, *to shun, avoid, escape*; f. fund e-s, *to shun one*.

forði, m. *help, aid*.

forðum, adv. *formerly*; f. daga, *in former days*.

for-dyri, n. *vestibule* (= anddyri).

for-dæða, f. *witch, sorceress*.

fordæðu-maðr, m. *wizard, sorcerer*; **-skapr**, m. *witchcraft, sorcery*; **-verk**, n. *execrable deed*.

for-dœma (**-da, -dr**), v. *to condemn*.

for-dœmi, n., **-dœming**, f. *condemnation*.

for-ellrar, m. pl. *forefathers, ancestors*; **-ellri**, n. coll. = **forellrar** (úlíkir sínu forellri).

forellris-menn, m. pl. = forellrar.

for-faðir, m. (1) *forefather*; (2) *predecessor*; **-fall**, n. *hindrance, drawback*; **-flótti**, a. *exiled, fugitive*; verða -flótti fyrir e-m, *to flee before one*; **-ganga**, f., **-gangr**, m. '*going before*,' *help, support*.

forgangs-maðr, m. *leader, guide*.

for-garðr, m. *fore-court* (of a house); vera á -görðum, *to be wasted and squandered*, of stores; **-gipt**, f. *payment for alimentation*; **-gísl**, m. *hostage*; **-gísla** (**að**), v. *to give* (*a person*) *as hostage*.

forgongu-maðr, m. *leader* = forgangsmaðr.

for-hleypi, n.; hafa e-n at -hleypi, *to use one as a cat's paw*.

forhleypis-maðr, m. = forhleypi.

for-hugaðr, pp. *premeditated, aforethought*; **-hugsan**, f. *design, purpose*.

for-hús, n. *porch*.

foringi (pl. **-jar**), m. *leader*.

forka (**að**), v. *to punt* (*a ship*).

for-kast, n. *fodder* (*hay*) *thrown before cattle*; **-kirkja**, f. *church-porch*; **-kostuliga**, adv. *very finely*; **-kólfr**, m. *leader, chief*.

forkr (**-s, -ar**), m. *pole, staff, stick*.

for-kuðr (gen. **-kunnar**), f. *eager desire*; e-m er -kuðr á e-u, *one desires eagerly*; gen., forkunnar, *remarkably, exceedingly* (-kunnar vænn, mikill); **-kunn(ar)liga**, adv. (1) *fervently* (biðja forkunnliga); (2) *exceedingly* (forkunnliga fríðr); **-kunnligr**, a. *excellent*.

forlag, n. (1) *provision for living, means of subsistence*; (2) *settlement* (*in life, by marriage*); (3) pl. forlög, *fate, destiny*.

for-lagðr, pp. *done with, forlorn*; **-lendi**, n. *the land between sea and hills*; **-ljótr**, a. *exceedingly ugly*; **-lýta** (**-tta, -ttr**), v. *to blame*.

for-lög, n. pl., see 'forlag'.

form, n. *form, shape* (rare).

for-maðr, m. *leader, chief*; -maðr konunga, *the foremost among kings*; **-mannligr**, a. *leader-like*; **-máli**, m. (1) *preamble*; (2) *stipulation* (með þvílíkum formála, sem); (3) *foreword*; (4) *prayer*; **-menntr**, pp. *well trained, highly skilled*; **-messa**, f. *matins*; **-mikill**, a. *exceedingly great*; **-mælandi** (pl. **-endr**), m., **-mælari**, m. *spokesman*; **-mæli**, n. (1) *pleading*; veita e-m formæli, *to plead for one, pray for one*; (2) *prescribed form, formula*.

forn, a. (1) *old* (f. vinátta, f. mjöðr); (2) *ancient*; fornir menn, *the men of old*; f. siðr, *the old* (*heathen*) *custom, religion*; f. átrúnaðr, *the old creed, heathenism*; f. í skapi, *inclined to old, or heathen, ways*; hann var f. mjök, *he was a great wizard*; at fornu, til forna, *formerly, in times past*.

fornaðr, m., see 'fórnaðr'.

for-nafn, n. *pronoun*.

for-nám, n. *obstacle, hold-fast*.

forneskja, f. (1) *old times*; (2) *heathenism*; (3) *old lore, witchcraft* (fara með forneskju).

forneskju-klæðabúnaðr, m. *old-fashioned apparel*; **-maðr**, m. *sorcerer, wizard*.

forn-fáguligr, a. *old and worn-out*; **-fróðr**, a. *skilled in old lore, versed* *in witchcraft*; **-frœði**, f. *ancient lore, witchcraft.*

for-njósn, f. *foresight* (-njósnar augu).

forn-konungr, m. *ancient king*; **-kveðinn**, pp. *said of old*; hit -kveðna, *the old saw*; **-kvæði**, n. *old poem*; **-ligr**, a. *old-looking, old-fashioned*; fornlig fræði, *old lore*; **-maðr**, m., *man of the olden time*; **-mæli**, n. *old saw*; **-mæltr**, pp. = -kveðinn; **-orðr**, a. *swearing*; **-saga**, f. *old (mythical) tale*; **-skáld**, n. *ancient scald*; **-spjöll**, n. pl. *old lore*; **-spurðr**, pp., gera e-n fornspurðan at e-u, *to do a thing without asking one's leave*; **-tíðindi**, n. pl. *old tales*; **-vinr**, m. *old friend*; **-yrði**, n. *old saw.*

for-ráð, n. (1) *management, superintendence*; (2) *administration, guardianship*; **-ráðandi** (pl. -endr), m. *overseer, manager.*

forráða-maðr, **forráðs-maðr**, m. *manager, head man*; -maðr á skipi, *captain of a ship.*

for-ríkr, a. *exceedingly rich.*

for-ræði, n. = for-ráð.

fors, n. *vehemence, wrath.*

fors (pl. -ar), m. *waterfall.*

for-sát, f. *ambush*; **-senda**, f., **-sending**, f. *dangerous mission.*

fors-fall, n. *torrent.*

fors-fullr, a. *wrathful, vehement.*

for-sjá or **-sjó**, f. *foresight, prevision.*

forsjá-lauss, a. (1) *improvident*; (2) *helpless*; **-leysi**, n. *want of foresight*; **-liga**, adv. *with foresight, prudently*; **-ligr**, a. *prudent.*

for-sjáll, a. *prudent, foresighted.*

forsjá-maðr, m. *overseer, manager.*

for-skáli, m. *ante-chamber, entrance-hall*; **-skepti**, n. *handle of a hammer or axe*; **-sköp**, n. pl. *ill fate*; **-smá** (-smái, -smáða, -smáðr), v. *to despise*; **-smán**, f. *disgrace*; **-smiðr**, m. *master-smith*; **-spá**, f. *prophecy*; **-spár**, a. *foreseeing, prophesying*; **-spell**, n. *heavy loss*; **-staða**, f. *shielding, protection*; mæla e-m forstöðu (við e-n), *to say a good word for one*; **-stjóri**, m. *overseer, leader*; **-stjórn**, f. *rule, management.*

forstjórnar-maðr, m. *manager.*

for-stoð, f. = -staða; **-stofa**, f. = -skáli; **-stórr**, a. *exceeding tall*; **-streymis**, adv. *down stream*, opp. to 'andstreymis'; **-sýn**, f. *foreboding*; **-sýnn**, a. (1) *foresighted*; (2) *second-sighted*; **-sæti**, n. *front bench*; **-sœla**, f. *shade* (from the sun); **-sögn**, f. (1) *prophecy*; (2) *superintendence*; (3) *dictation, instruction* (eptir hinna vitrustu manna forsögn).

for-taka, v. *to deny*; **fortaks-orð**, n. *word of contradiction.*

for-tjald, n. *curtain, bed-curtain*; **-tölur**, f. pl. *persuasion(s), representations*; **-vaði**, m. *a ford before a projecting cliff*; **-veðjaðr**, pp. *forfeited*; **-verari**, m. *forebear, predecessor*; **-verk**, n. (1) *work done in another's service*; (2) *harvest of hay*; (3) *hireling's work*; gera ekki forverkum við e-n, *not to treat one meanly.*

forverks-lítill, a. *able to do but little forverk*; **-maðr**, m. *able workman.*

for-viða, a. indecl. *overcome in a fight*; **-viðris**, **-vindis**, adv. *before the wind*; **-virki**, n. = -verk (1); **-vist**, f., **-vista**, f. *management*; **-vitinn**, a. *curious*; **-vitna** (að), v. *to pry into, enquire about* (forvitna e-t *or* um e-t); refl., forvitnast e-t, um e-t, til e-s, *to enquire about*; impers., e-n forvitnar e-t, *one is curious to know*; **-vitni**, f. *curiosity*; **-vitri**, a. *very wise*; **-yflast** (d), v. refl. *to shrink from* (e-s); **-ynja**, f. *appearance, foreboding*; **-ysta**, f. *headship, leadership.*

forystu-geldingr, m. = -sauðr; **-lauss**, a. *unprotected*; **-sauðr**, m. *bell-wether.*

for-þokki, m., **-þykkja**, f. *dislike.*

foss (pl. -ar), m. *waterfall*; = fors.

fóa, f. *she-fox.*

fóarn, n. *gizzard.*

fóðr, n. *fodder, foddering.*

fóðra (að), (1) *to fodder, feed*; (2) *to fur or line* (a garment).

fóðr-lauss, a. (1) *fodderless*; (2) *unlined.*

fól, n., **fóli**, m. *fool.*

fólk, n. (1) *folk, people*; (2) *the people of a household*; (3) *kinsfolk*; (4) *host*; (5) *battle* (poet.).

fólk-drótt, f. = fólk (4); **-orrusta**, f. *battle of hosts, great battle.*

fólks-jaðarr, m. *chief, lord.*

fólk-skár, a. *destructive to men*; **-stjóri**, **-valdi**, m. *captain*; **-vápn**, n. pl. *weapons*; **-víg**, n. *great battle, war*; **-vörðr**, m. *chief, captain.*

fólska, f. *foolishness, folly.*

fólskr, a. *foolish.*

fólsku-ferð, f. *foolish expedition*; **-orð**, n. pl. *foolish words*; **-verk**, n. *foolish (mad) act.*

fórn (pl. -ir), f. (1) *gift*; (2) *offering.*

fórna (að), v. (1) *to offer as a present* (f. e-m e-t); (2) *to offer, bring as an offering* (to God).

fórnaðr, m., at fórnaði, *furthermore, in addition, to boot.*

fórn-fœra (-ða, -ðr), v. *to bring an offering* (konungr fórnfœrði goðunum); **-fœring**, f. *offering.*

fóst-bróðir, m. (1) *foster-brother*; (2) *sworn brother* (= eiðbróðir).

fóstbrœðra-lag, n. (1) *foster-brotherhood*; (2) *sworn brotherhood* (sverjast í fóstbrœðra-lag).

fóstr, n. (1) *the fostering* (of a child); (2) *maintenance.*

fóstra (að), v. *to bring up as a foster-child, be a foster-father to.*

fóstra, f. (1) *foster-mother*; (2) *foster-daughter.*

fóstr-dóttir, f. *foster-daughter.*

fóstr-faðir, m. *foster-father.*

fóstri, m. (1) *foster-father*; (2) *foster-son*; (3) *foster-brother*; (4) pl., fóstrar, *foster-father and foster-son.*

fóstr-jörð, f., **-land**, n. *native country*; **-laun**, n. pl. *reward for fostering*; **-man**, n. *nurse (bondmaid)*; **-móðir**, m. *foster-mother*; **-mær**, f. *foster-daughter*; **-neyti**, n. *foster-parents*; **-sonr**, m. *foster-son*; **-systir**, f. *foster-sister*; **-systkin**, n. pl. *foster-brother(s) and sister(s).*

fóta-afl, n. *strength of the feet*; **-brík**, f. *footboard* (of a bed); **-burðr**, m. *gait*; **-festi**, f. *foot-hold*; **-fjöl**, f. *foot-board*; **-gangr**, m. *trampling, din*; **-hlutr**, m. *the nether part of the body*; **-læti**, n. pl. *kicking* (of one hanged).

fótar-mein, n. *sore leg*; **-sár**, n. *a wound in the foot*; **-verkr**, m. *pain in the leg (foot).*

fóta-spyrning, f. *spurning with the feet*; **-stapp**, n. *stamping with the feet*; **-þili**, n. = -brík; **-þváttr**, m. *foot-washing.*

fót-borð, n. *foot-board*; **-brot**, n. *fracture of the leg*; **-brotinn**, pp. *broken-legged*; **-fimr**, a. *nimble-footed*; **-gangandi**, pr. p. *walking, going on foot.*

fótgöngu-herr, m., **-lið**, n. *host of footmen*; **-maðr**, m. *a man on foot, footman, foot-soldier.*

fót-hár, a. *long-legged* (= há-fœttr); **-hrumr**, a. *weak-footed*; **-hvatr**, a. *swift-footed*; **-högg**, n. *hewing one's feet off*; **-höggva** (*see* **höggva**), v. *to hew one's feet off*; **-lami**, a. *lame of foot*; **-langr**, a. *long-legged*; **-laug**, f. *foot-bath*; **-lauss**, a. *footless*; **-lágr** a. *low-legged, short-legged*; **-leggr** m. *the leg*; **-mál**, *n. step*; **-mikill**, a *big-footed*; **-mjúkr**, a. *nimble-footed* **-pallr**, m. *footstool.*

fótr (gen. **fótar**, dat. **fœti**; pl. **fœtr**) m. (1) *foot, foot and leg*; spretta (støkkva) á fœtr, *to start to one's feet* vera á fótum, *to be out of bed, be up* skjóta fótum undir sik, taka til fóta *to take to one's heels*; eiga fótum fjör at launa, *to save one's life by running away*; hlaupa sem fœtr toga, *to run as fast as feet can carry*; kominn af fótum fram, *off one's feet, decrepit* hverr á fœtr öðrum, *one after the other*; (2) *foot* (as a measure).

fót-sárr, a. *foot-sore*; **-síðr**, a. *reaching down to the feet*; **-skemill**, m *footstool*; **-skriða**, f. *sliding*; renna -skriðu, *to slide on the ice*; **-skör**, f *footboard*; **-spor**, n. *foot-print* (stíga í e-s fót-spor); **-stallr**, m. *pedestal* **-stirðr**, a. *stiff-legged*; **-troð**, n *trampling under feet*; **-troða** (see troða), v. *to trample under one's feet tread upon*; **-veill**, a. *with a bad leg*

frakka, f. *spear, lance* (rare).

Frakka-konungr, m. *the king of the Franks.*

Frakkar, m. pl. *the Franks.*

fram, adv. (1) *forward*; hann féll fram á fœtr konungi, *he fell forward on his* *face at the king's feet*; f. rétt, *straight on*; koma f., *to reappear*; (2) *out of the house*; opp. to 'inn, innarr' (var hon ávalt borin f. ok innarr); (3) *on the fore part, in front*, opp. to 'aptr' (maðr f., en dýr aptr); aptr ok f., *fore and aft*, of a ship; (4) joined with preps. and particles, bíða f. á dag, f. á nótt, *to wait far into the day, or night*; bíða f. um jól, *to wait till after Yule*; fyrir lög f. *in spite of the law*; f. undan eyjunni, *off the island*; (5) of time, hversu er f. orðit, *how late is it, what time is it?* f. orðit dags, *late in the day*.

frama (**að**), v. *to further*; f. sik, *to distinguish oneself*; of a woman, in pp. neut., með barni ok mjök framat, *and far advanced*.

frama-ferð, f. *famous enterprise*; **-leysi**, n. *obscurity*.

framan, adv. (1) *from* (*on*) *the front side*; f. at borðinu, *to the front of the table*; f. á (skipinu), *on the fore part* (of the ship); á stálhúfuna f., *on the front of the steel cap*; (2) fyrir f., *before, in the front of*, with acc. (fyrir f. slána); (3) f. til (= fram til), *up to, until*; nú líðr til þings f., *it drew near to the time of assembly*.

framandi, pr. p. *distinguished, of distinction* (f. menn).

framan-vátr, a. *wet on the fore-side*; **-verðr**, a. *lying forward, foremost*; á -verðri brekkunni, *on the front of the slope*; í -vert nefit, *on the tip of the nose*.

frama-raun, f. *trial of fame*.

framar-la, **-liga**, adv. (1) *in a forward position, near the front*; (2) *fully, highly, much*.

framarr, adv. compar., **framast**, adv. superl. (= fremr, fremst), (1) *farther* (*farthest*) *on*; feti framarr, *a step farther on*; (2) *more, most* (mun þín leitat verða hér framarr en hvar annars staðar); miklu er sjá framarr (*more prominent, superior*) at hvívetna; því framarr sem, *all the more as*; konungr virði hann framast allra sona sinna, *most of all his sons*.

frama-skortr, m. *lack of courage*; **-verk**, n. *exploit, feat*.

fram-boðligr, a. *that can be offered*; **-bógr**, m. *shoulder* (of an animal); **-bryggja**, f. *the gangway leading to the bow of a ship*; **-burðr**, m. *delivery* (of a speech); **-búð**, f., vera til lítillar -búðar, *to be of little lasting use*; **-byggjar**, **-byggvar**, m. pl. *the men stationed in the bow of a warship* (opp. to 'aptrbyggjar').

framdráttar-samr, a. *putting oneself forward*.

fram-dráttr, m. (1) *launching* (-dráttr skips); (2) *support, maintenance*; **-eggjan**, f. *egging on*; **-fall**, n. (1) *falling on one's face*; (2) *downfall*; (-fall árinnar); **-farinn**, pp. *departed*; **-ferð**, f. (*course of*) *procedure*; **-ferði**, n. (1) = -ferð; (2) *conduct*; **-flutning**, f. (1) *maintenance, support*; (2) *pronunciation*; **-flutningr**, m. (1) = -flutning (1): (2) *pleading*; **-fótr**, m. *fore-leg*; **-fúss**, a. *eager, willing*; **-fœri**, n. *furtherance*; **-fœrinn**, a. *putting oneself forward*; **-fœrsla**, f. *support, maintenance*.

framfœrslu-kerling, f. *old pauper woman*; **-maðr**, m. *pauper*.

fram-fœr, f. (1) *advancing*; (2) *death*; **-ganga**, f. (1) *advancing*; (2) *boldness, courage*; **-gangr**, m. (1) *advancing in battle*; (2) *success*; (3) = -ganga (2); **-genginn**, pp. *departed, deceased*; **-gengt**, a. n. *brought about, successful*; verða -gengt, *to succeed*; **-girnd**, f., **-girni**, f. *forwardness*; **-gjarn**, a. *striving forward, eager*.

framgöngu-maðr, m. *valiant man*.

fram-heit, n. pl. *fair promises for the future*; **-hleypi**, n. *forwardness, rashness*; **-hleypiligr**, a. *rash*; **-hlutr**, m. *fore part*; **-hús**, n. *porch, entry*; **-hvass**, a. *forward, bold*; **-hvöt**, f. *encouragement*.

frami, m. (1) *boldness, courage*; (2) *luck*; freista síns frama, *to try one's luck*; (3) *distinction, fame* (vinna sér frama); (4) *profit* (mæla e-t í sinn frama).

fram-játan, f. *promise*; **-kast**, n. *forecast, empty words*; **-kirkja**, f. *nave*, opp. to 'sönghús', *choir, chancel*; **-krókar**, m. pl. *exertion*; leggja í -króka, *to exert oneself*; **-kvæma** (**-da**,

-dr), v. *to fulfil, bring about*; **-kvæmd**, f. *fulfilment, success, prowess.*

framkvæmdar-lauss, a. *unavailing, useless*; **-leysi**, n. *inaction*; **-maðr**, m. *enterprising man*; **-mikill**, **-samr**, a. *enterprising.*

fram-kvæmr, a. *efficacious.*

fram-lag, n. *outlay, contribution*; **-laga**, f. *advancing* (with the ships in battle); **-leiðis**, adv. *further, next*; **-leiðsla**, f. *conduct* (-leiðsla hans lífdaga); **-liðinn**, pp. *departed, deceased*; **-ligr**, a. *excellent*: framligr maðr, *a fine man*; **-lundaðr**, a. *bold, courageous*; **-lútr**, a. (1) *bending forward*; (2) *prone* (til e-s); **-lyndr**, a. = -lundaðr.

frammi, adv. (1) *out, away out*; þeir Leifr sitja f. í húsum, *near the outer door*; standa f. fyrir e-m, *to stand before one's face*; (2) hafa e-t f. *or* í f., *to make use of, employ*; hafa kúgan í f. við e-n, *to try to browbeat one.*

fram-mynntr, a. *with prominent mouth* (mjök eygðr ok f.).

framr (compar. **framarri, fremri**; superl. **framastr, fremstr**), a. (1) *forward, prominent*; neut., framt, *to such an extent*; treysta framt á, *to put full trust in*; compar. *the foremost of two*; til hins fremra austrrúms, *to the fore pumping-room*; hit fremra, *the place nearest the door, the road along the coast* (fóru sumir hit f. til Seljalandsmúla); (2) fig., fremri e-m, *superior to* (öllum fremri); superl. *foremost, best* (fremstr at allri sœmd); *furthest back* (hvat þú fremst um veizt).

fram-rás, f. *course*; **-reið**, f. *riding on*; **-reitir**, m. pl. '*the fore-beds*' (in a garden); fig., hafa e-t á -reitum, *to display, make a show of*; **-saga**, f. *delivery* (-saga sakar); **-snoðinn**, a. *bald on the forehead*; **-sókn**, f. *further prosecution of a case* (-sókn sakar); **-stafn**, m. *stem, prow*; **-sýn**, f. *foresight*; **-sýni**, f. *fore-sightedness*; **-sýniligr**, a. *foreseeing*; **-sýnn**, a. *foreseeing, prophetic*; **-sögn**, f. *statement*; **-vegis**, adv. *further, for the future*; **-vísi**, f. *prophetic spirit*; **-víss**, a. *prophetic, foreseeing.*

frauð, n. *froth* (= froða).

frá, prep. with dat. (1) *from* (ganga f. lögbergi); skamt f. ánni, *a short distance from the river*; (2) *away from* (nökkut f. öðrum mönnum); (3) of time, allt f. eldingu, *all along from daybreak*; dag f. degi, *one day after another*; (4) *from among, beyond* gera sik auðkendan f. öðrum mönnum, *to make oneself conspicuous*; (5) *against*; frá líkindum, *against likelihood*; (6) *of, about*; er mér svá f. sagt konungi, *I am told so about the king*; (7) as adv. *away*; hverfa f., *to turn away*; til ok f., *to and fro*; héðan í f., *hence, henceforth*; þar út í frá, *secondly, next.*

frá-bæriligr, -bærr, a. *surpassing*; **-dráttr**, m. *diminution*; **-fall**, n. (1) *falling off, receding* (-fall sjófarins); (2) *decease, death*; **-ferð**, f. *departure.*

frágørða-, gen. pl. from 'frágørðir'; **-lið**, n. *choice troops*; **-maðr**, m. *remarkable man*; **-mikill**, a. *exceeding great* (fjöturr f.).

frá-gørðir, f. pl. *surpassing feats*; var þat at -gørðum, *it was extraordinary*; **-laga**, f. *retreat* (in a sea-fight; cf. leggja frá); **-lauss**, a. *free, clear* (from a matter).

frá-leikr, m. *swiftness, briskness.*

frá-ligr, a. *quick, swift.*

frán-eygr, a. *with flashing eyes.*

fránn, a. *gleaming, flashing* (of serpents and weapons).

frár (**frári, frástr**), a. *swift, light-footed* (frár á fœti).

frá-saga, f. *account, narrative.*

frásagnar-verðr, a. *worth relating.*

frá-skila, a. indecl. *separated, isolated* (-skila e-m); **-skilliga**, adv. *out of the way, far off*; **-skilligr**, a. = -skila; **-skilnaðr**, m. *separation.*

frá-sögn, f. (1) *the act of relating*; (2) = frá-saga.

frásögu-ligr, a. *worth relating, interesting.*

frá-vera, -vist, f. *absence.*

fregn (pl. -ir), m. *news, intelligence, information.*

fregna (**fregn**; **frá, frágum**; **fregninn**), v. (1) *to hear of, be informed of* (Þrándr frá andlát föður síns); (2)

to ask (f. e-n e-s); f. e-n ráðs, *to ask one's advice.*

fregna (**-da** or **-að**), v. = prec.

freista (**að**), v. (1) *to tempt, make trial of,* with gen.; (2) *to try*; f. í-þróttar, *to try a feat*; f. sín í móti e-m, *to try one's strength against another*; with infin., f. at renna skeið, *to try to run a race.*

freistan, freisting, f. *temptation.*

freistinn, a. *daring, trying.*

freistni, f. (1) *temptation*; (2) *trial.*

freka, f. *rigour, severity, harshness*; með freku, *harshly.*

frek-efldr, pp. *forcible.*

freki, m. *wolf* (poet.).

frekja, f. = freka.

frek-liga, adv. *harshly, immoderately*; **-ligr,** a. *harsh, severe.*

freknóttr, a. *freckly.*

frekr, a. (1) *greedy* (f. til fjár), *eager*; (2) *harsh, rigorous* (frek lög); nú skal ek vera yðr f. harðsteinn, *a rough whetstone.*

frelsa (**-ta, -tr**), v. (1) *to free, deliver, rescue* (f. landit af hernaði); (2) f. e-m e-t, *to rescue* (*secure*) *a thing for one* (til at f. honum sína föðurleifð); (3) refl., frelsast, *to save oneself, escape.*

frels-borinn, pp. = frjálsborinn.

frelsi, n. (1) *freedom*; (2) *leisure*; (3) *privilege, immunity* (f. kirkjunnar).

frelsingi (**-ja, -jar**), m. *freedman.*

frelsis-gjof, f. *gift of freedom* (to a bondsman).

fremd, f. *furtherance, honour.*

fremdar-ferð, f. *glorious journey*; **-lauss,** a. *inglorious*; **-verk,** n. *feat.*

fremi, adv. only in the phrase, svá f., *so far*; esp., svá f. er, *not until, not before, only when*; seg þú svá f. frá því, er þessi dagr er allr, *wait till this day is past before you speak of that*; svá f. ef, *in case that.*

fremja (**frem, framda, framiðr** and **framdr**), v. (1) *to further, promote* (f. kristni); f. sik, *to distinguish oneself*; (2) *to perform, practise*; f. heiðni, *to practise heathen worship*; f. sund, *to swim*; (3) refl., fremjast, *to gain distinction.*

fremr, adv. compar., **fremst,** adv. superl. *more, most* (= framarr, framast); þeir er fremst vóru, *those who were foremost.*

fremri, a. compar., **fremstr,** a. superl., see 'framr'.

frer or **frør,** n. *frost, frosty soil*; f. var hart úti, *it was hard frost*; esp. pl., bíða frøra, *to wait for frost*; **-mánaðr,** m. *frost-month* (December).

frerinn, pp. *frozen* (f. skór).

fress (pl. **-ar**), m. (1) *tom-cat* (eigandi fressa, *Freyja*); (2) *bear.*

frest, n. *delay, respite*; á viku fresti, *at the end of a week*; also pl., þótt frestin væri löng, *although the delay was long*; ljá e-m fresta, *to give one respite*; selja á f., *to sell on credit.*

fresta (**að**), v. *to defer, put off,* with dat. (f. brúðlaupi); absol. *to tarry.*

frestan, f. *delaying, delay.*

freta (**fret, frat,** and **að**), v. *to break wind* (freta við).

fret-karl, m. *contemptible fellow.*

fretr, m. *fart*; reka fret, *to break wind.*

frétt (pl. **-ir**), f. (1) *news, intelligence*; (2) *enquiry about the future* (ganga til fréttar við e-n).

frétta (**-tta, -ttr**), v. (1) *to hear, get intelligence*; (2) *to ask, enquire* (f. e-n e-s *or* at e-u); f. tíðenda, *to ask for news*; f. e-n upp, *to find one out*; (3) refl. *to get about, be reported* (þetta fréttist um heraðit); fréttist alls ekki til hans, *nothing was heard of him*; fréttist mér svá til, *I am told*; fréttust þeir tíðenda, *they asked each other for news*; fréttast fyrir, *to enquire.*

fréttinn, a. *eager for news, inquisitive* (um e-t, *about a thing*).

freyða (**dda, -tt**), v. *to froth.*

freyja, f. *lady*; *the goddess Freyja.*

freyr (gen. **freys**), m. (1) *lord*; (2) *the god Frey.*

Freys-goði, m. *priest of Frey.*

friða (**að**), v. *to pacify, restore to peace* (f. ríki sitt); f. fyrir e-m, *to make peace for, intercede for one* (við e-n, *with another*); refl., friðast við e-n, *to reconcile oneself to another.*

friðan, f. *pacifying.*

friðar-bréf, f. *letter of peace*; **-fundr,** m. *peaceful meeting*; **-gørð,**

f. *conclusion of peace, truce, treaty*; **-koss**, m. *kiss of peace*; **-mark**, n. *token of peace*; **-maðr**, m.=friðmaðr; **-stefna**, f. *peace meeting*; **-tákn**, n.= friðar-mark.

frið-benda (-da, -dr), v. *to fasten the sword in the sheath with* friðbönd; **-bót**, f. *peace-making*; **-brot**, n. *breach of peace*.

friðbrots-maðr, m. *peace-breaker*.

frið-bönd, n. pl. '*peace-bonds*' (straps wound round the sheath and fastened to a ring in the hilt); spretta -böndum, *to undo the peace-straps* (before drawing the sword); **-gjafi**, m. *peace-maker*; **-gjarn**, a. *peaceful*; **-gælur**, f. pl. *enticements to peace* (bera -gælur á e-n); **-gørð**, f.=friðargørð; **-heilagr**, a. *inviolate*; **-helga** (að), v. *to make inviolate*; **-helgr** (gen. -helgar), f. *inviolability, protection by law*.

friðill, m. *lover*.

frið-kastali, m. *asylum*; **-kaup**, n. *purchase of peace*.

friðla or **frilla**, f. *a man's mistress or concubine* (friðlur áttu þeir brœðr).

frið-land, n. *friendly country, place of retreat*; **-lauss**, a. *outlawed, proscribed*; **-leysi**, n. *insecurity*; **-liga**, adv. *peacefully*; **-ligr**, a. *peaceful, peaceable*.

friðlu-, frillu-borinn, pp. *bastard-born*; **-lifnaðr**, m., **-lífi**, n. *fornication, whoredom*; **-maðr**, m. *adulterer*; **-sonr**, m. *illegitimate son*; **-tak**, n. in the phrase, taka -taki, *to take as concubine*.

frið-maðr, m. *peaceful man, friend*; **-mark**, n. *token of peace*; **-mál**, n. *words of peace*; bera -mál milli manna, *to act as peace-maker*; **-mælast** (t), v. refl. *to sue for peace* (ekki mun nú tjá at friðmælast).

friðr (gen. **friðar**), m. (1) *peace, personal security*; biðja e-n friðar, *to sue for peace*; (2) *love, friendship*; frið at kaupa, *to purchase* (*thy*) *love*.

frið-samligr, a. *peaceable*; **-samr**, a. *peaceful*; **-semd, -semi**, f. *peacefulness*; **-skjöldr**, m. *truce-shield*; bregða upp -skildi, *to lift the shield of truce*; **-spilli**, n. *breach of peace*; **-staðr**, m. *sanctuary in a temple, asylum*; **-stefna**, f. = friðarstefna; **-stóll**, m. *chair of peace*; **-sæla**, f. *bliss of peace*; **-sæll**, a. *blessed with peace*; **-ván**, f. *prospect of peace*; **-vænligr**, a., **-vænn**, a. *giving promise of peace*.

Frigg (gen. -jar), f. *the goddess Frigg* (the wife of Odin).

frilla, f. frillu-, see friðla, friðlu-.

fría (að), v. *to deliver* (f. e-n e-u); refl., fríast, *to free oneself*.

fríða (-dda, -ddr), v. *to adorn*.

fríðendi, n. pl. *good or fine things*; heita e-m fríðendum, *to make fair promises*.

fríð-leikr, m. *personal beauty*.

fríðr (fríð, frítt), a. (1) *beautiful, handsome* (f. sýnum); (2) *fine* (frítt lið, föruneyti); (3) *paid in kind*; tólf hundruð fríð, *twelve hundred head of cattle in payment*; fjórir tigir marka fríðs, *forty marks of silver paid in cattle*. Cf. 'úfríðr.'

Frísir, m. pl. *the Frisians*.

frískr, a. *Frisian*.

Frís-land, n. *Frisia, Friesland*.

frjá (-ða, -ðr), v. *to love*; sá fær er frjár, *he that woos wins*.

frjá-aptann, m. *Friday evening*.

frjádaga-fasta, f. *Friday fast*.

frjá-dagr, m. *Friday*.

frjádags-aptann, m., **-kveld**, n. *Friday evening* (cf. 'frjá-aptann, -kveld'); **-nótt**, f. *Friday night*.

frjá-kveld, n. (1) *eve of Friday*; (2) *Friday evening*.

frjáls, a. (1) *free*, opp. to 'þræll' (f. maðr); (2) *free, unhindered* (láta e-n fara frjálsan); eiga e-t at frjálsu, *to possess freely, without restraint*.

frjálsa (að), v. *to free* (=frelsa).

frjálsan, f. *rescue, preservation*.

frjáls-borinn, pp. *free-born*; **-leikr**, m. *liberty*; **-lendingr**, m. *franklin*; **-liga**, adv. *freely*; **-ligr**, a. *free, independent*; **-mannligr**, a. *appropriate to a free man*.

frjá-myrginn, m. *Friday morning*; **-nótt**, f. *Friday night*.

frjó (dat. **frjó** and **frjóvi**), n. = fræ.

frjóa or **frjóva** (að), v. *to fertilize*; refl., frjóvast, *multiply, be fertile*.

frjó-ligr, a. *fruitful.*

frjór (frjó, frjótt), a. *fertile.*

frjósa (**frýs; fraus, frusum; fros-inn**; also **freri** or **frøri, frerinn** or **frørinn**), v. *to freeze*, esp. impers., fraus um hann klæðin (acc.), *the clothes froze on his body*; fraus inni skip (acc.) Erlings, *Erling's ships were frozen in*; veðr var kalt ok frjósanda, *cold and frosty*; frýss haf allt optliga á vetrum, *the whole sea often freezes in winter.*

frjó-samr, a. *fertile*; **-semd**, f. *fertility, fruitfulness.*

froða, f. *froth* (= frauð).

froskr (-s, -ar), m. *frog.*

frost, n. *frost*; f. var veðrs, *it was frosty weather*; in pl., frost mikil ok kuldar, *much frost and cold*; frost ok snjóar, *frost and snow.*

frosta (**að**), v. impers. *to freeze*, = frysta (hvert haust, er f. tók).

frosta-vetr, m. *frosty winter.*

frost-viðri, n. *frosty weather.*

fró, f. *relief* (*from pain*), *comfort.*

fróa (**að**), v. *to relieve*, with acc.

fróan, f. *relief*, = fró.

fróð-geðjaðr, -hugaðr, a. *wise-minded, wise*; **-leikr**, m. (1) *knowledge, information*; (2) *magic, witchcraft*; **-liga**, adv. *sensibly*; eigi -liga, *foolishly*; **-ligr**, a. *sensible.*

fróðr, a. *knowing, learned, well-informed* (hón var fróð at mörgu); fróðar bœkr, *instructive books.*

frói, m. *relief*, = fró.

frón, n. poet. *land, country.*

frum-burðr, m. *the first-born, first child*; **-ferill**, m. *one making a first visit*; **-fórn**, f. *first-fruit*; **-getinn**, pp. *first-born*; **-getnaðr, -getningr**, m. = -burðr; **-gögn**, n. pl. *the main proofs*; **-hending**, f. *the foremost rhyming syllable in a line*; **-hlaup**, n. *personal assault*; **-kveði**, m. *originator*; **-kviðr**, m. *the first verdict*; **-smíð**, f. *first attempt* (in any art); **-sök**, f. *original cause*; **-tign**, f. *the highest dignity*; **-ungr**, a. *very young*; **-vaxta**, a. indecl. *in one's prime*; **-váttr**, m. *the first, original witness*; **-verr**, m. *first husband.*

frú (gen. **frú**, pl. **frúr**), f. *mistress, lady* (= freyja).

frygð, f. *blossoming, excellence.*

frysta (-ti, -t), v. *to freeze.*

frýja (**frý, frýða, frýt**), v. (1) *to defy, taunt* (hón frýði honum með mörgum orðum); f. e-m hugar, *to challenge one's courage*; þessi klæði frýja ykkr föður-hefnda, *those clothes challenge you to revenge your father*; (2) f. á e-t, *to complain of; to egg* (*goad*) *on.*

frýja, f. *taunt, reproach*; verja sik frýju, *to clear oneself of reproach.*

frýju-laust, adv. *blamelessly, beyond reproach*; **-orð, -yrði**, n. *taunt* (leggja -orð á e-n).

frýn-ligr, a., **frýnn**, a. *pleasant* (*-looking*), *inviting* (only with negative, cf. 'úfrýnn').

fræ (dat. **frævi**), n. *seed* (= frjó).

frægð, f. *fame, renown.*

frægðar-fullr, a. *glorious*; **-för**, f. *glorious journey*; **-maðr**, m. *famous man*; **-mark**, n. *badge of glory*; **-sam-ligr**, a. *glorious*; **-skot**, n. *famous shot*; **-verk**, n. *feat, exploit.*

frægi-ligr, a. *creditable, honourable.*

frægja (-ða, -ðr), v. *to make famous.*

frægr, a. *famous* (f. konungr).

fræ-korn, n. *seed of corn.*

frænda-afli, m. *strength in kinsmen*; **-bálkr**, m. *body of kinsmen*; **-gengi**, n. = frændlið; **-gipta**, f. *family luck*; **-lát**, n. *loss* (*death*) *of kinsmen*; **-róg**, n. *strife among kinsmen*; **-skomm**, f. *disgrace to one's family*; **-styrkr**, m. *strength* (*backing*) *of kinsmen.*

frænd-bálkr, m. = frænda-bálkr; **-gofugr**, a. *having distinguished kinsmen*; **-hagi**, m. *native place*; **-hollr**, a. *faithful to one's kinsmen.*

frændi (pl. **frændr**), m. *kinsman* (also used of a brother and a son); yðrir fyrri frændr, *your ancestors.*

frænd-kona, f. *kinswoman*; **-leifð**, f. *patrimony, inheritance* (after a kinsman); **-lið**, n. *host of kinsmen, family*; **-lingr, -maðr**, m. = frændi; **-margr**, a. *having many kinsmen*; **-mær**, f. *maiden kinswoman*; **-ríkr**, a. *rich in kinsmen*; **-rœkinn**, a. *attached to one's kinsmen*; **-samliga**, adv. *kinsmanlike, kindly*; **-semi**, f. *relationship, kinship*; ganga við -semi e-s, *to* *acknowledge one as a kinsman*; var góð -semi með þeim, *there was good fellowship between them, they lived on good terms as kinsmen.*

frændsemis-spell, n. *breach of kinship, incest*; **-tala**, f. *tracing of kinship*; vera í -tölu við e-n, *to be of kinship with one.*

frænd-skarð, n. *loss of a kinsman*; **-stórr**, a. *having great kinsmen*; **-sveinn**, m. *young kinsman*; **-sveit**, f. *body of kinsmen*; **-víg**, n. *slaying of a kinsman.*

frær, a. *yielding fruit*, = frjór.

fræs, f. *hissing* (þú gerðir f. mikla).

fræva (að), v. *to fertilize.*

frœða (-dd, -ddr), v. *to teach.*

frœði, f. and n. (1) *knowledge, learning, lore*; í sumum frœðum, *in some old records (poems)*; (2) *charms, spells* (þau kváðu þar frœði sín, en þat vóru galdrar).

frœði-bœkr, f. pl. *books of knowledge*; **-fýsi**, f. *love of knowledge*; **-maðr**, m. *learned man, scholar, historian*; **-nám**, **-næmi**, n. *acquisition of knowledge, learning, studying.*

frœki-liga, adv. *valiantly.*

frœkinn, and **frœkn**, a. *valiant, brave*; **frœk-leikr** and **frœkn-leikr**, m. *valour, bravery, prowess.*

frœkn-liga, adv. = frœkiliga; **-ligr**, a. *valiant-looking, brave.*

fugl (-s, -ar), m. *bird* (fór hann svá hart sem f. flygi); hafa f. af landi, *to meet with land-birds, to be near land.*

fugla-dráp, n. *bird-killing*; **-drit**, n. *bird's dung*; **-kippa**, f. *bundle of fowls*; **-lið**, n. *flock of birds.*

fuglari, m. *fowler, bird-catcher.*

fugla-söngr, m. *singing of birds*; **-veiðr**, f. *bird-catching.*

fugl-berg, n. *fowling-cliff*; **-heill**, f. *augury*; **-veiðr**, f. = fuglaveiðr; **-ver**, n. *fowling-place*; **-þúfa**, f. *knoll on which birds sit.*

full, n. *the fill of a drinking-vessel, a toast* (Óðins-full, *etc.*).

full-, in compds. *fully, quite, amply*; **-bakaðr**, pp. *full-baked*; **-borða**, a. indecl. *with bulwarks of full height* (of a ship); **-býli**, n. *full provisions for a house*; **-ferma** (-da, -dr), v. *to load full*; **-frœgr**, a. *full famous*; **-gamall**, a. *very old*: **-góðr**, a. *quite good*; **-gøra** (-ða, -ðr), v. *to fulfil, complete, perform*; **-gørla** (**-gørva**), adv. *quite, fully*; **-görr**, pp. *fully done*; **-hugi**, m. *dauntless man, hero*; **-hyggja** (see **hyggja**), v. *to love dearly*; **-illa**, adv. *very badly*; **-keyptr**, pp. *bought full dearly*; **-kominn**, pp. *perfect*; -kominn at aldri, *full grown*; **-komliga**, adv. *fully*; **-kosta**, a. indecl. *full-matched* (*of man and wife*); **-kvæni**, a. *well married*; **-launaðr**, pp. *fully rewarded*; **-leiksa**, a. indecl. *quite enough to do* (hafa -leiksa); **-liða**, a. indecl. *having men* (*troops*) *enough*; **-malinn**, pp. *fully ground*; **-mikill**, a. *full great.*

fullna (að), v. *to fulfil, finish.*

fullnaðr (gen. **-ar**), m. *fulfilment*; hafa fullnað ór máli, *to obtain one's full claim* (in a suit).

full-numi, a. *having learnt fully, become an adept in a thing* (-numi í göldrum); **-nœgja** (-ða, -t), v. *to be sufficient, to suffice*; **-orðinn**, pp. *full-grown, of age.*

fullr, a. (1) *full* (f. e-s *or* af e-u); f. upp úlfúðar, *full of savageness*; f. eitri (dat.), *full of poison*; (2) *full, complete, entire*; full vissa, *full certainty*; sœkja mál til fullra laga, *to the full extent of the law*; halda til fulls við e-n, *to stand on one's full right against another*; hafa fullara hlut, *to get the better of it*; at fullu, til fulls, *fully, thoroughly.*

full-ráða, a. indecl. *fully resolved*; **-rétti**, n. *a gross insult for which full atonement is due*; **-rýninn**, a. *fully wise*; **-ræði**, n. (1) *full efficiency*; (2) *full match*; **-rœtt**, pp. n. *enough spoken of*; **-röskr**, a. *in full strength*; **-sekta** (að), v. *to make one a full outlaw*; **-skriða**, a. indecl. *at full speed*; **-spakr**, a. *full wise*; **-steiktr**, pp. *fully roasted*; **-sæla**, f. *wealth, bliss*; -sæla fjár, *great wealth*; **-sæll**, a. *blissful*; **-sœfðr**, pp. *quite dead*; **-sœmdr**, pp. *fully honoured*; **-tekinn**, pp. -tekinn karl, *a full champion*; **-tíða**, a. indecl. *full-grown*; full-tíða aldr, *full age.*

fullting, n. *help, assistance.*

fulltingja (**-da, -dr**), v. *to lend help, assist*, with dat.

full-trúi, m. *one in whom one puts full confidence, patron* (*deity*); **-týja** (**-týða**), v. = -tingja; **-vaxta**, a. indecl. *full-grown*; **-vegit**, pp. n. *having slain enough*; **-vel**, adv. *full well*; **-virði**, n. *full price*; **-þroskaðr**, pp. *full-grown, grown to full strength*; **-þurr**, a. *fully dry.*

fundning, f. *finding.*

fundr (**-ar, -ir**), m. (1) *finding, discovery* (fundr fjárins, f. Íslands); (2) *meeting*; fara, koma á fund e-s, til fundar við e-n, *to go to visit, or have talk with, one*; (3) *fight, battle.*

fund-víss, a. *quick to find.*

funi, m. *flame* (f. kveikist af funa).

fura, f. *fir, fir-tree.*

furða (**-að**), v. (1) *to wonder*; (2) *to forebode*, with dat.; illu mun f., ef, *it will bode ill, if.*

furða, f. (1) *foreboding, omen*; góðs (ills) f., *good* (*bad*) *omen*; (2) *strange* (*wonderful*) *thing*; ekki er þetta nein f., *'tis nothing strange.*

furðu-, in compds., *very, wonderfully*; **-djarfr**, a. *very insolent*; **-heimskr**, a. *very foolish*; **-liga**, adv. *very, exceedingly* (-liga hár, mikill, vel); **-ligr**, a. *wonderful, marvellous*; **-sterkr**, a. *very strong*; **-vel**, adv. *wonderfully well.*

furu-kvistr, m. *fir bough.*

fussum, interj. *fie*, with dat.

fustan, n. *fustian* (for. word).

fúinn, a. *rotten, decayed.*

fúlga, f. *fee paid for alimentation.*

fúlgu-fall, n. *forfeit of the alimentation fee*; **-fé**, n., **-fénaðr**, m. *sheep or cattle put out to fodder*; **-maðr**, m. *boarder, one boarded out.*

fúll, a. (1) *foul, stinking*; fúlt egg, *a rotten egg*; (2) fig. *foul, mean.*

fúl-leitr, a. *of foul appearance*; **-liga**, adv. *meanly*; **-mannligr**, a. *mean, paltry*; **-mennska**, f. *paltriness, baseness.*

fúlna (**að**), v. *to become stinking.*

fúl-yrði, n. pl. *foul language.*

fúna (**að**), v. *to rot, decay.*

fúrr (gen. **fúrs**), m. *fire* (poet).

fús-liga, adv. *willingly.*

fúss, a. *willing, eager* (f. e-s *or* til e-s; f. at fara, *etc.*); absol., f. (*willingly*) vil ek mína hamingju til leggja.

fygla (**-da, -t**), v. *to catch fowl.*

fyl (gen. pl. **-ja**), n. *foal or filly.*

fylgð, f. (1) *following, guidance*; (2) *support, help, backing*; (3) *party, followers*; *body-guard* (of kings and princes); halda fylgð, *to wait upon the king.*

fylgðar-lauss, a. *without attendants, alone*; **-maðr**, m. *follower, attendant.*

fylgi, n. *following, support*; auka sér f., *to win followers.*

fylgi-kona, f. *concubine, mistress.*

fylginn, a. *attached to* (f. e-m).

fylgi-samr, a. = fylginn.

fylgja (**-ða, -t**), v. (1) *to accompany, help*, with dat.; f. e-m at, f. e-s málum, *to side with one, take one's part*; (2) *to lead, guide one* (yðr var fylgt í kornhlöðu eina); (3) *to pursue* (f. fast flóttamönnum); (4) *to follow, be about one* (konungr lét sveininn f. móður sinni); (5) *to follow, observe* (f. e-s ráðum, f. hirðsiðum); (6) *to belong or pertain to* (segl ok reiði er fylgðu skipinu); (7) láta f., *to add*; þat lét hann f., at, *he added that*; (8) refl., fylgjast, *to follow one another*; fig. *to hold together* (hann bað sína menn f. vel, *hold well together*).

fylgja, f. (1) *guidance* (beiða e-n fylgju); (2) *female guardian spirit*; *attendant spirit in animal form* (þú munt vera feigr maðr ok muntu hafa sét fylgju þína).

fylgjandi (pl. **-jendr**), m. *follower.*

fylgjari, m. = fylgjandi.

fylgju-engill, m. *guardian angel*; **-kona**, f. (1) = fylgja (2); (2) = fylgikona; **-lag**, n. *concubinage*; **-samr**, a. = fylgisamr.

fylgsni, n. *hiding-place.*

fylja, f. *filly.*

fylki (gen. pl. **fylkja**), n. (1) *district, county, shire*, in Norway (þat er f. kallat, er gøra má af tólf skip); (2) *battalion, host* (in battle).

fylking (pl. **-ar**), f. (1) *battle array*; (2) *host, legion.*

fylkingar-armr, m. *wing of an army*; **-broddr**, m. *vanguard of a host* (í öndverðum -broddi).

fylkir (gen. **-is**), m. *chief, king.*

fylkis-konungr, m. *chief of a district*; *a petty king.*

fylkja (**-ta, -tr**), v. *to draw up* (*in battle array*), with dat., or absol.

fylla (**-da, -dr**), v. (1) *to fill* (f. e-t e-s *or* af e-u); (2) *to complete, make up* (f. þat, er á skortir); (3) *to fulfil*; (4) f. flokk e-s, *to side with one*; (5) refl., fyllast áhyggju ok hræðslu (gen.), *to be filled with care and fear.*

fyllí, f. *one's fill* (gefa e-m f. sína matar ok drykkjar).

fylli-liga, adv. *fully.*

fylling, f. (1) *filling*; (2) *fulfilment.*

fyl-merr, f. *a mare with a foal.*

fyrðar, m. pl. *men, warriors* (poet.).

fyrir, prep., I. with dat. (1) *before, in front of* (ok vóru fyrir honum borin merkin); f. dyrum, *before the door*; (2) *before one, in one's presence*; hón nefndist f. þeim Gunnhildr, *she told them that her name was G.*; (3) *for*; hann lét ryðja f. þeim búðina, *he had the booth cleared for them, for their reception*; (4) *before one, in one's way*; fjörðr varð f. þeim, *they came to a fjord*; sitja f. e-m, *to lie in wait for one*; (5) naut. term. *before, off*; liggja f. bryggjum, *to lie off the piers*; f. Humru-mynni, *off the Humber*; (6) *before, at the head of, over*; vera f. liði, *to be over the troops*; vera f. máli, *to lead the case*; sitja f. svörum, *to undertake the defence*; (7) of time, *ago*; f. þrem nóttum, *three nights ago*; f. stundu, *a while ago*; f. löngu, *long ago*; vera f. e-u, *to forebode* (of a dream); (8) *before, above, superior to*; Hálfdan svarti var f. þeim brœðrum, *H. was the foremost of the brothers*; (9) denoting *disadvantage, harm, suffering*; þú lætr Egil vefja öll mál f. þér, *thou lettest E. thwart all thy affairs*; tók at eyðast f. henni lausa-fé, *her money began to fail*; (10) denoting *obstacle, hindrance*; mikit gøri þér mér f. þessu máli, *you make this case hard for me*; varð honum lítit f. því, *it was a small matter for him*; Ásgrími þótti þungt fyrir, *A. thought that things looked bad*; (11) *because of, for*; hon undi sér hvergi f. verkjum, *she had no rest for pains*; f. hræðslu, *for fear*; illa fœrt f. ísum, *scarcely passable for ice*; gáðu þeir eigi f. veiðum at fá heyjanna, *because of fishing they neglected to make hay*; f. því at, *because, since, as*; (12) *against*; gæt þín vel f. konungi ok hans mönnum, *guard thee well against the king and his men*; beiða griða Baldri f. alls konar háska, *against all kinds of harm*; (13) f. sér, *of oneself*; mikill f. sér, *strong, powerful*; minnstr f. sér, *smallest, weakest*; (14) denoting *manner* or *quality, with*; hvítr f. hærum, *white with hoary hair*; II. with acc. (1) *before, in front of*; halda f. augu sér, *to hold* (*one's hands*) *before one's eyes*; (2) *before, into the presence of*; stefna e-m f. dómstól, *before a court*; (3) *over*; hlaupa f. björg, *to leap over a precipice*; kasta f. borð, *to throw overboard*; (4) *in one's way, crossing one's way*; ríða á leið f. þá, *to ride in their way, so as to meet them*; (5) *round, off*; sigla f. nes, *to weather a point*; (6) *along, all along*; f. endilangan Noreg, *all along Norway, from one end to the other*; draga ör f. odd, *to draw the arrow past the point*; (7) *of time*, f. dag, *before day*; f. e-s minni, *before one's memory*; (8) *for, on behalf of*; vil ek bjóða at fara f. þik, *I will offer to go for thee, in thy stead*; lögvörn f. mál, *a lawful defence for a case*; (9) *for, for the benefit of*; þeir skáru f. þá melinn, *they cut the lyme-grass for them* (the horses); (10) *for, instead of, in place of, as*; (11) *for, because of* (vilja Gunnar dauðan f. höggit); f. þín orð, *for thy words* (*intercession*); f. sína vinsæld, *by reason of his popularity*; (12) denoting *value, price*; f. þrjár merkr, *for three marks*; f. hvern mun, *by all means, at any cost*; (13) *in spite of, against* (giptast f. ráð e-s); (14) joined with adverbs ending in *-an*, governing acc. (f. austan, vestan, sunnan, norðan, útan, innan, framan, handan, ofan, neðan):

f. austan, sunnan fjall, *east, south of the fell*; f. neðan brú, *below the bridge*; f. handan á, *beyond the river*; f. innan garð, *inside the fence*; III. as adverb or ellipt. (1) *ahead, before*, opp. to 'eptir'; þá var eigi hins verra eptir ván, er slíkt fór f., *when this came first, preceded*; (2) *first*; mun ek þar eptir gera sem þér gerit f., *I shall do to you according as you do first*; (3) *at hand, present, to the fore*; föng þau, er f. vóru, *stores that were at hand*; þar var f. fjöldi boðsmanna, *a host of guests was already present* (before the bride and bridegroom came); (4) e-m verðr e-t f., *one takes a certain step, acts so and so*; Kolbeini varð ekki f., *K. was at a loss what to do*; e-t mælist vel (illa) f., *a thing is well (ill) spoken or reported of* (kvæðit mæltist vel f.).

fyrir-banna (að), v. *to forbid, deny* (e-m e-t); **-bending**, f. *foreboding*; **-bjóða** (see **bjóða**), v. *to forbid*; **-boða** (að), v. *to forebode*; **-boðan**, f. *foreboding*; **-boðning**, f. *forbidding*; **-bón**, f. *imprecation*; **-burðr**, m. *appearance, vision*; **-búa** (see **búa**), v. *to prepare*; **-búnaðr**, **-búningr**, m. *preparation*; **-dœma** (-da, -dr), v. *to condemn*; **-fara** (see **fara**), v. *to destroy*; **-fari**, m. *foreboding*; **-fólk**, n. *great folk, persons of distinction*; **-furða**, f. = -fari; **-ganga**, f. *walking ahead, leading*; **-gefa** (see **gefa**), v. *to forgive*; **-gefning**, f. *forgiveness*; **-gøra** (-ða, -ðr), v. *to forfeit* (-gøra e-u); **-heit**, n. *promise*; **-huga** (að), v. *to intend for* (e-m e-t); **-hugsa** (að), v. *to premeditate*; **-hyggja**, f. *forethought, care*; **-koma** (see **koma**), v. (1) *to destroy*, with dat.; (2) *avert, prevent*; **-kona**, f. *woman of distinction*; **-konungr**, m. *distinguished king*; **-kunna** (see **kunna**), v. *to blame one for* (-kunna e-n e-s); **-kveða** (see **kveða**), v. *to refuse* (e-m e-t); **-lát**, n. *forgiveness*; **-láta** (see **láta**), v. (1) *to let go, give up*; (2) *to forgive* (e-m e-t); (3) *to give way*; **-látr**, a. *not exacting, yielding*; **-látsamr**, a., ekki -látsamr, *stubborn*; **-leggja** (see **leggja**), v. *to lay aside, forsake*; refl., -leggjast um e-t, *to give it up*; **-leitinn**, a. *circumspect*; **-leitni**, f. *circumspection*; **-litligr**, a. *contemptible*; **-líta** (see **líta**), v. *to despise*; **-ljúga** (see **ljúga**), v. (1) *to forswear by lies* (-ljúga trú sinni); (2) with acc. *to slander*; **-maðr**, m. (1) *foreman, chief*; (2) *one who excels others*; (3) *predecessor*; **-mannligr**, a. *distinguished-looking*; **-muna** (see **muna**), v. *to grudge one a thing* (e-m e-t); **-mæla** (-ta, -tr), v. (1) *to injure one by one's words* (-mæla e-m); (2) *to curse*; **-nema** (see **nema**), v. (1) -nema e-m mál, *to deprive one of speech, make one silent*; (2) refl., -nemast e-t, *to forbear*; **-rásari**, **-rennari**, m. *forerunner*; **-rúm**, n. *the 'room' in a ship of war before the 'lypting', the middle 'room' of a boat*.

fyrirrúms-maðr, m. *one stationed in the* fyrirrúm.

fyrir-sát, f., **-sátr**, n. *ambush*; **-segja** (see **segja**), v. *to foretell*; **-setning**, f. *preposition*; **-sjón**, f. *laughing-stock*; **-skyrta**, f. *'fore-shirt', apron*; **-spá**, f. *prophecy*; **-sverja** (see **sverja**), v. *to forswear, renounce by oath*; **-sögn**, f. *dictation, instruction*; **-taka** (see **taka**), v. (1) *to deny, refuse*; (2) *to forbid*; **-tölur**, f. pl. *persuasion*; **-vari**, m. *precaution*; **-vega** (see **vega**), v. *to forfeit by manslaughter*; **-verða** (see **verða**), v. *to collapse, vanish*; -verða sik, *to be destroyed*; refl., -verðast, *to perish, collapse*; **-vinnast** (see **vinna**), v. refl., láta -vinnast, *to be idle, forbear* (doing a thing); **-vist**, f. *leading, management*; **-ætlan**, f. *design, purpose*.

fyrnast (d), v. refl. (1) *to get old, decay*; (2) *to be forgotten* (hans nafn mun aldri f.); henni fyrndist aldri fall Ólafs konungs, *she never forgot king Olaf's death*.

fyrnd, f. (1) *age, antiquity*; í fyrndinni, *in times of yore*; (2) *decay, dilapidation* (f. kirkjunnar).

fyrnska, f. (1) *age*; slitinn af fyrnsku, *worn with age*; (2) *witchcraft*; vita fyrnsku, *to be skilled in witchcraft*.

fyrnsku-háttr, m. *old fashion*.

fyrr, adv. (1) *before, sooner*; því betr

þykki mér er vér skiljum f., *the sooner we part the better*; svá sem f. sögðum vér, *as we said before*; f. en, *before* (conj.), *sooner than*; (2) *rather*.

fyrri, a. compar. *former*; **fyrstr**, a. superl. *the first, foremost*; hinn fyrra hlut vetrar, *in the early part of the winter*; hit fyrra sumar, *the summer before last*; yðrir fyrri frændr, *your ancestors*; verða fyrri til e-s, at e-u, *to be the first to do a thing*; eigi fellr tré við hit fyrsta högg, *a tree does not fall at the first blow*.

fyrri, adv. (= fyrr) *before, sooner, rather* (fyrri skal ek deyja, en).

fyrr-meirr, adv. *formerly, in former times, previously*.

fyrrum, adv. *formerly, before*.

fyrst, adv. superl. (1) *first*; gekk Hrútr fyrst (*foremost*) ok kvaddi konunginn: sem f., *as soon as possible*; f. í stað, *directly, at once*; (2) conj. (rare) *as, since*.

fyrsta, f., í fyrstunni, í fyrstu, *in the beginning, at first*.

fýla, f. (1) *foulness, stink*; (2) *dirty fellow* (= mannfýla).

fýsa (**-ta, -tr**), v. *to urge* (f. e-n e-s); impers., mik fýsir, *I am eager, desire strongly* (mik fýsir til Íslands, heim); refl., fýsast, *to desire, feel desirous or eager*; also ellipt. (hann kvaðst eigi f. til Íslands at svá búnu).

fýsi, f. *wish, desire* (= fýsn, fýst).

fýsi-liga, adv. *willingly, desirably*; **-ligr**, a. *desirable, attractive*.

fýsn, fýst, f. = fýsi; e-m er fýst á at gera e-t, *one is desirous of doing* (*or eager to do*) *a thing*.

fæð, f. (1) *fewness, scantiness*; (2) *coldness* (*in intercourse*); f. er með þeim, *they are on indifferent terms*; taka f., *to become melancholy*.

fægja (**-ða, -ðr**), v. (1) *to polish*; (2) *to cleanse* (f. sár).

fækka (**að**), v. (1) *to make few, reduce in number*; (2) refl., fækkast, *to grow cold, unfriendly* (heldr tók at f. með þeim).

fæla (**-da, -dr**), v. *to frighten, scare* (f. e-n braut); refl., fælast e-t, *to be frightened at*; hestar fældust, *the horses shied*.

fæling, f. *frightening*.

fælinn, a. *shy, timid*.

fær, f. *sheep*.

Fær-eyingar, m. pl. *the Faroe Islanders*; **-eyjar**, f. pl. *the Faroe Islands*.

fær-eyskr, a. *Faroese*.

fæta, v. *to have to do with* (f. um e-t).

fætka, fætta (**að**), v. = fækka.

fœða (**-dda, -ddr**), v. (1) *to feed, give food to*; (2) *to rear, bring up* (= f. upp); (3) *to give birth to* (fœddi Bergljót sveinbarn); (4) refl., fœðast, *to feed, live on a thing* (f. við e-t); *to be born*; *to be brought up* (= f. upp).

fœða, f., **fœði**, n. *food* (= fœzla).

fœðing, f. *birth, delivery*.

fœðingi (pl. **-jar**), m. *native*; vera f. í e-u landi, *to be born in a country*.

fœra (**-ða, -ðr**), v. (1) *to bring, convey* (f. fé til skips); (2) *to bring, present* (f. e-m e-t); f. e-m höfuð sitt, *to surrender to one*; f. e-m kvæði, *to deliver a poem*; (3) *to remove* (f. kirkju, f. bú sitt); (4) with preps., f. e-t at e-m, *to inflict on one*; f. skömm at e-m, *to sneer at one*; refl., fœrast at, *to bestir oneself*; mega ekki at fœrast, *to be unable to do anything*; f. á e-n, *to mock one*; refl., fœrast á fœtr, *to grow up*; f. e-n fram, *to maintain, feed*; f. e-t í hljóðmæli, *to hush up*; f. e-n í kaf, *to plunge one under water*; f. sik í ætt, *to vindicate one's kinship* (by a gallant deed); f. e-n niðr = f. e-n í kaf; f. korn (sáð) niðr, *to put down corn* (*seed*), *to sow*; f. e-t sundr, *to split asunder*; f. e-n til kristni, *to convert to Christianity*; f. til rétts máls, *to turn into prose*; refl., fœrast undan e-u, *to quit* (*release*) *oneself of*; f. upp, *to put up* (f. upp vef); *to lift up* (f. upp øxina); *to take out* (f. upp mat ór katli); f. út búðarveggi, *to enlarge the walls of a booth*.

fœrð, f. *condition of the roads*.

fœri, n. (1) *opportunity*; komast í f. við e-n, *to get a chance to attack one*; vera í fœrum til e-s *or* um e-t, *to be able to do a thing*; (2) *what one is able to do* (ekki ætla ek þetta mitt f.); (3) *fishing-line*.

fœri-ligr, a. (1) *practicable, easy*; (2) -ligr hestr, *a strong horse*.

fœr-leikr, m. *ability*, *strength*.

fœrr, a. (1) *able to go* (vóru þeir allra manna bezt fœrir bæði á fœti ok á skíðum); (2) *capable of being passed*, *passable*, *safe* (Petlandsfjörðr var eigi f.); fœrt veðr, *weather fit for travelling*; skip fœrt, *fit for use*, *seaworthy*; (3) f. til e-s, *capable of*, *able to do a thing*.

fœzla, f. *food*, = fœða.

föður-arfr, m. *inheritance after a father*; **-bani**, m. *slayer of another's father*; **-betrungr**, m. *one better than his father*; **-bróðir**, m. *father's brother*, *uncle*; **-bœtr**, f. pl. *weregild for a father*; **-frændi**, m. *kinsman on the father's side*; **-garðr**, m. *a father's house*; **-gjöld**, n. pl. *weregild for one's father*; **-hefndir**, f. pl. *revenge for one's father*; **-kyn**, n. *father's kin*; skozkr at -kyni, *on the father's side*; **-leif**, **-leifð**, f. *patrimony*; **-ligr**, a. *fatherly*; **-móðir**, f. *father's mother*, *grandmother*; **-tún**, n. = -garðr; **-ætt**, f. *kinsfolk on the father's side*.

föl, f. *thin covering of snow*.

föl-leitr, a. *pale-looking*; **-litaðr**, pp. *pale-coloured*.

fölna (**að**), v. *to grow pale* (fölnaði ok hræddist); *to wither* (gras fölnar); kirkja fyrnd ok fölnuð, *decayed*.

fölnan, f. *withering*, *fading away*.

fölr (acc. **-van**), a. *pale*; f. sem aska (gras, nár), *pale as ashes* (*grass*, *a corpse*).

fölskaðr), a. *covered with* fölski.

fölski, m. *white ashes*.

fönn (gen. **fannar**; pl. **fannir**), **f.** (1) *snow* (hvítr sem f. nýfallin); (2) *snow-wreath*.

för (gen. **farar**; pl. **farar** and **farir**), f. (1) *journey*; vera í f. með e-m, *to be in company with one*; vera í förum, *to be on trading voyages*; eiga skip í förum, *to own a trading ship*; (2) *attack*, *assault* (= atför); (3) *fate* (munt þú hafa farar Hákonar jarls); vér munum fara eina för allir, *it will go with us all in the same way*; (4) vera á föru (förum), *to be on the wane* (lausafé hans var heldr á förum).

förlast (**að**), v. refl. *to fall into decay*; impers., e-m förlast, *one grows weak* (from age).

förnuðr, m. = farnaðr.

föru-kona, f. *vagrant woman*.

föru'l, a. *rambling*, *strolling about*.

föru-maðr, m. *vagrant*, *beggar*; **-mannligr**, a. *beggarly*; **-nautr**, m. *fellow-traveller*, *companion*; **-neyti**, n. (1) *company*; (2) *retinue*; **-piltr**, m. *vagrant lad*, *beggar*.

föstu-dagr, m. (1) *fast-day*; (2) *Friday* (= frjádagr); -dagrinn langi, *Good Friday*; **-inngangr**, m. *beginning of Lent*, *Shrove-tide*; **-kveld**, n. *Friday evening*; **-tíð**, f., **-tími**, m. *fast-time*.

foxóttr, a. *having a mane different in colour from the body* (f. hestr).

G

gabb, n. *mocking*, *mockery*.

gabba (**að**), v. *to mock*, *make game of one* (g. e-n).

gadda (**að**), v. *to gore*, *spike*.

gadda-kylfa, f. *club with spikes*.

gaddan, n. *a kind of headgear* (rare).

gadd-hjalt, n. *a sword-guard ending in sharp points*.

gaddr (**-s**, **-ar**), m. (1) *goad*, *spike*; fig., var mjök í gadda slegit, at, *it was all but settled that*; (2) *hard snow*.

gafl, m. *gable*, *gable-end*.

gaflak, n. '*gavelock*', *javelin*, *dart*.

gafl-hlað, n. *gable-end* (= -veggr).

gaflok, n. = gaflak.

gafl-stokkr, m. *gable-beam*; **-veggr**, m. *gable-wall* = -hlað.

gagarr, m. *dog* (rare).

gag-háls, a. *with the neck thrown back* (hirtir gaghálsir).

gagl, n. *small goose*, *gosling*; *bird*; **-bjartr**, a. *bright as a goose*; **-viðr**, m. '*bird-wood*'.

gagn, n. (1) *advantage*, *use*; verða e-m at gagni, *to be of use to one*; er eigi mun vera g. í, *that will be of no use*; (2) *produce*, *revenue*, esp. of land; (3) *domestic utensils*; (4) *lug-*

gage; (5) *victory*; hafa (fá) g., *to have* (*gain*) *the victory*; (6) pl. gögn, *proofs, evidence.*

gagna (**að**), v. *to be of use to one* (g. e-m) *or for something*; refl., gagnast, *to avail, be of use.*

gagn-auðigr, a. *very productive* (of land); *well stored* (bú -auðigt).

gagn-dagar, see 'gangdagar'.

gagn-dyrt, a. n. *with doors opposite one another.*

gagn-fœriligr, -fœrr, a. *penetrable, penetrating.*

gagn-gört, a. n., only in the phrase, á -gört, *straight.*

gagn-hollr, a. *mutually kind.*

gagn-hræddr, a. *much frightened.*

gagn-kvöð, f. *counter-summons.*

gagn-lauss, a. *useless, of no use* (hann var g. flestum mönnum).

gagn-leið, -leiði, n. *short cut.*

gagn-mæli, n. *gainsaying.*

gagn-orðr, a. *speaking to the point, hitting the mark.*

gagn-samligr, a. *useful, profitable*; **-samr,** a. *beneficent, kind, hospitable* (-samr við menn); **-semd,** f. *hospitality, readiness to help.*

gagn-sénn, pp. = -sær.

gagn-skorinn, pp. (1) *cut through*; (2) *carved all over.*

gagns-maðr, m. *useful* (*beneficent*) *man*; **-munir,** m. pl. *useful things*; veita e-m -muni, *to help one.*

gagn-staða, f. *resistance*; **-staðligr,** a. *contrary, opposed to* (e-u).

gagn-stigr, m. *short cut.*

gagn-stœðligr, a. = -staðligr.

gagnstöðu-flokkr, m. *adverse party*; **-maðr,** m. *adversary, opponent.*

gagn-sær, a. *transparent* (glerit er gagn-sætt).

gagn-sök, f. *counter-action, counter-charge.*

gagn-tak, n. *saddle-strap.*

gagn-vart, prep. with dat. and adv., *over against* (sitja -vart e-m).

gagn-vegr, m. *short cut,* = -leið.

gagn-vert, prep. with dat. and adv. *over against, opposite* (*to*).

gagn-vænligr, a. *profitable.*

gala (**gel; gól, gólum; galinn**), v. (1) *to crow* (of a cock), *cry, scream*; (2) *to sing, chant*; g. galdra yfir e-m, *to chant magic songs over one*; afl gól hann Ásum, *he chanted strength into the Æsir.*

gal, n. *screaming, howling.*

galdr (**gen. -rs,** pl. **-rar**), m. (1) *magic song, charm* (gala, kveða galdra yfir e-m); (2) pl. *witchcraft, sorcery* (galdrar ok görningar).

galdra-bók, n. *book of magic*; **-fullr,** a. *full of sorcery*; **-hríð,** f. *magic storm*; **-kind,** f. *foul witch*; **-kona,** f. *witch, sorceress*; **-list,** f. *magic art*; **-læti,** n. pl. *magical mummeries*; **-maðr,** m. *wizard*; **-raumr,** m. *great sorcerer*; **-smiðr,** m. *sorcerer.*

galdr-ligr, a. *magical.*

galeið (pl. **galeiðr** and **galeiðir**), f. *galley.*

galinn, pp. (1) *enchanted*; (2) *mad, frantic* (fóru galnir sem hundar).

gall, n. *gall, bile*; *sour drink.*

galla-lauss, a. *faultless.*

gall-beiskr, a. *bitter as gall*; **-blandinn,** pp. *mixed with gall.*

gall-harðr, a. *hard as stone.*

galli, m. *defect, fault, flaw.*

galti, m. *boar, hog* (=göltr).

gamall (**gömul, gamalt**), a. (1) *old*; á gamals aldri, *in his old age*; opt er gott þat er gamlir kveða, *old men's sayings are often good*; (2) *old, aged, of a certain age*; hve g. maðr ertu, *how old art thou?* tólf vetra (gen.) g., *twelve years old.*

gamal-ligr, a. *elderly*; **-menni,** n. *old man*; **-órar,** m. pl. *dotage from old age*; **-œrr,** a. *in dotage.*

gaman (**dat. gamni**), n. *game, sport, pleasure, amusement*; mér þykkir g. at e-u, *I am amused by it*; henda (sér) g. at e-u, *to make game of*; jötni at gamni, *to the delight of the giant*; taka undir í gamni, *to respond in jest*; hafa e-t til gamans, *to amuse oneself w. th.*

gaman-leikr, m. *game, amusement*; **-mál,** n. *merry talk, joking*; **-rúnar,** f. pl. *joyful conversation*; **-rœða,** f. = -mál; **-samligr,** a. *amusing*; **-samr,** a. *merry, jocose.*

gamans-ferð, f. *pleasure trip*; **-fundr,** m. *merry-making.*

gaman-vísa, f. *a humorous verse*; **-yrði**, n. pl. *jesting talk*.

gamban-reiði, f. *great wrath*; **-sumbl**, n. *great banquet*; **-teinn**, m. *a kind of magic staff*.

gambr (gen. **-rs**), m. *a kind of bird*.

gambra (**að**), v. *to brag, bluster*.

gamlaðr, pp. *stricken in years*.

gammi, m. *hut of a Finn*.

gammr (**-s, -ar**), m. *vulture*.

gamna (**að**), v. *to divert, amuse* (g. e-m með sögum).

gan, n. *frenzy, frantic gestures*.

gana (**-da**), v. (1) *to gape, show a fissure*; g. á e-t, *to gape for or after* (g. á rán); (2) *to rush* (g. at e-m); (3) *to gaze, stare*.

gandr (**-s, -ar**), m. *magic staff*; renna göndum, *to ride a witch-ride*.

gand-reið, f. *witch-ride*.

ganga (**geng**; **gekk, gengum**; **genginn**), v. (1) *to walk* (reið jarl, en Karkr gekk); (2) *to go*; g. heim, *to go home*; g. braut, *to go away*; g. til hvílu, *to go to bed*; g. á skip, *to go on board*; g. af skipi, *to go ashore*; with infin., g. sofa *or* at sofa, *to go to sleep*; g. at eiga konu, *to marry a woman*; (3) *to go about grazing, to graze* (kálfrinn gekk í túni um sumarit); (4) of a ship, *to run, sail* (gekk skipit brátt út á haf); (5) *to stretch out, extend, project* (nes mikit gekk í sæ út); (6) of report, tales, *to be current* (litlar sögur megu g. af hesti mínum); (7) *to prevail*; gekk þaðan af í Englandi Valska, *thereafter the French tongue prevailed in E.*; (8) of money, *to be current* (peningar þeir, sem nú ganga); of laws, *to be valid* (þau lög, er gengu á Uppsalaþingi); of sickness, plague, famine, *to rage* (þá gekk land-farsótt, drepsótt, hallæri); (9) *to go on, last* (gnustu þá saman vápnin, ok gekk þat um hríð); impers., gekk því lengi, *so it went on for a long while*; (10) láta g. e-t, *to let go on*; láta höggin g., *to rain blows*; Birkibeinar létu g. lúðrana, *blew the trumpets vigorously*; (11) *to succeed*; ef þat gengr eigi, *if that will not do*; impers., svá þykt, at þeim gekk þar eigi at fara, *so close, that they could not go on there*; þeim gekk ekki fyrir nesit, *they could not clear the ness*; (12) *to turn out, go in a specified way*; g. andæris, *to go all wrong*; mart gengr verr en varir, *many a thing goes worse than is looked for*; gekk þeim lítt atsóknin, *they made little progress with the attack*; impers., e-m gengr vel (illa), *one fares* (*goes on, gets on*) *well* (*badly*); (13) with acc., g. e-n á bak, *to force one to go backwards* (hann gengr björninn á bak); (14) with dat., *to discharge* (gekk hann þá blóði); (15) with preps. and adverbs; g. af e-u, *to depart from, leave* (þá gekk af honum móðrinn); g. af vitinu, *to go out of one's wits*; g. af trú sinni, *to apostatize*; *to pass* (síðan gengu af páskarnir); *to go off* (gekk þegar af höfuðit); *to be left as surplus* (þat er af skuldinni gekk); nú gengr honum hey af, *now he has some hay left*; g. af sér, *to go to extremities, to go beyond oneself* (mjök ganga þeir fóstbrœðr nú af sér); g. aptr, *to revert* (*return*) *to the former proprietor* (síðan gengu þau lönd aptr undir Árna); *to be void, annulled* (þá skal kaup aptr g.); of a ghost, *to walk again*; of a door, *to close, shut* (gekk eigi aptr hurðin); g. at e-m, *to attack one*; g. at e-u, *to agree to, accept* a choice or offer (Flosi gekk fljótt at þessu öllu); *to fit* (skaltu fá mér lukla þá, sem ganga at kistum yðrum); g. á e-t, *to encroach upon* (g. á ríki e-s); *to break* (g. á orð sín, eiða, grið, sættir, trygðir); *to pierce, penetrate*; hann var í panzara, er ekki gekk á, *that was proof against any weapons*; g. á vald e-s *or* e-m, g. á hönd (hendr) e-m, *to submit to, give oneself up to, surrender to one*; g. á bak e-u, *to contravene*; g. eptir e-u, *to go for, go to fetch* (göngum heim eptir verðinu); *to pursue, claim*; g. eptir, *to prove true, be fulfilled* (þetta gekk allt eptir, sem M. sagði fyrir); g. frá e-u, *to part with, lose* (sumir munu g. frá öllu fénu); g. fram, *to step forward*; g. fram vel, *to go forward bravely*, in a battle; *to come to pass, come into* *execution* (skal þess bíða, er þetta gengr fram); *to increase* (fé Hallgerðar gekk fram ok gørðist allmikit); *to depart this life* (H. bóndi gengr fram til frænda sinna); g. fyrir e-n, *to present oneself before one* (g. fyrir konung); g. fyrir e-u, *to take charge of, manage* (var þar mart fólk, en húsbóndi gekk svá fyrir, at ekkert skorti); *to yield to, be swayed by* (hann gekk þá fyrir fortölum hennar); g. í gegn e-m, *to set oneself against one*; g. í gegn e-u, *to confess, acknowledge*; maðr gengr í gegn, at á braut kveðst tekit hafa, *the man confessed and said that he had taken it away*; g. í mál, *to undertake a case*; g. með e-m (of a woman), *to marry*; g. með barni, *to be with child*; g. með burði (of animals), *to be with young*; g. með e-u, *to assist in, plead* (g. með máli, bónorði); g. milli (á m., í m.), *to go between, intercede*; g. móti (á m., í m.) e-m, *to go to meet one*; g. móti e-u, *to resist, oppose*; *to confess*, = g. í gegn, g. við e-u; g. nær e-m, *to be troublesome to one* (þótti hón œrit nær g. Þorgerði); g. e-m nær, *to approach, come near to one* (sá hefir á brott komizt, er næst gekk Gunnari um alla hluti); g. saman, *to marry*; of an agreement, bargain, *to be brought about*; saman gekk kaupit með þeim, *they came to a bargain*; g. sundr (í s.), *to go asunder, part*; g. til, *to go up to* a thing (gangit til ok hyggit at); of the wind, *to veer* (veðrit gekk til útsuðrs); e-m gengr e-t til e-s, *one has some reason for doing a thing*; en þat gekk mér til þess (*that was my reason*), at ek ann þér eigi; hversu hefir ykkr til gengit, *how have you fared?* Loka gekk lítt til, *it fared ill with L.*; g. um e-t, *to go about a thing*; g. um beina, *to wait upon guests*; g. um sættir, *to go between, as peacemaker*; g. um e-n, *to befall, happen to one* (þess, er um margan gengr guma); of the wind, *to go round, veer* (gekk um veðrit ok styrmdi at þeim); *to manage* (fékk hón svá um gengit, at); g. undan, *to escape to absent oneself*; g. undir e-t, *to take upon oneself, undertake* (*a duty*); g. undir e-n, *to subject oneself to*; g. upp, *to be wasted* (of money); *to get loose, to be torn loose* (þeir glímdu svá at upp gengu stokkar allir á húsinu); of a storm, gale, *to get up, rise* (veðr gekk upp); of an ice-bound river, áin var gengin upp, *swollen with ice*; g. við staf, *to walk with a stick*; g. við e-u *or* e-t, *to avow*; g. yfir e-t, *to go beyond, disregard* (hann vildi eigi g. yfir þat, er hann vissi réttast); g. yfir e-n, *to overcome, to befall, happen to one*; slíkt sem yfir hefir gengit, *all that has happened*; eitt skal yfir okkr g., *we shall share one fate*; (16) refl., gangast, *to be altered, to change*, of tradition (g. í munni); láta e-t g., *to waive, give up*; e-m gengst hugr við, *is moved to compassion by something* (þá gekst Þorgerði hugr við harmatölur hans); gangast at, *to engage in a fight* (þeir gengust at lengi); g. á, *to be set off against one another* (á gengust vígin húskarlanna); *to dash against one another*; á gengust eiðar, *the oaths were broken*; g. nær, *to come to close quarters*; g. við, *to gain strength*: áðr en við gengist hans bæn, *before his prayer should be fulfilled*; E. hafði mikit við gengizt um menntir, *E. had much improved himself in good breeding.*

ganga, f. (1) *walking* (hann mœddist í göngu); vera í göngu, *to be on foot, to walk*; (2) *course* (g. tungls, vinds).

gangandi, m. *wayfarer.*

gangdaga-vika, f. *Rogation week*; **-þing**, n. *an assembly held during Rogation week.*

gang-dagar, m. pl. *Rogation days*, '*Gang-days*'; **-fœri**, n. *the condition of the roads*; illt (gott) -fœri, *bad* (*good*) *walking*; **-prúðr**, a. *with stately gait.*

gangr (gen. **gangs**), m. (1) *walking* (vera á gangi); *motion, activity* of any kind (þá var hvert járn á gangi); (2) *pace, pacing* (temja hesta við gang ok hlaup); (3) *course* (g. himintungla); (4) *prevailing, being in vogue*; hafa mikinn gang, *to be much in vogue*; heldr er vaxandi g. at þeim, *they* (viz. *the dreams*) *were rather on the increase*; svá mikill g. var orðinn at eldinum, *the fire had got to such a height.*

gang-rúm, n. *passage-room*; **-silfr**, n. *current money*; **-stigr**, m. *foot-path*; **-tamr**, a. *well-trained in pacing* (of a horse).

gap, n. (1) *gap, empty space*; (2) *shouting, crying* (háreysti ok g.).

gapa (-ta, -at), v. *to gape, open the mouth wide.*

gaps-maðr, m. *gaping fool, gaby.*

Garðar, m. pl. *Russia*; **Garða-ríki**, **-veldi**, n. *the Russian empire.*

garð-hlið, n. *gate*; **-hús**, n. *privy*; **-hverfa**, f. *an enclosed plot*; **-lag**, n. *the building of a fence or wall.*

garðr (-s, -ar), m. (1) *fence, wall*; (2) *enclosed space, yard* (cf. aldingarðr, grasgarðr, kirkjugarðr); (3) *court-yard, court* (þeir ganga út í garðinn ok berjast); ríða í garð, *to arrive*; ríða (fara) ór garði, *to depart*; fig., helmingr skal falla í minn garð, *the half shall fall into my share*; skal aukast þriðjungi í þínum garði, *in thy keeping*; hyggjum vér, at í yðvarn garð hafi runnit, *into your hands, your possession*; gøra e-n af garði, *to equip one* (as a son, a friend, when departing from home); líðr vetr ór garði, *the winter passes by*; (4) *house, dwelling*; (5) *stronghold, castle* (cf. Ás-garðr, Út-garðar).

Garðs-konungr, m. *the Greek emperor* (in 'Miklagarðr').

garð-staurr, m. *fence-stake.*

garmr, m. *dog.*

garn, n. (1) *yarn* (spinna garn af rokki); (2) *warp-thread, warp*, opp. to 'vipta', *weft, woof.*

garp-ligr, a. *martial*; **-menni**, n. *martial man.*

garpr (-s, -ar), m. *a bold, dauntless man* (g. mikill); also applied to a woman (hon var væn kona ok garpr mikill í skapi).

garp-skapr, m. *bravery.*

gassi, m. (1) *gander*; (2) *rash fellow.*

gat, n. *hole, opening.*

gata (gen. pl. gatna), f. *path, way, road*; vera á götu e-s, *to be in one's way*; sitja á götu e-s, *to lie in wait for* (= sitja fyrir e-m); alla götu, *always, throughout.*

gatna-mót, n. *junction of roads.*

gauk-mánaðr, m. '*cuckoo-month*' (the first summer month).

gaukr (-s, -ar), m. *cuckoo.*

gaul, n. *lowing, bellowing.*

gaula (að), v. *to low, bellow.*

gaum-gæfa (-ða, -t), v. *to heed*; **-gæfð**, f. *attention, care.*

gaumr, m. *heed, attention*; gefa gaum at e-u, *to pay attention to.*

gaupa, f. *the lynx.*

gaupna-sýn, f. *looking into one's palms*; *covering one's face with the hands* (cf. 'sjá í gaupnir').

gaupnir, f. pl. (1) *the two hands placed together so as to form a bowl*; sjá, horfa, líta, lúta í g. sér, *to cover one's face with the hands* (as a token of sorrow, or in prayer); (2) *double handful* (g. silfrs).

gaura-gangr, m. *disorderly conduct.*

gaurr, m. *rough fellow.*

gauta (að), v. *to prate, brag.*

gautan, f. *prating.*

Gautar, m. pl. *a Scandinavian people in southern Sweden.*

Gaut-elfr, f. *the river Gotha.*

Gaut-land, n. *the land of the* Gautar.

gauzkr, a. *from Gautland.*

gá (gái, gáða, gát), v. *to heed*, with infin. (gá at gøra e-t) or gen.; guðs hann gáði, *he gave heed to God*; gá sín, *to take care of oneself*; gá til e-s, *to mark*; glýja þú né gáðir, *thou hadst no mind for joy.*

gá, f. *barking* (in 'goðgá', *blasphemy*; 'hundgá').

gála-samligr, a. *waggish*; **-skapr**, m. *waggery.*

gá-lausligr, a. *heedless, wanton*; **-lauss**, a. *wanton, careless*; **-leysi**, n. *heedlessness.*

gálga-tré, n. *gallows-tree.*

gálgi, m. *gallows* (reisa gálga).

gá-ligr, a. *mindful of* (e-s).

gár, n. *buffoonery, mocking.*

gár-fenginn, a. *given to buffoonery.*

gárungr (-s, -ar), m. *buffoon.*

gás (gen. **gásar**; pl. **gæss**), f. *goose* (galt hann gagl fyrir gás).

gá-samr, a. *heedful, attentive*; **-semi,** f. *attention.*

gás-veiðr, f. *goose-catching.*

gáta, f. *riddle*; geta (ráða) gátu, *to read a riddle.*

gátt (pl. **-ir**), f. (1) *the rabbet of a doorsill or doorpost*; var hnigin hurð á gátt, *the door was shut*; (2) pl. *doorway*; innan gátta, *indoors.*

geð, n. (1) *mind, wits, senses*; heimta aptr g. sitt, *to come to one's senses again*; vera gætinn at geði, *to be on one's guard*; vita til síns geðs, *to be master of one's wits*; (2) *disposition, liking*; honum var vel í geði til Freysteins, *he was well disposed to Fr.*; þú fellst mér vel í g., *you are to my liking*; féllst hvárt öðru (féllust þau) vel í g., *they liked one another well.*

gedda, f. *pike* (fish).

geð-fastr, a. *firm of mind*; **-festi,** f. *firmness of mind.*

geðjaðr, a. *to one's mind, agreeable.*

geðjast (**að**), v. refl., e-m geðjast e-t, *one is pleased with, one likes.*

geð-lauss, a. *fickle-minded*; **-leysi,** n. *fickleness of mind, inconstancy.*

geðs-ligr, a. *engaging, pleasing.*

geð-speki, f. *wisdom*; **-svinnr,** a. *wise, clever.*

gefa (**gef**; **gaf**, **gáfum**; **gefinn**), v. (1) *to give* (g. e-m e-t); hann gaf þeim góðar gjafar, *he gave them good gifts*; g. e-m ráð, *to give one advice*; g. hljóð, *to give a hearing*; g. e-m sök, e-t at sök, *to lay to one's charge, to bring a charge against one*; g. slög, *to deal blows*; g. e-m drekka, *to give one to drink*; impers., e-m gefr byr (byri), *one gets a fair wind* (gaf þeim byr ok sigla þeir í haf); absol., gaf þeim vel, *they got a fair wind*; ef fœri gefr á, *if you get a chance*; ef yðr (dat.) gefr eigi missýni í þessu máli, *if you are not mistaken in this matter*; þat gaf öllum vel skilja, *it was clear for all to understand*; (2) *to give, grant*; g. heimleyfi, *to grant furlough*; g. e-m grið, *to grant quarter or pardon to one*; g. e-m líf, *to grant one his life*; (3) *to give in matrimony* (ek var ung gefin Njáli); (4) *to give fodder to cattle, to feed* (g. göltum, nautum, kúm, hestum); (5) g. staðar, *to stop*; lét hann þá staðar gefa róðrinn, *he stopped rowing*; (6) e-m er e-t svá gefit, *or* svá gefit um e-t, *one is so and so disposed, thinks so and so of a thing* (ef þér er þetta svá gefit sem þú segir); (7) with preps.; g. sér lítit (mikit) af (*or* at) e-u, *to take little* (*much*) *notice of*; g. á e-t, *to pour water on*; fig. *to press on* (gefr Ormr þá á); g. e-m til e-s, *to give in return for a thing* (g. fé til sátta); impers., honum hafði vel gefit til (*had good luck*) um hefndina; g. sér mikit (lítit) um e-t, *to take great* (*little*) *interest in* (= g. sér mikit, lítit, af *or* at e-u); g. sér fátt um e-t, *to take coldly, take little notice of*; g. e-t upp, *to give up* (g. upp alla mótstöðu); g. sik upp, *to surrender*; g. upp gamalmenni, *to give old people up, let them starve*; g. upp leiguna, *to remit the rent*; g. upp sakir, *to remit offences*; upp gefinn, *exhausted*; g. e-t við e-u, *to give in payment for*; g. sik við, *to give in* (þat er líkara, at ek gefa mik við); (8) refl., gefast vel (illa), *to prove good* (*bad*); opt hafa mér vel gefizt yðr ráð, *your counsels have often proved good for me*; hefir þeim þat ok aldri vel gefizt, *it has never turned out well*; gefast gjöfum, *to give gifts to one another*; g. á vald e-s, *to give oneself into another's power*; g. upp. *to give in, surrender*; e-m gefst e-t yfir, *one does wrong in a thing* (ef göfgum mönnum gáfust stórir hlutir yfir).

gefandi (pl. **-endr**), m. *giver.*

gefna-geð n. *conduct, behaviour.*

gegn and **í gegn,** prep. with dat., *against* (í g. vindi sem forvindis); í g. eðli, *against nature.*

gegn, a. (1) *honest* (sannorðr ok g.); (2) *fit* (fór Ó. þar á land, sem honum þótti gegnast); (3) *direct, straight* (hinn gegnsta veg).

gegna (**-da, -t**), v. (1) *to go against, meet* (g. e-m); (2) *to suit one, be meet for one*; velit þat er yðr gegnir, *choose what best suits you*; (3) *to signify, mean, matter*; spurði, hverju gegndi úgleði sú, er hann hafði, *asked what his sadness meant*; sumir mæltu í móti ok kváðu øngu g., *some denied it, and said it was of no use*; meira en hófi gegnir, *more than is due, above measure*; g. tíðendum, *to be of importance*; (4) *to amount to*; svá at mörgum hundruðum gegndi, *so that it amounted to many hundreds.*

gegni-liga, adv. *duly, properly.*

gegning, f. *suitableness*; á þessu er engi g., *this will not do.*

gegnt, (1) adv. *straight*; compar., gegnra, gegnara, *more straight*; superl., gegnst, gegnast, *the shortest way*; *most right, meetest*; (2) prep. with dat. *over against, opposite to* (g. konungi).

gegnum, í gegnum (1) prep. with acc. *through* (g. vegginn); (2) adv., allan dag í g., *all the day long.*

geifla (**að**), v. *to mumble* (g. á e-u).

geiga (**að**), v. *to take a wrong direction*; eigi veit, hvar úskytja ör geigar, *none can tell where a shaft ill-shot may stray to.*

geigan, f. *wavering.*

geigr, m. (1) *scathe, serious hurt*; vinna, gera, veita e-m geig, *to hurt one*; (2) *danger* (er þat enn mesti g.).

geigu-skot, n. *deadly shot.*

geig-vænligr, a. *dangerous, fatal.*

geil (pl. **-ar**), f. *narrow glen, lane.*

geila-garðr, m. *a fence along a* geil.

gei-ligr, a. *fine, beautiful* (rare).

geip, n. *idle talk, nonsense.*

geipa (**að**), v. *to talk nonsense.*

geipan, f. *brag, nonsense.*

geir-fálki, m. *gerfalcon*; **-fugl**, m. *gare-fowl, the great awk.*

geiri, m. *gore, triangular strip.*

geir-laukr, m. *garlic.*

geir-nagli, m. *the nail fastening a spear's head to the shaft.*

geirr (**-s, -ar**), m. (1) *spear*; (2) *the point of an anvil* (nefsteði).

geir-varta, f. *nipple* (of a man).

geis, f. *impetuosity*; **geisa** (**að**), v. *to rage, be furious*; þeirra ofsi geisar hátt, *their insolence runs high.*

geisan, f. *impetuosity* (= geis).

geiska-fullr, a. *frightened.*

geiski, m. *panic, fear.*

geisl, m. (1) *snow-skater's staff*; (2) *ray, beam*; **geisla** (**að**), v. *to shed rays, to beam*; **geisli**, m. = geisl.

geispa (**að**), v. *to yawn, gape.*

geispi, m. *yawn.*

geit (gen. **-ar**; pl. **geitr**), f. *a she-goat* (ragr sem geit).

geita-fœtr, m. pl. *goats' feet, feet like those of a goat*; **-hirðir**, m. *goat-herd*; **-hús**, n. *goat-house.*

geitar-horn, n. *goat's horn*; **-hugr**, m. *cowardice*; **-hús**, n. *goat-house*; **-skegg**, n. *goat's beard.*

geita-sveinn, m. *goat-herd.*

geit-bjálfi, m., **-heðinn**, m. *goat-skin coat or hairy jacket*; **-skinn**, n. *goat-skin*; **-staka**, f. = -skinn.

geitungr, m. *wasp.*

gelda (**-da, -dr**), v. *to geld, castrate.*

geld-fé, n. *barren sheep.*

geldfjár-höfn, f. *pasture for* geldfé.

gelding, f. *gelding, castration.*

geldingr (**-s, -ar**), m. (1) *wether*; (2) *eunuch.*

geld-neyti, n. *barren cattle.*

geldr, a. *yielding no milk, dry.*

gella (**-da**), v. *to yell, roar, bellow* (sem griðungr gelldi).

gemlingr (**-s, -ar**), m. *a year-old sheep* (at rýja gemlinga).

gems, n. *gibe, scoff.*

gemsa (**að**), v. *to gibe, scoff.*

gems-fullr, -mikill, a. *full of gibes.*

gengi, n. (1) *luck, success*; án er ills gengis nema heiman hafi, *ill luck is home-bred*; (2) *help, support*; afla sér gengis, *to gather troops.*

gengr, a. (1) *able to walk*; (2) *fit to walk on* (vegr vel g.); (3) eiga heiman gengt, *to have time and opportunity to leave home.*

genta, f. *girl, lass.*

gera, v. *see* gøra; **gerð**, *see* gørð.

gerð, f. *yeast, ferment.*

gerð (pl. **-ar**), f. *gear, harness*; pl. *armour* (gerðar várar).

gerða (**-ða, -ðr**), v. *to fence in.*

gerði, n. *a fenced field.*

gerðing, f. *fencing, hedging.*

geri, m. '*ravener*', *wolf* (poet.).

gerla, adv. *see* görla.

gerning, gerningr, *see* gørn-.

gerpi-ligr, a. *martial* (= garpligr).

gerr, a. *see* görr ; adv. *see* gørr.

ger-samliga, -semi, -simi, -simligr, *see* gör-, gør-.

gersta (-sta, -str), v. *to annoy, tease* (g. hug e-s) ; **gerstr,** pp. (1) *wearisome, dismal* ; gerstan dag, *the long weary day* ; (2) *sulky* ; hann leit g. við mér, *he looked sulkily on me.*

gerva, gervallr, gervi, *see* görva, görvallr, gørvi.

gerzkr, a. *from* Garðaríki.

gesta-bekkr, m. *guests' bench* ; **-boð,** n. *banquet* ; **-hús,** n. *guest-room* ; **-höfðingi,** m. *chief of the guests* ; **-skáli,** m. *guest-hall.*

gest-gjafi, m. *host* (góðr -gjafi).

gestr (-s, -ir), m. (1) *guest* ; (2) *a royal retainer of inferior rank.*

gest-risinn, a. *hospitable* ; **-risni,** f. *hospitality.*

get, n. *guess* (rare).

geta (get ; gat, gátum ; getinn), v. I. with acc. (1) *to get* ; g. orðstír, *to get fame* ; g. sér e-t, *to get for oneself* (góðs um œðis ef sér g. mætti) ; g. gott af e-m, *to get good of one* ; with dat. of the person, g. váluðum vel, *to be kind to the poor* ; g. e-m illa, *to do harm to one* ; impers., getr e-t, *there is (got)* ; eigi getr slíkan (*there is none such*) í konungs herbergjum ; (2) with pp. of another verb, g. veiddan fisk, *to be able to catch fish* ; ek get eigi fylgt yðr, *I cannot follow you* ; (3) almost like an auxil. verb with infin. ; ek Gunnari gat at unna, *I loved G.* ; g. at líta, sjá (*to get*) *to see* ; without 'at', er slíkt getr fœða jóð, *that shall rear such a child* ; (4) *to learn* (lengi man þat er ungr getr) ; (5) *to beget, engender* (fótr gat son við fœti) ; geta börn, *to beget children* (said of both parents) ; (6) refl., getast at e-u, *to like* ; því at mér gezt vel at þér, *because I like thee well* ; láta sér getit at e-u, *to be pleased with* ; eigi læt ek mér at einu getit, *I am not pleased to have always the same, I want some change* ; II. with gen. (1) *to guess* ; g. gátu, *to guess a riddle* ; g. rétt, *to guess right* ; g. e-s til, *to guess, suppose* ; g. í hug e-m, *to guess one's thoughts* ; (2) *to speak of, mention,* in speech or writing (þess er getit, sem gört er) ; geta um e-t, *to speak about* (hann gat ekki um þetta fyrir sínum mönnum) ; **þess er við getit,** at, *it is told that.*

geta, f. *guess, conjecture* (er þat g. mín, at) ; spá er spaks g., *a wise man's guess is a prophecy* ; ætla ek eigi þat til getu, at hann sé þar, *it is not likely that he is there* ; leiða getum um e-t, *to make a guess at.*

getara, f. *birth-giver, mother.*

getari, m. *begetter, father.*

get-gangr, m. *guessing.*

getnaðr (gen. **-ar**), m. (1) *conception* ; (2) *fœtus* ; vera með getnaði, *to be with a child* ; (3) *liking.*

get-sakir, f. pl. *imputations* (without evidence) ; sœkja -sakir, *to prosecute one upon loose imputations* ; **-samligr,** a. *pertaining to guessing* ; **-speki,** f. *gift of prophecy.*

getu-mál, n. *doubtful case.*

geyja (gey, gó), v. (1) *to bark* (at e-m) ; (2) *to scoff at* (vil ek eigi goð g.) ; g. á e-n, *to abuse.*

geyma (-da, -dr), v. (1) *to heed, mind, watch* (geym þess, at enginn komist í braut) ; hann hafði geymt hlutverka sinna, *he had minded his work* ; g. sín, *to take care of oneself* ; g. at e-u, til e-s = g. e-s ; (2) *to watch, keep,* with acc. (g. bœinn, heilræðit).

geymari, m. *keeper.*

geymdir, f. pl. *heed, attention* ; gefa g. at e-u, *to give heed to.*

geyminn, a. *heedful* (g. e-s, at e-u).

geymsla, f. *keeping, care.*

geymslu-lauss, a. *unguarded.*

geyra, geyrr, = gøra, görr.

geysa (-ta, -tr), v. *to send out with violence* (hann lætr g. eld ok járn) ; usually refl. *to dash or rush furiously* (þá geysist hafit á löndin ; múgrinn geystist inn á skipin).

geysi-, *very, exceedingly* ; g. mikill, *very great* ; g. margir, *very many* ; g. illa, *very badly.*

geysi-liga, adv. *enormously* ; **-ligr,** a. *enormous.*

geysingr, m. *impetuosity*.

geystr, pp. (1) *rushing hastily*; (2) *enraged* (vóru bœndr mjök geystir á hendr honum).

-gi (or **-ki** after *t* or *s*), a suffix used esp. with negative, but also with positive and indefinite force.

gil (gen. pl. **gilja**), n. *ravine, gully*.

gilda-skáli, m. *guild-hall*.

gildi, n. (1) *payment, tribute* (rare); (2) *recompense, return*; æ sér til gildis gjöf (*see* gjald 4); (3) *repute, esteem* (þegar þér komist í g. við höfðingja); (4) *feast, banquet* (þá gengu Æsir at g. sínu); (5) *guild, brotherhood*.

gildis-brœðr, m. pl. *guild-brothers*; **-fundr**, m. *guild-meeting*; **-skáli**, m. *guild-hall*; **-tíð**, f. *guild-term*.

gild-leiki, m. *perfectness*.

gild-liga, adv. *properly*.

gildr (**gild, gilt**), a. (1) *valued at* (g. tveim mörkum); (2) *of full value*; *worthy, great* (g. konungr, höfðingi); með gildum sóma, *with great fame*; Hallfreðr var þá sem gildastr, *H. was then at his best*.

gildra, f. *trap*.

gildra (**að**), v. *to trap, set a trap*.

gilja (**að**), v. *to beguile* (a woman).

gils-þrömr, m. *edge of a gully*.

gim-steinn, m. *gem, jewel*.

gin, n. *mouth* (of a beast).

gin-kefli, n. *gag*.

ginna (**-ta, -tr**), v. (1) *to dupe, fool one*; g. e-n at sér, *to fall out with one*; (2) *to decoy, entice* (g. e-n til e-s, heiman af bœnum).

ginn-heilagr, a. *most holy*.

ginning (pl. **-ar**), f. *deception, befooling* (Gylfa-ginning).

ginningar-fífl, n. *one who runs a fool's errand* (vera -fífl e-s).

ginn-regin, n. pl. *the great gods*.

ginnunga-gap, n. *the great void, primeval chaos*; **-himinn**, m. *the heaven over* ginnunga-gap.

ginnungr, m. *juggler, jester*.

gipt, f. (1) *gift* (jarðligar giptir); (2) *good luck* (=gipta).

gipta, f. *good luck*.

gipta (**-pta, -ptr**), v. *to give away in marriage* (g. e-m e-a); refl. giptast, *to marry*.

gipting, f. *marriage* (of a woman).

giptu-drjúgr, a. *lucky*; **-fátt**, a. n. *luckless* (e-m verðr -fátt); **-liga**, adv. *luckily*; **-ligr**, a. *lucky, auspicious*; **-maðr**, m. *lucky man*; **-munr**, m. *difference in good luck*; **-ráð**, n. *good, auspicious match*; **-samliga**, adv. *auspiciously*; **-samligr**, a. = -ligr; **-skortr**, m. *want of luck, bad luck*; **-tómr**, a. *luckless*; **-vænligr**, a. *promising good luck, auspicious*.

girða (**-ða, -ðr**), v. *to fence*, = gerða.

Girkir, m. pl. *the Greeks*.

girna (**-di, -t**), v. impers., mik girnir, *I desire*; refl., girnast e-t, á e-t, til e-s, *to desire something*.

girnd (pl. **-ir**), f. *desire*; *lust*.

girndar-bruni, **-eldr**, **-hiti**, m. *fire of lust, ardent lust*; **-ráð**, n. (*foolish*) *love match*.

girni-ligr, a. *desirable, pleasant*.

girska, f. *the Greek language*.

girskr, a. (1) *Greek*; (2) = gerzkr.

gista (**-sta, -st**), v. *to pass the night* (g. at e-s, at *or* á e-m stað); g. e-n, *to spend a night with one*.

gisting, f. *night-lodgings, accommodation for the night* (beiðast gistingar; þiggja gisting).

gistingar-ból, n., **-staðr**, m. *night-quarters*.

gizki, m. *a kind of kerchief* (?).

gífr, n. *witch, hag*; **-liga**, adv. *savagely* (láta -liga).

gígja, f. *fiddle*; **gígjari**, m. *fiddler*.

gína (**gín**; **gein, ginum**; **ginit**), v. *to gape, yawn* (gínandi úlfr); g. yfir e-t, *to take into one's mouth*; g. við agni, *to gape in order to take the bait*.

gísl (pl. **-ar**), m. (1) *hostage*; (2) *bailiff* (g. keisarans); *warder*.

gísla (**að**), v. (1) *to give as hostage*; (2) *to take as hostage*.

gíslar, f. pl. (1) *sureties, securities*; (2) *security, guard* (setja g. fyrir).

gísling, f. (1) *hostage* (taka e-n í g.); (2) pl. *guard* (setja gíslingar fyrir e-n).

gjafa-laust, adv. (*dismissed*) *without gifts*; **-leysi**, n. *lack of gifts*.

gjafari, m. *giver*.

gjafa-skipti, n., **-víxl**, n. *exchange of gifts*.

gjaf-erfð, f. *bequest*; **-falr**, a. *to be*

had for a trifle; **-laust**, adv. *without gift*; **-lendingar**, m. pl. *feudatories*; **-lyndi**, n. *open-handedness*; **-mildr**, a. *open-handed*; **-orð**, n. *match* (of a woman to be married); **-vaxta**, a. *marriageable* (of a maid); **-vinr**, m. *open-handed friend.*

gjald, n. (1) *tribute* (hann lagði g. á borgina); (2) *payment*; þá héldu bœndr gjaldinu, *they kept back the payment*; (3) *retribution*, esp. pl.; ella mun þér g. at verða, *thou shalt pay dear for it*; (4) *reward, return, compensation*; æ sér gjöf til gjalda, *gift looks for gift.*

gjalda (**geld**; **galt**, **guldum**; **goldinn**), v. (1) *to repay, return*; g. gjöf við gjöf, *to pay back gift for gift*; g. aptr, *to restore, pay back*; (2) fig. *to give, yield*; g. skynsemi við e-u, *to give reason for*; g. samkvæði at e-u, *to consent to*; g. varúð, varhuga við e-u, *to be on one's guard against*; g. e-m fjándskap, *to show ill-will towards one*; (3) with gen. *to pay for, suffer on account of* (þar munuð þit mín g.); g. e-s at = g. e-s; geldr at nýbreytni (gen.) konungs, *it is a punishment for the king's innovations.*

gjald-dagi, m. *pay-day*; **-fang**, n. *payment, equivalent*; **-gengr**, a. *taken in payment*; **-keri**, **-kyri**, m. *the king's steward.*

gjalla (**gell**; **gall**, **gullum**; **gollit**), v. *to scream, shriek* (ernir gjalla hátt); strengr gellr, *the bow-string twangs*; impers. *to resound, echo* (kvað Þorsteinn svá hátt, at gall í múrnum).

Gjallar-horn, n. (1) *the horn* (*trumpet*) *of Heimdal*; (2) *the drinking-horn used by Mímir.*

gjallr, a. *ringing, resounding.*

gjalti, only in the phrase, verða at g., *to turn mad with terror.*

gjarn, a. (1) *eager for, desirous of* (g. á e-t, í e-t, til e-s); (2) g. e-m, *willing to follow one.*

gjarna, adv. *willingly.*

gjarn-liga, **-samliga**, adv. *willingly.*

gjá (gen. **gjár**; pl. **gjár**, gen. **gjá**, dat. **gjám**), f. *rift, cleft, chasm.*

gjálfr, n. *din of the sea*; **-dýr**, n. *ship* (poet.); **-samr**, a. *roaring* (of the sea).

gjár-bakki, m. *brink of a rift*; **-barmr**, m. *edge of a rift*; **-munni**, m. *mouth of a rift.*

gjó, f. *sensuality*; **-lífi**, n. *sensual life*; **-maðr**, m. *a sensual person.*

gjósa (**gýs**; **gaus**, **gusum**; **gosinn**), v. *to gush, burst out* (þar gaus upp stundum eldr; blóðit gaus ór sárinu).

gjós-æðr, f. '*gush-vein*', *artery.*

gjóta (**gýt**; **gaut**, **gutum**; **gotinn**), v. (1) g. hrognum, *to spawn*; (2) g. augum, sjónum, *to cast a look.*

gjöf (gen. **gjafar**, pl. **gjafar** and **gjafir**), f. *gift*; skipta gjöfum við e-n, *to exchange gifts with one*; leiða e-n út (í brott) með gjöfum, leysa e-n á brott með gjöfum, *to dismiss one with gifts* (at the end of a visit).

gjöfull (acc. **gjöflan**), a. *munificent, liberal* (g. at gulli).

gjögr, f. *cleft, rift* (gljúfr ok gjögrar).

gjögra (**að**), v. *to reel, stagger.*

gjölnar, f. pl. *the whiskers of the Fenris-wolf.*

gjölta (**-lti**), v. *to bark* (rare).

gjör-, see gör-, gør-.

gjörð (gen. **gjarðar**; pl. **gjarðar** and **gjarðir**), f. *girdle*; *saddle-girth* (söðulgjörð).

gjörvallr, a. see 'görvallr'.

glaða (**að**), v. *to gladden* (= gleðja).

glaðan, adv. = glaðliga.

glað-látr, a. *cheerful*; **-liga**, adv. *gladly, willingly*; **-ligr**, a. *glad, cheerful*; **-mæltr**, a. *cheerful in speech.*

glaðning, f. *gladdening, gladness.*

glaðr (**glöð**, **glatt**), a. (1) *glad, gladsome, cheerful* (Flosi var allra manna glaðastr); (2) *bright, beautiful*, of the sky, weather, fire (veðr glatt, tunglit skein glatt).

glað-væri, f. *gladness*; **-værr**, a. *gladsome, cheerful.*

glam, or **glamm**, n. *noise, din, clash.*

glama, v. *to twaddle, talk idly.*

glamra (**að**), v. *to tinkle, jingle.*

glap, n. *beguilement, seduction*; venja kvámur sínar til glapa (*or* glaps) við konu, *to aim at seducing.*

glapna (**að**), v. *to grow dim* (glapnaði honum heyrn ok sýn).

glappa-verk, n. *mishap.*

glap-ræði, n. *mistake, blunder*;

-stigr, m. *a wrong path*; **-víg**, n. *accidental manslaughter.*

glata (**að**), v. (1) *to destroy* (g. e-u); (2) *to lose*; refl., glatast, *to be lost.*

glatan, f. *perdition.*

glatuns-hundr, m. *glutton* (?).

glaumr, m. *noisy merriment*; glaums andvana, *cheerless.*

glám-sýni, f. *illusion.*

gleða, f. *glede, kite* (bird).

gleði, f. *gladness, merriment, joy* (var þar þá g. mikil).

gleði-bragð, n. *joyful mien*; **-dagar**, m. pl. *days of happiness*; **-fullr**, a. *joyful*; **-ligr**, a. *glad*; **-maðr**, m. *cheery man*; **-mót**, n. = -bragð; **-orð**, n. pl. *words of joy*; **-stundir**, f. pl. *merry, happy time*; **-vist**, f. *merry sojourn.*

gleðja (**gleð, gladda, gladdr**), v. *to gladden, make glad*; refl., gleðjast, *to be glad, rejoice.*

glefja, f. *spear, lance* (for. word).

glefsa (**-ta**), v. *to snap at* (g. í e-t).

glens, n. *gibing, gibe, jest, banter.*

glensa (**að**), v. *to jest, make fun.*

glensan, f. *gibing, jesting.*

glens-ligr, a. *bantering*; **-mikill**, a. *full of jesting or gibes*; **-yrði**, n. pl. *jesting or gibing speech.*

glepja (**glep, glapta, glaptr**), v. (1) *to confuse one* (in reading, speaking); (2) *to confound* (g. sókn, vörn); (3) *to beguile* (g. konu).

gler, n. (1) *glass*; háll sem g., *slippery as glass*; bresta í gleri, *to break into shivers*; (2) *looking-glass.*

gler-gluggr, m. *glass-window*; **-steinar**, m. pl. *glass stones, agates*; **-tölur**, f. pl. *glass beads.*

glett, n., **gletta**, f. *banter, raillery, taunting*; fara (ganga, ríða) í glett við e-n, *to provoke one.*

glettast (**tt**), v. refl. *to banter, rail against one, taunt, provoke an enemy* (g. við e-n).

gletti-liga, adv. *tauntingly.*

glettingr, m. = glett, gletta.

glettings-bára, f. *splashing wave.*

glettinn, a. *bantering.*

glettni, f. = glett (eiga g. við e-n).

glettu-atsókn, f. *a feint to provoke the enemy to attack.*

glettunar-maðr, m.; engi -maðr, *a man not to be trifled with.*

gleyma (**-da, -dr**), v. (1) *to make a merry noise* (glaumr); (2) with dat. *to forget* (gleymt hefi ek þessu).

gleym-samligr, a. *forgetful.*

gleymska, f. *forgetfulness.*

gleypa (**-ta, -tr**), v. *to swallow.*

glissa (**-sta**), v. *to grin, gabble.*

glit, n. '*glitter*'; ofit í g., *brocaded.*

glita, glitra (**að**), v. *to glitter.*

glíkindi, glíking, glíkja, glíkligr, glíkr = líkindi, líking, etc.

glíma (**-da, -t**), v. *to wrestle.*

glíma, f. *wrestling.*

glíminn, a. *expert as a wrestler.*

glímu-brögð, n. pl. *wrestling-tricks*; **-félagi**, m. *wrestling-mate*; **-fœrr**, a. *able-bodied as a wrestler*; **-mannliga**, adv. *like a good wrestler.*

gljá (**-ða, -ð**), v. *to glisten, shine.*

gljúfr, n. pl. *rocky* (*sides of a*) *ravine.*

gljúfróttr, a. *rocky.*

glott, n. *grin, sneer, scornful smile*; draga g. at e-u, *to sneer at.*

glotta (**-tta, -tt**), v. *to grin* (g. at *or* við e-u); g. við tönn, *to smile scornfully and show the teeth.*

glóa (**að**, or **-óða, -ót**), v. (1) *to shine, glitter* (glóar nökkut í götunni); (2) *to glow with heat*; glóanda járn, *red-hot iron.*

glóð (pl. **glœðr**), f. *red-hot embers.*

glóðar-ker, n. *fire-pan.*

glóð-rauðr, a. *red as embers.*

glófaðr, a. *gloved*; **glófi**, m. *glove.*

gló-foxóttr, a. *light-maned.*

glópaldi, m., **glópr**, m. *fool.*

glósa (**að**), v. *to explain by a gloss.*

gluggaðr, pp. *with windows.*

gluggr (**-s**, pl. **-ar**), m. *opening* (in a wall, roof, etc.), esp. *window.*

glumr, n. *noise, rattle, clatter.*

glumra (**að**), v. *to rattle, clatter.*

glutr, n. *squandering, lavishment.*

glutra (**að**), v. *to squander.*

glutrs-maðr, m. *spendthrift.*

glutrunar-maðr, m. = glutrsmaðr; **-samr**, a. *lavish, extravagant.*

glúpna (**að**), v. *to become downcast.*

glymja (**glym, glumda, glumiðr**), v. *to dash noisily, splash* (unnir glymja), *clatter* (glumdu jöklar), *rattle.*

glymr, m. *clatter, clash, ringing.*
glyrnur, f. pl. *cat's eyes.*
glys, n. *finery* (kaupa glys).
glys-gjarn, a. *fond of finery*; **-ligr**, a. *showy, specious*; **-mál**, n. pl. *specious words.*
glý, n. *joy*; glýja (gen. pl.) né gáðir, *thou hadst no mind for joy.*
glýjaðr, pp. *gleeful* (vel g.).
glý-stamr, a. *joyless.*
glæa (-dda), v. *to glow, glisten.*
glær (gen. **glæs**), m. *sea*; kasta á glæ, *to throw into the sea, squander*; hlaupa á glæ, *to run in vain.*
glæ-ræði, n. = glapræði.
glæsa (-ta, -tr), v. *to embellish*; gulli ok silfri glæstr, *adorned with gold and silver.*
glæsi-ligr, a. *splendid, showy*; *specious* (-lig orð).
glœpa-fullr, a. *full of wickedness, ungodly*; **-maðr**, m. *miscreant, malefactor*; **-mannligr**, a. *ruffianly*; **-verk**, n. *crime.*
glœpi-liga, adv. *wickedly*; **-ligr**, a. *wicked*; glœp-ligr, a. = glœpiligr.
glœpr (-s, -ir), m. *misdeed, crime.*
glœpska, f. *misdeed, offence.*
glœp-varr, a. *righteous*; **-yrði**, n. pl. *foul language.*
gløgg-dœmr, a. *sagacious in one's judgement*; **-leikr**, m. *sagacity*; **-liga**, adv. *clearly, distinctly.*
gløggr (acc. **-van**), a. (1) *clear-sighted* (gløggt er gests auga); (2) *clear, distinct*; vera gløggrar greinar, *to distinguish sharply*; eigi er mér þat gløggt, *it is not clear to me*; neut., gløggt, as adv. *clearly* (muna, kenna gløggt); (3) *stingy, close* (g. við gesti).
gløgg-rýnn, a. *clever in interpreting runes*; **-skygn**, a. *sharp-sighted*; **-sýnn**, a. *sharp-witted*; **-sær** (-sæ, -sætt), a. (1) *clear-sighted*; (2) *manifest, clear*; **-þekkinn**, a. *quick to discern, clear-sighted*; **-þekkni**, f. *clear-sightedness.*
gnadd, n. *grumbling, muttering.*
gnadda (að), v. *to murmur, grumble.*
gnaga (að), v. *to gnaw* (hestar gnöguðu beizlin).
gnapa (-ta), v. (1) *to jut or stand out*; (2) *to stoop or bend forward*; (3) *to droop the head.*
gnata (að), v. *to clash.*
gnauð, n. *noise, din, rattle.*
gnauða (að), v. *to rattle, ring.*
gnegg, n. *neighing.*
gneggja (að), v. *to neigh.*
gneista (að), v. *to emit sparks.*
gneista-flaug, f. *shower of sparks.*
gneisti, m. *spark.*
gnesta (gnest; gnast, gnustum; gnostinn), v. *to crack, clash* (gnustu þá saman vápnin).
gneypa (-ta, -tr), v. *to pinch.*
gneypr, a. (1) *bent forward, drooping*; (2) *savage, fierce.*
gniða (að), v. *to rub, scrape.*
gnípa, f. *peak, jutting pinnacle* (on a beetling mountain).
gnísta (-sta, -st), v. (1) g. tönnum, *to gnash the teeth*; (2) *to snarl* (of dogs); (3) gnístanda frost, *biting frost.*
gnístan, **gnísting**, f. *gnashing.*
gnóga, adv. poet. = gnógliga.
gnóg-leikr, m. *abundance*; **-liga**, adv. *abundantly*; **-ligr**, a. *abundant.*
gnógr, a. (1) *abundant, plentiful, enough* (selveiðar gnógar ok fiskifang mikit); at gnógu, *sufficiently*; ok vinnst oss þat at gnógu, *it is enough for us*; í gnóg, *enough* (var þar vatn í gnóg); gnógu (neut. dat.) lengi, *long enough*; (2) g. um e-t, at e-u, *richly furnished with* (nú var hann g. orðinn um kvikfé).
gnótt, f. *abundance, plenty* (g. fjár); gera g. spurning (dat.) e-s, *to give sufficient answer to one's question.*
gnúa (gný, gnera or gnøra, gnúinn), v. *to rub* (hann tók til orða ok gneri nefit).
gnúfa (-ða), v. *to droop* (g. með höfðinu).
gnúp-leitr, a. *stern-looking.*
gnúpr (-s, -ar), m. *peak* (= gnípa).
gnyðja (gnyð, gnudda), v. *to mutter, grumble* (herrinn gnuddi illa); *to grunt* (g. mundu nú grísir).
gnyðr (pl. -ir), m. *murmur.*
gnýja (gný, gnúða, gnúit), v. *to roar* (vindar gnýja); g. á, *to set in* (þá gnúði á hallæri mikit ok veðrátta köld).

gný-mikill, a. *roaring, stormy.*
gnýr (-**s**, -**ir**), m. *clash, din.*
gný-reið. f. *roaring thunder.*
gnæfa (-**ða**, -**t**), v. *to stand up, rise high, tower* (g. við himin).
gnœgr, a. = gnógr.
gnöltra (**að**), v. *to howl, bark.*
gnötra (**að**), v. *to clatter, rattle.*
goð, n. (*heathen*) *god.*
goða-blót, n. *sacrifice to the gods*; **-gremi**, f. *wrath of the gods*; **-heill**, n. *favour of the gods*; **-hús**, n. *house of gods, heathen temple*; **-reiði**, f. = goða-gremi.
goð-borinn, pp. *god-born*; **-dómr**, m. *godhead*; **-gá**, f. *blasphemy.*
goði, m. *heathen priest*; *chief* (in Iceland during the republic).
goð-kunnigr, a. *of the kith of gods*; **-málugr**, a. *skilled in the lore of the gods*; **-mögn**, n. pl. *divine powers, deities* (g. þau er þeir blótuðu).
goð-orð, n. *dignity and authority of a* goði (goðorð ok manna forráð).
goðorðs-lauss, a. *without a* goðorð; **-maðr**, m. *owner of a* goðorð; **-mál**, n. *an action concerning a* goðorð.
goð-vefr, m. = guðvefr.
goð-vegr, m. *the way of the gods.*
goll, n. *gold* = gull.
gollurr, m. *pericardium.*
gor, n. *the cud in animals.*
gor-mánaðr, m. *the first winter-month* (Oct.-Nov.).
gotnar, m. pl. poet. *men.*
gotneskr, a. *Gothic.*
góð-brjóstaðr, a. *kind-hearted*; **-fengr**, a. *good-natured*; **-fúsliga**, adv. *willingly*; **-fúss**, a. *benevolent*; **-fýsi**, **-fýst**, f. *goodness, good-will*; **-gipt**, f. *benefit, charitable deed*; **-girnd**, **-girni**, f. = -fýsi; **-gjarn**, a. *benevolent, kind*; **-gjarnliga**, adv. *kindly*; **-gjarnligr**, a. *kind, kindly*; **-gripr**, m. *costly thing*; **-gæfliga**, adv. *gently*; **-gæt**, f. *good entertainment*; **-gæti**, n. *dainty*; **-gørð**, f. *charity*; **-gørning**, f. = -gørð; **-gørningr**, m. *good deed, charity*; **-háttaðr**, a. *well-mannered*; **-hjartaðr**, a. *kind-hearted.*
góði, m. (1) *good-will*; (2) *profit.*
góð-látr, a. *good-natured*; **-leikr**, m. *goodness*; **-lifnaðr**, m., **-lífi**, n. *good life*; **-lyndi**, n. *good nature*; **-lyndr**, a. *good-natured*; **-mannliga**, adv. *like a good man*; **-mannligr**, a. *gentle*; **-menni**, n. *a good, gentle man*; **-mennska**, f. *goodness, gentleness*; **-mennt**, a. n. *good people*: **-mótliga**, adv. *kindly, gently*; **-orðr**, a. *gentle in one's words.*
góðr (góð, gott), a. (1) *good, morally commendable* (g. ok réttlátr konungr, góð kona); (2) *good, honest* (drengr g.); g. vili, *good, honest intention*; (3) *kind, friendly*; g. e-m, *kind towards one*; gott gengr þér til, *thou meanest well*; gott var í frændsemi þeira, *they were on good terms*; vilja e-m gott, *to wish one well*; (4) *good, fine, goodly*; g. hestr, *fine horse*; gott veðr, *fine weather*; með góðu föruneyti, *with goodly suite*; góðr beini, *good cheer*; verða gott til e-s, *to get plenty of*; var þá gott til fjár ok mannvirðingar, *there was ample wealth and fame to earn*; g. af e-u *or* e-s, *good, liberal with a thing*; g. af tíðendum, *good at news, communicative*; g. af hestinum, *willing to lend the horse*; g. **af fé**, *open-handed*; g. matar, *free with his food.*
góð-ráðr, a. *giving good counsel*; **-ræði**, n. *goodness*; **-semi**, f. = -fýsi; **-verk**, n. *charitable deed*; **-vild**, f., **-vili**, m. *kindness, good-will*; **-viljaðr**, a. *benevolent.*
góðvilja-fullr, a. *benevolent, kind*; **-maðr**, m. *benevolent man*; **-mikill**, a. *full of good-will.*
góð-viljugr, a. *kind*; **-virki**, n. = -verk; **-virkr**, a. *making good work*; **-vænliga**, adv. = -vættliga; **-vænligr**, a. *promising good*; **-vættliga**, adv. *amicably*; **-yrki**, n. = -verk; **-ættaðr**, a. *of good family.*
gói, f. *the month* Gói (from the middle of February to the middle of March); **-beytill**, m. *a species of horse-tail* (*equisetum hyemale*).
gólf, n. (1) *floor*; (2) *apartment.*
gólf-stokkar, m. pl. *floor beams*; **-þili**, n. *deal floor.*
gó-ligr, a. *fine, pretty* (-lig orð).
gómr (-**s**, -**ar**), m. (1) *the roof or floor of the mouth* (efri *or* neðri g.); **e-m berr mart** á góma, *one talks freely*

of many things; gæta tungu í báða góma, *to keep guard on the tongue, speak warily*; (2) *finger-tip* (á hendi heitir fingr, nagl, gómr).

góm-sparri, m. *gag*.

góz, n. *goods, property*.

grað-fé, n. *entire cattle*.

graðr, a. *entire, not castrated*.

graðungr (**-s, -ar**), m. *bull*.

grafa (**gref**; **gróf, grófum**; **grafinn**), v. (1) *to dig* (g. gröf); g. torf, *to dig peat*; fig. *to seek out the sense of* (g. vísu); (2) *to earth, bury* (g. lík); (3) *to carve, engrave* (døkkr steinn í ok grafit á innsigli); (4) *to inlay*; fagr á liti, sem þá er fílsbein er grafit í eik, *as when ivory is set in oak*; (5) impers. *to suppurate* (lærit tók at g. bæði uppi ok niðri); (6) with preps., g. at e-u, eptir e-u, *to inquire into, try to find out*; also refl., grafast eptir e-u; g. niðr, *to dig down*; svá kyrr sem hann væri grafinn niðr, *as if he had been rooted in the ground*; g. til e-s, *to dig for* (g. til vatns); g. um e-t = g. eptir e-u; gróf hann svá undir þeim, at, *he sounded them so that*; g. e-t upp, *to find out*.

graf-alr, m. *burin, graver*.

grafar-bakki, m. *verge of a grave*; **-gørð**, f. *digging of a grave*; **-lœkr**, m. *a brook which has dug itself a deep bed*.

graf-silfr, n. *hidden treasure*; **-tól**, n. pl. *digging tools*.

gramendr, m. pl. *the angry gods*.

gramr, a. *wroth, angry* (g. e-m); **gramir**, m. pl., **gröm** (viz. goð), n. pl. used as subst., *fiends, demons*; (gramir munu taka þik); deili gröm við þik, *the fiends bandy words with thee*.

gramr (**-s, -ir**), m. *king, warrior*.

grana-hár, n. *whiskers* (cf. 'grön').

grand, n. *hurt, injury* (gera, vinna, e-m grand).

granda (**að**), v. *to injure, do harm* (engi grandaði öðrum).

grand-lauss, a. *guileless*; **-ligr**, a. *dangerous, injurious*; **-varr**, a. *guileless*; **-veri**, f. *guilelessness*.

granna, f., **granni**, m. *neighbour*.

grann-leikr, m. *slenderness*; **-leitr**, a. *thin-faced*; **-ligr**, a. *slim, slender of build* (ungr ok grannligr á vöxt).

grannr, a. *thin, slender*.

grann-vaxinn, pp. *slender, slim of figure* (hár á vöxt ok g.).

gran-rauðr, a. *red-bearded*; **-selr**, m. *bearded seal*; **-síðr**, a. *long-bearded*; **-stœði**, n. *the bearded part of the face, the upper lip*.

graptar-dagr, m. *burial-day*; **-kirkja**, f. *a church with a burying ground*; **-reitr, -staðr**, m. *burial-place*.

gras, n. *grass, herbage, herb*.

grasaðr, pp. *prepared with herbs*.

gras-dalr, m. *grassy dale*; **-garðr**, m. *garden*; **-geilar**, f. pl. *grassy lanes*; **-gott**, a. n. *with good crop of grass*; **-grœnn**, a. *grass-green*; **-lauss**, a. *grassless*; **-leysa**, f., **-leysi**, n. *failure of grass*; **-loðinn**, a. *thick with grass*; **-loðna**, f. *grassy spot*; **-lægr**, a. *lying in the grass*; **-mikill**, a. *rich in grass*; **-rœtr**, f. pl. *roots of herbs or grass*; **-sótt**, f. *grass-fever*; **-tó**, f. *grassy spot among cliffs*; **-völlr**, m. *grassy field*; **-vöxtr**, m. *growth of grass*.

grautar-díli, m. *porridge-spot* (on the body); **-ketill**, m. *porridge-pot*; **-sótt**, f. '*porridge-fever*'; **-trog**, n., **-trygill**, m. *porridge-trough*; **-þvara**, f. *porridge-stick*.

grautr (gen. **-ar**), m. *porridge*.

grá-bildóttr, a. *with grey-spotted cheeks*, of a sheep; **-björn**, m. *grey bear*, opp. to 'hvítabjörn'; **-blár**, a. *grey-blue*.

gráða, f. *step*; fig. *degree*.

gráði, m. *gentle breeze*.

gráði, m. *step, degree* = gráða.

gráðr, m. *greed, hunger*.

gráðugr, a. *greedy* (g. ormr).

grá-eygr, a. *grey-eyed*; **-gás**, f. *wild goose*; **-klæddr**, pp. *grey-clad*; **-kollóttr**, a. *grey and without horns*; **-kufl**, m. *grey cowl*; **-leikr**, m. *malice*; **-leitr**, a. *pale-looking*; **-liga**, adv. *with malice*; **-ligr**, a. *malicious*; **-lyndr**, a. *spiteful, malicious*; **-munkr**, m. *grey friar*.

grána (**að**), v. *to become grey*, fig. *to grow rough* (tekr at g. gamanit).

grán-stóð, n. *stud of grey horses*; **-variðr**, pp. *grey-coated* (úlfar-varðir).

grár (**grá, grátt**), a. (1) *grey* (í grám kyrtli); g. fyrir hærum, *grey-haired*;

grátt silfr, *bad silver*; (2) *spiteful, malicious*; þó at í brjósti grátt búi, *although bearing malice in the heart.*

grá-rendr, a. *grey-striped*; **-silfr**, n. *grey (bad) silver*; **-skinn**, n. *grey fur*; **-skýjaðr**, a. *covered with grey clouds*; **-steinn**, m. *a grey stone* (til grásteins hins mikla).

gráta (**græt**; **grét**, **grétum**; **grátinn**), v. (1) *to weep*; g. hástöfum, *to weep aloud*; (2) *to bewail, weep for one* (þú grætr góðan mann).

grátan-ligr, a. *tearful.*

grát-fagr, a. *beautiful in tears*; **-feginn**, a. *weeping for joy.*

grátinn, pp. *tearful.*

grát-ligr, a. *pitiable, deplorable.*

grátr, m. *weeping*; setr grát at e-m, *one bursts into tears.*

grát-raust, f. *tearful voice*; **-stokkinn**, pp. *bathed in tears.*

grá-vara, f. *grey fur* (hann hafði fengit á fjallinu mikla grávöru).

grefta (**-fta**, **-ft**), **greftra** (**að**), v. *to bury* (greftraðr at fornum sið).

greiða (**-dda**, **-ddr**), v. (1) *to unravel, disentangle, arrange*; g. hár, *to comb or dress the hair*; greiddi hón hárit frá augum sér, *she stroked back the hair from her eyes*; (2) *to make or get ready* (g. segl); g. til vað, *to get ready a fishing-line*; g. til um vápn, *to get the weapons ready*; (3) *to speed, further* (g. ferð e-s); refl., greiddist honum vel, *it sped well with him, he got on well*; (4) *to pay* (g. fé af hendi); g. fram, *to pay out*; (5) *to discharge, perform*; g. skírslu af höndum, *to perform the ordeal*; g. vörð, *to keep watch*; g. róðr, *to pull at the oars*; g. atróðr, g. til atlögu, *to attack* (in a sea-fight); g. mál, *to settle a case.*

greið-fara, a. indecl. *walking with speed*; **-fœrr**, a. *passable, easy to pass* (þar var eigi -fœrt); **-gengr**, a. = -fœrr (eigi er hér -gengt).

greiði, m. (1) *disentanglement, arrangement*; gera greiða á málinu, *to put the case right*; skipaðist lítt til greiða með þeim, *nothing was settled between them*; (2) *entertainment, accommodation*; gera e-m greiða, *to give one entertainment.*

greið-liga, adv. (1) *readily, promptly*; (2) *quite*; -liga berr, *completely stripped*; (3) *downright, actually* (þó at engir menn bæri vápn á mik -liga).

greið-ligr, a. (1) *ready, prompt*; var söngrinn eigi -ligr, *the song did not go smoothly*; (2) *clear, plain* (-lig orð).

greið-mæltr, pp. *of ready speech.*

greiðr (**greið**, **greitt**), a. (1) *clear, free from obstacles* (greið leið, gata); (2) *ready to serve* (góðr ok greiðr við alla sína nágranna).

greið-skapr, m. (1) *readiness, promptness*; (2) *entertainment.*

greiðsla, f. = greizla.

greifi, m. *earl, count.*

grein (pl. -ir), f. (1) *branch* (of a tree), *division*; (2) *point, head, part* (í öllum greinum); í annarri g., *in the second place*; (3) *cause, reason*; fyrir þá g., *therefore*; (4) *distinction*; sjá g. handa, *to discern one's hands*; gera g. á e-u, *to explain*; (5) *understanding, discernment*; gløggrar greinar, *sharp-witted*; (6) *dissent, discord* (varð mart til greina með þeim); vald fyrir utan alla g., *undisputed (absolute) power.*

greina (**-da**, **-dr**), v. (1) *to divide into parts* (veröldin var greind í þrjár hálfur); (2) *to discern, distinguish* (g. gang himintungla); (3) *to expound, tell, record*; sem áðr er greint, *as is told above*; sem síðarr greinir, *as will be told hereafter*; (4) impers., menn (acc.) greinir á, *they disagree, quarrel*; (5) refl., greinast, *to branch out, be separated* (svá sem tungurnar greindust); g. á e-u, at e-u, *to disagree about*; impers., tók at g. með þeim kumpánum, *they began to quarrel.*

greina-mikill, a. *sensible, clever.*

greinar-laust, a. n. (1) *indiscriminately*; (2) *unconditionally*; **-mál**, n. *reasonable case.*

greina-vænn, a. *likely to cause a difference or dissension.*

greini-liga, adv. *distinctly*; **-ligr**, a. *distinct, clear.*

greining, f. *distinction.*

greiningar-vit, n. *discernment.*

greip (pl. greipr), f. *the space between the thumb and the other fingers* (kom blóð á hönd Þóri ok rann upp á greipina); fig., koma, ganga í greipr e-m, *to fall into one's clutches.*

greizla, f. *payment, discharge.*

gremi, f. *wrath, anger.*

gremja (**grem**, **gramda**, **gramit**), v. *to anger, provoke, exasperate* (gremdu eigi goð at þér); refl., gremjast e-m, *to be angry with.*

gren (gen. pl. **grenja**), n. *lair of a fox or wolf* (sem melrakki í greni).

grenja (**að**), v. *to howl, bellow.*

grenjan, f. *howling, bellowing.*

grennast (d), v. refl. *to become thin.*

grennd, f. *vicinity.*

grennslast (að), v. refl. *to inquire.*

gren-skolli, m. *a fox in its earth.*

grepp-ligr, a. *frowning, ugly.*

greppr (**-s**, **-ar**), m. (1) *poet, scald*; (2) *doughty man.*

grepta, **greptra**, see grefta, greftra.

gres-járn, n. *iron wire.*

gretta (**-tta**, **-tt**), v., g. sik *or* grettast, *to frown, make a wry face.*

grey (gen. pl. **greyja**), n. (1) *bitch*; (2) *paltry fellow, coward.*

grey-baka, f. = grey (1).

greyfa (**-ða**, **-ðr**), v. *to bend down with the face to the ground.*

grey-hundr, m. *bitch*; **-mennska**, f. *paltriness, meanness.*

greypa (**-ta**, **-tr**), v. *to groove.*

greypi-liga, adv. *fiercely*; **-ligr**, a. *fierce, fearful.*

greyp-leikr, m. *fierceness*; **-ligr**, a. = greypiligr.

greypr, a. *fierce, fearful.*

grey-skapr, m. = -mennska; **-stóð**, n. *pack of hounds.*

grið, n. (1) *domicile, home*; (2) pl. *truce, peace, pardon, quarter*; setja g., *to make truce*; segja í sundr griðum, *to dissolve the truce*; lífs g. ok lima, *safety for life and limbs*; beiða (sér) griða, *to sue for quarter*; beiða griða Baldri fyrir alls konar háska, *to seek protection for B. against all kinds of harm*; gefa e-m g., *to give one quarter*; ganga til griða, *to accept pardon.*

griða-brek, n. pl. *breach of truce*; **-gjöf**, f. *granting truce*; **-lauss**, a. *without truce, truceless*; **-mark**, n. *sign of truce*; **-mál**, n. pl. *truce formularies*; **-rof**, n. pl. *breach of truce*; **-setning**, f. *truce-making*; **-staðr**, m. *sanctuary, asylum.*

grið-bítr, m. = -níðingr.

griði, m. *servant.*

griðka, f., **grið-kona**, f. *housemaid, female servant.*

grið-maðr, m. *male servant.*

grið-mál, n. pl. = griðamál; **-níðingr**, m. *truce-breaker*; **-sala**, f. *a granting truce*; **-samr**, a. *peaceful.*

griðungr (**-s**, **-ar**), m. = graðungr.

grið-vist, f. *lodging, home.*

Grikkir (gen. **-ja**), m. pl. *Greeks.*

Grikk-land, n. *Greece*; **Grikklands-haf**, n. *the Grecian Archipelago.*

grikkska, f. *Greek* (*language*).

grikkskr, a. *Greek*, = girskr.

grimmast (d and **að**), v. *to chafe, be furious* (g. móti guði).

grimmd, f. (1) *grimness, fierceness*; (2) = grimmdarfrost.

grimmdar-frost, n. *biting frost*; **-hugr**, m. *hostile mind.*

grimm-eygr, a. *fierce-eyed*; **-hug-aðr**, a. *in a grim humour*; **-leikr**, m. *savageness, cruelty*; **-liga**, adv. *fiercely*; hefna -liga, *to take a fearful revenge*; **-ligr**, a. *fierce, fearful*; **-lundaðr**, a. *of grim temper.*

grimmr, a. (1) *grim, stern, dire*; gráta grimmum tárum, *to weep bitter tears*; g. dómr, *severe judgement*; (2) *wroth*; svá var hón grimm orðin Brjáni konungi, at, *she hated him so much, that.*

grimm-úðigr, a. *ferocious, fierce* (-úðigr í skapi).

grind (pl. **grindr** and **grindir**), f. (1) *a gate made of spars or bars, a fence*; (2) pl. *pen, fold* (fé byrgt í grindum); fullar grindir, *full-stocked folds*; (3) *haven, dock* (liggja í grindum, *of ships*); (4) *store-houses.*

grind-hlið, n. *barred gate.*

gripa-auðigr, a. *rich in precious things*; **-gjald**, n. *payment in precious things*; **-kista**, f. *jewel chest*; **-taka**, f. *seizure of property.*

grip-deild, f. *robbery, rapine.*

gripr (**-ar**, **-ir**), m. (1) *costly thing, valuable treasure, property*: (2) *value, money's worth*; enn þriðja hlut á hann, þann er mikill g. er í, *that is of* *great value*; epli þau, er henni munu gripir í þykkja, *apples which she will think of great value.*

gripr, m. *vulture* (rare).

gríðr (gen. **-ar**), f. *giantess.*

gríma, f. (1) *a kind of covering for the face or the head, a mask or cowl* (hafa grímu fyrir andliti, á höfði sér); (2) *armour covering a horse's head and breast*; (3) *beak* (on a ship); (4) *night* (poet.).

grímu-maðr, m. *a masked or disguised man.*

grípa (**gríp**; **greip**, **gripum**; **gripinn**), v. (1) *to grasp, seize* (hann greip sverð sitt ok skjöld); (2) *to seize upon* (g. góz fyrir mönnum); (3) with preps., g. á e-u, *to catch hold of* (H. greip á stafni); g. á kýlinu, *to touch upon a sore place*; g. til e-s, *to seize* (g. til sverðsins); greip hundrinn til hans, *the dog snapped at him*; g. upp, *to catch up* (Loki greip upp mikla stöng); g. við orði, *to commence speaking.*

grísa-sýr, f. *a sow with pigs.*

gríss (gen. **gríss**, pl. **grísir**), m. (1) *young pig*; (2) *hog.*

grjár, a. *grey* (poet., rare).

grjót, n. *stones*; verða at grjóti, *to be turned into stones*; bera g. á e-n, berja e-n grjóti, *to stone one.*

grjót-berg, n. *quarry*; **-björg**, n. pl. *rocks*; **-burðr**, m. *throwing of stones*; **-flaug**, f. *stone shower*; **-flutning**, f. *conveyance of stones*; **-hlað**, n. *stone wall*; **-hóll**, m. *stone mound, stone heap*; **-hríð**, f. *shower of stones*; **-hörgr**, m. = -hóll; **-kast**, n. *throwing stones*; **-klettr**, m. *boulder*; **-ligr**, a. *stony, flinty*; **-möl**, f. *gravel, pebbles*; **-páll**, m. in the phr., vera -páll fyrir e-u, *to be the chief supporter* (*mainstay*) *of*; **-skriða**, f. *stone-slip*; **-smiðr**, m. *stone-mason*; **-varði**, m. *cairn of stones*; **-veggr**, m. *stone wall.*

gróa (**grœr**, **greri**, **gróinn**), v. (1) *to grow* (of vegetation); jörð grœr, *earth grows*; þá var grund gróin grœnum lauki, *the ground was covered with green herbs*; (2) *to grow together, become joined to* (höfuð konungs var gróit við bolinn); (3) of wounds, *to be healed* (sár hans greru seint); Ingólfr lá í sárum vetr þenna, ok greri yfir at kalla, *his wounds were healed in a way*; of the person, gróinn sára sinna, *healed of one's wounds*; g. um heilt, *to be quite healed*; fig. *to be reconciled* (grœr um heilt með þeim).

gróði, m. *growth, increase.*

gróðr (gen. **-rar**, pl. **-rar**), m. *growth, crop* (blóta til gróðrar).

gróðrar-ligr, a. *fertile*; *healing.*

gróðr-samr, a. *fertile*; **-setja** (see setja), v. *to plant*; **-vænligr**, a. *healing* (-vænlig smyrsl).

gróf, f. *pit.*

gróm-lauss, a. *free from spot.*

grómr, m. *blot, dirty spot.*

grufla (**að**), v. *to grovel on all-fours.*

gruggóttr, a. *muddy, turbid.*

gruna (**að**), v. (1) *to suspect, mistrust* (Grettir grunaði hann); vera grunaðr um e-t, *to be suspected of*; (2) *to doubt* (ekki grunum vér illvilja yðvarn); (3) *to suppose, guess* (gruna ek, at fjölmenni muni fyrir); (4) impers., mik grunar e-t *or* um e-t, *I suspect, doubt.*

grunan, f. *suspecting, suspicion.*

grun-brusligr, a. *suspicious-looking* (þú ert g. maðr).

grund (pl. **-ir**), f. *green field, grassy plain* (á grundinni hjá Þverá).

grunda (**að**), v. *to meditate on.*

grundan, f. *meditation.*

grundr, m. *inquiry*; gefa (grafa) grund at e-u, *to inquire into.*

grund-valla (**að**), v. *to found*; **-völlr**, m. *ground for a building* (marka -völl til húss, kirkju); *foundation*; reisa hús af -velli, *to make a building from the ground.*

grun-lauss, a. *unsuspecting*; trúa guði -laust, *to put absolute faith in God*; vera -lauss af e-u, *to be unsuspected, above suspicion*; **-maurar**, m. pl., only in the phrase, e-n bíta -maurar, *one suspects.*

grunn, n. *shallow, shoal*; róa á g., *to run aground.*

grunn-eygðr, a. *goggle-eyed*; **-fall**, n. *a breaker on a shoal*; **-fastr**, a. *fast aground*; **-fœri**, n. pl. *anchor-tackle, cable*; draga upp -fœri, *to weigh anchor*; **-hygginn**, a. *shallow-minded,* *silly*; **-hygni**, f. *silliness*; **-leitr**, a. *thin-faced*.

grunnr (**-s**, **-ar**), m. *bottom* (of sea or water); til grunns, til grunna, *down to the bottom*; ganga á grunn, *to come to an end* (fig.).

grunnr (**grynnri**, **grynnstr**), a. *shallow*; standa grunnt, *to be shallow* (vinátta okkur stendr grunnt).

grunn-stiglaðr, pp. *hard frozen*; **-sæi**, f. *simplicity, credulity*; **-sæliga**, adv. *foolishly*; **-sæligr**, a. *foolish*; **-sær**, a. *shallow-witted, foolish*; **-sævi**, n. *shallow water*; **-úðigr**, a. *shallow-minded*; **-ýðgi**, f. *shallowness of mind, credulity*.

grunr (**-ar**, **-ir**), m. *suspicion, doubt, uncertainty* (e-m er grunr á e-u); grafa grun á (um e-t), *to suspect*; hafa grun á e-m um e-t, *to suspect one of a thing*; e-m leikr grunr á um e-t, *one feels suspicious about a thing*; draga gruni á um e-t, *to conceive a suspicion of*; renna grunum á e-t, *to doubt, to guess at*; búa um grun, *to be suspected*.

grun-samligr, a. *suspicious-looking*; **-samr**, a. *suspected* (hafa e-n -saman); **-semd**, f. *suspicion*.

grunsemdar-lauss, a. *free from suspicion*.

grúfa (**-ða**, **-t**), v. *to grovel, to cower or crouch down* (hann grúfði at eldinum; þeir grúfa í skjöldu sína).

grúfa, f., in the phrase, liggja á grúfu, *to lie face down, on one's belly*.

gryfja, f. *hole, pit*.

grynna (**-ti**, **-t**), v. impers. *to become shallower*; grynnir dalinn, *the dale became less deep*; refl., grynnast = grynna (þá er grynntist yfir at landinu).

grýfi-liga, adv. *hideously*.

grýjandi, f. *dawn* (rare).

grýla, f. (1) *giantess*; (2) *bugbear* (ekki hirði ek um grýlur yðrar).

grýta (**-tta**, **-ttr**), v. (1) *to stone one to death* (g. e-n í hel, til bana); (2) g. á e-n, at e-m, *to pelt one with stones*.

grýta, f. *pot*.

grýting, f. *stoning* (to death).

grýttr, a. *stony*.

grýtu-ker, n. *earthen pot*.

græð, f. *malice, hostility* (=gráleikr).

græðgi, f. *greediness, gluttony*.

græska, f. *malice* (= græð).

grœða (**-dda**, **-ddr**), v. (1) *to make grow*; (2) *to heal* (g. sár, g. sjúka); (3) *to increase*; g. fé, *to make money*; refl., vindrinn grœddist, *the wind increased*; grœðist e-m fé, peningar *one makes money*.

grœðari, m. *healer, saviour*.

grœði-ligr, a. *healable*.

grœðing, f. (1) *growth, increase* (byrr var í grœðingu); (2) *healing, cure* (g. sótta; andlig g.).

grœfr, a. *fit to be buried*.

grœnast (**-d**), v. *to become green* (grœnist jörð).

grœn-fáinn, a. *green-stained*.

grœn-leikr, m. *greenness, verdure*.

Grœn-lendingr, m. *Greenlander*.

grœn-lenzkr, a. *of or belonging to Greenland* (Grœnland).

grœnn, a. (1) *green* (g. sem gras); (2) *fresh* (g. fiskr); (3) *good, fit*; sá mun nú grœnstr (*the most hopeful choice*) at segja satt.

grœn-tó, f. *tuft of grass*; **-tyrfa** (**-ða**, **-ðr**), v. *to cover with green turf*.

grœta (**-tta**, **-ttr**), v. *to make one weep, distress one*; grœttr, *grieved*.

grœti, n. pl. *tears, sorrow*.

grœti-ligr, a. *lamentable, sad*.

grœtir, m. *one who makes another weep* (gýgjar g.).

gröf (gen. **grafar**; pl. **grafir** and **grafar**), f. (1) *pit, ditch* (grafa g.); (2) *grave*; þat mein leiddi hann til grafar, *caused his death*.

gröftr (gen. **graftar** and **graftrar**, dat. **grefti** and **greftri**), m. (1) *digging* (vera at grefti); (2) *burial, interment*; veita e-m gröft, *to bury*; (3) *tomb*; (4) *carving*.

grön (gen. **granar**, pl. **granar**), f. (1) *the hair on the upper lip, moustache* (svá ungr, at eigi mun g. sprottin); (2) *lip*; legðu munn við g., *lay thy mouth to his lips*; e-m bregðr vá fyrir g., *one is startled, alarmed*; bregða grönum, *to draw back the lips, grin*; in pl. *the lips of a cow or bull*.

grön (gen. **granar**), f. *pine-tree*.

gröptr (gen. **graptar**), m. = gröftr.

grösugr, a. *grassy, grass-grown*.

guð, m. (and n.), *God.*

guðdóm-ligr, a. *god-like, divine.*

guð-dómr, m. *godhead, divinity*; **-dóttir**, f. *god-daughter*; **-faðir**, m. *godfather*; **-gefinn**, pp. *given by God, inspired*; **-hræddr**, a. *god-fearing*; **-hræzla**, f. *fear of God*; **-lasta** (að), v. *to blaspheme*; **-lastan**, f. *blasphemy*; **-latr**, a. *ungodly*; **-leysi**, n. *godlessness*; **-ligr**, a. *god-like, divine*; **-magn**, n. = goðmagn; **-níðingr**, m. *traitor to God, apostate, renegade.*

guðníðing-skapr, m. *apostasy.*

guð-réttligr, a. *righteous*; **-rækiligr**, **-rækr**, a. *ungodly*; **-rœkiliga**, adv. *piously*; **-rœkinn**, a. *pious*; **-sifi** (gen. -sifja), m. '*gossip*', *godfather*; **-sifjar**, f. pl. *spiritual relationship, sponsorship*; veita e-m -sifjar, *to be a sponsor (godfather) to.*

guðs-lög, n. pl. *the canon law* (halda -lög ok landsins).

guð-spjall, n. *gospel*; **-spjalligr**, a. *evangelical.*

guðvefjar-klæði, n. pl. *a suit of clothes made of* guðvefr; **-kyrtill**, m., **-skikkja**, f. *kirtle of* guðvefr.

guð-vefr, m. *a costly fabric used for garments*, etc.; ? *velvet.*

gufa, f. *vapour, steam.*

gugna (að), v. *to lose heart, quail.*

gul, n. *gentle breeze*, = gol.

gula, f. (1) = gola; (2) = gulusótt.

gul-brúnaðr, a. *yellow-brown*; **-grár**, a. *yellow-grey*; **-grœnn**, a. *yellow-green* (í gulgrœnum kyrtli).

gull, n. (1) *gold*; (2) = fingrgull.

gull-aldr, m. *golden age*; **-auðigr**, a. *rich in gold*; **-auðr**, m. *wealth in gold*; **-band**, n. *golden head-band*; **-baugr**, m. *gold ring*; **-bitlaðr**, a. *golden-bitted*; **-bitull**, m. *bit (bridle) of gold*; **-bjartr**, a. *bright as gold*; **-bóka** (að), v. *to embroider in gold*; **-bóla**, f. (1) *gold boss*; (2) *golden bull* (bulla aurea); **-brynja**, f. *golden coat of mail*; **-búinn**, pp. *ornamented with gold*; **-böllr**, m. *golden ball*; **-dálkr**, m. *gold pin*; **-festr**, f. *gold chain*; **-fjallaðr**, pp. *embroidered in gold*; **-góðr**, a. *of pure gold*; **-görr**, a. *made of gold*; **-hagr**, a. *skilled in working gold*; **-hálsar**, m. pl. *gold-necks, lordlings*; **-hárr**, a. *golden-haired*; **-hella**, f. *bar of gold*; **-hjalt**, n. *gold hilt*; **-hjálmr**, m. *golden helmet*; **-hlað**, n. *gold lace* (esp. to tie up the hair with); **-hlaðinn**, pp. *laced with gold*; **-hringr**, m. *gold ring*; **-hús**, n. *jewel-chest*; **-hyrndr**, a. *golden-horned.*

gullin-bursti, m. *gold-mane*; **-hjalti**, m. *golden-hilt* (a sword with a hilt of gold); **-kambi**, m. *gold comb.*

gullinn, a. *golden.*

gull-knappr, m. *gold button*; *gold knob*; **-knútr**, m. *gold knot*; **-kóróna**, f. *golden crown*; **-leggja** (see leggja), v. *to lace with gold*; **-ligr**, a. *golden, of gold*; **-mál**, n. *inlaid figure of gold*; **-men**, n. *gold necklace*; **-miðlandi**, m. *distributor of gold*; **-nisti**, n. *gold pin*; **-ofinn**, pp. *gold-woven*; **-rekinn**, pp. *inlaid with gold* (-rekit spjót); **-rendr**, a. *gold-striped*; **-ritinn**, pp. *written in gold*; **-roðinn**, pp. *gilt*; **-saumaðr**, pp. *embroidered with gold*; **-settr**, pp. *gold-mounted*; **-skillingr**, m. *gold skilling*; **-skotinn**, pp. *woven with gold*; **-skór**, m. *gold shoe*; **-smeittr**, pp., **-smeltr**, pp. *gold-enamelled* (of a shield); **-smiðr**, m. *goldsmith*; **-smíð**, f. *goldsmith's work, working in gold*; **-spánn**, m. (1) *gold ornament* (on ships); (2) *gold spoon*; **-sproti**, m. *gold sceptre*; **-stafaðr**, pp. *gold-striped*; **-stafr**, m. *golden letter*; **-steindr**, pp. *gilt*; **-stöng**, f. *bar of gold*; **-sylgja**, f. *gold brooch*; **-tafla**, f. *golden piece* (used in playing); **-teinn**, m. *golden rod*; **-vafiðr**, pp. *wound with gold*; **-veggr**, m. *golden wall*; **-viðjar**, f. pl. *gold withies*; **-vöndr**, m. *golden wand.*

gulr, a. *yellow* (gult silki).

gul-rendr, a. *gold-striped.*

gulu-sótt, f. *jaundice.*

gumi (pl. gumar), m. *man* (poet.).

gumnar, m. pl. *men* (poet.); gumna synir, *the sons of men.*

gumpr, m. *bottom, fundament.*

gumsa (að), v. *to scoff at, mock.*

gunnar-fúss, **-gjarn**, a. *eager for battle.*

gunn-fáni, m. '*gonfanon*', *war-banner*; *processional banner*.

gunn-heilagr, a. *invulnerable*; **-hvatr**, a. *warlike*.

gunnr (gen. **-ar**, dat. and acc. **-i**), f. *war*, *battle* (poet.).

gunn-tamiðr, pp. *used to war*.

guss, n. *fuss*; **gussa** (**að**), v. *to make fuss and noise*.

gusta (**að**), v. *to blow in gusts*.

gust-illr, a. *having foul breath*; **-kaldr**, a. *gusty*, *chilly* (veðrit var gustkalt); **-mikill**, a. *gusty*.

gustr, m. (1) *gust*; (2) *smell*.

Gyðinga-land, n. *Palestine*; **-skírn**, f. *circumcision*.

gyðing-ligr, a. *Jewish*.

Gyðingr (**-s**, **-ar**), m. *Jew*.

gyðja, f. (1) *goddess*; (2) *priestess*.

gylfra, f. (1) *ogress*, *witch*; (2) er þat helzt við orði, at gylfrum gangi vináttan, *it is rumoured that your friendship is all gone to the dogs*.

gylla (**-da**, **-dr** and **-ta**, **-tr**), v. *to gild*; g. hóli, *to flatter*.

gylling, f. (1) *gilding*; (2) pl. *vain praise* (fara með gyllingar).

gylta, f., **gyltr**, f. *young sow*.

gymbill, m. *he-lamb*.

gymbr (gen. **-rar**), f. *ewe-lamb*.

gyrða (**-ða**, **-ðr**), v. (1) *to gird* (with a belt); g. sik, *to gird oneself*, *fasten one's belt* (cf. gyrðr í brœkr); g. sik með sverði, *to gird on a sword*; (2) *to girth* (g. hest, g. söðul).

gyrðill, m. (1) *girdle*; (2) *purse* (hon lét féit í gyrðilinn).

gyrja, v. *to stain with blood*.

gys, n., **gyss**, m. *mocking*; gera gys at e-u, *to mock at a thing*.

gyzki, m. *wonder* (rare).

gýgr (gen. **-jar**, pl. **-jar**), f. *giantess*, *hag* (þar bjó ein gýgr).

gæfa, f. *good luck*; bera gæfu til e-s, *to have luck in a thing*.

gæfr, a. *quiet*, *meek*; þat er mér ok gæfast, *that is most pleasant to me*.

gæfu-drjúgr, a. *lucky*; **-fátt**, a. n., e-m er -fátt, *one has little luck*; **-hlutr**, m. *share of good luck*; **-lauss**, a. *luckless*; **-leysi**, n. *lucklessness*; **-maðr**, m. *lucky man*; **-mannligr**, a. *as a lucky man*; **-mikill**, a. *having great luck*; **-munr**, m. *difference in luck*; **-raun**, f. *trial of luck*; **-samliga**, adv. *luckily*; **-samligr**, a. *lucky*; **-skipti**, n. *turn or change of luck*; **-skortr**, m. *want of luck*; **-vant**, a. n. *wanting in luck*.

gægjast (**ð**), v. refl. *to bend eagerly forward and peep*.

gær, adv. only with the prep. *í*; (1) *yesterday* (var-a þat nú né í gær); (2) poet. *to-morrow* (þótt nú eðr í gær deyjum).

gæra, f. *sheepskin with the wool on*.

gær-dagr, m. *yesterday*; **-kveld**, n. *yesterday evening*.

gæta (**-tta**, **-tt**), v. (1) *to watch*, *take care of*, *guard*, with gen.; g. skóklæða e-s, *to take care of one's shoes*; g. dura í höllinni, *to guard the door of the hall*; g. kúa, hesta, *to tend cows*, *horses*; g. dóma, *to observe justice*; g. ráðsins, *to take heed to the advice*; g. til e-s, *to mind*, *take care of*, *attend to* (svá gættu þeir til, at ekki varð at); (2) refl., ok um þat gættust, *and took counsel together*.

gæti-liga, adv. *heedfully*.

gætinn, a. *heedful*, *wary*.

gætir, m. *keeper*, *warder*.

gætti, n. *door-frame*, *door-post*; hurð var á g., *the door was ajar*.

gætur, f. pl., hafa g. á e-u, gefa g. at e-u, *to take care of*, *mind*.

gæzla, f. *watch*, *keeping*.

gæzlu-engill, m. *guardian angel*; **-lauss**, a. *unguarded*; **-maðr**, m. *keeper*; **-sótt**, f. *an illness which involves watching over the patient*.

gœða (**-dda**, **-ddr**), v. (1) *to endow*, *enrich* (g. e-n fé ok virðingu); (2) *to increase*; g. rás, ferð, *to quicken the pace*; g. róðrinn, *to quicken the stroke*, *pull quicker*; adding the prep. *á*; svá mikit gœddi þetta á, *it increased so much*, *went to such a pitch*; var þá nökkuru heimskari en áðr, ef á mátti g., *sillier*, *if possible*, *than before*.

gœða-lauss, a. *void of good things*, *barren* (gœðalaust land).

gœði, n. pl. *good or profitable things*, *boons*, *emoluments*.

gœðingr (**-s**, **-ar**), m. *nobleman*, *chief* (konungr ok hans gœðingar).

gœl, n. = gœlingar-orð.

gœla (-da. -dr), v. *to comfort, soothe* (verð ek mik gœla).

gœling, f. *soothing*; **gœlingar-orð**, n. pl. *soothing words*.

gœzka, f. (1) *goodness, kindness*; (2) *good things* (= gœði).

gœzku-fullr, a. *full of goodness, merciful*; **-lauss**, a. *merciless*; **-samligr**, a. *good, kind*; **-verk**, n. *charitable deed*.

göfga (**að**), v. (1) *to worship* (g. goð); (2) *to honour* (g. dróttins-dag).

göfgan, f. *worshipping*.

göfgari, m. *worshipper*.

göfug-kvendi, n. *noble woman, lady*; **-látr**, a. *worshipful, generous*; **-leikr**, m. *worshipfulness, highness*; **-ligr**, a. (1) *worshipful, noble-looking*; (2) *magnificent* (-ligr staðr); **-menni**, n. *noble, worshipful man*; **-mennr**, a. *with many worshipful men*.

göfugr (**göfgari, göfgastr**), a. *noble, worshipful* (g. at kyni).

gøgn, gøgnum, see 'gegn, gegnum'.

göltr (gen. **galtar**, dat. **gelti**; pl. **geltir**), m. *boar, hog*.

göng, n. pl. *passage* (ór kastala vóru göng upp í kirkju).

göngu-drykkja, f. *drinking-bout*; **-fœri**, n. = gang-fœri; **-fœrr**, a. *able to walk*; **-kona**, f. *vagrant woman*; **-lið**, n. (1) *footmen, infantry*; (2) *help, assistance*.

göngull, a. *running much about*.

göngu-maðr, a. *beggar, vagrant*; **-mannliga**, adv. *beggarlike, beggarly*; **-sveinn**, m. *vagrant, tramp*.

gør, n. poet. *flock*.

gøra, gørva (**-ða, -ðr**, and **görr**), v. (1) *to make, construct, build* (g. hús, skip, haug); g. bók, *to write a book*; (2) *to set in order, prepare, perform*, &c.; g. veizlu, *to make a banquet*; g. seið, blót, *to perform a sacrifice*; g. ferð, *to make a journey*; g. ráð sitt, *to make up one's mind*; g. ráð með e-m, *to take counsel with, advise one*; (3) *to contract* (g. vináttu, félagskap); (4) *to grant, render*; g. kost, *to give a choice*; (5) with acc. of an adj.; g. sik líkan e-m, *to make oneself like to, imitate one*; g. sik reiðan, *to take offence*; g. skjót-kørit, *to make a quick choice*; (6) *to do, act*; g. gott (illt), *to do good (evil)*; hefir hann marga hluti gört stór-vel til mín, *I have received many great benefits at his hands*; g. e-m gagn, *to give help to one*; (7) *to do, avail*; þat mun ekki g., *that won't do*; ekki gørir at dylja, *it is no use denying it*; (8) *to send, dispatch* (hann gørði þegar menn frá sér); (9) *to beget* (af henni gørði hann hinn fyrsta soninn); (10) *to judge or arbitrate in a case* (= g. um mál); *to fix the amount of a fine* (gørði Njáll hundrað silfrs); g. sér e-t, *to adjudge to oneself*; (11) with infin. as an auxiliary verb; ef hón gørði koma, *if she did come*; gørðit hón hjúfra, *she did not wail*; (12) impers. *one becomes*; hann gørði fölvan, *he turned pale*; veðr gørði hvast, *a gale arose*; hríð mikla gørði at þeim, *they were overtaken by a storm*; mér gørir svefnhöfugt, *I grow sleepy*; (13) with preps., g. mikit af sér, *to distinguish oneself*; g. e-t af e-m, *to extort (take) from one*; g. e-t af við e-n, *to wrong a person, transgress against one* (ek hefi engan hlut af gört við þik); g. góðan (mikinn) róm at máli e-s, *to cheer (praise) another's speech*; g. at e-u, *to mend, put right* (tekr hann kníf ok gørir at skónum); *to heal* (kannt þú nökkut g. at slíkum meinum); hann gørði þat eina at, er hann átti, *he did only what he ought*; slíkt gørir at, er sölin etr, *so it happens when one eats sea-weed*; g. at skapi e-s, *to conform to one's wishes*; g. at álitum, *to take into consideration*; g. sér úgetit at e-u, *to be displeased with*; g. á hluta e-s, *to wrong one, do harm to*; g. fáleika á sik, *to make oneself look sad*; g. eptir e-m, *to send for one*; g. e-t eptir, *to imitate*; g. ráð fyrir e-u, *to suppose*; g. sér mikit (lítit) fyrir, *to make great (small) efforts*; g. sér e-t hug, *to resolve, plan*; g. sér gott hug, *to be easy in mind*; g. milli (á m.) e-rra, *to decide between*; g. til e-s, *to make preparations for*; g. e-t til, *to prepare, make* *ready, dress meat*; g. til e-s, *to deserve a thing*; hvat hafðir þú til gört, *what hadst thou done to deserve it?*; g. sœmdir til e-s, *to confer honour upon one*; g. til saka við e-n, *to transgress against one*; g. um mál, *to arbitrate in a case* (þær urðu málalyktir, at Þórðr skyldi g. um); g. mikit um sik, *to make a great noise*; g. sér mikit um e-t, *to make much of, admire*; g. upp, *to rebuild, restore* (g. upp hús, skála); g. e-n upp, *to upset one*; g. e-n útan, *to banish, exile* (Flosi var görr útan); g. e-t við e-n, *to do with one* (þá var um rœtt, hvat við þá skyldi g.); g. við e-u, *to prevent*; (14) refl., gørast, *to become, arise* (þá gørðist hlátr); sá atburðr gørðist, *it came to pass*; gørðist með þeim félagskapr, *they entered into fellowship*; gørast konungr, *to become king*; svá gørðist, at, *it so happened, that*; impers., næsta gørist mér kynligt, *I feel rather uneasy*; gørast ferðar sinnar, *to set out for a journey*; with infin., ár var þat er Guðrún gørðist at deyja, *was nigh to death*; g. í, *to occur, happen* (sögðu þeir konungi, hvat í hafði görzt); g. til e-s, *to set about doing* (þessir menn hafa görzt til svá mikils stórrœðis).

gör-bœnn, a. *begging hard, importunate* (gørast g. við e-n).

gørð, f. (1) *making, building*; (2) *doing, act, deed*; orð ok gørðir, *words and deeds*; (3) *arbitration, award*; leggja mál í g., *to submit a case to arbitration*; taka menn til gørðar, *to choose umpires*; segja *or* lúka upp g., *to deliver the arbitration.*

gørðar-maðr, m. *umpire.*

gör-farinn, pp. *quite gone, quite lost*; **-hugall**, a. *very heedful, mindful.*

görla, adv. *quite, fully* (vita g.).

görn (pl. **garnar** and **garnir**), f. *gut.*

görning, f. *doing, deed.*

gørninga-hríð, f. *a storm raised by witchcraft*; **-maðr**, m. *sorcerer.*

gørningar, f. pl. *witchcraft, sorcery.*

gørninga-sótt, f. *sickness caused by sorcery*; **-stakkr**, m. *enchanted jacket*; **-veðr**, n. = -hríð; **-vættr**, f. *witch.*

gørningr, m. = gørning.

görr, **gørr**, **gerr** (acc. **görvan**), a. and pp. (1) *skilled, accomplished* (vel at sér g.); leggja görva hönd á e-t, *to be an adept, a master in a thing*; (2) *ready, willing* (g. gull at bjóða); with gen., g. ills hugar, *prone to evil*; skulut þess görvir, *be ready for that!* (3) svá gört, *so done, so*; verða menn þat svá gört at hafa, *it must be so*; at svá görvu, *this being the case.*

gørr, adv. compar., **gørst**, adv. superl. *more, most fully.*

gör-ræði, n. *arbitrary act*; **-samliga**, adv. *altogether, quite.*

gør-semi, **-simi** (pl. **-semar**), f. *costly thing, jewel, treasure*; **-simligr**, a. *costly.*

gör-tœki, n. *unlawful seizure of another man's property.*

gørva, v. = gera, gøra.

görva (**gørva**, **gerva**), adv. *quite, clearly*; muna g. *to remember clearly*; ef þú g. kannar, *if thou search closely*; cf. gørr, gørst.

görv-allr, a. *entire, whole.*

gørvi (pl. **gørvar**), f. *gear, apparel*; **-búr**, n. *store-house.*

gørvi-leikr, m. *accomplishments*; **-ligr**, a. *accomplished, doughty.*

götu-breidd, f. *breadth of a road*; **-leysi**, n. *pathless tract*; **-nisti**, n. *provisions for a journey*; **-skarð**, n. *a defile with a path through it.*

götva (**að**), v. *to bury.*

götvaðr, m. *slayer* (?).

H

hadda, f. *pot-hook, pot-handle.*

hadd-bjartr, a. *light-haired*, = bjart-haddaðr; **-blik**, n. *bleaching the hair.*

haddr (**-s**, **-ar**), m. *a lady's hair.*

haðna, f. *a young she-goat.*

haf, n. *the sea*, esp. *the high sea, ocean*; sigla (láta) í h., sigla á h. út, *to put to sea*; hann dó í hafi, *he died at sea.*

haf, n. *lifting* (úlíkligr til hafs).

hafa (**hefi**; **hafða**, **höfðum**; **hafðr**), v. (1) *to have* (þeir höfðu sjau skip ok flest stór); h. elda, *to keep up a fire*; (2) *to hold, celebrate* (h. vinaboð, blót, þing); (3) *to keep, retain* (rifu þær vefinn í sundr, ok hafði hverr þat er hélt á); (4) *to use* (tvau net eru ný, ok hafa eigi höfð verit); orð þau sem hann hafði um haft, *which he had made use of*; h. fagrmæli við e-n, *to flatter one*; h. hljóðmæli við e-n, *to speak secretly to one*; h. tvímæli á e-u, *to speak doubtfully of a thing*; h. viðrmæli um e-t, *to use mocking words*; hann var mjök hafðr við mál manna, *much used to, versed in, law-suits*; (5) *to have, hold, maintain*; h. vináttu við e-n, *to maintain friendship with one*; h. hættumikit, *to run a great risk*; h. heilindi, *to have good health*; (6) *to bring, carry*; h. e-n heim með sér, *to bring one home*; hann hafði lög út hingat ór Noregi, *he brought laws hither from Norway*; h. sik (*to betake oneself*) til annara landa; (7) *to take, carry off*; troll hafi þik, *the trolls take thee*; (8) *to get, gain, win*; hann hafði eigi svefn, *he got no sleep*; hefir sá jafnan, er hættir, *he wins that ventures*; h. gagn, sigr, *to gain victory*; h. meira hlut, *to get the upper hand, gain the day*; h. betr (verr), *to get the better* (*worse*) *of it*; h. sitt mál, *to win one's suit*; h. tafl, *to win the game*; h. erendi, *to do one's errand, succeed*; h. bana, *to suffer death, to die*; h. úsigr, *to be worsted*; h. góðar viðtökur, *to be well received*; h. tiðindi af e-m, *to get tidings of, or from, one*; h. sœmd, óvirðing af e-m, *to get honour, disgrace from one*; with gen., h. e-s ekki, *to fail to catch one* (hann kemst á skóg undan, ok höfðu þeir hans ekki); ekki munu vér hans h. at sinni, *we shall not catch him at present*; (9) *to wear, carry* (clothes, weapons); hann hafði blán kyrtil, *he wore a blue kirtle*; h. kylfu í hendi sér, *to have a club in one's hand*; (10) *to behave, do, or fare, so and so*, esp. with an adv.; h. vel, illa, betr, verr, *to behave* (*do*) *well, badly, better, worse*; hafa sik vel, *to behave well*; hafa vel, *to be well off or happy*; h. hart, *to be in a wretched plight*; (11) with infin., h. at varðveita, *to have in keeping*; h. at selja, *to have on sale*; lög hafið þér at mæla, *you are right*; (12) h. e-n nær e-u, *to expose one to* (þú hafðir svá nær haft oss úfœru); h. nær e-u, *to come near to*, esp. impers.; nær hafði okkr nú, *it was a narrow escape*; svá nær hafði hausinum, at, *the shot so nearly touched the head, that*; ok er nær hafði, at skipit mundi fljóta, *when the ship was on the point of floating*; (13) as an auxiliary verb, in the earliest time with the pp. of transitive verbs in acc.; hefir þú hamar um fólginn, *hast thou hidden the hammer?*; ek hefi sendan mann, *I have sent a man*; later with indecl. neut. pp.; hefir þú eigi sét mik, *hast thou not seen me?*; (14) with preps.; h. e-t at, *to do, act*; hann tók af þér konuna, en þú hafðir ekki at, *but thou didst not stir, didst take it tamely*; absol., viltu þess freista, ok vita hvat at hafi, *wilt thou try and see what happens?*; h. e-n at hlífiskildi (skotspœni), *to use one as a shield* (*as a target*); h. e-n at háði, hlátri, *to mock, laugh at*; h. e-t at engu, vettugi, *to hold for naught, take no notice of*; h. sakir á e-n, *to have charges against one*; h. á rás, *to take to one's heels, run off*; h. e-t eptir, *to do or repeat a thing after one*; h. e-t fram, *to produce* (vápn Þorgils vóru fram höfð); *to carry out, hold forth*; h. mál fram, *to proceed with a suit*; var um búit, en ekki fram haft, *all was made ready, but nothing done*; h. e-t frammi, í frammi, *to use, make use of* (h. í frammi kúgan); ok öll lögmæt skil frammi hafa, *and discharge all one's official duties*; h. e-t fyrir satt, *to hold for true*; eigi em ek þar fyrir sönnu hafðr, *I am not truly aimed at for that, it is a false charge*; h. e-n fyrir sökum um e-t, *to charge one* *with*; h. í hótum við e-n, *to threaten one*; h. e-t með höndum, *to have in hand*; höfum eigi sigrinn ór hendi, *let not victory slip out of our hands*; h. ór við e-n, *to behave so and so towards one* (hefir þú illa ór haft við mik); h. e-t til e-s, *to use for* (höfðu þeir til varnar skot ok spjót); *to be a reason or ground for*; vér hyggjum þat til þess haft vera, at þar hafi menn sézt, *we believe the foundation of the story is that men have been seen there*; h. mikit (lítit) til síns máls, *to have much* (*little*) *in support of one's case*; h. e-t til, *to have at hand, possess*; orð þau, sem hann hafði um haft, *the words which he had used*; keisari hafði fátt um, *did not say much*; h. e-n undir, *to get one under, subdue one*; h. e-t uppi, *to take* (*heave*) *up* (h. uppi fœri, net); Skarpheðinn hafði uppi øxina, *S. heaved up the axe*; h. flokk uppi, *to raise a party, to rebel*; h. uppi tafl, *to play at a game*; h. e-n uppi, *to bring one to light*; h. uppi rœður, *to begin a discussion*; h. e-t úti, *to have done, finished* (h. úti sitt dagsverk); h. við e-m, *to be a match for one*; h. sik við, *to exert oneself*; h. mikit (lítit) við, *to make a great* (*little*) *display*; hann söng messu ok hafði mikit við, *and made much of it*; hann bað jarl leita, hann hafði lítit við þat, *he did it lightly*; haf ekki slíkt við, *do not say so*; haf þú lítit við at eggja sonu þína, *refrain from egging on thy sons*; (15) refl., hafast, *to dwell, abide*; þeir höfðust mjök í ferðum, *they spent much of their life in travelling*; hafast vel, *to do well, thrive* (vaxa ok vel h.); h. at, *to do*; Lambi sá hvat Steinarr hafðist at, *what he was doing*; h. við, *to dwell, stay* (hér mun ek við hafast); h. vel við, *to bear oneself well up*; h. orð við, *to speak to one another.*

hafandi, pr. p. *being with child.*

haf-bára, f. *wave*; **-fugl**, m. *sea-bird*; **-fœrandi**, pr. p. *sea-going, sea-worthy*; **-gerðingar**, f. pl. *tremendous waves*; **-gjálfr**, n. *roar of the sea*; **-gola**, f. *sea-breeze*; **-gufa**, f. *mermaid*; **-hallt**, adv. *standing seawards*; **-hrútr**, m. *sea-ram*; **-íss**, m. *drift ice*; **-kaldr**, a. *cold as the sea*; **-leið**, f. *standing seawards*; stefna -leið, *to stand seawards*; **-leiðis**, adv. *seawards*; **-ligr**, a. *marine.*

hafna (að), v. *to forsake, abandon,* with dat. (h. fornum sið, blótum ok heiðnum goðum); kýr hafnaði átinu, *the cow left off eating.*

hafnan, f. *abandonment, forsaking* (h. heimsins, veraldar).

hafnar-dyrr, f. pl. *entrance of a haven* (höfn).

hafnar-feldr, m. *a shaggy cloak for everyday use.*

hafnar-mark, **-merki**, n. *harbour mark*; **-tollr**, m. *harbour toll.*

hafnar-vaðmál, **-váð**, n. *plain stuff.*

hafn-borg, f. *sea borough, sea-port.*

haf-nest, n. *provisions for a voyage.*

hafn-leysa, f., **-leysi**, n. *harbourless coast*; **-ligr**, a. *harbour-like.*

hafr (**-rs**, **-rar**), m. *he-goat, buck.*

hafr-belgr, m. = -staka.

haf-rek, n. *wreck, jetsam*; **-reka**, a., **-rekinn**, pp. *tossed or driven about on the sea.*

hafr-staka, f. *goat's skin.*

haf-rœðr, a. *sea-worthy* (hafrœðr sexæringr).

hafs-botn, m. *gulf* (firðir ok hafsbotnar); **-geil**, f. *sea-lane.*

haf-skip, n. *a sea-going ship*; **-skrimsl**, n. *sea-monster.*

hafs-megin, n. *the main, high sea.*

haf-stormr, m. *storm at sea*; **-strambr**, m. *fabulous sea-monster.*

haft, n. (1) *bond, chain*; esp. pl., höft, *fetters*; sitja í höftum, *to be in fetters*; halda e-n í höftum, *to keep one in bonds*; (2) pl., höft, *gods.*

hafta, f. *female prisoner, bondwoman* (h. ok hernuma).

haftr, m. *male prisoner, bondman.*

haf-tyrðill, m. *little auk*; **-velktr**, pp. *sea-tossed*; **-viðri**, *sea-breeze*; **-villa**, f. *loss of one's course at sea*; **-villr**, a. *having lost one's course at sea.*

haga (að), v. (1) *to manage, arrange,* with dat. (svá skulu vér h. inngöngu vorri); fénu var hagat til gæzlu, *the money was taken into keeping*; with adv., hvernig skulum vér þá til h., *how shall we arrange it*; h. svá til, at, *to arrange or contrive it so that*; h. e-m til e-s, *to turn out so and so for one* (þat hagaði Ólafi til mikils harms); (2) *to suit, be suitable* (skip með þeim farmi, sem ek veit vel hagar til Íslands).

haga-beit, f. *grazing*; **-garðr,** m. *fence round a pasture-field.*

hag-fastr, a. *grazing constantly on the same pasture*; **-fátt,** a. n. *short of grazing* (málnytu verðr -fátt).

hag-feldr, a. *meet, fit, suitable* (ek mun þér h.; hagfelt erindi).

hagi, m. *pasture, field for grazing*; var hestum h. fenginn, *the horses were put out to grass.*

hag-jörð, f. *pasture land.*

hag-keypi, n. *good bargain.*

hagl, n. *hail*; **-hríð,** *f. hail-storm.*

hag-leikr, m. *skill in handicraft.*

hagleiks-gørð, f. *fine workmanship*; **-maðr,** m. *handicraftsman, artist.*

hag-liga, adv. *skilfully, handily, neatly*; **-ligr,** a. (1) *skilful, handy, neat*; (2) *fit, proper, convenient.*

hagl-korn, n., **-steinn,** m. *hail-stone*; **-vindr,** m. *hail-storm.*

hag-mýrr, f. *pasture marsh.*

hag-mæltr, a. *well-spoken.*

hagna (**að**), v. *to be meet for one*; hvárum ykkrum hefir betr hagnat, *which of you has had the best luck?*

hagnaðr (gen. **-ar**), m. *advantage.*

hag-nýta (**-tta, -ttr**), v. *to make use of, have profit of.*

hagr, a. *handy, skilful* (h. maðr á tré ok járn).

hagr (**-s, -ir**), m. (1) *state, condition, affairs* (hvat er nú um hagi þína?); (2) *means* (ef hann hefir eigi hag til at fœra þau fram); (3) *favour, advantage*; í hag e-m, *to one's advantage*; at högum, *suitably.*

hag-ráð, n. *opportunity*; **-ráðr,** a. *giving wise counsel*; **-ræða** (**-rædda, -ræ**t**t**), v. *to put right* (fyrir sér); **-ræði,** n. *service* (gera e-m -ræði); **-skeytr,** a. *a good shot*; **-skipti,** n. *fair bargain*; **-spakligr,** a. *practical, wise*; **-speki,** f. *forethought, good sense*; **-stœðr,** a. *fair, favourable* (-stœðr byrr); **-tœkr,** a. *practical*; **-þorn, -þyrnir,** m. *hawthorn.*

haka (gen. höku), f. *chin.*

hala-broddr, m. *point of a tail*; **-ferð,** f. *the rear*; **-langr,** a. *long-tailed*; **-tafl,** n. *a kind of game.*

hald, n. (1) *hold, fastening*; (2) *keeping in repair* (fyrir h. kirkju); (3) *support, backing* (hann hefir nú h. mikit af konungi); h. ok traust, *help and support in need*; koma e-m at haldi, í hald, *to be of use or help to one*; hér kemr illa í h., *it does little good*; (4) *custody* (Ólafr konungr tók þá við haldi Hræreks konungs); (5) *esteem* (vera með e-m í góðu haldi); (6) *keeping, observance* (cf. jóla-hald, drottinsdaga hald).

halda (**held; hélt, héldum; hald-inn**), v. I. with dat. (1) *to hold fast* (Gunnarr var kyrr svá at honum hélt einn maðr); *to keep back, restrain* (Hrafn fekk eigi haldit henni heima); (2) *to withhold* (héldu bœndr gjaldinu); (3) *to keep, retain* (þú skalt jafnan þessu sæti h.); *to preserve* (h. virðingu sinni, lífi ok limum); h. vöku sinni, *to keep oneself awake*; (4) *to hold, keep one's stock*; also ellipt. (vetr var illr ok héldu menn illa); (5) phrases, h. njósnum, *to keep watch, to spy* (= h. njósnum til um e-t); h. (hendi) fyrir auga, *to hold (the hand) before the eyes, shade the eyes*; h. hendi yfir e-m, *to protect one*; (6) *to hold, stand, steer*, ellipt., þeir héldu aptr (*held back again*) um haustit; þeir héldu út eptir firði, *they stood out the firth*; h. heim, *to steer homewards*; (7) *to graze, put in the field* (h. fé til haga); (8) impers. *to continue, last* (hélt því lengi um vetrinn); II. with acc. (1) *to hold in possession*, a fief, land, estate (þeir héldu alla hina beztu staði með sjónum); (2) *to hold, keep, observe*, a feast, holiday (í hvers minning heldr þú þenna dag?); (3) *to keep* (h. orð sín, eið, sættir, frið); *to observe* (h. guðs lög ok landsins); (4) *to uphold, maintain, support* (h. vini sína, h. e-n til ríkis); (5) h. sik, *to comport oneself* (kunna h. sik með hófi); h. sik ríkmannliga, *to fare sumptuously*; h. sik aptr af e-u, *to abstain from*; (6) *to hold, consider, deem* (hón hélt engan hans jafningja); (7) *to hold, keep up*; h. varnir, *to keep up a defence*; h. vörð, *to keep watch*; (8) *to hold, compel, bind* (heldr mik þá ekki til útanferðar); þó heldr þik várkunn til at leita á, *thou hast some excuse for trying*; III. with preps., h. á e-u, *to hold, wield in the hand* (h. á sverði); *to hold to a thing, go on with it, be busy about* (h. á drykkju, á ferð sinni, á sýslu); h. e-t af e-m, *to hold* (land, office) *from or of one* (þeir er höfðu haldið land af Danakonungi); h. mikit af e-m, *to make much of one*; h. eptir e-m, *to pursue one*; h. e-u eptir, *to keep back*; h. sik frá e-u, *to keep oneself back from, refrain from*; h. e-u fram, *to uphold, support*; h. e-u fyrir e-u, *to withhold from one*; *to protect against* (héldu engar grindr fénu fyrir birninum); h. e-n fyrir e-t, *to hold, consider one to be so and so* (síðan hélt konungr Erling fyrir trygg-van vin); h. í e-t, *to hold fast, grasp* (þú skalt h. í hurðarhringinn); h. til e-s, *to be the cause of, be conducive to*; heldr þar margt til þess, *there are many reasons for this*; hélt til þess (*conduced to it*) góðgirni hans; h. til e-s, *to be bent on, fond of* (h. mjök til skarts, til gleði); h. til jafns við e-n, *to bear up against one, to be a match for one*; h. um e-t, *to grasp with the hand* (= h. hendi um e-t); h. barni undir skírn, *to hold at baptism*; h. e-u upp, *to hold aloft, lift* (h. upp höndum); h. upp árum, *to hold up the oars, cease pulling*; *to uphold, maintain, support* (h. upp hofum, kristn-inni); *to keep going* (h. upp bardaga); *to discharge* (h. upp kostnaði, bótum); h. upp bœnum fyrir e-m, *to pray for one*; h. e-u við, *to maintain a thing*; h. við e-m, *to stand against* (hvar sem hann kom fram, hélt ekki við honum); impers. *to be on the point of*; hélt þá við atgöngu (acc.), *they were near coming to fight*; heldr nú við hót, *it is little short of threats*; IV. refl., hald-ast, *to hold oneself, stay* (mátti hann eigi þar h.); *to hold out, continue, last* (hélzt vinátta með þeim); *to be kept safe and sound*; menn allir héldust (*all hands were saved*) ok svá fé; *to be valid, stand* (engi má h. dómr hans); h. á, *to pull one against another, wrestle, fight*; impers., e-m helzt vel (illa) á e-u, *one has good* (*bad*) *luck with a thing* (mér helzt lítt á sauða-mönnum); h. við, *to stay, remain*; h. við e-m, *to resist, make a stand against one* (hélzt þá ekki við honum).

hald-góðr, a. *lasting, durable.*

haldinn, pp. (1) *in such and such a state*; vel h., *in good condition, well to do, doing well*; þungliga h., *very ill*; (2) *satisfied with* (Hrani sagðist ekki af því h. vera); (3) heilu ok höldnu, *safely, safe and sound.*

haldin-orðr, a. *discreet, close*; **-yrði**, n. *discreetness.*

hald-kvæmd, f. *convenience, comfort*; **-kvæmiligr**, a. *convenient*; **-kvæmr**, a. *convenient, useful*; **-samr**, a. *holding close*; vera -samr á e-u, *to keep it close*; **-semi**, f. (1) *fast holding*; (2) *closeness, stinginess.*

hali, m. *tail*; leika (veifast um) lausum hala, *to play with a loose tail, to be unrestrained*; bera brattan hal-ann, *to cock up the tail, to be proud*; draga eptir sér halann, *to drag the tail, to play the coward.*

halla (**að**), v. (1) *to incline or turn sideways*, with dat. (h. keri, skipi); (2) *to sway to the wrong side* (= h. til um e-t); h. sögu, *to give an unfair report*; h. nökkurum orðum til, *to let fall a few words*; h. eptir e-m, *to be biassed in one's favour*; h. sér, *to lean with one's body*; impers. *to lie over*, with dat. (hallaði honum svá, at sjór féll inn á annat borð); sólu hallar, *the sun sinks*; vetri hallar, *the winter is declining*; tafli hallar á e-n, *the game turns against one*; (3) *to slope* (hann skildi eigi fyrr við þá en hallaði af norðr); (4) refl., hallast, *to lean with the body*; *to lie over* (þá tók mjök at h. Ormrinn); á þá hallaðist bardaginn, *the battle turned against them*; h. eptir e-u, *to sway towards a thing.*

hallar-búnaðr, -búningr, m. *hang-*

ings of a hall; **-dyrr**, f. pl. *door of a hall*; **-gólf**, n. *floor of a hall*; **-veggr**, m. *wall of a hall.*

hall-lendi, n. *slope, declivity*; **-lendr**, a. *sloping*; **-mæla** (-ta, -t), v. *to speak ill of one* (-mæla e-m); **-mæli**, n. pl. *blame, reproof*; **-oki**, a., fara, verða halloki fyrir e-m, *to be overcome, defeated.*

hallr, a. (1) *leaning to one side, lying over, sloping* (vóru jakarnir hallir mjök út af skerinu); bera hallt höfuðit, *to carry the head on one side*; standa höllum fœti, *to stand unevenly*; verðr hallt á e-n, *one is worsted*; (2) *biassed, partial*; *inclined or attached to one* (h. til e-s *or* undir e-n); h. til illsku, *prone, inclined, to evil.*

hallr, m. (1) *slope, hill*; (2) *big stone* (enn harði hallr).

hall-æri, n. *bad season, famine.*

halr (-s, -ir), m. poet. *man.*

haltr, a. *limping, lame, halting*; **h.** eptra fœti, *lame of the hind leg.*

haltra (að), v. *to halt, limp.*

halzi, a. indecl. *holding* (with gen.).

hamalt, a. n., only in the phrase, fylkja h., *to draw up in a wedge-shaped column* (= svínfylkja).

hamar-gnípa, f. *peak of a crag*; **-klettr**, m. *crag, rock.*

hamarr (gen. **-s**, dat. **hamri**, pl. **hamrar**), m. (1) *hammer*; hann gerði hamar yfir, *he made the sign of the hammer over it*; (2) *back of an axe*; (3) *crag, precipice* (þar stendr h. mikill fyrir þeim); þrítugur h., *a crag thirty fathoms high.*

hamar-rifa, f. *rift in a crag*; **-skalli**, m. *head of a hammer*; **-skaft**, n. *shaft of a hammer*; **-skúti**, m. *jutting or overhanging crag.*

hamars-mark, n. *sign of the hammer*; **-muðr**, m. *the thin end of a hammer.*

hamar-spor, n. *a hammer's print.*

hamast (að), v. refl. (1) *to assume the shape of an animal* (h. í arnarlíki); (2) *to rage* (like a berserk).

ham-far, n., **-farir**, f. pl. *travelling in the shape of an animal* (fara -fari, í -förum); **-föng**, n. pl. *fury, frenzy*; **-hleypa**, f. *a human being who travels in the shape of an animal*; *a witch that goes in* ham-farir.

hamingja, f. (1) *guardian spirit*; (2) *luck, good fortune.*

hamingju-drjúgr, a. *lucky*; **-hjól**, n. *wheel of fortune*; **-hlutr**, m. *lucky chance*; **-lauss**. a. *luckless*; **-leysi**, n. *want of luck*; **-maðr**, m. *lucky man*; **-mikill**, a. *very lucky*; **-mót**, n. *lucky appearance* (-mót er á þér); **-raun**, f. *trial of fortune*; **-samligr**, a. *lucky-looking*; **-skipti**, n. *turn* (*vicissitude*) *of fortune*; **-skortr**, m. *lack of good luck*; **-tjón**, n. *bad luck.*

hamla, f. *oar-thong, grummet*; láta síga á hömlu, *to pull backwards* (stern foremost); ganga e-m í hömlu (um e-t), *to take one's place, be a substitute for one* (*in a thing*).

hamla (að), v. (1) *to pull backwards*; (2) *to stop, hinder* (h. e-m); (3) *to maim, mutilate* (sumir vóru hamlaðir at höndum eða fótum).

hampr, m. *hemp.*

hamr (-s, -ir), m. (1) *skin, slough*; hleypa hömum, *to cast the slough* (of snakes); (2) *shape, form*; skipta hömum, *to change one's shape.*

hamra-fjall, n. *craggy mountain*; **-klif**, n. *cleft between two crags.*

ham-ramr, a. (1) *able to change one's shape*; (2) *seized with warlike fury* (berserks-gangr).

hamra-skarð, n. = -klif.

ham-remi, f. *the state of being* ham-ramr (2).

hams, m. (1) *snake's slough* (ormar skríða or hamsi á vár); (2) *husk.*

ham-stoli, **-stolinn**, a. *deprived of one's wits, frantic, furious.*

hana-galan, f. *cock-crow.*

handa (= til h.), prep. with dat. *to, for* (h. Oddi).

handa-band, n. *shaking of hands*; **-festi**, **-festr**, f. *a hold for the hands.*

hand-afl, n. *strength of hand*; lesa sik upp (*to haul oneself up*) með -afli.

handa-gangr, m. *grasping after a thing*; **-gørvi**, f. '*hand-gear*', *gloves*; **-kast**, n. = -læti; **-klapp**, n. *clapping of hands*; **-læti**, n. pl. *gestures with the arms.*

handan, adv. *from beyond*; heðan

ok h., *hither and thither*; fyrir h., with acc. *beyond, on the other side of.*

handar-bak, n. *back of the hand*; **-gagn**, n. *use of the hand*; leggja e-t til -gagns, *to lay it so as to be ready at hand*; **-grip**, n. *span*; **-hald**, n. *handle*; **-högg**, n. *a blow on one's hand*; **-jaðarr**, m. *hand's edge*; vera undir -jaðri e-s, *to be in one's hands, in one's power*; **-kriki**, m. *arm-pit*; **-mein**, n. *sore in the hand*; **-sár**, n *wound in the hand*; **-stubbr**, **-stúfr**, m. *stump* (of an arm); **-vanr**, a. *handless.*

handa-skömm, f. *shame for one's hands*; **-staðr**, m. *print of the hands*; **-verk**, n. pl. *one's handiwork, doings.*

hand-bani, m. *actual slayer*, opp. to 'ráð-bani'; **-bjalla**, f. *hand-bell*; **-björg**, f. '*hand-supply*'; lifa við -björg sína, *to earn one's own living*; fœra e-n fram með -björg sinni, *to support a person by one's labour*; **-bogi**, m. *hand-bow*, opp. to 'lásbogi'; **-byndi**, n. *encumbrance* (e-m verðr -byndi at e-u); **-bærr**, a. *ready at hand*; **-fang**, n. *span*; **-fátt**, a. n. *lack of hands* (-fátt varð upp at bera); **-festa** (**-sta**, **-str**), v. *to strike a bargain by shaking hands, to pledge* (-festa heit sitt); biskup -festi (*betrothed*) jungfrú Ingiborg; **-festa**, f., **-festr**, f. *striking a bargain by joining hands*; **-fyllr**, f. *handful*; **-ganga**, f. *surrender, submission*; **-genginn**, pp. *that has become a retainer to the king* (gørast-genginn e-m); **-góðr**, a. *handy, adroit*; **-hafi**, m. *having in hand* (vera -hafi at e-u); **-haltr**, a. *having a lame hand*; **-hæfi**, n., **-höfn**, f. *hand-instrument*; **-högg**, n. *hacking off one's hand*; **-höggva** (see **höggva**), v. *to hack one's hand off*; **-iðjan**, f. *hand-work*; **-klukka**, f. *hand-bell*; **-klæði**, n. *hand-towel*; **-krœkjast** (t), v. *to make trial of strength by pulling with bent hands*; **-kvern**, f. *quern, hand-mill.*

handla (**að**), v. = höndla.

hand-lag, n. *joining hands*; **-lami**, a. *with a lame hand*; **-latr**, a. *lazy to use one's hands*; **-laug**, f. *water for washing the hands* (bera inn -laugar); **-lauss**, a. *handless*; **-leggr**, m. *arm, fore-arm*; **-lektari**, m. *hand-lectern*; **-léttir**, m. *lending a hand*; **-lín**, n. *sleeves*; **-megin**, n. *strength of hand, working power*; **-meiddr**, pp. *with maimed hands*; **-numinn**, pp. *seized, caught*; **-rammr**, a. *strong-handed*; **-rið**, n. *hand-rail*; **-rif**, n. '*reefing-cord*', in the phrase, svipta af -rifi, *to reef a sail*; **-sal**, n. (1) = handaband; (2) *pledge, bargain*; taka við -sölum á e-u, *to undertake the trust or charge of a thing*; eiga -söl við e-n, *to make a bargain with one*; bjóða -söl fyrir e-n, *to offer bail for one*; **-sala** (**að**), v. *to make over* (*confirm*) *by shaking hands.*

handsala-maðr, **handsals-maðr**, m. *bail, surety.*

hand-sax, n. *short sword, dagger*; leika at -söxum, *to play with daggers* (by throwing them in the air and catching them by the hilt); **-seinn**, a. *slow with the hand*; **-selja** (see **selja**), v. *to make over*; -seld sök, *a suit conducted by proxy*; **-síðr**, a. *long-armed*; **-skot**, n. *throwing by hand*, opp. to 'bogaskot'; **-sleggja**, f. *hand-sledge*; **-sløngva**, f. *hand-sling*; **-sterkr**, a. *strong-handed*; **-stinnr**, a. *with brawny hands*; róa -stinnan, *to pull strongly*; **-styrkja** (t), v. -styrkja sik upp, *to haul oneself up*; **-styrkr**, a. = -sterkr; **-tak**, n. = handaband; **-taka**, v. (1) *to seize, lay hold of*; (2) *to stipulate*; **-tygill**, m. *an arm-strap*; **-vega** (see **vega**), v. *to weigh in the hand*; **-vegr**, m. *shoulder-seam*; **-víss**, a. *quite certain*; **-vætta** (-tta, -ttr), v. = -vega; **-vömm**, f. *maladroitness, blundering*; **-øx**, f. *hand-axe.*

hang, n. *coil* (*of a serpent*); köttrinn beygði hangit (*v. r.* kenginn), *the cat bent its back.*

hanga (**hangi**; **hékk**, **héngum**; **hanginn**), v. (1) *to hang, be suspended* (hvers manns alvæpni hékk yfir rúmi hans); (2) *to cling to, hang fast to*; weak pret. (hangdi naðran á lifrinni); (3) *to be hanged* (gengr þú at h.).

hanga-guð, **-týr**, m. *god* (*lord*) *of the hanged* (viz. Odin).

hangi, m. *a body hanging on a gallows* (hann settist undir hanga).

hani, m. *cock.*

hanki, m. *hasp or clasp* (of a chest).

hann, pers. pron. *he.*

hann-yrð, -ørð, f. *skill, fine work.*

hanzki, m. *glove.*

happ, n. *good luck.*

happa-drjúgr, a. *lucky*; **-mikill**, a. *having great luck*; **-ráð**, n. *happy counsel*; **-verk**, n. *happy deed.*

happ-auðigr, a. *lucky*; **-fróðr**, a. *wise in season*; **-samr**, a. *lucky*; **-skeytr**, a. *a good shot.*

hapt, n. *bond*; see 'haft'.

hara, v. *to stare, grin* (?).

harða, adv. *very* (= harðla).

harð-angr, m. *hard times, distress*; **-brjóstaðr**, a. *hard-hearted*; **-býll**, a. *a hard householder*; **-drœgi**, f. *the being* -drœgr; **-drœgr**, a. *hard to manage*; **-eygr**, a. *hard-eyed*; **-fari**, m. *'fast-goer'*; **-farliga**, adv. *harshly, vehemently*; **-fengi**, f. *hardihood, valour*; -fengiliga, adv. = -fengliga; **-fenginn**, a. = -fengr; **-fengliga**, adv. *hardily, valiantly*; **-fengr**, a. *hardy, valiant*; **-fenni**, n. *hard snow*; **-fœri**, f. *stubbornness*; **-fœrr**, a. *hard to overcome*; **-görr**, a. (1) *hardy, stout*; (2) *strong-built* (-gört skip); **-hendi**, f. *hard-handedness*; **-hendiliga**, adv. *with hard hand*; **-hendr**, a. *hard-handed*; **-hugaðr**, a. *hard-hearted.*

harðindi, n. pl. (1) *hardness*; (2) *hardship, severity.*

harð-kvæli, n. = harmkvæli.

harðla, adv. *very* (h. mikill, lítill).

harð-leikinn, a. *playing a hard, rough game*; verða e-m -leikinn, *to play roughly with one*; fá -leikit, *to be roughly treated*; **-leikni**, f. *rough game*; **-leikr**, m. *hardness, harshness*; **-leitr**, a. *hard-looking*; **-lífi**, n. *hard life, chastisement*; **-liga**, adv. (1) *forcibly, sternly*; (2) *fast* (ríða -liga); **-ligr**, a. *hard, severe*; **-lundaðr**, a. *hard-tempered*; **-lyndi**, n. *hard temper*; **-lyndr**, a. = -lundaðr; **-mannligr**, a. *hardy, manly*; **-menni**, n. *hardy man*; **-móðigr**, a. *hard of mood*; **-mæli**, n. *hard language*; **-mæltr**, a. = -orðr.

harðna (að), v. (1) *to harden*; (2) *to become severe* (of weather); *to grow worse*; harðnaði matlífi þeirra, *they ran short of provisions.*

harð-orðr, a. *hard-spoken.*

harðr, a. (1) *hard* (h. steinn, skafl); (2) *hard, stern, severe* (h. í skapi, í hjarta); (3) *hardy*; fólk hart ok illt at sœkja, *hardy and difficult to assail*; h. í horn at taka, *hard to take by the horns, stubborn*; h. bardagi, *hard-fought battle*; leika e-n hart, *to treat one harshly*; ríða hart, *to ride fast.*

harð-ráðr, a. (1) *firm, determined* (maðr vitr ok -ráðr); (2) *severe, tyrannical*; **-reiðr**, a. *hard to ride on*; **-rétti**, n. *hardship*; **-ræði**, n. (1) *hardiness, hardihood, firmness*; (2) *hardness, harshness*; **-skeyti**, f. *hard shooting*; **-skeytr**, a. (1) *shooting hard*; (2) *hard, severe*; **-skipaðr**, pp. *manned with hardy men*; **-sleginn**, pp. *hard-hammered*; **-slœgr**, a. *hard to mow* (-slœgr teigr); **-snúinn**, pp. *'hard-twisted', staunch, stubborn*; **-sóttr**, pp. *hard to get, difficult*; **-steinn**, m. *whetstone*; **-tœkr**, a. *hard, exacting*; **-úðigr**, a. *hard-minded*; **-vaxinn**, pp. *strong-built, brawny*; **-yrði**, n. pl. *hard words*; **-yrki**, m. *hard worker*; **-ýðgi**, f. *hardness of heart, severity.*

hark, n. *noise, tumult.*

harka, f. *hardness, hardiness.*

harka (að), v. (1) *to scrape together* (h. e-u saman); (2) e-m harkar, harkar fyrir e-m, *things go ill with one*; harkar um e-t, *it goes badly*; harkast um, *to be in a bad way*; (3) refl., harkast, *to make a tumult.*

harka-geta, f. *coarse, scanty food*; **-lið**, n. *rabble*; **-menn**, m. pl. *tramps, scamps*; **-samliga**, adv. *coarsely.*

harki, m. *rubbish, trash.*

harma (að), v. *to bewail*; h. sik, *to wail*; impers., e-m *or* e-n harmar, *it vexes one, one is vexed.*

harman-liga, adv. *sorrowfully*; **-ligr**, a. *sorrowful.*

harm-blandinn, pp. *mixed with sorrow*; **-brögð**, n. pl. *mournful deeds*; **-dauði**, m. *sorrowful death*; **-dauði, -dauðr**, a. *lamented* (vera

-dauði e-m); -dögg, f. *sorrow-dew, tears* (poet.); **-fenginn**, pp. *affected by grief*; **-flaug**, f. *baneful shaft*; **-fullr**, a. = harmsfullr; **-kvæli**, n. pl., **-kvöl**, f. *torments*.

harmr (-s, -ar), m. *sorrow, grief*.

harm-saga, f. *tidings of grief*; **-samligr**, a. *sad, mournful*.

harms-auki, m. *addition to one's grief*; **-fullr**, a. *sorrowful, distressed*; **-léttir**, m. *relief*.

harm-sök, f. *cause of grief, sad case*; **-söngr**, m. *dirge*; **-tíðindi**, n. pl. = -saga; **-tölur**, f. pl. *lamentations*; **-þrunginn**, pp. *filled with grief*; **-þrútinn**, a. *swollen with sorrow*.

harneskja, f. *harness, armour*.

harpa, f. (1) *harp* (leika, slá hörpu); (2) *harp-seal* (era hlums vant, kvað refr, dró hörpu at ísi).

hasla (pl. höslur), f. *pole of hazel-wood*; **hasla** (**að**), v. *to mark out by hazel-poles*; h. e-m völl, *to challenge one to a pitched battle or duel*.

hastar-liga, adv. *suddenly*.

hast-orðr, a. *harsh-spoken*.

hata (**að**), v. (1) *to hate* (h. e-n); (2) *to damage, destroy* (poet.); (3) refl., hatast við e-n, *to be full of hatred against one*.

hatr, n. *hatred, enmity*.

hatr-liga, adv. *hatefully*; **-ligr**, a. *hateful*; **-samligr**, **-samr**, a. *hateful, hostile* (-samr e-m).

hatrs-fullr, a. *hateful, hostile*.

hattr, m. *hat*, = höttr.

hauðr, n. poet. *earth*.

hauga-eldr, m. *cairn fire*; **-öld**, f. *the age of cairn-burial*, opp. to 'brunaöld', *the age of burning the dead*.

haug-brot, n. *breaking of a cairn*; **-búi**, m. '*cairn-dweller*', *ghost*; **-fœra** (**-ða**, **-ðr**), v. *to bury in a cairn*; **-ganga**, f. *the breaking into a cairn*.

haugr (-s, -ar), m. (1) *mound*; (2) *sepulchral mound, cairn*.

haug-setja (see **setja**), v. = -fœra.

haugs-gólf, n. *floor of a cairn*; **-gørð**, f. *cairn-making*.

haug-staðr, m. *heathen burial-place*; **-tekinn**, pp. *taken from a cairn*.

haugs-öld, f. = hauga-öld.

hauka-veiðr, f. *hunting with hawks*.

hauk-ligr, a. *hawk-like* (of the eyes).

haukr (-s, -ar), m. *hawk*; fleygja hauki, *to fly a hawk*.

haukstaldr, m., poet. *man, hero*.

hauld-, **hauldr**, see höld-, höldr.

haull, m. *rupture, hernia*.

hausa-kljúfr, m. *skull-cleaver* (nickname); **-mót**, n. pl. *sutures of the skull*.

haus-brot, n. *skull-fracture*; **-fastr**, a. *seated in the skull*; **-filla**, f. *the skin of the skull*.

hauss (pl. hausar), m. *skull*.

haust, n. *harvest season, autumn*.

hausta (**að**), v. *to draw near autumn*.

haust-blót, n. *sacrificial feast in autumn*; **-boð**, n. *autumn feast*; **-dagr**, m. *day in autumn*; at *or* á **-degi**, *in autumn*; **-gríma**, f. *autumn night*; **-heimtur**, f. pl. *getting in sheep in autumn*; **-langr**, a. *lasting all the autumn*; **-mánaðr**, m. *autumn month, September*; **-víking**, f. *free-booting expedition in autumn*; **-þing**, n. *autumn assembly*; **-öl**, n. *autumn (drinking) festival*.

há, interj. *eh! what do you say?*

há, f. *after-grass, after-math*.

há-altari, m. *high altar*; **-beinn**, a. *high-legged, long-legged*; **-bjarg**, n. *high rock*; **-bogaðr**, a. *high-curved* (of a saddle).

há-bora (**að**), v. *to fit with rowlocks*.

há-borur, f. pl. *rowlocks*.

há-brók, f. a kind of *hawk*; **-brókast** (**að**), v. refl. *to puff oneself up*.

háð, n. *scoffing, mocking*.

há-degi, n. *midday, noon*.

hádegis-skeið, n. *noon-tide*.

háð-samr, a. *scoffing*; **-semi**, f. *mockery* (með hrópyrðum ok h.).

háðugr, a. *shameful, disgraceful*.

háðu-ligr, a. (1) *scornful, abusive* (-lig orð); (2) *disgraceful* (-ligt verk).

háðung, f. *shame, disgrace*.

háðungar-orð, n. pl. *scornful words*.

háð-yrði, n. pl. = hæði-yrði.

há-fjall, n. *high mountain*; **-fleygr**, a. *high-flying*; **-flœðr**, f. *full flood, high flood-tide*; **-fœttr**, a. *high-legged*; **-leikr**, m. *highness*; **-leitligr**, a. *sublime*; **-leitr**, a. *looking upwards*; fig. *lofty, sublime*.

hálfa, f. (1) *region, part* (veröldin

var greind í þrjár hálfur); (2) *lineage, kin* (frjálsborinn í allar hálfur); (3) af e-s hálfu, *on one's behalf; on one's part*; af guðs hálfu ok lands-laga, *on behalf of God and the law of the land.*

hálf-bergrisi, m. *half a giant*; **-dauðr**, a. *half dead*; **-ermaðr**, pp. *half-sleeved*; **-fífl**, n. *half an idiot*; **-fullr**, a. *half full*; **-görr**, a. *only half done, left half undone*; **-kirkja**, f. *annex-church, chapel of ease*; **-launat**, pp. n. *half rewarded*; **-litr**, a. *of two colours, with a different colour on each side*; **-ljóst**, a. n., þá er -ljóst var, *in the twilight*; **-mörk**, f. *half a mark*; **-nauðigr**, a. *half reluctant*; **-níð**, n. *half a lampoon.*

hálfr, a. (1) *half*; h. mánaðr, *half a month, fortnight*; til hálfs, *by a half*; h. annar, þriði, fjórði, &c., *one, two, three and a half*; hálft annat hundrað, *one hundred and a half*; h. þriði tøgr manna, *twenty-five men*; (2) neut. 'hálfu', *by half*, with a comparative in an intensive sense, *much, far*; hálfu verri, *far worse*; hálfu meira, *far more*; hálfu síðr, *far less.*

hálf-risi, m. *half a giant*; **-róinn**, pp. *having rowed half the way*; **-rými**, n. *half a* 'rúm' *in a ship.*

halfrýmis-félagar, m. pl. *messmates in the same* hálfrými; **-kista**, f. *a chest belonging to a* hálfrými.

hálf-røkvit, a. n. *half twilight*; **-skiptr**, pp. = -litr; **-troll**, n. *half a giant*; **-tunna**, f. *half a tun*; **-unninn**, pp. *half done*; **-virði**, n. *half worth*; **-þrítugr**, a. *aged twenty-five*; **-þynna**, f. a kind of *small axe*; **-œrinn**, a. *half sufficient*; **-œrr**, a. *half mad* (hann var hálf-œrr af drykkju).

háll, a. *slippery* (var hált á ísinum).

hál-leikr, m. *slipperiness.*

hálmr (gen. **-s**), m. *straw, haulm* (þeir lögðust þar niðr í hálm).

hálm-strá, n. *haulm-straw*; **-visk**, n. *wisp of straw*; **-þúst**, n. *flail.*

háls (gen. **háls**, pl. **hálsar**), m. (1) *neck*; taka höndum um h. e-m, *to embrace one*; beygja h. fyrir e-m, *to bend the neck to one*; liggja e-m á hálsi fyrir e-t, *to reprove, blame one for*; standa á hálsi e-m, *to put the foot on one's neck*; (2) *bow of a ship or boat* (Hýmir reri i hálsinum fram); (3) *the front-sheet (tack) of a sail*; (4) *the end of a rope*; (5) *the tip of a bow* (hann dregr svá bogann, at saman þótti bera hálsana); (6) *ridge, hill*; (7) pl., góðir hálsar, *good men! fine fellows!*

hálsa (**að**), v. (1) *to embrace*; (2) h. segl, *to clew up the sail.*

háls-bein, n., **-beina**, n. *neck-bone*; **-björg**, f. *gorget*; **-bók**, f. *a book to be hung from the neck*; **-brotna** (**að**), v. *to break one's neck*; **-brún**, f. *edge of a hill*; **-digr**, a. *thick-necked*; **-fang**, n. *embrace*; **-gjörð**, f. *necklace*; **-högg**, n. *stroke on the neck*; **-höggva** (see **höggva**), v. *to behead*; **-járn**, n. *neck-iron, iron collar*; **-langr**, a. *long-necked*; **-liðr**, m. *neck-joint*; **-ljósta** (see **ljósta**), v. *to strike one on the neck*; **-men**, n. *necklace*; **-sár**, n. *neck wound*; **-slag**, n. = -högg; **-stefni**, n. (1) *throat*; (2) *part of a ship.*

há-læti, n. *shouting, noise*; **-messa**, f. *high-mass*; **-mælgi**, f. *loud talking.*

há-mót, n. *ankle-joint*; only in the phrase, fara í há-mót (*or* -mótit) eptir e-m, *to follow one closely, sneak along behind one.*

há-mæli, n., fœra (bera) e-t í -mæli, *to speak loud of*; **-mæltr**, pp. *loud-voiced*; **-nefjaðr**, a. *high-nosed*; **-pallr**, m. *daïs* (in a hall).

hár (**há**, **hátt**), a. (1) *high*; á háfum fjöllum, *in high mountains*; hæri en, *higher than*; (2) *tall* (h. maðr vexti); (3) superl. *at the highest pitch*; meðan hæst væri vetrar, sumars, *in the depth of winter, in the height of summer*; (4) *high, glorious*; hæstu hátíðir, *the highest feasts*; (5) *loud* (h. brestr); mæla hátt, *to speak loud*; hón verðr há við, *she becomes clamorous or excited.*

hár (gen. **hás**, pl. **háir**), m. *thole.*

hár, n. *hair* (jarpr á h.).

hár, m. *dog-fish.*

hár-amr (= **-hamr**), m. *the hairy side of a skin*; **-bjartr**, a. *fair-haired.*

há-reiðar, f. pl. *rowlocks.*

há-reysti, n. and f. *noise, clamour*; **-reystr**, a. *noisy, loud-voiced.*

hár-fagr, a. *fair-haired*; **-ferð**, f.

fashion of the hair; **-hvass**, a. *hair-edged*; **-klæði**, n. *hair cloth*; **-knífr**, m. *razor*; **-laug**, f. *washing the hair*; **-leppr**, m. *lock of hair*.

hárr, a. *hoary, grey-haired*.

hár-rœtr, f. pl. *roots of the hair*; **-skurðr**, m. *cut of the hair*.

hárs-litr, m. *colour of the hair*.

hár-taug, f. *string of horse-hair*; **-vara**, f. *fur*; **-vöxtr**, m. *hair-growth*.

há-segl, n. *top-sail*.

há-seti, m. *oarsman*, opp. to 'stýrimaðr' (*helmsman*).

há-seymdr, pp. *studded with large nails* (beizl háseymt).

há-sin, f. *Achilles' tendon*.

háska-ferð, **-för**, f. *dangerous journey* (*exploit*); **-lauss**, a. *free from danger*; **-ligr**, a. *dangerous*; **-samliga**, adv. *dangerously*; **-samligr**, **-samr**, a. *perilous*; **-tími**, m. *time of danger*; **-vað**, n. *dangerous ford*; **-ván**, f. *danger to come*.

há-skeptr, a. *long-handled, long-shafted* (háskept øx, spjót).

háski, m. *danger, peril*.

hás-mæltr, a. *hoarse-speaking*.

háss, a. *hoarse*.

há-staðr, m. *high* (*important*) *place*; **-stafir**, m. pl., in the phrase, gráta (œpa) -stöfum, *to weep* (*shout*) *loudly*; **-steint**, a. n. *full of high boulders* (var hásteint í ánni).

há-stokkr, m. *gunwale*.

há-stóll, m. *high-seat*; **-sumar**, n. *midsummer*; **-sæti**, n. *high-seat, seat of honour* (= öndvegi).

hásætis-borð, n. *high-seat table*; **-kista**, f. *a chest near the high-seat*; **-maðr**, m. *the man in the high-seat*.

há-talaðr, a. *loud-voiced*; **-timbra** (að), v. *to build high*; **-tíð**, f. *festival, feast* (halda hátíð).

hátíðar-aptann, m. *eve of a feast*; **-dagr**, m. *festal day, holiday*; **-hald**, n. *holding a feast*.

hátíðis-dagr, m. = hátíðardagr.

hátíð-liga, adv. *with festivity*; **-ligr**, a. *festive, festal*.

hátta (að), v. (1) *to arrange, dispose*, with dat.; h. sér, *to conduct oneself*; impers., háttar svá, at hann kom, *he happened to come*; (2) *to go to bed*.

hátta-brigði, n. *change of manners*.

háttaðr, pp. *fashioned, conditioned* (hvernig var jörðin háttuð?); e-u er svá háttat, *it is so made or conditioned, of that nature or kind*; yðr frændum er svá háttat, *you kinsmen are of that stamp*.

hátta-góðr, a. *well-mannered, well-behaved*; **-lykill**, m. *key to metres*; **-skipti**, n. (1) *change of manners*; (2) *shifting of metre*; **-tal**, n. *enumeration of metres*.

hátt-prúðr, a. *well-mannered, polite*; **-prýði**, f. *good manners*.

háttr (gen. **háttar**, dat. **hætti**; pl. **hættir**, acc. **háttu**), m. (1) *mode of life, habit, custom* (ríkra manna háttr); halda teknum hætti, *to go on in one's usual way*; (2) pl. *conduct, behaviour* (vanda um háttu manna); fara vel með sínum háttum, *to conduct oneself well*; ráða sjálfr sínum háttum, *to be one's own master*; halda háttum við aðra menn, *to conduct oneself properly*; (3) *mode, way of doing a thing*; kunna hátt á e-u, *to know how to do a thing*; (4) mikils háttar, *of importance*; lítils háttar, *insignificant*; þess háttar, *of that kind*; alls háttar, *of every kind*; á allan hátt, *in every respect*; (5) *moderation, measure*; eptir hætti, *duly, properly*; (6) *metre*.

hátt-samr, a. *well-mannered*.

háttung, f. *danger, risk*.

há-tún, n. *high place*.

hávaða-maðr, m. *a noisy, self-assertive man*; **-mikill**, a. *boastful, self-assertive*; **-samr**, a. *boisterous*.

há-vaði, m. (1) *noise, tumult*; kveða e-t upp, segja e-t, í -vaða, *to proclaim loudly*; (2) *loud self-assertion*; (3) = hávaða-maðr.

há-vetr, m., **-vetri**, n. *midwinter* (þegar hávetri var liðit).

héðan, adv. (1) *hence, from this place*; (2) fyrir h. hafit, *on the hither side of the sea*; (3) *henceforth*; h. í frá, *hereafter*.

heðinn (dat. **heðni**), m. *jacket of fur or skin*; vefja (*or* veifa) heðni at höfði e-m, *to wrap a skin round one's head, to hoodwink one*.

heðra, adv. *here, hither*.

hefð, f. *prescriptive right* (með réttri ok löglegri hefð).

hefða (að), v. *to acquire a prescriptive right to* (h. sér e-t).

hefðar-maðr, m. *possessor, holder.*

hefill (pl. **heflar**), m. *a noose fastened to the edge of a sail to help in furling it*; láta síga (*or* hleypa segli) ór heflum, *to unfurl the sail.*

hefil-skapt, n. *a boat-hook to pull the sail down.*

hefja (**hef**; **hóf, hófum**; **hafiðr** and **hafinn**), v. (1) *to heave, raise, lift* (h. stein); hann hóf upp augu sín, *he lifted up his eyes*; h. sik á lopt, *to make a leap*; h. handa, *to lift the hands* (for defence); h. höfuðs, *to lift the head, be undaunted*; h. graut, *to lift the porridge, eat it with a spoon*; (2) *to exalt, raise in rank*; h. e-n til ríkis, *to raise one to the throne*; (3) *to begin*; h. mál sitt, *to begin one's speech*; h. ferð, *to set out on a journey, to start*; h. flokk, *to raise a party*; h. ákall, *to raise a claim*; impers., hefr e-t = hefr upp e-t, *it begins* (hér hefr Kristnisögu); refl., hefjast, *to begin, originate* (hvaðan af hefir hafizt skáldskapr?); (4) impers. *to be carried, drifted* (by storm or tide); hóf skipin öll saman (*all the ships were drifted*) inn at landinu; þeir létu h. skipin ofan forstreymis, *they let the ships drift down the stream*; (5) with preps., h. e-t af e-u, *to take it off*; impers., en er af henni hóf öngvit (acc.), *when she recovered from her swoon*; þá hóf af mér vámur allar, *all ailments left me*; refl., hefjast af höndum e-m, *to leave one*; h. á rás, *to take to one's feet* (= hafa á rás); refl., láta hefjast fyrir, *to retreat, withdraw*; h. munn sinn í sundr, *to open one's mouth*; impers., Birkibeina (acc.) hefr undan, *the B. drew back*; h. e-t upp, *to lift up* (hann hóf orminn upp á hendi sér); impers., hóf honum upp brýn (acc.), *his face brightened*; h. e-t upp, *to begin* (= hefja 3); Egill hóf upp kvæðit, *E. began his poem*; impers., hér hefr upp Konunga-bók, *here begins the K.*; refl., hefjast upp, *to begin* (hér hefjast upp landnám); hefjast upp til ófriðar (með ófriði), *to begin warfare*; láta hefjast við, *to lay to* (naut.).

hefla (að), v. *to furl the sail.*

hefna (-da, -dr), v. *to avenge, take vengeance*, with the thing and the person in gen., h. sára, *to avenge the wounds*, h. bróður síns, *to avenge one's brother*, h. sín, *to avenge oneself*; with dat. of the person, h. e-m, *to take vengeance on* (skulu við h. honum); with the thing in gen. and the person in dat.; áttu honum at h. frændaláts, *thou hast to avenge on him the death of a kinsman*; impers., e-m hefnir e-t, *one pays* (*suffers*) *for a thing* (svá hefndi honum þat mikla mikillæti); with preps., h. e-m fyrir e-t, h. e-s á e-m, *to avenge a thing on one*; refl., hefnast, *to avenge oneself* (= hefna sín); h. e-s, *to avenge a thing*; h. á e-m, *to avenge oneself on a person*; e-m hefnist e-t, *one has to pay* (*suffer*) *for*; hefnast mun honum víst, *the day of retribution will assuredly come to him.*

hefnd, f. *revenge, vengeance.*

hefnda-laust, adv. *without retribution or revenge.*

hefndar-dagr, m. *day of vengeance*; **-maðr**, m. *avenger.*

hefni-leið, f. '*way to vengeance*'; róa á -leið, *to set about taking vengeance*; -leit, f. *seeking for vengeance*; róa á -leit e-s, *to seek vengeance for*; **-samr**, a. *revengeful.*

hegat, adv. = hingat, higat.

hegða (að), v. *to arrange* (h. e-u).

hegðan, f. *conduct, behaviour.*

hégeitill, m. *flint.*

heggr (pl. **-ir**), m. *bird cherry.*

hegla (-di, -t), v. *to hail.*

hegna (-da, -dr), v. (1) *to hedge, protect*; (2) *to punish, chastise* (hegna ránsmenn, úsiðu).

hegnari, m. *chastiser.*

hegnd, f., **hegning**, f. *punishment, chastisement.*

hé-góma (að), v. *to speak falsely*; -góma á e-n, *to slander one.*

hégóma-dýrð, f. *vain-glory*; **-fullr**, a. *vain, vain-glorious*; **-maðr**, m. *charlatan, quack*; **-mál**, n. *vain speech*; gøra orð e-s at -máli, *to dis-*

regard one's words; **-nafn**, n. *empty name, sham name.*

hé-gómi, m. *falsehood, folly, nonsense*; segja -gómaá e-n, *to slander one.*

hégóm-ligr, a. *vain, false.*

hegri, m. *heron.*

heið, n. *bright* (*clear*) *sky* (veðr var bjart ok skein sól í heiði).

heiðar-brún, f. *edge of a heath.*

heiðar-lauss, a. *ignominious, dishonourable*; **-liga**, adv. *honourably*; **-ligr**, a. *honourable.*

heiðar-vegr, m. *road across a heath.*

heið-bjartr, a. *serene* (veðr -bjart).

heið-fé, n. *fee, stipend.*

heiðin-dómr, m. *heathendom.*

heiðingi (pl. -jar), m. (1) *heathen, gentile*; (2) *wolf* (poet.).

heiðingligr, a. *heathen.*

heiðinn, a. *heathen, pagan*; heiðnir menn, *heathens.*

heið-maðr, m. = málamaðr.

heiðnast (**að**), v. *to become heathen.*

heiðni, f. (1) *heathenism*; (2) *heathen country* (=heiðit land); (3) *the heathen age, the time of heathendom.*

heiðr, a. *bright, clear, cloudless*; h. himinn, *clear sky*; heiðar stjörnur, *bright stars.*

heiðr (gen. **heiðar**, dat. and acc. **heiði**; pl. **heiðar**), f. *heath, moor.*

heiðr (gen. **heiðrs**), m. *honour.*

heiðr (gen. **-ar**), m. *honour, worth.*

heiðra (**að**), v. *to honour.*

heið-ríkr, a. *cloudless, serene.*

heiðrs-maðr, m. *man of honour.*

heið-skírr, a. *bright, cloudless* (-skírt veðr); **-vanr**, a. *accustomed to the clear sky*; **-viðri**, n. *bright weather.*

heið-virðr, a. *honest, honourable.*

heila-bust, f. *crown of the head.*

heilag-leikr, m. *holiness*; **-liga**, adv. *holily*; **-ligr**, a. *holy.*

heilagr (acc. **helgan** (heilagan), pl. **helgir** (heilagir), &c.), a. (1) *holy*; (2) *inviolable, sacred.*

heilan, f. *healing.*

heil-brigði, f. *health*; **-brigðr**, a. *hale, healthy.*

heilendi, heilindi, n. *good health.*

heil-eygr, a. '*hale-eyed*', *having sound eyes*; **-fœttr**, a. '*hale-legged*'; **-hugaðliga**, adv. *sincerely*, = af heilumhuga; **-hugaðr**, a. '*whole-minded*', *sincere.*

heilhuga-friðr, m. *sincere peace*; **-ráð**, n. *sincere purpose.*

heil-hugi, m. *sincere person*; **-hugliga**, adv. *sincerely.*

heili, m. *brain*, = hjarni.

heili-vágr, m. *healing liquor, balm.*

heill, a. (1) *hale, sound*; illa h., *in ill health*; hann sagði at þar var vel heilt, *he said they were all well there*; kona eigi heil, *enceinte*; grœða e-n at heilu, *to heal one fully*; (2) *whole, healed*, in respect of wounds or illness, with gen. (verða h. sára sinna); er um heilt bezt at binda, *it is better to bind a hale than a hurt limb*; (3) *blessed, happy*; njótið heilir handa, '*bless your hands*', *well done*; kom heill! *welcome! hail!* far h., *farewell!* (4) *whole, entire*; h. hleifr, *a whole loaf*; sjau hundruð heil, *full seven hundred*; (5) *true, upright*; ráða e-m heilt, *to give one a wholesome* (*good*) *advice*; af heilum hug, af heilu, *sincerely*; heilt ráð, *wholesome advice*; heil kenning, *a useful, profitable lesson.*

heill, n. and f. *luck, omen, foreboding*; góðu (illu) heilli, *in a good* (*evil*) *hour*; mörg eru giptusamlig heill, *there are many good auspices*; fall er farar h., *a fall is a good omen*; hann bað þeim h. duga, *he wished them good speed*; heillum horfinn, *forsaken by luck*; ok var brugðit heillum sverðsins, *the spell of the sword was broken.*

heilla (**að**), v. *to enchant, spell-bind, bewitch*; heilluð ertu (*thou art infatuated*), ef þú ætlar, *etc.*

heilla-brigð, n. pl. *turn of luck*; **-drjúgr**, a. *fortunate, happy*; **-leysi**, n. *ill-luck*; **-maðr**, m. *lucky man*; **-ráð**, n. *good advice, wholesome counsel*; **-vænligr**, a. *hopeful, promising*; **-vænn**, a. *boding good luck, promising well.*

heil-leikr, m. (1) *health*; (2) *sincerity, uprightness*; **-liga**, adv. *fairly, candidly*; **-ligr**, a. *fair*; **-næmligr**, a. *wholesome*; **-ráðr**, a. *giving wholesome counsel*; **-ræði**, n. *wise* (*wholesome*) *counsel.*

heilsa (**að**), v. *to say hail to one, greet one* (= biðja e-n heilan vera), with dat.; h. á e-n = h. e-m.

heilsa, f. (1) *health*; (2) *restoration to health* (hann var feginn heilsu sinni); (3) *salvation.*

heil-samligr, a., **-samr**, a. *wholesome, salutary.*

heilsan, f. *salutation, greeting.*

heil-smíðliga, adv. *uprightly, fairly, properly.*

heilsu-bót, f. *improvement of health, recovery*; **-bragð**, n. *cure*; **-drykkr**, m. *healing draught*; **-far**, n. *state of health*; **-gjöf**, f. *cure, restoration to health*; **-lauss**, a. *in bad health*; **-lítill**, a. *in weak health*; **-ráð**, n. *means to recover one's health*; **-samligr**, a., **-samr**, a. *wholesome, salutary*; **-tapan**, f. *perdition.*

heil-und, f. *brain wound.*

heilundar-sár, n. = heilund.

heil-vita, a. indecl. '*hale-witted*', *of sound mind, sane.*

heim, adv. *home, homewards*; sœkja e-n h., *to visit one*; *to attack one.*

heima, n. *home* (ganga til síns h.); at h. mínu, *at my house*; eiga h., *to have one's home, to live* (Hallfreðr átti h. at Haukagili).

heima, adv. *at home, at, or in, one's own house* (halr er heima hverr); sitja h., *to remain at home.*

heima-ból, n. *homestead, manor*; **-bóndi**, m. *franklin or yeoman in a* -ból; **-brunnr**, m. *home-well*; **-dyrr**, f. pl. *entrance to a dwelling-house*; **-elskr**, a. *fond of staying at home*; **-fólk**, n. *home folk, household*; **-griðungr**, m. *a bull kept at home*; **-hús**, n. pl. *dwelling-houses*; **-kona**, f. *house-maid*; **-land**, n. *home estate*; **-lið**, n. = -fólk; **-maðr**, m. *one of the household, a servant* (=griðmaðr).

heiman, adv. *from home*; in some phrases the reference is to the marriage and dowry of women.

heiman-búnaðr, m. *preparation for a journey from home*; **-ferð**, f. *journey* (*voyage*) *from home*; **-fylgja**, f. *the dowry which the bride takes with her from home*; **-för**, f. = -ferð; **-förull**, a. *strolling from home*; **-gengt**, a. n., in the phrase, eiga lítt -gengt, *to have no time or opportunity to leave home.*

heima-prestr, m. *resident priest, parson*; **-seta**, f. *sitting at home*; **-sveit**, f. = -fólk; **-taða**, f. *the hay from the home-field*; **-vist**, f. *staying at home.*

heim-boð, n. *invitation, feast*; **-dragi**, m. *a stay-at-home*; hleypa -draganum, *to see the world.*

heimfarar-leyfi, n. = heimleyfi.

heim-ferð, f. (1) *going home, return home*; (2) *inroad into one's home*, = atför, heimsókn.

heimferðar-leyfi, n. = heimleyfi.

heim-fúss, a. *longing for home*; **-för**, f. = -ferð; **-ganga**, f. *going home*; **-gás**, f. *tame goose*; **-hamr**, m. *one's own skin.*

heimila (**að**), v. *to give a title or right to a thing* (heimilaði jarl þeim þat er þurfti at hafa).

heimild, f. *title, right.*

heimildar-maðr, m. *a man from whom a title is derived*; **-tak**, n. *taking proper possession or title* (-tak á skóginum).

heimilda-vandr, a. *fastidious in regard to title.*

heimili, n. *house, home, homestead* (eiga h. e-s staðar).

heimilis-fang, n. *domicile*; **-fastr**, a. *having a fixed homestead*; **-hús**, n. (1) *closet*; (2) *privy*; **-kviðr**, m. *home-verdict*; **-prestr**, m. *chaplain*; **-sök**, f. *a charge that can be brought home to one*; **-vist**, f. *permanent habitation*; vera -vistum með e-m, *to reside with one.*

heimill, a., e-m er e-t heimilt, *one has a right to, is free to have a thing*; heimill er matr þeim, er hafa þurfu, *the food is free to those who need it*; kvað honum heimilan sinn styrk, *his help should be at his disposal*; segir, at þat var skylt ok heimilt, *due and just*; eiga heimilt (at gera e-t), eiga e-t heimilt, *to have a right* (*to do a thing*), *to have at one's disposal*; láta e-m e-t heimilt, *to give one a right to, to place at one's disposal* (lét Þ. honum heimilan hest sinn).

heimis-garðr, m. *homestead*; **-haugr,** m. '*homestead-cairn*'; **-kviðr,** m. = heimiliskviðr.

heim-kváma, f. *return home*; **-kynni,** n. *home, household*; **-leiðis,** adv. *homewards* (fara -leiðis); **-leyfi,** n. *leave to go home*; **-ligr,** a. *worldly*.

heimoll, a. = heimill.

heimol-leikr, m. *intimacy*; **-liga,** adv. (1) *with full right to possession*; (2) *privately* (fá e-m e-t -liga); **-ligr,** adv. (1) *intimate*; (2) *private* (heimolligr klerkr).

heimr (-s, -ar), m. (1) *a place of abode, a region or world* (níu man ek heima); spyrja e-n í hvern heim, *to ask one freely*; (2) *this world* (segðu mér ór heimi, ek man ór helju); koma í heiminn, *to be born*; fara af heiminum, *to depart this life*; liggia milli heims ok heljar, *to lie between life and death*; (3) *the earth*; kringla heimsins, *the globe*.

heim-reið, f. (1) *ride home*; (2) *inroad, attack*.

heims-aldr, m. *age of the world*; **-álfa,** f. *quarter* (*part*) *of the world*; **-brestr,** m. *crash of the world*; **-bygð,** f. *the peopled world*.

heimska, f. *folly, nonsense*.

heimsk-liga, adv. *foolishly*; láta -liga, *to play the fool*; **-ligr,** a. *foolish, silly* (heimsklig orð).

heimskr, a. *foolish, silly*; verðr opt heitum h. maðr feginn, *fair words often make a fool's heart rejoice*.

heimsku-verk, n. *foolish deed*.

heims-liga, adv. = heimskliga.

heim-sókn, f. (1) *visit*; (2) *inroad, attack on one's home* (veita e-m -sókn).

heims-slit, n. pl. *the end of the world*; **-sól,** f. *the sun*; undir heimssólu, *on earth*.

heim-stöð, f. *homestead*.

heims-vist, f. *living, dwelling*; **-þriðjungr,** m. = -álfa.

heim-sœkja (see **sœkja**), v. *to visit*.

heimta (-mta, -mtr), v. (1) *to draw, pull*; h. upp akkeri, *to weigh anchor*; fig., h. sik fram með fégjöfum, *to make one's way by giving presents*; h. sik í vináttu við e-n, *to get on friendly terms with one*; h. nyt af fé, *to milk cattle*; (2) *to get back, recover, regain* (þóttust þeir hafa hann ór helju heimtan); esp., *to get home the sheep from the summer pastures*; (3) *to claim* (h. e-t at e-m); h. arf, skuld, toll, *to claim an inheritance, debt, toll*; h. vilmæli, *to claim the fulfilment of a promise*; h. e-n á tal við sik, *to ask for an interview with one*; (4) impers., e-n heimtir, *one longs* (slíks var ván, at þik mundi þangat h.); (5) refl., heimtast fram at aldri, *to advance in years*; h. saman, *to gather together, join* (heimtust brátt skip hans saman).

heimta, f. (1) *claim, demand* (of payment due to one); (2) esp. in pl. (heimtur) *bringing home sheep from the summer pastures* (verða h. góðar).

heimting, f. *claim, demand*.

heimull, a. = heimoll, heimill.

heim-ván, f. (1) *prospect of coming home*; (2) *prospect of salvation*.

hein, f. *hone, whetstone*.

heinar-smjör, -sufl, n. *the grease or liquor which mowers put on the whetstone*.

hein-berg, n. *hone-quarry*; **-brýni,** n. *hone, whetstone*.

heipt, f. (1) *feud, deadly war*; vinna e-m h., *to wage war against one*; deila heiptir, *to wage deadly feud*; (2) *deadly hatred, spite* (meirr af h. en ást); h. ok harðindi, *ill-will and tyranny*; hafa h. á e-m, *to hate*.

heiptar-blóð, n. *bloodshed*; **-fenginn,** a. *breathing hatred against one*; **-hugr,** m. *wrath, hatred* (hafa -hug á e-m); **-mál,** n., **-orð,** n. pl. *words breathing hatred*.

heipt-fenginn, a. = heiptarfenginn; **-gjarn,** a. *spiteful*; **-móðr,** a. *wrathful*; **-mögr,** m. *foeman, adversary*; **-rækr,** a. *vindictive, revengeful*; **-úð,** f. *deadly hatred, revengefulness*; **-yrði,** n. pl. *words of hatred*.

heit, n. (1) *solemn promise, vow*; efla (stofna, festa) heit, *to make a vow*; strengja e-s h., *to make a solemn vow*; (2) pl. *threats* (hann stóð undir heitum ok illyrðum).

heita (heit; hét, hétum; heitinn), v. (1) *to call, give a name to*; Grímni mik hétu, *they called me G.*; heitinn eptir e-m, *called* (*named*) *after one*; (2) *to call on one*; h. e-n á brott, *to call on one to be gone, bid one go* (heitit mik héðan); h. á e-n, *to exhort one* (in battle); *to invoke* (h. á hinn heilaga Ólaf); h. á e-n til e-s, *to invoke* (*appeal to*) *one for a thing* (hann hét á Þór til fulltings); (3) intrans., the pres. 'heiti' (not 'heit'), *to be hight, be called*; Óðinn ek nú heiti, *now I am called Odin*; Ólafr heiti ek, *my name is O.*; Úlfr hét maðr, *there was a man, whose name was U.*; bœr heitir á Bakka (at Búrfelli), *there is a farm called B.*; h. (*to be reckoned*) frjáls maðr, hvers manns níðingr; (4) with dat. *to promise* (h. e-m e-u); mantu, hverju þú hézt mér, *do you remember what you promised me?* h. e-m hörðu, *to threaten one*; Bárði var heitit meyjunni, *the maid was promised to B.*; (5) refl., heitast, *to vow, plight one's faith* (þeir hétust reka Hákon ór landi); h. e-m, *to vow one's person to one* (h. hinum heilaga Ólafi konungi); *to be betrothed to one.*

heita (**heitta**, **heittr**), v. (1) *to heat* (h. spjót í eldi); (2) *to brew* (h. mungát, h. öl).

heita, f. *brewing* (cf. ölheita).

heitan, f. *threatening.*

heitanar-orð, n. pl. *menaces.*

heitast (**að**), v. refl. *to make threats, to speak threateningly* (aldrei heitaðist hann við úvini sína); h. til e-s, *to use threats to obtain a thing*; h. at gera e-t, *to threaten to do a thing.*

heit-bundinn, pp. *bound by a vow* (í e-u við e-n); **-fastr**, a. *true to one's word*; **-fengi**, f. *the being* -fengr; **-fengr**, a. *able to eat one's food burning hot*; **-fé**, n. *votive money*; **-guð**, m. *a god to whom one makes a vow.*

heiti, n. *name, denomination.*

heitingar, f. pl. *threats, imprecations* (h. ok hrakning).

heit-kona, f. *one's promised spouse*; **-orð**, n. *promise* (*of marriage*).

heitr. a. (1) *hot, burning*; eldi heitari, *hotter than fire*; e-m verðr heitt, *one gets warm*; (2) *hot, ardent, zealous* (verða h. við e-t).

heit-ramr, a. *boasting, braggart.*

heit-rof, n. *breach of faith*; **-rofi**, m. *promise-breaker.*

heitsi, a., verða e-s h., *to engage oneself to a thing.*

heit-strenging, f. *making a solemn vow*; **-strengja** (**-da**, **-dr**), v. *to vow solemnly* (= strengja e-s heit); **-söngr**, m. *votive song.*

heitu-hús, n. *brew-house*; **-ketill**, m. *boiler*; **-maðr**, m. *brewer.*

hekla, f. *cowled or hooded frock.*

hel (gen. **heljar**, dat. **helju**), f. (1) *Hel* (*the goddess of death*); blár sem h., *black as Hel*; (2) *abode of the dead* (gráta Baldr ór helju); leysa höfuð sitt ór helju, *to save oneself from death*; rasa í helina opna, *to rush into open death*; liggja á heljar þremi, *to be on the verge of death*; (3) *death* (þykkir ekki betra líf en hel); berja e-n grjóti í hel, *to stone one to death.*

héla, f. *hoar frost, rime.*

héla (**héldi**, **héldr**), v. *to cover with rime*; *to fall as rime.*

hel-blár, a. *black as death.*

heldr, adv. compar. (1) *more, rather*; h. en, *rather than, more than* (vápn þeirra bitu eigi h. en vendir); (2) at h., *any the more*; also, *all the more* (at h. tveimr, at ek mynda gjarna veita yðr öllum); at heldr þótt, *even although*; (3) *rather* (nú vartu h. til skjótr, en ek h. til seinn); var brúðrin döpur h., *the bride was rather sad*; (4) after a negative, *but, on the contrary.*

heldri, a. compar. *better*; **helztr**, a. superl. *best*; í heldra lagi, *in a high degree*; þykkir mönnum sá helztr kostr, *the best choice.*

hel-fúss, a. *murderous* (-fús hönd); **-för**, f. *death.*

helga (**að**), v. (1) h. sér land, *to appropriate land* by performing some sacred rites; (2) *to hallow to one* (hét hann at helga Þór allt landnám sitt); (3) h. þing, *to proclaim the sanctity of a meeting*; h. e-n, *to proclaim a person inviolable*; (4) refl., helgast, *to be sanctified.*

hel-galdr, m. *death-dirge.*

helgan, f. (1) *sanctification, sanctity*; (2) *sacrament.*

helgar-friðr, m. *holiday-truce.*

helgi, f. (1) *holiness, sanctity* (h. Ólafs konungs); (2) *inviolability, security*.

helgi-brigði, n. *Sabbath-breaking*; **-hald**, n. *holiday-keeping*; **-staðr**, m. *holy place*.

helgr (gen. **helgar**, dat. and acc. **helgi**; pl. **helgar**), f. *holiday, festival*; hringja til helgar, *to ring for a festival*.

hel-gráðr, m. *voracity betokening death*; **-grindr**, f. pl. *Hel's gate*.

heljar-karl, m., **-maðr**, m. (1) *accursed fellow*; (2) *one doomed to die*; **-skinn**, n. *a dark-skinned person*.

hella, f. *flat stone, slab of rock*.

hella (**-ta, -t**), v. *to pour out* (h. e-u); var hellt í þik mjólk, *milk was poured into thy mouth*; h. út blóði, tárum, *to shed blood, tears*.

hellir (gen. **hellis**, dat. and acc. **helli**; pl. **hellar**), m. *cave, cavern*.

hellis-berg, n. *cavernous rock*; **-dyrr**, f. pl. *door* (*entrance*) *of a cave*; **-maðr**, m. *cave-dweller, outlaw*; **-munni**, m. *mouth of a cave*; **-skúti**, m. *jutting cave*.

hellna-grjót, n. *flat stones, slabs*.

hellu-steinn, m. *flat stone, slab*.

helma, f. *haulm, straw*.

helming, f. = helmingr.

helminga (**að**), v. *to halve*.

helminga-skipti, n. *division in two equal portions*.

helmingr (**-s, -ar**), m. *half*; at helmingi, *by half*; skipta í helminga, *to share in two equal portions*.

helmings-félag, n. *joint company* (with equal shares).

helsi, n. *collar*, esp. for a dog.

hel-skór, m. pl. *shoes for the dead*; **-stafir**, m. pl. *baneful characters*; **-stríð**, n. *agony*.

heltast (**t**), v. refl. *to become lame*.

helti, f. *lameness*.

hélu-fall, n. *fall of rime*; **-kaldr**, a. *rime-cold*; **-þoka**, f. *rime-fog, mist*.

hel-vegr, m. *the way to Hel*; **-víti**, n. *hell, the abode of the damned*.

helvítis-kvalir, f. pl. *torments of hell*; **-maðr**, m. *a man doomed to hell*.

helvízkr, a. *hellish, infernal*.

helzt, adv. superl. (cf. 'heldr'), *most of all, especially* (hefi ek þat helzt í hug mér).

helzti, adv. *far too* (= helzt til); **h.** lengi, *far too long*.

helztr, a. superl., see 'heldri'.

hemingr, m. *the skin of the shanks*.

henda (**henda, hendr**), v. (1) *to catch with the hand* (hann kastaði heininni í lopt upp, en allir vildu h.); *to pick out or up* (hann safnar mönnum til at h. svínin); h. e-t augum, *to catch with the eyes*; h. til smátt ok stórt, *to pick up small and great alike, look closely after*; h. gaman (skemtan) at e-u, *to take a delight in* (hann hendi skemtan at sögum ok kvæðum); h. sakir á e-m, *to pick up charges against one*; (2) *to touch, concern one* (tíðendi þau, er bæði okkr henda); (3) *to befall, happen to one*; þá hafði hent glœpska mikil, *they had committed a great folly*; hann kvað þat dugandi menn h. (*it happened to brave men*) at falla í bardögum.

hendi-langr, a. *helpful, ready to help* (vera e-m -langr um e-t).

hending (pl. **-ar**), f. (1) *catching*; var í hendingum með þeim, *they were near coming to close quarters*; (2) *rhyme or assonance*; *rhyming or assonating syllable*.

hendingar-orð, n. *rhyming syllable*.

hendi-samr, a. *picking, thievish*.

hengi-skafl, m. *jutting heap of snow*.

hengja (**-da, -dr**), v. *to hang up, suspend*; *to hang on a gallows*; h. sik, *to hang oneself*.

henta (**-nti, -nt**, or **að**), v. *to fit, be suitable for* (sárum mönnum hentir betr mjólk en mungát); eigi hentir svá, *it will not do that way*.

henti-ligr, a. *befitting*, = hentr.

hent-leikr, m. *opportunity*.

hentr, a. *fit, suited for one*; er slíkum mönnum bezt hent þar, *there is the right place for such men*.

hentug-leikr, m. = hentleikr.

hentugr, a. *befitting, convenient*.

heppi-fengr, a. *making a good catch*.

heppinn, a. *lucky, fortunate*.

hepta (**-pta, -ptr**), v. (1) *to bind, fetter*; h. hross, hest, *to hobble a horse*; (2) *to impede, hinder* (illt er flýjanda at h.); h. sik, *to restrain oneself, forbear*; refl. *to be thwarted* (heptist ferð þeirra).

hepti, n. *haft* (of a dirk).

hepting, f. *tether*; *impediment.*

hepti-sax, n. *a kind of dagger.*

hér, adv. (1) *here*; á landi h., *in this country*; h. ok hvar, *here and there*; (2) *here, hither* (margir þeir er h. koma); (3) with preps., h. af, *here from, from this*; h. eptir, *hereafter, according to this*; h. fyrir, *for this, therefore*; h. til, *hereto*; h. um, *in this, as regards this.*

herað, n. (1) *district*; (2) *country*, opp. to 'bœr' (*town*).

heraðs-bóndi, m. *franklin*; **-bót**, f. *bettering the affairs of a district*; **-brestr**, m. *a crash that can be heard all over the district*; **-bygð**, f. *a district and its people*; **-deild**, f. *district quarrel*; **-fleygr**, a. *quickly known over a district*; **-flótti**, m. *flight or exile from a district*; **-fundr**, m. *district meeting*; **-íseta**, f. = -vist; **-kirkja**, f. *parish church*; **-konungr**, m. *kinglet*; **-ríkr**, a. *of influence in one's district*; **-sekr**, a. *outlawed within a district*; **-sekt**, f. *outlawry within a district*; **-stjórn**, f. *district government*; **-vist**, f. *abiding within a certain district*; **-vært**, a. n., eiga -vært, *to be at liberty to reside within a district*; **-þing**, n. *district assembly* (in contrast to the 'alþingi').

herað-vært, a. n. = heraðs-vært.

her-baldr, m. poet., *warrior.*

her-bergi, n. (1) *room*; (2) *lodgings, quarters* (var þeim vísat fyrst í gestahús til herbergis).

herbergis-maðr, m., **-sveinn**, m. *groom of the chamber.*

herbergja (-ða, -ðr), v. (1) *to harbour* (a person); (2) *to lodge, take up one's quarters* (= h. sik).

her-blástr, m. *blast of trumpets*; **-boð**, n. *war summons*; **-brestr**, m. *explosion*; **-búðir**, f. pl. *camp*; **-búinn**, pp. *armed*; **-búnaðr**, m. *armament.*

herða (-rða, -rðr), v. (1) *to make hard, temper* (h. járn, sverð); (2) *to press, clench*; h. hendr (knúa) at e-u, *to clench with the hands* (*fists*); fig., h. atgöngu, *to make the attack harder*; (3) *to make firm, exhort*; h. huginn, h. sik, *to take heart, exert oneself*; (4) absol. *to follow closely, pursue vigorously* (Birkibeinar herðu eptir þeim); h. áfram, *to push on*; h. at (e-m), *to press hard* (*upon one*); (5) impers. *to become hard*; veðr (acc.) herði, *it blew up a gale*; herði seglit, *the sail was strained hard* (by the gale); (6) refl. *to take heart* (bað konungr menn vel við herðast).

herða, f. (1) *tempering* (of steel), *steeling*; (2) *hardness, severity.*

herða-drengr, m. *hump on the back* (cf. 'herðar'); **-lítill**, a. *narrow-shouldered*; **-munr**, m. *superiority, superior force.*

herðar, f. pl. *shoulders, the upper part of the back.*

herðar-blað, n. *shoulder blade.*

herða-sár, n. *a wound over the shoulders*; **-toppr**, m. *shoulder tuft* (of a horse's mane).

herði, f. *hardness, hardihood.*

herði-breiðr, a. *broad-shouldered*; **-lítill**, a. = herðalítill; **-lútr**, a. *with stooping shoulders.*

herði-maðr, m. *hardy man.*

herði-mikill. a. = -breiðr; **-þykkr**, a. *thick-shouldered.*

herðu-góðr, a. *well tempered* (øx herðugóð ok snarpegg).

her-draga (see **draga**), v. *to drag violently* (at grípa, slá, eða h.).

her-fang, n. *booty* (taka fé e-s at -fangi); **-fenginn**, pp. *captured, taken by force*; **-ferð**, f. (1) *warfare, military expedition*; (2) *host.*

herfi, n. *harrow.*

herfi-liga, adv. *wretchedly*; **-ligr**, a. *wretched.*

her-fjöturr, m. '*war-fetter*'; **-flokkr**, m. *body of warriors*; **-fólk**, n. *men of war*; **-fórur**, f. pl. *harness*; **-fœrr**, a. *able for war service*; **-för**, f. = -ferð (1); **-ganga**, f. *march*; **-gjarn**, a. *warlike*; **-glötuðr**, m. *destroyer of hosts*; **-hlaup**, n. *rushing to arms*; **-horn**, n. *war trumpet.*

heri, m. *hare*; hafa hera hjarta, *to be hare-hearted.*

herja (**að**), v. (1) *to go harrying or freebooting*; (2) with acc. *to harry, despoil, waste* (h. land); refl., herjast á, *to harry* (*wage war on*) *one another.*

herja-föðr, m. *father of hosts*, *Odin*.
Herjan, m. *Lord of hosts* (a name of Odin).
herjans-kerling, f. *hag*; **-sonr**, m. '*devil's limb*', *wretch*.
her-kastali, m. *castle*, *stronghold*.
her-kerling, f., only in 'hver -kerling', *every old woman*.
herkja, v. *to drag oneself along*.
her-klukka, f. *alarm-bell*; **-klæða** (-dda, -ddr), v. *to clothe in armour*; refl., -klæðast, *to put on armour*; **-klæði**, n. pl. *armour*; **-konungr**, m. *warrior-king*; **-kumbl**, **-kuml**, n. *war token*, *arms* (on shields).
hér-kváma, f. *arrival*.
her-land, n. *harried land*; **-leiða** (-dda, -ddr), v. *to lead off into captivity*; **-leiðing**, f. *captivity*; **-leiðsla**, f. = -leiðing.
hér-lendr, **-lenzkr**, a. *domestic*, *native*, opp. to 'útlenzkr' (*foreign*).
her-lið, n. *war-people*, *troops*; **-ligr**, a. *martial-looking*; **-lúðr**, m. *war trumpet* (þeyta h.).
herma (-da, -dr), v. (1) *to relate*, *repeat*, *report* (h. orð e-s); (2) h. eptir e-m, *to imitate or mimic one*.
her-maðr, m. *man of war*, *warrior* (hann var mikill h.).
hermann-liga, adv. *gallantly*; **-ligr**, a. *gallant*, *martial*.
hermast (d), v. refl. *to wax wroth* (e-m hermist við e-n).
hermd, f. *vexation*, *anger*.
hermdar-fullr, a. *wrathful*; **-litr**, m. *colour of wrath*; **-orð**, n. pl. *angry words*; **-verk**, n. *deed of renown* (?); **-yrði**, n. pl. = -orð.
her-megir, m. pl. *warriors*.
hermi-kráka, f. *mimic*, *ape*.
hermi-liga, adv. *right angrily*.
herming, f. *indignation*, *wrath*.
hermt, pp. n., e-m verðr h. við e-t, *to wax angry with a thing*.
hérna, adv. *here* (= hér).
hernaðar-fólk, n., **-menn**, m. pl. *plunderers*, *forayers*; **-ráð**, n. pl. *a planning for plunder*; **-sök**, f. *a case of raid*.
hernaðr (gen. -ar), m. (1) *harrying*, *plundering*; (2) *warfare*, *raid*, *foray* (hefja hernað, fara í hernað).
her-nema (see **nema**), v. *to capture*, *take by force*.
herneskja, f. *armour*.
her-numi, a., **-numinn**, pp. *captive*; **-óp**, n. *war-cry*, *war-whoop*.
herr (gen. **hers**, older **herjar**), m. (1) *crowd*, *great number* (fylgdi oss h. manna); með her manns, *with a host of men*; úvígr h., *overwhelming host*; (2) *army*, *troops* (on land and sea). Cf. 'allsherjar-'.
herra (indecl. in sing.; pl. **herrar**), m. *master*, *lord*.
herra (að), v. *to confer the title of* 'herra' *upon a person*.
herra-dómr, m., **-dœmi**, n. *lordship*; *dominion*; **-ligr**, a. *lordly*; **-maðr**, m. *lordly man*, *lord*, *knight*.
herramann-liga, adv. *in lordly manner*; **-ligr**, a. *lordly*.
herra-samligr, a. = herraligr.
her-saga, f. *war-news*.
hers-borinn, pp. *born of a* hersir.
hers-höfðingi, m. *commander of an army*; *general*.
hersir (-is, -ar), m. *a local chief or lord* (in Norway).
herskapar-búningr, m. *warlike equipment*; **-fœri**, n. *implement of war*.
her-skapr, m. *harrying*, *warfare*; **-skár**, a. (1) *warlike*, *martial*; (2) *exposed to raid or warfare*, *in a state of war* (landit var þá -skátt; í þann tíma var mjök -skátt); **-skip**, n. *war-ship*; **-skjöldr**, m. *war shield*; fara land -skildi, *to harry a land* (= herja land); **-skrúð**, n., **-skrúði**, m. *harness*; **-skrýddr**, pp. *clad in armour*; **-spori**, m. *caltrop*.
herstast (st), v. refl. *to speak harshly to one* (h. á e-n).
hersti-ligr, a. *harsh*.
her-stjóri, m. *commander*; **-stjórn**, f. *command of troops*.
herstr, a. *harsh*; mæla herst við e-n, *to speak harshly to one*.
her-taka (see **taka**), v. *to capture*; -taka konu, *to abduct a woman*; **-taka**, f. *captivity*; **-taki**, m. *captive*; **-tekja**, **-tekning**, f. = -taka.
hertoga-dómr, m. *leadership*; *dukedom*; **-dœmi**, n. *duchy*; **-nafn**, n. *title of a duke*.

her-togi, m. (1) *commander of troops*; (2) *duke*; **-váðir**, f. pl. *armour*; **-vápn**, n. pl. *weapons*; **-vegr**, m. *highway*; **-virki**, n. *ravaging*, *plundering*, *damage*.

hér-vist, f. *dwelling here*.

her-vígi, n. *ravage*, *man-slaughter*; **-víkingr**, m. *plunderer*, *pirate*; **-væða** (-dda, -ddr), v. = -klæða.

herzla, f. *tempering* (of steel).

her-þurft, f. *want of troops*; **-ör**, f. '*war-arrow*' (sent round as a token of war); skera upp -ör, *to summon a district to arms*.

hesli, n. *hazel-wood*; **-kylfa**, f. *hazel-club*; **-skógr**, m. *hazel-wood*; **-stöng**, f. *hazel-pole*; **-vöndr**, m. *hazel-wand*.

hespa, f. (1) *hasp*, *fastening*; (2) *skein* (of wool).

hesta-at, n. *horse-fight*; **-birgr**, a. *well provided with horses*; **-geldir**, m. *horse gelder*; **-geymsla**, f. *horse keeping*; **-gneggjan**, f. *neighing of horses*; **-gnýr**, m. *noise* (*din*) *of horsemen*; **-járn**, n. pl. *horse-shoes*; **-keyrsla**, f. *driving the horses on*, in a horse-fight; **-kostr**, m. *supply of horses* (hafa lítinn -kost); **-lið**, n. *horsemen*; **-maðr**, m. = -sveinn; **-skipti**, n. *change of horses*; **-stafr**, m. *horse staff* (used in a horse-fight); **-stallr**, m. = hest-hús; **-sveinn**, m. *horse boy*, *groom*; **-vað**, n. *horse ford*; **-víg**, n. *horse-fight*; **-þing**, n. *a meeting for a public horse-fight*.

hest-bak, n. *horse-back*; **-bein**, n. *horse bone*; **-birgr**, a. = hestabirgr; **-brynja**, f. *armour for a war-horse*; **-búnaðr**, m. *horse-gear*; **-fœrr**, a. *able to ride*; **-gangr**, m. *set of horse-shoes*; **-gjöf**, f. *gift of a horse*; **-hús**, n. *horse-stall*, *stable*; **-klárr**, m. *hack*; **-lán**, n. *loan of a horse*; **-lauss**, a. *without a horse*.

hestr (-s, -ar), m. (1) *stallion* (hestar þrír ok merhross eitt); (2) *horse*.

hest-skeið, n. *race-course*; **-skór**, m. *horse-shoe*; **-tönn**, f. *horse's tooth*; **-verð**, n. *horse's worth*; **-víg**, n. = hesta-víg; **-vörðr**, m. *mounted guard* (halda hestvörð).

hetja, f. *hero*, *dauntless man*.

hetju-skapr, m. *courage*, *valour*.

hetta, f. (1) *hood*; (2) a kind of *cape*.

hey (dat. **heyi** or **heyvi**), n. *hay*; hirða h., *to get in hay*; pl. *stores of hay* (hann hefir rænt mik öllum heyjum).

hey-annir, f. pl. *hay-making time*, *haying season*; **-björg**, f. *stores of hay* (varð all-lítil -björg manna); **-des**, f. *hay-rick*; **-fang**, n. *produce of hay*; **-fátt**, a. n., var -fátt, *there was little hay*; **-garðr**, m. *stack-yard*.

heygja (-ða, -ðr), v. *to bury in a how* (haugr), = haugfœra.

hey-gjöf, f. *giving hay* (to horses or cows); **-hjálmr**, m. *hay-rick*; **-hlass**, n. *load of hay*.

heyja (hey, **háða**, **háiðr**), v. (1) *to hold*, *conduct* (h. þing, dóm); h. gleði, *to indulge in mirth*; h. sér orðfjölda, *to acquire a store of words*; (2) h. orrostu, bardaga, hólmgöngu, *to fight a battle or duel* (hann hafði margar orrostur háðar); refl., heyjast við (*viz.* bardaga), *to fight*, *bandy words* (þeir háðust þar við um stund).

heykjast (t), v. refl. *to bend*, *cower down* (h. niðr).

hey-kleggi, m. = -des; **-kostr**, m. *stores of hay*; **-lauss**, a. *short of hay*; **-leiga**, f. *rent paid in hay*; **-leysi**, n. *failure in hay*; **-lítill**, a. *short of hay*; var -lítit, *there was little hay*.

heyra (-ða, -ðr), v. (1) *to hear*; hann heyrir þat, er gras grœr á jörðu, *he hears the grass grow*; h. illa, *to be hard of hearing*; h. e-t til e-s, *to hear* (*a sound*) *from one*; hefir hvárki heyrt til hans styn né hósta, *neither groan nor cough has been heard from him*; heyrir blástr (acc.) hans í alla heima, *when he blows, it can be heard in all the worlds*; (2) *to listen to*, *give ear to*; h. bœn e-s, *to listen to* (*to grant*) *one's prayer*; h. á e-t, *to listen to* (= hlýða á e-t); (3) h. til e-s *or* h. e-m til, *to belong to*, *concern* (þetta mál, er heyrir til dóttur þinnar); þat er til mín heyrir, *as far as I am concerned*; (4) with dat. *to behove* (mér heyrir eigi at þegja við yðr); (5) refl., e-m heyrist e-t, *one thinks he hears*; þá heyrðist þeim öllum sem sveinninn kvæði þetta, *they all thought they heard the boy say this* (*verse*).

heyrandi (pl. -endr), m. *hearer*; í heyranda (gen. pl.) hljóði, *in the hearing of all, in public.*

heyrðr, pp. (1) *able to hear* (h. vel); (2) *listened to, paid heed to, esteemed* (biskup vel heyrðr).

heyri-ligr, a. *becoming*; mér er -ligt at, *it is incumbent on me to.*

heyrin-kunnigr, -kunnr, a. *well known, known to all.*

heyrn, f. *hearing*; í h. e-m, *in one's hearing*; sumt ritaði hann eptir sjálfs síns h., *from what he heard himself.*

heyrum-kunnr, a. = heyrin-kunnr.

hey-sala, f. *sale of hay*; **-stál**, n. *the middle of a hay-stack*; **-taka**, f. *plunder of hay*; **-teigr**, m. *strip of a hay-field*; **-tjúga**, f. *pitchfork*; **-verð**, n. *payment for hay*; **-verk**, n. *haymaking*; **-vöndull**, m. *wisp of hay*; **-þrot**, n. *want of hay*; **-þrota**, a. indecl. *short of hay*; **-önn**, f. = -annir.

hifna-, = himna-.

higat, adv. = hingat.

hildi-leikr, m. *game of war, battle* (poet.); **-meiðr**, m. *warrior* (poet.).

hildingr (-s, -ar), m. *chief, hero.*

hildr (gen. **hildar**, dat. and acc. **hildi**), f. *battle* (poet.); vekja hildi, *to wage war, to fight.*

hilmir (gen. **-is**), m. *chief, prince.*

himbrin, n. *great northern diver.*

himin-bora, f. = -rauf; **-fastr**, a. *fixed in heaven* (of stars); **-geisli**, m. *heavenly beam*; **-jöðurr**, m. *the rim of heaven*; **-lopt**, n. *the vault of heaven.*

himinn (gen. **himins**, dat. **himni**; pl. **himnar**), m. *heaven*; undir berum himni, *in the open air.*

himin-raufar, f. pl. *the windows of heaven*; **-ríki**, n. *kingdom of heaven*; **-skaut**, n. *quarter of heaven*; **-tungl**, n. *heavenly body*; **-vangr**, m. *field of heaven* (á -vanga).

himna-brauð, n. *bread of heaven, manna*; **-dróttinn**, m. *king of heaven*; **-fagnaðr**, m. *heavenly joy*; **-mjöl**, n. *flour of heaven, manna*; **-ríki**, n. *kingdom of heaven*; **-vald**, n. *heavenly power*; **-vist**, f. *abode in heaven.*

himneskr, a. *heavenly.*

hind, f. *hind* (female of 'hjörtr').

hindra (**að**), v. (1) *to keep behind, hinder*; (2) *to loiter, linger*; h. eptir e-u, *to loiter about a thing*; (3) impers., e-n hindrar e-t, *one wants or lacks a thing.*

hindri, a. compar. (rare), hindra dags, *the next day.*

hindr-vitni, f. *idolatry, superstition.*

hingat, adv. *hither*; **-burðr**, m. *the birth of Christ*; **-ferð, -för**, f. *journey hither*; **-kváma**, f. *coming hither, arrival.*

hinka (**að**), v. *to limp, hobble.*

hinkr, n. *loitering, delay.*

hinn (**hin, hitt**), dem. pron. (1) *the other*; á hinn fótinn, *on the other leg*; pl. *the others, the rest* (Kimbi bar sár sín engan mun betr en hinir); (2) emphatically, *that*; hitt ek hugða, *that was what I thought*; hitt vil ek vita, *that I want to know.*

hinn (**hin, hit**), def. art., before an adjective standing alone or followed by a substantive, *the*, = inn, enn (eptir hinni eystri kvísl).

hinna, f. *film, membrane.*

hinnig (= **hinneg, hinnog**), adv. (1) *there, in the other place*, opp. to 'hér'; (2) *the other way* (= hinn veg); (3) *thus, so*; (4) *the other day, formerly*; (5) *hither.*

hinztr (**hinnstr**), a. superl. *hindmost, last*; hinzta sinni, *for the last time*; h. fundr, *the last meeting.*

hirð, f. *a king's or earl's bodyguard*; *the king's men* (hann hefir ok h. um sik sem konungr).

hirða (-rða, -rðr), v. (1) *to keep in a box or chest* (Ásgerðr hirði slœðurnar, þar sem áðr vóru); (2) h. hey, *to gather in hay*; (3) *to hide, conceal*; (4) *to mind, care for* (aldregi hirði ek þat); h. eigi um e-t, *not to care about* (þeir hirðu ekki um líf sitt); hirð eigi, hirðit eigi, *do not seek* (hirð eigi þú at hopa á hæl!).

hirð-biskup, m. *king's bishop*; **-bróðir**, m. *comrade among king's men*; **-búnaðr**, m. *apparel for king's men.*

hirðir (-is, -ar), m. *herdsman, shepherd*; *pastor.*

hirð-lið, n. *the king's troops*; **-ligr**, a. *belonging to the king's men, courtly*

(-lig málsnild); **-lög**, n. pl. *laws and statutes of the king's men, their community or fellowship* (taka e-n í -lög); **-maðr**, m. *king's man.*

hirðmanna-lúðr, m. *a trumpet belonging to the king's men*; **-stefna**, f. *a hustings of king's men.*

hirð-mær, f. *court lady*; **-prestr**, m. *king's chaplain*; **-prúðr**, a. *courteous*; **-prýði**, f. *royal pomp*; **-siðir**, m. pl. *the customs of the king's men*; **-stefna**, f. *meeting of the king's men*; **-stjóri**, m. *the captain of the king's men*; **-stjórn**, f. *the dignity of a*-stjóri; **-stofa**, f. *king's hall*; **-sveit**, f. *the host of king's men*; **-vist**, f. *the position of a king's man.*

hirðu-leysa, f. *carelessness, neglect.*

hirsi, n. *millet.*

hirta (-rta, -rtr), v. *to chastise.*

hirting, f. *chastisement.*

hirtingar-lauss, a. *unchastised*; **-leysi**, n. *want of chastisement*; **-orð**, n. pl. *severe words*; **-samr**, a. *severe.*

hirzla, f. (1) *keeping*; (2) *box, chest.*

hita, f. *heating, heat.*

hiti, m. *heat, warmth.*

hitna (að), v. *to become hot*; impers., e-m hitnar, *one gets hot (warm).*

hitta (-tta, -ttr), v. (1) *to hit upon, meet with one*; h. ráð, *to hit upon a device*; h. leiðina, *to find one's way*; absol., h. inn í váginn, *to find the way into the bay*; sjaldan hittir leiðr í lið, *an unwelcome guest always misses the feast*; h. í vandræði, *to get into scrapes*; h. á e-t, *to hit upon* (hitti hann þar á Þórolf); (2) *to hit, strike* (spjótit hitti í brjóst hestsins); (3) *to visit, call on, see* (fóru þá margir menn at h. Hákon konung); (4) refl., hittast, *to meet one another*; hann bað þá vel fara ok heila h. (*meet again safe and sound*).

hitu-eldr, m. *a fire for heating (brewing)*; **-hús**, n. *brew-house*; **-ketill**, m. *boiler.*

hixta (-xta, -xt), v. *to hiccough*; *to sob*; meðan í önd hixti, *while the breath rattled in his throat.*

hixti, m. *hiccough*; *sobbing.*

hí-býli, n. see 'hý-býli'.

híð, n. *lair, den*, esp. of a bear.

híð-björn, m. *common bear.*

hít, f. *skin-bag.*

hjal, n. *chatter, talk.*

hjala (að), v. *to chatter, talk* (h. við e-n); hjalast við, *to talk together.*

hjaldr (-rs), m. *fight, battle* (poet.).

hjal-drjúgt, a. n. *talkative, chattering*; þeim verðr -drjúgt, *they have much to say.*

hjalli, m. *ledge in a mountain side.*

hjallr, m. (1) *scaffold, frame of timber*; (2) *shed* (for drying fish).

hjals-kona, f. *female friend.*

hjalt, n. (1) *the boss or knob* at the end of a sword-hilt (eptra, efra hjaltit); (2) *the guard* between the hilt and blade (fremra hjaltit).

Hjalt-land, n. *Shetland*; **-lendingr** (-s, -ar), m. *Shetlander*; **-lenzkr**, **-neskr**, a. *from Shetland.*

hjara, f. *hinge*, = hjarri.

hjarðar-sveinn, m. = hjarð-sveinn.

hjarð-hundr, m. *shepherd's dog*; **-reki**, m. = -sveinn; **-rækr**, a. *able to drive a drove*; **-sveinn**, m. *shepherd boy*; **-tík**, f. *shepherd's dog.*

hjarn, n. *hard frozen snow.*

hjarna (að), v. *to revive, recover strength* (h. við).

hjarni, m. *brain*, = heili.

hjarn-skál, m. *brain pan, skull.*

hjarri, m. *hinge.*

hjarsi, m. *the crown of the head.*

hjarta (pl. **hjörtu**, gen. **hjartna**), n. (1) *heart*; (2) *mind, feeling.*

hjarta-blauðr, a. *cowardly*; **-blóð**, n. *heart's blood*; **-góðr**, a. *kind-hearted*; **-ligr**, a. *hearty*; **-prúðr**, a. *stout-hearted, generous*; **-prýði**, f. *stoutness of heart, courage*; **-ragr**, a. = -blauðr; **-rœtr**, f. pl. *heart-strings*; **-sár**, n. *heart wound*; **-tregi**, m. *heart-ache.*

hjart-blóð, n. = hjarta-blóð; **-fólginn**, pp. *heart-felt, cherished in the heart*; **-mörr**, m. *the fat about the heart*; **-næmr**, a. *heart-touching*; **-sári**, a. *heart-sore, broken-hearted.*

hjart-skinn, n. *deer-skin* (hjartskinns glófar).

hjassi, m. see 'hjarsi'.

hjassi, m. *a fabulous beast.*

hjá, prep. with dat. (1) *by, near*;

liggja (sitja) h. e-m, *to lie (sit) by one*; sofa (hvíla) hjá e-m, *to sleep with one*; h. durunum, *near (close to) the door*; (2) *by, with*; vera h. e-m, *to stay with one*; vera í gistingu h. e-m, *to lodge with one*; maðr einn var eptir h. honum, *was left with him*; (3) *present*; svá at Flosi var h., *in the presence of F.*; (4) *past, by*; fara, ganga h. e-m, *to go by, pass one* (mánaði síðarr fóru þeir h. mér kátir); farast h., *to pass by one another*; fara h. sér, *to go beside oneself*; fram h. Knafahólum, *past K.*; þeir riðu h. fram, *they rode by*; (5) *in comparison with (to)*; höfðu þeir fátt kvikfjár h. því sem þurfti, *they had few live stock in comparison with what was needed.*

hjá-bú, n. *out-lying estate*; **-hvíla**, f. *concubinage*; **-kona**, f. *concubine*; **-leikr**, m. *trick.*

hjálmaðr, pp. *helmed.*

hjálm-barð, n. *helmet-rim*; **-bönd**, n. pl. *helmet strings*; **-drótt**, f. *helmed host, war host*; **-gjörð**, f. *rim of a helmet*; **-höttr**, m. *helmet-hood* (a kind of cowl put over the helmet); **-laukr**, m. *a kind of leek, garlic.*

hjálmr (-s, -ar), m. (1) *helm, helmet*; (2) *rick (of hay or barley).*

hjálm-stafr, m. *warrior* (poet.); **-stofn**, m. *the head*; **-vitr**, f. *'helm-wight', Valkyrie.*

hjálmun-völr, hjálm-völr, m. *tiller of a helm.*

hjálp (-ar, -ir), f. *help.*

hjálpa (help; halp *or* **hjalp, hulpum; hólpinn)**, v. (1) *to help* (h. e-m); h. e-m við = h. e-m; (2) *to save* (h. lífi sínu); refl. *to be saved* (þá munu vér hjálpast allir saman).

hjálpa (að), v. = prec.

hjálpar-gata, f. *a way to help.*

hjálpari, m. *helper, saviour.*

hjálpar-lauss, a. *helpless*; **-maðr**, m. (1) *helper*; (2) *one saved*; ek mun vera -maðr, ef, *I shall be saved, if*; **-ráð**, n. *helping advice.*

hjálp-lauss, a. *helpless*; **-leysi**, n. *helplessness*; **-ráð, -ræði**, n. *helping advice*; *help, means of saving*; **-samligr**, a. *helpful, salutary*; **-semd**, f. *help, salvation*; **-vænligr**, a. *promising help, likely to help, salutary*; **-vænn**, a. = -vænligr.

hjá-máll, a. *refractory, obstinate*; **-staða**, f. *assistance*; **-stigr**, m. *by-path*; **-tœkr**, a. *missing one's hold*; **-vera, -vist**, f. *presence.*

hjól, n. *wheel* (vagnar á hjólum); brjóta á hjóli, *to break (a person) on the wheel.*

hjól-vagn, m. *cart on wheels.*

hjón *or* **hjún**, n. (1) *one of the household* (griðkona var hit þriðja h.); (2) pl. *married couple, man and wife* (Höskuldr bað hana vinna þeim hjónum); (3) *domestic, servant* (ef þú sýnir skilríki, at hann sé þitt h. = þinn vinnumaðr); rézt hann þar at hjóni, *he took service there.*

hjóna, n. = hjón (rare).

hjóna-band, n. *matrimony*; **-lið**, n. *domestic servants*; **-ligr**, a. *connubial*; **-skilnaðr**, m. *divorce*; **-tak**, n. *hiring of servants*; **-val**, n. *choice of servants* (eigi hefik dyggt h.).

hjón-margr, a., hafa -margt, *to have many servants.*

hjú (pl. hjú, dat. **hjúm)**, n. = hjón, hjún; (1) þeir ráku hann í stofu ok hjú hans öll, *and all his household-people*; (2) hjú gørðu hvílu, *man and wife went to rest*; (3) hann reið heim á Laugaland ok réð sér hjú, *and engaged servants.*

hjúfra (að), v. *to weep.*

hjúka (að), v. *to nurse* a sick person (h. e-m, h. at *or* við e-m); refl., *to recover strength* (hón hjúkast lítt við þessa fœðu).

hjúkan, f. *nursing* (of a sick person).

hjú-kólfr, m. *convivial meeting.*

hjún, n. = hjón.

hjúpa (að), v. *to shroud* (a corpse).

hjúpr, m. a kind of *doublet.*

hjúskapar-band, n. *bond of matrimony*; **-far**, n. *cohabitation*; **-mál**, n. *a case referring to marriage*; **-ráð**, n. pl. *the contracting of matrimony*; **-samlag**, n. *wedlock.*

hjú-skapr, m. *matrimony.*

hjölp (gen. hjalpar), f. = hjálp.

hjörð (gen. hjarðar, dat. **hjörðu**; pl. **hjarðir)**, f. *herd, flock.*

hjör-drótt, f. *sword-company*;

-**leikr,** m. '*sword-play*', *fight*; -**lögr,** m. '*sword-liquid*', *blood* (poet.).

hjörr (gen. **hjarar** and **hjörs,** dat. **hjörvi**), m. *sword*.

hjör-stefna, f. '*sword-meeting*', *battle*, *fight* (poet.).

hjörtr (gen. **hjartar,** dat. **hirti**; pl. **hirtir,** acc. **hjörtu**), m. *hart*, *stag*.

hjör-undaðr, pp. *wounded by a sword*; -**þing,** n. = -stefna.

hlað, n. (1) *pile*, *stack*; (2) *pavement* (in front of a homestead); (3) *border*, *lace-work*; feldr búinn hlöðum, *a laced cloak*.

hlaða (**hleð**; **hlóð, hlóðum**; **hlaðinn**), v. (1) *to pile up* (h. korni í hjálma); h. grjóti (hellum) at höfði öðrum, *to be present at another's burial*, *to survive*; (2) *to build*, with acc. (h. vegg, vörðu); (3) *to load*, esp. *lade a ship* (h. skip e-u, af e-u, með e-u); kistur hlaðnar af gulli, *chests laden with gold*; (4) *to fell*, *lay prostrate*, with dat. (gátu þeir hlaðit honum um síðir ok bundu hann); h. seglum, *to take in sail*; (5) *to slay* (bera vápn á Finnana ok fá hlaðit þeim); (6) refl., hlaðast at, *to throng*, *crowd*; vér viljum eigi, at fjölmenni hlaðist at (*throng to see*), er vér erum afklæddir; hlaðast á mara bóga, *to mount the horses*.

hlaða, f. *store-house*, *barn*.

hlað-búð, f. *a booth with walls of turf or stones*.

hlað-búinn, pp. *ornamented with lace*, *laced* (= hlöðum búinn).

hlaði, m. *pile*, *stack*.

hlakka (**að**), v. (1) *to cry*, *scream* (of the eagle); (2) *to rejoice*; h. yfir e-u, *to exult over a thing*.

hlamm, n. *a dull*, *heavy sound*.

hlamma (**að**), v. (1) *to give a dull*, *heavy sound*; (2) *to exult*.

hland, n. *urine*; -**ausa,** -**skjóla,** f., -**trog,** n. *urine trough*.

hlass, n. *cart-load*.

hlaup, n. (1) *leap*, *jump* (Egill hljóp yfir díkit, en þat var ekki annara manna h.); (2) *run*, *running*; taka h., *to take to running*, *to run* (hann tók h. heim til herbergis); vera í hlaupum ok sendiförum, *to run on errands*; (3) *a sudden rise* (in a river), *flood*, *freshet* (hlaup kom í ána); (4) *assault* (= frumhlaup).

hlaupa (**hleyp**; **hljóp, hljópum**; **hlaupinn**), v. (1) *to leap*, *jump* (hann hljóp meirr en hæð sína); hljópu þeir á hesta sína, *they sprang upon their horses*; h. fyrir borð, útbyrðis, *to leap overboard*; h. á sund, *to leap into the water*; h. upp, *to spring to one's feet*, *start up* (þá hljópu varðmenn upp); (2) = renna, *to run* (þeir hlaupa eptir, en hann kemst á skóg undan); refl., hlaupast á brott, *to run away*; (3) of a river, *to flood*; hljópu vötn fram ok leysti árnar, *the waters rose in flood and the ice was broken*; of ice, mikit svell var hlaupit upp (*there was a great sloping sheet of ice*) öðru megin fljótsins; (4) with preps., h. at e-m, h. á e-n, *to attack one*; h. á, *to come suddenly on*, *spring up*, of a gale (þá hljóp á útsynningr steinóði); h. saman, of a wound, *to heal over*; h. í sundr, *to open up again* (sárit var hlaupit í sundr).

hlaupa-far, n. *assault*; pl. -**för,** *uproar*; -**piltr,** m. *errand boy*.

hlaupari, m. (1) *landlouper*; (2) *charger* (horse).

hlaup-ár, n. *leap-year*.

hlaupingi (pl. -**jar**), m. *landlouper*, *runaway*.

hlaup-óðr, a. *in a great flurry*; -**rífr,** a. *precipitate*; -**stigr,** m. *runaway-path* (taka e-n á þeim -stigi).

hlaut, f. *blood of sacrifice*.

hlaut-bolli, m. *sacrificial bowl*; -**teinn,** m. *sacrificial twig* (for sprinkling the blood with).

hláka, f. *thaw*.

hlána (**að**), v. *to thaw* (veðr tók at þykkna ok hlána).

hlátr (gen. -**rar** and -**rs**), m. *laughter*; reka upp h., *to burst out laughing*; hafa e-t at hlátri, *to ridicule*, *make a laughing-stock of*.

hlátr-mildr, a. *prone to laughing*.

hlé, n. (1) *shelter*; (2) *lee*, *lee side*; sigla á h., *to stand to leeward*.

hlé-barðr, m. (1) *leopard* (also poet. *bear*, *wolf*); (2) *shield* (poet.).

hlé-borð, n. *the lee side*.

hleði, m. *shutter* (= hleri).
hleifr (-s, -ar), m. *loaf.*
hleifs-efni, n. *dough for a loaf.*
hleina (-da), v. *to guard oneself* (?).
hlekkjast (t), v., in the phrase, e-m hlekkist á, *one gets impeded, suffers miscarriage.*
hlekkr (-s or -jar; pl. -ir), m. *link*; pl. *a chain of links.*
hlemmr (-s, -ar), m. *trap-door.*
hlenni, m. *robber* (poet.).
hlenni-maðr, m. *robber, thief.*
Hlér (gen. **Hlés**), m. *the Sea.*
hler, n. *listening*; standa á hleri, *to stand eaves-dropping or listening.*
hlera (að), v. *to listen.*
hleypa (-ta, -t), v. (1) *to make one run or go*; *to move or impel* in some way; h. njósnarmönnum á land upp, *to send spies ashore*; hleypti hann annarri brúninni ofan á kinnina, *he let one eye-brow sink upon the cheek*; h. hurð í lás, *to shut a door*; h. ánni í veg sinn, *to lead the river into its channel*; h. e-u á e-n, *to cause to fall upon one* (hleypti Gróa skriðu á þá); hann hleypir út vatni miklu ór sullinum, *he presses much water out of the sore*; h. ór e-m auganu, *to poke the eye out*; (2) *to throw off* (h. heimdraganum); h. akkerum, *to cast anchors*; (3) h. berki af trjám, *to cut the bark off the trees*; h. upp dóminum, *to break up the court* (by violence); (4) *to gallop, ride swiftly* = h. hesti (Hrungnir varð reiðr ok hleypti eptir honum).
hleypi-fífl, n. *a headlong fool*; **-flokkr**, m. *band of rovers*; **-för**, f. *ramble, roving*; **-hvel**, n. a kind of *war engine*; **-maðr**, m. *rover.*
hleyping, f. *galloping.*
hleypi-piltr, m. *errand-boy*; **-skip**, n., **-skúta**, f. *swift boat.*
hleyta-menn, m. pl. *kinsmen.*
hleyti, n. (1) *part* = leyti; (2) pl. *affinity*; gøra h., bindast hleytum við e-n, *to marry into another's family.*
hlið, n. (1) *gate, gateway* (h. heitir á garði); (2) *wide gap*; (3) *space, interval* (var hvergi h. í milli); (4) *space of time*; *pause, halt* (eptir þat varð h. á orrostunni).
hlið (pl. -ar), f. *side*; standa á aðra h. e-m, *to stand on one side of one*; á tvær hliðar e-m, *on either side of one*; á allar hliðar, *on all sides.*
hliða (að), v. *to give way, recede* (h. undan, h. fyrir e-m); refl., hliðast, *to become open.*
hlið-farmr, m. '*side-burthen*', *load* (-farmr Grana); **-lauss**, a. *without a gate or opening* (veggir -lausir); **-mæltr**, pp. *said in oblique speech.*
Hlið-skjálf, f. *the seat of Odin.*
hlið-skjár, m. *side window*; **-veggr**, m. *side wall.*
hlið-vörðr, m. *porter.*
hlíð (pl. -ir), f. *mountain side, slope* (fagrar hlíðir grasi vaxnar).
hlíf (pl. -ar), f. *cover, shelter, protection*, esp. *shield.*
hlífa (-ða, -t), v. (1) *to shelter, protect*, with dat. (h. sér með skildi, en vega með sverði); (2) *to spare, deal gently with* (mun ek ekki h. þér í gørðinni); refl., hlífast við e-n, *to spare one* (hann hlífðist þá við engan mann); h. við at gøra e-t, *to refrain from doing a thing*; h. við, *to hold back* (sumir hlífðust við mjök).
hlífar-lauss, a. *uncovered.*
hlífð, f. *protection, defence.*
hlífðar-lauss, a. = hlífarlaus; **-staðr**, m. *safe place*; **-vápn**, n. *weapon of defence.*
hlífi-skjöldr (**hlíf-skjöldr**), m. *shield of defence* (hafa e-n at -skildi).
hlít, f. *sufficiency, satisfaction*; til (nökkurrar) hlítar, *tolerably, pretty well*; at góðri h., *very well indeed.*
hlíta (-tta, -tt), v. (1) *to rely on, trust*, with dat. (hlítir Ástríðr ekki öðrum konum at því at þjóna honum í lauginni); (2) *to rest satisfied with, be content with* (var hann kvæntr, en hlítti þó eigi þeirri einni saman); eigi má því einu h., er bezt þykkir, *one must put up with something short of the best*; eigi mun minna við h., *less than that will not do*; eigi muntu því einu fyrir h., *thou shalt not get off with that*; (3) *to submit to, abide by* (h. sætt, h. órskurði, dómi, ráðum e-s).
hljóð, n. (1) *silence, hearing*; biðja (kveðja sér) hljóðs, *to beg* (*ask for*) *a hearing* (Njáll kvaddi sér hljóðs); fá

h., *to get a hearing*; þegja þunnu hljóði, *to keep a watchful silence*; af hljóði, í hljóði, *in all stillness, silently*; (2) *sound* (Þorfinnr kom engu hljóði í lúðrinn); koma á h. um e-t, *to become aware of*; drepr h. ór e-m, *one is struck dumb*; (3) *musical sound, tune*; (4) *trumpet* (h. Heimdallar = Gjallarhorn).

hljóða (**að**), v. *to sound* (hverr stafr hljóðar með löngu hljóði eða skömmu).

hljóðaðr, a. *sounding*; sorgsamliga h., *having a plaintive note*.

hljóða-grein, f. *distinction of sound, accentuation*.

hljóðan, f. *sound, tune*.

hljóð-bjalla, f. *tinkling bell*; **-fall**, n. *consonancy*; **-fegrð**, f. *euphony*; **-fyllandi**, m., **-fylling**, f. = stuðill; **-fœri**, n. *musical instrument*; **-góðr**, a. *well-tuned*; **-látr**, a. *reticent, taciturn*; **-leikr**, m. *silence, sadness*; **-liga**, adv. *in all stillness, silently*; **-ligr**, a. *silent*; **-lyndr**, a. *taciturn*; **-læti**, n. *stillness*; **-mikill**, a. *shrill-sounding*; **-mæli**, n. *secrecy*; fœra e-t í -mæli, *to hush up*.

hljóðna (**að**), v. *to become silent*; þar til hljóðnar um mál þessi, *till the noise about it subsides*.

hljóðr (**hljóð**, **hljótt**), a. *silent, taciturn*; tala hljótt, *to speak in a low voice*; láta hljótt um sik, *to keep quiet*: var hljótt, *there was silence*.

hljóð-samliga, adv. = hljóðliga; **-samr**, a. = hljóðr; **-semd**, **-semi**, f. *stillness, calmness*.

hljóðs-grein, f. (1) *a kind of sound*; (2) *pronunciation*; (3) *accentuation*.

hljóð-stafr, m. *vowel*.

hljómr (gen. **-s**), m. *sound, tune*.

hljóta (**hlýt**; **hlaut**, **hlutum**; **hlotinn**), v. (1) *to get by lot, to have allotted to oneself* (hón hlaut at sitja hjá Björgólfi); (2) *to get* (h. sigr); margir hlutu gott af hans ráðum, *many benefited by his counsels*; (3) *to undergo, suffer* (h. högg, úför, harm); (4) *to be obliged to*; svá mun nú h. at vera, *it must needs be so*; fara hlýtr þú með mér, *thou must go with me*; (5) refl., hljótast af e-u, *to result or proceed from* (mun hér h. af margs manns bani); hlauzt svá til, at þá tunnu átti Ingimundr, *it so happened that*.

hlotnast (**að**), v. refl. *to fall to one's lot* (e-m hlotnast e-t).

hlóa, v. *to be boiling hot*.

Hlóðyn (gen. -ynjar), f. *the Earth*.

hlummr (**-s**, **-ar**), m. *handle of an oar*.

hlumr (**-s**, **-ir**), m. (1) = hlummr; (2) *roller* = hlunnr.

hlunka (**að**), v. *to give a dull, hollow sound* (brúin hlunkaði undir hófunum hestanna).

hlunn-goti, m. poet. *ship*.

hlunnindi, n. pl. *emoluments*.

hlunnr (**-s**, **-ar**), m. *roller for launching or drawing up ships*.

hlunn-vigg, n. poet. = -goti.

hlust (pl. **-ir**), f. *ear* (= eyra).

hlusta (**að**), v. *to listen* (h. til e-s).

hluta (**að**), v. (1) *to draw* (*cast*) *lots for a thing* (h. e-t *or* h. um e-t); (2) *to select by lot* (vóru menn hlutaðir til skipstjórnar); (3) refl., hlutaðist svá til, at, *it so turned out that* (= hlauzt svá til, at); hlutast til e-s, *to meddle with a thing* (ekki hefi ek hlutazt til málaferla yðvarra); h. til með e-m, *to assist one in a case*.

hlut-deila (**-da**, **-dr**), v. *to meddle with a thing* (-deila e-t); **-deilinn**, a. *meddlesome*; **-deilni**, f. *meddlesomeness*; **-drjúgr**, a. *lucky, getting the better share*; **-fall**, n. *casting of lots*; leggja e-t til -falls, *to settle a thing by drawing lots*; bjóða til -falla, *to bid one proceed to cast lots*; **-gengr**, a. *up to the mark*; -gengr við e-n, *equal to one, a match for one*; **-girni**, f. = -deilni; **-gjarn**, a = -deilinn.

hluti, m. (1) *part* (í þeim hluta veraldar); at mínum hluta, *for my part, as far as I am concerned*; (2) *share, lot*; gera á hluta e-s, *to wrong one*; eptir er enn yðarr h., *your part* (*of the work*) *remains yet*.

hlut-lauss, a. *not partaking in, having taken no part in* (-lauss eðr sýkn af manndrápi); **-laust**, adv., ríða -laust, *to pass free, unmolested*.

hlutr (**-ar**, **-ir**), m. (1) *lot*; bera (leggja) hluti í skaut, *to throw the lots into a cloth* (*lap of a garment*); skera (marka) hluti, *to mark the lots*; (2)

amulet, talisman (h. er horfinn or pússi þínum); (3) *share, allotment, portion* (hann fœrði Ølvi skip sín ok kallar þat vera hans hlut); (4) *part* (of a whole); höggva í tvá hluti, *to cut in two parts*; mestr h. liðs, *the most part of the company*; meiri h. dómanda, *the majority of the judges*; tveim hlutum dýrra, *twice as dear*; (5) *participation*; eiga hlut í e-u *or* at e-u, *to have part in, be concerned in* (mér uggir, at hér muni eigi gæfumenn hlut í eiga); þar er þú ættir hlut at, *wherein thou wast concerned*; (6) *condition, position, lot*; eiga hlut e-s, *to be in one's place* (*position*); ef þú ættir minn hlut, *if thou wert in my place*; láta hlut sinn, *to be worsted*; sitja yfir hlut e-s, *to oppress, weigh a person down*; leggja hlut sinn við e-t, *to cast in one's lot with, to espouse a cause*; hafa (fá) hærra, meira (lægra) hlut, *to get the best* (*worst*) *of it*; (7) *thing*; allir hlutir, *all things*; kynligr h., *a strange thing*; um alla hluti, *in all things, in all respects.*

hlut-ræningr, m. *one robbed of his share*; verða -ræningr e-s *or* fyrir e-m, *to be unfairly dealt with*; **-samr**, a. *meddlesome* (um e-t); **-seigr**, a. *tenacious, obstinate*; **-skipti**, n. (1) *sharing*; (2) *booty*; (3) *share, lot*; **-sæll**, a. *getting the best share*; **-takandi, -takari**, m. *partaker*; **-vandr**, a. *upright, honest*; **-verk**, n. *work allotted, task.*

hlykkjóttr, a. *crooked.*

hlykkr (**-s, -ir**), m. *bend, curve.*

hlymja (**hlym, hlumda, hlumit**), v. *to make a loud noise.*

hlymr (**-s, -ir**), m. *a resounding noise* (hlymr var at heyra).

hlynna (**-ta, -t**), v. *to prepare the way for one* (h. fyrir e-m).

hlynr (**-s, -ir**), m. *maple tree.*

hlý, n. *warmth* (sumar-hlýit).

hlýða (**-dda, -tt**), v. (1) *to listen* (eyrum hlýðir hann, en augum skoðar); h. e-m, *to listen* (*give ear*) *to one*; h. messu, tíðum, *to hear mass, attend service*; h. á e-t *or* til e-s, *to listen to* (sitja menn þar umhverfis ok hlýða til sögunnar); (2) *to yield to, obey* (h. ráðum, orðum e-s); (3) *to do, be permissible or proper*; hlýðir það hvergi (*it will not do*) at hafa eigi lög í landi; engum öðrum skyldi þat h., *nobody else should dare to do so*; Einar lét engum h. móti at mæla, *E. would not hear of any one's gainsaying*; (4) refl. *to listen* (hann hlýðist um, hvárt nökkurir vekti); *to be allowable* (konungr sagði, at þeim skyldi þat ekki hlýðast).

hlýðinn, a. (1) *willing to give ear to one, compliant* (hann var h. vinum sínum um öll góð ráð); (2) *yielding homage to one.*

hlýði-samt, a. n. *suitable, proper*; vera h., = hlýða (3).

hlýðnast (**að**), v. refl. *to obey* (ef þér vilið mér hlýðnast).

hlýðni, f. *obedience, homage*; **-brot**, n. *disobedience* (við e-n); **-mark**, n. *token of obedience.*

hlýja (**hlý, hlýða, hlúit**), v. *to cover, shelter* (hlýrat henni börkr né barr).

hlýr, n. (1) *cheek*; h. roðnaði, *her cheek reddened*; (2) *bow of a vessel*, = kinnungr; (3) *the flat of an axe.*

hlýr-bjartr, a. *having brightly painted bows* (of a vessel).

hlýri, m. *friend, brother* (poet.).

hlæja (**hlæ; hló, hlógum; hleginn**), v. (1) *to laugh*; h. hátt, *to laugh loud*; h. at e-u, *to laugh at*; þau tíðendi, er þeim hló hugr við, *that gladdened their hearts*; (2) h. e-n, *to laugh at, deride one.*

hlær (**hlæ, hlætt**), a. *warm, mild* (veðr var þykkt ok hlætt).

hlœða (**-dda, -ddr**), v. (1) *to lade* (h. skip); h. hest, *to load, saddle, a horse*; (2) with dat. *to load* (þú munt gulli h. á Grana bógu).

hlœgi, n. *ridicule*; fá e-m hlœgis, *to make one a laughing-stock.*

hlœgi-liga, adv. *laughably*; **-ligr**, a. *laughable*; **-máll, -málugr, -orðr**, a. *humorous.*

hlœgja (**-ði**), v. *to make one laugh*; þat hlœgir mik, at, *it makes me glad, I am rejoiced, that.*

hlœg-ligr, a. = hlœgiligr.

hlöðu-dyrr, f. pl. *door of a barn*; **-vindauga**, n. *barn window.*

hløra (að), v. = hlera.
hnafa (hnóf), v. *to cut off* (rare).
hnakka-bein, n. *neck-bone*; **-filla**, f. *the flesh and skin on the nape.*
hnakk-band, n. *anchor cable.*
hnakki, m. *the back of the head, nape of the neck.*
hnakk-miði, m. *anchor-buoy.*
hnakkr, m. (1) *nape* = hnakki; (2) *stool* = knakkr.
hnefa (að), v. *to clasp with the fist.*
hnefa-högg, n. *a blow with the fist*; **-tafl**, n. *a kind of chess.*
hnefi, m. (1) *closed hand, fist*; (2) *the king in* hnefa-tafl.
hnef-tafl, n. = hnefatafl.
hneigja (-ða, -ðr), v. (1) *to bow, bow down, bend, incline*; h. sik, *to make a bow*; h. sik til við e-n, *to bow down, pay homage to one*; h. e-m, *to bow down to one*; h. eptir e-m, *to be biassed towards one*; (2) refl., hneigjast, *to lean*; h. af villu, *to forsake heresy*; h. til e-s, *to lean towards a person*; h. fyrir fortölur e-s, *to be swayed by another's persuasions.*
hneisa, f. *disgrace, shame* (gera, vinna, e-m hneisu). Cf. 'neisa'.
hneisa (-ta, -tr), v. *to disgrace* (h. e-n). Cf. 'neisa'.
hneisu-liga, adv. (1) *disgracefully*; (2) *insultingly.*
hneita (-tta, -ttr), v. *to cut* (rare).
hnekking, f., **hnekkir**, m. *check, rebuff* (hafa hnekking).
hnekki-stikill, m. *bump on the head.*
hnekkja (-ta, -tr), v. (1) *to drive back*, with dat. (síðan lét Egill h. nautunum út á mýrar); h. e-m frá, *to repel, repulse*; (2) *to check, thwart, prevent*; h. för sinni, *to halt and go back again*; h. vándu ráði, *to prevent an evil deed*; (3) *to fall back, withdraw* (hnekkja Írar nú frá).
hneppa (-ta, -tr), v. (1) *to curtail*; hneppt em ek at brœðrum, *I am bereft of brothers*; (2) *to thrust, force* (Hrólfr hneppti hann undir sik, ok setti kné fyrir brjóst honum); h. fólk í þrælkan, *to keep a people bound in thraldom.*
hneppi-liga, adv. *scarcely, scantily.*
hneppr, a. *scant*; ætla hneppt til jólanna, *to make scant provision for Christmas.*
hneri, m. *sneeze, sneezing.*
hneyking, f. *shame, disgrace.*
hneykja (-ta, -tr), v. *to put to shame, confound*, with acc. (h. grimmleik heiðinna þjóða).
hneyksli, n. *disgrace, dishonour*; **-yrði**, n. pl. *foul language, calumny.*
hnigna (að), v. *to begin to sink, decline* (e-rr er, gerist, hnignandi).
hnipinn, a. *drooping, downcast.*
hnipna (að), v. *to become downcast, to droop* (hnipnaði þá Grani).
hnippa (-ta, -t, or að), v. *to poke*; hnippaði kolli hverr at öðrum, *they laid their heads together, nodded significantly*; refl., hnippast, *to quarrel* (= h. við); h. orðum við e-n, *to bandy words with one.*
hnita (að), v. *to weld together.*
hníga (hníg; hné and hneig, hnigum; hniginn), v. (1) *to fall gently, sink down* (hné Guðrún höll við bólstri); h. at armi e-m, *to sink into one's arms*; (2) *to flow* (hnigu heilög vötn af himinfjöllum); (3) *to sink down, fall dead* (= h. at velli); h. at grasi, í gras, *to bite the grass, to die*; (4) *to incline, turn*; eigi mátti sjá hvernig h. mundi, *which way the scale would turn* (in a battle); (5) h. til e-s, *to turn towards* (var jafnan þeirra hlutr betri, er til hans hnigu); h. til liðs, hjálpar við e-n, *to side with one*; (6) pp., hniginn, *advanced* (*stricken*) *in years*, = h. á aldr, h. at aldri; of a door, *shut*; var hurð hnigin, *the door was down*; hurð hnigin á hálfa gátt, á miðjan klofa, *half shut, half down.*
hnípa (-ta, -t), v. *to be downcast, droop* (hann hnípti í jorðina).
hnísa, f. *porpoise.*
hníta (hneit, hnitu), v. *to strike, wound*; hjörr hneit við hjarta, *the steel touched the heart.*
hnjóða (hnýð; hnauð; hnoðinn), v. *to rivet, clinch* (Helgi hnauð hjalt á sverð).
hnjóð-hamarr, m. *rivetting hammer*; also as a nickname.
hnjósa (hnýs, hnaus), v. *to sneeze.*
hnjóskr, m. *touchwood*, = fnjóskr.

hnoða, n. *clew.*
hnoð-saumr, m. *clincher nails.*
hnoss (pl. -ir), f. *costly thing, ornament* (hverr vildi mér hnossir velja).
hnot (gen. -ar, pl. **hnetr**), f. *nut.*
hnot-skógr, m. *nutwood, hazelwood.*
hnugginn, pp. *bereft* (miklu h.).
hnúka (-ta, -t), v. *to sit cowering.*
hnúta, f. = knúta.
hnyðja, f. *club, rammer.*
hnykill (gen. -s, dat. **hnykli**; pl. **hnyklar**), m. *knot, tumor.*
hnykka-stafr, m. a kind of *peg* (?)
hnykking, f. *pulling.*
hnykkja (-ta, -tr), v. *to pull violently,* with dat. (h. e-m til sín); h. e-u upp, *to pull up a thing*; absol., þykkist sveinninn hafa vel hnykkt, *he thought he had made a good pull.*
hnýðingr (-s, -ar), m. *dolphin.*
hnýfil-drykkja, f. *drinking-bout.*
hnýfill, m. *short horn* (= knýfill).
hnœfi-ligr, a. *taunting* (-lig orð).
hnœfil-yrði, n. pl. *taunts, gibes.*
hnøggr (acc. -van), a. *stingy* (h. fjár).
hnøri, m. = hneri.
hodd, f. *hoard, treasure* (poet.).
hof, n. *heathen temple.*
hof-ferð, f. *pride, pomp*; **-fólk**, n. *courtiers*; **-garðr**, m. *lordly mansion.*
hof-goði, m. *temple-priest*; **-gyðja**, f. *priestess*; **-helgr**, f. *temple-feast.*
hof-lýðr, m. = hof-fólk; **-maðr**, m. *courtier*; *gentleman in waiting.*
hofs-dyrr, f. pl. *temple-doors*; **-eiðr**, m. *temple-oath*; **-goði**, m. = hofgoði; **-helgi**, f. *sanctity of a temple*; **-mold**, f. *temple-earth, holy mould.*
hof-staðr, m. *sanctuary*; **-tollr**, m. *temple-toll, rate.*
hoka, hokra (að), v. *to crouch* (h. eða skríða); h. undan, *to slink away.*
hol, n. *hollow, cavity,* esp. *cavity of the body*; ganga (hlaupa) á h., *to pierce to the inwards* (of weapons); hit efra h., *the cavity of the chest*; neðra h., *the stomach.*
hola, f. *hole, hollow.*
hola (að), v. *to make hollow.*
hol-blóð, n. *blood from the inwards.*
hold, n. (1) *flesh*; svörðr ok h., *skin and flesh*; bjarnar h., *bear's flesh*; (2) pl. *fleshiness*; **-borinn**, pp., -borinn bróðir, *one's own brother*; **-fúi**, m. *mortification.*
holdgan, f. *incarnation.*
holdgast (að), v. refl. *to take flesh.*
hold-gróinn, pp. *grown to the flesh*; **-ligr**, a. *carnal* (-lig ást); -ligr bróðir, *one's own brother*; **-lítill**, a. *lean.*
holdr, a. *fleshy*; vel h., *well-fleshed.*
hold-rosa, f. *fleshy side of a hide*; **-tekja**, f. = holdgan.
hol-fenni, n. *hollow pile of snow*; **-gómr**, a. *having a hollow palate*; **-höggvinn**, pp. *cut into the cavity of the body.*
hollendr, m. pl. *supporters.*
hollosta, f. *faith, loyalty* (við e-n).
hollr, a. (1) *faithful, loyal* (h. e-m); of the gods, *gracious* (holl regin); (2) *wholesome, salutary* (holl ráð).
holl-ráðr, a. *giving wholesome counsel*; **-ræði**, n. *wholesome counsel.*
holr, a. *hollow*; h. innan, *hollow within* (þetta guð er holt innan).
hol-sár, n. *wound in a vital part.*
holt, n. (1) *wood* (opt er í holti heyrandi nær); (2) *rough stony ridge.*
holt-rið, n. *wooded ridge.*
hol-und, f. *a wound entering the cavity of the body*; *mortal wound.*
holundar-sár, n. = holsár, holund.
hopa (að), v. (1) *to move backwards*; h. hestinum undan, *to back the horse*; (2) *to draw back, retreat* (= h. aptr, á hæl, undan).
hoppa (að), v. *to hop, skip.*
hor-digull, m. *a clot of mucus hanging from the nose.*
horfa (-ða, -t), v. (1) *to turn* (*be turned*) in a certain direction; horfði upp eggin, *the edge turned upwards*; suðr horfðu dyrr, *the door looked south*; h. baki við e-m, *to turn the back against one*; h. við e-m, *to face one*; fig. *to set oneself against one* (þeir er heldr höfðu við honum horft í sínum huga); (2) *to look in a certain way, to have a certain appearance*; h. úvænt, *to look unpromising* (úvænt horfir um sættir); hvárum horfir vænna, *who is more likely to get the better*; h. fastliga, erfiðliga, *to look difficult*; horfir mjök í móti oss, *matters look bad for us*; horfir til gamans

mikils, *there is a prospect of much entertainment*; (3) refl., Hjalta þótti þá úvænt á horfast, *H. thought that matters looked unpromising*; horfðust þeir Gizurr höfðum at, *he and Gizurr lay with their heads together.*

horfa (að), v. = hörfa.

horfin-alda, a. indecl., **-heilla**, a. indecl. *luckless*; horfinheilla er mér, *luck has left me.*

horfinn, pp.; see 'hverfa (4)'.

horn, n. (1) *horn* (of cattle); vera harðr í h. at taka, *to be hard to take by the horns, hard to deal with*; (2) *drinking-horn*; (3) *horn, trumpet* (blása í h.); (4) *corner, angle*; skýtr í tvau h. um e-t, *there is a great difference between*; skýtr í tvau h. með okkr, *we are at variance*; (5) *nook, corner* (in a house).

horna-fláttr, m. *flaying a hide with the horns*; **-skvol**, n. *noise of horns*; **-tog**, n. *a rope round the horns.*

horn-blástr, m. *sound of trumpets*; **-bogi**, m. *horn-bow*; **-fiskr**, m. *garfish or green-bone*; **-göfugr**, a. *proud of his horns*; **-kerling**, f. *old woman in the corner*; **-kona**, **-reka**, f. = -kerling; **-síl**, n. *stickle-back*; **-skafa**, f. *a scraper made of horn*; **-spánn**, m. *horn spoon*; **-stafr**, m. *corner pillar in a building.*

hornungr (**-s**, **-ar**), m. (1) *bastard son*; (2) *scamp, outcast* (vera h. e-s).

horr, m. (1) *starvation*; detta niðr í hor, *to starve to death*; (2) *mucus from the nose.*

horsk-leikr, m. *knowledge, wisdom*; **-ligr**, a. *wise, noble.*

horskr, a. *wise* (h. ok þögull).

hortugr, a. *pert, impertinent.*

hosa, f. *hose, legging.*

hosaðr, pp. *wearing hose.*

hosna-reim, f., **-sterta**, f. *garter.*

hot-vetna, see 'hvatvetna'.

hó, interj. *hoh! ah! oh!*

hóa (**að**), v. *to shout 'hoh'* (h. á féit).

hóf, n. (1) *moderation, measure*; kunna h., *to show (observe) moderation*; þá er h. á (*or* at), *then it is all right*; at hófi, *tolerably, moderately* (jarl svarar þessu at hófi vel); e-t gegnir hófi, *it is fair*; vel er þessu til hófs stillt, *this affair is well settled*; ór hófi, *beyond measure*; (2) *proportion, equal degree* (hefði hann lið at því hófi, sem hann er sjálfr frœkn ok djarfr); (3) *judgement* (vil ek, at þú hafir þar engis manns h. nema þitt).

hóf, n. *feast, banquet.*

hóf-gullinn, a. *with golden hoof*; **-hvarf**, n. *pastern of a horse.*

hóf-lauss, a. *immoderate*; **-leysa**, f. *immoderation, excess*; **-liga**, adv. (1) *with moderation*; (2) *fitly*; (3) *fairly* (munu þeir nú vera -liga hræddir); **-ligr**, a. *moderate.*

hófr (**-s**, **-ar**), m. *hoof* (of a horse).

hóf-samligr, **-samr**, a. *moderate, temperate*; **-semd**, **-semi**, f. *moderation, temperance.*

hóf-skegg, n. *fetlock.*

hófs-maðr, m. *temperate, just man.*

hóf-stilling, f. *moderation.*

hóg-bærr, a. *easy to bear*; **-fœrr**, a. *lively, light* (of a horse); **-látr**, a. *of easy temper*; **-leiki**, m. = -væri; **-liga**, adv. *calmly, meekly*; taka -liga á, *to touch gently*; **-ligr**, a. *easy, gentle*; **-lífi**, n. *easy* (*quiet*) *life*; **-lyndi**, n. *easy temper*; **-lyndr**, a. *easy-tempered, peaceable*; **-læti**, n. *gentleness*; **-samr**, a. *gentle*; **-semd**, f. *gentleness*; **-seta**, f. = -lífi; **-stýrt**, pp. n. *easy to steer* (eigi verðr mér nú -stýrt fótunum); **-væra** (**-ða**, **-ðr**), v. *to calm, appease*; **-værð**, **-væri**, f. *calmness of mind*; **-værligr**, **-værr**, a. *gentle, meek of mind.*

hól, n. *praise, flattery.*

hólfa (**-di**, **-t**), v. *to capsize* (þar hólfir skip á sjónum).

hólkr (**-s**, **-ar**), m. *ring or tube* (*of metal*) on a staff, knife-handle, etc.

hóll (**-s**, **-ar**), m. = hváll.

hólm-ganga, f. '*holm-going*', *a duel or wager of battle* fought on an islet (hólmr).

hólmgöngu-boð, n. *challenging to* hólmganga; **-lög**, n. pl. *the law, rules of* h.; **-maðr**, m. *duellist*; **-staðr**, m. *a place where a* 'hólmganga' *is fought*; **-sverð**, n. *a sword used in* 'hólmganga'.

hólmi, m. (1) *islet*, = hólmr; (2) *knoll.*

hólm-lausn, f. *releasing oneself by paying the ransom after a duel.*

hólmr (-s, -ar), m. *holm, islet*; falla á hólmi, *to fall in a duel*; skora e-m á hólm, *to challenge one*; leysa sik af hólmi, *to redeem oneself after a duel.*

hólm-staðr, m = hólmgöngu-staðr; **-stefna**, f. *meeting* (*duel*) *on a holm* (koma, ríða til -stefnu).

hón, pers. pron. *she.*

hóp, n. *a small land-locked bay or inlet* (connected with the sea).

hópr (-s, -ar), m. *troop, flock, crowd.*

hór (gen. **hós**), m. *pot-hook.*

hóra (að), v. *to commit adultery* (h. *or* hórast undir bónda sinn).

hóra, f. *whore, harlot.*

hóran, f. *adultery.*

hór-dómr, m. *adultery*; **-karl**, m. *adulterer*; **-kerling**, f. *harlot*; **-kona**, f. *adulteress.*

hórr (gen. **hórs**), m. *adulterer.*

hósta (að), v. *to cough.*

hósti, m. *cough, coughing.*

hóstr, m.; see 'óstr'.

hót, n. *whit, bit*; hóti heldr, *a bit more, a good deal more*; with superl., hóti líkast, *most likely*; þat er hóti úmakligast, *that is least undeserved.*

hót, n. pl. *threats*; hafa í hótum við e-n, *to threaten one.*

hóta (að), v. *to threaten*, = hœta (h. e-m); **hótan**, f. *threatening.*

hót-samr, a. *menacing.*

hraða (að), v. *to hasten*, with dat.

hrað-byri, n. *a fresh fair wind*; **-byrja**, a. indecl., sigla -byrja, *to sail with a strong wind*; **-fara**, a. indecl. = -fœrr; **-feigr**, a. *doomed to instant death*; **-fœrr**, a. *fleet, swift* (hestr -fœrr); **-geði**, n. *hasty temper*; **-liga**. adv. *swiftly*; **-mæltr**, a. *quick of speech*; -mælt tunga, *a glib tongue.*

hraðr (**hröð, hratt**), a. *swift, fleet.*

hrafn (-s, -ar), m. *raven.*

hrafn-hvalr, m., **-reyðr**, f. a kind of *whale*; **-tinna**, f. *obsidian or agate.*

hrak-, in compds., denoting *wretched, vile*; **-bú**, n. *wretched household*; **-dýr**, n. *hunted deer*; **-ferð**, **-för**, f. *disgraceful journey*; **-liga**, adv. *wretchedly*; **-ligr**, a. *wretched, disgraceful*; **-magr**, a. *wretchedly thin.*

hrakning (pl. -ar), f. *wretched treatment, injury, insult* (ek hefi af þér heitingar ok hrakning).

hrakningr (-s, -ar), m. = prec.

hrak-yrði. n. *foul language.*

hramm-dýr, n. *beast of prey.*

hrammr (-s, -ar), m. *bear's paw.*

hrapa (að), v. (1) *to hurl*, with dat. (h. e-m til helvítis); (2) *to hurry on, hasten* (h. ferð sinni); (3) *to rush on, hurry* (h. á fund e-s); h. til dauðans, banans, *to rush headlong to destruction*; (4) *to fall, tumble down* (hrapaði hann niðr í fjöruna).

hrapaðr, m. *hurry*; af hrapaði, *hurriedly.*

hrapal-liga, adv. *hurriedly, headlong* (fara -liga); **-ligr**, a. *hurried.*

hrapan, f. *downfall.*

hrap-orðr, a. *hasty in one's language* (Sæmundr varð við h.).

hrata (að), v. (1) *to reel, stagger* (hann hrataði við, en féll eigi); (2) *to tumble down, fall* (hrataði hann ofan af þekjunni).

hrati, m. *rubbish, trash.*

hrauk-tjald, n. *rick-formed tent.*

hraun, n. (1) *rugged ground, wilderness*; (2) *lava field, lava.*

hraun-búi, m. *dweller in a* 'hraun', *giant*; **-hvalr**, m. *monster of the wilderness.*

hraunóttur, a. *rugged, stony.*

hraust-leikr, m. *prowess, valour*; **-liga**, adv. *valiantly*; **-ligr**, a. *bold, valiant*; **-mannligr**, a. = -ligr; **-menni**, n. *a strong, stout man.*

hraustr, a. (1) *valiant, doughty*; (2) *strong, hearty* (gamall, en þó h.).

hrá-blautr, a. *moist, raw*, of hides (nautshúð hráblaut).

hráki, m. *spit, spittle.*

hrár (**hrá, hrátt**), a. (1) *raw*, of meat or food (hrár fiskr, hrátt kjöt); (2) *raw, fresh, sappy* (h. viðr).

hrá-skinn, n. *shelter, refuge*; **-viði**, n. *saplings, young plants*; **-æti**, n. *raw flesh used as food.*

hreða, f., see 'hrœða'; **hreðulauss**, a., see 'hrœðulauss'.

hreðjar, f. pl. *the scrotum.*

hregg, n. *storm, blast* (var bæði h. ok regn).

hregg-viðri, n. *tempest.*

hreiðr, n. *bird's nest.*

hreiðrast (**að**), v. refl. *to nestle.*

hreiðr-böllr, m. '*nest-ball*', *egg.*

hreifi, m. (1) *wrist*, = úlfliðr ; (2) *the hand and fingers*; (3) *seal's fin, flipper.*

hreimr, m. *scream, cry.*

hreina (**-da, -dr**), v. *to make* (swine) *squeal* (ef svín eru hreind).

hrein-bjálbi, m. *reindeer's skin*; **-dýri**, n. *reindeer.*

hrein-ferði, n. *purity* ; **-ferðugr**, a. *pure, chaste.*

hrein-gálkn, n. poet. *wolf* (?).

hrein-hjartaðr, a. *pure of heart*; **-látr**, a. *clean, chaste* ; **-leikr**, m. (1) *cleanliness*; (2) *chastity*; **-lifnaðr**, m. = -lífi ; **-liga**, adv. (1) *cleanly*; (2) *with purity*; **-ligr**, a. (1) *clean, cleanly* ; (2) *pure* ; **-lífi**, n. *pure life, chastity*; **-lífr**, a. *pure of life* ; **-lyndr**, a. *pure of heart, upright* ; **-læti**, n. *cleanness, chastity* ; **-mannligr**, a. *of noble or manly bearing.*

hreinn, a. (1) *clean* (hrein klæði) ; (2) *bright* (hreinir kyndlar, hrein vápn) ; (3) *clear* (hrein rödd) ; (4) *pure, sincere.*

hreinn (**-s, -ar**), m. *reindeer.*

hreinsa (**að**), v. (1) *to make clean, cleanse* ; (2) *to purge, clear* (h. land af víkingum).

hreinsan, f. *cleansing.*

hreinsanar-eldr, m. *purgatory.*

hrein-staka, f. *reindeer skin.*

hreistr, n. *scales* (*of fish*).

hrekja (**hrek ; hrakta, hröktum ; hrakiðr, hraktr**), v. (1) *to drive away, chase off* (h. e-n af máli) ; (2) *to annoy, vex, ill-treat* (Sigmundr sagðist heldr vilja h. þá sem mest) ; h. e-n í orðum, *to scold and abuse one* ; (3) *to damage, spoil* (h. mál fyrir e-m) ; absol., h. fyrir e-m, *to do damage to one* ; (4) *to abuse* (= h. e-n í orðum).

hrekkr (pl. **-ir**), m. *trick, piece of mischief* (hrekkir ok slœgðir).

hrekk-vísi, f. *trickiness* ; **-víss**, a. *tricky, mischievous.*

hrella (**-da, -dr**), v. *to distress, annoy, trouble* (h. e-n).

hrelling, f. *anguish, affliction.*

hremma (**-da, -dr**), v. *to clutch.*

hremsa (**að**), v. = hremma.

hremsa, f. (1) *clutch* ; (2) poet. *shaft.*

hreppa (**-ta, -tr**), v. *to catch, obtain* ; en er hann hreppti áverkann, *when he received the wound.*

hreppa-skil, n. pl. *poor-law matters.*

hreppr (**-s, -ar**), m. *poor-law district* (in Iceland).

hrer, n. *corpse*, = hrør.

hress, a. *hale, hearty, in good spirits.*

hressa (**-ta, -tr**), v. (1) *to refresh, cheer* ; hann bað hann h. sik, *he bade him cheer up* ; refl., hressast, *to recover strength, be refreshed* ; (2) *to restore* (h. staðinn).

hress-leikr, m. *good health.*

hret, n. *storm*, = hregg.

hreyfa (**-ða, -ðr**), v. *to move, stir*, with acc. ; refl., hreyfast, *to put oneself in motion, stir.*

hreysar, f. pl. *heap of stones.*

hreysi, n. (1) = hreysar ; (2) *cave, den* (skríða í hreysi).

hreysi-köttr, m. *ermine, weasel.*

hreysta (**-sta, -str**), v. *to encourage, make valiant* ; h. sik, *to cheer up, take heart or courage.*

hreysti, f. *valour, prowess.*

hreysti-bragð, n. *feat of prowess* ; **-liga**, adv. *stoutly, boldly* ; **-ligr**, a. *stout, bold* ; **-maðr**, m. *valiant man* ; **-mannligr**, a. *gallant, bold* ; **-orð**, n. *word of prowess* ; **-raun**, f. *trial of valour* ; **-verk**, n. *deed of prowess.*

hreyta (**-tta, -tt**), v. *to cast, scatter, throw about*, with dat. (h. moldinni, hringum).

hreyting, f. *spreading, scattering.*

hreyti-speldi, n. *top* (a child's toy).

hriflinga-björg, f. *hand-to-mouth life* (er slíkt kallat -björg).

hrifs, n. *robbery, pillaging.*

hrifsa (**að**), v. *to rob, pillage.*

hrifsan, f., **hrifsing**, f. = hrifs.

hriki, m. *huge fellow.*

hrikja (**-þa**), v. *to creak* (rare).

hrinda (**hrind ; hratt, hrundum ; hrundinn**), v. (1) *to push, thrust*, with dat. (hann hratt hestinum í vök eina) ; var þá hrundit bátnum, *the ship's boat was put out* ; h. hurð (upp), *to push the door open* ; h. e-m í myrkvastofu, *to cast into prison* ; h.

á braut, *to drive away*; h. skipi fram *or* út, *to launch a ship*; impers., hratt stundum fyrir, en stundum frá, *the clouds were drifting on and off* (*the moon*); (2) *to cast* (*throw*) *off* (h. harmi, ótta); h. máli, *to make a case void, clear oneself of it*; h. e-u af e-m, *to free one from, rid one of a thing*.

hringa (**að**), v. *to furnish with a ring*.

hringa-brynja, f. *coat of ring-mail*.

hring-broti, m. '*breaker of rings*,' *prince* (poet.); **-drifi**, m. '*distributor of rings*', *prince, king* (poet.).

hringing (pl. **-ar**), f. *bell-ringing*.

hringja (**-da, -t**), v. *to ring bells*.

hringja (**-da, -dr**), v. *to encircle, surround*; h. e-u um e-n, *to encircle with* (cf. kringja um, umkringja).

hringja, f. *buckle*.

hring-leginn, pp. *coiled up* (of a serpent); **-leikr**, m. *ring-dance*; **-ofinn**, pp. *woven with rings*.

hringr (**-s, -ar**), m. (1) *ring, circle*; slá hring um e-n, *to make a ring around one*; í hring, *in a circle*; hann fór í hring um skipit, *he swam in a circle round the ship*; með hringum, *all around, altogether* (brendu upp bœinn með hringum); (2) *ring* (on the finger or arm, at the end of a chest, in a door, at the end of the hilt); *link* (in a chain).

hring-variðr, pp. '*ring-mounted*'; málmr -variðr, *a sword with rings*.

hrinr, m. *howling, screaming*.

hrip, n. *box of laths, basket*.

hripuðr, m. *fire* (poet.).

hrista (**-sta, -str**), v. *to shake* (h. höfuðit); h. e-t af sér, *to shake it off*; marir hristust, *the horses shook their manes*; þeim hristust tennr í höfði, *the teeth chattered in their head*.

hríð (pl. **-ir**), f. (1) *storm*, esp. *snow-storm*; h. mikla gerði at þeim, laust á fyrir þeim h. mikilli, *they were caught by a violent snow-storm*; (2) *attack, onset*, in a battle (hörð, snörp h.); (3) *a while*; nökkura h., *for a while*; langa (litla) h., *a long* (*little*) *while*; þessar hríðir allar, *all this while*; um h., *for a while* (hann dvaldist þar um h.); um hríðar sakir = um h.; í hríðinni, *immediately, at once* (hann fór í hríðinni upp til Hofs); **hríðum**, *frequently* (stundum í Hvammi, en hríðum at Stað); (4) *space, distance* (var þó h. löng í millum).

hríð-drepa, a. indecl. *killed by a snow-storm*; **-fastr**, a. *detained by a snow-storm*.

hríðóttr, a. *stormy* (h. vetr).

hríð-viðri, n. *storm, tempest*.

hrífa (**hríf**; **hreif, hrifum**; **hrifinn**), v. (1) *to catch, snatch* (h. til e-s); h. við, *to take hold, to grip* (kasta akkerum, ok hrífa þau við um síðir); impers., hrífr við, *it takes effect, it turns out well*; (2) *to scratch* (hann lét h. sér með kömbum).

hrím, n. (1) *rime, hoar frost*; (2) *the black soot on a kettle* (ketil-hrím).

hrím-aldi, m. *lazy lout*.

hrím-drif, n. *rime-drift*; **-frosinn**, pp. *rimy*; **-kaldr**, a. *rime-cold*; **-kalkr**, m. *foaming cup*; **-steinar**, m. pl. *rime-covered stones*; **-þursar**, m. pl. *frost-giants*.

hrína (**hrín**; **hrein, hrinum**; **hrinit**), v. (1) *to squeal* (of swine); h. við, *to neigh to a horse* (of a mare in heat); (2) h. á (*or* á e-m), *to take effect*, esp. of imprecations.

hrís, n. (1) *brushwood*; (2) *faggots*.

hrís-byrðr, f. *load of faggots*; **-fleki**, m. *hurdle of brushwood*; **-kjarr**, n. *brushwood*.

hrísla, f. *sprig of a branch, twig*.

hrísóttr, a. *grown with shrubs*.

hrís-runnr, m. *bush*.

hrísungr, m. *a kind of bastard*.

hrjá (**hrjái, hrjáða, hrjáðr**), v. *to vex, harass* (a person).

hrjóða (**hrýð**; **hrauð, hruðum**; **hroðinn**), v. (1) *to unload* (h. skip sín); (2) *to strip, disable*, esp. a ship in a sea-fight (hann hrauð öll víkingaskipin); (3) impers., hrýðr e-u, *it clears away*; mun hroðit myrkvanum, *the fog will have cleared away*; hrauð upp ór honum miklu vatni, *he brought up much water*; (4) refl., hrauðsk ór skikkju, *she threw off her mantle*.

hrjósa (**hrýss, hraus, hrosit**), v., only in the phrase, hrýss mér hugr við, *I shudder with horror* (ávalt hrýss mér hugr við, er ek sé þik).

hrjóstr, n. *barren, rocky place.*

hrjóstugr, a. *rough, barren.*

hrjóta (hrýt; hraut, hrutum; hrotinn), v. (1) *to fall, fly, be flung* (øxin hraut ór hendi honum); hraut upp hurðin, *the door was flung open*; eldr hraut ór hlunnunum, *fire sprang from the rollers*; hrjóta spœnirnir upp í móti honum, *the chips flew up into his face*; h. í sundr, *to be snapped asunder* (í sundur hrutu baugar); (2) *to snore* (hann svaf ok hraut sterkliga).

hrjúfr, a. (1) *rough to the touch* (h. háls); (2) *scurvy.*

hroða-ligr, -vænligr, a. *likely to cause disturbance.*

hroð-gás, f. = hrot-gás.

hroði, m. (1) *trash, rubbish*; (2) *disturbance, riot* (h. ok stormr).

hrogn, n. *roe, spawn.*

hrogn-kelsi, n. *lumpfish.*

hroka (að), v. *to fill above the brim.*

hroki, m. *a heap above the brim.*

hrokkin-hárr, -hærðr, a. *curly-haired* (bleikhárr ok hrokkinhárr).

hrokkinn, pp. *curly* (hrokkit hár); *wrinkled* (hrokkit skinn).

hrokkin-skinna, f. '*wrinkle-skin*', *old woman.*

hrolla (-di), v. *to shiver, shudder* (hrollir hugr minn).

hrollr, m. *shivering* (*from cold*).

hross, n. (1) *horse*; (2) *mare.*

hrossa-bein, n. pl. *horse bones*; **-fúlga**, f. *fodder or pay given to keep a horse*; **-fœtr**, m. pl. *horses' hoofs*; **-gaukr**, m. *the snipe*; **-geymsla**, f. *horse keeping*; **-hús**, n. *stable*; **-höfn**, f. *horse pasture*; **-kipping**, f. *quarrel about horses*; **-kjöt**, n. *horse flesh*; **-kyn**, n. *horse kin*; **-maðr**, m. *groom*; **-reið**, f. = hross-reið; **-slátr**, n. *horse meat*; **-stóð**, n. *stud of horses and mares*; **-stuldr**, m., **-taka**, f. *horse stealing*; **-vöndr**, m. *horse-whip*; **-þjófr**, m. *horse-thief.*

hross-bak, n. *horseback*; á -baki, *on horseback*; **-bein**, n. *horse's bone*; **-eigandi**, m. *horse-owner*; **-fellir**, m. *loss of horses* (from hunger or disease); **-fjöldi**, m. *drove of horses*; **-gjöf**, f. *the gift of a horse*; **-gørsemi**, f. *a treasure of a horse, a valuable horse*; **-hali**, m. *horse's tail*; **-hauss**, m. *horse's head* (*skull*); **-hús**, n. *stable*; **-hvalr**, m. *walrus*; **-höfuð**, n. *horse's head*; **-íss**, m. *ice that is strong enough to ride on*; **-klyf**, f. *horse pack*; **-lifr**, f. *horse's liver*; **-nautn, -neyzla**, f. *using another's horse*; **-reið**, f. *riding another's horse*; **-rófa**, f. *horse's tail*; **-síða**, f. *horse's side*; **-tagl**, n. *horse's tail*; **-verð**, n. *the worth of a horse*; **-þjófr**, m. *horse-stealer*; **-æta**, f. *eater of horse-flesh.*

hrosti, m. *the mash* (in brewing).

hrot-gás, f. *barnacle-goose.*

hrot-garmr, m. '*howling dog*'; -garmr viðar, *fire* (poet.).

hrotta-meiðr, m. *warrior* (poet.).

hrotti, m. (1) *sword* (poet.); (2) *a coarse, rude fellow.*

hróðr (gen. **-rs** and **-rar**), m. *praise.*

hróðr-baðmr, -barmr, m. *the famous branch* (the mistletoe); **-fúss**, a. *eager for praise.*

hróðugr, a. *triumphant, glorious.*

hróf, n. *shed* (under which ships are built or kept).

hrókr (**-s, -ar**), m. *rook* (the bird).

hrókr, m. *rook, castle* (in chess).

hróp, n. *slander, foul words.*

hrópa (að), v. (1) *to slander, defame*; (2) *to shout* (h. á e-n).

hróp-yrði, n. pl. *slander, calumny.*

hrósa (að), v. *to praise*, with dat.; h. sér, *to boast*; h. sigri, *to triumph.*

hrósan, f. *praise, boasting.*

hrósari, m. *boaster.*

hrufa, f. *rough surface, crust.*

hrufla (að), v. *to scratch.*

hrukka, f. *wrinkle.*

hruma (að), v. *to enfeeble, make infirm*; hrumaðr, *infirm, worn by age.*

hrum-ligr, a. *infirm.*

hrumr, a. *infirm, decrepit, staggering* (h. í göngu).

hrundning, f. *kicking, pushing.*

hrúðr, m. *crust, scab on a sore.*

hrúga, f. *heap* (liggja í hrúgu).

hrúgald, n. *heap, mass.*

hrút-mánaðr, m. *the third month of winter* (Dec.–Jan.).

hrútr (**-s, -ar**), m. *ram.*

hrúts-fall, n. *a ram's carcase*; **-gæra**, f. *the skin and fleece of a ram*;

-höfuð, n. *a ram's head*; **-mark, -merki**, n. *the sign Aries*.

hryðju-verk, n. *foul deed, outrage*.

hrygð, f. *affliction, grief, sorrow* (mikil hrygð ok hörmung).

hrygðar-búnaðr, -búningr, m. *mourning dress*; **-dagr**, m. *day of sorrow*; **-efni**, n. *cause of sorrow*; **-fullr**, a. *sorrowful, rueful*; **-mark**, n. *token of sorrow*; **-samligr**, a. *mournful*; **-svipr**, m., **-yfirbragð**, n. *mournful look*.

hrygg-afl, n. *strength of the back*; **-bjúgr**, a. *crook-backed*; **-brotinn**, pp. *broken-backed*; **-brotna** (**að**), v. *to break one's back*.

hryggiligr, a. *mournful, sad*.

hryggja (**-ða, -ðr**), v. (1) *to distress, grieve*, with acc. (ekki hryggja mik hót þín); refl., hryggjast, *to become sad or sorrowful*; (2) *to cause to look sad* (h. andlit sitt).

hrygg-knýttr, pp. *humpbacked*.

hrygg-leikr, m. = hrygð.

hrygg-lundir, f. pl. *loins*.

hryggr (**-jar, -ir**), m. (1) *backbone, spine*; (2) *ridge, mountain-ridge*.

hryggr (acc. **-van**), a. *afflicted, grieved, sad*; er þér hryggt í hug, *art thou heavy of heart?*

hrygg-spenna (**-ta, -tr**), v. *to clasp the arms round another's back*.

hrygg-sterkr, a. *strong-backed*.

hryggva, v. = hryggja (old form).

hrygna, f. *spawner*.

hrym(j)ast (**d**), v. refl. *to become old and infirm*; hrymdr, *infirm from age* (h. bæði at sýn ok elli).

hryn-henda, f. *a kind of metre* (having lines with four stresses).

hrynja (**hryn, hrunda, hruninn**), v. (1) *to fall in, collapse, topple down* (veggrinn hrynr, björgin hrynja); (2) *to flow, stream* (hrundu tárin á kinnr honum); (3) *to fall loosely* (klæðit hrundi ofan um hann); látum und hánum h. lukla, *let the keys rattle down from his girdle*; (4) h. á hæla e-m, *to shut upon one's heels*.

hryssa, f. *mare* (cf. 'merhryssi').

hrytr, m. *snoring*.

hrýgja (**-ða, -ðr**), v. *to heap together* (h. hverjum ofan á annan).

hræ (gen. pl. **hræva**), n. (1) *dead body, carrion*; (2) *fragments* (of a thing), *scraps*.

hræða (**-dda, -ddr**), v. *to frighten*; refl., hræðast e-t *or* við e-t, *to be afraid of, to fear, dread*.

hræddr, a. *afraid* (við e-t, *of*), *frightened* (*at*); vera h. um, at, *to fear, be afraid, that*.

hræði-liga, adv. *dreadfully, fearfully*; **-ligr**, a. *dreadful, fearful*.

hræðinn, a. *timid*.

hræ-dreyrugr, a. *gory*.

hræfa (**-ða, -t**), v., h. um e-t, *to bear with, tolerate*; má ekki um þat h. lengr, *it is no longer tolerable*.

hræ-gífr, n. '*carrion beast*', *wolf*.

hrækja (**-ta, -tr**), v. *to spit*; h. e-u út, *to spit out*.

hræla (**að**), v. *to beat the loom with a weaver's rod* (hræll).

hræll, m. *weaver's rod, slay*.

hræ-ljómi, m., **-log**, n. *the light from decomposing matter*.

hræva-daunn, -þefr, m. *carrion-smell*; *stench of dead bodies*.

hræzla, f. *dread, fear*.

hræzlu-fullr, a. *in great fear*; **-gœði**, n. *timidity*.

hrœða, f. *disquiet, disturbance*.

hrœðu-lauss, a. *free from disturbance, quiet, peaceable* (sjaldan mun -laust vera í þessu heraði).

hrœra (**-ða, -ðr**), v. (1) *to move, stir* (h. fingrna); h. í katlinum, *to stir the pot*; h. e-t saman, *to mix up* (h. saman allt, moldina ok blóðit); (2) refl., hrœrast, *to move oneself, to be in motion* (þá hrœrist heinin í höfuð Þór); *to move from one's place, to budge, stir* (ek ætla héðan hvergi at hrœrast).

hrœrar, m. pl. *groin*.

hrœriligr, a. *movable*.

hrœring (pl. **-ar**), f. (1) *motion, stir*; (2) *inclination*.

hrœsinn, a. *boasting, vaunting*.

hrœsni, f. *boasting, bragging*.

hrøkkla (**að**), v. *to reel, totter*.

hrøkkva (**hrøkk; hrökk, hrukkum; hrokkinn**), v. (1) *to fall back, recoil, be repelled*; h. frá, *to shrink back*; h. fyrir e-m, *to give way before* *one* (gekk konungr svá hart fram, at allt hrökk fyrir honum); h. undan, *to give way, draw back, retreat* (hrukku Baglar þá undan); h. við, *to stand at bay, make a stand* (verðr Sigvaldi nú við at h.); (2) *to curl*, of hair (hann hafði gult hár, ok hrökk mjök); (3) *to suffice.*

hrøkkva (-ta, -tr), v. (1) h. e-u um e-t, *to lash (switch) with a thing*; beit eigi heldr á en tálknskíði (*a piece of whalebone*) væri hrøkt um; (2) *to spur or whip a horse* (eptir þat hrøkti hann hestinn); (3) refl., hrøkkvast, *to coil, wriggle*, of a snake (undan honum hrøktist ein naðra at Oddi); hrøkkvast aptr, *to turn back* (G. reið síðastr ok skyldi geyma, at engir hrøktist aptr).

hrönn (gen. **hrannar**, pl. **hrannir**), f. *wave*; dat. pl., hrönnum, *in heaps* (drepr hann hirðmenn konungs niðr hrönnum).

hrør, n. *corpse* = hrer.

hrør-ligr, a. *dilapidated, ruinous.*

hrørna (að), v. (1) *to fall into decay* (of buildings); (2) *to wither* (tréit deyr, þegar þat hrørnar).

huga (að), v. (1) *to excogitate, think out* (hugat hefi ek mér ráð); (2) h. e-m e-t, *to think of, intend, for one* (verk hefi ek hugat þér); (3) h. at e-u, *to attend to, look after* (þá var at hugat sárum Kormaks); h. um e-t, *to be concerned about*; h. fyrir e-u, *to provide for.*

hugað-látr, a. *engaging, amiable*; **-liga**, adv. *amiably, lovingly.*

hugaðr, a. (1) *courageous, bold*; (2) h. e-m vel (lítt), *well (ill) disposed towards one*; (3) e-m er mest um e-t hugat, *one has most at heart* (Hafliði kvað þat sýnt, at henni var mest um hann hugat).

hugað-samliga, adv. *carefully*; **-samr**, a. *gentle, engaging.*

hugaðs-rœða, f. *sensible speech.*

huga-fullr, a. *anxious*; **-góðr**, a. *kind-hearted.*

hugall, a. *mindful, thoughtful.*

hugalt, adv. *carefully* (geyma h.).

hugan, f. *care, concern* (konungr bar hér mikla hugan fyrir).

hugar-angr, n. *heart's grief*; **-bót**, f. *comfort*; **-ekki**, m. *heart-ache, distress of mind*; **-far**, n. *disposition, frame of mind*; **-fýst**, f. *desire*; **-góðr**, a. *kind of heart*; **-herði**, f. *hard-heartedness*; **-hrœring**, f. *emotion*; **-hvarf**, n. *estrangement*; **-kraptr**, m. *strength of mind*; **-látliga**, adv. *amiably, gently*; **-lund**, f. *disposition of mind, fancy*; **-ótti**, m. *fright, anxiety*; **-reikan**, **-ruglan**, f. *wandering of mind*; **-sturlan**, f. *insanity*; **-styrkr**, m. *strength of mind*; **-umskipti**, n. pl. *change of mind*; **-válað**, n. *anguish of mind*; **-œði**, f. *fury*; **-œsingr**, m. *excitement, agitation of mind.*

hug-ást, f. *heartfelt affection*; unna -ástum, *to love with all one's heart*; **-blauðr**, a. *cowardly*; **-bleyði**, f. *cowardice*; **-blíðr**, a. *gentle of mind*; **-boð**, n. *foreboding, anticipation, fancy* (þat er nær mínu -boði, at); **-boðit**, pp. n., hafa e-t -boðit, *to intend*; **-borð**, n. *courage*; **-borg**, f. *the breast* (poet.); **-bót**, f. *comfort*; **-brigðr**, a. *fickle, false* (við e-n).

hugð, f., only in compds., hugðar-.

hugða, f. *interest, affection*; leggja hugðu til e-s, *to take interest in, feel affection for one* (konungr leggr enga hugðu til hests síns); mæla, rœða af hugðu, *to speak from one's heart.*

hugðar-erindi, n. *a matter which one has at heart*; **-maðr**, m. *intimate friend*; **-mál**, n. = -erindi.

hug-dirfa (-ða, -ðr), v. *to encourage*; **-dirfð**, f. *courage*; **-djarfr**, a. *courageous, stout-hearted.*

hugðu-maðr, m. = hugðar-maðr.

hug-dyggr, a. *steadfast*; **-fastliga**, adv. *steadfastly*; **-fastr**, a. *steadfast, fixed in one's mind*; e-m er e-t -fast, *one is bent on*; **-fátt**, a. n., e-m verðr -fátt, *one loses heart*; **-feldr**, a. *agreeable*; **-festa** (-sta, -str), v. (1) *to fix in one's mind*; (2) *to make up one's mind about*; **-fullr**, a. *full of courage.*

hugga (að), v. *to comfort, console*; refl., huggast, *to be comforted.*

huggan, f. *comfort, consolation.*

hugganar-orð, n. *word of comfort*; **-ván**, f. *hope of comfort.*

huggandi, **huggari**, m. *comforter.*

hug-góðr, a. *kind-hearted, cheerful*; **-gæfr**, a. *cheerful*; **-gœði**, n. *goodness of heart*; **-hress**, a. *cheerful, at ease*; **-hreysti**, f. *courage*; **-hvarf**, n. *change of mind*; telja e-m -hvarf, *to persuade one to change his mind*; **-hœgr**, a., e-m er -hœgt, *one feels at ease*.

hugi, m. *mind* (= hugr); illum huga, *with evil mind, ill, badly*; hafa e-t í huga, *to have in one's mind, to think of*; leiða e-t huga, *to consider*.

huginn, m. *the wise raven of Odin*.

hug-kvæmligr, a. *ingenious, apt*; **-kvæmr**, (1) *recurring to one's mind*; (2) *mindful, attentive*; **-kœmligr**, a. = -kvæmligr; **-lauss**, a. *faint-hearted, cowardly*; **-leggja** (see leggja), v. *to lay to mind, to reflect on*; **-leiða** (-dda, -ddr), v. *to pay attention to, consider*; **-leiðing**, f. *reflection*; **-létt**, a. n., e-m er -létt = e-m er -hœgt; **-léttir**, m. *mind's ease, comfort*; **-leikit**, pp. n., mér er eigi -leikit at, *I have no mind to*; **-leysa**, f., **-leysi**, n. *faint-heartedness*; **-lítill**, a. *faint-hearted*; **-ljúfi**, m. *darling* (hann var -ljúfi allra manna); **-maðr**, m. *bold man*; **-mannliga**, adv. *boldly*.

hugna (að), v. *to please*; e-m hugnar e-t, *one is pleased, satisfied with a thing*; impers., mér hugnar vel (illa) við e-n, *I am pleased (displeased) with one*; refl., hugnast = hugna.

hug-prúðr, a. *stout-hearted, noble*; **-prýði**, f. *courage, nobleness*.

hugr (-ar, -ir), m. (1) *mind*; í hug eða verki, *in mind or act*; vera í hug e-m, *to be in one's mind*; koma e-m í hug, *to come into one's mind, occur to one*; leiða e-t hugum, *to consider*; ganga (líða, hverfa) e-m ór hug, *to pass out of one's memory, to be forgotten*; snúa hug sínum eptir (at, frá) e-u, *to turn one's mind after (to, from)*; mæla um hug sér, *to feign, dissemble*; orka tveggja huga um e-t, *to be of two minds about a thing*; orkast hugar á e-t, *to resolve*; ef þér lér nökkut tveggja huga um þetta, *if thou be of two minds about the matter*; (2) *mood, heart, temper, feeling*; góðr h., *kind heart*; illr h., *ill temper, spite*; heill h., *sincerity*; reynast hugi við, *to make close acquaintance*; hugir þeirra fóru saman, *they loved each other*; (3) *desire, wish*; leggja hug á e-t, *to lay to heart, take interest in*; leggja lítinn hug á e-t, *to mind little, neglect*; leggja hug á konu, *to fall in love with a woman*; mér leikr h. á e-u, *I long (wish) for a thing*; e-m rennr h. til e-s, *to have affection for one*; mér er engi hugr á at selja hann, *I have no mind to sell him*; (4) *foreboding*; svá segir mér h. um, *I forebode*; hann kvað sér illa hug sagt hafa (*he had evil forebodings*) um hennar gjaforð; mér býðr hugr um e-t, *I anticipate* (eptir gekk mér þat, er mér bauð hugr um); mér býðr e-t í hug, *it enters my mind, I think*; gøra sér í hug, *to imagine*; (5) *courage*; h. ræðr hálfum sigri, *a stout heart is half the battle*; herða huginn (hug sinn), *to take heart, exert oneself*.

hug-rakkr, a. *stout-hearted*; **-raun**, f. (1) *trial of one's mind*; (2) *trial of valour*; **-rekki**, f. *courage, intrepidity*; **-renning**, f. *thought*; **-ró**, f. *peace of mind*.

hug-ró, f. *clinch on a sword's hilt*.

hug-rúnar, f. pl. '*mind-runes*'.

hugsa (að), v. *to think, think upon*; hugsat hefi ek kostinn, *I have thought over the terms*; h. eptir um e-t, *to consider*; h. e-t fyrir sér, *to ponder over, reflect upon*; h. um e-t, *to think about*; h. sik um e-t, *to take counsel with oneself about a thing, consider*.

hugsan, f. (1) *thought, thinking*; bera h. fyrir e-u, *to ponder over*; (2) *opinion* (hér em ek í annari h.).

hugsanar-augu, n. pl. *mental vision, intellect*; **-stund**, f., **-tími**, m. *time for consideration or reflection*.

hugsi, a. indecl. *thoughtful, meditative, absent-minded* (hann fór jafnan sem h. væri).

hug-sjúkr, a. *distressed, anxious*; **-skot**, n. *mind, soul*; **-sótt**, f. *care, anxiety, concern*; **-speki**, f. *sagacity, foresight*; **-steinn**, m. *the heart* (poet.); **-sterkr**, a. *strong of mind*; **-stiginn**, pp. *in high spirits*; **-stolinn**, pp. *mad, crazy*; **-stórr**, a. *high-minded*; **-stœðr**, a. (1) *fixed in one's* *mind*; (2) vera -stœtt til e-s, *to be opposed to one*; **-sýki**, f. *anxiety*; **-sýkja** (-ta, -tr), v. *to make one anxious*; **-tregi**, m. *affliction, grief*; **-trúr**, a. *true, faithful*.

hugum-stórr, a. *great of heart*.

hug-veikr, a. *weak-minded*; **-vit**, n. *understanding, sagacity*; **-þekkr**, a. *endeared to one, after one's heart* (-þekkr allri alþýðu); **-þokkaðr**, pp. *well disposed*; **-þokki**, m. *mind, disposition, judgement* (hefir þetta farit eptir -þokka mínum); **-þungt**, a. n., e-m er -þungt, *one is depressed*.

huld, f. *giantess*, = trollkona.

hulda, f. (1) *cover, veil* (mikil þoka ok h. liggr yfir eyju þeirri); (2) *hiding, secrecy*; drepa huldu á e-t, *to hide, conceal a matter*.

huldar-höttr, m. *hood of disguise*.

huliðr, pp. *hidden, obscure*.

huliðs-hjálmr, hulins-, m. '*hiding helmet*'; bregða -hjálmi yfir e-n, *to make one invisible*.

hulning, f. *hiding, covering*.

humarr (gen. -s, pl. humrar), m. *lobster*; humra fjöll, *waves* (poet.).

humótt, f. = hámót.

hunang, n. *honey*.

hunang-ligr, a. *honeyed*.

hunangs-dögg, f., **-fall**, n. *honey dew*; **-ilmr**, m. *smell of honey*; **-lœkr**, m. *stream of honey*.

hund-, in compds., *very, extremely*; **-djarfr**, a. *exceedingly bold*; **-forn**, a. *very old*.

hund-gá, f. *barking*; **-heiðinn**, a. '*dog-heathen*', = heiðinn sem hundr.

hund-margr, a. *innumerable*.

hundr (-s, -ar), m. *dog, hound*; vera ór hunda hljóði *or* hljóðum, *to have made one's escape*.

hundrað (pl. **hundruð**), n. *hundred*; tírœtt h. = 100; tólfrœtt h. = 120; hundruðum, *by* (*in*) *hundreds*; as value, *one hundred and twenty ells of the stuff wadmal*; h. frítt, *a hundred paid in cattle*; tólf hundruð mórend, *twelve hundred in dark-striped wadmal*; hundrað silfrs, ? *the silver value of* 120 *ells* (= 20 *ounces*).

hundrað-faldr, a. *hundredfold*.

hundraðs-höfðingi, m. *centurion*.

hunds-bit, n. *bite of a dog*; **-soð**, n. *broth made from a dog*.

hund-tík, f. *bitch*.

hund-villr, a. *utterly lost, quite astray*; **-víss**, a. *very wise* (hundvíss jötunn).

hungr (gen. -rs), m. and n. *hunger*.

hungra (að), v. impers., e-n hungrar, *one hungers*; **hungraðr**, a. *hungry*.

hurð (pl. -ir), f. *door*; h. er aptr, *the door is shut*; drepa á h., *to knock at the door*.

hurðar-ásar, m. pl. '*door-beams*'; **-bak**, n. *the back of a door*; at -baki, *behind the door*; **-bora**, f. *small hole in a door*; **-flaki**, m. *hurdle*; **-hringr**, m. *door-ring*; **-járn**, n. *door-hinge*; **-klofi**, m. *door-groove*; **-oki**, m. *a cross-plank joining the boards of a door* (þá boraði A. hurðarokann).

hurð-áss, m. '*door-beam*'.

huttututu, interj., to express shivering from cold.

húð (pl. -ir), f. *hide* (of cattle).

húðar-þvengr, m. *a thong cut out of a hide*.

húð-fat, n. *a kind of hammock*.

húðfats-félagi, m. *hammock mate*.

húð-keipr, m. *canoe of skin, kayak*; **-lát**, n. *loss of one's hide, flogging*; **-skór**, m. *a shoe of raw hide*; **-strjúka** (see **strjúka**), v. *to flog*; **-stroka**, f. *flogging*; **-strýkja** (-ta, -tr), v. *to flog*; **-þak**, n. *roof of hides*; **-þekja**, (see **þekja**), v. *to cover with hides*.

húfa, f. (1) *cap, bonnet*; (2) *vault, ceiling of a church* (hann lét penta húfuna).

húfr (-s, -ar), m. *hulk or hull* of a ship (undir húfinn á skipi).

húka (-ta, -t), v. *to squat*.

húm, n. *twilight, dusk*.

húma (að), v. *to grow dusk* (var nú mjök húmat).

Húna-land, n. *the land of the Huns*.

Húnar, m. pl. *the Huns*.

hún-bora, f. *the hole in the mast-head through which the halyard went*; vinda segl við -boru, *to hoist the sail*; **-dreginn**, pp. *hoisted to the top*; **-kastali**, m. *the crow's nest at the mast-head* (á knörrunum vóru húnkastalar).

Húnir, m. pl. *the Huns*.

hún-lenzkr, a. *Hunnish*; **-megir**, m. pl. = Húnar, Húnir.

húnn (-s, -ar), m. *the knob at the top of the mast-head*; draga segl við hún (í hún upp), vinda upp segl við húna, *to hoist a sail to the top.*

húnn (-s, -ar), m. (1) *bear's cub*; (2) *urchin, boy* (poet.).

húnskr, a. = húnlenzkr, hýnskr.

hús, n. *house* (leita nú um hvert h. á þeim bœ); pl. *the group of buildings on a farm*, = bær; taka hús (pl.) á e-m, *to take a person by surprise in his house*; at húsa baki, *at the back of the houses.*

húsa (að), v. *to build houses, furnish with houses* (Uni húsaði þar).

húsa-bœr, m. *farmstead, farm-houses*; **-kostr**, m. *lodgings, house-accommodation*; **-kot**, n. *cottage*; **-kynni**, n. pl. = -kostr; **-mót**, n. pl. *the joining of buildings*; **-skipan**, f. *arrangement of buildings*; **-snotra**, f. *an ornament on a gable-head or on a ship*; **-topt**, f. *house walls* (without the roof); **-umbœtr**, f. pl. *house repairs*; **-viðr**, m. *house-timber*, **-vist**, f. *abode* (hann tekr sér þar -vist).

hús-bak, n. *back of the houses*; **-bóndi**, m. *master of the house*; **-brenna**, f. *house-burning, arson*; **-búnaðr**, **-búningr**, m. *house furniture*, esp. *hangings, tapestry*; **-dyrr**, f. pl. *house doors*; **-endi**, m. *house end, gable*; **-fastr**, a. *domiciled*; **-freyja**, f., **-frú**, f. (1) *mistress of the house*; (2) *wife*; **-gafl**, m. *house-gable*; **-ganga**, f. '*house-walking*', *visits*; **-gangr**, m. *begging from house to house* (fara á -gang); **-gumi**, m. = -bóndi; **-göngull**, a. *making many visits*; **-gørð**, f. *house-making.*

húsi, m. *case* (skæra-húsi, *scissor case*).

hús-karl, m. (1) *house-carle, man-servant*; (2) pl. *the king's men, his body-guard.*

húskarla-lið, n. *body of house-carles.*

hús-kona, f. *housewife, lady of the house*; **-kytja**, f. *hovel.*

húsl, n. *housel*; **húsla** (að), v. *to housel, administer the Eucharist to one* (var húslaðr ok dó síðan).

hús-mœnir, m. *ridge of a house*; **-prúðr**, a. = hýbýla-prúðr; **-veggr**, m. *house wall*; **-þekja**, f. *house-thatch*; **-þing**, n. *council, meeting* (to which a king or chief summoned his people or guardsmen).

hvaðan, adv. (1) *whence*; þóttist engi vita, h. veðr var á, *whence (from what quarter) the wind blew*; meðan ek veit eigi víst, h. G. hinn ríki stendr at, *as long as I know not what side G. takes*; (2) *from wheresoever*; h. sem, *from what place or source soever*; hann siglir h. sem á er, *he sails, whatever wind may blow*; h. æfa, *from every side* (þustu þá borgarmenn h. æfa at þeim); *on all sides*; hann vann svá, at h. æfa vóru á honum hendrnar, *he worked as if he had hands all over him.*

hval-föng, n. pl. *stores of whale (blubber)*; **-gröf**, f. *whale pit* (where blubber was kept); **-járn**, n. *harpoon*; **-kaup**, n. *purchase of whale-blubber*; **-kálfr**, m. *young whale*; **-koma**, f. *stranding of whales.*

hvalr (-s, -ar, and -ir), m. *whale*; skera hval, *to flense a whale.*

hval-reið, f., **-reki**, m., **-rekstr**, m. *stranding of whales*; **-rif**, n. *whale's rib*; **-saga**, f. *news of a whale.*

hvals-auki, m. *spermaceti.*

hval-skurðr, m. *flensing (cutting up) of a whale*; **-skyti**, m. *whale harpooner.*

hvammr (-s, -ar), m. *grassy hollow or little vale* (kaus hann sér bústað í hvammi einum).

hvann-njóli, m. *angelica-stalk.*

hvar, adv. (1) *where, in or at what place* (h. vartu í nótt, eða h. er þitt heimili?); h. skulu vit á leita? *where shall we search?*; (2) *where, to what place, whither* (sé ek nú, h. sök horfir); (3) *anywhere*; hér framarr en h. annars staðar, *here more than anywhere else*; (4) *in each place* (urðu þrjú þing í hverjum fjórðungi ok skyldu þingnautar eiga hvar saksóknir saman); hér ok h., *here and there, now here now there*; víðast h., *in most places, in most instances*; h. sem, *wherever* (h. sem hann fór); (5) *ever* *so, very*; h. fjarri, *ever so far, very far off* (ek ligg einn í húsi ok kerling mín, en h. fjarri öðrum mönnum); víðara h., *ever so much farther* (um allt Hálogaland ok þó víðara h.); h. meiri, *ever more, much more* (ek skal þó h. meiri stund á leggja).

hvarf, n. *disappearance* (h. Iðunnar); rann hann þeim þar h., *he ran out of their sight.*

hvarfa (**að**), v. (1) *to be turned round*; lét hann sér í hendi h. ker gullit, *he rolled the gold cup round in his hand*; (2) *stroll about* (fílarnir hvarfa um skóginn); e-m hvarfar hugr, *one's mind wavers*; (3) h. í milli, *to stand between* (*in the way*).

hvar-fúss, a. *fickle* (poet.).

hvargi, adv. *in each* (*every*) *place, everywhere*; h. er (*or* sem), *wheresoever* (h. er þú tekr land).

hvar-leiðr, a. *loathsome to all men.*

hvarmr (**-s, -ar**), m. *eyelid.*

hvars, adv. = hvar es, *wheresoever.*

hvar-vetna, adv. *everywhere.*

hvass, a. (1) *sharp, keen* (h. knífr, hvöss øxi, hvasst vápn); *pointed, tapering* (h. hjálmr); (2) fig., of the intellect, *keen* (hvasst næmi); of the eyes or sight (hvöss augu, hvöss sjón); (3) *sharp, acute*; hvasst hljóð, *a sharp sound*; (4) of wind, *sharp, fresh* (h. byrr, hvasst veðr, andviðri).

hvass-eggjaðr, a. *keen-edged*; **-eygr**, a. *keen-eyed*; **-leikr**, m. *sharpness*; **-leitr**, a. *sharp-looking*; **-liga**, adv. *sharply*; **-nefjaðr**, a. *sharp-nebbed*; **-tenntr**, a. *sharp-toothed*; **-viðri**, n. *sharp gale*, = hvasst veðr.

hvat (old gen. **hvess**, dat. **hví**), neut. pron. I. interrog. (1) *what* (h. sýnist þér ráð?); h. er þér, Hjálmar? *what is the matter with thee, H.?*; expressing wonder, *what sort of?* (h. Øgmundr ertu?); with gen., h. er þat fira, flagða, drauma, fiska? *what sort of men, witches, dreams, fishes?* h. manna ertu? *what sort of a man art thou?*; with dat., hann spurði, h. mönnum þeir væri, *what kind of men they were*; (2) implying an answer in the negative, *to what end? of what use?* (h. skal rögum manni langt vápn?) (3) *how*, = hve, hversu; fréttir hann nú, h. liði bónorðs-málum, *how the wooing was going on*; II. indef. pron. (1) *each, every*; h. at öðru, '*each with the other*', *everything*; þat lið, er honum fylgdi, flýr sér hvat, *scattered in all directions*; h. bíðr sinnar stundar, *there is a time for everything*; (2) = hvatki, with the relat. part. 'er (es)' or 'sem'; h. sem *or* h. es, *whatsoever*; (3) with compar., *ever so much*; hann var til hans h. betr en til sinna barna, *he was ever so much kinder to him than to his own children.*

hvata (**að**), v. (1) *to hasten*, with dat., h. för sinni, h. ferðinni, *to hasten one's journey*; h. göngunni, *to quicken one's pace*; h. báli, *to hurry on the bonfire*; (2) absol., *to hasten, speed* (h. til skipa, h. heim).

hvata-, gen. pl. from 'hvöt'.

hvata-buss, m. *busybody*; **-maðr**, m. *prompter.*

hvatan, acc. from 'hvatr', adv. *at a quick pace* (ríða h.).

hvati, m. *hurry, haste.*

hvatki, indef. pron. (1) *each thing, everything for itself* (munu þér þá vita til hvers h. kemr); (2) with 'er'; h. er (es), *whatsoever* (heill er hugr Atla, h. es þik dreymir).

hvat-látr, a. *quick*; **-leikr**, m. *alacrity, activity* (-leikr í orrostum); **-liga**, adv. *quickly* (ríða -liga); **-ligr**, a. *quick, brisk*; -ligt lið, *active troops.*

hvatr, a. *active, brisk, vigorous* (h. maðr, h. hugr); neut. 'hvatt' as adv. *quickly* (ríða hvatt, sem hvatast).

hvat-ræði, n. *quick action*; **-skeyti**, n. *precipitancy*; **-skeytiligr**, a. *rash, headlong.*

hvat-vetna (gen. **hvers-**, dat. **hví-vetna**), pron. n. *anything whatever*; vex þér hvatvetna í augu, *everything grows big in thy eyes*; var Hrafn fyrir þeim í hvívetna, *H. was their superior in every respect.*

hvat-vísi, f. *temerity*; **-vísliga**, adv. *rashly*; **-víss**, a. *rash, headlong, reckless* (maðr hvatvíss ok óvitr).

hválf, n. (1) *vault*; (2) *concavity* (of a shield).

hválfa (**-da, -t**), v. = hólfa.

hváll (**-s, -ar**), m. *hill, hillock, knoll* (dalr var í hválinum).

hváptr (**-s, -ar**), m. *mouth, chops.*

hvárgi (neut. **hvárki** and **hvártki**), indef. pron. *neither* (of two); h. þeirra, *neither of them*; neut. 'hvárki' as adv., hvárki . . . né, *neither . . . nor* (hefir h. heyrt til hans styn né hósta).

hvárgin-ligr, a. *neuter* (-ligt kyn).

hvárigr or **hvárugr,** indef. pron. *neither,* = hvárgi.

hvárr, pron. (1) *which* (of the two); in pl. of two parties, hvárir sigrast, *which of both (hosts) will gain the day*; (2) *each* (of the two); h. við annan, *each to the other*; sinn veg h., *each his own way*; (3) at hváru, *yet, nevertheless, however.*

hvárrgi, pron. = hvárgi.

hvárr-tveggi, -tveggja, pron. *each of the two, either, both*; (1) as adj., ór hvárritveggju hlustinni, *out of both ears*; (2) as subst. with gen., **-tveggi** þeirra, *both of them*; with a possess., -tveggi okkarr, *both of us*; (3) the neut. hvárttveggja, used as adv., *both* (hvárttveggja karlar ok konur).

hvárt, neut. from 'hvárr', as interr. adv., *whether,* direct and indirect; h. grætr þú? *whether dost thou weep (or not)?* h. skal ek fara eðr eigi? *whether shall I go or not?* hann vildi vita, h. hann var í brynju, *he wanted to know whether he wore a coat of mail*; with the rel. part. er (es *or* sem), h. er . . . eða, *whether . . . or* (h. er þeir töluðu hér til fleira eða færra).

hvárz = hvárts = hvárt es (= er).

hvé, adv. (1) *how, in what manner* (hvé fór með þeim?); h. heitir þú? *how art thou named?*; (2) qualifying an adj. or adv., *how, to what extent*; h. gamall maðr hann væri, *how old he was*; þeir vissu eigi, h. fram var, *they did not know the time of day*; h. nær? *when?* (hvé nær mun hann heim koma?)

hvégi, adv. *howsoever,* always with a following particle, er (es) *or* sem (h. lengi sem, h. víða sem).

hveim, dat. from the obsolete pron. 'hvar' = hverr; (1) *to whom?* (h. eru bekkir baugum sánir?); (2) *to any* (manni h. *or* manna h.); h. er (es), *to whomsoever* (orðstírr deyr aldregi hveim, er sér góðan getr).

hveiti, n. *wheat*; **-akr,** m. *wheat-field*; **-mjöl,** n. *wheat meal, flour.*

hvel, n. *wheel*; á hverfanda hveli, *on a whirling wheel.*

hvelfa (**-da, -dr**), v. *to upset, overturn,* with dat. (hann hvelfdi nökkvanum undir sér); impers., skipinu hvelfdi, *the ship capsized.*

hvell-mæltr, a. *clear-voiced.*

hvellr, a. *shrill, sharp in tone* (h. lúðr); hvell rödd, *a clear voice*; mæla (tala) hátt ok hvellt, *to speak loud and clearly.*

hvelpr (**-s, -ar**), m. *whelp.*

hvenar, adv. *when?* (= hvé nær).

hverfa (**hverf**; **hvarf, hurfum**; **horfinn**); v. (1) *to have a circular or rotatory motion, turn round* (himinn hverfr); with acc. of the place, himin h. þau skulu hverjan dag, *they shall wheel round the heaven every day,* of the sun and moon; (2) *to be lost* to sight (h. at sýn); *to disappear, vanish* (hverfa af himni heiðar stjörnur); e-m hverfr e-t, *one loses a thing* (Mávi hurfu sauðir nökkurir); síðan hvarf hann þeim, *he vanished out of their sight*; (3) with preps. and advs., h. af at gera e-t, *to leave off doing a thing*; h. aptr, *to turn back, return*; aptr hverfr lygi, þá er sönnu mœtir, *a lie recoils before the truth*; h. at e-m, *to throng around one* (þá hurfu þegar at honum allir ok fögnuðu honum); h. at e-u, *to turn to, to adopt* (h. at e-u ráði); h. brott, *to disappear*; h. eptir e-m, *to follow one*; h. frá e-u, *to turn away from*; gørðu-t far festa, áðr þeir frá hyrfi, *they did not moor the boat before they turned away*; *to leave off* (nú skal þar til taka, sem fyrr var frá horfit); h. í sundr, *to part*; h. til e-s, *to turn (go) to one, or to a place* (hlæjandi Guðrún hvarf til skemmu); esp. *to go to one and take leave* (Gunnar hverfr til allra manna, er hann er búinn); *to fall to one's lot, accrue to one* (þótti stór heill til hans horfit hafa); h. um e-t, *to encircle, surround* (h. um hodd goða); h. undan e-m, *to be withdrawn from, lost to one* (hvarf ríki í Noregi undan Dana konungum); (4) **horfinn**, pp. (1) *surrounded* (bœrinn var h. mönnum); vera vel vinum h., *to be well backed by friends*; vel um horfit, *in good condition* (þar stóð naust ok var vel um horfit); (2) *abandoned, forsaken*; heillum h., *forsaken by luck*; sök h., *having lost the suit*; heraði h., *bereft of a dwelling in the district.*

hverfa (**-ða, -ðr**), v. (1) *to turn a thing* (in a certain direction); h. e-m hugi (acc. pl.), *to change a person's mind*; (2) h. e-u um e-t, *to enclose with a thing*; vera hverfðr útan um e-t, *to encircle a thing.*

hverfi, n. *cluster of farms.*

hverf-lyndi, n. *fickleness*; **-lyndr**, a. *fickle-minded.*

hverfr, a. (1) *shifty, changeable* (h. hugr); (2) neut., hverft, *quickly* (fara h.; stýra h.).

hverf-ráðr, a. *fickle, wavering.*

hverfull, a. *shifty, changeable.*

hvergi, pron. (1) *each, every one* (hann lét sem hann eigi vissi, hvat h. talaði); (2) adding 'er' *or* 'sem', *whosoever* (h. er þá beiðir); hverngi veg sem (*howsoever*) hann vill svara.

hvergi, adv. (1) *nowhere* (hann undi h.); h. annars staðar, *nowhere else*; (2) *by no means, not at all*; vil ek h. fara, *I shall not go at all*; vera h. fœrr, *to be quite unable to go*; h. nær, *far from it* (h. nær allir); with compar. (Bergr var þess h. fúsari); alls h., *nowhere at all.*

hver-gætir, m. '*cauldron-keeper*', *cook* (poet.).

hverigr, pron. = hvergi.

hvernig, adv. *how* (= hvern veg).

hvernin, hvernug, adv. = hvernig.

hverr (**-s, -ar**), m. (1) *kettle, cauldron*; (2) *hot spring* (hverrinn var bæði heitr ok djúpr).

hverr, pron. (1) interrog., used both substantively and adjectively, *who, which, what?* hverjar ero þær meyjar? *who are these maids?* h. á hestinn? *who owns the horse?* h. er þessi maðr? *who is this man?* hvern enda? *what end?* (2) indef. *each, every one*, as subst., with gen.; manna h., *every man*; fróðra h., *every wise man*; h. várr, *each of us*; as adj., h. gumi, *every man*; hverjan *or* hvern dag, *every day*; as adv., í hverju, *every moment* (veðrit óx í hverju); (3) *any* (fyrir útan hverja hjálp); (4) with the relat. part. 'er' *or* 'sem', *whosoever, whichever* (þá skulu þeir þegar drepa hann h. sem hann er); (5) with another pron. or adj; h. at öðrum, *one after another* (hverja nótt eptir aðra); at öðru hverju, *every now and then*; hverir tveir, *every two and two*; þriðja hvert ár, *every three years* (= á hverjum þremr árum); hverr . . . sinn, *every one . . . his* (hverr maðr í sínu rúmi); (6) relat. (rare), *who, which.*

hvers-dagliga, adv. (1) *every day*; (2) *commonly, generally* (eigi var hón margmælt -dagliga); **-dagligr**, a. (1) *every day*; (2) *common.*

hversdags-maðr, m. *an every-day man, ordinary person.*

hvers-konar, -kyns, adv. *of every kind* (á -konar lund).

hversu, adv. *how*, = hvé.

hvert, adv. (1) *whither, where* (Gunnar sagði þeim, h. hann ætlaði); (2) h. er, *whithersoever* (h. er hann ferr).

hver-vetna, adv. *everywhere* (= hvarvetna).

hvessa (**-ta, -tr**), v. (1) *to sharpen, whet* (h. spjót); h. augun á e-t, *to look keenly or hard at*; (2) *to stir up, instigate*; (3) impers., hvessir veðrit (acc.), *it blows up a gale.*

hvetja (**hvet; hvatta, hvöttum; hvattr**), v. (1) *to whet, sharpen* (h. sverð); (2) *to encourage* (síðan hvatti hann lið sitt); hvat hvatti þik hingat? *what urged thee to come here?*

hviða, f. *squall of wind.*

hvika (**að**), v. *to quail, shrink, waver* (= h. undan); impers., hví hvikar þér svá? *why art thou so slow?*

hvikan, f. *wavering.*

hvik-saga, f. *idle tale, slander.*

hvim-leiðr, a. *loathsome, detested* (-leiðr bæði trollum ok mönnum).

hvimsi, a. *taken aback, discomfited* (verða h. við).

hvinn, m. *pilferer*; **hvinnska**, f. *larceny*; **hvinnskr**, a. *thievish.*

hvinr, m. *whiz, whistling* (h. örvarinnar; hvinrinn af högginu).

hvirfill (gen. **-s,** dat. **hvirfli),** m. (1) *circle, ring*; (2) *crown of the head* (milli hvirfils ok ilja).

hvirfil-vindr, m. *whirlwind.*

hvirfing, f., **hvirfingr,** m. (1) *circle* (of men); setjast í hvirfing, *to sit down in a circle*; (2) *drinking match* (drekka hvirfing).

hvirfings-bróðir, m. *club-mate*; **-drykkja,** f. *drinking bout* (in a sort of club or guild).

hvirfla (að), v. *to whirl, spread* (þær ætluðu at h. heyit).

hviss, interj. *whew!*

hví, (1) an old dat. of 'hvat'; þá spurði Hallr, hví þat sætti, *then H. asked what was the matter*; fyrir hví, *why, wherefore* (fyrir h. biðr þú eigi lækningar?); (2) adv. *why?* = fyrir hví (hví ertu svá fölr?).

hvíla (-da, -dr), v. (1) with acc. *to rest*; h. lið sitt, *to let one's troops rest*; h. sik, *to take rest* (þeir hvíldu sik þar ok eyki sína); hvíldr, *rested* (þeir hafa mœdda hesta, en vér höfum alla hvílda); refl., hvílast = h. sik; (2) *to lie, rest, sleep in a bed* (h. í rekkju sinni); h. hjá e-m, *to sleep with one*; (3) *to lie buried* (til staðarins þar sem Ólafr hinn helgi hvílir).

hvíla, f. *bed*; ganga (fara) til hvílu, *to go to bed.*

hvíl-beðr, m. *bed of rest*; **-brögð,** n. pl. = hvílubrögð.

hvíld, f. (1) *rest, repose* (taka h. or hvíldir); (2) *pause* (þá var h. nökkur á um bardagann).

hvíldar-dagr, m. *day of rest, the Sabbath*; **-hestr,** m. *relay horse*; **-lauss,** a. *restless.*

hví-líkr, a. *of what kind or sort.*

hvílu-brögð, n. pl. *cohabitation*; **-félagi,** m. *bed-fellow*; **-gólf,** n. *bed closet*; **-klæði,** n. pl. *bed-clothes*; **-tollr,** m. *hire of a bed*; **-þröng,** f. *want of room in one's bed.*

hvína (hvín; hvein, hvinum; hvininn), v. *to whiz, whistle* (örvar hvinu hjá þeim öllum megin).

hvískr, n. *whisper, whispering.*

hvískra (að), v. *whisper.*

hvísl, n., **hvísla,** f. *whisper.*

hvísla (að), v. = hvískra; recipr., hvíslast, *to whisper to one another.*

hvíta-björn, m. *white bear, polar bear*; **-dagar,** m. pl. '*the white days*', *Whitsun-week.*

hvítadaga-helgr, f. *Whitsuntide*; **-vika,** f. *Whitsun-week.*

Hvíta-kristr, m. *the white Christ.*

hvít-armr, a. *white-armed.*

hvíta-sunna, f. *Whitsunday.*

hvítasunnu-dagr, m. = hvítasunna.

hvíta-váðir, f. pl. *the white dress worn by those newly baptized.*

hvít-beinn, a. *white-legged*; **-fjaðraðr,** a. *white-feathered*; **-fyssa** (-ti, -t), v. *to be white with foam*; **-haddaðr,** a. *white-haired, light-haired* (meyjar -haddaðar); **-hárr,** a. *white-haired.*

hvíti, f. *fair complexion.*

hvítingr, m. *a kind of whale.*

hvít-klæddr, pp. *clad in white*; **-leikr,** m. *whiteness.*

hvítna (að), v. *to become white.*

hvítr, a. *white* (hvítt silfr); h. á hár, *white-haired.*

hvít-röndóttr, a. *white-striped*; **-skeggjaðr,** a. *white-bearded*; **-skinn,** n. *white skin, ermine*; **-váðungr (-s, -ar),** m. *one dressed in white weeds* (hvítaváðir).

hvæsa (-ta, -t), v. *to hiss,* of serpents (h. sem höggormr).

hvæsa, hvæsing, f. *hissing.*

hvönn (gen. **hvannar,** pl. **hvannir),** f. *angelica.*

hvöt (gen. **hvatar,** pl. **hvatir),** f. *instigation, encouragement, impulse.*

hvötuðr, m. *encourager, instigator.*

hyggendi, f. *wisdom, prudence.*

hyggi-liga, adv. *wisely, prudently*; **-ligr,** a. *wise, prudent.*

hygginn, a. *wise, prudent, intelligent* (þeir er hyggnastir vóru).

hyggja (hygg, hugða, hugðr and **hugaðr),** v. (1) *to think, believe*; hugðu þó mjök sér hvárir-tveggju, *they were of different opinions*; (2) *to guess*; fár hyggr þegjanda þörf, *few can guess the needs of him that is silent*; (3) *to intend, purpose* (sóknargögn þau, er hann hugði fram at fœra); mæla fagrt, ok flátt h., *to speak fair and mean false*; mæla hugat (af hugðu), *to speak sincerely*; (4) h. e-m e-t, *to intend a thing for one, to have in store for one* (þóttist hann vita, at honum mundi slíkr kostr hugaðr); h. e-m vel, *to be well disposed towards a person*; h. e-u illa, *to be ill pleased with*; ok munu þau vel h. (*they will be glad*), er þau hafa akrinn; (5) with preps., h. af e-u, *to leave off thinking about, forget or drop* (h. af harmi, heimsku); h. af um leitina, *to give up the search*; h. at e-u, *to attend to, mind, look at*; konungr hugði vandliga at manninum, *the king looked closely at the man*; h. á e-t, *to think of* (h. á flótta); ef hann á grið hygði, *if he thought of any breach of faith*; h. fyrir e-u, *to look to, take heed to* (hygg nú svá fyrir hag þínum); h. til e-s, *to look forward to* with pleasure, &c. (hversu hyggr þú til at deyja? gott hygg ek til bana míns); h. um e-t, *to think about a thing*; h. um með e-m, *to deliberate with one about a thing*; (6) refl., hyggjast, *to think*; hyggst þú betr gøra munu? *thinkst thou thou canst do it better?* h. fyrir, *to hesitate*; hyggst vætr hvatr fyrir, *a valiant man flinches for nought.*

hyggja, f. *thought, mind, opinion.*

hyggjandi, f. = hyggendi.

hyggju-leysi, n. *thoughtlessness.*

hyggnast (**að**), v., h. af e-m, *to gain knowledge from one.*

hylda (**-lda, -ldr**), v. (1) *to cut up* (takit þér Högna ok hyldit með knífi); h. hval, *to flense a whale*; (2) refl., hyldast, *to grow fat, get flesh.*

hyldr, pp. *fleshy.*

hylja (**hyl, hulda, huliðr** and **huldr**), v. *to hide, cover* (hann huldi höfuð sitt); fara huldu höfði, *to go 'with the head covered', in disguise, by stealth.*

hyljan, f. *hiding, covering.*

hylla (**-ta, -tr**), v., h. sik e-m, *to court a person's friendship, make friends with*; h. fyrir e-m, *to recommend one*; refl., hyllast e-n = hylla sik e-m; h. e-n at, *to pay homage to.*

hylli, f. *favour, grace* (hafa guðs h.).

hylma (**-da, -dr**), v., h. yfir e-u, *to hide, conceal* (þarf ekki lengr yfir þessu at h.).

hylming, f. *concealment.*

hylr (**-jar, -ir**), m. *deep place, pool*, in a river (í hylnum undir fossinum).

hyrna, f. *point of an axe-head.*

hyrndr, a. (1) *horned* (hyrnd kýr); (2) *angular* (þrí-, fer-, átt-hyrndr).

hyrning (pl. **-ar**), f. *corner, nook* (of a house or room).

hyrningr, m. (1) *a horned man* (a bishop wearing a mitre); (2) *angle* (þrí-hyrningr, *triangle*).

hyrr (gen. **hyrjar**), m. *fire* (poet.).

hyski, n. = hýski.

hýbýla-, gen. pl. from hýbýli; **-bót**, n. *bettering of one's homestead*; **-brestr**, m. *home loss*; **-hættir**, m. pl. *home affairs, home manners*; **-prúðr**, a. *keeping a hospitable house* (A. var -prúðr ok gleðimaðr mikill); **-skömm**, f. *disgrace to the home.*

hý-býli, n. pl. (1) *home, homestead, house* (í annarra manna hýbýlum); (2) *household.*

hýða (**-dda, -ddr**), v. *to flog* (= berja húð af e-m).

hýðing, f. *flogging* (= húðstroka).

Hýnir, m. pl. = Húnar.

hý-nótt, f. *night of anxious waiting* (?).

hýnskr, a. *Hunnish.*

hýrast (**ð**), v. refl. *to be gladdened, brighten up* (hýrðist hann skjótt í viðbragði).

hýr-liga, adv. *cheerily, with a smiling face* (líta -liga til e-s); **-ligr**, a. *friendly, smiling.*

hýrr, a. *smiling, pleasant, mild, friendly* (h. í viðbragði).

hýsa (**-ta, -tr**), v. *to house, harbour.*

hýski, n. *household, family.*

hæð, f. (1) *height*; hann hljóp meirr en h. sína, *he could leap more than his own height*; (2) *height, eminence, hill* (gengu þeir upp á h. nökkura).

hæða (**-dda, -ddr**), v. *to scoff at, mock* (h. e-n *or* h. at e-m).

hæði-liga, adv. *mockingly, scornfully* (tala -liga til e-s); **-ligr**, a. (1) *derisive, disgraceful*; (2) *contemptible.*

hæðinn, a. *fond of mocking.*

hæði-yrði, n. pl. *taunts, gibes.*

hæðni, f. *mocking, mockery.*

hæfr, a. *fit, proper*; engu h., *good for nothing, useless, worthless.*

hæki-liga, adv. *vehemently.*

hæl-bein, n. *heel bone*; **-bítr**, m. *heel-biter*; **-dreginn**, pp. *dragging the heels in walking*; **-drep**, n. *blow on the heel.*

hæli, n. *shelter, refuge*; leita sér hælis, *to seek for shelter.*

hæl-krókr, m. '*heel-crook*', *catch with the heel* (a trick in wrestling).

hæll (**-s, -ar**), m. *heel*; hlaupa (fara, ganga) á hæla e-m, *to follow at one's heels*; hurð fellr (lýkst) á hæla e-m, *the door shuts (closes) upon one's heels*; fara aptr á hæli, *to return immediately*; hopa (fara) á hæl fyrir e-m, *to retreat, recede before one.*

hæll (**-s, -ar**), m. (1) *peg, pin*; (2) *handle* in a scythe-shaft (orf-hæll).

hæll, m. *a widow whose husband has been slain in battle.*

hæl-síðr, a. *reaching down to the heels* (-síðr kyrtill).

hængr, m. *male salmon.*

hæra, f. *hoariness, grey hair* (skegg hvítt af hæru); fá elli ok hæru, *to live to a hoary old age*; esp. in pl., grár (hvítr) fyrir (*or* af) hærum, *white with grey hair.*

hærðr, a. *haired*; h. vel, *having fine hair*; h. mjök, *having much hair.*

hæringr, m. *hoary (old) man.*

hæru-karl, m. = hæringr; **-kollr**, m. *hoary head*, a nickname; **-langr**, a. *having long grey hair*; **-skeggi**, m. *hoary beard*; **-skotinn**, pp. *grizzled.*

hætta (**-tta, -tt**), v. *to leave off*, with dat. (h. heyverkum); with infin. *to cease* (h. at tala).

hætta (**-tta, -tt**), v. *to risk, venture, stake*, with dat. (L. vildi eigi út h. sínum mönnum); h. til þess virðing þinni, *to stake thy honour on it*; impers., litlu hættir nú til, *there is but small risk*; absol., hefir sá er hættir, *he wins who risks*, '*nothing venture nothing have*'; h. til e-s, *to risk a thing* (vil ek heldr til þess h. en hitt spyrist á önnur lönd); h. á e-t, *to risk* (kváðust á það mundu h. at berjast); *to venture upon, to trust to* (h. á miskunn e-s); h. e-u undir e-n, *to depend on one for a thing.*

hætta, f. *danger, peril*; eiga mikit í hættu, *to run a great risk*; leggja e-t í hættu, *to expose to risk or danger* (leggja sik, líf sitt, fé sitt, í hættu); leggja á þá hættu, *to run the risk.*

hætting, f. *danger, risk.*

hættingar-ferð, f. *dangerous journey* (= hættu-ferð).

hætt-leggja (see leggja), v. *to risk*; **-liga**, adv. *dangerously*; **-ligr**, a. *dangerous*; kölluðu -ligan mátt hans, *they said that he was sinking fast.*

hættr, a. (1) *dangerous* (slíkr maðr er hættastr, ef); (2) *dangerously ill* (vera, liggja, h.); (3) *exposed to danger*; ekki h. fyrir vápnum, *proof against weapons*; (4) e-m er hætt við e-u, *one is in danger of*; var Þuríði við engu meini hætt, *Thurid was out of danger.*

hættu-ferð, **-för**, f. *dangerous journey*; **-lauss**, a. *free from danger, without danger*; **-lítill**, a. *little dangerous*; **-mikill**, a. *very dangerous*; **-ráð**, n. *dangerous plan.*

hœfa (**-ða, -ðr**), v. (1) *to hit*, with acc. (þeir hœfa aldri dýr); hann hœfði allt þat, er hann skaut til, *he never missed his mark*; h. til, *to aim*; svá hafði smiðrinn til hœft, *so well had he aimed*; (2) *to fit*, with dat. (hœfðu Kjartani þau klæði allvel); (3) *to behove, be meet* (eigi hœfir at drepa svá fagran svein); svá hœfir eigi, segir Úlfr, *that will not do, said U.*; h. e-m, *to be meet for one*; (4) refl., hœfast, *to fit each other, to correspond*; spjótit mun h. ok sár þat, *the shaft and the wound will correspond*; h. á, *to agree in time, coincide.*

hœfi, n. (1) *fitness*; vera við e-s h., *to fit one, be suitable, convenient* (Hrútr fekk sér nú konu þá, er honum þótti við sitt h.); (2) skjóta til hœfis, *to shoot at a mark.*

hœfi-látr, a. *moderate*; **-liga**, adv. *fitly*; **-ligr**, a. *fit, due.*

hœfindi, n. pl. *what fits, behoves.*

hœfing, f. *aiming*; gøra h., *to take aim.*

hœfinn, a. *aiming well, good at hitting the mark.*

hœfni, f. *good marksmanship* (Eindriði lofaði hœfni konungs).

hœgindi, n. pl. (1) *relief* (for the sick and poor); (2) *comforts*; snúast til hœginda, *to turn to advantage, for the better*; (3) in sing., *bolster, pillow, cushion* (undir hœgindit í hvílunni).

hœgja (-ða, -ðr), v. (1) *to abate*, with dat.; h. rás sinni, *to slacken one's course*; (2) *to relieve, seek relief for one* (var þeim hœgt í öllu sem mátti); (3) refl., hœgjast, *to abate* (sjór tók at h.); *to get smoother* (kann vera at hœgist ráðit); impers., eptir allt þetta hœgðist Fróða lítit, *F. became more at ease*.

hœg-liga, adv. *with ease, gently*; **-ligr**, a. *easy, convenient*; **-lífi**, n. *easy or comfortable life*.

hœgr (acc. **-jan** and **-an**), a. *easy, convenient*; ykkr er þat hœgst um hönd, *it is most at hand for you*; h. byrr, *a gentle, fair wind*; ekki var samlag þeirra hœgt, *they were not on good terms*; h. e-m *or* við e-n, *gentle towards one*.

hœgri, a. compar. (from hœgr), *right*; til h. handar, til hœgra vegs, *on the right hand, to the right*.

hœkil-bjúgr, a. *bowed in the knees*.

hœkja, f. *crutch*.

hœla (-da, -t), v. (1) *to praise*, with dat. (hann hœldi Úlfari mjök); (2) *to boast of* (sverði hœlir þú þar, en eigi sigri); (3) refl., hœlast, *to boast, vaunt*; h. e-u (af e-u, um e-t), *to boast of*; h. við e-n, *to boast over one*.

hœlinn, a. *given to boasting*.

hœlni, f. *boasting, bragging*.

hœna, f. *hen* (hani ok hœna).

hœns, hœnsn, n. pl. *hens, fowls*.

hœta (-tta, -tt), v. *to threaten*; h. e-m e-u, *to threaten one with a thing* (hœtti honum dauða).

hœting (pl. **-ar**), f. *threatening*.

hœtinn, a. *given to threatening*.

hœverska, f. *courtesy, good manners*.

hœversk-liga, adv. *politely, fashionably* (-liga klædd); **-ligr**, a. = hœverskr.

hœverskr, a. *well-mannered, polite*.

höðnu-kið, n. *female kid, young she-goat* (cf. 'haðna').

höfða (**að**), v. (1) *to cut the head off* (h. fisk), *to behead*; (2) h. mál (sök) á hönd (á hendr) e-m, *to bring an action against one*.

höfðaðr, pp. *headed* (h. sem hundr; cf. tví-, þrí-höfðaðr).

höfða-fjöl, f. *head-board of a bed-stead*; **-hlutr**, m. = höfuðhlutr; **-lag**, n. *bed's head*; **-skip**, n. *a ship with an ornamental prow*; **-tal**, n. '*tale of heads*', *number of persons*, etc.

höfði, m. *headland*.

höfðingi (pl. **-jar**), m. (1) *chief, leader*; h. þeirrar ráðagørðar, *at the head of that plan*; (2) *captain, commander* (K. var h. yfir þeim her); (3) *chief, ruler*, esp. in pl., *men of rank or authority* (höfðingjar ok góðir menn; hann gørðist þá h. mikill).

höfðingja-, gen. from 'höfðingi'; **-ást**, f. *love for one's chief*; **-bragð**, n. *the bearing of a chief* (hafa -bragð á sér); **-djarfr**, a. *frank and bold in one's intercourse with the great*; **-efni**, n. *a hopeful man for a chief* (L. þótti bezt -efni austr þar); **-fundr**, m. *meeting of chiefs*; **-hlutr**, m. *a chief's lot or share*; **-kærr**, a. *in favour with the great*; **-lauss**, a. *chiefless*; **-merki**, n. *chief's standard*; **-nafn**, n. *chief's title*; **-skipti**, n. *change of rulers*; **-son**, m. *son of a chief*; **-stefna**, f. = -fundr; **-styrkr**, m. *support of great folk*; **-ætt**, f. *noble extraction, high birth*.

höfðing-liga, adv. *nobly, generously*; **-ligr**, a. *princely, noble*; **-skapr**, m. (1) *power, dominion*; (2) *authority, prestige*; (3) *liberality, generosity*.

höfga (**að**), v. *to make heavy*; impers., e-m (*or* e-n) höfgar, *one becomes heavy with sleep*.

höfga-vara, f. *heavy wares*.

höfgi, m. (1) *heaviness, weight*; (2) *sleep, nap* (rann á hann h.); *drowsiness* (sló á þá höfga svá miklum, at þeir máttu eigi vöku halda).

höfn (gen. **hafnar**, pl. **hafnir**), f. (1) *haven, harbour*; (2) *fœtus* (á þann hátt sem h. vex með konu); (3) *coat, cloak*, = yfirhöfn (hann tók af sér höfnina ok sveipaði um konunginn); (4) *tenure of land* (jarðar h.).

höfuð (dat. **höfði**; gen pl. **höfða**),

n. (1) *head* (höggva h. af e-m); láta e-n höfði skemmra, *to behead one*; strjúka aldrei um frjálst h., *to be never free, never at ease*; skera e-m h., *to make a wry face at one*; heita í h. e-m, *to be called after a person*; hætta höfði, *to risk one's life*; leggja við h. sitt, *to stake one's head*; fœra e-m h. sitt, *to surrender oneself to an enemy*; drepa niðr höfði, *to droop the head*; þoku hóf af höfði, *the fog lifted*; stíga yfir h. e-m, *to overcome one*; hlaða hellum að höfði e-m, *to leave one dead on the spot*; ganga milli bols ok höfuðs e-s *or* á e-m, *to hew off one's head, to kill outright*; senda e-n til höfuðs e-m, *to send one to take another's head*; leggja fé til höfuðs e-m, *to set a price on one's head*; leggjast e-t undir h., *to put aside, neglect* (Þ. lagðist eigi þessa ferð undir h.); vera höfði hærri, *to be taller by a head*; (2) *head, chief* (h. lendra manna); Þrándheimr hefir lengi verið kallaðr h. Noregs, *the chief district of Norway*; (3) *ornamental prow* of a ship (skip með gyltum höfðum); *ornamental head* on a bridle (slitnaði sundr beizlit, **ok** týndist h., er á var).

höfuð-á, f. *chief river*; **-árr**, m. *archangel*; **-átt**, f. *cardinal point*; **-baðmr**, m. *the 'head stem', agnate lineage*; **-band**, n. *head-band, snood, fillet*; **-bani**, m. *death, destruction*; **-bein**, n. pl. *head-bones*; **-benda**, f. (1) naut. *stay, shroud*; (2) fig. *stay, support*; **-blót**, n. *chief sacrifice*; **-borg**, f. *head town, capital*; **-ból**, n. *chief estate, manorial estate*; **-brot**, n. *great damage, ruin*; **-burðr**, m. *'bearing of the head'*, fig. *honour, credit, prestige*; e-m er lítill -burðr at e-u, *it does him little honour* (*credit*); **-bœr**, m. = -ból; **-dúkr**, m. *head-kerchief, hood*; **-faðir**, m. *protector, patron*; **-firn**, n. pl. *great scandal*; **-gersemi**, f. *great jewel*; **-gjarnt**, a. n. *fatal, dangerous to one's life*; **-gjöf**, f. *capital gift*; **-goð**, n. *principal god*; **-gæfa**, f. *great luck*; **-hátíð**. f. *principal feast*; **-hetja**, f. *great champion, chief*; **-hlutr**, m. *the upper part of the body*, opp. to 'fótahlutr'; **-hof**, **n.** *chief temple*; **-ísar**, m. pl. *great masses of ice, ice-banks*; **-kempa**, f. = -hetja; **-kennimaðr**, m. *great clerk, ecclesiastic*; **-kirkja**, f. *high-church, cathedral*; **-klerkr**, m. *great clerk or scholar*; **-konungr**, m. *sovereign king*; **-lausn**, f. '*head-ransom*' (the name of three old poems); **-lauss**, a. (1) *headless, without a head*; (2) *without a leader* (-lauss herr); **-leðr**, n. *head-piece of a bridle*; **-læknir**, m. *chief physician*; **-löstr**, m. *cardinal sin*; **-maðr**, m. *head-man, chief*; **-mein**, n. *sore* (*boil*) *on the head*; **-meistari**, m. *head-master*; **-merki**, n. (1) *chief mark, characteristic*; (2) *chief standard*; **-mikill**, a. *big-headed*; **-mundr**, m. *ransom*; **-nauðsyn**, f. *great need*; **-niðjar**, m. pl. *head-kinsmen, agnates*; **-órar**, m. pl. *delirium*; **-ráð**, **n.** *chief council*; **-ráðgjafi**, m. *chief adviser*; **-sár**, **n.** *wound in the head*.

höfuðs-bani, m. = höfuðbani.

höfuð-skáld, n. *great poet*; **-skepna**, f. *prime element*; **-skutilsveinn**, m. *head-cupbearer*; **-skömm**, f. *great shame, scandal*; **-skörungr**, m. *great and noble person*.

höfuðs-maðr, m. *head-man, leader, chief* (vel til fallinn at vera -maðr).

höfuð-smátt, f. *the opening for the head* (in a shirt or smock-frock); **-smiðr**, m. *chief builder*; **-staðr**, m. *capital, chief place*; **-steypa**, f. *tumbling on the head* (fara -steypu); **-sviða**, f. *singed sheep's head*; **-svörðr**, m. *head-skin, scalp*; standa yfir -svörðum e-s, *to have an enemy's head in one's power*; **-synd**, f. *cardinal sin*; **-sæti**, n. *chief seat*; **-tunga**, f. *chief language*; **-vápn**, n. *principal weapon*; **-veizla**, f. *chief banquet*; **-vél**, f. *chief device*; **-verkr**, m. *headache*; **-vinr**, m. *bosom friend*; **-vörðr**, m. *body-guard*; **-þing**, n. *chief meeting*; **-þváttr**, m. *head-washing*; **-ætt**, f. = -átt; **-œrr**, a. *insane*; **-œrsl**, **n.** pl., **-œrslur**, f. pl. = -órar.

höfug-leikr, m. *heaviness*.

höfugr, a. (1) *heavy* (h. steinn); (2) *heavy with sleep, drowsy*; e-m er höfugt, *one is sleepy*.

höfundr (-ar, -ar), m. (1) *author, originator*; (2) *judge* (rare).

högg (dat. **höggvi**), n. (1) *stroke, blow*; ljósta h. á dyrr, *to knock at the door*; skamma stund verðr hönd höggvi fegin, *only a short while is the hand fain of the blow*; eigi fellr tré við hit fyrsta h., *no tree falls at the first stroke*; (2) *beheading, execution* (leiða e-n til höggs); (3) fig. *gap, breach* (kom þá fljótt h. í liðit).

högg-fœri, n. *the being within sword's reach*; standa í -fœri (við e-n), *to stand within stroke of sword*; **-járn**, n. '*hewing iron*', *chopper*; **-ormr**, m. *viper*; **-orrosta**, f. *close fight*; **-ró**, f. *clinch* on a sword's hilt (cf. 'hugró'); **-rúm**, n. *room to use a sword*; **-sax**, n. *a kind of cutlass*; **-spjót**, *a kind of halberd*; **-staðr**, m. *place for a blow* (leita -staðar á e-m); **-stokkr**, m. *chopping-block*.

höggu-nótt, f. = hökunótt.

höggva (**høgg**; **hjó**, **hjoggum** *or* **hjuggum**; **höggvinn** and **högginn**), v. (1) *to strike, smite* (with a sharp weapon); høggr sá, er hlífa skyldi, *he strikes who ought to shield*; h. sverði (*or* með sverði), *to strike with a sword*; h. e-n bana-högg, *to give one his deathblow*; (2) *to cut down, destroy* (þeir hjoggu drekann mjök); (3) *to put to death, behead* (suma lét hann hengja eða h.); *to kill, slaughter* (h. hest, búfé, kýr, naut); (4) *to fell trees* (hann hefir höggvit í skógi mínum); (5) *to strike, bite* (of a snake, boar); ormrinn hjó hann til bana, *the snake struck him dead*; (6) with preps., h. e-t af, *to hew or cut off* (h. af kampa ok skegg); h. af fé, *to kill* (*slaughter*) *cattle*; h. e-t af sér, *to ward off*; h. eptir e-m, *to cut at one*, = h. til e-s (hjó eptir honum með sverði); h. í höfuð e-m, *to give one a blow on the head*; h. e-t niðr, *to cut down* (var merki hans niðr höggvit); *to kill, butcher* (I. hefir áðr niðr höggvit brœðr sína tvá); h. e-t ór, *to cut out*; fig. *to make even, smooth* (láta konung ok erkibiskup ór h. slíkar greinir); h. e-t í sundr, *to hew asunder*; h. til e-s, *to strike* (*cut*) *at one*, = h. eptir e-m; h. upp tré, *to cut down a tree*; h. upp skip, *to break a ship up*; (7) refl. *to be cut, hacked* (hjóst skjöldr Helga); þótti honum nú taka mjök um at höggvast, *things looked hard*; recipr., *to exchange blows, fight* (þeir hjuggust nökkura stund).

höggvandi, m. (1) *hewer, smiter*; (2) *headsman, executioner*.

högg-vápn, n. '*cutting weapon*', *sword or axe* (opp. to 'lagvápn').

höggva-skipti, **-viðskipti**, n. pl. *exchange of blows*.

högg-øx, f. '*hewing-axe*', *hatchet*.

högld (pl. **hagldir**), f. a kind of *buckle* (shaped like ∞), used to run a rope through with which hay is trussed (bregða reipum í hagldir).

höku-, gen. from 'haka'; **-bein**, n. *chin bone* (hökubeinit ok hakan); **-langr**, a. *having a long chin*.

hökul-brœkr, f. pl. '*cloak-breeches*' (exact meaning doubtful).

hökull (dat. **hökli**), m. *priest's cope, chasuble*.

hökul-skúaðr, pp. '*cloak-shod*' (?).

höku-mikill, a. *having a large chin* (hálslangr ok h.).

höku-nótt, f. *midwinter-night*.

höku-skegg, n. *beard on the chin*.

höld-borinn, pp. *born of a* 'höldr', *enjoying a* höld's *right, free-born*.

höldr, m. (1) a kind of *higher yeoman*; (2) in poetry, *man*; hölda synir, *sons of men*.

hölkn, n. *a rough, stony field*.

höll (gen. **hallar**, pl. **hallir**), f. *large house, hall* (esp. of a king or earl).

hølzti, adv. = helzti.

höm (gen. **hamar**), f. *ham or haunch* (of a horse).

hömlu-, gen. from 'hamla'; **-band**, n. *oar-strap, oar-grummet*.

hönd (gen. **handar**, dat. **hendi**; pl. **hendr**), f. (1) *hand*; taka hendi á e-u, *to touch with the hand*; hafa e-t í hendi, *to hold in the hand*; drepa hendi við e-u, *to refuse*; halda hendi yfir e-m, *to protect one*; taka e-n höndum, *to seize, capture*; bera hönd fyrir höfuð sér, *to defend oneself*; eiga hendr sínar at verja, *to act in self-defence*; láta e-t hendi firr, *to let go* *out of one's hands, to lose*; taka í h. e-m, *to join hands with one*; eiga e-t jöfnum höndum, *to own in equal shares*; sverja sér af hendi, *to forswear*; af hendi e-s, *on one's behalf, on the part of* (af hendi landsmanna); at hendi, as adv. *in turn*; hverr at hendi, *each in turn*; felast á hendi e-m, *to be under one's protection*; hvat er þér á höndum, *what hast thou in hand?*; ef honum væri ekki á höndum, *if he had nothing in hand, if his hands were free*; eiga e-t fyrir hendi (höndum), *to have in hand* (duty, business, engagement); vera í hendi, *to be at hand, at one's disposal*; hafa vel (illa) í höndum, *to behave well* (*badly*); hafa e-t með höndum, *to have in hand, manage, discharge*; hljóta e-t undan hendi e-s, *from one, at one's hand*; á h., á hendr, *against* (lýsa vígi á h. e-m); snúa vanda á hendr e-m, *to throw the responsibility on one*; fœrast e-t á hendr, *to undertake*; ganga (drífa) á h. e-m, *to submit to one*; bjargast á sínar hendr, *by one's own handiwork*; selja, gefa, fá e-t í hönd (hendr) e-m, *to give into one's hands, hand over*; búa e-t í hendr e-m, *to make it ready for one*; kalla til e-s í hendr e-m, *to lay claim to a thing at the hands of another*; þá sömu nótt, er fór í h., *the following night*; veðr óx í h., *the wind rose higher and higher*; vera hœgt um h., *to be easy in hand*; til handa e-m, *into one's hands*; ganga til handa e-m, *to put oneself in another's hands, submit to him*; ef þat berr þér til handa, *if it befalls thee*; þá skömm kýs ek mér eigi til handa, *I will not have that shame at my door*; biðja konu til handa e-m, *on one's behalf, for him*; (2) *the arm and hand, the arm* (höndin gekk af axlarliðnum; hann hefir á hœgri hendi hring fyrir ofan ölnboga); var eigi djúpara en þeim tók undir hendr, *the water just reached to their armpits*; (3) *hand, side*; á hœgri (vinstri) h., *on the right* (*left*) *hand, side*; á hvára h., *on either hand*; minnar (yðvarrar) handar, *for my* (*your*) *part*; (4) *kind, sort*; allra handa árgœzka, *great abundance of all things*.

höndla (**að**), v. (1) *to seize, capture* (h. glœpamann); (2) *to treat*; h. e-n illa, *to treat one ill*.

hönk (gen. **hankar**, pl. **henkr**), f. *hank, coil, loop, ring*; sterkar henkr, *strong clasps*.

hörfa (**að**), v. *to retire, withdraw* (h. undan); h. fyrir e-m, *to give way before one*.

hör-gefn, f. poet. *woman*.

hörgr (**-s, -ar**), m. *heathen place of worship, cairn or altar of stone* (hörg hann mér gørði hlaðinn steinum).

hör-hnoða, n. *clew of flax*.

hörkla (**að**), v. *to hobble, walk with difficulty* (þat lið tekr at dasast ok hörklar af heiðinni ofan).

hörkull, m. *noise, din*.

hörmugr, a. *afflicted, sorrowful*.

hörmu-liga, adv. *sadly*; **-ligr**, a. *sad, distressing* (-lig tíðendi).

hörmung, f. *grief, affliction*.

hörmungar-læti, -orð, n. pl., **-tala**, f. *lamentations*.

hörpu-, gen. from 'harpa'; **-leikr**, m. *playing on a harp*; **-skel**, f. '*harp-shell*', *scallop*; **-slagari, -slagi**, m. *harper*; **-slagr, -sláttr**, m. *striking the harp*; **-stokkr**, m. *harp-case*; **-strengr**, m. *harp-string*.

hörr (dat. **hörvi** and **hör**), m. *flax, linen* (af hör eða hampi); dúkr hvítr af hörvi, *a cloth of white linen*.

hör-skrýddr, pp. *clad in linen*.

hörund, n. and f. (1) *human flesh*, = hold (milli skinns ok hörunds); (2) *skin, complexion*; svartr á hár ok h., *black in hair and skin*.

hörundar-litr, m. *colour of flesh* (Hel er blá hálf, en hálf með -lit).

hörunds-litr, m. = hörundarlitr; **-ljóss**, a. *of bright complexion*.

hös-magi, m. *a sheep with a grey, dusky belly*; **-mögóttr**, a. *grey on the belly* (hrútr h. at lit).

höss (acc. **hösvan**), a. *grey*, of a wolf (úlfr hinn hösvi).

hösvast (**að**), v. refl. *to approach one wrathfully* (h. at e-m).

höttr (gen. **hattar**, dat. **hetti**; pl. **hettir**, acc. **höttu**), m. *hood*.

I

iða, f. *eddy, whirlpool.*

ið-gjöld, n. *recompense, reward*; **-gnógr**, a. *over-abundant*; **-gnótt**, f. *great abundance.*

iðinn, a. *diligent, assiduous.*

iðja (að), v. *to do, perform.*

iðja, f. *activity, doing, business.*

iðja-grœnn, a. *ever-green.*

iðju-, gen. from 'iðja'; **-fullr**, a. *hard-working*; **-lauss**, a. *idle*; **-leysi**, n. *idleness*; **-maðr**, m. *hard-working man*; **-samr**, a. *industrious.*

iðka (að), v. *to perform, cultivate.*

ið-líka, adv. *exactly alike* (e-m).

iðn (pl. -ir), f. *occupation, business.*

iðna (að), v. (1) *to do, perform,* = iðja; (2) *to work at* (a thing).

iðnar-, gen. from 'iðn'; **-maðr**, m. = iðjumaðr.

iðr, n. pl. *bowels, entrails.*

iðra (að), v. *to make one repent* (eigi iðra mik mínar gørðir); impers., e-n iðrar e-s *or* eptir e-t, and refl., iðrast e-s, *to repent of.*

iðran, f. *repentance.*

iðranar-fullr, -fúss, a. *repentant, penitent*; **-lauss**, a. *unrepentant*; **-mark**, n. *mark of repentance.*

iðrandi (pl. -endr), m. *repentant.*

iðrar, f. pl. (1) *bowels, entrails* = iðr; (2) *repentance.*

iðri, a. compar., see 'innri'.

iðug-liga, -ligr, = iðu-liga, -ligr.

iðu-kast, n. *whirling eddy,* = iða.

iðu-liga, adv. *frequently*; **-ligr**, a. *frequent, continuous.*

iður-liga, -ligr, = iðu-liga, -ligr.

if, ifa, ifan, see 'ef, efa, efan.'

il (pl. iljar), f. *sole of the foot.*

il-band, n. *strap under the foot.*

ilbanda-brœkr, f. pl. *breeches or trousers with* 'il-bönd'.

illa (compar. verr, superl. verst), adv. *badly, ill*; líka i., *to dislike.*

ill-bragð, n., **-brigði**, n. *bad trick*; **-býli**, n. *wretched home*; **-deildir**, f. pl. *hostilities, quarrels*; **-dýri**, n. *noxious animal.*

illendi, n. pl. (1) *spite* (til áleitni ok illenda); (2) *gangrene* (þat sár greri illa, svá at blástr hljóp ok illendi í).

ill-felli, n. *mishap*; **-fengr**, a. *ill-natured*; **-ferli**, n. pl. *ill doings, evil ways*; **-fúss**, a. *ill-willed*; **-fygli**, n. *noxious birds*; **fýstr**, pp. *bent on evil*; **-geta**, f. *imputation*; **-girnd**, f., **-girni**, f. *ill-will, ill-nature, malice*; **-gjarn**, a. *ill-willed, ill-natured, malicious*; **-gjarnligr**, a. *ill-natured, spiteful*; **-gresi**, n, '*evil grass*', *weeds, tares*; **-grunaðr**, pp. *suspected of evil* (um e-ð); **-gæti**, n. *ill fare*; **-gørð**, f. *evil doing, misdeed.*

illgørða-flokkr, m. *gang of evil-doers*; **-maðr**, m. *evil-doer*; **-samr**, a. *evil-doing.*

ill-hreysingr, m. *savage, miscreant*; **-hveli**, n. *evil* (*noxious*) *whale.*

illi-liga, adv. *hideously*; **-ligr**, a. *ill-looking, hideous* (-lig gaulan).

ill-kvikendi, -kykvendi, n. *noxious beast*; **-kyndugr**, a. *crafty, wily, cunning*; **-kyngi**, f. *wiliness*; **-leikni**, f. *ill-treatment* (gøra e-m -leikni).

ill-lifnaðar-maðr, m. *a man of an ill life* (-maðr um kvennafar).

ill-lifnaðr, m., **-lífi**, n. *wicked life*; **-lífr**, a. *wicked*; **-lyndi**, n. *evil temper, ill-nature*; **-læti**, n. pl. *hideous grimaces*; **-mannliga**, adv. *wickedly, cruelly*; **-mannligr**, a. *inhumane, cruel, wicked*; **-málugr**, a. *foul-mouthed, slanderous*; **-menni**, n. *wicked* (*cruel*) *man*; **-mennska**, f. *wickedness, cruelty*; **-mæla** (-ta, -tr), v. *to talk evil of, slander*, with acc. or dat.; **-mælgi**, f., **-mæli**, n. *slander, calumny, libel*; **-orðr**, a. *slanderous, abusive.*

illr (compar. **verri**, superl. **verstr**), a. (1) *ill, evil, bad*; illr maðr, *a bad man*; ill ráð, *evil counsel*; illum huga, *with evil intent*; illu feginn ver þú aldregi, *never rejoice at evil*; illar álögur, *evil, oppressive burdens*; (2) *hard, difficult*, with gen.; illr viðreignar, *ill to deal with*; (3) *close, mean, stingy* (illr af mat).

ill-ráðr, a., **-ráðugr**, a. *wicked*; **-ræði**, n. *evil deed, crime*.

illræðis-maðr, m. *evil-doer*.

ill-sakar, f. pl., troða -sakar við e-n, *to have it out with one*.

illska, f. *wickedness, cruelty*.

illskast (**að**), v. refl. *to wax wroth and furious*.

ill-skái, m. *the less of two evils*.

illsku-fullr, a. *full of wickedness*; **-kraptr**, m. *wicked power*; **-maðr**, m. *wicked* (*cruel*) *man*; **-þrá**, f. *inclination to mischief or evil*.

ill-spár, f. pl. *evil prophecy, croakings*; **-svipligr**, a. *ill-looking*; **-úð**, f. *ill-nature*; **-úðigr**, a. *ill-natured, evil-boding*; **-úðligr**, a. *ill-looking, grim*; **-verk**, n. *evil deed*; **-viðri**, n. *bad weather*.

illviðris-bakki, m., **-klakkar**, m. pl. *foul-weather clouds*.

ill-vili, m. *ill-will, hostility*; **-vilja**, a. indecl., **-viljaðr**, a. *ill-willed, evil-minded*.

illvilja-maðr, m. *ill-wisher*.

ill-virki (pl. **-virkjar**), m. *evil-doer, criminal*; **-virki**, n. *evil doing, crime, robbery, ravage*; **-vært**. a. n., illvært var úti, *one could hardly stay out-of-doors*; **-yrða** (**-ða**, **-ðr**), v. *to speak ill to, abuse*; **-yrði**, n. pl. *abusive language*; **-yrmi**, n. *noxious worms, vermin*; **-ýðgi**, f. = -úð; **-þræli**, n. *wretched thrall*; **-þýði**, n. *rabble, gang of thieves and robbers*.

illþýðis-fólk, n. = illþýði; **-maðr**, m. = illvirki (m.).

ilma (**-di**, **-t**), v. (1) *to smell sweet*; ilmandi, *sweet-smelling*; (2) *to scent, perceive by smell* (þefja ok ilma).

ilmr, m. *sweet smell, scent*.

imbru-dagar, m. pl. *Ember-days*.

imbrudaga-vika, f. *Ember-week*.

imbru-dœgr, n. pl. = -dagar.

in, temp. adv., pleonast. before a compar., hélt-a in lengr rúmi, *he kept not his place longer, he ran away*; mann in harðara = harðara mann, *a hardier man*; nema þú in snotrari sér, *unless thou art wiser*; né in heldr, *neither*; né hests in heldr, *nor of his horse either*; eigi in heldr ætla ek þat, *neither do I think that*.

inn (compar. **innarr**, superl. **innst**), adv. (1) *in, into*; ganga inn í búðina, *to go into the booth*; ganga inn, *to go in-doors* (Njáll gekk ýmist út eða inn); kasta e-m (setja e-n) inn, *to cast into prison*; var þar glaumr mikill inn (*in the house*) at heyra; inn eptir firði, *inwards along the firth*; (2) denoting the situation of a place, = inni (varð Hálfdán bráðdauðr inn í Þrándheimi); (3) innarr, *more inward, farther in*; innst, *most inward, farthest in*.

inn (**in**, **it**), def. art. *the* = hinn (hin, hit).

inna (**-ta**, **-tr**), v. (1) *to perform* (i. íþrótt); hafði hann þá af hendi innt alla sætt sína, *he had then fulfilled all the terms of his atonement*; (2) *to pay, discharge* (i. gjald af hendi); hvat áttu mér illt at i., *what evil hast thou to repay me?* (3) *to relate, tell* (i. sín vandræði); innti orðstafi at eldi ljósum, *she read out the letters by the light of the fire*; (4) i. til e-s, *to allude to, mention, speak of* (þá skatta, sem nú mun ek til i.); i. upp, *to sum up, expound* (i. upp allan málavöxt); (5) refl., innast til um e-t, *to discuss*; inntust þeir til um kaupakosti. *they discussed the bargain*; innast orð við, *to exchange words*.

innan, adv. (1) *from within, from an inner part* (reru þeir innan í móti þeim); læsti hón loptinu i., *she locked the door from the inside*; (2) *internally, within*; gengu þeir um kirkjuna i., *all round the inside of the church*; rak þá síðan um haf i., *all about the sea*; fyrir i., prep. with acc. *inside of, within*; fyrir i. stokk, *in-doors*; (3) prep. with gen. *within*; **i.** lítils tíma, *within a short time, presently*; esp. in a great many adverbial compds.

innan-borðs, adv. *on board*; **-borgar**, adv. *within the town*; **-búðar**, adv. *within the booth*; **-bæjar**, adv. *within town*; **-gengt**, a. n. *accessible from within* (-gengt var í fjósit); **-húss**, adv. *indoors, within the house*; **-lands**, adv. *within the land, at home*.

innanlands-höfðingi, m. *native chief*; **-menn**, m. pl. *natives*.
innan-mein, n. *internal complaint*; **-rifja**, adv. *within the ribs, inwardly*; **-sótt**, f. = -mein; **-vátr**, a. *wet within*; hafa -vátt, *to have the sea washing over*; þeir fengu mjök -vátt, *they had a wet passage*; **-verðr**, a. *inward, interior*; í -verðri búðinni, *in the inner (inmost) part of the booth*.
innar-liga, adv. *far inward*.
innarr, adv. compar., see 'inn'.
innarst, adv. superl. *farthest in, at the further end*, = innst, see 'inn'.
inn-blástr, m. *inspiration*; **-borg**, f. *the inner castle, keep*; **-byrðis**, adv. *on board*; **-dæli**, n. *ease, comfort*; **-dæ l**, a. *quite easy*; **-eygr**, a. *in-eyed, hollow-eyed*; **-firðingr** (-s, -ar), m. *a man from the inner part of a fjord*; **-ganga**, f. *entrance*; beiða e-n -göngu, *to ask one to be let in*; **-gangr**, m. (1) = inn-ganga; (2) *beginning* (föstu -gangr); **-gjald**, n. *paying in*, opp. to 'útgjald', *outlay*; **-gröptr**, m. *engraving* (on a seal).
inngöngu-leyfi, n. *leave to enter*.
inn-hallt, adv. *in towards land*; sigla -hallara, *to stand nearer the shore*; **-hlutr**, m. *inner part*; **-hýsa** (-ta, -tr), v. *to house, harbour*; **-hýsingr**, (-s, -ar), m. *lodger*; **-hýsis**, adv. = innanhúss.
inni, adv. *in-doors*; úti ok i., *outdoors and in-doors*; brenna e-n i., *to burn one to death in his house*; hafa boð i., *to hold a (wedding-) feast at one's home*.
inni, n. *abode, house, home*; ná sínu i., *to get home*.
inni-hús, n. *dwelling-house*; **-höfn**, f. *harbouring, housing*; **-liga**, adv. *exactly, minutely* (segja -liga frá e-u); **-vist**, f. *dwelling in a house*.
inn-koma, **-kváma**, f. *coming in, arrival*; **-kvæmt**, a. n., er engum manni -kvæmt, *no one is allowed to enter*; **-land**, n. *inland*; **-leið**, f. (1) *coasting along, course along the shore*; (2) *entrails* (innleið dýra); **-leizla**, f. *introduction*; **-lendr**, a. (1) *native*, opp. to 'út-lendr'; (2) *residing in one's country*; **-lenzkr**, a. *indigenous*; **-raptr**, m. *inner rafter*; **-reið**, f. *riding in*; **-renta**, f. *income*.
innri, a. compar. *inner, inmost, interior*, = iðri; fara hit innra (iðra), *to go by the inner road*.
inn-sigla (að), v. *to seal*.
inn-sigli, n. *seal, seal-ring*.
innst, adv. superl. from 'inn'.
inn-stólpi, m. = -stöpull.
innstr, a. superl. *innermost*.
inn-strönd, f. *the inner strand*; **-stœða**, f. *investment*; **-stöpull**, m. *inner pillar*; **-tak**, n. *contents* (of a book); **-viðir**, m. pl. *ribs* (of a ship).
inn-virðiliga, **-virðuliga**, adv. *closely, minutely*, = einvirðuliga.
inn-yfli n. pl. *entrails, bowels*.
Inn-þrændir, m. pl. *the inhabitants of the inner part of Thrandheim*.

Í

í, prep.—I. with dat., (1) *in, within*; fela fé sitt í jörðu, *to hide one's money in the earth*; fastir í vellinum, *fast in the ground*; vera í sveit, *to live in a district*; í öðrum löndum, *in other lands*; (2) with local names (í Orkneyjum, í Laxárdal, í Borgarfirði, &c.); (3) *in* a certain spot; í einum stað, í þeim (hverjum) stað, *in one, that (every) place*; standa í höggfœri, *within sword's reach*; (4) *in, among*; í valnum, *among the slain*; (5) of clothes; vera í, *to have on, wear* (hann var í blám stakki, í litklæðum); (6) *during, in*; þenna vetr í jólum, *during Yule*; í sumri (hausti), *this summer (autumn)*; í því bili, *in that moment*; í því er Gunnar stendr upp, *at the very moment when G. rises*; (7) denoting action, state, condition; vera í för með e-m, *to travel in one's company*; vera í víkingu, *to be engaged in freebooting*; í trausti e-s, *in his trust, under his protection*; vera í góðu yfirlæti, *to be in good quarters, live well*; liggja í úviti, *to lie in a swoon*; vera í góðu (illu) skapi, *to be in good (ill) humour*; (8) *in respect of, in regard to*; roskinn í orðum, *mature in words*; léttr í máli, *cheerful in speech*; í öllum mannraunum, *in all trials*; (9) denoting form or content, *in*; at eigi hafi komit til Noregs meiri gørsemi í skikkju, *such a jewel of a cloak*; fé er í því, *there is value in it*; Hallr kvað góðan kost í henni, *H. said she was a good match*; hvat er í því? *how is that? what is the matter?* (10) *by means of, through* (opt kaupir sér í litlu lof); (11) equivalent to a gen. or possess. pron.; hann braut hrygg í henni, *he broke her back*; hann knýtir saman alla halana í nautunum, *all the cows' tails*; II. with acc., (1) *in, into* (spjótit fló niðr í völlinn); leggja e-t í kistu, *to put into a chest (coffin)*; steinninn kom í höfuð honum, *the stone hit him in the head*; sigla (láta) í haf, *to stand out to sea*; var þat sagt Gunnari inn í búðina, *word was carried into the booth to Gunnar*; giptast í önnur lönd, *to marry into other countries, marry an alien*; deyja í Mælifell, *to pass into M. after death*; Þórðr svaf ok horfði í lopt upp, *with his face turned upwards*; (2) of time; *in, during*; í þat mund, *at that hour*; í nótt, *this night*; í vetr, *this winter*; í (= um) fjórtán vetr, *for fourteen winters*; (3) denoting entrance into a state, condition, *in, into*; ganga í bönd ok eiða, *to enter into bonds and oaths*; falla í úvit, *to fall into a swoon*; taka e-n í frið, *to pardon one*; bjóða búum í setu, *to call on the neighbours to take their seats*; (4) denoting change *into*; skjöldrinn klofnaði í tvá hluti, *split in two*; brotna í spán, *to be shivered to pieces*; verja fé sínu í lausaeyri, *to convert one's property into movables*; (5) denoting the object, purpose, &c.; gjalda í sonarbœtr, *to pay as the son's weregild*; þiggja e-t í vingjafir, *to accept as a friend's gift*; kaupa e-t í skuld, *to buy on credit*; gøra e-t í hag (vil) e-m, *to do something in one's favour*.

í-blár, a. *bluish*; **í-blástr**, m. *inspiration*; **í-búa**, f. *female inmate*; **í-búð**, f. *in-dwelling*; **í-byggjari**, m. *inmate, inhabitant*.

íð (pl. **-ir**), f. *doing, deed* (poet.).

í-endr, a. *still breathing, alive*, opp. to 'ør-endr'; **í-fang**, n. *grappling with*; **í-fellt**, a. n., of the wind, *filling the sails*; **í-frá**, prep., see 'frá'; **í-ganga**, f. *undertaking, entering upon*; **í-gangr**, m. (1) *beginning*; (2) *wearing of clothes*.

ígangs-klæði, n. pl. *wearing apparel* (höfðu menn -klæði sín).

í-gildi, n. *equivalent, equal* (þeir þykkja vera lendra manna ígildi); **í-gjarn**, a. *eager for* (e-s); **í-gróðra**, a. indecl. *in full growth*.

ígull, m. *sea-urchin*.

íhlutanar-mikill, -samr, a. *meddlesome, interfering*.

í-hræddr, a. *a little timid*; **í-huga** (**að**), v. *to consider, muse over*; **í-hugan**, f. *minding, consideration*; **í-hugi**, m. *minding, sympathy*.

í-högg, n. *striking in*.

íkorni, m. *squirrel*.

í-kynda (**-da, -dr**), v. *to kindle*; refl., íkyndast, *to be kindled, take fire*; **í-lát**, n. *vessel into which a thing is put*; **í-lendast** (**d**), v. refl. *to settle in a country*; **í-lendr**, a. *settled in a place, naturalized*.

ím, n. *dust, ashes*.

íma, f. poet. *strife, fight, battle*.

Írar, m. pl. *Irishmen, the Irish*.

írast, v. refl. *to be rumoured abroad*.

íri, m. *rumour, gossip* (rare).

Írland, n. *Ireland*.

írska, f. *the Irish tongue*.

írskr, a. *Irish*.

ísa (**að**), v. *to cover with ice* (íss).

ísa-gangr, m. *drifting of ice*; **-lauss**, a. *ice-free*; **-lög**, n. pl. *formation or layer of ice*.

ísarn, n. *iron*, = járn; **-kol**, n. *bellows*; **-leikr**, m. *battle* (poet.).

ís-brot, n. *broken ice*; **-brún**, f. *edge of an ice-field*; **-högg**, n. *ice-breaking*.

í-sjá, f. *attention.*

ís-jaki, m. *ice-floe.*

ísjá-verðr, a. *worth looking into.*

í-sjón, f. *aspect, appearance* (þann veg er himininn ísjónar).

ís-kaldr, a. *ice-cold.*

Ís-land, n. *Iceland.*

Ís-lendingr (-s, -ar), m. *Icelander.*

ís-lenzka, f. *the Icelandic tongue.*

ís-lenzkr, a. *Icelandic.*

ís-lög, n. pl. = ísalög; **-möl**, f. *ground (broken) ice*; **-rek**, n., **-reki**, m. *ice-drift.*

íss (gen. **íss**, pl. **ísar**), m. *ice*; ísa (acc.) leggr á vötn, *the lakes (rivers) freeze over*; ísa leysir, tekr af vötnum, *the ice thaws, breaks up.*

í-stað (pl. **í-stöð**), n. *stirrup*; **í-stangan**, f. *instigation, pricking*; **í-stig**, n. = ístað.

ístr, n., **ístra**, f. *paunch-fat.*

ístöðu-lauss, a. *weak, faint-hearted.*

ítala, f. *proportionate share in common pasture.*

ítar-ligr, a. *fine, glorious, lordly.*

ítr (acc. **ítran**), a. *glorious, excellent.*

ítr-borinn, pp. *high-born*; **-hugaðr**, a. *high-minded*; **-laukr**, m. *beautiful leek or plant*; **-mannligr**, a. *of stout, noble bearing*; **-skapaðr**, pp. *beautifully shaped*; **-vaxinn**, pp. *of beautiful stature*; **-þveginn**, pp. *clean-washed, bright* (ítrþvegnir armar).

ívið-gjarn, a. *wicked, evil* (rare).

íviði, n. (Völuspá 2)?

íviðja, f. *giantess, ogress* (rare).

íþrótt, f. *accomplishment, feat, art, skill* (vel búinn at íþróttum).

íþrótta-lauss, a. *unskilled*; **-maðr**, m. *one skilled in bodily exercises.*

íþrótt-ligr, a. *skilful*; -ligr fimleikr, *dexterity in feats.*

J

jaðarr (gen. **-s**, dat. **jaðri**, pl. **jaðrar**), m. (1) *edge, border, selvage* (of cloth, of a sail, tent, &c.); (2) poet. *prince, lord* (ása j., fólks j.).

jaðra-skegg, n. *whiskers.*

jafn, a. (1) *even*; jöfn tala, *even number*; (2) *equal, the same*; þínar (viz. ferðir) verða flestar jafnastar, *thy doings are mostly the same, all equally bad*; hann var ellefu vetra ok sterkr at jöfnum aldri, *and strong for his age*; jafn e-m, *equal to one*; jafnt er sem þér sýnist, af er fótrinn, *it is just as it appears to thee, the leg is off*; komast til jafns við e-n, hafa e-t til jafns við e-n, *to equal one, be one's match in a thing*; at jöfnu, *equally, in equal shares.*

jafn-, in compds., *such a, so . . . a, equally, as*; er þat skömm j.-mörgum mönnum, *it is a shame for so many men*; j.-frægr drengr, *so fine a fellow*; j.-auðveldr, *as easy.*

jafna (**að**), v. (1) *to cut even, to trim* (mörum sínum mön jafnaði); (2) *to make equal*; (3) *to divide in equal shares* (j. ríki með sér); (4) j. e-u til e-s, við e-t, *to compare (liken) one thing with (to) another*; j. e-u saman, *to compare, set off one thing against another* (var þá jafnat saman vígum); (5) refl., jafnast við e-n, jafnast e-m, *to even oneself with, call oneself a match for, another*; j. orðum við e-n, *to bandy words with one.*

jafna, f. *level ground, plain* (hann flýði af hálsinum ofan á jöfnu).

jafnaðar-boð, n. *fair offer*; **-dómr**, m. *fair judgement*; leggja mál til -dóms, *to put a case before an umpire*; **-fundr**, m. *a meeting on equal terms*; **-geð**, n. *even temper*; **-kaup**, n. *equal bargain*; **-maðr**, m. (1) *equal match*; (2) *fair (impartial) man*; **-samr**, a. *fair*; **-skipti**, n. *fair dealing*; **-þokki**, m. *mutual affection.*

jafnaðr (gen. **-ar**), m. (1) *comparison*; (2) *equal share* (en þaðan af höfum vit jafnað báðir); at jafnaði, *in equal proportions* (skipta e-u at jafnaði); *usually, as a rule* (= með jafnaði); (3) *equity, fairness.*

jafn-aldra, a. indecl. *of the same age*; **-aldri**, m. *one of the same age* (þeir váru mjök jafnaldrar).

jafnan, adv. *constantly, always.*

jafn-bjóða (see bjóða), v. *to be equal to, be a match for one* (e-m); **-borinn,** pp. *of equal birth*; -borinn til e-s, *having equal birthright to* (-borinn til ríkis sem ek); **-breiðr,** a. *equally broad*; **-dœgri,** n. *equal length of day and night, equinox*; **-dœmi,** n. *equitable (fair) judgement, justice*; **-dœmr,** a. *fair, impartial.*

jafnendr, m. pl. *daysmen, umpires.*

jafn-fram, adv. (1) *equally forward, side by side, with* (leggr fram skeiðina -fram skipi Hrúts); *evenly, in a straight line* (standa allir -fram fyrir konungsborðinu); (2) *at the same time* (þeir riðutil þings -fram Skeggja); **-framt,** adv. *equally, in the same degree,* = -fram; **-fœtis,** adv. *on equal footing* (standa -fœtis e-m, við e-n); **-gegnt,** prep. with dat. *just opposite to*; **-girnd,** f. *equity, fairness*; **-gjarn,** a. *as eager*; *just, equitable*; **-harðr,** a. *as hard*; **-hugaðr,** a. (1) *of even temper*; (2) *of one mind.*

jafni, m. (1) *equalness*; mæla til jafna (= til jafns) við e-n, *to speak just as well as another*; (2) *even number* (= jöfn tala).

jafningi (pl. **-jar**), m. *equal, match.*

jafn-keypi, n. *equal bargain,* = jafnaðarkaup; **-kominn,** pp. *on even terms*; *with equal title* (-komnir til erfðar); neut., -komit er á með ykkr, *you are well matched*; **-krappr,** a. *as strait, as narrow*; í -krappan stað, *in such a strait*; **-leikit,** pp. n. *an equal game*; **-lendi,** n. *a level piece of ground*; **-lengd,** f. *the same time* of the following day (til -lengdar annars dags); *the same day* in the next year, *anniversary* (eigi síðarr en fyrir -lengd); **-léttvígr,** a. *as active in wielding arms*; **-liða,** a. indecl. *with an equal number of men*; **-liga,** adv. (1) *equally, fairly* (skipta -liga); (2) *usually, always*; **-ligr,** a. *equal, fair*; **-lyndi,** n. *evenness of temper*; **-lyndr,** a. *even-tempered*; **-maki,** m. = jafningi; **-menni,** n. *equal, match*; **-menntr,** a. *of equal rank*; **-mæli,** n. *fair play, equality*; **-oki,** m. *equal, match* (for one); **-ræði,** n. *equal match*; **-saman,** adv. *together* (fyrir þessa hugsan alla -saman); **-skiptiliga,** adv. *equally*; **-skjótt,** adv. *immediately, at once*; -skjótt sem, *as soon as*; **-snemma,** adv. *at the very same moment*; allir -snemma, *all at the same time*; **-sætti,** n. *an agreement on equal terms.*

jafnt, adv. (1) *just, precisely* (þat var j. jólaaptan sjálfan, er þeir börðust); (2) *always, perpetually.*

jafn-tefli, n. *an equal, drawn game*; **-vegit,** pp. n. *with an equal number slain on both sides*; **-vel,** adv. (1) *as well, equally well*; (2) *likewise, even* (-vel sýniliga); **-virði,** n. *equal worth*; **-vígi,** n. *drawn battle*; **-vægi,** n. *equal weight*; **-vægja** (-ða, -t), v. *to equal, match,* with dat.; **-vægr,** a. *of equal weight*; **-vætta** (-tta, -tt), v. *to weigh against, counterbalance*; **-yrða** (-ða, -ðr), v. *to bandy words with one* (e-n).

jaga (að), v. (1) *to harp on one string*; j. ávallt á enni sömu sök, *to be always harping on the same case*; (2) *to hunt* (j. dýr), rare.

jaka-för, f. *drifting of ice-floes.*

jaki, m. *broken ice, ice-floe.*

Jakobs-land, n. *Compostella* in Spain; **-messa,** f. *St. James' mass.*

jalda, f. *mare* (í jöldu líki).

jam-, jamn-, see 'jafn-.'

Jamtar, Jamtr, m. pl. *men from Jamtaland* in Sweden.

jarða (að), v. *to earth, bury.*

jarðar-, gen. from 'jörð'; **-ávöxtr,** m. *produce of the earth*; **-blómi,** m. *bloom of the earth*; **-megin,** n. *strength of the earth* (sá var aukinn -megni *or* -magni); **-men,** n. *a long sod or turf*; ganga undir -men, *to creep under a sod* partially detached from the earth.

jarð-bann, n. *want of grazing* (from snow or frost); **-borg,** f. *stronghold of earth*; **-búi,** m. *underground-dweller*; **-eldr,** m. *volcanic fire*; **-fall,** n. *earth-slip*; **-fastr,** a. *fixed in the earth* (-fastr steinn); **-fé,** n. *treasure hidden in the earth*; **-fjúk,** n. *drifting snow*; **-fólginn,** pp. *hidden in the earth*; **-hita,** f., **-hiti,** m. *subterranean (volcanic) heat*; **-hola,** f. *earth-hole*; **-hús,** n. *underground room or passage*; **-kostr,** m. *choice of land, land* *to be had*; **-kross**, m. *cross-shaped mark in the ground*; **-laug**, f. *a bath in a warm spring in the earth*; **-ligr**, a. *earthly*; **-lús**, f. '*earth-louse*'; **-lægr**, a. *lying on the ground*; **-neskr**, a. *earthly*; **-ríki**, n. *the earth, world*, opp. to 'himin-ríki'; **-skjálfti**, m. *earthquake*; **-stofa**, f. *underground room*; **-veggr**, m. *earthen wall.*

jarki, m. *the outside edge of the foot.*

jarkna-steinn, m. *glittering gem.*

jarl (**-s**, **-ar**), m. (1) poet. *a high-born, noble man or warrior*; (2) *earl* (in dignity next to the king); **-borinn**, pp. *earl-born, an earl by birth*; **-dómr**, m., **-dœmi**, n. *earldom.*

jarls-dóttir, f. *earl's daughter*; **-maðr**, m. *an earl's follower*; **-nafn**, n. *earl's title*; **-ríki**, n. *dominion of an earl, earldom*; **-sæti**, n. *earl's seat.*

jarma (**að**), v. *to bleat*, of sheep and goats (ærin jarmaði).

jarmr, m. *bleating* (sauða j.); *screaming* of birds (fugls j.).

jarpr, a. *chestnut, reddish-brown* (j. á hár); j. hestr, *chestnut-horse.*

jarp-skjóttr, a. *bay-piebald.*

jar-tegn (**-tein**, **-teikn**), n. (1) *token, proof* (of a thing); hafa e-t til -tegna, *to use as a token or evidence*; vera til jartegna, *to serve as a token*; (2) *miracle*; **-tegna**, **-teina** (**að** *or* **-di**, **-dr**), v. *to betoken.*

jata (gen. jötu), f. *manger.*

jaur, adv. *yes indeed, yes certainly.*

jaxl (**-s**, **-ar**), m. *jaw-tooth, grinder, molar* (tennrnar ok jaxlarnir).

jaxla-verkr, m. *tooth-ache.*

já, adv. *yea, yes*; já, já! *yes, yes!*

já (**jái**, **jáða**, **jáðr**), v. *to say yes, assent to*, with dat. (hann jáði því); já e-m e-u, *to confess a thing to one*; j. e-u upp, undan sér, *to yield up.*

já-kvæða (**-dda**, **-ddr**), v. *to say yes to*, with dat.; **-kvæði**, n. *assent, consent*; gjalda -kvæði til e-s, *to give one's assent to*; **-orð**, n. = -kvæði.

járn, n. (1) *iron* (hagr á j.); bera j., *to carry hot iron* (as an ordeal); (2) in pl. *irons, fetters* (setja e-n í j., sitja í járnum); *iron hinges* (lék þar grind á járnum); *horse-shoes.*

járna (**að**), v. (1) *to mount with iron* (járnaðir vagnar); (2) *to shoe a horse* (hestr járnaðr öllum fótum).

járna-far n. *iron-plating*, on a ship; **-gangr**, m. *chafing, galling from irons* (máttlítill af -gangi); **-staðr**, m. *mark or print of irons.*

járn-borg, f. '*iron-castle*' (used of a ring of iron-clad ships); **-bundinn**, pp. *iron-bound*, of a shield; **-burðr**, m. *the ordeal of carrying hot iron*; **-bútr**, m. *iron stump*; **-dragi**, m. '*iron-drawer*', *magnet*; **-festr**, f. *iron band*; **-fjöturr**, m. *iron fetter*; **-fleinn**, m. *iron rod*; **-gaddr**, m. *iron spike* (*goad*); **-gjörð**, f. *iron girdle*; **-glófi**, m. *iron glove*; **-góðr**, a. *of good iron*; **-greipr**, f. pl. *iron gloves.*

járngørðar-maðr, m. *blacksmith.*

járn-hanki, m. *iron handle*; **-hólkr**, m. *iron tube*; **-hvalr**, m. *harpooned whale*; **-kambr**, m. *iron comb*; **-ketill**, m. *iron kettle*; **-kló**, f. *iron claw or fang*; **-klukka**, f. *iron bell*; **-klæddr**, pp. *iron-clad*; **-krókr**, m. *iron crook*; **-kylfa**, f. *iron club*; **-ligr**, a. *of iron*; **-loka**, f. *iron bar*; **-lurkr**, m. *iron cudgel*; **-lykkja**, f. *iron clasp*; **-meiss**, m. *iron basket*; **-mél**, n. pl. *iron mouth-piece* (of a bridle); **-mikill**, a. *of solid iron*; **-nökkvi**, m. *iron boat*; **-rekendr**, f. pl. *iron chains*; **-rending**, f. *iron brim* (of a shield); **-rendr**, pp. *bordered with iron* (targa -rend); **-sía**, f. *spark from red-hot iron*; **-skór**, m. *iron shoe*; **-slá**, f. *iron bar*; **-sleggja**, f. *iron sledge-hammer*; **-smiðr**, m. *blacksmith*; **-smíði**, n. *smith's work*; **-spjót**, n. *iron spear*; **-spöng**, f. *iron plate*; **-stafr**, m. *iron staff*; **-stöng**, f. *iron bar*; **-súla**, f. *iron column*; **-teinn**, m. *iron prong*; **-vafiðr**, pp. *wound round with iron*; **-variðr**, pp. *mounted with iron* (= járni varðr); **-vápn**, n. pl. *iron weapons*; **-viðjar**, f. pl. *iron withes, iron wire.*

játa, or **játta** (**að**, or **-tta**, **-ttr**), v. (1) *to say yes to*, with dat. (þessu j. tar or játir hann); (2) *to acknowledge, admit* (erkibiskup hafði því játat, at); (3) *to consent*; mun ek þessu j. fyrir mik ok mína heimamenn, *I will agree to this for myself and my household*; **j. e-u undan sér**, **j. e-u upp**, *to yield* *up*; (4) *to promise* (konungr játaði þeim griðum ok sættum); (5) with acc. of the thing, *to acknowledge* (j. syndir); *to grant, give* (játtuðu allir þér konungdóm); with acc. of the person; fyr engan mun játum vér hann guð, *by no means do we acknowledge him to be God*; j. sik, *to confess oneself*; j. sik undir e-t, *to engage oneself*; (6) refl., játast undir e-t, játast til e-s, = játa sik undir e-t.

játan, játtan, f. (1) *affirmation*; (2) *confession* (j. synda).

játari, m. *one who confesses.*

játning, f. *confession* (j. heilagrar trúar, j. synda).

ját-orð, n. *consent* (seinn í -orðum).

játsi, a. indecl. *saying yes*; verða e-m e-s j., *to promise one a thing.*

játta (**að,** or **-tta, -ttr**), v. = játa.

já-yrði, n. *consent*; leggja sitt -yrði til, *to give consent.*

jóð, n. *baby* (j. ól Edda).

jóð-ligr, a. *thriving* (of a baby); **-sótt,** f. *pains of childbirth*; **-ungr,** a. *very young.*

jól, n. pl. *Yule*, a great midwinter feast in the heathen time, afterwards applied to *Christmas.*

jóla-aptann, m. *Yule-eve, Christmas-eve*; **-boð,** n. *Yule banquet*; **-dagr,** m. *Yule-day, Christmas-day*; **-drykkja,** f. *Yule-drinking*; **-fasta,** f. *Advent*; **-friðr,** m. *Yule-peace, Christmas-peace*; **-gjöf,** f. *Yule-gift, Christmas box*; **-hald,** n. *keeping of Yule*; **-kveld,** n. *Yule-eve*; **-morginn,** m. *Yule morning*; **-nótt,** f. *Yule night*; **-tíðir,** f. pl. *Christmas service*; **-veizla,** f. *Yule banquet or entertainment*; **-vist,** f. *staying over Yule*; **-öl,** n. *Yule ale.*

Jóms-víkingar, m. pl. *the Vikings of Jom* (Wollin in Pomerania).

Jón, m., a proper name, *John.*

Jóns-messa, f. *St. John Baptist's day*, the 24th of June; **-stúka,** f. *chapel of St. John*; **-vaka,** f. = -messa.

jór (gen. **jós**; pl. **jóar,** acc. **jóa** and **jói,** dat. **jóm**), m. poet. *stallion, steed.*

jó-reið, f. *riding on horseback*; **-reykr,** m. *cloud of dust* (seen afar off above a body of horsemen).

Jórsala-, gen. pl. from 'Jórsalir'; **-borg,** f. *Jerusalem*; **-fari,** m. *Jerusalem traveller*; **-ferð, -för,** f. *journey to J.*; **-lýðr,** m. *the people of J.*

Jórsalir, m. pl. *Jerusalem.*

Jótar, m. pl. *the Jutes.*

Jót-land, n. *Jutland.*

jung-frú, f. *princess, lady*; **-herra,** m. '*young lord*', *prince.*

jurt (pl. **-ir**), f. *aromatic herb.*

justa, f. *bowl, cup.*

jöðurr, m. = jaðarr.

jöfurr (**-s,** pl. **jöfrar**), m. poet. *king, prince, chief* (af Svía jöfri).

jöklaðr, a. *covered with icicles* (yfir jökluðu skeggi).

jökla-gangr, m. *ice-drift* (in a river); **-vatn,** *icy water.*

jökul-barinn, pp. *storm-beaten, stiffened with ice*; **-kaldr,** a. *ice-cold.*

jökull (gen. **-s,** dat. **jökli**; pl. **jöklar**), m. (1) *icicle* (hann gekk inn í sal, glumdu jöklar); (2) *ice* (vatnit snýst í jökul); (3) *glacier.*

jökul-vatn, n. *ice-water from a glacier*; **-vetr,** m. *severe winter.*

jöll, n. poet. *disturbance, strife* (?).

jörð (gen. **jarðar,** dat. **jörðu**; pl. **jarðir**), f. (1) *earth*, opp. to 'himinn' (hvárt býr guð á himni eða jörðu?); (2) *the surface of the earth, ground* (féll hann þá dauðr til jarðar); (3) *mould*; (4) *land, estate.*

jörfi, m. *gravel, gravel bank.*

jörmun-, a prefix, denoting something *huge, vast, superhuman*; **-gandr,** m. *the great monster, the Midgard Serpent*; **-grund,** f. *the earth.*

jöstr (gen. **jastar**), m. *yeast.*

jötun-heimar, m. pl. *the Giants' land*; **-móðr,** m. *giant's wrath, fury.*

jötunn (gen. **-s,** dat. **jötni**; pl. **jötnar**), m. *giant*; jötna synir, *sons of giants.*

K

kaðall (gen. **-s**, dat. **kaðli**; pl. **kaðlar**), m. *cable, rope.*

kaf, n. *a plunge into water, dive, diving*; fær hann annat k. at öðru, *he gets one plunge after another*; taka k., *to dive under water*; á k., í k., *into water, under water*; hlaupa á k., *to plunge into water*; fara í k., *to go under water*; á kafi, í kafi, *under water, diving*; of snow, lágu hestarnir á kafi í snjónum, *the horses stuck deep in the snow*; standa á kafi, *to sink deep* (øxin stóð á kafi).

kafa (**að**), v. *to dive, swim, under water*; of a ship, *to be swamped in a heavy sea* (síðan kafaði skipit).

kafa-fjúk, n. *thick fall of snow*; **-hríð**, f. *thick snow-storm.*

kaf-fœra (**-ða**, **-ðr**), v. *to thrust under water, to duck* (= fœra e-n í kaf); **-för**, f. *going under water, ducking*; **-hlaðinn**, pp. *deep-laden*; **-hlaup**, n. *deep snow*; **-hleypr**, a. *sinking deep in the snow* (var svá mikill snjór, at allt var -hleypt).

kafli, m. *a piece cut off*; tók at leysa ísinn í köflum, *the ice began to break up into floes.*

kafna (**að**), v. *to be suffocated, choked*, in water, smoke, etc. (k. í sandfoki, í stofureyk).

kafnan, f. *suffocation.*

kaf-sund, f. *swimming under water*; **-syndr**, a. *good at swimming under water*; **-þykkr**, a. *very thick* (of fog, snow-storm, etc.).

kaga (**að**), v. *to bend forward and peep, pry* (hón kagar hjá gáttinni).

kaggi, m. *keg, cask*, a nickname.

kala (**kell**, **kól**, **kalinn**), v. impers., mik kell, *I freeze, become frost-bitten* (kalinn á fótum); e-n kell í hel, *one freezes to death.*

kalda (**að**), v. *to become cold*; impers. *to blow cold*; kaldar af boðafallinu, *a gust of cold wind came from the breakers.*

kalda-hlátr, m. *sardonic laughter.*

kald-liga, adv. *coldly*; **-ligr**, a. *cold.*

kaldr, a. (1) *cold*; kalt veðr, *cold weather*; brenna (e-t) at köldum kolum, *to burn to cold ashes*; konungi gørði kalt, *the king began to get cold*; (2) *baneful, hostile, cruel* (köld eru kvenna ráð).

kald-ráðr, a. *evil-minded, ill-affected*; **-rifjaðr**, a. *'cold-ribbed', cold-hearted, cunning*; **-yrði**, n. pl. *'cold words', sarcasm.*

kalekr (**-s**, **-ar**), m. *cup, chalice.*

kalkr (**-s**, **-ar**), m. *drinking-cup, goblet* (k. er þú skalt drekka af).

kall, n. (1) *call, cry, shouting* (heyra k. mikit); (2) *appellation, name* (þeir nefna hann jarl enn illa, var þetta k. haft lengi síðan).

kalla (**að**), v. (1) *to call, shout, cry* (kallaði konungr ok bað létta af); (2) *to call, summon by a call, send for* (um kveldit kallaði konungr Áslák); (3) *to say* (sumir menn kalla, at eigi sé sakleysi í); at kalla, *so to say, nominally*; sáttir at k., *nominally reconciled*; (4) k. sér e-t, *to claim for oneself* (konungr kallaði sér allar Orkneyjar); (5) *to call, name* (Mörðr hét maðr, er kallaðr var gígja); (6) refl., kallast, *to say of oneself*; konungr kallaðist hann reynt hafa at góðum dreng, *the king said that he had found him a good and brave fellow*; (7) with preps., k. at e-m, *to call to one*; k. á e-n, *to call to one* (Flosi gekk þá at durum ok kallaði á Njál); *to call on, invoke* (kallaði hann á guð ok hinn helga Ólaf); k. á e-t, *to lay claim to* (Snækollr kallaði á bú nökkur þar í eyjunum); k. eptir, *to protest*; k. e-n eptir e-m, *to call or name after*; k. til e-s, *to call to, invoke* (k. til guðs); *to lay claim to, to claim, demand* (Snorri kallaði þá til brynju sinnar); k. til e-s við e-n, í hendr e-m, *to claim a thing from one.*

kallari, m. *crier, herald.*

kalls, n. (1) *taunting, raillery*; gøra e-m k., hafa í kallsi við e-n, *to taunt one*; (2) *importunate claim.*

kallsa (**að**), v. (1) *to taunt, mock*; (2) *to molest, annoy, importune.*

kalls-lauss, a. *unmolested*; **-yrði**, n. pl. *gibes, taunts.*

kamarr (**-s**, pl. **kamrar**), m. *privy.*

kambari, m. *comb-maker.*

kambr (**-s**, **-ar**), m. (1) *comb*; (2) *carding-comb*; (3) *crest, comb*; (4) *ridge* (of hills).

kampr (**-s**, **-ar**), m. (1) *beard on the lips, moustache*; (2) *the whiskers* (of a seal); (3) *front wall.* Also 'kanpr'.

kangin-yrði, n. pl. *jeering words.*

kanna (gen. **könnu**), f. *can, tankard.*

kanna (**að**), v. (1) *to search, explore* (þeir könnuðu landit fyrir austan ána); k. lið, *to review, muster troops*; k. val, *to search the field for slain*; k. e-t af, *to find out, make out* (ferr Brandr biskup norðr á Völlu ok kannar þat af, at); k. til = k. af (kannaðist svá til, at); (2) refl., kannast við e-t, *to recognize, know again* (kannaðist hón við hann ok kynferði hans); *to make one's acquaintance* (Þórólfr hitti þar marga frændr sína þá, er hann hafði eigi áðr við kannazt); *to acknowledge* (könnuðust þeir við, at þat var sannmæli); *to recognize as one's own* (með því at engi kannast við svein þenna); recipr., *to recognize one another* (síðan könnuðust þau við).

kanóki, m. *canon* (of a church).

kantara-kápa, f., **-sloppr**, m. *a priest's or bishop's gown.*

kapal-hestr, m., **-hross**, n. = kapall.

kapall (**-s**, pl. **kaplar**), m. *packhorse, hack* (naut ok kaplar).

kapella, f. *chapel* (k. konungs).

kapellu-prestr, m. *priest of a chapel.*

kapituli, m. (1) *chapter*; (2) *meeting-room in a cloister or convent.*

kapp, n. *contest, zeal, eagerness, ardour*; deila kappi við e-n, brjóta kapp (halda til kapps) við e-n, *to contend, contest, with one*; með kappi, *with ardour*; meirr af kappi en forsjá, *with more obstinacy than prudence*; berjast af miklu kappi, *with great ardour*; renna í köpp við e-n, *to run a race with.*

kappa-, gen. pl. from 'kappi'; **-lið**, n. *troop of champions*; **-tala**, f. *roll of champions* (taka e-n í kappatölu); **-val**, n. *choice of champions.*

kapp-drykkja, f. *drinking-match*; **-drœgt**, a. n. *strongly contested*; varð þeim -drœgt í leiknum, *it was a hard contest*; kvað þeim þetta mundu -drœgt, *it would be a hard task*; **-fúss**, a. = -gjarn; **-girni**, f. *eagerness, energy*; **-gjarn**, a. *full of energy and desire to excel.*

kappi, m. *hero, champion, man of valour* (k. mikill, kappar konungs).

kapp-kosta (**að**), v. *to strive, endeavour*; **-leikr**, m. *fighting-match*; **-mæli**, n. pl. *dispute*; **-nógr**, a. *plentiful*; **-orðr**, a. *contentious, wrangling*; **-róðr**, m. *rowing-match*; **-samliga**, adv. (1) *impetuously, with energy*; (2) *abundantly, plentifully*; -samliga alinn, *very well fed*; **-samligr**, a. (1) *vehement*; (2) *rich, liberal* (-samlig veizla); **-samr**, a. *vehement, impetuous*; **-semd**, **-semi**, f. *energy, headstrong character.*

kapps-fullr, a. *contentious, eager to excel, vehement* (harðr ok k.).

kapp-sigling, f. *sailing-match.*

kapps-maðr, m. *man of energy.*

kapp-sund, n. *swimming-match*; **-svinnr**, a. *vehement, passionate*; **-yrði**, n. pl. *overbearing language*; **-œrinn**, a. *fully sufficient, abundant.*

karar-, gen. from 'kör'; **-kerling**, **-kona**, f., **-maðr**, m. *bedridden old woman, man.*

karbunkuli-steinn, m. *carbuncle.*

kardináli, m. *cardinal.*

karfa-fótr, m. *an unsteady leg.*

karfi, m. *swift-going ship, galley.*

karfi, m. *red-fish, red sea-perch.*

karína, f. *a fast of forty days* (imposed as a penance).

karl (**-s**, **-ar**), m. (1) *man*, opp. to woman (brigðr er karla hugr konum); (2) *a man of the common people, a carle*; (3) *old man.*

karla-fólk, n. *male folk*; **-föt**, n. pl. *men's attire*; **-sæti**, n. *seat for men.*

karl-dyrr, f. pl. *the men's door*; **-fátt**, a. n. *wanting in men-folk* (þar var -fátt heima); **-fjöldi**, m. *multitude of male persons*; **-föt**, n. pl. *men's attire*; **-gildr**, a. *as good as a man* (var hón ok -gild at afli); **-höfði**, m. *a carved man's head, figure-head*;

-kenndr, pp. *masculine*; **-klæði**, n. pl. *men's clothes*; **-kostr**, m. *a (good) match*, of a man; **-kyn**, n. *the male sex*; **-leggr**, m. *male lineage, agnates*; **-maðr**, m. (1) *man, male*, opp. to 'kvennmaðr' *woman* (-maðr ok kona); (2) *man of valour* (styrkr ok fálátr ok inn hraustasti -maðr).

karlmann-liga, adv. *in a manly way*; **-ligr**, a. (1) *manly, bold*; (2) *masculine* (-ligt kyn).

karlmanns-búnaðr, m., **-klæði**, n. pl., *man's attire*.

karl-mennska, f. *manhood, valour*.

karls-efni, n. '*the makings of a man*', *a promising lad* (as a nickname); **-höfuð**, n. *a man's head* (*carved on a pillar*).

karl-sift, adv. *on the male side*; **-svipt**, f. *relationship by descent on the male side*; **-svip r**, a. *male*.

karmr (-s, -ar), m. *breast-work, parapet* (kastalar ok karmar).

karnaðr (gen. -ar), m. *concubinage*.

karp, n. *bragging, boasting*; **-málugr**, a. *bragging, boastful*; **-yrði**, n. pl. *overbearing words*.

karsk-liga, adv. *briskly, boldly*.

karskr, a. *brisk, bold*; *hale, hearty*.

kart-nagl, m. *diseased nail*.

kartr (-s, -ar), m. *cart*.

kasa (að), v. *to heap earth upon, to bury* (hann var kasaðr í urð).

kass, m. *large box, case, creel*.

kast, n. (1) *cast, throw of a net*; (2) *throw of dice*; koma í k. við e-n, *to come in collision with one*; kemr til várra kasta at, *it is our turn to*; (3) a kind of *cloak*.

kasta (að), v. (1) *to cast, throw*, with dat. (Egill kastaði þegar niðr horninu); k. akkerum, *to cast anchor*; k. verplum, teningum, *to throw with dice*; k. orðum á e-n, *to address one*; refl., kastast orðum á, *to exchange words*; k. kalls-yrðum at e-m, *to throw taunts at one*; k. eign sinni á e-t, *to seize upon, take possession of*; k. á sik sótt, *to feign illness*; (2) *to cast off* (er H. heyrði þetta, kastaði hann skikkjunni); k. trú, *to cast off one's faith*; (3) impers., e-u kastar, *is thrown, flung*; tóku þeir gneista þá, er kastat hafði ór Múspellsheimi, *they took the sparks that had been cast out from M.*; skipinu hafði kastat, *had capsized*; henni var kastat skinni at beini, *the skin was, as it were, thrown over her bones* (from leanness); (4) with 'um'; k. um hesti, *to turn, wheel, a horse right round*; k. um sínum hug, *to alter one's (own) disposition*; absol. *to turn round, wheel about*.

kastala-menn, m. pl. *defenders of a castle*; **-stafr**, m. *castle pillar*; **-veggr**, m. *castle wall*.

kastali, m. *castle, stronghold*.

katlari, katla-smiðr, m. *kettle-maker*.

katt-skinn, n. *cat's skin*.

kaup, n. (1) *bargain*; illt (gott) k., *bad (good) bargain*; slá kaupi við e-n, *to strike a bargain with one*; eiga k. við e-n, *to bargain, trade with one*; verða at kaupi, *to come to a bargain*; (2) *stipulation, agreement* (þá tala þeir um k., ok verða á allt sáttir); (3) *wages, pay* (konungr gaf honum mikit k.); vera af kaupi, *to be off one's bargain, to have forfeited it*.

kaupa (kaupi, keypta, keyptr), v. (1) *to buy* (keypti Njáll land í Ossabœ); absol. *to make a bargain*; k. kaupi, *to bargain*; (2) *to make an agreement about* (þeir keyptu þessu); (3) with preps., k. e-n á braut, *to buy one off*; k. e-t at e-m, *to buy a thing of one*; k. saman, *to bargain*; k. um e-t, *to barter, exchange* (keypti hann um lönd við Guðrúnu); k. við e-n, *to make a bargain, come to terms with one*; recipr., kaupast við, *to bargain with one another*.

kaupa-kostir, m. pl. *terms of a bargain*; **-land**, n. *purchased land*; **-mang**, n. *barter, bartering*; **-mark**, n. *purchased (cattle) mark*, opp. to one inherited.

kaupangr (-rs and -s), m. *market-place* (í kaupangi sem í heraði).

kaupangrs-lýðr, m. *towns-folk*.

kaup-brigði, n. *breach of contract*; **-bœr**, m. = kaupangr; **-drengr**, m. = -maðr; **-dýrr**, a. *demanding a high price, expensive*; **-eyrir**, m. *article of trade, wares, cargo*; **-ferð**, f. *trading* *journey or voyage*; **-fox,** n. *cheating*; **-friðr,** m. *security for trade*; **-för,** f. = -ferð, esp. in pl. (hafa skip í -förum, fara -förum); **-gegn,** a. *good at trading*; **-gjald,** n. *wages, pay*; **-hús,** n. *shop*; **-lag,** n. *tax, price*; **-laust,** a. n. (1) *without charge, gratuitously*; (2) *without bargain or profit*; **-ligr,** a. *mercantile*; mér verðr -ligt, *I come to a bargain*; **-maðr,** m. *trader, merchant*; **-manga** (að), v. *to bargain* (-manga við e-n).

kaupmanna-gørfi, n. *merchant's attire*; **-lög,** n. pl. *league of merchants* (vera í -lögum = vera kaupmaðr).

kaupmann-liga, adv. *in a merchant-like manner*; **-ligr,** a. *merchant-like*.

kaup-máli, m. *bargain, contract*; **-rof,** n. *breach of bargain*; **-sáttr,** a. *agreed as to a bargain*; **-skapr,** m. *stores of merchandise, wares*; **-skip,** n. *merchant ship*; **-slaga** (að), v. *to bargain*; **-staðr,** m. *market town*; **-stefna,** f. *fair, market*; **-sveinn,** m. = -drengr; **-tún,** n. *market town*.

kaupu-nautr, m. *customer*.

kaup-varningr, m. *merchant wares*; **-váttr,** m., **-vitni,** n. *witness to a bargain*; **-þorp,** n. = -tún.

ká (**kái, káða, káðr**), v. *to harass*; refl., kást í e-u, *to meddle in a thing*.

káklast (**að**), v. refl. *to receive a beating, meet with blows*.

kál, n. *cabbage, kale*.

kálfi, m. *the calf of the leg*.

kálfr (**-s, -ar**), m. *calf*; fig. *small island* (beside a large one).

kálfs-belgr, m. *calf's skin*.

kálf-skinn, n. *calf-skin*.

kápa, f. *cloak made with a cowl or hood* (hann var í blárri kápu).

kápu-ermr, f. *the sleeve of a* kápa; **-hattr, -höttr,** m. *the hood of a* kápa; **-skaut,** n. *the lap of a* kápa.

kár-höfðaðr, a. *curled*.

káriná, f., *see* 'karína'.

kárr, m. *curl in the hair*.

kát-liga, adv. *in a merry manner*; **-ligr,** a. *merry, cheerful* (-lig orð).

kátr, a. *merry, cheerful*.

ká-vísi, f. *meddlesomeness*; **-vísligr,** a., **-víss,** a. *quarrelsome, meddlesome*.

kefja (**kef, kafða, kafðr**), v. *to dip, put under water*; impers. *to be swamped, sink*, of a ship (skipit kafði undir þeim); refl., kefjast, *to dip oneself, duck, dive*.

kefla (**-da, -dr**), v. *to gag* (a lamb).

kefli, n. *cylinder* (of wood), *stick*.

kefling, f. *gagging* (of lambs).

kefli-völr, m. *cane, stick*, = kefli.

keikja (**-ta, -tr**), v. *to bend backwards* (E. keikti hann aptr á bak).

keikr, a. *bent backwards* (bjúgr í lendum en keikr í hálsi).

keila, f. *a sea-fish allied to the cod*; *torsk or tusk*.

keipr (**-s, -ar**), m. *rowlock*.

keipull, m. a kind of *boat, coble*.

keisa (**-ta, -tr**), v. *to bend*.

keisara-dómr, m., **-dœmi,** n. *empire*; **-höll,** f. *imperial castle*; **-ligr,** a. *imperial*; **-ríki,** n. = -dœmi; **-stóll,** m. *imperial throne*.

keisari, m. *emperor*.

kektunar-maðr, = klektunar-maðr.

kelda, f. (1) *well, spring*; (2) *bog, quagmire* (lá hestr hans í keldu).

kelfa (**-di, -t**), v. *to calve*.

kelpa, f. *trap* (for otters).

kelta, f. = kjalta.

kemba (**-da, -dr**), v. (1) *to comb* (k. hár sitt); (2) *to card* (k. ull).

kempa, f. *champion, bold warrior* (bardagamaðr mikill ok kempa).

kengr, m. (1) *a horseshoe-formed crook*; (2) *bend, bight*; köttrinn beygði kenginn, *arched its back*.

kenna (**-da, -dr**), v. (1) *to know, recognize* (Flosi kenndi Kára, er hann kom í stofuna); (2) *to know as one's own, claim* (k. sér land); (3) *to assign or attribute* to one (þá var ok ár um öll lönd, kenndu Svíar þat Frey); k. e-m barn, *to father a child upon one*; (4) k. e-m e-t, *to lay to one's charge, impute* (ef hann væri sannr verks þessa, er honum var kennt); k. e-m um e-t, *to charge one with a thing* (Þorgeirr vildi ekki, at brœðrum hans mætti um k.); (5) *to taste* food or drink (k. e-t *or* e-s); (6) *to feel, perceive*, with acc. and gen. (ek kennda þín eigi, er þú hvíldir á brjósti mér); k. sætan ilm, *to perceive a sweet smell*; k. hita (kulda) af **e-u,** *to feel heat* (*cold*) *from*; **k.**

afîsmunar, liðsmunar, *to feel the odds*; hón kenndi í meira lagi, *she felt considerable pain*; absol., þá er þeir kómu upp í heiðina, kenndi at brá lit, *the colour was felt to change, it began to darken*; mér kennir heiptar við e-n, *I feel hatred against one*; k. niðr, *to touch the bottom* (en er skipin kenndu niðr, þá gekk jarl á land); (7) *to show, bear witness of* (virðist mér ákall þetta meirr kenna ranglætis en réttvísi); (8) *to call, name*; k. e-t við e-n, *to call after one* (Helgi trúði á Krist, ok kenndi því við hann bústað sinn); (9) in poetry, *to call* by a periphrastic name (hvernig skal k. sól, vind); (10) k. e-m e-t, *to teach one a thing* (k. e-m rétta trú ok góða siðu); ek hefi kennt þér írsku at mæla, *I have taught thee to speak Irish*; (11) *to make one do a thing* (k. e-m bíta); (12) refl., kennast, *to seem, appear* (Úlfr kennist mér vitr maðr); recipr., svá var myrkt, at þeir kenndust eigi, *that they did not know one another*; goldit var honum þetta svá, at hann mun lengi kennast, *he was repaid for this in a way that he will long remember*; kennast við, *to recognize* (kenndist hann af því þegar við mennina); *to confess, acknowledge* (at þeir mætti við kennast sinn lítilleik).

kennandi (pl. **-endr**), m. (1) *recognizer*; (2) *teacher, preacher.*

kennan-ligr, a. *perceptible.*

kennari, m. *teacher, master.*

kenni, n. *mark* (cf. 'einkenni').

kenni-faðir, m. = lærifaðir; **-maðr**, m. *teacher, cleric, priest.*

kennimann-ligr, a. *having the air of a priest, clerical.*

kennimanns-skapr, m. *priesthood.*

kenni-mark, n. *mark* (= kenni).

kenning (pl. **-ar**), f. (1) *teaching, doctrine, lesson*, esp. of *preaching*; kenna kenningar, *to preach*; (2) *mark of recognition*; (3) *a poetical periphrasis or descriptive name.*

kenningar-nafn, n. *surname*; **-orð**, n. pl. *words of admonition*; **-sonr**, m. *alleged son.*

kenni-speki, f. *power of recognition.*

kennsl, n. pl. (1) *recognition*; bera k. á e-n, *to know, recognize one*; (2) *a charge made on evidence*; hafa k. á e-m, bera k. á hendr e-m, *to charge one with a thing.*

kennsla, f. (1) *teaching, instruction*; (2) = kennsl (1).

kenpa, f. *champion* (= kempa).

keppa (**-ta, -t**), v. *to contend, strive hard*; k. um e-t, *to contend for or about a thing*; k. við e-n, *to contend with one*; refl., keppast, *to exert oneself*; k. við e-n, *to contend with or against one*; k. til e-s *or* um e-t, *to strive after, contend for a thing.*

keppi-liga, adv. *impetuously.*

keppr, m. *cudgel, club.*

ker, n. *tub, vessel, goblet.*

kerald, n. *tub.*

ker-bað, n. = ker-laug.

kerfi, n. *bunch, bundle* (mörg spjót, er bundin vóru í k.).

ker-laug, f. *bathing in a tub.*

kerling (pl. **-ar**), f. (1) *woman, wife*; (2) *old woman.*

kerlinga-villa, f. *old woman's tale, nonsense* (þat er nú kölluð -villa).

kerra, f. *car, chariot* (k. sólarinnar).

kerski, f. *cheerfulness, fun* (= keski).

kerski-mál, n. *jest*; **-máll**, a. *facetious*; **-orð**, n. pl. *jokes*; **-orðr**, a. = -máll; **-yrði**, n. pl. = -orð.

kerta-hjálmr, m. *chandelier*; **-klofi**, m. *snuffers*; **-stika**, f. *candlestick.*

kerti, n. *wax candle, taper.*

kerti-rak, n. *candle-wick*; **-stika**, f. = kertastika; **-sveinn**, m. *link-boy* (attendant on a great man).

kesja, f. a kind of *halberd.*

kesju-lag, n. *a thrust with a halberd.*

keski, f. = kerski; **-fimr**, a. *witty.*

ketil-hadda, f. *kettle-handle*; **-hrím**, n. *kettle-grime, soot.*

ketill (dat. **katli**, pl. **katlar**), m. *kettle, pot, cauldron* (í eldahúsinu var eldr mikill ok katlar yfir).

ketil-tak, n. *taking a hot stone out of a boiling kettle* (as an ordeal).

ketlingr (**-s, -ar**), m. *kitten.*

ketta, f. *she-cat*; *giantess.*

keypi-liga, adv. *after the manner of a bargain.*

keyr, n. *choice*, = kør.

keyra (**-ða, -ðr**), v. (1) *to whip,*

lash, prick on (hann keyrði þá hest sinn); k. hest sporum, *to put spurs to a horse*; (2) *to ride* (keyrir síðan sem harðast til sinna manna); (3) *to fling* (S. bregðr honum á loft ok keyrir hann út á Rangá); k. e-n útbyrðis, *to fling overboard*; (4) *to drive, thrust* (k. nagla, k. sverð í höfuð e-m); Jórunn tók sokkana ok keyrði um höfuð henni, *J. struck her about the head with the stockings*; (5) impers., e-n keyrir, *one is driven, tossed*, by the wind, waves (fundu þeir eigi fyrr en þá keyrði á land upp); e-t keyrir ór hófi, *it exceeds all measure*.

keyri, n. *whip*.

keyris-högg, n. *lash*.

keyta, f. *foul water*.

kið (gen. pl. **kiða** or **kiðja**), n. *kid*.

kiðja-mjólk, f. *kid's milk*.

kiðlingr (**-s**, **-ar**), m. *young kid*.

kið-skinn, n. *kid-skin*.

kikna (**að**), v. *to bend backwards, to sink at the knees* (kikna í knésbótum).

kilpr, m. *handle* (of a vessel).

kilting, f. *skirt, lap* (hann hafði Inga konung í kilting sér).

kimbla (**að**), v. *to truss up*.

kind (pl. **kindir** and **kindr**), f. (1) *kind, race*; fyrða (gumna, seggja, skatna, ýta) k., *the sons of men, mankind*; (2) *creature, being*; lifði engi kvik k. eptir, *no living creature lived after*; sterkari en nökkur k. önnur, *stronger than any other creature*; helgar kindir, *holy beings*.

kinga, f. *brooch* (k. var á bringu).

kinn (pl. **kinnr**), f. *cheek*.

kinnar-bein, n. = kinnbein; **-kjálki**, m. *the upper jaw-bone*.

kinn-bein, n. *cheek-bone*; **-björg**, f. *cheek-piece* of a helmet; **-filla**, f. '*cheek-flesh*'; **-hestr**, m. *box on the ear*; **-höggva** (see höggva), v. *to hew or hack the cheek*; **-leðr**, n. *leather cheek-piece of a bridle*; **-roði**, m. *blush of shame*; **-skjóttr**, a. *with piebald cheeks* (of a horse); **-skógr**, m. *beard*; **-skærr**, a. *white-cheeked*.

kinnungr (**-s**, **-ar**), m. *bow of a ship*.

kinn-vangi, m. *cheek*.

kippa (**-ta**, **-t**), v. *to pull, snatch, draw quickly* (Egill kipti at sér sverðinu); hann kippir mönnum at sér, *he gets men together*; k. ofan seglinu, *to pull the sail down*; impers., e-m kippir í kyn (um e-t), *one resembles his kinsmen* (*in something*); refl., kippast um e-t, *to struggle with one another about a thing*; k. við, *to make a sudden motion* (kippist hann svá hart við, at jörð öll skelfr).

kippa, f. *bundle, string* (*of*).

kippr, m. *pull, jerk, shock*.

kirkja (gen. pl. **kirkna**), f. *church*.

kirkju-bann, n. *ban of the church*; **-ból**, n. *church estate*; **-búnaðr**, m. *church hangings*; **-bœr**, m. = -ból; **-dagr**, m. *church-day, anniversary*; **-dróttinn**, m. *church patron*; **-eign**, f., **-fé**, n. *church property*; **-friðr**, m. *church-peace, sanctuary*; **-ganga**, f. *church-going*; **-garðr**, m. *church-yard*; **-gengt**, a. n., eiga -gengt, *to be allowed to go to church*; **-grið**, n. pl. = -friðr; **-græfr**, a. *who can be buried at a church*; **-gørð**, f. *church-building*; **-helgr**, f. *church service*; **-land**, n. *church-land, glebe*; **-lög**, n. pl. *ecclesiastical law*; **-máldagi**, m. *church deed*; **-messa**, f. = -dagr; **-rán**, n. *sacrilege*; **-réttr**, m. *church-right*; **-skot**, n. *wing of a church*; **-skraut**, **-skrúð**, n. *church ornament*; **-sókn**, f. (1) *church-worship, attendance at service*; (2) *parish*; **-stétt**, f. *church pavement*; **-stóll**, m. *church pew*; **-tíund**, f. *church tithe*; **-tjöld**, n. pl. *church hangings*; **-viðr**, m. *church timber*; **-vist**, f. *attendance at church*; **-vígsla**, f. *consecration of a church*; **-vörðr**, m. *churchwarden*.

kirna, f. *churn*.

kirnu-askr, m. *churn-pail*.

kista (gen. pl. **kistna**), f. (1) *chest*; (2) *coffin* (= lík-kista).

kistill (**-s**, pl. **kistlar**), m. *little chest, small box*.

kistu-hringr, m. *ring in a chest*; **-lykill**, m. *key of a chest*; **-lok**, n. *cover of a chest*.

kitla (**að**), v. *to tickle*.

kífa (**að**), v. *to quarrel*.

kífinn, a. *quarrelsome*.

kíll, m. *narrow inlet, canal*.

kjallari, m. *cellar*.

kjalta (gen. **kjöltu**), f. *lap.*

kjal-vegr, m. *a way leading across a ridge of mountains* (local name).

kjappi, m. pet name of a *he-goat.*

kjapta (**að**), v. *to chatter, gabble.*

kjaptr (**-s, -ar**), m. = kjöptr.

kjark-leysi, n. *lack of vigour.*

kjarkr, m. *vigour, pith, energy.*

kjarni, m. *kernel*, esp. of berries.

kjarr (pl. **kjörr**), n. *copsewood, brushwood, thicket.*

kjarr-mýrr, f. *marsh-ground with brushwood*; **-skógr**, m. *copsewood.*

kjá (**kjái, kjáða, kjáð**), v.; hverr þeirra kjár nefinu at öðrum, *they put their heads together.*

kjálki, m. (1) *jaw-bone*; (2) *hand-sledge* (draga kjálka).

kjóll (**-s, -ar**), m. poet. *ship.*

kjósa (**kýs; kaus, køri** and **keyri; kusum** and **kurum; kosinn, kørinn**), v. (1) *to choose, select* (valkyrjur ríða jafnan at k. val); (2) *to desire, wish* (þá kýs ek laust kaup várt); k. heldr, *to choose rather, prefer*; (3) *to elect* (k. biskup); (4) with preps., k. e-n af fleirum, *to select, choose from a number*; k. af, *to choose* (kuru þeir þá af at ganga til handa konungi); margir kjósa ekki orð á sik, *many are not so well spoken of as they may wish to be*; k. e-n til e-s, *to select one for a thing* (k. e-n til fylgdar við sik, til biskups); k. um e-t, *to choose between* (kjós þú nú um tvá kosti).

kjúklingr (**-s, -ar**), m. *chicken, chick.*

kjölr (gen. **kjalar**, dat. **kili**; pl. **kilir**, acc. **kjölu**), m. (1) *keel* (brotnaði kjölrinn undir skipinu); sigla lausum kili, *to sail with an empty ship*; koma e-m á kjöl, *to get one up on the keel* (when the boat is capsized); niðr í kili, *down in the hold*; (2) *keel-shaped range of mountains* (austr um Kjöl); (3) *back of a book.*

kjöl-sýja, f. *one of the two boards nearest to the keel.*

kjöl-vegr, m. = kjal-vegr.

kjöptr, m. (1) *jaw* (er hinn efri k. við himni, en hinn neðri við jörðu); (2) *gaping jaws.*

kjör, n. *choice, decision*; ganga (falla) í k., *to go as one wishes.*

kjör-gripr, m. *a choice or costly thing*; **-ligr**, a. *fit to be chosen.*

kjörr, m. *thicket* = kjarr (þeir skildu í kjörr einum).

kjör-vápn, n. *a choice weapon*; **-viðr**, m. *choice timber*; **-vísligr**, a. *acceptable*, = kjörligr.

kjöt (dat. **kjöti** and **kjötvi**), n. *meat, flesh*; in pl. *stores of meat.*

kjöt-át, n., **-áta**, f. *meat-eating*; **-biti**, m. *piece of meat*; **-ligr**, a. (1) *pertaining to flesh*; (2) *carnal, fleshly*; (3) *related by blood*; kjötligt barn, *one's own child*; kjötligr bróðir, *brother germane*; **-lær**, n. *joint of meat*; **-stykki**, n. *piece of meat*; **-vaxinn**, pp. *fleshy*; **-ætr**, a. *eatable* (of meat).

klafa-kerling, f., **-stafr**, m. a kind of *two-pronged stick.*

klafi, m. a kind of *fork* (put on a cow's neck in the stall).

klak (pl. **klök**), n. *chirping of birds.*

klaka (**að**), v. *to twitter, chatter* (of birds); refl., klakast við um e-t, *to have a dispute about.*

klaka-hestr, m., **-hross**, n. *a horse that is left unhoused in winter*; **-högg**, n. *a tool for breaking up frozen soil*, = þelhögg; **-torf**, n. *frozen turf.*

klaki, m. *hard-frozen ground.*

klakk-laust, adv. *unhurt, unscathed* (komast -laust af).

klakkr (**-s, -ar**), m. *heavy, peaked clouds*; cf. úviðris-klakkr.

klakk-sárr, a. *touchy, feeling sore*; e-m verðr -sárt, *one is hurt, injured.*

klambrar-, gen. from 'klömbr'; **-veggr**, m. a kind of *wedge.*

kland, n. *molestation.*

klanda (**að**), v. *to molest.*

klanda-lauss, a. *free from molestation*; **klandan**, f., **klandr**, n. = kland.

klapp, n. *pat, patting.*

klappa (**að**), v. (1) *to pat, stroke gently* (jarlinn klappaði hendi sinni á bak honum); k. um e-t, *to pat*: (2) *to knock, rap* (k. á dyrum, á hurð); (3) *to shape by cutting blows, hew, chisel* (vóru klappaðir á steinvegginn krossar þrír); (4) *to hammer*; mun ek nú k. um aptr, *I will make it good* (*right*) *again.*

klauf (pl. **-ir**), f. (1) *the cleft* (between the toes); (2) *cloven foot* (göltrinn svamm þar til af gengu klaufirnar); (3) *beast, head of cattle.*

klaufa-gangr, m. *tramp of cattle.*

klausa, f. *clause, passage.*

klaustr, n. *cloister, convent.*

klaustra-fólk, n. *convent folk*; **-lifnaðr**, m. *convent life*; **-menn**, m. pl. *convent people.*

klaustr-ganga, f. *entering a convent*; **-garðr**, m. *convent wall.*

klá (**klæ**; **kló**, **klógum**; **kleginn**), v. *to claw, scratch, rub* (hann bað mik klá fót sinn).

kláði, m. *itch* (þegar brá kláða miklum á hvarmana).

kláð-sjúkr, a. *scabby.*

kláfr (**-s**, **-ar**), m. a kind of *box* carried on horseback.

klám, n. *obscene, filthy language.*

klám-högg, n. *an opprobrious blow*; **-yrði**, n. *foul language.*

kláp-eygr, a. *goggle-eyed, staring.*

klárr (**-s**, **-ar**), m. *hack, cart-horse.*

klé (gen. **kljá**; pl. **kljár**), m. *one of the stones to keep the warp straight in the old upright loom.*

klefi, m. *closet* (cf. svefnklefi).

kleggi (gen. **-ja**), m. *cleg, horse-fly.*

kleggi (gen. **-ja**), m. *cock of hay.*

kleif (pl. **-ar**), f. *cliff, rocky ascent.*

kleima (**-da**, **-dr**), v. *to daub, dabble.*

kleiss, a. *lisping* (k. í máli).

klekja (**klek**, **klakta**, **klaktr** and **klakinn**), v. *to hatch* (= k. út).

klektunar-maðr, m. *chicken-hearted man* (hann er engi -maðr).

klenging (pl. **-ar**), f. *vexatious action.*

klengi-sök, f. *a vexatious suit.*

klengjast (**d**), v. *to interfere or intrude oneself vexatiously.*

kleppr, m. *plummet, lump.*

klerka-fólk, n., **-lýðr**, m. *the clergy*; **-siðir**, m. pl. *clerical customs*; **-söngr**, m. *church music.*

klerk-dómr, m. *learning*; **-liga**, adv. *like a clerk, learnedly*; **-ligr**, a. *clerkly, scholar-like.*

klerkr (**-s**, **-ar**), m. (1) *cleric, clerk, scholar*; (2) *clergyman*, esp. of the minor orders.

klettr (**-s**, **-ar**), m. *rock, crag.*

kliðr, m. *din, murmur.*

klif, n. *cliff, scaur*, = **kleif**.

klifa (**að**), v. *to repeat, harp on the same thing* (also, k. á e-u); refl., **klifast** við e-n, *to wrangle with one.*

klif-gata, f. *way along a cliff.*

klifra (**að**), **klifrast**, v. *to climb.*

klingja (**-da**, **-t**), v. *to ring, jingle.*

klippa (**-ta**, **-tr**), v. *to clip, cut*; k. sauði, *to shear sheep.*

klífa (**klíf**; **kleif**, **klifum**; **klifinn**), v. *to climb* (konungr kleif upp í einn bakka; k. bratta brekku).

klígja (**-ða**), v. *to feel nausea* (hón klígir mjök).

klígja, f. *nausea.*

klína (**-da**, **-dr**), v. *to smear*; k. brauð, *to butter bread.*

klíningr, m. *buttered bread.*

kljá (**kljái**, **kljáða**, **kljáðr**), v. *to fix the weights* (cf. 'klé') *to a loom*; vera á enda kljáðr, *to have done*; er ek á enda kljáðr at þola þat lengr, *I can bear it no longer.*

kljár, m. = klé.

kljúfa (**klýf**; **klauf**, **klufum**; **klofinn**), v. *to cleave, split* (hann hjó þegar í skjöld Hrúts ok klauf allan niðr); skammt upp klofinn, *having a short fork, short-legged.*

klof, n. *the space between the legs, the fork.*

klofa-rúm, n. *ship's cabin near the mast*; **-stef**, n. '*cleft burden*', a form of refrain in a 'drápa'.

klofi, m. (1) *cleft, rift* (in a hill); *cleft stick*; verða í klofanum, *to be caught in a trap*; (2) *door-groove*; lúka upp hurðu, *or* lúka aptr hurð, á miðjan klofa, *to open, or shut, the door half way*; hurð hnigin á miðjan klofa, *half shut*; reka aptr hurðina (*or* lúka hurðinni) í klofa, *to shut the door*; (3) *the forks* to support tents *on board a ship* (höggva tjöldin ór klofum); (4) *snuffers.*

klofna (**að**), v. *to be cloven, to split.*

klokka, f. = klukka.

kló (pl. **klœr**, dat. **klóm**), f. (1) *claw, talon*; (2) *clew* (of a sail).

klóa-gangr, m. *scratching* (*fighting*) *with claws.*

klóast, v. refl. *to fight with claws.*

kló-dýr, n. *a beast with claws, beast of prey*; **-fugl**, m. *bird of prey.*

klókindi, n. pl. *cunning, cleverness.*

klók-leiki, m. = klókindi; **-liga**, adv. *cunningly*; **-ligr**, a. *cunning, crafty.*

klókr, a. *arch, cunning, clever.*

klók-samligr, a. = -ligr; **-skapr**, m. = klókindi.

klór, n. *scratching*; **klóra (að)**, v. *to scratch* (like a cat).

klót, n. *knob of a sword hilt.*

klubba, f. = klumba.

klukka (gen. pl. **klukkna**), f. *bell*; kvað við klukkan, *the bell rang.*

klukkari, m. *bell-ringer.*

klukkna-hljóð, n. *peal of bells*; **-hús**, n. *bell-chamber, belfry.*

klukku-hljóð, n. = klukknahljóð; **-strengr**, m. *bell-string.*

klumba, f. *club*, = klubba, kylfa.

klungr (**-rs, -rar**), m. *bramble.*

klungróttr, a. *grown with bramble.*

klútr (**-s, -ar**), m. *kerchief.*

klyf (pl. **-jar**), f. *pack, truss* (on a pack-horse); **-beri**, m. *pack-saddle.*

klyfbera-band, n. *pack-saddle girth.*

klyfja (að), v. *to load with packs* (k. hest, asna af e-u).

klyfja (**klyf, klufða, klufiðr**), v. *to split, cleave.*

klyfja-band, n. *pack-girth*; **-burðr**, m. *carrying packs on horseback*; **-hestr**, m., **-hross**, n. *pack-horse.*

klýpa (**-ta, -tr**), v. *to pinch, nip.*

klýping, f. *pinching, nipping.*

klæða (**-dda, -ddr**), v. *to clothe*; **k.** sik, *to dress oneself*; refl., klæðast, *to dress oneself, put on one's clothes*, in the morning (síðan stóðu þeir upp ok klæddust).

klæða-, gen. pl. from 'klæði'; **-búnaðr, -búningr**, m. *apparel*; **-kaup**, n. *exchange of clothes*; **-skipti**, n. pl. *change of clothes*; **-skurðr**, m., **-snið**, n. *cut, fashion of clothes*; **-ylr**, m. *warmth derived from clothes*; **-örk**, f. *clothes-chest.*

klæð-fár, a. *thinly clad*; **-hœfr**, a. *fit for wear.*

klæði, n. (1) *cloth, stuff* (ensk k. með mörgum litum); (2) *garment* (maðr í rauðu k.); (3) esp. in pl., *clothes, apparel, dress* (hvar fyrir berr þú rauð klæði?); fara í k., *to put on clothes*; fara af *or* ór klæðum, *to take off one's clothes*; bera k. (kasta klæðum) á vápn, *to throw clothes over the weapons* (to stop a fight).

klæð-lauss, a. *void of clothes, naked*; **-leysi**, n. *nakedness*; **-margr**, a. *well provided with clothes.*

klæðnaðr (gen. **-ar**), m. *clothing, apparel* (k. þóru ok gripir).

klæð-sekkr, m. *clothes-bag.*

klæja (að), v. *to itch*; nú klæja oss lófarnir, *now our palms itch*; impers., mér klæjar, *I itch.*

klæki, n. *disgrace, cowardice.*

klæki-ligr, a. *dastardly, cowardly.*

klækis-efni, n. *mean proceeding*; **-högg**, n. *dastardly blow.*

klæki-skapr, m. *baseness, meanness.*

klækis-laust, adv. *blamelessly*; **-maðr**, m. *dastard*; **-nafn**, n. *name for cowardice*; **-orð**, n. = -nafn; **-verk**, n. *base work.*

klækja (**-ta, -tr**), v. *to put to shame.*

klækja-fullr, a. *disgraceful, mean.*

klæma (**-da, -dr**), v. *to put to shame.*

klök, n. pl., see 'klak'.

kløkkna (að), v. *to become soft, soften* (þat vöknar ok kløkknar).

kløkkr (acc. **-van**), a. *pliable, soft, yielding; easily affected.*

kløkkva (**kløkk; klökk, klukku**; —), v. *to be moved to tears*; *to sob.*

kløkkva (**-ta, tr**), v. *to soften.*

kløkkving, f. *emotion.*

klömbr (gen. **klambrar**), f. *smith's vice*, fig. *a tight place.*

klöpp (gen. **klappar**, pl. **klappir**), f. *stepping-stone.*

knakkr (**-s, -ar**), m. a kind of *stool.*

knapi, m. *valet, varlet.*

knappaðr, pp. *furnished with studs or buttons* (k. kyrtill).

knapp-járn, n. *iron staff with a knob at one end.*

knappr (**-s, -ar**), m. (1) *knob* (staf í hendi ok knapp á); ríða knapp á, *to furnish a thing with a knob*; (2) *stud, button* (með knappi ok nezlu).

knarrar-bátr, m. *ship's boat* (see 'knörr'); **-skip**, n. = knörr; **-smiðr**, m. *shipwright.*

knatt-drepa, f., **-gildra**, f. = -tré; **-högg**, n. *a blow with a ball*; **-leikr**, m. *playing at ball*; **-tré**, n. *bat.*

kná (pl. **knegum** ; **knátta**), a defective verb, *I can* (*could*) ; knákat ek segja, *I cannot say* (poet.).

kná-leikr, m. *prowess, hardihood* ; **-liga**, adv. *hardily, doughtily* (þeir sœkja -liga ferðina) ; **-ligr**, a. = knár.

knár (**kná**, **knátt**), a. *hardy, vigorous* ; *having strength and energy.*

kné (gen. pl. **knjá**, dat. **knjám** or **knjóm**), m. (1) *knee* ; sitja á kné e-m, *to sit on a person's knee* ; ganga (koma, fara, hvarfa) fyrir k. e-m, *to approach one as a suppliant* ; koma e-m á k., *to bring one to his knees, overcome* ; láta k. fylgja kviði, *to plant the knee on the belly* ; sitja fyrir knjóm e-rri, *to attend a woman in childbirth* ; (2) *knee-timber in a ship.*

kné-beðr, m. *knee cushion* ; falla á -beð, *to kneel* ; **-beygjast** (ð), v. refl. *to bow the knees* ; **-björg**, f. *knee-piece* ; **-fall**, n. *kneeling.*

knefa (að), v. *to determine* (er þar nú knefat um annat ráð).

kné-falla (see **falla**), v. *to fall on the knees* ; *to kneel.*

kneiking (pl. **-ar**), f. *close embrace, hug* (kossar ok kneikingar).

kneikja (**-ta**, **-tr**), v. *to bend backwards with force* (k. e-n aptr á bak).

kné-liðr, m. *knee-joint.*

kneppa (**-ta**, **-tr**), v. (1) *to press, hug* (k. e-n at sér) ; (2) *to stud, button.*

kné-runnr, m. *lineage, kinship* ; *degree in descent.*

knés-bót, f. *the hollow of the knee.*

kné-setja (see **setja**), v. *to place upon one's knees*, a kind of adoption (hann -setti þann svein ok fóstraði) ; **-setningr**, m. *foster-son.*

knés-fótr, m. *ham, hough* (= -bót).

kné-sig, n. *sinking on one's knees* ; **-skel**, f. *knee-cap, knee-pan* ; **-skot**, n. *humiliation* ; koma -skoti á e-n, *to bring one to his knees.*

kneyfa (**-ða**, **-ðr**), v. *to quaff* (Egill kneyfði af horninu í einum drykk).

knía (að), v. *to consider, debate* (er þeir kníaðu þetta mál milli sín).

knía, v. poet., only in the pret. 'kníði', *to knock, strike* ; kníðum unnir, *we rowed.*

knífr (**-s**, **-ar**), m. *knife, dirk.*

knífs-blað, n. *knife's blade* ; **-hepti**, n. *knife's handle* ; **-oddr**, m. *knife's point* ; **-skepti**, n. = -hepti.

knoða (að), v. *to knead* (k. saman mjöl ok smjör).

knoka (að), v. *to knock, thump.*

knosa (að), v. *to bruise, beat.*

knúi, m. *knuckle* (hvítnuðu knúarnir).

knúska (að), v. *to knock, ill-treat.*

knúskan, f. *knocking, ill-treatment.*

knúta, f. *knuckle-bone, joint-bone.*

knútóttr, a. *knotted.*

knútr (**-s**, **-ar**), m. (1) *knot* ; leysa knút, *to undo a knot* ; ríða knút, *to tie a knot* ; knýta knút, *to knit a knot* ; (2) *hump, protuberance.*

knykill (pl. **knyklar**), m. *small knot, protuberance.*

knylla (**-ta**, **-tr**), v. *to beat, strike* (þeir knylltu hann með keyrinu).

knypri, n. *cowering* ; vefja sik í k., *to crouch together.*

knytja (að), v. *to knit or tie together.*

knýfill (pl. **knýflar**), m. *short horn.*

knýflóttr, a. *short-horned.*

knýja (**kný**, **knýða** or **knúða**, **knúinn**), v. (1) *to knock* ; hann knúði hurðina, *he knocked at the door* ; (2) *to press, drive onward* (þeir knúðu fast árar með stó um bakföllum) ; *to push, urge on* (hann gat varla fylgt henni, svá knúði hón fast reiðina) ; (3) refl. *to struggle on, press on* ; því harðara er Þórr knúðist at fanginu, því fastara stóð hón, *the more Thor exerted himself, the firmer she stood.*

knýta (**-tta**, **-ttr**), v. *to knit, fasten by a knot, bind, tie* (hón knýtir saman halana á nautunum) ; with dat. (skulum vér k. líndregli um fremra stafn) ; impers., knýtti hrygginn (acc.), *the back knotted up, became crooked.*

knýti, n. *bag, purse.*

knýtil-skauti, m. *a cloth or kerchief knotted up* (and used as a purse).

knýti-skauti, m. = knýtilskauti.

knýttr, pp. *knotted, crippled.*

knörr (gen. **knarrar**, dat. **knerri** ; pl. **knerrir**, acc. **knörru**), m. *ship*, esp. *merchant-ship*, opp. to 'langskip'.

knöttr (gen. **knattar**, dat. **knetti** ; pl. **knettir**, acc. **knöttu**), m. *ball* ; herða knúa at knetti, *to play at ball.*

koddi, m. *pillow.*

kofarn, n., **-rakki**, m. *lap-dog.*

kofi, m. *convent cell*; *hut*, *shed.*

kofr, n. *coffer* (skrín ok k.).

kofri, m. *hood or bonnet of fur.*

kofr-málugr, a. *testy*, *snappish*; **-menni**, n. *a snappish*, *testy person* (-menni í skapi).

kogla (**að**), v. *to goggle*, *look askance.*

kol, n. pl. *coals*, *charcoal* (svíða k.).

kola, f. *a small*, *open lamp.*

kola-, gen. pl. from 'kol'; **-karl**, **-maðr**, m. *charcoal-maker*; **-meiss**, m. *box for carrying coals.*

kol-bítr, m. *coal-eater* (an idle person sitting always at the fireside); **-blár**, a. *coal-black*; **-brenna**, f. *charcoal-making*; **-gröf**, f. *charcoal pit*; **-gørð**, f. = -brenna.

kolla, f. (1) *hind*, *cow*; (2) *woman* (only in compds.).

kol-laupr, m. *coal-box.*

koll-heið, n. *bright sky overhead*: **-hetta**, f., **-höttr**, m. a kind of *round cap* (þeir höfðu grár -hettur).

kollóttr, a. (1) *without horns*, *polled* (ær kollótt); (2) *with shaven crown*, *hairless* (k. ok klæðlauss); *having the hair cut short.*

kollr (**-s**, **-ar**), m. (1) *top*, *summit* (á kolli fjallsins); (2) *head*, *pate* (þeim var sprottit hár ór kolli); (3) *a shaven crown* (hann rakar af þeim hárit ok gørði þeim koll); (4) hrinda e-u um koll, *to overthrow.*

koll-sveinn, m. *boy with a flat cap*; **-varpa** (**að**), v. *to overthrow*; **-verpa** (see **verpa**), v. = -varpa.

kol-merktr, pp. *jet-black* (klæði -merkt); **-reykr**, m. *smoke from burning charcoal*; **-svartr**, a. *coal-black*; **-viðr**, m. *wood for charcoal.*

koma (**kem**; **kom** or **kvam**, **kómum** or **kvámum**; **kominn**), v. (1) *to come* (litlu síðarr kómu Finnar aptr heim); (2) *to come*, *arrive* (bréf kómu frá Skúla jarli); kom svá, at (*it came to pass*, *that*) Bárði var heitit meyjunni; (3) with dat. of the object, *to make to come*, *to take*, *bring*, *carry*, &c.; hann skyldi k. Þór í Geirröðargarða, *he should make Th. come to G.*; hann kom Þórhaddi heilum yfir ána, *he brought Th. safe across the river*; k. e-m í hel, *to put one to death*; k. e-m til falls, *to make one fall*; k. e-m í sætt við e-n, *to reconcile one with another*; k. sér vel hjá e-m, *to bring oneself into favour with*, *be agreeable to* (þeir kómu sér vel við alla); k. e-u til leiðar (til vegar), *to effect*, *bring about*; k. orðum við e-n, *to speak with a person* (hann gørði sik svá reiðan, at ekki mátti orðum við hann k.); (4) with preps., k. e-u af sér, *to get rid of* (allt mun ek til vinna at k. af mér yðvarri reiði); k. e-u af, *to abolish* (því hafði eigi orðit af komit með öllu); k. at e-m, *to come upon one* (kómu þessir at honum fyrir Sjólandi með tveim skipum); k. at hendi, *to happen* (mikill vandi er kominn at hendi); impers., Gunnarr játaði því, en þá er at kom, vildi hann eigi, *G. agreed to it, but when it came to the point he would not*; k. at e-u, *to come at*, *regain*, *recover* (k. at hamri); k. sér at e-u, *to bring oneself to* (Þ. kom sér ekki at því); k. á e-t, *to come on*, *hit* (höggit kom á lærit); k. e-u á, *to bring about*, *effect* (máttu þeir øngum flutningum á k.); k. kristni (dat.) á England, *to christianize E.*; k. fram, *to come forth*, *appear*, *emerge* (sigldi E. suðr með landi ok kom fram í Danmörk); *to be produced*, *brought forward* (nú eru öll frumgögn fram komin); *to come about*, *take place*, *happen* (nú mun þat fram k. sem ek sagða); k. e-u fram, *to bring about*, *effect* (k. fram hefndum); k. fyrir e-t, *to be an equivalent for* (fyrir víg Hjartar skyldi k. víg Kols); allt mun k. fyrir eitt, *it will all come to the same*; k. fyrir ekki, *to come to naught*, *be of no avail*; e-m þykkir fyrir ván komit, at, *one thinks it past all hope, that*; k. e-u fyrir, *to destroy* (hann kom hverjum hesti fyrir); k. í e-t, *to come into*, *enter*; mál koma í dóm, *suits are brought up for judgement*; k. niðr, *to come down*; hann reyndi eptir, hvar G. væri niðr kominn, *what had become of G.*; kom þar niðr tal hennar, at hon sagði honum, hversu, *the end of her talk was, that she told* *him how*—; k. hart niðr, *to pay dearly for it* (ek hafða illa til gört, enda kom ek hart niðr); k. saman, *to come together, gather* (er saman kom liðit); *to agree*; þat kom saman (*or* ásamt) með þeim, *they agreed on it*; impers., kom þeim vel saman (ásamt), *they agreed well*; k. e-u saman, *to bring about, effect*; k. saman sættum með e-m, *to reconcile them*; k. til e-s, *to come to a person or place* (jarlinn kom með allan her sinn til Dyflinnar); k. til ríkis, *to come to, or succeed to, the throne*; k. til e-s, *to cause*: þat kemr til þess, at, *the reason is, that*; *to help, avail*: koma til lítils, *to come to little, be of small avail* (= k. fyrir lítit); *to concern*: þetta mál kemr ekki til þín, *this quarrel is no business of thine*; þat er til mín kemr, *so far as I am concerned*; *to mean, signify* (Þ. kvezk skilja, hvar orð hans kómu til); *to be of value*: sverð þat, er til kom mörk gulls, *that was worth a 'mark' of gold*; mikit þykkir til e-s k., *one is much thought of, is thought to be of great importance*; k. til, *to be born*; k. e-m undan, *to help one to escape*; k. undir e-n, *to come unto one*; ef undir oss skal k. kjörit, *if we are to choose*; k. e-m undir, *to get one down, overcome one*; k. upp, *to come up*; tungl kemr upp, *the moon rises*; eldr kom upp, *fire broke out*; kom þá upp grátr fyrir henni, *she burst into tears*; *to turn up* (hann kastar teningunum ok kómu upp tvau sex); kom þat upp af tali þeirra, at, *the end of their talk was, that*; *to come out, become known* (kom þat þá upp, at hann hafði beðit hennar); k. e-u upp, *to open* (kerling tekr hörpuna ok vildi upp k.); hann mátti lengi eigi orði upp k., *it was long before he could utter a word*; k. við e-t, *to touch* (komit var við hurðina); þeir kómu við sker, *they struck on a reef*; hann kemr við margar sögur, *he appears in many sagas*; *to be added to* (koma þær nætr við hinar fyrri); k. við, *to fit, be convenient, suit*; k. e-u við, *to employ, make use of* (ek mátta eigi boganum við k.); hann kom því við (*he brought about*), at engi skyldi fara með vápn; urðu þeir at flýja sem því kómu við, *all fled that could*; k. sér við, *to bring about, effect, be able to do* (ek mun veita þér slíkt lið sem ek má mér við k.); *to behave* (hversu hann kom sér við í þessum málum); k. yfir, *to pass over* (hvert kveld, er yfir kom); (5) refl., komast, *to come to the end, get through, reach* (hann komst við svá búit í ríki sitt); k. af, *to escape, save one's life* (tveir drukknuðu, en hinir kómust af); k. at e-u, *to get at a thing, procure*; eigi skaltu illa at k., *thou shalt not get it unfairly*; k. á fœtr, *to get on one's legs*; k. undan, *to escape* (allt þat lið, er undan komst); k. út, *to get out*; k. við, *to be able* (brenn allt ok bæl sem þú mátt við k.); *to be touched* (hann komst mjök við ok felldi tár); k. við veðri, *to get abroad* (hann lét þat ekki við veðri k.); k. yfir e-t, *to overcome, get hold of* (er hann komst yfir féit).

koma, f. *arrival*, = kváma.

kominn, pp. *come*; k. af e-m, *descended from*; k. af sér, *in a declining state, on the decline* (kristnin var mjök svá af sér komin); k. at andláti, dauða, *breathing one's last*; vóru þeir mjök at komnir, *they were much exhausted*; vel (illa) k., *in good* (*bad*) *estate*; hann var vel til náms k., *he was in a good place for learning*; mér þykkir son minn hvergi betr k., *methinks my son is nowhere better off, in better hands*; k. á sik vel, *in a good state, accomplished* (k. á sik manna bezt); vera á legg k., *to be grown up*; vera svá aldrs k., *to be of such an age*; hann sagði henni, hvar þá var komit, *he told her how matters stood*; vera k. til e-s, *to be entitled to* (þeir, er til einskis eru komnir); rétt k. til konungdóms, *right heir to the kingdom*.

kompána-skapr, m. *companionship*.

kompánn, m. = kumpánn.

kompáss, m. *ring, circle, compass*.

komu-maðr, m. *new comer, guest*.

kona (gen. pl. **kvenna**), f. (1) *woman* (var hón kvenna fríðust); (2) *wife* (ek em k. Njáls).

konar, gen. sing. from an obsolete 'konr', *kind*; alls k., *of all kinds*; hvers k., *of every kind*; margs k., *of many kinds*; ýmiss k, *of sundry kinds*; sams k., *of the same kind.*

konr (pl. **-ir**), m. poet. (1) *son, descendant, kinsman*; (2) *man.*

konu-bú, n. *woman's estate*; **-efni**, n. *one's future wife, bride*; **-fé**, n. *marriage portion*; **-hár**, n. *woman's hair*; **-klæði**, n. pl. *woman's attire*; **-lauss**, a. *wifeless, widowed* (verða -lauss); **-mál**, n. *love affair* (verða sekr um -mál), = kvennamál; **-nám**, n. *abduction of a woman.*

konunga (að), v. *to address as a king, to call by the name of king.*

konunga-kyn, n. *royal kin, royalty*; **-skipti**, n. *change of kings, succession*; **-stefna**, f. *meeting of kings*; **-sætt**, f. *peace between kings*; **-tal**, n. *series of kings*; **-ætt**, f. = -kyn.

konung-borinn, pp., **-borligr**, a. *of royal birth*; **-djarfr**, a. *speaking boldly to kings*; **-dómr**, m. *kingdom*; **-lauss**, a. *kingless, without a king*; **-ligr**, a. *kingly, royal*; **-maðr**, m. *royal person, king.*

konungr (**-s**, **-ar**), m. *king.*

konung-ríki, n. *kingdom.*

konungs-atsetr, n. *king's residence*; **-bréf**, n. *king's writ, warrant*; **-bú**, n. *royal estate*; **-efni**, n. *future king*; **-eigur**, f. pl. *royal property*; **-eyrendi**, n. *royal errand*; **-fundr**, m. *audience given by a king*; **-garðr**, m. *king's palace*; **-höfn**, f. *king's haven*; **-kveðja**, f. *address to a king*; **-leyfi**, n. *king's leave*; **-lykill**, m. *the king's key* = *axe* (which opens all doors and chests); munu þeir bera -lykil at húsinu, *they will break in by force*; **-lægi**, n. *king's berth*; **-nafn**, n. *king's title*; **-nautr**, m. *king's gift*; **-níðingr**, m. *traitor to the king*; **-ríki**, n. *kingdom*; **-setr**, n. *royal residence*; **-skrúði**, m. *king's apparel*; **-steði**, m. *the king's stithy, the mint*; **-sveit**, f. *king's retinue*; **-sýsla**, f. *royal office, district*; **-sæti**, n. *king's seat, residence*; **-tekja**, f. *election of a king*; **-tign**, f. *royal dignity*; **-vígsla**, f. *coronation.*

konung-sæll, a. *blessed with good kings* (höfum vér verit -sælir).

kopar-kanna, f. *copper can*; **-kross**, m. *copper cross.*

koparr, m. *copper.*

kopar-stika, f. *copper candlestick.*

koppr (**-s**, **-ar**), m. *cup, small vessel.*

kordúnu-hosur, f. pl. *hose of cordovan leather.*

korn, n. *corn, grain* (þar var hallæri á korni); *oats* (gefa hestum k.); in pl. *stores of grain* (hann flutti með sér mikil korn).

korn-amstr, n. *corn-stack*; **-ár**, n. *crop*; -árit brast, *the crop failed.*

Korn-bretar, m. pl. *the Britons of Cornwall* (Kornbreta-land).

korn-frjó, n. *seed-corn*; **-hjálmr**, m. *corn-stack*; **-hlaða**, f. *barn*; **-kaup**, n. *purchase of corn*; **-kippa**, f. *basket for seed-corn*; **-sala**, f. *sale of corn*; **-skreppa**, f. *corn-bag.*

kornskurðar-maðr, m. *shearer, reaper*; **-mánaðr**, m. *shearing month.*

korn-skurðr, m. *shearing, reaping*; **-vist**, f. *stores of corn.*

korpr, m. *raven*, = hrafn.

kos-eyrir, m. *choice things.*

kosning, f., **kosningr**, m. *election.*

koss (pl. **kossar**), m. *kiss.*

koss-mildr, a. *fond of kissing.*

kosta (að), v. (1) *to try*, with gen.; k. afls, magns, *to try* (*put forth*) *one's strength*; k. mans, *to fall in love*; B. þurfti alls at k., *B. had to exert all his strength*; k. kapps, *to strive hard*; (2) *to exert oneself, strive*, with infin. (í því, er hann kostar upp at rísa); kostit svá keppa, at Guðrún kløkkvi, *do your best to draw tears from G.*; (3) *to injure, hurt* (bæði var kostat hold hans ok bein); impers., þat fall var svá mikit, at kostaði lærlegg hans, *that his thigh-bone was hurt*; (4) k. e-n mikit, lítit, *to cost one much, little*; impers., kostar e-n e-t, *it costs one so and so much*, with the price in gen. (kostar þik þat nökkurs), or acc. (einn riddara kostar átta merkr gulls sinn búnað); (5) *to defray the expenses of* (þat boð kostaði Unnr); þú hefir kostat oss, *thou hast entertained us.*

kosta-, gen. pl. from 'kostr'; **-boð**,

n. *favourable choice*; **-lauss**, a. = -vanr; **-mikill**, a. *good, fine, valuable*; **-munr**, m. *difference in quality* (eigi er -munr með ykkr).

kostan, f. (1) *pains, effort* (lagði k. ok stund á at fremja kristni); (2) *temptation* (k. fjándans).

kosta-vandr, a. *fastidious*; **-vanr**, a. *cheerless*.

kost-góðr, a. *of good quality*; **-gripr**, m. *costly thing, choice thing*; **-gæfa** (-ða, -ðr), v. (1) *to push on with a thing*; -gæfa eptirförina, *to press the pursuit hard*; (2) with infin., *to strive, take pains* (Þ. kostgæfði svá mjök at hjálpa föruneyti sínu); **-gæfð**, f., **-gæfi**, n. and f. *painstaking, care*; með öllu -gæfi, *with all diligence*; **-gæfliga**, adv. *with pains, diligently*; **-gæfligr**, a., **-gæfr**, a. *painstaking, diligent*.

kostigr, a. *of good quality, choice*.

kost-illr, a. *of mean quality, poor*; **-lauss**, a. *of no use, bad*; **-ligr**, a. *desirable, advantageous*; **-móðr**, a. *heavy with food*.

kostnaðar-mikill, **-samr**, a. *very costly, expensive*.

kostnaðr (gen. **-ar**), m. (1) *cost, expense*; (2) *maintenance, living*.

kostr (**-ar**, pl. **-ir**, acc. **-i** or **-u**), m. (1) *choice, alternative* (hann sá engan sinn kost annan); mun ek engan kost á gøra, *I will give no choice in the matter*; (2) *choice, terms* (hvern kost vili þér nú gøra Ingjaldi); hugsat hefi ek kostinn, *I have thought over the terms*; (3) *choice, chance, opportunity*; k. er e-s, *there is a chance* (þat er hverjum manni boðit at leita sér lífs, meðan k. er); eiga e-s kost, *to have a choice of* (eiga slíkra manna kost); eiga alls kosti við e-n, *to have one altogether in one's power*; (4) *match* (Sigríðr hét dóttir hans ok þótti beztr k. á Hálogalandi); hann spyrr, hverr eigi að ráða fyrir kosti hennar, *who was to give her away*; (5) *state, condition*; sjá fyrir sínum kosti, *to take care of oneself*; síðan lét Símon varðveita kost hennar, *look after her affairs*; (6) *cost, expense*, = kostnaðr (þat skip höfðu bœjarmenn látit gøra af sínum kosti); (7) *means, victuals, provisions* (bauð hann Oddi alla kosti með sér); (8) *food* (þat var síðr at fœra konum þeim kost, er á sæng hvíldu); (9) *board* (þá bauð Ketill fé fyrir kost hennar); (10) *stores, goods* (tvau skip hlaðin vænum kosti); (11) *good quality, good things*; segja kost ok löst á e-u, *to tell both the good and the bad of a thing*; fær þú fátt af mér fríðra kosta, *thou shalt get little good from me*; (12) *virtue*, opp. to 'löstr'; (13) adverb. usages, þat er til kostar, ef, *it is well done, if*; at þeim kosti, *on that condition*; at öðrum kosti, *else, otherwise*; at síðasta, efsta kosti, *in the last instance, last emergency*; alls kostar, *quite, in every respect*; eigi eins kostar, *not very, not peculiarly*; annars kostar, *as for the rest*; nökkurs kostar, *in any wise*; þess kostar, *in this case, thus*.

kostu-ligr, a. *costly, excellent* (hann hélt eina -liga veizlu).

kost-vandr, a. *fastidious*.

kot, n. *cottage, small farm, hut*.

kot-bóndi, m. *cotter*; **-bœr**, m. = kot; **-karl**, m. *cotter, cottager*.

kotkarls-son, m. *churl's son*.

kot-lífi, n. *humble life*; **-mannliga**, adv. *meanly, in a beggarly way*.

kotungr (**-s**, **-ar**), m. = kotkarl.

kóf, n. *thick vapour, steam*.

kóf-viðri, m. *thick fall of snow*.

kólfr (**-s**, **-ar**), m. (1) *clapper, tongue of a bell*; (2) a kind of *bolt*; svá skjótt (snart) sem kólfi skjóti (skyti), *swift as an arrow*.

kólf-skot, n. *bolt-shot*.

kólga, f. poet. *wave, billow*.

kólna (**að**), v. *to become cold* (veðrit kólnar); impers., e-m kólnar, *one gets cold* (oss kólnar á knjánum).

kólnan, f. *cooling down, getting colder* (þá er sólargangr í k.).

kóng-, see 'konung-'.

kóngr (**-s**, **-ar**), m. = konungr.

kópa (**-ta**, **-t**), v. *to stare, gape*.

kór-bók, f. *choir-book, hymn-book*; **-dyrr**, f. pl. *choir-door*; **-kápa**, f. *choir-cope*.

kóróna, f. *crown*, = krúna.

kóróna (**að**), v. *to crown*, = krúna.

kór-prestr, m. *choir-priest.*

kórr (gen. **kórs**), m. *choir, chancel.*

kórs-bróðir, m. *canon,* = kanúkr.

kór-smíð, f. *building of a choir*; **-þili**, n. *panel of the choir.*

krabba-mark, -merki, n. *the zodiacal sign Cancer.*

krabbi, m. *a crab* (k. gengr öfugr löngum).

krafa, f. *claim, demand.*

krafla (að), v. *to make (slight) pawing movements with the hands.*

krafsa (að), v. *to paw, scrape, or scratch with the feet* (uxinn krafsaði sem hross).

kraka (að), v. (1) *to furnish with pales*; (2) *to grip the bottom* (tóku þá akkerin at k.); (3) k. e-t upp, *to fetch up from the bottom* (krökuðu þeir hann upp ok fluttu til lands).

kraki, m. (1) *pale, stake*; (2) *thin pole*; (3) a kind of *drag or boat-hook.*

krak-ligr, a. *slender, thin and weak.*

krammr, a. *half thawed* (k. snjór).

kranga (að), v. *to creep along.*

krangr, a. *weak, frail.*

krank-dómr, m., **-dœmi**, n. *ailing, illness*; **-leikr**, m. = -dómr.

krankr, a. (1) *ill, sick*; mér er krankt, *I am ill*; (2) *sore, distressing.*

krap, n. *half thawed snow, slush.*

krapa-drífa, f. *shower of sleet*; **-för**, f. *drift of thawed ice* (in a river).

krapi, m. = krap.

krappa-rúm, n. '*strait-room*' (a place before a ship's 'lypting').

krappr, a. (1) *strait, narrow* (kröpp leið); koma í krappan stað, *to get into straits*; (2) *sharp, crafty* (kröpp var Guðrún).

krapta-, gen. pl. from 'kraptr'; **-lán**, n. *gift of strength (power)*; **-lifnaðr**, m., **-líf**, n. *virtuous life*; **-lítill**, a. *weak, wanting strength*; **-maðr**, m. *strong (virtuous) man*; **-mikill**, a. *strong.*

krapt-auðigr, a. (1) *very powerful*; (2) *highly virtuous.*

kraptr (**-s, -ar**), m. (1) *might, strength, power*; með öllum krapti, *with might and main*; (2) *virtue*; (3) *superhuman being, angel.*

krá, f. *nook, corner.*

kráka, f. *crow* (galandi k.).

krákr, m. *crow or raven.*

kráku-skel, f. *mussel*; **-stigr**, m. '*crow-path*', *crooked way, zigzag*; **-ungi**, m. *young crow.*

krás, f. *dainty* (dýrðligar krásir).

kredda, f. *creed* (Lat. *credo*)

krefja (**kref, krafða, krafðr** and **krafinn**), v. *to crave, demand, claim* (k. e-n e-s); k. e-n máls, orða, *to ask speech of one* (engi þorði at k. hann orða); hann krafði dura, *he asked to be let in, knocked at the door*; refl., krefjast, *to claim*, with gen. (krafðist Hávarðr torfunnar).

kregð, f. *pining away*, a nickname.

kreista (**-sta, -str**), v. *to squeeze, press*; fig. *to force, compel.*

kreisting, f. *squeezing, pressing.*

krellr, m. *pith, spirit, hardihood* (engi krellr er í yðr).

kremja (**krem, kramda, kramiðr, kramdr**, or **kraminn**), v. *to squeeze* (hann kramdi hold af beinum); refl., kremjast, *to be pinched, pine* (from a wasting sickness).

krenkja (**-ta, -tr**), v. *to make sick.*

kreppa (**-ta, -tr**), v. *to squeeze, press*; k. at e-m, *to press hard on one* (krepptu þeir svá hart at Þorgrími, at hann); impers., e-n kreppir, *one becomes crippled*; krepptr, *crippled* (hón var kreppt öll, svá at báðir fœtr lágu bjúgir við knén).

kreppa, krepping, f. *strait, scrape* (koma í kreppu).

kreppingr, m. *handful* (hafa krepping fullan).

kretta (pret. **kratt**), v. *to murmur, complain* (engi þorði um at kretta).

krikta (**-kta, -kt**), v. = kretta (þeir þoldu illa, ok kriktu um).

kring, adv. *round*; ganga í hring ok í kring, *all around, round and round*; í kring um, *around*, with acc. (þú skalt róa í kring um skútuna).

kringja (**-da, -dr**), v. (1) *to encircle, surround* (Birkibeinar kringdu bæinn þegar); usually with prep. 'um' (þeir kringdu um kirkjuna); (2) *to go round* (kringið um borgina).

kringla, f. *disk, circle, orb.*

kringlóttr, a. *round, circular.*

kringlu-skurðr, m. *tonsure*; **-sótt**, f. *the staggers* (in sheep).

kringr, a. *easy*; svá var honum k. skáldskapr sem öðrum mönnum mál sitt, *verse-making was as easy to him as speaking to other men.*

krisma (að), v. *to anoint.*

krisma, n., **krismi**, m. *chrism.*

krismu-ker, n. *chrismatory.*

Krist-fé, n. '*Christ-fee*' (property given for the support of the poor).

kristi-liga, adv. *in a Christian-like way*; **-ligr**, a. *Christian(like).*

kristin-dómr, m. *Christendom, Christianity* (also 'kristinn dómr').

kristinn, a. *Christian*; kristin lög, *ecclesiastical law.*

Krist-maðr, m. *champion of Christ.*

kristna (að), v. (1) *to christianize*; (2) *to christen, baptize.*

kristni, f. *Christianity, Christendom.*

kristni-boð, n., **-boðan**, f. *preaching the Gospel*; **-hald**, n. *keeping Christianity*; **-lög**, n. pl. = kristin lög; **-spell**, n. *breach, profanation of Christianity.*

Kristr (gen. **Krists**), m. *Christ.*

kríkar, m. pl. *groin.*

krjúpa (**krýp**; **kraup**, **krupum**; **kropinn**), v. (1) *to creep, crouch* (vóru dyrnar svá lágar, at nær varð at k. inn); (2) *to fall prostrate, kneel* (þá er vér krjúpum til hans með iðran).

krof, n. *cut-up carcase* of a slaughtered animal (cf. sauðarkrof).

kropna (að), v. (1) *to be crippled*; (2) *to be clenched, stiffened* (var höndin kropnuð at bréfinu).

kropning, f. *kneeling.*

kroppa (að), v. *to crop, pick.*

kroppin-bakr, m. *hump-back.*

kroppr (-s, -ar), m. *the body, trunk* (kroppr arnarins).

kross (pl. -ar), m. (1) *cross, crucifix*; (2) *sign of the cross*; í k., *cross-wise, in the form of a cross* (leggja hendr í k; rétta sik í k.).

krossa (að), v. *to mark with a cross*; refl., krossast, *to take the cross* (as a crusader).

krossa-laust, adv. *without making the sign of the cross.*

krossan, f. *taking the cross.*

kross-festa (-sta, -str), v. *to fasten to the cross, crucify*; **-festing**, f. *crucifixion*; **-hús**, n. *house containing a cross*; **-maðr**, m. *warrior of the cross*; **-mark**, n. *sign of the cross*; **-messa**, f. *Cross-mass*, twice a year, in the spring (-messa um várit), the 3rd of May, *Invention of the Cross*, and in autumn, the 14th of Sept., *Elevation of the Cross*; **-tíðir**, f. pl. *Hours of the Cross.*

króka-spjót, n. *barbed spear.*

krók-faldr, m. *a form of women's head-dress*; **-fjöðr**, f. *barbed head of a spear*; **-lykill**, m. *hook-shaped key.*

krókóttr, a. (1) *crooked, winding*; krókótt á, *winding river*; (2) *cunning, crafty.*

krók-pallr, m. *corner seat.*

krókr (-s, -ar), m. (1) *hook* (nef hans var mikit ok krókr á); (2) *barb*, on a spear or arrow-head (cf. krókaspjót, krókör); (3) *peg* (þeir tóku reip ofan ór krókum); (4) *a fire-hook*; (5) *curve, bend, winding*; rísta krók, *not to go straight*; gøra sér króka, *to make a detour*; (6) *corner* (nú gangit þér í krókinn hjá húsinu).

krók-stafr, m. *crooked stick.*

krók-ör, f. *barbed arrow.*

krumma, f. *clownish hand, paw.*

krummi, m. a pet name of a *raven.*

krúna, f. (1) *crown*; (2) *shaven crown, tonsure.*

krúna (að), v. *to crown.*

krydd, n. *spice.*

kryfja (**kryf**, **krufða**, **krufðr** and **krufinn**), v. *to open up, disembowel* (þá krufði hann hana sinn).

krymma, f. = krumma.

kryppa, f. *hump, hunch.*

kryppill, **krypplingr**, m. *cripple.*

krysja (krusta), v. *to crouch, linger.*

krytja (krutta, krutt), v. *to murmur, grumble* (k. um e-t).

krytr, m. *noise, murmur.*

kræki-ber, n. *crowberry.*

kræsast (t), v. *to fare sumptuously.*

krœkill, m. = krókstafr.

krœkja (-ta, -tr), v. (1) *to hook*, with dat. (hann krœkti handarstúfinum í kistuhringana); krœkt er saman beinum í þér, *thy bones are hooked together*, i.e. *badly knit*; (2) *to grasp* (*drag*) *with a hook*, with acc. (Þ. krœkti mann Sturlu at sér með øxinni); (3) *to go in circuits, in windings* (fjörðrinn krœkti ymsa vegu inn í landit); (4) vera inni krœktr, *to be shut in.*

kröf (gen. **krafar**, pl. **krafir**), f. *claim, demand.*

kröm (gen. **kramar**; pl. **kramar**), f. *long or wasting illness.*

kröptugr, a. *strong, vigorous.*

kröpturligan, adv. *with might and main* (róa k., *viz.* róðr).

kufl, m. *cowl, cowled cloak*; **-höttr**, m. *cowl*; **-maðr**, m. *cowl-man.*

kuflungr (**-s**, **-ar**), m. *cowl-man.*

kuggr (**-s**, **-ar**), m. *large* (*foreign*) *merchant-ship*, '*cog*'.

kukl, n. *juggling, sorcery.*

kuklara-skapr, m. = kukl.

kuklari, m. *juggler, wizard.*

kul, n. *breeze* (fagrt k.).

kulda-samr, a. *cold, chilly*; **-vatn**, n. *cold water*; **-veðr**, n. *cold weather.*

kuldi, m. (1) *cold*; pl. kuldar, *continued cold weather* (váru frost mikil ok kuldar); (2) fig. *coldness, frigidity* (kenna kulda af e-m).

kult, n. *quilt, counterpane.*

kul-víss, a. *sensitive to cold.*

kumbl, **kuml**, n. (1) *mark, sign, badge*; (2) *sepulchral monument, cairn* (þau liggja bæði í kumli).

kumbla, **kumla** (**að**), v. *to bruise, wound* (sárr ok kumlaðr).

kumbla-smiðr, m. '*wound-maker*', *warrior, hero* (poet.).

kumbl-búi, m. *cairn-dweller.*

kumbl-dys, f. *little cairn.*

kumpánn (**-s**, **-ar**), m. (1) *fellow, companion*; (2) *the male organ.*

kumpáss, m. = kompáss.

kunna (**kann**, **kunna**, **kunnat**), v. (1) *to know, understand* (þú kannt margt þat er eigi kunnu aðrir menn); (2) *to know* (by memory); ljóð ek þau kann, er kannat þjóðans kona, *I know songs, such as no king's daughter knows*; (3) *to know* a person; unni honum hverr maðr, er hann (acc.) kunni, *every man that knew him loved him*; (4) spec. phrases; k. hóf at um e-t, k. hóf sitt, *to know the proper mean, to behave with moderation*; uxarnir kunnu þó heim, *the oxen found their way home*; k. enga mannraun, *to have no experience of men*; k. e-m þökk, aufusu, *to be thankful, obligea to one*; (5) k. sik, *to know oneself* (sá er svinnr, er sik kann); *to behave well* (G. kveðst mundu meiða hann, ef hann kynni sik eigi); (6) k. sér e-t, *to understand, have clear knowledge of* (something as concerning oneself or touching one's own interest); k. sér margt, *to be skilled in many things*; k. fyrir sér = k. sér; also ellipt. *to know how to conduct oneself*; (7) with dat. *to know*; ek kann skapi Gunnhildar, *I know Gunhild's temper*; (8) k. e-n e-s *or* um e-t, *to blame a person for a thing* (eigi hugða ek, at hann mætti mik þessa k.); eigi er hann um þat at k., *he is not to be blamed for it*; (9) *to be pleased or not with a thing*; Eyjúlfr lézt því nafni mundu vel k., *E. said he should be well pleased with that name*; (10) *to be able*, with infin.; þú skalt eigi k. frá tíðindum at segja, *thou shalt not escape to tell the tale*; (11) *to chance, happen*; hvar sem þik kann at at bera, *wheresoever thou may happen to arrive.*

kunnandi, pr. p. *knowing* (margs k.).

kunnandi, f. *knowledge, accomplishments* (nökkurs konar list eða k.).

kunnasta, f., **kunnátta**, f. *knowledge*; *magical lore.*

kunnáttu-leysi, n. *ignorance*; **-lítill**, a. *ignorant.*

kunn-gøra (see **gøra**), v. *to make known* (=gøra kunnigt).

kunnigr, a. (1) *known*; gøra kunnigt, *to make known*; mér er kunnigt um e-t, *I know, have knowledge of*; (2) *versed in magic art*, = fjölkunnigr; (3) *akin to* (ás-, álf-, goð-kunnigr).

kunningi (pl. **-jar**), m. *acquaintance* (vinir ok kunningjar).

kunn-kona, f. *female acquaintance*; **-leiki**, m., **-leikr**, m. (1) *knowledge, intelligence*; gøra e-m e-t í -leika, *to inform a person of*; e-m er -leiki á e-u, e-t er e-m í kunnleika, *one knows, is acquainted with*; (2) *intimacy, familiarity* (-leikar eru með þeim, í milli þeirra); **-liga**, adv. *familiarly, intimately* (kveðjast -liga); **-maðr**, m. = kunningi.

kunnr, a. (1) *known* (þér munu kunnar leiðir); k. at e-u, *known for something* (þú ert k. at drengskap); (2) *familiar*; þeir vóru mjök kunnir áðr, *intimate friends.*

kurfl, n. *cuttings of wood.*

kurfla (að), v. *to chop* (wood).

kurfr (-s, -ar), m. *chip, cut-off piece.*

kurr, m. (1) *murmur, grumbling* (of a number of persons); (2) *rumour* (spurðist þessi k. í Vindland).

kurra (að), v. *to murmur, grumble* (kurruðu bœndr mjök).

kurr-hugi, m. *low spirits*; vera í -huga, *to be anxious, concerned.*

kurteisi, f. *courtesy, good manners, chivalry* (hann lét kenna honum alls konar k.).

kurteis-liga, adv. (1) *courteously, gracefully* (heilsa -liga); (2) *with dignity, nobly* (bar hann svá -liga sinn harm); **-ligr**, a. *courteous, graceful.*

kurteiss, a. *courteous, well-bred* (væn kona ok kurteis); hann var lítill vexti, en þó k., *he was small of stature, but yet elegant.*

kúfóttr, a. *convex* (kúfótt hvel).

kúfungr (-s, -ar), m. *sea snail.*

kúga (að), v. *to cow, force, tyrannize over* (ek man ekki k. hann til nökkurra hluta); k. e-t af e-m, *to press out of one*; láta kúgast, *to let oneself be cowed into submission.*

kúgan, f. *oppression, use of force* (hafðu k. við þá uppi við fjöllin).

kú-gildi, n. *cow's value*, = kýrlag; **-gildr**, a. *of a cow's value.*

kúla, f. *knob, boss, ball.*

kúlu-bakr, m. *humpback.*

kúr-hugi, m. = kurr-hugi.

kvaða, f. *request, claim, demand.*

kvaðning, f. (1) *greeting, salutation*; (2) *request, demand.*

kvaka (að), v. *to twitter, chirp.*

kvak-samr, a. *whining, querulous.*

kvala-, gen. pl. from 'kvöl'; **-lauss**, a. *without torments*; **-maðr**, m. = kvalari; **-staðr**, m. *place of torment.*

kvalari, m. *tormentor.*

kval-ræði, n. *torture, torments.*

kval-samligr, a. *tormenting.*

kvanta (að), v. *to molest, injure.*

kvantr, m. *loss, damage.*

kvarði, m. *yard-wand.*

kvarta (að), v. *to complain*; k. um e-t, *to complain of a thing.*

kvartsamr, a. *given to complaining.*

kváma, f. *arrival*, = koma.

kván, f. *wife* (Heðins k.).

kvánar-efni, n. *one's future wife*; **-mundr**, m. *a sum paid by a man for his wife.*

kván-bœnir, f. pl. *wooing*; **-fang**, n. *taking a wife*; *marriage*; *match* (gott -fang), *wife.*

kvánga (að), v. *to make a man marry*; kvángaðr, *married*; refl., kvángast, *to marry, take a wife.*

kvángan, f. *the taking of a wife.*

kván-lauss, a. *wifeless, unmarried, widowed*; **-ríki**, n. *the domineering of a wife*; hafa -ríki, *to be hen-pecked.*

kvára (að), v. *to rattle.*

kvátra, f. a kind of *backgammon.*

kveða (**kveð**; **kvað**, **kváðum**; **kveðinn**), v. (1) *to say, utter*; hann kvað eigi orð, *he did not utter a word*; k. gleði-orð, *to say a cheerful word*; with infin., hann kvað þat satt vera, *he said it was true*; k. at orði, *to express oneself, say, speak*; (2) *to (compose and) say aloud* (hann kvað vísu); *to recite, repeat* (S. bað hann þá k. kvæðit þat, er hann hafði ort); (3) with preps., k. at, *to say, state*; gramm. *to pronounce, sound*; k. e-t at e-m, *to inflict on*; mikill harmr er at oss kveðinn, *great grief has been sent on us*; k. á, *to fix, determine* (k. á stefnudag); impers. *to state*; kveðr þar skýrt á þetta, *it is there expressly stated*; *to cancel, object to* (k. á gögn, *to cancel the evidence*); *to make up one's mind, resolve*; k. e-t upp, *to recite, declare* (þat skulu lög vera, sem hann kveðr upp); k. við, *to reply, answer* (hitki hann veit, hvat hann skal við k., ef); *to utter a cry*, &c. (hundrinn kvað við hátt); *to sound* (því næst kvað lúðr við); (4) refl., kveðast, *to say of oneself*; þeir er biskupar kváðust vera, *who said they were bishops*; hann kveðst eigi ríða mundu, *he said he would not ride*; impers., mér kveðsk = ek kveð mér; Kára kvaðsk (= Kári kvað sér) önnur ferð betri þykkja, *K. said he thought another course preferable*; kveðast at, *to exchange verses or songs*.

kveðandi, f. (1) *recitation, chanting or singing* (fögr var sú k. at heyra); (2) *rhythm, flow of a verse* (þó fegra þær mjök í k.).

kveðja (kveð, kvaddi, kvaddr), v. (1) *to call on, summon* (Þórvaldr kvaddi húskarla sína); k. e-n e-s, *to request (demand) of one*; k. matar, svefns, *to call for food, sleep*; k. sér hljóðs, *to call for a hearing*; k. þings, *to convoke a meeting*; k. e-n e-s, *to call on, summon, one to do something* (vóru vér kvaddir at bera vitni þat); (2) *to welcome, greet* (þeir kvöddu konung); of one departing, *to bid farewell, take leave of* (hann gengr nú í brott ok kveðr engan mann); refl., kveðjast, *to greet one another* (þeir kvöddust vel); (3) with preps., k. e-n at e-u, *to call on a person to do a thing, call his attention to* (þik kveð ek at þessu); k. e-n frá e-u, *to exclude from, deprive of* (ek hefi opt menn frá æfi kvadda, er eigi vildu hlýða mínum boðum); k. e-n til e-s, *to call on one for a thing* (k. menn til ferðar); k. e-n upp, *to call on one to rise* (síðan vaknaði Haraldr ok kvaddi upp menn sína); *to summon to arms*; síðan safnaði hann liði ok kveðr upp almenning, *after that he gathered men and roused the whole country*; k. e-n út, *to call one out of the house* (hann kvaddi út Höskuld ok Hrút).

kveðja, f. *welcome, greeting, salutation* (konungr tók kveðju hans).

kveðju-boð, n., **-sending**, f. *greeting from one absent, compliments*.

kveð-skapr, m. *poetry, verse-making* (góðr, illr, -skapr).

kvefja (kvafða), v. = kefja.

kveif, f. *coif, cap*, esp. *mitre*.

kveiking, f. *kindling*.

kveikja (-ta, -tr), v. (1) *to light, kindle*; k. eld, ljós, *to kindle a fire, light*; (2) fig. *to arouse, give rise to* (k. sorg, harm, fjándskap).

kveikja, f. *kindling* (öfundar k.).

kveikr, m. *wick of a lamp*.

kvein, n. *wailing, lamentation*.

kveina (að), v. *to wail, lament*; k. um e-t, *to complain of* (er hér kveinat um eldiviðarfæð).

kveinan, f. *wailing*.

kveinka (að), v. *to complain*.

kveinkan, f. *lamentation*.

kvein-samligr, a. *doleful*; **-stafir**, m. pl. *wailings, lamentations*.

kveisa, f. *whitlow, boil* (hann hefir kveisu mikla í fœtinum).

kveisu-nagli, m. *the core of a boil*.

kveld, n. *evening*; at kveldi (dags), *at eventide*; í k., *to-night*; á kveldit, á kveldum, *of an evening, in the evenings*; um kveldit, *in the evening, that evening*.

kvelda (að), v. impers., kveldar *or* daginn tekr at k., *evening draws near*.

kveld-langt, adv. *all the evening* (drekka -langt); **-ligr**, a. *pertaining to evening*; **-mál**, n. *eventide*; **-máltíð**, f. *supper*; **-riða**, f. *night-hag, witch* (riding on wolves in the twilight); **-seta**, f. *sitting up late*; **-svæfr**, a. *inclined to sleep in the evening*, opp. to 'morgunsvæfr'; **-söngr**, m. *evensong, vespers* (eptir kveldsöng um aptaninn); **-tími**, m. *eventide*.

kvelja (kvel, kvalda, kvaldr and **kvalinn)**, v. *to torment, torture*; refl., kveljast, *to be tormented* (k. í vesöld).

kveljari, m. *tormentor*.

kvelling, f. *ailment, ailing*.

kvellinga-samr, a. *ailing*.

kvelli-sjúkr, a. *ailing, sickly* (ekki hefi ek verit -sjúkr); **-sótt**, f. = kvelling (engar hefi ek -sóttar).

kvendi, n. *woman*, pl. *womankind*.

kvenna-, gen. pl. from 'kona'; **-ást**, f. *women's love*; **-búnaðr**, m. *women's attire*; **-far**, n. *love affairs*; **-fólk**, n. *women-folk*; **-friðr**, m. *immunity of women*; **-grið**, n. = -friðr; **-hjal**, n. *women's gossip*; **-hús**, n. *lady's bower*; **-klæðnaðr**, m. *female dress*; **-lið**, n. *women-folk*; **-maðr**, m. *one fond of women*; **-mál**. n. pl. *love matters*; **-munr**, m. *distinction of women*; **-nám**, n. *abduction, rape*; **-ráð**, n. pl. *women's counsel*; **-siðr**, m. *habits of* *women*; **-skap**, n. *women's temper*; **-skáli**, m. *women's apartment*; **-skipan**, f. *placing of the ladies* (at a banquet); **-sveit**, f. *bevy of women*; **-vagn**, m. *the Lesser Bear* (Ursa Minor); **-vist**, f. *women's abode*.

kvenn-borinn, pp. *cognate*; **-búnaðr**, m. *women's dress*; **-dýr**, n. *female beast*; **-fólk**, n. *women-folk*; **-fugl**, m. *hen bird*; **-hallr**, a. *inclined to love, amorous*; **-kenna** (-da, -dr), v. *to address as a woman*; **-kenndr**, pp. *feminine*; **-klæði**, n. pl. *women's dress*; **-kné**, n. *cognate lineage*; *female degree of kin*; **-kostr**, m. *good match* (of a woman); **-kyn**, n. *female sex*; **-kyrtill**, m. *woman's kirtle*; **-leggr**, m. *kindred on the woman's side, the cognates*; **-liga**, adv., **-ligr**, a. *womanly, womanlike*; **-list**, f. *female skill*; **-maðr**, m. *woman*, opp. to 'karlmaðr'; **-mannligr**, a. *womanlike*; **-nýtr**, a. *able to procreate*; **-samliga**, adv. *lasciviously* (mæla kv. við konu); **-samr**, a. *amorous*; **-semi**, f. *amorousness*; **-sift**, adv. *on the female side*; **-skikkja**, f. *woman's cloak*; **-skratti**, m. *wicked woman, termagant*; **-skrúði**, m. *women's attire*; **-skygn**, a. *looking after women*; **-skörungr**, m. *great* (*stately*) *lady*; **-styrkr**, a. *strong enough for a woman*; **-svift**, adv. = -sift; **-söðull**, m. *woman's saddle, side-saddle*; **-úmagi**, m. *female pauper*; **-váðir**, f. pl. *woman's dress, female attire*; **-vélar**, f. pl. *woman's wiles*.

kvenska, f. *womanhood, chastity*.

kver, n. *sheet* (folded in a book).

kverk (pl. kverkr), f. (1) *the angle below the chin* (hann tók undir kverkina ok kyssti hana); fig. *the inner angle of an axe-head* (undir k. øxinni); (2) in pl. *throat* (konungr fór höndum um kverkr sveininum).

kverka-mein, n. *bronchitis*; **-sótt**, f. *throat disease*; **-sullr**, m. *boil in the throat, quinsy*.

kverk-band, n. *string of a cap or hood, going under the chin*.

kvern (pl. -ir), f. (1) *quern-stone, millstone*; (2) *quern, handmill* (þar sat kona við k.).

kvernar-auga, n. *the eye or hole of a mill-stone*.

kvern-steinn, m. *quern-stone, millstone* (hjó hann -stein til augans).

kveyking, kveykja, see 'kveiking, kveikja'.

kviða, f. *narrative poem, ballad*.

kviðar-girnd, f. *gluttony*.

kvið-burðr, m. *verdict, or delivery of the verdict, of neighbours*.

kviðja (að), v. *to forbid* (k. e-m e-t); refl., kviðjast e-t, *to decline, shun*.

kviðlingr (-s, -ar), m. *ditty*.

kvið-maðr, m. '*inquest-man*', *juror*.

kviðr (-ar; pl. -ir, acc. -u), m. (1) *verdict* (of neighbours); bera kvið um e-t, *to give a verdict in a case*; bera kvið á e-n, í móti e-m (af e-m), *to give a verdict against* (*for, in favour of*) *one*; (2) *inquest, jury*; kveðja e-n kviðar, *to call* (*a neighbour*) *on an inquest*; ryðja kviðinn, bjóða til ruðningar um kviðinn, *to challenge the jury*; (3) *saying, word*; k. norna, *the decree of the Fates* (kveld lifir maðr ekki eptir kvið norna).

kviðr (-ar; pl. -ir, acc. -u), m. (1) *belly, abdomen*; (2) *womb*.

kvið-sótt, f. *colic*; **-sullr**, m. *boil on the stomach*.

kviðugr, a. *pregnant*.

kviðu-háttr, m. a kind of *metre*.

kvið-þroti, m. *swelling of the stomach*; **-verkr**, m. *belly-ache*.

kvika, f. (1) *the quick* (under the nail or under a horse's hoof); (2) *running fluid*; *yeast*; (3) k. í nösum, *polypus in the nostrils* (?).

kvik-fé, n., **-fénaðr**, m. *live stock, cattle* (þu skalt njóta kvikfjár þíns).

kvikindi, n. = kykvendi.

kvik-látr, a. *quick, lively*; **-liga**, adv. *briskly*; **-ligr**, a. *brisk, lively*.

kvikna (að), v. (1) *to quicken, come to life* (dvergar höfðu kviknat í moldunni, svá sem maðkar í holdi); (2) *to be kindled* (eldr kviknar); tréit kviknaði, *the tree took fire*; (3) *to revive, get fresh spirit* (þá kviknaði hestr hans, er fyrr var móðr).

kviknan, f. *quickening*.

kvikr (acc. -van), a. (1) *quick, alive, living* (yfir þá götu náði engi k. komast); skera e-n kvikvan, *to dissect alive*; (2) *lively, glad* (svá verðr herrinn k. við þenna kvitt, at).

kvik-setja (see setja), v. *to bury alive* (hann lét kviksetja sik); **-silfr**, n. *quicksilver, mercury.*

kviku-dropi, m. *drop of a fluid.*

kvikva, f. = kvika.

kvikva-vöðvi, m. *the calf of the leg.*

kvikvendi, n. *a living creature*; in pl. *animals, beasts*, as opp. to men (menninir ok kykvendin).

kvinna, f. *woman*, = kona.

kvis, n. *rumour, tattle.*

kvisa (að), v. *to gossip, whisper.*

kvista (að), v. (1) *to lop off, cut the branches of* (k. lim, tré); þeir kvistuðu þar bál mikit, *they cut wood for a large fire*; (2) *to cut down* (k. menn niðr sem hráviði).

kvistr (-ar; pl. -ir, acc. -u), m. *twig, branch*; *stroke in a letter.*

kvist-skœðr, a. *branch-scathing.*

kvitta (að), v. *to rumour, report.*

kvittr (pl. -ir, acc. -u), m. *loose rumour, report* (sögðu af því slíkan kvitt, sem þeir höfðu heyrt); ljósta upp kvitt, *to spread reports.*

kvittr, a. *quit, acquitted* (k. um e-t).

kvittsamr, a. *ready to believe* (*or repeat*) *idle rumours.*

kví (pl. -ar), f. (1) *fold, pen* (reka fé í kvíar); (2) *a lane of men gradually narrowing* (also in pl.).

kvía (að), v. *to pen, hem in, enclose.*

kvía-dyrr, f. pl. *gate of a fold*; **-garðr**, m. *pen-wall.*

kvíða (-dda, -tt), v. *to feel apprehension for* (k. e-u *or* við e-u).

kvíða, f. *apprehension, anxiety.*

kvíð-bjóðr, m. *dismal foreboding.*

kvíði, m. = kvíða (hvárki er þat æðra né kvíði).

kvíðinn, a. *anxious, timid, concerned* (cf. 'kátr ok ókviðinn').

kvíðu-staðr, m. *cause of fear.*

kvíga (gen. pl. kvígna), f. *young cow, heifer*; **kvígendi**, n. = kvíga; **kvígr**, m. *young bullock.*

kvísl (pl. -ir), f. (1) *branch* (*of a tree*); (2) *fork*; (3) *fork of a river*; (4) *pedigree of a family.*

kvísla (að), v. *to branch out*; refl., kvíslast = kvísla (of a tree, lineage, river, etc.).

kvísla-tré, n. *forked tree.*

kvíslóttr, a. *branched, branchy.*

kvora (að), v. = kvára.

kvæða-fróðr, a. *knowing many songs or poems by heart.*

kvæði, n. *poem, song* (yrkja k.).

kvæðis-laun, n. pl. *reward for a poem*; **-mynd**, f. *form of a poem.*

kvæfa (-ða, -ðr), v. = kœfa.

kvækla (að), v. = kvaka.

kvæmt, a. n. *free* (for one) *to come* (er engum yðrum manni k. í Noreg).

kvæn, f. = kván.

kvæna (-da, -dr), v. *to make one marry*; refl., kvænast, *to take a wife.*

kvændr, kvæntr, pp. *married* (of a man), = kvángaðr.

kvæning, f. *taking a wife, marriage.*

kvöð (gen. **kvaðar**, pl. **kvaðar**), f. (1) *claim*; (2) *summoning of neighbours* (= búakvöð); (3) *the body of neighbours.*

kvöl (gen. **kvalar**, pl. **kvalar**), f. *torment, torture.*

kykr, a. = kvikr.

kykvendi, n. = kvikvendi.

kylfa (-da), v. *to aim*; k. til orðanna, *to hesitate for words.*

kylfa, f. *club* (k. eða klumba).

kylfu-högg, n. *blow with a club.*

kyllir, m. *the scrotum.*

kylr, m. *gust of cold air.*

kyn (gen. pl. kynja), n. (1) *kin, kindred* (þar átti hann k. hálft); danskr at kyni, *Danish by extraction*; telja k. sitt til e-s, *to claim kindred with*; (2) *kind, sort, species*; í skyldasta kyni, *of the most befitting kind*; alls kyns, *of every kind*; hvers kyns, *of any kind*; margs kyns, *of many kinds*; þess kyns, *of that kind*; (3) *gender* (karl-, kvenn-kyn).

kyn (gen. pl. kynja), n. *wonder marvel, portent* (þá urðu mörg k. bæði í draumum ok sýnum).

kyn-birtr, a., poet. *very bright.*

kynda (-nda, -ndr), v. *to kindle, light* (k. eld, funa, loga, bál, vita).

kyndari, m. *kindler.*

kyndill (pl. **kyndlar**), m. *candle, torch* (k. ok kerti).

kyndil-messa, f. *Candlemas, the feast of the purification.*

kyndugr, a. *guileful, cunning.*

kyndug-skapr, m. *guile, wiliness.*

kyn-ferð, f., **-ferði**, n. *kindred, extraction*; **-fylgja**, f. (1) *family characteristic, peculiarity*; (2) *kind, nature*; (3) *kindred.*

kyngi, f. *knowledge of magic*; kyngi kraptr, *magical power.*

kyn-góðr, a. *of good family*; **-göfugr**, a. *of noble extraction.*

kynjaðr, a. *descended, born*; *sprung* from a place (hvaðan ertu k.?).

kynja-lauss, a. '*without wonders*', *natural*; er eigi -laust um hann, *there is something wrong with him*; **-læti**, n. pl. *strange gestures*; **-mein**, n. *strange illness*; **-menn**, m. pl. '*wonder-people*', *fairies, goblins*; **-sótt**, f. = -mein; **-vetr**, m. '*wonder-winter*'.

kyn-kvísl, f. *lineage, pedigree*; *branch*; **-leggr**, m. = ætt-leggr.

kyn-liga, adv. *strangely.*

kynlig-leikr, m. *a strange thing.*

kyn-ligr, a. *strange, wonderful, extraordinary* (með kynligu móti); e-m gørist -ligt, *one feels strange.*

kyn-líkr, a. *resembling* (-líkr e-m); **-lítill**, a. *of low extraction*; **-margr**, a. *of various kinds*; **-mót**, n. (*specific*) *look or appearance.*

kynna (-ta, -tr), v. *to make known*; k. sér e-t, *to make oneself acquainted with, study* (k. sér kaupskap); hverr mun k. oss til konungs, *who will show us the way to the king*; refl., kynnast, *to become known, come abroad*; k. e-u, *to become acquainted with*; e-m kynnist e-t, *one gets acquainted with*; k. e-t, *to study* (= kynna sér e-t); k. við e-n, *to make acquaintance with one.*

kynni, n. (1) *way, fashion, nature* (kaupum vel saman, þat er vina k.); (2) *affairs, circumstances* (þau ein eru k. heima at þín); (3) *kindred, kinsmen* (mér þykkir sem þú munir eiga hér k.); Glúmr var þrjár nætr at k. sínu, *with his kinsmen*; (4) *friendly visit to a friend or kinsman*; leita (koma til) kynnis, sœkja k., fara á k., fara til kynnis, *to make a visit*; sitja at k., *to stay on a visit.*

kynni-liga, adv. = kunnliga (þeir kvöddust kynniliga).

kynning, f. *acquaintance with, knowledge of* (k. e-s).

kynnis-ferð, f. *journey on a visit*; **-gjöf**, f. *gift to a visitor*; **-leit**, **-sókn**, f. *visit*; **-vist**, f. *stay on a visit.*

kyn-ríkr, a. *of great extraction, noble* (stórauðgir ok kynríkir).

kynsl, n. pl. *wonders, strange things.*

kyn-slóð, f. *kindred, progeny.*

kyns-maðr, m. *kinsman, descendant.*

kyn-smár, a. *of low extraction*; **-smæð**, f. *low extraction*; **-stafr**, m. *scion*; **-stórr**, a. *of noble extraction.*

kynstr, n. pl. *strange, prodigious things*; *magical acts or arts.*

kyn-stœrð, f. *noble extraction*; **-sæll**, a. *blessed with good and great offspring*; **-vani**, a. *wanting in kindred*; **-þáttr**, m. *lineage.*

kyrð, f. *rest, tranquillity*; með k., *quietly*; í (at, á) kyrðum, *in quiet.*

kyrfi-ligr, a. *humble, mean.*

kyrking, f. *choking, strangulation.*

kyrkja (-ta, -tr), v. *to strangle or choke* (hengdr eða kyrktr).

kyrpingr (s-, -ar), m. *weakling* (?)

kyrr, a. (1) *still, quiet, at rest*; halda vápni kyrru, *to hold a weapon at rest*; sitja um kyrt, *to remain quiet*; setjast um kyrt, *to take to rest* (in life); halda kyrru fyrir, *not to stir*; (2) neut., kyrt, as adv. *gently*; tak þú kyrt þar á, *touch it gently.*

kyrra (-ða, -ðr), v. *to calm, still*; impers., kyrrir sjáinn, *the sea becomes calm*; refl., kyrrast, *to become calm* (en er kyrðist á strætinu).

kyrra, f. *calmness, calm* (kyrra var á sjónum).

kyrr-látr, a. *calm, peaceful, tranquil*; **-leikr**, m. *tranquillity*; **-liga**, adv. *quietly, calmly*; **-ligr**, a. *calm*; **-seta**, f. *sitting (living) at rest*; setjast í -setu, *to take rest in life*; hafa -setu, *to have rest*; **-setja** (see **setja**), v. *to sequester*; **-sæti**, n. = -seta.

kyrtill (-s, pl. kyrtlar), m. *kirtle, tunic* (k. ok yfirhöfn).

kyrtils-blað, n. *the lap of a kirtle*; **-klæði**, n. *cloth for a kirtle*; **-lauss**, a. *without a kirtle*; **-skaut**, n. = -blað.

kyssa (**-ta**, **-tr**), v. *to kiss*; k. á hönd e-m, *to kiss one's hand* (in homage); recipr., kyssast, *to kiss one another*.

kyssi-ligr, a. *fit to be kissed*.

kytja, f. *hovel, small cottage*.

kýla (-da, -dr), v. *to fill*; k. vömb sína (k. sik) á e-u, *to fill one's belly with*; k. öl, *to swill ale, drink hard*.

kýli, n. *boil, abscess*; grípa á kýlinu, *to touch a sore place*.

kýll, m. *bag*; hann bar kýl Þórs, *he carried Thor's knapsack*; karl ok k., *beggar and scrip*.

kými-liga, adv. *in a funny manner*; **-ligr**, a. *amusing, funny*.

kýr (gen. **kýr**, dat. and acc. **kú**; pl. **kýr**, gen. **kúa**, dat. **kúm**), f. *cow*.

kýr-fóðr, n. *cow's fodder*; **-húð**, f. *cow's hide*; **-hvalr**, m. a kind of *whale*; **-lag**, n. *a cow's value*.

kækinn, a. *ill-mannered*.

kæna, f. a kind of *boat*.

kæra (-ða, -ðr), v. (1) *to discuss, debate* (þeir kærðu þetta um hríð milli sín); (2) *to bring forward, mention*; herra R. kærði krankleik sinn, *pleaded his illness*; k. vandræði sín fyrir e-m, *to disclose one's troubles to one*; (3) *to complain of* (þeir kærðu mjök áhlaup hans); (4) *to accuse, make a charge against one* (k. e-n um þjófnað); k. á e-n, *to lay to one's charge* (Svíar kærðu mjök á Hákon konung, at hann hafði brennt Vermaland); k. sik, *to complain, murmur* (þegar bœndr tóku at kæra sik).

kæra, f. *complaint*; *murmur*.

kær-leikr, m. *friendly terms, intimacy* (vera í miklum -leik, *or* -leikum við e-n); komast í -leika við e-n, *to ingratiate oneself with one*; **-liga**, adv. *lovingly, dearly*; **-ligr**, a. *dear, beloved*; *loving*.

kærr, a. (1) *dear, beloved* (k. e-m); (2) *intimate, close* (var með þeim hin kærsta vinátta); (3) k. at e-m, *fond of* (k. at góðum hestum).

kærsla, f. *complaint*, = kæra.

kæta (-tta, -ttr), v. *to gladden*; refl., kætast, *to be gladdened, rejoice* (tók konungr at k).

kæti, f. *cheerfulness, gladness*.

kœfa (-ða, -ðr), v. *to choke, drown* (þeir vildu k. hann í lauginni); k. ljós, *to quench a light*.

kœja, v. *to disturb* (rare).

kœla (-da, -dr), v. *to cool*.

kœni, f. = kœnleikr.

kœn-leikr, m. *cleverness, sagacity*; **-liga**, adv. *cleverly, skilfully*; **-ligr**, a. *judicious, prudent*.

kœnn, a. (1) *wise*; **kœnna** (gen. pl.) hverr, *every wise man*; (2) *skilful, expert*; k. við e-t, *skilful in a thing* (k. við leika, orrostur, allan riddaraskap).

kœnska, f. *craft, sagacity*.

köggull (pl. **köglar**), m. *joint* (*in the fingers and toes*).

kögla (að), v. *to steal a glance* (til e-s, *at one*).

kögur-barn, n. *bantling, infant*.

kögurr (dat. **kögri**, pl. **kögrar**), m. *a quilt with fringe, counterpane*.

kögur-sveinn, m. = -barn.

kökkr (dat. **kekki**, pl. **kekkir**), m. *lump*, in 'snækökkr', *snow-ball*.

kölsugr, a. *pert, saucy*.

kömbóttr, a. *crested* (cf. 'kambr').

köngull (pl. **könglar**), m. *cluster, bunch*, in 'vínberjaköngull'.

köngur-váfa, f. *spider*.

köppu-steinn, m. *boulder*.

köpur-máll, a. *bantering*; **-yrði**, n. pl. *banter*.

kör (gen. **karar**), f. *bed* (*of sickness*, etc.); liggja í k., *to lie bedridden*; leggjast í k., *to become bedridden*.

kør, n. *choice, election*, = kjör.

kös (gen. **kasar**), f. *heap, pile*.

köstr (gen. **kastar**, dat. **kesti**; pl. **kestir**, acc. **köstu**), m. *pile* (bera saman í köst).

kösungr, m. *sleeveless jacket*.

köttr (gen. **kattar**, dat. **ketti**; pl. **kettir**, acc. **köttu**), m. *cat* (sér köttrinn músina?).

L

laða (**að**), v. (1) *to bid, invite* (l. gesti); (2) *to lead* (l. menn til eilífrar sælu); (3) refl., laðast, *to be drawn* (laðast allir til Broddhelga).

lað-orð, n. *invitation*; þiggja -orð at e-m, *to accept an invitation.*

laðrúnn, m. *robber.*

lafa (**lafi, lafða, lafat**), v. *to hang loosely, dangle.*

lafði, f. *lady* (þú ert vár lafði).

laf-hræddr, a. *quaking with fear.*

lag, n. (1) *stratum, layer*; (2) *due place, right position*; leggja stýri í l., *to ship the rudder*; ganga ór lagi, *to go wrong*; fóru nú brýnn hans í l., *his brows became smooth and straight*; koma lagi á e-t, *to put to rights, get a thing into order*; komast vel í l., *to fall into good order*; (3) *companionship, fellowship*, leggja (binda) saman l. sitt, *to enter into fellowship*; (4) *living together* (hann réðst til lags við Beru); (5) *cohabitation*; eiga l. við konu, *to cohabit*; (6) *market price, tax*; leggja l. á varning manna, *to set or regulate the market price*; (7) *thrust, stab* (with a knife, sword, or spear); (8) *air, tune*; (9) adverbial phrases; í tvennu lagi, *in two parts, double*; í öllu lagi, *in every respect, quite*; í sumu (mörgu) lagi, *in some* (*many*) *respects*; with compar. or superl., denoting *degree*; í meira lagi, *considerably, rather*; í fyrra lagi, *rather early, among the earliest*; í verra lagi, *among the worst*; í hljóðara lagi, *rather silent*; í nærra lagi, *rather close*; þann dag svaf Unnr í lengra lagi, *U. slept that day longer than she was wont*; Helias var í fyrsta lagi spámanna, *H. was one of the first of prophets*; í elzta lagi sona hans, *among the oldest of his sons*; minnsta lag, *the least share.*

laga (**að**), v. *to prepare, make ready* (lagat var drykkju).

laga-, gen. pl. from 'lög'; **-afbrigði**, n. *breach of law*; **-beizla**, f. *lawful demand*; **-boð**, n. *statute*; **-bók**, f. *law-book*, = lögbók; **-brjótr**, m. *law-breaker*; **-brot**, n. *breach of law*; **-eiðr**, m. *lawful oath*, = lögeiðr; **-frétt**, f. *legal inquiry*; **-grein**, f. *article of law*; **-gæzla**, f. *maintenance of the law*; **-hald**, n. *keeping of the law*; **-hellur**, f. pl. *the tables of the law*; **-kaup**, n. *legal bargain*; **-kvánfang**, n. *lawful marriage*; **-lýritr**, m., **-lýritti**, n. *lawful protest*; **-löstr**, m. *evasion of law*; **-maðr**, m. *man of law, lawyer*; **-órskurðr**, m. *legal decision*; **-próf**. n. *legal proof*; **-rétting**, f. *law-mending*; **-réttr**, m. *legal, personal right*; **-setning**, f. *legislation*; **-skilnaðr**, m. *legal divorce*; **-skipan**, f. (1) *legislation*; (2) *ordering of the law*; **-skipti**, n. *change of law*; **-vegr**, m. *lawful course.*

lagðr, m. *tuft of wool* (ullar-lagðr) *or hair* (röggr eða lagðr).

lag-klauf, f. *the pastern* (of sheep).

lag-liga, adv. *meetly, handsomely*; **-ligr**, a. *meet, fit* (-ligr skilnaðr).

lagnar-, gen from 'lögn'; **-skip**, n. **-skúta**, f. *a boat for net-fishing.*

lags-kona, f. *concubine*; **-maðr**, m. *companion, comrade.*

lag-vápn, n. *weapon for thrusting or stabbing* (opp. to 'höggvápn').

laki, m. *third stomach in ruminating animals* (feljóttr sem laki).

lakr, a. (1) *lacking in quality* (þat lið, sem lakast var); (2) *deficient* (in weight).

lamb, n. *lamb.*

lambaðr, pp. *with lamb*, = lembdr.

lamb-burðr, m. *lambing*; **-hagi**, m. *pasture for lambs*; **-hús**, n. pl. *lamb sheds*; **-lauss**, a. *without a lamb*; **-skinn**, n. *lamb's skin* (in 'lambskinns-kofri'); **-ær**, f. *ewe with lamb.*

lami, a. *lame, maimed.*

lamning, f. *thrashing.*

lampi, m. *lamp.*

land, n. (1) *land*, opp. to sea; lands eða lagar, *on land or sea*; taka l., *to land*; nema l., *to take land as a settler*; (2) *the* (*opposite*) *bank* (of a river, bay, fjord); inn með öðru landi ok öðru út, *in along one side and out along the other*; (3) *country* (verja landit fyrir Dönum); út í lönd, *into foreign lands*; (4) *land, estate* (í landi annars manns).

landa-, gen. pl. from 'land'; **-brigði**, n. *redemption of land*; **-eign**, f. *land-owning*; **-fundr**, m. *discovery of new lands*; **-leit**, f. *exploration, voyage of discovery*; **-merki**, n. pl. *boundaries* (of an estate); **-mæri**, n. *borderland, boundary*; **-ripting**, f. = landa-brigði; **-skipan**, f. *geography*; **-skipti**, n. (1) *division of land*; (2) *boundary*; (3) *exchange of land.*

land-auðn, f. *depopulation, devastation*; **-aurar**, m. pl. '*land-dues*', a tax which Icelanders had to pay to the king on their arrival in Norway; a land tax had also to be paid for licence of travelling or trading abroad; **-borði**, m. *the 'landward' side*; **-brigð**, f. = landa-brigði; **-búi**, m. = landsbúi; **-eigandi**, m. *land-owner*; **-eign**, f. *estate*; **-ekla**, f. *lack of land*; **-eyða**, f. '*land-waster*' (the name of a standard); **-fastr**, a. '*land-fast*'; verða -fastr, *to reach the land, arrive*; **-festar**, f. pl. *shore-ropes, moorings*; **-flótti**, a. *fled from the land*; **-flæmdr**, pp. *driven out of the land, exiled*; **-fúss**, a. *eager to make the land* (of sailors); **-ganga**, f. *landing, disembarking*; **-gangr**, m. *running ashore* (of shoals of fish); **-gæzla**, f. *defence of the land*; **-hallt**, adv. *keeping along the shore* (fara, sigla -hallt); **-herr**, m. (1) *people of the land*; (2) *land troops*; **-hlutr**, m. *the land-owner's share*; **-hreinsan**, f. *clearing the land of miscreants.*

landi, m. (*one's*) *countryman* (landar várir); *Icelander* (= mörlandi).

land-kaup, n. *purchase of land*; **-kostr**, m. *the quality of the land*; **-könnuðr**, m. *a settler's mark*; **-menn**, m. pl. = landsmenn; **-munr**, m. *home-sickness, nostalgia*; e-m leika -munir, *one feels homesick*; **-nám**, n. *taking possession of land as settler, settlement.*

landnáma-bók, f. *the history of the settlement* (of Iceland); **-maðr**, m. *settler*; **-tíð**, f., **-tími**, m. *the time of the settlement.*

landnáms-kona, f. *female settler*; **-maðr**, m. *settler* (Ingólfr var frægastr allra landnámsmanna).

land-norðr, n. *north-east*, opp. to 'útnorðr'; **-nyrðingr**, m. *north-east wind*; **-ráð**, n. pl. (1) *government of the land* (hann var fyrir öllum -ráðum); (2) *high treason.*

landráða-maðr, m. (1) *governor*; (2) *traitor.*

land-rán, n. *the harrying of a land*; **-reki**, m. poet. *protector of the land, king*; **-rögnir**, m. poet. *prince, king.*

lands-auðn, f. *depopulation of a land*; **-brigð**, f. = landabrigði; **-bruni**, m. *destruction of the land by fire*; **-bú**, n. = -bygð; **-búi**, m. (1) *inhabitant*; (2) *tenant*; **-bygð**, f. (1) *the peopled land*; (2) *tenantry*; **-bœtr**, f. pl. *improvements in a land*; **-deild**, f. *partition of land*; **-dróttinn**, m. *landlord*; **-endi**, m. *land's end.*

land-seti, m. *tenant*; **-seyra**, n. *general famine.*

lands-fjórðungr, m. *quarter of the land* (of Iceland); **-flótti**, m. *exile, banishment*; **-fólk**, n. *the people* (*inhabitants*) *of a land*; **-friðr**, m. *public peace*; **-gæzla**, f. *guarding or defence of the land*; **-herr**, m. = -fólk; **-horn**, n. *the land's end.*

landshorna-maðr, m. *landlouper.*

lands-höfðingi, m. *great chief of the land* (hann barðist í mót -ingjum).

land-skaði, m. *damage to the land*; **-skapr**, m. *custom of the land* (sakir -skapar ok fornrar venju); **-skekill**, m. *outskirt of land*; **-skipan**, f. (1) *government of a land*; (2) = landa-skipan; **-skipti**, n. = landsskipti; **-skjálfti**, m. *earthquake*; **-skortr**, m. *lack of land.*

lands-kostr, m. (1) *possession of land*; (2) *quality of the land.*

land-skyld, f. *rent of land.*

lands-lag, **-leg**, n. *nature* (*physical conditions*) *of a land*; **-leiga**, f. *land rent*; **-lýðr**, m. = -fólk; **-lög**, n. pl. *law of the land, public law*; **-maðr**, m. *inhabitant* (*native*) *of a country*; **-megin**, n. *the main power of the land* (as to strength or area); **-múgr**, m. *the common people*; **-nytjar**, f. pl.

produce of the land; **-ofringi**, m. *land-louper*; **-réttr**, m. *the law of the land, public law*; **-siðr**, m. *custom of the land*; **-skattr**, m. *land tax*; **-skipan**, f. = -siðr; **-skipti**, n. *division of land*; **-skyld**, f. = landskyld; **-stjórn**, f. = landstjórn.

land-stjórn, f. *government*; **-suðr**, n. *south-east*, opp. to 'útsuðr'.

lands-ván, f. = landván; **-venja**, f. = -siðr; **-virðing**, f. *taxation of land*; **-vist**, f. *right or permission to reside in a land*.

land-synningr, m. *south-east wind*; **-sýn**, f. *sight of land*; í -sýn, *in sight of land*; ór -sýn, *out of sight of land*; **-taka**, f. *taking land, landing*; **-tjald**, n. *land tent*; **-vanr**, a. *acquainted with the country*; **-ván**, f. *prospect of reaching land*.

landvarnar-maðr, m. *a man entrusted or charged with the defence of the country against invaders*.

land-vegr, m. *a way by land*, opp. to 'sjóvegr'; fara -veg, *to travel by land*; **-viðri**, n. *land wind*; **-vært**, a. n., eiga -vært, *to have residence in a country open to one*; **-vættr**, f. *guardian spirit of a country*; **-vörn**, f. *defence of the land*.

langa (**að**), v. *to long for*; impers., mik langar til e-s, *I long for a thing*.

langa (gen. löngu), f. *ling* (fish).

langa-fasta, f. *the long fast, Lent*; **-frjádagr**, m. *Good Friday*.

lang-áss, m. *longitudinal beam*, opp. to 'þvertré'; -bakki, m., in the phrase, skjóta e-u í -bakka *to put off*; **-bekkr**, m. *long bench* (along the side of the hall), opp. to 'þverbekkr'; **-eldar**, m. pl. *long fires* (along the middle of the hall); **-ermar**, f. pl. *long sleeves*; -**feðgar**, m. pl. *ancestors on the father's side*.

langfeðga-tal, n., **-tala**, f. *list or roll of* 'langfeðgar', *pedigree*; **-ætt**, f. *the lineage of* 'langfeðgar' (from father to son).

lang-feðr, m. pl. = -feðgar.

lang-ferð, f. *long journey*.

langferða-maðr, m. *far traveller*.

lang-frami, m. *lasting fame*; **-fœttr**, a. *long-legged*; **-för**, f. = -ferð; **-hálsaðr**, a. *long-necked*; **-hendr**, a. *long-handed*; **-hyggja**, f. *long-suffering*; **-höfðaðr**, a. *long-beaked* (of a ship); **-knakkr**, m. *long bench*; **-lega**, f. *long stay* (of a weather-bound ship); **-leggr**, m. *the long leg, shank*; **-leiði**, n. *long distance*; **-leitr**, a. *long-faced*; **-liðinn**, pp. '*long gone*'; eptir -liðit, *after a long time*; **-liga**, adv. *for a long time past*; **-lífi**, n. *long life, longevity*; **-lífr**, a. *long-lived*; **-loka**, f. a kind of *eight-lined verse*; **-minnigr**, a. (1) *having a long memory*; (2) *long to be remembered*; **-mælgi**, f., **-mæli**, n. *long-winded talk*; -mæltr, pp. *long-spoken, long-winded*; **-nefjaðr**, a. *long-nosed*; **-niðjar**, m. pl. *descending lineage on the father's side*; **-orf**, n. *long scythe-handle*; **-pallr**, m. *dais along the hall*.

langr, a. (1) *long*, of space and time (langt sverð, löng stund); (2) neut., langt, *long, far, distant*; þeir áttu eigi langt til eyjarinnar, *they had no long distance to the island*; (3) e-m er langt at e-m, *one is interested in a person*; hvat er yðr langt at þessum mönnum, *what interest do you take in these men?*; (4) *long, wearisome* (þér mun langt þykkja hér á heiðinni).

lang-reið, f. *long ride*; **-ræki**, n. *rancour, unforgiving spirit*; **-rækr**, a. *unforgiving*; **-rœða**, f. *long talk*; **-rœðr**, a. *long-winded*; **-skepta**, f. *long-shafted spear*; **-skeptr**, pp. *long-shafted*; **-skip**, n. *long ship, war ship* (þar lágu langskip mörg).

langskipa-menn, m. pl. *the crew of a long ship*.

lang-skör, f. *the lower hem of a tent*; **-staðinn**, pp. *of old date, long-standing*; **-stóll**, m. *long seat*; **-stræti**, n. *long street*; **-sýnn**, a. *far-sighted*; **-sæi**, f. *far sight*; **-sær**, a. = -sýnn; **-talaðr**, pp. *long-spoken*; **-úðigr**, a. = -rækr; **-vari**, m. *long duration*; til -vara, *to last long*; **-vaxinn**, pp. *longish*; **-vé**, n. *guillemot, sea-hen*; **-viðri**, n. *long-continued weather*; **-vinr**, m. *a friend of long standing*; **-vist**, f. *long stay*; -vistum, as adv. *staying long* (vera -vistum e-s staðar);

-æð, f. *long duration*; **-æliga**, adv. *for a long time*; **-æligr**, a. *long-lasting*; **-ær**, a. = -æligr (-ær friðr).

lasinn, a., **las-meyrr** (**-mærr**), a. *weak, feeble, decrepit.*

last, n. *blame, vituperation.*

lasta (**að**), v. *to blame, speak ill of.*

lasta-, gen. pl. from 'löstr'; **-fullr**, a. *faulty, depraved* (-fullt líf); **-lauss**, a. *faultless, guileless.*

lastan, f. *reproach, blame.*

lastanar-orð, n. pl. *words of blame.*

lastan-ligr, a. *reprehensible.*

last-auðigr, a. *vicious, evil*; **-ligr**, a. *disparaging*; **-mæli**, n. pl. *slander*; **-samr**, a. *slanderous*; **-varliga**, adv. *without guilt or sin*; **-varr**, a. *guiltless, virtuous*; **-veri**, f. *righteousness.*

lata (**að**), v. impers., e-m latar, *one becomes slow, slackens*; élinu latar, *the snow-storm abates.*

latína, f. *Latin* (*language*).

latínu-bók, f., **-bréf**, n., **-dikt**, n. *Latin book, document, composition*; **-klerkr**, m., **-lærðr**, pp. *Latin clerk, scholar*; **-maðr**, m. (1) *Latin, Roman*; (2) *Latin scholar, Latinist*; **-mál**, n. = -tunga; **-skáldskapr**, m. *Latin poetry*; **-stafrof**, n. *Latin alphabet*; **-tunga**, f. *Latin tongue.*

lat-liga, adv. *slowly, negligently.*

latr, a. *slow, lazy.*

latún, n. *latten, brass.*

lauðr, n. (1) *lather*; (2) *froth, foam of the sea* (alda lauðri faldin).

lauf, n. *leaf, foliage.*

laufa-dráttr, m. *embroidery representing leaves.*

laufgaðr, pp. *leafy, covered with leaves* (mærðar timbr máli laufgat).

laufgast (**að**), v. *to come into leaf, put forth leaves.*

lauf-grœnn, a. *leaf-green, verdant*; **-segl**, n.; sigla með -segli, *to take things easy*; **-skáli**, m. *arbour, bower*; **-steindr**, pp. *leaf-dyed*, = -grœnn; **-viðr**, m. *leafy wood.*

laug (**-ar**, **-ar**), f. (1) *bath*; (2) *hot spring* (fyrir sunnan ána eru laugar).

lauga (**að**), v. *to bathe* (kona laugaði barn sitt); refl., laugast, *to bathe, take a bath* (laugaðist konungr í ánni Jordan).

laugar-aptann, m. *Saturday evening*; **-dagr**, m. *Saturday*; **-kveld**, n. = -aptann; **-morginn**, m. *Saturday morning*; **-nátt**, f. *Saturday night* (the night between Saturday and Sunday); **-vatn**, n. *bathing water.*

lauka-garðr, m. *leek-garden.*

laukr (**-s**, **-ar**), m. *leek, garlic.*

laun, n. pl. *reward, recompense.*

laun, f. *secrecy, concealment*; á (*or* með) laun, *secretly.*

laun-barn, n. *natural child*; **-blót**, n. *secret worship of the gods*; **-dyrr**, f. pl. *secret doorway*; **-festar**, f. pl. *secret betrothal*; **-fundr**, m. *secret meeting*; **-getinn**, pp. *illegitimate, natural*; **-kárr**, a. *dealing in secrets, mysterious*; **-kona**, f. *concubine*; **-koss**, m. *secret kiss*; **-maðr**, m. *a hidden* (*sham*) *person*; **-mæli**, n. pl. *secret talk*; **-ráð**, n. *secret device*; **-sát**, f. *ambush*; **-sátt**, f. *secret agreement*; **-stefna**, f. = -fundr; **-stigr**, m. *secret path*; **-stuldr**, m. *pilfering, theft* **-sætt**, f. = -sátt; **-tal**, n. *secret talk*

launung, f. *concealment, secrecy* af (á, með) launungu, *secretly.*

laun-vágr, m. *hidden creek*; **-víg**, n. *secret manslaughter*; **-þing**, n. = -fundr, -stefna.

laupr (**-s**, **-ar**), m. (1) *basket, box*; (2) *the framework of a building.*

lausa-brullaup, n. *improvised weading*; **-búð**, f. *extemporized booth*; **-eyrir**, m., **-fé**, n. *movable property, chattels*; **-fjöl**, f. *loose board*; **-góz**, n. = -fé; **-kjör**, n. pl. *loose conditions, void bargain*; **-klofi**, m. *diphthong*; **-klæði**, n. pl. *loose* (*outer*) *garments*; **-maðr**, m. *able-bodied labourer who has no fixed home*; **-mjöðm**, f. *a trick with the hip in wrestling*; **-snjór**, m. *loose snow*; **-taug**, f. *loose* (*reserve*) *strap*; **-viðr**, m. *loose logs, planks*; **-vísa**, f. *a single verse* (not forming part of a poem).

laus-beizlaðr, pp. *loose-bridled*; **-eygr**, a. *with unsteady eyes*; **-geðjaðr**, **-geðr**, a. *fickle-minded*; **-grýttr**, a. *with loose pebbles*; **-gyrðr**, pp. *loose-girthed, without a belt*; **-hárr**, a. *with loose* (*flowing*) *hair*; **-hugaðr**, a. = -geðjaðr.

lausingi (pl. **-jar**), m. = leysingi.

laus-leikr, m. *looseness*; **-liga**, adv. *loosely*; **-ligr**, a. *loose, unsteady*; **-lyndi**, n. *looseness of mind, fickleness*; **-læti**, n. = -lyndi; **-máll**, a. *loose or unreliable of speech*; **-mælgi**, f. *looseness of speech*; **-mæli**, n. pl. *breach of word.*

lausn (**-ar**, **-ir**), f. (1) *release, liberation*; (2) *ransom*; (3) *absolution from ban or sin* (hann tók lausn af sjálfum páfanum); (4) *release from a duty*; (5) *decision, judgement* (segja fram lausnir mála); eiga lausn á máli, *to decide in a case.*

lausnari, m. *the Redeemer.*

lausnar-mark, n. *badge of redemption*; **-tíðindi**, n. pl. *loose news.*

laus-orðr, a. = -máll.

lauss, a. (1) *loose*, opp. to 'fastr', 'bundinn' (hón hafði laust hárit sem meyjum er títt); verða l., *to get loose*; eldr varð l., *fire broke out*; láta e-t laust, *to let loose, yield up*; liggja laust fyrir, *to be easy to seize upon*; (2) *free, unimpeded, unencumbered* (gakk þú l. yfir brúna); ríða l., *to ride without baggage*; (3) *disengaged* (*free*) *from*, with gen. (vit erum lausir allra svardaga); (4) *void, not binding* (nú er laus veðjan okkar); (5) *vacant* (viljum vér gefa yðr Ólafskirkju, því at hón er nú laus); (6) *light* (l. svefn); (7) *empty, without a cargo* (sigla lausum skipum); (8) *movable*; lönd ok lausir aurar, *lands and movable property*; (9) *absolved from ban*; (10) in compds. mostly suffixed to a subst., often in gen., *-less* (mein-, sak-, vit-lauss, athuga-, auðnu-, lýta-lauss).

laus-tœkr, a. *easily taken.*

lausung, f. (1) '*leasing*', *lying, falsehood*; (2) *loose life, life of a libertine.*

lausungar-fullr, a. *thoughtless, inconsiderate*; **-guð**, n. *false god*; **-kona**, f. *loose woman*; **-maðr**, m. *libertine*; **-orð**, n. *deceit.*

laus-yrði, n. and f. *loose* (*unreliable*) *talk* (lausyrði ok lygi).

laut, f. *hollow place.*

lax (pl. **laxar**), m. *salmon.*

lax-á, f. *salmon river*; **-ganga**, f. *shoals of salmon entering rivers*; **-veiðr**, f. *salmon-fishing.*

laz, n. *lace* (for. word).

laza (**að**), v. *to adorn with lace.*

lá (pl. **lár**), f. *the line of shoal water along the shore.*

láð, n. poet. *land.*

láð-maðr, m. *loadsman, pilot.*

láfi, m. *threshing floor, barn floor.*

lág, f. *a felled tree, log.*

lága-messa, f., **-söngr**, m. *the 'low chant'* (in the Roman Catholic Mass).

lá-garðr, m. *the surf* (cf. 'lá').

lág-lendi, n. *low land, flat land*; **-liga**, adv. *lowly, gently*; **-ligr**, a. *low in stature*; **-mæltr**, pp. *low-spoken, low-voiced.*

lágr (**lægri**, **lægstr**), a. (1) *low, low down* (þá er sól er lág um kveldit); bera lágt höfuðit, *to carry the head low, be discomfited*; fara lægra, *to be lowered, humbled*; (2) *short* (höggspjót á lágu skafti), *short of stature* (lágr sem dvergr ok digr); (3) *low, humble* (lágr at burðum); bera lægra hlut, *to get the worst of it, be worsted*; (4) *low*, of the voice (hann svarar ok heldr lágt).

lág-raustaðr, a. *low-voiced*; **-skeptr**, pp. *with a short handle*; **-talaðr**, pp. *speaking in a low voice*; **-vaxinn**, pp. *short of stature.*

lámr, m. *hand, paw.*

lán, n. (1) *loan*; at láni, *as a loan*; hafa at láni, *to get on credit*; (2) *fief*; hafa at láni = hafa at léni.

lána (**að**), v. *to lend* (þetta er lánsfé, er ymsir menn hafa lánat mér).

lánar-drottinn, m. *liege-lord, lord, master* (hann þótti vel hafa fylgt sínum lánardróttni).

lán-fé, n. *lent* (*borrowed*) *money*; **-hross**, n. *borrowed horse*; **-klæði**, n. pl. *borrowed clothes.*

láns-fé, n. = lánfé.

lás-bogi, m. *crossbow.*

lás-lauss, a. *unlocked.*

láss (pl. **lásar**), m. *lock*; hurðin var í lási, *the door was locked.*

lás-ör, f. *crossbow bolt.*

lát, n. (1) *loss* (þeir sögðu konungi l. sitt); (2) *death, decease* (ek segi þér l. Eyvindar bróður þíns); (3) in pl.

manners; skipta litum ok látum, *to change colour and manners.*

láta (læt; lét, létum; látinn), v. (1) *to set, put, place* (l. hest á stall); l. e-n í myrkvastofu, *to thrust in prison (dungeon)*; l. e-t í ljós, *to make it known*; l. e-t af e-u, *to take off* (vóru þá látnir fjötrar af Hallfreði); (2) *to cede, give up* (hann vildi eigi l. þenna hest); l. hlut sinn, *to let go one's share, be worsted*; (3) *to leave, forsake* (biðr hann, at þeir láti blótin); hann ætlaði at l. dróttningina eina, *he intended to divorce the queen*; (4) *to lose* (hann hafði látit flest allt lið ok herfang allt); also with dat. (l. lífi, fjörvi); (5) with infin. *to let, make, cause*; látit mik vita, *let me know*; ek lét drepa Þóri, *I made Th. to be killed*; l. sér fátt um finnast, *to disapprove*; hann lét fallast (=sik falla), *he let himself fall*; (6) with pp., in circumlocutory phrases; hann lét verða farit, *he went*; hann lét hana verða tekna, *he seized her*; ellipt., omitting the infin., l. um mælt, *to let be said, to declare*; hann lét harðan Hunding veginn, *he slew the stark H.*; (7) *to behave, comport oneself* (forvitni er mér á hversu þeir láta); hann lét illa í svefni, *he was restless in his sleep*; l. allstórliga, *to make oneself big*; l. hljótt yfir e-u, *to keep silence about a thing*; l. mikit um sik, *to puff oneself up*; (8) l. sem, *to make as if* (hann lætr sem hann sjái ekki sveinana); (9) *to estimate, value* (fátt er betr látit en efni eru til); (10) *to express, say* (Þorfinnr bóndi lét heimilt skyldu þat); (11) *to sound, give a sound*; hátt kveði þér, en þó lét hærra atgeirrinn, *you speak loud, but yet the bill gave a louder sound*; (12) with preps.; l. af e-u, *to leave off, desist from* (sumir létu af blótum); absol., l. af, *to cease*; l. af hendi, *to let out of one's hands, deliver up*; l. fé af, *to kill (slaughter) cattle*; l. aptr, *to shut* (l. aptr hurðina); l. at e-u, *to yield to, comply with* (allir þeir, er at mínum orðum láta); l. at stjórn, *to obey the helm* (of a ship); l. e-t eptir, *to leave behind* (þeir létu menn eptir at gæta skipa); l. eptir e-m, *to mimic, ape* (mun Gísli hafa látit eptir fíflinu); l. e-t eptir e-m, *to grant, indulge one in a thing* (lát þú þetta eptir mér); l. fyrir e-u, *to give way, yield* (þeir munu verða fyrir at l., ef vér leggjum sköruliga at); l. í haf, *to put out to sea*; l. e-t í mót e-m, *not to indulge one*; l. e-t til, *to grant* (heimt mun brátt hit meira, ef þetta er til látit); l. til við e-n, *to yield (give way) to one* (þeir báðu hann til l. við konung); l. undan e-m, *to yield to one* (ek skal hvergi undan þér l.); l. upp, *to open* (l. upp hurð); *to let one get up* (eptir þat lét K. þenna mann upp); l. e-t uppi, *to grant* (ertu saklauss, ef þú lætr uppi vistina); l. e-t út, *to let out*; l. út (skip sitt), *to put to sea* (síðan létu þeir út ok sigldu til Noregs); l. vel (illa) yfir e-u, *to express approval (disapproval) of a thing* (hann lætr vel yfir því); (13) refl., látast, *to die, perish* (hér hefir látist Njáll ok Bergþóra ok synir þeirra allir); *to declare of oneself, profess, pretend* (allir létust honum fylgja vilja).

látaðr, a. *mannered* (l. vel).

lát-bragð, n. *bearing, manners, deportment*; **-góðr**, *well-mannered, courteous*; **-gœði**, n. *fine manners.*

látinn, pp. (1) *deceased, dead*; (2) vel l., *highly esteemed, in good repute*; (3) l. við e-u, *ready*; vel fyrir l., *well prepared.*

lát-prúðr, a. *of gentle bearing.*

-látr, a. *-mannered, -minded* (fá-, lítil-, marg-, mikil-látr).

látrast (að), v. refl. *to go to rest.*

lát-œði, n. *bearing, deportment.*

lávarðr, (-s, -ar), m. *lord, master.*

lé (dat. and acc. **ljá**; pl. **ljár**), m *scythe* (þeir hjuggust með ljám).

lé-barn, n. *infant, baby.*

lé-denging, f. *scythe-sharpening.*

leðr, n. *skin, leather*; **-blaka**, f. *bat*; **-flaska**, f. *leather bottle*; **-hosa**, f. *leather hose*; **-panzari**, m. *leather jacket* (as a defence).

leg, n. *burial-place*, = legstaðr.

lega, f. *lying in bed.*

lé-garðr, m. *swath.*

legáti, m. *(papal) legate.*

leggja (**legg, lagða, lagiðr, lagðr, laginn**), v. (1) *to lay, place* (Már hafði lagt höfuð sitt í kné Rannveigar); l. net, *to lay a net*; (2) *to put*; l. eld í, *to put fire to*; l. söðul á hest, *to put a saddle on a horse*; l. árar upp, *to lay up the oars, give up pulling*; l. ofan segl, *to haul down, take in the sails*; l. at jörðu, at velli (*or* við jörðu, við velli), *to overthrow, slay, kill*; l. hlut sinn, *to lose one's lot, be worsted*; (3) *to lay, drop*, of a beast (hvelparnir, er eigi vóru lagðir); (4) *to lay, make, build*; l. garða, *to make fences*; (5) *to appoint, fix* (l. stefnu, leika, bardaga); (6) *to tax, value* (hann lagði hálft landit fyrir sex tigi silfrs); l. e-n úgildan, *to award no fine for, put no price on*; l. at léttu, *to make light of*; (7) *to settle*; l. sakar, *to settle strife*; l. lög, *to lay down laws*; l. leið sína, *to take a direction*; hann lagði mjök kvámur sínar í Ögr, *he was in the habit of coming often to O.*; (8) *to allot, assign* (þér mun lagit verða at vera einvaldskonungr yfir Noregi); hvat mun til líkna lagt Sigurði, *what comfort is there appointed for S.?*; þér var lengra líf lagit, *a longer life was destined for thee*; (9) *to lay out, pay, discharge*; l. at veði, *to give as bail*; l. á hættu, *to risk*; l. á mikinn kostnað, *to run into great expenses*; l. líf á, *to stake one's life on a thing*; l. fé til höfuðs e-m, *to set a price on one's head*; (10) *to lay a ship's course, stand off or on, sail*, absol., or the ship in dat. or acc., lét hann blása herblástr ok l. út ór höfninni, *and sailed out of the harbour*; l. at, *to land* (lagði hann at við Sundólfsstaði); in a naval battle, *to attack* (lögðu þeir þá at þeim); l. undir land, *to stand in towards land*; fig. *to give in*; l. (skip) í rétt, *to drift or run before the wind*; (11) *to set off, start*; l. á flótta, *to take to flight*; l. eptir e-m, *to pursue*; l. upp, *to start on a journey*; (12) *to stab, thrust*, with a weapon (Þ. leggr hann spjóti til bana); (13) impers. *it turns, is driven in a direction* (of smoke, smell, fire); hingat leggr allan reykinn, *all the smoke blows hitherward*; *to freeze over, be covered with snow or ice* (þá er ísa lagði á vötn); l. nær, *to be on the brink of*; nær lagði þat úfœru einu sinni, *it had well nigh come to a disaster*; (14) with preps.; l. e-t af, *to cede, give up* (H. bróðir hans lagði af við hann sinn part í eyjunni); *to leave off, desist from* (legg af héðan af versagørð, sagði erkibiskup); l. af fénað, *to slaughter cattle*; l. e-t aptr, *to give back, return* (báðu mik leggja aptr taflit); l. at, l. at landi, *to land*; l. at e-m, *to attack*; l. e-t á e-n, *to impose, lay (a burden, tax) upon one* (l. skatt, skyldir, yfirbót á e-n); l. e-t á við e-n = l. e-t á e-n; l. stund, kapp, hug á e-t, *to take pains about, great interest in, a thing*; l. ást, elsku, mætur á e-t, *to feel love, affection, interest for a thing, to cherish a thing or person*; l. fæð, öfund, hatr á, *to take dislike, envy, hatred to*; l. móti e-m, *to oppose, contradict one*; l. e-t til, *to furnish, contribute*, as one's share (hvern styrk hefir móðir mín til lagit með þér?); l. fátt til, *to say little, be reserved*; l. lof til, *to give praise to*; l. gott (illt) til e-s, *to lay a good (or ill) word to one, to interfere in a friendly (or unfriendly) manner*; l. e-t til lofs e-m, *to put a thing to a person's credit*; l. e-t til orðs, *to talk about*; l. e-m e-t til ámælis, orðs, *to blame one for a thing*; l. e-t undir *or* undir sik, *to conquer, vanquish* (Knútr konungr lagði allt land undir sik í Noregi); l. e-t undir e-n, *to submit a matter to a person, refer to* (þeir höfðu lagit mál undir Njál); l. undir trúnað e-s, *to trust*; ok er þat mjök undir hann lagit, *it depends much on him*; l. e-t undir þegnskap sinn, *to assert on one's honour*; l. e-t upp við e-n, *to hand over to one*; l. e-t eigi langt upp, *not to make much of, to make light of* (eigi legg ek slíkt langt upp); l. e-t við e-t, *to add to* (l. aðra tölu við aðra); l. við líf sitt, höfuð sitt, *to stake one's life*; l. við sekt, *to fix a fine*; (15) refl., leggjast, *to lay oneself*; l. niðr, *to lie down*; *to pass out of use, cease*; þeir höfðu lagizt til svefns, *they* *were gone to sleep*; l. í sótt, *to fall sick, take to bed* (from illness); l. á e-t, *to fall upon* (of robbers, beasts of prey); l. á, *to arise* (mun sá orðrómr á l., at); l. fyrir, *to take rest, lie down* (lögðust þá fyrir bæði menn ok hestar af úviðri); fyrir l. um e-t, *to give it up*; l. *or* l. til sunds, *to swim* (Grettir lagðist nú inn á fjörðinn); l. í hernað, víking, *to set out on a freebooting expedition*; l. út, *to set out into the wilderness* (as a highwayman); l. e-t eigi undir höfuð, *not to lay it under one's pillow, not to neglect or forget it*; eigi lagðist mjök á með þeim brœðrum, *they were not on good terms*; lítit leggst fyrir e-n, *one has but a poor destiny* (lítit lagðist nú fyrir kappann, því at hann kafnaði í stofureyk sem hundr); recipr., l. hendr á, *to lay hands on one another*; l. hugi á, *to take a liking for each other*; l. nær, *to run close up to one another* (of two boats).

leggja-, gen. pl. from 'leggr'; **-brot**, n. pl. *pieces of bone in a broken leg*; **-bönd**, n. pl. *leg-straps*.

leggr (**-jar, -ir**), m. (1) *hollow bone* (of arms and legs); (2) *leg*; komast á legg, *to grow up* (þá vóru synir hans vel á legg komnir); (3) *stem of a plant*; (4) *shank of an anchor*; (5) *shaft of a spear*.

leg-kaup, n. *burial-fee*.

leg-orð, n. *lying with a woman*.

legorðs-sök, f. *a case of* leg-orð.

leg-ró, f. *rest in bed*; **-staðr**, m. *burial-place*; **-steinn**, m. *tombstone*.

legu-nautr, m. *bed-mate, mess-mate*.

leið (**-ar, -ir**), f. (1) *way* (fara, ríða leið sína *or* leiðar sinnar); (2) *way, road* (á skóginum vóru tvennar leiðir); þar er leiðir skildi, *where the roads parted*; (3) *course* (on the sea); segja leið, *to pilot*; (4) adverb. phrases, koma e-u til leiðar *or* á leið, *to bring about*; skipast á betri l., *to change to a better way*; á þá l., *in this wise, thus*; fram á l., á l. fram, *further, all along*; *afterwards, for the time to come*; (5) *levy*; leiðar at biðja, *to call out a levy*.

leið, f. *a local assembly* (in the Icelandic Commonwealth).

leiða (**-dda, -ddr**), v. (1) *to lead, conduct* (Ólafr konungr leiddi Kjartan til skips); l. upp skip, *to drag a ship ashore*; (2) fig., l. augum (sjónum), *to behold*; l. hugum, *to consider*; l. huga at e-u, *to mark, note*; l. spurningum at um e-t, *to inquire*; l. getum um e-t, *to guess at a thing*; l. ástum, *to love*; l. af e-u, *to result from*; (3) gramm. *to pronounce* (því at hann leiddi eigi svá sem tíðast er); (4) *to bury, lead to the grave* (Steinarr leiddi hann uppi í holtum).

leiða (**-dda, -ddr**), v. (1) l. e-m e-t, *to make a person loathe or avoid a thing*; (2) refl., leiðast e-t (acc.), *to loathe, get tired of* (leiðist manngi gott, ef getr); impers., e-m leiðist, *one feels discontented* (man honum leiðast, ef deildr er verðrinn); mér leiðist e-t, *I am tired of* (leiðist mönnum opt á at heyra).

leiðangr (gen. **-rs**), m. (1) *levy*, esp. by sea (including men, ships and money); bjóða út leiðangri, *to levy men and ships for war* (bjóða út leiðangri at mönnum ok vistum); hafa l. úti, *to make a sea expedition*; (2) *war contribution, war tax*.

leiðangrs-far, n. *levy-ship*; **-ferð**, f. *war expedition*; **-fólk**, n. *levied folk*; **-gǫrð**, f. *raising a levy*; **-lið**, n. *levied army*; **-maðr**, m. *levied man*.

leiðar-dagr, m. *the day on which the* leið *was held*; **-morgunn**, m. *the morning of that day*.

leiðar-nesti, n. *viands*; **-steinn**, m. *loadstone*; **-stjarna**, f. *lodestar*; **-sund**, n. *strait, passage*; **-vísir**, m. *guide*; **-víti**, n. *a fine for default in respect of a levy*.

leiðar-völlr, m. = leiðvöllr.

leiði, n. (1) *leading wind, fair wind* (þeir fengu gott l.); (2) *tomb* (Svíar grétu yfir l. hans).

leiði, m. *irksomeness*.

leiði-fífl, n. *a fool to be led about*.

leiði-gjarn, a. *wearisome*.

leiði-ligr, a. *hideous*.

leiðindi, n. pl. (1) *loathing, dislike*; leggja l. á við e-n, *to take a dislike to a person*; (2) *an unpleasant thing*.

leiðing, f. *leading, persuasion*.

leiðinga-maðr, m. *an easily led person* (= leiðitamr maðr); **-samr**, a. *easily led, pliable* (= leiðitamr).

leiðin-liga, adv. *hideously*; **-ligr**, a. *hideous* (kona ljót ok leiðinlig).

leiði-orð, n. pl. *walking and talking with a person*; **-tamr**, a. *easy to be led.*

leið-mót, n. *the* leið *meeting.*

leiðr, a. *loathed, disliked* (l. e-m); e-m er e-t leitt, *one dislikes a thing.*

leið-rétta (**-rétta, -réttr**), v. *to put right, mend, correct*; **-rétting**, f. *setting right, correction*; **-saga**, f. *guidance, direction*, esp. *piloting*; **-sagari**, m. *guide*, esp. *pilot.*

leiðsagnar-maðr, m. = leiðsagari.

leiðsla, f. (1) *guidance, leading*; (2) *burial, interment.*

leið-stafir, m. pl. *loathsome runes.*

leið-sögn, f. = leiðsaga.

leiðsögu-maðr, m. *guide, pilot* = leiðsagnarmaðr.

leið-togi, m. *guide*; **-vísi**, f. *knowing the course* (on the sea).

leið-víti, n. = leiðarvíti.

leið-völlr, m. *the field where the* leið *was held.*

leifa (**-ða, -ðr**), v. (1) *to leave* (food) *over*; *to leave as heritage* (hann leifði honum lönd ok lausa-fé); (2) *to leave behind, relinquish, abandon* (þeir leifðu skipin í Raumsdal).

leifar, f. pl. (1) *leavings, remnants*, esp. of food; (2) *effect, result* (illa gefast ills ráðs leifar).

leiga (**-ða, -ðr**), v. *to hire, rent*; l. e-t at e-m, *to hire from a person.*

leiga, f. (1) *hire, rent*, opp. to 'innstœða' (*capital*); byggja fé á leigu, *to let money out at interest*; leggja leigu eptir höfn, *to pay a harbour duty*; (2) *wages, pay* (kallast hann engrar leigu makligr).

leig-lendingr, m. *tenant.*

leigu-ból, n. *rented farm*; **-fé**, n. *hired cattle*; **-fœrr**, a. *fit to be hired out*; **-land**, n. *rented land*; **-lauss**, a. *rent free, without interest*; **-liði**, m., **-maðr**, m. *tenant*; **-mál**, n. *agreement as to rent, lease*; **-prestr**, m. *hired priest, curate*; **-staðr**, m. *a place where money is invested, investment.*

leika (**leik; lék, lékum; leikinn**), v. (1) *to play* (við skulum nú l. fyrst); l. leik, *to play a play*; l. tveim skjöldum, *to play a double game*; l. at e-u, *to play* (*amuse oneself*) *with* (Katla sat ok lék at hafri sínum); l. at tafli, *to play at chess*; l. sér, *to play* (hann lék sér þá enn á gólfi með öðrum börnum); (2) *to perform*, of a feat or act of prowess (en ek hygg, at engi annarr fái þat leikit); (3) *to move, swing, wave to and fro, hang loosely* (l. á lopti); landit skalf sem á þræði léki, *as if balanced on a string*; (4) of flame, fire, water, waves, *to play lightly about or over, lick* (eldr tók at l. húsin); eldrinn lék skjótt, *the fire spread fast*; leikr hár hiti við himin sjálfan, *the lofty blaze plays against the very heavens*; fig., e-m leikr e-t í skapi (í mun), *one feels inclined to, has a mind to* (þat leikr mér í skapi at kaupa Íslandsfar); (5) *to deal* (*hardly*) *with, to* (*ill-*)*treat* (l. e-n illa, hart, sárt, sárliga); (6) *to play a trick upon, delude*, = l. á e-n (djöfullinn leikr þá alla); (7) *to bewitch*, esp. in pp. (maðr sá var leikinn af flagði einu); (8) with preps., l. á e-n, *to play a trick upon* (mjök hefir þú á oss leikit); fig., lék þat orð á, at, *it was rumoured, that*; e-m leikr öfund á, *to envy*; e-m leikr hugr á, *to have a mind to*; þar leikr minn hugr á, *my mind is bent upon that*; hón segir föður sínum um hvat at l. er, *she told her father how things stood*; l. e-n út, esp. in pp., *to ill-treat* (konungr sér nú Áka, hversu hann er út leikinn); l. við e-n, *to play with one*; l. við, *to continue* (meinit hafði lengi við leikit); (9) refl., leikast, *to be performed, done*; ef þat má l., *if this can be done*; leikst á e-n, *it goes against one, he gets the worst of it* (mjök hefir leikizt á minn hluta); l. við, *to play one against the other, play a match*; höfðu þeir leikizt við barna leikum, meðan þeir vóru ungir, *they had been playmates.*

leika (pl. **leiku**), n. *plaything, doll.*

leika, f. (1) = leika, n.; (2) *play-sister* (vér vórum leikur vetr níu).

leikandi, f. (1) *pulley*; (2) *sport, jest.*

leikara-skapr, m. *scurrility*.
leikari, m. *player, jester*.
leik-blandinn, pp. *sportive*; **-borð**, n. *play-board*; **-bróðir**, m. *playmate*.
leik-dómr, m. *laity*, = leikfólk.
leik-fang, n. *wrestling*; **-félagi**, m. *play-fellow*; **-ferð**, f. *sport*.
leik-fólk, n. *lay-folk, laity*.
leikinn, a. *playful, gay*.
leik-ligr, a. *lay*; **-maðr**, m. *layman*.
leik-maðr, m. *player*.
leikmann-ligr, a. *lay*.
leik-mikill, a. *playful, merry*; **-mót**, n. '*play-meeting*', *public athletic sports*; **-mær**, a. *play-sister*.
leikr (-s, -ar), m. *game, play, sport*; láta (vinna) leikinn, *to lose* (*win*) *the game*; á nýja leik, *anew*; við illan leik, *narrowly, with a narrow escape* (þeir kómust þar yfir við illan leik); hann segir þeim hvat leika (gen.), hvat í leikum er, *he told them what the game was, what was the matter*; leikr er görr til e-s, *a person is aimed at, is the mark of an attack*; gera leik til e-s, *to mock one*.
leikr, a. *lay* (lærðir ok leikir).
leik-skáli, m. *play-shed*; **-stefna**, f. = leikmót; **-sveinn**, m. *playmate*; **-vald**, n. *lay power, laity*; **-völlr**, m. *play-ground*.
leiptr (gen. leiptrar, pl. leiptrir), f. *lightning, flash*.
leiptra (að), v. *to flash, shine*.
leir, n. *clay, loam, mud*.
leira, f. *muddy shore, mud-flat*.
leir-bakki, m. *clayey bank*; **-búð**, f. *clay booth*; **-depill**, m. *clayey spot*; **-gata**, f. *clayey path*; **-kelda**, f. *clay-pit*; **-ligr**, a. *of clay*; **-maðr**, m. *clay man*; **-óttr**, a. = leirugr.
leir-pottr, m. *earthen pot*.
leirr, m. = leir.
leir-stokkinn, pp. *mud-splashed*.
leiru-bekkr, m. *muddy brook*.
leirugr, a. *clayey, muddy*.
leis'a-brœkr, f. pl. *trousers and stockings in one piece, long hose*; **-lauss**, a. *without a foot-piece or sock* (leistalausar brœkr).
leistr (-s, -ar), m. *stocking-foot, sock*.
leit, f. (1) *search*; fara á l. e-s, *to go in search of a thing*; (2) *exploring party, search-party* (jarl var sjálfr í leitinni).
leita (að), v. (1) *to seek, search*, with gen. (heraðsmenn leituðu hennar ok fundu hana eigi); l. e-m e-s, *to seek* (*try to get*) *a thing for one* (l. e-m kvánfangs); l. sér lífs, *to seek to save one's life*; (2) *to seek for help* (vil ek, at þú leitir aldri annarra en mín, ef þú þarft nökkurs við); l. ráða, *to seek for advice*; (3) *to act* (*proceed*) *towards one*; ef yðar er illa leitat, *if you are challenged*; (4) *to try to go, proceed on a journey*; l. braut ór landi, *to go abroad*; l. á fund e-s, *to visit a person*; (5) *to seek, try*, with infin. (þá leitaði Kálfr at flytja brœðr sína ofan til skips); (6) with preps., l. at e-m, *to seek for a person*, = l. e-s (var þá leitat at lækninum); l. at um e-t = l. eptir um e-t; l. á e-n, *to attack or assail one, to blame or reprehend one*; l. á, *to try, make an attempt to get a thing* (hvar skulu vit á l.?); l. á um kvánfang, *to look for a wife*; l. eptir e-u, *to seek for*; l. eptir máli, *to follow a case, take it up*; l. eptir um e-t, *to inquire into*; l. eptir við e-n, *to inquire of a person*; l. fyrir sér, *to save oneself by flight* (leggjum á flótta, verðr nú hverr at l. fyrir sér); l. e-s í, *to try, make an attempt* (var þá margs í leitat); l. til e-s, *to seek for*, = l. e-s (aldri leitaði hann til griða né undankomu); l. um e-t = l. at um e-t, *to examine* (var þá leitat um sár manna); *to try to get or effect* (l. um sættir); l. e-s við e-n, *to apply to one for a thing* (l. ráða við e-n); l. við e-t, *to try*; l. við för, *to try to get away*; l. við at gøra e-t, *to try to do a thing* (hann vildi við l. at mæla); (7) refl., leitast um, *to make a search, examine* (leituðust þeir þá um ok fundu hurð í gólfinu).
leiti, n. *hill, elevation, height*.
leizla, f. = leiðsla.
leizlu-drykkja, f. *drinking-party*.
leka (lek; lak, lákum; lekit), v. (1) *to drip, dribble* (af þeim legi, er lekit hafði ór hausi Heiðdraupnis); (2) *to leak, be leaky* (húsit, skipit, keraldit lekr).

lekaðr, pp. *leaky* (lekat skip).

lekast (að), v. refl. *to spring a leak.*

leki, m. *leakage, leak*; kómu þá lekar at skipinu, *the ship sprang a leak.*

lekr, a. *leaky* (skipin vóru lek).

lektari, m. *lectern, reading desk.*

lembdr, pp. *with lamb* (lembd ær).

lemja (lem, lamda, lamiðr), v. (1) *to thrash, flog, beat* (þeir lömdu hann náliga til bótleysis); (2) l. niðr, *to beat down, suppress* (hafa vald til þess at niðr l. allan mátt illgjarnra anda); (3) refl. *to be severely injured* (svá mikit högg, at haussinn lamdist).

lemstr, m. *lameness, infirmity.*

lén, n. (1) *fief, fee* (halda lönd ok lén af konungi); (2) *royal grant or emolument*; (3) *royal revenue*; (4) *share of good things* (sumir hafa lítit lén eða lof).

léna, f. *pad or cushion which is placed under a pack-saddle.*

lend (pl. -ir and -ar), f. *loin, rump.*

lenda (-da, -nt), v. (1) *to land*, with dat. (l. báti, skipi); (2) *to land, come to land* (síðan lendu þeir upp frá Bakka); (3) impers., e-m lendir saman, *to clash, come into conflict* (mun ek ekki letja, at oss lendi saman); e-u lendir, *to come to an end*; þar lendir þessi viðrœðu, at, *the end of this talk was, that.*

lenda, f. *land, estate.*

lenda-verkr, m. *lumbago.*

lend-borinn, pp. *sprung from the landed gentry.*

lending, f. *landing, landing-place.*

lendr, a. (1) *landed*; l. maðr, '*landed-man*', *holding land or emoluments from the king*; (2) in compds. (í-lendr, inn-, sam-, út-).

lengd. f. *length* (of space and time); til lengdar, *long, for a long time*; nú (*or* í bráð) ok lengdar, *for now and hereafter.*

lengi (lengr, lengst), adv. *long, for a long time*; of l., *too long*; lengr en skemr, *rather long than short, for a good while*; with gen., l. vetrar, *for a great part of the winter.*

lenging, f. *lengthening*; lífs l., *maintenance of life.*

lengja (-da, -dr), v. *to lengthen* (l. líf sitt); var lengt nafn hans, *an addition was made to his name*; hvat þarf þat l., *what need to make a long story?*; impers. *to become longer* (um vetrinn er daga lengdi).

lengja, f. *a long piece, strip.*

lengr, adv. compar., see 'lengi'.

lengra, adv. compar. *to a greater length*; *farther, further.*

lengrum, adv. compar. *longer, farther*; *for a longer time.*

lengstum, adv. superl. *mostly, most of the time* (hann var þó l. á Grjótá).

leó, león, n. *lion.*

leoparðr, léparðr, m. *leopard.*

leppr (-s, -ar), m. (1) *lock of hair* (fá mér leppa tvá ór hári þínu); (2) *rag, tatter* (leppr rotinn).

lérept, n. *linen, linen cloth.*

lerka (að), v. *to lace tight* (hosur lerkaðar at beini); fig., **lerkaðr**, *bruised, contused* (l. af höggum).

les, n. *lesson* (in divine service).

lesa (les; las, lásum; lesinn), v. (1) *to pick up, gather* (l. hnetr, ber, aldin); l. saman, *to gather, glean* (l. saman axhelmur); l. upp, *to pick up*; (2) *to grasp, catch* (eldrinn las skjótt tróðviðinn); l. sik upp, *to haul oneself up* (hann las sik skjótt upp eptir øxarskaptinu); (3) *to knit, embroider*; (4) *to read* (l. á bók); l. fram, l. upp, *to read aloud*; l. um (of) e-n, *to speak* (evil) *of one* (l. fár um e-n).

les-bók, f. *lesson-book*; **-djákn**, m. *reading clerk*; **-kórr**, m. *reading-desk, lectern.*

lesningr, m. *reading.*

lest, f. (1) *burden, cargo*; (2) *train of packhorses.*

lesta (-sta, -str), v. *to injure, damage* (l. skip sitt); refl., lestast, *to be injured, damaged* (féll hann af baki ok lestist fótr hans).

lesti, adv., only in the phrase, á l., *last, at last.*

lestr, m. and f. *reading.*

lest-reki, m. *agent, manager.*

leti, f. *sloth, laziness*; **-fullr**, a. *slovenly*; **-svefn**, m. *sleep of sloth.*

letja (let; latta, löttum; lattr), v. *to hold back, dissuade* (one from something), l. e-n e-s (Björn latti ferðar;

konungr fór eigi at síðr); refl., letjast, *to become loth, unwilling* (þrællinn tók at l. mjök á starfanum).

lé-torfa, f. *a turf cut with a scythe.*

letr, n. *letters, writing*; **-ligr**, a. *literal*; **-list**, f. *art of writing.*

létta (-tta, -ttr), v. (1) with acc. *to lighten* (l. skipin); (2) with dat. *to lift* (þá létti köttrinn einum fœti); (3) l. e-u, *to desist from, leave off*; l. ferð sinni, *to stop one's journey, to halt*; also absol., þeir léttu eigi (*they stopped not, halted not*) fyrr en þeir kómu í Skaptártungur; l. af e-u, l. af at gøra e-t, *to leave off doing, give up* (hann léttir aldregi af slíkt at vinna); l. af hernaði, *to leave off freebooting*; l. undan, *to withdraw, retreat* (svá kom því máli, at Sigvaldi létti undan); (4) *to relieve, ease* (hann létti hans meini með mikilli íþrótt); (5) impers., e-m léttir, *one is relieved, eased* (of pain, illness); sótt (dat.) léttir, léttir af sóttinni, *the illness (fever) abates*; with the person in dat., the illness in gen., honum létti brátt sóttarinnar, *he soon recovered from the illness*; l. upp, *to clear up, abate*, esp. of the weather; storminum (hríðinni) léttir upp, *the storm (snowstorm) abates*; (6) refl., léttast, *to be lightened, cleared*, of the sky (hinn syðri hlutr léttist); impers., e-m léttist = e-m léttir, *one is relieved, eased* (léttist honum heldr, ok var á fótum þrjá daga).

létta-bragð, n. *cheerful look* (gøra á sér -bragð); **-sótt**, f. *child-labour.*

létt-brúnn, -brýnn, a. *of cheerful look*; **-búinn**, pp. *lightly clad*; **-bærr**, a. *easy to bear*; **-fleygr**, a. *swift, fleet-winged*; **-fœrr**, a. *nimble, fleet*; **-hjalaðr**, pp. *spoken of with ease.*

létti, m. (1) *alleviation, relief, ease*; (2) *readiness*; af létta, *readily, without reserve* (hann sagði allt af létta).

létti-liga, adv. (1) *lightly* (búa sik -liga); (2) *readily, with good will* (dróttning tók kveðju hans -liga); **-möttull**, m. *light mantle.*

léttir, m. *alleviation, relief.*

létti-skip, n., **-skúta**, f. *a light, fleet ship*; **-vinátta**, f. *good friendship.*

létt-klæddr, pp. *lightly clad*; **-látr**, a. *affable*; *light-mannered*; **-leikr**, m. *lightness, agility*; **-liga**, adv. (1) *lightly*; (2) *easily*; (3) *cheerfully, readily* (taka e-u léttliga); **-ligr**, a. *light*; **-lífr**, a. *living an easy life* (e-m er -líft); **-læti**, n. *affability, friendliness* (cf. 'léttlátr').

léttlætis-kona, f. *loose woman.*

létt-mæltr, pp. *spoken with ease.*

léttr, a. (1) *light*, opp. to 'þungr'; (2) *active, nimble* (l. á sér); vera á léttasta skeiði, *to be at one's most active age*; ek em nú af léttasta skeiði, *I am past my best years*; (3) *unencumbered, free*; verða léttari (at barni), *to be delivered of a child*; e-m verðr harms síns léttara, *one is eased of one's grief*; (4) *light, easy* (mœddist hann fyrir þeim ok gekk þeim léttara); var veðr létt, *the wind was light*; (5) *cheerful, gladsome* (var konungr þá l. í öllum rœðum); e-m segir eigi létt hugr um e-t, *one has apprehensions*; (6) *of small value*; leggja e-t í léttan stað, *to think lightly of.*

létt-úð, f. *light-heartedness*; **-úðigr**, a. *light-hearted*; **-vígr**, a.; e-m er -vígt, *one finds it easy to fight.*

leyfa (-ða, -ðr), v. (1) *to give leave to, allow, permit* (leyfi þér honum at fara sem honum gegnir bezt); (2) *to praise* (at kveldi skal dag leyfa).

leyfi, n. *leave, permission.*

leyfi-ligr, a. *permitted, allowed.*

leyna (-da, -dr), v. (1) *to hide, conceal*; l. e-n e-u, *to hide, conceal a thing from one*; (2) refl., leynast, *to hide oneself, be concealed*; l. at e-m, *to steal upon a person, attack by stealth*; l. í brott, *to steal away.*

leynd, f. *secrecy, concealment, hiding*; með l., af l., *secretly.*

leyndar-bréf, n. *secret letter*; **-klefi, -kofi**, m. *closet*; **-limr**, m. *the privy member*; **-maðr**, m. = -vinr; **-mál**, n. *secret affair, a secret*; **-staðr**, m. *hiding place*; **-tal**, n. *secret talk* (eiga -tal við e-n); **-vinr**, m. *secret friend.*

leyndr, pp. *secret*; leyndr staðr = leyndarstaðr.

leyni, n. *hiding-place*; **-bragð**, n. *secret plot*; **-dyrr**, f. pl. *secret door*; **-fjörðr**, m. *hidden fjord*; **-gata**, f.

secret path; **-gröf**, f. *hidden pit*; **-herað**, n. *secluded district*; **-liga**, adv. *secretly*; **-ligr**, a. *hidden, secret*; **-stigr**, m. = -gata; **-vágr**, m. *hidden creek*; **-vegr**, m. *secret way*.

leysa (**-ta**, **-tr**), v. (1) *to loose, loosen, untie, undo* (tók Skrýmir ok leysti nest-bagga sinn); l. knút, *to undo a knot*; (2) impers. *is dissolved, breaks up* (skipit leysti undir þeim); snjó, ís leysir, *the snow thaws, the ice breaks up*; árnar (vötn) leysir *or* ísa leysir af vötnum, *the ice breaks up on the rivers*; (3) *to absolve* (biskup sagðist eigi mega leysa þá); (4) *to free, set free, release* (l. e-n ór ánauð, af þrældómi); (5) *to discharge, pay* (bœndr hétu jarli stórfé at l. þat gjald, er á var kveðit); (6) l. *or* l. af hendi, *to perform, do* (vel hefir þú leyst þitt erendi); (7) *to redeem, purchase* (vil ek l. landit til mín); (8) *to solve* (a difficulty); hann leysti hvers manns vandræði, *he helped every man in distress*; (9) *to send away, dismiss* (Oddr leysir menn þaðan með góðum gjöfum); (10) *to get rid of, dispatch* (seint sœkist várum félaga at l. þenna úkunna mann); (11) with preps. and advs., l. e-n brott, *to dismiss* (leysti Ásmundr hann brott með góðum gjöfum); l. e-n frá e-u, *to rid one of a thing*; l. ór e-u, *to solve, explain, answer* (K. leysti ór því öllu fróðliga, sem hann spurði); l. e-t sundr, *to dissolve*; l. e-n undan e-u, *to release from, acquit of*; l. e-n út, *to redeem* (má vera, at þú náir at l. hann út héðan); *to dismiss* guests (leysti konungr þá út með sœmiligum gjöfum); *to pay out* (leysir Höskuldr út fé hans); (12) refl., leysast, *to decompose* (tók hold þeirra at þrútna ok l. af kulda); *to absent oneself* (leystist þú svá héðan næstum, at þér var engi ván lífs af mér); fig. *to get oneself clear* (megu vér eigi annat ætla, en leysast af nökkuru eptir slík stórvirki).

leysingi (gen. -ja), m. *freedman*.

leysingja, f. *freedwoman*.

lið, n. (1) *host, folk, people*; fyrða l., *the people*; þeir vóru allir eins liðs, *they were all of one party*; vera einn síns liðs, *to be alone*; (2) *family, household* (lið mitt er heima bjarglaust); (3) *troops, host*; samna liði, *to gather troops*; (4) *aid, assistance*; veita e-m lið, *to aid*; koma e-m at liði, *to come to one's assistance*.

lið, n. poet. (1) *ale* (cf. 'líð'); (2) *ship*.

liðast (**að**), v. refl. *to fall in curls* (sá maðr hafði gult hár, ok liðaðist allt á herðar niðr).

lið-dráttr, m. = liðsdráttr; **-drjúgr**, a. *strong, powerful*; **-fár**, a. *short of men*; **-fæð**, f. *scarcity of men*; **-fœrr**, a. *able-bodied*; **-góðr**, a. *good at doing, handy*; **-henda**, **-hending**, f. a kind of *metre*.

liði, m. (1) *follower* (liðar þat eru fylgðarmenn); (2) *levy-district*.

lið-liga, adv. *adroitly, handily*; **-ligr**, a. *adroit, handy*; **-lítill**, a. (1) *having few men*; (2) *of little use*; **-mannliga**, adv. *adroitly*; **-mannligr**, a. *adroit, handy*; **-margr**, a. *having many men*; **-mikill**, a. = -margr; **-mjúkr**, a. *lithe, limber* (með liðmjúkum fingrum).

liðr (gen. **-ar**; pl. **-ir**, acc. **-u**), m. (1) *joint of the body* (lið kalla menn þat á manni, er leggir mætast); fótrinn stökk ór liði, *the foot went out of joint*; fœra (fót) í lið, *to set in joint again*; (2) hann var fölleitr ok l. á nefi, *he was pale-looking and hook-nosed*; (3) *degree* (*of kindred*), *generation*.

lið-rækr, a. *rejected from a* lið.

liðs-afli, m. *forces, troops*.

lið-samligr, a. *likely to be helpful*; **-samnaðr**, m. *gathering of troops*; **-samr**, a. *ready to help*.

liðs-beini, m. *giving help, assistance*; **-bón**, f. *prayer for help*; **-dráttr**, m. *assembling troops*.

lið-semd, f. *assistance*.

liðs-fjöldi, m. *great host*; **-höfðingi**, m. *captain of a host*.

lið-sinna (**að**), v. (1) *to assist*, with dat. (-sinna e-m); (2) *to further*, with acc. (hefir hón því heitit at -sinna þetta mál); **-sinnaðr**, pp. *ready to help one* (e-m); **-sinni**, n. *help, assistance*.

liðsinnis-maðr, m. *helper*.

lið-skortr, m. *lack of men*.

liðs-kostr, m. *military force*.

lið-skylfr, a. *requiring many people* (vér höfum skip mikit ok -skylft).
liðs-laun, n. pl. *reward for help rendered*; **-maðr**, m. *follower, warrior*; **-menn**, *the men of one's army*; **-munr**, m. *odds*; **-samnaðr**, m. = liðsamnaðr; **-þurfi**, a. *in need of help*; **-þurft**, f., **-þörf**, f. *need of help*.
liðug-liga, adv. *willingly, readily* (gerði Þ. þat vel ok liðugliga).
liðugr, a. (1) *lithe, supple*; (2) *free, unhindered* (skal Grettir fara l. þangat, sem hann vill); (3) *unoccupied, disengaged*; (4) *easy, fluent*, of language (með liðugri norrœnu).
lið-vani, a. *lacking means* (*men*); **-vaskr**, a. *doughty, valiant*; **-veizla**, f. *succour, support*.
liðveizlu-maðr, m. *supporter*.
lifa (**lifi**, **lifða**, **lifat**), v. (1) *to be left* (er þriðjungr lifði nætr); meðan öld lifir, *while the world stands*; (2) *to live*; meðan hann lifði, *while he lived*; at sér lifanda, *in his life-time*; lifa eptir e-n, *to survive one* (verðr maðr eptir annan at l.); l. við e-t, *to live on, feed on* (þeir lifðu nú við reka ok smádýri); (3) *to burn*, of fire (lifði þar eldr í skála).
lifandis, adv. *alive*; vera l. = vera lífs, á lífi; **-hlutr**, m. *living thing*; **-skepna**, f. *living creature*.
lifðr, a. *endowed with life, living*; betra er lifðum en sé úlifðum, *better to be living than lifeless*.
lifendr, m. pl. *the living*.
lifinn, a. *living*, = lifðr.
lifna (**að**), v. (1) *to be left*; (2) *to come to life, revive* (konungr hugði, at hón mundi l.).
lifnaðar-lengd, f. *length* (*duration*) *of life* (-lengd mannsins).
lifnaðr, m. (1) *conduct of life*; (2) *convent life, convent*.
lifr (gen. and pl. lifrar), f. *liver*.
liggja (**ligg**; **lá**, **lágum**; **leginn**), v. (1) *to lie* (ör liggr þar úti á veggi-num); l. sjúkr, *to lie sick* (hann liggr sjúkr heima); þeir lágu í sárum, *they lay ill of their wounds*; (2) *to lie buried* (hér liggr skáld); (3) *to lie at anchor* (hann lagði til hafnar ok lá þar um hríð); liggja veðrfastr, *to lie weather-bound*; (4) *to lie, be situated*, of a place (þorp ok borgir, er lágu við ríki hans); (5) *to lie, go, lead*, of a road (liggr gata til bœjarins); (6) *to be covered with ice, ice-bound* (vetrar-ríki var á mikit ok lágu firðir allir); (7) *to lie with, have sexual intercourse with*, = l. hjá konu; (8) with preps. and advs., l. á e-m, *to lie heavy on, weigh upon, oppress* (liggja á mér hugir stórra manna); l. á hálsi e-m, *to hang on one's neck, blame one*; l. á e-m, *to be fated to one* (þat lá á kon-ungi, at hann skyldi eigi lifa um tíu vetr); l. á. e-u, *to attend, be connected with* (á þessum ráðum liggja stór-meinbugir); *to be urgent, of importance, pressing* (A. kvað honum eigi á l. þat at vita); liggr honum ekki á, *it does not matter to him*; l. á úknyttum, *to pursue wicked courses*; l. eptir, *to be left undone* (skal ekki eptir l. þat, sem vér megum þeim veita); l. fyrir e-m, *to lie in wait for*; l. fyrir, *to be in store for, or open to, one*; þœtti mér þat ráð fyrir l., at þú sendir menn, *that the best thing would be to send men*; l. hjá e-rri, *to lie with* (lá ek hjá dóttur þinni); l. í e-u, *to stick or sink in* (lágu hestarnir á kafi í snjónum); l. í, *to stick fast in mire or bog* (liggr í hestrinn undir þeim); l. í hernaði, víkingu, *to be engaged in warfare*; l. niðri, *to lie untold* (nú skal þat eigi niðri liggja, er honum er þó mest veg-semd í); l. saman, *to be adjacent* (lágu saman skógar þeirra Lopts); l. til e-s, *to belong to* (naut ok sauðir, lá þat til Atleyjar); bœtr liggja til alls, *there is atonement for every case*; *to be due or proper* (þótti þat til l. at taka af honum tignina); l. til byrjar, *to lie by for a fair wind*; l. til hafs, *to lie ready for sea* (lá biskup til hafs sex vikur); l. um e-n, *to lie in wait for*; l. um e-t, *to be bent upon* (hann liggr um þat nótt ok dag at veita yðr líflát); l. undir e-n *or* e-m, *to be subject to, belong to* (þessi lönd liggja undir Danakonung); hlutr e-s liggr undir, *one is worsted*; l. úti, *to lie out, not in a house* (sumir lágu úti á fjöllum með bú sín); l. við, *to lie at stake* (líf mitt liggr við); þá

muntu bezt gefast, er mest liggr við, *when the need is greatest*; e-m liggr við e-u, *one is on the verge of*; mörgum lá við bana, *many lay at death's door*; lá við sjálft, at, *it was just on the point of*.

lilja, f. *lily* (hon var hvít sem l.).

lim, n. *foliage, small branches.*

limaðr, pp. (1) *branchy, full of branches*; (2) *limbed*; l. mjök, *large-limbed*; l. vel, *having shapely limbs.*

lima-fall, n. *paralysis*; **-lát**, n. *mutilation*; **-ljótr**, a. *ugly-limbed*; **-margr**, a. *having many branches.*

limar, f. pl. *branches* (þeir höfðu fest skjöldu sína í limar).

lima-vöxtr, m. *frame of the body.*

lim-byrðr, f. *burden of faggots.*

lim-hlaupa, **-hlaupinn**, a. indecl. *cowed, prostrate.*

limr (gen. **-ar**, pl. **-ir**, acc. **-u**), m. (1) *limb* (halda lífi ok limum); (2) *joint* of meat (þrír limir kjöts).

lina (**að**), v. (1) *to soften, mitigate*; (2) *to soothe, alleviate* (linit harmi mínum); impers., e-u linar, *it abates* (við átak hans linar þegar sóttinni); (3) l. til, *to give way*; (4) refl., linast, *to be softened, give way* (þá linuðust hugir þeirra).

lin-aflaðr, a. *of little strength.*

linan, f. *mitigation.*

lind, f. (1) *lime-tree*; (2) *linden-shield*; (3) *linden spear-shaft.*

linda-staðr, m. *the waist.*

lindi, m. *belt, girdle.*

lindi-skjöldr, m. *shield of lime-wood*; **-tré**, n. *lime-tree.*

lin-hjartaðr, a. *soft-hearted*; **-kind**, **-kinni**, f. *mercy*; **-leikr**, m. *lenity*; **-liga**, adv. *leniently, gently*; **-ligr**, a. *lenient*; **-móðr**, a. = **-mœðinn**; **-mæltr**, pp. *mild, gentle in speech*; **-mœðinn**, a. *meek, gentle.*

linna (**-ta**, **-t**), v. *to cease, stop* (l. ferðinni); impers., e-u linnir, *it ceases, abates* (en er því linnti, greiða þeir atróðr sinn).

linn-ormr, m. (*fabulous*) *serpent.*

linnr, m. *serpent* (poet.).

linn-vengi, n. '*serpent-field*', *gold*; linnvengis bil, *woman* (poet.).

linr, a. (1) *soft to the touch*; (2) *gentle, mild* (H. var linr ok blíðr við alla sína menn); (3) *agreeable, pleasant*; faðmast lint, *to embrace softly.*

lipr (acc. **-ran**), a. *handy, adroit.*

list (pl. **-ir**), f. (1) *art, craft* (margar listir þær, sem áðr höfðu eigi fundnar verit); (2) *skill, adroitness, dexterity* (lék hann marga íþróttliga fimleika með mikilli l.).

lista, f. *list, border.*

lista-maðr, m. *skilled workman, craftsman.*

listugr, a. (1) *skilled, skilful*; (2) *polite, elegant.*

listu-liga, adv. *skilfully*; *handsomely, finely*; **-ligr**, a. (1) *skilful, clever*; (2) *elegant, handsome* (-ligir menn).

list-vanr, a. *skilful, clever.*

lita (**að**), v. *to dye* (l. sik í blóði).

litanar-gras, n. *dyeing herb.*

litar-, gen. from 'litr'; **-apt**, n., **-átta**, f., **-háttr**, m. *complexion.*

lita-skipti, n. *change of colour.*

litast (**að**), v. refl., l. um, *to look about* (nú litaðist konungr um).

lit-bjartr, a. *bright of complexion*; **-brigði**, n. *change of colour*; **-föróttr**, a. *dappled*; **-góðr**, a. *of fine complexion* (-góðr í andliti); **-gras**, n. = litanargras.

litka (**að**), v. *to colour, stain*; vel litkaðr, *of a fine hue.*

lit-klæði, n. pl. *coloured* (*dyed*) *clothes* (not with the natural colour of the wool); **-lauss**, a. *colourless, pale.*

litr (gen. **-ar**, pl. **-ir**, acc. **-u**), m (1) *colour, hue*; bregða lit, *to change colour*; blár (grár, hvítr, rauðr) at lit, *blue* (*grey, white, red*) *of colour*; (2) *the colour of the sky, at dawn or dusk*; en er þeir kómu upp á heiðina, kenndu þeir, at lit brá, *they saw the day break*; þá tók at kenna annars litar, *then it began to grow dusk*; (3) *dye* (sœkja grös til litar).

litr, a. *hued, coloured* (vel, illa l.).

lit-verpast (t), v. refl. *to change colour*; **-verpr**, a. *pale* (from fear).

líð, n. *strong ale* (líð heitir öl).

líða (**líð**; **leið**, **liðum**; **liðinn**), v. (1) *to go, pass, glide* (er skipit leið fram hjá flotanum); l. e-m ór hug, *to pass out of one's memory*; (2) *to* *pass by, go past* (er þeir liðu nesit); impers., en er líðr Euphrates á (acc.), *when one has passed the E.*; sem leið jóladaginn, *as the Yule-day passed*; þá (*or* þegar) er e-n líðr, *when a person is omitted, passed over*; Úlfr jarl var ríkastr í Danmörku, þegar er konung leið, *next to the king*; (3) *to pass away, elapse*, of time (eigi munu margir vetur l. áðr en þér munuð þessa iðrast); at liðnum vetri, *when the winter had passed*; liðinn, *dead, deceased*; at liðinn fylki, *after my lord's death*; (4) impers. with dat., nú líðr svá dögum, at, *the days draw on*; þá var liðit degi, *the day was far spent*; (5) *to go on, take place*; ek vil vita, hvat þeim líðr, *how they are getting on*; ok sér, hvat leið drykkinum, *and sees, how it had gone with his drinking*; (6) with preps. and advs., l. af e-u, *to depart from*; l. af heimi, *to depart this life*; l. af, *to pass away* (líðr af vetrinn = líðr fram vetrinn); impers., l. at e-u, *to approach, draw near*; en er at leið jólunum, *when it drew nigh Yule*; l. at e-m, *faintness comes over one*; nú tók at l. at Ölvi, *O. began to get drunk*; G. tók sótt, en er at honum leið, *when he was far spent, near his end*; líðr at mætti e-s, *one's strength gives way*; impers., líðr á e-t, *the time draws to a close*; ok er á leið daginn, *when the day was far spent*; at áliðnu, *in the latter part of a time* (um haustit at áliðnu); at áliðnum vetri, *towards the end of the winter*; l. fram, *to pass away, wear on* (ok er várit leið fram); also impers., líðr fram e-u = e-t líðr fram (er fram leið nóttinni ok dró at degi); *to advance, proceed* (Egill tók at hressast svá sem fram leið at yrkja kvæðit); impers., þá er frá líðr, *when time passes on*; láta e-t hjá sér l., *to let it pass by unheeded*; impers., líðr í mót e-u = líðr at e-u (nú líðr í mót jólum); l. um e-t, *to pass by* (eigi hœfir þá hluti um at l., er); hann spurði, hvat liði um kvæðit, *he asked how the poem was getting on*; l. undan, *to slip off, pass by*; l. undir lok, *to pass away, die, perish*; l. yfir e-n, *to pass over, happen to, befall* (mart mun yfir þik l.); eitt skal yfir oss alla l., *we shall all share the same fate*.

líða (líddi), v., rare, = prec.

líf, n. (1) *life*; týna lífinu, *to lose one's life*; taka (ráða) e-n af lífi, *to take or put an end to one's life*; sitja um l. e-s, *to attempt or seek one's life*; vera á lífi, *to be alive, living*; vera lífi minnr, *to be dead*; fyrir l. sitt, *even if it should cost one's life* (þeir vilja ekki fyrir l. sitt frá hverfa); lífs, *alive*; lífs eða látinn, *alive or dead*; hvárki lífs né liðinn, lífs né dauða, *neither alive nor dead*; (2) *body*; lífs ok sálar, *body and soul*; esp. *the waist, middle* (hafði hann vafit klæðum um lífit); (3) *person*; at svá fagrt l. skyldi þann veg kveljast, *that so fine a man should be tortured in that way*.

lífaðr, a. *full of life*.

líf-dagar, m. pl. *life-days, life*.

líferni, n. = lífi (2).

lífga (að), v. *to call to life, revive*.

lífgan, f. *calling to life again*.

líf-gjafari, -gjafi, m. *preserver of a person's life, rescuer*; **-gjöf**, f. *granting life or pardon to one*; **-hinna**, f. *the peritoneum*; **-hræddr**, a. *fearing for one's life*.

lífi, n. (1) *life*; (2) *conduct of life*.

líf-lauss, a. *lifeless, inanimate* (-lausir hlutir); **-lát**, n. *loss of life, death*; **-láta** v. *to put to death*.

lífláts-dagr, m. *anniversary of one's death*; **-dómr**, m. *sentence of death*; **-verðr**, a. *deserving death*.

líf-ligr, a. (1) *alive, living*; (2) *life-supporting* (-lig atvinna).

lífs-björg, f. *sustenance of life*; **-bók**, f. *biography*; **-dœgr**, n. *day of life*; **-grös**, n. pl. *healing herbs*; **-háski**, m. *danger of life, extreme danger*; **-hjálp**, f. *deliverance*; **-hvatr**, a. *active with life*; **-leiðindi**, n. pl. *weariness of life*; **-mark**, n. *sign of life* (dauðamörk sé ek á honum, en eigi -mörk); **-nœring**, f. *food*, = -björg; **-saga**, f. *life history, biography*; **-stundir**, f. pl. '*life-days*'; **-tími**, m. *life-time*; **-tjón**, n. *loss of life, death*; **-ván**, f. *hope of saving one's life*;

-vegr, m. (1) *means of saving one's life*; (2) *way of life*.

líft, a. n. *permitted to live* (er-at l. vinum Ingimundar).

líf-tjón, n. *loss of life, death*; **-vænn**, a. *with hope of life, with hope of recovery*; **-æðr**, f. *artery*.

lík, n. (1) *the living body* (við þat l. at lifa); (2) *the dead body, corpse* (jarða l. e-s).

lík, n. *bolt-rope, leech-line* (of sails).

líka (**að**), v. *to please, satisfy*, with dat. (líkaði yðr vel Finnskattrinn?); hvárt er honum líkar vel eðr illa, *whether he likes it or not*; e-m líkar vel (illa) til e-s *or* við e-n, *one likes or dislikes a person* (honum líkaði til Sighvats vel); líkaði við hana ekki illa, *they liked her well enough*.

líka (**að**), v. *to polish, burnish*.

líka, adv. *also* (rare).

líka-ferð, f. = líkferð; **-fœrsla**, f. = líkfœrsla; **-gröftr**, m. *grave-digging*; **-hlið**, n. *lich-gate*.

líkami, m. = líkamr.

líkam-liga, adv. *bodily, in the flesh*; **-ligr**, a. *bodily, affecting the body* (-lig heilsa); *fleshly*.

líkamr (**-s, -ir**), m. *body*.

líkams-losti, m. *carnal lust*; **-máttr**, m. *bodily strength*.

líkandi, n. *form, shape*.

lík-blauðr, a. *afraid of a corpse*; **-blæja**, f. *winding-sheet*; **-ferð**, f. *funeral journey, funeral*; **-fylgja**, f. *funeral procession*; **-fœrsla**, f. *the conveyance of a body to church*; **-hringing**, f. *tolling, knelling*.

líki, m. *equal, match*.

líki (gen. pl. **líkja**), n. (1) *body* (l. leyfa ins ljósa mans); (2) *form, shape* (hann brá á sik l. graðungs ins).

líkindi, n. pl. (1) *likelihood, probability*; l. eru á e-u *or* til e-s, *it is probable*; vera (fara) at líkindum, *to be (go) as might be expected*; ráða (sjá) e-t at líkindum, *to guess at a thing*; frá líkindum, *beyond likelihood, extraordinary* (þótti honum frá líkindum, hversu þungr hann var); til líkinda við, *in comparison with*; (2) *semblance, trace* (um morguninn eptir sá engi l. Danavirkis).

líking, f. *shape, form* (hann lét gera járnkróka í l. akkerisfleina).

líkja (**-ta, -tr**), v. *to make like*; l. eptir e-m, *to imitate*; refl., líkjast e-m, *to be like, resemble* (l. í ætt e-s).

lík-kista, f. *coffin*.

lík-liga, adv. *favourably*; taka (svara) e-u -liga, *to give a favourable answer to*; **-ligr**, a. (1) *likely, probable* (gør af drauminum slíkt er þér sýnist -ligast); Þorsteini var þar vel fagnat, sem -ligt var, *as might be expected*; gøra sik -ligan til e-s, *to show oneself inclined to*; (2) *eligible, preferable, suitable* (nú þykkir Eyjúlfi þetta et líkligasta).

lík-maðr, m. *one who assists at a funeral, a coffin-bearer*.

líkn, f. *mercy, relief, comfort*; veita e-m l., *to relieve, soothe*; hvat er til líkna lagt Sigurði, *what comfort is assigned for S.?*

líkna (**að**), v. *to show mercy to*, with dat. (hann líknar hvers manns máli); refl., líknast við e-n, *to sue one for mercy* (ef ek skal til blóta hverfa ok l. við goðin).

líknar-braut, f. *path of mercy*; **-galdr**, m. *healing spells, charms*; **-lauss**, a. *merciless*; **-leysi**, n. *unmerciful disposition*.

líkneski, n., **líkneskja**, f. (1) *shape, form*; (2) *graven image* (l. Freys).

líkn-fastr, a. *strong in favour, beloved*; **-ligr**, a. *helping, comforting*; **-samligr**, a. *merciful*; **-samr**, a. *gracious, merciful*; **-stafir**, m. pl. *good favour, comfort*.

líkr, a. (1) *like, resembling* (fríðr sýnum ok mjök l. föður sínum); Kári er øngum manni l., *K. has no match*; líkt ok ekki, *like nothing* (Steinólfi þótti þat líkt ok ekki); at líku, *all the same, nevertheless*; (2) *likely, probable* (þat er ok líkast, at); (3) *likely, promising, fit* (lituðust þeir um, hvar líkast væri út at komast).

lík-söngr, m. *funeral dirge*; **-þrá**, f. *leprosy*; **-þrár**, a. *leprous*.

lím, n. *lime, mortar* (var þat mikit musteri ok gört sterkliga at límí).

líma (**-da, -dr**), v. (1) *to lime with mortar*; (2) *to glue* (l. skegg við höku sér).

lími, m. *broom or rod of twigs.*

lím-setja, v. *to set in lime.*

lín, n. (1) *flax* (drósir suðrœnar dýrt l. spunnu); (2) *linen, linen garment*; ganga und líni, *to be wedded.*

lína, f. *line, rope.*

lína, f. *bridal veil* (cf. 'lín' 2).

lín-brœkr, f. pl. *linen breeks*; **-dregill**, m. *linen tape*; **-dúkr**, m. *linen cloth, linen kerchief*; **-fé**, n. *bridal gift*; **-fræ**, n. *flax-seed, linseed*; **-garn**, n. *linen-yarn*; **-húfa**, f. *linen cap*; **-hvítr**, a. *white as linen*; **-klútr**, m. *linen kerchief*; **-klæði**, n. pl. *linen raiment*; **-kyrtill**, m. *linen kirtle*; **-lak**, n. *linen bed-sheet*; **-sekkr**, m. *linen sack*; **-serkr**, m. *linen shirt*; **-tjald**, n. *linen tent*; **-vefr**, m. *linen web, linen.*

líta (lít; **leit, litum**; **litinn**), v. (1) *to look*; ok í augu leit, *and looked him in the eyes*; (2) *to see, behold* (Sölvi gat at l., hvar þeir flýðu); (3) with preps.. l. á e-t, *to look on or at*; *to consider, take into consideration* (hann kvazt mundu l. á slík mál); þótti Þrándr brátt hafa á litit, *Th. was thought to have been hasty*; l. á með e-m, *to keep an eye on, take care of*; l. til e-s, *to look towards one*; konungr leit ástaraugum til hennar, *the king cast love glances at her*; hver spurning lítr jafnan til svara, *a question looks for an answer*; l. við e-m, *to look at one* (keisari leit við honum ok spurði, hverr hann væri); l. yfir e-t, *to look over* (Þ. hafði litit yfir verk húskarla sinna); (4) refl., lízt e-m, *it seems (appears) to one*; leizt honum mærin fögr, *he thought the maiden beautiful*; svá lízt mér, sem, *it seems to me that*; lízt þér eigi silfrit, *dost thou not like the silver?*; hversu lízt þér á mey þessa, *what dost thou think of this maiden?*; leizt mér vel á konunginn, *I was pleased with the king*; recipr., *to look to one another* (fellst hvárt öðru vel í geð, ok litust þau vel til ok blíðliga).

lítil-fjörligr, a. *weak, small, of little account*; **-gæft**, a. n., e-m er -gæft um e-t, *one is not much pleased with*; **-hæfr**, a. *humble.*

lítill (lítil, lítit), a. (1) *little, small in size* (lét hann læsa þá í lítilli stofu); at ek var ekki l. maðr vexti, *that I was not small of stature*; (2) *small in amount, degree*, &c. (lítil var gleði manna at boðinu); sumar þetta var l. grasvöxtr, *a small (bad) crop*; landit er skarpt ok lítit matland, *bad for foraging*; hann er l. blótmaðr, *no great worshipper*; þat er lítit mál, *that is a small matter*; var hans móðerni lítit, *of low rank*; jarl hafði hann lengi lítinn mann gört, *treated him shabbily*; l. fyrir sér, *of little account* (þér munut kalla mik lítinn mann fyrir mér); (3) of time, *short, brief*; litla stund, *for a short while*; litlu síðarr, *a little while after.*

lítil-látliga, adv. *humbly*; **-látligr**, a. *condescending, humble*; **-látr**, a. = -látligr; **-leikr**, m. *smallness, littleness*; **-leitr**, a. *small-faced*; **-liga**, adv. *little, in a small degree*; **-læta** (**-tta, -ttr**), v., -læta sik, *to humble oneself, condescend*; **-læti**, n. *humility, condescension*; **-magni**, m. *a poor, weak person*; **-mannliga**, adv. *in a paltry manner*; **-mannligr**, a. *unmanly, low, mean*; **-menni**, n. (1) *small, mean person*; (2) *one of low condition*; **-mennska**, f. *paltriness, meanness*; **-mótliga**, adv. = -mannliga; **-mótligr**, a. *insignificant, small*; **-ræði**, n. (1) *smallness of estate*, opp. to greatness; (2) *degradation* (henni þótti sér -ræði í því at smá-konungar báðu hennar); (3) *trifle* (þér væri -ræði í at skipta höggum við Vatsdœli).

lítils-verðr, a. *of little worth, insignificant* (sýnist þér þat -vert?).

lítil-vægiligr, a. *of little weight or moment*; **-yrkr**, a. *doing little work*; **-þægr**, a. (1) *content with little* (mun ek -þægr at yfirbót); (2) *particular* (hann er -þægr at orðum, ef honum er í móti skapi).

lítinn þann, as adv. *a little*; ok brosti at l. þ., *and smiled a little.*

lítt, as adv. (1) *little*; ek kann l. til laga, *I know but little of the law*; hann nam lítt stað, *he made a little stand*; (2) *wretchedly, poorly, badly* (hón bar sik þá l. ok grét allsárt).

líttat, líttþat, adv. *a little*, = lítinn þann; *a small amount, a short time* (mælti Gísli, at þeir skyldi bíða líttat).

ljá (**lé, léða, léðr**), v. (1) l. e-m e-s *or* e-m e-t, *to lend one a thing* (muntu mér, Freyja, fjaðrhams ljá?; bað hann ljá sér skip); (2) *to grant, give* (vil ek, at þú ljáir mér tómstundar til at finna Gizur); l. sik til e-s, *to lend oneself to a thing* (ef hann vill sik til þess l. at gera yðr mein); (3) impers., þat má vera, (at) þér ljái þess hugar at hverfa aptr, *may be thou art minded to return*; ef þér lér tveggja huga um þetta mál, *if thou art in two minds in this matter.*

ljá, f. *new-mown grass* (kona hans rakaði ljá eptir honum).

ljá-orf, n. *scythe-handle.*

ljár, m. *scythe*, = lé (rare).

ljóð, n. *verse or stanza of a song* (ljóð þau, er kallat er gróttasöngr); *a ditty, a charm in verse*; usually pl., also in names of poems, as Hyndluljóð, Sólarljóð.

ljóða (**að**), v. *to make verses, sing*; l. á e-n, *to address one in verse.*

ljóðan, f. *verse-making, singing.*

ljóð-biskup, m = lýð-biskup; **-heimar**, m. pl., *the people's abode, world.*

ljóði, m., álfa l. *the elves' king.*

ljóðr, m. = lýðr.

ljóðr, m. *blemish, defect.*

ljóma (**að**), v. *to gleam, shine*; ljómar af e-u, *a thing gleams or shines* (ljómaði af, er sólin skein á).

ljómi, m. *flash of light, radiance.*

ljón, n. = león.

ljónar, m. pl. *men* (poet.).

ljóri, m. *louver or opening in the roof* (for the smoke to escape by, and also for admitting light).

ljós, n. (1) *a burning light* (þeir þóttust sjá fjögur ljós í hauginum brenna); kveikja l., *to make a light*; (2) *light* of the sun, &c. (hefir þat ljós af sólu); fig., láta e-t í ljós, *to bring to light, reveal*; koma í l., *to come to light, appear*; (3) *world*; í þvísa ljósi ok öðru, *in this life and the next.*

ljós-álfr, m. *light-elf*; **-bleikr**, a. *light yellow, pale*; **-hárr**, a., **-hærðr**, a. *light-haired*; **-jarpr**, a. *light-chestnut* (hárit -jarpt, -jarpr á hár); **-ker**, n. *lantern, lamp*; **-leikr**, m. *brightness*; **-liga**, adv. *clearly, plainly*; **-ligr**, a. *clear, plain*; **-litaðr**, a. *light-hued, light-coloured.*

ljóss, a. (1) *light, bright*; l. dagr, *a bright day*; verða ljóst, *to grow light, dawn*; (2) *bright, shining* (hann hafði exi ljósa um öxl); (3) *light-coloured, fair*; l. á hár, *light-haired*, = ljóshárr; ljós vara, *ermine*; (4) *clear, evident, plain* (hitt er ljóst, at þeir muni vilja vera úvinir mínir); vil ek ljósan gera mik, *I will speak out plainly, make a clean breast.*

ljósta (**lýst**; **laust, lustum**; **lostinn**), v. (1) *to strike, smite* (laust hann sveininn með sprota); l. e-n kinnhest, *to give one a box on the ear*; hann lýstr ofan í miðjan hvirfil honum, *he dealt him a blow in the middle of the crown*; laust hann selinn í svima, *he stunned the seal* (by a blow on the head); (2) *to strike, hit*, with a spear, arrow (þá var Knútr lostinn öru til bana); Þjóstólfr skaut broddi, ok laust undir kverkina, *and hit him under the chin*; (3) phrases, l. árum í sjó, *to dash the oars into the sea*; l. eldi í, *to put fire to*; l. e-u upp, *to spread a rumour* (skal ek þá l. upp þeim kvitt, at); l. upp herópi, *to raise the war-cry*; l. e-u við e-u, *to put forth in defence against* (E. laust skildinum við kesjunni); G. lýstr við atgeirinum, *G. parries the blow with the bill*; (4) impers., illviðri lýstr á, *bad weather comes on of a sudden*; laust í bardaga með þeim mikinn, *it came to a great battle between them*; laust hræzlu í hug þeim, *they were panic-stricken*; e-m lýstr saman, *to come to blows, begin to fight*; ok er saman laust liðinu, *when they came to close fighting*; myrkri lýstr yfir, *darkness comes on suddenly.*

ljóstr (gen. **-rs**), m. *salmon-spear.*

ljót-leikr, m. *ugliness*; **-liga**, adv. *in an ugly manner*; **-ligr**, a. *ugly, hideous*; **-limaðr**, a. *with ugly limbs.*

ljótr, a. *ugly* (Þ. var manna ljótastr); fátt mun ljótt á Baldri, *on Balder there are few blemishes.*

ljúfr, a. (1) *beloved, dear* (l. e-m); (2) *mild, gentle* (hann var l. ok lítillátr við alla); (3) ljúft ok leitt, *pleasant and unpleasant, weal and woe.*

ljúga (**lýg**; **laug** or **ló**, **lugum**; **loginn**), v. (1) *to lie, tell a lie* (lýgr þú nú, Atli!); mannfýla sú, er þetta hefir logit, *the rascal who has told this lie*; l. e-n e-u, *to charge one falsely with a thing* (ef hann er loginn þessu máli); l. e-u at e-m, *to tell a lie to one* (eigi er logit at þér); l. á e-n, *to tell lies about one, belie*; l. til e-s, *to tell a lie about* (l. til faðernis); (2) *to treat falsely*; Brandr mun eigi ljúga stefnuna, *B. will not fail to come*; lýgr skjöldrinn nú at mér, *now the shield proves false to me, fails me*; (3) refl., ljúgast, *to fail, prove false or untrue* (hefir yðr þat sjaldan logizt, er ek sagða).

ljúg-eiðr, m. *false oath, perjury*; **-fróðr**, a. *untruthful*; **-gögn**, n. pl. *false evidences*; **-heitr**, a. *false to one's word* (cf. 'úljúgheitr'); **-kviðr**, m. *false verdict*; **-spár**, a. *prophesying falsely*; **-vitni**, n., **-vætti**, n. *false witness, perjury*; **-yrði**, n. *falsehood.*

ljúka, v. see 'lúka'.

loða (**loði**, **lodda**, **loðat**), v. *to cleave to, stick, hang on* (haf þú þat silfr, er í hárinu loðir); Hrútr hjó á fót Þjóstólfi svá at litlu loddi við, *so that it hung by a shred*; hón loddi á hringinum eptir magni, *she kept as firm hold as she could of the ring.*

loddari, m. *juggler, jester.*

loð-brœkr, f. pl. *shaggy breeks.*

loði, m. *fur cloak.*

loðin-höfði, m. *shaggy head*; **-kinni**, m. *shaggy cheek* (nicknames).

loðinn, a. (1) *hairy, shaggy, woolly*; ær loðnar ok lembdar, *ewes in fleece and with lamb*; l. sem selr, *shaggy as a seal*; (2) *covered with thick grass* (túnit var úslegit ok gekk hestrinn þangat sem loðnast var).

loð-kápa, f. *fur cloak*, = loði; **-ólpa**, f. *a large fur doublet.*

lof, n. (1) *praise, good report* (opt kaupir sér í litlu lof); (2) *leave, permission* (ef konungr vill þeim lof til gefa); (3) in pl. *license*; þeir skulu ráða lögum ok lofum, *the administration rests with them.*

lofa (**að**), v. (1) *to praise* (lofa konung þenna, en lasta eigi aðra konunga); (2) *to allow, permit* (l. e-m e-t); (3) *to promise* (hann lofaði at koma aptr).

lofan-ligr, a. *praiseworthy.*

lof-drápa, f. *laudatory poem.*

lofðar, m. pl., poet. *men.*

lofðungr, m. poet. *prince, king* (þar átti lofðungr land á milli).

lof-gjarn, a. *eager for praise or renown*; **-gjarnligr**, a. *laudatory*; **-gørð**, f. *praise*; **-kvæði**, n. *laudatory poem, encomium*; **-ligr**, a. (1) *laudatory, praising* (-lig orð); (2) *praiseworthy, glorious*; **-orð**, n. *leave, permission*; **-samliga**, adv. *gloriously*; **-samligr**, a. *glorious*; **-semd**, f. *praise, laudation* (lofsemdarorð).

lofs-orð, n. *praise.*

lof-sæla, f. *esteem, fame*; **-sæll**, a. *glorious, famous*; **-söngr**, m. *song of praise, hymn.*

log, n. (1) *flame* (kerti mjök mikit ok log á); (2) esp. pl. *lights, torches* (þrjú vóru log í skálanum).

loga (**að**), v. *to burn with a flame, to blaze*; hyr sé ek brenna, en hauðr l., *I see the fire burning and the earth ablaze.*

logi, m. *flame, blaze*; brenna loga (dat.), *to burn strongly, be ablaze*; þá var enn l. á eldinum, *the fire was still aflame.*

logn, n. *calm* (l. var veðrs); veðrit datt (féll) í l., *it fell dead calm.*

logn-drífa, f. *drift of snow in calm weather*; **-fara**, a. indecl., poet. *tranquil, peaceful* (lundr -fara); **-rétt**, f., liggja í -rétt, *to be becalmed or drifting slowly on the sea.*

lok, n. (1) *bolt* (*of a door*); láta frá hurðu, *to unbolt a door*; (2) *lock* (en lyklar vóru settir í lokin); (3) *cover, lid* (ok l. yfir kerinu); (4) *locker or bench* in the stem of a boat, = stafnlok (gekk biskup fram í lokit); (5) in pl. *lockers*; gullhringr hvarf frá húsfreyju ór lokum, *out of the lockers*; (6) fig. in pl. *end, conclusion*; þat fylgir ljóða lokum, *this is the end of my lay*; fœra e-t til loka, *to put an* *end to*; líða undir l., *to die, perish*; at lokum, *at last*, = loks; til loks, *to an end*; *completely, altogether*.

lok, n. a kind of *fern or weed*; ganga sem l. yfir akr, *to spread like weeds over a field*.

loka, f. *bolt of a door* (hurðarloka); láta loku fyrir hurð, *to bolt a door*; spretta frá lokunni, láta loku frá hurð, *to unbolt a door*; margr seilist um hurð til lokunnar, *many a man reaches far to get what is near at hand*.

loka (að), v. *to lock, shut* (l. hurðina).

lokarr (-s, pl. **lokrar**), m. *plane*.

lokar-spánn, m. *plane-shavings*.

lok-hvíla, f. *locked bed-closet*.

lokhvílu-þil, n. *wainscot or panelling of a bed-closet*.

lokka (að), v. *to allure, entice* (Æsir lokkuðu Fenrisúlf til þess at leggja fjöturinn á hann); l. e-t af e-m, *to coax or wheedle out of one* (ef menn sitja um at l. af mér fé mitt).

lokka-maðr, m. *a man with thick locks of hair*.

lokkan, f. *allurement, enticement*.

lokkari, m. *allurer, seducer*.

lokkast (að), v. *to fall in locks* (hárit lokkaðist ofan í herðar).

lokkr (-s, -ar), m. *lock of hair*.

lok-lausa, **-leysa**, f. *nonsense, absurdity* (lygi ok loklausa).

lokna (að), v. *to come to an end, drop* (láta l. niðr mál).

lok-rekkja, f. = -hvíla.

lokrekkju-gólf, n. = hvílugólf.

loks, **loksins**, adv. *at last, finally*.

loku-gat, n. *a hole for a latch*; **-sveinn**, m. *door-keeper*.

lopt, n. (1) *air, atmosphere, sky* (skein sól, ok var lítt a l. komin); l. var mikit til jarðar at falla, *it was a great height to fall down*; l. ok lögr, *sky and sea*; á l. *aloft, into the air*; bera (fœra) á l., *to spread abroad*; hlaupa í l. upp, *to leap up into the air*; liggja í l. upp, *to lie face uppermost*; á lopti, *aloft, in the air, on high*; taka spjót á lopti, *to catch a spear as it flies*; (2) *loft, upper room* (Gunnar svaf í lopti einu í skálanum); (3) *balcony* (hann hleypr ofan ór loptinu á strætit)

lopt-dyrr, f. pl. *the door to a* 'lopt'; **-eldr**, m. *lightning*; **-hús**, n. '*loft-chamber*'; **-höll**, f. '*loft-hall*'; **-rið**, n. *a staircase* (outside the house) *leading up to the loft or upper storey*; **-skemma**, f. *an upper* 'skemma'; **-stofa**, f. *upper room*; **-svalar**, **-svalir**, f. pl. *balcony, gallery*.

los, n. *looseness, breaking up* (var þá alstaðar los á fylkingunum).

losa (að), v. (1) *to loosen, make loose* (hann losar til heyit niðri við jörðina); (2) *to perform, do* (ok hefir þú þá vel losat þitt erendi); (3) refl., losast, *to get loose, get away* (l. ór hernaði).

losna (að), v. (1) *to become loose, get free* (þá réttust fingrnir ok losnuðu af meðalkaflanum); (2) fig., tók nú bardaginn at l., *the ranks began to get loose*; l. í sundr, *to dissolve, break up*; (3) *to get away* (l. brott).

losta-fullr, a. *lustful, lewd*; **-girnd**, f. *lust*; **-samligr**, a. *lecherous*; **-semd**, f., **-semi**, f. *lustfulness, lust, sensuality*.

lost-fagr, a. *so fair as to awaken desire* (-fagrir litir).

losti, m. *lust, carnal desire*.

lostigr, a. *willing, ready*, opp. to 'nauðigr' (skal ek deyja lostig).

lost-verk, n. *labour of love*; létt eru -verk, *a labour of love falls light*.

lota, f. (1) *round, bout, turn* (síðan glíma þeir þrjár lotur); (2) lotum, as adv. *by fits and starts, from time to time* (en lotum horfði hann á).

lotning, f. *reverence, veneration*.

ló (pl. **lœr**), f. *golden plover*.

lófa-tak, n. (1) *hand-shake*; (2) *show of hands*.

lófi, m. *the hollow of the hand, palm* (mun ek bera þat í lófa mér).

lóg, n. *complete use*; leggjast í l., *to be used up*; þeir munu ekki öllu í l. koma, *they will be unable to make use of all* (*their forces*).

lóga (að), v. (1) *to part with, make away with* (lógaðu eigi landinu); (2) *to waste, destroy* (hvárki mundi sá drykkr viti þeirra l. né afli þeirra).

lómr, m. *loon, loom* (the bird).

lómundr (pl. -ir), m. *lemming*.

lón, n. *lagoon, inlet*.

lukka, f. *luck, good fortune*.

lund, f. (1) *mind, temper*; vera mikillar lundar, *to be of a proud mind*; (2) *manner*; á allar lundir, *in every way*; á ymsar lundir, *in various ways*; á þá l., á þessa l., *in this way, thus.*

lundaðr, pp. *disposed, minded*

lundar-far, n. *temper, disposition.*

lunderni, n. *temper*, = lyndi.

lund-hœgr, a. *gentle-minded.*

lundi, m. *puffin.*

lundr (gen. -ar), m. (1) *clump of trees, grove*; (2) *tree* (rare).

lung, n. poet. *war-ship.*

lungu, n. pl. *lungs.*

lurka (að), v. *to cudgel, thrash.*

lurkr (-s, -ar), m. *cudgel.*

lúðr (gen. -rs), m. (1) *trumpet* (blása í l.); (2) *the stand of a hand-mill* (þær at lúðri leiddar vóru).

lúðra-gangr, m. *sound of trumpets*; **-menn**, m. pl. *trumpeters*; **-söngr**, m., **-þytr**, m. = -gangr.

lúðr-blástr, m. *blowing of trumpets*; **-sveinn, -þeytari**, m. *trumpeter.*

lúfa, f. *thick and matted hair*, a nickname of Harald the Fairhaired.

lúinn, pp. (1) *worn, bruised* (vóru ok árar mjök lúnar); (2) *worn out, exhausted* (hann verðr lúinn; var lúinn hestr hans mjök); cf. 'lýja'.

lúka (lýk; lauk, lukum; lokinn), v. (1) *to shut* (= l. aptr); (2) *to end, bring to an end, finish, conclude*, with dat. (hann lauk rœðu sinni); þá er menn höfðu lokit lögskilum at mæla, *when they had finished their pleading*; (3) *to pay*, l. e-m e-t (svá mikit fé, sem vér eigum konunginum at l.); (4) impers., lýkr e-u, *it is at an end*; lýkr þar nú sögunni, *here the story ends*; eptir þat var lokit þinginu, *after that the Thing was broken up*; var þess ván, at illa mundi illum l., *that it would end badly with a bad man*; þá var lokit öllum vistum nema hval, *all stores were exhausted, except whale*; absol., svá lauk at lyktum, *finally it ended so that*; lýkr svá, at þeir kaupa þessu, *it ended so that they struck the bargain*; áðr en lýkr, áðr lýkr, *before the end comes* (nærr munum við gangast áðr lýkr); um þat er lýkr, *finally, in the end*; (5) with preps., l. aptr, *to shut*, with acc. or dat. (l. aptr hurðina *or* hurðinni); l. e-u í sundr, *to open* (lúk heill munni í sundr); impers., er í sundr lauk firðinum, *when the fjord opened*; l. upp, *to open*, with dat. or acc. (l. upp hurðinni *or* hurðina); l. upp augum, *to open the eyes*; *to declare, make known* (en er jarl hafði því upp lokit, at hann mundi fylgja þeim); l. upp gørð, *to deliver a judgement* (of an umpire); impers., lýkr e-u upp, *it opens*; l. vel (illa) við e-n, *to behave well (ill), deal fairly (unfairly) with a person* (Bolli fekk Sigríði gjaforð göfugt ok lauk vel við hana); l. við, *to end* (má vera, at svá lúki við, at þér þykki alkeypt); l. yfir, impers., *to come to an end, to a final issue* (skal nú yfir l. með oss); (6) refl., lúkast, *to be shut* (ok þegar laukst hurðin á hæla honum); *to come to an end, to end* (hér lýkst sjá bók); l. upp, *to open* (fjallit laukst upp norðan).

lús (pl. **lýss**), f. *louse* (sárt bítr soltin lús; lýss ok kleggjar).

lúsugr, a. *lousy* (verjan var öll lúsug).

lúta (**lýt; laut, lutum; lotinn**), v. (1) *to lout, bow down* (konungr laut þá allt niðr at jörðu); (2) *to bow to* in homage or worship (Erlingr laut konungi ok heilsaði honum); (3) *to give way, yield*; hinir lægri verða at l., *the weaker has to yield*; (4) with preps., l. at e-u, *to bear upon, have reference to* (þat sem at lýtr þess manns lofi); *to bow for a thing*; l. at litlu, *to be thankful for little*; l. til e-s, *to belong to, bear upon* (þetta efni lýtr til lofs herra Guðmundi); *to pay homage, show deference, to* (lutu allir til hans); l. undir e-n, *to be subject to* (þeir ætluðu engan guð vera þann, er þeir áttu undir at l.).

lútr, a. *louting, bent down, stooping.*

lydda, f. *lazy villain.*

lyf, n. *medicine, healing herb.*

lyfja (að), v. *to heal*; l. e-m e-t, *to cure one of*; l. e-m elli, *to kill one.*

lyf-steinn, m. *healing stone, stone of special virtue.*

lygð, f. *lie, falsehood*, = lygi.

lygi (pl. **lygar**), f. *lie, falsehood* (þat er ok in mesta l.); **-konungr**, m.

false king; **-kvittr,** m. *false rumour*; **-lauss,** a. *truthful*; **-ligr,** a. *false* (-lig orð); **-maðr,** m. *liar, impostor*; **-saga,** f. *false news, untrue story.*

lygn, a. *calm, smooth,* of wind and waves (var veðr gott ok lygnt).

lygna (**-di, -t**), v. impers. *to become calm* (lygndi veðrit).

lykill (pl. **luklar** and **lyklar**), m. *key.*

lykils-laust, adv. *without using a key* (lúka upp lás -laust).

lykja (**lyk, lukta, luktr**), v. (1) *to shut in, enclose, close*; l. e-n í myrkvastofu, *to shut one up in a dungeon*; (2) *to put an end to* (hvatki er lífi hans hefir lukt).

lykkja, f. *loop, coil* of a rope, &c. (hann hafði lykkju ok dregr á hönd sér); gera lykkju á leiðinni, *to put an end to one's journey, to stop*; *coil* of a serpent (ormr með lykkju mikilli ok breiðum sporði).

lykkjóttr, a. *looped, curved.*

lykk-lauss, a. *without bend.*

lykna (**að**), v. *to bend the knees.*

lykt, f. *end, conclusion* (sú varð l. á viðrskiptum þeirra, sem nú má heyra); esp. in pl., gøra (vinna) lyktir á e-u, *to do, perform*; koma málum til lykta, *to bring a case to a final issue*; leiða e-t til lykta, *to bring to an end, finish*; at lyktum, *at last, finally* (þó flýði hann at lyktum); þat verðr at lyktum, at, *the end of it was, that.*

lykta (**að**), v. *to bring to an end, finish*; impers., lyktar e-u, *it ends.*

lykta-lauss, a. *endless.*

lymska, f. *wiliness, cunning.*

lymskast (**að**), v. *to steal quietly, to sneak* (fœrist hann á fœtr ok lymskast fram at durunum).

lymsk-liga, adv. *cunningly.*

lymskr, a. *wily, cunning.*

lyndi, n. *temper, disposition.*

lyndis-bragð, n. *temper*; **-góðr,** a. *good-tempered*; **-lag,** n. *temper, disposition*; **-líkr,** a. *of like temper.*

lyndr, a. *tempered*; illa l., *bad-tempered,* opp. to 'góðlyndr'.

lyng (dat. **lyngvi**), n. *ling, heather.*

lyng-áll, m. '*heather-eel*', *snake*; **-bakr,** m. '*ling-back*', a fabulous sea-monster; **-fiskr,** m. '*ling-fish*', *snake*; **-ormr,** m. *snake* (*living among heather*); **-runnr,** m. *heath bush.*

lypta (**-pta, -ptr**), v. *to lift, raise,* with dat. (síðan lypti hón kápuhetti hans ok sá í andlit honum); l. e-u upp, *to lift up*; l. ferð sinni, *to start on a journey*; impers., lyptir e-u, *it is lifted up, raised*; lypti þá mjök brúnum manna, *their faces brightened*; refl., lyptast, *to move, stir* (lézt hann ekki mundu þaðan l. fyrr en á bak jólum); lyptist þeim þá lítt reiði, *their anger was raised a little.*

lypting, f. *raised deck* (in the after-part of war-ships).

lyrgr, m. *forelock*; taka e-m lyrg, *to take one by the forelock.*

lyst, f. *desire, pleasure* (rare).

lysta (**-sti**), v. impers., e-n lystir, *one desires, wishes*; lifði hverr sem lysti, *every one lived just as he pleased*; hann lysti at sjá Ísland, *he wished to see Iceland*; mik lystir til e-s, í e-t, *I have a fancy to, a desire for* (mik lysti í hring þenna).

lysti-liga, adv. *delightfully*; **-ligr,** a. *delightful.*

lysting, f. *desire, pleasure, delight.*

lysti-samligr, a. *sensual* (-samlig girnd); **-semi,** f. = lysting.

lystr, a. *desirous of, eager for* (l. e-s); lyst várumk þess lengi, *I have long wished for this.*

lystugr, a. *eager, desirous.*

lýð-biskup, m. *suffragan bishop.*

lýð-maðr, m. *commoner, layman*; **-mannligr,** a. *like a common man*; **-menni,** n. coll. = -menn.

lýðr (**-s, -ir,** rarely **-ar**), m. (1) *people,* esp. *the common people* (er konungr heyrði ákafa lýðsins); (2) *the members of a household* (gakk þú út ok allr l. með þér); (3) pl. *men, persons* (allir lýðir).

lýðska, f. = lýzka.

lýð-skylda, f. *the duty of a liege-man to his lord, homage* (eptir þat veitti jarl honum ønga lýðskyldu); **-skyldr,** a. *yielding* lýðskylda *to one, subject to one*; **-skyldugr,** a. = -skyldr.

lýja (**lý, lúða, lúinn**), v. (1) *to beat, hammer*; l. járn, *to forge iron* (with a sledge-hammer); (2) *to wear out,* *exhaust* (lýr hann sóttin ok deyr hann); (3) refl., lýjast, *to be worn, exhausted* (tóku menn þá at l. mjök á erfiði).

lýrit, n., **lýritr**, **lýrittr** (gen. **-ar**), m. *veto, interdict*; verja e-t lýriti, *to put a veto on, forbid by law.*

lýsa (-ta, -tr), v. (1) *to light up, illuminate* (sól skal l. allan heim ok verma); impers., ok lýsir allt lopt af faxi hans, *and from his mane is lighted up all the sky*; lýsir af e-u, *it shines, glitters* (lýsti ok af hjálminum, er sólin skein á); lýsir, *it gets light, it dawns* (um morguninn, er lýsa tók); (2) *to manifest, show, exhibit* (Heinir lýstu mikinn drengskap); (3) *to proclaim, publish, give notice of*, as a law term; with acc., l. frumhlaup, sár, víg á hendr e-m, *to charge one with, indict one for, an assault, wound, manslaughter*; with dat., l. vígi á hendr sér, *to declare oneself to be the cause of a death*; (4) *to publish, proclaim*, with dat. (lýsir hann þingreið sinni); l. yfir e-u, *to make known* (S. lýsir yfir erindi sínu fyrir jarli); (5) impers., nú lýsir hér yfir því, at hún, *now it became clear, that she*; (6) *to illuminate* (a book).

lýsa, f. *gleam, shimmering light* (ek sé lýsu nökkura til hafsins).

lýsari, m. *illuminator.*

lýsi, n. (1) *light, brightness*; (2) *means of lighting*; *oil, train-oil.*

lýsi-gull, n. *bright gold.*

lýsing, f. (1) *lighting, illumination*; (2) *daybreak, dawn*; (3) *declaration, publication*; (4) *bans of marriage.*

lýsingar-skeið, f. *the time of day-break*; **-váttr**, m. *a witness to a declaration*, a law term; **-vætti**, n. *attestation to a declaration* (lýsing, 3).

lýsis-fat, n. *train-oil cask.*

lýta (-tta, -ttr), v. (1) *to blemish*; (2) *to blame*; (3) *to disgrace, violate.*

lýta-flekkr, m. *disfiguring spot*; **-lauss**, a. *faultless, without blemish.*

lýti, n. (1) *fault, blemish* (þat var lýti á, at); (2) *disgrace.*

lýzka, f. (1) *custom, manner* (hann hefir sömu lýzku sína ok áðr); (2) *dialect*, = mállýzka.

lýzkaðr, a. *mannered.*

læ (dat. **lævi**), n., poet. *venom, bane*; blanda lopt lævi, *to poison the air*; sviga læ, '*switch-bane*', *fire*; biðja e-m læs, *to wish one evil*; löngr eru lýða læ, *the woes of men are long*; **-blandinn**, pp. *baleful, venomous.*

lægð, f. (1) *a hollow, low place*; (2) *lowness*; (3) *degradation.*

lægi, n. (1) *berth, anchorage* (leggja skipi í l.); (2) *opportunity, fair wind* (gaf þeim ekki l. út ór firðinum).

læging, f. *disgrace, degradation.*

lægja (-ða, -ðr), v. (1) *to lower, let down* (l. segl); (2) fig. *to humble, bring down* (hann drap þá, eða lægði þá á annan veg); (3) impers., lægir e-t, *it is lowered, sinks*; þeir sigldu svá, at lönd (acc.) lægði, *they sailed so far that the land sank out of sight*; þegar er sólina lægði, *when the sun sank*; of a storm, *it abates* (þá tók at l. veðrit); (4) refl., lægjast, *to fall, sink, abate* (vindar lægðust; af hans tilkvámu lægðist harkit).

læ-gjarn, a. *guileful.*

lægr, a., eiga lægt at kirkju, *to have a right to be buried at a church.*

lækna (að), v. *to cure, heal.*

læknan, f. *cure*, = lækning.

læknari, m. *physician.*

lækning (pl. -ar), f. (1) *cure*; Hallr var at lækningu at Hváli, *H. was under medical treatment at H.*; (2) *medicine* (góð l.); (3) *the healing art.*

lækningar-bragð, n. *medical resource*; **-íþrótt**, f. *healing art*; **-lyf**, n. *means of healing, medicine.*

læknir (-is, -ar), m. *physician.*

læknis-bragð, n., **-dómr**, m. *medicine*; **-gras**, n. *healing herb*; **-hendr**, f. pl. *healing hands*; **-lyf**, n. *medicine.*

læmingr (-s, -ar), m. *loom* (bird).

lær, n. (1) *the leg above the knee, thigh* (Kolskeggr hjó á lærit ok undan fótinn); (2) *ham*, of meat (lær af þrevetrum uxa).

læra (-ða, -ðr), v. *to teach* (hann lærði Ara prest); lærast at e-m, *to get information from a person.*

lær-dómr, m. (1) *learning, scholarship*; (2) *the clergy* (öfundarmenn lærdómsins).

lærdóms-list, f. *art of learning*; **-maðr**, m. *scholar* (-maðr mikill).

lærðr, pp. *learned* (vel l. þegar á unga aldri); lærðir menn, *clerics.*

læri-faðir, m. *teacher, master.*

læring, f. *teaching, instruction.*

læri-sonr, m., **-sveinn**, m. *disciple.*

lær-leggr, m. *thigh-bone.*

læsa (**-ta**, **-tr**), v. (1) *to lock*, with dat.; læsti hón loptinu innan, *she locked the room from the inside*; kirkjur vóru allar læstar, *all the churches were locked*; (2) *to shut in, lock up* (hón fylgdi henni í útibúr ok læsti þau þar); (3) *to set* in metal (í hjalti sverðsins vóru læstir lyfsteinar).

læti (dat. **látum**), n. pl. (1) *noise, cries* (slík l. þóttist konungrinn eigi heyrt hafa); (2) *manners, voice* (lit hefir þú Gunnars ok l. hans).

lævirki (pl. **-jar**), m. *lark* (bird).

læ-vísi, f. *craft*; **-víss**, a. *crafty.*

lœðingr, m. *a fetter* (one of those put upon the wolf Fenrir).

lœfð, f. *hand's breadth.*

lœkjar-fall, n. *running brook*; **-far**, n. *the bed of a brook*; **-óss**, m. *mouth of a brook*; **-rás**, f. = -fall.

lœkr (**-jar**, **-ir**), m. *brook, rivulet.*

löð (gen. **laðar**), f. *invitation* (poet.).

löðr, n. *froth*, see 'lauðr'.

löðr-mannligr, a. *mean, despicable*; **-menni**, n. *mean, feeble person.*

lög, n. pl. (1) *law, laws* (með lögum skal land byggja, en með ólögum eyða); leggja l. á e-t, *to establish by law*; leiða e-t í l., *to bring into law, introduce a law*; taka e-t í l., *to accept as law* (fyrr en kristni væri í l. tekin á Íslandi); hafa e-t í lögum, *to adopt by law* (þat var í lögum haft á Íslandi); setja l., *to give law*; dœma e-m l., *to adjudge one's case according to law*; leita laga við e-n, *to go to law with*; ræna e-n lögum, *to deprive one of law, to treat one unfairly*; segja *or* segja upp l., *to recite the law, say what is the law*; at (eptir, með) lögum, *according to law*; (2) *participation or fellowship in law* (þrælar eru ekki í lögum með öðrum mönnum); leiða e-n í l., *to make one a full member of a community* (eru þeir nú leiddir í l. með þeim Jómsvíkingum).

lög-arfi, m. *lawful heir*; **-ávöxtr**, m. *legal interest*; **-beiðing**, f. *legal demand.*

Lög-berg, **-bergi**, n. *the law-rock* (the place at the Alþingi where the laws were recited).

Lögbergs-ganga, f. *the procession* (of the 'goðar') *to the law-rock.*

lög-binda (see **binda**), v. *to bind, stipulate by law*; **-bjóða** (see **bjóða**), v. *to order, prescribe by law*; **-boð**, n. *lawful call, demand*; **-bók**, f. *law-book, code of laws*; **-brot**, n. *breach of law*; **-brotsmaðr**, m. *law breaker*; **-bú**, n. *lawful household*; **-deila**, f. *law quarrel, litigation*; **-dómr**, m. (1) *lawful court*; (2) *legal sentence*; **-eggjan**, f. *just (lawful) provocation*; **-eiðr**, m. *lawful oath*; **-eindagi**, m. *legal term*; **-eyrir** (pl. **-aurar**), m. (1) *legal money, legal payment*; (2) = eyrir, *six ells of* 'vaðmál'; *eighth part of a mark*; **-fardagr**, m. *a legal time for moving one's household*; **-fasta**, f. *law-fast*; **-fastnan**, f. *lawful betrothal*; **-fastr**, a. *domiciled*; **-fá** (see **fá**), v. *to receive legally.*

lög-fákr, m. '*sea-horse*', *ship* (poet.).

lög-fróðr, a. *learned in law*; **-frœði**, f. *law, jurisprudence*; **-fullr**, a. *lawful, legal*; **-fundr**, m. *lawful meeting, public meeting.*

lögg (gen. **laggar**), f. *groove in the staves of a cask.*

lög-garðr, m. *lawful fence.*

löggra (**að**), v. *to wag the tail* (rare).

lög-grið, n. pl. *lawful abode*; **-heimili**, n. *lawful domicile*; **-klókr**, a. = -kœnn; **-krókar**, m. pl. *law quibbles*; **-kvöð**, f. *legal summons*; **-kœni**, f. *skill in the law*; **-kœnn**, a. *versed, skilled in the law*; **-kœnska**, f. = -kœni; **-lauss**, a. *unlawful*; **-leiða** (see **leiða**), v. (1) *to bring (a freedman) to the privileges of the law*, = leiða e-n í lög; (2) *to introduce as law*, = leiða e-t í lög; **-leysa**, f. *lawlessness, lawless state*; **-liga**, adv. *lawfully*; **-ligr**, a. *lawful, legal*; **-lýsing**, f. *legal declaration* (in pleading); **-maðr**, m. (1) *lawyer* (Njáll var -maðr svá mikill, at engi fannst hans jafningi); (2) later, = 'lögsögumaðr' (as in Norway and Sweden); **-mál**, n. (1) *prescription, rule of the law*; (2) *law*; (3) *mutual agreement*.

lögmáls-bók, f. *book of the law*; **-spjöld**, n. pl. *law tables*; **-staðr**, m. *legal point, ground of action*; **-örk**, f. *the ark of the covenant*.

lög-mæltr, pp. *prescribed in the law* (öll -mælt skil); **-mætr**, a. (1) = -mæltr (öll -mæt skil); (2) *coming under the law, punishable* (-mætar sakir).

lögn (gen. **lagnar**), f. *a net* laid in the sea, opp. to 'dragnet'.

lög-prettr, m. *law-quibble*; **-pundari**, m. *legal steelyard*.

lögr (gen. **lagar**, dat. **legi**), m. (1) *sea*; koma um lög, *to come by sea*; lopt ok lög, *air and sea*; lands eða lagar, á landi eða legi, *on land or sea*; (2) *water, any liquid*.

lög-ráðandi, m. *legal guardian, warden*; **-rengd**, f. *legal challenge*; **-rétt**, f. *public fold*; **-rétta**, f. (1) *the legislature* in the Icelandic Commonwealth; also *the place* where the legislative sittings were held; ganga til -réttu, *to proceed to the* -rétta; (2) in Norway, and also in Iceland after the union with Norway, *public court of law*; **-réttr**, m. '*law-right*,' *compensation legally due to one*.

lögréttu-maðr, m. *member of the* 'lögrétta'; **-skipan**, f. *order, constitution of the* 'lögrétta' (as to the number of its members).

lög-ruðning, f. *legal challenge* (of neighbours or judges); **-ræna** (**-da**, **-dr**), v. *to deprive of law*, = ræna e-n lögum; **-ræningr**, m. *a person who has been cheated of his lawful right*; **-saga**, f. (1) '*law-speaking*', *pronouncing the law*; (2) *the office of the* 'lögsögumaðr' (taka -sögu, hafa -sögu); (3) *declaration of the* 'lögsögumaðr' *or* 'lögmaðr' (þá bað konungr Þóri lögmann birta sína -sögu); **-sekr**, a. *guilty by law* (hvárigir urðu -sekir); **-sjándi** (pl. **-sjándr**), m. (1) *surveyor*; (2) *eye-witness, lawful witness*; **-skil**, n. pl. *pleadings or proceedings as prescribed in the law* = lögmælt skil (Mörðr mælti -skil at vanda sínum); **-skilnaðr**, m. *legal divorce*; **-skipan**, f. *ordinance*; **-skyld**, f. *legal debt*; **-skyldr**, a. (1) *bound by law*; (2) *prescribed by law*; **-spakr**, a. *learned in the law*; **-speki**, f. *jurisprudence*; **-stefna**, f. *lawful summons*; **-sögn**, f. (1) *the jurisdiction of a* 'lögmaðr'; (2) *office of a* 'lögmaðr'; (3) *declaration made by a* 'lögmaðr'.

lögsögu-maðr, m. *lawspeaker*.

lög-taka (see **taka**), v. (1) *to receive by law*; (2) *to accept as law* (þá er kristni var -tekin); **-tíðir**, f. pl. *canonical hours*; **-tíund**, f. *lawful tithe*.

lögu-nautr, m. (1) *messmate*; (2) *mate, colleague, companion*; **-neyti**, n. *messmateship*.

lög-vellir, m. poet., *boiler, kettle*.

lög-villa, f. *fraudulent procedure*; **-villr**, a. *mistaken in point of law*; **-vitr**, a. = -spakr; **-vörn**, f. *lawful point of defence*; **-þing**, n. (1) in Norway, *general assembly, parliament*; (2) *public meeting* (Gunnar reið til allra mannfunda ok -þinga).

löm (pl. **lamar**), f. *hinges* (of a chest).

löngu, adv. *long ago, long since*.

löngum, adv. *long, continuously* (Eiríkr var l. með föður sínum); compar., lengrum, *longer* (l. en lög stóðu til); superl., lengstum, *mostly, most of the time* (höfuðborg sú, er Geira sat í l.).

löskr (acc. **-van**), a. *weak, good-for-nothing* (l. mun hann æ heitinn).

löstr (gen. **lastar**, dat. **lesti**; pl. **lestir**, acc. **löstu**), m. (1) *fault, flaw*; segja kost ok löst á e-u, *to tell fairly the good and bad of a thing*; (2) *misbehaviour*; (3) *vice* (l. ofdrykkjunnar).

löt (pl. **latar**), f. *dissuasion*; telja latar á um e-t, *to raise difficulties about a thing*.

M

maðka (**að**), v. *to become maggoty.*
maðka-haf, n., **-sjór**, = maðksjór.
maðk-fullr, a. *full of maggots.*
maðkr (**-s**, **-ar**), m. *maggot, grub, worm*; maðka fœzla, *food for worms.*
maðk-sjór, m. *a sea full of worms*; **-smoginn**, pp. *worm-eaten* (of a ship).
maðr (gen. **manns**, pl. **menn**, with the art. **menninir**), m. (1) *man* (irrespective of sex), *human being* (guð skapaði síðarst menn tvá, er ættir eru frá komnar); sýndi m. manni, *one showed it to another, it went round from hand to hand*; fjöldi manns, *a great number of people*; múgr manns, *crowd of people*; (2) *degree* in kinship; vera at þriðja, fjórða, fimta manni, *to be related in the third, fourth, fifth degree*; hann var manni firr en systrungr Bárðar, *he was the son of a cousin of B.*; (3) *man*, opp. to 'kona' (síðan fór hann til manna sinna).
mag-áll, m. *flesh of the belly*; **-fyllr**, f. *belly-full.*
magi, m. *stomach, belly*, = kviðr.
magn, n. *strength, power*; eptir öllu magni, *to the best of one's power.*
magna (**að**), v. (1) *to charm, make strong by spell* (hann magnaði með miklum blótskap líkneski Þórs); m. fjölkyngi, seið, *to work a spell*; (2) refl., magnast, *to increase in power, grow strong* (Glámr tók at magnast af nýju); eldrinn magnaðist, *the fire increased in strength.*
magns-munr, m. *difference in strength or power.*
magr (**mögr**, **magrt**). a. *lean.*
magr-ligr, a. *lean-looking, pinched.*
maka (pl. **mökur**), f. *female mate.*
maki, m. *match* (m. e-s).
makindi, n. pl. *friendly intercourse.*
mak-liga, adv. *fitly, properly.*
maklig-leikr, m. *desert*; at -leik, eptir -leikum, *deservedly*; hafa -leika til e-s, *to deserve.*
mak-ligr, a. (1) *meet, proper, becoming* (er þat makligt, at); (2) *deserving* (makligr e-s *or* til e-s).
makr, a. (1) *easy to deal with* (þaðan frá var Eindriði hinn makasti); (2) only in compar., *more suitable, becoming, convenient* (H. kvað honum makara at sitja við elda en vera í sjóförum).
mak-ráðr, a. *pleasant, agreeable.*
makt, f. *might, power.*
mala (**mel**; **mól**, **mólum**; **malinn**), v. *to grind* (m. valbygg).
malar-, gen. from 'möl'; **-grjót**, n. *beach-pebbles*; **-kambr**, m. *pebble-ridge along the beach.*
malir, f. pl. *croup of cattle.*
malr (**-s**, **-ir**), m. *knapsack.*
malt, n. *malt* (for brewing); **-hlaða**, f. *malt barn*; **-klyfjar**, f. pl. *malt packs* (carried by horses).
man, n. (1) *household, house-folk*; *bondslaves*; (2) *bondwoman, female slave*; þær 'ro máttkar meyjar at mani hafðar, *these mighty maids are held in bondage*; (3) *woman*; esp. *young woman, maid*; líki leyfa hins ljósa mans, *to praise the fair maid's form.*
mana (**að**), v. *to challenge.*
mang, n. *barter, peddling.*
manga (**að**), v. *to barter, chaffer.*
mangari, m. *monger, higgler.*
mangi, pron., see 'manngi'.
man-kynni, n. pl. *choice of maidens.*
manna-, gen. pl. from 'maðr'; **-bein**, n. pl. *human bones*; **-bygð**, f. *inhabited district.*
mannaðr, pp. (1) *manned, furnished with men*, of a ship (vel, illa m.); (2) *(well) brought up*; var móðir mín vel mönnuð, *well bred*; skaltu vita, at hann er vel m., *that he is an accomplished man*; mannaðir at hófi, *fairly well-bred men.*
manna-dreyri, m. *human blood.*
mann-afli, m. *strength in men.*
manna-forráð, **-forræði**, n. *rule, dominion, authority*; **-för**, n. pl. *men's footprints*; **-för**, f. = mannferð; **-grein**, f. *distinction of men*; **-hold**, n. *human flesh*; **-hús**, n. pl. *men's houses*; **-kjot**, m. = -hold; **-lát**, n. *loss of men, loss of life, death*; **-mál**, n. *human voices, human speech*; **-missir**,

m. *loss of men*; **-mót**, n. = mann-fundr; **-munr**, m. *distinction, difference of men*; **-múgr**, m. *crowd of people*; **-reið**, f. *riding of men, body of horsemen*; **-samnaðr**, m. *gathering of men*; **-seta**, f. *men staying in a place*; **-skipan**, f. (1) *the placing of people* (at a banquet); (2) *people seated at a banquet*; **-skipti**, n. pl. *exchange of men*; **-slóð**, f. *track of men*; **-spor**, n. pl. *footprints of men*.

mannast (**að**), v. refl. *to become a* (*proper*) *man, to be brought up to manhood* (Þórir var maðr ættsmár ok hafði mannazt vel).

manna-sættir, m. *peace-maker*; **-taka**, f. *reception of strangers*.

mann-auðn, f. *depopulation*.

manna-vegr, m. *a road where men pass*; **-verk**, n. pl. *work by human hands*; **-vist**, f. *human abode*; **-völd**, n. pl., e-t er af -völdum, *it is due to human causes, is done by men*.

mann-björg, f. *the saving of life*; brutu þar skipit allt í spán, en þó varð -björg, *but the men's lives were saved*; **-blót**, n. *human sacrifice*; **-boð**, n. *banquet*; **-broddr**, m. *ice-spur*; **-bœtr**, f. pl. *weregild* (for one slain); **-dauði**, m., **-dauðr**, m. *loss of life, mortality*; **-dáð**, f. *manful deed, act of prowess*; **-deild**, f. *difference of opinion, division*; **-djöfull**, m. *fiend of a man*; **-dómligr**, a. *manly*; **-dómr**, m. (1) *human nature*; (2) *manliness, prowess*; (3) *humanity, generosity*; sýna e-m -dóm, *to show kindness to one*.

manndóms-leysi, n. *unmanliness, meanness*; **-maðr**, m. *a brave man*.

mann-dráp, n. *murder, slaughter*.

manndrápa-laust, adv. *without slaughter or loss of life* (sættast -laust).

mann-drápari, m., **-drápsmaðr**, m. *man-slayer, murderer*; **-dygð**, f. *virtue*; **-dýrðir**, f. pl. *manly qualities*; **-eldi**, n. *maintenance of a person*; **-eygr**, a. = -ýgr; **-fagnaðr**, m. *the fare at a banquet, great entertainment*; **-fall**, n. *slaughter, loss of life* (in battle); **-fang**, n.; eiga -fang í sonum, *to have able sons*; **-farmr**, m. *shipload of men* **-fár**, a. *having few men* (hafa -fátt); þykki mér -fátt í bœnum, *few people*; **-ferð**, f. *passage, passing of people*; **-fjándi**, m. *human fiend*; **-fjöldi**, m. *multitude, crowd of men*; **-fleiri**, a. compar., see '-margr'; **-fóli**, m. *fool, idiot*; **-fólk**, n. *mankind, men* (allt mannfólk); **-fróðr**, a. *skilled in* '-frœði'; **-frœði**, f. *history*, esp. *genealogies*; **-fundr**, m. *meeting*; **-fýla**, f. *mean, worthless fellow, rascal*; **-fæð**, f. *lack of people, smallness of population*; **-fœða**, f., **-fœði**, n. *human food*; **-fœrð**, f. *condition of a road*; **-för**, f. = -ferð; **-garðr**, m. *ring of men*; **-gersemi**, f. '*jewel of a man*', *paragon* (hinar beztu -gersemar).

mann-gi (gen. **mannskis**), pron. *no man, nobody*; mannskis mögr, *no man's son*.

mann-girnd, **-girni**, f. *a longing for a husband*; **-gjarn**, a. *eager to marry*; **-gjarnliga**, adv. *eagerly*; **-gjöld**, n. pl. *weregild*; **-gœzka**, f. *kindness, goodness*; **-hár**, a. *of a man's height*; lypta -hátt, *to a man's height*; **-háski**, m. *danger of life*; **-hefnd**, f. *blood revenge*; **-heill**, f. *favour, good report*; hann hafði -heill mikla, *he was very popular*.

mannheilla-maðr, m. *popular man*.

mann-helgr, f. *inviolability of person, sanctuary* (þar var -helgr mikil); **-hringr**, m. *circle, ring of men*; **-hundr**, m. *dog of a man, scoundrel*; **-hús**, n. pl. *dwelling-houses*; **-hæð**, f. *man's height*; **-hætta**, f. = -háski.

mann-hættr, a. *dangerous to life*.

mannhættu-laust, adv. *without danger of life*.

mann-höfn, f. *keeping, maintenance of a person*; **-illska**, f. *wickedness*; **-jafnaðr**, m. (1) *comparison of men*; fara í -jafnað, *to make a comparison between persons*; (2) *matching or pairing of persons* (as to the weregild to be paid); **-kaup**, n., í e-m er gott -kaup, *he is a great acquisition*; **-kind**, f. (1) *mankind*; (2) *race*; **-kostir**, m. pl. *good qualities, virtues*; **-kvæmd**, f. *run of visitors*; **-kvæmt**, a. n., þar var ekki -kvæmt, *few came there, it was a lonely place*; **-kvöð**, f. *levying of men*; **-kyn**, n. *mankind*;

-lauss, a. *without a husband*; **-lát**, n. *loss of life*; **-leysi**, n. *good-for-nothing fellow*; **-liga**, adv. *manfully*; **-ligr**, a. (1) *human* (-ligt eðli); (2) *manly, becoming a man* (er þat -ligra at fara at duga honum); **-líkan**, f. *image of man*; **-lýti**, n. *blemish*; **-læða**, **-læra**, f. = -leysi; **-löstr**, m. *blemish, fault*, opp. to '-kostr'; **-margr**, a. *having many men*; hafa -margt, *to have many people, forces*; hafa -fleira, *to have more men, followers*; **-mergð**, f. *host of people, crowd*; **-metnaðr**, m. *honour, esteem* (among men); löngun til -metnaðar, *ambition*; **-múgr**, m. *crowd of people*; **-níðingr**, m. *miscreant*; **-orð**, n. *fame, repute*; **-raun**, f. (1) *trial* (of courage), *danger, peril* (jafn hinum fremstu í öllum -raunum); (2) *trial* (of the feelings), *adversity* (þá er hann misti sonar síns, var þat þó -raun, en þetta engi); **-ráð**, n. pl. *plots against a man's life*; standa í -ráðum, *to take part in such plots*.

manns-aldr, m. *a man's life, generation* (mörgum -öldrum síðarr).

mann-samnaðr, m. *gathering of men, people assembled*.

manns-bani, m. *man-slayer*; **-barn**, n. *human being, living soul* (hvert -barn); **-blóð**, n. *human blood*; **-búkr**, m. *body, corpse*; **-efni**, n. *the makings of a man*; *promising young man*.

mann-sekt, f., esp. pl. -sektir, *penalty paid in one's person*, opp. to 'fésekt', *outlawry, banishment*; **-semi**, f. *manfulness, valour*.

manns-fylgja, f. *fetch of a man*; **-hár**, n. *human hair*; **-höfuð**, n. *human head*; **-hönd**, f. *human hand*.

mann-skaði, m. *loss of life, great loss in a person's death* (ok er þat enn mesti -skaði at taka þá af lífi).

mannskapar-lauss, a. *lacking in strength and manhood, pithless*.

mann-skapr, m. *manfulness, manhood, valour*; **-skelmir**, m. *rascal*; **-skepna**, f. *poor creature*.

manns-kona, f. *married woman*.

mann-skræfa, f. *miserable coward*; **-skœðr**, a. *dangerous to life*; -skœð orrosta, *a bloody fight*.

manns-líki, n. *likeness of man, human shape*; **-mót**, n. *manly mien, mark of a true man*; **-mynd**, f. *human form* (taka mannsmynd á sik).

mann-sómi, m. *honour, reputation*; **-spell**, n. *destruction of life*; **-spjall**, n. = -spell; **-stormr**, m. *rush of people*.

manns-váði, m. = mannskaði (varð hinn mesti -váði); **-vit**, n. '*man's wit*', *human understanding* (hundrinn hefir -vit); **-æfi**, f. *a man's lifetime* (mart kann skipast á -æfinni).

mann-tak, n. *manhood, pith*; **-tal**, n. (1) '*tale of men*', *muster*; (2) *census*; **-tapi**, m. *loss of life*; **-tjón**, n. = -tapi; **-úðigr**, a. *gentle, affable*; **-val**, n. *choice people, select body of men* (hafði hann gott -val); **-vandr**, a. (1) *particular as to choice of a husband*; (2) *requiring an able man*; **-veiðr**, f. *seizing, catching of a man*; **-villa**, f. *misstatement of paternity*; **-virðing**, f. *rank, renown, honour*; **-virki**, n. (1) *work of human hands*; (2) *great work* (ok er þat it mesta -virki); **-vit**, n. *understanding*; **-vitsamligr**, a. *sensible, intelligent*.

mannvits-lauss, a. *void of understanding*; **-lítill**, a. *with little wit*; **-maðr**, m. *wise man*.

mann-vitull, m. *fool* (?); **-vænligr**, **-vænn**, a. *hopeful, promising*; **-værr**, a. *entitled to be with other men*; **-ýgr**, a. *vicious, dangerous* (of a bull); **-þröng**, f. *throng of men*; **-þurfi**, a. *in need of men*; **-æta**, f. *cannibal*; **-œli**, n. *wretch*.

man-rúnar, f. pl. '*love-runes*', *love-spells*; **-sal**, n.; selja e-n -sali, *to sell one as a slave*.

mansals-maðr, m. *bondman*.

man-skæri, n. pl. *mane-shears*.

mans-maðr, m. = mansalsmaðr.

man-stœði, n. *place of the mane*.

man-söngr, m. *love song* (= mansöngskvæði); **-ungr**, a. *youthful*; **-vél**, f. '*love-trick*' (poet.).

Man-verjar, m. pl. *the Manxmen*.

mara (-ði), v. *to be waterlogged, float low in the water* (marði þá undir þeim skipit).

mara, f. *nightmare, incubus*.

mar-álmr, m. *sea-reed, marram*; **-bakki**, m. *steep bank near the shore*.

marð-skinn, n. *marten's fur.*

marg-breytinn, a. *fickle, whimsical*; **-breytni**, f. *fickleness*; **-dýrr**, a. *very dear*; **-eygr**, a. *many-eyed*; **-falda** (**að**), v. *to multiply*; **-faldan**, f. *multiplication*; **-faldliga**, adv. *manifoldly*; **-faldr**, a. *manifold*; **-fróðr**, a. *learned in many things, much knowing*; **-frœði**, f. (1) *varied learning*; (2) *magic*; **-háttaðr**, a. *multifarious, of many kinds*; **-heyrðr**, pp. *often heard*; **-kunnandi**, pr. p. *knowing many things*; **-kunnigr**, a. (1) = -fróðr; (2) = fjölkunnigr; **-kvíslaðr**, **-kvíslóttr**, a. *many-branched*; **-kvæmt**, a. n. *where many people come* (þar var eigi -kvæmt); **-kyndigr**, a. = -kunnigr; **-látr**, a. *fickle, loose*; **-leikar**, m. pl. *intimacy, friendly intercourse*, opp. to 'fáleikar'; **-liga**, adv. *friendly, intimately*, opp. to 'fáliga'; **-lyndr**, a. *fickle-minded*; **-læti**, n. *fickleness, wantonness, looseness*; **-málugr**, a. *talkative*; **-menni**, n. *multitude, many men*; **-mennr**, a. *with many men* (hversu -mennr ertu?); **-mælgi**, f. *loquacity*; **-mæltr**, pp. *talkative*; **-opt**, adv. *very often*; **-orðr**, a. *using many words, long-winded*; **-prettóttr**, a. *very cunning or tricky.*

margr (**mörg, mart**), a. (1) in sing. in a collect. sense, both as subst. and adj., *many a (one)*; m. maðr, *many a person*; m. mun þik öfunda, *many a one will envy thee*; neut., mart, *many things*, opp. to 'fátt' (tala m., margs vitandi); í mörgu, *in many things, in many respects*; fyrir margs sakir, *for many reasons*; mart manna, *many people*; (2) in plur. *many* (særðr mörgum sárum); (3) fig. *friendly, communicative*, opp. to 'fár' (var hann m. við Árna biskup).

margr, m. *great number*; ekki má við margnum, *no one can stand against great odds.*

mar-greifi, m. *margrave, marquis.*

marg-rœddr, pp. *much talked of* (er -rœtt um e-t); **-rœðinn**, a. *talkative*; **-slœgr**, a. *very sly*; **-smugall**, a. *penetrating, subtle*; **-spakr**, a. *very wise*; **-talaðr**, pp. (1) = -mæltr; (2) *much talked of* (gøra -talat um e-t); **-tíðr**, a. *very common, frequent* (-títt er, at menn deyi); **-vitr**, a. *of many-sided learning*; **-vísligr**, a. *various, of many kinds*; **-víss**, a. = -fróðr; **-yrðr**, a. *of many words* = -orðr.

mar-gýgr, f. *mermaid, sea-ogress.*

mark, n. (1) *mark, token, sign*; þat er eitt m. um djarfleik hans, *one proof of his daring*; til marks um e-t, *as a token (proof) of*; (2) *matter of importance*; er þat ekki m., *it signifies nothing*; lítit m. er at því, *it is of little consequence*; lítit m. var þá at, er þeir Beli hittust, *of no great account was his meeting with B.*; at marki, *in real earnest, greatly* (reiðast at marki); (3) *mark* (as a sign of property); kenna sitt m. á e-u, *to recognize as one's own mark*; *a mark* on sheep's ears (þá var m. Sigfúss á sauðum); (4) *ornamental figure* (hón hafði knýtt um sik blæju ok vóru í mörk blá); (5) *boundary mark* (skógar m.).

marka (**að**), v. (1) *to mark, draw the outline of*; m. grundvöll undir kirkjuna, *to draw the ground-plan of the church*; (2) *to mark as one's property* (þau naut vóru öll einn veg mörkuð); (3) *to mark by an emblem* (er þat mitt ráð, at menn marki stálhúfur sínar); (4) *to draw* (hann hafði rauðan skjöld ok markaðr á hjörtr); (5) *to observe, infer* (má af því m. hverr maðr hann var); þar eptir máttu m. hans fegrð, *from this you can judge of his beauty*; (6) *to take notice of, heed, mind* (Þórðr kvað eigi drauma skyldu m.); (7) *to describe* (markat hefi ek fyrir þér birting lopts).

markaðr (gen. **-ar**), m. *market*; fig., var þeim settr inn sami m., *they got the same treatment* (= höfðu þeir ina sömu kaupferð).

mark-bygð, f. *forest district*; **-land**, n. *forest-land*; **-leið**, f. *track through forests*; **-leiði**, n. = -leið.

mar-knútr, m. *sea scorpion.*

mark-steinn, m. (1) *march-stone*; (2) *a stone laid to mark a spot*; **-stika**, f. *boundary stake.*

mar-líðendr, m. pl. '*sea-traversers*' (of witches).

marmari, m. *marble.*

mar-mennill, m. '*sea-mannikin*', *merman*.

marr (gen. **marar**), m. *sea*; sígr fold í mar, *the earth sinks into the sea*.

marr (gen. **mars**, pl. **marir** and **marar**), m. *horse, steed* (hann kvað hest mar heita).

mat, n. *estimate, taxing*.

mata, f. *provender, mess* (rare).

matar-, gen. from 'matr'; **-afli**, m. *fare, provisions*; **-búr**, n. *pantry*; **-fýst**, f. *appetite*; **-föng**, n. pl. = matföng; **-gørð**, f. *dairy work, cooking*; **-illr**, a. *stingy of food*; **-lauss**, a. *without food*; **-verðr**, m. *meal*; **-vætt**, f. *a certain weight or quantity of victuals*.

matast (**að**), v. refl. *to take food, take a meal*; hví hann mataðist svá seint, *why he was eating so slowly*.

mat-björg, f. *provisions from hand to mouth*; **-borð**, n. *a dressed table* (sitja yfir -borði); **-bræði**, f. *greediness*; **-búa** (see búa), v. *to dress food, cook* (var hjörtrinn matbúinn).

matbúðar-máðr, m. *cook*.

mat-búnaðr, m. *cooking, dressing of food*; **-búr**, n. *pantry*; **-fátt**, a. n. *short of provisions* (hafa -fátt); **-fæð**, f. *lack of food*; **-föng**, n. pl. *stores of food*; **-gerð**, f. *cooking*.

matgerðar-maðr, m. *cook*.

mat-gjafi, m. *food-giver*; **-gjöf**, f. *gift in food*; **-góðr**, a. *liberal as to food*; **-gœðingr**, m. = -góðr maðr; **-heill**, a. *of a good digestion*; **-kaup**, n. *purchase of victuals*; **-ketill**, m. *meat-kettle*; **-krákr**, m. '*meat-crow*', *glutton*, a nickname; **-land**, n., gott (illt) -land, *a productive* (*unproductive*) *district*; **-langr**, a., -löng stund, *such a time as it takes to eat a meal*; **-lauss**, a. *without food*; **-leiði**, m. *loathing of food*; **-leysi**, n. *lack of food*; **-lífi**, n. *board, fare*; **-lystr**, a. *having a good appetite*; **-mál**, n. *mealtime, meal*; **-níðingr**, m. *one who starves his people*.

matr (gen. **matar**, pl. **matir**), m. *food, meat*; hafa sér e-t at mat, *to feed on* (morgin-döggvar þau sér at mat hafa); pl. *stores of food, provisions*.

mat-ráð, n. pl. *the husbandry of food*; **-reiða**, f. *dressing of food, housekeeping*; **-seld**, f. *distribution of food at meals*; **-selja**, f. *housekeeper*; **-sínkr**, a. *stingy of food*; **-skál**, f. *food bowl*; **-skortr**, m. *lack of food*; **-skreið**, f. *dried fish for food*; **-sparr**, a. *sparing of food*; **-sveinn**, m. *cook*; **-svín**, n. *beggar's scrip*; **-sæll**, a. '*meat-lucky*'; **-víss**, a. *greedy*; **-væli**, n. pl. *means of subsistence, stores of food*; **-vænn**, a. *good for food*.

maurr (**-s**, **-ar**), m. *ant, emmet*.

má (**má**, **máða**, **máðr**), v. (1) *to blot or rub out, efface* (mást þeir af lífs bók); (2) *to wear, make blunt* (var ljár hans máðr upp í smiðreim).

mág-kona, f. *sister-, mother-, or daughter-in-law*.

mágr (**-s**, **-ar**), m. *brother-, father-, or son-in-law* (vill Hrútr gørast m. þinn ok kaupa dóttur þína).

mál, n. (1) *speech, faculty of speech* (þrøngdi svá sóttarfari konungs, at hann misti málsins); þau hafa ekki mál, *they are dumb*; (2) *language, tongue*; norrœnt m., *the Norse tongue*; (3) *speech, speaking* (hvárt er Flosi svá nær, at hann megi heyra m. mitt); (4) *colloquy, talk, speech*; koma á. m. (*or* at máli) við e-n, *to come to talk with, speak to*; finna (hitta) e-n at máli, *to obtain speech with*; krefja e-n máls, *to ask an interview with*; leita máls við e-n (spyrja e-n máls, mæla m. af e-m), *to broach a subject to one*; bera m. á e-t, hafa e-t á (*or* at) máli, *to speak* (*talk*) *of* (allir menn höfðu á máli, hversu fríðr maðr hann var); lúka sínu máli, *to end one's speech*; þat er m. manna, at, *people say that*; (5) *tale, story*; nú er þar til máls at taka, *now it must be told*; (6) *saw, saying*; fornt (fornkveðit) m. er, at, *it is an old saw that*; (7) *diction, construction of sentences*; (8) *sentence*; tvau mál, *two sentences*; fullt m., *a full period*; (9) *suit, action, cause*; hefja m. á hendr e-m, *to bring an action against one*; búa m., *to prepare a suit*; sœkja m., *to prosecute*; (10) *stipulation, agreement* (ek vil halda mál við hann þau, sem mælt vóru); lauss allra mála, *free of all stipulations*; (11) *case, matter, affair* (þetta m. var við Jórunni rœtt); svá er m. með vexti, *the matter stands thus*; var þat annat m., *another matter*; miðla m., *to mediate*; tillagagóðr inna stœrri mála, *a good counsellor in great matters*; hafa sitt m., *to have one's own way, have one's will* (honum eirir illa, ef hann hefir eigi sitt mál); hafa mikit til síns máls, *to have much in support of one's case*; e-t skiptir miklu (litlu) máli, *it is of great (small) importance.*

mál, n. (1) *measure* (fimm álna er hátt m. hans); leggja, bera m. við e-t, *to measure* (hann lagði m. við öll in stœrstu tré); (2) *time, high time* (m. er upp at standa); sagði, at þá var mið nótt ok at enn væri m. at sofa, *and still time to sleep*; (3) *meal*; í eitt m., at einu máli, *for one single meal*; deila mat at málum, *to deal out food at each meal.*

mál, n. *inlaid ornaments* (on the hilts and guards of swords).

mála-efni, n. pl. *circumstances and nature of a case*; góð (ill) -efni, *a good (bad) case*; **-ferli**, n. pl. *lawsuits, litigation*; **-flutningr**, m. *conduct of a case.*

málafylgis-maðr, m., **málafylgjumaðr**, m. *helper in lawsuits*; mikill -maðr, *a great taker up of suits.*

mála-gipt, f., **-gjöf**, f. *pay for military service*; **-gjöld**, n. pl. (1) *payment of wages*; (2) *military pay*; **-gull**, n. *gold in payment of* 'máli'.

mála-hluti, m., **-hlutr**, m. *one side of a case or suit, one's share in a case*; mun sá verða -hluti várr beztr, at, *the best turn for us that things can take will be that.*

mála-járn, n. *iron (weapon) inlaid with ornaments* (mál).

mála-leitan, f. *negotiation, mooting the question*; **-lok**, n. pl. *end of a case, conclusion*; **-lyktir**, f. pl. = -lok; **-maðr**, m. = málafylgjumaðr.

mála-maðr, m. *a man who receives pay* (máli), *soldier.*

málamann-ligr, a. *worthy of a* 'málamaðr'.

mála-sax, n. *an inlaid sword.*

mála-silfr, n. *silver given in payment of* 'máli'.

mála-skil, n. pl. *knowledge of procedure*; **-skot**, n. *appeal in a case*; **-sókn**, f. *lawsuit, prosecution*; **-spell**, n. *flaw in a suit.*

mála-spjót, n. *inlaid spear.*

mála-tilbúnaðr, **-tilbúningr**, m. *preparation of a suit*; **-vöxtr**, m. *state of a case.*

mál-dagi, m. (1) *covenant, agreement*; inna -daga, *to fulfil an agreement*; (2) *written deed, document* (of the rights, property, and inventories of churches); **-deili**, n., e-m er -deili á e-u, *it is of importance to one*; **-djarfr**, a. *free-spoken.*

mál-drykkja, f. *a measure of drink served for each meal.*

mál-efni, n. *circumstances of a case*; gott -efni, *a just case.*

mál-eldar, m. pl. '*meal-fires*'.

málendr, m. pl. *parties to a suit*; væri jafnir m. (*if we were equally matched*), mundi þess ei óhefnt.

mál-fár (acc. -fán), a. poet. *inlaid with ornaments, adorned with characters* (of a sword).

mál-fimi, f. *ease in speech*; **-fimliga**, adv. *eloquently*; **-fimr**, a. *talkative*; **-framr**, a. *out-spoken*; **-friðr**, m. *peace from suits* (?); **-fœrr**, a. *able to speak*; **-gagn**, n. *organ of speech*; **-haltr**, a. *tongue-tied*; **-hress**, a. *well enough to speak.*

máli, m. (1) *contract, agreement*; (2) *wages, soldier's pay*; ganga á mála, *to take service* (with a foreign prince).

máligr (acc. málgan), a. *talkative, communicative, loquacious* (þeir vóru málgir mjök, því at þeir vóru úvitrir).

mál-krókar, m. pl. *pettifoggery, sophistry*; **-kunnigr**, **-kunnr**, a. *knowing one another to speak to*; **-laki**, m. *defect of the speech organs*; **-latr**, a. *slovenly in speaking*; **-lauss**, a. *speechless, dumb*; **-leysa**, f. *incorrect expression, bad grammar*; **-lýzka**, f. *idiom, dialect.*

málmr, m. (1) *ore* (m., er járn skal af gera); (2) *metal* (þann málm, er gull heitir).

mál-nyta, f. *milch kine*; **-nytr**, a. *yielding milk, milch*; málnytr smali, *milch cattle.*

mál-óði, a., **-óðr**, a. *using violent language*; **-reifr**, a. *talkative, cheerful*; **-reitinn**, a. = -rœtinn; **-róf**, n. *ability to talk.*

málrófs-maðr, m. *glib talker.*

mál-rúm, n. *time to speak in*; **-rúnar**, f. pl. '*runes of speech*', *runic characters*; **-rœðinn**, **-rœtinn**, a. *talkative, open.*

máls-bót, f. *excuse, exculpation.*

mál-semd, f. *language, speech.*

máls-endi, m. = málsemd (leita -enda við e-n); **-eyrendi**, n. = málsemd; **-fylling**, f. *conclusion of a case*; **-grein**, f. (1) *sentence*; (2) *phrase, speech*; (3) *diction, style*; **-háttr**, m. (1) *phrase*; (2) *proverb.*

mál-skipti, n. pl. (1) *business, transactions*; (2) *importance.*

máls-löstr, m. *bad grammar.*

mál-snild, f. *eloquence, oratory.*

málsnildar-list, f. *rhetoric.*

mál-snilli, f. *eloquence*; **-snjallr**, a. *eloquent*; **-spakr**, a. *wise-spoken*; **-speki**, **-spekt**, f. *wisdom in speech*; **-staðr**, m. *case, point of a question*; **-stafr**, m. (1) *letter of the alphabet*; (2) *consonant*; **-stefna**, f. *parley, conference*; **-stofa**, f. *meeting-hall, public hall*, esp. in houses of men of rank.

mál-svefn, m. *proper sleep.*

máls-verðr, m. *meal.*

máls-þörf, f. *desire to speak.*

mál-sönnun, f. *evidence, reason*; **-tak**, n. *diction*; **-tíð**, f. *meal.*

málugliga, adv. *loquaciously.*

málugr, a. = máligr.

málungi (= 'málum-gi', dat. pl. from 'mál' with negative -gi); ef þyrftak at m. mat, *if I needed no meat at meals.*

mál-vinr, m. *friend* (*to speak with*).

mál-vöndr, m. *measuring wand.*

mál-þurfi, a. *wanting to speak.*

mána-dagr, m. *Monday.*

mánaðar-frest, n. *a month's notice*; **-mót**, n. *the end of one month and the beginning of the next.*

mánaðr (gen. -ar; pl. -ir and mánaðr), m. *month.*

máni, m., poet. *moon.*

már (gen. **más**, pl. **mávar**), m. *sea-mew*; ben-, gunnmár, *raven* (poet.).

má-skári, m. *a young sea-mew.*

mát, n. *check-mate.*

máta (að), v. *to check-mate.*

máti, m. *manner, way, respect* (í engan máta; á allan máta).

mátt-dreginn, **-farinn**, pp. *weak, exhausted, faint.*

máttigr (acc. **máttkan**), a. *mighty.*

mátt-lauss, a. *without strength, exhausted*; **-leysi**, n. *weakness, lack of strength*; **-lítill**, a. *of little strength, weak* (hann gerist allmáttlítill).

máttr (gen. **máttar**, dat. **mætti**), m. (1) *might, strength*; var mér alls máttar (*I had to use all my strength*) áðr ek kom henni upp; (2) *strength, health*; reiðuliga svaraði hón, ef nökkurr spurði at mætti hennar, *if any one asked how she was*; er at leið mætti hans, *when he began to sink.*

máttugr, a. = máttigr.

máttu-ligr, a. (1) *possible* (honum er alt máttuligt); (2) *mighty.*

mátu-ligr, a. *meet, fitting.*

með, prep. with dat. and acc.; I. with dat. (1) *with, along with, together with* (Unnr dóttir hans fór með honum; hón hafði á skipi m. sér sex tigi karla); (2) denoting help, assistance; leggja til m. e-m, *to help one by word or deed*; *to give one advice*; fá menn m. sér, *to get followers*; (3) *by means of, with* (verja sik með sverðum, skjöldum); (4) *by, through, with, using* (með harðfengi ok kappi); m. hlaupi, *by running*; m. einum hug, *with one mind*; m. sama hætti, *in the same way*; (5) *including, inclusive of* (hundrað manna m. nábúum); ok þat m., at, *and besides* (*therewith*) *that*; þann dag ok nóttina m., *and the night too*; (6) *among, between* (var fátt um m. þeim brœðrum); þreyta e-t m. sér, *to fight it out among themselves*; koma m. e-m, *to come among* (maðr, er m. mörgum kemr); (7) denoting inward quality, *in* (hann hafði alla þá hluti m. sér, er konung prýða); (8) *along* (landit er víðast bygt með sjónum); esp. of direction, with an adv. denoting the direction (upp m., ofan m., fram m., inn m., út m., etc.); m. stöfnum, *from stem to stern, all along the ship*; biðja matar með bœjum, *from house to house*; (9) adverbial usages; m. öllu, *altogether, quite*; m. öllu skjótt, *all of a sudden*; m. því at, *in case that* (m. því at ek falla); *as, because* (m. því at menn vóru hraustir, þá komast þeir yfir ána); (10) with verbs; ganga m. barni, *to go with child*; mæla m., *to recommend*; II. with acc. (1) *with*, with the notion of bearing, bringing, carrying (hann fór til Íslands m. konu sína ok börn); fara m. vápn, *to carry a weapon*; fig., fara með sök, mál, *to conduct, manage a case*; m. engi lögskil, *in no lawful manner*; (2) *with, among*; úsnotr m., es m. aldir kemr, *a fool when he comes among men*; (3) with an ordinal number; m. tólfta mann, *with twelve men, including himself*; *with eleven others*.

meðal (á m., í m.), prep. with gen., *among, between*; m. vár *or* vár á m., *among us*; sat þar Þórhalla m. brúða, *Th. sat between the brides*; ellipt., ganga meðal, í m., *to intercede as peacemaker* (gekk þá Njáll í m., svá at hvárir handsöluðu öðrum grið).

meðal-, in compds., *middle, average*; **-atferðaleysi**, n., eigi -atferðaleysi, *no common slovenliness*; **-auki**, m. *what is given into the bargain*; **-ár**, n. *average year*; **-farbauti**, m. *middling destroyer* (þeir sögðu þat eigi -farbauta vera); **-ferð**, f. *intercession*; **-fífl**, n., eigi -fífl, *no ordinary fool*; **-fjándi**, m. *middling fiend* (ek ætla hann eigi -fjánda vera); **-fól**, n. = -fífl; **-för**, **-ganga**, f. *intercession*.

meðalgöngu-maðr, m. *intercessor, peacemaker*.

meðal-kafli, m. '*middle-piece*', *the haft of a sword between the two* 'hjölt'; **-klœkismaðr**, m. *middling scoundrel* (eigi -k.); **-lag**, n. *average*; þat var með enu betra -lagi, *a good average*; í -lagi, -lagi, *not very, not over well* (segir mér þó í -lagi hugr um); -lagi góðgjarn, *not too benevolent*; skipti vár hafa verið sum góð, en sum til -lags, *our dealings have been, some good, some only middling*; **-maðr**, m. *average man*; -maðr á vöxt, *a middle-sized man*; **-mann-níðingr**, **-níðingr**, m. (*no*) *middling scoundrel*; **-orpning**, f. *interjection*; **-pallr**, m. *middle bench* (in the 'lögrétta'); **-skræfa**, f., eigi -skræfa, *a great coward*; **-skömm**, f., eigi -skömm, *a great disgrace*; **-snápr**, m., eigi -snápr, *no common fool*; **-snotr**, a. *middling wise*; **-sœmd**, f. *common honour* (er eigi -sœmd at eiga slíkan mann at mág); **-úspektarmaðr**, m. *common peace-disturber*; **-úvinr**, m. = -fjándi; **-vetr**, m. *average winter*; **-vingjarnligr**, a. *not very friendly* **-þræll**, m. *average slave*.

meðan (á m.), adv. (1) *in the mean time, meanwhile* (hann bað þá þar dveljast m.); m. at, m. er (es), *as long as, while, whilst*; (2) *so long as* = m. er (helzt hann í vináttu við konung m. hann lifði).

með-ferð, f. (1) *management*; vandhœfi mun þér þykkja á -ferðinni, *you will find it difficult to manage*; (2) hafa e-t -ferðar, *to have along with one, in one's keeping*; (3) *behaviour, conduct*; var konungi þá kunnigt hverja -ferð ek hafða, *how I behaved*; **-ferði**, n., **-för**, f. = meðferð; **-gangr**, m. *siding with, helping*, = fylgi.

meðr, prep. = með.

með-taka, **-tekt**, f. *reception*.

meðtöku-maðr, m. *receiver*.

mega (má, mátta, mátt), v. (1) *to be able to do*, with acc.; eigi eru Ásynjur úhelgari ok eigi megu þær minna, *they are not less powerful*; svá at vér mættim ekki, *so that we could do nothing*; m. betr, *to be the stronger*; m. við e-m, *to be able to withstand one* (hann mun ekki m. einn við mörgum); skulu mikit þín orð m. við mik, *thy words shall have much weight with me*; (2) of health; m. vel, *to be well*; m. lítt, illa, *to be poorly* (hann spurði, hversu hann mætti.—Eigi má ek nú vel, sagði hann); m. e-m, *to do for one* (má yðr þat, er yfir margan gengr); (3) with infin., *to be able*; mátt þú sjá hana, ef þú vill, *thou canst see her, if thou wilt*; hann mátti ekki mæla, *he could say nothing*; (4) *to be permitted, allowed* (hann mátti aldri tala til Kjartans, svá at Þorkell var hjá); nú man eigi m. sitjanda hlut í eiga, *one must not remain sitting, be inactive*; (5) ellipt., the verb being understood (lemja man ek bogann, ef ek má); ferr þat sem má, *go that as it may*; má, at, *it is possible that*; þeir spurðu hversu þat mætti, *how that could be.*

megandi, pr. p. *availing, mighty, strong*; fylldi hann þat heit, er hann var m. maðr, *as soon as he grew to be man of might*; lítt m., *feeble, weak*; ekki m., *powerless, helpless.*

megin (gen. **-s**, dat. **magni** or **megni**), n. (1) *might, power, strength* (svá sem á leið sóttina minkaði stórum m. hans); (2) *the main, chief part of a thing*; allt m. landsins, *the main part of the land.*

megin or **megum**, adv., prop. dat. pl. from 'vegr'; kvenna m., *on the women's side* (in a church); karla m., *on the men's side*; Hjarðarholts m., *on the H. side* (of the river); inum vinstra m., hœgra m., *on the left (right) side*; einum m., *from one side only* (þar mátti einum m. at sœkja); öðrum m., *on the other side* (herskip liggja öðrum m. undir nesinu); báðum m., *on both sides*; öllum m., *from all sides*; þeim m., *on that side.*

megin-, in compds., *main*; **-afl**, n. *main strength*; **-á**, f. *main river*; **-borg**, f. *the main castle*; **-bygð**, f. *main district*; **-dómar**, m. pl. *great events*; **-fjall**, n. *great mountain*; **-flótti**, m. (1) *general flight*; (2) *the main body of the flying host*; **-gjörð**, f. *the main girdle, girdle of power*; pl. -gjarðar, *the girdle of Thor*; **-góðr**, a. *mighty good*; **-haf**, n. *the main, ocean*; **-herr**, *main army*; **-herað**, n. *main district*; **-hyggja**, f. *wisdom*; **-höfn**, f. *main harbour*; **-land**, n. *mainland, continent*; **-lauss**, a. *without strength*; **-leysi**, n. *weakness*; **-lið**, n. *main body of an army*; **-ligr**, a. *important* (mál -lig); **-lítill**, a. *of little might, weak*; **-merki**, n. *chief standard*; **-mörk**, f. *the main forest*; **-rás**, f. *main course*; **-rúnar**, f. pl. *mighty, powerful runes (charms)*; **-stormr**, m. *mighty gale*; **-tírr**, m. *great fame*; **-trygðir**, f. pl. *a firm truce*; **-vel**, adv. *mighty well*; **-verk**, n. *mighty feat*; **-þörf**, f. *great need.*

megn, n. *strength*, = megin, máttr (hann hafði fjogurra manna m.); um m. e-m, *beyond one's strength*; þetta mál er nökkut þér um m. með at fara, *is rather too much for you.*

megn, a. *strong, mighty* (megnt mannfall); með megnu hugskoti, *with a strong mind.*

megna (að), v. *to be able, have strength to do a thing* (þó at ek megni minna en einhverr yðar); refl., megnast, *to gain strength*; en er synir þeirra tóku at m., *when their sons began to grow up.*

megn-lauss, a. *feeble, weak*; **-lítill**, a. *faint, exhausted.*

megra (-ða), v. *to make lean*; refl., megrast, *to become lean.*

megrð, f. *leanness.*

megum, adv. = megin; öllum m., *from all sides.*

meiða (-dda, -ddr), v. (1) *to hurt*, esp. *to maim, injure seriously* (hina rak hann ór landi, meiddi eðr drap); (2) of things, *to damage* (finna þeir at skipit var meitt neðan); *to spoil, destroy* (þá tók hann at m. hof ok hörga); (3) refl. *to take hurt.*

meiðing (pl. -ar), f. *bodily injury, maiming, damaging* (í manndrápum ok meiðingum).

meiðingar-laust, adv. *unmaimed, unhurt* (halda lífi -laust).

meiðmar, f. pl. *treasures* (poet.).

meiðr (gen. -s or -ar), m. (1) *longitudinal beam*; *sledge-runner* (þá reif hann meiðinn undan sleðanum); fig., standa á öndverðan meið með e-m, *to stand in the forefront as a champion, to support one*; mjök þótti mönnum á einn meið hallast með þeim, *it went all on one side with them*; (2) *pole, log*; telgja meið til rifjar, *to cut a log into a loom-beam*; (3) *tree* (hrafn sat á hám meiði); (4) *gallows-tree* (veit ek, at ek hekk vindga meiði á).

mein, n. (1) *hurt, harm, injury, damage*; at engum verði m. at, *that it may do nobody harm*; gera e-m m., *to do one harm*; hón kvað þat m., at, *she said it was a great pity that*; mikit m. var honum þat, þá er, *a great loss it was to him when*; láta sér e-t í m., *to deny to oneself*; hann lét sveininum ekki í m., *he denied the lad nothing*; (2) *disease, sore* (af því vatni þykkjast margir bót hafa fengit sinna meina); (3) *impediments, hindrances* (that make a marriage unlawful), = meinbugir.

meina (**að**), v. (1) *to harm, do harm to* (m. e-m); (2) *to hinder, prevent*; (3) *to forbid, prohibit* (ekki mun ek m. öðrum mönnum at halda þá trú, er þeim sýnist).

meina (**-ta**), v. *to mean* (rare).

meina-lauss, a. (1) *blameless*; (2) *unhindered*; ef -laust er, *if there are no hindrances*.

mein-blandinn, pp. *poisonous*; **-bugir**, m. pl. *impediments, hindrances*; **-eiðr**, m. *perjury, false oath*; **-fang**, n. *trouble*; leita e-m -fanga, *to try to embarrass one*; **-fullr**, a. *noxious*; **-fœrr**, a. *dangerous to pass*; **-gøra** (see gøra), v. *to offend, harm*; **-gørð**, f. *offence*.

meinigr (acc. meingan), a. *noxious*.

meinka (**að**), v. *to do harm to*.

mein-kráka, f. *evil crow*; **-kvikendi**, n. *noxious animal*; **-lauss**, a. (1) *harmless, inoffensive*; ætla ek mér þat -laust, *it will do no harm to me*; at -lausu, *without hindrance*; (2) *free from suffering, painless* (aldri síðan varð honum höndin -laus).

meinlát-samr, a. *ascetic*.

mein-leiki, m. *hindrance*, = -bugir; **-leysi**, n. *harmlessness, innocence*; **-liga**, adv. *painfully*; **-ligr**, a. *painful, troublesome*; **-læta** (**-tta, -ttr**), v. *to chastise* (-læta sér).

meinlæta-samr, a. = meinlátsamr.

mein-læti, n. (1) *pains, trouble*; (2) *self-chastisement*; **-mæli**, n. *abusive language*, = meinyrði.

meinn, a. *painful, causing pain* (var honum knéit harla meint ok úmjúkt); kenna sér meint, *to feel pain*; e-m verðr meint við e-t, af e-u, *one takes hurt by a thing*.

mein-samliga, adv. *perniciously*; **-samligr**, *hurtful, causing pain*; **-samr**, a. *evil, noxious*; **-semd**, **-semi**, f. (1) *pain, hurt*; (2) *disease, sore*; **-staddr**, pp. *placed in distress*; **-stafir**, m. pl. *baleful staves, charms*.

meins-vanr, a. *guileless*.

mein-svari, m. *perjurer*; a. *perjured*; **-sœri**, n. *perjury*.

meinsœris-maðr, m. *perjurer*.

mein-tregi, m. *affliction, grief*; **-vættr**, f. *noxious wight, harmful being*; **-yrða** (**-rða, -rðr**), v. *to abuse in words*; **-yrði**, n. pl. *abusive words*.

meir-háttar, adv. *of greater importance* (= meira háttar).

meiri (neut. **meira**), a. compar., answering to pos. 'mikill' and superl. 'mestr', (1) *greater, bigger* (hann var hverjum manni m. ok sterkari); (2) *greater, larger, more*, of quantity (meira fé ok betra).

meirr, adv. compar., answering to 'mjök' and superl. 'mest', (1) *more* (konungr elskaði Hákon m. en nökkurn mann annan); (2) *then, after that*; sitja m. um sáttir saman, *and afterwards sit at peace together*; (3) with another compar.; firr m., *farther off*; sunnar m., *more to the south*.

meiss, m. *wooden box, basket* (hann hafði mikinn meis á baki).

meistara-dómr, m. *mastership, great skill*; **-samligr**, a. *masterly*.

meistari, m. (1) *lord, master*; (2) *master, teacher*; (3) *scholar*.

meita (**-tta, -ttr**), v. *to cut*; m. manar, skegg, *to cut the mane, beard*.

meitil-berg, n. *an abrupt crag*.

meitill (**-s, meitlar**), m. *chisel*.

meitla (**að**), v. *to chisel, cut*.

meizl, n., esp. pl. (1) *bodily hurts, injuries*; (2) *mutilation*.

meizla, f. = meizl.

meizla-högg, n. *injurious blow*; **-laust**, adv. *without bodily injury*.

mekt, f. *might*; *pomp* (rare).

mektugr, a. *mighty, powerful*.

mél, n. *time, moment* (á því méli dreif lið til hans).

mél, n. pl. *mouth-bit of a bridle*.

mel-bakki, m. *bank grown with lyme-grass* (melr).
meldr (gen. **-rs** and **-rar**), m. (1) *grinding* (standa at meldri); (2) *flour*; Fenju m., Fróða þýja m., *gold*.
mél-dropi, m. *foam from the bit*; **-greypr**, a. poet. *champing the bit* (marir, dröslar mélgreypir).
melja (**malda, maliðr**), v. *to pound*.
melr (**-s, -ar**), m. (1) *lyme-grass*; (2) *sand-bank, gravel-bank*.
mel-rakki, m. *arctic fox, white fox* (brenna inni sem m. í greni).
melta (**-lta, -ltr**), v. (1) *to malt for brewing* (m. korn); (2) *to digest* (m. valbráðir); also fig. (m. reiði).
mel-torfa, f. *turf grown with lyme-grass* (melr).
men (gen. pl. **menja**), n. *necklace* (hann batt menit á háls sér); fig. in pl., *treasures, jewels* (fjöld á ek menja).
mengi, n. *multitude*.
menjar, f. pl. = minjar.
menna (**-ta, -tr**), v. *to make a man of, breed*; refl., mennast, *to become a man*, = mannast.
menni, n., a nickname; but freq. in compds., góð-, ill-, rík-, fjölmenni.
menni-liga, adv. *manfully*; **-ligr**, a. *manly, well bred*, = mannvænn.
menning, f. *breeding, upbringing, education* (ætt hans ok m. góð).
mennska, f. *human nature, humanity*; = manndómr.
mennskr, a. *human*; m. maðr, *human being*, opp. to giants, ogres, or supernatural beings.
mennt, f. *art, skill, accomplishment* (hefir þú til ills þína m.).
menntan, f. *breeding, culture*.
menntr, pp. *bred, educated, accomplished* (vel m. um marga hluti).
men-skögul, f., poet. *lady*.
men-vörðr, m. *keeper of treasures*.
mergð, f. *multitude, plenty* (m. fjár).
merg-lauss, a. *marrowless*.
mergr (gen. **-jar**), m. *marrow*.
merg-und, f. *a wound to the marrow*; also **mergundar-sár**, n.
mer-hross, -hryssi, n. *mare*.
merja (**mer, marða, mariðr**), v. *to bruise, crush*.
merki (gen. pl. **merkja**), n. (1) *boundary*, = landamerki; (2) *banner, standard* (tók merkit af stönginni); (3) *mark, token, sign* (mun þat til merkja, at þeir Grímr munu heim koma); þessir menn, er náliga vóru með øngum merkjum, *of no mark, distinction*; (4) *remains, traces* (þeir lögðu ok garðinn sem enn sér m.).
merki-á, f. *boundary river*; **-liga**, adv. (1) *remarkably*; (2) *clearly, perceptibly*; **-ligr**, a. (1) *perceptible*; (2) *remarkable, noteworthy, distinguished* (uppruni hans var -ligr); **-máll**, a. = merkmáll, merkorðr.
merking (pl. **-ar**), f. (1) *marking*; (2) *mark, sign*; (3) *signification*.
merkis-burðr, m. *the carrying of the standard*; **-maðr**, m. (1) *standard-bearer*; (2) *man of mark, distinguished person*; **-stöng**, f. *standard-pole*.
merki-stjarna, f. *planet*; **-stöng**, f. = merkis-stöng; **-tungl**, n. = -stjarna.
merkja (**-ta, -tr**), v. (1) *to mark* (m. eyra á fé); (2) *to mark, draw* (hann var merktr eptir Þór, ok hefir hann hamar í hendi); ok m. á nagli nauð, *and mark* (*the character*) 'nauð' *on one's nail*; (3) *to mark, note, observe* (síðan merkti hann þúfu þá, er griðkonan þerði á fœtr sína); (4) *to notice, perceive* (merktu þeir at sólargangi, at sumarit munaði aptr til vársins); (5) *to show, indicate* (merkti Sunnifa þat í þessu); (6) *to denote, signify, mean* (vil ek, at þú segir drauminn ok hvat hann merkir).
merk-máll, -orðr, a. *truthful, trustworthy* (-orðr maðr).
merkr, a. *of mark, noteworthy* (m. maðr ok sannorðr).
merr (gen. **merar**, acc. and dat. **meri**, pl. **merar**), f. *mare*.
mersing, f. = messing.
messa, f. (1) *mass*; syngja messu, *to chant the mass*; (2) = messudagr (Jóns m., Ólafs m.).
messa (**að**), v. *to say the mass*.
messing, f. *brass* (stafr búinn með messingu); **messingar-**, *made of brass, brazen* (-hestr, -ker, -spánn).
messu-dagr, m. *mass-day, feast-day*; **-djákn**, m. *deacon, clerk*; **-embætti**, n. *office of the mass, divine*

service; **-föt, -klæði,** n. pl. *vestments*; **-mál,** n. *mass time*; **-serkr,** m. *surplice*; **-skrúði,** m. = -klæði; **-sloppr,** m. = -serkr.

mest, adv. superl. (1) *most* (þeim var ek verst, er ek unna m.); (2) *almost* (kvað hann þá m. aðra hönd af Þóri).

mest-háttar, adv. *most remarkably.*

mestr, a. superl. *greatest* (margir hinir mestu menn); cf. 'mikill'.

mestu, adv. *mostly, nearly.*

met, n. pl. *weights*; fig., koma sínum metum við, *to have one's own way.*

meta (**met; mat, mátum; metinn**), v. (1) *to estimate, value*; ef þeir kynni m. sik, *if they could value themselves rightly, not puff themselves up*; m. e-t mikils, lítils, einskis, *to attach great, little, no value to*; *make much, little, nothing of*; munu þín orð hér um einskis metin, *thy words will be counted for naught*; (2) m. e-t fjár (kaups, etc.), *to put a money-value on, to charge for* (aldri mat hann fjár lækning sína); m. e-t við e-n, *to name a price to one for a thing*; met þú við mik rekkjubúnaðinn, *tell me the price of the bed-furniture*; ok vil ek eigi m. við þik (*I will not charge you anything*), heldr vil ek, at þú þiggir skikkjuna; *to leave it to another to decide*; allir mátu við Erling atkvæði um skírsluna, *they all left it to E. to decide about the ordeal*; við Þorkel met ek at fá þá hluti til, er hafa þarf, *I leave it to Th. to provide the necessary things*; (3) refl., metast til e-s, *to be reckoned as, counted for* (bað þá gera þá smíð, er til afbragðs mætist); m. e-t við, *to contend about*; ef þeir metast eiða við, *if there is a contest about taking the oaths.*

metandi (pl. **-endr**), m. *appraiser.*

met-fé, n. *a thing having a special value set upon it.*

metinn, pp., vel m., *highly esteemed.*

metja (**met, matta, mattr**), v. *to lap* (with the tongue).

metnaðar-fullr, a. *full of pride or ambition*; **-girnd,** f. *ambition*; **-gjarn,** a. *ambitious*; **-leysi,** n. *modesty*; **-maðr,** m. *ambitious man*; **-samligr, -samr,** a. *proud, haughty.*

metnaðr (gen. **-ar**), m. (1) *esteem, value* (þann metnað hefi ek á ráðagerðum mínum, at); (2) *honour, repute* (hann var þar í miklum metnaði); (3) *pride, ambition* (m. honum þróast, en mannvit aldregi).

metnast (**að**), v. refl. *to puff oneself up* (m. af mikillæti ríkis síns).

met-orð, n. (1) *estimate, valuation*; (2) *esteem, consideration*; þeir gørðu svá mikil -orð hans, at, *they paid him so much regard that*; sitja yfir -orðum manna, *to bear down others.*

metorða-maðr, m. *man of distinction* (hann var -maðr mestr).

mettr, pp. *having eaten one's fill.*

mey, f. = mær; **-barn,** n. *female child, girl*; **-dómligr,** a. *virgin*; **-dómr,** m. *maidenhood, virginity.*

meyja, f. *maid, girl,* = mær.

meyjar-, gen. from 'mær'; **-mál,** n. pl. *matters relating to marriage*; **-mundr,** m. *a maid's* 'mundr'.

mey-ligr, a. *maiden, virgin*; *girlish*; **-lífi,** n. *maiden life.*

meyrr, a. *rotten* (m. börkr).

mey-staulpa, -stúlka, f. *girl.*

mið, n. (1) *the middle* (sá var mestr, er í miðit reið); (2) *mark*; sem ek munda hafa m. á mér, ef, *which I should have experienced on myself, if*; (3) *fishing bank* (indicated by landmarks on shore); bregða til miða, *to seek for a fishing bank.*

miða (**að**), v. *to take note, mark* (E. hafði glöggt miðat á um kveldit, hvar konungrinn hvíldi); m. við e-t, *to mark a distance or place by another object* (hlað hér vörðu, ok miða svá við þar sem eldrinn brennr).

mið-aldra, a. indecl. *middle-aged*; **-breytis,** adv. *midway, halfway*; **-byrði,** n. *the middle of a ship* (skipit var breitt um -byrðit); **-bœr,** m. *a farm lying in the midst* (of three); **-degi,** n. *midday, noon.*

miðdegis-skeið, n. *noon-tide.*

mið-digr, a. *stout in the waist*; **-fasta,** f. *Mid-Lent*; **-firðis,** adv. *in the middle of the fjord*; **-fylking,** f. *the middle of the line* (in battle).

mið-garðr, m. *midgarth, the earth*;

-heimr, m. *centre of the world*; **-herðar**, f. pl. *mid-shoulders*; **-hjalli**, m. *middle shelf on a hill-side*.

miðil (also á or í **miðil**), prep. = meðal, milli (miðil svefns ok vöku).

miðja, f. *the middle* (í miðju).

Miðjarðar-haf, n., **-sjór**, m. *the Mediterranean sea*.

mið-kafli, m. *middle piece*; **-kvísl**, f. *middle branch* (of a stream).

miðla (**að**), v. (1) *to share*; m. e-m e-t *or* m. e-t við e-n, *to share with another* (Gunnar miðlaði mörgum mönnum hey ok mat); skal ek eigi m. ríkit, *I shall not share the realm*; m. spor sín, *to make a step*, *move* (stöndum fast ok miðlum ekki spor vár); (2) *to mediate*; m. mál *or* málum, *to make a compromise*; (3) refl., miðlast e-t við, *to share with one another*; m. mál við, *to make a compromise*.

miðlan, f. (1) *partaking*, *sharing with another* (m. auðar); (2) *compromise* (gøra m. á um e-t).

miðlanar-mál, n. pl. *compromise*.

mið-langr, a. *long-waisted*, a nickname; **-leiðis**, adv. (1) *midway*, *half-way* (er þeir kómu -leiðis til Máfahlíðar); (2) *in the middle* (Ísraels synir gengu þurt -leiðis um hafit).

miðlung, adv. *middlingly*, *indifferently*, *poorly*; þykkist hann þá vera m. staddr, *in rather a hard plight*.

miðlungi, adv. = miðlung.

mið-messa, f. '*the middle mass*', *matins*; **-mjór**, a. *slender in the waist*.

miðmunda-skeið, n., the time when the sun is midway between midday (twelve o'clock) and 'nón' (three o'clock), *half past one* (um -skeið miðs dags ok nóns); **-staðr**, m. *the middle point between two places or times* (í -stað vestrs ok útnorðrs).

mið-mundi, m. (1) *the middle between two places*; þá er Skoðborgará á -munda, *the river S. is midway*; with gen., þá er sól er -munda norðrs ok landnorðrs, *when the sun is midway between north and north-east*; (2) = miðmundaskeið (fyrir -munda hófst orrostan, en konungr féll fyrir nón); (3) *moment*, *weight*, *importance*; allir þeir, er þar höfðu verit ok nökkurr -mundi var at, *and were of any note*.

mið-nætti, n. *midnight*; **-pallr**, m. *the middle bench* (of the 'lögrétta').

miðr (**mið**, **mitt**), a. *middle*, *lying in the middle*; nær miðri veröldinni, *near the middle of the world*; G. leggr í móti atgeirinum ok kom á hann miðjan, *and struck him in the middle*; áin var opin um mitt, *in the middle*; mið nótt, *midnight* (þá var mið nótt); m. dagr, *midday* (þat var nær miðjum degi, er þeir fundust); m. aptann, *six o'clock p.m.*; m. morginn, *six o'clock a.m.*; at miðjum vetri, um miðjan vetr, *at midwinter*; mitt sumar, *midsummer*; miðrar brautar, *in the middle of the road*.

miðr, adv. = minnr, *less*.

mið-skammr, a. *short-waisted*; **-skeið**, n. *middle course*; **-skip**, n. *middle of a ship* (=mitt skip); **-skipa**, adv. *amidships*; **-sumar**, n. *midsummer* (= mitt sumar).

miðsumars-helgr, f. *midsummer-day*; **-skeið**, n. *midsummer time*.

miðsvetrar-blót, n. *midwinter sacrifice*; **-nótt**, f. *midwinter night* (= hökunótt); **-skeið**, n. *midwinter time*.

mið-syndis, adv. *in the middle of the sound* (cf. 'sund').

miðviku-dagr, m. *Wednesday*; **-morginn**, m. *Wednesday morning*.

mið-þröngr, a. *tight in the waist*.

mikil-brjóstaðr, a. *stout-hearted*, *high-minded*; **-fengligr**, a. *stout-looking*; **-gjarn**, a. *aspiring to great things*; **-gæfr**, a. *of great importance*; **-hugaðr**, a. *big-spirited*; **-hæfr**, a. *stately*, *eminent*.

mikill (acc. **mikinn**, neut. **mikit**), a. (1) *great*, *tall*, of stature (m. vexti, maðr m. ok sterkr); (2) *great*, *large*, in bulk or size (mikil ey ok góð); áin var mikil, *the river was swollen*; (3) of quantity, *great*, *much* (m. viðr, mikil drykkjuföng); (4) *great*, *prominent* (skörungr m., málafylgjumaðr m.); m. drykkjumaðr, *a great drunkard*; vetr m., *a severe winter*; með mikilli snild, *with great skill*; (5) acc. 'mikinn' used as adv.; ríða (fara)

m. *to ride (go) fast*; róa m., *to pull hard*; (6) neut. as subst., *much*; skipta miklu, *to be of great importance*; dat., 'miklu' with compar., *much, by far* (m. betr; m. meiri maðr en áðr); with superl., m. mestr, *by far the greatest, the very greatest*; neut. as adv., mikit, *greatly, much*, = mjök (hón unni honum m.).

mikil-látr, a. *proud, grand*; **-leikr**, m. *greatness, largeness*; **-leitr**, a. *having marked (prominent) features*; **-liga**, adv. (1) *greatly*; (2) *proudly* (láta -liga); **-ligr**, a. *grand, considerable*; **-lætast** (tt), v. refl. *to pride oneself*; **-læti**, n. *pride, pomp*; **-mannliga**, adv. *magnificently*; **-mannligr**, a. *grand, magnificent, generous*; **-menni**, n. *great, powerful man*; **-menska**, f. *greatness, magnificence*; **-mæli**, n. *high words*; **-ráðr**, a. *imperious*; **-ræði**, n. *great feat*; **-úðligr**, a. *imposing*; **-vegligr**, a. *magnificent*; **-virkr**, a. *doing great work*; **-vænligr**, a. *important*; **-þægr**, a. *exacting*.

mikils-háttar, adv. *distinguished*.

Mikjáls-messa, f. *Michaelmas*.

mikla (að), v. (1) *to make great, increase, magnify*; m. sik, *to pride oneself*; (2) impers., e-m miklar e-t, *one wonders at* (konungi miklar þat með sjálfum sér, at); (3) refl., miklast, *to acquire fame* (ef konungr vill m. af þessu); *to pride oneself* (engi maðr miklist eða stœrist af sinni ætt).

miklan, f. *increase, greatness*.

mild-hugaðr, a. *mild, kind-hearted*.

mildi, f. *kindness, mercy, grace*.

mildingr (-s, -ar), m., poet. *a liberal man* (örr maðr heitir m.).

mildi-verk, n. *work of charity*.

mild-leikr, m. *mildness, mercy*; **-liga**, adv. *mildly, gently*; **-ligr**, a. *mild, gentle*.

mildr, a. (1) *mild, gentle, gracious*; (2) *munificent, liberal* (m. af fé).

milli, prep. with gen., also **millim, millum**, (1) *between* (m. skógarins ok árinnar); sín á (*or* í) m., *between (among) themselves*; sigla m. landa, *from one land to another*; (2) special usages; var enn meirr vönduð veizla en þess í m., *more than otherwise*; um aðra hluti var skamt m. máls konunga, *in other things there was no great difference between them*; standa í m., *to stand between, hinder*; mátti þar ekki í millim sjá, hvárr af öðrum myndi bera, *it could not be seen which of the two would get the better of it*; (3) ellipt. in 'm. ok'; upp með ánni, m. (*viz.* árinnar *or* hennar) ok skógarins, *up along the river, between (it) and the forest*.

millim, millum, prep. = milli.

millum-ferð, f. *going between, mediation* (bréfsendingar ok -ferðir).

milti, n. *milt, spleen*.

minja-gripr, m. *heirloom, keepsake* (saxit var minjagripr þeirra).

minjar, f. pl. *memorial, souvenir, keepsake* (hann tók hringinn Draupni ok sendi Óðni til minja; þessa gripi skaltu eiga at minjum).

minka (að), v., see 'minnka'.

minn (**mín, mitt**), pron. *my, mine*.

minna (-ta, -tr), v. (1) *to remind of* (m. e-n e-s *or* e-n á e-t); hón hefir mik minnt þeirra hluta, *or* minnt mik á þá hluti, *she has reminded me of those things*; (2) impers., mik minnir e-s, *I remember, think of* (ávallt er ek sé fagrar konur, þá minnir mik þessarrar konu); (3) refl., minnast e-s, *to remember, call to mind* (H. minntist þess, at A. hafði rænta ok barða húskarla hans); eigi væri allfjarri at m. þín í nökkuru, *to remember thee with some small pittance, give thee some trifle*; m. á e-t, *to bear in mind, remember*; þá munu vér m. á hinn forna fjándskap, *then we will bear in mind the old feud*; *to mention, talk of* (hann minntist þá á marga luti þá, er fyrr höfðu verit).

minnast (t), v. refl. *to kiss* (m. við e-n *or* til e-s); hann spratt upp í móti honum ok minntist til hans, *he rose and kissed him*.

minni, n. (1) *memory* (hann missti minnis ok þótti nær sem vitstolinn); leggja e-t í m., *to lay up in the mind*; reka m. til e-s, *to call to mind*; (2) esp. in pl. *memorials* (slík m. hafa Íslendingar Haralds konungs ok mörg önnur); settir eptir (*viz.* dauða) bautasteinar til minnis, *as a memorial*; (3) *memory*, of past time; þeir er vóru fyrir várt m., *who lived before we can remember*; (4) *memorial cup, toast* (at old sacrifices and banquets); mæla fyrir minnum, *to propose a toast.*

minni, a. compar., **minnstr**, a. superl., answering to 'lítill', *less, smaller*; *least, smallest* (var minna karp þitt, meðan H. konungr lifði); er sá kallaðr minni maðr (*lower in rank*), er öðrum fóstrar barn.

minni, n. *mouth* (of a river, fjord, valley), = mynni.

minnigr, a. (1) *having a good memory* (Hallr var maðr stórvitr ok m); (2) m. e-s, *mindful of, bearing in mind* (m. þeirra meingørða, er).

minni-liga, adv. *in memory* (at þau frægðar verk skyldu -liga haldast); **-ligr**, a. *memorable.*

minning (pl. **-ar**), f. (1) *memory, recollection, remembrance*; í m. e-s, *in memory of* (í hverja m. heldr þú þenna dag?); (2) in pl. *traces* (engar minningar vóru eptir hans meina); (3) *gift, present*; (4) *requital, revenge* (þótti sjá m. betri en eigi); (5) *admonition, foreboding* (þessi m. varð náliga hverja nótt); (6) *mention, suggestion, proposal* (gørði G. þá m., at).

minningar-mark, n. *monument*; **-verðr**, a. *memorable, worth remembering* (þat sýnist mönnum -vert).

minni-samligr, a., **-samr**, a. *memorable, not to be forgotten* (mun þér þat minnisamt); gøra e-m hríð -sama, *to make one remember an attack.*

minnis-drykkja, f. *a banquet where there are* 'minni' (*toasts*); **-horn**, n. *memorial horn*; **-stœðr**, a. = minnisamr; **-veig**, f. *a drink to restore remembrance*; **-öl**, n. = -veig.

minnka (**að**), v. (1) *to lessen, diminish*; fig., m. sik, virðing sína, *to lower oneself*; impers., minnkar e-t, *it abates, decreases* (biðu þeir þess, er minnkaði ísana); (2) *to grow less*, = minnkast; (3) refl., minnkast, *to grow less, decrease* (þótti mér mikit vaxa mín virðing, en m. ekki).

minnkan, f. *decrease, diminishing.*

minnr, adv. compar. *less* (þeir sem vitrari vóru ok m. drukknir); with dat., vetri m. en hálf-sextugr, *fifty-four years old*; vera lífi m., *to be minus one's life, lifeless, dead*; engu m., *no less*; minnr en, *less than.*

minnst, adv. superl. *least*; m. mánað, *at least a month*; **minnstr**, a. superl. *least*; see 'minni'.

mis, **á mis** (older form **miss**), adv. *amiss*; *so as to miss*; farast þeir hjá á m., *they pass each other without meeting.*

mis-bjóða (see **bjóða**), v. *to offend*; e-m þykkir sér -boðit í e-u, *one feels offended at, takes it ill*; **-brigði**, n. *offence*; **-dauði**, m. *death at different times*; ef -dauði þeirra yrði, *if one of them should die before the other*; **-deild**, f. *quarrel*; **-deili**, n. '*wrong dealing*', *undue preference*; **-djúpr**, a. *of unequal depth*; *now shallow, now deep*; **-dýpi**, n. *unequal depth*; **-eldri**, n. *disparity in age* (-eldri þeirra brœðra var mikit); **-fall**, n. *mishap, mischance*; **-falla** (see **falla**), v. *to happen amiss*; **-fangi**, m. *mistake*; **-fara** (see **fara**), v. *to treat amiss, outrage* (-fara e-u *or* með e-u); e-m -ferst, *it goes amiss with one*; **-fari**, m. *difference in speed*; **-fengr**, a. *missing one's aim*; **-ferli**, n. (1) *misconduct*; (2) *mishap*; **-fróðr**, a. *of different opinion*; **-för**, f. (1) *misconduct*; (2) in pl. *mishaps, miscarriage, accident*; **-ganga**, f. (1) *dissent*; (2) *misconduct*; (3) *spring-tide* = -göng; **-góðr**, a. *partly good, partly bad*; **-gruna** (**að**), v. *to suspect*; **-göng**, n. pl., **-göngur**, f. pl. *spring tide*; **-gøra** (see **gøra**), v. *to do amiss, transgress*; **-gørð**, **-gørning**, f., **-gørningr**, m. *misdeed, transgression*; **-haldinn**, pp. *wronged, not getting fair treatment*; **-heldi**, n. *unfair treatment*; **-hljóðan**, f. *discordance*; **-hugi**, a., vera -hugi við e-n, *to be at variance with*; **-hugna** (**að**), v. *to displease*; **-högg**, n. *striking amiss*; **-innt**, pp. n., e-m verðr -innt, *one makes a mistake* (*in speaking*); **-jafn**, a. *uneven, unequal, of various qualities, indifferent, rather bad* (samfarar þeirra vóru -jafnar); mœta -jöfnu, *to meet with hardships* (sá verðr at mœta -jöfnu, er víða ferr); þessi ætlan þótti mönnum -jöfn, *there were different opinions about this undertaking*; -jafna (að), v. *to make unequal, share unequally*; -jafna frásögn um menn, *to give a different account of, speak well of one and ill of another*; **-jafnaðr**, m. *unequal sharing, odds*; **-jafnan**, f. = -jafnaðr; **-kast**, n. *throwing away*; farast at -köstum, *to be wasted*; **-kenna** (-da, -dr), v. *to mistake for another.*

miski, m. *offence, harm*; gøra e-m til miska, *to offend, wrong a person.*

mis-kunn, f. *forgiveness, mercy, grace* (vill Þ. gefast upp í mitt vald til -kunnar); í m. konungs, *at the king's mercy*; gøra -kunn á e-m, *to show mercy to*; **-kunna** (að), v. *to show mercy to, deal mercifully with, pardon* (-kunna e-m, máli e-s).

miskunnar-andi, m. *spirit of mercy*; **-augu**, n.pl. *eyes of mercy*; líta -augum til e-s, *to look in mercy on*; **-bragð**, n. *act of grace*; **-dómr**, m. *merciful judgment*; **-faðmr**, m. *bosom of mercy*; **-gjöf**, f. *gracious gift*; **-heit**, n. *promise of mercy*; **-hugr**, m. *merciful disposition*; **-lauss**, a. *merciless, unforgiving*; **-leysi**, n. *hardness of heart, cruelty*; **-maðr**, m. *object of charity*; **-verk**, n. *work of mercy or charity.*

miskunn-lauss, a. *finding no mercy*; **-samliga**, adv. *mercifully*; **-samr**, a. *merciful*; **-semd**, **-semi**, f. *compassion, mercifulness.*

mis-kveða (see **kveða**), v. = -mæla.

miskviða-laust, adv. *without making any slip* ('miskviðr') *in the pleading* (hann sótti málit -laust).

mis-kviðr, m. *a slip in the pleading* (before a court); **-leggja** (see leggja), v. *to lay amiss*; fig., e-m eru -lagðar hendr, *one does the contrary of what one ought to do*; **-litr**, a. *party-coloured, variegated*; **-líka** (að), v. *to dislike, be displeased with* (e-m -líkar e-t); **-líkan**, f. *dislike*; **-lítast** (see líta), v. refl., e-m -lízt e-t, *one is mistaken about a thing*; **-lyndi**, n. *fickleness*; **-lyndr**, a. *fickle-minded*; **-lýti**, n. pl. *faults, flaws*; **-lögur**, f. pl., leggja fœtrna -lögum, *to lay the feet across*; **-munr**, m. *difference, disproportion*; **-mæla** (-ta, -tr), v. *to make a slip of the tongue* (Þórði varð -mælt); **-mæli**, n. *slip of the tongue* (mæla -mæli); e-m verðr -mæli á munni, *one makes a slip of the tongue*; **-ráðit**, pp. n., e-u er -ráðit, *it is ill-advised*; **-ræði**, n. *ill-advised deed*; **-rœða**, f. *impropriety* (drýgja -rœðu við konu).

miss, **á miss**, adv. = mis, á mis.

missa (-ta, -tr), v. (1) *to miss, fail in hitting* (Kolr sveiflaði til hans øxi ok missti hans); (2) *to be without* (þeir höfðu lengi matar misst); impers., missir e-s, *it ceases*; þar sem missti húsanna, *where there were no longer any houses*; (3) *to miss, feel the want of* (missum vér nú Hákonar, frænda míns); m. fótanna, *to slip with the feet, miss one's footing*; impers., ef mín missir við, *if I should die*; (4) *to lose, suffer loss of*; ek hefi mikils misst, *I have had a great loss*; (5) with acc. *to lose*, esp. in later writers (vér höfum misst frændr vára).

missa, f. *loss* (megu vér nú eigi þegja yfir missu okkarri).

mis-sáttr, a. *disagreeing, at variance*; **-segja** (see **segja**), v. *to relate wrongly or incorrectly.*

misseri, n. (1) *season, a period of six months, half year* (ár heitir tvau m.); sams misseris, *in the same season*; (2) in pl. *twelvemonth, year* (er þau höfðu ásamt verit ein m., áttu þau son); önnur m., *the next twelvemonth*; á tveim hinum fyrrum misserum, *in the two preceding years*; öllum misserum, *all the year round.*

missi-fengr, a. *missing one's aim.*

missir (gen. **-is**), m. *loss*, = missa.

mis-síðr, a. *of unequal length* (of a garment); **-sjá** (see **sjá**), v. *to see amiss*; **-skipta** (-pta, -ptr), v. *to share unequally*; **-smíði**, n. pl., *mistakes in a work* (svá at eigi verði stór -smíði á); sjá, finna -smíði á e-u, *to find, see faults in a thing*; **-stórr**, a. *of different size*; **-svefni**, n. *sleeping and waking alternately*; **-sýnast** (see **sýna**), v. refl., e-m -sýnist, *one sees wrong, is mistaken* (allmjök -sýnist slíkum manni sem Broddi er); **-sýni,** n. *deception of sight, mistake*; **-sæll,** a. *of unequal happiness*; **-sætti,** n. *discord.*

Mist, f. *a Valkyrie.*

mis-taka (see **taka**), v. (1) *to take by mistake*; (2) e-m verðr -tekit til e-s, *one does a thing wrongly*; refl., -takast, *to miscarry*; **-tala** (**að**), v. *to make a slip with the tongue*; **-tekja,** f. (1) *mistake*; (2) *wrongful taking.*

mistil-teinn, m. *mistletoe.*

mis-trúa (see **trúa**), v. *to mistrust, disbelieve*; **-trúnaðr,** m. *mistrust, doubt*; **-tryggja** (**-ða, -ðr**), v. = -trúa; **-verk, -verki,** n. *misdeed*; **-vitr,** a. *not always equally wise*; **-þokkaðr,** pp. *offensive, displeasing,* with dat.; **-þokki,** m. *displeasure, dislike*; **-þokknast** (**að**), v. refl. *to displease*; **-þykki,** n., **-þykkja,** f. *discord*; **-þykt,** f. (1) *displeasure*; (2) *discord*; **-þyrma** (**-da, -t**), v. *to violate, damage, outrage*; **-þyrming,** f. *maltreatment, outrage.*

míga (**míg**; **meig, migum**; **miginn**), v. *to make water.*

míla, f. *mile* (rare).

mjaðar-, gen. from 'mjöðr'; **-bytta,** f. *mead-tub*; **-drykkja,** f. *mead-drinking*; **-ístra,** f. *mead-paunch*; **-lögr,** m. *mead-liquor.*

mjaðmar-, gen. from 'mjöðm'; **-bein,** n. *hip-bone*; **-bragð,** n. *hip-trick* (in wrestling); **-höfuð,** n. *the head of the thigh-bone.*

mjall-hvítr, a. *snow-white.*

mjaltir, f. pl. *milking* (vóru þá konur at mjöltum).

mjaltr, a. *giving milk, milch.*

mjó-beinn, a. *slender-legged* (a nickname); **-eygr,** a. *narrow-eyed.*

mjófast (**að**), v. refl. *to become narrow* (sundin mjófast til útsiglingar).

mjó-hundr, m. *greyhound*; **-leitr,** a. *narrow-faced,* opp. to 'breiðleitr'.

mjókka (**að**), v. = mjófast.

mjólk (gen. **mjólkr**), f. *milk.*

mjólka (**að**), v. (1) *to milk*; (2) *to give milk* (geitr mjólkuðu sem kýr).

mjólk-á, f. *milk-stream.*

mjólki, m. *milksop* (m. þinn!).

mjólkr, a. *milch, giving milk.*

mjór (**mjó, mjótt**), a. (1) *thin, slender, slim*; mjótt band, *a slender cord*; (2) *pointed* (m. knífsoddr); (3) *narrow,* opp. to 'breiðr' (þar var mjótt sund ok djúpt).

mjó-rakki, m. = mjó-hundr.

mjúk-dómr, m. *meekness*; **-fingraðr,** a. *soft-fingered*; **-hendr,** a. *soft-handed*; **-hjartaðr,** a. *tender-hearted*; **-látr,** a. *meek, gentle*; **-leikr,** m. *nimbleness, agility*; **-liga,** adv. (1) *softly, tenderly*; (2) *nimbly*; (3) *gently, mildly* (tala -liga); **-ligr,** a. *meek, soft*; **-lyndi,** n. *meekness*; **-lyndr,** a. *meek-tempered, gentle*; **-læta** (**-tta, -ttr**), v. *to humble* (-læta sik); **-læti,** n. *meekness, gentleness*; **-orðr,** a. *smooth-spoken.*

mjúkr, a. (1) *soft* to the touch, opp. to 'harðr' (mjúkt skinn); (2) *agile, supple* (m. ok vel glímufœrr); (3) *easy, comfortable* (þótti þeim þat mjúkara at taka, er laust flaut); (4) *meek, pliable, gentle* (þér munu menninir mjúkari en mér).

mjúk-ræss, a. *running smoothly* (of a ship); **-tœkr,** a. *touching gently.*

mjöð-drekka, f. *mead-cask*; **-drukkinn,** pp. '*mead-drunk*'; **-drykkja,** f. *mead-drinking.*

mjöðm (gen. **mjaðmar,** pl. **mjaðmir**), f. *hip*; bregða e-m á m., *to throw one's antagonist by a hip-trick* (mjaðmarbragð).

mjöðr (gen. **mjaðar,** dat. **miði**), m. *mead*; blanda mjöð, *to blend mead*; grasaðr m., *spiced mead.*

mjöð-rann, n. *mead-hall.*

mjök, adv. (1) with verbs, *much, greatly* (hann skaut m. til ráða dóttur sinnar); (2) with adjs. and advs. *very* (harðlyndr m.); (3) *almost, very nearly* (hann var dauðr m. af kulda).

mjöl (gen. **mjöls,** dat. **mjöli, mjölvi**), n. *meal, flour* (skip hlaðit af malti ok mjölvi); **-belgr,** m. *meal-bag*; **-kaup,** n. pl. *purchase of meal* (fara at mjölkaupum); **-kýll,** m. = -belgr.

mjöll (gen. **mjallar**), f. *fresh powdery snow* (sá snjór, er hvítastr er, ok í logni fellr, ok m. er kallaðr).

mjöl-leyfi, n. *licence to export meal*; **-sáld,** n. *a measure of meal*; **-skuld,** f. *rent to be paid in meal*; **-vætt,** f. *a weight* (40 lbs.) *of meal.*

mjörkva-flaug, f. *drifting fog.*
mjörkvi, m. *dense fog* = myrkvi.
mjöt, n. pl., poet. *the right measure.*
mjötuðr, m. (1) *dispenser of fate, ruler, judge*; (2) *bane, death* (sverð heitir manns m.); (3) = mjötviðr).
mjöt-viðr, m. *the world-tree* (?).
moð, n. *refuse of hay.*
moka (að), v. (1) with dat. *to shovel* (m. ösku, snjó, myki); (2) with acc. *to cleanse by shovelling, to clear of dung,* etc. (m. flór, kvíar, fjós).
mokstr, m. *shovelling.*
mola (að), v. *to crush, break into small pieces* (hauss hans molaðist).
mold (dat. moldu), f. (1) *mould, earth* (hlóðu síðan at grjóti ok jósu at moldu); (2) *earth, the ground*; fyrir m. ofan, *above earth, alive*; fyrir m. neðan, *beneath the earth, underground*; hníga til moldar, *to die.*
moldar-auki, m. '*mould's eke*', *dust*; verða at -auka, *to be turned into dust*; **-bakki**, m. *earth-bank*; **-flaga**, f. '*earth-flag*', *sod.*
mold-bakki, m. = moldarbakki; **-búi**, m. *mould-dweller, ghost*; **-hrúga**, f. *heap of earth*; **-oxi**, m. '*mould-grub*', a nickname; **-reykr**, m., **-ryk**, n. *cloud of dust.*
moldugr, a. *covered with mould.*
mold-vegr, m. *path of earth* (lét hón mar fara -veg sléttan); **-þinurr**, m. '*the earth-thong*' (the serpent 'Miðgarðsormr').
moli, m. *small piece, crumb*; also collect. *bits, fragments* (haussinn brotnaði í smán mola).
molna (að), v. *to crumble into dust.*
morð, n. *murder* (kallið þér þat eigi m., at drepa menn um nætr?).
morð-för, f. *death* (*by murder*); **-gjarn**, a. *murderous.*
morðingi (pl. -jar), m. *murderer.*
morð-járn, n. *murderous weapon*; **-vargr**, m. *murderer*; **-verk**, **-víg**, n. *murder* (náttvíg eru morðvíg).
morgin-drykkja, f. *morning-drinking*; **-dögg**, f. *morning dew*; **-gjöf**, f. *bridal gift* (on the morning after the wedding); **-leið**, f. *a morning's walk*; **-mál**, n. *morning milking-time.*
morginn (-s, pl. mornar, morgnar), m. *morning*; á morgin, *to-morrow*; at morni, *next morning* (konungr dvaldist þar um nótt, en at morni bjó hann ferð sína); í morgin, *this* (*past*) *morning* (dauðan segir þú þann nú, er vér höfum hjalat við í morgin); *to-morrow* (í morgin, sem ljóst er, skulu vér rannsaka bœinn); um morgininn (eptir), *next morning.*
morgin-skin, n. *morning light*; **-sól**, f. *the rising sun*; **-stjarna**, f. *the morning star*; **-tíðir**, f. pl. *matins*; **-veiðr**, f. *morning catch*; **-verk**, n. *morning work.*
morgna (að), v. *to become morning, dawn* (þar til er morgnat var mjök).
morgunn, m. = morginn.
morkna (að), v. *to become rotten.*
morn, f. *pining away.*
morna (að), v. = morgna.
morna (að), v. (1) *to waste or pine away* (m. ok þorna); (2) *to cause to pine* (þik morn morni!).
mornan, f. *morning, dawn.*
mosa-vaxinn, pp. *moss-grown.*
mosi, m. (1) *moss*; (2) *moorland.*
mosóttr, a. *mossy, moss-grown.*
motr (gen. -rs), m. *a lady's head-gear* (m. snjóhvítr ok gullofinn).
motra, f. *a woman wearing a* 'motr'.
móast (að), v. refl. *to be digested.*
mó-álóttr, a. *with a dark streak along the back* (of a horse); **-brúnn**, a. *dark brown, dun.*
móða, f. *large river.*
móð-akarn, n. '*mood-acorn*', *heart.*
móðerni, n. (1) *mother's side*, of lineage; at m., *on the mother's side*; (2) *maternal origin* (ei mun logit til móðernis þíns); (3) *motherhood.*
móðir (gen., dat. and acc. **móður** or **mœðr**; pl. **mœðr**), f. *mother.*
móð-ligr, a. *excited, vehement.*
móðr, m. *excitement, wrath, passion* (þá gekk af honum móðrinn, ok sefaðist hann).
móðr, a. *weary, exhausted, worn out* (hann var m. mjök af göngu).
móð-tregi, m. *deep sorrow.*
móðugr (acc. **móðgan**), a. *moody, excited*; m. á munað, *bent on lust.*
móður-arfr, m. *maternal inheritance*; **-bróðir**, m. *uncle*; **-faðir**, m.

grandfather; **-frændr**, m. pl. *kinsmen on the mother's side*; **-kviðr**, m. *mother's womb*; **-kyn**, n. *mother's kin*; **-lauss**, a. *motherless*; **-leggr**, m. *mother's side*; **-ligr**, a. *motherly*; **-sonr**, m. *mother's son*; engi -son, *not a living soul*; **-systir**, f. *aunt*; **-tunga**, f. *one's mother-tongue*; **-ætt**, f. *kinsfolk on the mother's side.*

mó-hella, f. (*slab of*) *tufa*; **-kolla**, f. *a ewe with a dusky head*; **-kollóttr**, a. *with a dusky head* (of sheep).

mór (gen. **mós**, pl. **móar**), m. *moor, heath, barren moorland.*

mó-rauðr, a. *yellowish brown*; **-rendr**, a. *russet* (of wadmal); **-skjóttr**, a. *dun-piebald.*

mót, n. (1) *meeting*; mæla m. með sér, *to fix a meeting*; (2) *town-meeting* (var blásit til móts í bœnum ok sagt, at konungr vildi tala við bœjarmenn); (3) *joint, juncture* (cf. 'liðamót'); (4) in prepositional and adverbial phrases; á mót, í mót e-m, *to meet a person* (ganga, ríða á *or* í mót e-m); *against* (mæla, standa á *or* í mót e-u); í mót, *in return, in exchange*; á móti, í móti, at móti (e-m) = í mót; snúa í móti e-m, *to turn against one*; rísa í móti e-u, *to rise against, withstand*; mikit er þat í móti erfðinni minni, *that is much when set against what I shall leave behind me*; til móts við e-n, *to meet one*; halda til móts við e-n, *to march against one*; vera til móts, *to be on the opposite side*; miklir kappar eru til móts, *there are great champions to contend with*; eiga e-t til móts við e-n, *to own a thing in common with another* (= til jafns við e-n); gøra e-t til móts við e-n, *to equal one in a thing* (engan vissa ek þann, er þat léki til móts við mik).

mót, prep. with dat. *to meet, towards*, etc. = í mót (see 'mót' 4).

mót, n. (1) *image, stamp* (m. á peningi); (2) *model* (skaltu smíða hús eptir því móti, sem ek mun sýna þér); (3) *mark, sign* (máttu sjá m. á, er hón hlær við hvert orð); cf. 'ambáttar-, manns-, ættar-, œsku-mót'; (4) *manner, way*; með kynligu (undarligu) móti, *in a strange manner*; mikill fjöldi dýra með öllu móti, *of every shape and manner*; með því móti, *in that way*; með því móti, at, *in such a way that*; með litlu (minna) móti, *in a small* (*less*) *degree*; með engu móti, *by no means*; frá móti, *abnormal.*

móta (**að**), v. (1) *to form, shape*; (2) *to stamp, coin* (mótaðr peningr).

mót-bára, f. (1) '*counter-wave*', *objection*; (2) *adversity*; **-bárligr**, a. *adverse*; **-blástr**, m. *opposition*; **-burðr**, m. *coincidence*; **-dráttr**, m., **-drœgi**, n. *opposition, resistance*; **-drœgr**, a. *adverse, opposed*; **-ferðir**, f. pl. *opposition*; vera í -ferðum við e-n, *to resist, go against one*; **-ferli**, n. *adversity.*

mót-fjalar, **-fjalir**, f. pl. *the platform on which meetings were held.*

mót-för, f. *resistance, opposition* (vera í -för við e-n); **-ganga**, f. = -för (veita e-m -göngu, vera í -göngu við e-n); **-gangr**, m. = -ganga.

mótgangs-maðr, m. *opponent, adversary* (heilagrar kristni -menn).

mót-gørð, f. *offence, annoyance* (ef fóstra mínum væri eigi -gørð í).

mótgørða-samr, a. *given to offend or annoy* (one).

mót-horn, n. '*meeting-horn*', *trumpet* (rödd sem ógurligt -horn).

mót-högg, n. *blow in front*, opp. to 'bakslag'.

móti, prep. with dat. = í móti, (1) *against, contrary to* (þat var bæði m. guðs lögum ok heilagrar kirkju); (2) *in the direction of, towards*, = í gegn (á þann bekk, er vissi m. sólu); konungr leit m. honum, *the king looked towards him*; (3) *in return for* (gaf jarl konungi góð orð m. vináttu hans); (4) of time, *towards* (m. degi); m. vetri, *towards the setting in of the winter.*

mót-kast, n. *objection, opposition.*

mót-lauss, a. *without a join* (of a ring); **-líkt**, adv. *similarly, in a like manner* (-líkt ferr annan aptan); **-mark**, n. *stamp*; **-mæla** (**-ta**, **-tr**), v. *to contradict*; **-mæli**, n. *contradiction*; **-reið**, f. *encounter on horseback*; **-reist**, f. *resistance*; **-ris**, n. = -reist.

móts, gen. from 'mót'; m. við e-n

= til móts við, see 'mót' 4 (ek skal fara m. við þá).

mót-settr, pp. *adverse to* (e-m); **-snúinn**, pp. *adverse, opposed to* (e-m); **-staða**, f. *resistance*; **-staðligr**, a. *opposing, hostile.*

mót-stefna, f. *a meeting previously fixed or arranged.*

mót-stœðligr, a. = -staðligr.

mótstöðu-flokkr, m. *opposition party*; **-maðr**, m. *antagonist, adversary* (mótstöðumenn Gunnars).

mót-svar, n. *answer, reply*; **-tak**, n. *resistance, defence*; **-taka**, f. = -tak; **-viðri**, n. *contrary wind.*

mót-völlr, m. *place of meeting.*

mót-þrói, m. *hostility*; **-þykki**, n. *dislike, displeasure.*

muðla (að), v. *to mumble*; m. fyrir munni sér, *to mutter to oneself.*

muðlan, f. *mumbling.*

muðr (gen. **munns**), m. = munnr.

mugga, f. *mugginess, drizzling mist.*

muggu-veðr, n. *muggy, misty weather* (snæskafa eða -veðr).

muna (**man, munda, munaðr**), v. *to remember* (mantu nökkut, hver orð ek hafða þar um? Þat man ek görla); m. langt fram, *to remember far back*; m. til e-s, *to have recollection of* (spyrr Sveinn konungr, hvárt þeir muni til heitstrengingar sinnar); m. e-m e-t, *to remember a thing against one* (skal ek nú, segir hón, muna þér kinnhestinn).

muna (að), v. (1) *to move, remove*, with dat.; m. út garði, *to shift the fence farther off, widen it*; mér er ór minni munat, *I have quite forgotten it*; intrans., m. fram, *to move forward, advance* (miðlum ekki spor vár, nema vér munim fram); (2) *to make a difference*, with dat. of the amount (svá at muni hálfri stiku í tíu stikum).

muna (að), v. impers.; e-n munar, *one longs, desires* (rare).

munaðar-lifnaðr, m. *life of pleasure*; = munúð-lífi.

munaðr (gen. **-ar**), m. *voluptuous life.*

muna-fullr, a. *delightful.*

munar-heimr, m. *home of happiness*; **-lauss**, *joyless, unhappy.*

mund, n. *time, high time* (er þú hefir gört þetta, þá mun þér m. ór hauginum á braut); (í) þat m., *at (by, about) that time*; with gen., í þat m. dags, *at that time of the day*; önnur misseri í þetta m., *this time next year*; í þau m., *in those days*; irregular pl. mundir, f., hann bað menn sína bíða til annars dags í þær mundir, *wait till the same hour next day.*

mund (dat. **mundu**), f. *hand.*

munda (að), v. *to aim, point*, with a weapon (Gunnarr mun eigi lengi m. atgeirinum, ef hann fœrir hann á lopt); recipr., mundast at *or* til, *to point at one another* (with weapons).

mundang, n. *the tongue of the balance, the mean between two extremes, moderation*; hærra nafn en m. væri, *than was fit and proper*; gen. sing. 'mundangs', and gen. pl. 'mundanga' used as adv., *moderately, in a fair degree* (mundangs mikit, mundanga heitr).

mundang-leikr, m. *moderation*; **-liga**, adv. *justly, duly*; **-ligr**, a. *just, due, proper* (-ligt hóf).

mundangs-hóf, n. *the true middle, golden mean, due moderation*; með -hófi, *moderately, duly, fitly*; **-maðr**, m. *moderate man.*

mundar-mál, n. *agreement about a woman's* 'mundr'.

Mundia-fjöll, n. pl. *the Alps.*

mund-laug, f. *basin* used in washing the hands (hann tók mundlaugar þrjár fáðar með gulli).

mund-mál, n. = mundarmál.

mundr (gen. **-ar**), m. *the sum which the bridegroom had to pay for his bride, and which after the wedding became her own property.*

mund-riði, m. *handle of a shield.*

mun-gát, n. *ale, small beer.*

mungáts-gørð, f. *brewing of* 'mungát'; **-tunna**, f. *ale-cask.*

munka-búnaðr, m., **-klæði**, n. pl. *monastic dress*; **-kufl**, m. *monk's habit*; **-lifnaðr**, m. *monastic life*; **-siðr**, m. *conventual rule.*

munk-ligr, a. *monkish, monastic*; **-líf**, **-lífi**, n. *monastery.*

munkr (**-s, -ar**), m. *monk, friar.*

mun-ligr, a. *desirable, advantageous.*

munn-eiðr, m. *swearing* (as a practice); **-fyllr**, f. *mouthful.*

munni, m. *mouth, opening.*

munn-lítill, a. *with a small mouth*; **-ljótr**, a. *with an ugly-shaped mouth*; **-nám**, n.; með orðum -náms, *with the words of his mouth.*

munnr (**-s, -ar**), old nom. **muðr**, m. (1) *mouth*; mæla fyrir munni sér, *to say in a low voice*; e-m verðr e-t á munni, *one happens to say* (þat varð henni á munni, er hón sá þetta: 'sjá ben markar spjóti spor'); mæla af munni fram, *to extemporize*; (2) *the steel edge of an axe or hammer.*

munn-rugl, n. *twaddle.*

munns-höfn, f. *language*; hafa góða -höfn, *to use good language.*

munn-skálp, n. *idle talk*; **-vani**, a. *mouthless*; **-víðr**, a. *wide-mouthed.*

munr (**-ar, -ir**), m. (1) *mind*; e-m leikr í mun, *one has a mind to, feels inclined to* (= leikr e-m í skapi); munar stríð, *heart's grief*; (2) *mind, longing, delight*; at mínum munum, *to my mind*; gráta at muni, *to weep heartily*; at mannskis munum, *to please anybody*; leita e-m munar, *to comfort one*; (3) *love*; sá inn máttki m., *all-powerful love*; vættak míns munar, *I waited for my love*; komast á muni við e-n, *to insinuate oneself, become intimate, with one.*

munr (**-ar, -ir**), m. (1) *difference* (hví gørir þú svá mikinn mun barnanna); er þess, mikill m., hvárt, *it makes a great difference, whether*; (2) *moment, importance*; e-m er m. undir e-u, *it is of importance to one* (at hann skyldi segja honum þá hluti, er honum væri m. undir at vita); e-m er m. at e-u, *it is of some moment* (ok mætti þér verða munr at, at þeir væri þér heldr sinnaðir en í móti); meta muninn, *to hesitate* (Hrólfr mat eigi muninn eptir þeim at fara); Grímr gørði ok þann mun allan, er hann mátti, *G. strained every nerve*; (3) the dat. 'muni' or 'mun' before a compar., *somewhat* (= nökkuru), *considerably, a good deal*; ljóstu mun kyrrara, *strike somewhat more gently*; með muni minna liði, *with considerably less force*; adding a pronoun, þeim mun (before a compar.) = því; þeim mun betr, *so much the better*; engum mun = engu; engum mun verr, *no worse*; (4) *what is wanted, required*; er mikilla muna vant *or* á vant, *much is wanting* (þótti honum mikilla muna á vant, at vel væri); E. hafði eigi skaplyndi til at biðja konung hér neinna muna um, *E. was too proud to beg anything in this case*; (5) adverbial phrases, fyrir hvern mun, *by all means*; fyrir engan mun, *by no means*; (6) *means, things*; at eigi munið ér alla yðra muni til leggja, *that you will not contribute all your means, strain every nerve*; biskup las fyrst smám ok smám munina fyrir þeim, *expounded all the details for them.*

munu (**man** or **mun, munda**; pret. infin. **mundu**), v. (1) as an auxiliary verb simply denoting futurity, *shall, will*; munu margir þess gjalda, *many will smart for it*; ok mun hann hér koma brátt, *and he will be here speedily*; (2) denoting what is probable or pretty certain, *is sure to, must*; þú munt vera feigr maðr, *thou art surely a death-doomed man*; nú mun faðir minn dauðr vera, *now my father must be dead*; (3) in past tenses, *would* (eigi mundak trúa); *must*, kvað hann þá nú mundu dauða, *he said that now they must be dead.*

mun-úð (contr. from 'mun-ugð', 'mun-hugð'), f. *pleasure, lust, love.*

munúð-ligr, a. *sensual*; **-lífi**, n. *life of pleasure or lust.*

mura, f. *silver-weed, goose-grass.*

murra (**að**), v. *to murmur.*

mustarðr, m. *mustard.*

mustari, musteri, n. *temple.*

múga-sláttr, m. *mowing in swaths.*

múgi, m. (1) *swath*; (2) *crowd* (með múga hers); cf. 'almúgi'.

múgr, m. *crowd, common people* (allr m. Svía hljóp upp); heimskr m., *the foolish mob.*

múl-binda, v. *to muzzle* (Oddr múlbindr unga gammsins).

múli, m. (1) *muzzle, snout*; (2) *projecting mountain*, '*mull*'.

múll (**-s, -ar**), m. *mule.*

múrr, m. *wall* (of brick or stone).

mús (pl. **mýss**), f. (1) *mouse* (svá hræddr sem m. í skreppu); (2) *the biceps muscle* in the arm (kom ein ör í handlegginn í músina).

músa-gangr, m. *inroad of mice.*

músar-bragð, n. *a trick in wrestling.*

múta, f. (1) *fee, gratuity*; em ek eigi vanr at taka mútur á afli mínu, *to exhibit my strength for money*; (2) mæla e-t á mútur, *to make a secret of, speak with reserve* (ekki þarf þetta á mútur at mæla); (3) *bribe.*

mútaðr, pp. *that has moulted or mewed* (gáshaukr fimm sinnum m.).

mútu-fé, n. *bribe*; **-girni**, f. *corruption by bribery*; **-gjarn**, a. *open to bribery*; **-gjöf**, f. *bribe-giving*; *something given as a bribe.*

mygla (að), v. *to grow mouldy or musty* (þat brauð er nú myglat).

mygla, f. *mouldiness, mustiness.*

myglugr, a. *musty* (myglugt brauð).

myki, f. *dung*; **-reka**, f. *dung-shovel*; **-skán**, f. *a cake of cow-dung.*

mylja (**myl, mulda, muldr**), v. *to crush to pieces* (allt mylr hann með sínum tönnum).

mylkja (**-ta, -tr**), v. *to give suck.*

mylna, f. *mill.*

mylnu-maðr, m. *miller.*

mynd (pl. **-ir**), f. (1) *shape, form* (hverja m. sem hann hefir tekit á sik); (2) *image, figure*; (3) *manner*; á þá m. sem, *in the same manner as*; at nökkurri m., *in some manner.*

mynda (að), v. (1) *to shape, form*; m. e-t eptir e-u, *to shape after, imitate*; (2) *to aim, point* = munda; m. til e-s, *to hint at* (ekki þarf hér at m. til þess, er oss er í hug).

mynni, n. *mouth* (of a river, fjord).

myrða (**-rða, -rðr**), v. (1) *to murder* (móður tókt mína ok myrðir til hnossa); (2) *to conceal* a murdered body (hann drap hann sofanda ok myrði hann síðan); (3) *to conceal, suppress* (skal ek eigi m. þetta konungsbréf).

myrginn, m. *morning*, = morginn.

myrk-blár, a. *dark blue*; **-blauðr**, a., **-fælinn**, a. *afraid in the dark*; **-fælni**, f. *fear in the dark*; **-heimr**, m. *home of darkness*; **-hræddr**, **-hræðinn**, a. = -fælinn.

myrkja (**-ti**, v. *to grow dark* (tekr nú at m. af nótt).

myrk-leikr, m. *darkness, obscurity.*

myrkna (að), v. *to grow dark.*

myrk-nætti, n. *the darkest part of the night, dead of night* (þeir kómu þar um -nætti).

myrkr (acc. **myrkan, -van, -jan**), a. (1) *dark, murky* (um kveldit, er myrkt var); myrkt var af nótt, *the night was dark*; gørði myrkt, *it grew dark*; (2) *dark, obscure in meaning, hard to understand* (myrkt þykki mér þat mælt at kalla skáldskap með þessum heitum).

myrkr, n. *darkness* (m. var mikit).

myrkra-fullr, a. *full of darkness*; **-staðr**, m. *place of darkness.*

myrk-riða, f. '*night-rider*', *hag, witch* (cf. 'kveldriða').

myrkva (**-ti**), v. *to grow dark*; impers., en er nótt (acc.) myrkti, *when the night grew dark*; en er m. tók, *when it began to grow dark.*

myrkva-stofa, f. *dungeon.*

myrkvi, m. (1) *darkness*; (2) *dense fog* (cf. 'mjörkvi').

myrk-viðr, m. *dark wood, mirkwood*; also as a place-name.

mysa, f. *whey.*

mý, n. *midge* (svá margir sem mý).

mý-bit, n. *midge-bite.*

mýgja (**-ða, -ðr**), v. *to put down, oppress*, with dat.

mýkja, older form **mýkva** (**-ta, -tr**), v. *to smooth, soften*; m. sik, *to soften oneself*; refl., mýkjast, *to be softened.*

mýkt, f. *softness, kindness.*

mýll (**-s, -ar**), m. *ball, stone.*

mýri-snípa, f. *common snipe.*

mýr-lendi, n. *boggy ground*; **-lendr**, a. *boggy*; **-óttr**, a. = -lendr.

mýrr (gen. **mýrar**, acc. and dat. **mýri**, pl. **mýrar**), *moor, bog, swamp.*

mýsla, f., **mýslingr**, m. *little mouse.*

mægð, f. *affinity by marriage.*

mægi, n. = mægð.

mægjast (ð), v. refl. *to marry into a family* (m. við e-n).

mækir, m. a kind of *sword.*

mæla (**-ta, -tr**), v. (1) *to speak*, with

acc. and absol. (Flosi mælti ekki orð á meðan); m. mörgum orðum, *to use many words*; m. e-n orðum, *to address one*; m. máli, *to speak a (foreign) language*; m. œðru, *to express fear, despondency*; m. lög, *to speak law, have the law on one's side in pleading*; m. málum, *to plead a cause*; m. mælt mál, *to speak what others say*; (2) *to stipulate, appoint, settle* (var svá mælt, at S. jarl skyldi koma til Dyflinnar); m. mót með sér, *to fix an interview*; m. sér e-t, *to claim for oneself* (ef þú vilt þér m. man); (3) with preps., m. aptr, *to retract* (one's words); m. á máli, *to speak a language* (m. á Írsku); m. eptir e-n, *to take up the prosecution* in the case of a slain man (þú átt eptir hraustan mann at m.); m. eptir e-m, *to take one's part*; m. fyrir, *to order, prescribe* (sagði Jófríðr honum, at barnit er út borit, sem hann hafði fyrir mælt); m. fyrir e-u, *to claim*; allt þat silfr, er hann mælti fyrir, *which he had bargained for*; m. fyrir griðum, *to declare a truce* (by using the proper formula); m. vel fyrir e-m, *to express a wish for a person's good fortune* (G. gaf sveininum gullsylgju ok mælti vel fyrir honum); m. fyrir skipi, *to say the prayer when a ship puts to sea*; m. fyrir minni, *to propose a toast*; m. í móti e-u, *to gainsay, oppose, object to* (allir heiðnir menn mæltu í móti); m. til e-s, *to speak to one*; hón mælti til hans djarfliga, *she spoke up to him boldly*; *to speak of one* (Gunnar hafði aldri illa mælt til Njálssona); m. til e-s, *to express a wish for a thing* (þeir mæltu til vináttu með sér at skilnaði); m. til friðar, *to sue for peace*; m. e-t til e-s, *to claim, call for* as payment (þeir fóru lengi undan ok mæltu til fé mikit at lyktum); m. um e-t, *to say about a thing* (G. spurði, hvat hann mælti um hrossin); *to utter, say solemnly* (þat læt ek verða um mælt, at); m. e-n undan e-u, *to beg one off from* (m. e-n undan dauða); m. við e-n, *to speak to* (G. mælti við Ögmund: fylg þú þeim til húsa minna); m. við e-u, *to gainsay, refuse*; (4) refl., mælast fyrir, *to speak* (hví þú, Gangráðr, mælist af gólfi fyrir?); *to pray, say one's prayers* (leggst hann niðr ok mælist nú fyrir, sem honum þótti vænligast); mælist e-t vel (illa) fyrir, *it is well (ill) spoken of* (víg Gunnars spurðist ok mæltist illa fyrir um allar sveitir); m. um, *to speak of*; m. undan, *to excuse oneself, decline* (hann mæltist undan); m. við, *to speak to one another* (ekki mæltust þeir fleira þann dag við); m. einn (saman) við, *to talk to oneself*; *to have the word alone*; impers., e-m mælist vel, *one speaks well, makes a good speech* (sögðu menn, at honum mæltist vel).

mæla (-da, -dr), v. *to measure.*

mælandi (pl. -endr), m. *pleader.*

mælgi, f. *prattle, much talking.*

mæli-hlass, n. *measured cartload*; **-ker, -kerald**, n. *vessel used as a measure.*

mæling (pl. **-ar**), f. (1) *measuring, measurement*; (2) *dimension.*

mælir (gen. **-is**, pl. **-ar**), m. *measure.*

mælska, f. (1) *eloquence*; (2) *idiom.*

mælsku-maðr, m. *orator.*

mæltr, pp. *spoken*; esp. in compds., lág-, marg-, stutt-mæltr.

mær, a. = mjór (poet.).

mær (gen. **meyjar**, dat. **mey** or **meyju**, acc. **mey**, pl. **meyjar**), f. (1) *maid, girl, virgin* (úfröm sem ungar meyjar); (2) poet. *daughter*, answering to 'mögr' (þegi þú Frigg, þú ert Fjörgyns mær).

mæra (-ða, -ðr), v. *to praise, laud*; m. e-n e-u, *to decorate with.*

mæringr (-s, -ar), m. *a noble man.*

mærr, a. *famous, glorious, illustrious* (m. jöfurr; mærir tívar).

mæta-gripr, m. *costly thing*; **-maðr**, m. *worthy man.*

mæti, n. pl. (1) *good things* (mörg veit ek m. mér gengin frá); (2) hafa m. á e-u, *to have a fancy for, value highly* (lát oss sjá naut þau, er þú hefir svá mikil m. á); leggja m. á e-n, *to take a fancy for.*

mæti-ligr, a. *costly, valuable.*

mætis-maðr, m. = mætamaðr.

mætr, a. *costly, excellent, worthy.*

mætur, f. pl., = mæti (2).

mœða (-dda, -ddr), v. *to make*

weary (móðr), *exhaust, plague*; refl., mœðast, *to become wearied or exhausted* (mœddust þeir af kulda).
mœða, f. *trouble, trial, distress.*
mœðgin, n. pl. *mother and son(s).*
mœðgur, f. pl. *mother and daughter.*
mœði, f. *weariness, exhaustion, shortness of breath*; **-liga**, adv. *wearily*; varp hann öndinni -liga, *he drew his breath painfully*; **-ligr**, a. *troublesome, painful.*
mœðing, f. *trouble*, = mœða.
mœði-samligr, **-samr**, a. *troublesome, exhausting.*
mœna (**-da**, **-dr**), v. (1) *to provide with a ridge*; (2) *to tower* (m. upp ór).
mœnir (gen. **-is**), m. *ridge of a house* (hann hljóp upp á mœninn).
mœrskr, a. *belonging to the district of Mœri in Norway.*
mœta (**-tta**, **-tt**), v. (1) *to meet* (þar mœtti hann Grími inum rauða); (2) *to meet with, suffer* (bóndi sá, er skaðanum mœtti); (3) refl., mœtast, *to meet one another* (þeir mœttust á förnum vegi); *to join, meet* (þar er mœtist Sogn ok Hörðaland).
mögl, n. *murmuring, grumbling.*
mögla (**að**), v. *to murmur, grumble.*
möglan, f. *murmuring.*
möglanar-samr, a. *given to grumbling* (þrællinn gørðist -samr).
mögr (gen. **magar**, dat. **megi**; pl. **megir**, acc. **mögu**), m. (1) *son* (mey frumunga fal hann megi Gjúka); (2) *boy, youth* (þeir létu mög ungan til moldar hníga).
mögu-ligr, a. *possible* (sem fremst var honum -ligt).
mök, n. pl. *intercourse, dealings.*
mökkr (dat. **mekki**), m. *dense cloud.*
möl (gen. **malar**), f. *shingle, pebbles, gravel* (Flosi var uppi á mölinni).
mölr (gen. **malar**; pl. **melir**, acc. **mölu**), m. *moth.*
mølva (**mølda**), v. *to crush, pound.*
mön (gen. **manar**, pl. **manar**), f. *mane of a horse*; skera mön, *to cut the mane*; mörum sínum m. jafnaði, *he trimmed the manes of his horses.*
möndull (dat. **möndli**), m. *handle of a quern* (tökum á möndli skarpara).
mön-skurðr, m. *mane-cutting.*
möpurr, m. *maple-tree.*
mör-bjúga, n. *sausage of suet* (mörr) *and meat*; **-fjándi**, m, '*suet-fiend*', = mör-landi.
mörðr (gen. **marðar**, dat. **merði**), m. *marten* (cf. 'marðskinn').
mörk (gen. **merkr**, pl. **merkr**), f. *mark*, by weight or value, = eight ounces (átta aurar).
mörk (gen. **markar** and **merkr**, pl. **markir** and **merkr**), f. *forest.*
mör-landi, m. '*suet-lander*', a nickname given to the Icelanders by the Norwegians.
mörr (gen. **mörs**), m. *suet* (mörr eða feiti fórnar hverrar).
möru-eldr, m. *phosphorescence.*
möskvi, m. *mesh* (ríða möskva).
mösmar, m. pl. *treasures* (poet.).
mösurr, m. *maple.*
mösur-bolli, m., **-skál**, f. *mazer bowl or cup*; **-tré**, n. *maple-tree.*
möttul-band, n. *mantle-tie.*
möttull (dat. **möttli**), m. *mantle.*
möttul-skaut, n. *mantle-skirt.*
mötu-nautr, m. *messmate*; **-neyti**, n. *messmateship.*

N

nadd-él, n. *shower of arrows*; **-göfugr**, a. *bright-studded* (?).
naddr (**-s**, **-ar**), m. *stud, nail.*
naðr (gen. **-rs**), m., **naðra**, f. *adder, snake* (naðra mikil ok illileg).
nafarr (dat. **nafri**), m. *auger, gimlet.*
nafars-rauf, f. *gimlet-hole.*
nafli, m. *nave.*
nafn, n. (1) *name*; at nafni, *by name*; í nafni e-s, *in one's name*; (2) *name, title* (hersir at nafni).
nafna, f. *female namesake.*
nafn-bót, f. *title, rank*; **-festr**, f. '*name-fastening*', a gift which it was

usual to make when a new name was given to any one (hvat gefr þú mér at -festi ?) ; **-frægr,** a. *famous, renowned*; **-gipt,** f. *bestowing of title and rank*; **-gipta** (**-pta, -ptr**), v. *to name, call.*

nafni, m. *namesake* (finnast þeir nafnar jafnan).

nafn-kenna (**-da, -dr**), v. *to name*; **-kunnigr,** a. *renowned*; **-ligr,** a. *appropriate as a name*; **-toga** (**að**), v. *to name, mention, speak of.*

nafra-skjóða, f. *gimlet-bag.*

naga (**að**), v. = gnaga.

nagga (**að**), v. = gnadda.

nagl (gen. **nagls,** pl. **negl**), m. *nail.*

nagli, m. *nail, spike* (naglar í skipi).

nagls-rœtr, f. pl. *root of the nail.*

nakinn, a. *naked,* = nøkviðr.

nakkvar, adv. *somewhere.*

nakkvarr, nakkverr, pron. *any,* = nekkverr, nökkurr).

nara (pres. **nari**), v. *to linger.*

nasa-, gen. pl. from 'nös', **-dreyri,** m. *bleeding at the nose*; **-læti,** n. pl. *snuffling*; **-vit,** n. *the sense of smell.*

nas-björg, f. = nefbjörg; **-bráðr,** a. *hot-headed*; **-raufar,** f. pl. *nostrils.*

nauð, f. (1) *need, distress*; í nauðum staddr, *in distress, distressed*; með nauðum, *with great difficulty*; (2) *bondage,* = ánauð (seldr í nauð); (3) pl. *shackles, fetters* (hann vissi sér á höndum höfgar nauðir).

nauða (**að**), v. *to rustle,* = gnauða.

nauða-kostr, m. *dire choice*; **-mikill,** a. *very severe* (vetr -mikill).

nauðar-maðr, m. *bondsman.*

nauða-sætt, f. *an enforced agreement* (taka -sætt af jarlinum).

nauð-beita, f. *sailing close to the wind* (leggja í -beitu) ; **-beygja** (**-ða, -ðr**), v. *to force, compel, subdue*; **-fölr,** a. *very pale.*

nauðga (**að**), v. *to compel, force,* with dat. (n. mönnum til blóta).

nauð-gjald, n. *forced payment*; **-göngull,** a. *helping* (*women*) *in need* (þær nornir, er nauðgönglar eru).

nauðigr (acc. **nauðgan**), a. *unwilling, reluctant* (Þyri fór mjök nauðig) ; taka konu nauðga, *to ravish*; mér er e-t nauðigt, *it is against my will, I do not like it.*

nauð-kván, f. *unwilling wife.*

nauðleyta-maðr, m. *near kinsman.*

nauð-leyti, n. *close affinity, relationship* (vera í -leytum við e-n) ; **-liga,** adv. *painfully*; **-ljótr,** a. *hideous*; **-maðr,** m. *husband*; **-mágr,** m. *an enforced 'mágr'*; **-oka** (**að**), v. *to compel, force*; **-pína** (**-da, -dr**), v. *to force by torments.*

nauðr, f. *necessity, need*; ef mik n. um stendr, *if I am in need.*

nauð-reki, a. *drifted by a storm*; **-skilja,** a. indecl. *doomed to part*; **-skilnaðr,** m. *forced parting, forced divorce*; **-staddr,** pp. *distressed,* = í nauðum staddr; **-syn** (gen. **-synjar,** pl. **-synjar**), f. *need, necessity* (er -syn at drepa niðr illu orði) ; ganga -synja sinna = ganga eyrna (eyrenda) sinna ; **-synja** (**að**), v. impers., e-n -synjar, *one stands in need of.*

nauðsynja-erendi, n. *pressing business*; **-för,** f. *pressing journey*; **-hlutir,** m. pl. *necessaries*; **-lauss,** a. *unnecessary*; at -lausu, *without necessity* (Þ. hafði at -lausu gengit á vald Hrafns); *without impediment, in case there be no lawful hindrance*; **-sýsla,** f. *pressing business*; **-verk,** n. *needful work* (hér hefir þú mikit -verk unnit).

nauðsyn-liga, adv. *necessarily*; **-ligr,** a. *necessary.*

nauðu-liga, adv. (1) *in need*; -liga kominn, staddr, *in straits*; (2) *with difficulty*; komast -liga undan, á brott, fá -liga forðat sér, *to have a narrow escape*; **-ligr,** a. *hard, difficult.*

nauðung, f. *compulsion, constraint.*

nauðungar-eiðr, m. *an oath taken under compulsion*; **-kostr,** m. *compulsory terms*; **-laust,** adv. *without compulsion*; **-maðr,** m., vera -maðr e-s, *to be under another person's thumb*; **-sætt,** f. *compulsory agreement* (cf. 'nauðasætt').

naust, n. *boat-house, boat-shed.*

naut, n. *neat, cattle* (menn hafa þar mart nauta ok sauða).

nauta-beit, f. *pasture for cattle*; **-brunnr,** m. *well for watering cattle*; **-ferill,** m. *cattle-track*; **-fjoldi,** m., **-flokkr,** m. *drove of cattle*; **-gæzla,** f. *the keeping of cattle*; **-hellir,** m. *a* *cave used as a stall*; **-maðr**, m. *neat-herd, herdsman*; **-mark**, n. *cattle-mark*; **-vara**, f. *cattle-hides.*

naut-fall, n. = nauts-fall; **-fé**, n. *cattle*; **-fellir**, m. *loss (death) of cattle*; **-högg**, n. *the blow which fells an ox* (nú vil ek eigi bíða -höggsins).

nautn, f. *use made of a thing* (of-mikil n. á skóginum), = neyzla.

nautr (**-s**, **-ar**), m. (1) *partaker* (with another person); (2) *donor, giver* (góðr þótti mér þá nautrinn, er Hákon jarl var); (3) *gift* (following the gen. of the person from whom it comes); sverðit konungs-nautr, *the sword that was the king's gift.*

naut-reki, m. *herdsman, drover.*

nauts-fall, n. *a neat's carcase*; **-fóðr**, n. *a neat's fodder for the winter*; **-húð**, f. *ox- or cow-hide*; **-rófa**, f. *tail of a cow or ox.*

ná (**nái**, **náða**, **nát**), v. (1) *to get hold of, reach, overtake*, with dat. (Ingimundr hleypr nú í skóginn ok náðu þeir honum ekki); ná til e-s, *to reach one* (með sverðinu); (2) *to get, obtain* (er hann náði konungs fundi); vér höfum eigi nát lögum, *we have not had a lawful trial*; (3) with infin., *to be able, be allowed* (náði engi maðr at bera konungsnafn, nema hann einn); heilindi sitt ef maðr hafa náir, *if a man may enjoy his good health*; (4) impers., kennimenn þeir er á þvísa landi næði, *those clergymen who were to be got in this country*; (5) refl., nást, *to be caught*; ef þat náist eigi, *if that cannot be attained*; recipr., *to reach one another*; þar var mýrlent ok máttu þeir eigi nást til, *they could not come to close quarters.*

ná-, in compds. *nigh, near.*

ná-bjargir, f. pl. *the last service to the dead*, closing the nostrils, eyes and mouth (veita e-m -bjargir).

ná-borinn, pp. *near akin, closely related*; **-búð**, f. *dwelling near to, neighbourhood*; **-búi**, m. *neighbour.*

ná-bönd, n. pl. *the bonds in which a corpse is wrapped.*

náð (**-ar**, **-ir**), f. (1) *grace, mercy*, = miskunn; tóku þér hann útlendan ok úkunnan á þínar náðir, *under thy protection*; (2) pl. *rest, peace, quietness*; í náðum, *in peace, quietness* (S. bað hann vera þar um nóttina í náðum); ganga til náða, taka á sik náðir, *to go to rest, compose oneself to rest.*

náða (**að**), v. *to give rest and peace to, protect*; refl., náðast, *to get rest.*

náða-hús, n. (1) *house of rest, closet*; (2) *privy*, = náðhús.

náð-hús, n. *privy.*

náð-ugr, a. *merciful.*

náðu-liga, adv. *privately, quietly*; **-ligr**, a. *peaceful, quiet.*

ná-frændi, m. *near kinsman*; **-frændkona**, f. *a near female relative*; **-granna**, f. *female neighbour*; **-granni**, m. *near neighbour.*

ná-gráðugr, a. *corpse-greedy.*

ná-grenni, n. *neighbourhood*; **-grennis**, adv. *in the neighbourhood.*

ná-grindr, f. pl. *the gates of the dead*; **-gríma**, f. *'dead man's mask,' scalp*; **-göll**, f. *death-cry.*

ná-hvalr, m. *narwhale.*

náinn (pl. **nánir**), a. (1) *near*; náit er nef augum, *nose is near of kin to eyes*; (2) n. e-m, *closely related to, a near kinsman of* (þeir menn eru þér nánir at frændsemi).

ná-kominn, pp. *closely related, touching one nearly* (þetta mál er mér -komit); **-kvæmd**, f. *coming near to, proximity*; **-kvæmi**, f. *exactness*; **-kvæmr**, a. (1) *near about one's person, near to one* (var Ólafr konungr honum svá -kvæmr, at); (2) *attentive, favourable* (hón er -kvæmust mönnum til áheita); (3) *minute, close* (-kvæmr í skriptum); (4) *exact, accurate* (bæði nákvæm svör ok haldkvæm).

nál (**-ar**, **-ar**), f. *needle.*

nálgast (**að**), v. refl. (1) *approach, come near to* (n. e-n, n. til e-s); (2) *to come by, get* (n. sitt góz).

ná-liga, adv. (1) *nigh, near at hand, near to*; (2) *almost, nearly* (hann varð ok náliga alls þess víss, er við bar); **-ligr**, a. *near, close at hand*; **-lægð**, f. (1) *nearness, proximity*; (2) *presence*; **-lægjast** (**ð**), v. refl. *to approach*; **-lægr**, a. (1) *near at hand, close by* (-læg héruð); (2) *touching nearly.*

nám, n. (1) *seizure, occupation* (cf.

'landnám'); (2) *learning, study* (er hann var at námi).

ná-mágr, m. *a near relative by marriage* (þeir eru tveir námágar).

nám-dúkr, m. a kind of *cloth*.

nám-girni, f. *eagerness to learn*; **-gjarn**, a. *eager to learn*.

nám-kyrtill, m. *a kirtle made of* námdúkr (kona í svörtum -kyrtli).

ná-munda, prep. with dat. *near to* (vera, liggja, vita -munda e-u); vera í -munda, *to be close by*; **-mægð**, f. *near affinity*.

nánd, f. *neighbourhood, nearness, proximity*; koma í n. (*or* í nándir) e-u, *to come near to*.

nár (gen. **nás**, pl. **náir**, acc. **nái**, dat. **nám**), m. *corpse, dead man*; fölr sem n., *pale as death*; nýtr manngi nás, *a corpse is good for nought*; bjarga nám, *to lend the last service to the dead*; verða at ná, verða nár, *to become a corpse*.

nári, m. *the groin*.

ná-seta, f. *sitting near, proximity*; **-settr**, pp. *seated near*; **-skyldr**, a. *closely related*.

ná-strá, n. pl. '*corpse-straw*'; liggja á nástrám, *to lie dead* (on straw); **-strönd**, f. '*corse-strand*', *abode of the dead*.

ná-stœðr, a. *nearly related*.

nátt (gen. **-ar**, **nætr**, pl. **nætr**), f. *night*, see 'nótt.'

nátta (**að**), v. (1) *to pass the night*; (2) *to become night, grow dark* (tók þá at n.); (3) impers., náttar e-n, *one is benighted*.

náttar-tími, m. *night-time*; **-þel**, n. *the darkest part of night*; á -þeli, *at dead of night*.

nátt-ból, n. *night-quarters*; **-drykkja**, f. *night-bout*; **-far**, n. *travelling by night*; fara dagfari ok -fari, *to travel day and night*; **-farar**, f. pl. *night-wanderings*; **-fasta**, f. *night-fast*; **-gisting**, f. *night-quarters*; **-langt**, adv. *for the night* (hvílast, sofa -langt); **-leikr**, m. *night-games*; **-lengis**, adv. = -langt; **-liga**, adv. *at night, in the night-time*; **-ligr**, a. *nocturnal, nightly*; **-mál**, n. '*night-meal*', *about nine o'clock p.m.*

náttmála-skeið, n. *the time of* 'náttmál'; **-varða**, f. *a pyramid (cairn) intended to show the time of* 'náttmál'.

nátt-messa, f. *night-mass*; **-myrkr**, n. *darkness of night*; **-serkr**, m. *night-shirt*; **-seta**, f. *late hours*; **-setja**, v. *to place for the night before burial*; **-sól**, f. *midnight sun*; **-staðr**, m. *night-quarters*; **-stefna**, f. *night-meeting*; **-sæta** (-tta, -ttr), v. = -setja; **-söngr**, m. *night-service in a church*.

nátturðr (gen. **-ar**), m. = náttverðr.

náttúra, f. (1) *nature* (eptir boði náttúrunnar); (2) (*supernatural*) *virtue, power* (fylgði þessu n. mikil); (3) pl., *spirits, powers*.

náttúraðr, pp. *having a certain nature or virtue*.

náttúr-liga, adv. *according to nature, properly*; **-ligr**, a. *proper, natural*.

nattúru-bragð, n. *natural character*; **-gjöf**, f. *natural gift*; **-gripr**, m. *an object possessed of some virtue*; **-lauss**, a. *without supernatural virtue*; **-lög**, n. pl. *law of nature*; **-steinn**, m. *a stone possessing special virtues*.

nátt-vaka, f. *sitting up at night, night-watch*.

náttverðar-drykkja, f. *drinking after supper*; **-dvöl**, f. *stay during supper*; **-eldi**, n. *entertainment for supper*; **-mál**, n. *supper-time*.

nátt-verðr, m. *supper* (fara til -verðar); **-víg**, n. *man-slaughter during the night*; **-þing**, n. *an assembly held by night*.

náungi, náungr, m. *neighbour*.

ná-venzlaðr, a. *closely related* (*by marriage*); **-vera**, f. *presence*; **-verandi**, pr. p. *present*; **-vist**, **-vista**, f. = -vera.

návistar- or **návistu-maðr**, m. *companion, associate* (tryggvir -menn).

ne, a negative particle (poet.) with a verb, (1) *not*; út þú ne kemr, *thou comest not out*; sól þat ne vissi, hvar hún sali átti, *the sun knew not*, etc.; (2) ne einn, *not one*; lifa þeir ne einir þriggja tega manna, *not one of those thirty men is left*; ne einu sinni, *not once*; preceded by a negation, *any* = neinn (vórum vér ekki mjök við búnir ne einum úfriði).

né, adv., preceded by a negation, *nor* (eigi mælta ek þetta fyrir þér né honum); hvárki . . . né, *neither . . . nor* (hefir hvárki heyrt til hans styn né hósta); hvárgi þeirra, Önundar né Þorfinns, er jafnmenni föður míns, *neither of the two, O. or Th., is my father's equal.*

neðan, adv. (1) *from below, from beneath* (veittu þeir atróðr n. eptir ánni); (2) without motion, *beneath, underneath* (skipit var meitt n.); fyrir n. (with acc.), *below, beneath* (kemr lagit í fót fyrir n. kné).

neðan-verðr, a. *lower, undermost*; kom annat lagit í bringuna, en annat í -verða brynjuna, *in the lower part of the coat of mail.*

neðar-la, -liga, adv. *low down, far below* (n. í jörðu).

neðarr, adv. compar. *lower, farther down* (nökkuru n.).

neðast, adv. superl. *farthest down.*

neðri, a. compar. *lower, nether* (á neðra stræti); it neðra, *underneath* (var ljóst it efra, en dimt it neðra).

nef (gen. pl. nefja), n. (1) *the bone of the nose, nasal bone*, opp. to 'nasir' (hann rak hnefana á nasir mér ok braut í mér nefit); (2) *the nose* (náit er n. augum); (3) *beak, bill* (of a bird); (4) *head, person*; um alla Svíþjóð guldu menn Óðni skatt, penning fyrir n. hvert, *a penny per head.*

nef-björg, f. *visor*; **-dreyri**, m. *bleeding at the nose*; **-fölr**, a. *pale-nebbed*; **-gildi**, n. (1) '*nose-tax*', *poll-tax* (payable to the king); (2) *a weregild*, payable to the cognates of a *person*, opp. to 'bauggildi'.

nefgildis-maðr, m. *a cognate relative, recipient of* 'nefgildi'; **-skattr**, m. *poll-tax.*

nef-gjöld, n. pl. *weregild*, = -gildi (2).

nefi, m. *nephew.*

nef-langr, a. *long-nosed*; **-lauss**, a. *noseless*; **-lítill**, a. *small-nosed*; **-ljótr**, a. *with an ugly nose*; **-mikill**, a. *big-nosed.*

nefna (-da, -dr), v. (1) *to name* (nefndu þinn föðr); n. sik, *to name one's name*; n. e-n á nafn, *to name by name*; Oddr er maðr nefndr, *there is a man mentioned, of the name of Odd*; (2) *to mention by name, point out* (nefni ek til þess Björn ok Helga); (3) *to name, appoint, order* (nefndi konungr nökkura menn at ganga upp á eyna); (4) a law term, *to call* (n. menn í dóm); *to summon, cite* (allir aðrir, þeir sem þannig vóru nefndir); *to levy* (n. lið ór heruðum); (5) refl., nefnast, *to give one's name as, call oneself* (hann nefndist Hrappr).

nefna, f. *naming, nomination* (cf. 'dómnefna').

nefnd, f. (1) *a levy or contribution in men and ships* (hann vill n. hafa ór hverju fylki bæði at liði ok skipum); (2) *a body of daysmen or arbitrators*; (3) *name, designation* (rare).

nefndar-dagr, m. *fixed day* (= nefndr dagr); **-lið**, n. *levied forces*; **-maðr**, m. *a man named for the levy* (-menn af Foldinni).

nefni-liga, adv. *by name, expressly.*

nefning (pl. -ar), f. *nomination, levy.*

nef-síðr, a. *long-nosed*; **-skorinn**, pp. *with cut-off nose*; **-steði**, m. *nebbed stithy, sharp-pointed anvil.*

negg, n. *heart* (hjarta heitir n.).

negla (-da, -dr), v. *to nail, fasten or stud with nails* (A. negldi saman útihurð sína); negldar brynjur, *studded mail-coats.*

nei, adv. *no*; kveða n. við e-u, *to say no to*; setja þvert n. fyrir e-t, *to refuse flatly.*

nei-kvæða (-dda, -ddr), v. *to refuse* (to do a thing).

neinn, pron. indef., = né einn; (1) *any*, following after a negation (aldrei svá, at honum væri nein raun í); ekki er þetta furða nein, *it is no apparition*; ekki neins staðar, *not anywhere*; (2) as subst. *any one, anybody*; ekki neitt, *nothing.*

neisa, f. *shame, disgrace*, = hneisa.

neisa (-ta, -tr), v. *to put to shame* (svívirðiliga neistr), = hneisa.

neiss, a. *ashamed, covered with shame* (n. er nøkviðr halr).

neisuligr, a. *shameful, insulting* (neisulig orð).

neita (að, or -tta, -tt), v. (1) *to deny, refuse*, absol. or with dat. (hefi ek þar góðum gripi neitt); (2) *to deny, forsake* (hann neitaði guðs nafni).

neitan, neiting, f. *denying, denial.*

nekkverr, pron. *any* (í nekkhverjum hlut), = nakkvarr, nökkurr.

nema, conj. (1) *except, save, but*; þoriga ek segja nema þér einum, *I dare not tell any one save thee alone*; engi . . . nema, *no . . . but, no (not any) other than* (Grani vildi undir øngum manni ganga n. Sigurði); (2) with subj. *unless*; engir þóttu lögligir dómar dœmdir, nema hann væri við, *unless he had a hand in them*; (3) *save that*; n. ek hálsaða herjans stilli einu sinni, *save that I once fell on the king's neck*; (4) veit ek eigi n., hverr veit n., *I don't know, (who knows) but that*; *may be, perhaps* (hverr veit n. ek verða víða frægr um síðir); (5) því at eins, n., *only in the case, if*; ráðit þér því at eins á þá n. þér séð allir sem øruggastir, *do not attack them unless you are all most steadfast and dauntless*; (6) n. heldr, *but rather* (eigi má þat menn kalla, n. heldr hunda); (7) *nor*, = né, hvárki sverð n. øxi, *neither sword nor axe.*

nema (nem; nam, námum; numinn), v. (1) *to take, take in use, take possession of* (ef þú nemr þér jörð á Íslandi); n. land, *to take possession of land*, as a settler (hann nam Eyjafjörð allan); n. konu, *to carry off, abduct a woman*; n. stað *or* staðar, *to stop, halt* (hér munum vér stað *or* staðar n.); n. yndi, *to find rest* in a place (hvárki nam hann yndi á Íslandi né í Noregi); (2) n. e-n e-u, *to bereave one of a thing* (n. e-n höfði, aldri, fjörvi); (3) *to reach, touch* (pilzit var svá sítt, at nam hæl); hvárt nam þik eða eigi, *did it touch thee or not?* þótt þik nótt um nemi, *though the night overtake thee*; (4) *to amount to, be equivalent to* (honum þótti landauðn n.); (5) as an auxiliary verb, with infin.; hann nam at vaxa ok vel dafna, *he grew apace and throve well*; inn nam at ganga, *he stepped in*; (6) *to perceive, catch, hear*, of sound; varð þá svá mikit úhljóð, at engi nam annars mál, *that no one could hear the other's voice*; eigi skulu vér þat mál svá n., *we shall not understand it so*; (7) *to learn* (n. lög, fjölkyngi); *to learn by heart* (vísur þessar námu margir); n. e-t at (*or* af) e-m, *to learn, get information, about a thing from one* (Glúmr hafði numit þenna atburð at þeim manni, er hét Arnór); (8) with preps. and advs.; n. e-t af, *to abolish* (var sú heiðni af numin sem önnur); n. brott konu, *to carry off a woman*; n. eptir e-u, *to imitate*; n. e-t frá, *to except* (nema konur eða þeir menn, er hann næmi frá); n. e-t upp, *to pick up* (nam ek upp rúnar); n. við, *to resist, make a stand* (hann vill enn við n., þótt liðsmunr væri mikill); *to stop, halt* (þar námu þeir Hrafn við í nesinu); n. við e-u, *to touch* (gaddhjaltit nam við borðinu); *to be a hindrance to* (ef þat nemr við förinni, at þú þykkist hafa fé of lítit); impers., nemr við e-u, *there is an obstacle, or stop* (en er þeir kómu at kirkjudurum, þá nam þar við); (9) refl., nemast e-t, *to refuse, withhold from doing*; n. förina, *to refuse to go*; n. orðsendingar hans, *to disregard his messages*; also with infin. (hann bað hann eigi n. með öllu at gøra sem bœndr vildu).

nenna (-ta, -t), v. *to be minded or inclined, be willing, feel disposed*, with dat. or infin. (hann nennti eigi starfi því ok áhyggju); mun ek eigi n. öðru en fara í móti þeim, *I can no longer forbear going against them*; Hrafn nennti eigi at starfa, *H. did not care to work, was lazy*; with subj., ek nenni eigi, at, *I cannot bear that* (nenni ek eigi, at þat sé mælt, at).

nenning, f. *activity, energy.*

nenningar-lauss, a. *slothful, lazy*; **-leysi**, n. *slothfulness, inactivity.*

nes (gen. pl. **nesja**), n. *ness, headland* (n. mikit gekk í sæ út).

nes-höfði, m. *headland*; **-konungr**, m. '*ness-king*', *petty king*; **-nám**, n., nema -nám, *to make a 'ness-raid'*; **-oddi**, m. *point of a ness.*

nest, n. *travelling provisions.*

nes-tangi, m. *the point of a ness.*

nest-baggi, m. *provision-bag, wallet*; **-lauss**, a. *without provisions* (nest); **-lok**, n. pl. '*the end of the provisions*', only in the phrase, at -lokum, *at last, finally.*

net (gen. pl. netja), n. *net, fishing-net* (þeir fara til netja).

netja (að), v. *to net, entangle.*

netja, f. *caul, omentum.*

net-lög, n. pl. '*net-layings*', *a place where nets are spread*; **-næmr**, a. *that may be caught in a net*; **-þinull**, m. *net-line, edge-rope of a net.*

neyð, f. *distress*, = nauð.

neyða (-dda, -ddr), v. *to force, compel* (n. e-n til e-s).

neyta (-tta, -ttr), v. (1) *to use, make use of*, with gen. (koma mun þar, at vér munum þess n.); (2) *to consume*; n. matar, *to eat*; (3) with acc.; margs kyns vápn, má þau vel n. á skipi, *they may well be used in ships*; (4) with preps., n. af e-u, *to eat of it* (n. af því opt); n. e-t upp, *to consume, waste* (þeir er alla peninga sína neyta upp í ofáti ok ofdrykkju).

neyti, n. *use, profit* = not (hafa bæði jarðkost fjallanna ok þó n. af sjónum).

neyti, n. *company* (n. hefir sá er nítján menn fylgja).

neytingar-vatn, n. *water for domestic use.*

neytr, a. *good, fit for use* (vápn þau, sem neyt eru); of persons, *good, useful* (Kolbeinn féll ok margir aðrir neytir menn).

neyzla, f. (1) *use*; (2) *nourishment.*

nezla, f. *button-loop.*

neztr, a. superl. *nethermost, lowest, undermost*; cf. 'neðri'.

nið, n. pl. *the waning moon*; *the time before new moon*; Máni stýrir göngu tungls ok ræðr nýjum ok niðum, *and rules its waxing and waning.*

niða-myrkr, n. *pitch-darkness*; -myrkr var á, *it was pitch-dark.*

niðar, f. pl. = nið.

nið-gjöld, n. pl. *weregild.*

niðjungr (-s, -ar), m. *descendant* (niðr ok n.); cf. 'áttniðjungr'.

nið-myrkr, n. = niðamyrkr.

niðr (-s, pl. **niðjar**, acc. **niði**, gen. **niðja**), m. *son, kinsman, relative.*

niðr, adv. (1) *down* (hann féll dauðr n.); setjast n., *to sit down*; fœra n. korn, *to sow corn*; (2) of direction without motion, *down, downward* (n. ok norðr liggr helvegr).

niðra (að), v. (1) *to put down, lower* (n. e-m *or* e-u); (2) *to abase, humble.*

niðran, f. *degradation, shame.*

niðr-bjúgr, a. *bent downward*; **-brot**, n. *destruction*; **-brotari**, m. *destroyer*; **-brotning**, f. = -brot.

niðrbrots-maðr, m. *destroyer.*

niðr-dráttr, m. *dragging down*; **-fall**, n. (1) *downfall*; (2) *dropping* of a case (handsala mér -fall at sökinni); (3) *loss* (hann virði sér þat mikit -fall vera, er þá var slíks manns við mist); (4) *decay, ruin.*

niðrfalls-sótt, f. *epilepsy.*

niðr-ganga, f., **-gangr**, m. *descent.*

niðri, adv. (1) *down, in a low position*; undir þiljum n., *down in the hull*; við sjó n., *down at the sea*; *down, under the surface of water* (konungr fœrði hann þegar í kaf ok hélt honum n. lengi); *below the horizon* (meðan lönd eru n.); þeir skoðuðu hann uppi ok n., *up and down, all over*; (2) undir n., *below, down* (undir n. í dalnum); *secretly* (hann elskaði aðra konu undir n.).

niðri-vist, f. *remaining under water.*

niðr-lag, n. (1) *end, conclusion*; (2) *slaughtering* for household use (var þar betri einn sauðr til -lags en tveir annars staðar); **-leitr**, a. *down-looking, downcast*; **-lok**, n. pl. *end, conclusion*; **-setja** (see **setja**), v. *to put down, suppress*; **-setning**, f. *burial*; **-stiga**, f., **-stigning**, f. *descent.*

niðrstigningar-saga, f. *the story of the descent into hell.*

niðr-taka, f. *pulling down*; **-varp**, n. *overthrow* (með ógurligu -varpi); **-víðr**, a. *wide beneath.*

nifl-, *mist, fog*, only in compds.; **-farinn**, pp. *gone towards the dark, dead*; **-heimr**, m. *the dark home, the abode of the dead*; **-hel**, f. *the lower hell*; **-vegr**, m. *path of darkness.*

nipt, f. *female relative, sister* (poet.).

nist, n. *brooch, pin.*

nista (-sta, -str), v. (1) *to pin, nail fast*, esp. *to pin* with a weapon (þá var hann skotinn gaflaki í óstinn ok nistr svá við garðinn); (2) *to pierce* (with a sword or spear).

nisti, n. *brooch, pin*, = nist.

nisting, f. *fastening.*

ní, adv. *no*, = nei (allir ní kváðu).

níð, n. (1) *contumely, derision* (segja e-m n.); (2) *libel* (yrkja, kveða n. um e-n); (3) *insult* by carving a person's likeness (tréníð) on an upraised post or pole (níðstöng).

níða (-dda, -ddr), v. (1) *to libel, lampoon*; (2) refl., níðast á e-m, *to behave in a dastardly way to a person* (at Noregsmenn höfðu níðst á Ólafi konungi); n. á e-u, *to act basely in a thing* (hvárki skal ek á þessu n. ok á engu öðru því er mér er til trúat); n. á trú sinni, *to apostatize.*

níðingr (-s, -ar), m. *villain, scoundrel, vile wretch*; *apostate.*

níðing-skapr, m. *villainy, baseness.*

níðings-nafn, n. *the name of a villain*; bera -nafn, *to be called a* 'níðingr'; **-orð**, n. = -nafn; **-ráð**, n. *a villainous plot*; **-sök**, f. *a charge of villainy*; **-verk**, n. *dastard's work, villainy*; **-víg**, n. *foul murder.*

níð-reising, f. *the raising of a pole as an insult*; **-samligr**, a. *mean, villainous*; **-skár**, **-skældinn**, a. *libellous*, of a poet; **-stöng**, f. *pole of insult*; **-virki**, n. *villainy*; **-vísa**, f. *lampoon, insulting verse.*

ní-kvæða (-dda, -ddr), v. *to deny.*

ní-rœðr, a. (1) *measuring ninety* (fathoms, ells); (2) *ninety years old.*

níta (að, or -tta, -ttr), v. *to deny, refuse*, with dat.

níti-ligr, a. *refusable, rejectable.*

ní-tján, a. *nineteen*; **-tjándi**, a. *nineteenth*; **-togandi**, a. *ninetieth.*

nítta (að), v. = níta.

ní-tugr, a. *ninety years old.*

níu, a. *nine* (níu eru himnar).

níund, f. *body of nine*; þrennar níundir meyja, *three nines of maids.*

níundi, a. *ninth.*

njarðar-vöttr, m. *sponge.*

njarð-láss, m. *a charmed lock.*

njósn (pl. -ir), f. (1) *spying, scouting, looking out* (senda mann á n., hafa menn á njósnum); vera á n., *to be on the look-out*; (2) *news* (engi n. fór fyrir þeim); gøra e-m n., *to send one intelligence.*

njósna (að), v. *to spy* (vil ek n., hvers ek verða víss); n. um e-t, *to spy after, seek to find out* (n. um athafnir e-s).

njósnar-berg, n. *a look-out hill*; **-maðr**, m. *spy*; **-skip**, n., **-skúta**, f. *spying-ship.*

njóta (nýt; naut, nutum; notit), v. (1) *to have the use or benefit of, to enjoy* (þú skalt n. kvikfjár þíns ok verða í brottu frá Helgafelli); skal hann n. draums síns, *he shall have his dream out*; njót þú heill handa, *good luck go with your hands*; (2) *to derive benefit from, profit by*; Egils nauztu at því, föður þíns, *you had your father Egil to thank for that*; lítt lætr þú mik n. frændsemi frá þér, *you let me have little profit of kinship with you*; nauzt þú nú þess, at ek var eigi við búinn, *it was your good fortune that I was not ready for you*; n. e-s við, *to receive help at one's hands*; mun ek yðvar verða við at n., *I shall have need of your help*; n. af e-u, *to consume* (naut vóru œrin, nutum af stórum); (3) impers., ekki nýtr sólar, *there is no sun*; naut at því mest hans forellris, at, *it was chiefly due to his forefathers that*; þess naut mjök við í Þrándheimi (*it helped greatly*), at menn áttu þar mikil forn korn; (4) recipr., njótast, *to enjoy each other* (Þorveig seiddi til þess, at þau skyldi eigi n. mega).

Njörðr (gen. **Njarðar**, dat. **Nirði**), m. *Njord*, one of the old Northern gods.

Njörva-sund, n. *the Strait of Gibraltar* (at Njörvasundum).

norðan, adv. *from the north* (koma, fara, ríða, sigla n.); vindr var á n., *the wind blew from the north*; n. af Hálogalandi, *from H. in the north*; n. at, *on the north side of* (G. ok N. stóðu n. at dóminum); fyrir n. (with acc.), *north of* (fyrir n. heiðina); fyrir n. land, *in the north* (of Iceland).

norðan-fjarðar, adv. *north of the firth*; **-lands**, adv. *in the north*; **-maðr**, m. *a man from the north*; **-stormr**, m. *a storm from the north*; **-veðr**, n. *wind from the north* (þeir tóku -veðr svá hörð, at þá bar suðr í haf); **-verðr**, a. *northern* (á -verðum himins enda); **-vindr**, m. *north wind.*

norðar-la, -liga, adv. *far to the north* (sú ey liggr -liga fyrir Noregi).

norðarr, adv. compar. *farther north* (aldri kom hann n. en í Eyjafjörð).

norðarri, a. compar. *more northerly.*

norðastr, a. superl. *most northerly.*

norð-lendingar, m. pl. *the men of the north quarter* (of Iceland); **-lenzkr**, a. *from the north* (of Iceland).

Norð-maðr, m. *Northman*; *Norwegian* (Danir ok Norðmenn).

norðr, n. *the north*; á n., í n., til norðrs, *northwards*; ór norðri, *from the north* (dregr upp ský ór norðri).

norðr, adv. *towards* (or *to*) *the north, northwards* (hélt R. konungr n. með landi); *in the north* (n. í Þrándheimi).

norðr-átt, f. = -ætt; **-dyrr**, f. pl. *northern doors*; **-ferð**, f. *journey to the north*; **-hallt**, adv. *in a northerly direction*; **-hálfa**, f. *the north region*, esp. *Europe*; **-land**, n. (1) *north-land*, esp. *the north quarter of Iceland*; (2) pl., -lönd, *the northern countries*, esp. *Scandinavia*; **-ljós**, n. pl. *northern lights*; **-sjór**, m. *the northern arm of the sea*; **-stúka**, f. *the north transept of a church*; **-sveitir**, f. pl. *the northern districts*; **-vegar**, m. pl. *northern region*; **-ætt**, f. *the north.*

norð-rœnn, a. *northerly, blowing from north* (þá var á -rœnt, *viz.* veðr).

Noregr, m. *Norway*, = Norvegr.

Noregs-konungr, m. *king of Norway*; **-maðr**, m. *Norwegian.*

norn (pl. **-ir**), f. (1) *one of the* (*three*) *Fates* (Urðr, Verðandi, Skuld, who dwelt at the well 'Urðar-brunnr' and ruled the fate of the world); (2) *one of various female beings presiding over human fortunes.*

norrœna, f. (1) *the Norse* (*Norwegian*) *tongue*; (2) *breeze from the north.*

norrœna (**að**), v. *to render into Norse.*

norrœnn, a. *Norse, Norwegian.*

norrœnu-bók, f. *a book written in Norse*; **-skáldskapr**, m. *Norse poetry.*

Norvegr, m. *Norway*, = Noregr.

nóg, í nóg, adv. *enough.*

nóg-ligr, a., **nógr**, a. *ample, abundant* = gnógligr, gnógr.

nón, n. the time about *three o'clock p.m.* (B. kvað þá vera nær nóni dags).

nóna, f. *nones, the office for the ninth hour* (gekk þá konungr til nónu).

nón-heilagr, a. *holy from* 'nón' *or three o'clock*; láta -heilagt, *to keep the day holy after three o'clock*; **-helgr**, f. *none-holiness*; **-hringing**, f. *peal of bells at nones*; **-klokka**, f. *nones-bell*; **-skeið**, n. *the hour of nones*; **-tíðir**, f. pl. *the office at nones.*

nót (pl. **nœtr**), f. pl. *large net.*

nótera (**að**), v. *to note, mark.*

nóti, m. (1) *mark, token*; (2) *note* (in music).

nóti, m. *match, equal*, = maki, líki.

nótt (gen. **nætr**, pl. **nætr**), f. *night*, = nátt; at miðri n., of miðja n., *about midnight*; um nóttina, *through the night, during the night*; um nóttina áðr, *the preceding night*; í n., *tonight* (eigi mun hann láta drepa Egil í n.); *the last night* (ek ók í n. eptir viði); nætr sakir, *for one night*; bæði um nætr ok daga, *both by day and by night*; nóttin helga, *the holy night, Christmas night.*

numinn, pp. from 'nema', *seized, palsied* (allr numinn öðrum megin).

nunna, f. *nun*; **nunnu-klaustr**, n., **-setr**, n. *nunnery*; **-vígsla**, f.; taka -vígslu, *to take the veil.*

nú, adv. *now* (var-at þat nú né í gær); in a narrative, *now, next* (nú er þar til máls at taka).

núa (**ný, nera, núinn**), v. = gnúa.

nú-ligr, a. *present* (-ligir hlutir).

núna, adv. *now, just now.*

nykr (gen. **-rs**, pl. **nykrar**), m. (1) *a fabulous water-being* (mostly appearing in the shape of a grey horse); (2) *the hippopotamus.*

nyrðri, a. compar. *more northerly.*

nyrztr, a. superl. *most northerly.*

nyt (pl. **nytjar**), f. (1) *milk* (of sheep and cows); (2) esp. pl., *use, advantage*; hón leyfði Vala bróður sínum nytjar í Brekkulandi, *use of the land*; hafa nytjar af e-u, h. nytjar e-s, *to derive benefit from* (engar nytjar munu menn hafa Hafliða); koma nytjum á e-t, *to bring into use, make profitable* (víkingar tóku fé þat allt, er þeir máttu nytjum á koma); fœra sér e-t í nyt, *to make use of, avail oneself of* (fœrir Sveinn konungr sér allt í n. þat, er til virðingar mátti verða); (3) pl. *pleasure, enjoyment* (Hrafn kvaðst engar nytjar hafa Helgu).

nytja (að), v. *to milk* (n. ærnar); nytjast, *to yield milk* (fé nytjaðist illa).

nytja-fullr, a. *full of profit, highly profitable*; **-lauss**, a. *useless*; **-maðr**, m. *a useful, worthy man.*

nytjungr (-s, -ar), m. = nytjamaðr.

nyt-lauss, a. *useless*; **-léttr**, a. *yielding little milk*; **-samligr**, a. *useful*; **-semd**, f. *use, usefulness.*

nytsemdar-lauss, a. *useless*; **-maðr**, m. = nytjamaðr (slíkr -maðr sem Ólafr konungr); **-verk**, n. *useful work.*

nyt-semi, f. *usefulness*, = nytsemd.

ný, n. *the new or waxing moon* (ný ok nið skópu nýt regin).

ný-, *newly, recently*, may be prefixed to almost every pp.; -alinn, -borinn, *new-born*; -andaðr, -dáinn, *newly dead*; -farinn, *having newly gone*; -fenginn, *just recovered*; -kominn, *just come*; -orðinn, *having just happened*; hafði hann -skilist við Túnbergs menn, *he had newly parted from them*; -vaknaðr, *newly wakened.*

ný-breytiligr, a. *unusual, strange*; **-breytinn**, a. *changeable*; **-breytni**, f. *novelty, innovation*; **-fenni**, n. *fresh fallen snow*; **-gørving**, f. *novelty, innovation.*

nýjung, f. *innovation* (landsfólkit var gjarnt á alla n.).

ný-liga, adv. *newly, recently*; **-ligr**, a. (1) *new, recent*; (2) *present*; **-lunda**, f. *novelty, a new, strange thing* (segja kunnu vér -lundu nökkura); **-lýsi**, n. *light of the waxing moon* (sigla um nóttina við -lýsi); **-mæli**, n. (1) *news, novelty*; (2) *new law*; **-næmi**, n. *novelty*, = -lunda (þat varð til -næmis, at); **-næmligr**, a. *novel.*

nýr (acc. **nýjan**), a. (1) *new* (n. átrúnaðr); af nýju, *anew, again*; næst nýss, *just recently* (þat vann næst nýss niðr Ylvinga); (2) *fresh* (nýtt kjöt, nýir fiskar).

nýra (pl. **nýru**), n. *kidney.*

ný-ráðliga, adv. *oddly, queerly.*

nýsa (-ta, -t), v. *to pry, peer*; nýstak niðr, *I peered down*; svá nýsisk fróðra hverr fyrir, *thus every wise man looks about him* (= nýsir f. h. fyrir sik).

ný-snævi, n. *fresh snow* (féll -snævi mikit, svá at úgörla sá veguna).

nýta (-tta, -ttr), v. (1) *to make use of*; ek ætla, at þú nýtir eigi boga minn, *thou canst not wield my bow*; absol., hann spurði síðan, hvárt þá mætti svá n., *if that would do* (*be valid*); n. af e-u, *to derive benefit* (*pleasure*) *from* (sjá má, at ekki nýtir þú hér af); eigi munu þit lengr n. hvárt af öðru, *enjoy each other*; (2) *to eat, consume* (n. svín); (3) fig., *to bear, endure* (hvárgi þóttist n. mega, at þeir væri eigi á samt); (4) refl., nýtast, *to be of use, avail*; þetta verk má eigi n., *it will not succeed, it is in vain.*

nýtandi, pr. p. *fit to be used*; n. menn = nýtir menn.

nýt-menni, n. = nytjamaðr.

nýtr, a. *fit, usable, useful* (n. til verks); engu (til einskis) n., *good for nothing*; at engu nýtu, *to no use*; of persons, *able* (enn nýtasti fardrengr).

ný-tungl, n. *new moon*; **-virki**, n. *marks of new work, of human hands.*

næfr (pl. **-rar**), f. *bark of the birch.*

næfra-baggi, m. *pack, bundle of birch-bark*; **-maðr**, m. *a person clad in birch-bark*; **-stúka**, f. *sleeve of birch-bark.*

næma (-da, -dr), v. *to bereave, deprive of* (n. e-n e-u, lífi, fjörvi).

næmi, n. *study, learning.*

næm-leikr, m. *quickness to learn.*

næmr, a. (1) *quick at learning*; (2) *deprived of* (= næmdr e-u).

nær, adv. and prep. with dat. (1) *near, in the vicinity* (*of*); n. eða fjarri, *near or far*; n. staddr, *present*; brautu n., *near the road*; n. því sem, *near the place where* (þar í nesinu, n. því sem þingit hafði verit); þar n., *in the vicinity* (sveinarnir hlaupa til skógar, er þar var n.); (2) *towards*, of time (n. aptni, morni); (3) *nearly*; n. átta tigir manna *or* n. átta tigum manna, *nearly eighty men*; þar kómu menn af n. öllum löndum, *almost from all countries*; n. viku munu við dveljast, *we shall stay nearly a week*; (4) *in accordance with, in conformity to* (n. ætla ek þat lögum Íra); (5) *near the truth* (máttu nú n. geta, hvar beina okkarra er at leita); (6) compar., *nearer*=nærr (ver eigi n. honum en mál nemi); *fitter* (væri n. miklu, at); (7) adv., *when*,=hve n. (n. skal mér þat ömbuna? sagði B.); B. spurði, n. þeir mundu aptr koma, *when they would be coming back*.

nærgi, adv., n. er, n. sem, *whensoever* (n. er launat verðr).

nær-gætr, a. *guessing near the truth*; **-göngull,** a. (1) vera -göngull e-m, *to be near about one's person*; (2) *troublesome, importunate*; **-hendis,** adv. *near at hand*.

næri, adv. *near*, = nærri.

nær-kominn, pp. *entitled to*; **-kona,** f. *mid-wife*; **-kváma,** f. *coming near*; **-kvæmr,** a. (1) *coming near to, close*; (2) *that concerns a person* (þetta mál er mér miklu nauðsynligra ok -kvæmara); **-kœmr,** a. *accurate*.

nærr, adv. compar. *nearer*, answering to 'nær', *near*.

nærri, adv. *near, nearer*, = nær.

nærri, a. compar. (answering to superl. 'næstr'), *nearer*; *more entitled to* (þótt þær sé n. arfi).

nær-spár, a. *prophesying true*; **-sýnn,** a. *short-sighted*; **-vera,** f. *presence*; **-verandi,** pr. p. *present*.

næst, adv. superl. (1) *nearest, next*; n. Skotlandi, *nearest to Scotland*; því n., þessu n., þar n., *next to that, thereafter, thereupon*; (2) *last* (er nú úhœgra en n. þá er ek beidda); (3) *nearest the truth* (vil ek, at þér reynit, hverir munu n. sét hafa).

næsta, adv. (1) *nearly, almost* (urðu göngumenn n. at gjalti); (2) *rather, very* (n. gamall, glaðr).

næsta, f. *the last time*, only in dat. with the art., næstunni.

næsta-brœðra, f. *a female second cousin*; **-brœðri, -brœðrungr,** m. *a male second cousin*.

næstr, a. superl. (1) *next*; Hrútr sat hit næsta honum, *sat next him*; tók Hrafn lögsögu n. Úlfljóti, *next after U.*; hinn næsta vetr, *the next winter*; (2) *next preceding* (hann hafði sekr orðit it næsta sumar); næsta sinni, *the last time*; (3) *nearest in point of right or title, best entitled to* (vér erum næstir sigrinum).

næstum, adv. *next before, the last time* (svá skildum vér n.).

nætr-, gen. from 'nátt', 'nótt'; **-ból,** n. = náttból; **-elding,** f. *dawn*; **-ferðir,** f. pl. *night wanderings*; **-friðr,** m. *peace, truce during the night*; **-gestr,** m. *night-guest*; **-gisting,** f. *night-lodging*; **-greiði,** m. *accommodation for the night*; **-greiðing,** f.=-greiði; **-langt,** adv. *during one night*; **-ligr,** a. *nocturnal*; **-skemtan,** f. *night-enjoyment*; **-vist,** f. *night-quarters* (þau báðu sér þar -vistar).

-nættr, a., in compds., as 'einnætr'.

nœfr, a. *clever, skilled*.

nœgð, f. *plenty, abundance*.

nœgja (-ði, -t), v. *to be enough, suffice*; impers., e-m nœgir, *it is sufficient for one*; refl., nœgjast, *to suffice* (nœgðist honum eigi allr heimr).

nœra (-ða, -ðr), v. *to nourish, refresh*; refl., nœrast, *to assume fresh vigour, recover, rally* (nœrðist hón svá sem frá leið).

nœring, f. *nourishment, food, sustenance* (líkams nœring).

nöf (gen. **nafar,** pl. **nafar** and **nafir**), f. (1) *nave of a wheel*; (2) *the pole* of the world; (3) esp. pl. *clasps, rings* (by which the projecting ends of beams at the corners of walls were held together).

nökkur, adv. *somewhere, anywhere*.

nökkurnig (= nökkurn veg), **nökkurninn** (= nökkurn veginn), adv. *in some way*.

nökkurr, indef. pron. (1) *any, anybody* (fyrst vill hann spyrja, ef n. er fróðr maðr inni); after a negative (á øngum bœ fannst n. maðr); (2) opp. to 'engi', *some* (þeir fengu nökkura njósn af ferð Ástríðar); neut., nökkut, *something, somewhat, anything* (ef þér þykkir n. veitt í lífgjöf þinni); hann spurði, ef þar væri n. manna, *h asked if there were any men there*; nökkurs til þungr, *somewhat (rather) too heavy*; svá nökkuru (nökkvi) *about*; svá nökkuru mun yðvar leita farit lengi, *about so long will they seek you*; nökkuru fyrir dag, *a while before day-light*; (3) *some, a certain*; maðr n., *a certain man*; um dag nökkurn, *a certain day*; nökkura hríð, nökkurt (nakkvart) skeið, *for some time*; (4) the plur. added to a numeral, *about, some* (nökkur sex skip eða sjau; nökkurum tveim sinnum eða þrim).

nökkut, adv. (1) *somewhat, in some degree, rather* (þó at hann þœtti n. blandinn); henni var skapþungt n. (nakkvat), *she was rather depressed in spirit*; nú hefi ek n. hugsat málit, *now I have thought over the matter somewhat*; (2) *at all, to any extent* (vill þú n. sonu þína við láta vera?).

nökkva-maðr, m. *a man who rows a* 'nökkvi'.

nökkverr, pron. = nökkurr.

nökkvi, m. *boat, ship* (hafði þá Hymir út skotit nökkvanum).

nökkvi, *some*, old neut. dat. from 'nökkurr' = nökkuru; esp. *somewhat* (n. lengra, n. síðarr).

nøktr, nøkviðr (acc. **nøktan, nøkþan**), a. *naked.*

nös (gen. **nasar**, pl. **nasar** and **nasir**), f. *nostril*, esp. pl. *nostrils, nose*; bregða e-u fyrir nasar e-m, *to put it before one's nose*; draga nasir at e-u, *to snuff, smell at a thing*; stinga nösum niðr, *to fall upon one's face, bite the dust*; lúka nösum, *to shut the nostrils, die.*

O

obláta, f. *sacramental wafer.*

odda-maðr, m. *overman* (who gives the casting vote); *umpire.*

odd-hagr, a. *skilled in wood-carving*; **-hending**, f. *the first rhyming syllable, when at the beginning of a line*; **-hvass**, a. *sharp-pointed.*

oddi, m. (1) *triangle, point of land*; (2) *odd number*; fig., standast (skerast) í odda, *to be at odds, at variance.*

oddr (**-s, -ar**), m. (1) *point of a weapon*; með oddi ok eggju, *with point and edge, at the sword's point, by force* (heimta, eyða e-t með oddi ok eggju); brjóta odd af oflæti sínu, *to break the point of one's pride, to humble oneself*; (2) *spear* (fölvir oddar); (3) *spur* (þótt vér jói óra oddum keyrum); (4) *leader* (hann var o. ok œsir fyrir þessum úráðum); (5) *the front* (hann hafði yxnum skipat í odd á liði sínu).

odd-viti, m. *leader, chief* (-viti liðsins, fyrir liðinu).

of, prep. (1) with dat. and acc., *over* = yfir (fara of fjöll; sitja of borði); of time, = um; of haust *or* of haustum, *in the autumn*; of aptaninn, *in the evening*; of hríð, *for a while*; of allt, *always*; (2) with acc. *of, about* (bera vitni of e-t); (3) in a causal sense, poet.; of sanna sök, *for a just cause, justly.*

of, an enclitic particle, chiefly placed before verbs; ek drykk of gat ens dýra mjaðar, *I got a draught of the precious mead.*

of, n. (1) *great quantity, number*; of fjár, *immensity of wealth*; of liðs, *a vast host of men*: (2) *excess*; við of, *to excess*; þótti hirðmönnum hans við of, *they thought it was beyond measure*; (3) *pride, conceit* (kirkjan verðr eigi svá mikil, at þar muni of þitt allt í liggja).

of, adv. (1) with adjectives and adverbs, *too*; of gamall, ungr, langr, stuttr, *too old, young, long, short*; of mjök, *too much*; of lengi, *too long*; (2) with the neuter of a past part. *over-much, too much*; hafa of drukkit, *to have drunk too much*; hafa of gört, *to have transgressed*; hafa of mælt, *to have said too much*; hafa of tekið við e-n, *to have gone too far.*

ofan, adv. (1) *from above, down, downwards*; falla o., *to fall down*; taka o. húsin, *to pull down the house*; (2) *on the uppermost part, at the top* (klettrinn var víðr o.); (3) *above the surface of*, with gen. (o. jarðar); (4) with preps., o. af, *down from* (o. af landi); o. á *or* á o., *down upon* (leggr Refr á hann o. aptr klæðin, ok þar leggst Álfdís o. á klæðin); *besides* (á þetta o. allt gerði hann suðr at oss þrettán skútur); þola hverja skömm á aðra o., *to bear one disgrace after another*; o. á *or* á o., *to boot, into the bargain*, = þar á o.; o. eptir, *down along* (reið hann þá o. eptir dal); o. frá, *below* (var verkr í enni hœgri kinn o. frá auganu); o. fyrir, *down over* (hann féll dauðr o. fyrir klettinn); fyrir ofan, *above* (arfasáta, er hér stendr fyrir o. húsin); steinveggr var fyrir o., *above, higher up*.

ofan-fall, n. (1) *downfall*; (2) *downpour of rain* (var veðrátta ill ok -föll); **-för, -ganga**, f. *descending, descent*; **-högg**, n. *cutting down*; **-reið**, f. *riding downwards*.

ofan-verðr, a. (1) *upper, uppermost*, opp. to 'neðanverðr'; hann hjó í -verðan skjöldinn, *in the uppermost part of the shield*; á -verðu fjallinu, *on the top of the mountain*; breiðr at -verðu, *broad at the top*; (2) of time, *in the later part of a period*, opp. to 'öndverðr'; -verða nótt, *towards the end of the night, late in the night*; á -verðum dögum Haralds, *in the later part of the reign of King Harold*.

ofar-la, -liga, adv. (1) *high up, in the upper part* (-liga í dalnum); þeim mun í brún bregða ok -liga klæja, *they will make a wry face and their pates will tingle*; fig., bíta e-m -la. *to bite one sharply*; (2) of time, *towards the end of a certain period*; -liga á dögum Ólafs konungs, *in the later part of the reign of King Olaf* (= á ofanverðum dögum).

ofarr, adv. compar. (1) *higher up* (annat augat mun o. en annat); fig., lát eigi o. koma þessa fólsku, *let not this nonsense go farther*; (2) *later, more advanced in time*; (3) o. meirr = ofarr; **ofarst**, adv. superl. *highest, uppermost*.

of-át, n. *over-eating, gluttony*; **-beldi**, n. *violence, overbearing*; **-bræði**, f. *passion, rashness*; **-dirfð**, f. *foolhardiness, impudence*.

ofdirfðar-fullr, -samr, a. *foolhardy, impudent*.

of-dramb, n. *arrogance, conceit*.

ofdrambs-fullr, a. *arrogant*.

of-drykkja, f. *indulgence in drink*.

ofdrykkju-maðr, m. *drunkard*.

of-dul, f. *too great conceit*; **-dulinn**, a. *self-conceited*; **-dyri**, n. '*over-door*', *lintel*; **-fari**, a. *having gone too far*; verða offari við e-n, *to transgress against one*; **-fors**, n. *presumption*.

offr, n. *offering* (fórnir eða offr; offr hins heilaga Ólafs).

offra (að), v. (1) *to make an offering, sacrifice* (o. e-m e-t); (2) *to make a gift, to present*; o. e-m e-u (hann offraði miklu fé til grafar drottins).

of-framsœkni, f. *excessive forwardness*; **-freistni**, f. *over-temptation*; **-fylli**, f. *surfeit, gluttony*; **-gangr**, m. *excess*; ganga ofgangi (-göngum) yfir e-n, *to tyrannize*; **-gangsi**, a. *over-prevailing*; **-gœðakostr**, m. *great advantage*; **-harmr**, m. *excessive grief*; **-hiti**, m. *excessive heat*; **-hlátr**, m. *immoderate laughter*; **-jarl**, m. '*over-earl*', *over-match* (verða mér sumir ofjarlar hér í heraðinu); **-kapp**, n. *stubbornness*; **-kátr**, a. *overbearing, wanton*; **-kerski**, f. *excessive petulance*; **-kvæni**, n. *domineering of a wife*; **-kæti**, f. *wantonness*; **-láti**, m. *a vain, showy person*; **-látligr**, a. *showy*; **-léttliga**, adv. *promptly*; **-léttr**, a. *prompt, easy, ready*; **-leyfingi**, m. *a person made too much of*; **-lið**, n. = ofrlið; **-ljótr**, a. *hideous*; **-læti**, n. *arrogance*; **-maðr**, m. *over-match*; vera e-m ofmaðr, *to be more than a match for*; **-magn**, n. = oflið; bera e-n ofmagni, *to overpower*.

ofmetnaðar-fullr, a. *full of pride*; **-maðr**, m. *overproud man*; **-samligr**, a. *arrogant* (-samlig orð).

of-metnaðr, m. *pride, arrogance*; **-metnast (að)**, v. *to pride oneself*; **-munúð**, f. *sensuality*; **-mælgi**, f. *excessive loquacity*; **-mæli**, n. *exaggeration* (er þat ok ekki ofmæli, at)

ofn (-s, -ar), m. *oven, furnace*.

of-neyzla, f. *intemperance*.

ofn-grjót, n. *oven-stones*; **-reykr**, m. *smoke from an oven*.

ofra (að), v. (1) *to brandish, wave in the air*, with dat. (o. vápnum sínum);

(2) *to raise, lift* (o. líkam hins helga Ólafs); þegar er sólu var ofrat, *as soon as the sun had risen*: o. sér, *to raise the head, appear* (líðr þá eigi langt áðr gömul úhlýðni ofrar sér); (3) refl., ofrast, *to become known* (Guðmundr vildi eigi þat o. láta); *to pride oneself* (af e-u).

ofraðar-maðr, m. *a notable man*; **-rangr**, a. *exceedingly perverse*; **-synd**, f. *pride, presumption*; **-vel**, *exceedingly well*; **-þrekmaðr**, m. *an exceeding strong (courageous) man.*

ofraðr (gen. -ar), m. *notification, disclosure*; bera e-t á ofrað, *to make known, divulge.*

ofr-afl, n. = ofrefli, ofríki.

ofran, f. *pride, self-assumption.*

ofr-ást, f. *passionate love.*

of-raun, f. *too great a trial, too severe a test*; **-rausn**, f. *presumption*; **-ráð**, n. (1) *too great a task* (þótti honum þetta ofráð vera); (2) *too high a match* (Þorsteinn kvað sér þat ofráð).

ofr-dýrr, a. *over-dear*; **-efli**, n. (1) *overwhelming force* (þessi maðr brýzt í móti miklu ofrefli); (2) Oddr kvað sér þat eigi ofrefli, *O. said it was not beyond his strength*; (3) *excess, immensity* (ofrefli frosts ok kulda).

ofreflis-maðr, m. *powerful man.*

of-refsan, f. *too great severity in punishing*; **-rembingr**, m. *arrogant person*; **-reyna** (-da, -dr), v. *to put to too severe a test*; ofreyna sik, *to overstrain oneself.*

ofr-fé, n. *immensity of goods*; **-fjöldi**, m. *immense host*; **-gangr**, m. = ofgangr; **-garpr**, m. *overdaring man*; **-gjöld**, n. pl. *dire retribution*; **-harmr**, m. *overwhelming sorrow*; **-hefnd**, f. *fearful vengeance*; **-hiti**, m. *excessive heat*; **-hugi**, m. (1) *a fearless, daring man*; (2) = -hugr; **-hugr**, m. *dauntless courage.*

of-ríki, n. *overbearing, tyranny.*

ofríkis-maðr, m. *overbearing man.*

ofr-kapp, n. *excessive zeal, stubbornness* (verja mál með -kappi).

ofrkapps-fullr, a. *overbearing*; **-maðr**, m. *overbearing man.*

ofr-kuldi, m. *excessive cold*; **-lengi**, adv. *very long*; **-lið**, n. *overwhelming force*; bera e-n ofrliði, *to overpower*; **-liga**, adv. *exceedingly* (ofrliga fagr); **-ligr**, a. *excessive*; **-menni**, n. *mighty champion*; **-mikill**, a. *very great*; **-mælgi**, f. *great babbling or vaunting*; **-mæli**, n. = -yrði; **-skjótt**, adv. *very soon*: **-verkr**, m. *violent ache or pain*; **-yrða** (-ða, -ðr), v. *to address in big words*; **-yrði**, n. *high words*; **-þraut**, f. *hard trial*; **-þungi**, m. *crushing weight*; **-ölvi**, a. *having over-drunk, the worse for drink.*

ofsa (að), v. *to puff oneself up, be arrogant* (o. sér til vansa); refl., ofsast, *to grow unruly* (Jupiter þótti fólkit ofsast).

ofsa-harðr, a. *extremely hard, severe* (-hörð veðr); **-maðr**, m. *overbearing man*; **-mikill**, a. *excessively great.*

ofsi, m. *overbearing, tyranny.*

of-sjónir, f. pl., sjá ofsjónum yfir e-u, *to look down upon, despise* (sér þú nú ofsjónum yfir flestum bústöðum).

ofskaps-maðr, m. *proud man.*

of-skemtan, f. *excessive pleasure*; **-skvaldr**, n. *excess of talking*; **-skynja**, a. indecl. *looking down upon* (vera e-m ofskynja); **-sókn**, f. *persecution.*

ofstopa-maðr, m. *overbearing man.*

of-stopi, m. *overbearing, arrogance*; **-stýri**, n. *unmanageable thing*; **-stœki**, n. *ferocity, vehemence*; **-stœri**, n. *haughtiness, pride*; **-sœkja** (see sœkja), v. *to persecute*; **-sœkjandi**, m. *persecutor*; **-sögn**, f. *exaggeration*; **-sögur**, f. pl. *exaggeration*; eigi má ofsögum segja frá vitsmunum þínum, *your intelligence cannot be too highly praised*; **-tekja**, f. *taking too much to oneself*; **-tign**, f. *too great honour*; **-vald**, n. = -ríki; **-veðr**, n. = -viðri; **-verkr**, m. *excessive pain*; **-viðri**, n. *violent gale*; **-vilnan**, f. *conceit, presumption*; **-virðing**, f. *too great honour*; **-vægiligr**, **-vægr**, a. *immense, overwhelming*; **-væni**, n. *anxious expectation*; **-þrá**, f. *immoderate lust*; **-þögli**, f. *stubborn silence.*

ok, conj. (1) *and*; bæði . . . ok, *both . . . and* (b. er hann vitr ok framgjarn); (2) in comparison, *as, and*; sami maðr ok áðr, *the same man as* *before*; nú fór Svíum allt á eina leið ok Dönum, *it went with the Swedes in the same way as with the Danes*; þat er mjök sundrleitt (úlíkt) ok kristnir menn gøra, *it differs much from what Christians do*; (3) of an adversative character, *and yet, but* (hann var særðr mörgum sárum ok engum stórum); (4) introducing the apodosis, *then*=þá; esp. in the old laws; ef sá maðr (etc.) . . ., ok verðr hann útlagr, *then he shall pay*; (5) used for the relative particle 'er'; at höllu hann kom ok átti Íms faðir, *which belonged to Im's father*; Geirröðr konungr átti þá son, ok hét Agnarr, *who was called A.*; (6) *also* (hann heyrir ok þat, er gras vex á jörðu).

ok, n. *yoke*; *domination.*

oka (**að**), v. *to bring under the yoke, to subjugate.*

okaðr, pp. *joined by a cross-piece.*

oki, m. *cross-piece* (cf. 'hurðar-oki').

okkarr, poss. pron. *our*, in dual; hvárrgi o., *neither of us two.*

okr, n. *usury*; **-karl**, m. *usurer.*

olea (**að**), v. *to anoint, administer extreme unction to.*

olean, f. *extreme unction.*

olifa, f., olifu-tré, n. *olive-tree.*

oman, n. *boss on a sword.*

opa (**að**), v. *to retreat, go back* (also, opa undan, á hæl). Cf. 'hopa'.

opin-bera (**að**), v. *to manifest, reveal*; **-berliga**, adv. *openly, in public*; **-berligr**, **-berr**, a. *manifest, public*; **-eygðr**, **-eygr**, a. *open-eyed*; **-mynntr**, a. *open-mouthed.*

opinn, a. (1) *open* (o. munnr, opin hurð, opit lopt); koma e-m í opna skjöldu, *to take one in the rear*; (2) *resupine, on the back*, opp. to 'á grúfu' (hann lét binda hann o. á slá eina); (3) *open, undecided* (E. segir eigi sið, at mál stœði opin).

opin-spjallr, a. *outspoken, free-spoken* (var S. óðlátr ok -spjallr).

opna (**að**), v. *to open* (hann lét o. hauginn); refl., opnast, *to be opened.*

opna, f. *opening, crater.*

opt, adv. *often, frequently*; compar., optarr, *oftener*; superl., optast, *oftenest, most frequently.*

opt-leiki, m. *frequency*; **-liga**, adv. *often, frequently*; **-ligr**, a. *frequent*; **-samligr**, a. *frequent*; **-sinnis**, adv. *many times.*

orð, n. (1) *word*; ef maðr mælir nökkuru orði í mót, *if a man speaks a word against it*; segja í sínu orði hvárt, *to say one thing in one breath and another in the next*; taka til orða, *to begin to speak*; kveða at orði, *to say, utter*; hafa við o., *to hint at*; vel orði farinn, *well-spoken, eloquent*; fornkveðit o., *an old saw*; (2) *word, repute, report* (gott, illt o.); fyrir orðs sakir, *because of what people might say*; leggja e-t til orðs, *to talk about*; þótt okkr sé þat til orðs lagit, *although we are blamed for it*; (3) *message* (senda, gøra e-m o.).

orða (**að**), v. *to talk of* (var þetta brátt orðat, at O. fífldi Sigríði).

orða-ákast, n. *altercation*; **-dráttr**, m. (1) *talk* (illr -dráttr); (2) *drawling*; **-framburðr**, m. *utterance*; **-framkast**, n. *chance proposal*; **-fullting**, n. *speaking well for one*; **-glœsur**, f. pl. *showy words*; **-grein**, f. *phrase*; **-hagr**, a. *skilled, expert in words*; **-hald**, n. *keeping one's word*; **-heimtingar**, **-hendingar**, f. pl. *bandying words*; **-hjaldr**, m. *verbiage*; **-hnippingar**, f. pl. *altercations*; **-lag**, n. *manner of speaking, expression*; **-lauss**, a. *wordless*; láta -laust, *to be silent*; **-leiðing**, f. *pronunciation*; **-lengd**, f. *length of a verse*; **-maðr**, m. *eloquent man*; **-samr**, a. *wordy, long-winded*; **-semi**, f. *verbiage, loquacity*; **-skak**, n. *scolding*; **-skil**, n. pl. *distinction of words* (ekki nam -skil); **-skipan**, f. *the order of words*; **-skipti**, n. pl. *exchange of words* (eiga -skipti við e-n); **-skrap**, **-skrum**, n. *bragging*; **-snild**, f. *eloquence*; **-staðr**, m., gørðu Svíar þá kurr mikinn ok mælti hverr í -stað annars, *all spoke at once* (*or in one way?*); **-sveimr**, m. *rumour*; **-tiltekja**, f. *utterance, language*; **-tœki**, n., **-tœkja**, f., **-tök**, n. pl. *mode of expression.*

orð-bæginn, a. *taunting*; **-djarfr**, a. *outspoken*; **-fall**, n., e-m verðr -fall, *one is struck dumb*; **-farinn**, a., vel

-farinn, *eloquent*; **-fár**, a. *using few words*; **-ferli**, n. *expression, utterance*; **-fimi**, f. *skill in words*; **-fimr**, a. *of easy, flowing speech*; **-fjöldi**, m. *supply of words* (heyja sér -fjölda); **-flaug**, f. *floating rumour*; **-fleyting**, f. *rumour*; **-fleyttr**, pp. *rumoured*; **-fœri**, n. or f. (1) *style* (of a composition); (2) *flow of words, eloquence*; **-fœrliga**, adv. *glibly*; **-fœrr**, a. *well-spoken, eloquent*; **-gífr**, n. *termagant*; **-gnótt**, f. *flow of words*; **-góðr**, a. *speaking well of everybody*; **-gætinn**, a. *wary in one's words, reserved*; **-hagr**, a. *skilled in the use of words*; **-hákr**, m. *abusive person*; **-hegi**, f. *skill in words*; **-heill**, f. (1) *good omen*; (2) *report* (eigi hafa þau góða -heill); **-hittinn**, a. *facetious*; **-hvass**, a. *sharp-tongued*; **-igr**, a. *wordy, copious*; **-illr**, a. *speaking evil of others*; **-kringi**, f. *glibness of tongue*; **-krókar**, m. pl. *sophistry*; **-lag**, n. (1) *way of speaking, talk, language*; (2) *report* (afla sér góðs -lags); **-lauss**, a. *wordless*; láta -laust, *to be silent about*; **-lof**, n. *praise* (vinsæld ok -lof); **-margr**, a. *long-winded*; **-nœfr**, a. *witty*; **-rammr**, a. *powerful in words*; **-rómr**, m. *report, public opinion* (sá -rómr lagðist á); **-rœða**, f. *talk, discussion*; bar saman -rœðu þeirra jarls ok Finnboga, *the earl and F. had an interview*; **-rœða** (-dda, -ddr), v. *to talk of*; **-sending**, f. *message*; **-sjúkr**, a. '*word-sick*', *touchy*; **-skár**, a. = -hvass; **-skrípi**, **-skræpi**, **-skrök**, n. *objectionable language*.

orðs-kviðr, m. (1) *proverb, saw*; (2) *report* (huggast við góðan -kvið).

orð-slunginn, **-slœgr**, a. *cunning in words*; **-snild**, **-snilli**, f. *eloquence*; **-snjallr**, a. *eloquent*; **-spakr**, a. *wise-spoken*; **-speki**, f. *wisdom in words*; **-stef**, n. *notice, mention*; hafa e-n í -stefi, *to speak of one*; **-stiltr**, a. *moderate in one's words*.

orðs-tírr, m. *fame, renown, good report* (falla við góðan orðstír).

orð-stórr, a. *using big words*; **-svinnr**, a. = -spakr; **-sæll**, a. *enjoying a good reputation*; **-tak**, n. (1) *phrase, expression* (þat er -tak, at sá er týhraustr); (2) *watchword* (þá skulu vér hafa allir eitt -tak: fram, fram Kristmenn); (3) *speech, words, way of speaking*; þá fellust öllum Ásum -tök, *words failed them, they were struck dumb*; þat var eitt -tak allra, *all said the same*; Gunnarr heyrði öll -tökin, *G. heard every word they said*; hafa -tak við e-n, *to have a talk with one*; **-tœki**, n. = -tak; **-vandr**, a. *sensitive* (*particular*) *as to others' words* (þarft þú eigi svá -vönd at vera).

orðvarps-maðr, m. *spokesman*.

orð-varr, a. *watchful of one's tongue, discreet*; **-víss**, a. *witty, clever*.

orf, n. *scythe-handle, snath*.

organ, n. *organ*.

organs-list, f. *art of organ-playing*; **-meistari**, m. *organist*.

orka (að), v. (1) *to be able to do*; önnur vann allt þat, er hón orkaði, *the other worked all that she could*; with dat., þó hyggst hann einn munu öllu o., *yet he thinks he can do everything himself*; allt þat lið, er vápnum mátti o., *all those who could wield weapons*; (2) with gen. of the thing, o. e-m e-s, *to cause, effect*; mér orkar þat margra vandræða, *it causes me much trouble*; þetta mun o. tíðenda, *this will give something to speak about*; allt orkar tvímælis þá er gört er, *there are two sides to everything that is done*; impers., jafnan orkar tvímælis, þó at hefnt sé; (3) with preps., o. at e-u, *to act, proceed with, do*; þeir rœða nú um með sér, hversu at skal o., *what is to be done*; o. á e-t, *to work on, have effect on* (var þat þó lengi, at eigi orkaði eldr á Þórólf); hann mátti engu á o., *he could do nothing*; o. orða á e-n, *to make one speak*; o. til e-s, *to prepare* (o. til veizlu); (4) refl., orkast at e-u, *to exert oneself in a thing*; *to set about doing something* (hversu hann skyldi at o. at segja föður sínum þessi tíðendi); o. hugar á at gøra e-t, *to make up one's mind to do a thing*; honum þótti seint á o., *he thought it went slowly*.

orka, f. (1) *strength, power for work*

(orkan þvarr, því at ellin sótti á hendr honum); (2) *work*.

orkn, n. a kind of *seal*; cf. 'örkn'.

Orkn-eyjar, f. pl., *the Orkneys*.

orku-fátt, a. n. *failing in strength* (honum varð orkufátt); **-maðr**, m. *labourer*; **-vana**, a. indecl. *bereft or destitute of strength*.

or-lof, n. *permission*, *leave* (ek vil beiðast, herra! at þér gefit mér orlof at fara til Íslands); orlof til brottferðar, *leave to depart*.

orlofa (**að**), v. *to allow*.

orlofs-bréf, n. *writ of permission*; **-laust**, a. n. *without leave*.

orma-bœli, n. *abode of snakes*; **-garðr**, m. *snake-pen*.

orm-beðr, m. poet. *snake's lair*; -beðs eldr, *gold*; **-garðr**, m. = ormagarðr (G. lét hann kasta í ormgarð).

ormr (**-s**, **-ar**), m. *snake*, *serpent*.

orms-bit, n. *snake-bite*; **-tunga**, f. *snake's tongue*, a nickname.

orna (**að**), v. (1) *to warm*; o. sér, *to warm oneself* (lát hann o. sér ok fari síðan til sels); impers., ornar e-m, *one gets warm*; (2) *to get warm* (svá tekr brunnrinn at o.).

orri, m. *heathcock*.

orrosta, f. *battle*.

orrostu-laust, adv. *without battle*; **-lok**, n. pl. *issue*, *end of a battle*; **-maðr**, m. *warrior*; **-slög**, n. pl. *battles*; **-staðr**, m. *battle-place*.

oss-, poss. pron. *our*, = várr (at vilja ossum, í hendr ossar, etc.).

ost-hleifr, m. *a cheese*; **-hlutr**, m. *slice of cheese*; **-kista**, f. *cheese-press*.

ostr (**-s**, **-ar**), m. *cheese*.

ostra, f. *oyster*.

ota (**að**), v. *to push*, with dat.; o. sér fram, *to thrust oneself forward* (Þórir otar sér fram milli manna).

otr (gen. **otrs**, pl. **otrar**), m. *otter*.

otr-belgr, m. *otter-skin*; **-gjöld**, n. pl., poet. *gold*; **-hundr**, m. *otter-hound*.

oxa-höfuð, n. *head of an ox*.

oxi (pl. **øxn**), m. *ox* = uxi.

Ó

ó-, the negative prefix *un-*. See 'ú-'.

ó, interj. *oh!* (ó! góðir menn!)

óast (**að**), v. refl. *to dread*, *fear*, *be afraid* (óumk ek aldrigi).

óða-far, n. *hurry* (í -fari).

óðal (pl. **óðul**), n. *ancestral property*, *patrimony*, *inheritance* (in land); *family homestead*; *native place*; flýja óðul sín, *to abandon one's home*, *go into exile*.

óðal-borinn, pp. (1) *born possessor of an* 'óðal'; (2) *entitled to* (til e-s) *by birth*; **-jörð**, f. *native country*.

óðals-borinn, pp. = óðalborinn; **-jörð**, f. = óðaljörð; **-maðr**, m. *allodial owner*; sannr -maðr til Noregs, *rightful heir of Norway*.

óðal-torfa, f. *patrimony*, *heritage*.

óða-stormr, m. *violent gale*; **-straumr**, m. *violent current*; **-veðr**, n. = -stormr; **-verkr**, m. *violent pain*.

óð-fluga, a. indecl. *with violent speed*; **-fúsi**, **-fúss**, a. *madly eager*.

óð-indæla, f. *embarrassment*, *trouble*; **-indæll**, a. *unmanageable*, *difficult to deal with*.

Óðinn (dat. **Óðni**), m. *Odin*.

Óðins-dagr, m. *Wednesday*.

óðlast (**að**), v. refl. *to get possession of*, see 'öðlast'.

óð-látr, a. *headstrong*, *impatient*; **-liga**, a. *vehemently*, *impatiently*; **-lundaðr**, a. *rash*, *headstrong*; **-málugr**, a. *speaking violently*, *excited*.

óðr (**óð**, **ótt**), a. (1) *mad*, *frantic*; ó. maðr, *madman*; (2) *furious*, *vehement*, *eager* (váru þeir synir Ósvífrs óðastir á þetta mál); e-m er ótt, *one is eager*, *impatient* (hann kallaði sér þó ótt um ferðina); ótt, as adv. *vehemently* (þeir reiddu ótt sverðin ok hjuggu títt); Flosi fór at engu óðara en hann væri heima, *Flosi behaved as calmly as if he were at home*.

óðr, m. (1) *mind*, *feeling*; (2) *song*, *poetry*; óðar smiðr, *poet*.

óðum, adv. *rapidly*, = ótt; see the adj. 'óðr'.

óð-viðri, n. *violent gale*, = ofviðri; **-virki**, a. *frantic with pain* (-virki af beinverkjum).

ó-freski, f. *second sight.*

ó-freskr, a. *endowed with second sight, able to see supernatural beings.*

ófrýn-liga, adv., **-ligr**, a., see 'úfrýnliga, -ligr'.

ógn, f. (1) *dread, terror*; stendr ó. af e-m, *one inspires terror* (þótti honum lítil ó. af þeim standa); (2) esp. pl. 'ógnir', *threats, menaces* (með bliðmælum ok ógnum); (3) gen. **ógnar-**, prefixed as adv. *awfully* (ógnar-breiðr, -digr, -mikill).

ógna (að), v. (1) *to threaten*, with dat. (þér hafit öðrum ógnat); with double dat., ó. e-m e-u, *to threaten one with a thing* (eldrinn ógnaði bráðum bruna allri hans eign); (2) refl., ógnast e-t, *to fear, stand aghast at a thing.*

ógnan, f. *threatening, menaces.*

ógnar-boð, n. *dreadful message*; **-erendi**, n. = -boð; **-geisli**, m. *dreadful ray*; **-hlutr**, m. *formidable thing*; **-laust**, adv. *without terror*; **-ligr**, a. *awful, terrible*; **-mál**, n. pl., **-orð**, n. pl. *menacing words*; **-raust**, f. *dreadful voice.*

ógn-hvatr, a. *brave in danger.*

ógur-leikr, m. *awfulness*; **-liga**, adv. *awfully*; **-ligr**, a. *awful, terrible.*

ól (pl. **-ar**), *strap*, = ál.

Ólafs-messa, -vaka, f. *St. Olaf's day* (July 29 or Aug. 3).

ólga, f. *swell, swell ng* (sævar ó.).

ólm-liga, adv. *furiously, savagely*; **-ligr**, a. = ólmr.

ólmr, a. *savage, furious* (ó. hundr).

ólpa, f. a kind of *outer cloak.*

ólpu-maðr, m. *a cloaked man.*

ómun, f. *sound, voice* (heitir ok rödd ó.); ó. þverr, *my voice fails me.*

óp, n. (1) *shout, shouting, crying* (þá varð óp mikit at lögbergi ok úhljóð); (2) *weeping, crying* (sló síðan ópi á barnit).

ór, prep. with dat. (1) *out of, from*; tekinn ór jörðu, *taken out of the earth*; vakna ór svefni, *to wake out of sleep*; Ísland bygðist ór Noregi, *from Norway*; ór Mön, *from the Isle of Man*; er þá bar ór hafi, *from the sea*; spyrja ór kaupstefnu, *to ask news from the market*; hús ór húsi, *from house to house*; ráðast ór hernaði, *to leave off freebooting*; (2) denoting the substance of which a thing is made, *of, out of*; ór Ymis holdi var jörð um sköpuð, *out of Y.'s flesh the earth was made*; hjölt ór gulli, *a golden hilt*; (3) *out of, from among* (þessir féllu ór liði Haralds); (4) denoting cause; deyja ór sárum, sótt, *to die of wounds, sickness*; (5) *beyond*; svá mikill snjór, at þat var ór dœmum, *beyond example, unexampled*; ór hófi, *beyond measure*; þurru mjök vinsældir hans ór því sem vóru, *his popularity dwindled from what it had been*; (6) ór því, *after* (nú skal segja, hvat gørðist ór því F. var í burtu farinn); (7) absol., hann skar ór spjótit, *he cut the spear clean through.*

óra (-ða), v. *to rave, wrangle* (órir gestr við gest).

óra-ferð, f. *mad undertaking*; **-maðr**, m. *madman*; **-mál**, n. *mad talk.*

órar, f. *or* m. pl. (1) *fits of madness, craziness* (hón bar eigi óra í augum); hann gørði sér órar, *he feigned insanity*; (2) *wild fancies* (órar þær, er sjá maðr ferr með).

ór-bjarga, a. indecl. *helpless*, = ørbjarga; **-dauðr**, a. *extinct, quite dead*; **-fœri**, n. *expedient, choice* (hann sá ekki -fœri sitt annat); **-hóf**, n. = -óf; **-kola**, a. indecl. = ørkola; **-kosta**, f. *means, supplies* (deyja frá allri -kostu); **-kostr**, m. *means, resources*; **-lausn**, f. (1) *answer, reply, solution* (engi spyrr þeirra hluta, er eigi kann hann -lausn); -lausn allra spurninga, *solution of all questions*; (2) *release from a difficulty, help*; **-lauss**, a. *free, disengaged*; **-lof**, n., see 'orlof'; **-óf**, n. = -hóf, *immense quantity, countless number* (-óf lausafjár); -ófi vetra áðr væri jörð sköpuð, *numberless winters ere the earth was fashioned*; **-ráð**, **-ræði**, n. *expedient, help* (hvert -ræði viltu veita mér?).

órskurðar-maðr, m. *umpire, arbitrator* (þeir tóku G. til -manns).

ór-skurðr, m. (1) *decision*; veita -skurð um e-t, *to decide a question*;

(2) *opinion* (vil ek heyra fleiri manna -skurð um þetta mál); **-slit**, n. pl. *final decision* (hann veitti engi -slit); **-völ**, n. pl. *refuse, what is left over.*

ósk, f. *wish*; yðr gengr allt at óskum, *everything succeeds to your wishes.*

óska-byrr, m. *a fair wind to one's heart's content*; **-sonr**, m. *adopted son*; **-vel**, adv. *just as one wishes, exceedingly well.*

ósk-barn, -berni, n. *adopted child*; **-mær**, f. *chosen maid*; **-mögr**, m. = óskasonr, *beloved son.*

ós-mynni, n. *mouth of an estuary.*

óss (gen. **óss**, pl. **ósar**), m. (1) *mouth or outlet of a river or lake* (Danubius fellr með sjau ósum til sjófar); (2) *fountain-head* (at ósi skal á stemma).

óst, f., **óstr**, m. *throat*, = hóstr (hann var lostinn öru í óstinn).

ósvift, a. n., see 'úsvift'.

ótta, f. *the last part of the night.*

ótta-boð, n. *feeling afraid, fear, anxiety*; **-bragð**, n. *an air of being afraid*; **-fenginn, -fullr**, a. *terrified*; **-lauss**, a. *fearless* (verit øruggir ok -lausir); **-laust**, *not to be feared, without danger* (var þar þá allt -laust); **-ligr**, a. *fearful, terrible*; **-mikill**, a. *full of fear*; þá gørðist -mikit með Böglum, *the B. were much afraid*; **-samligr**, a. = -ligr; **-sleginn**, pp. *terror-stricken.*

óttast (að), v. refl. *to fear* (ó. e-n); ó. at sér, um sik, *to be anxious (concerned) about oneself.*

ótti, m. (1) *fear, dread*; svá var þeim öllum mikill ó. at honum, *they were all so much afraid of him*; (2) *a cause of fear, dreadful thing* (ó. var at sjá í augu honum, ef hann var reiðr).

óttu-songr, m. *matins.*

óttusöngs-mál, n. *the time of matins*; **-tíðir**, f. pl. *prayers at matins.*

P

padda, f. *toad* (froskar ok pöddur).

paðreimr, m. *the hippodrome* in Constantinople.

pakki, m. *pack, bundle.*

pakta-öld, f. *the cycle of epacts.*

palata, f. = polota.

palla-lofsöngr, -sálmi, m. '*psalm of degrees*'; **-söngr**, m. *gradual.*

pallr (-s, -ar), m. (1) *step*, = gráða; (2) *the raised floor along the sides of the hall*, = 'lang-pallar'; (3) *a cross dais at the upper end of the hall*, = 'þverpallr, hápallr.'

palls-horn, n. *the corner of the raised floor.*

pall-stokkr, m. *beam at the edge of the* 'pallr'; **-strá**, n. pl. *straw spread on the* 'pallr'.

pantr (-s, -ar), m. *pledge, pawn.*

panzari, m. *coat of mail.*

papi, m. (1) *Irish or Culdee monk or hermit*; (2) *pope.*

par, n. (1) *pair*; tvenn pör skœða, *two pair of shoes*; (2) *paring, scrap.*

paradís, f. *paradise.*

parta (að), v. *to part, divide.*

partera (að), v. (1) = parta; (2) *to give a part of* (p. e-m e-t).

parteran, f. *division.*

partr (-s, -ar), m. *part, share.*

past, n. *food*, = áta; in the phrase, liggja á pasti, *to be sucking the blood out of the prey.*

pati, m. *rumour*, = kvittr.

pausa (að), v. *to marry*, = púsa.

pá or **pái**, m. *peacock*, a nickname.

páfa-bann, n. *papal ban*; **-dómr**, m., **-dœmi**, n. *papacy, papal see*; **-garðr**, m. *the papal residence*; **-ligr**, a. *popish, papal*; **-stóll**, m. *the papal chair*; **-sæti**, n. = -dómr.

páfi, m. *pope.*

pá-fugl, m. *peacock.*

páll (-s, -ar), m. a kind of *hoe or spade* (páll ok reka).

pálma-dagr, m. *Palm Sunday.*

pálmari, m. *palmer, pilgrim.*

pálmi, pálmr, m. *palm-tree.*

pálm-sunna, f., **-sunnudagr**, m. *Palm Sunday*; **-viðr**, m. *palm-wood, palm-tree.*

pál-stafr, m. a kind of *heavy missile.*

páska-aptann, m. *Easter-eve*; **-dagr,** m. *Easter-day*; **-friðr,** m. *Easter-peace*; **-hald,** n. *the keeping of Easter*; **-helgi,** f. *Easter-tide.*

páskar, m. pl., **páskir,** f. pl. *Easter.*

páska-vika, f. *Easter-week*; **-vist,** f. *stay during Easter*; **-öld,** f. *the Paschal Cycle.*

peð-mát, n. *checkmate with a pawn.*

pell, n. a kind of *costly stuff.*

pells-klæði, n. *garment, clothes of* 'pell'; **-skikkja,** f. *cloak of* 'pell'.

peningr, penningr (-s, -ar), m. (1) *a piece of property, article* (hann skipar upp gózit, var þar hverr p. valinn í); (2) *coin, money* (enskir penningar); (3) *penny* = $\frac{1}{10}$ of an 'eyrir'.

penta (að), v. *to paint.*

pentari, m. *painter.*

persóna, f. (1) *person*; (2) *parson.*

pikka (að), v. *to pick, prick, stab* (pikkaði sínu sverði á síðunni).

pikkis-dagar, m. pl. *Whitsuntide.*

pikturr, m. *painter.*

piltr, piltungr (-s, -ar), m. *boy, lad.*

pilz, n. *fur coat.*

pilzungr, m. *short fur coat.*

piparr, m. *pepper.*

pipra (að), v. *to pepper.*

pistill (dat. **pistli**), m. *epistle.*

pík, f. *piked staff,* = broddstafr.

píka, f. *girl, lass.*

píla, f. *arrow,* = ör.

píla-grimr (-s, -ar), m. *pilgrim.*

pílárr (-s, -ar), m. *pillar.*

píment, n. a kind of *spiced wine.*

pína, f. (1) *fine* (undir pínu tólf aura gjalds); (2) *torment, torture.*

pína (-da, -dr), v. (1) *to punish*; (2) *to torment, torture* (á krossi píndr).

píning, f. (1) *torture*; (2) *passion.*

píningar-saga, f. *history of one's martyrdom*; **-váttr,** m. *a martyr*; **-vætti,** n. *martyrdom.*

pínsl, f. *torture, passion,* = písl.

pípa, f. (1) *pipe, tube*; drekka af pípu, *to drink through a quill*; (2) *pipe,* as a musical instrument (þar vóru bumbur barðar ok pípur blásnar).

pípari, m. *piper.*

pípna-hljómr, m. *the sound of pipes.*

písl, f. = pínsl, píning.

píslar-dagr, m. *passion-day*; **-fœri,** n. *instrument of torture*; **-mark,** n. *the sign or symbol of the cross*; **-saga,** f. = píningarsaga; **-staðr,** m. *place of torment*; **-tré,** n. '*passion-tree*', *the cross*; **-váttr,** m. *martyr*; **-vætti,** n. *martyrdom.*

pjakka (að), v. *to pick, prick* (ef þú pjakkar broddinum á hallinn).

plaga (að), v. (1) *to cultivate*; (2) *to treat, entertain* (vel plagaðir í mat ok drykk); (3) *to be used, wont.*

plagg, n. *luggage* (hann bar vápn þeirra ok önnur plögg).

plagga-margr, a. *having much luggage* (ekki er ek -margr).

planta (að), v. *to plant.*

plata, f. *plate, plate armour.*

plága, f. *severe chastisement.*

plána (að), v. *to efface, blot out.*

plástr, m. *plaster.*

pláz, n. *place, spot.*

plokka (að), v. (1) *to pluck* (tók Randvér hauk sinn ok plokkaði af fjaðrarnar); fig., p. e-t af e-m, *to pluck it out of one*; (2) *to plunder.*

plóg-járn, n. *plough-iron, ploughshare*; **-karl,** m. *ploughman.*

plógr (-s, -ar), m. *plough.*

plógs-land, n. *plough-land.*

plóma, f. *plum.*

plœgja (-ða, -ðr), v. *to plough.*

poki, m. *poke, bag, sack.*

pollr (-s, -ar), m. *pool, pond.*

polota, f. *the emperor's palace* in Constantinople.

polotu-svarf, n. '*palace-scouring*' (in order to pick up valuables).

port, n. *gate*; **-hús,** n. *brothel*; **-kona,** f. *harlot*; **-lífi,** n. *prostitution.*

posi, m. *little bag,* = poki.

postola-dómr, m. *apostleship*; **-kirkja,** f. *an apostle's church*; **-messa,** f. *mass of an apostle.*

postoli, m. *apostle.*

postoligr, a. *apostolic.*

pottr (-s, -ar), m. *pot.*

prámr, m. *a flat-bottomed boat.*

prédika (að), v. *to preach.*

prédikan, f. *preaching.*

prédikara-klaustr, n., **-lifnaðr,** m. *Dominican convent, order.*

prédikari, m. (1) *preacher*; (2) *Dominican friar.*

presenta (**að**), v. *to present* (gersimar at presenta konunginum).

presenta, f. *present.*

presta-dómr, m. *ecclesiastical court*; **-fátt**, a. n. *scarcity of priests*; **-spítal**, n., **-spítali**, m. *infirmary for priests*; **-stefna**, f. *conference of priests.*

prest-borð, n. *a priest's board or maintenance*; **-kaup**, n. *a priest's salary*; **-kona**, f. *a priest's wife*; **-lingr**, m. *theological student preparing for orders*; **-maðr**, m. *clergyman, priest.*

prestr (**-s**, **-ar**), m. *priest.*

prest-setr, n. *priest's residence*; **-skapr**, m. *priesthood.*

prests-stétt, f. *the priestly order, priesthood*; **-tíund**, f. *priest's tithe*; **-vígsla**, f. *ordination of a priest.*

prest-vist, f. *maintenance of a priest* (ek lagða fé til -vistar).

pretta (**að**), v. *to cheat, deceive* (ekki skal ek p. yðr í þessu kaupi).

pretta-fullr, a. *deceitful, tricky*; **-lauss**, a. *guileless, without deceit.*

prettóttr, a. = prettafullr.

prettr (**-s**, **-ar**), m. *trick, deceit, fraud* (með flærð ok prettum).

prett-vísi, f. *deceitfulness, craftiness*; **-vísligr**, a., **-víss**, a. *deceitful, crafty, wily* (ágjarn ok -víss).

prim-signa (**-da**, **-dr**), v. *to 'prime-sign'* (a religious act, preliminary to christening); **-signan**, **-signing**, f. *'prima signatio', marking with the sign of the cross.*

prím, n. (1) *new moon*; (2) = prími.

príma-mál, n. *the time of prime.*

prími, m. *prime, six o'clock a.m.*

prísa (**að**), v. *to praise.*

prísa (**að**), v. *to press, torture.*

príss, m. *state, pomp* (þeir sigldu þá með prís miklum).

prísund, f. *prison* (setja í p.).

próf, n. (1) *proof, evidence*; (2) *ordeal, trial* (of a fact).

prófa (**að**), v. (1) *to try* (p. má ek þetta); (2) *to examine* (p. sök, mál); (3) *to find out*; ef ek prófa þetta sannindi, *if I find this to be true*; (4) *to prove* (*by evidence*).

prófan, f. *trial, inquiry.*

prófast-dœmi, n. *district of a provost, provostship.*

prófastr (**-s**, **-ar**), m. *provost.*

próvenda, **-venta**, f. (1) *prebend* (for the maintenance of a church or charitable institution); (2) *surrender of real property for maintenance.*

prúð-leikr, m. *show, ornament*; **-liga**, adv. (1) *in a stately manner, magnificently*; (2) *manfully*; **-ligr**, a. *magnificent* (-lig veizla).

prúðr, a. *stately, magnificent, fine.*

prýða (**-dda**, **-ddr**), v. *to adorn, ornament, make beautiful.*

prýði, f. (1) *ornament, pomp*; (2) *gallantry, bravery* (falla með p. ok orðstír); **-liga**, adv. *finely, nobly, bravely* (Erlingr varðist -liga); **-ligr**, a. *magnificent* (-lig veizla).

pund, n. (1) *pound* (= 24 'marks' or 12 lbs.); (2) *pound = two 'marks'.*

pundari, m. *steelyard.*

pungr, m. *small bag, pouch, purse.*

punkta, **punktera** (**að**), v. *to dot.*

punktr, m. (1) *point*; (2) *nick of time* (í þann punkt); (3) *point, case.*

purpura-gull, n. *red gold*; **-litr**, m. *purple colour.*

purpuri, m. *purple*; also *costly stuff* (purpura-hökull hvítr).

purpur-ligr, a. *purple* (-ligr hringr).

putt, interj. *pish, pshaw.*

púki, m. *devil, fiend.*

púsa (**að**), v. (1) *to espouse, marry*; (2) *to give in marriage to* (p. e-a e-m).

púss, m. *small bag*, = pungr.

pústr (gen. **-rs**, pl. **-rar**), m. *box on the ear* (konungr sló hana p.).

púta, f. *harlot*, = portkona.

pútna-hús, n. *brothel.*

pútu-barn, n., **-sonr**, m. *whoreson.*

pynda (**-nda**, **-ndr**), v. *to compel by brute force* (p. e-n til e-s).

pynding (pl. **-ar**), f. *extortion, tyranny* (pyndingar ok kúgan).

pyttr, m. *pit, pool, cesspool.*

R

rabba (**að**), v. *to babble, prate.*

raddaðr, pp. *having a voice of a certain tone* (vel, illa r.).

raddar-grein, f. *articulation*; **-stafr**, m. *vowel*; **-tól**, n. *organ of speech.*

radd-lið, n. *band of singers*; **-maðr**, m. *a man with* (*great*) *vocal powers.*

raf, n. *amber*; **-band**, n. *necklace of amber beads.*

rafr (pl. **-ir**), m. *the amber-like fat and fins of a halibut.*

raggaðar-klæði, n. pl. *shaggy clothes.* Cf. 'rögg'.

rag-mennska, f. *cowardice*; **-mæli**, n. *ignominious calumny, charging one with* ragmennska.

ragna (**að**), v. *to imprecate, invoke upon one* (r. e-t at e-m).

ragna-, gen. from 'regin'; **-rök**, n. pl. *the doom or destruction of the gods*; *the last day, the end of the world*; **-røkkr**, n. *the twilight of the gods, world's end.*

ragr, a. (1) *craven, cowardly* (bíð þú þá, ef þú ert eigi r.); (2) *emasculate, effeminate*; = argr (þegi þú, rög vættr).

rag-skapr, m. (1) *dastardliness, cowardice*; (2) *vile effeminacy.*

rak, n. *wick of a candle.*

rak, n.; pl. **rök**, *rakings of hay.*

raka (**að**), v. (1) *to sweep away* (G. rakaði mýinu brott með hendi sinni); (2) *to rake* (r. hey, ljá, töðu); r. upp hey, *to rake it up into cocks* (tók hón eigi at r. upp, þótt þat væri mælt); r. saman fé, *to rake money together*; (3) *to shave* (r. sik, r. skegg sitt).

rak-hlaup, n. *a straight run.*

rakka-hjörtr, m. poet. '*parrel-hart*,' *ship*; **-víg**, n. *dog fight.*

rakki, m. (1) *dog*; (2) naut., *parrel.*

rakk-látr, a. *bold, brave*; **-læti**, n. *boldness, courage.*

rakkr, a. *erect* (þú heldr nökkuru rakkara halanum en fyrir stundu).

rak-leið, f. *a straight course* (fara -leið norðr til Björgynjar); **-leitt**, a. n. *straight, direct* (þeir sigldu -leitt norðr til bœjarins).

rakna (**að**), v. (1) *to be unwound, unwind itself* (þráðrinn raknaði af hörhnoða); láta r. hendr sínar af e-u, *to loosen one's grasp of*; (2) *to be paid back, restored, discharged* (enda verða at r. leigurnar allar fyrst); láta e-t r., *to give it up*; (3) r. við, *to recover one's senses, come to oneself* (Þorsteinn raknaði skjótt við).

ramm-aukinn, pp. *very powerful* (as a wizard); **-bygðr**, pp. *strong-built*; **-byggiliga**, adv. *strongly*; **-görr**, a. *strong-built, very strong*; **-hugaðr**, a. *strong of mind*; **-liga**, adv. *strongly* (binda -liga); **-ligr**, a. *strong* (-ligr skíðgarðr).

rammr, a. (1) *strong*, of bodily strength (r. at afli); við ramman er reip at draga, *it is pulling a rope against a strong man*; (2) *mighty, powerful* (rammar vættir); (3) *bitter, biting*, opp. to 'sœtr'.

ramm-skipaðr, pp. *strongly manned.*

rang-dœma (-da, -dr), v. *to judge unjustly*; **-dœmi**, n. *unjust sentence*; **-eygr**, a. *squint-eyed*; **-fenginn**, pp. *got by iniquity, wrongly got.*

rangindi, n. pl. *unfair dealings, injustice* (gøra, þola, rangindi); með rangindum, *wrongfully.*

rang-látr, a. *unrighteous, unjust*; **-liga**, adv. *wrongly*; **-ligr**, a. *wrong, unjust*; **-læti**, n. *injustice, unrighteousness* (illgirni ok ranglæti).

ranglætis-maðr, m. *unrighteous man*; **-verk**, n. *unjust deed.*

rangr, a. (1) *wry, crooked*, opp. to 'réttr'; (2) *wrong* (telja þat rangt, er rétt er, en þat rétt er rangt er); neut. 'rangt', as adv. *wrongly, in a wrong way* (stefna rangt); at röngu, með röngu, *wrongfully.*

rang-sáttr, a. *disagreeing, at variance*; **-settr**, pp. *misplaced*; **-snúa** (see **snúa**), v. (1) *to distort, pervert*; (2) *to misrepresent*; **-sýni**, f. *wrong view*; **-sýnn**, a. *erring in judgment*; **-sœlis**, adv. *against the sun*, = andsœlis (nú gengr Þ. -sœlis um bœinn); **-sœri**, n. *false oath, perjury*; **-trúaðr**, a. *heretic*; **-turna** (**að**), v. = -snúa;

-virða (-rða, -rðr), v. *to misjudge*; **-virðing**, f. *wrong judgment*.

rani, m. (1) *snout* (of a hog, snake); (2) *the point of a* 'svínfylking'.

rann, n. *large house* (margt er þat í karls húsi, er eigi er í konungs ranni).

rann-sak, n. *ransacking*.

rann-saka (að), v. *to ransack, search* (-saka bœ, herbergi, hirzlur); -saka liðit, *to muster the troops*; **-sakan**, **-sókn**, f. *ransacking* (for stolen goods).

rapta-bulungr, m. *pile of rafters*.

raptr (-s, -ar), v. (1) *log* (Þórir þreif einn rapt ór eldinum); (2) esp. pl. *the rafters of a roof*.

ras, n. *impetuosity, hurry* (þegar eigi er of mikit ras á þér).

rasa (að), v. (1) *to rush on headlong* (slíks er mér ván, þú fórt rasandi mjök); r. fyrir ráð fram, *to blunder grievously*; (2) *to stumble* (hestr rasaði undir honum).

raska (að), v. (1) *to disturb, disarrange* (þótti henni heldr raskat um hýbýli sín); (2) *to violate, encroach upon* (hann hegndi hart allt þat er guðs rétti var raskat).

raskóttr, a. *rough* (of weather).

rass, m. *posteriors*, =ars; **-görn**, f. *the great gut*; **-ragr**, a. *sodomitic*.

rata (að), v. (1) *to travel, roam*; r. víða, *to travel far* (vits er þörf, þeim er víða ratar); fig., r. í e-t, *to fall into* (misfortune); ek hefi ratat í vandræði mikit, *I have fallen into a great strait*; (2) *to meet with, find*, with acc. (laxa skulu vér veiða, ef vér rötum eigi sauðina); *to find the way* (ok ratar hann harðla stóra fjallvegu); (3) *to collapse, fall down* (grjótbjörg gnata, en gífr rata).

rauða, f. *yolk of an egg*.

rauða-blástr, m. *smelting of red iron ore* (rauði).

rauða-galinn, pp. *stark-mad*; **-víkingr**, m. *great pirate*.

rauð-álfr, m. *red elf*; **-bleikr**, a. *reddish-yellow*; **-brúnaðr**, pp., **-brúnn**, a. *reddish-brown*; **-dropóttr**, a. *red-spotted, speckled with red*; **-dýri**, n. *red deer*; **-eygðr**, **-eygr**, a. *red-eyed*; **-feldr**, m. *red cloak*, a nickname; **-flekkóttr**, a. *flecked (spotted) with red*; **-freknóttr**, a. *red-freckled*; **-gulr**, a. *reddish-yellow*; **-hárr**, a., **-hærðr**, a. *red-haired*.

rauði, m. *bog iron ore*; blása rauða, *to smelt iron ore*.

rauðkápu-maðr, m. *the man in the red cloak* (þeir heilsuðu -manni).

rauð-kembingr, m. *a fabulous whale*; **-kinni**, **-kinnr**, m. a kind of *bear*; **-klæddr**, pp. *clad in red*; **-leitr**, *ruddy* (of the face); **-lita** (að), v. *to dye red*; **-litr**, a. *reddish*.

rauðr, a. *red*; jarl setti þá rauðan (=varð r.) sem blóð, *the earl turned red as blood*; snýta rauðu, *to bleed at the nose*; r. víkingr=rauðavíkingr.

rauð-skeggjaðr, a. *red-bearded*.

rauf (pl. -ar), f. *hole, rent*; Flosi hugði at handklæðinu, ok var þat raufar einar, *it was all in rags*.

raufa (að), v. (1) *to break up, open* (r. til bagga); r. seyði, *to break up the (cooking) fire*; r. brjóst e-m, *to cut the breast open*; (2) *to pierce, make holes in* (skeytum raufaðr).

raufa (að), v. *to rob, plunder* (Vindr lögðust á valinn ok raufuðu).

raufari, m. *robber*.

raufar-steinn, m. *a stone with a hole in it* (r. var bundinn við hálsinn).

raufóttr, a. *riddled with holes*.

raukn, n. pl. *beasts of burthen*; *steeds* (r. bitluð).

raumr, m. *big and ugly person*.

raumska (að), v. *to begin to wake*.

raun, f. (1) *trial, test* (S. konungr sagði, at hann vildi at vísu, at málit fœri til raunar); (2) *trial, grief* (ef þú vissir, hve mikla r. ek hefi af þessu); (3) *trial of courage, strait, danger* (ef vér komum í nökkura r., sjáum þá, ef ek stend at baki öðrum); (4) *experience*; at minni r., *to my experience*; r. verðr á e-u, *it is proved by experience* (hann var hinn mesti fullhugi, sem opt höfðu raunir á orðit); r. berr vitni, *it turns out, proves* (ei bar r. svá vitni, at hann hefði undan skotizt); berr r. á=r. berr vitni (sagði þeim svá hugr um, sem síðarr bar r. á); koma (komast) at raunum um, *to ascertain, make sure of, get to know* (nú em ek at raunum komin um þat, er mik hefir lengi grunat); (5) *proof* (þú mant sjálfr gefa þér r., hverr þú ert); (6) *reality*; gen. 'raunar' as adv. *really, indeed* (B. vildi gøra sætt við Knút konung, en þar bjuggu raunar svik undir).

raunar-laust, adv. *without proof or trial*; **-stefna**, f. *a summons to try a point of law*; **-stund**, f., **-tími**, m. *time of trial*.

raun-digr, a. *very thick*; **-drjúgr**, a. *solid*; **-illr**, a. *very bad*; **-lítt**, adv. *very little indeed, very poorly*; **-mjök**, adv. *very much*; **-tregr**, a. *very unwilling*; **-vel**, adv. *very well indeed*; **-œfr**, a. *very vehement*; **-øruggr**, a. *quite steadfast or reliable*.

raup, n. *boasting, vaunting*.

raus, n. *much talk, verbiage*.

rausa (**að**), v. *to talk loud and fast*.

rausn, f. *magnificence, splendour, great state* (konungr hafði mikla r. um jólin).

rausn, f. *forecastle* (aptr frá stafninum ok til austrrúms var kallat á r.).

rausnar-bú, n. *great estate*; **-kona**, f. *magnificent lady*; **-liga**, adv. *magnificently*; **-maðr**, m. *magnificent man*; **-ráð**, n. *great means*; **-samliga**, adv. *grandly, magnificently*; **-samligr**, a. *grand, magnificent*; **-verk**, n. *great deed*.

rausn-samr, a. *magnificent*.

raust (pl. **-ir**), f. *voice* (fagrar raustir syngjandi manna); **kveða við r.**, *to recite or sing loudly*.

rauta (**að**), v. *to roar*.

rá (gen. **rár**, pl. **rár**), f. *sail-yard*.

rá, f. *roe* (cf. 'rábukkr').

rá, f. (1) *corner, nook* (rá er hyrning húss); (2) *berth in a ship* (skammar 'ro skips rár).

rá-bukkr, m. *roe-buck*.

ráð, n. (1) *counsel, advice*; H. bað hann r. á leggja, *H. asked his advice*; leggja e-t til ráðs með e-m, *to advise one*; bera r. sín saman, *to consult together*; hafa r. e-s, *to follow one's advice* (þá væri hann vitr, ef hann hefði yðr ráð); fara fram ráðum e-s, *to act upon one's advice* (skaltu mínum ráðum fram fara); eiga r. við e-n, *to take counsel with one* (átti jarl þá r. við menn sína); gøra r. fyrir e-u, *to expect, look out for a thing*; leita ráða við e-n, *to seek counsel from one* (leitar jarl ráða við lenda menn); gefa ráð til, *to give one a counsel* (hann gaf þat ráð til, at); (2) *expedient, means* (hitta, kunna r. til e-s); sjá mun ek r. til þess, *I can see help for that*; (3) *resolved action, plan*; gøra r. sitt, *to form a plan*; gøra e-t at ráði, *to resolve* (var þetta at ráði gört); taka til ráðs, til ráða, *to adopt a plan* (hvat skulu vit nú til ráða taka); (4) *wise counsel, what is advisable*; Illugi kvað þat ekki r., *I. said it was not advisable*; vera til ráðs, til ráða, *to be advisable*; hvat er nú til ráða, *what is now to be done?* verða at ráði, *to succeed, to turn out well* (varð allt at ráði, þat er hann réð mönnum); (5) *consent, will, wish, agreement* (var sú gjöf gör með ráði konungs); at ráði frænda hennar, *with the consent of her kinsmen*; (6) *authority, command* (vóru öll r. af honum tekin); bera e-n ráðum, *to overrule one*; koma ráði við e-n, *to be able to control* (ek kem trautt ráði við hann); (7) *state of life, condition, lot* (vilda ek bróðir, at þú bœttir r. þitt ok bœðir þér konu); heim skaltu fara ok una vel við r. þitt, *and be content with thy lot*; breyttu þau faðir hans ok móðir ráði sínu ok fóru útan, *they broke up their household and left Iceland*; (8) *marriage, match* (unn frænda þínum góðs ráðs); ek réð ráði hennar fyrri, *I chose a husband for her before*; (9) *councillor* (annat várt hit œzta ráð); (10) *council* (konungrinn ok hans ráð).

ráða (**ræð**; **réð**, **réðum**; **ráðinn**), v. (1) *to advise, counsel*, r. e-m e-t (réðu vinir hans honum þat, at hann berðist eigi við þik); r. e-m ráð, *to give one counsel*; (2) *to consult about, discuss*, with dat. (r. landráðum); r. ráðum sínum, *to hold a conference*; (3) *to devise, plan*; þeir ráða atför við Gunnar, *they plan an onslaught on G.*; réð hón þeim bana, *she plotted that man's death*; (4) *to plot or cause one's death*, = r. e-m bana (þær ætluðu, at konungr mundi hafa ráðit hann); Reginn mik réð, *R. betrayed* *me*; (5) *to agree on*; réðu þeir þat þá með sér, *they settled this among themselves*; (6) *to fix, decide, resolve*, with acc.; ek hefi áðr ráðit brúðlaup mitt, *I have fixed my wedding day*; réðu þeir þá þat at fara ofan til Rangár, *then they resolved to ride down to Rang-river*; r. e-t til staðar, *to settle, fix definitively*, = staðráða e-t (vil ek finna konung áðr en ek ráða þetta til staðar); (7) *to hire, take into service* (r. skipverja, r. sér hjón); bóndi sagði húsfreyju, at hann hafði Hrapp ráðit með sér, *that he had taken H. into his company*; (8) *to rule, govern*, with dat. (r. landi, ríki; Einarr jarl réð þá Orkneyjum); (9) *to rule, command, have one's way, prevail, decide, settle* (skal hón sjálf r. hvárt hón vill hann eða eigi); skal r. afl með þeim, *the majority shall decide*; Ólafr bað móður sína eina r., *to settle the matter alone*; landfall ræðr fyrir sunnan, *makes the boundary towards the south*; with dat., hvárt ræðr þú því, er, *is it your doing that ..?*; r. engu, *to have no authority, be of no avail* (orðheill þín skal engu r.); r. landamerkjum, *to make the boundary* (Hafslœkr réð þar landamerkjum); r. búi sínu, *to conduct, manage one's estate*; hann réð sér sjálfr, *he was independent*; ertu nökkurs ráðandi hér, *have you any authority here?* (10) *to have, possess, be master of, enjoy*; r. fé ok fjörvi, *to enjoy wealth and life*; (11) *to explain, read*; r. gátu, *to read a riddle*; r. draum, *to interpret a dream*; r. e-t at líkindum, *to judge from probabilities* (engar munu fríðari en þínar dœtr, ef at líkindum skal r.); (12) *to read and understand* (r. rúnar, stafi, rit); réð ek þær rúnar, er reist þín systir, *I have read the runes thy sister engraved*; (13) *to punish, chastise*, with dat. (fóstri hans var harðr við hann ok réð honum mjök); (14) *to undertake*; ráða stórt, *to aim high, undertake great things*; (15) periphrastically with an infin., *to do*; ráðumk ganga, *we (I) do go*; hón réð vakna (= hón vaknaði), *she awoke*; þau lög, er hann réð upp at segja, *the laws which he pronounced*; (16) with preps., r. e-t af, *to resolve, make up one's mind* (réð hann þat af at sigla suðr til Danmerkr); *to discontinue, put a stop to* (ek hygg, at Þóroddr ætli nú at af r. hingatkvámur þínar); *to do away with* (þú verðr nú þetta vandræði af at r.); r. e-n af e-u, *to make one leave off* (af hefir þú mik ráðit brekvísi við þik); r. e-u af (e-u), *to get off*; Þ. bað menn taka forka ok r. af skipinu, *to get the ship off, set her afloat*; r. e-n af = r. e-n af lífi, af dögum, *to put out of the way, put to death* (hann kvazt mundu af r. illmenni þessi); r. at e-m, *to attack* (njósnarmenn hlupu upp ok réðu at þeim); r. á e-t, *to set about a thing* (þeir réðu á íshöggit); r. á e-n, *to attack one* (þorðu aldri úvinir hans á hann at r.); r. bót (bœtr) á e-u, *to remedy, make good* (þóttust menn eigi kunna bœtr á þessu r.); r. eptir e-m, *to pursue one*; r. e-n frá e-u, *to deprive one of, exclude one from* (r. e-n frá landi, ríki); r. fyrir e-u, *to command, have authority over, be master of* (r. fyrir skipi, hofi, fé, eldi); r. í e-t, *to guess at, find out* (Gormr konungr réð ekki í þetta); r. móti, í móti e-m, *to attack one* (í móti Kára réð Mörðr); r. e-n ofan, *to overthrow*; r. ór e-u, *to find an expedient, solve a difficulty* (er nú vant ór at r.); r. til e-s, *to rush in upon, attack* (hann reiddi upp øxina ok réð til Þorvarðs); *to take to (set about) a thing, try, make an attempt*; S. kom fótum undir sik, ok réð til í annat sinn, *and tried again the second time*; ok er nú til at r., ef þér vilit, *now is the time for action, if ye are willing*; skal r. til árinnar eða eigi, *shall we try to pass the river or not?*; r. til orrostu, *to go to battle*; r. til uppgöngu, *to make an ascent*; r. til ferðar, *to start on a journey*; r. skipi til hlunns, *to draw a ship on land*; r. um e-t, *to dispose of* (megum vér eigi r. um hennar gjaforð); *to deliberate on* (konungr gaf jarli orlof at r. um þetta við menn sína); r. um at gøra e-t, *to be about to do a thing* (hann tók um strenginn ok

réð um at fara upp í skipit); r. um við e-n, *to put an end to, finish off* (var Álfr þá kominn ok ætlaði skjótt um at r. við Finnboga); r. e-t *or* e-u undan e-m, *to deprive one of* (hón vildi eigi giptast, því at hón vildi eigi r. fé undan dóttur sinni); r. e-t undir e-n, *to put in the charge of* (þá réðu þeir goðorð sitt undir Rafn); r. e-t upp, *to read up* (þessi sömu bréf lét erkibiskup upp r. í Danmörku); r. við e-n, *to be able to master one* (muntu nú einn við mik r.); r. e-t við sik, *to make up one's mind*; r. yfir e-u, *to rule, govern*; (17) refl., ráðast, *to be resolved, settled* (eigi mun þetta r. þessu sinni); *to turn out*; réðst mikit mannfall, *there was a great slaughter*; r. at hjóni, *to hire oneself out, enter service* (réðst hann þá þar at hjóni); r. á, *to come to blows* (svá kom, at þeir ráðast á); r. frá, *to leave*; r. í e-t, *to enter, undertake*; r. í hernað, *to go on warfare*; hann réðst í flokk með þeim, *he joined himself to their company*; r. í braut, *to go away*; r. ór hernaði, *give up, leave off freebooting*; r. til e-s, *to remove to one* (bið Una selja jörð sína ok r. hingat til mín); r. til ferðar með e-m, *to undertake a journey with one*; r. til skips með e-m, *to sail with one*; réðst til allgiptusamliga, *it turned out very happily*; r. um við e-n, *to consult with one* (Pálnatóki réðst um við félaga sína).

ráða-bið, n. *short stay* (Ása tók við Þórði á -bið); **-bót**, n. *bettering of one's condition*; **-breytni**, f. *change in one's life or condition*; **-brot**, n. pl. *plans*; **-fátt**, a. n. *lacking counsel, at one's wit's ends* (þeim varð ekki -fátt); **-gørð**, f. *plan, design* (töluðu þeir leyniliga -gørð sína); hafa áhyggjur ok -gørðir, *to make plans*.

ráðagørða-maðr, m. *a man of many devices* (mikill, lítill, -maðr).

ráða-hagr, m. (1) *state of life, condition* (eyðist fé fyrir þeim, ok gørist -hagrinn úhœgr); (2) *marriage* (þér mun kostr -hags við Sigríði systur mína); **-kona**, f. *housekeeper*; **-kostr**, m. = -hagr; **-lauss**, a. *shiftless, helpless*; **-maðr**, m. (1) *influential man* (Birgir var hinn þriði mestr -maðr í landinu); (2) *manager, steward* (hann var húskarl Þóris ok ráðamaðr fyrir búi hans).

ráða-rúm, n. = ráðrúm; **-skortr**, m. *lack of shifts or expedients*; **-skot**, n. *resources*; **-stoð**, f. *help with counsels*; **-stofnan**, **-ætlan**, f. *plan, project, design*.

ráðbana-maðr, m. = ráðbani.

ráð-bani, m. *contriver of a person's death*; **-drjúgr**, a. *full of devices*; **-fár**, a. *shiftless, helpless*; **-fréttast**, v. refl. *to consult* (af e-m, við e-n); **-fýsi**, f. *instigation, exhortation*.

ráðgast (að), v. refl. *to take counsel*.

ráð-girni, f. *ambition*; **-gjafi**, m. *counsellor*; **-gjarn**, a. *ambitious, imperious*; **-hagr**, m. = ráðahagr; **-hollr**, a. *giving faithful (good) advice*.

ráðigr, a. = ráðugr.

ráðinn, pp. (1) *resolved, determined* (r. til e-s, í e-u); (2) *certain* (þat hygg ek at r. sé úfriðrinn); (3) *clever* (vitr maðr ok r.).

ráð-krókr, m. *shift, contrivance*; **-kœnn**, a. *shrewd, shifty*; **-lausliga**, adv. *foolishly*; **-lauss**, a. *shiftless, having lost one's head*; **-leggja** (see leggja), v. *to give advice, advise* (e-m e-t); **-leitinn**, a. *shifty, shrewd*; **-leitni**, f. *sagacity*; **-leysi**, n. *shiftlessness, confusion, foolishness*; **-liga**, adv. *cleverly*; **-ligr**, a. *advisable*; **-maðr**, m. *counsellor*.

ráðning, f. (1) *interpretation*; (2) *chastisement, rebuke*.

ráð-ríkr, a. *imperious*; **-rúm**, n. *respite for taking counsel*; **-samr**, a. = -ríkr; **-semi**, f. *sagacity*.

ráðs-kona, f. *housekeeper*; **-maðr**, m. (1) *manager of an estate, steward*; (2) *influential man, leader*.

ráð-snild, f. *sagacity*; **-snjallr**, a. *wise in counsel, sagacious*; **-snotr**, **-spakr**, a. = -snjallr; **-speki**, f. *wisdom*; **-spella** (að), v. *to violate*.

ráðstafa-lauss, a. *unprovided for, homeless*.

ráð-stafi, m. *home, shelter*; hann kvaðst sét hafa -stafa fyrir honum, *he had provided for him*; **-svinnr**, a. = -snjallr.

ráðugr, a. *sagacious, shrewd.*

ráðu-ligr, a. = ráðligr; **-nautr**, m. *counsellor*; **-neyti**, n. *body of counsellors*; *council.*

ráð-valdr, m. *ruler*; **-vandr**, a. *honest, upright*; **-vendi**, f. *probity, honesty*; **-þægr**, a. *open to advice, pliable* (ráðþægir sínum ráðgjöfum).

ráf, ráfr, n. *roof*, = rjáfr, ræfr.

rámr, a. *hoarse* (háss ok r.).

rán, n. (1) *any unlawful seizure or holding of property*; (2) *robbery, plundering*; (3) *plunder, booty.*

Rán, f. *goddess of the sea* (R. er nefnd kona Ægis); Ránar dœtr, *the sea-nymphs*; *the waves of the sea.*

rán-fengi, n., **-fengr**, m. *booty, plunder* (-fengr Þjaza jötuns).

ráns-fé, n. *proceeds of plunder*; **-fengr**, m. = ránfengr; **-flokkr**, m. *band of highwaymen*; **-hönd**, f. *robbing hand* (stela með ránshendi).

rán-skapr, m. *rapine.*

ráns-maðr, m. *robber.*

rás, f. (1) *race, running* (ek setta hestinn á r.); taka (hafa, hefja) á r., *to take to one's heels, run off* (tók Egill þegar á rás frá bœnum); (2) *course, channel* (um leyniligar jarðarinnar rásir); (3) *company, host* (allar rásir heilagra manna).

rás-fimr, a. *fleet* (of a horse); **-hallr**, a. *steeply sloping.*

refði, n. *staff, cudgel.*

refill (dat. **refli**, pl. **reflar**), m. *tapestry, hangings.*

refil-stigr, m. *mysterious path.*

refjur, f. pl. *cheats, tricks.*

refju-samr, a. *tricky* (hann var refjusamr í fjárreiðum).

ref-keila, f. *she-fox, vixen.*

refla (að), v. *to make enquiry.*

reforma-sótt, f. *ringworm disease.*

ref-ormr, m. *ringworm.*

refr (-s, -ar), m. *fox.*

refsa (að, or -ta, -tr), v. *to punish*, with dat. of the person (r. e-m); with acc. of the thing (r. níðingsverk).

refsan, f., **refsing**, f. *punishment.*

refsingar-dómr, m. *sentence of punishment*; **-laust**, adv. *without punishment, unpunished*; **-leysi**, n. *remissness in punishing*; **-maðr**, m. *punisher*; **-sverð**, n., **-vöndr**, m. *sword, wand of punishment.*

refsinga-samr, a. *given to punishing* (mönnum þótti hann harðr ok r.).

refsi-þing, n. a kind of *criminal court* (in old Sweden).

regi, f. *cowardice*; **-ligr**, a. *obscene* (-lig kvæði); **-maðr**, m. *coward.*

regin (gen. **ragna**), n. pl. *the ruling powers, the gods*, = rögn.

regin-dómr, m. *the mighty doom, the last judgment*; **-grjót**, n. *the holy stones, altars*; **-kunnigr, -kunnr**, a. *sprung from the gods*; **-nagli**, m. *sacred nail* (in a temple-pillar).

regla f. (1) *rule*; (2) *rule of a religious order*; (3) *bar* (of gold).

reglu-bróðir, m. *friar, brother* (*of a religious order*); **-hald**, n. *convent life, discipline*; ganga undir -hald, *to enter an order*; **-ligr**, a. *belonging to convent life*; **-staðr**, m. *monastery.*

regn, n. *rain* (r. hafði verit mikit).

regna (-di, -t), v. *to rain*, = rigna.

regn-bogi, m. *rainbow*; **-él**, n. *rain-shower*; **-ligr**, a. *rainy, likely to rain*; **-samr**, a. *rainy*; **-skúr**, f. *shower of rain*; **-vatn**, n. *rain-water.*

reið (pl. **-ar**), f. (1) *ride, riding* (var honum þá fenginn hestr til reiðar); vera einn í r., *to ride alone*; þeir vóru beztir hestar at r., *they were the best of riding-horses*; var þá ok sén r. þeirra, *they were seen riding*; (2) *vehicle, carriage, chariot* (Þórr á r. þá, er hann ekr, en hafrarnir draga reiðna); (3) *clap of thunder* (því næst flugu eldingar ok reiðar).

reiða (-dda, -ddr), v. (1) *to carry on horseback*; hverr reiddi yðr yfir Markarfljót, *who put you across M.?*; (2) r. e-t um (of) öxl, *to carry a thing* (*poised*) *on one's shoulder* (hein hafði hann fyrir vápn ok reiddi of öxl); (3) *to make one rock, shake, push* (reiðit hana af baki, svá at hún falli í lœkinn ofan); (4) *to toss*, of wind and waves (bátinn undir honum reiddi vindr ok straumr norðr með landi); impers. *to be tossed about* (reiddi þá ymsa vega); tók þá at r. saman skipin, *the ships began to drive against one another*; e-u reiðir e-n veg af, *it ends* (*turns* *out*) *in a certain way* (vóru þá margir hræddir um, hversu af mundi r.); (5) *to carry about, spread abroad* (kann vera, at þeir menn reiði orð mín úvitrlig fyrir alþýðu); (6) *to brandish, swing, raise in the air* (hann greip øxina ok reiddi upp); (7) *to weigh in a balance* (r. silfr, fé); (8) *to pay* (r. fé af hendi, r. verð fyrir e-t).

reiða, f. (1) *attendance, service* (vist ok öll r.); vinna e-m reiðu, *to serve, attend*; (2) *accommodation* (á þeim skógi var svá hörð reiðan þeirra, at ekki var at eta, nema börk af viði); (3) vera til reiðu, *to be ready at hand* (til reiðu er yðr hér vetrvist); konungr lét þat þegar til reiðu, *the king granted that at once*; (4) henda reiður á e-u, *to notice, heed* (jarl spurði, hvert hann fœri þaðan; þeir kváðust eigi reiður hafa á hent).

reiða-lauss, a. *without rigging.*

reiðar-duna, -þruma, f. *clap of thunder* (eldingar ok -þrumur).

reiðast (dd), v. refl. *to become wroth, get angry*, e-u, *at a thing* (konungr reiddist orðum hennar), e-m, *with one* (reiddist Þórr jötninum).

reið-fara, -fari, a., verða vel -fara, *to have a good voyage* (urðu þeir vel -fara ok tóku Þrándheim); **-gata**, f. *riding-way, bridle-path*; **-góðr**, a. *good for riding* (of a horse); **-hestr**, m. *riding-horse.*

reiði, m. (1) *tackle, rigging* (allr var r. vandaðr mjök með skipinu); (2) *harness of a horse, riding-gear.*

reiði, n. = reiði, m. (knörr með rá ok reiði; hestr með öllu reiði).

reiði, f. *wrath, anger*; r. hleypr (rennr) á e-n, *one gets angry*; r. rennr e-m *or* af e-m, *one's anger passes off*; biðja af sér r. e-s, *to ask one's pardon.*

reiði-bola, f. *fit of anger.*

reiði-duna, f. *thunder*, = reiðarduna.

reiði-hugr, m. *wrath, anger*; **-liga**, adv. *angrily, frowningly*; **-ligr**, a. *angry-looking, frowning*; **-mál**, n. *angry language* (var þat meirr -mál en sannyrði); **-mæli**, n. = -mál.

reiðing, f. (1) *uproar, wild confusion*; (2) *spreading* (of a report).

reiðingr, m. *harness, riding-gear.*

reiðinn, a. *prone to anger, hot-tempered* (kappsamr mjök ok r.).

reiði-raust, f. *angry voice*; **-sproti**, m. *rod of anger*; **-svipr**, m. *angry look, frown*; **-verk**, n. *a deed done in anger*; **-þokki**, m. = -svipr.

reiði-þruma, f. *clap of thunder.*

reið-klæði, n. pl. *riding-clothes.*

reið-lyndi, n. *irascibility*; **-lyndr**, a. *prone to anger, hot-tempered.*

reiðr, a. *wroth, angry*; r. e-m, *with one* (hann var r. Einari).

reiðr, a. *passable on horseback, ridable* (var þar reitt at fjörum).

reiðskjóta-maðr, m. *groom.*

reið-skjóti, -skjótr, m. *riding-horse.*

reiðsla, f. = reizla.

reiðu-búinn, pp. *ready, prepared*; **-liga**, adv. *readily, promptly.*

reiðu-liga, adv. *angrily, with an angry frown*; **-ligr**, a. *angry-looking, frowning, scowling.*

reiðu-peningr, m. *ready money*; **-stóll**, m. *easy chair* (?).

reifa (-ða, -ðr), v. (1) *to enrich, present with* (hringum rauðum reifði hón húskarla); (2) *to mention, disclose* (r. engan hlut eðr kvittu í konungshöll); (3) r. mál, *to sum up a case*; (4) *to end or result in* (r. illu).

reifa-barn, n. *an infant in swaddling bands*; **-lindi**, m. *swaddling belt or girdle.*

reifar, f. pl. *swaddling bands.*

reifing, f. *summing-up of a case.*

reifr, a. *glad, cheerful* (r. við e-n).

reigjast (ð), v. refl. *to bridle up, to show stiffness or displeasure* (hón reigðist við honum).

reik, f. *the parting of the hair.*

reik, n. (1) *strolling, wandering*; *wavering* (þar var helzt r. á ráðinu, hvárt ek munda af ráða); (2) *condition*; vera vel (illa) til reika, *to be in a good* (*bad*) *condition*; fagrliga klæddr ok vel til reika, *finely clad and in good trim.*

reika (að), v. (1) *to stroll, walk* (Þrándr reikaði eptir fjörunni); (2) r. á fótum, á fótunum, *to totter on one's legs*; (3) *to waver* (ok reikaði hans hugr mjök).

reikan, f. *strolling about, wandering.*

reikanar-maðr, m. *landlouper*; **-samr**, a. *wavering* (e-m er -samt).

reikna (að), v. *to reckon, count, calculate*; refl., reiknast, *to be reckoned* (Þorlákr reiknast milli þeirra biskupa, er); *to hold mutual reckoning*; reiknuðust þeir þá við um frændsemi, *they reckoned up their relationship.*

reikningr, m. *reckoning, account.*

reikuðr, m., only in phr., fœra e-n í reikuð, *to handle roughly.*

reim (pl. -ar), f. *lash, thong.*

reima (að), v., r. af, *to make the haunting leave off* (mun af reimast meirr en eina nótt).

reim-leikr, m. *hauntings* (brátt eptir þetta gerðust -leikar miklir).

reimt, a. n. *haunted*; þar er r., *the place is haunted by ghosts.*

rein, f. *strip of land* (cf. 'akr-rein').

reip, n. *rope* (hann sleit í sundr reipin); reipa reiði, *rigging, tackling.* (See also 'rammr'.)

reipa (að), v. *to fasten with a rope*; var reipat tréit á skipinu, *the mast was rigged*; refl., reipast við e-t, *to undertake* (ef þú r. við at fara).

reisa (-ta, -tr), v. (1) *to raise* (lét hann r. viðuna ok draga seglit); r. e-n upp, *to raise up*; r. e-n upp af dauða, *to raise up from the dead*; r. upp lög, *to restore the laws*; (2) *to raise, erect, build*, of ships and houses (r. bœ, kirkju, hof, skip); r. upp hús, *to restore or rebuild houses*; (3) *to raise, start, begin*; r. úfrið. *to make a rising*; r. ferð, *to start on a journey*; r. bú *or* búnað, *to set up house.*

reista (-sta, -str), v. *to bend* (rare).

reisting, f. *bending, twisting.*

reisuligr, a. *stately, imposing* (Þ. gørir þar reisuligan bœ).

reita (-tta, -ttr), v. (1) *to excite, irritate* (r. e-n); (2) refl., reitist á e-t *or* á um e-t, *it comes to a thing*; mun á bardaga r., *there will be a fight*; reitist af um e-t, *it falls off, drops* (þá reitist ekki af um talit við hann).

reiting, f. *irritation, offence.*

reitr (pl. -ar and -ir), m. (1) *a space marked out* (þrír reitar fets breiðir); (2) *square* on a chessboard (reitir á taflborði).

reizla, f. (1) *weighing*; (2) *means of weighing, steel-yard.*

rek, n. pl. *prosecution* (kváðust ætla, at hér mundu mikil r. at gör).

reka (rek; rak, rákum; rekinn), v. (1) *to drive* (r. hesta, fé, svín, naut); r. aptr, *to drive back*; r. aptr kaup sín, *to recall, cry off from one's bargains*; r. af (ór) landi, *to drive out of the land, drive into exile*; r. af höndum, r. burt, *to drive away*; r. flótta, *to pursue a flying host*; (2) *to compel* (segir, hver nauðsyn hann rekr til); þér vegit víg þau, er yðr rekr lítit til, *ye slay men for small cause*; (3) *to perform, do*; r. hernað, *to wage war*; r. erendi, *to do an errand*; (4) *to thrust, throw, push violently* (hann rak hann niðr mikit fall); r. aptr hurð, *to fling the door to*; r. hendr e-s á bak aptr, *to tie one's hands behind the back*; (5) various phrases, r. augu, skygnur á e-t, *to cast one's eyes upon, see by chance*; svá langt, at hann mátti hvergi auga yfir r., *so far that he could not reach it with his eyes*; r. minni til e-s, *to recollect*; r. upp hljóð, *to set up a cry, utter a scream*; (6) r. nagla, hæl, *to drive a nail, peg*; (7) impers., *to be drifted, tossed* (skipit rak inn á sundit); e-n rekr undan, *one escapes* (bað þá eigi láta Gretti undan r.); of a tempest, þá rak á fyrir þeim hríð, *a storm rose upon them*; (8) with gen., *to pursue, take vengeance for* (ef þér rekit eigi þessa réttar, þá munu þér engra skamma r.); (9) refl., rekast, *to be tossed, wander* (ek hefi rekizt úti á skógum í allan vetr); r. landa á milli, *to go from one country to another*; r. á e-m, *to intrude oneself upon*; r. eptir e-m, *to accommodate oneself to a person*; r. undan, *to escape* (ef Kjartan skal nú undan r.); rekast (vrekast) at virði, *to quarrel over a meal.*

reka, f. *shovel, spade.*

rekald, n. *a thing drifted ashore.*

reka-maðr, m. *owner of shore-drift*; **-strund**, f. '*drift-strand*', where whales or trees are driven ashore; **-ré** n. *drift-tree*; **-viðr**, m. *drift-timber.*

rekendi, n. pl., **rekendr**, f. pl. *chain*.

rek-hvalr, m. *a whale drifted ashore*.

reki, m. (1) *a thing drifted ashore* (hverr maðr á reka fyrir landi sínu); (2) *prosecution* (of a suit for manslaughter, etc.); gøra mikinn reka at e-u, *to follow up, prosecute with energy*.

rekingr, m. *outcast, wretch*.

rekinn, pp. *mounted, inlaid* (Snorri gaf Auðgisli øxi rekna).

rekja (**rek, rakta, rakiðr** or **raktr**), v. (1) *to spread out, unwind, unfold*, = r. í sundr (hón rakti motrinn ok leit á um hríð); refl., rekjast, *to unwind itself* (en þráðrinn raktist af tvinnahnoðanu); lát hendr þínar rekjast niðr fyrir þik, *let thy arms hang straight down*; rekjast ór svefni, *to start from sleep*; (2) *to track, trace* (þeir rekja spor sem hundar); r. kyn, ættir, *to trace a pedigree*; r. fram, *to expound* (bað hann fram r. guðs lög); r. minni til, *to remember*.

rekkja (gen. pl. **rekkna**), f. *bed*; fara í rekkju, *to go to bed*; leggjast í rekkju, *to take to one's bed*; rísa ór rekkju, *to arise, get up*.

rekkja (**-ta, -t**), v. (1) *to sleep in a bed*; r. hjá e-m, *to sleep with another*; (2) *to make a bed* (r. undir sér).

rekkju-búnaðr, m. *bed-furniture*; **-félagi**, m. *bed-fellow*; **-gólf**, n. *bed-closet*; **-illr**, a. *unruly in bed*; **-klæði**, n. pl. *bed-clothes*; **-kona**, f. *chambermaid*; **-maðr**, m. *a person in bed*; **-refill**, m. *bed-curtain*; **-skraut**, n. *bed-ornaments*; **-stokkr**, m. *edge of a bed*; **-sveinn**, m. *chamber-boy*; **-tjald**, n. *bed-curtain*; **-vaðmál**, n. *woollen bed-cover*.

rekkr (**-s, -ar**), m. *man, warrior*.

rekningr, m. (1) *outcast*; (2) *vagrancy* (bera meyna á rekning).

rek-saumr, m. '*driving-nails*', opp. to 'hnoðsaumr'.

rekstr (gen. **-rar**), m. *driving, chasing*; *trouble, annoyance*.

rek-tré, n. *drift-tree, drift-timber*.

rembast (**d**), v. refl. *to puff oneself up, behave proudly*.

rembi-liga, adv. *haughtily, in a proud or conceited manner*.

rembu-maðr, m. *puffed-up fellow*.

remja (**að**), v. *to roar* (of a lion).

remma, f. *bitterness, acridity*.

remma (**-da, -dr**), v. *to strengthen*.

rén, n. = rénan (var þá nökkut r. á hans sótt); **réna** (**að**), v. *to dwindle, decrease, subside* (orrostan rénaði).

rénan, f. *decrease, diminution*.

rendr, a. *edged* (skjöldr járni rendr).

rengja (**-da, -dr**), v. (1) *to distort*; (2) *to reject, set aside*.

renna (**renn**; **rann, runnum**; **runninn**), v. (1) *to run* (rakkar þar renna); r. í köpp við e-n, *to run a race with*; hón á þann hest, er rennr lopt ok lög, *that runs through the air and over the sea*; r. e-m hvarf, *to run out of one's sight*; (2) *to run away, flee* (rennr þú nú Úlfr hinn ragi); r. undan e-m, *to run away from one* (ek get þess, at þú vilir eigi r. undan þeim); (3) *to run, flow* (rennr þaðan lítill lœkr); (4) *to melt, dissolve* (ok hafði runnit málmrinn í eldsganginum); reiði rennr e-m, *anger leaves one*; (5) *to arise* (=r. upp); sól rennr, *the sun rises*; dagr rennr, *it dawns*; (6) with preps., r. af e-m, *to leave one, pass away from one* (reiði rann af honum); r. á e-n, *to come over one*; svefn, svefnhöfgi rennr á e-n, *one falls asleep*; reiði rennr á e-n, *one gets angry*; þá rann á byrr, *then a fair wind arose*; r. eptir e-m, *to run after one* (þá var runnit eptir þeim, er flóttann ráku); r. frá e-m, *to run away from, leave one*; r. í e-t, *to run into*; e-m rennr í skap, *one is much (deeply) affected* (er eigi trútt, at mér hafi eigi í skap runnit sonardauðinn); r. saman, *to heal up* (þá var saman runninn leggrinn); r. undir, *to assist, give support* (margar stoðir runnu undir, bæði frændr ok vinir); r. upp, *to originate* (var þess ván, at illr ávöxtr mundi upp r. af illri rót); of the sun or daylight, *to rise*; sól (dagr) rennr upp (cf. 5); (7) recipr., rennast at (á), *to attack one another, begin to fight*.

renna (**-da, -dr**), v. (1) *to make (let) run*, with dat. (keyrði hann hestinn sporum ok renndi honum at); (2) *to put to flight* (þeir renndu þeim tíu, er undan kómust); (3) *to prevent, thwart* (eigi má sköpunum r.); er rennt þeim ráðahag, *that match is thwarted*; (4) *to slip, let loose*; r. veiðarfœri, *to let the fishing-line run out*; Tjörvi renndi fyrir hann törgu, *T. flung a target in his way*; impers., atgeirinum renndi gegnum skjöldinn, *the halberd was run through the shield*; r. e-u niðr, *to swallow*; r. grunum á e-t, *to suspect*; (5) r. augum, *to direct the eyes, to look* (r. ástaraugum til e-s); (6) *to pour* (var gulli rennt í skurðina); (7) with acc., r. mjólk, *to run milk*, by pouring out the thin milk; r. ór tunnu, *to let out the liquid from a cask*; (8) with acc. *to turn* (r. tré, spánu); (9) absol. *to move quickly, slide, glide* (konungsskipin renndu at þeim); þá renndi hringrinn af hendi mér, *the ring slipped off my hand*; (10) refl., rennast augum til, *to look to one another*; þá renndust skipin hjá, *the ships passed by one another.*

renna, f. *run, course*; ok nú er skírðr allr Danaherr í þessi rennu, *in one run, at one sweep.*

renni-drif, n. *snow raised by the wind, drifting snow*; **-kví**, f. *fold into which sheep are driven, trap.*

rennsl, n. or f., í einu rennsli, í einni rennsl, *in one run, at one time.*

rennsla, f. *course, water-course.*

repta (-pta, -ptr), v. *to roof.*

repta (-pta, -pt), v. *to bring up wind, to belch*; r. aptr, = dríta.

rétt, f. (1) *public fold* (þat var um haustit, er sauðir vóru í r. reknir); (2) esp. pl. *the general sheep-gathering in autumn* (þann dag skulu vera réttir í Þórarinsdal).

rétt, adv. (1) *just, exactly, precisely*; (2) *straight* (þeir stefndu r. á þá); (3) *rightly, correctly* (lýsa e-u r.).

rétta (-tta, -ttr), v. (1) *to make straight, straighten*, opp. to 'beygja, kreppa' (r. krók, r. á sér fingrna); (2) *to stretch out, stretch* (r. *or* r. fram höndina); r. e-t e-m, *to reach, hand over, a thing to one* (hann rétti sjóðinn at Sigmundi); (3) *to raise, right* a capsized boat (hvelfdi skipinu, en dvergarnir réttu skip sitt); (4) *to rise* (hann rétti ekki ór rekkju); (5) *to put right, adjust*; r. hluta e-s, *to redress*; konungr vildi eigi r. þetta mál, *the king refused justice*; (6) *to let the ship drift*, = leggja í rétt (varð þá at hlaða seglum ok r.); (7) with preps., r. fram, *to stretch out*; r. e-t upp, *to raise* (Þórr rétti upp höndina); r. við, *to come to oneself, recover* (Narfi réttir við ór rotinu); (8) refl., réttast, *to be put straight*; réttust fingrnir, *the fingers became straight*; *to stretch oneself* (r. gørði raumrinn stirðr); r. upp, *to rise* (Hákon jarl réttist upp).

rétta-menn, m. pl. *the men assembled at a* 'rétt'.

réttar-bót, f. (1) *bettering of one's condition* (yðr var heitit friði ok -bót, en nú hafið þér ánauð ok þrælkun); (2) *amendment of the law.*

réttari, m. *justiciary, justice.*

réttar-maðr, m. = réttari.

rétt-borinn, pp. *legitimate*; -borinn til ríkis, *a lawful heir to the throne*; **-dœmi**, n. *justice in judgement*; **-dœmr**, a. *just in judgement*; **-fundinn**, pp. *duly found*; **-hafi**, a. *in lawful possession of* (at e-u); **-hárr**, **-hærðr**, a. *straight-haired*, opp. to 'hrokkin-hárr'.

rétti-liga, adv. = réttliga; **-ligr**, a. *just, right* (málefni rettiligri).

réttindi, n. pl. *right, justice.*

rétting, f. (1) *setting right, amendment*; vil ek eiga r. allra orða minna, *I claim the right to amend all my words*; (2) *redress* (varð þessa engi r. af Önundi).

rétt-kominn, pp. *having proper right* (-kominn til ríkis); **-kosinn**, pp. *duly chosen*; **-kristinn**, a. *truly christian, orthodox*; **-lauss**, a. *void of right*; **-látr**, a. *righteous, just*; **-leiðis**, adv. (1) *straight forward* (fara -leiðis); (2) *on the right path* (snúa sér -leiðis ok trúa á sannan guð); **-leiki**, m. *straightness*; **-leitr**, a. *having regular features*; **-liga**, adv. *justly, duly*; **-ligr**, a. *just, due, proper*; **-læti**, n. *righteousness, justice*; **-mæli**, n. *right, justice*; **-nefjaðr**, a. *straight-nosed*; **-orðliga**, adv. *truthfully*; **-orðr**, a. *truthful.*

réttr, a. (1) *straight* (r. sem laukr);

(2) *erect, upright* (Óttarr stóð r. ok brá sér ekki við); (3) *right, just* (telja þat rangt, er rétt er); hafa rétt at mæla, *to be right, in the right*; at réttu, með réttu, *rightly*.

réttr (**-ar, -ir**), m. (1) *right, law*; lands r., *the law of the land*; kristinn r., guðs r., *ecclesiastical law*; (2) *right, due, claim*; konungs r., *the king's due* (at konungr minnki nökkut af sínum rétti); (3) *condition*; hann gørði harðan rétt landsmanna, *he tyrannized over them*; (4) *dish* (hinn fyrsta rétt báru inn þessir lendir menn); (5) *drifting before the wind*; liggja í rétt, *to lie drifting*; leggja í rétt, *to set a ship's course for drifting*.

rétt-snúning, f. *conversion* (*to Christianity*); **-streymr**, a. '*right-streamed*'; hafa vel -streymt, *to have the current fully with one*; **-sýni**, n. (1) *straight direction*; (2) *seeing right, insight*; **-sýnis**, adv. *in a straight direction*; **-sýnn**, a. *fair, just* (góðir menn ok -sýnir); **-sœlis**, adv. *with the sun*, opp. to 'rangsœlis'; **-tekinn**, pp. *duly accepted*; **-trúaðr**, a. *orthodox*; **-vaxinn**, pp. *upright of growth*; **-vísi**, f. *righteousness, justice*; **-vísliga**, adv. *justly*; **-víss**, a. *righteous, just*; **-yrði**, f. *truthfulness*.

reyðar-hvalr, m. *rorqual*.

reyðr (gen. **-ar**, dat. and acc. **-i**, pl. **-ar**), f. *rorqual, finner-whale*.

reyfa (**-ða, -ðr**), v. *to rob*.

reyfari, m. *pirate, robber*.

reyfi, n. *sheep's fleece*.

reygjast (**ð**), v. refl. = reigjast.

reyk-beri, m. *chimney*; **-blindr**, a. *blind from smoke*.

reykelsi, n. *incense*.

reyk-fastr, a. *full of smoke*; **-háfr**, m. *chimney-pot*.

reykja (**-ta, -tr**), v. *to smoke, emit smoke; to suffocate with smoke*.

reykjar-daunn, **-þefr**, m. *smell of smoke* (um síðir kenna þeir -þef).

reyk-lauss, a. *smokeless*.

reykr (**-jar, -ir**), m. *smoke, steam*.

reyna (**-da, -dr**), v. (1) *to try, prove* (lengi skal manninn r.); hann lét Gunnar r. ymsar íþróttir við menn sína, *he let G. essay divers feats against his men*; ef við Þorsteinn skulum r. með okkr, *if Thorstein and I shall make trial of each other*; r. eptir e-u, *to search, pry, inquire into* (hann reyndi eptir mörgum hlutum); r. til, *to make trial* (Bróðir reyndi til með forneskju, hversu ganga mundi orrostan); (2) *to experience* (reynt hefi ek brattara); hefi ek þik reynt at góðum drengi, *I have proved* (*found*) *thee to be a good fellow*; r. e-t af e-m, *to meet with* (hann hafði reynt af Böðvari vináttu mikla); (3) refl., reynast, *to turn out, prove to be* (reyndist Gunnlaugr hinn hraustasti); þat mun þó síðar r., *but this will be put to the proof by and by*; also with dat., ef mér reynist Þórólfr jamnvel mannaðr, *if I find Thorolf as well accomplished*.

reynd, f. *experience*; eru þeir úlíkir þeim sýnum, en miklu úlíkari reyndum, *they are unlike them in appearance, but much more so in reality*; gen. reyndar, as adv. *indeed, in fact, really*.

reyni-lundr, m. *rowan-grove*.

reynir (gen. **-is**), m. *rowan-tree*.

reyni-runnr, m. *rowan-tree*; **-viðr**, m. *rowan-wood*; **-vöndr**, m. *wand from a rowan-tree*.

reyra (**-ða, -ðr**), v. (1) *to wind round* (örin var reyrð gulli); (2) *to tie, fasten* (hann var bundinn at höndum ok fótum ok reyrðr sterkliga við einn ás).

reyra (**-ða, -ðr**), v. *to bury in a cairn* (reyrr).

reyr-bönd, n. pl. *the wire* by which the arrow-head was bound to the shaft (skot stóðu uppi á -böndum).

reyrr (**-ar**, dat. **-i**), m. *reed*.

reyrr, m. *heap of stones, cairn*.

reyr-skógr, m. *reed-bed*; **-sproti**, **-teinn**, m. '*reed-wand*', *cane*; **-vaxinn**, pp. *grown with reed*; **-vöndr**, m. = -sproti; **-þakinn**, pp. *thatched with reed*.

reysta (**-sta, -str**), v. *to lift up the voice; to resound; to sing* (r. kvæði).

reyta (**-tta, -ttr**), v. *to pluck, pick* (S. hleypr á hús upp ok reytir gras); r. sik, *to tear one's hair*.

ribbalda-skapr, m. *ribaldry*.

ribbaldi, m. *ribald, savage*.

ribbungr (**-s, -ar**), m. = ribbaldi.

rið, n. (1) *a winding staircase, steps*; (2) *sway, swing*; ok verðr svá mikit r. at, *and it comes to such a pitch, that*; (3) *weight, importance, moment* (munu þar stœrri r. í vera).

riða (að), v. *to tremble, move unsteadily* (riðuðu augu).

riða, f. *shivering fever, ague.*

riddara-búnaðr, m. *a horseman's outfit or attire*; **-dómr**, m. *knighthood*; **-herr**, m. *cavalry*; **-íþrótt**, f. *chivalry*; **-lið**. n. = -herr; **-ligr**, a. *chivalrous*; **-skapr**, m. *knighthood, chivalry*; **-sveinn**, m. *a knight's page.*

riddari, m. (1) *rider, horseman*; (2) *knight*; also in chess.

riðlast (að), v. refl. (1) *to break rank, fall into disorder* (riðlaðist fylkingin ok losnaði öll); riðluðust þá förunautar hans frá honum, *his followers slunk away*; (2) *to cluster*; með riðluðum vínviðum af vínberjum ok allskyns aldini, *vines clustered with grapes and all kinds of fruit.*

riðr, m. *shock, shaking.*

riðull (dat. **riðli**, pl. **riðlar**), m. (1) *a small detachment of men* (konungr hafði riðul einn manna hjá þeirra her); (2) *cluster* (of flowers or fruit).

riðu-sjúkr, a. *sick of ague*; **-sótt**, f. *shivering fever, ague.*

rið-vaxinn, pp. *square-built* (lágr á vöxt ok mjök -vaxinn).

rið-völr, m. *a short round stick, mesh-pin.*

rif (gen. pl. **rifja**), n. (1) *rib* (hljóp þá sverðið á síðuna ok í milli rifjanna); (2) fig. *cause, reason* (þá skildi hann af hverjum rifjum vera myndi).

rif, n. *reef* in the sea (út í hólmann lá eitt rif mjótt ok langt).

rif, n. *reef* in a sail (sigla við eitt r.).

rif, n. (1) *tearing asunder*; (2) *plundering* (með ráni ok rifi).

rifa, f. *rent, rift, chink, fissure.*

rifa (að), v. *to sew up loosely* (Styrr var rifaðr í húð).

rif-blautr, a. *lean-ribbed* (of a horse); **-hrís**, n. *brush-wood, faggots.*

rifja (að), v. (1) *to turn over* (r. hey); (2) *to expound, explain, go into* (mikil skynsemi er at r. vandliga þat).

rifna (að), v. *to be rent, to split* (seglin rifnuðu); r. aptr *or* upp, *to open up again* (of wounds).

rifr (gen. **rifjar**), m. *warp-beam.*

rifs, n. *plunder* (fara með rán ok r.).

rifsa (að), v. *to plunder.*

riga (að), v. *to lift heavily or with difficulty*, with dat. (fengu þeir hvergi rigat honum).

rigna (-di, -dr), v. *to rain upon, wet with rain* (var hann með engu móti rigndr eða vátr); impers., rignir, *it rains*; with dat., þar með rigndi á þá blóði vellanda, *it also rained boiling blood on them.*

riklingr, m. *dried strips of halibut.*

rim (pl. **-ar**), f. *rail* (in a paling).

rima-naust, n. *a boat-shed made of rails* (-naust, er ferja var í).

rimi, m. *elevated strip of land.*

rimma, f. *tumult, fray.*

rindill (dat. **rindli**, pl. **rindlar**), m. *wren* (as a nickname).

rippa (að), v., r. e-t upp, *to rip up, go into, a matter.*

ript, f. *linen, linen clothes.*

ripta (-pta, -ptr), v. (1) *to make void, invalidate* (r. kaup); (2) *to regain, recover*, an estate (Kolskeggr ætlar mál fram at hafa ok r. fjórðung í Móeiðar-hváli).

ripti, n. *linen* = ript (hana Sigurðr sveipr í ripti).

ripting, f. *withdrawal, making void* (of a bargain).

risa-barn, n. *giant-child*; **-fólk**, n. *giant-folk*; **-kyn**, n. *giant-kind*; **-ligr**, a. *gigantic, giant-like* (-ligt hjarta); **-vöxtr**, *giant's size.*

risi, m. *giant* (risar ok troll).

ris-mál, n. pl. *the hour for rising*, about 6 o'clock a.m.; milli rismála ok dagmála, *about* 7.30 *a.m.*

risna, f. *hospitality, munificence.*

risnu-maðr, m. *hospitable man.*

rispa (að), v. *to scratch.*

rispa, f. *a slight scratch.*

rist (pl. **ristr**), f. *the instep of the foot* (fœtrnir ok ristrnar).

rista (-sta, -str), v. *to cut*, = rísta.

rista, f. *scratch, slash.*

ristar-bein, n. *instep-bone*; **-liðr**, m. *ankle-joint.*

ristill, m. (1) *ploughshare*; (2)

poet. *gentlewoman* (r. er sú kona, er sköruglynd er).

ristu-bragð, n. *a runic character.*

risu-ligr, a. *lofty, stately* (-ligr bœr); -ligr vexti, *of imposing stature.*

rit, n. (1) *writing*; einn dag er hann sat at riti, *when he sat writing*; (2) *writ, writing, letter* (gøra r.).

rita (**að**). v. *to write*, = ríta.

rita-gørð, f. *letter-writing, correspondence.* Cf. 'bréfa-gørð.'

ritan-ligr, a. *that can be written.*

ritari, m. *writer, transcriber, secretary* (prestr er var ritari hans).

rit-fœri, n. pl. *writing-materials*; **-klefi**, m. *writing-closet.*

ritning (pl. **-ar**), f. *writing, writ.*

rit-sending, f. *letter-sending*; **-stofa**, f. *writing-room, study.*

ríða (**ríð**; **reið**, **riðum**; **riðinn**), v. (1) *to ride, go on horseback* (þeir brœðr riðu til alþingis); with dat. of the animal (r. hesti, vargi); of ghosts, r. húsum, skála, *to 'ride' on the ridge of a house*; with acc. of the road or the place; r. leið sína, veg sinn, *to ride one's way*; r. kjörr ok skóga, *to ride through brush and forest*; r. eyrendi, *to ride on an errand*; (2) *to break in, train* (þat var siðvenja þeirra at r. hesta, temja bæði við gang ok við hlaup); (3) *to move through the air*; øxin reið at honum, *the axe came at him*; reið at honum brúnássinn, *down on him came the wall-plate*; er upp reið gálga-tréit, *when the gallows-tree was raised*; (4) *to reel, stagger* (hann reið á ymsar hliðar); (5) r. upp, *to rise* (þeir fengu tekit hann við klíf, er upp ríðr ór fjörunni); (6) miklu (litlu) ríðr um e-t, *it is of great* (*small*) *importance*; eigi þarf nú meira við, at fullu mun þetta r., *this will be quite enough.*

ríða (**ríð**; **reið**, **riðum**; **riðinn**), v. (1) *to twist, knit, wind*; r. knút, *to knit a knot*; r. net, *to work a net*; r. knapp á e-t, *to finish, wind a thing up*; vera við e-t riðinn, *to be concerned in, have to do with* (verðr hann lítt við söguna riðinn); (2) *to rub, smear* (r. blóði á e-n *or* r. e-n blóði); ríða í, *to rub into* (r. kolum ok leiri í andlit sér); (3) fig., with dat., *to thrash, flog*; r. e-m um kinn, *to buffet one*; (4) *to wring, press* (mjólk sú, er riðin er ór seljubörk).

ríðari, m. = riddari.

rífa (**ríf**; **reif**, **rifum**; **rifinn**), v. (1) *to rive, tear* (þeir létu dýr ok hrafna r. hræin); r. klæði af sér, *to tear off one's clothes*; r. aptr, *to rip up* (Þ. vildi at aptr væri rifit sárit); r. ofan, r. niðr, *to pull down*; r. í sundr, *to tear asunder*; (2) impers. *to be rent, give way* (reif seglit).

rífka (**að**), v. *to mend, improve*; er nauðsyn at r. ráð fyrir dóttur þinni, *to mend her state.*

ríf-ligr, a. *good, fine, desirable.*

rífr, a. *good, acceptable* (í gulli ok silfri eðr í rífum aurum).

rík-borinn, pp. *high-born*; **-dóm-liga**, adv. *magnificently*; **-dómr**, m. (1) *power, might, magnificence*; (2) *wealth, riches*; **-dœmi**, n. = -dómr.

ríki, n. (1) *power, might* (ek hefi hafit þik til ríkis af litlum manni); veita e-m r., *to grant one power*; (2) *rule, dominion* (lagðist land allt undir r. Haralds konungs); (3) *kingdom* (fór konungr heim í r. sitt).

ríki-látr, a. *imperious, lordly.*

ríkja (**-ta**, **-t**), v. *to reign* (hann ríkti fjögur ár ok tuttugu).

rík-látr, a. *proud*; **-leikr**, m. *power, authority*; **-lundaðr**, a. *imperious, severe*; **-lyndi**, n. *imperiousness, severity*; **-lyndr**, a. = -lundaðr; **-mann-liga**, adv. *magnificently*; **-mannligr**, a. *magnificent, stately*; **-menni**, n. *the mighty, the nobility.*

ríkr, a. (1) *mighty, powerful* (r. höfðingi); r. ok auðigr, *powerful and wealthy*; ríkri (= ríkari) ráð sagði, *the stronger had his way*; (2) of things, *strong* (var þar ríkt varðhald); ganga ríkt, *to prevail* (lát þú eigi þá fæð svá ríkt ganga, at); leggja ríkt við, *to lay a heavy penalty on*; (3) *magnificent* (konungr gørði mannboð ríkt); (4) *rich, wealthy* (r. at fé).

ríku-liga, adv. (1) *magnificently*, = ríkmannliga; (2) *strictly* (hann hélt -liga guðs lög); **-ligr**, a. *magnificent* (-lig veizla); -ligr maðr, *a fine man.*

rím, n. *computation*, esp. *calendar*.

rím, n. *rhyme*, *rhymed song*.

ríma, f. *rhyming lay*, *ballad*.

rím-kœnn, a. *skilled in calendar computation*; **-tal**, n. *calendar*.

rísa (**rís**; **reis**, **risum**; **risinn**), v. (1) *to rise*, *get up* (ár skal r. sá er annars vill fé eða fjör hafa); r. ór rekkju, frá borði, *to rise from bed*, *from table*; r. af dauða, *to rise from the dead*; (2) *to come into existence*, *arise* (vita þóttist hann, af hverjum rótum þetta hafði risit); (3) with preps. and advs., mikit orð ríss á e-u, *it is much spoken of*; r. í móti e-u, *to rise against*; r. upp, *to rise*, *get up* (hón reis ekki upp fyrir miðjan dag); *to rise from the dead* (dauðir rísa upp); r. upp fyrir e-m, *to yield*, *give up*, *one's place to another*; r. við e-m, *to rise against*, *withstand*.

rísta (**ríst**; **reist**, **ristum**; **ristinn**), v. (1) *to cut*, *slash* (Otkell rekr sporann við eyra Gunnari ok rístr mikla ristu); r. e-t í sundr, *to cut in two* (Þ. reist í sundr línbrók sína); (2) *to cut open* (hón reist á mér kviðinn); (3) *to cut*, *carve*, *grave* on something (r. rúnar á kefli, horni); (4) *to carve*, *form by carving* (Hrafn lá í bekk ok reist spán, því at hann var hagr).

ríta (**rít**; **reit**, **ritum**; **ritinn**), v. (1) *to scratch*, *cut*; (2) *to write* (bókin var öll ritin gullstöfum).

rjá (**rjáða**, **rjáðr**), v. *to vex*, *worry*, = hrjá (erum vér reknir ok rjáðir).

rjá, f. *harassing*, *worrying*.

rjáfr, n. *roof*, = ráf, ráfr, ræfr.

rjóða (**rýð**; **rauð**, **ruðum**; **roðinn**), v. *to redden* (r. egg, sverð, vápn); r. í blóði, *to smear with blood*; of the sun (um morguninn, sem sól rýðr fjöll).

rjóðr, a. *red*, *ruddy* (r. í andliti).

rjóðr, n. *open space in a forest*, *clearing* (skógr rjóðrum höggvinn).

rjúfa (**rýf**; **rauf**, **rufum**; **rofinn**), v. (1) *to break a hole in*, *break* (hljópu þeir þá upp á húsin ok tóku at r.); r. undir, *to make wounds*; r. samnaðinn, *to break up the gathering*; (2) fig. *to break*, *violate* (r. sáttmál, sætt, eiða, trygðir); (3) impers., rýfr þokuna, *the fog clears away*; rýfr (*or* rýfr í) veðrit, rýfr upp veðr, *the weather clears*, *it clears up*.

rjúka (**rýk**; **rauk**, **rukum**; **rokinn**), v. (1) *to reek*, *emit smoke or steam* (hvat rýkr á diskinum fyrir þér?); impers., rýkr af e-m, *reek rises from one* (ambáttin reri í burt alsveitt af mœði, ok rauk af henni); (2) *to be driven*, *drifted* like smoke (mjöll, sjór rýkr); (3) fig. *to fly*, *go flying*; sverðið rauk ór hendi honum, *the sword flew out of his hand*.

rjúpa (gen. pl. **rjúpna**), f. *ptarmigan* (sem valr flygi eptir rjúpu).

rjúp-keri, m. *cock-ptarmigan*.

roð, n. *fish skin* (rífa fisk ór roði).

roð, n. *reddening*, *making or becoming red* (cf. hlunn-, sólar-roð).

roða (**að**), v. impers. *to emit a red gleam* (þá er roðaði af skjöldunum); roðar fyrir upprennandi sólu, *the sky is reddened by the rising sun*.

roða (**að**), v. *to huddle together*.

roði, m. *redness*, *ruddiness* (r. í kinnum, í andliti); laust roða á himininn, *the sky reddened*.

roðinn, pp. from 'rjóða', *reddened*, *smeared with blood*, *bleeding*.

roðna (**að**), v. *to redden*, *become red*.

rof, n. (1) *breach*, *opening* (var þar mikit r. í fylkingunni); (2) a law term, *retractation*, *reversal* (of judgement).

rofna (**að**), v. (1) *to break up*, *give way* (þá er r. tók fylkingin); (2) *to fall through*, *become invalid* (of a bargain, judgement, fine).

roftorfs-veggr, m. *a wall of sods*.

rokinn, pp. (of 'rjúka'), *cooled off* (var lítt rokin stofan).

rokkr (**-s**, **-ar**), m. *distaff* (sat þar kona, sveigði rokk).

rolla, f. *roll*, *scroll*.

ropi, m. *belch*, *eructation*.

rosi, m. *rain and storm*.

roskin-leikr, m. *ripeness*, *perfection*; **-mannligr**, a. *looking like a grown-up man* (mikill maðr ok -mannligr).

roskinn, a. *ripe*, *mature*, *full-grown* (var hón svá mikil sem maðr r.).

rosknaðr, pp. *grown-up*, *adult*.

rosknast (**að**), v. refl. *to become* 'roskinn', *grow up to manhood* (en er Þ. jarl rosknaðist).

rosm-hvalr, m. *walrus.*

rostungr (-s, -ar), m. *walrus.*

rot, n. *insensibility* (from a blow); slá e-n í r., *to stun, render senseless by a blow*; liggja í roti, *to lie stunned.*

rota, f. *heavy rain* (þann dag var á r. mikil; bæði hregg ok r.).

rotinn, a. *rotten* (var þá líkaminn r.).

rotna (að), v. *to rot*; of hair, *to fall off* (var af rotnað hár ok skegg).

ró, f. *rest, calm, tranquillity*; gefa ró reiði, *to give rest to one's wrath*; í ró, *at rest, in peace*; mega sér hvergi ró eiga í landi, *to feel restless, feel no rest anywhere*; bíða ró, *to be easy, at rest* (Gunnhildr lét þat seiða, at Egill skyldi aldri ró bíða á Íslandi).

ró (pl. **rœr**), f. *small clinch-plate, burr* (on which a nail is clinched).

róa (**rœ**; **reri, reyri, røri**; **róinn**), v. (1) *to row, pull*; hann rœr út í Bjarneyjar, *he rows out to the Bear-isles*; with the boat in dat. (reru þeir skipinu upp í ána); (2) *to row out to sea, go fishing*, = r. út (þenna morgin bjóst Þ. á sjó at r.); er hann kom þar, vóru allir menn rónir nema Þ., *all the men had rowed out fishing except Th.*; (3) *to rock oneself backwards and forwards*; (4) recipr., róast at, *to pull so as to encounter one another*, of two ships in battle.

róða, f. *rood, crucifix.*

róði, m. poet. *wind, tempest*; láta (leggja) e-n fyrir róða, *to cast to the winds, forsake one.*

róðr (gen. **róðrar**), m. *rowing, pulling* (hafa búnar árar til róðrar).

róðra, f. *blood*, esp. *of sacrifice.*

róðrar-, gen. from 'róðr'; **-ferja**, f. *row-boat*; **-hanzki**, m. *rowing-glove*; **-leiði**, n. *rowing-wind*; taka -leiði, *to take to rowing*; **-skip**, n., **-skúta**, f. *ship with oars.*

róðr-göltr, m. a kind of *war-ram.*

róðu-kross, m. *crucifix.*

rófa, f. *the vertebral part of a tail.*

róg, n. (1) *slander, calumny* (sögðu þat mundu vera r. illra manna); bera e-n í r. við e-n, *to slander (calumniate) one to a person* (sá maðr var borinn í r. við Magnús konung); (2) *strife, quarrel*; verða e-m at rógi, *to be the cause of discord*; leiða e-n nær rógi, *to lead into feud.*

róg-apaldr, m. *warrior* (poet.); **-berari**, **-beri**, m. *slanderer, back-biter*; **-girni**, f. *disposition to slander*; **-málmr**, m. *gold* (poet.); **-mæli**, n. *calumny, slander*; **-samr**, a. *slanderous*; **-semi**, f. = -girni.

rógs-maðr, m. *slanderer.*

róg-þorn, n. *sword* (poet.).

rói, m. *rest, repose, pause.*

ró-lauss, a. *restless* (-laust erfiði); **-ligr**, a. *calm, quiet*; **-lífi**, n. *life of ease*; **-lyndr**, a. *calm of mind.*

Róm, n., **Róma**, f. *Rome.*

róma, f. poet. *battle.*

róma (að), v. *to give assent to by shouting, approve of* (þetta ráð var af öllum vel rómat).

Róma-borg, f. *the city of Rome*; **-ríki**, n. *the Roman empire*; **-vegr**, m. *the road leading to Rome.*

Róm-ferð, f. *journey (pilgrimage) to Rome* (hann bjóst til Rómferðar); **-ferill**, m. *a pilgrim to Rome.*

rómr, m. (1) *voice* (Gizurr var blíðmæltr ok mikill rómrinn); tala með litlum rómi, *to speak in a low voice*; (2) *applause*; gøra góðan (mikinn) róm at e-u, *to applaud.*

Róm-verjar, m. pl. *the Romans.*

róm-verskr, a. *Roman.*

rór (ró, rótt), a. *calm, composed.*

rós (pl. -ir), f. *rose.*

rósta, f. *brawl, riot, tumult.*

róstast (að), v. *to become scanty.*

róstu-maðr, m. *rioter*; **-mikill**, a. *riotous, unruly*; **-samligr**, a. *unruly.*

rót (pl. **rœtr**), f. (1) *root* (var þess ván, at illr ávöxtr mundi koma af illri r.); (2) fig. *cause, origin* (vera e-s r. or r. undir e-u).

rót, f. *the inner part of the roof of a house*, where stores are hung up.

rót, n. *commotion, stir.*

róta (að), v. *to stir, throw into disorder*, with dat.; þeir rótuðu um koll taflinu, *they upset the chessboard*; þá rótar karl saman fénu, *he sweeps the money into one heap.*

róta-klumba, **-kylfa**, f. *club.*

rótar-tré, n. *a tree with the root.*

rót-fastr, a. *rooted, fixed*; **-festa**

(-sta, -str), v. *to root*; refl., -festast, *to take root*; **-lauss**, *rootless, without roots*; **-mikill**, a. *having a large root*; **-setja**, v. *to root, plant.*

ruð, n. *a clearing in a wood.*

rudda, f. *a coarse kind of club.*

ruddu-vetr, m. *a severe winter.*

ruðning, f. *challenging* (of neighbours or judges).

ruðningar-mál, n. pl. *the formula of a challenge.*

ruðu-lítill, a., eigi -lítill, *making no small clearance* (in battle).

rugga (að), v. *to rock* (r. barni).

rugl, f. *confusion, disturbance.*

rugla (að), v. *to confound*, with dat.

ruglan, f. *confusion, disturbance.*

run-henda, **-hending**, f. *a metre with end-rhymes*; **-hendr**, a. *composed in the metre* 'run-henda'.

runi, m. *a wild boar.*

runnr (-s, -ar), m. *bush, shrub.*

runsa (að), v. *to plunder, ransack.*

rupl, n. *plunder, booty.*

rupla (að), v. (1) *to plunder* (a person, etc.); (2) *to take* (a thing) *by force.*

rúfinn, a. *rough, uncombed.*

rúg-akr, m. *rye-field*; **-brauð**, n. *rye-bread*; **-hleifr**, m. *rye-loaf.*

rúgr (gen. -ar), m. *rye.*

rúm, n. (1) *room, space* (hvergi nær hafði þar r. lið þeirra); fá rúms, *to get space*; e-m liggr e-t í miklu rúmi, *it is of great concern, importance to one*; (2) *place, seat* (Egill gekk til rúms þess, er dóttir jarlsins hafði setit um daginn); (3) *bed*, = rekkja (síðan rannsakaði hann rúmit, er hón hafði hvílt í); (4) '*room*' in a ship, one for each pair of rowers (mikit skip, þar vóru sex rúm ok tuttugu); (5) *space of time*; þriggja daga r., *a space of three days.*

Rúm, n. *Rome*, = Róm.

rúma-tal, n. *number of 'rooms'* in a ship (skip þrítugt at -tali).

Rúma-vegr, m. *way to Rome* (konungr var á -vegi), = Rómavegr.

rúm-boraðr, pp. '*wide-holed*', *coarse* (of a sieve); **-brugðinn**, pp. *very large* (-brugðinn hverr); **-fátt**, a. n. *lack of room*; **-heilagr**, a. '*not holy*'; -heilagr dagr, *weekday*; **-lendi**, n. *open land*; **-lendr**, a. *roomy, open, extensive*; **-liga**, adv. *roomily* (í þeirri höll máttu -liga sitja fjögur hundruð manna); **-ligr**, a. *spacious, roomy.*

rúmr (rýmri, rýmstr), a. (1) *roomy, ample, spacious, broad* (gatan var eigi rýmri en einn maðr mátti ríða senn); (2) *roomy, loose* (fjöturrinn var r.); neut., rúmt, *roomily* (skipin lágu rúmt í höfninni).

rúm-snara, f. *slip-knot*; **-stafr**, m. *bed-post*, a nickname; **-stokkr**, m. *bedside*; **-sævi**, n. *open sea.*

Rúm-verjar, m. pl. *the Romans*, = Rómverjar.

rúna, f. *intimate (female) friend.*

rúna-kefli, n. *runic stick*; **-mál**, n. *the runic alphabet*; **-meistari**, m. *an expert in runes.*

rúnar, f. pl. (1) *secret, hidden lore, wisdom*; of r. heyrða ek dœma, *I heard them talk of mysteries*; jötna r., *the mysteries of the giants*; (2) *written characters, runes*; rísta r., *to engrave runes* (réð ek þær r., er reist þín systir); rísta r. á kefli, *to cut runes on a stick*; (3) *magical characters or signs* (hann tók við horninu ok reist á r. ok reið á blóðinu).

rúna-stafr, m. *runic character.*

rúni, m. *intimate friend.*

ryð, n. *rust*; **-frakka**, f., **-frakki**, m. *rusty weapon*; **-fullr**, a. *rusty.*

ryðga (að), v. *to become rusty.*

ryðja (ryð, rudda, ruddr), v. (1) *to clear, free (land) from trees* (r. markir; hann ruddi lönd í Haukadal); r. götu gegnum skóg, *to clear, open a road through a forest*; (2) *to clear, empty*; r. búrit, *to empty the pantry*; r. skip, *to unload a ship*; r. höfn, *to clear the harbour, leave the haven*; impers., hvernig skjótt ruddi samnaðinn, *how the flock dispersed*; (3) as a law term, *to challenge*; r. kvið, dóm, *to challenge neighbours, jurors, out of the* kviðr, dómr; (4) with preps., r. e-u á e-t, *to throw, toss upon* (þeir ruddu viðinum á hurðina); r. e-m í brott, *to drive away, sweep off*; r. sér til rúms, *to make room for oneself*; r. sér til ríkis, *to clear the way to a kingdom, obtain it by conquest*; r. til e-s, *to clear the* *way for a thing, prepare for* (ok ruddu þeir til líkgraptarins); r. e-u upp, *to tear up* (þeir ruddu upp jörðu ok grjóti); (5) refl., ryðjast um, *to clear one's way, make great havoc.*

ryðjandi (pl. -endr), m. *challenger.*

ryðr, m. *rust*, = ryð.

ryðugr, a. *rusty*, = ryðgaðr.

rygr (gen. **rygjar**, dat. and acc. **rygi**; pl. **rygjar**), f. *lady, housewife* (rygr heitir sú kona, er ríkust er).

ryk, n. *dust.*

rykkja (-ta, -tr), v. (1) *to pull, jerk* (hann ætlar at r. honum fram á stokkinn); (2) *to run* (en er hón sér þat, rykkir hón fast undan).

rykkr, m. *pull, tug, wrench, jerk.*

rymja (rym, rumda, rumit), v. *to roar, scream* (rymjandi rödd).

rymr, m. *roaring, noise*; randa r., *clatter of shields.*

rysking, f. *a rough shaking.*

ryskja (-ta, -tr), v. *to shake roughly*; refl., ryskjast við e-n, *to scuffle with one* (þar myndi ekki þykkja við kollóttan at r.).

rytja, f. *a vile, shabby thing.*

rytningr, m. = rýtingr.

rýja (rý, rúða, rúinn), v. *to pluck the wool off* sheep (r. gemlinga).

rýma (-da, -dr), v. (1) *to make more roomy* (r. garð sinn); r. varðhaldit, *to make the confinement less severe*; r. fyri (viz. öllu fólki) veginn, *to clear the way*; with dat., r. á honum fjötrinum, *to loosen his fetter*; (2) r. e-u brott, *to drive away, sweep off* = ryðja e-u brott (rýmit brott þungum harmi af yðru brjósti); r. til e-s, *to clear, prepare the way for* = ryðja til e-s; (3) *to clear away, break up* (þú skalt r. fjalir ór gólfinu); (4) *to quit, leave*; r. land, *to leave the country, go into exile*; r. e-t fyrir e-m, *to leave (a place, seat) that it may be occupied by another* (kallar Skapti, at Þ. skyldi r. höfnina fyrir honum ok leggja ór læginu); (5) *to withdraw, absent oneself* (skulu þér allir eta hér inni, en ek mun r.); r. fyrir e-m, *to cede, give up one's place to one* (hann rýmdi fyrir herra Ásgrími); r. brott, *to go away*; (6) refl., rýmast, *to become roomy, widen*; r. tekr dalrinn, *the dale widens*; impers., rýmist, *there is more room* (ef rýmdist í kirkjunni).

rýna (-da, -t), v. (1) *to talk, converse* (þau rœddu ok rýndu); (2) r. eptir e-u, *to pry into.*

rýnendr, m. pl. *friends, counsellors.*

rýrr, a. *poor, weak, insignificant.*

rýta (-tti, -tt), v. *to grunt, squeal*, of swine (rýtandi ok emjandi).

rýtingr (-s, -ar), m. *dirk, dagger.*

ræði, n. *rule, management.*

ræðis-maðr, m. *steward, manager.*

ræfr, n. *roof*, = rjáfr, ráfr, ráf.

ræingi (pl. -jar), m. *a good-for-nothing fellow.*

ræki-ligr, a. *to be rejected.*

rækindi, n. pl. *refuse, unclean matter* (hann kvazt aldri etit hafa r.).

rækja (-ta, -tr), v. *to refuse, reject.*

rækr, a. *rejected, abhorred, abominable* (r. ok rekinn frá guði).

ræna (-ta, -tr), v. *to rob, plunder, to deprive* (one) *of* (a thing).

ræningi (pl. -jar), m. (1) *robber*; (2) vera r. e-s, *to be robbed or plundered by one* (þú munt vilja vera r. Ljóts sem margir aðrir).

ræsa (-ta, -tr), v. (1) r. e-t á hendr e-m, *to bring a charge against one* (eigi var mér þess ván, at þú mundir þetta r. á hendr mér); (2) impers., ræsir draum, *a dream proves true, comes to pass.*

ræsir, m. *chief, king* (poet.).

ræsta (-sta, -str), v. *to clean, sweep* (konur skulu r. húsin ok tjalda); r. (stífldan) lœk, *to clear out a (dammed-up) brook.*

ræxn, m. *knot* (tók hann língarn ok reið á ræxna, sem net er síðan).

rœða (-dda, -ddr), v. (1) *to speak*; r. um e-t, *to speak about* (konungr rœddi fátt um þessi tíðendi fyrir mönnum); r. við e-n, *to speak, talk with one* (þá rœddi Höskuldr við Hrút); r. e-t, *talk about, discuss* (ef þú rœðir þetta mál fyrir konungi); (2) refl., rœðast við, *to converse about* (hann sagði henni allt þat, er þeir höfðu við rœðst).

rœða, f. *speech, talk* (konungr reiddist mjök við rœður þessar).

rœði, n. *oar, rudder.*

rœðir (gen. **-is**), m. *rower.*

rœgja (**-ða, -ðr**), v. *to slander, defame*; r. menn saman, *to set them by the ears by slander.*

rœgsla, f. *slander, calumny.*

rœki-liga, adv. *earnestly, carefully*; biðjast fyrir -liga, *to pray fervently*; halda -liga, *to observe strictly*; **-ligr**, a. *true, sincere* (-lig iðran).

rœkja (**-ta, -tr**), v. *to reck, heed, take care of*; skulu vér r. húðföt vár, *let us keep to our hammocks.*

rœkt, f. *love, affection.*

rœkta (**að**), v. *to take care of, regard, keep* (r. vel trú sína).

rœktar-leysi, n. *negligence.*

rœma (**-da, -dr**), v. *to approve of*, = róma (allir rœmdu vel mál konungs); r. e-t lítt, *to take it coldly* (konungr spyrr, ef þeir vildi skírn taka; þeir rœma þat lítt).

rœta (**-tta, -ttr**), v. (1) r. e-t upp, *to root up* (r. upp illgresi ór guðs akri); (2) refl., rœtast, *to take root, strike root*, = rótfestast.

röð (gen. **raðar**, pl. **raðar, raðir**), f. *row, series.*

rödd (gen. **raddar**, pl. **raddir**), f. *voice*; með skjálfandi röddu, *with a trembling* (*faltering*) *voice.*

röðull (**-s**, dat. **röðli**), m. (1) *glory, halo*; (2) *sun* (poet.).

rögg (gen. **röggvar**, pl. **röggvar**), f. *tuft, shagginess* (of the fur of a cloak).

rögn, n. pl. *the gods*, = regin.

rök, n. pl. (1) *reason, ground, origin* (nú skal segja, af hverjum rökum heiðnir menn héldu jól); (2) *wonder, marvel*; forn r., *great things of yore*; firrist (imperat.) æ forn r. firar, *let bygones be bygones*; stór r., *mighty things, great marvels*; tíva r., *the life and doings of the gods*; þjóða r., *origin, creation of mankind*; í aldar r., *at the end of the world*; ragna r., see 'ragnarök'.

røkkva (**røkkr, —, røkkvit**), v. *to grow dark* (hann þorði hvergi at fara, þegar er r. tók); er røkkvit var, *after nightfall.*

rökn, n. pl. = raukn.

røkr, røkkr, n. *twilight*; ragna r., *the twilight of the gods, the end of the world* = ragna rök.

røk-samliga, adv. *on good authority*; **-samligr**, a. *reasonable, just, true*; **-semd**, f. *reason, authority*; **-stólar**, m. pl. *judgment-seats.*

rönd (pl. **randir, rendr**), f. (1) *rim, border* (rönd var ór gulli); (2) poet. *shield*; leggja randir saman, *to lay shield against shield*; reisa r. við e-m, *to raise the shield against one, resist, withstand*; (3) *stripe* (dúkr með gulligum röndum).

röndóttr, a. *striped, streaked.*

röng (gen. **rangar**, pl. **rengr**), f. *rib in a ship.*

rösk-leikr, m. *briskness, boldness*; **-liga**, adv. *gallantly, bravely*; **-ligr**, a. *doughty* (var hann allra manna -ligastr); **-mannliga**, adv. *bravely.*

röskóttr, a. = raskóttr (rare).

röskr (acc. **röskvan**), a. *vigorous, doughty, brave* (r. maðr).

röskvast (**að**), v. refl. *to ripen*, of fruit; *to grow up*, of man (ok er hann röskvaðist, fekk konungr honum skip).

röskvi, f. = röskleikr.

röst (gen. **rastar**, pl. **rastir**), f. *a strong current in the sea, race.*

röst (gen. **rastar**, pl. **rastir**), f. *a distance of four or five miles.*

S

saddr, pp. from 'seðja', = saðr; vera s. á e-u, *to have got enough of.*

saðning, f. *satiety, fill.*

saðr, a. *sated, having got one's fill* (s. em ek enn þess).

saðr, a. *true*, = sannr.

safali, m. *sable-fur*, = safalaskinn.

safi, m. *sap of trees* (börkr af viði ok safi; ber ok safi).

safna, safnaðr, *see* samna, samnaðr.

saga (**að**), v. *to saw, cut with a saw* (krossinn var sagaðr í sundr).

saga (gen. **sögu,** pl. **sögur**), f. (1) *what is said, statement* (má vera, at sönn sé s. þín); (2) *tale, story, history*; segja, ríta sögu, *to tell, write a story*; hann kemr eigi við þessa sögu, *he is not connected with this* 'saga'; vera ór sögunni, *to be out of the story*; vera í sögu, *to be mentioned in a story*; svá sem sögur eru til, *as the story goes*; (3) *the events which gave rise to the story*; hann var þá mjök hniginn á efra aldr, er sjá saga gørðist, *when this came to pass*; (4) *tale, report* (eigi veit ek um sögur slíkar, hvárt satt er).

saga-tenn, f. pl. *saw-teeth.*

sagna-maðr, -meistari, m. *historian*; **-skemtan,** f. *story-telling* (at public meetings, feasts, &c.).

saka (**að**), v. *to do harm, scathe* (jarl kvað þat ekki s. mundu); impers., hvat sem at var gört, sakaði hann (acc.) ekki, *no matter what they did, no harm came to him*; recipr., at vér skylim sjálfir um sakast, *that we should injure one another.*

saka (**að**), v. *to blame, find fault with*; s. sik um e-t, *to blame oneself for* (ekki mun tjá at s. sik um orðinn hlut); recipr., sakast um e-t, *to blame one another for a thing*; s. sáryrðum, *to bandy cutting words.*

saka-bœtr, f. pl. = sak-bœtr; **-dólgr,** m. = sökudólgr.

sakaðr, pp. (1) *scathed, damaged* (var eitt borð sakat í skipi þeirra); (2) *guilty* (hann er því meirr s. en aðrir menn, at hann vann á jarli dauðum).

saka-fullr, a. *guilty*; **-lauss,** a. = saklauss; **-laust,** adv. *without prosecution, dropping the prosecution*; **-maðr,** m. *a man disposed to litigate*; -maðr mikill, *a great litigant.*

sakar, prep. with gen. = sakir.

sakar-aðili, m. *the chief party in a case*; **-áberi,** m. *plaintiff, accuser*; **-eyrir,** m. = sakeyrir; **-gipt,** f. '*charge-giving*', *charge*; **-spell,** n. *mispleading, by which a suit may be lost*; **-staðr,** m. *ground which one has for suing another, offence* (gefa upp -staðinn); **-sœkjandi,** m. *prosecutor.*

sakartöku-váttr, m. *a witness to the handing over of a suit*; **-vætti,** n. *witness of the handing over of a suit.*

sakar-vandræði, n. pl. *dispute.*

sak-bitinn, pp. *guilty*; **-bœtr,** f. pl. *damages, fine* (to be paid to the kinsmen of the slain); **-eyrir,** m. *fine, penalty,* esp. *a fine due to the king*; **-ferli,** n. *lawsuit, action*; **-gæfinn, -gæfr,** a. *quarrelsome, contentious.*

sakir, prep. with gen. *on account of, for the sake of,* = fyrir sakir e-s (s. orða konungs).

sak-lauss, a. *not guilty, innocent*; **-leysi,** n. (1) um (*or* fyrir) -leysi, *without due ground, without cause* (þat munu margir mæla, at eigi hafi um -leysi verit); (2) *innocence*; **-maðr,** m. = illvirki; **-metinn,** pp. *current*, as a legal tender for 'sakeyrir'.

sakna (**að**), v. *to miss, feel the loss of* (þá saknar hann hringsins).

saknaðr (**söknuðr**), m. *sorrow for a lost thing, feeling of loss.*

sakni, m. *loss.*

sak-næmr, a. *liable to a charge, blamable*; eiga nökkut -næmt við e-n, *to have a quarrel with one*; **-rúnar,** f. pl. *runes of strife*; **-sókn,** f. *action, lawsuit*; **-sæll,** a. *lucky in lawsuits*; **-taka** (see **taka**), v. *to convict,* = sekja; **-tal,** n. *the law as to the penalties* (sakeyrir) *due to the king.*

sal, n. *payment, instalment.*

sala, f. *sale*; hafa (eiga) e-t til sölu, *to have on sale, for sale.*

sala-kynni, n. pl. *homestead, home.*

sal-drótt, f. *household-folk, inmates.*

salerni, n. *privy,* = garðhús, náðhús.

sal-garðr, m. *wall*; **-gaukr,** m., **-gofnir,** m. poet. *the cock*; **-hús,** n. *closet, room*; **-kona,** f. *housemaid*; **-kynni,** n. pl. = salakynni.

salr (gen. **salar,** pl. **salir,** acc. **sali**), m. *room, hall* (skjöldum er s. þakiðr).

salt, n. *salt*; leggja sök í s., *to shelve a case.* Cf. 'Eystra-salt.'

salta (**að**), v. *to salt, pickle* (þeir söltuðu fótinn í hvíta salti).

saltari, m. *psalter, psalm-book.*

salt-brenna, f. *salt-burning*; **-gørð,** f. *salt-making*; **-hola,** f. *salt-pit*; **-karl,** m. *salt-burner*; **-korn,** n. *grain of salt*; **-maðr,** m. = -karl.

saltr (sölt, salt), a. *salt.*

salt-steinn, m. *salt-stone, pillar of salt*; **-sviða**, f. = -brenna.

sal-þjóð, f. *domestics*, = -drótt.

sama (samdi, samat), v. *to beseem, befit, become*; e-t samir vel, illa, *it befits well, ill* (mart ferr nú annan veg en bezt mundi s.); e-m samir e-t vel, illa, *it becomes one well, ill* (illa samir þér at berjast í móti mér); vil ek sjá, hvernig þér sami skyrtan, *how it fits thee*; s. sér vel, *to look well* (Hallgerðr sat á palli ok samdi sér vel).

sama-góðr, a. *fitting, suitable.*

saman, adv. *together, in common* (Engey skulum við eiga báðir s.); allr s., *whole, entire* (bœndr urðu hræddir við þenna atburð allan s.); allir s., *all together*; þrír, fjórir s., *three, four together*; einn s., *one alone*; smám s., *by degrees*; köflum s., *piecemeal*; mörgum mönnum s., *in groups*; with a gen. form, til samans = saman.

saman-dráttr, m. *gathering*; **-eign**, f. *conflict*; **-lestr**, m. *collection*; **-líming**, f. *conglutination*; **-lostning**, f. *collision*; **-samnaðr**, m. *gathering*; **-setning**, f. *composition*; **-skrifa** (að), v. *to compose, write.*

sam-band, n. *connexion, league*; **-beit**, f. *joint pasture*; **-bjóða** (see **bjóða**), v. *to equal, be equal to*; **-bland**, n. *mixing together, sexual intercourse*; **-blanda** (að), v. *to blend together, mingle*; **-blandinn**, pp. *blended, mixed*; **-blása** (see **blása**), v. *to conspire*; **-blástr**, m. *conspiracy.*

sam-borgari, m. *fellow-citizen.*

samborgar-maðr, m. = samborgari.

sam-borinn, pp. *born of the same parents*; **-bróðir**, m. *brother, fellow-member of a society*, esp. of *friars.*

samburðar-öl, n. *a joint drinking.*

sam-búð, f. *dwelling together, cohabitation*; **-bygð**, f. = -búð; **-bærilígr**, a. *comparable*; **-dauði**, m. *death at the same time* (man ykkarr -dauði verða); **-dóma**, a. indecl. *of one mind*; vera -dóma, *to agree*; **-dráttr**, m. *gathering*; **-dreginn**, pp. *lined all over*; **-drykkja**, f. *symposium, drinking-party*; **-dœgris**, adv. *within the same day*; **-eiginliga**, adv. *in common*; **-eiginligr**, **-eiginn**, a. *common*; **-eign**, f. *dealings, conflict, fight*; **-eldi**, n. *living together*; **-erfingi**, m. *co-heir*; **-fagna** (að), v. *to rejoice with another*; **-fagnaðr**, m. *rejoicing*; **-fallinn**, pp. *fitted, meet*; **-fara**, a. indecl. *travelling together*; **-fast**, adv. *continuously* (róum síðan -fast); **-fastr**, a. *fast together, joined, connected*; **-feðri**, a. *having the same father* (hón var -feðra við Flosa); **-félag**, n. *fellowship, company*; **-félagi**, m. *copartner*; **-felldr**, pp. (1) *joined together, composed*; (2) *continuous*; **-fenginn**, pp. *whole, entire*; **-festiliga**, adv. *jointly*; **-festing**, f. *fastening together*; **-fjórðungs**, adv. *within the same quarter*; **-fleytt**, adv. (1) *in succession, one after another* (sjau daga -fleytt); (2) *in company*; fara -fleytt, *to travel together*; **-flot**, n. (1) *sailing together* (halda -flot við e-n); (2) *a fleet sailing together*; **-floti**, m. = -flot; **-fundr**, m. *meeting, interview*; **-fylliligr**, a. *complete*; **-fœrr**, a. (1) *running along with* (skip -fœrt í róðri); (2) *agreeing*; **-för**, f. esp. in pl., -farar, (1) *travelling together*; (2) *marriage*; mæla til -fara við konu, *to court a woman*; *wedded life* (vóru, gerðust -farar þeira góðar); (3) *intercourse* (vinveittar -farar); **-gangr**, m. (1) *going together, intercourse*; (2) *conflict, fight* (verðr harðr -gangr áðr Freyr fellr); (3) *marriage*; gøra -gang sinn, *to marry*; **-gengt**, a.n., eiga -gengt, *to have a common pasture*; **-gjarna**, adv. *equally willingly*; **-gleðjast**, v. refl. = -fagna; **-gróa** (see **gróa**), v. *to grow fast to*; **-hald**, n. *holding together, unity*; **-haldinn**, pp. *continuous*; **-harma** (að), v. *to have compassion on*; **-harman**, f. *compassion*; **-heiti**, n. *common name*; **-heldi**, n. *league, alliance*; **-henda**, **-hending**, f. *a metre in which the rhyming syllables are identical in form* (as '*virðandi* gefr *virðum*'); **-héraðs**, adv. *within the same district*; **-hlaup**, n. *concourse, riot*; **-hlaupa**, a. *leaping together*; **-hlaupast** (see **hlaupa**), v. refl. *to join in a riot*; **-hljóðan**, f. *consonance, harmony*; **-hljóðandi**, m. *consonant*;

-hringja (-da, -dr), v. *to peal with two or more bells*: **-hugi,** m. *concord, agreement*; **-hugi,** a. *of one mind, agreeing*: **-hvíla,** f. *common bed*; **-hyggja** (see **hyggja**), v., -hyggja e-m, *to be of one mind with, agree with.*

sami, m. (1) *reconciliation*, = sætt; koma sama á með þeim, *to reconcile them*; (2) *honour* (tapa sama sínum); (3) *a due* (fá sinn sama): þat er ekki s., at, *'tis not beseeming that.*

sam-jafn. a. *equal to*; **-jafna** (að), v. *to compare*; refl., -jafnast e-m, *to emulate one*; **-jafnan,** f. *comparison* (koma í samjafnan við e-n).

samka (að), v. *to collect, gather*, with dat. or acc., = samna.

sam-keypi, n. *bargain*; **-koma,** f. = -kváma; **-kristinn,** a. *a fellow Christian*; **-krœkja** (-ta, -tr), v. *to hook together*: fig. *to enter into a quarrel*; **-kunda,** f. *feast, banquet.*

samkundu-hús, n. *banquet-hall.*

sam-kváma, f. (1) *meeting, assembly*; (2) *collision, encounter.*

samkvámu-mál, n. (1) *discussion, debate*; (2) *stipulation.*

sam-kvæði, n. *consent*, esp. gjalda -kvæði við e-u, *to give one's consent, to agree* (báðir guldu -kvæði, at M. nefndi sér Þ. í vætti); **-kvæðr,** a. *concordant* (við e-t); **-kvæmd,** f. *coincidence, congruity*; **-kvæmiligr,** a. *congruous*; **-kynja,** a. indecl. *of the same kind*; **-kynnis,** adv. *at the same house* (-kynnis við e-n); **-lag,** n. (1) *fellowship, partnership* (binda, gøra sitt -lag); (2) *community, communion* (í -lagi kristinna manna); (3) *sexual intercourse, cohabitation* (eiga -lag við konu); **-laga** (að), v. *to join, unite*; refl., -lagast e-m, *to join oneself to*; *to cohabitate with*; **-laga,** f. *laying of ships together*, for battle (blása skipum til -lögu); **-landi,** m. *fellow-countryman*: **-leið,** f. *the same way*; eiga -leið við e-n, *to have the same way to go*; **-lendr,** a. *living in the same country* (-lendr e-m, við e-n); ef þeir væri -lendir, *if they happened to live in the same country*; **-lengd,** f. = jafnlengd; **-litr,** a. *of the same colour* (við e-t); **-líkja** (-ta, -t), v. *to compare*; **-líkr,** a. *like, resembling one another*; **-lyndi,** f. *concord*; **-lyndr,** a. *of one mind*: **-mála,** a. indecl. *agreeing* (vera sáttir ok sam-mála); **-máttugr, -máttuligr,** a. *sharing in the power*; **-mælast** (see **mæla**), v. refl. *to fix an interview*; -mælast á e-t, *to be of one mind in a matter, to agree in a thing*; **-mæli,** n. *agreement*; **-mœddr,** a. *of the same mother*; **-mœðri,** a. = -mœddr.

samna (að), v. *to gather, collect*, with dat. or acc. (s. mönnum, liði; s. saman mikinn her); refl., samnast, *or* s. saman, *to gather together, increase.*

samnaðar-herr, m. *a gathered host*; **-maðr,** m. *a man of an assembly*; **-öl,** n. = samburðar-öl.

samnaðr (gen. **-ar**), m. (1) *gathering, host*; gøra samnað, *to gather men*; (2) *congregation.*

sam-nafni, m. *namesake*; **-nefndr,** pp. *of the same name* (e-m); **-neyta** (-tta, -tt), v. *to have intercourse with* (-neyta e-m); **-neyti,** n. *communion, intercourse* (kristiligt -neyti); **-neyting,** f. *holding intercourse with.*

samning, f. *agreement, treaty.*

samningar-maðr, m. *peaceable man.*

samningr, m. *reconciliation, agreement* (var upp lesinn sá s.).

sam-pínast (d), v. refl. *to have compassion upon* (e-m); **-píning,** f. *compassion.*

samr (**söm, samt**), a. (1) *the same*; the def. form is used both with and without the preceding art. (inn, in, it); í sama húsi, *in the same house*; hann var s. í boðum sinum, *the same, unaltered*; svá fór sem samt sé, *it turned out the same way*; komast í samt lag, *to get into the same condition as before*; with dat., *the same as*; kom Guðrún eigi síðan í sömu rekkju Ólafi, *into the same bed as Olaf*; it sama, *the same, likewise*; (2) *agreeing, of one mind* (hann var s. um yðra ferð); (3) í samt, *continuously*, = samfast (þrjár nætr í samt).

sam-ráða, a. indecl. *of one counsel, united*; **-ráðit,** pp. n., hafa e-t -ráðit, *to be agreed on*; **-reið,** f. *riding together*; **-reki,** m. *common shore-*

drift; **-rekkja** (-ta, -t), v. *to share a bed with* (e-m *or* hjá e-m); **-riddari,** m. *fellow knight*; **-ríkja** (-ta, -t), v. *to rule in common with* (e-m); **-ræði,** n. (1) *concord, confidence*; (2) *carnal intercourse* (-ræði við konu); **-rœður,** f. pl. *conversation*; **-saga,** a. indecl. *agreeing*; **-sáttr,** a. *concordant*; **-setja** (see **setja**), v. (1) *to connect, join*; (2) *to compose*, of writing; **-setning,** f. *composition*; **-sinni,** n. (1) *company, fellowship*; (2) *consent* (veita e-m -sinni); **-síðis,** adv. *besides, at one's side* (e-m); **-skapa,** a. indecl. *of one mind*; **-skara** (að), v. *to join boards, overlap*; **-skipa,** a. indecl. *sailing in the same ship*; **-skipti,** n. pl. *intercourse*, = viðskipti; **-skóla,** a. indecl. *attending the same school*; **-skulda,** a. indecl. *balancing*; þat er -skulda, *it is an even balance.*

sams-maðr, m. = samningarmaðr.

sam-stafa, f. *syllable*; **-stafan,** f. = -stafa; **-stafligr,** a. *belonging to a syllable*; **-staft,** a. n. *all of one burden*; **-stundis,** adv. *at the same moment*; **-sumars,** adv. *in the same summer*; **-svarning,** f. *conspiracy*; **-sæti,** n. (1) *sitting down together*; taka -sæti, *to sit down at a feast*; (2) *assembly, entertainment*; í svá góðu -sæti, *in such good company.*

samsætis-drykkja, f. *banquet*; **-menn,** m. pl. *bench-fellows.*

samt, adv. *together*, = saman; allir s., *all together*; einn s., *alone*; í s., *continuously, uninterruptedly* (cf. 'samr'); kemr þat á samt með þeim, at, *they come to an agreement that.*

sam-tak, n. *united effort* (hafa -tak at e-u); **-tal,** n. *colloquy, interview*; **-tempra** (að), v. *to moderate*; **-tenging,** f. *connexion*; **-tengja** (-da, -dr), v. *to unite, join*; **-tíða,** a. indecl. *contemporary* (-tíða e-m); **-tíðis,** adv. *at the same time*; **-tímis,** adv. = -tíðis; **-týnis,** adv. *adjoining, in the neighbourhood of* (sitja -týnis við e-n); **-veldi,** n. *joint authority, rule*; **-vera,** f. *living together*; **-vinna** (see **vinna**), v. *to co-operate with one* (e-m); **-virða** (-rða, -rðr), v. *to estimate equal in worth*; **-vist,** f. (1) *living together* (stundlig -vist); (2) of wedded life, *conjugal intercourse* (nýtti Hrafn lítit af -vistum við hana); **-vista,** f. = -vist; **-vista,** a. indecl., vera -vista við e-n, *to live with one*; **-vistiligr,** a. *attached*; **-vit,** n. (1) *conscience*; (2) *consciousness*; **-vitand,** f. *cognizance*; **-vitandi,** pr. p. *cognizant of, privy to*; **-vizka,** f. (1) *conscience*; (2) *mind, intellect* (heill at -vizku, krankr í líkama); **-vægja** (-ða, -t), v. (1) *to be of equal weight, match* (e-m); (2) *to yield mutually*; **-værr,** a. *living in peace together*; **-þingi,** a. *from the same jurisdiction or district.*

samþingis-goðar, m. pl. *the priests* (goðar) *of the same district.*

sam-þræll, m. *fellow-slave*; **-þykki,** n. *concord, consent, assent*; **-þykkiligr,** a. *consenting*; **-þykkja** (-ta, -tr), v. (1) *to consent to*, with acc. or dat.; -þykkja með e-m, *to agree with*; (2) *to reconcile* (-þykkja e-t við e-t); (3) refl., -þykkjast e-t, *to consent to*; **-þykkr,** a. *agreeing, at peace with one* (-þykkr e-m *or* við e-n); **-þykt,** f. *agreement, consent*; **-þýðast** (see **þýða**), v. refl. *to associate, agree.*

sand-bakki, m. *sand-bank*; **-bára,** f. *sand-wave*; **-brekka,** f. *sandy slope, sand-ridge*; **-fjúk, -fok,** n. *sand-drift, drifting sand*; **-haf,** n. *sand-ocean, desert*; **-hóll,** m. *sand-hill*; **-hverfa,** f. a kind of *flat-fish*; **-koma,** f. *fall of* (*volcanic*) *sand*; **-korn,** n. *grain of sand*; **-leið,** f. *a way leading over a stretch of sand*; **-lægja,** f. a kind of *whale*; **-melr,** m. *sand-bank*; **-möl,** f. *gravel.*

sandr (-s, -ar), m. (1) *sand* (Auðr var grafin í sand, þar sem flœðr gekk yfir); kasta sandi í augu e-m, *to throw dust in one's eyes*; (2) *the sea-shore* (skip kom at sandi); (3) in pl. *sandy ground, sand-banks, sands.*

sand-sumar, n. *sand-summer* (from volcanic eruptions); **-torfa,** f. *sandy sod*; **-þúfa,** f. *sand-knoll.*

sanna (að), v. (1) *to assert, affirm* (sannaði annarr, en annarr synjaði); (2) *to make good, prove* (s. e-t með eiði, með jarteinum); s. e-t á e-n, á hendr e-m, *to prove a charge against one* (aldri var þat á mik sannat, at ek væri falsari); s. e-n at e-u, *to prove one guilty, convict one, of something*; (3) refl., sannast, *to prove true, hold good, turn out* (nú mun þat s., er sagða ek þér); láta e-t á s., *to let it be proved on oneself, to confess* (lét hann á s., at hann myndi eigi sjálfr svá miklu orkat hafa).

sanna, f. *proof*; only in pl. 'sönnur' (fá, finna sönnur á sínu máli).

sannaðar-maðr, m. = sannanarmaðr (hann skal hafa -menn tvá).

sannan, f. (1) *assertion, confirmation*; (2) *proof* (til sannanar síns máls).

sannanar-maðr, m. *one who vouches for another's word or oath*; **-mark**, n. *evidence*; **-orð**, n. *epithet*.

sann-fregit, **-frétt**, pp. n., hafa -frétt, *to have true intelligence of*; **-fróðr**, a. *truly informed, well informed* (-fróðr um e-t, at e-u); **-frœðast** (dd), v. refl. *to be truly informed*; **-frœði**, f. *true information*; **-gjarn**, a. *fair, equitable*; **-göfugr**, a. *truly noble*; **-heilagr**, a. *truly saintly, undoubtedly a saint*.

sanninda-maðr, m. *a truthful man*; **-samliga**, adv. *truthfully*; **-sögn**, f. *true intelligence*.

sannindi, n. pl. (1) *truth, verity* (ef hann vill heldr trúa lygi en sannindum); e-t er með sannindum, *it is true* (biskup trúði, at þat mundi með sannindum, er sagt var frá); fara með sannindum, *to tell the truth*; reynast með sannindum, *to prove true*; með sannindum at segja, *to tell the truth*; unna e-m sanninda um e-t, *to give one his due*; (2) *evidence, proof* (engi önnur s. hafa menn till þess, nema þau); til sanninda e-s, um e-t, *as a proof of*.

sann-kallaðr, pp. *truly called*; **-kenna** (-da, -dr), v. (1) *to call a thing by its right name*; (2) -kenna e-n at e-u, *to charge one rightly with, convict one of*; **-kenning**, f. a kind of *epithet*; **-kristinn**, a. *a true Christian*; **-leikr**, m. *truth, verity*; **-liga**, adv. *verily, truly*; **-ligr**, a. (1) *likely to be true, probable*; (2) *just, fair, fit, proper*; **-máll**, **-málugr**, a. *truthful, veracious*; **-mæli**, n. *a true speech, truth*; unna e-m -mælis, *to give one a fair report*; **-mæltr**, pp. *speaking the truth*; **-nefni**, n. *appropriate name*; **-orðr**, a. *truthful, veracious*; **-prófa** (að), v. *to ascertain*.

sannr (**sönn**, **satt**), a. (1) *true* (sönn saga); hón sagði Þór satt frá Geirröði, *she told Thor the truth about G.*; nú skal ek segja þér it sanna, *now I will tell thee the truth*; hafa e-t fyrir satt, *to be sure* (*convinced*) *of*; hafa sannara, *to be in the right* (skal konungr um segja, hvárir sannara hafi); gøra e-t satt, *to make good, prove* (hvern veg gørir þú þat satt); s. sem dagr, *true as day, clear as noonday* (= dagsannr); sönnu sagðr, *justly charged*; með sönnu, at sönnu, *in truth, truly*; til sanns, *certainly, for certain* (vita e-t til sanns); (2) *meet, proper* (væri þat sannara, at þú værir drepinn); (3) s. at e-u, *convicted of, (proved) guilty of* (s. at sökinni).

sannr, m. (1) *truth* (vita sann á e-u); fœra e-m heim sanninn, *to tell one the bitter truth*; (2) *fairness*; e-t er nær sanni, *is fair or reasonable*; ástir þeirra vóru at góðum sanni, *they loved each other fittingly*; (3) *estimation*; bœta e-t við góðra manna sann, *according to the estimate of good men*.

sann-reyndr, pp. (1) *duly proved*; (2) -reyndr at e-u, *convicted of*; **-saga**, f. *true tale, truth*; **-sagðr**, pp. *truly said*; **-sakaðr**, pp. *convicted, guilty*; **-spár**, a. *prophesying true*; **-spurt**, pp. n. = -fregit; **-sýni**, f. *equity, fairness*; **-sýnn**, a. *just, impartial*; **-sæi**, f. = -sýni; **-sær**, a. = -sýnn; **-sögli**, f. *truthfulness, veracity*; **-sögull**, a. *truthful, veracious*; **-talat**, pp. n. *truly said*; **-vinr**, m. *true friend*; **-vitaðr**, pp. *known for certain*; **-vitr**, a. *truly wise*; **-vænn**, a. *near the truth, fair*; **-yrði**, n. pl. *true words*.

sauða-dunr, m. *flock of sheep* (sem vargr í -dun); **-ferð**, f. *searching for sheep*; **-flokkr**, m. = -dunr; **-hirðir**, m. *shepherd*; **-hús**, n. *sheep-pen, sheep-fold*; **-hvarf**, n. *disappearance of sheep*; **-jarmr**, m. *bleating of sheep*;

-klippari, m. *sheep-shearer*; **-kví**, f. *sheep-fold*; **-kvöð**, f. *tax paid in sheep*; **-leit**, f. *searching for sheep*; **-maðr**, m. *shepherd*; **-rétt**, f. *sheep-fold*; **-skjól**, n. *shelter for sheep*; **-slitr**, n. *shreds of sheep torn by a beast of prey*; **-taka**, f. *sheep-stealing*; **-tollr**, m. *tax paid in sheep*; **-þjófr**, m. *sheep-stealer*.

sauð-fé, n. *sheep*; **-fellir**, m. *death of sheep* (from cold); **-fénaðr**, m. = -fé; **-grös**, n. pl. *crop for sheep*; **-hús**, n. *sheep-pen*; **-lauss**, a. *sheepless*.

sauðr (-ar, -ir), m. *sheep*.

sauð-reki, m. *sheep-driver*; **-vant**, a. n., verðr -vant, *a sheep is missing*.

sauma (að), v. *to sew* (sátu þær þar ok saumuðu); *to make by sewing* (s. e-m klæði); s. e-t at e-u, *to sew tight round*; kyrtill svá þröngr, sem saumaðr væri at honum, *a tunic as tight as though it were sewn on him*.

saum-för, f. *a row of nails in a ship's planking*; **-lauss**, a. *without nails* (aurskúar saumlausir).

saumr (-s, -ar), m. (1) *nails*, esp. of a ship; (2) plur., saumar, *needle-work, sewing* (sitja at saumum).

saum-skæri, n. pl. *shears, scissors*; **-stofa**, f. *sewing-room*.

saup, n. *butter-milk*.

saur-fullr, a. *filthy, dirty*.

saurga (að), v. *to dirty, defile, pollute* (s. völlinn í blóði).

saurgan, f. *pollution, defilement*.

saurigr (acc. **saurgan**), a. *filthy, dirty* (hafa hendr mjök saurgar).

saur-kvísl, f. *dung-fork*, = mykikvísl; **-lifnaðr**, m. = -lífi; **-ligr**, a. *filthy, unclean*; **-lífi**, n. *lewdness, fornication, lechery*, opp. to 'hreinlífi'.

saurlífis-kona, f. *harlot*; **-maðr**, m. *unchaste person, fornicator*; **-synd**, f. *the sin of fornication*.

saur-lífr, a. *lewd, lecherous*; **-mæli**, n. *filthy, foul language*; **-pyttr**, m. *cesspool*.

saurr, m. (1) *mud* (at engi s. støkkvi af hestum yðrum ok á konunginn); (2) *dirt, excrements*; ausast sauri á, *to throw dirt at one another*.

saurug-liga, adv. *in a foul manner*; **-ligr**, a. *foul, unchaste*.

saurugr, a. = saurigr.

saur-yrði, n. pl. *foul words, filthy language*; cf. 'saurmæli.'

sautra (að), v. *to suck through the teeth* (s. vatn ór lófum).

sax, n. (1) *a short, one-edged sword*; (2) plur. söx, *shears* = skæri; (3) *the gunwale near the prow* (Gunnarr hleypr þegar á saxit á skip Vandils); esp. in plur., söx, *the forepart of a ship* (sær féll inn um söxin).

saxa (að), v. *to cut with a* 'sax', *to chop, hack* (s. e-t í sundr).

Saxar, m. pl. *Saxons, Germans*.

Sax-elfr, f. *the river Elbe*; **-land**, n. *Germany*.

sax-knífr, m. *dagger, dirk*.

sax-lenzkr, a., **-neskr**, a. *Saxon, German* (saxneskr hertogi).

sax-oddr, m. *the point of a* 'sax'.

sá (**sú**, **þat**), dem. pron. (1) with a subst. *that* (sá maðr, sú kona); sá maðr, er Sóti heitir, *that* (*or the*) *man who is named S.*; with the suff. art.; sú ein er sagan eptir, er ek þori eigi þér at segja, *that story alone is left which I dare not tell thee*; (2) *such* (varð sá fundr þeirra, at Egill felldi tvá menn); vil ek ok þat vita, hvárt nökkurr er sá hér, at, *whether there be any* (*such*) *man here, who*; (3) preceding the art. with an adj.; sá inn ungi maðr, *that young man*; hyrnan sú in fremri, *the upper horn of the axe*; sometimes leaving out the art. (sá ungi maðr; á því sama þingi); (4) without subst., almost as a pers. pron.; maðr lá skamt frá honum, ok var sá eigi lítill, *and he was no small man*; þar ríðr maðr, sá hefir skjöld mikinn, *he has a large shield*; with the relative part.; sá er sæll, er *he is lucky, that*.

sá (**sæ** or **sái**, **sera** or **søra**, later **sáða**; **sáinn**, later **sáðr**), v. (1) *to sow*, with dat. (sá korni); (2) *to sow, stock with seed*, with acc. (flestir bœndr seru jarðir sínar); (3) fig. *to throw broadcast, scatter*, with dat. (sá gulli, silfri).

sáð, n. *seed, corn, crop*.

sáða-hleifr, m. *bran loaf*.

sáðir, f. pl. *bran*; hleifr þrunginn sáðum, *a loaf mixed with bran*.

sáð-jörð, f. *sown land*; **-korn**, n. *seed-corn*; **-land**, n. *sown land*; **-plógr**, m. *ploughing for seed*; **-tíð**, f. *sowing season*.

sáðugr, a. *full of bran*.

sál (pl. **-ir**), f., **sála**, f. *soul*.

sálaðr, pp. *departed, dead*.

sálast (**að**), v. refl. *to depart, die*.

sáld, n. (1) *sieve, riddle* (rúmborat s.); (2) *a measure* (þriggja sálda öl).

sálma-skáld, n. *psalmist, hymn-writer*; **-söngr**, m. *hymn-singing*.

sálmr (**-s, -ar**), m. *psalm, hymn*.

sálu-bann, n. *perdition of the soul*; **-bati**, m., **-bót**, f. (1) *the soul's health*; (2) *prosperity, welfare*; **-búð**, f. = -hús; **-eldar**, m. pl. *funeral fires*; **-félag**, n. *spiritual communion*.

sálugr, a. *wretched, poor*.

sálu-háski, m. *soul's danger, perdition*; **-hjálp**, f. *salvation*; **-hús**, n. *hospital*; **-messa**, f. *mass for the dead, requiem*; **-skaði**, m. *scathe to one's soul, perdition*; **-tíðir**, f. pl. = -messa; **-tjón**, n. = -skaði; **-þarfligr**, a. *useful for the soul*; **-þurft**, **-þörf**, f. *the soul's need*.

sám-leitr, **sámr**, a. *swarthy, blackish*.

sár (**sás, sáir**), m. *large cask*.

sár, n. *wound* (liggja í sárum).

sára-far, n. *state or nature of wounds*; **-fullr**, a. *full of sores*; **-lögr**, m. *blood*; **-menn**, m. pl. = sárir menn.

sáran, adv. *sorely, bitterly* (gráta s.).

sár-beittr, a. *very keen*; **-dropi**, m. poet. *blood*; **-eggjaðr**, a. = -beittr; **-heitr**, a. *very hot*.

sárindi, n. pl. *soreness, pain*.

s r-keyptr, pp. *dear-bought*; mun yðr verða -keypt við hann at eiga, *ye will find it a dear bargain to deal with him*; **-leikr**, m. *soreness, pain*; **-liga**, adv. *sorely, painfully*; leika sárliga, *to handle roughly*; **-ligr**, a. *painful*.

sárna (**að**), v. *to become painful*.

sár-orðr, a. *using cutting words*.

sárr, a. (1) *wounded* (lítt s., mjök s., s. til úlífis); (2) *sore, painful* (sárar píslir); sárt, as adv. *sorely, painfully* (sárt bítr soltin lús); sárt ertu leikinn, *thou hast been sorely treated*; menn höfðu sárt (= illa) haldit frændum sínum, *they had sore losses among their kinsmen*; honum er s. matr, *it pains him to part with the meat*.

sárs-auki, m. *smart, pain* (kenna -auka); **-brún**, f. *edge of a wound*.

sár-vítr (pl. **-vítr**), f. poet. *valkyrie*.

sár-yrði, n. pl. *cutting words*.

sát, f. *ambush*, = fyrirsát.

sáta, f. *hay-cock, truss of hay*.

sátt, f. *settlement, covenant, agreement*, = sætt (eigi munu þeir rjúfa þá s., er ek gøri).

sátta-leyfi, **-lof**, n. *a licence to make an agreement*.

sáttan, f. *agreement*, = sátt.

sáttar-boð, n. *an offer of terms*; **-dómr**, m. *court of arbitration*; **-eiðr**, m. *an oath taken at a 'sátt'*; **-fundr**, m. *peace-meeting*; **-grið**, n. pl. *truce*; **-gørð**, f. *agreement, peace-transactions*; **-hald**, n. *the keeping of an agreement*; **-maðr**, m. *peace-maker, umpire*; **-mark**, **-merki**, n. *token of peace*; **-stefna**, f. = -fundr.

sátta-umleitan, f. *endeavours to bring about peace, mediation*; **-vandr**, a. *particular as to terms*.

sátt-band, n. *treaty, covenant*; **-fúss**, **-gjarn**, a. *willing to come to terms, conciliatory*; **-gjarnl·ga**, adv. *in a conciliatory way*; **-gjarnligr**, a. *conciliatory, placable*; **-mál**, n. (1) *words of reconciliation* (bera -mál milli manna); (2) *agreement, covenant*; **-máli**, m. *covenant*.

sáttmáls-búð, f. *the covenant-booth, Tabernacle*; **-lög**, n. pl. *the prescriptions of the covenant*; **-mark**, n. = sáttarmark; **-örk**, f. *the ark of the covenant*.

sáttr, a. *reconciled, at peace*; verða s. á (*or* um) e-t, at e-u, *to agree on*; urðu allir á þat sáttir, at engi væri hans jafningi, *all were agreed that no man was his match*.

sátt-rof, n. *breach of an agreement*; **-vandr**, a. = sáttavandr; **-varr**, a. *careful as to the keeping of an agreement*; **-vænligr**, a. *promising in respect of an agreement*.

sé (imperat. from 'sjá'), interj. *see! look!* (sé nú, seggir).

seðja (**seð, sadda, saddr**), v. *to satiate, satisfy* (s. e-n á e-u, af e-u);

refl., seðjast á e-u, af e-u, *to eat one's fill of a thing*. Cf. 'saddr'.

sef, n. *sedge, rush.*

sefa (**að**), v. *to soothe, appease, calm* (ef hann fær eigi sefat hana); refl., sefast, *to be soothed, appeased*, of anger (gekk af honum móðrinn ok sefaðist hann).

sefaðr, pp. *propitious* (dróttinn sé honum jafnan s.).

sefi, m. poet. (1) *mind, affection* (sorgmóðr s.); (2) *kinsman.*

sef-tjörn, f. *sedge-tarn*; **-visk**, n. *sedge-wisp.*

seggr (pl. **-ir**, gen. **-ja**), m. poet. *man.*

segi or **sigi**, m. *slice, strip, shred* (skera e-t í sega).

segja (**segi, sagða, sagðr**), v. (1) *to say, tell* (seg þú mér þat, er ek spyr þik); þeir sögðu, at þeir skyldu aldri upp gefast, *they said they would never yield*; s. e-m leið, *to tell the way*, esp. on the sea, *to pilot*; s. tíðendi, *to tell news*; impers. *it is told* (hér segir frá Birni bunu); sem áðr sagði, *as was told before*; segjanda er allt vin sínum, *all can be told to a friend*; (2) *to say, declare*, in an oath; ek segi þat guði (Æsi), *I declare to God* (*to the* 'Áss'); (3) law phrases; s. sik í þing, lög, *to declare oneself member of a community*; s. sik ór þingi, lögum, *to declare oneself out of, withdraw from, a community*; s. skilit við konu, *to declare oneself separated from, divorce, one's wife*; s. fram sök, *to declare one's case*; s. lög, *to recite the law*, of the 'lögsögumaðr'; (4) *to signify, mean* (þetta segir svá); (5) with preps., s. e-n af e-u, *to declare one off a thing, take it from him*; s. e-t á e-n, *to impose on* (bœta at þeim hluta, sem lög segði á hann); *to announce* (s. á reiði, úsátt sína); s. eptir e-m, *to tell tales of one*; s. frá e-u, *to tell, relate*; Unnr, er ek sagða þér frá, *U. of whom I told thee*; s. fyrir e-u, *to prescribe* (svá var með öllu farit, sem hann hafði fyrir sagt); s. fyrir skipi, *to bid God-speed to a ship*; s. e-t fyrir, *to predict, foretell* (s. fyrir úorðna hluti); s. e-u sundr, í sundr, *to break up, dissolve* (s. sundr friði, frændsemi, hjúskap); s. til e-s, *to tell, inform of* (segit honum ekki til, hvat þér hafit gört við hrossit); s. til nafns síns, s. til sín, *to tell* (*give*) *one's name*; s. upp e-t, *to pronounce* (s. upp dóm, gørð); s. upp lög, *to proclaim the law* (from the law-hill); s. e-n upp, *to give one up*; s. upp e-u, *to declare at an end* (s. upp friði, griðum); s. upp þjónustu við e-n, *to leave one's service*; (6) refl., segjast, *to declare of oneself*; hann sagðist þá vaka, *he said that he was awake*; kristnir menn ok heiðnir sögðust hvárir ór lögum annarra, *they declared themselves each out of the other's laws*; láta (sér) segjast, *to let oneself be spoken to, listen to reason*; impers., e-m segist svá, *one's tale runs so.*

segjands-saga, f. *a hearsay tale.*

segl, n. *sail*; draga, vinda (upp) s., *to hoist sail*; leggja (ofan) s., *to take in sail*; hlaða seglum, *to furl the sails.*

segl-bót, f. *sail-mending*; **-búinn**, pp. '*sail-boun*', *ready to sail*; **-laun**, n. pl. *return* (*payment*) *for a sail*; **-marr**, m. poet. '*sail-steed*', *ship*; **-rá**, f. *sail-yard*; **-reiði**, m. *sail-rigging*; **-tœkr**, a. *fit for sailing* (-tœkt veðr); **-viðr**, m. '*sail-tree*', *spar, yard*; **-vigg**, n. poet. = -marr.

seiða (**-dda, -ddr**), v. *to enchant by a spell*; s. seið, *to work a spell.*

seið-berendr, m. pl. *sorcerers*; **-galdr**, m. *enchantment by spells*; **-hjallr**, m. *incantation-scaffold*; **-kona**, f. *sorceress, witch*; **-læti**, n. pl. *the sounds heard during the incantation*; **-maðr**, m. *enchanter, wizard*; **-magnan**, f. *the working of a spell.*

seiðr (gen. **seiðs** or **seiðar**), m. *spell, charm, enchantment, incantation*; seiða (efla, magna) seið, *to work a spell, practise sorcery.*

seið-skratti, m. *wizard.*

seiðsla, f. = seiðmagnan.

seið-staðr, m. *the place where a spell is worked*; **-stafr**, m. *enchanter's wand*; **-villa**, f. *spells to counteract witchcraft* (rísta -villur).

seig-liga, adv. *slowly.*

seigr, a. (1) *tough, viscid* (seigt lím); (2) *stubborn* (s. á. sitt mál); (3) *difficult* (seigt mun veita at kristna Ísland)

seil, f. *string, line*; koma á s. e-m, *to be carried along by one.*

seila-möttull, m. = tugla-möttull.

seilast (d), v. refl. *to stretch out one's hand* (Þórr seildist svá langt upp, sem hann mátti lengst); s. eptir e-u, til e-s, *to try to get hold of a thing*; fig. *to seek far for a thing* (s. til sœmdar í hendr e-m); s. á e-t, *to encroach on* (s. á guðs, krúnunnar, rétt).

seiling, f. *seeking for a thing.*

seimr, m. (1) *honey-comb*; (2) poet. *gold, riches* (rautt gull er s.).

sein, n.?, *delay*; láta eigi s. at sér, *to make haste.*

seina (að), v. *to delay*; þá mun of seinat, *then it will be too late*; svá at eigi verði seinat, *lest it be too late.*

sein-búinn, pp. '*late-boun*', *slow in getting ready*, = síðbúinn; **-fœrr**, a. *slow, tardy, slow at work*; *difficult to pass* (brú var á Álptá, ok var -fœrt yfir); **-görr**, a. *slow-growing* (-görr í uppvexti); **-heppiligr**, a. *slow to advance oneself, slow-growing.*

seinka (að), v. *to delay*, with acc. or dat. (s. gönguna, s. förinni), or inf. (s. at fylgja e-m); refl., seinkast, *to be delayed* (mjök þótti s. atlagan).

seinkan, f. *hindrance, delay.*

sein-látr, a. *slow, tardy, dilatory*; **-liga**, adv. *slowly, indifferently, reluctantly* (taka e-u -liga, taka -liga undir e-t); **-ligr**, a. *slow, dull, reluctant*; **-læti**, n. *slowness, dullness.*

seinn (compar. **seinni**, superl. **seinstr**, later **seinastr**), a. (1) *slow*, opp. to 'skjótr' (s. á fœti); seinir til at muna orð sín, *slow to remember* (*fulfil*) *their words* (*promise*); neut., seint, as adv. *slowly*; fara s., *to go at a slow pace*; taka e-u s., *to take it slowly, coldly* (= taka e-u seinliga); (2) *late* (förum til skipa ok verðum eigi of seinir); Sveinn var seinst búinn, *S. was the last to get ready.*

sein-talaðr, pp. *slow of speech*; **-þreyttr**, pp. *slow to be moved*; -þreyttr til vandræða, *slow to be drawn into quarrels.*

seizla, f. = seiðsla, seiðmagnan.

sekja (-ta, -tr), v. (1) *to sentence to a fine*, = gøra e-n sekjan; esp. *to sentence one to outlawry*; (2) refl., sekjast, *to be liable to a penalty.*

sekka (að), v. *to pack up* (s. vöru).

sekkr (gen. **-jar**, pl. **-ar** or **-ir**), m. (1) *sack, bag*; (2) *package, truss*, in a merchant ship.

sekr (acc. **sekan** or **sekjan**), a. (1) *guilty*; láta þann undan setja, er s. er, *to let him escape who is guilty*; s. e-s *or* um e-t, *guilty of*; (2) *convicted, outlawed, condemned to outlawry* (gøra e-n sekjan, verða s. um e-t); s. skógarmaðr, fjörbaugsmaðr, *convicted outlaw*; (3) *sentenced to pay, mulcted in* (verðr hann s. um þat þrem mörkum); (4) *forfeited*; tel ek sekt fé hans allt, *I say that all his goods are forfeited.*

sekt, f. (1) *guilt* (lifandi guð fyrirláti mér mína s.); (2) *penalty*; full s., *the highest penalty of the law, forfeiture of goods and outlawry* (lýsa til sektar fullrar á hönd e-m); (3) *fine, mulct* (þriggja marka s.).

sektar-dómr, m. *conviction, sentence of outlawry*; **-fé**, n. *goods, property of an outlaw* (skógarmaðr, fjörbaugsmaðr), which was confiscated, one half to the community (fjórðungsmenn), the other half to the prosecutor; **-lauss**, a. *free, unconvicted*; **-laust**, adv. *with impunity*; **-mark**, n. (1) *brand or mark of guilt*; (2) pl. *the marks by which to know the person of an outlaw*; **-úmagi**, m. *the destitute dependant of an outlaw.*

sel (gen. pl. **selja**), n. *shed on a mountain pasture* (where the milk-cows are kept in the summer months).

sela-bátr, m. *a boat for seal-catching, seal-boat*; **-húðir**, f. pl. *seal-skins*; **-nót**, f. *seal-net*; **-kyn**, n. *species of seal*; **-skinn**, n. pl. = -húðir.

sel-belgr, m. *seal-skin* (not cut up).

sel-dyrr, f. pl. *door of a* 'sel'.

sel-feitr, a. *fat as a seal* (stóðhestr -feitr); **-fita**, f. *seal's fat.*

sel-för, f. *the keeping of cattle at a* 'sel'; **-gørð**, f. *erection of a* 'sel'.

sel-hárr, a. *covered with seal's hair.*

seli (and **sili**), m. *harness.*

selja (**sel**, **selda**, **seldr**), v. (1) *to hand over, deliver*; s. e-m e-t (Ásta selr honum sverðit); s. e-t í hendr e-m, *to make over to one* (hann seldi búit í hendr Þorsteini); s. vápn ór hendi sér, *to give up (deliver) one's weapons*; s. e-t fram, *to deliver up*; s. e-m e-t til varðveizlu, *to commit to another's keeping* (þér skulut nú selja mér til varðveizlu vápn yður); hann kvazt hvárki vildu s. grið né taka, *he said that he would neither give nor receive pardon*; s. e-m laun, *to give reward, pay*; s. fé at láni, *to lend money*; s. á leigu, *to put out at interest*; s. á frest, *to give on credit*; (2) *to sell, part with* (hann seldi land sitt); s. e-t við litlu (miklu) verði, *to sell for a small (great) sum*; s. mansali, *to sell into bondage*; þótti þeim konungr út seldr, *a done man* (= fram seldr); (3) refl., seljast, *to give oneself up* (s. arfsali); s. út, *to turn out*; aldri mun þat vel út s., *it will never go well.*

selja, f. *sallow, willow.*

seljandi (pl. -endr), m. *one who hands over; seller, vendor.*

seljari, m. *seller.*

sel-mánaðr, m. *the month in which milk cattle are removed to the 'sel'.*

sel-net, n. *seal-net*; **-nœtr**, f. pl. *see* sela-nót.

selr (-s, -ar), m. *seal* (syndr sem s.).

sels-dyrr, f. pl. *door of a 'sel'.*

sels-eista, f. *a seal's testicle.*

sel-skinn, n. *seal's skin.*

selskinns-brœkr, f. pl., **-stakkr**, m. *sealskin breeches, cloak.*

sel-skutill, m. *seal-harpoon*; **-tjara**, f. *tar from seal-fat*; **-veiðr**, f. *seal-catching*; **-ver**, n. *a place where seals are caught.*

sem, as a conj. (1) *as* (rauðr s. blóð, fölr s. gras); svá s., *so as* (svá s. fyrr var ritit); slíkr s., *such as* (slíkr maðr s. Ljótr er); (2) ellipt. = svá s. (svæla e-n inni s. melrakka í greni); hann kom, s. hann hafði heitit, *as he had promised*; dugði hverr, s. mátti, *every one did as he could, did his best*; (3) with superl., s. skjótast, s. fyrst, *as soon as possible*; þeir hleyptu út á Skaptá s. mest máttu þeir, *as fast as they could*; (4) with subj., *as if* (þeir vóru allir með vápnum sem til bardaga væri búnir); (5) temp. *as, when* (sem hringdi til aptansöngs, vildi konungr ganga); (6) as a relat. part., *who, which, that*, = er, es (eptir þetta, sem nú var getit); (7) after adverbs, þar s., *where*; þangat s., *whither*; þaðan s., *whence* (muntu þar þykkja sómamaðr sem þú kemr); hvar s. hann kom, *wheresoever he came*; (8) þar s., *whereas* (þú gørir þik góðan þar sem þú hefir bæði verit þjófr ok ræningi).

semja (**sem, samda, samiðr** and **samdr**), v. (1) *to shape, compose, arrange*; *to bring to, or put into, order*; s. hljóðfœri, *to tune instruments*; s. sætt, *to make peace* (fyrr en sættin væri samið); (2) *to agree on, settle* (engir hlutir skyldi þeir til verða, at eigi semdi þeir sjálfir); s. við e-n, *to treat with one* (Hrútr kvazt at vísu vilja s. við Höskuld); (3) impers., e-m semr e-t, *one agrees to a thing*; hvárt sem þeim semdi eða eigi, *whether they came to terms or not*; (4) *to reform, mend, put right*; konungr bœtti trú þeirra ok samdi siðu, *the king mended, reformed their faith and manners*; hefir þú nú heldr samit þik ór því sem var, *thou hast rather improved thyself*; setja ok s. dramb e-s, *to compose and set down one's pride*; s. sik eptir e-u, *to adapt oneself to, conform oneself to* (hefir þú samit þik mjök eptir siðvenju útlendra manna); at þeir semdi sína frændsemi eptir því sem vera ætti, *that they should restore their relationship to a proper footing*; (5) reflex., semjast, *to be settled, agreed on* (þat mál samdist á þá leið, at); e-t semst með e-m, *it is agreed on between them* (samdist þetta með þeim); impers. (selja man ek yngra sveininn, sem okkr semst); s. e-u, *to take to* (samdist hón meirr skildi ok sverði en við sauma ok borða).

sem-sveinar, m. pl. '*Finnish' messengers* (so called by themselves).

sen, n. *sentence* (langt s., myrkt s.).

senda (-nda, -ndr), v. (1) *to send, dispatch* (ek vil s. þik til Víkrinnar);

maðr var sendr Gizuri hvíta, *a man was sent to G. the white*; s. eptir e-m, *to send for*; (2) *to send, throw, cast* (s. spjót, s. skeytin aptr); (3) recipr., sendast e-t á, s. e-t í milli, *to interchange, send to one another* (áðr höfðu þeir senzt orð í milli).

sendi-boð, n *message*; **-boði**, m. *messenger*; **-fé**, n. *presents sent*; **-ferð, -för**, f. *mission, message, errand* (fara -för); **-ligr**, a. *fit to be sent*; **-maðr**, m. *messenger*.

sending (pl. **-ar**), f. (1) *message*, = orðsending; (2) *gift, present sent*; senda konungi vingjafar, hauka, hesta, tjöld, segl, eða aðra þá hluti, er sendingar eru, *which are fit for presents*; (3) *dish, course* (eptir þat bjuggust menn til borða; því næst kómu inn sendingar, í fyrstu heitt kjöt).

sendinn, a. *sandy* (from 'sandr').

sendi-pistill, m. *epistle, letter*; **-skip**, n. *dispatch-boat*.

sendlingr, m. *purple sandpiper*.

senn, adv. *at the same time, at a time* (létu þeir einn jarl s. vera í landinu); allir s., *all at once*; also, í s. (einn, margir, allir í s.).

senna (**-ta, -t**), v. (1) *to chatter, talk*; (2) *to bandy words* (s. við e-n).

senna, f. *gibing, bickering*.

senni-liga, adv. *verily*, = sannliga.

sér, refl. pron. dat. (1) *for oneself, separately, singly* (fór Eyjólfr einn s.); eitt er þat s., *that is a thing by itself*; (2) in a distributive sense, s. hverr, s. hvárr, *each by himself, each separately*; ef s. ferr hverr várr, *if each of us goes by himself*; stundum báðir samt, stundum s. hvárr þeirra, *sometimes each of them singly*; þat lið, er honum fylgði, flýr s. hvat, *in all directions*.

serða (**serð, sarð, sorðinn**), v. *to have intercourse with* (esp. a male).

sér-deilis, adv. *particularly, especially*; **-hvárr, -hverr**, a., *see* 'sér' (2).

Serkir (gen. **Serkja**), m. pl. *the Saracens*; *Assyrians, Persians*, etc.

Serk-land, n. *the land of the Saracens*, esp. used of northern Africa.

serkr (pl. **-ir**), m. (1) *sark, shirt* (þú skalt fara í serk minn); hafa dreng í serk, *to have a man inside one's shirt, to be bold and courageous*; hamarrinn var svá lítill, at hafa mátti í serk sér, *that one could conceal it in one's bosom*; (2) *a certain number of skins*.

sér-liga, adv. (1) *apart* (hafði hón sérliga herbergi innan-borgar); (2) *exactly* (Einarr kvað Þorstein eigi dauðan hafa verit sérliga); **-ligr**, a. *particular, special*.

sess (pl. **-ar**), m. *seat*; hann var hár í sessi, *he was tall when seated*; vera kominn í vandan s., *to be in a difficult situation*.

sessi, m. *bench-mate*.

sess-megir, m. pl. (poet.) *bench-mates*; **-meiðr**, m. *seat-beam*.

sessu-nautr (**-s, -ar**), m. = sessi.

set, n. *a raised deal-floor or platform* along the side-walls of an ancient hall (eldaskáli), used as a sitting- and sleeping-place by the household.

seta, f. (1) *sitting* (nú varð setan löng); hvat merkir s. sjá, *what means this sitting still?*; (2) *seat* = sess (hann var hár í setunni); bjóða búum í setu, *to call on the neighbours to take their seats*; (3) *body of men* (assembled for defence); eptir þat höfðu hvárirtveggja setu, *after that both kept men assembled*.

seta-skáli, m. *sitting-room*.

set-berg, n. *a seat-formed rock*.

setgeira-brœkr, f. pl. *breeches with gores in the seat*.

set-geiri, m. *seat-gore* (in a pair of man's breeches).

setja (**set, setta, settr**), v. (1) *to seat, set, place, put* (hann setti sveininn í kné konungi; hón var í haug sett); s. e-n inn, *to put in prison*; s. inn fénað, svín, hross, *to pen up, take in*; s. dóm, *to set a court*; s. tjöld, herbúðir, *to set up tents*; s. grundvöll til kirkju, *to lay the foundation of*; s. borð, *to set up tables*; s. e-m gisla, *to give one hostages*; (2) *to drive* (hann setti øxina í höfuð honum); (3) *to make, establish* (s. lög, frið, grið); s. ráð, ráðagørð, *to set on foot* (*contrive*) *a plan, plot* (báðu þeir hann s. aðra ráðagørð); s. e-m torg, markað, *to set up a market*; (4) *to order, prescribe* (s. e-m skript); s.

e-m dag, stefnu, *to fix a day for one to appear*; (5) with dat., s. e-u, *to settle* (s. máli); (6) *to appoint* (hann setti Guthorm son sinn til landvarnar); (7) *to allay* (sá dauði mun s. mína sút); (8) s. e-t e-u *or* með e-u, *to set, inlay* (hann lét gøra gullkaleik ok s. gimsteinum); *to embroider* (seglit var sett með fögrum skriptum); (9) intrans., *to set off* (hann lagði halann á bak sér ok setti í burtu); s. undan, *to escape*; (10) impers. *it settles*; þegar er niðr setti moldrykit (acc.), *when the dust settled*; jarl (acc.) setti svá rauðan sem blóð (dreyrrauðan), *the earl turned red as blood*; þá setti at honum hósta, *a fit of coughing seized him*; þá setr at henni grát mikinn, *she bursts into tears*; (11) with preps. and advs.; s. e-n af kirkju, *to put out of the church, excommunicate*; s. e-n af ríki, *to depose one*; s. e-n af lífi, af sinni eign, *to deprive one of life, of one's property*; s. e-n aptr, *hold one back, check* (hann setti þá harðliga aptr, er á Þráin leituðu); s. at e-m, *to attack*; s. e-t á skrá, *to enter, set in a scroll*; s. á sik hjálm, *to put on a helmet*; s. á, *to push* (H. bað Ketil ganga fyrir skut ok s. á); s. e-n eptir, *to leave one behind*; s. fram skip, *to launch a ship*; s. e-t fyrir, *to prescribe* (eptir fyrir-settri skipan); s. þvert nei fyrir, *to deny flatly* (Þyri setti þvert nei fyrir, at hón myndi giptast gömlum konungi); s. e-n í fjötur, bönd, *to put in fetters*; hann hafði sett spjót í völlinn hjá sér, *he had stuck his spear in the ground beside him*; s. e-n niðr, *to make one sit down, put one down* (H. þreif til hans ok setti hann niðr hjá sér); s. niðr lík, *to lay a corpse in earth, bury it*; s. niðr mál, deilu, vandræði, *to settle it*; s. e-t saman, *to put together, set up* (s. bú saman); *to compose, write* (eptir bókum þeim, er Snorri setti saman); s. e-n til bókar, *to set one to learn*; s. e-n til ríkis, *to put one on the throne*; s. upp, *to raise, erect, put up* (s. upp skurðgoð); s. upp segl, *to hoist sail*; s. upp boga, *to bend a bow*; s. skip upp, *to draw a ship up, ashore*; s. skip út, *to launch*, = s. skip fram; s. e-t við e-u, *to set against* (þat þótti höfðingjum ofrausn ok settu mjök hug sinn við); *to bet* (ek set við hundrað marka silfrs, at hann ríðr mik eigi af baki); s. e-n yfir e-t, *to put one over, at the head of* (H. konungr setti Eystein jarl yfir Vestfold); (12) refl., setjast, *to seat oneself, take a seat*; s. niðr, *to sit down* (þeir settust niðr á völlinn); s. á tal við e-n, *to sit down to talk with a person*; *to take up one's abode* (fór hann í Odda ok settist þar); s. um kyrrt, *to settle oneself to rest*; s. at í ríki sínu, *to settle in one's kingdom*; s. aptr af brottferðinni, *to desist from the journey*; s. eptir, *to remain behind*; ek hefi hér upp sezt at þér, *I have taken up my abode with thee*; s. fyrir, *to withstand, oppose*; s. fyrir e-t, *to put oneself at the head of, take in one's hand* (síðan settist Sturla fyrir mál þeirra); s. hjá e-u, *not to meddle with, take no part in* (settist Sturla hjá öllum vandræðum, er þar af gerðust); s. um borg, *to lay siege to a town*; s. upp, *to raise oneself to a sitting posture*; s. yfir e-t, *to seize upon* (nú setjast þeir yfir staðinn ok alla staðarins eign); of the sun, setjast, *to set, go down* (þat er víða á því landi, at sól sezt eigi um nætr); dagr sezt, *the day ends*; sólu (degi) er sett, *the sun* (*day*) *has set.*

set-ligr, a. *due, fit, proper.*

setna (**að**), v. *to settle, subside.*

setning (pl. -ar), f. (1) *position, site*; s. hússins, *the plan of the house*; (2) *order, arrangement*; hver er s. háttanna, *what is the composition of the metres*; (3) *order, rule, rite* (bera járn eptir réttri setningu); manna s., *human rule*; af setningu, *according to a plan.*

setningr, m. *set purpose, design.*

setr, n. (1) *seat, residence* (auðigra manna s.); (2) *setting*, of the sun (sól at setri komin); (3) = sætr, *mountain pastures, dairy lands* (in Norway).

set-stokkr, m. *planking-beam* (between the 'set' and the unfloored centre of the hall).

sétti, ord. numb. *the sixth.*

settr, pp. from 'setja', (1) *placed, situated* (hón skal hér svá vel sett sem hón væri mín dóttir); (2) of a ship, *deep in the water, heavy* (skip konungs vóru sett mjök); (3) lítt s. at klæðum, *poorly furnished with clothes*; s. með e-u, *studded with.*

séttungr, m. *a sixth part.*

sex, card. num. *six*; **-faldr**, a. *six-fold*; **-fœttr**, a. *six-footed*; **-hofðaðr**, a. *six-headed*; **-stefja**, f. *a poem with six* 'stef' (*burdens*).

sextán, card. numb. *sixteen*; **-mæltr**, pp., of a stanza, *of sixteen sentences,* two to each line; **-sessa**, f. *a ship with sixteen seats.*

sex-tugandi, ord. numb. *sixtieth*; **-tugr**, a. *sixty years old*; of measure, sextugr at lengd, *sixty fathoms* (*ells*) *long*; of a ship, sextugr at rúmatali, *with sixty oar-rooms.*

sex-ærðr, a. *six-oared*; **-æringr**, m. *six-oared boat*; **-ærr**, a. = -ærðr.

seyðir, m. *cooking-fire* (tóku eld ok gerðu seyði); búa til seyðis, *to make ready for cooking.*

seymi, n. *string for sewing* (of sinews of whales or cattle).

seyra, f. *starvation, famine* (sultr mikill ok seyra).

seytján, card. numb. *seventeen.*

siða (að), v. *to improve*, esp. *to reform the faith* (s. land, fólk); refl., siðast, *to be improved, civilized* (þar eptir siðaðist landit).

siða-bót, f. = siðbót.

siðaðr, pp. *mannered* (vel s.).

siða-maðr, m. *a well-bred man*; **-samr**, a. = siðsamr; **-skipti**, n. pl. *change of faith.*

sið-blandinn, a. *sociable*; vera siðblandinn við menn, *to mix with other people*; **-bót**, f. *reformation of life or religion*; **-ferði**, n. *conduct of life, morality* (gott siðferði); **-ferðugr**, a. *of good morals*; **-forn**, a. *old-fashioned in manners*; **-góðr**, a. *of good morals, well-mannered*; **-gætni**, f. *observance of good manners*; **-lauss**, a. *unmannerly, ill-bred*; **-látliga**, adv. *morally*; lifa -látliga, *to live a pure life*; **-látr**, a. *well-mannered, of pure life*; **-leysa**, f. *want of manners, immorality, lawlessness*; **-liga**, adv. *morally, cleanly* (lifa -liga); **-ligr**, a. *well-bred, moral*; **-læti**, n. *good manners, good behaviour*; **-mannligr**, a. *well-mannered*; **-næmr**, a. *quick to acquire good manners*; **-prúðr**, a. *well-mannered, gentle.*

siðr (-ar, -ir, acc. -u), m. (1) *custom, habit* (þat mun hér vera s., at menn ganga vápnlausir fyrir konung); (2) *conduct, moral life* (spilla ill mál góðum siðum); (3) *religion, faith*; inn forni s., *the ancient* (*heathen*) *faith*; inn nýi s., *the new* (*Christian*) *faith*; kristinn s., *the Christian religion*; heiðinn s., *heathenism*; í fornum sið, *in the olden, or heathen, times.*

sið-samligr, a. *well-bred*; **-samr**, a. *well-conducted*; **-semd**, f. (1) *habits*; (2) *moral conduct*; (3) *good manners, courtesy*; **-semi**, f. = -semd.

siðugr, a. *well-bred, well-conducted.*

sið-vandi, m. *custom, habit, practice*; **-vandr**, a. *strict as to one's conduct*; **-varr**, a. *conscientious in one's life*; **-vendi**, f. *austerity*; **-venja**, f. *custom, practice.*

Sif (gen. Sifjar), f. *the wife of Thor.*

sifjaðr, pp. *related by affinity.*

sifjar, f. pl. *affinity, connexion by marriage* (s. eða frændsemi); spilla sifjum, *to commit adultery.*

sifja-slit, -spell, n. *adultery.*

sifjungr, m. *a relative by affinity.*

sif-kona, f. *a woman related by affinity* (frændkonur ok sifkonur).

sig, n. *a rope which is let down.*

siga (að), v. *to sink* = síga; sigaði svá at honum af öllu saman, at, *he was so overwhelmed that.*

siga (að), v. *to excite dogs* by shouting *rrr!*; s. hundum á e-n, *to set dogs at or on one.*

sigð, f., **sigðr**, m. *sickle.*

sigg, n. *callosity, hard skin.*

sigla (-da, -t), v. (1) *to sail*; s. af landi, *to stand off the land*; s. at landi, *to stand in to land*; s. í haf, á haf, til hafs, *to stand out to sea*; s. á skip, *to run into a ship*; s. meira, *to set more sails*; s. um e-n, *to sail by one*; s. um Eyrarsund, *to sail through the Sound*; s. um, *to get under weigh,* *set sail* (þegar er þeir höfðu um siglt, þá gaf þeim byr); with the course in acc., þat er sögn manna, at Skopti hafi fyrstr Norðmanna siglt Njörvasund, *was the first Northman to sail through N.*; with the weather in acc. (þeir sigla norðr um Sognsæ byr góðan ok bjart veðr); veðr siglanda, *weather fit for sailing*; (2) fig., s. á veðr e-m, *to get to windward of one, take the wind out of his sails* (engi maðr mun hafa siglt á veðr jafnmörgum höfðingjum); s. milli skers ok báru, *to sail between Scylla and Charybdis*; (3) *to go as with sails* (sigldi ſkorninn í milli limanna á öðru tré).

sigla, f. *mast* (fyrir framan siglu).

sigli, n. *ornament, necklace.*

sigling (pl. -ar), f. (1) *sailing* (þá sá menn konungs siglingina); sjau daga s., *seven days' sail*; (2) *voyage* (tókst þeim siglingin ógreitt).

siglinga-maðr, m. *seafaring man, seaman* (slíkr -maðr sem þú ert).

siglu-biti, m. *the step of the mast*; **-rá**, f. *sail-yard*; **-skeið**, n. *the part of a ship near the mast*; **-toppr**, m. *mast-head*; **-tré**, n. *mast-tree.*

signa (**að**), v. *to sink or slide down* (honum þótti byrðrin þung, signaði hón niðr á bakit).

signa (**að**, or **-da**, **-dr**), v. (1) in a heathen sense, *to mark with the sign of Thor's hammer, to dedicate*, to a god (s. full Óðni, Þór); (2) *to sign with the cross, make the sign of the cross over* (gengu þeir undir borð ok signdu mat sinn); s. sik, *to cross oneself* (on the forehead and breast); (3) *to bless*; signaðr Ólafr, *the blessed O.*

signan, f. *blessing.*

sigr (gen. **sigrs**), m. *victory*; hafa, fá, vinna s., *to gain a victory*; bera s. af e-m, vega (vinna, fá) s. á e-m, *to defeat one*; auðna mun ráða sigri, *fortune will decide the victory*; Magnús konungr réð þá sigri miklum, *then king M. gained a great victory.*

sigra (**að**), v. (1) *to vanquish, overcome* (höfðu þeir brœðr sigrat björninn); (2) *to surpass* (einn lokkr sigraði alla); (3) refl., sigrast, *to gain a victory* (Einar lagði þegar til orrostu ok sigraðist); s. á e-m, *to gain a victory over one* (hann bar opt hamingju til at s. á sínum óvinum).

sigrari, m. *victor.*

sigr-auðigr, a. *victorious*; **-bákn**, n. *tokening of victory*; **-blástr**, m. *trumpeting of victory*; **-blómi**, m. *beam of victory, halo*; **-blót**, n. *sacrifice for victory*; **-byrr**, m. *fair wind boding victory*; **-fórn**, f. *offering for victory*; **-för**, f. *victorious journey* (fara -för); **-gjald**, n. *war contribution*; **-gjöf**, f. (1) *the granting of victory*; (2) *offering up for victory*; **-goð**, n. *god of victory*; **-lauss**, a. *deserted by victory*; **-leysi**, n. *lack of victory*; **-lúðr**, m. *trumpet of victory*; **-mark**, n. *token of victory*; **-mál**, n. *prize of victory*; **-merki**, n. = -mark; **-minning**, f. *commemoration of a victory*; **-óp**, n. *shouting of victory*; **-samligr**, a. *victorious*; **-strangligr**, a. *bidding fair for victory*; **-sæla**, **-sæld**, **-sæli**, f. *victoriousness*; **-sæll**, a. *blessed by victory, victorious.*

sig-rúnar, f. pl. *runes of victory.*

sigr-vegari, m. *conqueror*; **-vegning**, f. *victory*; **-verk**, n. *victory*; **-vænligr**, a. *promising victory*; **-þjóð**, f. *the victorious host*; **-ör**, f. *shaft of victory.*

sig-tívar, m. pl. *gods of victory*; **-toptir**, f. pl. *homes of victory.*

sik, acc. of the refl. pron. (gen. **sín**, dat. **sér**), *himself, herself, themselves* (þeir verja sik þar).

siklingr (**-s**, **-ar**), m. poet., *king.*

sild (pl. **sildr**), f. *herring.*

silda-ferja, f. *herring-boat*; **-kaup**, n. *purchase of herring.*

sild-fiski, f. *herring fishery*; fara í -fiski, *to go out catching herring*; **-ver**, n. *a place for herring-fishing.*

silfr, n. *silver*; **-baugr**, m. *silver ring*; **-beizl**, n. *silver bit*; **-búinn**, pp. *silver-mounted*; **-drjúgr**, a. *well-stocked with silver* (*money*); **-fátt**, a. n. *lacking silver* (e-m verðr -fátt); **-festr**, f. *silver chain*; **-hadda**, f. *silver handle*; **-horn**, n. *drinking-horn of silver*; **-hringr**, m. = -baugr; **-hvítr**, a. *silver-white*; **-kalkr**, m. *silver chalice*; **-ker**, n. *silver vessel*;

-lagðr, pp. *inlaid with silver*; **-ligr**, a. *silvery*; **-men**, n. *necklace of silver*; **-merktr**, **-metinn**, pp. *valued in silver*; **-ofinn**, pp. *woven with silver*; **-peningr**, m. *silver coin*; **-rekinn**, pp. = -búinn; **-smeltr**, pp. *enamelled with silver*; **-smiðr**, m. *silversmith*; **-sylgja**, f. *brooch of silver*; **-vápn**, n. *silver weapon*.

silki, n. *silk*; in compds. *silken, silk*; **-band**, n. *silk ribbon*; **-blaka**, f. *silken veil*; **-bleikr**, a. *yellow as silk*; **-dúkr**, m. *silken napkin*; **-hjúpr**, m. *silken jacket*; **-hlað**, n. *silk ribbon worn round the head*; **-kult**, n. *silken quilt*; **-saumaðr**, pp. *embroidered with silk*; **-slœðr**, f. pl. *silken gown*; **-treyja**, f. *silken jacket*; **-þráðr**, m. *silken thread*.

silungr (-s, -ar), m. *trout*.

simili, n. *fine flour for bread*.

simul, f. *hag, witch* (poet.).

sin, n. *bladder sedge* (skútur tvær sini bundnar, ok engi saumr í).

sin (pl. **sinar**), f. *sinew, tendon*.

sina, f. (1) = sin; (2) *withered grass which has stood during winter*.

sina-sárr, a. *sore in the sinews*.

sin-bundinn, pp. *bound with bladder sedge* (sinbundit skip).

sindr, n. *slag or dross, iron-scales*.

sindra (að), v. *to send out sparks, sparkle* (sindraði af svá sem ór afli).

sinn (sín, sitt), possess. pron. *his, her, its, their*; (1) referring to the subj. in a sentence, Hallgerðr fastnaði dóttur sína, *H. betrothed her daughter*; Hrútr var harðráðr við úvini sína, *H. was stern towards his foes*; (2) referring to the object; hvat vill Haraldr bjóða Nóregs konungi fyrir sitt starf, *what will H. offer to the king of Norway for his* (viz. *the latter's*) *trouble?* Sigurðr jarl gaf upp Orkneyingum óðul sín, *their odals*; hann þakkar honum sitt sinni, *he thanks him for his help*; (3) neut. as subst.; kostaði hann einn allt fyrir, en bœndr ekki af sínu, *nothing of their own*; allt mun þat sínu fram fara um aldr manna, *it will all go its own course as to man's life*; (4) with 'sjálfr' both words are declined; þeir báðu hana taka sjálfrar sinnar ráð, *they bade her take her own counsel*; (5) with 'hvárr' and 'hverr' in a distributive sense; tók sitt langskip hvárr þeira, *each of the two took a long ship*; sinn vetr þá hvárr heimboð at öðrum, *they visited each other, winter about*; sínu sinni at hvárs búum, *alternately on each other's estates*; sinn veg hvárr, *one each way*; þykkir nökkut sinn veg hváru, *each took his own view of the matter*; ferr sinn veg hverr um skóginn, *they* (*all*) *went each his own way in the wood*; skulu vaka sinn þriðjung nætr hverir tveir, *two and two in turn*.

sinn, n. *time*; eitt s., einu sinni, *one time, once* (þat var eitt s., at Egill gekk til elda at verma sik); eitthvert s., einhverju sinni = eitt s., einu sinni; einhverju sinni bar svá til, at, *one time it happened that*; ekki s., engu sinni, *never*; aldri s., *never more* (aldri skaltu koma í mína rekkju s. síðan); þat s., *that time*; þessu sinni, *this time*; (í) annat s., öðru sinni, *a second time, again*; hit fyrra sinn, *the first time*; hit þriðja s., *for the third time*; at sinni, *for the present* (þeir skilja tal sitt at sinni); um s., *once* (veg þú aldri meirr í inn sama knérunn en um s.); *for this one time* (ek mun leysa þik ór vandræði þessu um s.); um sinns sakir, *for this once* (eigi vil ek synja þér um sinns sakir þessa); dat. pl., sjau sinnum, *seven times*; endr ok sinnum, *now and then, from time to time*; nökkurum sinnum, *several times*.

sinna (að, or -ta, -t), v. (1) poet. *to journey, travel*; (2) *to go with, side with one* (vilda ek, at þú sinnaðir frændum mínum); (3) *to plead, support* (þeir hétu þá at s. hans máli); (4) *to mind, care for, heed*; ekki sinni ek hégóma þínum, *I heed not thy idle talk*; ekki sinni ek fé (ef nökkurr vill ganga í málit), *I do not mind the money*; hón sinnaði um engan hlut, *she cared about nothing*; vera e-m sinnandi, *to be attentive to one, take care of*.

sinnaðr, a. *siding with one, favourably disposed towards one*.

sinni, m. poet. *follower, companion.*

sinni, n. (1) *journey, walk*; vera á sinnum, *to be on the way*; heill þú á sinnum sér, *be happy on thy way*; dagr var á sinnum, *the day was passing by*; (2) *fellowship, company*; ríða í s. e-m, *to ride in one's company*; (3) *help, support* (V. þakkar honum sitt s.); vera e-m í s., *to side with one, help one* (þú vildir, at allir væri þér í s.); (4) *time*, = sinn; annat s., *a second time*, = annat sinn; þat s., *that time.*

sinnig, sinnsig (for sinn veg, síns veg), adv. *one each way*; s. hvárr (hverr), *each his own way, differently.*

sinni-ligr, a. *companion-like.*

sinu-eldr, m. *fire in withered grass.*

sitja (**sit**; **sat, sátum**; **setinn**), v. (1) *to sit, be seated*; hann sat it næsta honum, *he sat next him*; s. upp, *to sit erect* (þeir létu hann s. upp í hauginum); *to sit at table*; (2) *to stay, sojourn*; s. heima, *to stay at home* (sitr Gunnarr nú heima nökkura hríð); s. kyrr, *to remain quiet, stay at home*; s. í festum, *to sit as one's betrothed* (of the bride between the betrothal and wedding); *to reside* (Haraldr konungr sat optast á Rogalandi); *to sit fishing* (þeir vóru komnir á þær vastir, er hann var vanr at s.); (3) *to tarry* (gørði liðinu leitt at s.); s. veðrfastr, *to lie weather-bound*; (4) with acc., s. e-t ór hendi sér, *to let it slip through idleness*; s. byr ór hendi sér, *to miss a fair wind*; (5) s. vel (illa) jörð, *to keep one's estate in good (bad) order*; s. launþing, *to hold a secret meeting*; (6) s. e-t, *to put up with, endure* (eigi mundu þeir þvílíka skömm eða hneisu setið hafa); s. e-m e-t, *to submit to, put up with at one's hand* (s. mönnum skammir ok skapraunir); er slíkt engum manni sitjanda, *it is not to be endured from any man*; (7) s. e-m e-t, *to cut one off from* (hugðust þeir Sveinn at s. honum vatn); (8) with preps., s. at e-u, *to sit busy with a thing*; s. at sumbli, *to sit at a banquet*; s. at tafli, *to sit at chess*; s. at fé, nautum, *to tend sheep, cattle*; s. at málum, *to sit over a case, debate it*; s. á stefnu, *to be in the chair at a meeting*; s. á sannindum, *to withhold (conceal) the truth*; s. á sér, *to control oneself, keep down one's temper* (Hallgerðr sat mjök á sér um vetrinn); s. á svikræðum, svikum við e-n, *to plot against one*; s. fyrir, *to be on the spot* (úvíst er at vita, hvar úvinir sitja á fleti fyrir); s. fyrir e-u, *to be a hindrance to* (s. fyrir sœmd e-s); *to be exposed to, have to bear* (s. fyrir hvers manns ámæli); s. fyrir ádrykkju e-s, *to be one's drinking-mate*; s. fyrir svörum, *to stand questions, be the spokesman*; s. fyrir málum, *to lead the discussion*; s. fyrir e-m, *to lie in ambush* (*in wait*) *for*; s. hjá e-u, *to be present at* (s. hjá ráðagerðum e-s); *to sit idly by* (þú munt þó drepa vilja bróður minn, ok er þat skömm, ef ek sit hjá); s. inni, *to sit in prison*; s. til e-s, *to wait*; er þar til at s., *we may wait till then*; s. um e-t, *to watch for an opportunity*; þeir sátu um at rengja, *they watched to find a flaw in the proceedings*; *to plot against* (hann sitr um ríki hans); s. um líf e-s, *to seek one's life*; s. um e-n, *to lie in wait for, waylay*; s. um e-u, *to be busy with* (s. um nauðsynjamálum); s. um borðum, *to sit at table*; s. undir e-u, *to be subject to*; s. yfir e-u, *to sit over a thing, be busy with* (ekki mun ek lengr yfir þessu s.); s. yfir drykkju, borðum, *to sit drinking, at table*; *to attend to* (s. yfir málum manna); s. yfir kvæðum, *to listen to songs*; s. yfir e-u, *to take possession of*; láta slíka s. yfir váru, *to let such persons withhold our property from us*; *to bear down* (hann sat yfir virðingu allra höfðingja fyrir norðan land); s. yfir skörðum hlut, *to suffer a loss of right*; s. yfir sjúkum manni, *to sit up with (nurse) a sick person*, esp. a woman in labour; (9) recipr., sitjast nær, *to sit near one another.*

sía (**að**), v. *to filter, strain*; láta grön s., *to sip through the beard.*

sía, f. *sieve or strainer*, for liquids.

sía, f. *glowing spark*, esp. from metal (síur flugu ór afli).

sí-byrða (**-rða, -rðr**), v. *to lay* (*a*

ship) *alongside*, in a sea-fight; with dat. (jarl síbyrði Barðanum enn við Orminn); without the dat. (síbyrði hann þar við Járnbarðann); **-byrðis, -byrt,** adv. *broadside to broadside* (leggja, liggja síbyrðis, síbyrt).

síð, adv. (1) *late* (var heldr s. gengit til hámessu); with gen., s. aptans, sumars, vetrar, *late in the evening, summer, winter*; s. um haustit, kveldit, *late in the autumn, evening*; (2) compar., **síðarr,** *later* (þau svik, er s. komu fram); fám vetrum s., *a few years later*; (3) superl. **síðarst** or **síðast,** *last*; orð þau er hann mælti s., *his last words*; sá er s. gengr inn, *he who enters last*.

síð, f., only in the phrase, um s., *at last* (þó varð hann um s. ofrliði borinn); more commonly in pl., um (of) síðir (þó vaknaði hann um síðir).

síða, f. (1) *side* (hljóp sverðit á síðuna); (2) *flank, side of meat* (síður af nauti allfeitar); (3) *coast* (hann braut skip sitt við Jótlands síðu).

síða (**síð; seið, siðum; siðinn**), v. *to work charms through* 'seiðr' (þat er vá lítil, at vér síðim).

síðan, adv. (1) *since, after that* (s. gekk hón í brott); hefir sú kapella þar staðit s., *ever since*; hvárki áðr né s., *neither before nor since*; (2) *afterwards, later on* (koma þeir allir við þessa sögu s.); (3) as prep. with acc., þeir höfðu ekki etið s. laugardaginn, *since Saturday*; (4) with the relat. part., at, er, as conj., *from the time when, since* (s. er tengdir várar tókust); (5) *since* = s. er (E. hafði verit með Ólafi konungi s. Sveinn jarl andaðist); *seeing that, inasmuch as* (viltu, at ek gæta vitans, s. ek geri ekki annat).

síðans (= síðan es), conj. *since*.

síðar-la, -líga, adv. *late* (eitt kveld síðarla gengu til gestir nökkurir).

síðarr, adv. compar., see 'síð'.

síðarri, a. compar. *later, latter*, opp. to 'fyrri' (it síðarra sumar).

síðarst or **síðast,** adv. superl. *last*, see 'síð' adv.

síðarsta or **síðasta,** f.; at síðustu, at síðastunni, *at last*.

síðarstr or **síðastr,** a. *latest last* (sá skal fyrstr út ganga er s. gengr inn); it síðarsta, *at the latest* (þá skal stefnt it síðarsta viku fyrir þing).

síð-brýndr, a. *having long eyebrows*; **-búinn,** pp. '*late-boun*' *for sailing*; **-bærr,** a. *calving late*; **-faldinn,** pp. *wearing a hood low over the face* (fyrsta aptan hafa brúðirnar -faldit); **-farit,** pp. n., varð honum -farit, *he walked slowly*; **-förull,** a. *late abroad, out late in the evening*; **-klæddr,** pp. *wearing long clothes*; **-kveld,** n., um or á -kveldum, *late in the evening*.

síðla, adv. *late*; s. kvelds, s. of aptaninn, *late in the evening*.

síðr (**síð, sítt**), a. *long, hanging down* (sítt hár, skegg; síð klæði; síðar brynjur); hann hafði síðan hatt yfir hjálmi, *a hood coming far down over the face*; falda sítt, *to wear a hood coming low over the face* (brúðirnar falda sítt, svá at úgörla má sjá þeira yfirlit).

síðr, adv. compar. (1) *less* (þat er mér enn s. hent); miklu s., *much less*; engu s., *no less*; eigi s., *not less, as much* (hann var kærr konungi, ok eigi s. dróttningu); eigi s. en, *no less than, as well as* (átti hann eigi síðr England en Danmörk); at s. vóru menn sjálfráðir fyrir konungi, at engi réð, á hvern guð trúa skyldi, *so far were they from being independent, that*, etc.; (2) as conj., *lest*, s. oss Loki kveði lastastöfum, *that L. may not abuse us*.

síð-skeggjaðr, a. *long-bearded*.

síðu-sár, n. *a wound in the side*.

sí-dœgris, adv. *every day, day by day*; **-feldr,** a. *continuous, incessant*; **-fella,** f. *continuity*; í sífellu, *continuously*; **-fleyttr,** a. = -feldr.

síga (**síg; seig** or **sé, sigum; siginn**), v. (1) *to sink gently down*; seig á hann svefn, *sleep came over him*; sé sorti mikill fyrir augu þeim, *a great darkness fell over their eyes*; láta s., *to let sink* (Þórr lét s. brýnnar ofan fyrir augun); létu þeir s. festi ofan í gröfina, *they lowered a rope down into the pit*; fig., get ek, at héðan af fari þeim heldr síganda, *I imagine it will go downwards with them henceforth*; (2) *to glide, move slowly* (er þat mitt ráð at láta s. út skipin frá bryggjum); láta undan s., *to retreat* (Danir létu þá enn undan s.); láta s. aptr til sömu hafnar, *to retreat to the same port*; augun síga saman, *the eyes close* (in death); láta s. saman til samþykkis, *to let things draw towards an agreement*; létum s. sáttmál okkur, *we came to terms*; (3) refl., láta sígast, *to let oneself sink*; lætr hann s. ór trénu, *he lets himself drop from the tree*; hann lét s. fast á stólinn, *he pressed himself down against the seat*; nökkurir menn létu s. sárir, *dropped down wounded*; láta undan s., *to retreat* (jarl sótti hart fram þar til, er Álfgeirr lét undan s.).

sí-grœnn, a. *evergreen*; **-hverfull**, a. *round* (herbergi nær síhverfult).

sík, síki, n. *ditch, trench.*

síld (pl. síldr), f., see 'sild'.

síld-fiski, f., **-ver**, n., *see* 'sild-fiski', 'sild-ver'.

síma (pl. símu), n. *cord, string.*

sí-málugr, a. *always talking, long-winded* (símálugr í þinni rœðu).

sími, m. *cord, rope* (þær ór sandi síma undu).

sí-mælgi, f. *talkativeness, loquacity.*

sín, gen. from the refl. pron., hefna s., *to revenge oneself.*

sín-girnd, -girni, f. *covetousness, avarice*; **-gjarn**, a. *covetous, avaricious* (auðigr maðr ok síngjarn).

sínka, f. = síngirni.

sínkr, a. = síngjarn (s. ok fégjarn).

síra, m. indecl. *sir, master* (esp. used of priests, sometimes of knights).

sí-reiðr, a. *always angry*; **-vaf**, n. *winding round*; vefja e-u sívafi, *to wind it round and round*; **-valr**, a. *round, cylindrical.*

síval-vaxinn, pp. *round of growth.*

sízt, adv. superl. *least*, opp. to 'helzt'; þér vilda ek s. illt gera, *thee least of all would I harm.*

sízt or **síz**, conj. (1) *since*, = síðan er; engi er þeira maki, s. Gunnarr lézt, *since Gunnar died*; (2) as prep. with acc. *since, after*; sofna ek minst s. mína sonu dauða, *since the death of my sons.*

sjaldan (**sjaldnar, sjaldnast**), adv. *seldom* (s. hefi ek aðra haft at skildi fyrir mér).

sjald-fenginn, pp. *seldom got, scarce* (vatn er þar -fengit); **-gætr**, a. *seldom to be got, rare* (-gætr ávöxtr); **-heyrðr**, pp. *seldom heard about*; **-kvæmr**, a. *coming seldom* (ek em -kvæm til kirkju); **-sénn**, pp. *seldom seen* (-sénir eru oss þvílíkir menn); **-stundum**, adv. *seldom.*

sjatna (**að**,) v. (1) *to sink, dwindle, subside*, = setna; esp. of food, *to be digested*; honum sjatnaði eigi fœða, *he could not digest his food*; (2) fig. *to subside, abate* (þinn ofsi mun illa s.).

sjau, card. numb. *seven*; **-faldligr, -faldr**, a. *sevenfold.*

sjaund, f. *a period of seven days*, spec. *the seventh day after one's death.*

sjaundi, ord. numb. *the seventh.*

sjau-rœðr, a. = -tugr; **-tján**, card. numb. *seventeen*; **-tugr**, a. *seventy years old*; **-tugti**, ord. numb. *the seventieth* (á sjautugta ári).

sjá, pron. dem. m. and f. *this, that* (s. maðr hafði spjót í hendi).

sjá (**sé; sá, sám; sénn**), v. (1) *to see*; hann kvezt s. mann ríða, *he said that he saw a man riding*; var þá sén reið þeira, *their riding was seen, they were seen riding*; (2) *to look* (konungr sá til hans ok mælti); Gunnarr sá í mót tungli, *G. looked at the moon*; s. út, *to look out of the house* (Hrútr bað engan mann út s. á þeiri nótt); (3) *to examine, see* (*look*) *after* (hann reið ofan í Eyjar at s. verk húskarla sinna); (4) *to see, understand* (aldri varð þat enn, at ek sá eigi gátur þær, er fyrir mik váru upp bornar); (5) impers., þá (acc.) mátti eigi s., *they could not be seen*; sér þá hauga enn, *those mounds can be seen yet*; má þat ok s., at nær standa vinir Gunnars, *it may be seen, too, that Gunnar's friends stand near him*; (6) with preps., s. af e-m, *to look away from, be* (*do*) *without* (ek þóttumst ekki mega af þér s. sakir ástríkis); s. á e-t, *to look on* (nú em ek í höll kominn á þik sjálfan at s.); *to take in hand, take care of* (Þorgils kvað sér eigi skylt at s. á þat mál); s. á með e-m, *to take care of* (þess vil ek biðja, at þér sjáit á með Högna syni mínum); impers., sér á, *it can be seen* (lítt sér þat þá á, at þú hafir fundit Svein konung); s. eptir e-u, s. eptir um e-t, *to look after* (var lítt sét eptir um skattlöndin þau, er fjarri lágu); eiga eptir e-u at s., *to have to look after a thing* (hann mun þar eptir hefndum eiga at s.); s. fram, *to see into the future* (fram sé ek lengra); s. e-t fyrir, *to foresee* (hann þóttist s. fyrir, at hann mundi fella fénað sinn); s. fyrir e-u, *to take care of, provide for* (verðr hverr fyrir sér at s.); man ek þá s. fyrir málinu, *then I will look after the matter*; s. fyrir e-m, *to put one out of the way*; s. í e-t, *to see into, see through* (sér hann ekki í þetta); *to take into consideration* (Hrafnkell sá eigi mjök í kostnað); s. til e-s, *to become aware of* (ef þér sjáit þá ekki til minna ferða, þá fari þér heim); *to look for, expect* (s. til traustს, launa, fulltings); *to look after, see to, take care of* (guð sér til kristni sinnar); s. til með e-m, *to take care of, see to one*; s. um e-t, *to see after, take care of* (s. um bú, fémál e-s); s. um með e-m = s. til með e-m (Höskuldr sá um með honum); s. um fyrir e-u, *to look after, see to* (eigi mun nú fyrir öllu verða um sét); s. við e-m, *to look at one* (konungr sá við honum ok mælti); *to beware of, guard oneself against* (mun oss vandgætt til við honum at s.); sé nú við, *beware!*; s. við um e-t, *to guard oneself, be cautious as to* (hafa þessir menn meirr sét við um kaupin en ek hugða); s. yfir e-t, *to look over, survey, look after* (s. yfir akra sína); *to see a way to* (hann sá eigi yfir, at þeir kœmist til bœja); eigi mátti yfir s., hvern veg hníga mundi orrostan, *one could not see how the fight would end*; (7) refl., sjást, *to fear* (fátt hygg ek yðr s.); láta á s., *to let it appear, show signs of* (þeir þögðu yfir ok létu ekki á s.); s. fyrir, *to look before one, be cautious* (hitt mundi mitt ráð at hrapa ekki ferðinni, sjást heldr fyrir); s. lítt fyrir, *to be impetuous, rash* (er Agli of mjök ættgengt at s. lítt fyrir); s. um, *to look about* (þá litu allir út nema konungr, hann stóð ok sást eigi um); impers., at þeim hefði kynliga um sézt, *that they had made a strange oversight in this*; e-m sést yfir, *one makes a mistake, overlooks a thing*; þeim mun hafa yfir sézt, *they must have made a mistake*; recipr., sjást, *to see one another*; vit munum aldri s. síðan, *we shall never see one another more*; ef þit sjáist tveir á, *if ye fight it out among yourselves*; s. til, *to look to one another* (sást til síðan, áðr í sundr hyrfi); pass., þeir sást aldri síðan, *they were never seen afterwards*.

sjá-byggvar, m. pl. = sæ-byggvar; **-dreginn**, pp. *caught out of the sea* (-dreginn fiskr); **-drif**, n. *sea-spray*; **-drifinn**, pp. *sea-splashed*; **-kyrr**, a. *calm* (vindlaust ok sjákyrt).

sjáldr, n. *pupil of the eye* (svá var sem ormr lægi um sjáldrit).

sjálf-ala, a. indecl. '*self-feeding*' (fé gekk þar öllum vetrum -ala í skógum); **-birgr**, a., **-bjargi**. a. *self-supported, self-helpful*; **-dauðr**, a. *having died a natural death*; **-dœmi**, n. *right to judge in one's own case* (selja e-m -dœmi); **-görr**, a. *self-made, easy*; **-hól**, n. *self-praise*; **-hœlinn**, a. *self-praising, vaunting*; **-hœlni**, f. *self-glorification, self-praise*; **-kraf**, n. *free-will* (kjósa e-t af -krafi); **-krafi**, a. *of one's own accord or free-will, voluntarily*.

sjálfr, a. *self*; hann s., *he himself*; hón sjálf, *she herself*; at sínum sjálfs vilja, *at his own will* (cf. 'sinn'); er (liggr) við sjálft, at, *it is on the verge, within an ace, that* (var við sjálft, at þeir mundu berjast).

sjálf-ráð, n. *independent judgement*; gøra e-t at -ráði, *of one's own accord*; **-ráði**, a. (1) *of free-will* (hann hafnaði -ráði blótum); (2) *independent, free* (var fyrir honum engi maðr -ráði); **-ráðr**, a. (1) *voluntary, of free-will* (U. mundi eigi hafa skjöldinn látit -ráðr); (2) *independent, free* (vildu heldr útlenda konunga hafa yfir sér ok vera -ráðir); (3) neut., e-m er e-t -rátt, *it is within one's power, easy for one* (er þér -rátt at leggja til ráð þau, er dugi); *one's own fault* (mér þykkir þér -rátt verit hafa, er bátrinn er brotinn); **-ræði**, n. *independence, liberty* (-ræði ok hóglífi innan lands); gøra e-t at -ræði sínu, *of one's own free-will*; **-sáinn**, pp. *self-sown* (-sánir akrar); **-skapa**, a. indecl.; sums ertu -skapa, *of some you are yourself the cause*; **-skipan**, f. *spontaneous order*; **-vili**, m. *free-will*; at -vilja, *of one's own free-will*; **-viljandi**, pr. p., **-viljugr**, a. *with one's own free-will*; **-virðing**, f. *self-opinion, self-conceit.*

sjá-ligr, a. *sightly, handsome.*

sjá-lægr, a. *lying on the sea*, of fog; **-maðkr**, m. *sea-worm.*

sjár, sjór or **sær** (gen. **sjávar, sjóvar, sævar**), m. *the sea* (varð sjárinn ókyrr mjök; róa út á sjá).

sjá-roka, f. *sea-spray*; **-róðr**, m. *rowing out to sea* (-róðrarskip); **-tún**, n. *seaside-town.*

sjávar-afli, m. *sea-fishery, catch of fish*; **-djúp**, n. *deep of the sea*; **-gata**, f. *way from or to the sea*; **-hamarr**, m. *sea-crag*; **-háski**, m. *danger at sea*; **-höll**, f. *a great hall at the sea-side*; **-lopt**, n. *a house built over the sea*; **-ríki**, n. *kingdom of the sea*; **-stjarna**, f. *the star of the sea* (the Virgin Mary); **-strönd**, f. *sea-shore.*

sjá-vegr, m. = sjóvegr; **-verkr**, m. *sea-sickness.*

sjó-barinn, pp. *sea-beaten*; **-blíða**, f. *smooth sea*; **-borg**, f. *sea-town*; **-brattr**, a. *steep towards the sea*; **-bygð**, f. *sea-district.*

sjóða (**sýð; sauð, suðum; soðinn**), v. (1) *to boil, cook* (s. mat, slátr, egg); (2) *to forge* (iron); (3) fig. *to brood (tarry) over* (s. e-t fyrir sér).

sjó-dauðr, a. *drowned at sea.*

sjóð-feldr, a. *lucrative, profitable.*

sjóðr (gen. **sjóðs**), m. *money-bag, purse* (sjám, hvat vegi s. sá, er ek hefi hér); eiga einn sjóð, *to have a common purse* (þeir Úlfr áttu einn sjóð báðir); bera e-n í sjóð *or* sjóði, *to carry a person in one's purse, to take compensation instead of revenge* (Þorsteinn hvíti kvazt eigi vilja bera Þorgils son sinn í sjóði).

sjó-drif, n. *spoondrift*; **-dýr**, n. *sea-animal*; **-fang**, n. *catch of fish.*

sjófar-, gen. from 'sjór', see 'sjóvar'.

sjó-ferð, f. *sea-voyage*; **-fiskr**, m. *sea-fish*; **-fugl**, m. *sea-fowl*; **-fœrr**, a. (1) *sea-worthy* (skip -fœrt); (2) er -fœrt, *one can be on the sea* (hann reri á sjó hvern dag, er -fœrt var); **-gýgr**, f. *mermaid*; **-illska**, f. *rough sea*; **-jökull**, m. *hummock of frozen sea-water*; **-kona**, f. *mermaid*; **-kvikendi**, n. *sea animal*; **-kyrr**, a. *calm*; **-maðr**, m. *seaman, sailor*; **-mál**, n. *flood-mark, high-water-line*; **-myrkr**, n. *darkness at sea.*

sjón, f. (1) *sight, eyesight* (heyrn ok s.); s. er sögu ríkri, *sight goes before hearsay*; var þeim s. sögu ríkri um ferðir Knúts, *they had ocular proof of*; missa sjónar at auganu, *to lose the sight of the eye*; (2) *look*; sundr stökk súla fyrir s. jötuns, *the pillar flew asunder at the look of the giant*; (3) esp. in plur. *the eyes* (sá hón fránar sjónir fylkis liðnar); svart er mér fyrir sjónum, *my eyes grow dim*; leiða e-n sjónum, *to fix one's eyes upon a person* (forn jötunn sjónum leiddi sinn andskota).

sjónar-váttr, m. *eye-witness*; **-vitni**, **-vætti**, n. *the testimony of an eye-witness*; **-vörðr**, m. *look-out man.*

sjón-hagr, -hannr or **-hannarr**, a. *having an expert, artistic eye*; **-hending**, f. *line of sight, straight line* (þeir námu -hending ór Múla í Ingjaldsgnúp); **-henni**, f. *sharpness of eyesight*; **-hverfiligr**, a. *eye-deceiving*; **-hverfing**, f. *ocular delusion*, produced by spells (gøra -hverfingar í móti e-m; verða fyrir -hverfingum); **-lauss**, a. *blind*; **-leysi**, n. *blindness.*

sjór (gen. **sjóvar, sjófar**), m. *the sea*; vera á sjó, *to be out fishing.*

sjó-reitr, m. = mið; **-roka**, f. *spindrift, spoondrift*; **-skrimsl**, n. *sea-monster*; **-sótt**, f. *sea-sickness*; **-tún**, n. = sjátún; **-verkr**, m. = sjáverkr.

sjúga, v., see 'súga'.

sjúk-dómr, m., **-leiki, -leikr**, m. *sickness, illness*; **-ligr**, a. *sickly.*

sjúkna (**að**), v. *to become ill.*

sjúknaðr, m. *illness, disease.*

sjúkr, a. *sick, ill*; liggja s., *to lie sick*; (2) *anxious, distressed.*

sjöt, n. pl. (1) *abode, home*; ragna s., *the seat of the gods, the heavens*; (2) *company, host.*

sjötlast (að), v. refl. *to subside, settle* (er úfriðr tók at s.)

sjötull, m. *settler*; dólgs s., '*strife-settler*', *Frodi's quern of peace.*

skaða (að), v. impers., e-n skaðar ekki, *it does one no harm or damage.*

skaða-bœtr, f. pl. *indemnity, compensation*; **-ferð,** f. *disastrous journey*; **-lauss,** a. *scatheless*; **-ligr,** a. = skaðligr; **-maðr,** m. *killer, slayer* (verða -maðr e-s); **-samligr, -samr,** a. *injurious, hurtful.*

skaði, m. (1) *scathe, harm, damage* (gøra e-m skaða); verða fyrir sköðum, *to suffer losses*; (2) *loss* in a person; þótti henni mikill s. eptir mann sinn, *she felt she had a great loss in her husband*; (3) *death,* = bani; veita e-m skaða, *to slay, kill*; verða e-m at skaða, *to be the death of one.*

skað-lauss, a. *unscathed*; **-laust,** adv. *without loss*; **-samligr,** a. *hurtful, noxious*; **-samr,** a. *doing harm, noxious*; **-semd,** f. *harm*; **-vænliga,** adv. *perniciously*; **-vænligr,** a. *pernicious*; **-vænn,** a. *destructive, baleful.*

skafa (**skef**; **skóf, skófum**; **skafinn**), v. (1) *to scrape* with a blunt instrument; s. e-t af, *to scrape off*; impers., þat hefir eik, er af annarri skefr, *one tree takes what is scraped from another*; (2) *to shave so as to make smooth* (hann skefr spjót-skepti á hallargólfinu); (3) s. nagl sinn, *to pare one's nail*; fig., s. at fastliga, *to press hard*; (4) *to shave* (þeir höfðu látit s. krúnur).

skafa, f. *scraper* (cf. 'hornskafa').

skaf-heið, f. *clear sky* (-heið var ok sólskin).

skafl, m. (1) *steep snow-drift*; (2) *toppling sea*; (3) beygja skaflinn, *to make a wry mouth*, of one crying.

skaga (-ða), v. *to jut out* (skögðu tvær tennr fram ór hausnum).

skagi, m. *low cape or ness.*

skak, n. *scolding* (gaf Sverrir þeim mikit s. fyrir).

skaka (**skek**; **skók, skókum**; **skekinn**), v. *to shake* (björninn settist upp ok skók höfuðit); s. sverð, *to brandish a sword.*

skakka (að), v., s. með mönnum, *to aid one against the other* (Þorgeirr og Þorgils sóttust lengi, svá at engi skakkaði með þeim).

skakki, m. *disproportion, disparity, odd amount* (þann skakka, er þar er á milli, man ek bœta).

skakkr, a. (1) *skew, wry*; (2) *unequal, unjust* (skökk gørð).

skakkr, m. *wry position*; skjóta augunum í skakk, *to look awry.*

skall, n. (1) *noise*; (2) pl. sköll, *mocking, derision* (gera sköll at e-m).

skallat, n. *scarlet*; see 'skarlat'.

skalli, m. *a bald head* (settist mý margt á skalla honum).

skamma (að), v. (1) *to shame, disgrace* (þá menn, er vini vára hafa drepit ok skammat); (2) refl., skammast e-s, *to be ashamed of a thing* (skúa ok bróka skammisk engi maðr); s. sín, *to blush*; with infin., skammast at gera e-t, *to be ashamed to do a thing.*

skammar-erendi, n. *shameful errand*; **-víg,** n. *shameful manslaughter,* = níðingsvíg.

skamm-bragðs, adv. *shortly, soon*; **-degi,** n. *the short winter-days*; **-fótr,** a. *short-footed*, a nickname.

skamm-fulleikr, m. = -fylli; **-fulligr,** a. *ashamed, bashful*; **-fyllast** (see fylla), v. refl. *to be ashamed*; **-fylli,** f. *shame, blushing*; **-fylling,** f. *bashfulness*; **-fœra** (-ða, -ðr), v. *to spoil, injure.*

skamm-háls, m. *short-neck*, a nickname; **-hendr,** a. *short-handed*; **-hygginn,** a. = -sýnn; **-höndungr,** m. *short-hand*, a nickname.

skamm-lauss, a. (1) *shameless, without shame*; ætla ek, at þú sér -lauss af þessu, *it is no shame to thee*; (2) neut., -laust, *not disgraceful* (honum var -laust at hlíta konungs dómi).

skamm-leitr, a. *short-faced*; **-lífi,** n. *the fact of being short-lived*; **-lífr,** a. *short-lived*; **-minnigr,** a. *short of memory*; **-mæli,** n. *brevity* (*in expression*).

skamm-nøktr, a. *shamefully naked.*

skammr, a. (1) *short* (var sú leiðin skemmri); láta e-n höfði skemmri, *to make one shorter by the head, to behead*; neut., skammt, *a short way, short distance* (hann bjó skammt frá Skallagrími); (2) of time, *short, brief*; skamma hríð, stund, *but a short while*; eiga skammt úlifat, *to have but a short time to live*; hann kvað skammt til þess, *he said it would be soon*; skammt frá þessu, *a short while after this*; (3) adverbially, skömmu, skemmstu, *lately, very lately, recently, very recently*, = fyrir skömmu, skemmstu; skömmum, *not long* (sat hann skömmum við drykk); skemmrum, *for a shorter time* (at landit mundi verða skemmrum biskupslaust, ef tveir væri biskuparnir); sem skemmst, *as short a while as possible.*

skamm-rif, n. pl. *the short ribs.*

skammrifja-mikill, a. *stout.*

skammrif-stykki, n. *a piece of meat from the short ribs.*

skamm-rækr, a. *having a short memory for revenge.*

skamm-samliga, adv. *shamefully*; **-samligr**, a. *shameful, disgraceful.*

skamm-skeptr, pp. *short-shafted*; **-sýni**, f. *short-sightedness*; **-sýniligr**, **-sýnn**, a. *short-sighted, foolish*; **-sætr**, a. *short of stay*; **-talaðr**, pp. *short-spoken*; **-vaxinn**, pp. *short of growth*; **-víss**, a. = -sýnn; **-æð**, f. *short duration*; **-æligr**, a. *short-lived, fleeting, brief* (-ælig gleði); **-ær**, a. *short-lived, of short duration.*

skamtaðar-erendi, n. = skapnaðar-erendi (at hann hefir -erindi).

skamtr, m. *share, portion.*

skap, n. (1) *state, condition*; at því skapi, *in the same proportion*; hélt þat vel skapi, meðan hón lifði, *it kept a good state whilst she lived*; (2) *condition of mind, temper, mood*; þat er ekki mitt s., *it is not my turn of mind*; vera (með) illu skapi, *to be in an angry mood*; bregða skapi við e-t, renna e-m í s., *to take to heart, be much affected by* (rann honum mjök í s. sá atburðr); koma skapi við e-n, *to agree with, get on with* (engi kann við mik skapi koma); koma skapi (eiga s.) saman, *to have minds alike* (þit eigit meirr s. saman); hafa ekki s. til e-s, *to have no mind to do a thing*; hógværr í skapi, *mild of temper*; lítill í skapi, *of small mind, faint-hearted*; gera sér e-t í s., *to take into one's head*; vera e-m (vel) at skapi, vera nær skapi e-s, *to be to one's mind*; e-t fellr e-m vel í s., *one likes, is pleased with*; gera e-t til skaps e-m, *to do a thing to please one.*

skapa (að; pret. also **skóp**), v. (1) *to shape, form, mould, make* (ór Ymis holdi var jörð sköpuð); *to create* (guð, er mik skóp); s. skegg, *to trim the beard*; s. skeið, *to take a run* (þetta dýr skapaði skeið at oss); s. ok skera e-t, *or* um e-t, *to decide, settle* (ek skal einn skera ok s. okkar á milli); (2) *to assign as one's fate or destiny* (ek skapa honum þat, at hann skal eigi lifa lengr en kerti þat brennr); s. e-m aldr, *to fashion one's future life*; syni þínum verðr-a sæla sköpuð, *bliss is not fated to thy son*; (3) *to fix, appoint* (haf þá eina fémuni, er ek skapa þér); s. e-m víti, *to impose a fine or penalty*; at sköpuðu, *in the order of nature, according to the course of nature* (væri þat at sköpuðu fyrir aldrs sakir, at þú lifðir lengr okkar); láta skeika at sköpuðu, *to let things go their own course* (*according to fate*); láta skapat skera, *to let fate decide*; (4) refl., skapast, *to take shape*; freista, hvé þá skapist, *try how things will go then*; Ámundi kvað jarl úáhlýðinn ok mun lítt at s., *A. said the earl was self-willed, and little will come of it.*

skapa-dœgr, n. *one's fated day* (hón kvað engan komast yfir -dœgr sitt).

skapan, f. (1) *shape, form* (fríðr at allri s.); (2) *creation.*

skap-arfi, m. *a right or lawful heir.*

skapari, m. *the Maker, Creator.*

skap-bráðr, a. *hot-tempered*; e-m verðr -brátt, *one loses his temper.*

skap-bœtendr, m. pl. *persons legally bound to pay weregild.*

skap-bœtir, m. *improver of one's disposition* (þat var mælt, at hann væri engi -bœtir Hallgerði).

skap-dauði, a. *fit or proper to die* (hann er -dauði).

skap-deild, f. *good nature.*

skapdeildar-maðr, m. *master of one's temper* (hann var lítill -maðr).

skap-farinn, pp. *disposed, tempered* (= skapi farinn); **-fátt**, a. n., e-m verðr -fátt, *one loses his temper*; **-feldr**, a. *to one's mind, agreeable*; **-felligr**, a. = -feldr; -felligr í andliti, *well-shapen in face, agreeable*; **-ferð**, f., **-ferði**, n., **-ferli**, n. *disposition of mind, temper, character*; **-glíkr**, a. *alike in character or temper*; **-góðr**, a. *good-natured, good-tempered*; e-m er -gott, *one is in good spirits*; **-gœði**, n. *good nature*; **-gœfr**, a. *gentle of mood*; **-harðr**, a. *harsh of mood, severe*; **-heimskr**, a. *foolish*; **-hœgr**, a. *meek, gentle*, = hœgr í skapi; **-höfn**, f., esp. in pl. *sentiments, disposition, temper*; **-illr**, a. *ill-tempered*; **-illska**, f. *evil-mindedness* (í reiðlyndi ok skapillsku).

skap-ker, n. *large vessel* (from which the cups were filled).

skap-léttr, a. *light-minded, cheerful*; konungi var -létt, *the king was in high spirits.*

skap-liga, adv. *duly, fitly*; **-ligr**, a. *due, fit, suitable* (H. kvaddi konung virðuliga, sem -ligt var).

skap-líkr, a. = -glíkr; **-lundaðr**, a. = -farinn (allra manna grimmastr ok verst -lundaðr); **-lyndi**, n. *mind, temper, disposition*; vera við -lyndi e-s, *to be to one's mind* (slíkt er ekki við -lyndi Þorsteins); **-lýzka**, f. = -lyndi; **-löstr**, m. *fault of character*; **-mikill**, a. *proud of mind.*

skapnaðar-erendi, n. *such result of an errand as one deserves to have*; **-virðing**, f. *due honour.*

skapnaðr, m. *what is due, propriety.*

skap-prúðr, a. *well-disposed, generous*; **-raun**, f. *trial of one's temper, vexation, annoyance*; ferr svá um mörg mál, þótt menn hafi skapraun af, *although they try men's tempers*; **-rauna** (að), v. *to annoy, provoke*, with dat. (er þér fremd engi at -rauna gömlum manni); impers., honum -raunaði mjök, *he was much vexed.*

skapraunar-laust, a. n. *without trying one's temper* (opt ríðr hann hér um garð, ok er mér eigi -laust); **-minna**, a. compar. *less offensive*; **-orð**, n. pl. *temper-trying words*; **-samliga**, adv. *in a provoking manner* (svara e-m -samliga).

skaps-andmarki, m. *fault of temper or mind*; **-höfn**, f. *mind, disposition, temper*, = skaphöfn.

skap-skipan, f. *change of mind* (taka -skipan); **-skipti**, n. = -skipan.

skaps-munir, m. pl. = skaplyndi.

skap-stirðr, a. *haughty*; **-stórr**, a. *proud-minded*, = -mikill; **-styggr**, a. *irritable, excited.*

skapt, n. (1) *shaft, missile*; skjóta skapti í móti e-m, *to shoot a shaft against, to withstand*; (2) *handle, haft*, of an axe, hammer; *shaft, pole* of a spear (cf. hamarskapt, øxarskapt, spjótskapt); (3) a shaft-shaped thing, e. g. *a comet's tail, the beam in a weaver's loom, a peak on a helmet.*

skapt-hár, a. '*shaft-high*', *above the horizon*, of the sun.

skap-tíðr, a. *to one's mind, agreeable* (láta sér e-t -títt).

skapt-ker, n. = skapker; **-kringla**, f. *whipping-top* (eptir þat snerist hann á hæli sem -kringla); **-lauss**, a. *without a shaft* (spjót -laust).

skap-tré or **skapt-tré**, n. (?).

skap-vandr, a. *difficult of temper*; **-vani**, a. *lacking in temper*; **-varr**, a. *wary of temper, discreet.*

skap-þiggjandi, m. *a lawful receiver of weregild*, opp. to 'skapbœtandi'; **-þing**, n. *ordinary assembly.*

skap-þungt, a. n. *depressed in spirit* (e-m er -þungt).

skara (að), v. (1) *to poke, rake*; **s.** eld, *to poke the fire*; with dat., þeiri ösku sköruðu þeir allri út, *they raked all the ashes out*; hann skaraði til spjótskaptinu, *he poked with the spear-shaft*; (2) *to set or cover closely*; skip skarat skjöldum, *a ship set with shields from stem to stern.*

skar-band, n. '*head-ribbon*', *fillet.*

skarð, n. (1) *notch, hack*, in the edge of a thing (sköröð vóru fallin í sverðit); **s. í vörr**, *a hare-lip*; (2) *empty space*, *breach, gap* (höggva s. í ætt e-s ; (3) *mountain pass.*

skarðr, a. *diminished, impaired* ; inn skarði máni, *the waning moon* ; hafa, bera skarðan hlut fyrir e-m, *to be worsted (wronged) by one* ; sitja of (um, yfir) skörðum hlut fyrir e-m, *to suffer injury from one.*

skarfr (**-s, -ar**), m. *cormorant.*

skari, m. *host, troop.*

skark, n., **skarkali,** m. *noise, tumult.*

skark-samligr, a. *tumultuous.*

skarlaks-kyrtill, m. *scarlet kirtle.*

skarlat or **skallat,** n. *scarlet.*

skarlats-klæði, n. pl., **-kyrtill,** m., **-möttull,** m., **-skikkja,** f. *scarlet clothes, s. kirtle, s. mantle, s. cloak.*

skarn, n. *dung* (aka skarni á hóla).

skarp-eggr, a. *keen-edged* ; **-leitr,** a. *sharp-featured* ; **-liga,** adv. *sharply* (sœkja at -liga).

skarpr, a. (1) *scorched, pinched* from dryness ; með skörpum reipum, *with hard ropes* ; s. belgr, *a shrivelled skin* ; s. fiskr, *dried (hard) fish* ; (2) *barren* (landit er skarpt ok lítit matland) ; (3) *sharp, vehement, bitter* (skörp deila) ; taka skarpara á, *to pull sharper* ; (4) *tight, strong* (skarpar álar þóttu þér Skrýmis vera) ; (5) *keen, sharp,* of a weapon (skörp sverð).

skarp-vara, f. *dried fish* ; **-vaxinn,** pp. *gaunt and bony.*

skarr, n. *skirmish, tumult.*

skars or **skass,** n. *ogress, giantess.*

skarsl, n. *the snuff of a candle.*

skart, n. *show, finery* (búa sik í s.).

skarta (**að**), v. *to make great show.*

skartari, m. *a vain boaster.*

skart-samliga, adv. *with great display* (búinn -samliga); **-samligr,** a. *showy* ; **-samr,** a. *fond of show.*

skarts-kona, f., **-maðr,** m. *woman or man given to vain display.*

skata, f. *skate* (fish).

skati (pl. **skatar** or **skatnar,** gen. **skatna**), m. *man* (poet.).

skatta (**að**), v. *to make tributary, lay a tribute on* (konungr skattaði landit hit efra sem hit ýtra).

skatta-heimta, f. *tax-gathering.*

skatt-bóndi, m. *a franklin who has to pay tax* ; **-fé,** n. *tribute money* ; **-gilda** (**-lda, -ldr**), v. *to lay tribute on,* = skatta ; **-gildi,** n. *payment of tribute* ; **-gildr,** a. *tributary* ; **-gjald,** n. = -gildi ; **-gjöf,** f. *what is given as tribute* ; **-heimta,** f. *tax-gathering.*

skattheimtu-maðr, m. *tax-gatherer.*

skatt-jarl, m. '*tributary earl*', *vassal* ; **-konungr,** *vassal king* ; **-land,** n. *tributary land, dependency* ; **-peningr,** m. *tribute money.*

skattr (**-s, -ar**), m. (1) *tribute, tax* (leggja skatt á land ; greiða, gjalda, e-m skatt) ; (2) *treasure.*

skatt-taka, f. = -heimta.

skatt-yrðast, v. refl. *to bandy words* (við e-n) ; **-yrði,** n. pl. *foul language.*

skauð, f. (1) *poltroon* (þú ert s. at meiri) ; (2) pl. *a horse's sheath.*

skauð-menni, n. *poltroon.*

skauf, n. *a fox's brush.*

skauf-hali, m. *Reynard the Fox.*

skaup, n. *mockery, ridicule* ; hafa at skaupi, *to mock, scoff at.*

skaut, n. (1) *corner* of a square cloth (hann var borinn í fjórum skautum til búðar) ; feldr fimm alna í s., *a cloak five ells square* ; of the heaven (þeir gerðu þar af himin ok settu hann upp yfir jörðina með fjórum skautum) ; (2) *corner of a sail or sheet* ; byrr beggja skauta, *a fair wind (right astern)* ; fig., hann mun verða yðr þungr í skauti, *hard to deal with* ; (3) *flap, skirt of a cloak* (hón hafði yfir sik skallats-skikkju hlaðbúna í s. niðr) ; (4) *lap* (sitja, liggja í skauti e-s) ; (5) *a square piece of cloth, kerchief* (menn báru þá hluti sína í s., ok tók jarlinn upp) ; (6) *a lady's hood.*

skaut-feldr, m., **-hekla,** f. *a cloak, or frock, with skirts.*

skauti, m. *kerchief.*

skaut-toga (**að**), v. *to tug at the skirt of one's cloak, to handle roughly.*

skáðr, pp. *oblique* (á skáðum veg).

skái, m. *relief, improvement* (varð engi s. á hans meini).

skák-maðr, m. (1) *chessman* ; (2) *robber, highwayman* ; **-tafl,** n. *game of chess, chess-board.*

skál (pl. **-ir** or **-ar**), f. (1) *bowl* (s. full mjaðar) ; (2) *scale,* esp. pl., *scales* (bað hann taka skálir ok vega gullit).

skála-búi, m. *dweller in a* 'skáli'; **-búnaðr**, m. *hangings of a* 'skáli'; **-dyrr**, f. pl., **-endi**, **-gluggr**, m., **-gólf**, n., **-hurð**, f. *the doorway, end, window, floor, door of a* 'skáli'.

skála-merki, n. *the constellation Libra* (gengr sól fyr -merki).

skála-smíð, f. *the building a* 'skáli'; **-topt**, f. *the site of a* (*former*) 'skáli'; **-veggr**, m. *side-wall of a* 'skáli'; **-viðr**, m. *timber for a* 'skáli'.

skáld, n. *scald, poet*; **-fífl**, n. *poetaster*; **-kona**, f. *poetess*; **-ligr**, a. *poetical*; **-maðr**, m. *poet*; **-mær**, f. *poetess*; **-pípa**, f. a kind of *flute*.

skáldskapar-háttr, m. *poetical metre*; **-mál**, n. pl. *poetical diction*.

skáld-skapr, m. (1) '*scaldship*', *poetry*; (2) *libel in verse*.

skál-hús, n. *privy*.

skáli, m. (1) *hut, shed* (put up for temporary use); (2) *hall, room* (cf. 'drykkju-, elda-, for-, kvenna-skáli'), esp. *sleeping-hall*.

skálk-heiðr, m. *fraud, mockery*.

skálkr (**-s**, **-ar**), m. (1) *servant*; (2) *rogue* (ljúga sem skálkr).

skálm (pl. **-ir**), f. (1) *prong* (tók hann birkirapt ok reiddi um öxl, svá at hann hélt um skálmirnar); (2) *bean-pod* (bauna-skálmir); (3) *short sword*.

skálmar-oddr, m. *point of a sword*.

skálmast (**að**), v. refl. *to stride*.

skálm-öld, f. *age of swords*.

skálpr (**-s**, **-ar**), m. *scabbard, sheath*.

skán, f. *a thin membrane, film*.

skári, a. compar., **skástr**, superl., *better, best*; þat mun þér ráð skást, *it will be most advisable for thee*.

skári, m. *young sea-mew*.

skeðja (**skeð**, **skadda**, **skaddr**), v. *to do scathe to, hurt, damage*, with dat. (s. lífi e-s); ek skadda klæðum hans, *I spoiled his clothes*; axi var skatt, *one ear of corn was damaged*; with acc., þær þora ekki mýss s., *they dare not do harm to mice*.

skefinn, a. *skilled in arms* (?).

skegg, n. *beard* (honum óx eigi s.).

skegg-barn, n. *bearded child* (a name given to a man by a giant); **-broddar**, m. pl. *bristles of the beard*; **-hvítr**, a. *white-bearded*.

skeggi (pl. **skeggjar**), m. *man*, in compds., eyjar-skeggjar, *islanders*.

skeggja, f. a kind of *halberd* (poet.).

skeggjaðr, pp. *bearded*.

skegg-lauss, a. *beardless*; **-maðr**, m. *bearded man*; **-síðr**, a. *long-bearded*; **-staðr**, m. *the bearded part of the face*; **-øx**, f. = skeggja.

skeið (pl. **-ir**), f. (1) *war-ship, galley* (snekkjur ok skeiðir); (2) *a weaver's reed, sley*; (3) pl. *sheath* (tók hann kníf sinn ór skeiðum).

skeið, n. (1) *race, run*; renna s. við e-n, *to run a race with one*; ríða á s., *to ride at full speed*; hlaupa á s., *to set off running* (hann kastar niðr verkfœrum ok hleypr á s. heim til bœjar); gera (*or* renna) s. at e-u, *to make a run at a thing*; skapa (*or* skopa) s., *to take a run*; taka e-t á skeiði, *to catch it on the move* (G. tók knöttinn á skeiði); (2) *race-course* (var þar gott s. at renna eptir sléttum velli); (3) *a piece of way*; skammt, langt s., *a short, long way*; (4) *space of time* (þat var eitt s., at); nökkut s., *for some time* (Njáll þagnaði nökkut s.); um s., *for a while*; annat s., *after a while, every now and then* (hann hafði niðri aðra höndina at jörðu ok bregðr henni annat s. at nösum); vera á œsku skeiði, á léttasta skeiði aldrs, *to be in the prime of life*; vera af œsku skeiði, *to be no longer a young man*.

skeiða (**að**), v. *to sheath* (s. sverð).

skeiðar-kylfa, f., **-kylfi**, n. *some part of a war-galley* (skeið).

skeið-gata, f. *good way* (to ride on); **-reitt**, a. n. *good course for riding* (höfðu þeir Kolbeinn skeiðreitt eptir stígnum).

skeiðs-endi, m. *end of a course, goal* (hann snýst aptr at -enda).

skeifa, f. *horseshoe*.

skeif-liga, adv. *awkwardly*.

skeifr, a. *oblique, awry*; koma skeift við, *to go crookedly*.

skeika (**að**), v. *to go askew, swerve, go wrong* (þar skeikaði mjök stjórnin); (láta) skeika at sköpuðu, *to* (*let things*) *go according to fate*.

skeina (**-da**, **-dr**), v. *to scratch*,

wound slightly (hefir þú skeint þik? hann svarar: ekki em ek skeindr); refl., skeinast, *to get a scratch, a slight wound.*

skeina, f. *scratch, slight wound* (kalla ek þetta skeinu ok ekki sár).

skeini-samt, a. n. *exposed to being wounded* (verðr honum þá -samt).

skeinu-hættr, -samr, a. *likely (apt) to wound* (sverðit verðr þeim -hætt).

skekill (pl. **skeklar**), m. *shank of a hide*; cf. 'eyjar-, land-skekill'.

skel (gen. **-jar**, pl. **-jar**), f. *shell.*

skel-eggliga, adv. *briskly, vehemently*; **-eggr,** a. *shell-edged, keen-edged*; fig. *brisk, vehement.*

skelfa (**-ða, -ðr**), v. (1) *to make to shake, brandish* (s. sverð, lind, ask); (2) *to make to tremble with fear, frighten*; s. e-n af e-u, *to deter*; (3) refl., skelfast, *to fear* (s. e-t *or* við e-t).

skelfir, m. *shaker, frightener.*

skel-fiskr, m. *shell-fish.*

skelfr, a. *trembling, shaky.*

skelgja (**-ða**), v. *to make squint.*

skelkja (**-ta, -t**), v. *to mock* (þeir skelktu at líkneskinu).

skelkr, m. *fright, fear*; e-m skýtr skelk í bringu, *one is seized with fear* (vænti ek, at yðr skjóti skelk í bringu).

skella (**-da, -dr**), v. (1) *to make to slam, clash,* with dat.; s. aptr hurðu, *to slam the door*; s. lófum saman, *to clap the hands*; s. hrömmum yfir, *to clutch*; s. e-u niðr, *to throw down with a clash*; (2) *to strike, smite*; þær skelldu skip mitt, *they shattered my ship*; s. af honum höndina, *to cut off his hand*; s. fót undan, *to smite off the foot*; (3) s. á e-n, *to scold one*; (4) s. upp ok hlæja, *to burst out laughing* (Grímr skelldi upp ok hló).

skella, f. *rattle* (for scaring horses).

skelli-hlátr, m. *roaring laughter*; **-hurð,** f. *a certain door* (*that slams of itself*) *in a farm-house.*

skellr (pl. **-ir**), m. (1) *clash, splash*; (2) *slap, blow* (sá hlaut skellinn, er skyldi).

skelmi-ligr, a. *devilish.*

skelmir, m. *rogue, devil.*

skelmis-drep, n. *plague, murrain.*

skelmi-skapr, m. *devilry.*

skelpa, f. *wry face* (gera skelpur).

ske-maðr, m. = skímaðr.

skemd, f. (1) *injury* (þola skemdir af e-m); (2) *shame, disgrace.*

skemdar-auki, m. *shame, disgrace*; **-fullr,** a. *disgraceful*; **-lauss,** a. *without disgrace*; **-maðr,** m. *villain*; **-orð,** n. *villainous word*; **-verk,** n. *villainous deed*; **-víg,** n. *villainous slaughter.*

skemill, m. *foot-stool.*

skemma (**-da, -dr**), v. (1) *to put to shame*; (2) *to shorten, make shorter*; dagr, nótt skemmist, *the day, night shortens*; (3) *to damage, spoil* (s. vápn manna); vera skemmdr, *to be hurt.*

skemma, f. *a small detached building, lady's bower.*

skemmi-liga, adv. *shamefully*, **-ligr,** a. *shameful.*

skemmr, adv. compar., **skemst,** superl. *shorter, shortest*; of time (hann lifði skemst þeirra brœðra); lengr eða skemmr, *for a longer or shorter time, for a long or short while* (hirði ek aldri hvárt þú verr þik lengr eða skemmr); kvaðst þökk kunna, at hann væri þar lengr en skemmr, *the longer the better.*

skemmu-búr, n. *lady's bower*; **-dyrr,** f. pl., **-gluggr,** m., **-hurð,** f. *doorway, window, door of a* 'skemma'; **-mær,** f. *lady's maid*; **-seta,** f. *sitting in a* 'skemma'; **-veggr,** m. *side-wall of a* 'skemma'; **-vist,** f. *staying in a* 'skemma'.

skemta (**-ta, -t,** rarely **að**), v. *to amuse, entertain,* with dat.; s. sér, *to amuse oneself* (vér erum kátir ok skemtum oss); skemtu þeir honum frá ferðum sínum, *they entertained him by telling of their journeys*; esp. *to entertain at meetings or festivals* (with story-telling or songs); frá því er nökkut sagt, hverju skemt var, *what the entertainment was*; fekk þetta kvæði góðan róm, þótti ok vel skemt, *and it was thought to be a good entertainment.*

skemtan, f. *entertainment, amusement, pastime* (hvat er s. einherjanna þá er þeir drekka eigi?); hafa s. af e-u, *to amuse oneself with a thing.*

skemtanar-dagr, m. *day of enjoyment*; **-ganga**, f. *pleasure-walk, promenade*; **-rœða**, f. *entertaining talk, chat*; **-samligr**, a. *amusing*.

skemti-liga, adv. *amusingly, pleasantly* (hann segir vel frá ok -liga); **-ligr**, a. *amusing, pleasant, interesting, entertaining* (þótti Kjartani -ligt at tala löngum við hana).

skenking (pl. **-ar**), f. *the serving of drink at table*.

skenkja (**-ta**, **-tr**), v. (1) with dat. *to serve with drink* (fjórir menn skenktu konum); (2) *to pour out, serve* (drink), *to one* (s. e-m mjöð).

skenkjari, m. *cup-bearer*.

skenkr, m. *a drink to be served at a meal* (kom skenkr í stofuna).

skepja (**skapta**, **skaptr**, neut. **skapit**), v. = skapa; (1) *to shape, form, fashion, create* (sá maðr, er guð skapti fyrstan í heim þenna); (2) *to devise, procure* (konungr sagði, at Þ. hafði þar sjálfr sér laun fyrir skapit).

skepna, f. (1) *shape, form* (var síðan hverr hennar limr ok liðr með réttri skepnu); (2) *a created thing, creature*.

skepnu-dagr, m. *day of creation*.

skepta (**-pta**, **-ptr**), v. *to furnish with a shaft, make a shaft to* (s. geira, spjót, örvar).

skepti, n. (1) *shaft, handle* (var skeptit langt at spjótinu); (2) *javelin*, =skeptifletta.

skepti-fletta, f. a kind of *javelin*; **-smiðr**, m. *shaft-maker*.

sker (gen. pl. **skerja**), n. *rock in the sea, skerry* (sigla milli skers ok báru).

skera (**sker**; **skar**, **skárum**; **skorinn**), v. (1) *to cut* (þeir skáru böndin); s. e-n á háls, *to cut one's throat* (Karkr þræll skar hann á háls); s. út ór, *to cut right through*; (2) *to slaughter* (s. sauði, kálf, kið, dilk, geldinga); (3) *to shape, cut* (hann skar hár hans ok negl); (4) *to cut, mow, reap* (s. akr); (5) *to carve, cut out* (á brúðum stólsins var skorinn Þórr, ok var þat líkneski mikit); (6) s. e-m höfuð, *to make faces at one*; skapa ok s., *to have all the say in a matter*; láta skapat s., *to let fate decide*; (7) with preps. and advs., s. e-t af, *to cut off*; s. af manni, *to be reserved or reticent*; skera lítt af manni, *to speak one's mind*; s. niðr kvikfé, *to slaughter the live stock* (for want of fodder); s. ór e-u, *to decide, settle* (s. ór vanda-málum); nú er þat vili várr, at einn veg skeri ór, *that the case be settled*; s. upp herör, þingboð, *to dispatch a war-arrow, gathering-stick*; s. upp akr, *to reap a field*; (8) refl., skerast, *to stretch, branch*, of a fjord, valley; fjörðr skarst langt inn í landit, *stretched far into the land*; höfðarnir skárust á víxl, *the headlands stretched across, overlapped one another*; s. í setgeira-brœkr, *to put on a man's breeches*; ef nökkut skerst í, *if anything happens*; skarst allt í odda með þeim, þat sem við bar, *they fell at odds about everything that happened*; s. ór e-u máli, *to withdraw (shrink) from a cause* (gangi nú allir til mín ok sveri eiða, at engi skerist ór þessu máli); s. undan e-u, *to refuse, decline doing a thing* (mun lokit okkrum samförum, ef þú skerst undan förinni); s. undan, *to hang back* (þeir fýstu hann at sættast, en hann skarst undan).

skerða (**-rða**, **-rðr**), v. *to diminish*.

sker-garðr, m. *a belt of rocks in the sea*; **-gipr**, m. a kind of *bird*.

skerjóttr, a. *full of skerries*.

skermsl, n. pl. *a stretch of rugged barren ground*.

sker-nár, m. *a person left to die on a skerry*.

skerpa, f. *sharpness*; með fyrstu skerpu, *in the first access or onslaught*.

skerpingr, m. *sharp effort* (róa undan í skerpingi).

skessa, f. *giantess, witch*.

skessi-ligr, a. *monstrous*.

skeypa (**-ta**, **-t**), v. *to mock* (menn skeypa at honum ok hlæja).

skeypi-liga, adv. *mockingly*.

skeyta (**-tta**, **-ttr**), v. (1) *to transfer, convey a piece of land to another* (s. e-m jörð, s. jarðir til kirkju); (2) vera undir e-n skyldr ok skeyttr, *to be bound, subject to one*; (3) s. e-m forvitni, *to satisfy one's curiosity*; (4) s. e-t saman, *to join together*; (5) s.

um e-t, *to care for, trouble oneself about* (þeir skeyttu ekki um þá).

skeyti, n. *shaft, missile, arrow.*

skikka (**að**), v. *to order, set in order or place, ordain* (rare).

skikkja, f. *cloak, mantle.*

skikkja (**-ta, -t**), v. *to put on a cloak*; s. sik, *to cloak oneself.*

skikkju-bönd, n. pl. *mantle-straps*; **-lauss**, a. *cloakless*; **-rakki**, m. *lap-dog*; **-skaut**, n. *lap of a cloak.*

skil, n. pl. (1) *distinction*; heyra, nema orða s., *to be able to make out words*; menn sá varla handa (fingra) sinna s., *they could hardly see their own hands* (*fingers*); (2) *discernment, knowledge*; kunna, vita góð s. á e-u, *to be well informed of, have good knowledge of*; kunna s. rúna, *to know how to read runes*; (3) *adjustment*; fœra mál til skila, *to put a case right*; gera s. á e-u, *to perform, discharge* (mér þykkir úsýnt, hver s. ek geri á yðru erendi); verða at litlum skilum, *to be of little account, come to nought*; koma e-u til skila, *to put in order*; e-t kemr til skila, *is duly delivered, comes to hand* (hann sendi konunginum hest, ok kom sá vel til skila); svá at allir hefði góð s., *so that all should have their due*; hann hafði engan erfingja þann er s. væri at, *he had no trusty heir*; (4) *pleading* (öll lögmælt s.).

skila (**að**), v. (1) *to expound, give reason for, explain* (vilda ek, at þú skilaðir þessa rœðu); (2) *to decide*; þeir áttu eigi um at s. málit, *they had not to decide the suit*; (3) s. e-u aptr, *to return a thing, bring back* (hann skilaði aptr yxnunum).

skila-maðr, m. *trustworthy man.*

skil-borinn, pp. *born in wedlock*, = -getinn; **-dagi**, m. *condition, stipulation, terms*; með þeim -daga, at, *on condition that*; **-fenginn**, pp. *lawfully got*; -fengin kona, *a wedded wife*; **-getinn**, pp. *lawfully begotten, born in wedlock*; **-góðr**, a. *trustworthy, reliable, respectable* (-góðr bóndi); **-greiði**, m. *promptness.*

skilinn, a. (1) *clear, distinct* (skilin orð); (2) *intelligent* (s. til orða).

skilja (**skil, skilda; skiliðr**, later **skildr, skilinn**), v. (1) *to part, divide, separate* (sú er nú kölluð Jökulsá ok skilr landsfjórðunga); skilr hann flokk sinn, *he divides his band*; (2) *to break off, break up* (þessi sótt mun s. samvistu okkra); síðan skildu þau talit, *they broke off their talk*; (3) *to part company, take leave* (skildu þeir með mikilli vináttu); (4) impers.; þar er leiðir (acc.) skildi, þá skildi ok slóðina, *where the roads parted, there the tracks too parted*; mundi s. vegu þeirra, *their ways would diverge*; með þessu skilr skipti þeirra, *thus ended their dealings*; *it differs*, mikit (acc.) skilr hamingju okkra, *there is a wide difference between our fortunes*; þá skilr á um e-t, *they disagree about a thing*; ef skrár skilr á, *if the scrolls differ*; (5) *to distinguish, discern*, with the eyes (nú má ek þann eigi sjá eða biðja mér fulltings, er ek má hann eigi s.); with the ears, *to hear* (eru þeir hér svá, at þeir megi s. mál mitt); (6) *to understand, find out* (þá þóttist Þórr s. hvat látum verit hafði of nóttina); (7) *to decide, settle* (skildi konungr erendi Sighvats svá, at honum líkaði vel); (8) *to set apart, reserve for one* (þó at konungr hafi mér skilit eignir mínar eða landsvist í Orkneyjum); eiga e-t skilit, *to have reserved, stipulated* (þat átta ek skilit við þik, at); s. sér e-t, *to reserve to oneself* (jarðir hafði hann bygt ok skilit sér allar landskyldir); s. e-t í sætt, *to lay down, stipulate, in an agreement* (þat var skilit í sætt várri, at); (9) with preps., s. e-t á við e-n, *to stipulate* (þó vil ek s. á við þik einn hlut); s. e-t eptir, *to leave behind*; s. e-t frá e-u, *to separate from* (hann skildi sik sjálfr frá ríki ok fór í klaustr); *to exempt from* (hverr maðr skyldi gjalda konungi fimm aura, sá er eigi væri frá því skiliðr); s. fyrir e-u, *to formulate, dictate* (s. fyrir eiðstafinum); s. fyrir heiti, *to formulate, pronounce a vow*; s. með mönnum, *to part, separate* (nótt skildi þá með þeim); impers., skilr með þeim, *they part* (eptir þetta skildi með þeim); s. e-t í sundr, *to part asunder* (hinir skildu í sundr skipin ok gerðu hlið í millum skipanna); s. e-t til, *to stipulate* (vil ek ok til s., at); s. e-t undan, *to except, to make a reservation for* (at undan skildum heraðssektum); s. e-t undan e-m, *to deprive one of*; s. e-t undir e-n, *to leave it to one* (Njáll kvaðst þat vilja s. undir Höskuld); s. e-n undir sætt, *to include one in an agreement* (hversu marga menn viltu s. undir sættir okkar); s. undir eið, *to make an oath with reservation*; s. við e-n, *to part with, put away*; s. við konu, bónda, *to divorce one's wife, one's husband*; segja skilit við konu, *to declare oneself separated from*; (10) refl., skiljast, *to separate, break up* (skildist þá ok riðlaðist fylkingin); s. við e-n, e-t, *to part from, forsake* (hann kveðst aldri við Kára skyldu s.); recipr. *to part company* (skildust þeir með blíðskap, feðgar); impers., e-m skilst e-t, *one perceives, understands* (nú skaltu vita, hvárt mér hafi skilizt); láta sér e-t s., *to let oneself be convinced of* (Björn lét sér þat eigi s.).

skiljan-ligr, a. *intelligible, distinct.*

skillingr (**-s**, **-ar**), m. (1) pl. *money* (hón skell um hlaut fyr skillinga); (2) *shilling*; *shekel.*

skil-lítill, a. *not very trustworthy*; **-máli**, m. *agreement, condition, stipulation* (með þeim skilmála, at).

skilnaðr, m. *separation, parting, divorce*; at skilnaði, *at parting.*

skilning, f. (1) *separation*; (2) *discernment, understanding* (fá skjóta s. á e-u); (3) *sense, meaning* (s. orðanna); (4) *view, opinion*; vera má, at svá sé, en ek hefi hina s., *but I am of the opposite opinion.*

skilningar-lauss, a. *senseless, without understanding*; -laus skepna, *a brute*; **-maðr**, m. *sensible man*; **-vit**, n. *sense, intellect.*

skilningr, m. *sense, meaning, opinion.*

skil-orð, n. *condition, stipulation, terms*; **-rekki**, n. = -ríki; **-rekkr**, a. = -ríkr; **-ríki**. n. *proof, evidence* (sýna -riki til e-s); **-ríkliga**, adv. (1) *honestly*; (2) *clearly, conclusively*; **-ríkr**, a. (1) *honest, upright*; (2) *trustworthy*; **-samligr**, a. *clear, evident*; **-vísligr**, **-víss**, a. *trustworthy* (-víss maðr); **-vænn**, a. = -víss; **-yrði**, n. = -orð.

skima (**að**), v. *to look all around.*

skimi, m. *gleam of light.*

skin, n. *sheen, shining* (s. sólar).

skingr, n. a kind of *cloak.*

skininn, pp. *bleached, withered* (s. hross-hauss).

skinn, n. *skin, fur.*

skinnari, m. *skinner, tanner.*

skinna-vara, f. *peltry, fur-ware.*

skinn-brœkr, f. pl. *skin breeks*; **-dreginn**, pp. *lined with skin*; **-feldr**, m. *skin cloak*; **-föt**, n. pl., **-hosa**, f., **-húfa**, f. *garments, hose, cap made of skin*; **-hvítr**, a. *white-skinned*; **-klæði**, n. pl. = -föt; **-kyrtill**, m. *skin kirtle*; **-lauss**, a. *skinless, skinned*; **-leikr**, m. a kind of *game*; **-ólpa**, f., **-rokkr**, m. *jacket, kirtle of skin.*

skinns-litr, m. *colour of the skin, complexion* (døkkr, hvítr á -lit).

skinn-stakkr, m. *skin cloak*; **-þaktr**, pp. *skin-thatched, skin-covered.*

skip, n. *ship* (of any kind).

skipa (**að**), v. (1) *to arrange, place in order, draw up*, with dat. (Egill skipaði svá mönnum þeim, er merkit báru); **s.** e-m fyrir e-t *or* yfir e-t, *to put one in charge of*; s. e-m hjá e-m, *to assign a seat to one beside another* (jarlinn skipaði þeim hjá Gunnlaugi); fig. *to explain*; s. draumi, *to interpret a dream*; (2) with acc. *to take up, occupy*; skipuðu konur pall, *the women were seated on the* 'pallr'; hann skipaði öndvegi, *he had his place in the high-seat*; *to arrange, array*, s. fylking sína, *to draw up one's line of battle*; var skjöldum skipat allt húsit um veggina, *the walls were all hung with shields*; (3) s. e-m e-t, *to assign a thing to one* (skipaði hann nú allt land sínum sýslumönnum); also without dat. (Geirmundr skipar jarðir sínar á laun); (4) *to man* (skipuðu þeir skipin sem bezt); ek skal s. húskörlum mínum annat skipit, *I will man one of them with my house-carles*; (5) s. til e-s, *to arrange, make ready for* (s. til atlögu);

s. til búa sinna, *to put one's household in order*; þó mun eigi of skipat til ánna, *there will not be too many rams for the ewes*; (6) *to change*; bið hann, at þit skipit máldaga, *ask him to change the bargain*; (7) reflex., skipast, *to draw up* (gengu þeir þá inn allir ok skipuðust í dyrrin); skipuðust menn þar í sæti, *the men took their seats*; *to undergo a change* (mart hefir skipazt í Haukadal, ok vertu varr um þik); s. á betri leið, *to change for the better*; s. við e-t, *to yield to, be moved by* (s. við orð, fortölur e-s); s. við orðsending e-s, *to answer to one's call*; þenna kost gerðum vér Hákoni, skipaðist hann vel við, *he took it in good part*; impers., var heitit fyrir henni mörgu, ok skipaðist henni ekki viðr, *it had no effect*.

skipa (**að**), v., s. e-t upp, *to unload* (þeir tóku land ok skipuðu þar upp).

skipa-afli, m. *naval force*; **-búnaðr**, **-búningr**, m. *the fitting out of ships, making ready for sea*; **-far**, n. *passage of vessels*; **-ferð**, f. (1) *sea-voyage*; (2) = -far; **-fjöldi**, m. *multitude of ships*; **-floti**, m. *a fleet of ships*; **-för**, f. = -ferð; **-gangr**, m. = -ferð (2); **-gørð**, f. *ship-building*; **-herr**, m. *naval force*; **-kaup**, n. *trading with a ship in harbour*; **-kostr**, m. *naval force*; **-lauss**, a. *without ships*; **-leið**, f., **-leiði**, n. *way by sea*; **-leiga**, f. *hire of a ship*; **-lið**, n. *naval force*; **-lýðr**, m. *shipmen, seamen*; **-lægi**, n. *berth*; **-maðr**, m. *seaman, sailor*.

skipan, f. (1) *order, arrangement*; A. sagði, hver s. vera skyldi fyrir liði hans, *how his troops should be drawn up*; þessi var s. á göngu konungs til kirkju, *this was the order of the royal procession*; (2) *manning of a ship, crew*; sex skip skipuð fullri s., *fully manned*; (3) *place, berth*, as one of the crew (hann tók sér s. með þeim manni, er Þórólfr hét); (4) *due order, due course, disposition, arrangement* (lét hann upp lesa bréf um s. ríkisins); (5) *orders* (þeir beiddust skipunar af konungi); (6) *change*; mun honum þykkja góð s. á komin, *he will think that good change has taken place*.

skipanar-bréf, n. *writ*; **-brigð**, n. *trespass against an order*.

skipa-orrusta, f. *sea-fight*; **-reiði**, m. *a ship's rigging*.

skipari, m. *seaman, sailor*.

skipa-saumr, m. *ship-nails*; **-smiðr**, m. *shipwright*; **-smíð**, f. *ship-building*; **-stóll**, m. *supply of ships, fleet*; **-tollr**, m. *ship-tax*.

skip-bátr, m. *a ship's boat*; **-borð**, n. *a ship's board, gunwale*; **-brot**, n. (1) *shipwreck*; vera í -broti, *to be shipwrecked*; (2) pl. *pieces of a wrecked ship* (ætluðu þeir at gera sér skip ór -brotunum).

skipbrots-maðr, m. *a shipwrecked person* (sýna -manni, hvar höfn var).

skip-búinn, pp. *ready to sail*; **-búnaðr**, m. *a ship's fittings*; **-dráttr**, m. *ship-launching*; **-ferð**, f. *sea-voyage*; **-fjöl**, f. *a ship's plank*; stíga á -fjöl, *to go on board*; **-flak**, n. *wreck*; **-fœrr**, a. *navigable for a ship* (veðr hvasst ok eigi -fœrt); **-för**, f. *sailing, voyage* (vera í -förum); **-gengr**, a. *navigable*; **-gørð**, f. *ship-building*; **-herra**, m. *ship-master, captain*; **-hlutr**, m. *the ship's share of a catch*; **-hræ**, n. *wreck of a ship*; **-hræddr**, a. *afraid of the sea*; **-kaup**, n. *purchase of a ship*; **-kostr**, m. = skipakostr; **-kváma**, f. *arrival of a ship*; **-kænn**, a. *skilled as a seaman*; **-lauss**, a. *shipless*; **-leggja**, v. *to bury in a ship*; **-leiga**, f. *the hire of a ship*; **-maðr**, m. *sailor, ferryman*; **-prestr**, m. *a ship's chaplain*; **-pund**, n. *ship-pound*; **-rá**, f. *sailyard*; **-reiða**, f. '*ship-levy*'; **-reiði**, m. *a ship's rigging*; **-rúm**, n. *berth*, esp. of fishermen; **-sala**, f. *a ship's sale*; **-saumr**, m. *ship-nails*.

skips-borð, n. *gunwale*; **-brot**, n. = skipbrot; **-dráttr**, m. = skipdráttr; **-flak**, n. = skipflak; **-háski**, m. *danger at sea*; **-höfn**, f. *crew*.

skip-sleði, m. *ship-sledge*; **-smiðr**, m. = skipasmiðr; **-smíð**, f. *ship-building*; **-sókn**, f. = -sögn; **-stafn**, m. *a ship's stem*; **-stjórn**, f. *command of a ship*; **-sveinn**, m. = -maðr; **-sögn**, f. *crew*.

skipt, f. *the camp of the Varangians* at Constantinople.

skipta (**-pta, -ptr**), v. (1) *to divide*; s. e-u í tvá staði, *to divide into two parts*; s. e-u með sér, *to divide between themselves* (sumum mönnum skiptu þeir með sér til ánauðar); (2) *to share, deal out* (nornir skipta geysi-újafnt); enda skipti guð með oss, *and so may God judge between us*; (3) *to shift, change* (s. litum, nafni, skapi); (4) þat skiptir engu (litlu, miklu), *it is of no (little, great) importance, it makes no (little, great) difference*; mik skiptir engu, *it is of no moment to me, does not concern me*; s. máli, *to be of importance* (þótti henni allmiklu máli s., at þér tœkist stórmannliga); eiga máli at s. um e-t, *to have a right to deal with, be concerned about, a thing*; þat mun tveimr s., *it will turn out in one of two ways*; sér Pálnatoki, at mun tveimr um s., *that it will turn out one way or the other*; þat skipti mörgum hundruðum, *it was a matter of (it amounted to) many hundreds*; sitr Ólafr nú at búi sínu, svá at vetrum skipti, *for several years*; (5) absol. *to come about, happen*; ef því er at s., *if it comes to that*; því er at s. þó, *it will however turn out so*; (6) with preps., s. sér af e-u, *to take part in, concern oneself with, a thing* (Glúmr skipti sér ekki af um búsýslu); s. e-u fyrir e-t, *to exchange a thing for another*; undarliga skiptit ér til, *ye do strangely with things*. impers., skiptir e-n veg til, *it turns out, comes to pass* (þannig skipti til sem úlíkligra mundi þykkja); s. um e-u, *to change*; s. um trúnaði sínum, *to go over to the other side*; s. um e-t, *to change* (s. um bústað, lánardróttna, nafn); s. um, *to come to a crisis, turn one way or other* (skjótt mun um s.); s. e-u við e-n, *to exchange with another* (s. höggum við e-n); s. orðum við e-n, *to bandy words with one*; s. ríki við e-n, *to share the kingdom with* (sá hann engan annan sinn kost en s. ríki við Harald); (7) refl., skiptast, *to divide themselves, disperse* (skiptust þeir, snøru sumir norðr); *to change* (þá skiptust tungur á Englandi, er Vilhjálmr bastarðr vann England); recipr., skiptast e-u við, *to make an exchange*; s. gjöfum (höggum) við, *to exchange presents* (*blows*); s. við um róðr, *to row by turns*.

skip-taka, f. *the seizing of a ship*; **-tapi**, m. *loss of a ship* (at sea).

skipti, n. (1) *division, distribution, sharing* (þér hafit land lítit, en erut margir til skiptis); (2) *change* (mörgum þótti þetta s. mjök í móti skapi); (3) *shift* (þat munu Danir kalla betra s. at drepa heldr víking norrœnan en bróðurson sinn danskan); (4) plur. *dealings, transactions, disputes, fights* (þau ein s. munu vit eiga, at þér mun eigi betr gegna).

skipti-ligr, a. (1) *changeable*; (2) *divisible*.

skipting, f. (1) *division*; (2) *change*.

skiptingr, m. (1) *changeling*; (2) *idiot* (inn mesti s. ok afglapi).

skipti-tíund, f. *tithe to be divided into four parts*.

skip-tjón, n. = -tapi; **-tollr**, m. *ship's toll*; **-töturr**, m. *hulk*.

skipu-liga, adv., **-ligr**, a. *orderly*.

skip-verð, n. *a ship's price*; **-veri**, m. *one of the crew*; plur., -verjar, *the crew*; **-viðr**, m. *a ship's timbers*; **-vist**, f. *the being one of the crew*.

skirpa (**-pta, -pt**), v., see 'skyrpa'.

skirra (**-ða, -ðr**), v. (1) *to frighten* (cf. 'skjarr'), with acc.; (2) *to prevent, avert*, with dat. (s. vandræðum); (3) refl., skirrast e-t, við e-t, *to shrink from, shun*.

skitinn, pp. *dirty* (skitnir ok fúnir klæðaleppar).

skí, n. *jugglery, legerdemain*.

skíð, n. (1) *billet of wood, firewood* (kljúfa s.); (2) esp. pl., *long snow-shoes*, '*ski*' (fara, renna, skríða, kunna á skíðum).

skíða, f. *piece of split wood, billet, stick*, = skíð 1 (klauf hann þar Þór í skíður einar ok lagði síðan í eld).

skíða-fang, n. *an armful of logs*; **-far**, n., **-ferð**, f. *going or travelling on snow-shoes*; **-geisli**, m. *balancing staff used with* '*ski*'; **-hlaði**, m. *pile of fire-wood*.

skíð-fœri, n. (1) *surface for snow-*

shoes (gott -fœri); (2) *snow-shoe gear*; **-fœrr, a.** *good at travelling on snow-shoes*; **-garðr,** m. *wooden palings, wooden fence* (Þ. hleypr yfir skíðgarð nökkurn).

skíði, n. *sheath*, = skeiðir, slíðrar.

skíði-járn, n. '*sheath-iron*', *sword* (drógu þeir ór skíði skíðijárn).

skíð-kjálki, -sleði, m. *snow-sledge shaped like a snow-shoe.*

skífa, f. *slice* (cf. 'brauð-skífa').

skífa (-ða, -ðr), v. *to slice, cut into slices* (mátti þar sjá hjálma skífða).

skí-maðr, m. *pretender, hypocrite.*

skína (skín; skein, skinum; skininn), v. *to shine* (veðr var fagrt, skein sól í heiði); impers., mun s. af í dag, *it will clear up to-day.*

skíra (-ða, -ðr), v. (1) *to cleanse, purify* (s. silfr); skíra sik, *to clear* (*purge*) *oneself* by an oath or ordeal; (2) *to baptize, christen* (skírði prestr barnit); láta skírast, *to be baptized.*

skírari, m. *baptizer, baptist.*

skír-borinn, pp. *born in wedlock.*

skír-dagr, m. *Maundy-Thursday.*

skír-dræpr, a. *dazzling*; **-getinn,** pp. = -borinn.

skíri-faðir, m. *one's* '*baptizing father*'; **-þórsdagr,** m. = skírdagr.

skír-leiki, -leikr, m. *purity*; **-leitr,** a. *bright-faced*; **-liga,** adv. *purely, chastely*; **-ligr,** a. *bright*; -ligr í yfirbragði, at yfirlitum, *bright of countenance*; **-lífi,** n. *chastity*; **-lífr,** a. *pure-lived, chaste.*

skírn, f. *baptism, christening*; halda barni undir s., *to stand godfather*; taka s., *to be baptized.*

skírna (að), v. *to become clear.*

skírnar-brunnr, m. *baptismal font*; **-dagr,** m. *baptismal day*; **-embætti,** n. = -þjónusta; **-fontr,** m. *baptismal font*: **-hald,** n. *standing godfather*; **-klæði,** n. pl. *baptismal clothes*, = hvítaváðir; **-nafn,** n. *baptismal name*; **-vatn,** n. *baptismal water*; **-þjónusta,** f. *baptism, christening.*

skírr (skírri or skírari, skírstr), a. (1) *clear, bright, pure,* of glass, metal, water, sky, &c. (s. mjöðr, skírt vatn, s. málmr, skírt silfr); (2) *cleansed from guilt* (hón skal øruggliga bera mega þetta járn ok skír verða); (3) of the voice, *clear* (með skírri raustu).

skír-skota (að), v. *to refer or submit to judgement* (E. -skotaði þessum órskurði undir þá menn alla, er við vóru), *or to testimony* (skírskota e-u undir e-n, e-u fyrir e-m, e-u við vitni e-s); -skota til e-s, *to appeal to.*

skírsl, f. *purification, ordeal.*

skírsla, f., **skírsli,** n. = skírsl; fig., gera skírslu til e-s, *to put to the test.*

skíta (skít, skeit, skitinn), v. = dríta; þeir fuglar, er í sitt hreiðr skíta, *that foul their own nest.*

skít-karl, m. *dirty fellow.*

skjaðak, n. (1) a kind of *weed, darnel*; (2) *an ill-flavoured or poisonous element* (s. í mungáti).

skjal, n. *empty talk, gossip.*

skjala (að), v. *to prate, swagger.*

skjalda (að), v. *to cover* (*furnish*) *with a shield or shields.*

skjaldar-bukl, n. *shield-boss*; **-fetill,** m. *shield-strap*; **-rönd,** f. *rim of a shield*; **-sporðr,** m. *the lower pointed end of a shield.*

skjalda-skrifli, n. pl. *old worn-out shields* (-skrifli ok baugabrot).

skjald-borg, f. *wall* (*rampart*) *of shields*, an old battle-array (skipa mönnum í -borg); **-fimr,** a. *dexterous with one's shield*; **-hvalr,** m. a kind of *whale*; **-jötunn,** m. a kind of *war-engine*; **-mær,** f. *amazon*; **-rim,** f. '*shield-rim*' (on a ship); **-sveinn,** m. *shield-bearer*; **-þili,** n. *wainscoting.*

skjaligr, a. *talkative.*

skjall, n. *the white membrane of an egg* (skjalli hvítara).

skjalla (skell; skall, skullum; skollinn), v. *to clash, clatter* (á hælum hringar skullu).

skjall-kœnliga, adv. *in a swaggering manner.*

skjallr, a. (1) *loud, shrill* (s. brestr); (2) hann kvað sér vera ekki einkar skjallt, *he said he did not feel well.*

skjall-raddaðr, a. *clear-voiced.*

skjanni, m. *the side of the head.*

skjarr, a. *shy, timid* (s. sauðr); s. við e-t, *shy* (*afraid*) *of* (s. við skot).

skjá, f. = skjár.

skjálfa (skelf; skalf, skulfum;

skolfit), v. *to shiver, shake, quiver* (honum þótti s. bæði jörð ok himinn); þeygi henni hendr skulfu, *her hands faltered not at all.*

skjálf-hendr, a. *with trembling hand, tremulous.*

skjálfra (að), v. *to shiver, shake.*

skjálfta-fullr, a. *shivering.*

skjálfti, m. *shivering.*

skjálgr, a. (1) *wry, oblique*; (2) *squinting,* as a nickname (Þórólfr s.).

skjálgr, m., in the phrase, skjóta í skjálg augunum, *to look askance.*

skjár (pl. **skjáir**), m. *a window-frame* with a transparent membrane over it, fitting to the opening (ljóri) in the roof, or to the window in the side-wall (cf. 'hliðskjár').

skjá-vindauga,f. *membrane window.*

skjóða, f. *a small skin-bag.*

skjóðu-pungr, m. *skin-purse.*

skjól, n. *shelter, cover*; skjóta skjóli yfir e-n, *to give shelter to.*

skjóla, f. *pail, bucket.*

skjóta (skýt; skaut, skutum; skotinn), v. (1) *to shoot with* a weapon, with dat. (s. öru, spjóti, kólfi); vera skotinn spjóti í gegnum, *to be shot through with a spear*; s. af boga, *to shoot with a bow*; with the object shot at in acc. (s. dýr, mann, sel, fugl); s. at e-m, til e-s, *to shoot at one*; s. til hœfis, *to shoot at a mark*; (2) *to shoot, push or shove quickly*; s. brú af, *to draw the bridge off or away*; s. skildi fyrir sik, *to put a shield before one*; s. loku fyrir, *to shoot the bolt, lock the door*; s. frá lokum, *to unlock*; s. e-u fyrir borð, *to shoot overboard*; s. skipum á vatn, *to launch ships*; s. báti, *to launch a boat from the shore*; s. útan báti, *to shove out a boat*; s. hesti undir e-n, *to put a horse under one, to mount him*; var mér hér skotit á land, *I was put ashore here*; s. e-u niðr, *to thrust it down* (hann skaut svá fast niðr skildinum, at); s. e-m brott *or* undan, *to let one escape*; s. undan peningum, *to abstract, embezzle money*; s. e-u í hug e-m, *to suggest to one* (þá skaut guð því ráði í hug þeim); s. upp hvítum skildi, *to hoist a white shield*; s. upp vita, s. eldi í vita, *to light up a beacon*; s. land-tjaldi, *to pitch a tent*; s. á fylking, *to draw up in battle array*; s. á húsþingi, *to call a meeting together*; s. á eyrendi, *to make a speech*; s. fótum undir sik, *to take to one's heels, to run*; barnit skaut öndu upp, *the child began to breathe*; s. e-u of öxl, *to throw off one's shoulder*; (3) *to transfer a case to another*; vér tólf dómendr, er málum þessum er til skotit, *to whom these suits are handed over*; skýt ek því til guðs ok góðra manna, at, *I call God and all good men to witness, that*; (4) *to pay* (hann skaut einn fyrir sveitunga sína alla); (5) impers., e-u skýtr upp, *it shoots up, emerges, comes forth*; upp skýtr jörðunni þá ór sænum, *then the earth rises from the sea*; skaut upp jörðu dag frá degi, *the earth appeared day by day* (as the snow melted); þó at þér skyti því í hug, *though it shot into thy mind, occurred to thee*; þeim skaut skelk í bringu, *they were panic-stricken*; sem kólfi skyti, *swift as a dart*; (6) refl., skjótast, *to shoot, start, move quickly*; hann skauzt á fœtr, *he started to his feet*; Björn skauzt aptr at baki Kára, *B. sprang back again behind K.*; at menn hans skytist eigi frá honum, *lest his men should slip away, desert*; hann vildi ljósta Gretti, en hann skauzt undan, *he avoided the blow*; s. e-m, *to fail*; margir skutust honum, *many forsook him*; skutust þá margir við Þórð í trúnaðinum, *many proved false to Thord*; hann var nökkut við aldr, ok skauzt á fótum, *and tottered on his legs*; e-m skýzt yfir um e-t, *one overlooks, fails to notice a thing* (þeim hafði yfir skotizt um þetta); recipr., skjótast á, *to exchange shots.*

skjót-fara, a. indecl. *swift-going*; **-fœri,** n. *swiftness*; **-fœrr,** a. *swift*; **-görr,** a. *soon made*; **-hendr,** a. *swift-handed*; **-keypt,** pp. n. *a hasty bargain*; **-kørinn,** pp. *soon chosen*; **-látr,** a. *quick, alert*; **-leikinn,** a. *nimble*; **-leikr,** m. *fleetness*; **-liga,** adv. (1) *swiftly, quickly*; (2) *soon*; **-ligr,** a. *quick, alert*; **-litit,** pp. n., gera -litit e-t mál, *to hurry, be rash in* *a thing*; **-lyndr**, a. *impatient, rash*; **-mælgi**, f. *rash speech*; **-orðliga**, adv. *in a few words*; **-orðr**, a. *quick-spoken, ready of tongue.*

skjótr, m. *vehicle, horse.*

skjótr, a. *swift, fleet* (s. hestr); *quick, short* (skjót svör); neut., skjótt, as adv. *speedily* (hón bjó sik skjótt).

skjót-ráðit, pp. n. *hastily decided*; **-ráðr**, a. *quick (rash) in resolving*; **-ræði**, n. *rashness*; **-svarinn**, pp. *rashly sworn.*

skjóttr, a. *piebald* (of a horse).

skjót-yrði, n. pl. *hasty words.*

skjöldr (gen. **skjaldar**, dat. **skildi**; pl. **skildir**, acc. **skjöldu**), m. *shield*; hafa e-n at skildi fyrir sér, *to have another as a shield before one*; bera efra (hærra) skjöld, *to have the best of it, to gain the day*; þjóna undir þann skjöld, *to serve under that standard*; leika tveim skjöldum, *to play a double game*; koma í opna skjöldu, *to attack in flank (from the left)*; skjóta skildi yfir e-n, *to protect one.*

skjöplast (**að**), v. refl. *to fail* (kvað Sigmundr hann skjöplazt hafa í ferðinni); *to give way.*

skoða (**að**), v. *to look after, view, review* (konungr hafði skoðat lið sitt); refl., skoðast um, *to look about.*

skoðan, f. *viewing, examination.*

skokkr (**-s, -ar**), m. *chest, trunk.*

skola (**að**), v. *to wash*; also impers. (skolaði til hafs öllu ór skipinu).

skol-brúnn, a. *swarthy, brown.*

skolla (**-da, skollat**), v. *to hang over, dangle*; *to skulk away, keep aloof.*

skolli, m. *fox, Reynard* (hann spurði, hvárt s. væri inni).

skollr, m. *skulking, deceit* (nökkurr s. var í skapi búand-karla).

skolpr (**-s, -ar**), m. *a turner's chisel.*

skoltr (**-s, -ar**), m. *jaw.*

skons, m. *sconce, lantern.*

skop, n. *mocking*, = skaup.

skopa (**að**), v. (1) *to mock, scoff*, = skeypa; (2) *to take a run* (s. skeið).

skopt, n. *hair* (s. heitir hár).

skor (pl. **-ar**), f. (1) *score, notch, incision*; (2) *a rift in a rock or precipice* (hleypr hann ofan fyrir skorina).

skora (**að**), v. (1) *to chafe, rub, gall* (járnin skoruðu mjök at beini); (2) *to make a score or incision in* (sumir ganga at með boløxar ok skora fœti á fílunum); s. e-t sundr, *to cut asunder*; (3) *to challenge*; s. e-m (or e-n) á hólm (til hólmgöngu, til hólms, til einvígis), *to challenge to a duel*; (4) s. á e-n, *to call upon, request strongly* (þeir skoruðu á hann fast); s. á e-n til e-s, *to call upon one for a thing* (s. á e-n til liðveizlu, fulltings); s. á e-n til hólmgöngu, *to challenge one to fight*; (5) *to urge, insist upon* (fast skorar þú þat); s. e-t mál við e-n, *to broach a matter to one* (konungr skorar þá þetta mál við hana sjálfa); (6) s. e-t í, *to stipulate* (Þ. skoraði þat í, at); (7) *to score, count by tallies* (hann lét þá s. liðit).

skor-bíldr, m. *scoring-axe.*

skorða, f. *stay, prop* (setja skorður undir skip); fig., reisa (setja) skorður við e-u, *to put a stop to, take precautions against.*

skorða (**að**), v. *to prop, support by shores* (þeir skorðuðu skipit).

skorin-orðr, a. *clear-spoken.*

skorpinn, a. *shrivelled* (s. belgr; skorpit skinn).

skorpna (**að**), v. *to shrivel up* (skorpnar skór at fœti mér); fig., skorpnar at, *it presses hard* (þér mun þykkja mjök at s.).

skor-steinn, m. *chimney.*

skort, pp. n., used as adv., *short of*; var hann þar lítit s. viku, *he was there little short of a week.*

skorta (**-rti, -rt**), v. *to be lacking to one* (eigi mun þik karlmenska s.); mostly impers., e-n skortir e-t, *one is in want of, is short of*; ekki skortir ykkr áhuga, *ye do not lack heart*; e-n skortir við e-n, *to be one's inferior, fall short of one*; honum þótti sik s. við oss, *he thought he fell short of us*; skortir á e-t, *it is lacking*; þat er á skorti, *what was lacking.*

skortr, m. *want, lack, scarcity.*

skot, n. (1) *shooting, shot* (þóttist Þ. eigi hafa skotit betra s.); (2) *the thing shot, missile*, = skeyti (ef fleiri s. eru í hvalnum); (3) *appeal*; er til hans miklu minna s. en margir láta yfir, *there is less appeal to* (*less worth in*) *him than folks say*; (4) *a narrow dark passage*, running along the wall of the ancient hall (gekk hann inn ok í s., er var um eldahúsit).

Skotar, m. pl. *the Scots* (Skota jarl).

skot-bakki, m. '*shooting-bank*', *butts* (fóru þeir í -bakka ok vöndust við skot); **-eldr**, m. *Greek fire* (?); **-eygr**, a. *restless of eye*; **-fé**, n. = -hlutr; **-fimi**, f. *skill in archery*; **-fœri**, n. *shot-range*; koma í -fœri, *to come within shot*; liggja í -fœrum við, *to be within bow-shot*; **-fœrr**, a. *skilful as an archer*; **-henda**, **-hending**, f. *half rhyme*; **-hendr**, a. *composed in the metre* -henda; **-hlutr**, m. *shooter's share*; **-hríð**, f. *shower of missiles*; **-hvalr**, m. *a dead whale with a harpoon in it*; **-maðr**, m. *shooter*, *harpooner*; **-mál**, n. *range*; langt -mál, *a long range*; koma í -mál, *to come within range*; **-peningr**, m. *pocket-money*, *subsistence-money*.

skotra (**að**), v. *to shove*, *push*, with dat. (berserkirnir skotruðu Gretti).

skot-silfr, n. = -peningr; **-spánn**, m. *target*; hafa e-n at skotspæni, *to make a butt of one*.

skotta (**að**), v. *to move to and fro* (jarl lét s. við skip sín, ok lagði ekki at sinni til orrustu).

skot-teinn, m. *a stick used as a mark*; **-vagn**, m. *catapult*; **-vápn**, n. *missile*; **-vöndr**, m. *a wand to be shot*; **-yrði**, n. pl. *scoffs*, *taunts*.

skozkr, a. *Scottish*, *Scotch*.

skó-broddr, m. *ice-spur* (vera á -broddum); **-föt**, n. pl. *shoes*.

skógar-björn, m. *wood-bear*, *common bear*; **-braut**, f. *forest-path*; **-brenna**, f. *forest-fire*; **-búi**, m. *a dweller near a wood*; **-dýr**, n. *wood deer*; **-gata**, f. *forest-path*; **-geit**, f. *wood-goat*, *wild goat*; **-háls**, m. *wooded neck or ridge*; **-horn**, n. = -nef; **-hunang**, n. *wild honey*; **-högg**, n. *tree-felling*; **-kjarr**, n. *brushwood*; **-maðr**, m. *outlaw*; **-nef**, n. *out-skirt of a wood*; **-rjóðr**, n. *clearing in a wood*; **-runnr**, m. *thicket*; **-skipti**, n. *division of a wood*; **-spell**, n. *damage done to a wood*; **-súra**, f. *wood-sorrel*, *cuckoo's meat*; **-ull**, f. *cotton*; **-vöndr**, m. *wand from the forest*; **-øx**, f. *wood-axe*.

skóg-barn, n. '*wood-bairn*'; **-björn**, m. *wood-bear*; **-gangr**, m. *outlawry*.

skóggangs-maðr, m. *outlaw*, = skógarmaðr; **-stefna**, f. *trial for outlawry*; **-sök**, f. *a case or suit involving outlawry*; **-þýfi**, n. *theft punishable with outlawry*.

skóg-land, n. *wood-land*; **-lauss**, a. *woodless*; **-óttr**, a. *wooded*, *woody*.

skógr (**-ar**, **-ar**), m. *wood*, *forest* (var þá s. milli fjalls ok fjöru); fara í skóg, *to go foresting*; stefna e-m til skógar, *to summon a person with intent to outlaw him*; leysa e-n ór skógi, *to free one from outlawry*.

skóg-vaxinn, pp. *overgrown with wood*; **-vöndr**, m. = skógar-vöndr.

skó-klæði, n. *shoes*, = -föt.

skóla-bróðir, m. *school-fellow*; **-klerkr**, m. *scholar*; **-meistari**, m. *school-master*; **-nafn**, n. *school-nickname*; **-sveinn**, m. *schoolboy*.

skó-lauss, a. *shoeless*, *barefoot*.

skóli, m. *school* (þeir váru báðir saman í skóla).

skó-nál, n. *cobbler's needle*.

skór (gen. **skós**, pl. **skúar**, later **skór**), m. (1) *shoe*; kippa skóm á fœtr sér, *to pull on one's shoes*; leysa skúa af e-m, *to untie a person's shoes*; (2) *horse-shoe* (þótt skúarnir hryti undan hestum þeira).

skó-smiðr, m. '*shoe-smith*', *shoemaker*; **-sveinn**, m. *waiting-man*, *servant*; **-vátr**, a. *wet on the shoes*, *wet-footed*; **-þvengr**, m. *shoe-string*, *latchet* (skúfaðir skóþvengir).

skraddari. m. *tailor*.

skraf, n. *chat*, *talk*.

skrafa (**að**), v. *to prate*, *chat*; recipr., skrafast við, *to talk together*.

skraf-finnr, **-karl**, m. *chatterbox*.

skrap, n. (1) *clattering*; (2) *chat*, *tittle-tattle*: (3) *lumber*, *trumpery*.

skrapa (**að**), v. (1) *to clatter*; (2) *to prate*; (3) *to scratch out*.

skrapla (**að**), v. *to grate*, *clatter*.

skratta-karl, m., **skratti**, m. *vile wizard*; *wicked sorcerer*.

skraut, n. *ornament*, *finery*.

skraut-búinn, pp. *richly dressed*; **-girni**, f. *showiness of dress*; **-gjarn**, a. *showy*; **-leikr**, m. *show, splendour*; **-liga**, adv. *richly* (-liga búinn); **-ligr**, a. *showy, splendid, magnificent*; **-menni**, n. *showy person*.

skrá (gen. **skrár**, pl. **skrár**), f. (1) *piece of dry skin or parchment*; (2) *a scroll for writing on, a written scroll*; setja á s. *to commit to writing*; í þessari s. *in this scroll*.

skrá (**skráða**, **skráðr**), v. (1) *to put on a scroll, enter* (at s. nöfn þeira allra); (2) *to enrol* (E. lét lesa upp, hverir skráðir váru á konungsskipit).

skráma (-di), v., see skræma.

skráma, f. *scar*.

skrám-leitr, a. *of dusky complexion*.

skrápr, m. *shark's skin*.

skrá-setja (see **setja**), v. *to put on a scroll, enter, enrol*, = skrá.

skref, n. *pace* (í einu skrefi).

skrefa (**að**), v. *to stride, pace*.

skreið, f. (1) *shoal of fish*; s. varga, *a flock of wolves*; (2) *dried fish*, = skörp s. (skorti bæði mjöl ok s.).

skreiðar-farmr, m., **-hlaði**, m. *a cargo, pile of dried fish*.

skreiðast (dd), v. *to creep, slink*; s. fyrir borð, *to crawl over the ship's side*; s. aptr af hestinum, *to slip down from the horse*.

skreið-fiski, f. *cod-fishery*; **-fœri**, n. = skíðfœri.

skreiðingr, m. *subterfuge*.

skreppa, f *scrip, bag*.

skreppa (**skrepp**; **skrapp**, **skruppum**; **skroppinn**), v. (1) *to slip*; skruppu honum fœtr, *his feet slipped*; (2) *to slip away, absent oneself*; margir bœjarmenn skruppu inn í garða sína, *skulked away into their homesteads*.

skreppu-skrúði, m. *the contents of a scrip* (skreppa ok allr -skrúði).

skreyta (-tta, -ttr), v. *to ornament, adorn, dress fine* (skreyttr inum beztum klæðum).

skreyting, f. *embellishment*.

skriða, f. *landslip, avalanche* (hljóp s. á bœinn).

skrið-dýr, n., **-kvikendi**, n. *reptiles, worms*; **-ligr**, a. *creeping*; -ligt kvikendi, *reptile*; **-ljós**, n. *lantern*.

skriðna (**að**), v. *to slip, slide*; skriðnaði hann öðrum fœti, *he slipped with one foot*; skriðnuðu honum fœtr, *his feet slipped*; s. *or* s. í sundr, *to come to an end* (mest ván, at við þetta skriðni várt félag).

skriðnan, f. *slipping, stumbling*.

skriðr (gen. **-ar**), m. *a creeping or gliding motion*, of a reptile (beina þeir sinn skrið); of a ship, *forward movement, course, speed*; tók skriðinn af skipinu, *the ship stopped*.

skrifa (**að**), v. (1) *to draw, paint* (sögur þær, er skrifaðar váru á eldhúsinu); (2) *to write* (eptir því sem fróðir menn hafa skrifat).

skrifari, m. (1) *painter*; (2) *writer, transcriber* (klerkr ok s.).

skrifli, n. *fragment* (cf. 'skjalda-skrifli').

skrif-ligr, a. *written*.

skrim, n. *faint light, gleam*.

skrimsl, n. *monster* (s. þau, er þar vafra í höfum umhverfis).

skript (pl. **-ir**), f. (1) *picture, drawing* (seglit var sett með fögrum skriptum); (2) *writing, writ*; (3) *confession (to a priest)*; veita e-m s., *to confess one*; ganga til skriptar, skripta, *to go to confession*; (4) *penance* (setja e-m s.); (5) *punishment* (tröll kváðu Kaldrana hafa fengit makliga s. fyrir sinn tilverknað).

skripta (**að**), v. (1) *to shrive, confess, hear the confession of*, with dat. (biskup fór at s. þeim); (2) *to enjoin penance* (s. e-m at vatnfasta); (3) *to punish* (váru sumir hálshöggnir, en sumum annan veg skriptat); (4) with acc. *to confess* (s. sínar syndir); (5) refl., skriptast við e-n, *to confess to* (skriptaðist S. við Þormóð prest); láta s., *to go to confession*.

skriptaðr, pp. *shriven*.

skripta-faðir, m. *confessor*; **-ganga**, f., **-gangr**, m. *confession (to a priest)*; **-lauss**, a. *unshriven*; **-maðr**, m. *a man under penance, penitent*; **-mál**, n. pl. *confession* (heyra skriptamálin); **-prestr**, m. *confessor*.

skript-rof, n. *breach of a penance*.

skríða (**skríð**; **skreið**, **skriðum**; **skriðinn**), v. (1) *to creep, crawl*, of reptiles; hann brást í orms líki ok skreið í nafars-raufina, *he transformed himself to a serpent and crept into the auger-hole*; of persons (hann skreið upp í fjöruna); s. undir skegg e-m, *to creep under another's beard, to humble oneself*; saman níðingar skríða, '*birds of a feather flock together*'; (2) of a ship, *to glide, sail* (þú skynjar eigi, hvárt skipit skríðr undir þér eða eigi); (3) *to slide* on snow-shoes (skreið Arnljótr sem hann fœri lauss); (4) fig. s. til skarar (see 'skör' 1).

skrín, n. *shrine* (of a saint).

skrín-gørð, f. *shrine-making*; **-lagning**, f. *enshrinement*; **-leggja**, v. *to enshrine*; **-smiðr**, m. *shrine-maker*.

skrípa-höfuð, n. *monster-head*.

skrípi, n. *grotesque monster, phantom*; **-ligr**, a. *monstrous*.

skrípindi, n. pl. = skrípi.

skrjá (**skrjáða**), v. *to sneak about* (Narfi skrjáði um it ytra).

skrjúpr, a. *weak, frail*.

skrokkr, m. *body, carcase*.

skrópa-maðr, m. *hypocrite*.

skrópar, m. pl. *sham, hypocrisy*.

skrópa-sótt, f. *feigned illness*.

skrum, n. *swaggering talk*.

skruma (**að**), v. *to swagger, chatter*.

skrumari, m. *swaggerer, braggart*.

skrúð, n. (1) *tackle, gear*; (2) *ornament, apparel* (skrýddr konungligu skrúði); (3) *furniture* of a church; (4) *costly stuff* (sem af skrúði einu væri gör seglin).

skrúð-hosa, f. *hose made of a costly stuff* (skrúð); **-hús**, n. *vestry*.

skrúði, m. (1) *ornaments, raiment*, esp. *church vestments* (vegligum skrúða skrýddr); (2) *gear, tackle*.

skrúð-klæði, n. pl. *fine clothes*; **-kyrtill**, m. *a kirtle of costly stuff*; **-sokkr**, m. = -hosa.

skrúf, n. *hay-cock, corn-rick*.

skrúf-hárr, a. *stiff-haired*.

skrýða (**-dda, -ddr**), v. *to adorn, embellish*; refl., skrýðast e-u, *to put on, dress in* (s. hárklæðum, sorgarbúnaði).

skrýfa (**-ða**), v. (1) *to stack* (s. korn); (2) with dat. *to make stiff and bristly* (hann skrýfði sem mest hárinu).

skræða, f. *old scroll, book*.

skræfa, f. *coward*, = mannskræfa.

skræfast (**ð**), v. refl. *to act like a coward, be a poltroon*.

skrækja (**-kta, -kt**), v. *to screech, shriek* (hrafn skrækti hátt).

skrækr (pl. **-ir**), m. *shriek, scream*.

skrækta (**-kta, -kt**), v. = skrækja (kráka skræktir).

skræktan, f. *shrieking*.

Skrælingjar, m. pl. *the native inhabitants of* Vínland *in America*.

skræma (**-di**), v. *to glare, shine*.

skræmast (**d**), v. refl. *to flee, take to flight* (s. undan e-m).

skræmi-hlaup, n. *sudden onset*.

skrœpa (**-ta, -t**), v. *to feign*.

skrök (dat. **skrökvi**), n. *false story, falsehood, invention* (hvárt þat væri s. eða sannindi).

skrök-lauss, a. *true* (þat er -laust, at); **-ligr**, a. *false, fictitious*; **-maðr**, m. *fabler, liar*; **-mál**, n. *fictitious story, falsehood*.

skrökmála-samr, a. *mendacious*.

skrök-saga, f. *fictitious story, fable*; **-samligr**, a. *false, feigned*; **-semd**, f. *falsehood*.

skrökva (**að**), v. *to invent a story*.

skugga-lauss, a. *shadowless*; **-ligr**, a. *suspicious-looking*; **-mikill**, a. *shadowy, dark*; **-samligr**, a. *shadowy, suspicious*.

skuggi, m. (1) *shadow*; berr skugga á e-t, *a shadow falls upon* (þar bar skuggann á sæinn af fjöllunum); bar hvergi skugga á, *there was no shadow anywhere*; (2) *shade of a hat* (undan skugga hattarins); (3) *shadow, spectre* (henni sýndist þá kirkjan full af hræðiligum skuggum); (4) fig., ganga ór skugga um e-t, *to show one's mind as to a thing*; hann bað Halldór ganga ór skugga, hvárt, *he asked H. to say plainly, whether*; hann sagði sér vera mikinn skugga á, hvat Magnús mundi ætlast fyrir, *he said he felt much misgiving as to what M. had in mind*.

skugg-sjá, -sjó, -sjón, f. *mirror*.

skukka, f. *wrinkle, fold*.

skukkóttr, a. *wrinkled* (of clothes).

skuld (pl. **-ir**), f. (1) *debt*; gjalda s., *to pay a debt*; kaupa í s., *to buy on trust*; ganga í s. fyrir e-n, *to be bail* *for another*; ganga í s. við e-n, *to become one's debtor*; (2) *tax, due* (ek vissi, at þér áttuð at réttu s. ok skatt af at taka).

skulda-bréf, n. *bond*; **-dagar**, m. pl. *pay-days, the term for paying a debt*; **-far**, n. *debts*; **-heimta**, f. *calling in debts*; **-hjón, -hjún**, n. pl. *household, family*; **-lið**, n. = -hjón; **-mót**, n. *meeting for paying debts*; **-staðr**, m. *investment, deposit of money*; **-þing**, n. = -mót.

skuld-bundinn, pp. *duty-bound* (e-m, við e-n); **-fastr**, a. *seized for debt*; **-lauss**, a. (1) *unencumbered* (fé -laust); (2) *needless, uncalled-for* (er þér -laust at velja mér hæði-yrði saklausum manni); **-leikr**, m. *relationship*; **-seigr**, a. *reluctant to pay*; **-skeyta** (-tta, -ttr), v. *to transfer a debt to another.*

skuldu-nautr, m. (1) *debtor* (ef hann er úhættr -nautr); (2) *creditor.*

skulu (pres. **skal, skulum**; pret. **skyldu**; pret. infin. **skyldu**), v. *shall* (denoting fate, law, bidding, necessity, duty, obligation, purpose); þat skal Eyjólfr gøra, *E. shall do that*; hvat skal ek honum, *what shall I do with him?* vega skaltu hann, *thou shalt kill him*; hvat skal tjald þat, *what is that tent for?*; hón spurði, hvat þat skyldi, *she asked what was the meaning of that.*

skunda (að), v. (1) *to speed*, = skynda, with dat. (s. ferð sinni); s. fé saman, *to make a collection*; (2) *to hasten* (= s. sér).

skundi, m. *speed, haste* (með skunda, með miklum skunda).

skupla, f. *a woman's hood hiding the face.*

skupla (að), v. *to wear a* 'skupla'.

skurðar-maðr, m. *carver, flenser*; **-skírn**, f. *circumcision.*

skurð-goð, n. *graven image, idol* (heiðin -goð).

skurðgoða-villa, f. *idolatry.*

skurðr (-ar, -ir), m. (1) *cutting*; (2) *slaughtering* (sauðir ætlaðir til skurðar); (3) *flensing of a whale*; (4) *ditch, channel* (s. svá breiðr ok djúpr, at þar mátti vel skipum halda); grafa skurð, *to dig a ditch*; (5) *carving*, of art (silfri var rennt í skurðina).

skurfóttr, a. *covered with scurf, scurfy* (af skurfóttum manni).

skurka (að), v. *to move roughly.*

skurmsl, n. *egg-shell, nut-shell.*

skurn, f. and n. *egg-shell, nut-shell.*

skut-bryggja, f. *stern-gangway*; **-byggjar**, m. pl. '*stern-mates*', *the men stationed in the stern of a ship*; **-festr**, f. *cable from the stern, stern-moorings.*

skutil-diskr, m. *plate, dish.*

skutill (pl. **skutlar**), m. (1) *missile*, esp. *harpoon* (cf. 'sel-skutill'); (2) *dish, trencher, small table* (hón gaf Sveini konungi ágætan skutil).

skutil-sveinn, m. *page, cup-bearer.*

skutla (að), v. *to squander*, with dat.; refl., skutlast, *to be scattered.*

skutlan, f. *squandering.*

skutr (-ar, -ir), m. *the stern of a ship*; in plur. *stem and stern* (skip minna til skutanna en um mitt).

skut-stafn, m. *the stern*, opp. to 'framstafn'.

skúa (að), v. *to shoe*; s. hest sinn gullskóm, *to shoe his horse with golden shoes*; of persons (vel hosaðr ok skúaðr).

skúfa (að), v. *to push aside*, = skýfa.

skúfaðr, a. *tasselled* (s. skóþvengr).

skúfr, m. *tassel.*

skúma-skot, n. (1) *dusk, twilight*; (2) *dark nook* (skríða í -skot).

skúr, f. (1) *shower* (blóði hafði rignt í skúrinni); (2) *shower of missiles.*

skúra-veðr, n. *showery weather.*

skúr-fjöl, f. *shed-deal.*

skúta (gen. pl. **skútna**), f. *a small craft, skiff* (hrundu þeir fram skútu).

skúta, f. *taunt*; drepa e-m skútu um e-t, *to taunt one with.*

skúta (-tti, -tt), v. *to jut out* (bjargit skútti yfir fram).

skúti, m. (1) *a cave formed by jutting rocks*; (2) *taunt*; stinga e-m skúta, *to taunt one.*

skútna-herr, m. *a fleet of* 'skútur' (manned); **-lið**, n. *the crews on the* 'skútur'; **-menn**, m. pl. = -lið.

skvakka (að), v. *to make a gurgling sound* (sökk øxin ok skvakkaði við).

skval, n. *noisy talk.*

skvala (**að**), v. *to shout, bawl.*

skvaldr, n. *noisy talk, clamour.*

skvaldra (**að**), v. *to talk noisily.*

skyggðr, pp. *bright, polished* (hjálmr s. sem gler).

skyggja (**-ða, -ðr**), v. (1) *to overshadow*; (2) with dat., s. e-u við e-u, *to screen against* (s. e-u við sólu); (3) *to polish*, with acc. (s. sverð þau, er áðr eru forn).

skygn, a. (1) *seeing* (hann hafði fengit sýn sína ok var þá s. maðr); (2) *sharp-sighted* (E. var einsýnn ok þó manna skygnastr).

skygna (**-da**), v. *to pry, spy*; s. um e-t, at e-u, *to spy after, look for*; refl., skygnast um, *to look about* (skygndist hann nú um fast).

skygni, n. *shed, cover.*

skygning, f. *looking about.*

skygn-leikr, m. *eyesight, power of vision* (augun með björtum -leik).

skygnur, f. pl. *wide open eyes* (H. rak þá s. á landit).

skykkjum, dat. pl. as adv., ganga s., *to go rocking*; gekk jörðin undir þeim s., *the earth went rocking under them*, of an earthquake.

skyld, f. (1) *tax, due* (heimta saman skyldir konungs); (2) *incumbrance* on an estate; (3) *reason, sake*; fyrir mína s., *for my sake.*

skylda (**að**), v. (1) *to bind in duty, oblige* (konungrum skyldaði þá til at flytja líkin til graptar); (2) s. til e-s, *to deserve, merit.*

skylda, f. (1) *due, tax, tribute* (fekk hann þaðan engar skyldur né skatta); (2) *duty* (er þat yðvarr réttr ok s. at verja ríki várt); (3) *relationship* (eigi veit ek, at með okkr sé nein s.).

skyldaðr, pp. *bound, obliged* (ek em s. til at reka konungs eyrendi).

skyldar-embætti, n. *obligatory service*; **-erendi**, n. *urgent business.*

skyld-bundinn, pp. *duty-bound*; **-leiki**, m. *relationship*; **-liga**, adv. *duly, dutifully*; þurfa -liga, *to stand in pressing need of*; **-ligr**, a., e-m er e-t -ligt, *it is one's duty.*

skyldr, a. (1) *bound, obliged* (ef þér veitit mér þat, þá verð ek s. til at gøra yðvarn vilja); (2) *due* (veita konungi skylda þjónustu); (3) *urgent, pressing* (skylt erendi); mér er skylt, *it is my bounden duty* (þat mun konungi skylt þykkja, at ek fara); (4) *related*; s. at frændsemi, *related by kinship*; mér er maðrinn s., *the man is near akin to me*; skyld frændsemi, *near kinship.*

skyldu-erendi, n. *urgent business.*

skyldug-leikr, m. *relationship.*

skyldugr, a. (1) *bound, obliged* (s. at gøra e-t); (2) *due* (skyldug hlýðni); (3) vera s. e-m, *to owe to one.*

skyldu-hlýðni, f. *due obedience, homage*; **-liga**, adv. (1) *in duty, dutifully*; (2) *necessarily* (þurfa -liga); **-ligr**, a. *obligatory.*

skylmast (**d**), v. refl., *to fence* with a weapon (s. með skjöld ok sverð).

skylming (pl. **-ar**), f. *fencing.*

skyn (pl. **-jar**), f. *sense, knowledge, understanding*; vita, kunna, hafa s. (*or* skynjar) á e-u, *to have knowledge of, understand* (Flosi kvazt eigi vita s. á, hverir lögmenn væri mestir); hann kunni allra s. í borginni, *he knew all the people in the town*; bera s. yfir e-t, *to have knowledge of a thing, understand it*; gjalda s. fyrir e-t, *to give account of, account for*; Loki sagði s. á öllum gripum, *explained all the objects.*

skyn, n. = skyn, f. (kunna gott s.).

skynda (**-nda**), v. (1) *to hasten*, with dat. (s. ferð sinni); s. sér, *to hasten, make haste*; (2) *to hasten*, = s. sér (hann skyndi til skipa).

skyndi, f. *haste* (með mikilli s.).

skyndi-brúðlaup, n. *hasty marriage*; **-kona**, f. *loose woman*; **-liga**, adv. *in haste, speedily*; **-ligr**, a. *sudden* (-ligr dauði).

skynding, f. *speed, haste*; af skyndingu, *in haste, speedily.*

skyndir, m. *haste*; bera skyndi at um e-t, *to make haste with.*

skyndi-ráð, -ræði, n. *hasty plan or deed.*

skynja (**að**), v. (1) *to perceive, make out, understand* (þeir skynja skjótt, hverir höfðingjar vóru vinir Magnúss konungs); (2) *to search into, inquire* (Þ. bað menn sína s., ef hann þyrfti liðs við); s. vörð *or* um vörð, *to inspect the guard.*

skyn-lauss, a. *senseless*; **-laus** skepna, -laust kvikendi, *an irrational being, brute*; **-leysi**, n. *want of sense*; **-lítill**, a. *small of intellect*; **-samliga**, adv. *sensibly, rationally*; **-samligr**, a., **-samr**, a. (1) *rational, reasonable*; (2) *wise, sagacious.*

skyn-semd, f. *reason*; vera með fullri -semd, *to be in one's right senses* (þá er vér erum údrukknir ok með fullri -semd); kunna litla -semd, *to have little understanding* (kunnum vér litla -semd til at skipa svá stórum málum); hafa -semd af e-u, *to have knowledge of*; þá muntu synja þess með -semd, *then thou must deny it, giving reasons for it*; gjalda -semd e-s, af e-u, *to give account of*; krefja e-n -semdar fyrir e-t, af e-u, *to call one to account for a thing.*

skynsemdar-atferð, f. *rational proceeding*; **-álit**, n. *regard to reason*; **-geymsla**, f. *use of reason*; **-gjald**, n. *giving an account of*; **-grein**, f. *discernment*; **-mál**, n. *arguments*; **-skipan**, f. *rational order*; **-svar**, n. *satisfactory answer*; **-vit**, n., vera með -viti, *to be in one's right senses.*

skyn-semi, f. = -semd; mikil -semi er at rifja vandliga þat, *much knowledge is wanted to explain all that.*

skynugr, a. *sagacious* (vitr ok s.).

skyr, n. *a kind of curdled milk.*

skyr-askr, m. *curd-bowl.*

skyr-bjúgr, m. *the scurvy.*

skyr-búr, n. *dairy*; **-ker**, n. *curd-vessel*; **-kyllir**, **-kýll**, m. '*curd-bag*'.

skyrpa (-ta, -t), v. *to spit* (s. við).

skyrsi, n. *portent, phantasm.*

skyrsi-ligr, a. *monstrous, abnormal.*

skyrta, f. *shirt*, a kind of *kirtle.*

skyrtu-blað, n. *shirt-lap*; **-ermr**, f. *shirt-sleeve* (undir skyrtuermi hans); **-gørð**, f. *the making of a shirt.*

skyti, m. *marksman, shooter, harpooner* (s. allra manna beztr).

skytningr, m. *inn or club*, where each guest paid or contributed his own scot (hann veitti allri hirð sinni mat ok mungát, svá at engi maðr þurfti í skytning at ganga).

skytnings-stofa, f. *inn, tavern.*

ský (gen. pl. **skýja**), n. *cloud*; skýjum efri, *above the clouds.*

ský-drúpnir, m. poet. *the air.*

skýfa (-ða, -ðr), v. *to shove, push*, with dat. (látit mik vera kyrra ok skýfit mér hvergi); with acc. (þeir skýfðu skurðgoðin af stöllum).

ský-fjall, n. *mountain of clouds*; **-flóki**, m. *cloudlet.*

skýja (að), v. *to cloud, cover with clouds*; impers., en nú skýjar á heldr, *but now it clouds over.*

skýjaðr, a. (1) *cloudy* (skýjat veðr); (2) *shaded* (s. hjálmr).

skýla (-da, -dr), v. *to screen, shelter, protect*, with dat. (hvalr skýldi skipinu við veðrinu).

ský-lauss, a. *cloudless* (-laust veðr).

skýli, n. *shelter, protection.*

skýli-högg, n. *damaging cut*, with an axe (þar lá tréstobbi mikill ok í -högg mikil).

skýling, f. *screening, sheltering.*

skýra (-ða, -ðr), v. *to explain, expound, set forth, interpret* (kveðst s. mundu fyrir honum, ef hann vildi vita); s. spurdaga, *to solve or answer a question.*

skýring, f. *explanation, elucidation.*

skýr-ligr, a. *bright-looking, intelligent, clever*; **-mæltr**, a. *clear-voiced.*

skýrr, a. (1) *clear, evident, manifest* (með skýrum sannindum); neut., skýrt, as adv. *clearly, distinctly* (Arnórr kveðr skýrt á þetta); (2) *clever, intelligent* (s. maðr ok skáld gott).

skækja (-ta, -t), v. *to check.*

skældinn, a. *skilled or versed in poetry* (lítt em ek s.).

skæ-maðr, m. = skímaðr.

skær, m. *horse*, poet. (s. skökuls).

skæra or **skœra**, f. *fray, quarrel.*

skæra-húsi, m. *a case for holding a pair of shears.*

skæri, n. pl. *a pair of shears.*

skær-leikr, m. *brightness*; **-liga**, adv. *purely, clearly.*

skærr, a. (1) *pure* (s. meydómr); (2) *clear, bright, serene* (s. himinn, skært veðr); (3) *transparent*; (4) *clear, distinct* (skær rödd).

skæva (að), v. *to stride on* (poet.).

skœða (-dda, -ddr), v.; skœðir hann sik, *he puts on his shoes.*
skœði, n. pl. *a piece of skin cut square for making a pair of shoes* (var þá skorin yxnis-húðin til skœða).
skœð-leikr, m. *scathefulness.*
skœðr, a. *scatheful, noxious* (skœðar tungur); skœðir vargar, *wild beasts.*
skœkja, f. *harlot,* = púta.
skœkju-sonr, m. *whore-son.*
skœra, f., see 'skæra'.
skœting, f. *scoff, taunt* (svara e-m skœtingu *or* af skœtingu).
sköfnungr (-s, -ar), m. *the shin, shin-bone* (skeinast á sköfnungunum).
sköfnungs-øx, f. a kind of *axe.*
sköfu-leikr, m. a kind of *game.*
skökull (pl. **sköklar**), m. *car-pole.*
sköll, f. *loud, scornful laughter, mockery* (gøra mikla s. at e-m).
sköllóttr, a. *bald, bald-headed.*
skömm (gen. **skammar**, pl. **skammir**), f. *shame*; lifa við s., *to live in shame*; er þat s. at sitja hjá, *it is a shame to sit idly by*; fœra s. at e-m, gøra e-m s., *to bring dishonour on one*; bíða skömm, *to suffer disgrace*; verða at s., *to be put to shame.*
sköp, n. pl. (1) *what is fated, one's fate, doom* (eigi má við sköpunum sporna); ef at sköpum ferr, *if it goes according to the natural course of things*; (2) *curse* (þá er konunga-börn urðu fyrir stjúpmœðra sköpum); (3) with the article, sköpin, *the genitals.*
skör (gen. **skarar**, pl. **skarar**), f. (1) *rim, edge*; allt út at skörinni, *to the rim of the ice*; fig., skríða til skarar, *to slide to the very edge, come to a crisis* (skal nú til skarar skríða með okkr Knúti bróður mínum); tjald-skör, *edge of a tent*; spretta skörum, *to lift the edges of the tent*; (2) *the joints* in a ship's planking (skipit hafði bilat at skörunum, þá er fram var sett); (3) *step* (þeir skyldu sitja í hásæti skör hærra en jarlar, en skör lægra en sjálfr hann); (4) *hair*; s. nam at dýja, *he tossed his locks*; s. var fyrir enni, *the hair was cut across the forehead*; rautt mun sjá í skörina, *there will be bloody locks*; (5) = skari (better 'skor').
skörðóttr, a. *notched, serrated.*
skörug-lyndi, n. *noble character*; **-lyndr**, a. *noble, frank-minded*; **-samr**, a. *stately* (-söm hýbýli).
sköru-leikr, m. = skörungskapr; **-liga**, adv. *notably, bravely, manfully* (hefna e-s -liga); **-ligr**, a. (1) *bold, manly, imposing in appearance* (manna -ligastr at sjá); (2) *magnificent, fine* (-lig veizla, rœða); með -ligum flutningi, *with manly pleading.*
skörung-lyndr, a. = sköruglyndr.
skörungr, m. (1) *foreman, leader* (nema hann gerðist s. fyrir þessu máli); (2) *a prominent or outstanding person, a notable man or woman* (var Þorkell vitr maðr ok s. mikill).
skörung-skapr, m. *nobleness, manliness* (með miklum ríkdóm ok -skap).
slafast (að), v. refl. *to slacken.*
slag, n. (1) *blow, stroke* (s. undir kinnina); eigast slög við, *to come to blows*; (2) fig. *blow, defeat*; veita, gefa e-m s., *to defeat*; (3) *skirmish*, opp. to a pitched battle (jarl átti tvær fólk-orrustur, en mörg slög ok manndráp); (4) *nick of time* (í þessu slagi koma þeir af sér akkerinu).
slaga (að), v. *to tack, cruise.*
slag-á, f. *a ewe to be slaughtered*; **-álar**, f. pl. *saddle-straps*; **-brandr**, m. (1) *bolt, bar*; (2) *war-engine.*
slagna (að), v. *to flow over, be spilt* (féll ofan ketillinn ok slagnaði á sveininn ór katlinum).
slag-net, n. *a fowler's net.*
slagningr, m. a kind of *cloak.*
slagr (pl. **-ir**), m. (1) *blow, stroke,* = slag; (2) *tune, air,* played on a stringed instrument (konungr spurði, hvárt hann kynni eigi fleiri slagi).
slakna (að), v. *to slacken, get slack.*
slangi, m. *serpent,* = ormr.
slaxa (að), v. *to make a bubbling noise* (slaxaði í sárinu).
slá (**slæ**; **sló**, **slógum**; **sleginn**; pret. also **sleri**), v. (1) *to smite, strike* (s. e-n högg, kinnhest); (2) s. hörpu, fiðlu, *to strike the harp, fiddle*; s. slag, *to strike up a tune*; s. leik, *to strike up, begin, a game*; s. vef, *to strike the web, to weave*; (3) *to hammer, forge* (s. gull, silfr, sverð); s. e-t e-u, *to*

mount with (járnum sleginn); (4) *to cut grass, mow* (s. hey, töðu, tún, eng); (5) *to slay, kill* (síns bróður sló hann handbana); (6) fig., slá kaupi, *to strike a bargain*; s. máli í sátt, *to refer a matter to arbitration*; s. fylking, *to draw up a line of battle*; s. hring um, *to surround*; s. manngarð, mannhring, *to form a ring of men round*; s. eldi í e-t, *to set fire to*; s. landtjöldum, *to pitch a tent*, or also, *to strike a tent, take it down*; s. festum, *to unmoor a ship*; s. netjum, *to put out the nets*; s. hundum lausum, *to slip the hounds*; (7) with preps., s. e-t af, *to cut off*; s. e-n af, *to kill, slaughter*; s. á e-t, *to take to a thing*; s. á glens ok glímur, *to take to play and sport*; s. á heit, *to take to making a vow*; s. e-u á sik, *to take upon oneself*; s. á sik sótt, *to feign illness*; s. á sik úlfúð, *to show anger or ill-will*; ekki skaltu slíku á þik s., *do not betake thyself to that*; impers., sló á hann hlátri, *he was taken with a fit of laughter*; sló ótta á marga, *many were seized with fear*; því slær á, at, *it so happens that*; ljósi sleri (= sló) fyrir hann, *a light flashed upon him*; s. í deilu, *to begin quarrelling* (eitt kveld, er þeir drukku, slógu þeir í deilu mikla); impers., slær í e-t, *it arises*; slær þegar í bardaga, *it came to a fight*; s. niðr e-u, *to put an end to*; nú er niðr slegit allri vináttu, *now there is an end to all friendship*; s. sér niðr, *to lie down, take to one's bed*; s. e-n niðr, *to kill*; s. e-u saman, *to join* (þeir slá þá saman öllu liðinu í eina fylking); s. til e-s, *to aim a blow at one, strike at one*; s. undan höfuðbendunum, *to slacken the stays*; s. e-u upp, *to spread a report*; s. upp herópi, *to raise the war-cry*; impers., loganum sló upp ór keröldunum, *the flame burst out of the vessels*; s. út e-u, *to pour out* (þá er full er mundlaugin, gengr hón ok slær út eitrinu); s. e-u við, *to take into use* (þá var slegit við öllum búnaði); s. við segli, *to spread the sail*; ek hefi þó náliga öllu við slegit, því er ek hefi í minni fest, *I have put forth almost all that I recollected*; s. beizli við hest, *to put a bridle on a horse*; e-u slær yfir, *it comes over, arises* (slær yfir þoku svá myrkri, at engi þeirra sá annan); (8) refl., slást aptr, *to draw back* (gæta þess, at eigi slœgist aptr liðit); s. á e-t, *to take to a thing* (s. á svikræði við e-n); s. á tal við e-n, *to enter into conversation with*; s. á bak e-m, *to go behind another*; s. fram, *to move (rush) forward*; slóst hón fram at eldinum, *she rushed to the fireside*; s. í för með e-m, *to join one in a journey*; s. í sveit með e-m, *to join one's party*; slógust í Suðreyjar víkingar, *vikings invaded the Hebrides*; s. til ferðar með e-m = s. í för með e-m.

slá (**sláða, sláðr**), v. *to bar* (hliðit var slát rammliga).

slá (pl. **slár**), f. *bar, bolt, cross-beam* (s. ein var um þvert skipit).

sláni, m. *lanky fellow*.

slápr, m. *a good-for-nothing*.

slátr, n. *flesh-meat* (hafði þá Loki etit s. allt af beinum).

slátra (**að**), v. *to slaughter*, with dat. (þar hafði slátrat verit uxa einum).

slátra-efni, n. *cattle (sheep) for slaughtering*; **-starf**, n. *slaughtering*.

slátr-diskr, m. *a plate with meat*; **-fé**, n. *slaughter-cattle*; **-föng**, n. pl. *provision (supply) of flesh-meat*; **-gripr**, m. *a head of cattle for slaughter*; **-sauðr**, m. *a sheep for slaughter*; **-trog**, n. *a trough with meat*; **-vist**, f. *flesh food*; **-uxi**, m. *slaughtered ox*.

slátta, f. (1) *mowing*; (2) *mowing season* (þat var um öndverðar sláttur); (3) *grass for mowing*; (4) *money stamped or struck, coin*; Haralds s., *the bad coin of King Harold*.

sláttr (gen. **-ar**, dat. **slætti**), m. (1) *mowing*; (2) *playing* (a harp).

sláttu-kaup, n. *mower's wages*; **-maðr**, m. *mower*; **-tími**, m. *mowing season* (um öndverðan -tíma).

sleða-maðr, m. *sledge-traveller*.

sledda, f. *large knife*.

sleð-fœri, n. *sledging* (-fœri gott).

sleði, m. *sledge*.

sleð-meiðr, m. *sledge-runner*.

slefa, f. *slaver* (úlfrinn grenjar, ok s. renn ór munni hans).

sleggja, f. *sledge-hammer*; verða milli steins ok sleggju, *to come between the hammer and the anvil.*

sleggju-skapt, n. *handle of a sledge-hammer.*

sleiking, f. *licking* (hunda s.).

sleikja (-ta, -tr), v. *to lick* (kýrin gekk opt ofan í fjöruna ok sleikti steinana).

sleipr, a. *slippery* (þar var sleipt).

sleita, f. *shuffle, subterfuge*, esp. pl., drekka við sleitur, *to drink unfairly.*

sleiti-liga, adv. *shufflingly; unfairly* (drekka -liga).

sleitu-dómr, m. *sham-court*; **-laust**, adv., drekka -laust, *without heel-taps*; **-liga**, adv. = sleitiliga.

slekt, f. *kind, order* (riddara s.).

slen, n. *sloth, dullness*; **-samr**, a., **-skapligr**, a. *slothful, lazy*; **-skapr**, m. *slothfulness, laziness.*

slentr, n. *idle lounging.*

sleppa (**slepp**; **slapp**, **sluppum**; **sloppinn**), v. (1) *to slip, glide* (sleggjan slapp ór hendi honum); sluppu honum fœtr, *his feet slipped*; (2) *to slip away, escape* (ef Þórólfr skal s.); (3) *to slip, fail*; ef yðr sleppr at festa hendr á Birni, *if you fail to get hold of Bjorn.*

sleppa (-ta, -t), v. *to make slip out of one's hands, let slip*; Þorgils hafði sleppt øxinni, *Th. had let go the axe.*

sleppi-fengr, a. *butter-fingered.*

sleppt, adv. *feebly*; með því at þeim hafði svá s. til tekizt, *as they had had such poor success.*

sletta (-tta, -tt), v. (1) *to slap*; hann sletti flötu sverðinu um herðar honum, *he slapped him with the flat of the sword*; (2) *to dash, splash* (A. þreif upp skyrkyllinn ok sletti framan í fang Grettis).

slétta (-tta, -ttr), v. *to make plain, level*; fig., s. yfir e-t, *to smooth over a thing, amend, remedy* (hafit ér vel yfir slétt vanhyggju mína).

slétta, f. *a plain, level field.*

slétt-fjallaðr, a. *smooth-skinned*; **-lendi**, n. *flat country*; **-lendr**, a. *flat*, of land; **-máll**, a. *smooth-spoken*; **-mælgi**, f., **-mæli**, n. *smooth language*; **-orðr**, a. = -máll.

sléttr, a. *plain, flat, even, smooth*; s. völlr, *level field*; s. sjór, *smooth sea*; segja sínar farar eigi sléttar, *to tell of one's journey not having been smooth, to report a failure*; neut., slétt, as adv. *straight, quite* (gengu þeir slétt út af borðunum); *smoothly, well* (tala slétt); eigi mundi ferðin takast slétt, *the journey would not go smoothly.*

slétt-yrði, n. pl. = slétt-mæli.

slit, n. (1) *tearing* (rif ok s.); (2) *tear and wear*; kápa komin at sliti, *a worn-out cloak*; (3) *rupture, breach* (sifja-slit, frið-slit).

slitna (**að**), v. (1) *to break, snap*, of a cord, rope, string (festr mun s.); (2) *to end, break up* (þú vilt, at okkarr kaupmáli slitni).

slitri, **slitti**, n. *rags, tatters.*

slíðr, a. *fierce, cruel, fearful* (hefndir slíðrar ok sárar).

slíðr, n. pl. = slíðrar.

slíðra (**að**), v. *to sheathe, put in the scabbard* (s. kníf, sverð).

slíðrar or **slíðrir**, f. pl. *sheath, scabbard* (stinga sverð í s.; draga, bregða sverði ór slíðrum).

slíðr-beitr, a. *sharp as a razor*; **-fengligr**, a. *dire, fearful* (senna -lig).

slíkr, a. (1) *such*; s. maðr, *such a man*; s. sem (*or* er), *such as*; s. svá, *such like, similar* (slíkir svá menn); annarr s., *another of the same kind*; (2) *this, that* (þér skulut slíku ráða); (3) neut., slíkt, as adv. *in such wise, so*; slíkt er þér líkar, *as it pleases thee*; slíkan, *similarly, in a like manner* (hygg ek, at slíkan mun hafa farit um annat).

slím, n. *slime* (þegar eptir þat heit dró af slímit auganu).

slípari, m. *whetter, sharpener.*

slíta (**slít**; **sleit**, **slitum**; **slitinn**), v. (1) *to snap, break*, a string, cord, rope (Æsirnir sýndu honum silkibandit ok báðu hann s.); s. í sundr, *to break asunder* (s. í sundr svá mjótt band); (2) *to tear, pull*; Loki sleit upp mistiltein, *L. pulled up the mistletoe*; slíta ná, hræ, *to tear a corpse*; s. e-n af sér, *to throw one off* (S. vildi s. hann af sér); sleit hann undan veðr, *the gale drove him out of his course*; (3) fig. *to break, break off*, with acc.; s. þing, *to break off, dissolve a meeting*; with dat. (s. þingi, flokki, veizlunni); áðr þinginu sé slitit, *before the meeting be dissolved*; (4) *to rend, tear* (brynja hans var slitin til únýts); klæði sundr slitin, *torn asunder*; (5) *to wear-out*; hann mun eigi mörgum skyrtunum s., *he will not wear out many shirts, not live long*; slitnir skór, *worn-out shoes*; (6) s. ór e-u, *to decide, settle* (hann kvað lögmann ór þessu s. skyldu); (7) impers. *to be torn away* (sleit af honum mann á báti); with dat., slítr þar tali þeirra, *there their talk ended*; sleit Fróða frið fjánda á milli, *Frodi's peace was broken between the foes*; borgir ok kastalar ok þorp, svá at hvergi slítr, *in an unbroken line*; þar til er ór slítr með þeim, *till it comes to an end*; (8) refl., slítast, *to tear oneself loose* (s. ór höndum e-m).

sljófa (**að**), v. *to make blunt*; refl., sljófast, *to grow blunt or dull* (sýn, minni sljófast).

sljófgast (**að**), v. refl. = sljófast.

sljó-leikr, m. *dullness*; **-liga**, adv. *slowly, dully* (reiða sljóliga sverðin); **-ligr**, a. *slow, dull, feeble*.

sljór (**sljó, sljótt**), a. (1) *blunt* (sljó sverð); (2) *faint-hearted*.

sloðra (**að**), v. *to drag or trail oneself along* (sloðruðu þeir þá vestr af heiðinni).

slokinn, a. *extinguished* (þegar at ljós váru slokin).

slokna (**að**), v. *to expire, go out* (eldr, ljós, log sloknar).

sloknaðr, pp. *extinguished*, = slokinn (þá er s. var eldrinn).

sloppr (**-s, -ar**), m. *loose gown*; esp. of a priest's white gown (skrýddr sloppum ok kantarakápum).

slota (**að**), v. *to hang down* (lið hans lét s. hendr niðr með síðu ok höfðust ekki at); s. við, *to be idle, slink away*.

slóð, f. *track, trail* (sáu menn s. liggja frá skipunum, því at dögg hafði fallit); cf. 'döggslóð.'

slóða-hrís, n. *brushwood for* slóðar.

slóði, m. *a truss of branches trailed along*; draga slóða, *to drag a slot or trail*; fig., meira slóða mun draga, *it will be attended with more serious consequences*.

slóttigr, a. *sly, cunning, wily*.

slunginn, pp., see 'slyngva'.

slyngr, a. *dexterous, clever* (hann var s. við allar íþróttir).

slyngva (**slyng**; **slong, slungum**; **slunginn**), v. with dat. *to sling, throw, fling* (því næst slyngr Surtr eldi yfir jörðina); sungu ok slungu snúðga steini, *they sang and swung the swift millstone*; var þessu kaupi slungit, *this bargain was struck*; í vandkvæði er slungit, *we are in difficulties*; döggu slunginn, *bedewed*; slunginn vafrloga, *encircled by a flickering flame*; horna-tog var slungit af silfri, *twisted of silver*.

slyppr, a. *unarmed, weaponless* (nú kalla ek, at Hrafn sé sigraðr, er hann er slyppr).

slys, n. (1) *mishap, mischance, accident* (s. mun þat þykkja, er hann hjó hönd af konu sinni); (2) *wrong-doing, mischief* (erfitt mun þér verða at bœta öll s. Hallgerðar).

slysa-laust, adv. *without mischance or accident*; **-vænt**, a. n. *unlucky* (e-m þykkir -vænt).

slys-ferð, **-för**, f. *ill-fated journey* (fara -förum); **-gjarnt**, a. n., e-m verðr -gjarnt, *one has bad luck*.

slysinn, a. *mischievous*.

slys-liga, adv. *unfortunately*; vildi mér svá -liga til, at ek braut spjót mitt, *I had the ill-luck to break my spear*; takast s., *to come off badly*.

slyttinn, a. *flabby, sluggish, lazy*.

slyttu-mannliga, adv. *sluggishly*.

slæfa (**að**), v. = sljófa; refl., slæfaðist skap jarlsins, *his wrath abated*.

slæ-liga, adv. *without energy*, = sljóliga (róa, sœkja at -liga).

slær (**slæ, slætt**), a. = sljór.

slœða (**-dda, -ddr**), v. (1) *to trail*; fax svá sítt, at slœddi jörð, *that it trailed on the ground*; (2) *to spread manure*, by means of 'slóða-hrís'.

slœður, f. pl. *a gown that trails along the ground* (s. af silki, pelli).

slœgð, f. *slyness, cunning*.

slœgðar-bragð, n. *cunning trick*; **-maðr**, m. *sly fellow.*

slœgja (**-ða, -ðr**), v. (1) *to cheat, entice, ensnare* (s. hug e-s ok hjarta); (2) impers., e-n slœgir til e-s, *one has a mind to, desires*; eigi slœgir mik hér til langvista í Norvegi, *I am not tempted to linger here in Norway*; (3) refl., slœgjast til e-s, *to seek for a thing*, of gain; hér er til lítils at s., *but little profit to be had*; Þórðr unni henni lítit, hafði hann mjök slœgzt til fjár, *Th. loved her but little, and had married her for her money's sake.*

slœgja, f. *gain*, = slœgr.

slœg-leikr, m. = slœgð; **-liga**, adv. *cunningly*; **-ligr**, a. *sly, cunning* (slœgligt ráð); **-pungr**, m. *a purse to hold one's gain.*

slœgr, m. *gain, profit*; vil ek sjá hann ok virða fyrir mér, hverr s. mér þykkir í vera, *and consider what I think he is worth*; þykki mér þó meiri s. til hans, *I think there is more good in him.*

slœgr (acc. **-jan**), a. *sly, cunning, crafty* (s. í skaplyndi).

slœg-vitr, a. *crafty*, = slœgr.

slœma (**-da, -dr**), v. *to make a side blow at one* (hann slœmir til hans øxinni); with acc., s. undan e-m fœtrna, *to cut off one's feet.*

slœmr, m. *the third and last division of a poem* (drápa).

sløkkva (**-ta, -tr**), v. (1) *to extinguish, put out* (heimamenn sløktu eldinn); (2) *to slake, quench* (s. hungr, þorsta).

sløngu-steinn, m. *sling-stone.*

sløngva (**-ða**), v. *to throw with a sling, fling, hurl*; with dat. (sløngvir hann þá stokkinum út af þekjunni).

sløngva, f. *sling* (tók D. sér sløngu í hönd); cf. 'val-sløngva.'

smala-ferð, -för, f. *tending sheep* in the pastures; **-gangr**, m. *sheep-walk*; **-hestr**, m. *shepherd's horse*; **-maðr**, m. *shepherd*; **-nyt**, f. *sheep's milk*; **-sveinn**, m. = -maðr; **-þúfa**, f. *shepherd's mound*; sitja á smalaþúfu, *to tend sheep.*

smali, m. (1) *small cattle*, esp. *sheep*; (2) *cattle.*

smaragðr, m. *emerald.*

smá (**smáða, smáðr**), v. *to scorn, slight, revile* (s. e-n í orðum).

smá-barn, n. *little child, baby*; **-bátr**, m. *little boat*; **-borinn**, pp. *of low birth*; **-bóndi, -búandi**, m. *small farmer*; **-djöflar**, m. pl. *petty devils, imps*; **-dýr**, n. pl., **-dýri**, n. *small animals*; **-ey**, f. *little island*; **-ferja**, f. *small ferry*; **-fiski**, f. *catching small fish* (róa at -fiski); **-fiskar**, m. pl. *small fishes*; **-fuglar**, m. pl. *small birds*; **-geislar**, m. pl. *faint beams*; **-greinir**, f. pl. *small matters*; **-grjót**, n. *small stones, pebbles*; **-hlutir**, m. pl. *trifles*; **-hringar**, m. pl. *small circles, rings*; **-hundar**, m. pl. *small dogs, curs*; **-hús**, n. pl. *small houses*; **-kjörr**, n. pl. *scrub, brushwood*; **-konungar**, m. pl. *kinglets*; **-koppar**, m. pl. *small cups, slight hollows*; **-kornóttr**, a. *small-grained*; **-kvistir**, m. pl. *small twigs*; **-kvæmr**, a. *narrow-minded*; **-látr**, a. *content with little*; **-leikr**, m. *trifling game*; **-leitr**, a. *small-featured*; **-ligr**, a. *trifling*; **-lærisveinar**, m. pl. *little disciples*; **-læti**, n. *stinginess*, opp. to 'stórlæti'; **-lœkir**, m. pl. *small brooks*; **-lönd**, n. pl. *small lands, islands*; **-mannligr**, a. *mannikin-like*; **-menn**, m. pl. *insignificant persons*; **-menni**, n. *insignificant person*; **-munir**, m. pl. *trifles*; **-mæltr**, pp. *lisping.*

smán, f. *shame, disgrace* (þessi s. ok svívirðing, er þú gørir mér).

smánar-ferð, f. *disgraceful journey*; **-lauss**, a. *not disgraceful.*

smá-neyti, n. *small cattle, calves*; **-piltr**, m. *lad.*

smár (**smá, smátt**), a. (1) *small, little* (mörg skip ok smá); (2) neut., hann seldi smátt varninginn, *he sold by retail*; höggva smátt, *to strike small blows*; hann kvaðst eigi mundu smátt á sjá, *he said he would deal liberally in the matter*; smátt ok smátt, *bit by bit, by degrees*; (3) smám, *bit by bit, slowly* (fara smám).

smá-rakki, m. *little dog*; **-ráðr**, a. *aiming at small things*; **-regn**, n. *drizzle*; **-ríki**, n. *petty kingdom*; **-róar**, m. pl. *small relief*; **-sakar**, f.

pl. *petty suits*; **-sandar**, m. pl. *plains of fine sand*; **-skip**, n. *small ship*; **-skitlegr**, a. *insignificant* (lítill ok smá-skitlegr); **-skógar**, m. pl. *copse-wood*; **-skúta**, f. *small craft*; **-smug-all**, a. *creeping through the smallest hole*; fig. *minute, subtle*; **-smugliga**, adv. *minutely*; **-smugligr**, a. *minute*; **-smygli**, f. *minuteness, subtlety*; **-spengr**, f. pl. *small spangles*; **-steinn**, m. *pebble*; **-sveinar**, m. pl. *small boys*; **-sveinligr**, a. *boyish*; **-svik**, n. pl. *petty tricks*; **-syndir**, f. pl. *petty sins*.

smátta, f. *narrow lane*.

smá-tönn, f. *small tooth*; **-varn-ingr**, m. *small wares*; **-váfa**, f. *tiny ghost*; **-viði**, n. *shrubbery*; **-vægr**, a. *insignificant*; **-þarmar**, m. pl. *small guts*; **-þing**, n. *small object*; **-þægr**, a. *content with little*.

smeittr, pp. *enamelled* (s. söðull).

smellr, m. *smacking sound, crack*.

smelt, n. *enamelling*.

smeltr, a. *enamelled* (s. skjöldr).

smeygja (**-ða**, **-t**), v. *to slip*, with dat.; smeygði hann lykkjunni af hálsi sér, *he slipped the loop off his neck*; hann smeygði á sik brókunum, *he pulled the trousers on*; refl., smeygj-ast, *to free oneself* (smeygðist Egill af stafnum); s. undan af sannindunum, *to slip away from the truth*.

smeykligr, a. *insinuating, cringing*.

smið-belgr, m. *smith's bellows*.

smiðja, f. *smithy*.

smiðju-belgr, m. = smiðbelgr; **-búð**, f. *a booth used as a smithy*; **-dyrr**, f. pl. *door of a smithy*; **-hús**, n. *smithy*; **-sveinn**, m. *smithy boy*; **-verk**, n. *smithy-work*.

smiðr (**-s**; pl. **-ar** and **-ir**), m. *smith, wright, worker in metal or wood*.

smið-reim, f. *the rim running along the back of a scythe-blade* to give it strength (ljár máðr upp í smiðreim); **-vélar**, f. pl. *smith's artifices*.

smíð (pl. **-ir**), f. (1) *making, building* (var þat hús allmjök vandat at allri s.); vera at smíð, *to be at the work* (H. var nú byrgðr í einu húsi, ok var hann þar at smíðinni); vera í s., *to be building* (hann sá mann uppi á kirkju þeiri, er í s. var); (2) *work of skill or art, structure* (Bifröst er gör með list ok kunnáttu meiri en aðrar smíðir).

smíða (**að**), v. *to work in wood or metals, to make, build, erect* (s. skála, kirkju); refl., smíðast, *to proceed, take shape*, in a smith's hands (tók hann ok smíðaði, ok smíðaðist ekki sem hann vildi).

smíðar-efni, n. *materials for some work*; **-kaup**, n. *wages for work*; **-kol**, n. pl. *smith's coals*; **-lýti**, n. *flaw in the workmanship* (sjá -lýti á e-u); **-tól**, n. pl. *smith's tools*; **-øx**, f. *carpenter's adze*.

smíði, n. = smíð (kirkja vönduð bæði at viðum ok s.; vandat s.).

smíðis-kaup, n. = smíðarkaup.

smjúga (**smýg**; **smaug** or **smó**, **smugum**; **smoginn**), v. (1) *to creep* through an opening; smugu þeir milli spalanna, *they crept between the bars*; smýgr hann þá niðr undir hjá henni, *he creeps under the bed-clothes*; *to put on a garment* with only a round hole to put the head through (gullbrynju smó); (2) *to pierce* (kom lásör í brún-ina ok smó þegar í gegnum).

smjör (dat. **smjörvi**), n. *butter* (brauð ok s.).

smjör-gœði, n. *good produce of butter*; **-gørð**, f. *butter-making*; **-kaup**, n. *purchase of butter*; **-laupr**, m. *butter-chest*; **-lauss**, a. *short of butter*; **-spann**, n. *a measure of butter*; **-trog**, n. *butter-trough*; **-tunna**, f. *butter-cask*.

smjörugr, a. *greasy*.

smokkr, m. *smock* (s. var á bringu).

smuga, f. *narrow cleft to creep through, small hole* (hvergi fannst s. á).

smugall, a. *penetrating*.

smurning, f. *anointing*; hin síðasta s., *extreme unction*.

smurningar-klæði, n. pl. *the dress in which one receives extreme unction*.

smyl, n. *the evil one*, = gröm (rare).

smyrill (pl. **smyrlar**), m. *merlin*.

smyrja (**smyr**, **smurða**, **smurðr**), v. *to anoint* (s. konung til veldis); *to rub with ointment* (hann smurði hör-und hennar með góðum smyrslum).

smyrsl, n. pl. *ointment, unguent.*

smækka (að), v. = smætta.

smælingi (pl. **-jar**), **smælingr**, m. *small man, poor man.*

smætta (að), v. *to grow small.*

snag-hyrndr, a. '*snag-cornered*,' *with sharp points* (-hyrnd øx).

snaka (að), v. *to rummage, snuff about* (I. snakaði um hús hennar).

snapa (-ta), v. *to sniff, snuffle.*

snap-víss, a. *snuffling, parasitical.*

snara (að), v. (1) *to turn quickly, twist, wring*; K. snarar skjöldinn svá fast, at spjótit brotnaði, *K. twists the shield so smartly that the spear broke*; hann snarar af honum höfuðit, *he wrings off his head*; (2) *to translate* (s. bók upp í norrœnu); (3) s. atgönguna, *to push or press the attack*; (4) *to throw, fling*, with dat. (Þ. snaraði hallinum ok broddinum); (5) *to make a quick turn, step quickly* (hón snarar þegar inn hjá honum); (6) refl., snarast, *to turn oneself* (*pass*) *quickly* (hann snarast fram hjá þeim); S. snarast þá út ór stofunni, *then S. hastens out of the room*; s. við e-m, *to turn quickly towards one* (M. snaraðist við honum ok mælti); s. í karlföt, *to dress in man's clothes.*

snara, f. (1) *snare*; leggja snörur fyrir e-n, *to lay or spread snares for one*; (2) *halter* (gálginn var reistr ok snaran þar við fest).

snar-brýna (-da, -dr), v. *to whet keenly*; **-eygðr, -eygr**, a. *keen-eyed.*

snarfla (að), v. = snörgla.

snar-leikr, m. *quickness, smartness*; **-liga**, adv. *quickly*; **-ligr**, a. (1) *keen, quick* (-lig augu); (2) *smart, sprightly* (lítill maðr ok -ligr); **-lyndr**, a. *quick of mind* (brúðr snarlynd).

snarp-eggjaðr,-eggr, a. *keen-edged*; **-leikr**, m. (1) *roughness*; -leikr næfra, *the roughness of the bark*; (2) *severity* (-leikr frosts); (3) *smartness, dash* (-leikr í orrostum); **-liga**, adv. *sharply, with a dash* (ganga fram vel ok -liga); **-ligr**, a. *sharp, dashing* (með fylktu liði ok -ligu); **-mannligr**, a. = -ligr.

snarpr, a. (1) *rough to the touch* (snarpt hárklæði); (2) *keen, sharp*, of a weapon (snörp øx, snarpt sverð); (3) *vehement, hard* (snörp atganga, orrosta); inn snarpasti kuldi, *the bitterest cold*; (4) *smart, dashing*, of persons (manna snarpastr í orrostum); (5) *barren, rugged*, = skarpr (land illt ok snarpt).

snarr, a. (1) *swift* (snarir vindar); (2) *gallant, bold, smart*; (3) *keen* (snör augu); (4) *sharp, penetrating* (s. til skynsemdar); (5) neut., snart, as adv. *soon, quickly* (rann hann at sem snarast).

snar-ráðr, a. *quick and resolute*; **-ræði**, n. *presence of mind, smart feat*; **-skygn, -sýnn**, a. *keen-eyed.*

snar-spjót, n. *javelin*, = snœrisspjót.

snar-völr, m. *a stick by which a cord is tightened.*

snauðligr, a. *bare, poor.*

snauðr, a. *stripped, poor, bereft*; s. at fé, *penniless*; snauðarkonur, *beggar-women*; snauðir menn, *poor men, beggars*; snauð orð, *plain words.*

snákr (-s, -ar), m. *snake* (poet.).

snáldr, m. *snout* (of a serpent).

snáp-liga, adv. *clownishly, like a dolt*; **-ligr**, a. *clownish, foolish.*

snápr (-s, -ar), m. *dolt, fool* (þú mant virðr sem hinn heimskasti s.).

snáp-skapr, m. *folly.*

snefugr, a. *fleet, swift* (snúask at sandi snefgir kjólar).

sneið (pl. **-ir**), f. (1) *slice* (sneiðir margar); (2) *taunt, slight*; hverr á þessa s., *who is meant by this slight?* stinga e-m s., *to cut with sarcasm.*

sneiða (-dda, -ddr), v. (1) *to cut into slices*, = sníða; (2) *to taunt, make game of*, with dat. (slíkt er illa mælt at s. honum afgömlum); (3) *to walk zigzag* (sá maðr, er bratta brekku sneiðir); (4) s. hjá e-u, *to pass by* (Katla mælti, at Þormóðr skyldi þar ekki hjá garði s.); eigi man ek hjá þeim kosti s., *decline the offer.*

sneiði-gata, f. *zigzag path.*

sneis, f. *wooden pin.*

sneisar-hald, n. *the part of a sausage in which the pin is stuck.*

snekkja, f. *a swift-sailing ship* (A. átti langskip, þat var s. tvítugsessa).

snellast (d), v. *to lift up one's voice* (á hvern snelldist þú?).

snellt, adv. *hastily*, *harshly* (segja, svara s.).

snemma, older form **snimma**, adv. (1) *quickly*, *soon* (hann var s. mikill ok sterkr); (2) *early* (ganga s. at sofa); s. um morgininn, *early in the morning*; with gen., s. dags, morgins, *early in the day*, *morning*; s. orrostunnar, *in the beginning of the battle*.

snemm-búinn, pp. *early*, *ready*; **-bærr**, a. *early lambing or calving*; **-endis**, adv. *soon*, *early*, = snemma; **-grœr**, a. *early growing*.

snemt, a. n. *early* (konungi þótti heldr s. at vekja herinn).

snepill, m. *snip*, *flap*; eyra-snepill, *the lobe of the ear*.

sneriligr, a. = snarligr (s. karl).

snerkja (-ta, -tr), v. *to contract*, *wrinkle* (s. kinnr).

snerpa (-ta, -tr), v. (1) *to whet* (s. øxar sínar); (2) impers., en er s. tók leiðit, *as the wind grew brisker*; (3) refl., snerpast við, *to bestir oneself*.

snerra, f. *smart shock*, *onslaught*.

snerta (**snert**; **snart**, **snurtum**; **snortinn**), v. (1) *to touch* (snart oddr sverðsins kvið Hrómundar); s. við e-t, *to touch* (s. við klæði e-s); (2) fig. *to touch*, *concern* (sókn ok vörn mála þeirra, er okkr snerta).

snerta (-rta), v. *to quaff off quickly* (snerti Hrungnir ór hverri skál).

snerta, f. (1) *short distance* (B. var í skóginum ok snertu eina frá þeim); (2) = snerra.

snerti-bráðr, a. *impatient*; **-róðr**, m. *a smart*, *short pull*.

sneyða (-dda, -ddr), v. *to bereave one of* (s. e-n e-u).

sneypa (-ta, -tr), v. *to disgrace*, *dishonour* (svívirðiliga sneypandi).

sneypa, f. *disgrace*, *ignominy*; fara sneypu, *to suffer ignominy*.

sneypi-liga, adv. *disgracefully*, *shamefully* (fara -liga fyrir e-m).

sneypu-för, f. *disgraceful journey*.

sniddari, m. *tailor*.

snið-glíma, f. *a certain mode of wrestling*; **-hvass**, a. *keen cutting*.

sniðill, a. *pruning-knife*.

snifinn, pp. *snowed-on* (s. snjófi).

snigill (pl. **sniglar**), m. *snail*.

snild, f. *masterly skill*; *eloquence*.

snildar-bragð, n. *prowess*; **-maðr**, m. *great orator*; **-orð**, n. pl. *eloquent language*; **-verk**, n. *great or heroic deed* (mörg ok ágæt -verk).

snilli, f. (1) = snild; (2) *prowess*.

snilli-bragð, n. = snildarbragð.

snillingr (-s, -ar), m. *heroic man*.

sníða (**sníð**; **sneið**, **sniðum**; **sniðinn**), v. (1) *to cut*; s. e-t af e-u, *to cut off* (sneið þrællinn höfuðit af jarli); s. e-t í sundr, *to cut asunder*; s. til, *to make a cut*, *to set about a thing*; (2) *to cut cloth*, of tailoring.

eníkinn, a. *covetous*.

síkja (-ta, -t), v. *to hanker after* (s. til e-s, eptir e-u).

snjall-mæltr, a. *eloquent*, *fine-spoken* (-mæltr ok skjótráðr).

snjallr, a. (1) *well-spoken*, *eloquent* (hverr var þessi inn snjalli maðr); S. talaði langt erendi ok snjallt, *S. made a long and eloquent speech*; (2) *good*, *excellent* (hit bezta ráð ok snjallasta); (3) *valiant*, *doughty* (s. ok vel hugaðr); s. ertu í sessi, *thou art bold enough in thy seat*.

snjall-raddaðr, a. *ready-tongued*; **-ráðr**, a. *wise in counsel*; **-ræði**, n. *wise counsel*, *good plan*; **-talaðr**, a. = snjall-mæltr.

snjá-drif, **-fok**, n. *snow-drift*.

snjáfa (**að**), v. *to snow*, = snjófa.

snjár (gen. **snjáfar** or **snjávar**), m. *snow*, = snjór, snær.

snjó-byrgi, n. *snow-shed*; **-drif**, n. *snow-drift*, *snow raised by the wind*; **-drifinn**, pp. *drifted with snow*.

snjófa (**að**), v. *to snow* (snjófaði á fjöll).

snjó-fall, n. *fall of snow*; **-fok**, n. = -drif; **-föl**, n. *thin cover of snow*; **-fönn**, f. *snow-wreath*; **-hríð**, f. *snow-storm*; **-hvítr**, a. *snow-white*; **-lauss**, a. *free from snow*; **-ligr**, a. *snowy*; **-minna**, a. compar. *with less snow*; **-nám**, n. *melting of the snow*, *thaw*.

snjór (gen. **snjófar** or **snjóvar**), m. *snow*, = snjár, snær.

snjó-samr, a. *snowy* (-samr vetr); **-skriða**, f. *snow-slip*, *avalanche*.

snjóugr, a. *snowy* (var hann s. allr).

snjó-vetr, m. *snowy winter* (-vetr inn mikli).

snoðinn, a. *bald* (E. gørðist enn s.).
snoðra (að), v. = snuðra.
snoppa, f. *snout, muzzle* (of a horse).
snotr (acc. **snotran**), a. *wise*.
snotra (að), v. *to make wise*.
snotr-liga, adv. *wisely* (mæla -liga).
snópa (-ta), v. *to be idle, snuffle*.
snót (pl. -ir), f. *gentlewoman*.
snubba (að), v. *to snub, chide*.
snubba, snubban, f. *snub, chiding*.
snuðra (að), v. *to sniff, snuffle*.
snugga (pres. **snuggir**), v. ? *to look* (horfa ok s. heljar til); snæliga snuggir, kváðu Finnar, *it looks like snow, quoth the Finns*.
snúa (**sný**; **snøra** or **snera**; **snúinn**), v. (1) *to turn*, with dat.; snýr jarl þangat herinum, *the earl turns his host thither*; s. úfriði á hendr e-m, *to begin hostilities against one*; s. aptr ferð sinni, *to turn back*; (2) *to turn, go*; sneru þeir þá yfir ána, *then they went across the river*; þeir sneru í móti þeim ok börðust við þá, *they turned against them and fought with them*; s. aptr, *to turn back*; s. brott, *to go away* (maðrinn sneri þá brott); (3) *to change, alter* (hann sneri síðan nafni sínu); s. skapi sínu, *to change one's mind*; (4) *to turn, twist, twine* (snúa vönd í hárit); (5) *to translate* (snúa Látinu-bréfinu í norrœnu); (6) impers., snýr e-u, *it is turned* (snøri þá mannfalli í lið Kirjala); *it changes* (brátt sneri fjárhaginum fyrir Teiti, er G. var í brottu); (7) with preps., s. at e-m, *to turn on one*; snúm vér nú at þeim, *let us turn upon them*; s. at brúðhlaupi, *to prepare for*; halt svá hendi yfir honum, at øngri hefnd sé til hans snúit, *protect him so that no vengeance may befall him*; s. e-u til leiðar, *to bring about*; skiptir mik miklu, hversu þú vilt til s., *what turn thou wilt take*; s. e-u um, *to turn upside down, upset* (um snýr þú öllum sætunum); *to change completely* (hón kvaðst hafa ætlat at s. þar um landslagi öllu); s. undan, *draw back, retreat, flee* (en er Baglar sá þat, þá sneru þeir undan); (8) refl., snúast, *to turn oneself* (hafði Gunnarr snúizt í hauginum); s. at e-m, í móti e-m, við e-m, *to turn upon one, face about, to meet an attack*; svá snerist, at þeir kómust í engan lífs-háska, *it turned out so, that they got into no danger of life*; s. til leiðar, *to turn to the right way*; s. til e-s um e-t, *to turn to one for a thing* (er þat líkast, at hann snúist til várrar ættar um vinfengit); s. undan, *to draw back* (síðan vildi A. undan s.).
snúan-ligr, a. *that can be turned*.
snúðga (að), v. *to win, gain*; refl., snúðgast, *to gain for oneself*.
snúðigr, a. *swift* (sungu ok slungu snúðga steini); neut., snúðigt, as adv. *swiftly*; fara, ganga snúðigt, *to march, walk at a swinging pace*.
snúð-liga, adv. *swiftly*, = snúðigt.
snúðr, m. (1) *twist, twirl* (þeir knýttu saman ok gørðu snúða á endunum); (2) *profit, gain* (hvern snúð sjá þeir sinn í því ?).
snúðu-liga, adv. = snúðliga, snúðigt.
snúna (að), v. *to turn out, come to be*; hve mun Sigurði s. æfi, *how will life turn out for Sigurd ?*
snúning, f. (1) *conversion* (s. Páls postola); (2) *turning*.
snyðja (**snyð**, **snudda**), v. *to rush* (hann fór snyðjandi at leita Þórólfs).
snykr, m. *stench, stink* (með fúlasta snyk; snykr ok úþefjan).
snyrti-liga, adv. *neatly, smartly* (búast -liga); **-ligr**, a. *smart, elegant*; **-maðr**, m. *gentleman*.
snýta (-tta, -tt), v. (1) *to blow the nose* (s. sér); s. rauðu, *to get a bloody nose*; (2) fig. *to destroy*; snýtt hefir þú sifjungum, *thou hast destroyed thine own children*.
snýta, f. *worthless fellow*.
snæ-blandinn, pp. *blended with snow* (rannsaka -blandna mold).
snæða (-dda, -ddr), v. *to eat, take a meal* (þeir snæddu ok drukku).
snæðing, f. *meal, taking a meal* (taka s.); sitja í snæðingu, *to sit at a meal*; veita e-m s., *to give one a dinner*.
snæðingr, m. = snæðing (kalla e-n til snæðings).
snæ-fall, n. *fall of snow*, = snjófall.
snæfr (acc. -ran), a. (1) *tight, nar-*

row (snæfrir kyrtlar); (2) *tough, vigorous* (snæfrir vinir).

snæ-fugl, m. *snow-bunting*; **-fölva**, f. = snjóföl; **-hús**, n. *snow-house*; **-hvítr**, a. *snow-white*; **-kváma**, f. *fall of snow*; **-kökkr**, m. *snow-ball*; **-lauss**, a. = snjólauss.

snælda, f. *spindle*.

snæ-liga, adv. *snowily* (see 'snugga'); **-lítill**, a. *with little snow* (-lítill vetr); **-mikill**, a. *snowy* (-mikill vetr); var snæmikit, *there was much snow*; **-nám**, n. *thaw*.

snær (gen. **snæfar** or **snævar**), m. *snow*, = snjár, snjór.

snæ-samr, a. *snowy*; **-skafa**, f. *drifting snow*; **-skriða**, f. *snow-slip*.

snæugr, a. *snowy, covered with snow*.

snœri, n. *a twisted rope, cord, string, cable, fishing-line*; **-ligr**, a. *brisk*.

snœri(s)-spjót, n. *javelin with a thong* (Skúta skaut -spjóti).

snöfur-leikr, m. *alertness*; **-liga**, adv. *deftly*; **-ligr**, a. *deft, alert, brisk* (hár á vöxt ok -ligr); **-mannligr**, a. = -ligr (skjótligr ok -mannligr).

snøgg-liga, adv. *suddenly*.

snøggr (acc. **snøggvan**), a. (1) *short* (gøra stutt skegg ok snøggvan kamp); þeir bitu allt gras at snøggu, *they bit it close*; (2) *short-haired*; (3) *sudden, brief* (orrosta hörð ok snøgg); neut., snøggt, as adv. *soon, quickly* (þá dró snøggt undan).

snøkta (-kta, -kt), v. *to sob, whine*.

snøktan, f., **snöktr**, m. *sobbing*.

snör, f. *daughter-in-law*.

snörgl, n. *rattling in the throat*.

snörgla (að), v. *to rattle in the throat* (hon lá ok snörglaði).

snös (gen. **snasar**), f. *projecting rock*.

snöttungr, m. *robber*.

soð, n. *broth* (drekka soðit).

soð-áll, m. *flesh-hook*; **-fantr**, m. *cook*; **-fullr**, a. *full of broth* (soð); **-greifi**, m. *cook*; **-hús**, n. *kitchen*; **-ketill**, m. *cooking-kettle*.

soðna (að), v. *to become boiled*.

soðning, f. *boiling, cooking*.

soð-reykr, m. *steam from cooking*.

sofa (**sef**; **svaf**, **sváfum**; **sofinn**), v. *to sleep*; s. af um nóttina, *to sleep the night through*; s. fast, *to sleep hard, soundly*; s. lífi, *to sleep one's life away*; fig. *to be dormant*.

sofari, m. *sleeper* (sjau sofarar).

sofinn, pp. *asleep* (drukku menn svá ákaft, at hverr lá s. í sínu rúmi).

sofna (að), v. *to fall asleep*; s. fast, *to fall fast asleep* (hann sofnaði fast ok lét illa í svefni); vera sofnaðr, *to be asleep* (eptir um nóttina er menn vóru sofnaðir).

so-görr, **-gorr**, **-gurr**, a. *so done*; at -guru, *as things stand, as matters are*; á -gurt ofan, *to boot*.

sokka-band, n. *garter*.

sokkr (**-s**, **-ar**), m. *stocking*.

sollr, m. *swill* (teygja tíkr at solli).

soltinn, pp. (1) *dead* (s. var S. sunnan Rínar); (2) *hungry, starving*.

sonar-bani, m. *slayer of one's son*; **-bœtr**, f. pl., **-gjöld**, n. pl. *weregild for a son*; **-kván**, f. *son's wife, daughter-in-law*; **-skaði**, m. *loss of one's son*; **-sonr**, m. *son's son, grandson* (synir þeira ok sonarsynir).

son-lauss, a. *sonless*, = sonarlauss.

sonr (gen. **sonar**, dat. **syni** and **søni**; pl. **synir**, **sønir**; acc. **sonu** and **syni**), m. *son*.

sopi, m. *small draught, mouthful* (B. lætr hann drekka tvá sopa stóra).

sopp-leikr, m. *game at ball*.

soppr, m. *ball* (slá sopp).

sorg (pl. **-ir**), f. *sorrow* (s. etr hjarta); lægja sorgir, *to allay sorrows*.

sorga-fullr, a. *full of sorrow, sorrowful*; **-lauss**, a. *free from care*.

sorgar-búnaðr, m. **-búningr**, m. *mourning dress*; **-hljómr**, m. *dismal sound*; **-samligr**, a. *sorrowful*.

sorg-fullr, a. *sorrowful*; **-ligr**, a. *sad, distressing*; **-móðr**, a. *distressed, sad*; **-mœði**, f. *distress*; **-samligr**, a., **-samr**, a. *sad, sorrowful*.

sorp, n. *sweepings* (bera sorp á eld).

sorp-haugr, m. *mound of sweepings*.

sorta, f. *a black dye*.

sorti, m. *black cloud*; sé s. mikill fyrir augu þeim, *a great darkness came before their eyes*.

sortna (að), v. *to grow black* (sortnaði hon sem kol).

sóa (**að**, pp. also **sóinn**), v. (1) *to destroy, sacrifice*, with dat.; (2) sóa út, *to squander*; sem fé þetta var út sóat, *when this money was spent.*

sókn (pl. **-ir**), f. (1) *attack, fight* (harðr í sóknum); (2) *prosecution*; urðu þá allir á þat sáttir, at þá væri framarr vörn en s., *that the defence was better than the prosecution*; sœkja með lands-laga sókn, *to raise a lawful action*; (3) *concourse, resort of people* (nú er s. mikil í Skálholt um allt Ísland), *company*; (4) *parish*; (5) *drag, grapnel.*

sóknar-aðili, m. *prosecutor*, opp. to 'varnaraðili'; **-fólk**, n. *parish-folk*; **-gögn**, n. pl. *the proofs for a prosecution*; **-kirkja**, f. *parish-church*; **-kviðr**, m. *verdict*; **prestr**, m. *parish-priest*; **-þing**, n. *a parliament with courts and pleading* (aðrir menn vóru at dómum, því at -þing var).

sókn-djarfr, **-harðr**, a. *martial, valiant* (frœkn ok sóknharðr).

sól (gen. **sólar**, dat. **sól** and **sólu**), f. (1) *sun* (hann fal sik á hendi þeim guði, er sólina hafði skapat); á morgin fyrir s., *before sunrise*; einn morgin við s., *about sunrise*; þá var dagr alljóss, ok s. farin, *the sun had risen*; sól var lítt farin, lítt á lopt komin, *not high above the horizon*; s. rennr upp, *the sun rises*; þegar er sólina lægði, *when the sun got low*; s. gengr í ægi, til viðar, undir, s. sezt, *the sun sets*; ganga at sólu, *to go prosperously, succeed to one's wishes* (honum gengu náliga allir hlutir at sólu); (2) *day*; fyrir ina þriðju s., *before the third sun, within three days*; áðr sjau sólir eru af himni, *before seven days have passed.*

sólar-ár, n. *solar year*; **-áss**, m. *the sun-god, Apollo*; **-bruni**, m. *the burning heat of the sun*; **-fall**, n. *sunset*; **-gangr**, m. *the sun's course*, between sunrise and sunset (en er váraði ok -gangr var sem mestr); **-geisli**, m. *sunbeam*; **-glaðan**, f. *sunset*; **-goð**, n. = -áss; **-helgr**, f. *feast of the sun-god*; **-hiti**, m. *heat of the sun*; **-hof**, n. *temple of the sun-god*; **-hringr**, m. *the orbit, ecliptic*; **-ljós**, n. *sun-light*; **-roð**, n. *sun-reddening, sunrise*; um morgininn í -roð, *at peep of dawn*; **-setr**, n. *sunset*; **-sinnis**, adv. *sunwise, from east to west*; **-steinn**, m. *sunstone, lodestone*; **-suðr**, n. *the solar meridian*; **-tár**, n. '*sun's tear*', *amber*; **-upprás**, f. *sunrise*; **-öld**, f. *solar cycle* (twenty-eight years).

sól-bjartr, a. *sun-bright*; **-borð**, n. = -byrði; **-bráð**, f. or n. *sun-thawing*; **-brunninn**, pp. *sun-burnt*; **-byrði**, n. '*sun-board*', *gunwale.*

sólginn, pp. *voracious, hungry.*

sól-heiðr, a. *sun-bright, sun-lit*; **-hvarf**, n. *solstice* (nú líðr fram at -hvörfum); **-hvítr**, a. *sun-white.*

sóli, m. *sole* (of a shoe).

sól-lauss, a. *sunless*; **-mark**, **-merki**, n. *zodiacal sign*; **-setr**, n. pl. *sunrise and sunset*; með -setrum, milli -setra, *from sunrise till sunset*; **-skin**, n. *sunshine*; **-staða**, f. *solstice*, usually in pl. (nú líðr fram at -stöðum).

sóma (**-da**), v. *to beseem, become, befit* (sómir þér konungum at þjóna); at hón sœmdi þér, *that she were a fit match for thee*; láta sér e-t s., *to be pleased with.*

sóma-för, f. *honourable journey*; **-góðr**, a. *creditable*; **-hlutr**, m. *honourable share*; **-lauss**, a. *discreditable*; **-maðr**, a. *honourable* (*worthy*) *man*; **-samliga**, adv. *beseemingly, befittingly*; **-ligr**, a. *decent, proper, honourable*; **-semd**, f. *honour*; **-spell**, n. *lack of honour.*

sómi, m. *honour* (vil ek eigi drepa hendi við sóma mínum).

sónar-blót, n. *a special sacrifice* (of a boar); **-dreyri**, m. *sacrificial blood*; **-göltr**, m. *sacrificial boar.*

sónn, m. *sound* (með sœtum són).

sópa (**að**), v. (1) *to sweep*, with dat. (griðkonan sópar saman léreptunum); láta greipr s. um e-t, s. höndum um e-t, *to make a clean sweep, carry off all*; (2) *to sweep* a house, floor, with acc. (A. lét s. húsin ok tjalda); (3) refl., sópast e-u, s. at um e-t, s. um, *to scrape together, gather*, = sópa e-u at sér (s. mönnum, s. at um menn).

sót, n. *soot* (sóti svartari).

sótigr, a. *sooty*; hann kom eigi undir sótkan rapt, *he never came under a sooty rafter.*

sót-rauðr, a. '*soot-red*', *dark-red*.

sótt (pl. **-ir**), f. *sickness*, *illness*, *disease*; taka (*or* fá) s., *to fall ill*, *be taken ill*; kasta á sik s., *to feign illness*; kenna (*or* k. sér) sóttar, *to feel the symptoms of illness*; pl. *pains of labour* (at sú mær hafði miklar sóttir).

sóttall, a. *causing illness*, *contagious*.

sóttar-far, **-ferði**, n. *condition of one's illness*; *sickness*; **-sök**, f. *cause of illness*.

sótt-bitinn, pp. *struck down by illness*; **-dauðr**, a. *having died from sickness* (hann lifði skemmst ok varð -dauðr); **-hættr**, a. *exposed to sickness*; **-lauss**, a. *not ill*, *without fever*; **-ligr**, a. *sickly*; **-lítill**, a. *not very ill*; **-næmr**, a. *apt to be taken ill*; **-tekinn**, pp. *taken ill*.

spað, n. *soup made from flesh or fish* (brytja hænginn til spaðs).

spaði, m. *spade*, see 'járn-spaði'.

spak-látr, a. *gentle*, *quiet*; **-liga**, adv. (1) *peacefully*, *quietly* (þeir fóru at öllu sem -ligast); (2) *wisely*, *like a wise man* (talast við -liga); **-ligr**, a. *wise*, *sage*; **-málugr**, a. *wise in one's speech*; **-mæli**, n. *wise* (*prophetic*) *saying* (í skáldskap ok -mæli).

spakr, a. (1) *quiet*, *gentle* (s. ok siðugr); spök hross, *quiet horses* (not running astray); (2) *wise*, with the notion of prophetic vision (hann var s. at viti; spá er spaks geta).

spak-ráðugr, a. *giving wise advice*; **-rœða**, f. = spaklig rœða.

spanga-brynja, f. *plate-mail*.

spann, n. (1) *pail*; (2) *a measure*, esp. of butter (s. smjörs).

spannar-breiðr, a. *span-broad*.

spara (**-ða**, **-ðr**, also **-aða**, **-at**), v. (1) *to spare* (hann sparir eigi peninga Þórólfs); s. e-m e-t, *to leave it to another* (spörum þetta verk öðrum); s. e-n til e-s, *to spare one from* (þeir spörðu hana eigi til erfiðis ok skaprauna); skal ek eigi mitt til s., *I, for my part, shall not be sparing in the matter*; s. e-t við e-n, *to withhold from one* (eigi spari ek mat við þik); s. e-t við sik, *to shrink from*; hverr sá er, at eigi sparir þat úhapp við sik, *who does not shrink from that crime*; (2) refl., sparast til e-s, *to shrink from*, *forbear* (hefi ek lengi til þessa sparazk); *to spare oneself*, *spare one's strength*; þat orð flyzt af, at þú sparist við, *that thou sparest thyself*, *dost not use all thy strength*.

sparða, f. *an Irish battle-axe*.

spark, n. *kicking*, *trampling*.

sparka (**að**), v. *to kick*; also fig. (at ölmusur sparki í andlit mér).

sparkr, a. *lively*, *brisk* (sparkar áttu vér konur).

sparlak, n. *curtain* (tvau sparlök).

spar-liga, adv. *sparingly*; **-ligr**, a. *sparing* (borð hélt hann sparligt); **-mæli**, n. *leniency*; reka -mæli við e-n, *to spare*, *deal leniently with*.

sparnaðar-maðr, m. *a person deserving to be spared* (Þ. kvað hann eigi -mann).

spar-neytinn, a. *sparing in the use of food*, *frugal*; **-neytni**, f. *frugality*.

sparr, a. *sparing*.

sparr, n. a kind of *spear*.

sparr-haukr, m. *sparrow-hawk*.

spá (**spá**, **spáða**, **spát**), v. *to prophesy*, *foretell* (s. e-m e-t *or* e-s).

spá (pl. **spár**), f. *prophecy* (sjaldan hafa spár mínar átt langan aldr).

spá-dís, f. *spae-sister*, *prophetess*; **-dómliga**, adv. *prophetically*; **-dómligr**, a. *prophetical*; **-dómr**, m. *prophecy*; **-gandr**, m. *divination-rod*; **-kerling**, **-kona**, f. *prophetess*; **-leikr**, m. *divination*.

spáleiks-andi, m. *prophetic spirit*.

spá-maðr, m. *soothsayer*, *prophet*; **-mæli**, n. *prophetic words*, *prophecy*.

spán-bakki, m. *butts* = skotbakki; **-brjóta**, v. *to break into splinters* (í Grindavík spánbraut buzuna).

spánn or **spónn** (gen. **spánar**, pl. **spænir** or **spœnir**, acc. **spánu** or **spónu**), m. (1) *chip*, *shaving* (alla spánu báru þeir at skálanum, slógu síðan eld í allt saman); brjóta skip í spán, *to have one's ship broken to pieces* (þeir brutu skipit í spán); brotna í spán, *to be dashed to pieces* (skipit brotnaði í spán); (2) *target* (setja spán í bakka); (3) *ornament on a warship* (only in pl.; cf. 'enni-spænir'); (4) *divining chip*, used at sacrifices (féll honum þá svá s. sem hann mundi eigi lengi lifa); (5) *table-spoon.*

Spánn, m. *Spain*, = Spánland.

spán-nýr, a. *span-new*, *bran-new* (mér er þessi atburðr -nýr); *quite fresh*, *not exhausted* (látum nú sem vér sém -nýir); **-ósa**, a. indecl. *span-new* (skipin vóru -ósa ok nýbrædd).

Spán-verjar, m. pl. *Spaniards*; **-verskr**, a. *Spanish.*

spán-þak, n. *shingle-roof*; **-þaktr**, pp. *shingle-thatched.*

spár, a. *prophetic* (í hjarta spás manns); cf. 'forspár,' 'veðrspár.'

spá-saga, **-sögn**, f. *prophecy* (góðar þykkja mér -sögur þínar).

spázera (**að**), v. *to walk.*

spegill, m. *mirror*, = skuggsjá.

speja (**að**), v. *to spy*, = njósna.

spejari, m. *spy*, = njósnari.

speki, f. *wisdom* (sú s., er hann sagði fyrir úorðna hluti); **-andi**, m. *spirit of wisdom*; **-maðr**, m. = spekingr; **-mál**, n. *words of wisdom.*

spekingr (**-s**, **-ar**), m. *a wise man*, *sage* (hann var hinn mesti s. at viti); *counsellor* (nú ræðst Haraldr konungr um við spekinga sína).

speki-ráð, n. *a wise counsel.*

spekja (**spakta**, **spaktr**), v. *to calm*, *soothe* (s. menn sína); refl., spekjast, *to be calmed.*

spekjur, f. pl. *talk*, *parley* (aðrar váru okkrar s.).

spekt, f. (1) *quietness*, *peace* (gæta e-s með s.); (2) *wisdom* (þeim var eigi gefin hin andliga spekin).

spektar-andi, m. *spirit of wisdom*; **-brunnr**, m. *source of wisdom*; **-maðr**, m. = spekingr; **-mál**, n. *wise words*; **-munr**, m. *superiority in wisdom*; komast á -mun við e-n, *to outwit one.*

speld, n. *a square tablet.*

spelkja (**-ta**), v. *to fix up with splints* (troða belginn ok s.)

spelkur, f. pl. *splints.*

spell, n. *flaw*, *damage*, = spjall.

spella (**að**), v. *to spoil*, *destroy*, = spilla (öll veröldin var spelluð).

spell-reið, f. *overriding a horse*; **-virki**, n. *mischief-working*, *damage*; **-virki** (pl. **-virkjar**), m. *mischief-worker*, *highwayman.*

spellvirkja-bœli, n. *robber's den.*

spell-virkni, f. *doing damage.*

spena-barn, n. *sucking child.*

spen-bólga, f. *swelling of the teat*; **-drekkr**, m. *sucking child.*

spengja (**-da**, **-dr**), v. *to spangle.*

speni, m. *teat*, *dug*, esp. of animals (kýr hefir fjóra fœtr ok fjóra spena).

spenja (**spanda**, **spaniðr**), v. *to allure*, *attract* (þeir spöndu lið undan konungi); hann spandi út hingat með sér Sæmund, *he persuaded S. to come out with him to Iceland.*

spenna (**-ta**, **-tr**), v. (1) *to span*, *clasp* (s. sverð báðum höndum); hon spennti hringinn á hönd honum, *she clasped the ring round his wrist*; s. e-u um sik, s. sik e-u, *to gird oneself with*, *buckle on* (hann spennti sik megingjörðum); s. af sér beltinu, *to unclasp the belt*; (2) *to clasp the hands round one's neck*, = s. höndum um háls e-m (þykki þér betra at s. karlsdóttur); (3) *to clasp*, *catch*, *capture* (prestr nökkurr gekk á land; Birkibeinar spenntu hann); harðliga spenntr, *in hard straits*; (4) *to spend* (eptir ár liðit skal ek segja þér, hvat þú spennir); (5) s. boga, *to draw a bow.*

spenna, f. *inconvenience.*

spenni-töng, f. *pincers*, *forceps.*

sperna (**-ta**, **-t**; old pret. **sparn**), v. *to spurn*, *kick with the feet* (hann spernir til risans með fœti).

sperra (**-ða**, **-ðr**), v. *to stretch out* (s. frá sér fœtr); refl., sperrast við, *to struggle against* (gengu þeir á brott með hana, en hón sperrðist við).

sperri-leggr, m. '*spar-leg*', *shaft.*

spik, n. *blubber* (of seals and whales).

spilla (**-ta**, **-tr**), v. (1) *to spoil*, *destroy*, with dat. (brutu niðr hof ok spilltu blótum); aldri skal hón s. okkru vinfengi, *never shall she spoil our friendship*; s. fyrir e-m, *to spoil one's condition*, *do one harm*, esp. by slander; (2) *to destroy*, *kill* (s. ætla ek báðum); (3) refl., spillast, *to be spoiled*, *damaged*; s. við, *to grow worse*; mun mikit hafa um spillzt, *it must have got much worse.*

spillandi (pl. **-endr**), m. *spoiler* (spillendr um vináttu vára).

spilli-dýr, n. *noxious animal.*

spilling, f. *corruption.*

spillir, m. *spoiler*; s. bauga, *breaker of rings, liberal prince.*

spinna (**spinn**; **spann**, **spunnum**; **spunninn**), v. *to spin* (Katla sat á palli ok spann garn).

spík (pl. **spíkr**), f. *spill, splinter.*

spíra, f. (1) *spar*; (2) *tube.*

spítali or **spítall**, m. (1) *hospice* (for travellers or pilgrims); (2) *hospital.*

spjald, n. *tablet, square*, = speld (lög rituð á spjald); hlaða spjöldum, *to weave chequered linen.*

spjall, n. *saying, tale*, esp. pl.; forn spjöll fira, *old tales of men*; úrughlýra jó frá ek spjalla, *with wet cheeks I asked the steed for news*; móðug spjöll, *lamentations.*

spjall, n. (1) *damage* (taka s. af e-u); (2) *flaw* (spjöll á máli).

spjalla (**að**), *to spoil* (spjölluð mál).

spjalli, m. *friend* (Hrungnis s.).

spjót, n. *spear, lance*, both for throwing and thrusting (skjóta, leggja spjóti).

spjótaðr, pp. *furnished with spears.*

spjóta-lög, n. pl. *spear-thrusts.*

spjót-krókr, m. *a hook on a spear*; **-lag**, n. *spear-thrust*; **-lauss**, a. *without a spear*; **-leggr**, m. *spear-shaft.*

spjóts-brot, n. *a broken spear*; **-falr**, m. *the socket of a spear-head*; **-hali**, m. *the end of a spear-shaft.*

spjót-skapt, **-skepti**, n. *shaft of a spear* (þriggja spjótskapta hár).

spjóts-oddr, m. *a spear's point or head* (stanga e-m -oddinum).

spjót-sprika, f. *spear-head* (?).

spjóts-skot, n. *a shot made with a spear* (eigi tók konung -skotit).

spjörr (pl. **spjarrar**), f. *swathing-band, leg-band.*

spor, n. *track, footprint* (þeir rekja s. sem hundar); ganga (stíga) í s. e-m, *to walk in one's footsteps, follow one's example* (víst hefir þú vel fram gengit, en þó hefir þú eigi gengit mér í s.); ekki spor, *not a step.*

spora (**að**), v. *to tread on.*

sporð-dreki, m. *the Scorpion.*

sporðr (**-s**, **-ar**), m. *tail* of a fish, serpent, &c. (s. sem á fiski); standa e-m á sporði, *to be a match for, be one's superior* (vitr maðr ertu, Eyólfr, svá at fáir munu standa á sporði þér); s. skjaldar, *the lower pointed end of a shield* (þreif B. sporð skjaldarins hinni hendinni ok rak í höfuð Þórði).

spor-ganga, f. *backing, assistance* (veita e-m fylgd ok -göngu).

sporgöngu-maðr, m. *follower.*

spor-hundr, m. *slot-hound, blood-hound* (váru leystir -hundar).

spori, m. *spur*; keyra (ljósta, slá) hest sporum, *to put spurs to a horse.*

sporna (**að**), v. *to spurn, tread on* (s. völl, moldveg); s. við e-u, *to withstand, resist* (eigi má við sköpunum s.); without the dat., hann vildi taka af mér hringinn, en ek spornaði við, *struggled against that.*

spor-rakki, m. = -hundr; **-rækt**, a. n., hafði fallit lítil snæfölva svá at -rækt var, *so that it was possible to trace the footprints.*

spott, n. *mockery, scoff* (þú ferr með s. ok háð); gøra (draga) s. at e-u, hafa e-t at spotti, *to scoff at, turn into ridicule.*

spotta (**að**), v. *to mock, make sport of* (eigi þarf at s. þetta svá mjök); s. at e-u, *to jeer about a thing*; s. e-t af e-m, *to cheat one of a thing.*

spottan, f. *mocking, jeering.*

spotti, m. *bit, small piece.*

spottr, m. *mockery* = spott (verð úti ok drag øngan spott at oss).

spott-samligr, **-samr**, a. *mocking, given to jibes* (-samr ok údœll).

spói, m. *curlew* (bird).

spónn, m. = spánn.

spraðk, n. *sprawling.*

spraðka (**að**), *to sprawl.*

spraka (**að**), v. *to crackle.*

spraki. m. *rumour, flying report.*

sprakki, m. poet. *woman.*

sprengja (**-da**, **-dr**), v. *to make burst* (H. kvezt eigi mundu s. sik á grauti); s. hest, *to break the wind of a horse.*

sprengr, m. *bursting*; honum hélt við spreng, *he was near bursting from exhaustion*; vinna til sprengs, *to work oneself to death.*

spretta (**sprett**; **spratt**, **spruttum**; **sprottinn**), v. (1) *to spring up, issue forth* (þar sprettr einn mikill brunnr);

spratt honum sveiti í enni, *sweat burst out on his forehead*; also s. upp (spratt þar vatn upp); (2) *to start, spring*; s. af baki, *to spring off horseback*; s. á fœtr, s. upp, *to start to one's feet, jump up*; spratt upp lássinn, *up sprang the lock*; spratt henni fótr ok féll hón, *she slipped and fell*; spratt þat upp af heimamönnum, at, *it was rumoured that*; (3) *to sprout, grow*, of hair, grass, crops (piltar tveir léku á gólfi; þeim var sprottit hár ór kolli).

spretta (-tta, -tt), v. (1) *to make spring up, unfasten, loosen*; s. gjörðum, *to ungird*; s. frá loku, *to unlock*; (2) *to rip open or up* (s. saum); ek lét s. berkinum, *I had the bark peeled off*; Þjálfi spretti á knífi sínum, *Th. split the bone with his knife*.

springa (spring; sprakk, sprungum; sprunginn), v. (1) *to spring, bound*; (2) *to spirt out, issue forth* (sprakk blóð bæði af nösum hennar ok munni); (3) *to burst, split, break* (hornit sprakk í sundr í miðju); sprotinn kom í andlitit ok sprakk fyrir, *the switch came on his face, and the skin was broken*; (4) *to die* from over-exertion, grief, &c.; s. af harmi, *to break one's heart*; ef þú hefðir eigi mat, nema á hræum spryngir, *if thou couldst get no food save by overgorging upon corpses*.

sprota-barn, n. *a chastised child*.

sproti, m. (1) *sprout, rod, stick, switch*; (2) *the end-piece or clasp of a belt* (fetlar sprotum settir).

sprund, n. poet. *woman*.

sprækr, a. *sprightly, lively, active* (sveinninn var s.).

spræna (-da, -t), v. *to spirt out*.

sprökla (að), v. *to sprawl, kick with the feet* (Skotar létu smábörn s. á spjótaoddum).

spuni, m. *spinning* (cf. 'gull-spuni').

spurall, a. *asking many questions, inquiring, inquisitive* (hverr er sá maðr, er svá er s.).

spur-dagi, m. (1) *question, inquiry*; (2) *report, news* (þann einn spurdaga höfum vér til þín, at).

spurn, f. (1) *question*; (2) *news, report, tidings* (mun þegar s. koma til Höskulds); hafa s. af e-u *or* til e-s, *to have news of*.

spurning (pl. -ar), f. *question*.

spúsa (að), v. *to espouse, marry*.

spúsa, f. *spouse, wife*.

spyrða (-rða, -rðr), v. *to tie up* (*fish*) *by the tail*.

spyrja (spyr, spurða, spurðr), v. (1) *to track, trace steps or footprints* (hundar þeir, er vóru vanir at s. þá upp, er undan hljópust); (2) *to investigate, find out* (þeir fengu hann eigi upp spurðan); (3) *to ask*; G. spurði, hvat hann vildi þá láta at gera, *G. asked what he wished them to do*; with gen., s. e-n tíðenda, *to ask tidings of one*; s. e-n ráðs, *to ask advice of, consult one*; H. spurði margs ór brennunni, *H. asked much about the burning*; with preps., s. e-n af e-u, at e-u, at um e-t, um e-t, *to ask one about a thing*; s. at e-m, *to inquire after one*; s. e-n at nafni, *to ask one his name*; s. eptir, *to ask, inquire* (spurði hón eptir, hvat íslenzkra manna væri á skipi); spurði Höskuldr dóttur sína ekki eptir, *H. did not ask his daughter's consent*; (4) *to hear, be informed of* (s. sönn tíðendi); Snorri spyrr nú, hvar komit er málunum, *now S. hears how the causes stood*; s. til e-s, *to get intelligence as to, hear of* (síðan hefi ek aldri til hans spurt); (5) refl., spyrjast, *to be heard of or reported, to get abroad*; til Þórveigar spurðist þat, at hon lá hætt, *it was told of Th. that she was very ill*; impers., mér spyrst á þann veg, *I am told*; hefir til þessa skips aldregi spurzt, *nothing has since been heard of this ship*; s. fyrir um e-t, *to inquire about* (þeir spurðust þá fyrir um ferðir Ólafs konungs); recipr. *to ask one another* (spyrjast tíðenda).

spyrna (-da, -dr), v. *to spurn*; s. fœti á e-n *or* á e-m, s. fœti til e-s, *to push one with the foot, to kick* (Þórr spyrndi fœti sínum á hann); s. fœti (fótum) í e-t, *to put or press one's foot* (*feet*) *against*; s. við, *to struggle against with the feet* (it fyrsta sinn, er úlfrinn spyrndi við, brotnaði sá fjöturr); s. e-u af sér, *to kick off* (gat hann spyrnt af sér fjötrinum); frá spyrndr allri eign, *spurned from, bereft of*; recipr., spyrnast í iljar, *to touch one another with the soles* (of two stretched on their backs).

spytta (-tta, -ttr), v. *to cheat* (e-n af e-u) *one out of a thing.*

spýja (spý, spjó, spúinn), v. *to spew, vomit*, with dat. (hón spjó löngum blóði).

spýja, f. *vomiting, vomit* (gaus ór honum s. mikil).

spýta, f. *spit, stick, wooden pin.*

spýta (-tta, -ttr), v. *to spit, pin with sticks* (hann spýtti aptr tjaldit *or* tjaldinu).

spýta (-tta, -tt), v. *to spit* (þrælar hans spýttu í andlit honum).

spænskr, a. *Spanish.*

spölr (gen. **spalar**, pl. **spelir**, acc. **spölu**), m. (1) *rail, bar*; smugu þeir milli spalanna, *they crept between the bars*; (2) *bit, short piece* (hefja upp sögu ok segja af spöl nökkurn).

spöng (gen. **spangar**, pl. **spengr**), f. *spangle* (váru lagðar yfir spengr af gulli); *floe, flake of ice* (Markarfljót féll í millum höfuðísa, ok váru spengr á hér ok hvar).

spönn (gen. **spannar**, pl. **spannir**), f. *span* (spannar breiðr, langr); knífrinn var spannar fram frá hepti, *the knife was a span long from the haft.*

spörr (gen. **spörs** or **sparrar**), m. *sparrow* (s. flaug í akr karls).

stabbi, m. *block*, = stobbi, stubbi.

staða, f. *standing* (leiddist bœndum staðan); *place, position.*

staða-fé, n. *church-property*; **-mál**, n. *contest* (between the clergy and laity) *about church property*; **-menn**, m. pl. *the lay proprietors of the church estates.*

staðar-fólk, n. *townsfolk*; **-forráð**, n. *administration of a church establishment*; **-prestr**, m. *parish-priest*; **-setning**, f. *establishment of a convent.*

staddr, pp. from 'steðja'; (1) *placed, present*; ef hann var þar s., þar sem blót vóru, *if he happened to be present*; vera við (*or* hjá) s., *to be present*; vera úti s., *to be outside the house*; (2) *placed in a certain position, situated, circumstanced* (vel, illa s.); lítt s., *doing poorly*; hví er ykkr svá statt til Sigfússona, *why do ye talk thus of the sons of S.*

stað - fastliga, adv. *steadfastly*; **-fastligr**, a. *steadfast, firm*; **-fastr**, a. (1) *residing, abiding* (var hann -fastr á Haðalandi); (2) *steadfast* (þú ert -fastari en flestir menn aðrir); (3) *faithful, staunch* (-fastr vinum sínum); (4) *firm, settled* (-fastr dómr): -fast í skapi e-s, *fixed in one's mind*; **-festa** (see **festa**), v. (1) *to give a fixed abode*; -festa sik, *to take up one's abode*; (2) *to make firm, steadfast* (staðfestu þeir þetta mál með sér); -festa ráð sitt, *to establish oneself*; -festa at gera e-t, *to make up one's mind to do a thing*; (3) refl., -festast, *to take up one's abode, establish oneself* (þá er ek kem at öðru sinni, mun ek hér -festast); *to be determined* (-festist þessi ráðagerð); *to grow firm, strong* (sem ríki hans -festist meirr); **-festa**, f. (1) *fixed abode, residence* (hafa, taka -festu); (2) *steadfastness, stability, firmness*; (3) *confirmation*; **-festi**, f. *steadfastness, firmness*; **-festing**, f. *confirmation*; **-festr**, pp. *steadfast.*

staðfestu-bréf, n. *deed of confirmation*; **-lauss**, a. *without a fixed abode or livelihood.*

stað-góðr, a. *well tempered* (-gott sverð); **-högg**, n. *a good hit or blow* (koma -höggi á e-n).

staðinn, pp. from 'standa'; vita til staðins, *to know for certain.*

stað-lausa, f. *absurdity, folly*; mæla -lausu stafi, *to talk much folly*; **-lauss**, a. *timid, unsteady*; **-leysi**, n. *restlessness of mind, unsteadiness*; **-ligr**, a. (1) *local* (-lig nálægð); (2) *steadfast, firm*; **-lyndr**, a. *stubborn.*

staðna (að), v. *to stop, pause, abate* (staðnaði þá kurr búandanna).

stað-nefna (-da, -dr), v. *to determine* (-nefna um e-t).

staðr (-ar, -ir), m. (1) '*stead*', *place, spot*; fimmtán í hvárum stað, *fifteen in each place*; í einum stað í Englandi, *somewhere in England*; skipta í tvá, fjóra staði, *to divide into two, four* *parts*; fara af stað, *to go away, leave*; hafa sik af stað, *to absent oneself*; bíða e-s ór stað, *to wait on the spot, wait till one is attacked* (Baglar biðu eigi högganna ór stað, ok flýðu þeir upp fyrir norðan bœinn); ráða e-u til staðar, *to settle*; gefa e-u stað, *to stop*; þeir gefa eigi stað ferðinni, *they stopped not on their journey*; gefa staðar, *to stop, halt*; þá er sá íss gaf staðar ok rann eigi, *when that ice stopped and flowed no more*; nema stað *or* staðar, *to stop* (hér munum vér stað nema); leita staðar, *to seek a place to ease oneself*; (2) adverbially, í stað, þegar í stað, *on the spot, at once*; rétt í stað, *just now*; í marga staði, *in many respects*; í alla staði, *in every respect*; í engan stað, *noways*; í annan stað, *on the other hand, secondly*; í staðinn, *instead*; alls staðar, *everywhere*: annars staðar, *elsewhere*; nökkurs staðar, *anywhere*; (3) *end, result*; vil ek vita, hvern stað eiga skal málit, *I wish to know how the matter is to stand*; koma í einn stað niðr, *to turn out the same way*; (4) *stop, pause, hesitation* (þeim varð s. á um andsvörin); (5) *springiness, elasticity*, of steel, &c.; ok dregr ór allan staðinn ór boganum, *the bow lost all its spring*; (6) *strength of mind, courage*; mun hann ekki eiga stað við sjónum hans, *he will not be able to stand his looks*; gøra stað í hestinn, *to make the horse firm*; (7) *mark, print, traces* (þeir sá þar engan stað þeira tíðinda, er þar höfðu orðit); (8) *church establishment, church, convent* (staðrinn í Skálaholti, á Hólum); (9) *town* (marga staði vann hann í þessu landi í vald Girkjakonungi).

staðr, a. *restive*, of a horse; verða s. at, *to stop, start*, from surprise.

stað-ramr, a. *steadfast*; **-ráða** (see **ráða**), v. *to determine, make up one's mind*; **-remi**, f. *steadfastness*; **-þrotinn**, pp. *quite exhausted*.

stafa (**að**), v. (1) *to put letters together*; (2) *to assign, allot* (sýnist oss þessum manni harðr dauði stafaðr); s. e-m eið, *to dictate an oath to another*; s. fyrir e-m, *to ordain* (skyldu þeir s. fyrir þeim slíkt, er þeir vildi); s. fyrir fé sínu, *to dispose of one's goods*.

stafaðr, pp. *striped* (stafat segl).

stafa-nöfn, n. pl. *names of letters*; **-setning**, f. *arrangement of letters*; **-skipti**, n. *transposition of letters*; **-snúning**, f. *metathesis*.

staf-karl, m. *poor beggar*.

stafkarla-búningr, m. *beggar dress*; **-letr**, n. a kind of *runic letter*.

stafkarls-gervi, n. *beggar's garb*; **-stígr**, m. *beggary, vagrancy*; troða -stíg, *to be reduced to beggary*; taka upp -stíg, *to take to begging*.

staf-kerling, f. *beggar-woman*; **-kerti**, n. *taper, candle*; **-lauss**, a. *without a stick* (ganga -lauss *or* -laust); **-ligr**, a. *pertaining to letters*; **-lurkr**, m. *cudgel*; **-lægja**, f. *one of the long beams along the walls* joining the pillars (stafir).

stafn (**-s**, **-ar**), m. (1) *the stem of a ship*, esp. *the prow*; stafna á meðal, með stöfnum, *from stem to stern*; hafa e-t fyrir stafni, *to be engaged in a work*; berjast um stafna, *to fight stem to stem*; deila um s. við e-n, *to have a hard struggle with one*; (2) *gable-end* (of a building).

stafn-búi, m. *forecastle-man* (on a war-ship); **-gluggr**, m. *gable-window*; **-haf**, **-hald**, n. *standing, course* (on the sea); **-hár**, a. *stem-high*; **-hvíla**, f. *bed in the gable*; **-kasta** (**að**), v. impers., -kastaði skipinu, *the ship capsized*; **-lé**, **-ljár**, m. *grappling hook*; **-lok**, n. *half-deck in the forecastle*; **-rekkja**, f. = -hvíla; **-sveit**, f. *forecastle-men*, = stafnbúa sveit; **-sæng**, f. = -hvíla; **-tjald**, n. *tent in the bow or stem*.

stafr (**-s**, **-ir**), m. (1) *staff, post* in a building, = uppstöðutré; (2) *stave* of a cask; (3) *staff, stick* (ganga við staf); (4) *written letter, stave*; (5) pl. stafir, *lore, wisdom* (fornir stafir).

staf-róf, n. *the alphabet*.

stafs-högg, n. *blow with a stick* (ljósta e-n -högg).

staf-sløngva, f. *a sling on a stick* (opp. to 'handsløngva'); **-sproti**, m. *stick* (tak -sprotann í hönd þér).

stag, n. *stay*, esp. the rope from the mast to the stem (en er þeir drógu seglit, gekk í sundr stagit).

staga (að), v. *to bind, sew up*.

stagl, n. *rack* (þenja *or* festa í stagli).

stagstjórn-marr, m. poet. *ship*.

staka (að), v. (1) *to push or shove* (þeir stökuðu Gretti); (2) *to stagger, stumble* (stakar hann at eldinum).

staka, f. *ditty, stanza*.

staka, f. *skin, hide*.

staka-stormr, m. *strong gale*.

stakk-garðr, m. *stack-yard* (for hay).

stakkr (-s, -ar), m. (1) *cape, short cloak* (hann var í blám stakki); (2) *stack of hay*; stakks völlr, *a field producing one stack*.

stakra (að), v. = staka.

stalla-hringr, m. *altar-ring*.

stallari, m. *a king's marshal*.

stallbrœðra-lag, n. *fellowship*.

stall-heilagr, a. *altar-holy* (menn blóta þær á -helgum stað).

stalli, m. (*heathen*) *altar* (stóð þar s. á miðju gólfinu).

stallr (-s, -ar), m. (1) *pedestal, support for an idol* (skurðgoð sett á stall); (2) *crib, manger* (hross stóð við stall ok át); (3) *the step of a mast* (íss var í stallinum); drepr stall ór hjarta e-s, drepr stall hjarta e-s, *one's heart fails him*.

stallra (að), v. (1) *to stop a bit* (s. við); (2) *to falter* (stallrar hjarta e-s).

stama (að), v. *to stammer, stutter*.

stamp-austr, m. *baling a ship with a tub*, = byttu-austr.

stampr, m. *a large tub*.

stamr or **stammr**, a. *stammering*.

standa (stend; stóð, stóðum; staðinn), v. (1) *to stand*, opp. to sitja or liggja (hann stóð við vegginn); koma standandi niðr, *to come down on one's feet*; skal mik niðr setja standanda, *in a standing position*; s. fast, *to stand fast*; s. höllum fœti, *to stand slanting*; (2) *to stand, stick* (G. skaut svá fast niðr skildinum, at hann stóð fastr í jörðunni); sveininum stóð fiskbein í hálsi, *the bone stuck in his throat*, (3) *to stand, remain*; borð stóðu, *stood, were not removed*; (4) *to stand, be situated* (bœr einn stóð skamt frá þeim); (5) *to stand still, rest, pause* (stóð þá kyrrt nökkura hríð); verðr hér fyrst at s. sagan, *the story must stop here for the present*; (6) *to last* (hafði lengi staðit bardaginn); (7) *to befit, become* (konungr kvað þat eigi s., at menn lægi svá); ekki stendr þér slíkt, *it does not befit thee*; (8) *to stand in a certain way, project, trend* (fjögur horn ok stóðu fagrt, hit þriðja stóð í lopt upp); stendr inn straumrinn, *the tide (current) stands in*; blóðbogi stóð ór hvárutveggja eyranu, *a stream of blood gushed out of both his ears*; kallar hann betr s. veðrit at fara landhallt, *that the wind stands better for making land*; stóð vindr af landi, *the wind blew from the land*; s. grunnt, *to be shallow* (vinátta okkur stendr grunnt); (9) *to touch*; s. grunn, *to stick on the ground* (örkin stóð grunn); (10) *to catch, overtake* (hann drap menn Eiríks konungs, hvar sem hann stóð þá); s. e-n at e-u, *to catch one doing a thing* (ef maðr verðr at því staðinn, at hann meiðir smala manna); (11) *to stand, endure, bear* (s. e-t *or* e-u); (12) *to press, urge, trouble* (elli stóð Hárek); hvat stendr þik, *what ails thee?*; (13) *to weigh* so much (gullhringr, er stóð mörk); (14) *to stand by one, side with one*, with dat.; mikils er vert, hversu fast N. stendr þér um alla ráðagerð, *how close N. stands by thee in all counsel*; (15) with preps.; s. af e-u, *to proceed from, be caused by* (opt stendr illt af kvenna hjali); vil ek ok eigi, at af mér standi brigð okkarrar vináttu, *nor do I wish to be the cause of a breach in our friendship*; s. af e-u við e-n, *to give up, cede to one*; impers., segir hann honum, hvernig af stóð um ferð hans, *how the matter stood as to his journey*; s. at e-m, *to attack* (var við sjálft, at þeir mundu s. at prestinum); *to stand by one, on one's side* (ek veit eigi víst, hvaðan G. inn ríki stendr at); s. á e-u, *to stand on, insist on* (statt ei á því, er þér er bannat); impers., stendr á illu einu með þeim, *they are on very bad terms*; s. á e-m, *to hang over one* (sú skóggangssök, er á þér stendr); *to refer to* (þat heilræði stóð upp á þenna sama sendiboða); s. eptir, *to remain, be left*; s. fyrir e-u, *to stand in the way of* (þeir kváðu geip hennar ekki skyldu s. fyrir þingreið þeira); s. e-m fyrir þrifum, *to stand in the way of one's thriving*; *to stand before one, protect one* (vér skulum Egil af lífi taka, en hlífa engum, er fyrir honum vill s.); s. hjá e-m, *to stand by one, assist one*; s. í e-u, *to be engaged in, busied with* (s. í bardögum, einvígum, málum, kvánbœnum); impers., stendr í deilu með þeim, *there is a quarrel between them*; s. með blóma, *to be in a flourishing condition*; s. móti (á móti, í móti) e-u, *to stand against*; s. saman, *to stand together, be gathered, amassed* (þar stóð auðr mikill saman); s. til e-s, *to tend towards*; s. til umbótar, *to stand for mending, need it*; sem bœn yður stendr til, *as your prayer tends to*; eptir þeim efnum, sem honum þœtti til s., *according to the merits of the case*; eptir því sem lög stóðu til, *as the law was* (taka þeir allir við bótum, sem lög stóðu til); impers., stendr til e-s, *it is to be expected, feared* (til langra meina mun s., ef); s. e-m til e-s, *to assist, help one* (B. segir, hversu Ó. hafði honum til staðit); s. undan, *to be lacking* (mikit stendr undan við hann í vinfenginu); s. vel undir e-t, *to support well, back it up well* (munu margir vel undir þat s.); s. undir e-m, *to be in one's possession, keeping* (féit stendr undir honum); s. upp, *to stand up* from a seat (þá stóð S. upp ok mælti hátt); *to rise from bed* (s. upp ok klæðast); *to be left standing* (fimm einir menn stóðu upp á skipinu); s. uppi, *to be left standing* (K. hinn auðgi flýði ok allt lið hans, þat er uppi stóð; hús þau, er uppi stóðu); *to be laid up ashore*, of a ship (stigu þeir á skip þat, er þar hafði uppi staðit um vetrinn); of a corpse, *to lie on the bier* (lík Kjartans stóð uppi í viku í Hjarðarholti); of a bow, *to be kept bent* (boginn má eigi einart uppi s.); s. við e-u, *to withstand* (víkingar svá harðfengir, at ekki stendr við); impers., stendr við e-t, *it is on the verge of* (þeir áttu svá harða leika, at við meiðingar stóð); s. yfir e-u, *to be present at* (heldr vildi hann þenna kjósa en s. yfir drápi Þorgils frænda síns); *to extend* (þar er þeira ríki stendr yfir); s. yfir, *to stand over, last* (hversu lengi skal fjárbón sjá yfir s.?); í þessum griðum ok svardögum, sem yfir standa, *which now stand, are in force*; (16) refl., standast, *to be able to stand, keep one's feet* (T. rendi fyrir hann törgu, ok steðjaði hann yfir upp, ok stóðst þó); *to be valid, hold good* (í öðru skulu þín ráð s., en eigi hér um); *to stand, bear, tolerate*; Kári stóðst þetta eigi, *K. could not stand this*; s. e-m, *to be equal to, be a match for* (Ö. var svá frœkinn maðr, at fáir stóðust honum); s. af e-m, *to proceed, arise from one*; af henni mun s. allt it illa, *from her will arise all kind of ill*; svá stenzt af um ferð mína, *the matter stands so as to my journey*; recipr., standast á, *to stand opposite one another* (bœr hans stóðst á ok konungs atsetr); *to correspond, answer to each other*, in regard to size, duration, &c. (þat stóðst á nesit þvert ok fylking þeira); stóðst þat (allt féit) á endum ok þat, er G. átti at gjalda fyrir sik, *it came just to what G. had to pay for himself*; stenzt heldr í móti með þeim hjónum, *they were rather at sixes and sevens, did not agree well.*

stand-söðull, m. *high saddle.*

stanga (að), v. (1) *to stick, prick, goad*; s. ór tönnum sér, *to pick the teeth*; (2) *to butt, gore* (nautin stönguðu uxann til bana); (3) refl., stangast, *to butt one another.*

stanka (að), v., s. við, *to be reluctant.*

stapi, m. *a steeple-formed single rock.*

stappa (að), v. (1) *to stamp*; s. fótum, *to stamp with the feet*; s. snjóinn, *to stamp (beat) down the snow*; (2) *to bray*, in a mortar (s. lauk).

stara (stari, starða, starat), v. *to stare, gaze* (s. á e-n).

starf, n. *labour, work, toil, business*; hafði konungr mikit s. þann dag, *the* *king was very busy*; vera í starfi með e-m, *to be at work with one, assist one in his work.*

starfa (**að**), v. (1) *to work*; **s.** í e-u *or* at e-u, *to be busy about* (s. í þingdeildum, at matseld); s. á mönnum, *to trouble people*; (2) *to do, work at.*

starfa-lítill, a. *not troublesome*; sýnist mér þetta -minna, *less troublesome*; **-mikill**, a. *troublesome.*

starfi, m. = starf; hafa starfa á mönnum, *to encumber people with toil*; leggja starfa á e-t, *to take pains about.*

starf-lítill, a. = starfalítill; **-samr**, a. *laborious, troublesome*; hafa (eiga) -samt, *to have much trouble.*

starfs-ísmótt, f. *working dress*; **-maðr**, m. *worker, workman* (maðr ættsmár ok -maðr góðr).

starf-sveinn, m. *workman, assistant* (hverr þeira með -sveinum).

stari or **starri**, m. *starling.*

star-sýnn, a. *staring*; Þráinn var -sýnn á Þórgerði Glúmsdóttur, *kept staring at her.*

stauli, m. *lad*, in 'sveinstauli'.

staulpa, f. *lass*, in 'meystaulpa'.

staup, n. (1) *knobby lump* (s. mikit sem mannshöfuð); (2) *beaker, stoup.*

staura (**að**), v. *to drive down a stake*; refl., staurast, *to be impaled.*

staura-garðr, m. *paling.*

staurr (**-s, -ar**), m. *pale, stake* (váru settir stórir staurar yfir díkin).

stál, n. (1) *steel* (sverð, spjót ór stáli); sverfa til stáls, *to fight it out to the last* (hann kvað þá verða at sverfa til stáls með þeim); (2) *steeled weapon* (heyra mátti fjórar mílur er stálin mœttust); (3) *the beak* of a ship (þeir höfðu raskött fyrir stálinu); (4) *the inside of a haystack* (hann tók laust hey ór stálinu); (5) *intercalary sentence* in a verse.

stál-broddr, -gaddr, m. *steel prod or spike*; **-görr**, a. *made of steel*; **-harðr**, a. *hard as steel*; **-hattr**, m. *steel hat*; **-hjálmr**, m. *steel helmet*; **-húfa**, f. *steel cap.*

stálpaðr, pp. *grown up* (ungarnir vóru lítt stálpaðir).

stál-pík, f. = -gaddr; **-slá**, f. *steel bar*; **-sleginn**, pp. *steel-mounted*; **-sorfinn**, pp. *filed to the steel.*

stedda, f. *mare* (skjaldsveinn leiðandi eina steddu).

steði (gen. **steðja**), m. (1) *stithy, anvil* (S. hjó í steðjann ok klauf niðr í fótinn); (2) *the mint* (konungs s.).

steðja (**að**), v. *to bound, leap.*

steðja (**steð, stadda, staddr**), v. (1) *to stop* (nú staddi konungr lið sitt); (2) *to fix, settle* (hón hafði statt í hug sér at þjóna guði einum í hreinlífi); s. e-t fyrir sér, *to determine, decide on* (þú munt hafa statt fyrir þér, hvar niðr skal koma); (3) *to make firm* (þá er hann hafði statt ok styrkt ríki sitt); (4) *to permit* (s. fyrirboðna hluti).

steðja-nef, n. *the thin end of an anvil*; **-steinn**, m. *stone-base of an anvil*; **-stokkr**, m. *anvil-block.*

stef (gen. pl. **stefja**), n. (1) *term, time fixed*; viku s., *a week's notice*; (2) *refrain* (in the central portion of a 'drápa').

stefja (**að**), v. (1) *to prevent* (s. manntjón); (2) s. á e-n, *to address one.*

stefja-bálkr, m., **-mál** or **-mel**, n. *each of the sets of verses ending with the* stef *in a* drápa.

stef-lauss, a. *without burden*, of a poem (drápa en steflausa).

stefna (**-da, -dr**), v. (1) *to go in a certain direction*, esp. of sailing (s. inn fjörðinn, út ór firðinum); þat (*viz.* dýrit) stefndi til Hrútsstaða, *it made for H.*; (2) *to aim at* (höggit stefndi á fótlegginn); e-m verðr nær stefnt, *one has a narrow escape*; betr fór en til var stefnt, *better than it was begun*, of luck better than foresight; with dat., s. sér til ørkumla, *to expose oneself to*; (3) *to give notice to one, summon one*; s. e-m um e-t, *to summon one for a thing*; ek skal þér Mörðr vera ok s. þér af konunni, *and summon thee to give up thy wife*; (4) *to cite*; s. sök, máli, *to bring a case (suit) into court*; (5) *to call, summon* (s. e-m til tals við sik, á sinn fund); s. at sér liði, *to summon troops*; s. e-m saman, *to call together* (s. saman öllum lýð); (6) with acc. *to call together, fix, appoint* (þeir stefndu þar þing, en bœndr vildu eigi til koma).

stefna, f. (1) *direction, course*; haltu

fram stefnunni, *keep on in the same direction*; (2) *appointed meeting* (N. konungr kom fyrr miklu til stefnunnar ok beið þar lengi); (3) *the appointed time for meeting* (er s. sú var liðin, er á kveðin var, þá *etc.*); (4) *summons*; þriggja nátta s., *a summons with three days' notice*; Otkell lætr þegar dynja stefnuna, *O. immediately thundered out the summons.*

stefni, n. *prow, stem*, = stafn.

stefning, f. *summoning, citation.*

stefnu-boð, n. *a summoning to a meeting*; **-dagr**, m. *day of summons* (leggja e-m -dag); plur., -dagar, *summoning-days* (when summoning could be lawfully done); **-för**, f. *summoning-journey* (fara -för); **-lag**, n. *appointment for a meeting*; **-leiðangr**, m. *naval expedition to an appointed meeting*; **-myrginn**, m. *the morning of a citation-day*; **-staðr**, m. *meeting-place, appointment* (halda -stað); **-stund**, f. *the time of an appointment*; **-sök**, f. *a case of citation*; **-tal**, n. *discourse at a meeting*; **-tími**, m. *meeting-time*; **-váttr**, m. *a witness to a summons*; **-vætti**, n. *evidence of a lawful summoning.*

steggi, m. *he-bird*, in 'andar-steggi'.

stegla (-da, -dr), v. *to expose, set up* (a slain enemy's head).

steigur-liga, adv. *proudly.*

steik (gen. -ar, pl. -ar), f. *steak.*

steikara-hús, n. *kitchen*; **-höfðingi**, **-meistari**, m. *head cook, master cook.*

steikari, m. *roaster, cook.*

steikja (-ta, -tr), v. *to roast* (s. á teini); s. smæra en, *to have a smaller steak on the spit than.*

steina (-da, -dr), v. *to stain, colour, paint* (skipit var allt steint fyrir ofan sjó); steind klæði, *coloured cloths.*

steina-brú, f. *stone bridge, stone arch*; **-sørvi**, n. *stone necklace.*

stein-bítr, m. *sea-wolf, wolf-fish*; **-blindr**, a. *stone-blind*; **-bogi**, m. *stone arch*; **-borg**, f. *stone castle*; **-delfr**, m. *wheat-ear, fallow finch*; **-dyrr**, f. pl. *doorway of stone*; **-garðr**, m. *stone fence*; **-geit**, f. *ibex.*

steingeitar-merki, n. *Capricorn.*

stein-gólf, n. *stone floor*; **-hjarta**, n. *heart of stone*; **-hús**, n. *stone house*; **-höll**, f. *stone hall*; **-kast**, n. *throwing stones, a stone's throw*; **-ketill**, m. *stone kettle*; **-kirkja**, f. *stone church*; **-ligr**, a. *stony* (-ligt hjarta); **-meistari**, m. *stone-mason*; **-mustari**, n. = -kirkja; **-múrr**, m. *stone wall.*

steinn (-s, -ar), m. (1) *stone, boulder, rock* (s. einn mikill); (2) *precious stone* (bitullinn var settr steinum); (3) *calculus or stone in the bladder*; (4) *paint* (skip steint bæði hvítum steini ok rauðum); (5) *stone building, cloister, cell*; setjast (*or* ganga) í stein, *to become a hermit.*

stein-nökkvi, m. *stone-boat*; **-óðr** or -óði, a. *violent* (eptir þat kom á -óðr útnyrðingr); **-pikka**, f. *mason's pick*; **-ráfr**, n. *stone roof*; **-setja**, v. *to set with stones*; **-smiðr**, m. *mason*; **-smíð**, f. *stone-masonry*; **-smíði**, n. (1) = -smíð; (2) *articles worked of stone, stone implements*; **-sótt**, f. *calculous disease, stone*; **-spjald**, n. *stone tablet*; **-stólpi**, m. *stone pillar*; **-stræti**, n. *paved street*; **-tálga**, f. *stone-carving*; **-veggr**, m. *stone wall*; **-virki**, n. *fortification of stone*; **-þildr**, pp. *panelled with stone*; **-þró**, f. *stone coffin*; **-ör**, f. *stone arrow.*

stekkr (-jar or -s, -ir or -ar), m. *lamb's fold* (sem lamb ór stekk).

stekk-tíð, f. *the time when the lambs are kept in folds.*

stela (stel; stal, stálum; stolinn), v. *to steal*, with dat.; s. e-u frá e-m, *to steal from one*; s. e-n e-u, *to rob one of* (s. e-n eign sinni); áss er stolinn hamri, *Thor is robbed of his hammer*; refl., stelast at e-m *or* á e-n, *to steal upon, attack one unawares*; s. frá e-m, *to steal away from*; recipr., stelast frá, *to steal from one another.*

stelari, m. *stealer, thief.*

stelkr, m. *redshank* (a bird).

stelling, f. *mast-step* (íss var í stellingunni); cf. 'stallr' 3.

stemma (-da, -dr), v. *to stem, stop, dam up*, esp. a stream or fluid (þeir stemdu svá uppi vatnit); steinn sá, er stemdi þurftina, *stopped the urine*; impers., stóra lœki stemdi uppi, *were stemmed, obstructed*; refl., stemmast, *to be stayed, to abate* (kvað við þat opt stríð manna stemmast).

stengja (-da, -dr), v. *to bar* (s. dyrr); s. úti, *to shut out* (þér vilið stengja úti páfann sjálfan).

sterk-leikr, m. *strength* (ágætr at -leik); **-liga**, adv. *strongly*; **-ligr**, a. *strong-looking*.

sterkr, a. (1) *strong, stark* (hann var mikill maðr ok s.); (2) *great* (sterk orrusta, sterk veizla).

sterk-viðri, n. *a strong gale*.

sterta (-rta, -rtr), v. *to stiffen* (húskona sterti ermar).

stertr, m. *short tail, dock*.

stétt (pl. -ir), f. (1) *pavement*; (2) *stepping-stones* (þeir fœrðu stéttir þær í ána, er aldri hefir ór rekit síðan); (3) *degree, rank* (hverrar stéttar ertu?); (4) *order, condition*; (5) *base of a vessel*.

stétta (að), v. (1) *to be the source of* (s. mikit illt); (2) *to aid, assist*, with dat. or acc.; (3) *to do good*.

stéttar-ker, n. *a vessel with a base*.

stéttr, m. (1) *rank, position*; (2) *condition, state*.

steyldr, a. *crouching, bent*.

steypa (-ta, -tr), v. (1) *to throw (hurl) down* (hann steypir sér þá út af þekjunni); (2) *to overthrow* (þat mun guð vilja, at vér steypim honum); (3) *to cast on* or *off* a garment (s. af sér brynjunni, s. á sik grári kápu); hann hafði loðkápu yzt ok steypt hettinum, *had let the hood sink over the face*; (4) *to pour out*, with dat. (s. soði á leiði hans); hann lét s. þar á gullinu, *he poured the gold out into it*; hann tók örvarnar ok steypir þeim niðr fyrir sik, *and throws them down before him*; (5) *to cast, found*, with acc. (var taflit allt steypt af silfri); (6) refl., steypast, *to tumble down, fall stooping* (steyptist hann dauðr á gólfit); s. fyrir borð, *to plunge overboard*; s. í kaf, *to plunge into water and dive*.

steypari, m. *caster, founder*; cf. 'eirsteypari'.

steyping, f. *overthrow, degradation*.

steyptr, pp. *coming down over the face* (steyptir hjálmar).

steyta (-tta, -ttr), v. (1) *to throw, cast violently* (þeir steyta þeim út ór vagninum); (2) *to pound, bray*.

steytr, m. *shock* (of a wave).

stig, n. (1) *step, pace*; (2) *step* of a ladder; (3) pl. *degree, rank*; af háfum (lágum, litlum) stigum, *of high (low) degree (birth)*.

stiga-maðr, m. *highwayman*.

stig-gata, f. *footpath*; **-hosur**, f. pl. *riding-stockings*.

stigi, m. *ladder* (hann þóttist sjá stiga frá himnum).

stigr or **stígr** (-s, -ar; pl. -ar, -ir, acc. -a, -u), m. *path*; ryðja stíginn, *to clear the way*; taka úkunna stíga, *to walk in unknown paths*; stemma stíga fyrir e-m, *to bar one's way, cut one off*; kanna úkunna stigu, *to visit unknown paths (foreign lands)*; af hverjum stig, *from everywhere*.

stig-reip, n. '*stepping-rope*', *stirrup*.

stik, n. pl. *stakes, piles*, which in times of war were driven in the mouths of rivers (hann lét ok s. gøra í ána Tems með blý ok járni).

stika (að), v. (1) *to drive piles* (stik) *into*; Ólafr konungr lét s. ána uppi, *he blocked the river by means of piles*; (2) *to measure with a yard-measure* (s. lérept, vaðmál).

stika, f. (1) *stick*; (2) *candlestick* (=kertastika); (3) *yard, yard-measure*, equal to two Icelandic ells (menn skyldi hafa stikur, þær er væri tveggja alna at lengd).

stikill (pl. **stiklar**), m. *the pointed end of a horn* (stikillinn hornsins).

stikkinn, a. *disagreeable*.

stikk-knífr, m. *dagger, dirk*.

stikla (að), v. *to leap* (sá studdi höndunum á bálkinn ok stiklaði svá út yfir bálkinn).

stikna (að), v. *to be roasted*.

stilla (-ta, -tr), v. (1) *to still, soothe, calm* (Njörðr stillir sjá ok eld); s. sik, *to control oneself, keep control of one's temper*; s. sonu okkra, *to restrain our sons*; (2) *to moderate, temper*, with dat. (konungr var allreiðr ok stillti þó vel orðum sínum); (3) *to arrange, settle*; vel er þessu í hóf stillt, *this is very justly settled*; s. gørðinni, *to moderate, regulate the arbitration*;

s. til um e-t, *to arrange* (hversu þeir skyldi til s. um ferðina); s. svá til, at, *to manage, that* (nú skulum vér s. svá til, at þeir nái eigi at renna); (4) *to tune* an instrument (s. hörpu, strengi); (5) *to walk with measured, noiseless steps* (hann stillti at rekkjunni hljóðliga); (6) *to entrap, outwit* (hann þykkist nú hafa stilltan þik mjök í þessu).

stilli, n. (1) *self-control, calmness* (með góðu s.); (2) *trap* (nú hefir refrinn í s. gengit).

stilli-liga, adv. *composedly, calmly, with moderation* (mæla, fara -liga); **-ligr**, a. *moderate, calm, composed.*

stilling, f. (1) *management* (kunna góða s. á e-u); (2) *moderation, calmness, temperance* (hafa s. við).

stillingar-maðr, m. *moderate man.*

stillir (gen. **-is**), m. *moderator, king.*

stilltr, a. *calm, moderate, composed.*

stinga (**sting**; **stakk, stungum**; **stunginn**), v. (1) *to thrust, stick,* with dat. (hann stakk niðr merkinu í jörðina; hann stakk hendinni í eldinn); s. niðr nösum, *to bite the dust*; s. við fótum, *to stop short*; (2) *to stab,* with acc.; s. augu ór höfði manns, s. út augu e-s, *to put out one's eyes*; impers., stingr mik í hjartat, *my heart aches*; s. e-n af, *to make away with one*; s. af stokki við e-n, *to push away, cut one short*; s. af um liðveizlu, *to refuse to grant help*; (3) refl., stingast til e-s, *to thrust oneself forward* (þú hefir mjök stungizt til þessa máls).

stingi, m. *a stitch in the side* (kenna sér stinga undir síðunni).

stinn-leggjaðr, a. *strong-legged.*

stinnr, a. (1) *stiff, unbending, strong* (stinnt spjót); fljúga stinnt, *to fly with great force*; (2) *stiff, great, heavy* (stinn manngjöld).

stira (**-ða**), v. *to stare*, = stara.

stirð-fœttr, a. *stiff-footed, stiff-legged*; **-kveðinn**, pp. *stiff in composition*, of poetry; **-lyndr**, a. *stubborn, obstinate*; **-læti**, n. *frowardness, hard temper.*

stirðna (**að**), v. (1) *to become stiff, stiffen*; stirðnaðr af elli, *stiff with age*; (2) *to become severe* (veðr tók at s.); of the temper, *to become harsh* (þeir tóku mjök at s. við hann).

stirð-orðr, a. *having difficulty of utterance* (fámæltr ok -orðr).

stirðr, a. (1) *stiff, rigid* (fótinn gørði stirðan sem tré); stirt kvæði, *a poem lacking in metrical fluency*; e-m er stirt um mál, *one talks with difficulty, has no fluent tongue*; (2) *harsh, severe* (s. dómr); (3) *stiff, unbending* (Helga gørðist stirð við Hrafn).

stirfinn, a. *froward, peevish.*

stirndr, a. *starry* (s. himinn).

stirtla (**að**), v. *to raise with difficulty*; karl getr stirtlat sér á fœtr, *managed to stagger to his feet.*

stía, f. *sty, kennel* (hann var barðr sem hundr hjá stíu).

stía (**að**), v. *to pen lambs.*

stífla (**að**), v. *to dam up* (s. lœk).

stífla, f. *dam* (gøra stíflu í árósinum).

stíga (**stíg**; **steig** or **sté, stigum**; **stiginn**), v. (1) *to step, tread* (hón mátti ekki s. á fótinn); s. fótum á land, *to set foot on land*; s. fram, *to step forward*; *to die*, = fara fram; s. undan borði, *to rise from table*; s. á hest, s. á bak, *to mount one's horse, get on horseback*; s. af hesti, af baki, *to alight*; s. á skip, *to go on board*; s. fyrir borð, *to leap overboard*; s. ofan, *to step down*; s. upp, *to ascend*; s. til ríkis, *to ascend the throne*; s. yfir e-t, *to overcome*; s. yfir höfuð e-m, *to get the better of one*; (2) *to step on, set foot on,* with acc.; hér sté hón land af legi, *she landed here from the sea*; O. steig í sundr orfit, *O. trod asunder the scythe-handle.*

stígr, m. *path*; see 'stigr.'

stíll, m. *style* (*of writing*).

stíma (**að**), v. *to have a tussle.*

stíman, f. *hubbub, tumult.*

stívarðr, m. *steward.*

stjaka (**að**), v. *to give a push to,* with dat. (Fróði stjakaði honum).

stjarna, f. *star*; spec. *polar star.*

stjóri, m. (1) *steerer, ruler* (gumna s.); (2) *stone anchor.*

stjórn, f. (1) *steering, steerage*; (2) *helm, rudder*; sitja við s., *to sit at the helm*; Ormrinn lét ekki at s., *did not obey the rudder*; á s., *on the star-*

board side (lá landit á s.); á stjórn Hákoni jarli, *on the starboard side of Earl H.*; (3) *rule, government*; þat er meiri s., at, *it is more fitting, that.*

stjórna (**að**), v. *to rule over, govern*, with dat.; (lifir hann of allar aldir ok stjórnar öllu ríki sínu).

stjórnaðar-maðr, m. *ruler.*

stjórnan, f. *ruling.*

stjórnar-blað, n. *the blade of a rudder* (á stafni ok á -blaði).

stjórnari, m. (1) *steersman*; (2) *ruler, guider* (s. himintunglanna).

stjórnar-lauss, a. *without rule* (-laust ríki); **-maðr**, m. (1) *steersman*; (2) *ruler* (-maðr yfir e-u); **-vald**, **-veldi**, n. *authority*; **-völr**, m. *tiller*; cf. 'hjálmunvölr'.

stjórn-bitlaðr, pp. *bitted, bridled*, of a horse (brá hón af stalli -bitluðum); **-borði**, m. *starboard side*; **-byrðingr**, m. *starboard man*; **-fastr**, a. *provided with a rudder*; **-lauss**, a. *rudderless*; **-látr**, a. = -samr; **-ligr**, a. *orderly*; **-marr**, m. poet. '*rudder-steed*', *ship*; **-samr**, a. *able as a ruler, fitted to rule*; **-við** (gen. **-viðjar**), f. *band fastening the rudder to the ship*; **-völr**, m. = stjórnar-völr.

stjúp-barn, n. *stepchild*; **-dóttir**, f., **-faðir**, m., **-móðir**, f. *step-daughter, -father, -mother.*

stjúpr, m. *stepson*, = stjúpsonr.

stjölr (acc. pl. **stjölu**), m. *rump.*

stjörnu-bók, f. (*book of*) *astronomy or astrology.*

stjörnubókar-list, f. = stjörnubók; **-maðr**, m. *astronomer, astrologer.*

stjörnu-gangr, m. *the course of the stars*; **-íþrótt**, **-list**, f. *astronomy*; **-ljós**, n. *star-light*; **-mark**, n. *constellation*; **-meistari**, m. *astrologer*; **-rím**, n. *astrology*; **-tal**, n. *number of stars*; **-vegr**, m. *constellation.*

stoð (pl. **støðr**, **steðr**, later **stoðir**), f. (1) *pillar, post*; eru veggir hans ok steðr ok stólpar af rauðu gulli, *its walls and pillars and posts are of red gold*; (2) fig. *prop, support* (margar stoðir runnu undir hann, frændr, mágar ok vinir).

stoða (**að**), v. (1) *to stay, support, back* (s. mál e-s); s. til e-s, *to help, assist in a thing*; (2) *to avail, boot*, with dat.; ekki mun mér þat s., ef mér er dauði ætlaðr, *that will stand me in no stead, if death is doomed for me*; hvat stoðar þat, *what boots it?*

stoða-maðr, m. *supporter.*

stofa, f. *sitting-room* (milli stofu ok eldhúss; frá eldaskála inn í stofu).

stofn (**-s**, **-ar**), m. (1) *stump of a cut tree* (var þá eytt skógunum ok stóðu stofnarnir eptir); (2) *foundation*; standa á sterkum stofni, *to stand on a strong footing, stand firmly* (ríkit er ungt ok stendr eigi á svá sterkum stofni sem skyldi); setja vel (illa) á s. við e-n, *to treat one well* (*badly*); hefjast tveim stofnum, *to look uncertain*, of a journey.

stofna (**að**), v. *to establish, found* (s. mustari); s. heit, *to make a vow*; s. hestaþing, *to arrange* (*get up*) *a public horse-fight*; s. ráð, ráðagerð, ætlan, *to form a plan*; s. kaup, kaupmála, *to strike a bargain*; S. kvað hann víst verr launa vistina en stofnat var, *worse than was intended.*

stofu-búnaðr, m., **-dyrr**, f. pl., **-gluggr**, m., **-gólf**, n., **-horn**, n., **-hurð**, f., **-pallr**, m., **-reykr**, m., *the hangings, doorway, window, floor, corner, door, flooring, smoke of a sitting-room.*

stokka (**að**), v. *to build, raise*; s. hátt, *to aim high.*

stokka-belti, n. *a belt composed of plates clasped together*; **-búr**, n. *a chamber built of stocks or logs* (as in Norway); **-ker**, n. *a cask placed on stocks* (sýruker eðr stokkaker).

stokkinn, pp. from 'støkkva'; blóði s., *sprinkled with blood, blood-stained*; E. var þá á øfra aldri ok stokkit hár hans, *E. was up in years, and his hair was sprinkled with grey.*

stokk-lauss, a. *without a stock*, of an anchor.

stokkr (**-s**, **-ar**), (1) *stock, trunk, block, log of wood* (skutu þeir stokki í hrygginn svá at í sundr tók); fœra fórnir stokkum eða steinum, *to offer to stocks or stones*; (2) *the wall of a log-house*; innan stokks, fyrir innan stokk, *inside the house, in-doors*

(Hrútr fekk henni öll ráð í hendr fyrir innan stokk); útan stokks, fyrir útan stokk, *outside the house, out-of-doors*; (3)=set-stokkr; drekka e-n af stokki, *to drink one under the table*; stíga á stokk ok strengja heit, *to place one's foot on the stock* (setstokkr) *and make a vow*; (4) *board along the front of a bed* (Egill gekk til rekkjunnar Ármóðs ok hnykkti honum á stokk fram); (5) *anchor-stock*, = akkeris-stokkr; (6) *stock of an anvil* (klauf Sigurðr steðja Regins ofan í stokkinn með sverðinu); (7) *gunwale of a ship*, = borðstokkr; (8) pl. *stocks on which ships are built*, = bakka-stokkar; skipit hljóp af stokkunum fram á ána, *the ship slid off the stocks into the river*; (9) *a pair of stocks* for culprits; setja e-n í stokk, *to set one in the stocks*; (10) *a piece of wood* put on the horns of cattle (var stokkrinn af hornum graðungsins); (11) *trunk, chest, case.*

stoltr, stoltz, a. *proud.*

stoltz-liga, adv. *proudly.*

stopall, a. *shaking, reeling, rocking*; fara, ganga stopalt, *to meet with a mischance*; stopalt munuð ganga, ef it stundið þangat, *it will be ill with you, if ye go thither.*

stoppa (að), v. *to stuff* (s. upp belg með mosa ok lyng).

storð, f. *young wood* (falla sem s.).

storkna (að), v. *to coagulate, congeal* (blóð hans var storknat).

storkr (-s, -ar), m. *stork.*

storma-samr, a. *stormy.*

stormr (-s, -ar), m. (1) *gale, storm* (stormar miklir); (2) *uproar, tumult, fury* (setið niðr þenna storm, ok víkist til sætta við konung yðvarn).

storm-samligr, -samr, a. *stormy*; **-viðri**, n. *storm-weather, tempest.*

stóð, n. *stud of horse(s) and mares* (hann gekk til stóðs síns).

stóð-hestr, m. *stallion*; **-hross**, n. *stud-horse or -mare.*

stóla, f. *stole*, worn by ecclesiastics.

stól-brúða, f., **-brúðr**, f. '*chair-bride*', *chair-post* with a carved head; **-konungr**, m. *the Greek emperor.*

stóll (-s, -ar), m. (1) *stool, chair* (setjast á stól); (2) *bishop's see or residence* (fór biskup heim til stóls síns); sitja at stóli, *to be bishop*; vera at stóli, *to reside* (skal annarr biskup vera at stóli í Skálaholti); (3) *a king's throne or residence* (S. konungr setti stól sinn ok höfuðstað í Konungahellu); (4) pl. *a class of angels.*

stóll, m. a kind of *table* (hann tók borðbúnað af stólnum).

stóll, m. *stock* (cf. 'skipastóll').

stól-maðr, m. *chairman.*

stólpi, m. *post, pillar, column.*

stóls-brúðr, f. = stólbrúðr.

stól-setning, f. *enthronement*; **-settr**, pp. *enthroned* (var ek -settr ok vígðr konungsvígslu).

stór-auðigr, a. *very wealthy*; **-ár**, f. pl. *large waters*; **-beinóttr**, a. *large-boned* (-beinóttr í andliti); **-blót**, n. pl. *great sacrifices*; **-bokkar**, m. pl. *mighty and overbearing men, lordly magnates*; **-borgir**, f. pl. *big towns*; **-borinn**, pp., **-burðugr**, a. *high-born*; **-brögðóttr**, a. *very sly*; **-bú**, n. pl. *great estates*; **-byg'ðir**, f. pl. *large counties or settlements*; **-bœir**, m. pl. *great estates*; **-bœndr**, m. pl. *great freeholders*; **-deildir**, f. pl. *great differences, quarrels*; **-draumar**, m. pl. *portentous dreams*; **-eflis-menn**, m. pl. *mighty men*; **-eignaðr**, a. *rich.*

stóreigna-maðr, m. *great landowner* (-maðr ok harðlyndr).

stór-eignir, f. pl. *great landed estates*; **-erfiði**, n. *severe toil, hard work*; **-eyjar**, f. pl. *great islands*; **-fé**, n. *great wealth*; **-feginn**, a. *very fain, very glad*; **-fengr**, a. *grand, stately*; **-feng kýr**, *a good milch cow*; **-fetaðr, -fetr**, a. *long-striding, taking great steps*; **-fiskr**, m. *big fish* (*whale*); **-fjaðrar**, f. pl. *big feathers*; **-fjöllóttr**, a. *with great mountains*; **-flokkar**, m. pl. *large detachments*; **-fundir**, m. pl. *great meetings, great battles*; **-föt**, n. pl. *big clothes*; **-ganga**, f. *much walking*; **-gjafar**, f. pl. *great, lordly gifts*; **-gjöfull**, a. *munificent*; **-gjöld**, n. pl. *heavy fines*; **-glœpir**, m. pl. *great crimes*; **-gnípur**, f. pl. *great peaks*; **-góz**, n. *great property*; **-grjót, -grýti**, n. *big stones, rocks*; **-grýttr**, a. *rocky, stony*; **-gætingr**,

-gœðingr, m. *magnate*; **-hagr**, a. *very skilled, handy*; **-heimskligr**, a. *grossly foolish*; **-heit**, n. pl. *great vows*; **-heruð**, n. pl. *great districts*; **-hlutir**, m. pl. *great things*; **-hræddr**, a. *much afraid*; **-hugaðr**, a. *high-minded, proud*; **-hveli**, n. *big whale*; **-höfðingi**, m. *great magnate*; **-höggr**, a. *dealing heavy blows*; **-illa**, adv. *very badly*; **-illr**, a. *very bad*; **-jartegnir**, f. pl. *great wonders, miracles*; **-kappar**, *great champions*; **-katlar**, m. pl. *big kettles*; **-kaupmaðr**, m. *wholesale dealer*; **-klœki**, n. pl. *great wickedness*; **-kostliga**, adv. *in grand style*; **-kostligr**, a. *grand*; **-kvikendi**, n. pl. *great beasts*; **-kvæði**, n. pl. *great poems*; **-langr**, a. *very long*; **-látr**, a. (1) *proud, haughty*; (2) *munificent*; (3) *not content with little*; **-leiði**, n. *long way*; **-leikr**, m. (1) *greatness, size*; (2) *presumption, pride*; **-leitr**, a. *big-faced*; **-lendur**, f. pl. *great lands*; **-liga**, adv. (1) *greatly, very*; (2) *proudly*; **-ligr**, a. (1) *great* (-lig gæfa); (2) *proud, big* (-lig orð); **-litt**, adv. *very little*; **-ljótr**, a. *very ugly*; **-lokkar**, m. pl. *long locks*; **-lyndi**, n. *magnanimity, generosity*; **-lyndr**, a. *magnanimous, high-minded*; **-læti**, n. (1) *pride, overbearing*; (2) *liberality, munificence*; **-lönd**, n. pl. *great lands*; **-mannliga**, adv. *like a grand man, munificently*; **-mannligr**, a. *magnificent, grand*; **-margr**, a. *very many*; **-mál**, n. pl. *great suits* (standa í -málum); **-mein**, n. pl. *great evils*; **-meizl**, n. pl. *great injuries*; **-menni**, n. (1) *big men* (Þórr er lágr ok lítill hjá -menni því, sem hér er með oss); (2) *great man, man of rank*; (3) *liberal man*; **-menska**, f. *greatness, munificence*; **-merki**, n. pl. *wonderful things, great wonders*; **-merkiliga**, adv. *wonderfully*; **-merkiligr**, a. *wonderful*; **-mikill**, a. *huge, immense*; **-mjök**, adv. *very much, immensely*; **-mæli**, n. pl. (1) *great affairs* (standa í -mælum); (2) *the greater excommunication*; vera í -mælum, *to be excommunicated*; **-nær**, adv. *very nearly*; **-orðr**, a. *using big words*; *big-worded, high-sounding* (-ort kvæði).

stórr (**stœri** or **stœrri**, **stœrstr**), a. (1) *big, great*, of size (s. fiskr, stórt dýr); stór veðr, *rough weather, great gales*; stór sær, *high sea*; gørði þá stórt á firðinum, *the sea rose high*; (2) *great, potent* (at hann skyldi varast at gøra Ólaf eigi of stóran); (3) *great, important* (tillagagóðr hinna stœrri mála); (4) *proud* (fann hann þat brátt á Sigríði, at hón var heldr stór).

stór-ráðr, a. *ambitious, daring* (þú ert bæði vitr ok -ráðr); **-refsingar**, f. pl. *severe punishments*; **-regn**, n. pl. *heavy rains*; **-ríki**, n. pl. *great empires*; **-ríkr**, a. *very powerful*.

stórræða-maðr, m. *a man of great aims* (hinn mesti -maðr).

stór-ræði, n. (1) *ambition*; (2) *dangerous, great undertaking*; **-rök**, n. pl. *great events*; **-sakar**, f. pl. *great offences*; **-sár**, n. pl. *grievous wounds*; **-skaðar**, m. pl. *great damages*; **-skip**, n. pl. *great ships*; **-skorinn**, pp. *huge, large-boned*; -skorinn í andliti, *big-faced*; **-skriptir**, f. pl. *heavy penances*; **-skuldir**, f. pl. *great debts*; **-slög**, n. pl. *great visitations, plagues*; **-smíði**, n. *great, strong work*; **-staðir**, m. pl. *great towns, great church-establishments*; **-sveitir**, f. pl. *large detachments*; **-sæti**, n. *large hayrick*; **-sœmdir**, f. pl. *great honours*; **-tákn**, n. pl. *great wonders*; **-tíðindi**, n. pl. *great tidings, great events*; **-tré**, n. pl. *huge beams*.

stóru (neut. dat. from 'stórr'), adv. = stórum; **-gi**, adv. *greatly, much* (eigi -gi meiri).

stórum (plur. dat. from 'stórr'), adv. *very, greatly, much*; faðir hennar ok móðir urðu s. fegin, *were very glad*; stíga s., *to take long steps*; þat berr s., *it amounts to much*; compar., stœrrum, *more, in a greater degree*; eigi stœrrum né smærrum, *neither more nor less*.

stór-úðigr, a. *stout-hearted, proud*; **-úfarar**, f. pl. *great evils*; **-vandi**, m., **-vandræði**, n. pl. *great difficulties*; **-vegir**, m. pl. *broad roads, highways*; **-vegligr**, a. *very honourable*; **-veizlur**, f. pl. *great banquets*; **-vel**, adv. *right well*; **-verk**, n. pl. *great deeds*;

-viðaðr, a. *large-timbered* (var skipit borðmikit ok -viðat); **-viðir**, m. pl. *great timbers, big beams*; **-viðri**, n. *great storm*; **-virki**, n. pl. *great achievements, feats*; **-virkr**, a. *doing much work* (bæði sterkr ok -virkr); **-vitr**, a. *very wise*; **-víða**, adv. *very widely*; **-yrði**, n. pl. *big words*; **-þing**, n. *great (œcumenical) council*; **-þorp**, n. pl. *great villages*; **-þungr**, a. *very heavy*; **-þurft**, f. *great need*; **-ætt**, f. *great family, noble extraction*; **-ættaðr**, a. *high-born*.

strandar-, gen. from 'strönd'; **-glópr**, m. '*strand-fool*', of one arriving after the ship has sailed; **-högg**, n. = strandhögg.

strand-högg, n. '*strand-raid*', *depredation committed on the coast* (víkingar höfðu haft mikit herfang ofan ok -högg); **-maðr**, m. *one who lives on the coast*; **-setr**, n. *being left behind on the strand* (sitja -setri eptir); **-varpa**, f. *a net to be laid along the coast*; **-vegr**, m. *road to the coast*.

strang-leikr, m. *strength, violence*; **-liga**, adv. *strongly, severely*.

strangr, a. (1) *strong*; ströng á, *a rapid river*; ströng orrosta, *a hot fight*; (2) *rigorous, severe, hard* (strangr ok stríðr dómr).

strauma-skipti, n. pl. *change of tides* (-skipti ok mál at sigla).

straum-brot, n. *breaking the stream*; **-fall**, n. (1) *flow, current*; (2) *the falling of the tide* (þeir köstuðu akkerum ok biðu -falls).

straumr (**-s, -ar**), m. *stream, current* (veðr var hvast ok straumar miklir); við strauminum, *against the current* (reið J. við strauminum, en B. forstreymis); reka fyrir strauminum, *to drift with the tide*; brjóta straum fyrir e-u, *to break the stream for a thing, bear the brunt, prepare the way*.

straum-vatn, n. *running water*.

strá (dat. pl. **strám**), n. *straw* (smjör drýpr af hverju strái); liggja stirðr á strám, *to lie stiff on straw*, of a corpse (cf. 'nástrá').

strá (**strá, stráða, stráðr**), v. *to strew, cover with straw* (s. gólf, bekki, herbergi).

strákr (**-s, -ar**), m. *landlouper, vagabond* (átti hón börn með strákum).

strá-lauss, a. '*strawless*', of a floor; **-viði**, n. *brushwood*, = hráviði.

streitast (**tt**), v. refl. *to struggle hard*.

Strendir, m. pl. *people from places in Iceland called* Strönd.

streng-flaug, f. *the notch for the bow-string in an arrow*; **-fœri**, n. *stringed instruments*; **-hljóð**, n. pl. *music from stringed instruments*.

strenging, f. *binding fast* (heit-s.).

strengja (**-da, -dr**), v. *to fasten with a string, bind tight* (hosan strengd at beini); hann strengdi alt í milli skipanna ok bryggnanna, *he stretched cables between the ships and the bridges*; s. *or* s. aptr dyrr, *to fasten the door*; s. e-n inni *or* úti, *to shut one in or out*; s. heit *or* s. e-s heit, *to make a solemn vow*.

streng-lag, n. = -flaug; **-leikr**, m. (1) esp. pl. -leikar, *stringed instrument* (leika -leik); (2) *lay, song*.

strengr (**-jar** or **-s**; pl. **-ir**, gen. **-ja**), m. (1) *string, cord, rope* (strengir til at festa með hús); þeir ristu í strengi feldi sína, *they cut their cloaks into strips*; (2) *anchor-cable*; drekinn flaut um strengi, *rode at anchor*; liggja um strengi, *to lie at anchor*; (3) *bow-string*, = bogastrengr; (4) *string of an instrument* (glumðu strengir); (5) *narrow channel of water, swift current* (slyðrur nökkurar rak ofan eptir strengnum).

streng-vörðr, m. *a watch kept at the anchor-cable* (halda -vörð).

streyma (**-di, -t**), v. *to stream*.

streymr, a. *running*; streymt sund, *a strait (sound) with a current*.

striga-dúkr, m. *sack-cloth*; **-slitri**, **-slitti**, n. *rag of sack-cloth*.

strigi, m. *sack-cloth, coarse cloth*.

strita (**að**), v. (1) *to drag with difficulty*; (2) refl., stritast, *to strive hard* (stritaðist hann við at sitja).

stríð, n. (1) *distress, grief, affliction* (sótti bæði at henni s. ok elli); hann bar þat með allmiklu stríði, *he was very much afflicted by it*; springa af stríði, *to burst with grief*; (2) *strife, war* (þá varð s. mikit á Englandi).

stríða, f. (1) *adversity*; (2) *hardness, austerity, severity*, opp. to 'blíða' (hvárt sem hann mœtti blíðu eða stríðu); (3) *strife*.

stríða (**-dda, -tt**), v. (1) *to harm*, with dat. (stríddi hón ætt Buðla); (2) *to fight* (s. við e-n, í móti e-m); s. á e-n, *to fight against, attack*.

stríð-leikr, m. (1) *vehemence*, of a stream; (2) *severity, rigour*; (3) *obstinacy*; **-liga**, adv. *with severity*; **-ligr**, a. *severe, hard*; **-lundaðr**, **-lyndr**, a. *obstinate, sullen*; **-læti**, n. *backwardness, obstinacy*; **-mæli**, n. pl. *strong language*; **-mæltr**, pp. *using hard language*.

stríðr, a. (1) *strong, rapid* (s. straumr); (2) *hard, stubborn* (þeir munu þér vera menn stríðastir); (3) *severe* (s. dómr); *unpleasant*; hvárt sem þat er blítt eðr strítt, *whether one likes it or not*; tala strítt, *to speak severely or harshly*.

stríðs-kostr, m. *means of fighting*; **-maðr**, m. *fighter, warrior*.

stríð-viðri, n. *contrary wind*; **-yrði**, n. pl. *severe language*.

stríp-rendr, a. *striped, with stripes*.

strjúka (**strýk**; **strauk, strukum**; **strokinn**), v. (1) *to stroke, rub, wipe*; s. hendinni um ennit, s. um ennit, *to stroke one's forehead*; s. aldri frjálst höfuð, *never to be a free man*; (2) *to stroke gently* (gekk hann jafnan ok strauk hrossunum); (3) *to smooth, brush* (en húskona strauk of ripti); (4) *to flog* (s. e-n til blóðs); (5) *to dash off, run away* (hann strýkr út jafnskjótt ok braut í skóg þegar); þau eru öll strokin, *they are all gone*.

strjúpi or **strúpi**, m. *the bleeding trunk or neck*, when the head is cut off.

strúgr, m. *bile, spleen*.

strútr, m. *pointed hood*.

stryk, n. *stroke* (merkja ena löngu stafi með stryki).

strykr, m. *gust of wind*.

strý, n. *hards, hurds*.

strý-hærðr, a. *tow-haired*.

strýkja (**-ta, -tr**), v. = strjúka.

stræltr, a. *scattered, dispersed*.

stræta (**-tta, -ttr**), v. *to take by surprise* (hann vill s. þá árdegis).

stræti, n. *street* (ganga úti um s.).

strönd (gen. **strandar**, pl. **strendr** and **strandir**), f. (1) *border, edge*; (2) *strand, coast, shore* (lið konungs stendr nú eptir á ströndinni).

stubbi, stubbr, m. *stub, stump*.

stuðill (pl. **stuðlar**), m. (1) *stud, prop, stay*; (2) *an upright on board ship*; (3) *either of the two alliterative letters* in the odd lines of a verse.

stuðning, f. *support*.

stuðningar-laust, adv. *without support* (ganga -laust).

stuðningr, m. = stuðning.

stufa, f. = stofa.

stulda-maðr, m. *stealer, thief*.

stuldr (**-ar, -ir**), m. *stealing, theft*.

stumra (**að**), v. *to walk unsteadily*.

stund (pl. **-ir**), f. (1) *a certain length of time, a while*; var s. til dags, *it was a while before daybreak*; er á leið stundina, *in the course of time, after a while*; þat var s. ein, *it was but a short time*; er stundir líða (fram), *as time goes on*; dvelja af stundir, *to kill the time*; lítil er líðandi stund, *brief is the fleeting hour*; (2) adverbial phrases; af stundu, *ere long, soon*; af annarri stundu, '*the next while*', *ere long*; á lítilli stundu, *in a little while*; fyrir stundu, *a while ago*; langri stundu fyrr, *a long while before*; um s., *for a while*; litla (skamma) s., *for a short while*; allar stundir, *always*; alla s., *all the time*; s. af s., s. frá s., *little by little, by degrees*; stundum (dat.), *at times, sometimes*; (3) *a little distance, a little way, a bit* (hann stóð s. frá dyrunum); (4) *hour*; tvær stundir dags, *two hours*; (5) *pains, exertion*; leggja s. á e-t, *to take pains about a thing*.

stund, n. *dust* (gneri hann of andlit honum moldar stundinu).

stunda (**að**), v. *to have one's mind bent upon, be intent upon, care for* (þótti Eiríkr konungr enga þá hluti s. vilja, er landsmönnum væri til nytsemdar); also with preps., s. á e-t, *to strive after* (þessir s. fast á at ræna okkr); s. til e-s, *to strive towards, aim at* (stunduðu báðir til þess, at H. konungr skyldi gefa þeim konungs nafn); ef þit stundið þangat, *if ye proceed thither*; *to seek or cultivate one's friendship* (ef hann vildi s. til Knúts konungs).

stundan, f. (1) *taking interest in*; margir menn er hann áðr hefir haft s. af, *who formerly have cultivated his friendship*; (2) *painstaking* (þú hefir ekki haft fyrir þína s.); (3) *pursuit, industry* (af lífi þínu ok s. munu mikil stór-tíðindi hljótast).

stundar, gen. from 'stund'; with an adj. or adv., *very*, *quite* (s. heilráðr; mæla s. hátt; kippa s. hart); **-bið**, f. *brief delay*; **-él**, n. *brief storm*; **-hríð**, f. *small interval*; **-vegr**, m. *short way, small distance*; **-þögn**, f. *brief silence*.

stunda-tapan, f. *loss of time*.

stund-liga, adv. *with zeal, eagerly*; **-ligr**. a. *temporal, worldly*.

stundum, adv. *sometimes, now and then* (see 'stund').

stunga, f. *stab* (from a weapon).

sturla (**að**), v. *to derange, disturb* (hví sturlar þú hjarta sjálfs þíns?).

sturlan, f. (*mental*) *derangement or trouble* (hugar s.).

stutt-brœkr, f. pl. *short trousers or drawers*; **-búinn**, **-klæddr**, pp. *clad in short clothes* (hann var -klæddr); **-leikar**, m. pl. *abruptness*; skilja í -leikum, *to part abruptly*; **-leitr**, a. *short-faced*; **-liga**, adv. *shortly, abruptly* (mæla -liga til e-s); **-ligr**, a. *brief, abrupt*; **-mæltr**, pp. (1) *short-spoken* (-mæltr ok fátalaðr); (2) *harsh* (hón var -mælt við sveininn); **-orðr**, a. *short-worded*.

stuttr, a. (1) *short* (stutt skyrta, s. kyrtill); (2) *scant* (stutt hjálp); (3) *short-spoken, snappish* (konungr svarar stutt ok styggt).

stúdera (**að**), v. *to study*.

stúfr (**-s**, **-ar**), m. *stump*.

stúka, f. (1) *sleeve* (cf. 'bryn-, næfrastúka'); (2) *wing* of a building.

stúlka, f. *girl, lass* (ung s.).

stúpa, v. *to stick up* (rare).

stúra, f. *gloom, sadness*.

stúru-maðr, m. *a care-worn man*.

stútr, m. *a stumpy thing* (cf. 'drykkjarstútr'); *a stump, end*.

styðja (**styð**, **studda**, **studdr**), **v.** (1) *to rest* (one thing on another), esp. so as to support oneself thereby; s. hendi, fœti, *to rest one's hand or foot* on something (annarri hendi styðr hann á herðar Jökli); (2) *to stick, pierce* (þeir Gullveig geirum studdu); (3) s. e-n, *to hold one up, support one*; skriðnaði hann öðrum fœti ok studdi sik með hendinni, *he supported himself with his hand*; (4) fig. *to support, aid* (hann studdi ráðvanda menn í heilræðum); (5) refl., styðjast, *to lean upon* (A. studdist á øxi sína); s. við konungs borð, *to lean the hands upon the king's table*.

stygð, f. *dislike, aversion*; hafa s. við e-n, *to show dislike to*; mæla af s., *to speak disagreeably*.

styggja or **styggva** (**-ða**, **-ðr**), v. *to offend* (ek vil þik eigi s.); refl., styggjast e-t, *to shun, abhor* (s. manndráp); s. við e-t, *to be offended with* (bað hann eigi s. við þetta); **s. við e-u**, *to get angry at*.

stygg-leikr, m. *aversion*; **-liga**, **adv.** *harshly, angrily* (svara, mæla -liga); **-lyndr**, a. *hasty-tempered, peevish*.

styggr, a. (1) *shy* (s. sauðr, hestr); (2) *showing anger or displeasure* (Þórðr var þá inn styggasti við biskup); mæla styggt, = m. styggliga.

stykki, n. *piece, chop* (brytja í s.).

styn-fullr, a. *sighing, groaning*.

stynja (**styn**, **stunda**, **stunit**), v. *to sigh, groan* (s. með sáru brjósti).

stynr (**-s**, **-ir**), m. *moaning, groaning* (sjúkra manna s.).

styrja, f. *sturgeon* (fish).

styrjaldar-maðr, m. *warlike man*.

styrj-öld (gen. -aldar), f. *fray, tumult, war*; hefir þú þat skap, er engi -öld fylgir, *thou art no man of war*.

styrking, f. *strengthening, support* (hann var s. veikra).

styrkja (**-ta**, **-tr**), v. (1) *to make strong*; (2) *to assist* (ek ætla at s. Gunnar at nökkuru); (3) refl., styrkjast, *to be strengthened, get strength*.

styrkjandi, **styrkjari**, m. *strengthener*; *supporter*.

styrk-leikr, m. *strength*; **-ligr**, **a.** *strong-looking*, = sterkligr.

styrkna (að), v. *to grow strong.*

styrkr, m. (1) *strength, bodily strength* (hann drakk eigi meira en hann mátti halda styrk sínum); (2) *force*, of war (þóttist Í. konungr øngan styrk til hafa at berjast við Ívar); (3) *strength, resources* (konungr sat löngum í Þrándheimi, þar var mestr s. landsins); (4) *help, assistance* (man hann fá nökkurn styrk til ferðarinnar).

styrkr (acc. **-an** and **-jan**), a. *strong* = sterkr (hann hafði styrkja treyju).

styrkt, f. (1) *strength*; (2) *help, assistance* (til styrktar ok fylgðar).

styrktar-maðr, m. *helper.*

styrma (-di, -t), v. (1) *to blow hard, to blow a gale* (gekk um veðrit ok styrmdi at þeim); (2) s. yfir e-m, *to crowd, throng about a person slain or wounded* (styrmdu heimamenn yfir honum).

styrr (gen. **styrjar**), m. *stir, tumult, brawl* (s. varð í ranni).

stytta (-tta, -ttr), v. (1) *to make short, shorten*; (2) *to gird up a frock* (hann stytti upp um sik kuflinn); s. sik upp, *to tuck up one's clothes*; (3) refl., styttast, *to get angry* (þá tók Helgi at s. ok mælti).

styttingr, m. *unfriendliness*; skilja með styttingi, *to part coldly.*

stýfa (-ða, -ðr), v. *to cut off, chop off* (s. höfuð af e-m).

stýra (-ða, -t), v. (1) *to steer*, with dat. (s. skipi); s. til váða, *to steer into straits*; s. undan, *to escape*; e-m verðr nær stýrt, *one has a narrow escape*; (2) *to govern, manage* (s. ríki, lögum); þat mun þó mestu um s., hversu Þórdísi er um gefit, *it will all depend on how Th. likes it*; (3) *to rule, possess* (þó at vér stýrim peningum); þat mun mestri giptu s., *it must bring the best luck.*

stýrandi, m. *guider, ruler* (s. himins ok jarðar).

stýri, n. *helm, rudder* (sitja við s.); láta vel (illa) at s., *to answer well (ill) to the rudder.*

stýri-hamla, f. *the loop by which the tiller is worked* (sitja við -hömlu); **-látr**, a. *manageable*; **-maðr**, m. '*steersman*', *skipper, captain.*

stýrimanna-stefna, f. *a meeting of all the skippers of a fleet.*

stýrir, m. *captain*, = stýrimaðr.

stýris-hnakki, m. *the back of the -knappr*; **-knappr**, m. *the top-piece of a rudder*; **-stöng**, f. *rudder-post.*

stæla (-ta, -tr), v. (1) *to steel, put steel into*; sverð stælt af eitri, *a sword tempered with poison*; (2) *to intercalate* (a poem) *with parenthetic sentences* (stál).

stœkka (að), v. (1) *to make bigger* = stœra 1; (2) refl., stœkkast, *to become larger or bigger.*

stœra (-ði, -t), v. (1) impers., of the wind or sea, *it swells, waxes rough* (stœrði veðrin; sjó tók at s.); (2) refl., stœrast, *to pride oneself, boast.*

stœrð, f. *pride*; taka s., *to become proud.* Cf. 'stórleikr' (2).

stöð (gen. **stöðvar**, pl. **stöðvar**), f. (1) *landing-place, berth, harbour*; (2) *place, position, context*, = staða; (3) *dwelling-place, abode*; þú látt und stöðum hreina, *thou didst lie in the reindeers' lairs.*

støðr, f. pl. = steðr; see 'stoð'.

stöðu-, gen. from 'staða'; **-brunnr**, m. *a well of still water.*

stöðug-leikr, m. *steadfastness, firmness*; **-ligr**, a. *steadfast, firm.*

stöðugr, a. *steady, stable* (varð honum eigi stöðugt hjartat, þá er Þórr kom); gøra e-t stöðugt, *to resolve.*

stöðul-gerði, n. *a fence around a* 'stöðull'.

stöðull (dat. **stöðli**), m. *milking-pen* for cows (konur vóru á stöðli).

stöðuls-hlið, n. *an opening in the* stöðul-gerði.

stöðu-merki, n. *standard*; **-vatn**, n. *pond, lake.*

stöðva (að), v. (1) *to stop* (hann stöðvaði her sinn); s. sik, *to halt*; hann stöðvar sik ekki, *he does not check his course*; s. blóð, *to stop bleeding*; (2) *to soothe, calm down*; s. sik, *to contain oneself* (Grettir gat þá eigi stöðvat sik); (3) refl., stöðvast, *to stop oneself, calm down* (stöðvaðist Dana-herr); *to be fixed* (stöðvast þá sú ráðagerð).

stökkr, m. *stir, disturbance*; koma

stökk í lið þeirra, *to put them to flight*; í stökki, *suddenly.*

stökkr, a. (1) *brittle* (koparr harðr ok s.); (2) *slippery* (sólinn var s.).

stökkull, m. *sprinkler* (dreifa blóði með stökkli).

støkkva (**støkk**; **stökk**, **stukkum**; **stokkinn**), v. (1) *to leap, spring*; s. hátt, *to make a high leap*; þeir stukku upp, *they sprang to their feet*; s. af baki, *to leap off the horse*; (2) of things, *to spring*; fótrinn stökk ór liði, *the foot sprang out of joint*; hringrinn stökk í tvá hluti, *sprang in two*; sundr stökk súla, *the pillar flew asunder*; (3) *to take to flight, flee away* (s. á flótta, ór landi, undan); (4) impers., Flosa stukku aldri hermdar-yrði, *angry words never escaped from Flosi's mouth.*

støkkva (-ta, -t), v. (1) *to cause to spring, make to start, drive away* (s. úaldar-flokki þessum); s. e-m ór landi, *to drive one out of the land*; (2) *to sprinkle* (støkti hann vígðu vatni um allt skipit); (3) *to besprinkle* (hann støkkvir blóði himin ok jörð).

støkkvi-víg, n. pl. *isolated cases of manslaughter.*

stöng (gen. **stangar**; pl. **stangir** and **stengr**), f. (1) *staff, pole* (taka mikla s. ok binda við hvíta blæju); (2) *a standard-pole*, = merkis-stöng (jarl tók merkit af stönginni); láta menn ganga undir s., *to make them go under the staff* (in order to be counted); bera fé til stangar *or* stanga, *to carry the goods to the banner* (in order to be rightfully distributed).

stöpla (**að**), v. impers., stórum stöplar nú yfir, *the sea dashes over the boat*; refl., stöplast, *to be spilt* (stöpluðust yfir kerit nökkurir dropar); stöplaðist út af kerinu, *a little was spilt out of the beaker.*

stöpull (dat. **stöpli**), m. (1) *steeple, tower* (hljópu þeir upp í stöpulinn); (2) *pillar*, = stólpi (s. fór fyrir þeim).

stöpul-smíð, f. *building a tower.*

suðr, n. *the south* (veðr var á suðri); frá suðri, *from the south.*

suðr, adv. (1) *south, southwards*; ríða s., *to ride south*; s. horfðu dyrr, *the doors faced the south*; ganga (fara) s., *to go south on a pilgrimage* (to Rome or Palestine); s. af kirkju, *to the south of the church*; hjá haugi Gunnars s. frá, *by Gunnar's grave-mound, on the south side of it*; (2) *in the south* (hann dvaldist s. í landi).

suðr-búr, n. *south bower, south room*; **-dyrr**, f. pl. *south doors.*

Suðr-eyjar, f. pl. *the Hebrides.*

suðr-eyskr, a. *from the Hebrides*; **-ferð**, **-för**, f. (1) *a journey to the south*; (2) *pilgrimage* (to Rome); **-ganga**, f. = -för; **-haf**, n. *the South-sea*; **-hallr**, a. *inclining to the south* (sverja eiða at sól inni -höllu); **-hálfa**, f. *the southern region*; **-land**, n. (1) *the south shore of a fjord*; (2) pl., **-lönd**, *the southlands, Saxony, Germany*; **-maðr**, m. *southerner*, esp. *a Saxon, German*; **-reið**, f. *a journey to the south*; **-ríki**, n. *the southern empire*, esp. Central and Southern Europe; **-strönd**, f. *the south shore*; **-stúka**, f. *the south wing* of a building; **-vegar**, m. pl. *the southern lands*; vera á -vegum, *on a pilgrimage*; **-veggr**, m. *the southern wall*; **-þjóð**, f. *southern people*; **-ætt**, f. *the south.*

suð-rœnn, a. *southern* (drósir -rœnar dýrt lín spunnu); var á -rœnt, *a south wind was blowing.*

sufl, n. *whatever is eaten with bread*; '*kitchen*'.

sukk, n. (1) *noise, disturbance, tumult* (kenslupiltar gerðu s. í kirkjunni); (2) *reckless living*; hafa allt í sukki, *to be extravagant or wasteful.*

sukka (**að**), v. (1) *to make a disturbance*; (2) *to squander, waste*, with dat. (hann hafði sukkat gózi hins heilaga Ólafs).

sullr (pl. **-ir**), m. *boil* (s. á fœti).

sultar-kví, f. '*famine-fold*'.

sultr (gen. **-ar**), m. (1) *hunger* (deyja af sulti); (2) *famine* (þá var s. mikill í Noregi).

sumar (dat. **sumri**, pl. **sumur**), n. *summer*; um sumarit, *in the course of the summer, during the summer*; at sumri, *next summer*; mitt s., *mid-summer*; í s., *this summer.*

sumar-auki, m. '*summer-eke*', *an*

intercalary week, inserted every seventh year at the end of summer; **-ávöxtr**, m. *the summer produce*; **-björg**, f. *summer work* (for one's support during the winter); **-bú**, n. *summer-stock*; **-dagr**, m. *summer's day*; -dagrinn fyrsti, *the first day of summer*; **-fang**, n. *summer produce, summer catch*; **-fullr**, a. *full as in summer* (fara -fullum dagleiðum); **-gamall**, a. *a summer old*; **-hagi**, m. *summer pasture*; **-hiti**, m. *summer heat*; **-hold**, n. pl. *summer flesh on cattle*; **-höll**, f. *summer palace*; **-kaup**, n. *summer wages*; **-langt**, adv. *during the summer*; **-ligr**, a. *summer-like*; **-magn**, n. *midsummer-tide*; at -magni, *in the height of summer*; **-mál**, n. pl. *the first days of summer* (um várit at -málum).

sumarmála-dagr, m., -dagr hinn fyrsti, *the first day of summer*; **-helgr**, f. *the Sunday that falls in the beginning of the summer.*

sumar-nátt, f. *summer night.*

sumarr, m. = sumar.

sumar-skeið, n. *summer-season*; **-tíð**, f., **-tími**, m. *summer-time*; **-verk**, n. *summer work*; **-viðr**, m. *wood for use in summer.*

sumbl, n. *banquet*; gøra s., *to make a feast*; **-samr**, a. *given to, desirous of, banqueting.*

sumr, a. *some*; þá féll áin sum í landsuðr, *a branch of the stream ran away to the south-east*; á sumu landinu, *in some part of the land*; þó gekk sumt eptir, *still some things came to pass*; sums kostar, *partly*; sums staðar, *in some places*; sumir, *some people*; sumir . . . sumir, sumir . . . aðrir, *some . . . others.*

sumra (að), v. *to become summer.*

sumrungr (-s, -ar), m. (1) *an animal a summer old*; (2) *summer workman.*

sunar-, = sonar-, genitive sing. of 'sonr'; **-ligr**, a. *filial.*

sund, n. *swimming* (kasta sér á s.); á sundi, *swimming*; með sundi, *by means of swimming* (hann komst með sundi til lands).

sund, n. (1) *sound, strait, channel* (var þar s. í milli eyjanna); (2) *a narrow passage between houses, lane* (þar vóru fimm menn í sundinu); (3) *a small space, interval* (fór G. aldri harðara eptir en s. var í milli þeira).

sunda-leið, f. *a course leading through straits.*

sund-farar, f. pl., **-ferð**, f. *swimming*; **-fimi**, f. *adroitness in swimming*; **-fjöðr**, f. *fin*; **-fœrr**, a. *able to swim* (þú ert vel -fœrr, Íslendingr); **-föt**, n. pl. *swimming clothes* (vera í -fötum); **-hreifi**, m. *swimming-paw, flipper* (of a seal); **-íþrótt**, f. *the art of swimming*; **-klæði**, n. pl. = -föt.

sundla (að), v. impers., mik sundlar, *I am giddy, my head turns.*

sund-laug, f. *swimming-bath*; **-leikar**, m. pl. *swimming sports*; **-læti**, n. pl. *swimming movements*; **-móðr**, a. *tired with swimming.*

sundr, adv. *asunder*, = í s. (skipta, deila, hluta s.); segja e-u s., *to declare at an end* (segja friði í s.).

sundra (að), v. (1) *to cut in pieces, cut up*, a killed beast (s. hjörtinn); (2) *to break up* (mun hón gefa til nökkut ráð at sundra ást þeira).

sundr-borinn, pp. *of different origin*; **-brotna** (að), v. *to break asunder*; **-dreifa** (-ða, -ðr), v. *to scatter, disperse*; **-grein**, f. (1) *distinction*; (2) *discord*; **-greiniligr**, a. *different, various.*

sundrgørða-maðr, m. *one who distinguishes himself from others*, esp. *in dress* (skartsamr ok -maðr mikill).

sundr-gørðir, f. pl. *new or striking fashions in dress.*

sundringum, adv. *scatteredly.*

sundr-lauss, a. (1) *not continuous, scattered* (lítil bygð ok -laus); fara -laust, *to go in loose order*; (2) *not bound together*, opp. to 'samfastr'; -laus orð, *prose*; **-leitr**, a. *heterogeneous, at variance* (eru mjök -leitir siðir várir); **-ligr**, **-líkr**, a. *different*; **-litr**, a. = -leitr; **-lyndi**, n. *discord*; **-lyndr**, a. *disagreeing*; **-mœðr**, a. *born of a different mother*; **-orða**, a. indecl., verða -orða, *to come to words*; **-skila**, **-skilja**, a. indecl., verða -skila, -skilja, *to be separated*; **-skipti**, n. *sundering, separation*; **-skiptiligr**,

a. *divisible*; **-skipting**, f. = -skipti; **-skorning**, f. *a cutting asunder*; **-slita**, a. indecl. *scattered, torn asunder* (fara -slita).

sundrung, f. *sundering, scattering.*

sundr-þykki, n., **-þykkja**, f. *discord*; **-þykkjast**, v. refl. *to fall out, quarrel*; **-þykkr**, a. *disagreeing, dissenting*; **-þykt**, f. *discord.*

sund-vörðr, m. '*sound-warder*'.

sunna, f. *sun*, = sól.

sunnan, adv. (1) *from the south* (koma, fara, ríða s.); (2) *on the south side*, = at s. (þá sást mannareið upp með Hvítá at s.); fyrir s. land, *in the south of the land*; fyrir s. nesit, *south of the ness*; with gen., s. Rínar, *south of the Rhine.*

sunnan-ferð, f. *journey from the south*; **-herr**, m. *southern army*; **-lands**, adv. *in the south part of the country*; **-maðr**, m. *southerner*; **-veðr**, *southerly wind*; **-verðr**, a. *southern* (á -verðum himins enda er sá salr); -vert England, *the southern part of E.*; **-vindr**, m. = -veðr.

sunnar, adv. compar. *more to the south*; **-la**, **-liga**, adv. *towards the south* (þeir tóku Nóreg -liga).

sunnarst, adv. *most to the south.*

Sunn-lendingr, m. *a man from the south of Iceland.*

sunn-lenzkr, a. *southern, from the south*; **-maðr**, m. *Southerner, German* (-manna gramr).

sunnu-dagr, m. *Sunday.*

sunr, m. *son*, = sonr.

súð, f. *overlapping edge of a board* (in clinker-built boats or ships).

súð-þaktr, pp. *covered with overlapping boards*, of a house.

súga (**sýg**; **saug** or **só**, **sugum**; **soginn**), v. *to suck* (sveinninn saug hana dauða).

súl, f. *pillar, column.*

súla, f. (1) = súl (sú höll stendr á súlum); (2) *gannet, solan-goose.*

súpa (**sýp**; **saup**, **supum**; **sopinn**), v. *to sip, drink* (s. skyr); s. á, *to take a sip*; *to sip* (hann saup á þrjá sopa).

súra, f. *sorrel.*

súr-eygr, a. *blear-eyed* (úskygn ok -eygr); **-leikr**, m. *sourness.*

súrna (**að**), v. *to become sour*; súrnar í augum, *the eyes smart* (from smoke).

súrr, a. (1) *sour* (súrt vín); (2) *bitter, unpleasant* (s. ertu dauði).

súr-skapr, m. *unfriendliness.*

sús-breki, m. *grief, affliction* (poet.).

sút (pl. -ir), f. (1) *sickness* (eptir þat fær hann s. mikla ok liggr í rekkju um hríð); (2) *grief, sorrow, affliction* (snýst þessi hátíð í s. ok grát); ala s., *to pine, feel care.*

sútari, m. *tanner.*

sút-fenginn, a. *mournful, sorrowful*; **-fullr**, a. = -fenginn (-fult hjarta); **-ligr**, a. *painful.*

svað, n., **svaði**, m. *slippery place, slipperiness* (s. var á vellinum); fig., var við svað um at mart manna mundi drukkna, *it was imminent that many people would be drowned.*

svaðil-ferð, **-för**, f. *unlucky journey, disaster* (fara -ferð fyrir e-m; veita e-m -farar).

svaðill, m. = svaðil-ferð (fara svaðil fyrir e-m).

svaðils-ferð, f. = svaðilferð.

svagla (**að**), v. *to gurgle.*

svala, f. *swallow.*

svala (**að**), v. *to chill, cool*; svalar e-m, *one becomes cool.*

svalar, f. pl., a kind of *balcony* along a wall (ganga út í s.).

sval-brjóstaðr, a. *cold-hearted.*

svali, m. *coolness, coldness.*

sval-kaldr, a. *cool, chilly.*

svalr, a. *cool, fresh* (vindr gerðist á mikill ok s.).

svan-brúðr, f. *female swan*; **-fjöðr**, f. *a swan's feather.*

svangi, m. *the groins.*

svangr, a. (1) *slim, slender, thin* (svipta söðli af svöngum jó); (2) *hungry* (lézt hann vera s. ok þyrstr).

svang-rifja, a. indecl. *bare-ribbed.*

svan-hvítr, a. *white as a swan.*

svanni, m. poet. *lady.*

svanr (pl. -ir), m. *swan.*

svar, n. *reply, answer*, only in pl., svör; sitja fyrir svörum, halda upp svörum, *to be answerable, take the responsibility*; veita svör fyrir e-n, *to defend one, stand up for one.*

svara (**að**), v. (1) *to reply, answer,*

absol. or with double dat., s. e-m e-u (því mun ek s. þér um þetta, er satt er); (2) *to answer* (*in a suit*); s. máli fyrir e-n, *to answer for one in a suit*; (3) s. fyrir e-n *or* e-t, *to answer* (*be answerable, responsible*) *for* (ek skal þar fyrir s.); s. skilum fyrir, *to render account for*.

svara-bróðir, m. = svaribróðir.

svar-dagi, m. *oath, promise upon oath* (binda e-t -dögum).

svarð-fastr, a. *covered with sward* (-fast land); **-lauss**, a. *without greensward*; **-lykkja**, f. *a loop of walrus-rope*; **-reiði**, m. *tackle of walrus-hides*; **-reip**, n. *a rope of walrus-hide* (reip þau er svarðreip heita); **-svipa**, f. *a whip of walrus-hide*.

svarf, n. (1) *file-dust*; (2) *a hard fray, broil, tumult* (hann ríðr at í þessu svarfi); (3) *robbery, extortion* (með ránum ok svörfum).

svarfa (að), v. *to upset* (Þorgils svarfaði taflinu); refl., svarfast, *to be turned upside down* (taflit svarfaðist); s. um, *to cause a great tumult, make havoc* (H. svarfaðist þar um).

svarfan, f. *a wild fray, uproar*.

svarf-samr, a. *turbulent*.

svari-bróðir, m. *a sworn brother, confederate*; cf. 'svarabróðir'.

svarka (að), v. see 'svárka'.

svarkr, m. *a haughty woman*.

svarning, f. *conspiracy*.

svarri, m. *a haughty woman*.

svar-stuttr, a. *giving short replies*.

svartaðr, pp. *ayed black*.

svarta-svipr, m. *deep gloom, grief*.

svart-álfar, m. pl. *black elves*; **-bakr**, m. *black-backed gull*; **-blesóttr**, a. *black-headed with a white stripe*, of a horse; **-brúnn**, a. *dark-brown*; **-eygðr**, **-eygr**, a. *black-eyed*; **-flekkóttr**, a. *black-flecked*; **-fygli**, n. *black-gulls*; **-jarpr**, a. *dark-brown*; **-klæddr**, pp. *clad in black*; **-kollr**, m. *black-pate*, a nickname; **-leggja**, f. *an axe with a black handle*; **-leitr**, a. *swarthy*.

svartmunka-klaustr, n., **-lifnaðr**, m., **-lífi**, n. *Dominican convent*.

svart-munkr, m. *black friar, Dominican*.

svartr, a. (1) *black* (s. sem hrafn; s. hestr); (2) fig. *baneful, disastrous* (þat svarta hallærit mun koma).

svart-skeggjaðr, a. *black-bearded*.

svá, adv. (1) *so, thus*; ertu íslenzkr maðr?—hann sagði, at s. var, *he said it was so*; svá er sagt, at, *it is told that*; (2) joined with another particle, svá . . . ok, *both . . . and*; s. starf ok torveldi, *both toil and trouble*; s. ránsmaðrinn ok okrkarlinn, *the robber as well as the usurer*; ok svá, *and also, as also*; sumarit ok s. um vetrinn, *the summer, as also the winter*; fögr augu ok s. snarlig, *fair eyes and also sharp*; (3) *so*, denoting degree (œrit mun hann stórvirkr, en eigi veit ek, hvárt hann er s. góðvirkr); Gunnarr spyrr, hví Njáli þœtti þetta s. úráðligt, *why he thought this so unwise*; ekki meirr en s., *not more than so, so and no more*; (4) followed by an adjective and 'at', s. ríkr, góðr, mikill, margir, fáir . . . at, *so mighty, good, great, many, few . . . that*; s. at, *so that*; kaldr (sjúkr) svá, at, *so cold* (*sick*) *that*; contracted 'svát', svát ek muna, *that* (*so far as*) *I remember*; with a gen., Hallfreðr er svá manna, at ek skil sízt, *H. is such a man as I never can make out*; hón er s. kvenna (= hón er s. af konum), at mér er mest um at eiga, *she is just such a woman as I most want*; (5) svá . . . sem, *as . . . as*; hárit var s. fagrt sem silki, *as fair* (*soft*) *as silk*; s. vel sem þér ferr, *well as thou behavest*; (6) *so, then* (gengu þeir norðr yfir hálsinn ok s. fram á Rastarkálf); (7) joined to an adj. or adv., *about, pretty much*; slíkar s. fortölur, *somewhat such persuasion*; þat mun þó s. nær fara, *yet it will be just on the verge of that*; nakkvat s., *somewhat so*; fegnir nakkvat (nökkut) s., *rather glad*; mjök s., *almost, very nearly, all but* (mjök s. kominn at bana).

svá-gi, adv. *not so, nor yet* (vildi eigi, at þeir léti eignir sínar, svági konur eða börn); **-gort**, **-gurt**, see 'sogörr'; **svána**, adv. *thus*.

svárka (að), v. *to speak heavily*; *to complain, grumble*.

svárr, a. *heavy*, *grave* (poet.).

svás-ligr, a. *lovely*, *delightful* (þat er kallat -ligt, er blítt er).

sváss, a. *sweet*, *dear*, *beloved* (poet.); cf. 'úsváss' (used in prose).

svát, contracted for 'svá at'.

sveðja (**sveðr**, **svaddi**, —), v. *to slide*, *glance off*, of a sword (sverðit sveðr af stálhörðum hjálmi).

svefja (**svef**, **svafða**, **svafðr**), v. *to lull to sleep*, *assuage*, *soothe* (s. e-n, s. reiði e-s); döglingr bað þik, at þú sárdropa s. skyldir, *to stay the bleeding wounds*; refl., svefjast, *to be appeased or soothed.*

svefn, m. (1) *sleep* (ganga til svefns); s. rennr (sígr) á e-n, *one dozes off*, *falls asleep*; vera í svefni, við s., *to be asleep*; (2) *dream* (illt er s. slíkan at segja nauðmanni); þér er svefns, *thou dreamest.*

svefna-sýnir, f. pl. *dream-visions.*

svefn-búr, n. *sleeping-bower*, *bedroom*; **-farir**, f. pl. *dreams*; **-gaman**, n. '*dream-joy*', poet. *the night*; **-herbergi**, **-hús**, n. *sleeping-room*; **-hvíld**, f. *rest to sleep*; **-höfgi**, m. *heaviness from sleep*, *drowsiness*; **-höfugr**, a. *heavy with sleep*, *drowsy*; e-m er (gerir) -höfugt, *one is* (*gets*) *drowsy*; **-höll**, f. *sleeping-hall.*

svefni, n. (1) *sleepiness*; (2) *cohabitation* (brjóta konu til svefnis).

svefn-inni, n. *sleeping-room*; **-klefi**, m. = -inni; **-lauss**, a. *sleepless*; **-leysi**, n. *sleeplessness*; **-lopt**, n. *sleeping-loft*; **-mál**, n. *sleeping-time*; **-órar**, m. pl. *dream-phantasms*; **-samt**, a. n., e-m verðr ekki -samt, *one is sleepless*; **-sel**, n. *sleeping-shed* (on a mountain pasture); **-skáli**, m. *sleeping-hall*; **-skemma**, **-stofa**, f. = -búr; **-stund**, f. *sleeping-hour*; **-styggr**, a. *sleeping lightly*; **-tíð**, f. = -stund; **-tími**, m. = -mál.

svefnugr (f. pl. **svefngar**), a. *sleepy* (hann var s. ok fastaði lítit).

svefn-vana, a. indecl. *wanting sleep*; **-þorn**, m. '*sleep-thorn*'; stinga e-n -þorni *or* e-m -þorn, *to stick one with the sleep-thorn* (of a charmed sleep); **-þungi**, m. *drowsiness*, = -höfgi; **-œrr**, a. *confused with sleep.*

svei, interj. *fie!* s. þér, *fie upon thee!*

sveif (pl. -ar), f. *tiller.*

sveifla (að), v. *to swing*, *sweep* (s. sverði, exi til e-s).

sveifla, f. *swing*, *swinging.*

sveigingar-orð, n. pl. *reprimand.*

sveigja (**-ða**, **-ðr**), v. (1) *to bow*, *bend*; s. boga, *to bend* (*draw*) *the bow*; s. hörpu, *to strike the harp*; muntu s. (opp. to 'bretta') þinn hala, *thou shalt let thy tail droop*; ætla ek, at lögin muni sveigð hafa verit, *that the law was wrested*; s. til við e-n, til samþykkis við e-n, *to give way*, *yield somewhat*; (2) refl., sveigjast, *to be swayed*, *sway* (þá tók at s. hugr jarls); láta s. eptir e-s vilja, *to accommodate oneself to another's wishes.*

sveigr (gen. **-ar**), m. a kind of *headdress*, *snood* (s. var á höfði).

sveim, n. *bustle*, *tumult*, = sveimr (í eyjunum var sveim mikit).

sveima (að), v. *to wander about*, *roam* (þeir sveimuðu um bœinn ok drápu mart af Birkibeinum).

sveimr, m. *tumult*, *stir*, = sveim.

sveina-, gen. pl. from 'sveinn'; **-dráp**, n. *the massacre of the innocents*; **-leikr**, m. *game of boys.*

svein-barn, n. *male child*; **-dómr**, m. *boyhood*, *youth.*

sveinn (**-s**, **-ar**), m. (1) *boy* (sveinar tveir léku á gólfinu); (2) in addressing grown-up men, *boys*, *lads* (hart ríði þér, sveinar!); (3) *servant*, *attendant* (þeir vissu, at hann var s. Gunnhildar); *squire*, *page.*

svein-piltr, **-stauli**, m. *boy*, *youth.*

sveipa (að), v. (1) *to sweep*, *stroke* (hann sveipaði hárinu fram yfir höfuð sér); Þ. sveipar øxinni til hans, *Th. sweeps at him with the axe*; hann sveipaði til sverðinu, *he swept round him with the sword*; (2) *to swathe*, *wrap* (lét hann s. skipit allt fyrir ofan sjá með grám tjöldum); líkit var sveipat líndúkum, *the corpse was wrapped in linen*; hann sveipar sik í skikkju sinni, *he wrapped himself in his mantle.*

sveipa (**-ta**, **-tr**), v. (1) *to sweep*; hann sveipti af sér flugunni, *he swept* (*drove*) *the fly away*; hárit er sveipt í enninu, *his hair curls on the forehead*; (2) *to swaddle, wrap*, = sveipa (að), (fœddi hón barn ok var þat sveipt klæðum).

sveipa (**sveipr, sveip, sveipinn**), v. (1) *to cast*; sveip sínum hug, *he turned his mind*; (2) *to wrap, swaddle*; kona sveip karl ripti, *she swaddled him in linen*; eldi sveipinn, *encircled by fire*; cf. sveipa (að).

sveipa, f. *kerchief, hood.*

sveipan, f. *a wild fray, tumult.*

sveipr, m. (1) *fold, folding*; s. í hári, *a curl in the hair, curly hair*; (2) a kind of *head-dress*, = sveigr; (3) *a sudden stir, disturbance* (opt verðr s. í svefni).

sveip-vísi, f. *treachery* (sýn var -vísi); **-víss**, a. *false, treacherous.*

sveit (pl. -ir), v. (1) *body of men, small detachment* (liði var skipt í sveitir, tólf mönnum saman); (2) *company, train* (ek var með hánum ok í hans s.); þeir heldu s. um jólin, *they held revels at Yule*; (3) *community, district, county* (gekk þat hallæri um allar sveitir).

sveita-, gen. from 'sveiti'; **-bora**, f. *sweat-pore*; **-dúkr**, m. '*sweat-cloth*', *napkin.*

sveitar-bót, f. *an acquisition to a party* (þykkir oss -bót at bróður þínum); **-dráttr**, m. *faction*; **-drykkja**, f. *drinking party* (drekka -drykkju); **-gengi**, n. *help from a party*; **-höfðingi**, m. *a captain of a* sveit (1); **-maðr**, m. *a man of a party or of a community*; **-rækr**, a. *expelled from a district* (gera e-n -rækan); **-skipan**, f. *administration of a district*; **-vist**, f. *abode in a district.*

sveitast (tt), v. refl. *to sweat* (s. blóði, viðsmjörvi).

sveit-búi, m. *a man of the same district, comrade.*

sveiti, m. (1) *sweat*; spratt honum s. í enni, *the sweat burst out upon his brow*; fá sveita, *to get into a perspiration*; (2) *blood*; þar sitr Sigurðr sveita stokkinn, *stained with blood.*

sveittr, sveitugr, a. *in a perspiration* (Þ. var þá sveittr mjök).

sveitungr (**-s, -ar**), m. (1) *a man of the same company, comrade* (vil ek fylgja sveitungum mínum); (2) *follower*; Magnús ok hans sveitungar, *M. and his men*; (3) *one belonging to the same district* (at þú komir mér í sætt við sveitunga mína).

svelga (**svelg; svalg, sulgum; sólginn**), v. (1) *to swallow* (mun hón sólgit hafa yrmling nökkurn); jörðin svalg hestinn með öllum reiðingi, *the earth swallowed up the horse and all his harness*; (2) absol. *to take a deep draught* (hann tekr at drekka ok svelgr allstórum).

svelgja (only in infin. and pres. **svelgir**), v. = svelga.

svelgr, m. (1) *swirl, whirlpool* (var þar eptir s. í hafinu); (2) *swallower, spendthrift.*

svell, n. *sheet of ice.*

svella (**svell; svall, sullum; sollinn**), v. *to swell* (sár þat tók at s. ok þrútna); of wrath, anger (nú svall Sturlungum mjök móðr).

svellóttr, a. *covered with sheets of ice* (nú er snjálaust ok svellótt).

svelta (**svelt; svalt, sultum; soltinn**), v. (1) *to die* (nema þú Sigurð s. látir); (2) *to starve, suffer hunger*; s. í hel (til heljar, til bana), *to die of starvation.*

svelta (-lta, -ltr), v. (1) *to put to death* (svinna systrungu sveltir þú í helli); (2) *to starve*; s. e-n í hel, *to starve one to death*; s. sik til fjár, *to get money by starving oneself.*

svelti-kví, f. *a pen in which sheep are put to starve.*

svengd, f. *hunger* (s. ok þorsti).

svengjast, v. refl. *to grow thin in the belly or waist.*

svenskr, a. *Swedish*, = sœnskr.

sverð, n. *sword*; taka við sverði konungs, *to lay one's hand on the hilt of the sword in the king's hand* (in token of homage), *to enter his service* (nú skaltu vera þegn hans, er þú tókt við sverði hans).

sverð-berari, m. *sword-bearer*; **-fetill**, m. *sword-strap*; **-fiskr**, m. *sword-fish.*

sverðs-brot, n. pl. *fragments of a broken sword*; **-egg**, f. *sword's edge*;

-fetill, m. = sverðfetill; **-hjölt**, n. pl. *sword-hilt*; **-högg**, n. *sword-stroke*.

sverð-skálpr, m. *scabbard*; **-skór**, m. *the chape of a scabbard*; **-skreið**, f. *sword-cutlery*; **-skriði**, m. *sword-cutler* (sverðskriða búðir).

sverðs-oddr, m. *point of a sword*.

sverð-taka, f. '*sword-taking*', as a token of homage, cf. 'sverð'; **-takari**, m. '*sword-taker*', *a king's man*.

sverfa (**sverf**; **svarf**, **surfum**; **sorfinn**), v. *to file* (svarf hann með snarpri þél); láta s. til stáls, see 'stál'; sverfr at, *it presses hard*.

sverja (**sver**; **sór**, **svór** or **svarða**; **svarinn**), v. (1) *to swear*; s. við guðin, við höfuð sitt, *to swear by the gods, by one's head*; s. e-m trúnaðareiða, *to take the oaths of allegiance to one*; s. e-m e-t, *to swear a thing to one, promise upon oath* (þeir svörðu Sveini land ok þegna); s. þess at, s. um, at, *to swear that* (viltu s. mér þess, at þú vildir eigi at mér fara? konungr sór um, at þat skyldi hann vel efna); (2) recipr., sverjast í fóstbrœðralag, *to swear brotherhood by mutual oath*.

sve-víss, a. *false*, = sveipvíss.

svið, n. pl. *singed sheep's heads*.

sviða, f. (1) *burning*, in 'saltsviða'; (2) *singed thing*, in 'höfuðsviða'.

sviða, f. *a kind of weapon, cutlass*.

sviða-, gen. from 'sviði'; **-lauss**, a. *free from burning pain*.

svið-eldr, m. = sviðu-eldr.

sviði, m. *the smart from burning* (hann kennir sár ok sviða).

sviðna (**að**), v. *to be singed* (þar á Herkju hendr sviðnuðu).

sviðningr, m. *burnt woodland*.

sviðu-eldr, m. *fire for singeing sheep's heads*; **-fölski**, m. *ashes*.

sviðu-skapt, n. *handle of a* sviða.

svif, n. (1) *swinging round, veering*, of a ship; (2) in pl. *nick of time*; í þeim svifum, *at that moment*.

svig, n. *bend, curve*; fara (ganga) í s. við e-n, *to pass (go) in a circuit so as to meet one* (þeir fóru svá í s. við konung, at þeir hittu hann at öðru hverju); vinna (fá) s. á e-m, *to make one give way, get the better of overcome*.

svigi, m. *switch* (hann tók einn sviga ok ætlar at berja piltinn með).

svigna (**að**), v. *to bend, give way* (gerðu Gotar atgöngu svá harða, at fylking Húna svignaði fyrir).

svik, n. pl. (1) *fraud, treason*; ráða s. við e-n, sitja á svikum við e-n, *to plot against one*; (2) *poison*; gefa e-m s., *to poison one*.

svika-drykkr, m. *poisoned drink*; **-fullr**, a. *treacherous*; **-lauss**, a. *guileless, free from treason*.

svikall, a. *treacherous* (jarl var útrúr ok s. við vini ok úvini).

svika-maðr, **svikari**, m. *traitor*.

svik-dómr, m. *treason*; **-fullr**, a. *treacherous*; **-liga**, adv. *treacherously*; **-ligr**, a. *treacherous*; **-lyndr**, a. *false-minded*; **-máll**, a. *false-spoken*; **-ráð**, n. pl. *treachery*; sitja á -ráðum við e-n, *to plot against one*; **-ræði**, n. = -ráð; **-samliga**, adv. *treacherously*; **-samligr**, a. *treacherous*; **-samr**, a. *false*; **-semd**, f. *treachery*.

svilar, m. pl. *husbands of two sisters*.

svima (**að**), v. *to swim* (hann svimaði yfir ána); cf. next.

svima or **svimma** (**svim** or **svimm**; **svam**, **svamm**, **svámum**, **summum**; **svimit**, **summit**), v. *to swim* (svámu sumir yfir ána); fig., s. í fullsælu, *to swim in abundance*.

svimi, m. *swimming in the head, giddiness* (slá, ljósta e-n í svima).

svimma, v., see 'svima'.

svimra (**að**), v. impers., e-n svimrar, *one gets giddy, is stunned by a blow* (Rögnvald svimraði við, því at höggit var mikit).

svina (**að**), v. *to subside, go down*, of something swollen.

svinna, f. *sagacity, good sense*.

svinn-hugaðr, a. *wise*; **-ligr**, a. *sensible* (þat er svinnligra en, *etc.*).

svinnr, a. (1) *swift*; only in, svinn Rín, *the rapid Rhine*; (2) *wise, judicious*; sá er s., er sik kann, *he is wise who knows how to moderate himself*.

svinnr, m. *good sense, reason*; snúa á svinn sínu ráði, *to turn to reason, mend one's ways*.

svipa (**að**), v. (1) *to move swiftly*, of a sudden but noiseless motion (fugl einn fló inn um glugginn ok svipaði um húsit); (2) refl., svipast at e-u *or* eptir e-u, *to look after* (s. at hrossum); s. um, *to look around* (svipuðust menn um ok fannst hann eigi í liðinu).

svipa (**að**), v. *to whip, horsewhip.*

svipa, f. *whip* (hann hafði svipu í hendi ok keyrði hana).

svipaðr, pp. *looking so and so*; **s.** illa = svipillr.

svipan, f. (1) *swinging, sweeping*; at sverða s., *while the swords are sweeping*; með svá harðri s., *so quickly*; (2) *fight* (varð þar hörð s.); (3) *the nick of time, moment* (í þeiri s. féll Þorgils).

svip-illr, a. *ill-looking*; **-liga**, adv. *smartly* (förum vér nú helzti -liga); **-ligr**, a. (1) *unstable, transient* (-lig sæla); (2) *having a displeased air* (ekki sýndist henni konan sviplig); **-lyndr**, a. *fickle-minded*; **-mikill**, a. *imposing* (-mikill drengr).

svipr, m. (1) *a sweeping movement*; (2) *sudden loss* (frændum Hrafns þótti mikill s., er hann fór í brott); (3) *a brief glimpse of a person*; *a fleeting, evanescent appearance* (Ólafr vaknaði ok þóttist sjá svip konunnar); (4) *look, countenance* (þik hefi ek sét honum líkastan at svip).

svip-stund, f. *moment, twinkling of an eye* (þat var -stund ein áðr stofan brann svá at hon fell ofan).

svipta (**-pta, -ptr**), v. (1) *to throw, fling* (hón svipti honum á herðar sér); s. borðum, *to remove the tables*; s. e-u ofan, *to sweep off, knock down* (þeir sviptu ofan öllum goðunum af stöllunum); bjarndýrit svipti honum undir sik, *the bear got him under*; (2) *to reef* (veðr óx í hönd ok bað Bjarni þá s.); s. seglunum, *to reef the sails*; s. til eins rifs, *to take in all reefs but one*; (3) *to strip, deprive*, s. e-n e-u (hann sviptir hana faldinum); also, s. e-n af e-u (s. e-n af sínum hlut); (4) refl., sviptast, *to tug, wrestle* (tókust þeir konungr í hendr ok sviptust fast).

svipta, f. *loss* (hann kvað sér sviptu at þeira skilnaði).

svipti-kista, f. *a movable chest.*

sviptingar, f. pl. *tugging, wrestling, tussle* (váru þær s. all-harðar).

sviptir, m. *loss* (e-m þykkir s. í e-u).

svipu-högg, n. *a lash with a whip*; **-leikr**, m. a kind of *game.*

svipull, a. *unstable, transient.*

svip-vindr, a. *fickle*, = -lyndr; **-vísi**, f. = sveipvísi; **-víss**, a. = sveipvíss.

Svíar, m. pl. *the Swedes.*

Svía-ríki, -veldi, n. *the Swedish kingdom or empire.*

svíða (**svíð; sveið, sviðum; sviðinn**), v. (1) *to singe, burn, roast* (s. dilka-höfuð); (2) *to smart*, of a wound, burn, etc. (svíða sœtar ástir).

svífa (**svíf; sveif, svifum; svifinn**), v. (1) *to rove, ramble*; sumir svifu at nautum, *some went roving after cattle*; sveinn sýsliga sveif til skógar, *the lad turned briskly to the wood*; s. upp á grunn, *to run ashore*, of a ship; láta samþykki sitt s. til **e-s**, *to sway one's consent towards, to agree to*; (2) impers. with dat. *to swerve, drift* (sveif skipinu frá landi); svífr skipinu fyrir straumi ok veðri, *the ship drifts before wind and stream*; hann hélt svá, at hvergi sveif, *so that the boat swerved not*; e-u svífr e-m í hug, í skap, *it occurs to one's mind* (Gestr svarar: þessu sveif mér í skap); segir Þórðr, at svífi yfir hann, *that he was taken suddenly ill*; (3) refl., svífast um, *to bustle about, be active*; s. e-s, *to shrink from*; s. einskis, *to shrink from nothing*; þeir munu einskis (engis) ills s., *they will stick at no ill.*

svíkja (**svík; sveik, svikum; svikinn**), v. *to betray, deceive, cheat* (vil ek þik í engu s.); s. e-n e-u, *to defraud one of* (féi opt svikinn).

svín, n. *swine, pig*; hafa **svíns** minni, *to have a short memory.*

svína-ból, -bœli, n. *pig-sty*; **-gæzla**, f. *swine-herding*; **-hirðir**, m. *swine-herd*; **-hús**, n. *swine-house, pig-sty.*

svín-beygja (**-ða, -ðr**), v. *to make one stoop like a pig*; **-drukkinn**, pp. *drunk as a swine*; **-fylking**, f. *a wedge-shaped phalanx*; **-fylkja** (**-ta, -tr**), v. *to draw up in a wedge-shaped phalanx*; **-fœtr**, m. pl., a term of abuse, *paltry persons*; **-galinn**, pp.

mad (*drunk*) *like a swine*; **-skinn**, n. *pig-skin*; **-stí**, f. *pig-sty*.

svíri, m. (1) *neck*, esp. of an ox; (2) *part of a war-ship*.

sví-virð, f. = -virða; **-virða** (-rða, -rðr), v. *to dishonour, disgrace, put to shame*; **-virða**, f. *disgrace*; **-virðing**, f. = -virða.

svívirðingar-laust, adv. *without shame*; **-maðr**, m. *mean fellow*; **-nafn**, n. *disgraceful name*.

svívirð-liga, adv. *disgracefully*; **-ligr**, a. *disgraceful* (ferð en -ligsta).

Svíþjóð, f. *Sweden proper*.

svæði, n. *an open, exposed space*.

svæfa (-ða, -ðr), v. (1) *to lull to sleep* (hón söng svá fagrt, at hón svæfði skipshafnir); (2) *to calm down, still, lull* (s. sæ, reiði).

svæfill, m. *head-pillow*.

svæla, f. (1) *thick, choking smoke*; (2) *cheating* (flærð eðr svæla).

svæla (-da, -dr), v. *to suffocate* (*stifle*) *with smoke* (s. e-n inni sem melrakka í greni).

svænskr, a. = sœnskr.

sværa, f. *mother-in-law*.

svöðu-sár, n. *a wound from a weapon glancing off a bone* (verðr þat -sár ok eigi beinhögg).

svöppr (gen. **svappar**; pl. **sveppir**, acc. **svöppu**), m. (1) *sponge*; (2) *ball* (s. at leika með) = soppr.

svörðr (gen. **svarðar**, dat. **sverði**), m. (1) *the skin of the head* (with the hair on); (2) = svarð-reip.

syðri, a. compar. *more southern* (í Reykjadal inum syðra); it syðra, *by the south road*.

syfja (að), v. impers., e-n syfjar, *one gets sleepy*; syfjaðr, *sleepy*.

Sygnir, m. pl. *the men from* Sogn (in western Norway).

sykn, a. (1) *free from guilt, innocent* (s. af manndrápi); (2) *declared innocent, acquitted*; gera e-n syknan, *to acquit one*.

sykn, f., **sykna**, f. *the state of being* sykn; fœra (bera) fram syknu e-s, *to declare one's innocence*, = gera e-n syknan.

syknu-leyfi, **-lof**, n. *a licence of the* 'alþing' *to grant* 'sykna'.

sylgja, f. *brooch, buckle*.

sylgr (gen. **-jar** and **-s**), m. *a drink of something, a draught*.

syll (pl. **syllr**), f. *sill*.

syn (pl. **-jar**), f. *denial, protest*; setja s. fyrir, *to deny, repel a charge* (hann setti þar s. fyrir, ok bauð skírslur).

synd (pl. **-ir**), f. *sin*.

synda (-nda or -nta, -nt), v. *to swim*.

synda-, gen. pl. from 'synd'; **-bönd**, n. pl. *bonds of sin*; **-far**, n. *sins*; **-fullr**, a. *sinful*; **-lausn**, f. *forgiveness* (*remission*) *of sins*; **-lauss**, a. *sinless*; **-lifnaðr**, m. *sinful life*; **-liga**, adv. *sinfully*; **-ligr**, a. *sinful*; **-maðr**, m. *sinner*.

synd-auðigr, **-fullr**, a. *sinful*.

syndgast (að), v. refl. *to sin*.

synd-getinn, pp. *sin-begotten*; **-ligr**, a. *sinful* (-ligt verk).

syndr, a. *able to swim*; s. vel, *a good swimmer*; hann var s. sem selr, *he could swim like a seal*.

synd-samligr, a. *sinful*, of a deed.

syndugr (acc. **syndgan**), a. *sinful*.

syndvar-liga, adv. *with careful avoidance of sin*.

synd-varr, a. *wary against sin*.

syngja (**syng**; **söng**, **sungum**; **sunginn**), v. (1) *to ring, clash, whistle*, of metals, weapons (sverðit syngr; syngr í atgeirinum); (2) *to sing*; s. messu, *to sing mass*; absol. *to officiate* in a mass (þar söng prestr sá, er Þrándr hét).

synja (að), v. (1) *to deny* (sannaði annarr, en annarr synjaði); (2) with gen., *to deny a charge* (vil ek þessa verks s. fyrir mik ok fyrir alla oss skipverja); (3) s. e-m e-s, *to refuse, deny* (hann vill s. mér ríkis); (4) refl., synjast, *to refuse an offer*, of a lady.

synjan, f. *denial, refusal*.

synnstr, a. superl. *southernmost*.

syn-semi, f. *disobligingness*.

syrgi-liga, adv. *sadly*; **-ligr**, a. *sad*.

syrgja (-ða, -ðr), v. (1) *to sorrow, mourn* (hann bað menn eigi s.); (2) *to bewail* (syrgði hann hana dauða); s. sik, *to bewail oneself*.

syrpuþings-lög, n. pl. *a kind of entertainment*.

systir (gen., acc., dat. **systur**, pl.

systr), f. (1) *sister*; (2) *sister of charity, nun.*

systkin, n. pl. *brother(s) and sister(s).*

systkina-synir, m. pl. *the sons of* systkin, *first male cousins.*

systra-synir, m. pl. *sisters' sons.*

systrunga, f. *one's mother's sister's daughter, female cousin.*

systrungr (-s, -ar), m. *one's mother's sister's son, male cousin.*

systur-barn, n. *sister's child, nephew, niece*; **-dóttir**, f. *sister's daughter*; **-sonr**, m. *sister's son.*

sýja, f. *line of boards* in a ship (komnar vóru níu sýjur á hvárt borð).

sýkjast (t), v. refl. *to grow ill.*

sýkn, a., s. dagr, *a day on which lawsuits and actions are permitted.*

sýla (-da, -dr), v. *to make stiff with ice* (kuflinn var sýldr allr); impers., *to turn into ice* (sýldi hvern dropa, er inn kom); benjarnar sýldi, *the wounds became stiff with cold.*

sýn (pl. -ir), f. (1) *the faculty of vision, sight* (þau hafa ekki mál, enga s. né heyrn); þá er Hákon konungr kom í s. við bœinn, *when king H. came within sight of the farm*; hverfa at s., *to be lost to sight, disappear* (sól hvarf at s. ok gerði myrkt); er mér þat at s. orðit, er ek hefi opt heyrt frá sagt, *I have seen with my eyes what I have often heard of*; (2) *vision* (bar fyrir hann í svefni mikla s. ok merkiliga); (3) *appearance, look* (líkari eru þeir þursum at vexti ok at s. en menskum mönnum); fríðr sýnum, *fair of face*; at s., *apparently* (var þeim þar vel fagnat at s.).

sýna (-da, -dr), v. (1) *to show* (hón bað hann s. sér sverðit); þú skalt enga fáleika á þér s., *thou must show no signs of coldness*; (2) refl., sýnast, *to appear, seem* (sýndist vitrum mönnum hann afbragð); s. e-m, *to appear to one in a dream* (honum sýndist þá hinn helgi Ólafr konungr); e-m sýnist e-t, *one thinks fit*; veitið mér gröpt slíkan sem yðr sýnist, *give me such burial as you please.*

sýndr, pp. (1) *having eyesight, able to see* (gamall ok s. lítt); (2) of weather, *clear* (í björtu veðri ok vel sýndu).

sýni, n. *sight*; til sýnis, *for the sight's sake*; var hann sendr konungi til sýnis, *as a curiosity*; til sýnis e-s *or* um e-t, *in proof of, as a sample of* (til sýnis um mikilleika hestsins).

sýni-liga, adv. *visibly*; **-ligr**, a. (1) *visible*; (2) *sightly* (Þ. var mikill maðr ok sterkr ok hinn -ligsti); (3) *advisable* (nú þykki mér þat -ligast at fara aptr í ríki mitt).

sýning, f. *showing, exhibition.*

sýnn, a. (1) *clear, evident, certain* (þér skal sýn búhlífð í því vera); þótti öllum at sýnu ganga, at, *all thought that it was clear, beyond doubt, that*; dat. sing. 'sýnu' with a compar. *a great deal, much* (sýnu meiri, minni, betri, verri); with a superl., E. gekk upp sýnu fyrstr, *far ahead*; neut. 'sýnt' as adv. *evidently, clearly* (þik skortir sýnt við hann); (2) *fit, likely*; ef yðr þykkir eigi annat sýnna fyrir liggja en vera hér, *if you have nothing better to do.*

sýr (gen. **sýr**, acc. and dat. **sú**, pl. **sýr**), f. *sow*; also as a nickname.

sýra, f. *sour whey.*

Sýr-land, n. *Syria*; **-lendingr**, m. *Syrian*; **-lenzka**, f. *the Syrian tongue*; **-lenzkr**, a. *Syrian, Syriac.*

sýru-ker, n. *a tub with sour whey.*

sýsla (að; older **sýsta, sýstr**), v. (1) *to do, effect* (E. konungr hafði mart sýst í landinu, þat er nytsemd var í); with dat., þá er hann hefir sýst eyrendum sínum, *when he had done his errand*; s. e-t at, *to effect* (þeir sýstu þat eitt at, at þeir sættust á víg Snorra); var svá til sýst, at, *it was so arranged that*; s. um e-t, *to busy oneself with* (hón sýsti um þörf gesta); (2) *to procure, get* (vóru honum skjótt sýslaðir hestar).

sýsla, f. (1) *business, work*; hjón sátu þar, heldu á sýslu, *busy at their work*; ganga um sýslur manna, *to go about as an overseer*; (2) *stewardship* (hafa sýslu á Hálogalandi); (3) *district, prefecture*; also *a diocese.*

sýs-liga. adv. (1) *briskly, speedily, quickly* (fara, ríða -liga); (2) *soon.*

sýslu-fœrr, a. *fit for work* (vel -fœrr at flestu verki); **-lauss**, a. *unemployed,* *idle*; **-leysi**, n. *idleness*; **-maðr**, m. (1) *worker* (-maðr mikill ok starfsmaðr góðr); (2) *bailiff, the king's steward* (at the same time justice and tax-gatherer).

sýta (**-tta**, **-ttr**), **v.** *to lament or mourn for one* (þeir sýttu hann sem dauðan); s. við e-u, *to grumble at, grudge* (sýtir æ gløggr við gjöfum).

sýti-ligr, a. *sad* (-ligr harmr).

sýting, f. *wailing, mourning.*

sæ-borg, f. *sea-side town*; **-brattr**, a. *steep towards the sea*; **-bygð**, f. *coast-district*; **-byggjar**, m. pl. *coast-dwellers*; **-dauðr**, a. *dead at sea, drowned*; cf. 'sjódauðr'.

sæði, n. (1) *seed* (fœra niðr s.); (2) in pl., *crops* on the field.

sæ-farar, f. pl. *sea-faring, voyages*; **-fœrr**, a. (1) *sea-worthy* (skip -fœrt); (2) *fit for sea-faring* (veðr hvast ok eigi -fœrt); **-föng**, n. pl. *stores from the sea*; **-garpr**, m. *sea-champion* (var hann ok inn mesti sægarpr sjálfr); **-hafa**, a. indecl. *driven out of one's course* (verða -hafa).

sæing, f. *bed*, = sæng.

sæ-karl, m. *sea-carl, raftsman*; **-kona**, f. *mermaid*; **-konungr**, m. *sea-king* (vóru margir -konungar, þeir er réðu liði miklu ok áttu engi lönd); **-kvikendi**, n. *sea-beast*; **-kyrra**, f. *sea-calm, smooth sea* (þeir reru í logni ok sækyrru).

sæla, f. *bliss, happiness* (eilíf s.).

sæla (**-da**, **-dr**), v. *to bless.*

sæl-borinn, pp. *high-born.*

sælda, v. *to bolt, sift* (s. mjöl).

sældar-líf, n. *happy life*; **-staðr**, m. *happy place.*

sæ-lið, n. *help at sea* (rendered to a ship in distress).

sæligr, a. = sælligr (sæligt setr).

sælingr (**-s**, **-ar**), m. *wealthy man.*

sæll, a. (1) *in good circumstances, well-off, well to do*; sælir ok fátœkir, *wealthy and poor*; (2) *happy, fortunate* (þrællinn mælti þat jafnan, at hann þœttist s., ef Otkell ætti hann); in greeting, kom heill ok s., frændi!; (3) *poor* (ek hefi eigi kyst kerlinguna sælu inni); (4) of a saint, *blessed* (hinn sæli Magnús jarl).

sæl-liga, adv. *blissfully*; **-ligr**, a. *happy, blissful*; **-lífi**, n. *life of enjoyment, luxury*; **-lífr**, a. *living a life of enjoyment, voluptuous.*

sælu-dagar, m. pl. '*days of bliss*', *the Ember days*; **-hús**, n. *hospice* (in deserts and mountains to receive travellers); **-setr**, n. = -hús; **-skip**, n. *ferry-boat*; **-söngr**, m. *a mass for one's soul*; **-vika**, f. *Ember week* (= sæludaga-vika).

sæ-lægja, f. *mist on the sea* (logn mikil, þokur, ok sælægjur); **-lægr**, a. *lying on the sea* (myrkvi -lægr).

sæng, older form **sæing** (gen. **sængr** or **sængar**; pl. **sængr**), f. (1) *bed* (kona liggr í sænginni); byggja eina s., *to sleep in the same bed*; (2) *child-bed* (andast á s.).

sængar-för, **-kona**, etc., = sængr-.

sængr-för, f. *child-bed* (kona hans var þá önduð af -för); **-klæði**, n. pl. *bed-clothes*; **-kona**, f. *woman in child-bed*; **-stokkr**, m. *bed-side.*

sær (gen. **sævar**), m. *sea* (øxn gengu upp ór sænum), = sjár, sjór.

-sær (**-sæ**, **-sætt**), a. *seen* (auð-sær, ein-sætt).

særa (**-ða**, **-ðr**), v. *to wound*; s. e-n sári, *to inflict a wound upon*; recipr. særast, *to wound one another.*

særing, f. *wounding.*

sæ-sjúkr, a. *sea-sick*; **-skip**, n. *sea-ship*; **-skrimsl**, n. *sea-monster.*

sæta (**-tta**, **-tt**), v. (1) *to sit in ambush for, waylay*, with dat. (hann ætlar at s. yðr, þá er þér farið sunnan); *to watch for an opportunity* (þessu sætir Sturlaugr ok høggr); (2) *to undergo, expose oneself to, suffer* (vildu þeir heldr rýma land en eptir sitja ok s. afarkostum af konungi); (3) *to bring about, cause*, with dat.; s. áhlaupum við e-n, *to attack one*; s. vélræðum við e-n, *to scheme against one*; (4) *to amount to, be equivalent to* (E. var þar at búi sínu, svá at þat sætti vetrum eigi allfám); s. tíðindum, *to be important news, be of importance* (er þat komit til eyrna mér, er mér þykkir stórtíðindum s.); s. ráði, *to be advisable* (litlu ráði þykkir mér s. ferð þessi); s. sannindum ok réttindum, *to* *regard truth and right*; hann spurði, hví (= hverju) þat sætti, *he asked how it came about, what was the reason.*

sæta, f. *a woman whose husband has gone out of the country.*

sæti, n. (1) *seat*; vísa e-m til sætis, *to assign a seat to one*; (2) *hay-rick* (brjóta ofan s.).

sætis-stóll, m. *a chair of state.*

sætr, n. pl. *mountain pastures* (til sætra ok í bygðinni), = setr.

sæ-tré, n. pl., poet. '*sea-trees*', *ships.*

sætt, a. n. *so that one can sit*; setit er nú meðan s. er, *we have sat as long as we could.*

sætt (pl. **-ir**), f. *reconciliation, agreement* (s. þeira konungs ok Erlings), = sátt.

sætta (**-tta**, **-ttr**), v. *to reconcile* (s. e-n við e-n); refl., sættast, *to come to terms*; s. á málit, *to come to an agreement in the matter.*

sætta-brigði, n. *breach of an agreement*; **-laust**, a. n. *without truce.*

sættar-boð, n. = sáttarboð; **-bréf**, n. *written evidence of agreement*; **-efni**, n. *basis of an agreement*; **-fundr**, *peace-meeting*; **-gørð**, f. = sáttargørð; **-orð**, n. pl. *words of peace, mediation*; **-rof**, n. *breach of an agreement*; **-stefna**, f. = -fundr.

sætta-umleitan, f. = sáttarumleitan.

sætt-fúss, a. *willing to come to terms or make peace.*

sættir, m. *peace-maker, reconciler.*

sævar-, gen. from 'sær'; **-bakki**, m. *sea-beach*; **-borg**, f. *a castle on the sea*; **-djúp**, n. *the deep sea*; **-gangr**, m. *the swell of the sea, the sea running high*; **-hamrar**, m. pl. *sea-crags.*

sœfa (**-ða**, **-ðr**), v. (1) *to put to death, kill*, esp. a sacrificial beast (sœfð vóru þau kvikendi, er goðunum var fórnat); (2) refl., sœfast, *to be killed*; s. á sverðinu, spjótinu, *to be killed by a sword or spear thrust through the body* (sœfist hón á sverðinu ok deyr).

sœfari, m. *sacrificing priest.*

sœfing, f. *sacrifice* (s. guðs lambs).

sœgr (pl. **-ir**), m. (1) *wet weather, rain*; (2) *tumult, uproar* (s. mikill er í bœnum ok lið allt ölótt); (3) *shred* (rífa líkama í sœgi sundr).

sœkja (**sœki**, **sótta**, **sóttr**), v. (1) *to seek* (hann ætlar at s. sér kirkjuvið ok siglir þegar á haf); þangat sœkir þik engi, *no one will seek thee thither*; s. heilræði ok traust at e-m, *to seek good counsel and help from one*; s. um liðveizlu við e-n, *to call on one for support*; (2) *to go to fetch* (B. átti erendi yfir fjörð at s. skjöldu sína ok vápn); s. e-t í e-n stað *or* til e-s staðar, *to go to a place to fetch a thing* (s. grös upp í hlíð, vatn til lœkjar); (3) *to visit, come to* (enn aldna jötun ek sótta); s. e-n heim, *to come to see one, visit one in his home*; s. þing, *to attend or frequent a* þing; s. e-n at liðveizlu, um liðveizlu, *to call on one for support*; (4) *to attack, assail* (s. e-n með vápnum; þessir munu s. oss með eldi); s. e-n heim, *to fall upon one in his house* (Gunnar sóttu heim þeir höfðingjar, er . . .); (5) *to catch, overtake* (nú fiðr hann geldingaflokk ok fær eigi sótt); (6) *to overcome, master* (munu þeir mik aldri fá sótt, meðan ek kem boganum við); *to carry, take* (eigi mun eyin sótt verða); (7) *to pursue*; þeir sœkja ferðina knáliga, *they push on doughtily*; s. fast róðrinn (sundit), *to pull* (*swim*) *hard*; (8) *to prosecute*, in a lawsuit (s. e-n sökum, s. e-n til fullra laga); sótti K. til lands at Móeiðarhváli, *K. laid claim to the land at M.*; s. sök, mál, *to carry on a suit*; skalt þú s. þær sakir báðar, *both these suits thou shalt take up*; s. mál til laga, *to follow up a suit at law*; (9) *to pass over* (býðr þeim at s. fjallit norðr í bygð); var áin all-ill at s., *the river was very bad to cross*; (10) absol. *to proceed, go, advance* (þeir stíga af hestunum ok sœkja upp á hólinn); er hann sótti langt austr, *when he had advanced far eastward*; s. á fund e-s, *to go to see one*; s. at, s. á, *to attack* (s. á borg); *to urge the matter, insist* (Þ. sótti á því meirr, en G. fór undan); s. eptir e-m, *to pursue* (Egill sótti þá eptir þeim); s. fram, *to advance, go forward*, in battle (E. sótti þá fram ok hjó til beggja handa); s. til e-s staðar, *to frequent a place* (til Túnsbergs sóttu mjök kaupmenn); (11) refl., sœkjast, *to advance*, of a work in hand (en er á leið vetrinn, sóttist mjök borgargørðin); *to be passed*, of a road or distance; nú er meir en hálf-sótt, *more than half-way*; sóttist þeim seint skip þeira Hrúts, *they were slow in boarding Hrut's ship*; þeir ætla, at þeim muni illa s. at vinna oss, *they think it will be a hard struggle to master us*; recipr., *to seek one another*; sœkjast sér um líkir, *birds of a feather flock together*; *to attack one another, fight* (þeir nafnar sóttust lengi).

sœkjandi, m. *prosecutor*.

sœla (-da), v. *to slake* (s. þorsta).

sœma (-da, -dr), v. (1) *to honour*; ef hann vildi s. hann í nökkuru léni, *if he would honour him with (the grant of) a fief*; (2) s. við e-t, *to put up with, bear with* (hann þóttist eigi mega s. við skap hennar); s. við heiminn, *to conform to the world*; s. við e-n, *to attend, wait on* (þú, kerling, skalt s. við gestinn).

sœmd, f. (1) *honour*; fá, hafa s. af e-u, *to get, have honour from a matter*; gera, veita e-m s., *to do, show honour to one*; (2) *redress for loss or injury* (þóttist Þórarinn enga s. hafa fyrir víg Þorvalds bróður síns).

sœmdar-atkvæði, n. *honourable mention*; **-auki**, m. *increase of honour*; **-boð**, n. *honourable offer*; **-ferð**, f. *honourable journey* (fara -ferð); **-fýst**, f. *ambition*; **-för**, f. = -ferð; **-hlutr**, m. *(share of) honour* (hafa -hlut af e-u); **-klæði**, n. *robe of honour*; **-lauss**, a. *honourless*; **-maðr**, m. *honourable man, man of distinction* (munt þú þar þykkja -maðr, sem þú ert); verða e-m at -manni, *to do honour to one*; **-mál**, n. *honourable mention*; **-nafn**, n. *title of distinction*; **-ráð**, n. *honourable match*; **-skaði**, m., **-spell**, n. *dishonour*; **-sæti**, n. *seat of honour*; **-tákn**, n. *mark of honour*; **-vald**, n. *privileged power*; **-vænligr**, a. *promising honour*.

sœmi-leikr, m. *becomingness, propriety*; **-liga**, adv. *honourably, becomingly*; **-ligr**, a. *honourable, becoming*; -ligr kaleikr, *a costly chalice*.

sœm-leitr, a. *fine to look at*.

sœmr, a. *becoming, befitting* (þér er sœmra sverð at rjóða).

sœnskr, a. *Swedish*, = svenskr.

sœra (-ða, -ðr), v. (1) *to conjure, adjure* (ek sœri þik við alla krapta Krists); (2) *to exorcize* (s. djöfla frá óðum mönnum).

sœri, n. pl. *oaths, swearing* (rjúfa s.).

sœring (pl. -ar), f. *exorcism*.

sœringa-maðr, m. *exorcist*.

sœrr, a. *to be sworn*, of an oath (hann sór þeim eiðinn ok sagði þó, at eigi mundi vel s. vera).

sœta, f., **sœti**, n. *sweetness*.

sœt-leikr, m. *sweetness*; **-liga**, adv. *sweetly*; **-ligr**, a. *sweet* (-lig rödd).

sœtr, a. *sweet* (s. ilmr); þótti mér sløkkt it sœtasta ljós augna minna, *the sweetest light of my eyes*.

söðla (að), v. *to saddle* (ok bað hann s. hesta þeira); fig., s. e-u á e-t or á ofan, *to add one (affront) to another* (Björn söðlar því á ofan, at hann kvað vísu þessa).

söðla-búr, n. *saddle-room*.

söðul-bogi, m. *saddle-bow*; **-fjöl**, f. *saddle-board, saddle-tree*; **-gjörð**, f. *saddle-girth*; **-hringja**, f. *saddle-buckle*; **-klæði**, n. *saddle-cloth*.

söðull (pl. **söðlar**), m. *saddle*; leggja söðul á hest, *to saddle a horse*.

söðul-reiði, n. *saddle-harness*; **-reim**, f. *saddle-strap*; **-treyja**, f. *saddle-cloth* (?).

sög (gen. **sagar**, pl. **sagar**), f. *saw*.

sögn (gen. **sagnar**, pl. **sagnir**), f. (1) *speech*, opp. to 'þögn' (s. eða þögn haf þér sjálfr í hug); (2) *tale, report, news* (konungr varð allreiðr, þá er hann heyrði þessa s.); þat er s. manna, at, *people say, the story goes, that*; nauðga e-m, pína e-n, til sagna, *to force one to confess*, by torture; (3) *host of men* (cf. 'skipssögn').

sögu-, gen. from 'saga'; **-bók**, f. *saga-book, volume of sagas*; **-efni**, n. *materials for a saga*; **-ligr**, a. *worth telling, important*; **-ljóð**, n. pl. *historical poems*; **-maðr**, m. (1) *inform-*

ant, authority; (2) *the hero of a tale*; **-sögn**, f. *tradition*.

sög-vísi, f. *tattling propensity*.

sök (gen. **sakar**, pl. **sakar** or **sakir**), f. (1) *charge, the offence charged*; sönn s., *a true charge*; gera sakar á hendr sér, *to incur charges*; gera sakir við e-n, *to do offence or harm to one*; sannr at s., *proved* (*found*) *guilty*; gefa e-m (upp) sakir, *to remit a charge*; gefa e-m s. (sakar) á e-u, gefa e-m e-t at s., *to make a charge against one*; fœrast undan sökum, *to plead not guilty*; vera (bundinn) í sökum við e-n, *to have done offence to one* (konungr tók stór gjöld af bóndum þeim, er honum þóttu í sökum við sik); (2) *suit, action*, in court; eiga s. á e-u, *to have a ground for complaint*; ek á sjálfr s. á því, *that is my own affair*; sœkja e-n sökum, *to prosecute one*; svæfa allar sakar, *to settle all causes*; fara með sökina, *to conduct the suit*; segja fram sök sína, *to declare one's suit*; (3) *effect*; hafa ekki at s., *to effect nothing*; tók Þóroddr þá at vanda um kvámur hans, ok hafði ekki at s., *but to no effect*; (4) *cause, reason* (þótti konungi sakir til, þótt hann hefði eigi komit); fyrir hverja s., *for the sake of what, why?* fyrir þá (þessa) s., *for that reason, therefore*; af þeim sökum, *from that cause* (svá lauk þessu, at húsfreyja lézt af þeim sökum); fyrir e-s sakir *or* sökum, *for the sake of, because of*; fyrir ástar sakir, *for love's sake*; *with respect to* (skyldi boðit verða sem vegligast, bæði fyrir tilfanga sakir ok fjölmennis); fyrir mínum sökum, *for my sake, for my part*; um sakar þínar, *for thy sake*; of time, um nökkurra nátta sakir, *for a few nights*; of (um) stundar sakir, *for a while*; um sinns sakir, *for this once*; um nætr sakir, *for one night*; sakir e-s, sökum e-s = fyrir sakir e-s, fyrir sökum e-s.

søkkva (**søkk**; **sökk**, **sukkum**; **sokkinn**), v. *to sink* (skútan sökk niðr með öllum farminum).

søkkva (**-ta**, **-t**), v. *to sink, make to sink*, with dat. (reru þeir menn út á fjörð ok søktu þar niðr kistunni); refl., søkkvast, *to sink down* (ormrinn søktist í sæinn).

sökótt, a. n., in the phrase, eiga s. við e-n, *to have many quarrels with* (á ek s. við fólkit).

söknuðr, m. = saknaðr.

sök-tal, n. = saktal.

söku-dólgr, **-nautr**, m. *a person with whom one is at variance, enemy, adversary*.

sök-vörn, f. *defence in a suit*.

söl (gen. **sölva**), n. pl. *an edible seaweed, dulse*.

sölu-, gen. from 'sala'; **-váð**, f. *a piece of common stuff, wadmal*.

söluváðar-brœkr, f. pl., **-kufl**, m., **-kyrtill**, m. *breeks, cowl, kirtle made of ordinary stuff* (söluváð).

sölva-fjara, f. *beach where dulse is gathered, dulse-gathering* (vera í -fjöru); **-kaup**, n. *purchase of dulse*.

söndugr, a. *sandy*, = sendinn.

söng-bók, f. *song-book, chant-book*; **-fœri**, n. *musical instrument*; **-hljóð**, n. pl. *singing, music*; **-hljómr**, m. *sound of music*; **-hús**, n. *choir*; **-íþrótt**, f. = -list.

söngla (**að**), v. *to make a jingling or ringing sound* (spratt járnit á gólfit, svá at söngladi við).

söng-list, f. *art of music*; **-maðr**, m. *singer*; **-mær**, f. (1) *singing maid*; (2) a kind of *bell*; **-nám**, n. *instruction in music*.

söngr (**-s**, **-var**), m. (1) *singing, music* (heyra fagran söng); (2) *song, lay* (upphaf sönganna).

söng-raust, **-rödd**, f. *singing-voice*; -tól, n. pl. = -fœri.

söngvinn, a. *given to singing*.

sørvi, n. *necklace* (steina-sørvi).

T

tabarðr, m. *tabard, cloak.*

tabola, f. *tablet, altar-piece.*

tabúr, n. *tabour, tambourine.*

tað, n. *manure, dung*; reiða t. á akrland, *to manure a field.*

taða (gen. pl. **taðna**), f. (1) *the manured field, home-field* (skulu þeir slá í töðu í dag); (2) *the hay from the manured field* (raka töðu sína alla saman í stór-sæti).

tað-skegglingar, m. pl. *dung-beardlings* (a contemptuous name).

tafl, n. (1) *a board-game, 'tables', chess, draughts*; sitja at tafli, leika t., at tafli, *to play at chess*; nú eru brögð í tafli, *there is a trick in the game, there is foul play*; (2) *the board with the pieces* (taflit svarfaðist); (3) *piece in the game*, = tafla.

tafla, f. *piece in a game of tables.*

tafl-borð, n. *draught-board, chess-board*; **-brögð**, n. pl. *tricks of playing*; **-fé**, n. *the money played for, the stakes*; **-maðr**, m. *player at chess*; **-pungr**, m. *a bag for the pieces*; **-speki**, f. *skill in playing.*

tafn, n. (1) *sacrifice* (hann hét miklu tafni); (2) *bloody prey* (poet.).

tagl, n. *horse's tail* (skera t. ór hrossum); rarely, *cow's tail.*

tak, n. *hold, grasp.*

taka (**tek**; **tók, tókum**; **tekinn**), v. (1) *to take, catch, seize* (tóku þeir laxinn ok otrinn ok báru með sér); G. tók inni vinstri hendi spjótit á lopti, *G. caught the spear with his left hand*; man hón t. fé okkart allt með ráni, *she will take all our goods by force*; t. e-n höndum, *to seize one, take captive*; tökum vápn vár, *let us take to our weapons*; (2) fig., t. trú, *to take the faith, become a Christian*; t. skírn, *to be baptized*; t. hvíld, *to take a rest*; t. flótta, *to take to flight*; t. rœðu, umrœðu, *to begin a parley*; t. ráð, *to take a counsel* (= t. til ráðs); t. e-n orðum, *to address one*; t. sættir *or* sættum, *to accept terms*; t. þenna kost, *to take this choice*; t. stefnu, *to fix a meeting*; t. boði, *to accept an offer*; t. sótt, *to be taken ill*; t. úgleði, *to get out of spirits*; t. andviðri, *to meet with contrary winds*; t. konung, *to take, elect a king*; t. konu, *to take a wife*; t. úkunna stigu, *to take to unknown ways*; t. e-n *or* e-m vel, *to receive one well*; t. e-t þvert, *to take a thing crossly, deny flatly*; t. upp höndum, *to raise the hands*; (3) *to reach, stretch forth, touch*; fremri hyrnan tók viðbeinit, *the upper horn caught the collar bone*; því at ek tek eigi heim í kveld, *for I shall not reach home to-night*; hárit tók ofan á belti, *the hair came down to her waist*; (4) *to reach and take harbour* (þeir tóku land á Melrakka-sléttu); (5) *to take, hold*, of a vessel (ketill, er tók tvær tunnur); (6) *to be equivalent to, be worth* (hringrinn tók tólf hundruð mórend); (7) with infin., *to begin* (hann tók at yrkja, þegar er hann var ungr); nú taka öll húsin at loga, *now the whole house began to blaze*; impers., þá tók at lægja veðrit, *then the wind began to fall*; (8) *to touch, regard, concern* (þat allt, sem leikmenn tekr); (9) *to catch (up), come up with* (hann var allra manna fóthvatastr, svá at engi hestr tók hann á rás); (10) *to start, rush* (Eiríkr tók út or stofunni, en konungr bað menn hlaupa eptir honum); t. á rás, t. frá, *to take to running, run away* (svá illt sem nú er frá at t., þá mun þó síðarr verra); (11) impers. *it is taken*; þá tók af veðrit (acc.) *then the storm abated*; kom á fótinn, svá at af tók, *the stroke came on his leg, so that it was cut off*; sýnina tekr frá e-m, *one becomes blind*; tók út skip Þangbrands, *Th.'s ship drifted out*; um várit er sumarhita tók, *when the summer heat set in*; (12) with preps. and advs., t. e-n af lífi, lífdögum, t. e-n af, *to take one's life, put to death*; t. e-n af nafni ok veldi, *to deprive one of his title and power*; t. af hesti, *to take (the* *saddle*) *off a horse*; t. e-t af e-m, *to take a thing from one, deprive one of* (er vér tókum seglit af honum, þá grét hann); t. af sér ópit, *to cease weeping*; t. e-t af e-m, *to get from one* (tekr hann af öllu fólki mikit lof); t. mikinn (mikit), lítinn (lítit) af e-u, *to make* (*say*) *much, little of*; hón tók lítit af öllu, *she said little about it, took it coldly*; øngan tek ek af um liðveizlu við þik, *I will not pledge myself as to helping thee*; t. e-t af, *to choose, take*; G. bauð þér góð boð, en þú vildir engi af t., *G. made thee good offers, but thou wouldst take none of them*; fara sem fœtr mega af t., *at the top of one's speed*; hann sigldi suðr sem af tók, *as fast as possible*; *to abolish, do away with* (lagði á þat allan hug at t. af heiðni ok fornar venjur); t. e-t aptr, *to take back, render void* (t. aptr þat, er ek gef); *to recall* (t. aptr orð, heit sín); t. á e-u, *to touch* (hón tók á augum hans); t. vel, auðvelliga, lítt, illa á e-u, *to take* (*a thing*) *well, in good part, ill, in ill part* (fluttu þeir þetta fyrir jarli, en hann tók vel á); t. e-t á sik, *to take upon oneself* (kvaðst heldr vilja t. þat á sik at gefa honum annat augat): tóku þeir á sik svefn mikinn, *they fell fast asleep*; t. arf eptir e-n, *to inherit one*; t. e-t eptir, *to get in return*; með því at þú gerir svá, sem ek býð þér, skaltu nökkut eptir t., *thou shalt have some reward*; t. e-t frá e-m, *to take a thing away from one* (þeir tóku spjótin frá þeim ok báru út á ána); t. e-n frá e-u, *to deprive one of* (t. e-n frá landi, ríki); t. e-t fyrir e-t, *to take in return for* (hann keypti sveinana ok tók fyrir þá vesl gott ok slagning); *to take for, look upon as* (tökum vér þat allt fyrir satt; því tek ek þat fyrir gaman); t. fyrir e-t, *to refuse* (tók E. eigi fyrir útanferð at sumri); t. hendi í e-t, *to thrust one's hand into*; t. í hönd e-m, *to shake hands with one*; t. í móti, *to offer resistance* (þeir brendu víða bygðina, en bœndr tóku ekki í móti); t. niðr, *to pull down, demolish* (t. niðr til grundvallar allt þat verk); *to graze a little*, = t. til jarðar (þeir láta nú taka niðr hesta sína); t. niðri, *to touch* (*feel*) *the bottom*; t. ofan, *to take down* (Högni tekr ofan atgeirinn); *to pull down* (hann hafði látit t. ofan skála sinn); t. í sundr, *to cut asunder*; impers., slœmdi sverðinu til hans, svá at í sundr tók manninn, *so that the man was cleft asunder*; t. til e-s, *to take to* (tóku þá margir til at níða hann); t. til máls (orðs, orða), *to begin to speak*; nú er þar til máls at t., at, *now we must take up the story at this point, that*; t. til varnar, *to begin the defence*; t. til e-s, *to have recourse to, resort to* (t. e-t til ráðs, bragðs); *to concern* (þetta mál, er til konungs tók); láta e-t til sín t., *to let it concern oneself, meddle with* (Gísli lét fátt til sín t.); t. e-n til e-s, *to choose, elect* (Ólafr var til konungs tekinn um allt land); absol., t. til, *to begin* (hann hélt allt austr um Svínasund, þá tók til vald Svíakonungs); t. e-t til, *to take to, do*; ef hann tekr nökkut illt til, *if he takes to any ill*; t. um e-t, *to take hold of, grasp* (nú skaltu t. um fót honum); t. e-t undan, *to take away*; impers., undan kúnni tók nyt alla, *the cow ceased to give milk*; t. undan, *to run away, escape* (B. tók undan með rás); t. undir e-t, *to take hold under a thing*; hann tók undir kverkina ok kyssti hana, *he took her by the chin and kissed her*; *to undertake, take upon oneself*; H. kvaðst ekki t. mundu undir vandræði þeira, *H. said he would have nothing to do with their troubles*; t. undir e-t með e-m, *to back, help one in a thing* (vil ek, at þér takit undir þetta mál með mér); þau tóku undir þetta léttiliga, *they seconded it readily*; hann tók seinliga undir, *he was slow to answer*; t. undir, *to echo, resound* (fjöllin tóku undir); t. e-t undir sik, *to take on hand* (Gizurr tók undir sik málit); *to lay hold of* (hann tekr undir sik eignir þær, er K. átti í Noregi); t. e-t upp, *to pick up* (S. tók upp hanzka sinn); t. upp fé fyrir e-m, *to seize on, confiscate*; t. upp borð, *to set up the tables* before a meal, but also *to re-*

move them after a meal; t. upp bygð sína, *to remove one's abode*; hón tekr mart þat upp, er fjarri er mínum vilja, *she takes much in hand that is far from my will*; drykk ok vistir, svá sem skipit tók upp, *as the ship could take*; t. upp ný goðorð, *to establish new priesthoods*; t. upp verknað, *to take up work*; t. upp stœrð, *to take to pride*; t. upp sök, *to take up a case*; t. upp draum, *to interpret a dream*; t. e-t upp, *to choose* (seg nú skjótt, hvern kost þú vill upp t.); absol., t. upp, *to extend, rise* (rekkjustokkr tekr upp á millum rúma okkarra); t. út, *to run out* (E. tók út ór stofunni); t. við e-u, *to receive* (A. hafði tekit við föðurarfi sínum); t. vel við e-m, *to receive one well, give one a hearty welcome*; t. við trú, *to take the faith*; þeir tóku vel við, *they made a bold resistance*; tók við hvárr af öðrum, *one took up where the other left off*; t. yfir e-t, *to extend over* (hann skal eignast af Englandi þat, sem uxahúð tekr yfir); impers. *to come to an end, succeed* (kveðst nú vænta, at nú mundi yfir t.); þeir munu allt til vinna at yfir taki við oss, *to get the better of us*; (13) refl., takast, *to take place, begin* (tókst orrusta); ráð þau skyldu t. at öðru sumri, *the wedding should take place next summer*; takast með þeim góðar ástir, *they came to love one another much*; *to be brought about, take effect, succeed*; þat tókst honum, *he succeeded*; t. til, *to happen* (ef svá vill til t.); t. e-t á hendr, *to take on one's hands* (mun ek þat á hendr t. at fylkja þar fyrir liði mínu); láta af t., *to let oneself be deprived of*; recipr., takast (at) orðum, *to speak to one another*; t. á, t. fangbrögðum, *to wrestle*; t. í hendr, *to shake hands*.

taka, f. (1) *taking, capture*, of a fortress, prisoner; (2) *taking, seizing*, of property; (3) *revenue*, = tekja (með öllum tökum ok skyldum).

tak-fæð, f. *destitution, poverty*; **-mark**, n. *line of demarcation, boundary*; **-mikill**, a. *able to take good hold, strong*.

tal, n. (1) *talk, parley, conversation*; vera (sitja) á tali við e-n, *to be (sit) talking with* (ek hefi verit á tali við Hrafn ok Sturlu); eiga t. við e-n, *to have a talk with*; taka t. sitt, taka t. með sér, *to begin to talk together*; skilja talit, *to cease talking*; hélt biskup mikit t. af honum, *held much talk with him*; taka annat t., *to change the conversation to another subject*; (2) *speech, language* (þú munt vera útlendr, því at t. þitt ok yfirbragð er ekki líkt hérlenzku fólki); (3) *tale, number*; tólf einir talsins, *only twelve in number*; vera í bónda tali, *to be reckoned among peasants*; (4) *tale, list, series* (konunga-tal, skálda-tal).

tala, f. (1) *speech, discourse* (þá hóf hann tölu sína upp ok sagði); láta ganga töluna, *to go on with one's tale* (Þórir þagði, meðan Grettir lét ganga töluna); (2) *tale, number*; hann hafði tölu á þessum mönnum, *he took tale of, counted them*; hafa e-n í þræla tölu, *to reckon one among thralls, treat one as a thrall*; (3) *number*, in grammar; (4) *bead* (glertala).

tala (að), v. (1) *to talk, speak* (t. hátt ok hvellt); with acc., síðan töluðu þeir leyniliga ráðagørð sína, *after that they talked over their plans by themselves*; (2) *to speak, make a speech* (talaði konungr fyrir liðinu ok mælti svá); (3) *to record, tell*; ok er ekki um hans ferðir at t. fyrr en hann kemr heim, *there is nothing to tell about his journey till he comes home*; (4) with preps., t. til e-s, *to talk (speak) to one* (Rútr talaði þá til Marðar); *to talk about*, = t. um e-t; t. við e-n, *to speak to one* (nú talar Flosi við menn sína); recipr., þeir töluðust mart við, *they talked about many things*.

talaðr, pp. *spoken, speaking*; t. vel, *a good speaker* (snjallr í máli ok t. vel á þingum).

tal-hlýðinn, a. *listening to talk, credulous* (konungr var -hlýðinn ok eigi djúpsær).

tamning, f. *taming, breaking in*.

tamr, a. (1) *tame*, = tamiðr, of a colt; (2) *familiar, ready* (þat varð tamast, sem í œskunni hafði numit).

tams-vöndr, m. *taming (magic) wand.*

tand-rauðr, a. '*fire-red*', of gold.

tandri, m. *fire* (poet.).

tangi, m. (1) *a point projecting into the sea*; (2) *the pointed end by which the blade is driven into the handle* (sverðit brast í tanganum).

tanna-, gen. pl. from 'tönn'; **-gangr**, m. *chewing, tearing with the teeth*; **-gnastran**, f., **-gnístr**, m. *gnashing of teeth*; **-hold**, n. *the gums.*

tannari, m. *tusk-chisel.*

tanna-skjálfti, m. *chattering of the teeth*; **-verkr**, m. *tooth-ache.*

tann-belti, n. *a belt of walrus-tusk*; **-berr**, a. *with prominent teeth*; **-fé**, n. *tooth-fee* (a gift to an infant when it cuts its first tooth); **-garðr**, m. '*tooth-wall*', *the row of teeth*; **-hjaltaðr**, pp. *tusk-hilted*; **-hjölt**, n. pl. *a hilt of walrus-tusk*; **-lauss**, a. *toothless*; **-refill**, m. *tusk-chisel*; **-sárr**, a. *tooth-sore, ill-treated*; **-skeptr**, pp. *with handle of walrus-tusk*; **-spjald**, n. *a plate (tablet) of walrus-tusk*; **-tafl**, n. *pieces (chessmen) of walrus-tusk*; **-vara**, f. *walrus-tusks.*

tapa (að), v. (1) *to lose*, with dat. (þar tapaði hón kambi sínum); (2) *to kill, put to death* (t. e-m, lífi e-s); (3) refl., tapast, *to be lost, come to nought.*

tapan, f. (1) *loss*; (2) *perdition.*

tapar-øx, f. *a kind of small axe.*

tappa (að), v. *to tap, draw*, from a cask (t. vín, mungát).

tarfr, m. *bull.*

targa, f. *target, small round shield.*

tarra (að), v. *to lay forth, spread out* (t. gulli ok gersimum).

taska, f. *bag, sack* (töskur tvær fullar með gull ok silfr).

tas-vígr, a. *very busy* (at e-u).

taufr, n. pl. *sorcery, charms.*

taufra (að), v. *to enchant.*

taufra-maðr, m. *sorcerer, enchanter.*

taufrar, m. pl. = taufr.

taug (pl. **-ar**), f. *string, rope*; **-reptr**, pp. ? *having ropes in place of rafters*, of a poor cottage.

tauma-lag, n. *holding the reins.*

taumr (**-s**, **-ar**), m. *rein, bridle* (Á. tók í taumana); hafa hest í taumi, *to have a led horse with one*; bera taum á ísinn, *to measure the ice with a cord*; ganga, akast í tauma, *to fail, not to be fulfilled.*

tauta (að), v. *to mutter, murmur.*

tá (gen. tár, pl. tær), f. *toe*; táin in mesta, *the big toe.*

tá, n. *path, walk* (poet.).

tág (pl. **-ar**), f. *stringy root, fibre.*

tá-járn, n. '*toe-iron*', *fetter.*

tákn, n. (1) *token, mark* (krossar ok öll heilög tákn); (2) *token, wonder, miracle* (nú var þat í annat sinn, at Ólafr konungr gerði fagrt t.).

tákna (að), v. *to betoken, signify*; t. fyrir, *to forebode.*

tákn-samligr, a. (1) *symbolical*; (2) *miraculous* (-samlig lækning).

tál (pl. **-ar**), f. *deceit, allurement*; pl. *devices*; draga e-n á tálar, *to draw into a trap, betray.*

tálar-dísir, f. pl. *guileful (female) spirits*; **-snara**, f. *treacherous snare or noose*, = tálsnara.

tálga (að), v. *to carve*, = telgja.

tálga, f. *cutting, carving.*

tál-gröf, f. *pitfall.*

tálgu-grjót, n. *free-stone*; **-knífr**, m. *carving-knife, whittle*; **-tól**, n. *carving-tool*; **-øx**, f. *adze.*

tálkn, n. *gills of fish*; *whale-bone.*

tálkn-fanir, f. pl. *strips of whale-bone*; **-skíð**, n. *a thick piece of whale-bone* (berja með -skíði); **-sproti**, m. *wand of whale-bone.*

tál-lauss, a. *guileless*; **-lausliga**, adv. *guilelessly, sincerely.*

tálma (að), v. *to hinder* (E. konungr tálmaði ekki ferð hans).

tálman, f. *hindering, obstruction.*

tál-samligr, a. *treacherous*; **-sigi**, m. *bait, allurement*; **-snara**, f. *a deceitful snare.*

tár, n. *tear* (hrundu tárin á kinnr honum); fella tár, *to shed tears.*

tára-brunnr, m. *flood of tears*; **-fall**, n. *weeping*; **-fullr**, a. *tearful*; **-regn**, n. = -brunnr.

tárast (að), v. refl. *to shed tears, weep* (hann táraðist mjök).

tár-blandinn, pp. *blent with tears*; **-feldr**, a. *weeping, tearful*; **-fella**

(-da, -dr), v. *to shed tears*; -felling, f. *shedding of tears*; -mildr, a. *profuse of tears, apt to weep* (-mild augu); -stokkinn, pp. *tear-besprinkled* (með társtokknum augum).

tárug-hlýra, a. *with tearful cheeks.*

té, n., in the phrase, þat er yðr jafnan í té, *it is always free to you.*

teðja (teð, tadda, taddr), v. *to dung, manure* (t. vel garða).

tefja (tef, tafða, tafinn), v. *to hinder, delay* (t. e-n, t. fyrir e-m).

tefla (-da, -dr), v. (1) *to play at tables, chess, draughts*, etc. (sumir tefldu skáktafl eða hneftafl eða kvátru); (2) t. í uppnám, *to expose the pieces*, so that they can be taken (vildi S. bera aptr riddara, er hann hafði teflt í uppnám); (3) t. e-n upp, *to beat one in a game of draughts*, fig. *to deprive one of what one has*; (4) *to weave checks.*

teflingr, m. *checkered cloth.*

tegund, f., see 'tigund'.

teigr (-s, -ar), m. *strip of field or meadow-land* (at slá teig þann, er heitir Gullteigr).

teig-yrki (pl. -yrkjar), m. *field-labourer* (-yrkjar ok verkamenn).

teikn, n. *token*, = tákn.

teikna (að), v. (1) *to denote, signify* (hvat mun þetta hafa at t.?); (2) *to make a sign, indicate by a sign*, = benda (konungr teiknaði mér, at ek skylda byrla honum).

teiknan, f. *beckoning*, = bending.

teina, f. *basket made of twigs.*

teindr, pp. *beaten into rods or bars.*

teinn (-s, -ar), m. (1) *twig, sprout*, = teinungr; (2) *spit* (tók ek þeira hjörtu ok á teini steiktak); (3) *a stake* to hang things on; (4) = hlautteinn (þeir hristu teina).

teinungr, m. *sprout, twig.*

tein-vöndr, m. *wand, rod.*

tein-æringr, m. *ten-oared boat*; -ærr, a. *ten-oared* (skip -ært).

teita (-tta, -ttr), v. *to gladden, cheer, make cheerful.*

teiti, f. *gladsomeness, cheerfulness.*

teitr, a. *glad, cheerful, merry.*

tekinn, pp. from 'taka', (*taken*) *ill* (lá hann ok var mjök t.).

tekja, (1) *take, taking*; (2) *seizure, booty*; (3) *income, revenue* (konungr gaf þeim hálfar tekjur við sik).

telgja (-ða, -ðr), v. *to shape, hew, carve, cut* wood or stone with adze or knife; síðan telgði hann af rúnarnar, *he cut off the runes.*

telja (tel; talda; taliðr, taldr, talinn), v. (1) *to count, number* (G. biskup hafði t. látit bœndr á Íslandi); t. kyn sitt til e-s, eiga til e-s at t., *to trace one's descent from*; þótt þú eigir frændsemi at t. við mik, *though thou canst reckon thyself my kith and kin*; (2) *to tell, say, set forth*; hann taldi litla sína fýsi at róa lengra, *he said that he had little mind for rowing farther*; t. tölu, *to make a speech, preach a sermon*; (3) *to reckon, consider* (H. telr sik nú hraustari mann en áðr var hann); t. sér e-t, *to claim for oneself, reckon as one's property* (Þ. krókr taldi sér dalinn, ok kallaði hann þat sitt landnám); (4) t. fyrir vindi, *to go well before the wind*, of a ship (skipin vóru örskreið ok töldu vel fyrir vindinum); (5) with preps., t. e-t af, *to dissuade*; t. e-t af fyrir e-m, *to dissuade one from*; t. at e-u, *to blame, find fault with, object to* (man ek ekki at t., þó at þú trúir á þat goð, er þér líkar); t. á e-n, *to rebuke, blame*; t. e-t eptir e-m, *to grudge one a thing* (ekki tel ek mat eptir ykkr); t. fyrir e-m, *to try to persuade one* (S. boðaði Þangbrandi heiðni ok taldi lengi fyrir honum); t. trú fyrir e-m, *to preach the gospel to one*; t. e-t ofan, *to dissuade from*; t. til e-s, *to claim* (taldi hann til ríkis); t. e-t upp, *to enumerate, reckon up* (þá taldi Þ. upp konur þær, sem vóru í Borgarfirði úgiptar); (6) refl., teljast undan e-u, *to decline, refuse* (telst hann undan förinni).

temja (tem; tamda; tamiðr, tamdr, taminn), v. (1) *to tame, break in*; øxn nam at t., *he took to breaking in oxen*; (2) *to train, exercise* (t. sik við íþróttir *or* t. sér íþróttir); hann átti hrafna tvá, er hann hafði tamit við mál, *he had two ravens which he had trained to talk.*

tempra (**að**), v. (1) *to temper, moderate* (t. skaplyndi sitt); (2) *to temper, blend, mix* (temprandi sín tár með hans tárum).

tempran, f. *tempering.*

tempranar - fullr, a. *temperate*; **-laust**, adv. *intemperately.*

tendra (**að**), v. (1), *to make a fire, light* (t. eld, ljós, kerti); (2) *to kindle, excite* (t. hug sinn).

tengda-lið, n., **-menn**, m. pl. *relations by affinity.*

tengdir, f. pl. *affinity.*

tengdr, pp. *related by affinity.*

tengja (**-da, -dr**), v. *to fasten, tie together* (hann lét t. skip sín hvert fram af stafni annars); t. saman skipin, *to tie the ships together.*

tengsl, n. pl. (1) *the ropes or fastenings* by which ships were bound together during battle (höggva tengslin á skipum sínum); (2) *ties of affinity.*

tengsla (**að**), v. *to tie together* (t. saman skip).

teninga-kast, n. *throw of dice.*

teningr (**-s, -ar**), m. *die*; kasta teningum, *to throw dice.*

tenntr, pp. *toothed* (t. sem villigöltr).

teppa (**-ta, -tr**), v. (1) *to confine, enclose, shut in* (t. e-n inni); (2) *to close, stop, bar* (t. e-m stig).

testament, n. *bequest, will.*

texti, m. (1) *text*; (2) *gospels.*

teygi-agn, n. *bait*; **-ligr**, a. *tempting, enticing.*

teyging, f. *enticement, temptation.*

teygja (**-ða, -ðr**), v. (1) *to stretch out, draw* (t. hálsinn); (2) *to spread out dough into a flat cake* (t. brauð); (3) *to allure, entice* (teygir hann rakkann á brott með sér).

teyma (**-da, -dr**), v. *to lead by the rein* (hann teymdu tveir saman).

tigi, n. *charge*; only in the phrase, engi maðr er í t. til, nema . . . , *none can be blamed but, there is no question of any one but.*

tigin-borinn, pp. *of noble birth*; **-leikr**, m. *noble birth*; **-mannligr**, a. *noble-looking.*

tiginn, a. *high-born, of high estate, noble,* of a king or an earl (þú kannt vel at vera með tignum mönnum).

tigl, n. *tile, brick*; **-grjót**, n. *bricks*; **-gørð**, f. *brick-making*; **-ofn**, m. *brick kiln*; **-veggr**, m. *brick wall.*

tigla (**að**), v. *to reimburse, refund,* of small sums.

tign, f. *state, highness, honour.*

tigna (**að**), v. *to honour, worship* (t. goð); tigna sik konungs-nafni, *to assume a king's name*; refl., tignast, *to be exalted, glorified.*

tignar-klæði, n. pl. *robes of state*; **-kóróna**, f. *royal crown*; **-lauss**, a. = útiginn; **-maðr**, m. *a man of rank*; **-mark**, n. *mark of high rank*; **-nafn**, n. *high title*; **-sess**, m. *seat of honour*; **-skrúð**, n. = -klæði; **-stóll**, m. *chair of state, throne*; **-svipr**, m. *air of dignity, royal look*; **-sæti**, n. = -sess; **-vald**, n. *supremacy.*

tigr (gen. **-ar**; pl. **-ir**, acc. **-u**), m. *a ten, decade,* = tegr, tøgr, togr, tugr; tíu tigir manna, *one hundred men*; hálfan fjórða tøg skipa, *thirty-five ships*; sex ins fimta tigar, *forty-six*; vetri fátt í fjóra tigu, *thirty-nine years.*

tigu-liga, or **tigur-liga**, adv. *nobly, grandly*; **-ligr**, a. *lordly, princely* (inn -ligi maðr).

tigund, f. *kind, sort, species* (þeir fjórir hlutir, er ágætastir eru hér í landi, hverr í sinni t.).

til, prep. with gen. (1) *to* (ríða til skips, koma t. Noregs); leiða, stefna t. e-s, *to lead, tend towards*; (2) *of*; tala vel, illa t. e-s, *to speak well, ill of one*; vita t. e-s, *to know of, be conscious of*; spyrja t. e-s, *to hear tidings of*; segja t. e-s, *to tell of*; ljúga t. e-s, *to tell a falsehood about*; (3) *on*; t. annarrar handar, *on the other hand or side*; t. vinstri, hœgri handar, *on the left, right hand*; (4) denoting reason, purpose, respect (svelta sik t. fjár; berjast t. ríkis; blóta t. árs; sverð ørugt t. vápns); liggja t. byrjar, *to wait for a favourable wind*; hross t. reiðar, *a horse for riding*; (5) e-m verðr gott, illt t. e-s, *one is well or ill off for a thing, has much or little of it*; þeim varð gott t. manna, *they got together many men*; land illt t. hafna, *a land ill off for havens*; henni féll þungt t. fjár, *she was pressed for* *money*; (6) with verbs, gera e-t t. skaps e-m, *to do a thing to please one*; jafna e-u t. e-s, *to compare it with*; gera vel, illa t. e-s, *to treat one well, badly*; (7) of time; t. elli, *to old age*; t. dauðadags, *till one's death day*; líðr á sumarit t. átta vikna, *the summer passed till eight weeks were left*; t. þess er, þar t. er, *until*; allt t., *all the time till*; (8) ellipt. and adverbial usages; vera t., *to exist*; fala hey ok mat, ef t. væri, *if there were any left*; hvárttveggja er t., *there is a stock of both*; eiga t., hafa t., *to possess*; þat ráð, sem helzt var t., *ready to hand*; vera t. neyddr, *to be forced*; skilja t., *to reserve*; verða fyrstr t., *to be the first to do a thing*; (9) *too* (t. ungr, t. gamall, eigi t. víðlendr); eigi t. mikit, *not too much, not very much*; æva t. snotr, *not too wise*; helzt t. (helzti), mikils t. (mikilsti), *by far too much*.

til-aflan, f. *providing of supplies*.

tilannaðar-maðr, m. *furtherer*.

til-beini, m. *furtherance, help*; **-biðja**, v. *to worship*; **-boð**, n. *offer*; **-bragð**, n. *contrivance, behaviour*; **-brigði**, n. pl. (1) *change*; (2) *nature, natural or hereditary disposition* (þykkir Egill vera merkiligr maðr, sem líkligt er fyrir -brigða sökum); **-búnaðr**, m. *arrangement, preparation*; **-dráttr**, m. (1) *attraction*; (2) *occasion*; **-efni**, n. *business, affairs, deserts*; hann vissi -efni sín, *he understood his own affairs*; **-felldr**, pp. *fit, convenient*; **-felli**, n. *occurrence, circumstance, accident, case*; **-felliligr**, a. *suitable*; **-ferð**, f. *admittance*; **-flutning**, f. *supply*; **-fyndiligr**, a. *suitable*; **-fyndinn**, a. *fault-finding*; **-fýsi**, f. *desire, longing*; **-fýsiligr**, a. *desirable*; **-fýst**, f. = -fýsi; **-fœrr**, a. *able* (= fœrr til); **-föng**, n. pl. *means, supplies*; **-för**, f. *attack*, = atför; **-gangr**, m. (1) *circumstances, grounds*; (2) *recourse*; **-gengiligr**, a. *accessible*; **-gjöf**, f. *dower, bridal gift*; **-gørð**, f. *desert, merit*; eptir -gørðum, *according to one's deserts*; fyrir enga -gørð, útan várrar -gørðar, *without provocation*; **-gørning**, f. = -gørð; **-hallr**, a. *favourable* (*to*); **-heyriliga**, adv. *duly, properly*; **-heyriligr**, a. *due, proper*; **-hlýðiligr**, a. *due, becoming*; **-hneiging**, f. *bent, inclination*; **-hættni**, f. *venture, risk*; **-kall**, n. *claim* (eiga -kall til e-s); **-koma**, **-kváma**, f. *coming, arrival*; **-komandi**, a. *coming, arriving*; m. *new-comer*.

tilkomu-lauss, a. *of no consequence*; **-maðr**, m. *new-comer*.

til-kváma, f. = -koma; **-kvæði**, n. *addressing one in verse*; **-kvæmd**, f. *consequence, importance*.

tilkvæmdar-maðr, m. *a person of consequence or importance*.

til-lag, n. (1) *help, contribution*; (2) *counsel, advice*; **-laga**, f. = -lag.

tillaga-fár, a. *reserved in counsel*; **-góðr**, a. *well-disposed*; -góðr inna stœrri mála, *a good counsellor in important matters*; **-illr**, a. *evil-disposed, interfering in a hostile way*.

til-lát, n. *compliance*; **-látsamr**, a. *yielding*; **-látsemi**, f. *compliance*; **-leiðing**, f. *inducement*; **-leitinn**, a. = áleitinn; **-leitni**, f. *attempt*; **-lit**, n. (1) *glance, look*; illt -lit, *a dismal look*; (2) *opinion*; **-lokkan**, f. *allurement*; **-lotning**, f. *reverence*; **-lystiligr**, a. *desirable*; **-læti**, n. *deference*; hafa -læti við e-n, gera e-m -læti, *to show deference to*; **-mæli**, n. (1) *claim* (eiga rétt -mæli til Noregs); (2) *request*; **-raun**, f. *trial, experiment* (gera -raun); **-ráð**, n. *onset*; veita e-m -ráð, *to assault one*; **-ruðning**, f. *clearing the way for a thing*; af -ruðning e-s, *by one's efforts*; **-ræði**, n. (1) *assault*; veita e-m -ræði, *to assault*; (2) *boldness, daring* (mun oss sigrs verða auðit, ef oss skortir eigi þrá ok -ræði).

tilræðis-maðr, m. *a daring man*.

til-rœða, f. *discussion, consultation* (áðr var mjök löng -rœða um þat mál); **-setning**, f. *arrangement*; **-sigling**, f. *shipping to a place*; **-sjá**, **-sjó**, f. *attention, care, supervision*; **-skipaðr**, pp. *fixed, appointed*; **-skipan**, f. *arrangement, disposition*; **-skyldan**, f. (1) *one's deserts, due*; (2) *compulsion*; **-slœgja**, f., **-slœgr**, m. *profit*, = slœgr; **-sókn**, f. (1) *crowding*; (2) *attack*; **-spurn**, **-spurning**,

f. *hearing, intelligence*; **-staða**, f. *condition, state, circumstances*; **-stilli**, n., **-stilling**, f. *management, agency*; af þínu -stilli, *by thy guidance*; allgott -stilli um málaferli, *successful conducting of suits.*

tilstillingar-maðr, m. *abettor, inciter* (úvinrinn ok hennar -maðr).

til-stoð, f. *assistance, help*; **-stofnan**, f. *causing* (varð þetta mjök af -stofnan Hallmundar); **-stundan**, f. *inducement, exertion*; **-stýring**, f. = -stilli; **-sýndum**, adv. *in appearance, to look on* (fagr -sýndum); **-sýni**, n. *look-out, view*; **-sýnis**, adv., **-sýnum**, adv. = -sýndum; **-sýsla**, f. *management*; **-sögn**, f. *information, guidance*; **-tak**, n. *a laying hold of*; góðr -taks, *good to resort to*; **-taka**, f. = -tekja.

tiltaka-góðr, a. *good to aid*, = góðr tiltaks; **-samr**, a. *busy, active.*

til-tala, f. (1) *proportion*; eptir réttri -tölu, *in due proportion*; (2) *claim*, = -mæli, -kall (eiga -tölu til ríkis); **-tekja**, **-tekt**, f. (*one's*) *doings or procedure* (þá grunaði mjök um -tekjur jarls); **-teyging**, f. *inducement*; **-tœki**, n. = -tekja; **-tœkiligr**, a. *expedient* (konungr spurði hann at, hvat -tœkiligast væri); **-tœkr**, a. (1) *liable to be seized* (dræpr ok -tœkr, hvar sem hann verðr staðinn); (2) *ready at hand, ready for use* (svá at þegar væri sverðit -tœkt, er hann vildi); **-verki**, m. (1) *desert, merit*; (2) *action, deed*; **-verknaðr**, m. = -verki; **-vik**, n. *circumstance*; **-vísan**, f. *guidance, direction, instruction*; **-vísning**, f. = -vísan; **-ætlan**, f. *intention, purpose*; **-œskíng**, f. *adoption.*

tilœskingar-sonr, m. *adopted son.*

timbr, n. (1) *timber* (hann hafði látit höggva í skógi t.); (2) *a set of forty skins.*

timbra (að), v. *to build* (t. hús).

timbr-högg, n. *felling of timber*; **-stofa**, f. *hall of timber*; **-stokkr**, m. *timber-stock, beam*; **-veggr**, m. *wooden wall.*

tin, n. *tin*; **-diskr**, m. *tin plate.*

tindóttr, a. *toothed, spiked.*

tindr (**-s**, **-ar**), m. (1) *spike, tooth of a comb*; (2) *mountain-peak* (fjalltindr).

tingl, n. *ornamental headpiece* (on a ship); róa tinglit, ? *to wag the head.*

tin-knappr, m. *tin-knob.*

tinna, f. *flint* (taka eld með tinnu).

tin-smiðr, m. *tinsmith.*

titlingr, m. *sparrow.*

titra (að), v. *to twinkle, wink* (hann titrar augunum).

titull, m. (1) *dot, abbreviation*; (2) *inscription*; (3) *event, incident.*

tíð (pl. -ir), f. (1) *time*; langa (skamma) t., *for a long* (*short*) *while*; also as masc. in phr., í þann (*or* þenna) tíð; (2) *hour* (á níundu t. dags); (3) plur. *divine service, prayers* (syngja tíðir); fylgja tíðum, fara (sœkja) til tíða, *to attend divine service.*

tíða (**-ddi**, **-tt**), v. impers., e-n tíðir, *to long for, wish*; mik fara tíðir, *I long to go*; refl., tíðast, *to be in use.*

tíða-bók, f. *breviary*; **-fœrr**, a. *able to sing prayers*; **-för**, f. *church-going*; **-gørð**, f. *divine service*; **-hald**, n. *performance of* tíðir; **-heyrn**, f. *the hearing of divine service*; **-kaup**, n. *a priest's salary*; **-lauss**, a. *without* tíðir; **-maðr**, m. *worshipper*; **-offr**, n. = -kaup; **-skipan**, f. *arrangement of divine service*; **-sókn**, f. = -för; **-veizla**, f. = -gørð.

tíð-hjalat, pp. n. *much spoken of* (-hjalat um e-t); gera sér -hjalat við e-n, *to converse often with one.*

tíðinda-lauss, a. *void of news, without incident* (eptir um sumarit var kyrt ok -laust); **-pati**, m. *loose rumour*; **-saga**, f. *a report of tidings*; **-spurn**, f. *hearing of news*; **-sögn**, f. *report*; **-vænligr**, a., **-vænn**, a. *fraught with great tidings.*

tíðindi, n. pl. *tidings, news, events*; þú skalt eigi kunna frá tíðindum at segja, *thou shalt not be left alive to tell the tale*; gerast (verða) til tíðinda, *to happen, occur* (verðr ekki til tíðinda); mun þetta vita tíðinda, *this forebodes great tidings*; er þetta var tíðinda, *when this happened.*

tíðis, adv., in the phrase, vita, hvat t. var, *to know what was the news.*

tíðka (að), v. *to be wont* (hefi ek eigi

tíðkat at taka við þess háttar mönnum); refl., tíðkast, *to be in use, be in vogue* (sem nú tekr mjök at tíðkast); t. e-m, *to become dear to*; hann tíðkaðist Maríu, *he courted M.*

tíðkan, f. *eagerness*; e-m er t. á e-u, *one is eager for.*

tíð-látr, a. *eager*; **-leikr**, m. (1) *popularity* (fá -leik ok metnað af verkum sínum); (2) pl. *friendly intercourse*; vera í -leikum við konu, *to go a courting*; **-liga**, adv. *eagerly, greedily*; **-ligr**, a. *temporal*, = stundligr.

tíðr (tíð, títt), a. (1) *frequent, usual, customary* (knattleikar vóru þá tíðir); (2) *often spoken of, noted, famous* (á þeim tíðum var A. biskup mjök t. ok ágætr); t. alþýðu, *popular*; (3) *dear, beloved*; í Gymisgörðum ek sá ganga mér tíða mey, *a maid I love*; þá sá Ölvir Solveigu ok gerði sér um títt, *and courted her*; Þ. gerði sér títt við Björn, *Th. courted B.'s friendship*; (4) *eager* (þeim var títt heim at fara); nú er honum títt til síns matar, *he is eager to get his food*; hann kvað sér títt um ferðina, *he said he was eager to go*; (5) neut., sá þá, hvat títt var, *what had happened*; (6) títt, as adv. *frequently, quickly* (konungr hjó títt ok hart); sem tíðast, *at once, with all speed* (þeir reru í brott sem tíðast); aldri tíðara, *never more* (geng ek aldri tíðara þess erendis).

tíð-rækinn, a. *often attending service.*

tíð-rætt, pp. n., = -hjalat; þeim var -rætt, *they talked often together.*

tíðska, f. *custom, fashion* (þat er t. at binda mönnum helskó).

tíðu-liga, adv. *frequently*, = tíðum.

tíðum (dat. pl. from 'tíðr'), adv. *frequently, often* (þeir leggja spjótum bæði hart ok t.); = títt.

tíðungr, m. *a full-grown bull.*

tíð-virkr, a. *eager for work, industrious.*

tí-faldr, a. *tenfold* (-föld tala).

tíma (-da, -t), v. (1) only with a negative, t. eigi, *to be reluctant, grudge* (hann tímdi eigi at gefa mönnum sínum mat); (2) e-n tímir e-t, *it befalls one*; (3) refl., tímast, *to happen to one, befall one.*

tíma-dagr, m. *day of bliss*; **-hald**, n. *chronology*; **-land**, n. *land of good luck*; **-lauss**, a. *luckless*; **-leysi**, n. *lucklessness*; **-liga**, adv. *timely, early*; **-ligr**, a. *temporal*; **-samliga**, adv. *successfully.*

tími, m. (1) *time*; eptir tíma liðinn, *after a little time*; í þann tíma, *at that time*; fyrstan tíma, er ek var hér, *the first time that I was here*; (2) *time, fit time* (þeim þótti t. til at ganga á fund konungs); á hœfiligum tíma, *in due time*; í tíma, *betimes*; (3) *good luck, prosperity* (gangi þér allt til tírs ok tíma).

tína (-da, -dr), v. (1) *to pick* (hann tíndi upp gullit); (2) *to cleanse* (t. korn); (3) fig. *to recount, narrate* (engi tunga má t., hversu mikit gott konungrinn veitti sínum mönnum); (4) refl., tínast, *to go one by one* (bað jarl sína menn t. undan).

tírar-för, f. *glorious journey*; **-hönd**, f., in the phrase, taka -hendi á e-m, *to treat one with distinction.*

tírr (gen. tírs and tírar), m. *glory, renown* (góðs höfum tírar fengit).

tí-rœðr, a. (1) *decimal*, opp. to 'tólfrœðr'; tvau hundruð -rœð, = 200; (2) *a hundred years old* (honum ólst sonr, þá er hann var -rœðr); (3) *measuring a hundred fathoms* (eldhúsit var -rœtt at lengd).

títt, adv., see 'tíðr'.

tíu, card. numb. *ten*; tíu tigir, *a hundred.*

tíund, f. (1) *the tenth part*; (2) *tithe.*

tíunda (að), v. (1) *to pay tithes*; (2) *to give a tithe of* (t. fé sitt); (3) *to levy a tithe on.*

tíunda-mál, n. *a suit referring to tithes.*

tíundar-fé, n. *tithe-money*; **-gjald**, n. *payment of a tithe*; **-gørð**, f. *tithe-fixing, setting the tithe*; **-hald**, n. *holding back the tithe*; **-heimta**, f. *claiming the tithe*; **-mál**, n. = tíundamál; **-vara**, f. *tithe goods.*

tíundi, ord. numb. *the tenth.*

tívar, m. pl. *gods.*

tívorr, m. *god* (poet.).

tízka, f. *custom*, = tíðska.

tjald, n. (1) *tent*, on land or on ships,

esp. when in harbour; bregða tjöldum, *to take down* (*strike*) *the tents*; (2) *hangings, tapestry.*

tjalda (að), v. (1) *to pitch a tent* (þat var annarr siðr þeira at t. aldri á skipum); (2) *to hang with cloth or tapestry* (lét Þyri t. höllina grám vaðmálum).

tjald-áss, m. *tent-pole*; **-búð**, f. *tent-booth, the Tabernacle*; **-dyrr**, f. pl. *tent-doors*; **-kúla**, f. *tent-knob*; **-lauss**, a. *tentless, in open air.*

tjaldr, m. *oyster-catcher* (bird).

tjald-skör, f. *the edge of a tent.*

tjalds-nagli, m. (1) *tent-peg*; (2) *peg to which hangings are fastened.*

tjald-staðr, m. *place for pitching a tent*; **-steinn**, m. *a rock looking like a tent*; **-stokkr**, m. *tent-block*; **-stuðill**, m., **-stöng**, f. *tent-pole.*

tjalds-trönur, f. pl. *tent-frame.*

tjald-viðir, m. pl. *wooden frame of a tent or tabernacle.*

tjara, f. *tar* (svartr sem t.).

tjarga (að), v. *to tar.*

tjasna, f., a kind of *peg.*

tjá (**té**, **téða**, **téðr**; later **tjái**, **tjáða**, **tjáðr**), v. (1) *to show, exhibit*; er honum er téð sverð, *when the sword is shown him*; t. e-t fyrir e-m, *to show it to one*; (2) *to tell, report, relate* (þá hluti, er þar gørðust, téða ek þér í fyrra bréfi); Gunnarr tjáði, hversu vel þeim hafði farit, *G. told how well they had behaved*; also, t. e-t fyrir e-m (hann tjáði fyrir konu sinni, at Hrafn væri úskapgæfr); (3) *to show, grant*; t. e-m góðvilja, *to show one a kindness*; (4) with gen., t. eigi tanna, '*not to show the teeth*', *to take no food* (við þessi tíðindi úgladdist mjök G. konungr, svá at hann tjáði eigi tanna); (5) *to be of use, boot, avail*, = tjóa, týja, tœja (Þórir sá, at þá mundi ekki t. at leyna); (6) as an auxil. verb; sól tér sortna, *the sun grows dark.*

tjóa (að), v. *to avail*, = tjá 5.

tjóðr, n. *tether* (hestr í tjóðri).

tjóðra (að), v. *to tether.*

tjón, n. and f. *damage, loss* (gera e-m t.).

tjónaðr, m. *help, assistance* (með tjónaði liðsmanna hans).

tjón-samr, a. *losing heavily.*

tjúga, f. *pitch-fork.*

tjúgari, m. poet. *destroyer* (tungls t.).

tjúgu-skegg, n. *fork-beard*, a nickname (of King Sveinn of Denmark).

tjörgaðr, pp. *tarred.*

tjörn (gen. **tjarnar**, pl. **tjarnir**), f. (1) *tarn, small lake*; (2) *pool* (hann kenndi, at t. var á gólfinu).

tjöru-pinnr, m. *tar-pin.*

toddi, m. *bit, piece, slice.*

tog, n. *rope, line, cord*; hafa (leiða) hest í togi, *to have a led-horse.*

toga (að), v. (1) *to draw, pull, stretch* (síðan togar hann á honum tunguna); t. af e-m, *to draw the shoes and stockings off a person*; fara sem fœtr toga, *to run as hard as one can go*; (2) refl., togast ór höndum e-m, *to be drawn out of one's hands*; t. við fast, *to pull hard*; t. við aldr, *to pull against old age, grow old* (ekki muntu við aldr togast).

togan, f. *drawing, pulling.*

tog-drápa, f. *a* drápa *composed in a special metre called* 'toglag'.

toginn, pp. *drawn* (enn togni hjörr).

tog-löð, f. *a body of twelve.*

togna (að), v. *to be stretched*; dagr tekr at t., *the day begins to lengthen.*

tolla, v. *to cleave to, hang fast.*

tolla (að), v. *to toll, take toll.*

tollr (-s, -ar), m. *toll, duty, tax* (Íslendingar skulu engi toll gjalda í Nóregi nema landaura).

toppr, (1) *tuft, lock of hair, forelock*; (2) *top*; t. siglu, *mast-top, mast-head.*

topt or **tupt**, f. (1) '*toft*', *homestead*; Skaði byggvir fornar toptir föður, *S. dwells in her father's old home*; (2) *a place marked out for a house or building* (skyldi þar vera kaupstaðr; hann gaf mönnum toptir til at gera sér þar hús); (3) *the mere walls or foundations of a* (*former*) *building* (út með firðinum eru víða toptir).

tor-, an inseparable adverbial prefix in compds., opp. to 'auð-'; **-breytiligr**, a. *very difficult*; **-breyttr**, a. = -breytiligr (-breyttr vegr); **-bœnn**, a. *hard to move by prayer*; **-bœttr**, pp. *hard to make good again.*

tord-ýfill, m. *dung-beetle.*

torf, n. (1) *turf, sod* (höfðu Danir gert borgarvegg af grjóti, torfi ok viðum); (2) *turf for fuel, peat*; grafa t., *to dig peat.*

torfa, f. *turf, slice of sod.*

torf-báss, m. *a shed to keep peat*; **-bingr**, m. *a pile of turfs or peat.*

tor-fenginn, **-fengr**, a. *hard to get*; **-fluttr**, pp. *difficult to carry.*

torf-fœri, n. pl. *tools for cutting sods and peat*; **-gröf**, f. *peat-hole*; **-hraukr**, m. *peat-stack*; **-hrip**, n. *turf-pannier, peat-basket*; **-kast**, n. *pelting with sods*; **-krókr**, m. a kind of *box to carry peat and sods*; **-leikr**, m. '*turf-game*', *pelting with sods*; **-mór**, m. *turf-moor*; **-naust**, n. *a ship-shed built of turf*; **-skeri**, m. *an implement for cutting sods or peats*; **-skurðr**, m. *cutting turf or peat*; **-stakkr**, m. *peat-stack.*

torf-viðr, m. = tyrvi, tyr-viðr.

tor-fyndr, a. *difficult to find*; **-fœra**, f., **-fœri**, n. *a difficult, dangerous passage*; **-fœriligr**, **-fœrr**, a. *hard to pass.*

torf-øx, f. *axe for cutting turf.*

torg, n. *market, mart, market-place* (hann var úti staddr á torgi).

tor-gætr, a. *hard to get, rare*; **-kenna** (**-da**, **-dr**), v. *to disguise*; **-kenndr**, pp. *hard to recognize*; **-kenning**, f. *disguise*; **-leiði**, n. = -fœra; **-merki**, n. *difficulties*; telja -merki á e-u, *to raise difficulties about*; **-mœði**, f. *rancour*; **-næmr**, a. *hard to learn.*

torrek, n. (*severe*) *loss.*

tor-reyfiligr, a. *difficult*; **-ræki**, n. *misfortune*; **-sóttligr**, a., **-sóttr**, pp. *hard to overcome, or to come at*; of things, *hard to perform*; **-sveigðr**, pp., **-sveigr**, a. *hard to sway or bend*; **-sýnn**, a. *hard to see*; **-sœkiligr**, a. = -sóttligr; **-sær**, a. = -sýnn; **-talinn**, pp. *hard to count*; **-tíma** (**-da**, **-t**), v. *to destroy, kill* (honum mátti hvorki -tíma gálgi né virgill); **-trygð**, f. *doubt, suspicion, incredulity*; hafa -trygð á e-m, *to suspect*; **-tryggiliga**, adv. *suspiciously*; **-tryggiligr**, a. *doubtful, suspicious*; **-tryggja** (**-ða**, **-ðr**), v. *to mistrust, suspect*; **-trygg-leikr**, m. *distrust*; **-tryggligr**, a. = -tryggiligr; **-tryggr**, a. *doubtful, incredulous* (hann er svá -tryggr, at hann trúir engum manni).

toru-gætr, a., older form = torgætr.

tor-unninn, pp. *hard to overcome*; **-velda** (**-lda**, **-ldr**), v. *to make difficult* (-velda e-t fyrir sér).

torvelda-laust, adv. *without difficulties* (komast -laust yfir ána).

tor-veldi, n. and f. *difficulty*; **-veld-ligr**, **-veldr**, a. *hard, difficult* (þótti honum -velt at rétta þeira hlut); **-virðr**, a. *difficult to estimate*; **-þeystr**, pp. *hard to stir*; **-þreytiligr**, a. *difficult to perform*; **-æri**, n. *bad season, famine*, = hallæri.

toskr, m. *tusk*, in 'Rata-toskr'.

tó, f. *grassy spot among cliffs* (gammrinn settist í tó eina, er var í björgunum).

tó, n. *wool*; vinna tó, *to card or dress wool* (konur unnu tó á daginn).

tól, n. pl. *tools* (gerðu þeir hamar ok töng ok steðja ok þaðan af öll tól önnur).

tóla-kista, f. *tool-chest.*

tólf, card. numb. *twelve.*

tólf-eyringr, m. *a twelve-ounce ring*; **-feðmingr**, m. *a space twelve-fathom square*; **-greindr**, pp. *divided into twelve*; **-menningr**, m. *a company of twelve*, at a banquet; **-rœðr**, a. *consisting of twelve tens*; -rœtt hundrað, *a duodecimal hundred*, 120.

tólftar-kviðr, m. = tylftar-kviðr.

tólfti, ord. numb. *the twelfth.*

tólftungr, m. *the twelfth part.*

tólf-vetr, a. *twelve years old*; **-æringr**, m. *a twelve-oared boat*; **-ærr**, a. *twelve-oared.*

tóm, n. *leisure*; Aron kvað nú eigi t. at því, *A. said there was no time* (*leisure*) *for that*; í tómi, *at leisure*; leika í tómi við, *to allow oneself time, take one's time* (hann sá hvert ráð, er bezt gegndi, ef hann lék í tómi við); í góðu, œrnu tómi, *at good, ample leisure*; af tómi, *by and by.*

tóm-látr, a. *slow, leisurely* (eigi vóru þér nú -látir, Íslendingar); **-liga**, adv. *slowly, leisurely*; **-læti**, n. *slowness, leisureliness* (þeir sögðu Þorleif mjök íslenzkan fyrir -læti sitt).

tómr, a. (1) *empty*; með tvær hendr tómar, *empty-handed*; (2) *vain, mere, idle* (vera kann at þetta sé eigi tóm orð, er þú talar nú).

tóm-stund, f. *leisure-hour*, *leisure* (gefið mér -stund til ráða-gerðar); ljá e-m -stundar, *to give one time*.

tóna (**að**), v. *to set in tunes*.

tóni, tónn, m. *musical sound, tone*.

tóra (-**ða**, -**t**), v. *to vegetate, have a mere existence* (látið þá t. at eins).

traðar-veggr, m. *wall of a* tröð.

traðk, n., **traðkr**, m. *a trodden spot*.

traf, n., only in pl. 'tröf', *fringe*; hón hafði knýtt um sik blæju ok vóru í mörk blá ok tröf fyrir enda, *a kerchief with blue marks or stripes and fringes at the ends*.

trafiðr, pp. *tattered, ragged*.

traktera (**að**), v. (1) *to treat*; (2) *to entertain* (t. e-n vel ok herliga).

tramar, m. pl. *fiends, demons*.

trana, f., **trani**, m. *crane* (bird).

trapiza, f. *table* (t. stóð á gólfi).

trauð, f., in the phrase, við t. ok nauð, *with great difficulty*.

trauða (**að**), v. *to fail, be wanting*.

trauð-la, **-liga**, adv. *scarcely, hardly*; **-mál**, n. *hard words*.

trauðr, a. *unwilling, loath, reluctant* (t. mun ek af hendi at láta sveit þessa); neut., trautt, *scarcely*, = trauðla (til þess munu menn trautt vita dœmi).

traust, n. (1) *help, protection, support* (hingat em ek kominn at sœkja heilræði at þér ok t.); ek hefi lítit t. undir mér, *small power, authority*; (2) *firmness, confidence* (vér megum með minna trausti um tala); hafa (bera) t. til e-s, *to dare, venture* (veit ek eigi ván þeira manna, er t. muni hafa at brjóta orð konungs).

traust-lauss, a. *without protection, helpless*; **-leiki**, m. *strength, firmness*; **-liga**, adv. *firmly, confidently*; **-ligr**, a. *safe, to be relied on*.

traustr, a. (1) *trusty, firm, strong* (Æsirnir kvóðu 'silkibandit' vera nökkuru traustara en líkindi þœtti á); (2) fig., eigi var traust, at eigi fyki steinar á skipin, *it was not free from it*; (3) *confident*.

tré (pl. tré, gen. trjá, dat. trjám), n. (1) *tree* (höggva t. í skógi); eigi fellr t. við it fyrsta högg, *the tree falls not at the first stroke*; (2) *the mast of a ship*, = siglutré (á skipi Munans brotnaði tréit); (3) *tree, rafter, beam*, cf. 'þver-tré'; (4) *the seat of a privy*.

tré-borg, f. *wooden fort*; **-brú**, f. *wooden bridge*.

treðja (**treð, tradda, traddr**), v. *to tread down, trample*.

tré-drumbr, m. *log* (*of wood*).

trefill, m. *tatter, rag*.

treflugr, a. *tattered, ragged*.

tré-fótr, m. *wooden leg* (ganga við -fót); also as a nickname.

trefr, f. pl. *fringes*, = tröf.

trega (pres. **tregr**, pret. **tregði**), irreg. v. *to grieve*; fjöld er þat, er fira tregr, *many are the woes of man*; hví tregr-at ykkr teiti at mæla, *how can ye bear to speak words of cheer?*

trega (**að**), v. *to grieve* (marga menn tregaði mjök andlát Þorláks biskups); *to bring grief upon* (munaðar-ríki hefir margan tregat).

trega-fullr, **-samligr**, a. *mournful*.

tregða, f. *reluctance, unwillingness*; hafa tregður í at gera e-t, *to be unwilling to do a thing*.

tregðu-laust, adv. *without cavil, willingly*.

tregi, m. (1) *difficulty, reluctance*; hafa enga trega í málum þessum, *to raise no difficulties in these suits*; (2) *grief, woe* (með tárum ok trega); svá fellr mér þetta nær um trega, at, *this grieves me so much that*.

treg-liga, adv. (1) *with difficulty*; (2) *reluctantly, unwillingly* (Brúsi gekk -liga at öllu sáttmáli); (3) *moodily* (gekk hón -liga á tái sitja); **-ligr**, a. *slow, reluctant* (Þ. var heldr -ligr í fyrstu); it -ligasta, *with the greatest difficulty*.

tregr, a. *unwilling, reluctant* (Hrafn var inn tregasti at bregða flokkinum); *tardy, slow* (t. til sætta); neut., tregt = tregliga; mun honum þat tregt veita, *it will go hard with him*.

treg-róf, n. *tale of woe*.

tré-guð, n. *wooden idol*; **-hafr**, m. *wood-buck*; **-hús**, n. *wooden house*; **-hválf**, n. *wooden vault*; **-höll**, f. *wooden hall*; **-kastali**, m. = -borg; **-kefli**, n. *wooden stick*; **-ker**, n. *wooden vessel*; **-kirkja**, f. *wooden church*; **-kumbr**, m. *log*; **-kylfa**, f.

wooden club; **-köttr**, m. *mouse-trap*; **-lauss**, a. *treeless*; **-ligr**, a. *wooden, of wood*; **-lurkr**, m. *wooden cudgel*; **-maðr**, m. *wooden man.*

tréna (**að**), v. *to become hard and woody*, of a tree or plant-stem.

tré-níð, n. *the carving on a post of a person's likeness* in an obscene posture; **-reiði**, m. *wooden equipments* (masts, oars, etc.); **-ræfr**, n. *wooden roof or shed*; **-saumr**, m. *wooden nails* (skip seymt -saumi).

tresk, n. *hair, tresses* (poet.).

tré-skrín, n. *wooden shrine*; **-smiðr**, m. *craftsman in wood, carpenter*; **-smíði**, n. *wood-work, carpentry*; **-spánn**, m. *chip*; **-stabbi**, **-stobbi**, m. *log of wood, tree-stump*; **-stokkr**, m. *block of wood*; **-stólpi**, m. *wooden pillar*; **-stubbi**, = -stobbi; **-toppr**, m. *top of a tree*; **-virki**, **n.** *wood-work* (brann allt -virkit).

treyja, f. (1) *jerkin* (fara í treyju); (2) *war-jacket* (hann hafði góða brynju ok styrkja treyju).

treyju-blað, n. *flap of a jacket.*

treysta (**-sta**, **-str**), v. (1) *to make trusty, make strong and safe* (Höskuldr treysti mundriða í skildi); (2) *to make firm* (t. vináttu e-s); t. herinn ok eggja, *to encourage and exhort the troops*; (3) *to try the strength of a thing with the hand* (hann treysti 'silkibandit' með handa-afli ok slitnaði eigi); (4) *to trust to, rely on* (t. e-m *or* t. á e-n); (5) *to dare, venture* (nú er sú öld í Noregi, at ek treysti eigi at halda ykkr hér heima með mér); (6) refl., treystast = treysta 4 (treystust Numidiumenn betr fótum en vápnum); = treysta 5 (hann mun eigi t. öðru en gøra sem ek vil).

tré-þak, n. *timber roof*; **-ör**, f. *wooden arrow.*

tripla (**að**), v. *to chant in three voices* (hvárki t. eða tvísyngja).

trippi, n. *a young colt* (ótamit t.).

trjóna, f. (1) *snout*; (2) *pole.*

troða (**treð**; **trað**, **tráðum**; **troðinn**), v. (1) *to tread*; t. skó, *to wear out shoes*; t. e-n undir fótum, *to tread one under foot*; t. stafkarlsstíg, *to wander as a beggar*; (2) *to cram, pack, stuff* (into a receptacle), with dat. (þér var í hanzka troðit); (3) *to stop, cram with*, t. e-t e-u (hann treðr belginn lyngvi ok mosa); (4) refl., troðast, *to throng, crowd upon each other* (troðist eigi svá ákaft).

trog, n. *trough* (t. fyllt af slátri).

trog-söðull, m. *trough-shaped saddle* (hann hafði fornan -söðul).

troll, n. (1) *a monstrous, evil-disposed being, not belonging to the human race* (hann var mikill sem t.); t. hafi þik, *or* þína vini, *the trolls take thee, or thy friends*; (2) *a human being having the nature of a troll.*

trolla-gangr, m. *troll-hauntings*; **-þáttr**, m. *a tale of trolls*; **-þing**, **n.** *meeting of trolls.*

troll-aukinn, pp. '*troll-eked*', *possessed by a troll*; **-dómligr**, a. *belonging to witchcraft*; **-dómr**, m. *witchcraft*; **-karl**, m. *male troll*; **-kerling**, **-kona**, f. *female troll*; **-menni**, n. *a giant-like man*; **-riða**, a. indecl. *ridden by a troll, witch-ridden*; **-skapr**, m. *nature of a troll, witchcraft* (tálma heiðingjans -skap).

trolls-liga, adv. *fiendishly*; **-ligr**, a. *troll-like, huge*; **-læti**, n. pl. *fiendish howlings* (þetta eru -læti).

tros, n. *leaves and small twigs.*

tróð, n., **tróða**, f. *faggot-wood.*

tróð-viðr, m. = tróð (eldrinn las skjótt -viðinn).

Trójuland, n. *the land of Troy.*

tró-verskr, a. *Trojan.*

trumba, f. (1) *pipe*; hvann-njóla t., *the stalk of the angelica*; (2) *trumpet* (þeyta trumbu).

trumba (**að**), v. *to trumpet.*

trumbari, m. *trumpeter.*

trumbu-hljóð, n., **-þytr**, m. *sound* (*flourish*) *of trumpets.*

trunsa (**að**), v. *to turn up one's nose at* (t. við e-u).

trutta (**að**), v. *to shout* trutt, trutt! *or trrrh, as horse-drivers do.*

trú (gen. **trúar**), f. (1) *faith, word of honour* (segir Ólafr þat upp á t. sína, at hann skal þessa menn út leysa); (2) *religious faith, belief* (Helgi var blandinn mjök í t.); taka við t., *to receive the Christian faith.*

trúa (gen. **trú**), f. = trú; svá njóta ek trú minnar, þat veit trúa mín, *in good sooth, upon my word.*

trúa (**trúi, trúða, trúat**), v. (1) *to believe*, with dat. (mundir þú t. fyrirburð þessum, ef Njáll segði þér?); (2) in a religious sense, *to believe*; t. á e-n, *to believe in* (t. á einn guð); (3) *to believe in, trust* (meyjar orðum skyli manngi t.).

trúaðr, pp. *believing*; rétt t., *orthodox*; trúaðir menn, *believers.*

trúan-liga, adv. *credibly*; **-ligr**, a. *credible* (þótti mönnum sú sögn -lig).

trúari, m. *believer.*

trú-boð, n. *preaching the gospel*; **-bót**, f. *reformation in faith*; **-brögð**, n. pl. *religion.*

trúðr (pl. **-ar**), m. *juggler.*

trú-fastliga, adv. *faithfully*; **-fastr**, a. (1) *trusty*; (2) *firm in the Christian faith*; **-festi**, f. *faithfulness, firmness in faith*; **-fylgja**, f., **-hald**, n. *observance of the faith*; **-kona**, f. *a religious, devoted woman*; **-lauss**, a. (1) *without religious faith*; (2) *infidel*; **-leikr**, m. *faithfulness, fidelity*; **-leysi**, n. *infidelity*; **-liga**, adv. *faithfully*; **-ligleikr**, m. = -leikr; **-ligr**, a. (1) *faithful* (-lig geymsla); (2) *safe, to be relied on*; veðr er -ligt, *the weather bids fair*; (3) *credible*; **-lítill**, a. *weak in faith*; **-lofa** (**að**), v. (1) *to pledge one's faith*; (2) *to betroth* (-lofa sér konu); **-lofan**, f. (1) *pledging one's faith*; (2) *betrothment*, of lovers; **-lyndi**, n. *faithfulness*; **-lyndr**, a. *faithful, true, trusty*; **-maðr**, m. *a true believer, good Christian*; **-mikill**, a. *strong in faith, believing.*

trúnaðar-eiðr, m. *oath of allegiance*; **-fullr**, a. *faithful, trusty*; **-hylli**, f. *allegiance*; **-kona**, f. *confidante*; **-maðr**, m. *confidant*; **-mál**, n. *confidence*; **-rœður**, f. pl. *confidential talk*; **-tómr**, a. *void of faith*; **-traust**, n. *protection, security*; **-vin**, m. *confidential friend.*

trúnaðr (gen. **-ar**), m. (1) *trust, good faith* (var þetta sáttmál bundit með fullum trúnaði); ganga í trúnað fyrir e-n, *to become bound for another, go security for one*; (2) *faithfulness* (halda man ek við þik fullum trúnaði); (3) *trust, confidence*; festa, leggja trúnað á e-t, *to give credence to*; eiga trúnað undir e-m, *to have confidence (faith) in one*; hafa trúnað á e-m, *to place confidence in one*; (4) *confidence, secret*; til hvers reiðt þú til þings, ef þú vill eigi segja mér trúnað þinn, *if thou wilt not tell me thy secret*; segja e-m e-t af trúnaði, *in confidence, secretly*; mæla trúnað fyrir e-m, *to speak in confidence to one.*

trúr (**trú, trútt**), a. (1) *true, faithful* (t. skal ek þér í ráðum); (2) *safe*; er eigi trútt, at, *it is not quite safe that, quite free from it* (er eigi trútt, at mér hafi eigi í skap runnit sonar-dauðinn); (3) *believing* (t. á guð).

trú-rof, n. *breach of faith*; **-rofi**, m. *breaker of one's faith*; **-rœkinn**, a. *religious*; **-skapr**, m. *faithfulness*; **-skjöldr**, m. *shield of faith*; **-svikari**, m. *traitor.*

trygða-eiðr, m. *oath of fidelity*; **-mál**, n. pl. *formula for making a truce*; **-rof**, n. *breach of truce.*

trygðarofs-maðr, m. *truce-breaker.*

trygðir, f. pl. *plighted faith, sworn truce* (svíkja e-n í trygðum).

tryggi-ligr, a. *safe, to be relied on.*

trygging, f. *security, assurance.*

tryggja or **tryggva** (**-ða, -ðr**), v. *to make firm and trusty* (trygðu þeir Þórir þá sættir með sér).

trygg-leikr, m. = trúleikr; **-liga**, adv. *safe*; **-ligr**, a. = tryggiligr.

tryggr (acc. **-van** and **-an**), a. (1) *trusty, faithful, true* (t. í trúnaði); (2) *without apprehension, safe* (jötnum þótti eigi tryggt at vera með Ásum griðalaust).

trygill, m. *a little trough.*

trylla (**-da, -dr**), v. (1) *to turn into troll, enchant* (þeir trylldu hann svá at hann var engum mennskum manni líkr); (2) *to call one a troll*; (3) refl., tryllast, *to be turned into a troll, to be enchanted.*

trýni, n. *snout* (of a dog or bear).

trýta (**-tta, -tt**), v. *to trot about.*

tröð (gen. **traðar**, pl. **traðir**), f. (1) *cattle fold, pen*; (2) *a lane between fences*, leading up to a homestead.

tröf, n. pl. *fringes*, see 'traf'.

tugla-, gen. pl. from 'tygill'; **-möttull, -skinnfeldr**, m. *a cloak fitted with straps*.

tugr, m. = tigr; hafði hann þrjá vetr hins fjórða tugar, *he was thirty-three years old*.

tug-tugti, ord. numb. *twentieth*, = tuttugti (við tugtugta mann).

tumba (að), v. *to tumble*.

tundr, n. *tinder* (þurrt t.)

tundra (að), v. *to catch fire* (eldrinn tundraði skjótt).

tundr-ör, f. *tinder-arrow*.

tunga (gen. pl. **tungna**), **f.** (1) *tongue*; skœðar tungur, *evil tongues*; hafa tungu fyrir e-m, *to have a tongue for a person, be the spokesman*; gæti hann, að honum vefist eigi tungan um höfuð, *let him take heed that his tongue do not twist a noose for his own neck*; (2) *tongue, language* (þá skiptust tungur í Englandi, er Vilhjálmr bastarðr vann England); dönsk t., *the Danish (Norse) tongue*; (3) *tongue of land* (Ö. nam tungu alla milli Hvítár ok Reykjadalsár).

tungl, n. *the moon* (t. óð í skýjum).

tungl-ár, n. *lunar year*; **-fylling, -fyllr**, f. *lunation*; **-koma**, f. *new moon*; **-skin**, n. *moonshine*.

tungls-ljós, n. *moonlight*.

tungl-tal, n. *lunar computation*; **-œrr**, a. *lunatic*; **-öld**, f. *lunar cycle*.

tungna-skipti, n. *the confusion of tongues* (at Babel).

tungu-bragð, n. (*motion of the*) *tongue, language* (mjúkt -bragð); **-fimi**, f. *fluency of tongue*; **-fimr**, a. *glib, voluble*; **-hvass**, a. *keen-tongued*; **-lauss**, a. *tongueless*; **-mjúkr**, a. *smooth-tongued*; **-rœtr**, f. pl. *the roots of the tongue*; **-skorinn**, pp. *tongue-cut*; **-skœði**, n. *evil use of the tongue*; **-skœðr**, a. *evil-tongued*; **-snjallr**, a. *eloquent*; **-varp**, n. *motion of the tongue*.

tunna, f. *tun, barrel*.

turn (pl. **-ar**), m. *tower*.

turna (að), v. *to turn*; t. e-u um, *to turn upside down*.

turnera (að), v. *to ride a tourney*.

turniment, n. *tilt, tournament*.

turn-reið, f. = turniment.

turturi, m. *turtle-dove*.

tuskast (að), v. refl. *to scuffle, tussle*.

tutla (að), v. *to push, shove*.

tuttr, m. *tom-thumb*.

tuttugasti, tuttugti, ord. numb. *the twentieth* (á tuttugta ári).

tuttugu, card. numb. *twenty*.

túlka (að), v. *to interpret*; t. mál e-s, *to plead one's case, be the spokesman*; t. fyrir e-m, *to be one's interpreter* (mun ek fylgja þér til staðarins ok t. fyrir þér); t. illa fyrir e-m, *to give one a bad report, bear one bad witness*.

túlkan, f. *pleading*.

túlkari, m. *interpreter*.

túlkr (**-s, -ar**), m. (1) *interpreter* (t. konungs); (2) *spokesman*.

tún, n. (1) *a hedged plot, enclosure, court-yard, homestead*; gullu gæss í túni, *the geese screamed in the yard*; (2) *home field, home meadow* (bleikir akrar, en slegin tún); (3) *town*.

tún-annir, f. pl. *haymaking in the home meadow*; **-brekka**, f. *the brink or edge of a home meadow*; **-garðr**, m. (1) *fence of a* tún 2; (2) = tún 1; **-göltr**, m. *home-field boar*; **-hlið**, n. *court-gate*; **-riða**, f. *witch, ghost*; **-svín**, n. = -göltr; **-völlr**, m. *home field* (Björn var úti á -velli).

tve-falda, -faldr, see 'tví-falda, -faldr'.

tveir (**tvær, tvau**), card. numb. *two*; höggva tveim höndum, *with both hands*; höggva í tvau, *in two, asunder*; tveimr er tveggja hugr, *two men two minds*; tveim megin Slésvíkr, *on both sides of Slesvik*.

tvenning, f. *duality*; í tvenningu, *in two parts* (fór flokkrinn optliga í tvenningu).

tvennr, a. *consisting of two different things or kinds, twofold* (tvenn frásögn); í tvennu lagi, *in two parts*; tvennir, *two* (á skóginum vóru tvennar leiðir); nú ferr tvennum sögunum fram, *two tales now run parallel*; tvennir skór, *two pair of shoes*; neut. tvennt, *two things (sides, parts)*; hefir mér tvennt um sýnzt, *there has seemed to be two sides to the matter*.

tve-vetr, a. *two years old*.

tvinna (að), v. *to double*.

tvinna-hnoða, n. *a ball of twisted thread*; **-þráðr**, m. *twisted thread*.

tvinnr, a. = tvennr.

tvistr, a. *hushed*, *silent* (var þar allt tvist ok daprt).

tvistra or **tvístra** (**að**), v. *to scatter*.

tvisvar or **tysvar**, adv. *twice*.

tví, interj. to express loathing, *fie!*

tví-, *twice*, *double*, in many compds.; **-angaðr**, a. *double-forked*; **-aukinn**, pp. *twofold*; **-breiðr**, a. *of double breadth*, of cloth; **-burar**, m. pl. *twins*; **-burur**, f. pl. *twin-sisters*; **-býli**, n. *two households on one farm*, *a farm with two households*; **-drœgr**, a. *ambiguous*; **-dyrðr**, **-dyrr**, a. *double-doored*; **-eggjaðr**, a. *two-edged*; **-elleftr**, a. *twice eleven*, in the phrase, vera -elleftr, *to be twenty-two years old*; **-eln**, a. *two ells broad*; **-eyringr**, m. *a thing worth or weighing two ounces*; **-falda** (**að**), v. *to double*; **-faldleikr**, m. *twofoldness*; **-faldr**, a. *twofold*, *double*; **-fóðraðr**, pp. *double-lined*; **-fœttr**, a. *two-footed*; **-gjald**, n. *double payment*; **-görr**, a. *double*; **-henda** (**-nda**, **-ndr**), v. *to hurl or wield* (a weapon) *with both hands* (hljóp Sóti enn upp ok **-hendi** øxina); **-hljóðr**, m. *diphthong*; **-hólkaðr**, pp. *mounted with a double ring*; **-húsaðr**, pp. *double-housed*; **-hætta**, f. *dilemma*; leggja á -hættu, *to run a risk*; **-höfðaðr**, pp. *two-headed*; **-kendr**, pp. *of double meaning*; **-klifa** (**að**), v. *to repeat twice*; **-kostr**, m. *choice between two*, *alternative*; **-kvángaðr**, pp. *twice married*; **-kveða** (see **kveða**), v. *to repeat*; **-kvenni**, n. = -kvæni; **-kvíslaðr**, pp. *two-pronged*; **-kvæni**, n. *bigamy*; **-kvæntr**, pp. *having two wives at once*, *bigamous*; **-lemdr**, pp. *with two lambs*; **-litaðr**, pp. *parti-coloured*; **-loðinn**, a. *double-hairy*, *hairy on both sides*; **-mánaðr**, m. '*double-month*', the fifth month of the summer; **-menna** (**-ta**, **-t**), v. *to ride two on one horse* (síðarr var hestinum -mennt); **-menning**, f. *riding two on one horse*; **-menningr**, m. *drinking together in pairs*, *two and two* (drekka -menning á e-n, við e-n); **-merkingr**, m. *a ring of the value or weight of two marks*; **-mæli**, n. *doubt*, *discordant report*; **-mælingr**, m. *two meals a day*.

tvímælis-lauss, a. *undisputed*.

tví-mælt, adv. *two meals a day* (eta -mælt); **-oddaðr**, pp. *two-pointed*; **-ræði**, n. *ambiguity*.

tvíræðis-orð, n. *ambiguous word*.

tví-ræðr, a. *ambiguous*, *doubtful*; **-settr**, pp. *double*; **-skálmóttr**, a. *two-pronged*; **-skipaðr**, pp. *double-seated*, *in two ranks*; **-skipta** (**-pta**, **-ptr**), v. *to divide into two parts*; refl., -skiptast, *to waver*; **-skipti**, n. *division into two parts*; **-skiptingr**, m. *changeling*, *idiot*; **-skiptr**, pp. (1) *divided into two parts*; (2) *uncertain*; (3) *of two colours*; (4) *double* (-skipt brynja); **-slœgr**, a. *ambiguous* (-slœgr draumr); **-syngja** (see **syngja**), v. *to chant double*, of two-voiced music; **-sýni**, n. *uncertainty*, *doubt*; **-sýnn**, a. *doubtful*, *uncertain*; **-taka** (see **taka**), v. *to repeat*; -tala, f. (1) *the dual number*; (2) *the double number*; **-tján**, card. numb. *twenty*; **-tjándi**, ord. numb. *the twentieth*; **-tugr**, a. (1) *aged twenty*; (2) *measuring twenty* (fathoms, ells).

tvítugs-aldr, m. *the age of twenty*

tvítug-sessa, f. *twenty-oared ship*.

tví-tugti, ord. numb. *the twentieth*; **-tyngdr**, pp. *double-tongued*; **-vegis**, adv. *to and fro* (fara -vegis).

tvæ-vetr, a. *two winters old*.

tyggja (**tygg**; **tögg**, **tuggum**; **tugginn**), v. *to chew* (tyggr þú nökkut? ek tygg söl).

tygi, n. *gear*, *harness*.

tygil-knífr, m. *a knife worn hanging on a strap*.

tygill (gen. pl. **tugla**), m. *strap*, *band* (á tuglunum taflpungsins).

tygja (**að**), v. *to harness*.

tykta (**að**), v. *to chastise*.

tyktan, f. *chastisement*.

tylft (pl. **-ir**), f. *a body* (*number*) *of twelve*, *dozen*.

tylftar-eiðr, m. *an oath of twelve*; **-kviðr**, m. *a verdict of twelve neighbours*; **-kvöð**, f. *summoning of twelve neighbours*.

tyllast (**t**), v. *to go with light step*.

tylli-sætt, f. *a loose, unreal agreement*; **-sök**, f. *a light, futile charge.*

typpa (**-ta, -tr**), v. *to tip, top*; hagliga um höfuð typpum, *let us wind the hood neatly about his head.*

typta (**að**), v. = tykta.

typtu-meistari, m. *chastener, tutor.*

tyrfa (**-ða, -ðr**), v. *to cover with turf.*

tyri, n. *resinous fir-tree.*

Tyrkir (gen. Tyrkja), m. pl. (1) *the Turks*; (2) *the Trojans.*

Tyrk-land, n. *the land of the Turks.*

tyrkneskr, a. *Turkish.*

tyrvi, n., **tyr-viðr**, m., **tyrvi-tré**, n. = tyri (lokarspænir af -tré).

tysvar, adv. *twice*, = tvisvar.

týja, f. poet. *doubt.*

týja (**týr, týði, týt**), v. *to avail*, = tœja (hvat man mér týja, *etc.*?); þat týði ekki, *it was of no avail.*

týna (**-da, -dr**), v. (1) *to lose*, with dat. (þeir týndu hestunum); t. lífi sínu, *to lose one's life*; (2) *to destroy, put to death* (t. sveininum); t. sjálfum sér, *to destroy oneself*; (3) refl., týnast, *to perish* (Hákon jarl týndist í hafi).

týning, f. *destruction.*

týni-samligr, a. *destructive.*

Týr (gen. **Týs**), m. *the god Týr.*

týs-dagr, m. *Tuesday.*

tæla (**-da, -dr**), v. *to entice, entrap.*

tæli-gröf-, f. *pitfall*, = tálgröf.

tæpi-djarfr, a. *timid*; **-liga**, adv. *sparingly, scantily* (launa e-t -liga); **-ligr**, a. *scant, scarce.*

tæpt, a. neut. *scantly, barely*; spjótin tóku tæpt til hans, *the spears scarcely reached him*; Kálfr gekk þá heldr tæpara, *stepped more cautiously.*

tæra (**-ða, -ðr**), v. (1) *to consume, spend* (t. penninga); (2) *to entertain*, with dat. (konungr tærði honum vel ok sœmiliga).

tœja (**tœ, tœða, tœðr**), v. (1) *to grant, bestow* (t. e-m e-t); (2) *to help, assist* (t. e-m); (3) *to avail*, = týja (hvárki tœði bœn manna né féboð).

tœki, n. pl. *implements, outfit.*

tœki-ligr, a. *due, proper* (á -ligum tíma, á -ligri tíð).

tœkr, a. *fair, acceptable* (tœk vitni).

tœla (**-da, -t**), v.; t. um e-n, *to keep a person under control.*

tœma (**-da, -dr**), v. (1) *to empty*; (2) t. sik til e-s, *to give one's leisure* (tóm) *to, attend to* (t. sik til at heyra guðs orð); (3) refl., e-m tœmist arfr, *an inheritance falls vacant to one* (honum tœmdist arfr í Vatnsdal).

tœnaðar-maðr, m. *helper.*

tœnaðr (gen. **-ar**), m. *help, assistance* (biðja e-n tœnaðar).

töðu-, gen. from 'taða'; **-alinn**, pp. *fed on infield hay*, of a horse; **-annir**, f. pl. *the season for mowing the infield* (*manured field*); **-garðr**, m. *stack-yard of infield hay*; **-göltr**, m. *home-boar*, = túngöltr; **-verk**, n. *the making of hay in the infield*; **-völlr**, m. *a manured infield.*

töfl, f. *piece in a game.*

tögla (**að**), v. *to champ, gnaw.*

tøgr, m. *ten*, = tigr.

tök-vísi, f. *rapacity*; **-víss**, a. *rapacious* (-vísar hendr).

tölugr, a. *well-spoken.*

tölu-, gen. from 'tala'; **-list**, f. *arithmetic*; **-pallr**, m. *speaker's stand, platform*; **-snjallr**, a. *eloquent*; **-staðr**, **-stóll**, m. = -pallr; **-verðr**, a. *worth counting, considerable.*

töl-vísi, f. *skill in numbers, arithmetic*; **-víss**, a. *skilled in arithmetic.*

töng (gen. **tangar**, pl. **tangir** and **tengr**), f. *smith's tongs* (taka e-t, ná e-u, með töng).

tönn (gen. **tannar**, pl. **tenn, tennr, teðr**), f. (1) *tooth*; glotta um t., *or* við t., *to grin scornfully*; rjóða t. á e-m, *to redden one's teeth on a person, to do one harm*; (2) *walrus-tusk*; grafa t., *to carve a tusk.*

töpun, f. *perdition*, = tapan.

törgu-, gen. from 'targa'; **-buklari, -skjöldr**, m. *target-shield.*

tötra-baggi, m. *rag-bag*; **-bassi**, m. *ragamuffin.*

tötrugr, a. *tattered, torn.*

töturr (pl. **tötrar**), m. *tatters, rags*; *tattered garment.*

U

ugga (-ða, -at), v. (1) *to fear, suspect* (eigi uggi ek brœðr þína); eigi uggi (imperat.) þú Ísungsbana, *fear thou not the slayer of I.*; u. ekki (lítt, fátt) at sér, *to apprehend no danger, be off one's guard*; er þat ugganda, at, *it is to be feared that*; (2) impers., mik uggir, at, *I fear that.*

ugg-lauss, a. *fearless, unconcerned*; **-laust,** adv. *no doubt, undoubtedly*; **-ligr,** a. (1) *to be feared* (e-t þykkir -ligt); (2) *doubtful, questionable* (er þat -ligt, hvárt þú ferr í lofi mínu).

uggr, m. *fear, apprehension*; u. er mér á, at = mik uggir, at.

ugg-samligr, a. *to be feared*; **-víss,** a. *doubtful*, = uggligr (2).

ugla, f. *owl* (uglur gular at klóm ok nefi, en svartar at lit).

ull (dat. ullu), f. *wool.*

ullar-lagðr, m. *tuft of wool*; **-reyfi,** n. *fleece* (snjór sem -reyfi væri).

ull-band, n. *woollen yarn*; **-hvítr,** a. *white as wool* (-hvítr á hár); **-kambr,** m. *wool-comb*; **-klæði,** n. pl. *clothes of wool*; **-laupr,** m. *wool-basket.*

um, older **umb,** prep. with acc. and dat.; I. with acc. (1) *around* (slá hring um e-n); (2) *about, all over* (hárit féll um hana alla); um allar sveitir, *all over the country*; mikill um herðar, *large about the shoulders, broad-shouldered*; liggja um akkeri, *to ride at anchor*; (3) of proportion; margir vóru um einn, *many against one*; um einn hest vóru tveir menn, *two men to each horse*; (4) *round, past, beyond,* with verbs denoting motion (sigla vestr um Bretland); leggja um skut þessu skipi, *to pass by this ship*; ríða um tún, *to pass by a place*; (5) *over, across, along* (flytja e-n um haf); kominn um langan veg, *come from a long way off*; ganga um gólf, *to cross the floor* (but also *to walk up and down the floor*); slá, er lá um þvert skipit, *a beam that lay athwart the ship*; um kné sér, *across the knee*; e-t er hœgt um hönd, *gives little trouble, is ready to hand*; (6) of time, *during, in the course of* (um messuna, um þingit, um sumarit); þat var um nótt, *by night*; um nætr sem um daga, *by night as well as day*; lengra en fara megi um dag, *in the course of one day*; (7) *at* a point of time (hann kom at höllinni um drykkju); um þat, *at that time, then*; um þat er, *when* (um þat, er vér erum allir at velli lagðir); (8) *of, about, in regard to a thing*; bera um e-t, dœma um e-t, *to bear witness, judge about*; tala um e-t, *to speak of*; annast um e-t, *to attend to*; sviðr um sik, *wise of oneself*; hvárr um sik, *each for himself*; var mart vel um hann, *he had many good qualities*; (9) e-m er ekki um e-t, *one does not like* (var honum ekki um Norðmenn); with infin., honum er ekki um at berjast í dag, *he has no liking to fight to-day*; er þér nökkut um, at vér rannsökum þik ok hús þín, *have you any objection that we . . .?*; e-m er mikit (lítit) um e-t, *one likes it much, little* (Guðrúnu var lítit um þat); sá, er mönnum væri meira um, *whom people liked better*; e-m finnst mikit um e-t, *one is much pleased with, has a high opinion of* (konungi fannst mikit um list þá ok kurteisi þá, er þar var á öllu); (10) *because of, for*; öfunda e-n um e-t, *to envy one for a thing*; verða útlagr um e-t, *to be fined for a transgression*; um sakleysi, *without cause*; (11) *beyond, above*; margir fengu eigi hlaupit um röst, *more than one mile*; hafa vetr um þrítugt, *to be thirty-one*; e-m um afl, um megn, *beyond one's strength, more than one can do* (þetta mál er nökkut þér um megn); kasta steini um megn sér, *to overstrain oneself*; um of, *too much, excessive* (þótti mörgum þetta um of); um alla menn fram *or* um fram alla menn, *above all men* (hón unni honum um alla menn fram); e-m er e-t um hug, *one has no mind* *for, dislikes* (ef þér er nökkut um hug á kaupum við oss); (12) *over, across*; detta, falla um e-t, *to stumble over* (féll bóandinn um hann); (13) *by*; draugrinn hafði þokat at Þorsteini um þrjár setur, *by three seats*; (14) *about*; þeir sögðu honum, hvat um var at vera, *what it was about, how matters stood*; hvat sem um þat er, *however that may be*; eiga e-t um at vera, *to be troubled about a thing* (lætr sem hann eigi um ekki at vera); var fátt um með þeim, *they were not on good terms*; (15) ellipt., ef satt skal um tala, *if the truth must be told*; þannig sem atburðr hefir orðit um, *as things have turned out*; (16) as adv., gekk um veðrit, *veered round, changed*; ríða (sigla) um, *to ride (sail) by*; langt um, *far beyond, quite*; fljótit var langt um úfœrt (úreitt), *quite impassable*; um liðinn, *passed by*, of time; á þeirri viku, er um var liðin, *in the past week*; II. with dat. (1) *over*, esp. poet.; sitja um borðum = sitja yfir borðum; sá es um verði glissir, *he that gabbles over a meal*; (2) of time, *by*; um dögum, um nóttum, *by day, by night*; um sumrum, haustum, vetrum, várum, *in the summer*, etc.; um vetrum ok sumrum, *both winter and summer*.

uma-lauss, a. *without (disadvantageous) report* (cf. 'umi').

um-annan, f. *care about a thing* (umannan ok forráð staðarins).

umb, prep., see 'um'.

um-band, n. *bandage* (-band um sár); **-bera**, v. *to bear with* (má vera at þeir -beri betr við þik); **-bergis**, prep. and adv. = -hverfis; **-boð**, n. *charge, commission* (fá e-m -boð sitt).

umboðs-maðr, m. *commissary, steward* (-maðr biskups, klaustrs).

um-bót, f. (1) *mending, bettering*; (2) esp. plur. *repairs* (þurfa -bóta).

umbóta-maðr, m. *one who mends matters* (vér þurfum -menn).

um-breyta (-tta, -ttr), v. *to change, alter* (aldri -breytti hann sínum orðum); **-breyting**, f. *change*; **-brot**, n. pl. *violent struggle, convulsion*; **-búð**, f. (1) *apparatus, equipment*; (2) *arrangement, preparation* (þeir tóku strengina ok veittu þessa -búð alla); **-búnaðr**, m. (1) = -búð; (2) *burial* (gröftr eða -búnaðr); (3) *bed*; var honum veittr hœgligr -búnaðr, *a soft bed*; **-búningr**, m. = -búnaðr; *outfit* (var henni veittr -búningr, sem hón þurfti at hafa); **-dyri**, n. *lintel*; **-dœmi**, n. *adjustment*; **-dögg**, f. poet., -dögg arins, '*hearth's dew*', *soot*; **-fang**, n. *struggle, bustle*.

umfangs-mikill, a. *making a great stir, boisterously active*.

um-ferð, f. *circuit, round journey*.

umferðar-piltr, m. *itinerant lad*.

um-fram, prep. with acc. (1) *above, beyond* (-fram aðra menn); (2) as adv. *besides* (tólf menn ok lögsögumaðr -fram); ríða -fram, *to ride by*; at hvárigir gangi þar -fram, *trespass beyond that*; (3) -fram um or of, *beyond*; vera -fram of aðra menn, *to excel others*.

um-gangr, m. (1) *a passage round a building*; (2) *management, care*.

umgangs-maðr, m., mikill -maðr, *a great husbandman, good manager*.

um-gengi, n. *management, care*; **-gerð**, f. (1) *sheath, scabbard*; (2) *mounting, frame*; **-gjörð**, f. = -gerð; **-gröptr**, m. '*digging round*', *searching*; **-gyrða** (-rða, -rðr), v. *to encircle, surround*; **-horf**, n. *a looking round*; hversu þar var -horfs, *how it looked there*; **-hugsan**, f. *reflection*; **-hverfis**, prep. and adv. (1) with acc. *round, all around* (settu þeir lið sitt -hverfis borgina); (2) as adv., þar -hverfis, allt -hverfis, *there about, all around*; **-hverfum**, prep. and adv. = -hverfis; **-hyggja**, f. *care* (þeir vilja svipta þik várri -hyggju ok forsjá).

umhyggju-lauss, a. *neglected*; **-laust**, adv. *carelessly*.

umi, m. *unfavourable rumour*.

um-kast, n. *sudden change, convulsion*; **-kaup**, **-keypi**, n. *exchange, barter*; **-kringis**, prep. with acc. = -hverfis; **-kringja** (-ða, -ðr), v. *to surround*; **-kvæði**, n. *term, expression, wording*.

umla (að), v. *to mutter, mumble* (hann umlaði við).

um-leitan, f. *a seeking for, negotiation* (sætta -leitan); **-les**, n. = -lestr.

umles-maðr, m. *slanderer*; **-lestr**, m. *slander*.

um-liðinn, pp. *past*, of time; **-liðning**, f. *course of time*; **-mál**, n. (1) *circumference*; (2) *what is said or uttered*, = -mæli; **-merki**, n. (1) *a marking out* (setja stengr til -merkja); (2) *boundary*; **-merkja** (-ta, -tr), v. *to bound, form the boundary of*.

um-mæli, n. pl. *utterances, words said* (þér skuluð ráða yðrum -mælum); **-mæling**, f. *circumference*; **-mörk**, n. pl. = -mæli; **-ráð**, n. (1) *consideration*; (2) *guidance, management* (með, eptir -ráði e-s); (3) pl. *deliberation, consultation*; þykkir mér at þér mikit traust til -ráða, *for consultation*; **-rás**, f. *course* (-rás sólar); **-renn-endr**, m. pl. *marauders*; **-renningr**, m. *vagrant, marauder*; **-ræði**, n. = -ráð; **-rœða**, f. *discourse, talk*; **-rœðiligr**, a. *worth mentioning*; **-samning**, f. *agreement, reconciliation*; **-sát**, f. (1) *siege*; (2) *ambush, waylaying* (veita e-m -sát).

umsátar-maðr, m. *waylayer*.

um-seta, f., **-setr**, n. *siege* (-seta Jórsalaborgar); **-sitjendr**, m. pl. *neighbours*; **-sjá**, f. *oversight, care, supervision* (veita e-m -sjá).

umsjá-lauss, a. *unprovided for*.

um-sjár, m. *the surrounding sea, the ocean*; **-sjó**, **-sjón**, f. = -sjá; **-sjór**, m. = -sjár; **-skipti**, n. *change, turn* (-skipti hafa nú orðit); **-skiptiligr**, a. *shifty, changeful*; **-skipting**, f. *change*; **-skorning**, f., **-skurðr**, m., **-skurn**, f. *circumcision*; **-skyggja** (-ða, -ðr), v. *to overshadow*; **-skygnari**, m. *outlooker, scout*; **-sniðning**, f. *circumcision*; **-snúa**, v. *to overthrow*; **-spillendr**, m. pl. *slanderers, disparagers*; **-stilli**, n. *guidance, management*; **-svif**, n. *activity*.

umsvifs-maðr, m. *an active man* (hann var -maðr mikill um bú sitt).

um-sýsla, f. *occupation, assistance, aid* (hét hann sinni -sýslu við föður sinn).

umsýslu-maðr, m. (1) *man of business, active man* (-maðr mikill); (2) *steward, manager* (hann var þá -maðr í Reykjaholti); **-mikill**, a. *active, busy* (væn kona ok -mikil).

um-tal, n. *talk, conversation* (er hann heyrði -tal manna).

umtals-mál, n. *matter of discussion*.

um-turna (að), v. *to turn upside down, upset*; **-turnan**, f. *upsetting*; **-vandan**, f. *reprimand, admonition*; **-venda** (-nda, -ndr), v. *to turn about, change*; **-vending**, f. *conversion*; **-vergis**, prep. and adv. = -bergis.

una (uni, unda, unat), v. (1) *to be content* in a place (Tumi undi eigi í Flateyju); (2) *to dwell, abide*, in a biblical sense (u. í helgum friði); (3) *to enjoy, be happy in, content with a thing*; þeir undu illa sínum hlut, *they were much dissatisfied with their lot*; u. lífi, *to enjoy life*; u. vel við ráð sitt, *to be content with one's lot*; uni (imperat.) þú vel við, *be content!* u. sér, u. við sik, *to be happy, feel at ease*; u. lítt eptir e-n, *to feel deeply the loss (death) of a person*.

unað, n. *delight, happiness* (þetta er sællífi ok unað heilagra).

unað-ligr, **-samligr**, **-samr**, a. *delightful*; -samar vistir, *a happy home*.

unaðs-bót, f. *delight* (skömm -bót).

unað-semd, f. *charm, delight*.

unaðs-ilmr, m. *sweet smell*; **-sýn**, f. *happy sight*; **-vist**, f. *happy home*.

und (pl. -ir), f. *wound* (undir dreyrgar); cf. 'holund', 'mergund'.

und, prep. *under*; see 'undir'.

undaðr, pp. *wounded* (geiri, sverði u.); cf. 'hjörundaðr'.

undan, prep. with dat. and adv. (1) *from under, from beneath*; hann hjó u. honum fótinn, *he cut his leg off*; hann spratt upp u. borðinu, *he sprang up from (sitting at) the table*; hann spratt upp u. garðinum, *from under the fence*; halda skipum u. landi, *to stand away from the shore*; (2) without motion; skerit var út u. firðinum, *the skerry was just off the mouth of the fjord*; G. prestr u. Felli, *from Fell*; (3) *from, away*; snúa u. e-m, *to turn away from*; heimta fé mitt u. Hrúti, *to claim my property out of Hrut's hands*; (4) *ahead of, before* (ganga, fara u. e-m); (5) as adv. (hann lætr fara u. sauðfé þat, er skjarrast var); komast u., *to escape*.

undan-boð, n., -boð fjár, *taking invested money out of a person's keeping*; **-bragð**, n. *device, subterfuge*; **-dráttr**, m. *evasion, shirking*; **-ferð**, f. *means of escape*; **-ferli**, n. *evasion*; **-fœri**, n. = -ferð; **-fœrsla**, f. *evasion, pleading one's innocence*; **-hald**, n. *flight*; **-herkjan**, f. *shirk, subterfuge*; **-koma**, **-kváma**, f. *escape*; **-lausn**, f. *releasing, redemption*; **-mæli**, n. *excuse*; **-rás**, f. *running away*; **-róðr**, m. *rowing away*.

undar-liga, adv. *wonderfully, extraordinarily*; **-ligr**, a. *wonderful, extraordinary, marvellous*.

undir, prep. with dat. and acc.; I. with dat. (1) *under*; þá brast í sundr jörð u. hesti hans, *the earth burst asunder under his horse*; þungr u. árum, *heavy to row*; þeir leita þeirra ok finna þá u. eyju einni, *they seek for them and find them under an island*; u. þeim hesti var alinn Eiðfaxi, *that horse was the sire of E.*; (2) fig. (undir þeim biskupi eru ellifu hundruð kirkna); eiga u. sér, *to have under one, in one's power*; eiga fé undir e-m, *to have money in his hands, deposited with him*; (3) *under, depending on*; ørlög vár eru eigi u. orðum þínum, *our fate does not depend on thy words*; hann á vin u. hverjum manni, *he has a friend in every man*; (4) ellipt. or adverbial usages; vóru þau (Njáll ok Bergþóra) úbrunnin u., *they were unburned underneath*; meðan töður manna eru u., *whilst the hay is lying* (mown, but not got in); ef þér þœtti nökkut u. um mik, *if thou hadst cared at all for me*; sól (dagr) er u., *the sun (day) is down, under the horizon*; væri oss mikit u., at vér fengim liðsinni hans, *it were worth much to us to get his help*; II. with acc. (1) *under, underneath*, denoting motion (var settr u. hann stóll); (2) of time; hrökk u. miðdegi, *it drew close to midday*; (3) fig. leggja u. sik, *to lay under oneself, to subjugate*; þjóna u. e-n, *to serve under one*; þessa laxveiði gaf hann u. kirkjuna, *he made it over to the church*; bera fé u. e-n, *to bribe one*; leggja virðing konungs u. vápn mín, *to let it depend on my weapons*; ef u. oss skal koma kjörit, *if the choice is to be left with us*; Hjört þótti mér þeir hafa undir, *H. methought they got under*; ef kona tekr mann u. bónda sinn, *if she be untrue to her husband*; bjóða fé í leigu u. sik, *to offer to pay money for one's passage*.

undir-biskup, m. *suffragan bishop*; **-borg**, f. *suburb*; **-brot**, n. *subjugation, subjection*; **-búi**, m. *under-dweller*; **-byrli**, m. *under-cupbearer*; **-djúp**, n. *gulf, abyss*; **-dráttr**, m. *unfair gain*; **-dráttull**, a. *covetous, making unfair gain*; **-eldi**, n. *offspring, breed*, of animals; **-fólk**, n. *subjects*; **-förull**, a. *dealing underhand, false*; **-gefinn**, pp. *subject*; **-gjöf**, f. *subjection*; **-grefill**, m. *underminer*; **-gröptr**, m. *undermining*; **-gørð**, f. *cushion under a saddle*; **-heimar**, m. pl. *the nether world, lower regions*; **-hlutr**, m. *the lowest part* (of a ship); **-hús**, n. *the nether part of a house*; **-hyggja**, f. *craft, cunning, deceitfulness*.

undirhyggju-fullr, a. *guileful, false*; **-lauss**, a. *guileless*; **-leysi**, n. *guilelessness*; **-maðr**, m. *guileful man*; **-samr**, a. *guileful*.

undir-klæði, n. *under-garment*; **-konungr**, m. *tributary king*; **-kurr**, m. *secret artifice*; **-kyrtill**, m. *under-kirtle*; **-land**, n. *province*; **-maðr**, m. *subordinate, subject*; **-mál**, m. pl. *underhand dealings, secret stipulation*; **-oka (að)**, v. *to subject*; **-orpinn**, pp. *subjected*; **-prestr**, m. *subordinate priest*; **-rót**, f. *origin, prime cause of a thing*; **-seta**, f. *pressure, influence*; **-skáli**, m. *under-hall*; **-skemma**, f. *under-room*; **-staða**, f. (1) *stand*, = stétt (kross með -stöðum); (2) *groundwork, base*; (3) *the true sense or meaning*; **-standa**, v. *to understand, perceive*; **-stokkr**, m. *under-post* in a building; **-stólpi**, m. *pillar*; **-tekt**, f. *answer* (vitrligar -tektir konungs).

undorn, m. (1) *mid-forenoon, 9 a.m.* (um morgininn at undorni); (2) *mid-afternoon, 3 p.m.*

undr, n. (1) *wonder* (brestr svá

mikill, at öllum þótti u. at); (2) with the notion of *shame*, *scandal* (þat var u. mikit, at hann skyldi liggja fyrir fótum þeim); gøra sik (gørast, verða) at undri, *to make a spectacle of oneself, be made a spectacle of.*

undra (**að**), v. (1) *to wonder at*, with acc. (allir undra þessa manns afl); (2) impers., mik undrar, *it astonishes me*; (3) refl., undrast e-t, *to wonder at* (fóru menn út ór hverri búð at u. þá); u. um e-t, *to be astonished at.*

undra-maðr, m. *wonderful man.*

undran, f. *wonder*, *astonishment.*

undranar-verðr, a. *wonderful.*

undr-látr, a. *given to wondering, eager for strange news*; **-ligr**, a. *wonderful, strange*; **-samligr**, a. *wondrous*; **-sjón**, f. *a wonder to see, spectacle*; verða at -sjónum = verða at undri; **-skapaðr**, pp. *of portentous or wonderful shape.*

unga-aldr, m., á -aldri, *in his youth.*

ung-barn, n. *infant*; **-fé**, n. *young cattle, young stock*; **-herra**, m. = jungherra; **-hryssi**, n. *young colt.*

ungi, m. *the young of a bird.*

ung-lamb, n. *young lamb*; **-leiki**, m. *youth*; **-ligr**, a. *youthful*; -ligr í ásjónu, *boyish-looking*; **-menni**, n. *young man, youth.*

ungr (**yngri**, **yngstr**), a. *young.*

ung-sveinn, m. *young lad*; **-viði**, n. *young trees.*

unna (**ann**, **unna**, **unnat** and **unnt**), v. (1) *not to grudge*; *to grant, allow, bestow*; u. e-m **e-s** (Hreiðmarr unni þeim einskis pennings af gullinu); u. e-m laga, *to give one the benefit of the law, give one a fair trial*; ek ann þér eigi faðmlagsins Helgu ennar fögru, *I grudge thee the embrace of H. the Fair*; with infin., hann unni øngum at njóta fjárins nema sér, *he could not bear that any one should enjoy the money but himself*; (2) *to love*, with dat. (eigi leyna augu, ef ann kona manni); u. e-m hugástum, *to love one dearly*; þeim var ek verst, er ek unna mest, *I was worst to him whom I loved the most*; (3) recipr., unnast, *to love one another* (þau unnust mikit systkin).

unnandi (pl. **-end-**), m. *lover.*

unnasta, f. (1) *sweetheart*; (2) *mistress* (ein af unnustum jarls).

unnasti, m. *lover*, = unnandi.

unnr (gen. **-ar**, pl. **-ir**), f. *wave.*

unn-vörp, n. pl. *dashing of waves*; falla (fella) -vörpum, *to fall* (*kill*) *in large numbers.*

ununar-samr, a. *delightful* (var þar harðla -samt inni).

unz (for 'und es'), conj. *till, until* (glaðr skyli gumna hverr, u. sinn bíðr bana); til þess unz, *until.*

upp, adv. (1) *up*; u. ok niðr, u. ok ofan, *up and down*; íkorni renn u. ok niðr eptir askinum, *a squirrel springs up and down the tree*; grípa u., *to pick up*; u. með, *up along*; líta u., *to look up*; búa (gera) u. hvílu, *to make up a bed*; drepa u. eld, *to strike fire*; (2) with the notion of consuming; drekka (eta) u., *to drink* (*eat*) *up*; ausa u., *to bale out*; skipta u., *to share it all out*; (3) with the notion of discovery; spyrja, frétta u., *to find out*; (4) *quite*; fullr u. flærðar, *brimful of falsehood*; (5) of time; u. frá því, *ever since*; u. heðan, *henceforth*; (6) upp á, *upon, on*; u. á trú þína, *upon thy faith*; u. á Ebresku, *in Hebrew*; sjá, horfa u. á, *to look upon*; hugsa u. á, *to yearn for, to be bent on.*

uppaustrar-maðr, m. *babbler.*

uppburðar-lítill, a. *shy, timid.*

upp-dalr, m. *up-dale, inland valley*; **-dyri**, n. = ofdyri; **-festa** (**-sta**, **-str**), v. *to suspend*; **-festing**, f. *suspension*; **-fóstr**, n. *rearing, fostering*; **-frœðing**, f. *instruction*; **-fœði**, n., **-fœzla**, f. *breeding, fostering*; **-ganga**, f. (1) *going up, ascent* (-ganga í borgina); -ganga sólar, *sunrise*; (2) *going up on land, going ashore* (hann eggjar menn sína til -göngu); (3) *boarding a ship* (fengu þeir -göngu á skipit); (4) *landing-place, pass*; **-gangr**, m. (1) = -ganga 4; (2) *good luck, success, fame* (var þá -gangr hans sem mestr); **-gefning**, f., **-gjöf**, f. *remission* (-gjöf um sakir); **-greizla**, f. *payment, discharge*; **-haf**, n. (1) *beginning* (þat er -haf á sögu þessi), frá -hafi, *from the beginning*; (2) *advancement, honour* (þótti þeim mikit -haf í, ef þau væri lík guði); **-hafari**, m. *founder*; **-hafligr**, a. *original*; **-hafning**, f. *elevation, pride*.

upphafs-maðr, m. *author, originator* (-maðr at e-u, til e-s); **-stafr**, m. *initial letter*.

upp-hald, n. (1) *holding up, lifting*; (2) *keeping up, preservation* (veita -hald musterinu).

upphalds-kerti, n. *a taper to be held up or carried in procession*; **-maðr**, m. *upholder, maintainer*.

upp-hár, a. *coming high upon the leg* (-hár skór); **-heimr**, m. *the heaven*; **-heldi**, n. *upholding, maintenance*; **-hlaup**, n. *riot, tumult*.

upphlaups-maðr, m. *rioter*.

upp-hlutr, m. *the upper part of a kirtle*; **-hæð**, f. *elevation*.

uppi, adv. (1) *up*; sitja u., *to sit up*; hafa u. øxina, *to lift the axe*; standa u., *to be left standing* (þeir, er þá stóðu u.); *to lie ashore*, of a ship; var u. röst mikil á firðinum, *the current rose high*; eiga vef u., *to have a loom up, to be at work weaving*; vera snemma u., *to be up early*; láta e-t u., *to come forth with*; (2) vera u., *to live* (í þeira manna minnum, er þá vóru u.); *to be at an end, gone* (var u. hverr peningr); nú munu u. sögur þínar, *now you must be quite at the end of your stories*.

uppivözlu-maðr, m. *a turbulent, overbearing man*; **-mikill**, a. *turbulent, overbearing*.

upp-kast, n. *stretching, drawing*; **-koma, -kváma**, f. *coming up, outbreak* (-koma elds); **-kveiking**, f. *kindling*; **-lendingar**, m. pl. *the men from the* Upplönd; **-lenzkr**, a. *belonging to the* Upplönd; **-létti**, n. *ceasing*, of rain; **-litning**, f. *looking up, contemplation*; **-lítill**, a. *small at the upper end, tapering*; **-lok**, n. *unlocking, opening*; **-lokning**, f. (1) = -lok; (2) *delivery*; **-lost**, n., **-lostning**, f. *false rumour*; **-lægr**, a. *elevated, lying high*.

Upp-lönd, n. pl. *the Uplands, inland counties*, in the east of Norway.

upp-nám, n., tefla í -nám, *to expose a piece so that it can be taken*; **-numning**, f. *being taken up into heaven, assumption*.

uppnumningar-dagr, m. *Assumption-day* (-dagr Maríu).

upp-næmr, a. (1) *confiscable, forfeitable* (fé -næmt konungi); (2) vera -næmr fyrir e-m, *to be helpless, at one's mercy*; **-orpinn**, pp. = -næmr 2; **-rás**, f. (1) *rise*; -rás elds, *eruption*; sólar -rás, *sunrise*; (2) *raid, descent*, from ships (veita, gera -rás); (3) *origin* (-rás ok æfi þeira merkismanna); (4) *cause* (-rás alls úfriðar); **-regin**, n. pl. *the high gods*; **-reising**, f. *a raising up, reparation*; **-reisn**, f. = -reist 2; **-reist**, f. (1) *uprising, rebellion* (gera -reist í móti konungi); (2) *raising up, reparation* (hljóta skaða, en enga -reist); fá -reist, *to rise again*.

uppreistar-drápa, f. *a poem on the creation*; **-saga**, f. *the story of creation, the book of Genesis*.

upp-rennandi, pr. p. *rising* (at -rennandi sólu); **-réttr**, a. *upright, erect* (sitja -réttr); **-risa**, f. *resurrection* (eptir -risu Jesu).

upprisu-dagr, m. *Resurrection-day*.

upp-runi, m. (1) *rise* (-runi sólar); (2) *growth*; (3) *origin*; (4) *the growing age, youth*; **-rœta** (-tta, -ttr), v. *to root up*; **-saga**, f. *pronouncing* (-saga dóms); **-sát**, f. and n. *a place where ships are drawn ashore*; **-skár** (**-ská, -skátt**), a. *communicative* (gerast -skár um e-t); **-skelldr**, pp. *mounted* (-skellt skaptit með silfri); **-skot**, n. *delay*; **-slátta**, f. = -lost; **-smíði**, n. *building, raising a house*; **-spretta**, f. (1) *spring, fountain-head* (-spretta árinnar); (2) *source* (-spretta úfriðar í landinu); **-staða**, f. (1) *a standing upright*; (2) *a standing up, rising*; **-stertr**, a. *strutting*; ganga -stertr, *to walk haughtily*; **-stigning**, f. (1) *rising, ascent, advance*; (2) *the Ascension*.

uppstigningar-, uppstigu-dagr, m. *Ascension-day*.

uppstöðu-tré, n. *post*.

upp-sögn, f. = -saga; **-tak**, n. *in-*

come, resource; **-taka**, f. (1) *taking up*; (2) *seizure, confiscation* (-taka búanna); (3) *the translation of a saint*; **-tekja**, f. (1) *a taking to a thing*; (2) *beginning*; (3) *reception* (cf. taka e-t vel, illa upp); **-tekning**, f. *the translation of a saint*; **-tekt**, f. (1) *seizure* (fjár -tekt); (2) *income, revenue*; (3) *beginning* of a discourse (hann hafði þá -tekt, at); **-tendran**, f. *kindling*; **-tœkr**, a. (1) *confiscable, forfeitable*; (2) *helpless, at one's mercy*, = -næmr; **-varp**, n. (1) *throwing up* (of a volcano); (2) *source, cause* (-varp alls úfriðar); **-víss**, a. *found out, known* (varð aldri -víst, hverr þetta víg hafði vegit); láta e-t -víst, *to make known*; **-vöxtr**, m. (1) *growth*; seinligr í -vexti, *slow in growing up*; (2) *stature, height* (lítill var -vöxtr hans).

uppvözlu-mikill, a. *boisterous* = uppivözlu-mikill.

upp-þunnr, a. *thin upwards*.

ups, f. *eaves* (Egill skaut endanum, er logaði, upp undir upsina).

upsi, m. *coal-fish*, a nickname.

urð (pl. -ir), f. *heap of stones fallen from a hill* (grjót ok urðir).

urða (að), v. *to cover with stones*.

urðar-maðr, m. *outlaw* (gera e-n at -manni); cf. 'skógarmaðr'.

urðar-máni, m. *a 'weird moon'*, boding evil; **-orð**, n. *decree of fate*.

urð-grœfr, a. *that ought to be buried under piles of stones*.

urðr (gen. -ar), f. *weird, fate*.

urga (að), v. *to gnash* (u. tönnum).

urga, f. *strap, rope's end* (rare).

url, n. a kind of *hood* (for. word).

urt (pl. -ir), *herb*, = jurt.

usli, m. *burning embers, fire* (eldr ok usli); *devastation by fire*.

usli, m. *damage*, = auvisli.

utan, adv.; see 'útan'.

uxa-báss, m. *ox-stall*; **-hnúta**, f. *joint-bone of an ox*; **-húð**, f. *ox-hide*; **-höfuð**, n. *head of an ox*; **-kjöt**, n. *ox-beef*; **-merki**, n. *Taurus*, in the Zodiac.

uxi (pl. **uxar**, older forms **yxn**, **eyxn**, **øxn**), m. *ox*; yxninir, *the oxen*; eyxn margir, *many oxen*; neut. plur., þrjú yxn, *three oxen*.

Ú

ú or ó, a negative prefix before nouns, adjs., advs., and verbs, *in-, un-, dis-*.

úa (only pret. úði), v. *to swarm, teem with* (hvert vatn úði af fiskum).

ú-aflátliga, adv. *incessantly*; **úaflátsamr**, a. *unintermittent*; **úafskiptasamr**, **úafskiptinn**, a. *not meddlesome*; **úalandi**, pr. p. *who must not be fed*, of an outlaw.

úaldar-, gen. from 'úöld'; **-flokkr**, m. *band of rovers*; **-maðr**, m. *rover, villain*; **-vetr**, m. *famine-winter*.

ú-alinn, pp. *unborn*; **úarfgengr**, a. *not entitled to inherit*; **úargr**, a. *wild, savage*; hit úarga dýr, *the fierce animal, the lion*; **úarmvitugr**, a. *uncharitable, hard-hearted*; **úathugasamr**, a. *inattentive*; **úathygli**, f. *inattention*; **úauðigr**, a. *unwealthy, destitute*; **úauðligr**, a. *not likely to be destroyed*; **úauðna**, f. *ill-luck, misfortune*; **úauðráðinn**, pp. *not easily managed*; **úáfenginn**, a. *not intoxicating*; **úágangssamr**, a. *not encroaching upon others, peaceful*; **úágengiligr**, a. *not aggressive*; **úágjarn**, a. *not covetous*; **úáhlýðinn**, a. *self-willed*; **úákafliga**, adv. *listlessly*; **úákafr**, a. *not eager, slovenly*; engu úákafari, *no less eager*; **úáleitinn**, a. *unencroaching*; **úár**, n., **úáran**, n. *bad season, dearth*; **úárenniligr**, a. *not easy to attack*; **úárligr**, a. *unthriving*; **úárvænn**, a. *not promising a good crop or season*; **úáræðiligr**, a. *unlikely*; **úástfólginn**, pp. *unbeloved*; **úástúðugr**, a. *loveless*; **úástúðligr**, a. *unamiable*; **úátan**, f. *a thing not to be eaten*; **úávaxtasamr**, a. *unproductive*; **úbarðr**, pp. *unbeaten*; **úbeðinn**, pp. *unbidden*; **úbeiðull**, a. *not requesting*; **úbeinn**, a. *not straight*; *awry*; **úbernskliga**, adv. *unchildishly, like a* *grown-up man*; **úberr**, a. *not naked, hidden*; **úbeygiligr**, a. *unbending, unyielding*; **úbilgjarn**, a. *unyielding, wrong-headed*; **úbilt**, a. n. *not frightened*; bróðurnum var úbilt, *the brother was not afraid*; láta sér verða ú., *to take no fright*; **úbirgr**, a. *unprovided*; **úbirktr**, pp. *unbarked*; **úbirta**, f. *darkness*; **úbjartr**, a. *not bright, dark*; **úblauðr**, a. *dauntless*; **úblíða**, f. *disfavour*; **úblíðr**, a. *unkind, frowning*; **úblóðigr**, a. *unbloody*; **úboðinn**, pp. *unbidden*; **úborinn**, pp. *unborn*; **úbókfróðr**, a. *unlettered*.

úbóta-, gen. pl. from 'úbœtr'; **-maðr**, m. *criminal*; **-mál**, n. *a case which cannot be atoned for with money*; **-sök**, f. *crime, felony*.

úbragðligr, a. *dull-looking*; **úbráðgörr**, a. *slow of growth*; **úbráðr**, a. *slow*; úbrátt, *slowly*; **úbráðreiðr**, a. *dispassionate*; **úbreiddr**, pp. *unspread*; **úbreytiliga**, adv. *in a common manner*; **úbreytiligr**, a. *unchangeable*; **úbreyttr**, pp. *unaltered*; ú. maðr, *a common, plain, everyday man*; **úbrigðanligr**, a. *unchangeable*; **úbrigðr**, pp. *unchanged*; *steadfast* (ú. vinr); **úbrotgjarn**, a. *not brittle*; **úbrotinn**, pp. *unbroken*; **úbryddr**, pp. *unshod*; **úbúinn**, pp. *unprepared*; *unready, unwilling*; **úbygð**, f. *unpeopled tract, wilderness*; **úbygðr**, pp. *unpeopled*; **úbyggiligr**, a. *uninhabitable*; **úbyrja**, a. *barren, sterile*, of a woman; **úbæriligr**, a. *unbearable*; **úbœnir**, f. pl. *curses, imprecations*; **úbœtiligr**, a. *irreparable*; **úbœtr**, f. pl. *an act that cannot be atoned for by money*; **úbœttr**, pp. *unatoned, not atoned for*; **údauðahræddr**, a. *not afraid for one's life*; **údauðleikr**, m. *immortality*; **údauðligr**, a. *undying, immortal*; **údauðr**, a., ú. at eins (at einu), *all but dead*; **údaufligr**, a. *not dull*; **údaunan**, f., **údaunn**, m. *bad smell*.

údáða-maðr, m. *malefactor*; **-verk**, n. *crime*.

ú-dáðir, f. pl. *misdeeds, outrage*.

údeigliga, adv. *harshly*; **údeildr**, pp. *undivided, whole*; **údirfð**, f. *lack of courage*; **údjarfr**, a. *timid*; **údrápgjarn**, a. *not bloodthirsty*; **údrengiliga**, adv. *unmanfully, meanly*; **údrengiligr**, a. *unworthy of a man*; **údrengr**, m. *bad fellow*; **údrengskapr**, m. *meanness*; **údrjúgr**, a. *falling short*; **údrukkinn**, pp. *sober*; **údygð**, f. *faithlessness, bad faith*; *dishonesty*; **údyggleikr**, m. *dishonesty*; **údyggr**, a. *dishonest, wicked*; **údýrr**, a. *not dear, cheap*.

údældar-maðr, m. *overbearing man*.

ú-dæll, a. (1) *difficult, hard*; (2) *overbearing, quarrelsome*; **údælleikr**, m. *overbearing temper*.

údœma-mikill, a. *portentous*; **-verk**, n. *monstrous deed, enormity*.

údœmi, n. pl. *enormity, monstrous thing*; vera með údœmum, *to be unexampled*; **údœmiligr**, a. *unexampled, enormous*; **úefni**, n. *perplexity, precarious state of affairs*; **úeinarðr**, a. *insincere*; **úeirarfullr**, a. *unruly*; **úeirð**, f. *disquietude, tumult* (kappsfullr ok úeirðar); **úeirinn**, a. *unruly*; *unforbearing*; **úendanligr**, a. *endless, interminable*; **úfagna** (að), v. *to condole with*; **úfagnaðr**, m. (1) *sorrow*; (2) *wickedness*; (3) *plague*; **úfagr**, a. *ugly*; **úfagrligr**, a. *unhandsome*; **úfall**, n. *mishap*; **úfallinn**, a. *unfitted, unbecoming*; **úfalr**, a. *not for sale*; **úfalsaðr**, pp. *unfalsified*; **úfarinn**, pp. *not gone*; **úfarnaðr**, m. *misfortune*; **úfáguligr**, a. *unpolished*; **úfeginn**, a. *not glad, sorry*; **úfegraðr**, a. *unadorned*; **úfeigr**, a. *not 'fey'*; **úfeldr**, a. = úfallinn; **úfengiligr**, a. *of little value, unimportant*; **úfenginn**, pp. *not got*; **úferjandi**, pr. p. *not to be ferried*, of an outlaw; **úfésamr**, a. *yielding little profit, unprofitable*; **úfimleikr**, m. *unhandiness*; **úfimliga**, adv. *awkwardly*; **úfimr**, a. *awkward*; **úfjöllóttr**, a. *without mountains*; **úfjöt**, n. pl. *broils, blunders*; **úflattr**, pp. *uncut up*, of fish; **úfleygr**, a. *unfledged, not able to fly*; **úfljótr**, a. *slow*; **úflokkr**, m. *rabble*; **úflugumannligr**, a. *not like a* flugumaðr; **úflýjandi**, a., ú. herr, *an overwhelming host*; **úforsjáligr**, a. *imprudent*; **úforvitinn**, a. *not curious*; **úfólginn**, pp. *unhidden*; **úfóthvatr**,

a. *unswift of foot*; ekki ú., *not slow of foot*; **úfótlinr**, a. *not soft for the foot* (stigr ú.).

úfr (-s, -ar), m. (1) *roughness, rough edge, splinter*; (2) *hostility* (risu úfar á vinfengi þeira); (3) *the uvula* (fekk hann til lækni at skera sér úf); (4) *the horned owl.*

úfr, a. *hostile* (úfar 'ro dísir).

ú-framarr, adv. *less forward*; **ú-framgjarn**, a. *shy*; **úframliga**, adv. *not forwardly, shyly*; **úframr**, a. *unforward, shy*; **úframsýni**, f. *improvidence*; **úfráleikr**, m. *slowness*; **úfrár**, a. *faint, weakly*; **úfregit**, pp. n. *unasked*; **úfrekliga**, adv. *not forwardly*; **úfrekr**, a. *not forward*; **úfrelsa** (að), v. *to make captive, deprive of freedom*; **úfrelsi**, n. *tyranny*; **úfremd**, f. *shyness*; **úfreski, úfreskr**, see 'ófreski, ófreskr'; **úfriðast** (að), v., úfriðast með þeim, *they become enemies.*

úfriðar-flokkr, m. *hostile band*; **-fylgjur**, f. pl. '*fetches*' *of hostility*; **-kvittr**, m. *rumour of war*; **-laust**, adv. *peacefully*; **-maðr**, m. *enemy*; **-vænn**, a. *boding hostilities.*

ú-friðliga, adv. *in an unpeaceful manner* (láta ú.); **úfriðligr**, a. *unpeaceful, unruly*; **úfriðr**, m. *war, hostilities*; er þeir urðu varir við úfrið, *when they found that the enemy was near*; **úfriðsamligr**, a. *unpeaceful, warlike, disturbed*; **úfriðsamr**, a. *unruly*; **úfriðvænn**, a. *unpromising for peace*; **úfritt**, a. n. *unpeaceful*; e-m er ú., *one's life is without rest*; **úfríðleikr**, m. *ugliness*; **úfríðr**, a. *ugly*; **úfrjáls**, a. *unfree*; **úfrjór**, a. *barren*; **úfrjósamr**, a. *unfertile, unproductive*; **úfróðleikr**, m. *want of knowledge*; **úfróðliga**, adv. *foolishly* (spyrja ú.); **úfróðligr**, a. *foolish* (úfróðlig spurning); **úfróðr**, a. *ignorant*; **úfrýnliga**, adv. *frowningly*; **úfrýnligr, úfrýnn**, a. *frowning*; **úfrægð**, a. *discredit*; **úfrægja** (að), v. *to defame*; **úfrægr**, a. *inglorious*; eigi úfrægari, *not less famous*; **úfrændsamliga**, adv. *unkinsmanlike*; **úfrær**, a. = úfrjór; **úfrœði**, f. *ignorance, lack of information*: **úfrœkn**, a. *unwarlike, timid*; **úfúinn**, a. *unrotten*; **úfúss**, a. *unwilling* (ú. e-s); **úfylginn**, a. *not following* (ú. e-m); **úfyrirlátsamr**, a. *intractable, headstrong*; **úfyrirleitinn**, a. *reckless*; **úfyrirleitni**, f. *recklessness*; **úfyrirsynja**, f. *want of foresight* (þat má þykkja mikil ú.); úfyrirsynju, *accidentally*; **úfæliliga**, adv. *undauntedly*; **úfælinn**, a. *dauntless*; **úfœra**, f. (1) *impassable place*; er ú. at komast þar yfir, *it is impossible to cross it*; (2) *critical state* (vera í úfœru); hlaða skip til úfœru, *to overload a ship*; (3) *dangerous task* (ek kalla þat vera úfœru at berjast við þá at svá búnu); **úfœrðir**, f. pl. *impassableness*, esp. from snow (lagði á snjáva ok úfœrðir); **úfœri**, n. *dangerous situation*; meiða til úfœris, *to disable*; **úfœriligr**, a. (1) *impracticable, not to be done*; (2) *impassable*; **úfœrr**, a. (1) *impassable* (ú. vegr, úfœrt vatn); (2) *disabled* (G. var þá ú. fyrir fótarins sakir); (3) *impossible* (at honum mundi ekki úfœrt).

úfœru-vegr, m. *an impassable road.*

ú-fölr, a. *not pale*; **úför**, f. *disastrous journey, disaster*; esp. in pl. *disaster, defeat, ill-luck* (gleðjast af úförum e-s); fara úförum fyrir e-m, *to be worsted by one*; **úgagn**, n. *hurt, harm, loss*; **úgagnvænligr**, a. *unprofitable*; **úgaman**, n. *no pleasure*; **úgaumgæfi**, f. *inattention*; **úgaumgæfr**, a. *heedless*; **úgá**, f. (1) *inattention*; (2) *careless life* (liggja í úgá ok í drykkju); **úgeðligr**, a. *disagreeable*; **úgefinn**, pp. (1) *not given away*; (2) *vacant* (úgefnar kirkjur); **úgegn**, a. *unreasonable, self-willed*; **úgegnliga**, adv. *improperly*; **úgeigvænligr**, a. *not dangerous*; **úgengr**, (1) *unfit to walk on* (íss ú.); (2) *unable to walk* (var sveinninn ú.); **úgetinn**, pp. (1) *not begotten*; (2) láta sér úgetit at e-u, *to be displeased at*; **úgeyminn**, a. *heedless*; **úgildr**, a. *unatoned, for whom no weregild has to be paid*; falla ú., *to be slain with impunity, without liability to weregild*; **úgipta**, f. *ill-luck*; **úgiptr**, pp. *not given away, unmarried*, of a woman.

úgiptu-ár, n. *hapless year*; **-bragð**, n. *ill-boding countenance*; **-fullr**, a. *hapless, unlucky*; **-liga**, adv. *haplessly*; **-ligr**, a. *of luckless appearance*; **-maðr**, m. *unlucky man*; **-samliga**, adv. = -liga; **-samligr**, a. *hapless-looking, evil-boding*; **-verk**, n. = úhappaverk.

ú-girniligr, a. *undesirable*; **úglaðr**, a. *cheerless, gloomy*; **úgleði**, f. *sadness, melancholy*; taka ú., *to grow melancholy*; **úgleðja** (-gladda), v. *to make sad* (þarf þik þetta eigi at ú.); impers., úgleðr e-n, *one turns sad*; refl., úgleðjast, *to turn sad* (Ó. ügladdist, er leið á vetrinn); **ú-glíkr**, a. see 'úlíkr'; **úglíminn**, a. *not good at wrestling*; **úgløggt**, adv. *not clearly* (sjá, vita ú.); **úgnógligr**, a. *insufficient*; **úgnógr**, a. *insufficient, not enough*; **úgoldinn**, pp. *unpaid*; **úgóðgjarn**, a. *evil-minded*; **úgóðgjarnligr**, a. *spiteful*; **úgóðr**, a. *bad, wicked*; gera sér úgott at e-u, *to be displeased with*; **úgrandvarliga**, adv. *dishonestly, immorally*; **úgrandveri**, f. *dishonesty*; **úgreiða** (-greidda), v. *to put in disorder* (ú. e-t fyrir e-m); **úgreiðfœrr**, a. *difficult to pass over*; **úgreiði**, m. *impediment* (þetta var mér ú.); **úgreiðr**, a. *unexpeditious*; **úgrimmr**, a. *not cruel, humane*; **úgrynni**, n. *boundlessness, immense quantity of* (ú. fjár, ú. liðs); **úgrœðiligr**, a. *irremediable*; **úgylldr**, pp. *ungilt*; **úgæfa**, f. = úgipta; **úgæfr**, a. (1) *luckless*; (2) *unruly*.

úgæfu-fullr, a. *unlucky*; **-maðr**, m. *luckless fellow*; **-samliga**, adv. *lucklessly*; **-samligr**, a. *luckless-looking*.

úgætiliga, adv. *heedlessly, incautiously* (mæla ú.); **úgætinn**, a. *heedless*; **úgöfugr**, a. *not of noble extraction*; **úgørandi**, pr. p. *that cannot be done* (nú er þat úgøranda); **úgörla**, adv. *not exactly* (vita, sjá ú.); **úgörr**, pp. *undone, unaccomplished*; **úgørr**, adv. compar. *less clearly* (vita ú.); **úhagfeldr**, a. *inconvenient*; **úhagliga**, adv. *inconveniently*; **úhagligr**, a. *inconvenient*; **úhagnaðr**, m. *inconvenience*; **úhagr**, a. *unhandy, unskilled*; **úhagstœðr**, a. *unfavourable* (ú. vindr); **úhagvirkr**, a. *unskilled as a worker*; **úhaldkvæmr**, a. *disadvantageous*; **úhallr**, a. *not slanting*; **úhaltr**, a. *not lame*; **úhamingja**, f. *bad luck, disaster*.

úhamingju-samligr, a. *evil-looking*.

ú-handlatr, a. *not slow of hand*; **úhapp**, n. *mishap, ill-luck, misfortune* (koma þér öll úhöpp senn).

úhappa-dvergr, m. *wicked dwarf*; **-fullr**, a. *unlucky*; **-laust**, adv. *without a mishap occurring*; **-maðr**, m. *unlucky man*; **-verk**, n. *unfortunate deed* (vinna hit mesta -verk).

ú-harðfœrliga, adv. *not harshly, gently* (tala ú. til e-s); **úharðmannligr**, a. *not hardy*; **úharðnaðr**, pp. *unhardened*; **úharðskeytr**, a. *weak as an archer*; **úháskasamr**, a. *not dangerous*; **úháttr**, m. *bad habit*; **úhefndr**, pp. *unavenged*; **úhegndr**, pp. *unpunished*; **úheilagr**, a. *unholy*; *outlawed*; **úheill**, a. *insincere*; **úheill**, f. *mishap, ill-luck*.

úheilla-tré, n. *unlucky tree*.

ú-heilsamr, a. *unwholesome*; **úheimila** (að), v. *to deprive one of title to* (ú e-m e-t); **úheimill**, a. *unlawful*; **úheimskr**, a. *not foolish, intelligent*; **úhelga** (að), v. *to proclaim a person to be* úheilagr; **úhelgi**, f. *the state of being* úheilagr; **úheppiliga**, adv. *unluckily*; **úhermannligr**, a. *unmartial, unworthy of a warrior*; **úherskár**, a. (1) *unmartial*; (2) *not harried by war*, of a country (fyrir þá sök var úherskátt í Svíþjóð); **úheyriliga**, adv. *in an unheard-of way, wickedly*; **úheyriligr**, a. *unheard-of, wicked*; **úhlífinn**, a. *not sparing oneself*; **úhljóð**, n. *shoutings*; **úhlutdeilinn**, **úhlutsamr**, a. *unmeddlesome*; **úhlutvandr**, a. *dishonest*; **úhlýðinn**, a. *disobedient*; **úhlýðnast** (að), v. *to disobey* (ú. e-m); **úhlýðni**, f. *disobedience*; **úhneistr**, pp. *undisgraced*, = úneistr; **úhneppiliga**, adv. *not scantily, fully* (ú. at þriðjungi); **úhnøggr**, a. *liberal*; **úhóf**, n. (1) *excess*; (2) *immensity* (ú. kvikfjár).

úhóf-samliga, adv. *immoderately*; **-samligr**, a. *immoderate*; **-samr**, a. *intemperate*; **-semd**, f. *excess*.

ú-hógligr, a. *inconvenient, uneasy*; **úhrakligr**, a. *not shabby*; **úhrapalliga**, adv. *unhurriedly, leisurely*; **úhraustr**, a. *weak*; úhraust kona, *a woman with child*; **úhreinindi**, n. pl. *uncleanliness*; **úhreinliga**, adv. *uncleanly*; **úhreinlífi**, n. = saurlífi; **úhreinn**, a. (1) *unclean* (í þeim stað má ekki vera úhreint); (2) *foul, dangerous*, of passage (úhreint ok skerjótt); þeir sögðu, at úhreint var í ósinum, *that it was infested by a monster*; **úhreinsa**, f. *uncleanliness*; **úhreytiligr**, a. *unmanly, not valiant*; **úhroðinn**, pp. *uncleared*, of ships in a battle; **úhróðigr**, a. *inglorious*; **úhryggr**, a. *unconcerned*; **úhræddaliga**, adv. *without fear*; **úhræddr**, a. *fearless, unfearing*; **úhræðiliga**, adv. *fearlessly*; **úhræðinn**, a. *dauntless*; **úhrœriligr**, a. *immovable*; **úhrœsi**, n. *a filthy thing, mean fellow*; **úhrørligr**, a. *not ruinous*; **úhrørnaðr**, pp. *unwithered, undecayed*; **úhugnaðr**, m. *discomfort*; **úhugr**, m. *gloom, despair* (sló á þær úhug miklum ok gráti); **úhvatr**, a. *unvaliant*; **úhverfráðliga**, adv. *unwaveringly*; **úhygginn**, a. *imprudent*; **úhýrliga**, adv. *with unfriendly look, frowningly*; **úhýrligr**, a. *frowning*; **úhýrr**, a. *unfriendly-looking, frowning*; **úhæfr**, a. *unfitting*; **úhætt**, a. n. *without danger, safe* (þegar skipum var ú. at halda á milli landa); láta ú. við e-n, *not to plot against one*; as adv., eigi ú., *not without some danger*; **úhættligr**, a. *not dangerous*; **úhœfa**, f. *enormity, wickedness* (væri þat þó en mesta ú. at verða mér ekki at riði); **úhœfð**, f., **uhœfi**, n. = úhœfa; **úhœfiliga**, adv. *wickedly*; **úhœgð**, f. *uneasiness, inconvenience*; **úhœgiliga**, adv. *uncomfortably*; **úhœgindi**, n. pl. (1) *uneasiness, difficulty*; (2) *pain, ill-health*; **úhœgja** (-ða), v. *to make uneasy or uncomfortable* (ú. e-m, *or* fyrir e-m); refl., úhœgjast, *to become uneasy or painful* (tók at ú. sótt hans); **úhœgligr**, a. *painful*; **úhœgr**, a. (1) *difficult, hard* (var úhœgt at koma orðum við hann); (2) *painful* (sótt ströng ok úhœg); honum var svá úhœgt, *he felt so uneasy*; (3) *unruly*; **úhœverska**, f. *discourtesy*; **úhœverskr**, a. *unmannerly*; **úhöfðingligr**, a. *unworthy of a great man, undignified*; **úítarligr**, a. *humble*; **újafn**, a. (1) *uneven, unequal* (tveir kostir újafnir); újafnt, *unequally, unfairly* (skipta újafnt); (2) of numbers, *odd*.

újafnaðar-fullr, a. *full of injustice*; **-maðr**, m. *an overbearing man*.

ú-jafnaðr, m. (1) *inequality*; (2) *injustice, unfairness, tyranny* (hvárt man Gunnari hefnast þessi ú.).

újafn-girni, f. *unfairness*; **-gjarn**, a. *unfair*; **-liga**, adv. *unequally*; **-ligr**, a. *unequal, uneven* (-lig orrusta); **-skipaðr**, pp. *unevenly manned*.

ú-karlmannligr, a. *unmanly*; **úkátr**, a. *gloomy, dismal*; **úkembdr**, pp. *unkempt*; **úkenndr**, pp. (1) *not expressed by a 'kenning'* (úkennd heiti); (2) *not intoxicated*; **úkenniligr**, a. *unrecognizable*; **úkerskr**, a. *weak*; **úkeypis**, adv. *gratuitously*; **úkjörligr**, a. *wretched* (ú. kostr); þótti honum sá hlutr úkjörligastr, *the worst choice*; **úklaksárr**, a. *not sensitive, thick-skinned*; **úklúsaðr**, pp. *unhampered*; **úklæddr**, pp. *unclad*; **úkløkkvandi**, pr. p. *unmoved*; sá einn hlutr var svá, at hann mátti aldri ú. um tala, *that he could never speak of it without being moved to tears*; **úknáleikr**, m. *lack of strength*; **úknáligr**, a. *pithless, infirm*; **úknár**, a. *weak, infirm*; **úknyttir**, m. pl. *bad tricks*; **úkominn**, pp. (1) *not come*; (2) *future*; **úkonungligr**, a. *unkingly*; **úkostigr**, a. *wretched*; **úkostr**, m. (1) *bad choice*; (2) *fault*; **úkrismaðr**, pp. *unanointed*; **úkristiligr**, a. *unchristian-like*; **úkristinn**, a. *unchristian*; **úkræsiligr**, a. *undainty, filthy*; **úkröptugr**, a. *lacking strength, weakly*; **úkröptuligr**, *weak, feeble*; **úkulsamr**, **úkulvíss**, a. *insensitive to cold*; **úkunnandi**, f. *ignorance*; **úkunnigr**, a. (1) *unknown*; (2) *unacquainted with*; H. brást ú. við þetta, *H. made as if he knew nothing about this*; **úkunnliga**, adv. *like a stranger* (ekki ríða þeir ú.); **úkunnr**, a. *unknown, strange* (ú.

e-m); úkurteisi, f. *discourtesy*; úkurteisliga, adv. *uncourteously*; úkurteiss, a. *uncourteous*; úkvángaðr, pp. *unmarried*, of a man; úkveðinn, pp. *unrecited*, of a poem; úkvenska, f. *unchastity*; úkvíðinn, a. *unconcerned*; úkvæða, úkvæði, a. *speechless from wonder* (verða ú. við e-t).

úkvæðis-mál, n. *offensive speech*; -**orð**, n. *abusive word*.

ú-kvæntr, pp. = úkvángaðr; úkynjan, n. *a noisome thing, monster*; úkynligr, a. *not strange*; úkynni, n. (1) *uncouthness, bad manners, ill-breeding*; (2) *wonders* (valda slíkum úkynnum); úkyrr, a. *unquiet*; varrar jarls vóru úkyrrar, *quivered*; úkyrra (-ða, -ðr), v. *to stir*; refl., úkyrrast, *to be stirred, excited*; úkyrrleikr, m. *commotion, disturbance*; úkyrrligr, a. *unquiet, tumultuous*; úkyssiligr, a. *unkissable*; úkæti, n. *joylessness*; úkœnn, a. *unwise*; úkœnska, f. *ignorance*; úlag, n. *disorder*; í úlagi, *out of order*; úlagaðr, pp. *unbrewed*; úlamiðr, pp. *unthrashed*; úlatliga, adv. *quickly*; úlatr, a. *not lazy, eager*; úlaunkárr, a. *indiscreet, unreserved* (var hón jafnan -kár af tíðendum); úlátr, a. *disorderly, unmannered*.

úldna (að), v. *to decay, rot*.

ú-leiðingasamr, a. *not easily led, headstrong*; úleiðr, a. *not loath, agreeable*; úleigis, adv. *without rent*; úlendr, a. *outlandish*; úléttr, a. *heavy with child* (úlétt kona); úleyfðr, pp. *unallowed, forbidden*; úleyfi, n., in the phrase, at ú. e-s, *without one's leave*; úleyfiliga, adv. *without leave*; úleyfiligr, a. = úleyfðr; úleyndr, pp. *unhidden*; úleysiligr, a. *indissoluble*; úleystr, pp. *unreleased, unabsolved*.

úlfalda-hár, n. *camel's hair*.

úlfaldi, m. *camel*.

úlfa-þytr, m. *howling of wolves*.

úlf-grár, a. *wolf-grey*; -**hamr**, m. *wolf's skin*, a nickname; -**hanzki**, m. *a glove of wolf-skin*, used by a sorceress; -**heðinn**, m. *wolf's skin*; *a berserk wearing a wolf-skin*; -**híði** (-íði), n. *wolf's lair, wood*; -**hugaðr**, a. *evil-minded, savage*; -**hugr**, m. *a wolf's mind, savageness*, = úlfúð; -**hvelpr**, m. *wolf's cub*; -**íði**, n., see -híði; -**liðr**, m. '*wolf's joint*', *the wrist* (á hönd fyrir ofan úlflið).

úlfr (-s, -ar), m. *wolf*; ala e-m úlfa, *to breed wolves for one, plan mischief* (spyr ek þat frá, at Danir muni enn ala oss úlfa); fig. *enemy*.

úlfs-hugr, m. = úlfhugr; -**kjöptr**, m. *wolf's jaws*; -**munnr**, m. *wolf's mouth*; -**rödd**, f. *wolf's voice*.

úlf-úð, f. = -hugr (fullr upp -úðar); slá á sik -úð, *to get angry*.

ú-lið, n. *harm, mischief* (veita e-m ú.); úliðliga, adv. *unhandily, awkwardly*; úliðligr, a. *clumsy*; úliðmannliga, adv. *awkwardly*; úlifat, pp. n., in the phrase, eiga skamt úlifat, *to have a short time left to live, be near one's end*; úlifðr, pp. *dead, deceased*; úlipr, a. *not adroit, clumsy*; úlífhræddr, a. *not afraid for one's life*; úlífi, m. = dauði; særa e-n til úlífis, *to wound one to the death*; sárr til úlífis, *wounded to death*.

úlífis-maðr, m. *a person deserving of death*; -**sök**, f., -**verk**, n. *a case or deed worthy of death*.

ú-lífligr, a. *not likely to live*; úlíkamligr, a. *not bodily*; úlíkan, n. *proud flesh*; úlíkindi, n. pl. (1) *improbability*; (2) *sham, dissimulation* (gera e-t til úlíkinda); úlíkliga, adv. *improbably*; hann tók á engu ú., *he did not call it unlikely*; úlíkligr, a. *improbable, unlikely* (þótti Þ. ú. til lygi); úlíkr, a. *unlike, different*; úlítill, a. *not small, great*; þetta er ú. herr, *no small host*; úljóss, a. *dark*; úljúfr, a. '*unlief*', *disagreeable*; úljúgfróðr, a. *well-informed and truthful*; úljúgheitr, a. *making no empty threats*; úlof, n. = úleyfi; at úlofi e-s, *without one's leave*; úlofaðr, a. *unallowed*; úlofat, *without leave*; úloginn, pp. *true*; úlokinn, pp. (1) *unshut*; (2) *unpaid* (úloknar skuldir); úlund, f. *ill temper, spleen*.

úlundar-maðr, m. *ill-tempered man*.

ú-lyfjan, n. *poison*; úlyginn, a. *unlying, truthful*; úlyndi, n. = úlund; úlystiligr, a. *disagreeable, unpleasant*; úlærðr, pp. *unlearned*; *lay*; úlæti, n. pl. *ill-manners, disorder*, *riot*; **úlög**, n. pl. *injustice, lawlessness*; at úlögum, *in a lawless manner*; úlögliga, adv. *illegally*.

úmaga-aldr, m. *minority, nonage, childhood* (vera á -aldri); **-eyrir**, m. *the money or property of a minor*; **-framfœrsla**, f. *maintenance of paupers*, &c.; **-lauss**, a. *having no* 'úmagi' *to sustain*; **-maðr**, m. *a person who has many* 'úmagar' *to sustain*.

ú-magi, m. *a helpless one, one incapable of self-maintenance* (including children, aged people, men disabled by sickness, paupers, &c.).

ú-mak, n., **úmaki**, m., **úmakindi**, n. pl. *trouble*; **úmakligr**, a. *unworthy, undeserving*; **úmannan**, n. *a person fit for nothing*; **úmannligr**, a. *unmanly, inhuman*; **úmáli**, a. *speechless, dumb*; **úmálugr**, a. *silent, taciturn*; **úmáttis**, adv. *exceedingly*; **úmáttr**, m. *faintness, swoon*; **úmáttugr**, a. *without strength, weak, infirm*; **ú-mátttuliga**, adv. *slightly, faintly* (koma ú. við hurðina); **úmáttuligr**, a. (1) *faint, weak*; (2) *impossible*; **úmátuliga**, adv. *immensely*; **úmegð**, f. (1) *the state of being* úmagi; meðan erfingjar vóru í ú., *whilst the heirs were in infancy*; (2) *a person in* úmegð; sitja fyrir úmegðum, *to have* 'úmagar' *to sustain*; **úmegin**, n. *swoon*; **úmeginn**, a. *faint, impotent*; **úmegn**, n. = úmegin; **úmegna**, v. impers., e-n úmegnir, *one faints away*; **úmeinn**, **úmeinsamr**, a. *harmless*; **úmennska**, f. (1) *unmanliness*; (2) *inhumanity*; **úmerkiliga**, adv. *insignificantly, foolishly*; **úmerkiligr**, a. (1) *insignificant, unworthy of notice* (er draumr þessi ú. ok mun vera fyrir veðrum); (2) *foolish, silly*; **úmerkr**, a. (1) *insignificant, silly*; (2) *not to be relied on*; **úmerktr**, pp. *unmarked*, of the ears of sheep; **úmeskinn**, a. ? *indifferent*.

úmetnaðar-samliga, adv. *unpretentiously*.

ú-mettr, pp. *unsatiated*; **úmildi**, f. *uncharitableness*; **úmildleikr**, m. *inclemency, severity*; **úmildr**, a. (1) *uncharitable*; (2) *unrighteous*; **ú-minnast** (t), v. *to be unmindful of* (ú. e-s); **úminni**, n. *forgetfulness, oblivion*; **úminnigr**, a. *unmindful, forgetful*.

úminnis-höfgi, m. *lethargic sleep*; **-veig**, f. *draught of oblivion*.

ú-miskunnsamr, a. *unmerciful*; **ú-mislyndr**, a. *even-tempered*; **úmjúkliga**, a. *unsoftly*; **úmjúkligr**, a. *inflexible, stiff*; **úmjúkr**, a. '*unsoft*', *harsh* (ú. í orðum); **úmóðr**, a. *not weary, fresh*; **úmundangligr**, a. *excessive*; **úmyldr**, pp. *uncovered with earth, unburied*; **úmyndiligr**, a. *shapeless, monstrous*; **úmældr**, pp. *unmeasured*; **úmæliligr**, a. *unbounded, immense*; **úmætr**, a. *void, worthless*; **úmætta**, v. impers., e-n úmættir, *one loses strength, faints away*; **úmœðiliga**, adv. *without tiring*; **ú-möguligr**, a. *impossible*; **únafnligr**, a. *ill-sounding*, of a name; **únauðigr**, a. *uncompelled, not compulsory*; eigi únauðgari, *not less unwilling*; **únáða** (að), v. *to trouble, disturb*; **únáðir**, f. pl. *troubles, disturbance* (gera e-m ú.); **únáðuligr**, a. *troublesome, vexatious*; **únáttúrligr**, *unnatural*; **ú-neiss**, a. '*unshamed*', *honourable, renowned*; **úneytr**, a. = únýtr; **ú-notinn**, pp. *unused*; **únógr**, a. = ùgnógr; **únuminn**, pp. *not taken*, of land; **únytja**, f. *waste*; fara at únytju, *to be wasted*; **únytjungr**, m. *a good-for-nothing fellow*; **únytsamligr**, **únytsamr**, a. *useless*; **únýta** (-tta, -ttr), v. (1) *to make useless, spoil, destroy*; impers., únýtti höndina, *the hand became unfit for use*; (2) *to quash, make void* (ú. lögruðning); (3) refl., únýtast, *to come to naught, be made void*, of a suit; **únýtr**, a. (1) *useless, unfit for use, spoiled* (var honum höndin únýt um daginn); (2) *worthless* (ill ok únýt er yður æfi); málum várum er komit í únýtt efni, *our matters are come to a dead-lock*; **únœfr**, a. *unskilled*; **úorð**, n. *bad language*; **úorðasamr**, a. *chary of words, reserved*; **úorðinn**, pp. *future*; **úorðsæll**, a. *in bad repute*; **úpíniligr**, a. *free from pain*; **úprófaðr**, pp. *unproven*; **úprúðliga**, adv. *ungallantly*; **úprúðr**, a. *inelegant*;

úprýði, f. (1) *inelegancy*; (2) = ofprýði, *excess of pride*.
úr, n. *drizzling rain.*
úr, prep., see 'ór'.
ú-ragr, a. *not cowardly.*
ú-rammligr, a. *not strong.*
úrar-horn, n. *ur-ox horn.*
ú-raskaðr, pp. *undisturbed.*
ú-ráð, n. (1) *bad counsel, ill-advised step*; (2) *evil design.*
úráða-mannliga, adv. *improperly.*
ú-ráðan, f. = úráð; **úráðandi**, pr. p. *not to be counselled in any strait*; **úráðhollr**, a. *self-willed* (heimskr maðr ertu ok ú.); **úráðinn**, pp. (1) *unsettled, wavering*; (2) *not having made up one's mind* (E. kvaðst ú. til at bœta fé).
úráð-leitinn, a. *seeking no expedients*; **-liga**, adv. *unadvisedly*; **-ligr**, a. *unadvisable, inexpedient*; **-vandr**, a. *dishonest*; **-vendi**, f. *dishonesty, wickedness*; **-þægr**, a. *taking no advice, self-willed.*
ú-refjusamr, a. *untrickish*; **úrefsingasamr**, a. *remiss in punishing*; **úreiðr**, a. *impassable on horseback*; **úreiðr**, a. *not wroth, calm.*
úreiðu-maðr, m. *unruly man.*
ú-rengðr, **úrendr**, pp. *undressed* (?), of flax and linen; **úréttliga**, adv. *improperly*; **úréttligr**, a. *unjust, lawless*; **úréttr**, a. *unright, incorrect*; **úréttvíss**, a. *unrighteous, unjust.*
úrig-hlýra, a. indecl. *wet-cheeked, weeping* (poet.).
úrigr (acc. úrgan), a. *wet.*
úrigr, a. *ill-tempered, vicious.*
ú-ritinn, pp. *unwritten*; **úrífliga**, adv. *unfavourably*; **úrífligr**, a. (1) *bad, unfavourable*; (2) *scanty*; **úríkborinn**, pp. *of low birth*; **úríkmannliga**, adv. *humbly*; **úríkr**, a. *unmighty, humble*; **úrotinn**, pp. *unrotten*; **úró**, f. *unrest, restlessness, trouble.*
úróar-maðr, m. *peace-disturber.*
ú-róast (að), v. refl. *to become restless, unruly*; **úrói**, m. = úró; **úróliga**, adv. *restlessly*; **úrór**, a. *restless, uneasy* (hestrinn gørist úrór).
úrr (gen. úrar), m. *the ur-ox*; *urus.*
úr-ræði, n., see 'órræði'; **-skurðr**, m., see 'órskurðr'.
úr-svalr, a. *wet-cold, cold and dank*; **-væta**, f. *drizzling rain*, = úr.
ú-rýrliga, adv. *unscantily, largely*; **úræst**, n. *filth, nastiness*; **úræstiligr**, a. *filthy*; **úrœkiliga**, adv. *negligently*; **úrœkinn**, a. *negligent*; **úrœkja** (-ta, -tr), v. *to neglect*; **úrœkt**, f. *neglect, negligence* (ú. boðorða þinna).
úrœktar-þokki, m. *dislike.*
ú-röskr, a. *slovenly*; **úsagðr**, pp. *unsaid*; **úsakaðr**, pp. *unhurt* (heill ok ú.); **úsakgæfr**, a. *inoffensive*; **úsaltr**, a. *unsalted, fresh*; **úsambæriligr**, a. *discordant*; **úsamjafn**, a. *unequal*; **úsamr**, a. *unwilling*; **úsamvirðiligr**, a. *incomparable*; **úsamþykki**, n. *disagreement*; **úsanna** (að), v. *to refute*; **úsannligr**, a. (1) *improbable*; (2) *unjust, unfair*; **úsannr**, a. (1) *untrue*; (2) *not guilty* (ú. e-s *or* at e-u); **úsannsær**, a. *unfair*; **úsaurgaðr**, pp. *undefiled*; **úsáinn**, pp. *unsown*; **úsárr**, a. (1) *not sore, not smarting*; (2) *unwounded*; **úsátt**, f. *disagreement, displeasure*; at ú. e-s, *without one's consent*; **úsáttan**, n. = úsátt; **úsáttfúss**, a. *uncompromising*; **úsáttr**, a. *disagreeing, unreconciled*; **úseðjanligr**, a. *insatiable*; **úsekja**, f., in the phrase, at úsekju, *with impunity*; **úsekr**, a. *not guilty, guiltless*; **úséligr**, a. *unsightly*; **úsendiligr**, a. *not fit to be sent*; **úsénn**, pp. *unseen*; **úsetligr**, a. *improper, unseemly*; **úsettr**, pp. *unsettled* (svá at úsett sé málunum); **úsiðblendr**, a. *unsociable*; **úsiðlátr**, a. *unmannered, barbarous, rude*; **úsiðligr**, a. *ill-mannered*; **úsiðlæti**, n. *indecency, bad manners*; **úsiðr**, m. *barbarity*; pl. *immorality*; **úsiðsamligr**, a. *indecent*; **úsiðsemd**, f. *indecency*; **úsiðugr**, a. *ill-mannered, wicked, barbarous*; **úsiðvandr**, a. *disorderly*; **úsiglandi**, pr. p. *not fit for sailing*, of weather; **úsigndr**, pp. *without making the sign of the cross*; **úsigr**, m. *defeat*; hafa, fá ú., *to be defeated*; **úsigranligr**, a. *invincible*; **úsigrsamr**, **úsigrsæll**, a. *not victorious*; **úsigrvænligr**, a. *not promising victory*; **úsinniligr**, a. *not likely to help*;

úsjaldan, adv. *not seldom*; **úsjálf-ráðr**, a. *beyond one's own control*; bezt at sér um þat allt, er henni var úsjálfrátt, *best gifted in everything that was not in her own power*; **úsjúkr**, a. *not ill, well*; **úskaddr**, pp. *unscathed*.

ú-skap, n. (1) *hostility, spleen, ill-humour*; (2) pl., úsköp, *evil fate* (verða fyrir úsköpum).

úskapa-verk, n. *ill-fated work, deed done by evil fate*.

úskap-bráðr, a. *calm-minded, well-tempered*; **-felldr**, pp. *disagreeable to one's mind, unpleasant*; e-m er -fellt um e-t, *one is displeased with*; **-felli-liga**, adv. *disagreeably*; **-gæfr**, a. *not gentle, moody*; **-léttr**, a. *not light-minded*; e-m er -létt, *one is in bad humour*; **-liga**, adv. *enormously*; *immoderately*; **-ligr**, a. *against nature's order, monstrous, horrible*; **-líkr**, a. *unlike in temper*; **-stórr**, a. *not proud-tempered*; **-tíðr**, a. *not to one's mind*; **-værr**, a. *restless of temper*; **-þekkr**, a. *unpleasant*.

ú-skeifligr, a. *not awry*; **úskeini-samr**, **-hættr**, a. *not hurtful*; **ú-skelfdr**, pp. *unshaken, undaunted*; **úskelfr**, a. *untrembling*; **úskerðr**, pp. *undiminished, whole, entire*; **úskil**, n. pl. *unfair dealings, improper treatment* (gera e-m ú.).

úskila-maðr, m. *an unready man*.

úskil-fenginn, pp. *illegitimate* (móðir -fengin); **-getinn**, pp. *not born in wedlock*.

ú-skiljanligr, a. *unintelligible*; **ú-skilríkiliga**, adv. *unfairly*; **úskil-s(am)liga**, adv. *unjustly*; **úskipti-ligr**, a. *indivisible*; **úskírborinn**, pp. *not born in wedlock*; **úskírlífi**, n. *unclean life*; **úskírr**, a. (1) *unclean, impure*; (2) *indistinct* (úskírt mál); **úskoraðr**, pp. *unchallenged, without reservation*; **úskorinn**, pp. *uncut*; **úskuggasamligr**, a. *unsuspicious*; **úskuldvarr**, a. *incautious in incurring debts*; **úskundi**, m. *affront* (gera e-m úskunda); **úskúaðr**, pp. *unshod*; **úskygn**, a. *dim-sighted*; **úskygnleiki**, m. *dim-sightedness*; **úskyldr**, a. (1) *not related*; (2) e-m er e-t úskylt, *it is not one's duty, does not concern one*; **úskyldugr**, a. *undue*.

úskyn-samliga, adv. *unreasonably*; **-samligr**, a. (1) *irrational, foolish*; (2) *unintelligent*; **-samr**, a. *foolish*; **-semd**, **-semi**, f. *unreason*.

ú-skyti (gen. úskytja), m. *bad marksman*; **úskýrr**, a. (1) *stupid*; (2) *indistinct*; **úskærleikr**, m. *want of transparency*; **úsleginn**, pp. *unmown*; **úsleitiliga**, adv. *unshrinkingly*; drekka ú., *to drink without heeltaps*; **úslétta**, f. *unevenness*; **úsléttr**, a. *uneven, unlevel*; **úslitinn**, pp. *untorn, unbroken up*; **úsljór**, a. *not blunt*; **úslóttigr**, a. *not wily*; **úslyngr**, a. *unskilled*; **úslæliga**, adv. *not slowly, sharply* (höggva ú.); **úslœgr**, a. *not sly, not cunning*; **úsløkkviligr**, a. *inextinguishable*; **úsmár**, a. *not small, great*; e-m fellr e-t úsmátt, *a thing has no difficulties to one*; **úsnilld**, f. (1) *folly*; (2) *lack of eloquence*; **úsnjallr**, a. *unskilled, unwise*; **úsnjósamr**, a. *void of snow* (vetr góðr ok ú.); **úsnotr**, a. *unwise*; **úsnöfrmannligr**, a. *dull, faint*; **úsoltinn**, pp. *not hungry*; **úsómi**, m. *dishonour, disgrace*; **úsóttnæmr**, a. *not apt to be taken ill*; **úspakliga**, adv. *tumultuously*; **úspakligr**, a. (1) *unwise, foolish*; (2) *unruly, turbulent*; **úspakr**, a. (1) *unwise*; (2) *restless, unruly*; **úsparliga**, adv. *unsparingly*; **úsparr**, a. *unsparing*; **úspáligr**, a. *unprophetic*; **úspeki**, **úspekt**, f. *turbulence, uproar*.

úspektar-ferð, f. *raid*; **-maðr**, m. *unruly person, peace-disturber*.

ú-spilliligr, a. *inviolable*; **úspilltr**, pp. *inviolate*; *unspoiled*; taka til úspilltra mála, *to fight out in real earnest*; **úspurall**, a. *not inquisitive*; **ústaðfastr**, a. *unsteadfast*; **ústað-festa**, f. *unsteadfastness*; **ústarf-samr**, a. *remiss in work, idle*; **ústef-liga**, adv. *disorderly*; **ústerkr**, a. *not strong, weak*; **ústilling**, f. *vehemence*; **ústilltr**, pp. *intemperate*; **ústund**, f. *disregard* (leggja ú. á e-t); **ústyrk-jast** (t), v. refl. *to grow infirm*; **ústyrkleikr**, m. *infirmity*; **ústyrkr**, m. *weakness*; **ústyrkr**, a. *weak*, *feeble*; **ústyrkt**, f. *infirmity*; **ústýri-látr**, a. *ungovernable*; **ústöðugr**, a. *unsteady*, *unsettled*; **ústöðuligr**, a. *unstable*; **úsundrskilligr**, a. *in-separable*; **úsúrr**, a. *not sour*; **úsváss**, a. *unmild* (úsvást veðr); **úsvefnsamr**, a. *not sleepy*; e-m verðr -samt, *one cannot sleep*; **úsvefnugr**, a. *not sleepy*; **úsvífinn**, **úsvífr**, a. *coarse*, *impudent*, *overbearing*; **úsvifrungr**, m. *enemy*; **úsvínnr**, a. *unwise*; **úsvipligr**, a. *ill-looking*; **úsvipt**, a. n., see 'ósvipt'; **úsyknligr**, a. *ugly*, *dismal*; **úsyndr**, a. *not able to swim*; **úsynju**, adv. *without foresight*, *unwisely*; **úsýni-liga**, adv. *invisibly*; **úsýniligr**, a. (1) *invisible*; (2) *unlikely*; (3) *unsightly*, *ugly*; **úsýnn**, a. *uncertain* (úsýnar hefndir); **úsæbrattr**, a. *not steep to-wards the sea*; **úsæll**, a. *wretched*; **úsælligr**, a. *joyless*, *ill-favoured*; **úsætiligr**, a. *intolerable*; **úsætt**, f., **úsætti**, n. = úsátt; **úsœkiligr**, a. *impregnable*; **úsœma** (-da, -dr), v. *to dishonour*; **úsœmd**, f. (1) *disgrace*, *dishonour*; (2) *impropriety*.

úsœmdar-hlutr, m. *contumely*; **-orð**, n. *unseemly language*.

ú-sœmiliga, adv. *dishonourably*, *unbecomingly*; **úsœmiligr**, a. (1) *un-seemly*; (2) *unworthy of* (ú. e-s); **úsœmr**, a. *unbecoming*, *unseemly*; **úsœra** (-ða, -ðr), v. *to break* (ú. sinn eið); **úsœrr**, a. *not to be taken*, of an oath; **úsöngvinn**, a. *unwilling to chant prayers*.

út, adv. (1) *out*, *towards the outer side*, opp. to 'inn' (út ok inn með hverjum firði); kalla menn út, *out of doors*; út ór, *out of*, *out from*; út munninn, *out of the mouth*; (2) of time, út jól, *all through Yule*; (3) láta út, *to stand out to sea*; esp. of going out to Iceland from Norway, opp. to 'útan' (far þú til Íslands út); koma út hingat, or simply, koma út, *to come to Iceland*; also of other far countries (fara út til Jórsala); (4) with verbs; brenna út, *to burn out*; bjóða út liði, *to levy troops*.

ú-tal, n. *countless number*; **útal-hlýðinn**, a. *not heeding advice*, *hard to persuade*; **útaliðr** (**útaldr**, **útal-inn**), pp. *untold*, *uncounted*; **útalligr**, a. *innumerable*, *countless*; **útamdr**, pp. *untamed* (hross útamit).

útan, adv. (1) *from without*, *from outside*; (2) *from abroad*, *from Ice-land*; fara ú., *to go abroad*, from Iceland (spurði Þórarinn Glúm, hvárt hann ætlaði ú., sem hann var vanr); meðan hann væri ú., *whilst he was abroad*; (3) without motion, *outside*; bæði ú. ok innan, *both outside and inside*; (4) conj. *except*, *but* (var fólk allt í svefni ú. móðir hans); (5) as prep. with acc., *without* (ú. frænda ráð); with gen. (ú. sætta); (6) fyrir ú., *outside*, *beyond*, with acc. (fyrir ú. Þjórsá).

útan-borðs, adv. *overboard* (steypast -borðs); **-borgar**, adv. *without the town*; **-brautar**, adv. *out of the way*; **-eygðr**, a. = úteygr; **-ferð**, f. *a jour-ney abroad*; **-fjarðar**, adv. *outside the firth*; **-fjórðungs**, adv. *outside the quarter*; **-fótar**, adv. *on the out-side of the foot* (*leg*); **-för**, f. = -ferð; **-garða**, adv. *outside the yard* (*house*); **-garðs**, adv. *outside the fence*; **-gátta**, adv. *out-of-door*; **-heraðs**, adv. *out-side the district*; **-hrepps**, adv. *out-side the poor-district*; **-lands**, adv. *abroad* (þú mant -lands deyja).

útanlands-maðr, m. *foreigner*; **-siðir**, m. pl. *outlandish*, *foreign manners* (eigi kanntu -siðu manna).

útan-lendis, adv. = -lands; **-lærs**, adv. *outside the thigh*; **-sóknar**, adv. *outside the parish*; **-stefning**, f. *a summons abroad*; **-verðr**, a. *outward*, *outside*, *outer part of*.

útar, adv. compar. *farther out*, *farther off* (vóru þeir komnir svá langt út, at hætt var at sitja ú.); Hrútr sat ú. frá Höskuldi, *H. sat nearer the door than H.*

út-arfi, m. *collateral heir*.

útar-la, **-liga**, adv. *far out*; sitja -liga, *to sit near the entrance*; **-meirr**, adv. compar. *farther out*.

útarst, adv. compar. *farthest out*.

út-beit, f. *grazing* (góð -beit); **-boð**, n. *levy*, *conscription*, of ships and men (jarl hafði útboð mikit).

útboða-bréf, n. *writ of conscription*.

út-borði, m. *the outboard, seaward side*; **-borg**, f. *outworks*; **-brjótr**, m. *outburst*; **-brotning**, f. *outbreak*; **-burðr**, m. (1) *a bearing out*; (2) *exposure* (of an infant); *an exposed child*; **-búinn**, pp. *fitted out*; **-byrðis**, adv. *overboard*; **-dalr**, m. *a valley near the coast*, opp. to 'fjalldalr'; **-dyrr**, f. pl. = útidyrr.

ú-teitr, a. *not gladsome*; **útekinn**, pp. *not taken, unleased*; **útelgdr**, pp. *uncarved*; **úteljanligr**, a. *innumerable* (þar verða -lig tákn).

út-ey, f. *out-lying island*; **-eygðr**, **-eygr**, a. *goggle-eyed*; **-fall**, n. *ebbing, ebb, reflux of the tide*.

útfarar-, gen. from 'útför'; **-drápa**, f. *a poem on a voyage to Palestine*; **-leyfi**, n. *the king's leave to return to Iceland from Norway*; **-saga**, f. *a story of a voyage to Palestine*; **-skip**, n. *a ship for a voyage to Palestine*.

út-ferð, f. (1) *a journey to a remote, outlying place*; (2) *journey to Iceland*.

útferðar-leyfi, n. = útfararleyfi; **-saga**, f. = útfarar-saga.

út-firðir, m. pl. *the outer fjords*; **-firi**, n. *ebbing*; **-fœri**, n. *expedient*; **-fœttr**, a. *splay-footed*, = útskeifr; **-för**, f. (1) = -ferð; (2) *burial* (var hennar -för gör sœmilig eptir fornum sið); **-ganga**, f. (1) *a going out (from a house)*; (2) *passage*; (3) *payment, discharge*; **-gangr**, m. (1) *a going out*; (2) *passage*; **-garðar**, m. pl. *the outer building*; fœra e-n við -garða, *to throw one to the wall*; fœra e-n um -garða, *to cast one out*; **-gjald**, n. (1) *payment, discharge*; (2) *outlay, fine*; **-greizla**, f. *discharge*; **-grunn**, n. = -grynni; **-grunnr**, a. *shoaling gradually from the shore*; **-grynni**, n. *shallowness stretching out from the shore* (sakir straums ok útgrynnis).

útgöngu-leyfi, n. *leave to go out*.

út-gørð, f. *outfitting*, of a war expedition; **-haf**, n. *the out-sea, ocean*; **-hálfa**, f. *outskirts*; **-heimta**, f. *craving for payment*; **-helling**, f. *outpouring, shedding* (-helling blóðs); **-hey**, n. *hay of the unmanured outfields*; **-hlaða**, f. *outlying barn*; **-hlaup**, n. *raid, sally, excursion*.

úthlaups-maðr, m. *raider, pirate*; **-skip**, n. *pirate ship*.

út-horn, n. *out-skirt, out-corner*; **-hverfr**, a. *turned inside out*; **-hýsa** (-ta, -t), v. *to deny shelter to a stranger*, with dat.; **-hýsi**, n. *outlying house*; **-höfn**, f. *carrying out to Iceland*.

úti, adv. (1) *out, out-of-doors* (ú. ok inni); liggja ú., *to lie in the open air, houseless*; byrgja ú., *to shut out*; verða ú., *to be lost, perish*, in a snow-storm or in a desert; (2) *out at sea*; þeir vóru ú. þrjár vikur, *they were out three weeks*; drekka jól ú., *to hold Yule out at sea*; hafa her ú., *to have a fleet out*; (3) *at an end, over* (nú er ú. sá tími).

úti-búr, n. *out-house, store-house*; **-dyrr**, f. pl. *outer door*; **-fé**, n. *cattle that graze outside* in the winter; **-fugl**, m. *wild-fowl*, opp. to 'alifugl'; **-gangr**, m. *grazing out* in the winter.

útigangs-jörð, f., góð -jörð, *land with good winter-grazing*.

ú-tiginn, a. *having no title*; útiginn maðr, *commoner*.

úti-hurð, f. *outer door*; **-hús**, n. *out-house*; **-kamarr**, m. *an outside privy*; **-klukka**, f. *outside bell*; **-lega**, f. '*out-lying*', of robbers or highwaymen; *piracy* (Eiríkr blóðøx var í -legu ok í hernaði).

útilegu-maðr, m. *highwayman, pirate*; **-víkingr**, m. *pirate*; **-þjófr**, m. *highwayman*.

ú-tilheyriligr, a. *improper*; **útili**, m. *mischance*; **útillátsamr**, a. *unyielding*; **útilleitinn**, a. *inoffensive*; **útiltœkiligr**, a. *inexpedient*.

ú-tíðr, a. *rare, infrequent*.

útíma-dagr, m. *day of misfortune, evil day* (þetta er -dagr).

ú-tími, m. *evil time, misfortune, affliction* (útímar ok úgæfur); **útírligr**, a. *unsightly, wretched*.

úti-róðr, m. = útróðr; **-seta**, f. *a sitting out* in the open air, esp. of wizards for the practice of sorcery.

útisetu-maðr, m. *wizard* (sitting out at night).

úti-skemma, f. *an outlying, detached house*; **-vist**, f. *a being out at sea*; hafa -vist langa, *a long voyage*.

út-jörð, f. *outlying estate*; **-kastali**, m. = -borg; **-kirkja**, f. *outlying church*; **-koma, -kváma**, f. (1) *coming out*; (2) *arrival in Iceland*; **-kvæmt**, a. n., eiga -kvæmt, *to be permitted to return to Iceland*; **-laga**, a. indecl. *outlawed, banished*; **-laga (að)**, v. *to deprive one of his possessions* (-laga e-n af sínu gózi); refl., -lagast, *to be fined*; **-lagðr**, pp. *outlawed, banished*; **-lagi**, m. *outlaw*; **-lagr**, a. (1) *outlawed, banished*; (2) *having to pay a fine, fined*, with the fine in dat. (verða -lagr um e-t, þrem mörkum); (3) *forfeited* (þá eru búðirnar -lagar við þann, er landit á); **-lausn**, f. (1) *redemption*, from captivity; (2) *ransom* (bjóða Helju -lausn, ef hón vill láta fara Baldr heim í Ásgarð); (3) *dismissal of guests* (vóru ok gjafir stórar at -lausnum); **-lát**, n. (1) *putting out to sea* (þar var Englandsfar albúit til -láts); (2) pl. *outlays*; **-legð**, f. (1) *banishment, exile* (reka e-n í -legð); (2) *fine* (þriggja marka -legð).

útlegðar-maðr, m. *exile*; **-sök**, f. *finable case*; **-tími**, m. *time of exile*.

út-leggjast, v. refl. *to be fined*; **-leið**, f. *the outer course*, at sea, = hafleið; **-leiði**, n. = -leið; **-leiðis**, adv. *on the outer course* (snúa -leiðis); **-leizla**, f. (1) '*leading out*' *of guests*, taking leave of them after an entertainment (veizlan var hin vegsamligsta ok -leizlan hin sköruligsta); (2) *burial* (jarlinn andaðist ok var gör virðulig -leizla hans); **-lenda**, f. *outlying estate*, opp. to 'heimaland'; **-lendast**, v. (1) *to travel abroad*; (2) *settle abroad*; **-lendingr (-s, -ar)**, m. *foreigner*; **-lendis**, adv. *abroad*.

útlendis-maðr, m. *foreigner*.

út-lendr, a. *outlandish, foreign*; **-lenzka**, f. *foreign idiom*; **-lenzkr**, a. = -lendr (þarlenzkr ok útlenzkr).

útlima-smár, -stórr, a. *having small, large, hands and feet*.

út-lægja (-ða, -ðr), v. *to banish*; **-lægr**, a. *banished, outlawed*; **-lönd**, n. pl. (1) *outlying fields*; (2) *foreign countries* (sem títt var í -löndum); (3) *outlying provinces* (þá bygðust -lönd, Færeyjar ok Ísland); **-messa**, f. *afternoon service*; **-mokstr**, m. *shovelling out, digging*; **-nes**, n. *outlying ness*; **-norðr**, n. *north-west*; **-nyrðingr**, m. *north-west wind*; **-rás**, n. (1) *sally, sortie* (gera -rásir á hendr e-m); (2) *outlet, outflow*.

ú-trauðr, a. *not reluctant, willing*; neut., útrautt, as adv. *quite*; **útraustr**, a. *untrusty, insincere, weak*; **útregr**, a. *unreluctant, willing*.

út-reið, f. *riding out, expedition*; **-róðr**, m. *rowing out to fish* (hann lét þaðan sœkja -róðra).

útróðrar-maðr, m. *one who rows out to fish, deep-sea fisherman*.

ú-trú, f. *unbelief, faithlessness*; **ú-trúaðr**, pp. *unbelieving*; **útrúanligr**, a. *incredible*; **útrúfastr**, a. *unbelieving*; **útrúleikr**, m. (1) *faithlessness*; (2) *unbelief*; **útrúliga**, adv. (1) *unfaithfully*; (2) *incredibly*; **útrúligr**, a. (1) *incredible*; (2) *suspicious, not to be depended on*; **útrúnaðr**, m. *faithlessness*; **útrúr**, a. (1) *faithless*; (2) *unbelieving*; **útrygð**, f. *faithlessness, falseness*; **útryggligr**, a. *not to be trusted*; **útryggr**, a. *faithless, not to be trusted*.

út-rœði, n. = -róðr; **-seldr**, pp. *lost* (öllum þótti konungr -seldr, ef hann fœri við annan mann); **-sending**, f. *sending out*; **-sigling**, f. *sailing out to Iceland*; **-sjár, -sjór**, m. *the ocean*; **-skagi**, m. = -nes; **-skeifr**, a. *splay-footed*; **-sker**, n. '*out-skerry*', *distant skerry*; **-skýra (-ða, -ðr)**, v. *to explain*; **-skýring**, f. *explanation, interpretation*; **-sog**, n. *the backward flow of the surf*; **-sótt**, f. *dysentery*; **-stafr**, m. *outward post*; **-strönd**, f. *outlying strand*; **-suðr**, n. *the south-west*, opp. to 'landsuðr'; **-sunnan**, adv. *from the south-west*.

útsunnan-veðr, n. = útsynningr.

út-synningr, m. *south-westerly gale*; **-valning**, f. *election*; **-vega (að)**, v. *to procure*; **-vegr**, m. (1) *a way out*; (2) *expedient, means of escape* (øngan -veg á hón nema renna undan); (3) *state of affairs* (segir hann konungi allan -veg þann, sem var á); **-ver**, n. *outlying fishing station*; **-vinna**, f. *service at sea*; **-vígi**, n. *out-work*;

-vík, f. *outlying creek*; **-vörðr**, m. *out-post*; **-þýðing**, f. *commentary, interpretation*.

ú-tæpiliga, adv. (1) *unsparingly*; (2) *fully*; kenna ú., *to feel it unmistakably, smart sorely*; **útæpr**, a. *not scant, ample*; **útöluligr**, a. *countless*; **úumrœðiligr**, a. *unspeakable*; **úumskiptiligr**, a. *unchangeable*; **ú-unaðsamr**, a. *discontented*; **úútskýranligr**, a. *inexpressible*; **úvaldr**, a. *innocent*; ú. e-s, *not guilty of*; **úvaltr**, a. *not shaky*; **úvandaðr**, pp. *common, vile*.

úvand-blœtr, a. *easily satisfied*; **-fenginn**, a. *not hard to get*; **-görr**, a. *requiring little pains*.

ú-vandi, m. *evil habit*.

úvand-launaðr, pp. *easy to repay*; **-leikinn**, pp. *easy to deal with* (sýnist mér nú -leikit við hann); **-liga**, adv. (1) *carelessly*; (2) *not quite* (féll þar -liga út sjórinn).

ú-vandr, a. *not difficult, plain*; ú. at e-u, *not particular about a thing*; hversu úvant hann lét gera við sik, *how little pretensions he made*; **úvani**, m. (1) *want of practice*; (2) *bad habit*; **úvarandi**, pr. p. *unaware*; **úvarliga**, adv. *unwarily*; **úvarligr**, a. *unwary, imprudent*; **úvarmæltr**, pp. *unwary in speech*; **úvarr**, a. (1) *unaware*; koma at e-m úvörum, kom e-m á úvart, *to come unawares upon one, take one by surprise*; (2) *unwary*; **úvarugð**, f. *unwariness*; **úvaskr**, a. *cowardly*; **úveðr**, n. *bad weather, storm*; **úveðran**, **úveðrátta**, f. = úveðr; **úvegligr**, a. *undistinguished, unhonoured*; **úvegr**, m. *shame, dishonour*; **úveitull**, a. *unspending, close*; **úvendiliga**, adv. *carelessly, wretchedly, badly*; **úvendiligr**, a. *wretched, mean*.

úvendis-maðr, m. *discreditable person* (at gefa slíkum -manni mat).

ú-venja, f. *bad habit*; **úverðr**, a. (1) *unworthy, undeserving*; (2) *guiltless* (láta úverða menn gjalda reiði sinnar); **úverðugr**, a. *unworthy, undeserving of* (ú. e-s); **úverk**, n. *wicked deed*; **úverkan**, f., **úverknaðr**, m.=úverk; **úvesall**, a. *not wretched*; **úviðbúinn**, pp. *unprepared*; **úviðrkvæmiligr**, a. *unbecoming*; **úviðrskiljanliga**, adv. *inseparably*; **úvili**, m., at úvilja e-s, *against one's good-will*; **úviljaðr**, a., **úviljandi**, pr. p. *unwilling, unintentional*; **úviljugr**, a. *unwilling*, with infin. (ú. vín at drekka); **úvilltr**, pp. *free from heresy, orthodox*.

úvina-fagnaðr, m. (1) *joy to one's foes* (gerðu eigi þann -fagnað, at þú rjúfir sætt þína); (2) *welcoming one's foes* (vér köllum slíka vist -fagnað).

ú-vinátta, f. *enmity, unfriendliness*; **úvindligr**, a. *not windy*; **úvinfengi**, n., **úvingan**, f. *unfriendliness, bad feeling*; **úvingast** (að), v. refl. *to show enmity towards a person* (ek vilda í fyrstu úvingast við þik).

úvin-gjarnliga, adv. *in an unfriendly manner*; **-gjarnligr**, a. *unfriendly, hostile*; **-liga**, adv. = -gjarnliga; **-ligr**, a. = -gjarnligr.

ú-vinnanligr, a. *invincible*.

ú-vinr, a. *foe, enemy*.

úvin-sæla (-da), v., -sæla sik, *to make oneself disliked*; refl., -sælast= -sæla sik; **-sæld**, f. *unpopularity, disfavour*; **-sæll**, a. *unpopular, disliked*; **-veittr**, a. (1) *hostile*, of persons; (2) *unpleasant, disagreeable*, of things.

ú-virða (-rða, -rðr), v. *to disregard, slight*; **úvirðanligr**, a. *inestimable, huge*; **úvirðiligr**, a. *contemptible, scornful*; **úvirðing**, f. *disgrace*; gera ú. til e-s, *to scorn*; **úvirðuligr**, a.= úvirðiligr; **úvirðr**, pp. *unvalued* (ú. eyrir); **úvirkr**, a. *out of work, idle*; **úvistligr**, a. *unfit for habitation*; **úvit**, n. *insensibility, swoon*; falla í ú., *to faint, fall into a swoon*; honum helt við ú., *he was near fainting away*; **úvita**, a. indecl. *senseless, insane*; **úvitand**, f. *ignorance*; **úvitandi**, pr. p. *ignorant of* (ú. e-s); at e-m úvitanda, *without one's knowledge*; þú gerðir þat ú., *unintentionally*; **úviti**, m. *idiot*; **úvitr**, a. *unwise, foolish*; **úvitra**, f., **úvitrleikr**, m. *foolishness*; **úvitrligr**, a. *foolish*; **úvitsamligr**, a. *foolish*; **úvitugr**, a. *ignorant of* (ú. e-s); **úvizka**, f. *want of foresight, foolishness*; **úvizkr**, a. *foolish, silly*; **úvíða**, adv. *in but few places*; **úvíðr**,

a. *narrow in circumference*; **úvígðr**, pp. *unconsecrated*; **úvígliga**, adv. *in a state unfit for war*; **úvígligr**, a. *unmartial*; **úvígr**, a. (1) *unable to fight, disabled*; (2) ú. herr, *an overwhelming, irresistible host*; **úvíkjanligr**, a. *unyielding*; **úvísa**, f. *doubtful bearing, hostility* (sýna sik í úvísu við e-n); **úvísast** (**að**), v. refl. *to show hostility against* (ú. mót kirkju guðs).

úvísa-vargr, m. *a sudden, unforeseen misfortune* (var þat þeim hinn mesti -vargr).

ú-vísligr, a. *unwise, foolish*; **úvíss**, a. (1) *unwise, foolish*; (2) *ignorant of* (ú. e-s); (3) *unknown* (úvísir eru mönnum hættir hans); (4) *uncertain, doubtful*; **úvægi**, f. *overbearing temper*; **úvægiliga**, adv. *unmercifully, violently*; **úvægiligr**, a. *not to be weighed*; **úvæginn**, a. *unyielding, headstrong*; **úvægr**, a. *unmerciful* (grimmr ok ú.); **úvænkast** (**að**), v. *to grow less hopeful*, of one's chance; **úvænliga**, adv. *with small chance of success, unpromisingly, badly*; horfa ú., *to look hopeless*; **úvænligr**, a. *unpromising, leaving little hope of success*; **úvænn**, a. (1) = úvænligr (úvænt ráð); (2) *not to be expected, not likely* (þykkir mér úvænna, at hann komi skjótt á minn fund); ú. til e-s, *unlikely to a thing*; e-t horfir úvænt, *it looks hopeless*; **úværast**, v. refl. *to become restless*; **úværð, úværi**, f. *uneasiness, itch*; **úværr**, a. *restless, uneasy*; úvært er mér, *I feel uneasy*; gera e-m úvært, *to make uneasy, harass*; **úvættr**, f. (and m.) *evil spirit, monster*; **úyfirfœriligr**, a. *impassable*; **úyfirstigligr, -stíganligr**, a. *insurmountable*; **úyndi**, n. *feeling of restlessness, irksomeness, discontent* sumir segja, að hón hafi tortímt sér af úyndi).

úyndis-órræði, n. *an extreme measure, dire expedient.*

ú-þakklátr, a. *ungrateful*; **úþakklæti**, n. *ingratitude*; **úþakknæmr**, a. *unthankful*: **úþarfi**, a. *needless, wanton*; **úþarfliga**, adv. *harmfully, mischievously*; **úþarfr**, a. (1) *unsuitable, useless* (ú. e-m); (2) *doing harm to one* (ú. e-m); tíðindi mikil ok úþörf, *very bad news*; **úþefjan**, f., **úþefr**, m. *stench, foul smell*; **úþekkiligr**, a. *repulsive, disagreeable*; **úþekkr**, a. *disagreeable* (flestum mönnum ú.); **úþekt**, f. (1) *dislike* (leggja ú. til e-s); (2) *a disgusting thing, offensive smell or taste.*

úþektar-för, f. *hateful journey*; **-ligr**, a. *offensive, disgusting*; **-svipr**, m. *slight, offence* (sýna e-m -svip).

úþerri-samr, a. *wet* (sumar -samt).

ú-þessligr, a. *not like that*; **úþingfœrr**, a. *unable to go to the* þing; **úþinsliga**, adv. *in a manner unworthy of thee*; **úþjóð**, f. *evil people, rabble*; **úþjófligr**, a. *not likely to be a thief*; **úþokka** (**að**), v. *to disparage*; refl., úþokkast, *to grow angry, annoyed, or discontented* (with, or at a person or thing); **úþokkaðr**, pp. *disliked, abhorred*; mér er úþokkat til þeira, *I loathe them.*

úþokka-dæl, f. *filthy hollow*; **-ferð**, f. *hostile journey*; **-gripr**, m. *nasty thing*; **-liga**, adv. *discontentedly*; **-ligr**, a. *dirty, nasty*; **-svipr**, m. *frowning mien, cross countenance*; **-sæll**, a. *unpopular, disliked*; **-vísa**, f. *obscene ditty.*

ú-þokki, m. *dislike, disfavour, displeasure* (fá úþokka e-s, af e-m); **úþol**, n. *impatience*; **úþolandi**, pr. p., **úþolanligr**, a. *intolerable*; **úþoli**, m. *restlessness*; **úþolinmóðr**, a. *impatient*; **úþolinmœði**, f. *impatience*; **úþolinn**, a. *unenduring*; **úþolligr**, a. *unbearable*; **úþoran**, n. *faint-heartedness*; **úþorstlátr**, a. *not causing thirst*; **úþrifinn**, a. *unthrifty, sluggish*; **úþrifnaðr**, m. *slothfulness, sluggishness*; **úþrjótanligr**, a. *never ceasing*; **úþrjózkr**, a. *not refractory*; **úþrotinn**, pp. *never tiring*; **úþrotligr**, a. *never failing, inexhaustible*; **úþróttligr**, a. *feeble*; **úþrælsligr**, a. *not like a thrall*; **úþurft**, f. *scathe, harm* (gera e-m e-t til úþurftar).

úþurftar-maðr, m. *ill-doer, offender.*

úþvera-samr, a. *scabbed.*

ú-þveri, m. *scab, skin disease*; **úþykkja**, f. = úþykt; **úþykkr**, a. *not thick*; **úþykt**, f. *discord, ill-will*;

úþyrmiliga, adv. *roughly, harshly*; **úþyrmiligr**, a. *harsh, unmerciful*; **úþyrmir**, m. *merciless being*; **úþyrstr**, a. *not thirsty*; **úþýðligr, úþýðr**, a. *unfriendly, rough*; **úþægð**, f. *dislike*; **úþægiligr**, a. *disagreeable*; **úþægja** (-ða, -t), v. *to trouble, vex* (ú. e-m); **úþægr**, a. *unacceptable*; **úþökk**, f. *displeasure, reproach*; kunna e-m ú. fyrir e-t, *to be displeased with one on account of something*; **úæti**, n. *uneatable thing*; **úætr**, a. *uneatable, unfit to be eaten*; **úœðr**, a. *impossible to wade* (vatnföll úœð); **úœðri**, a. compar. *lower in rank*; **úœll**, a. *not to be fed*; **úœrr**, a. *not mad*; **úöld**, f. *bad season, hard times, famine*; **úört**, adv. *hesitatingly, slowly* (mæla ú.).

V

vað, n. *wading place, ford* (þar var þá v. á ánni, er nú er ekki).

vaða (**veð**; **óð**, **óðum**, and **vóð**, **vóðum**; **vaðinn**), v. (1) *to wade through* water, snow, smoke, fire (v. ár, mjöll, reyk, eld); absol. *to wade through water*; Þórr óð til lands, *Th. waded ashore*; (2) *to rush* (Kolskeggr óð at honum); v. at vígi, *to rush into fight*; v. fram, *to rush forth*, in battle; hann lætr v. stein til eins þeira, *he lets fly a stone at one of them*; hón lét skíran málm v., *threw gold broadcast*; (3) v. uppi, *to appear above water* (óðu limarnar uppi, en rœtrnar í sjónum); fig. *to be overbearing* (þenna tíma óð herra A. mjök uppi).

vað-bjúgr, a. *falling slack like a fishing-line*; fara -bjúgr fyrir e-m, *to give in*; **-horn**, n. *a horn fastened to the gunwale of a boat over which to draw the fishing-line.*

vaðill (pl. **vaðlar**), m. (1) *wading* (við vás ok vaðla spiltist mjök meinit); (2) *shallow water*, esp. *places where fjords or straits can be passed on horseback* (var flœðr sævar ok ekki reitt yfir vaðla).

vaðil-sund, n. *shallow sound.*

vaðinn, pp. *gone, done with, destitute*; vaðin at vilja, *joy-bereft.*

vað-mál, n. *a plain woollen stuff, wadmal* (sex alnir vaðmáls).

vaðr (pl. **-ir**), m. (1) *fishing-line*; (2) *a line for measuring* (draga vað yfir þveran akrinn).

vað-steinn, m. *a stone* (serving as a lead) *on a fishing-line.*

vaf, n. *wrapping*; verða lítill í vafi, *to be small, insignificant.*

vafi, m. *doubt, uncertainty.*

vafin-skepta, f. *an axe with an iron-bound handle.*

vafka (að), v. = vafra.

vafla (að), v. = vafra.

vaflanar-för, f. *vagrancy.*

vafningr, m. *entanglement* (þótti öllum horfa til inna mestu vafninga).

vafra (að), v. *to hover about, roam.*

vafr-leysa, f. *nonsense*; **-logi**, m. *flickering flame.*

vaf-spjörr, f. *a strip of cloth wound round the leg instead of stockings.*

vaga (að), v. *to wag, waddle.*

vagar, f. pl. *sledge*; cf. 'vögur.'

vagga, f. *cradle* (barn í vöggu).

vagl, m. *beam*, esp. *an upper cross-beam*; **-eygr**, a. *wall-eyed.*

vagn, m. (1) *vehicle, sledge, wagon, carriage*; (2) *Charles's Wain.*

vagna, f. *dolphin or porpoise*, = vögn (sáu þeir vögnu eina).

vagna-borg, f. *rampart of chariots*; **-braut**, f. *carriage road*; **-hvel**, n. *wagon-wheel*; **-lið**, n. *host of chariots*; **-meistari**, m. *master of chariots.*

vagn-hestr, m. *chariot-horse*; **-hlass**, n. *wagon-load*; **-karl**, m. *wagoner*; **-sleði**, m. *sledge-wain*; **-slóð**, f. *wagon-track.*

vaka (**vaki**, **vakta**, **vakat**), v. (1) *to be awake, to keep awake* (hann hefir vakat í alla nótt); v. yfir e-u, *to watch during the night* (v. yfir fé sínu); (2) *to awake*, = vakna (hann bað hann v. skjótt).

vaka (gen. pl. **vakna**), f. (1) *waking*; halda vöku sinni, *to keep oneself awake*; (2) *vigil* (fara til hins heilaga Ólafs til vöku); (3) *eve of a saint's day.*

vakka (**að**), v. *to stray, hover about*, = vafka (þeir létu v. við skipin).

vakna (**að**), v. *to awake, wake up* (er hann vaknaði, þá rann dagr upp); menn vöknuðu við, er hann gekk út, *men woke up just as he went out*; v. við e-t, *to recognize, recollect* (þá vaknaði konungr við ætt þeira).

vaknan, f. *awakening*.

vakna-skeið, n. *vigil-time*.

vakr (**vökr, vakrt**), a. *watchful, alert, wakeful* (v. í bœnahaldi).

vakr-liga, adv. *nimbly*; **-ligr**, a. *watchful, lively*; **-lyndr**, a. *frisky*.

vakta (**að**), v. *to watch*, with acc.

val, n. *choice*; hann spurði hverjar sögur í vali væri, *what stories there were to choose among*; engi váru völ á því, *there was no chance of that*.

vala-ript, f. *French cloth*.

val-baugar, m. pl. *French rings, foreign gold*; cf. 'Valir'.

val-blóð, n. *blood from the slain* (valr); **-bráð**, f. *flesh of the slain* (manna -bráðir).

val-bygg, n. *foreign barley*.

val-böst, f. *some part of a sword*.

vald, n. (1) *power, authority* (þér hafið vald til þess at ráða þessu at sinni); eiga (fá) v. yfir e-m, *to have (get) power over one*; gefast í v. e-s, ganga (koma) á v. e-s, *to submit to one*; (2) *power, dominion* (þá tók til v. Svíakonungs); (3) pl. völd, *the cause or origin* of a thing; kenni ek þér völd um þat, *I charge it on thee*; af mínum völdum, *of my doing*.

valda (**veld, olla** or **volda, valdit**), v. (1) *to wield*, with dat.; ef ek em svá ústerkr, at ek má eigi v. sverðinu, *that I cannot wield the sword*; (2) *to rule over*; en þar Heimdall kveða v. véum, *there they say H. rules over the fane*; (3) *to cause, be the cause of*, with dat. or absol. (eigi vissu menn, hvat því olli); þessu mun Svanr v., *this must be Swan's doing*.

valdandi, valdari, m. *wielder, ruler* (sigrs valdari).

vald-borg, f. *stronghold*.

valdi, m., in 'ein-, fólkvaldi'.

valdi, a., v. e-s = valdr e-s.

valdr, m. *wielder, ruler*.

valdr, a., v. e-s, *the cause of, guilty of* (þótt þú sjálfr sér þess eigi v.).

val-dreyri, m. = valblóð; **-dreyrugr**, a. *gory with blood of the slain*.

valds-ligr, a. *powerful, mighty*; **-maðr**, m. *mighty man, ruler*.

val-dýr, n. *carrion-beast*, esp. *wolf*; **-dögg**, f. '*the dew of the slain*', *blood*; **-fall**, n. *the fall of the slain*; **-föðr**, m. *father of the slain, Odin*; **-galdr**, m. *charms, spells to raise the dead*; **-gjarn**, a. *greedy for carrion*, of the wolf; **-glaumr**, m. *the swarm of the slain in Walhalla*; **-grind**, f. *the gate of Walhalla*.

val-hnot, f. *walnut*.

Val-höll, f. (1) *the hall of the slain, Walhalla*; (2) *a great hall of a king*.

valin-kunnr, a. (1) *impartial*; (2) *honest, respectable*.

Valir, m. pl. *the inhabitants of France* (other than the Franks); Vala málmr, Vala ript, *gold or costly stuff from France*.

val-kyrja, f. *a chooser of the slain, Valkyrie*; **-köstr**, m. *a heep of slain*.

Val-land, n. *France*.

vallari, m. *destitute person, tramp, beggar*; *vagabond, wanderer*.

vallar-sýn, f. *outward appearance* (miklir eru þeir at -sýn).

vall-gangr, m. *excrements*; **-gróinn**, pp. *grown with turf* (-grónir bakkar); **-prúðr**, a. *proud of gait*.

val-mær, f. = valkyrja.

valneskr, a. *French*, = valskr.

valr, m. *the slain* (létu þeir búa um val þann, er þar hafði fallit).

valr (**-s, -ir**), m. *hawk, falcon*.

valr, a. *round, oval*.

val-rauðr, a. *blood-red, crimson*; **-rauf, -rof**, n. *plundering the slain*; **-rúnar**, f. pl. *obscure runes*; **-sinni**, n. *the company of the slain*.

valska, f. *the French language*, = völsk tunga; **valskr**, a. *French*; valskar mýss, *rats*.

val-slöngva, f. '*war-sling*', *catapult*; **-stefna**, f. *war-meeting, battle*; **-tívar**, m. pl. *gods of the slain*.

valtr, a. *easily upset, unstable, unsteady* (völt er þessa heims hamingja).

val-veiðr, f. *hawking*.

valz-ligr, a. *proud*, = valdsligr.

vamm, n. *blemish*, = vömm; leita e-m vamms, *to do one harm*.

vamma-fullr, a. *full of blemishes*; **-lauss**, **-vanr**, a. *unblemished*.

van-, a prefixed particle denoting *lacking*, *under-*, *un-*.

vana (**að**), v. (1) *to diminish*, opp. to 'auka'; (2) *to disable, spoil, destroy*; (3) refl., vanast, *to wane, fail*.

van-afli, a. *weak, waning in strength*.

vana-ligr, a. *usual, common*; **-sótt**, f. *habitual illness*; -sótt kvenna, *menstruation*; **-söngr**, m. *usual singing*.

van-burða, a. indecl. *born prematurely* (-burða eldi); **-búinn**, pp. *unprepared*.

vanda (**að**), **v.** (1) *to work elaborately, bestow great pains on, prepare carefully* (hón gerði honum ok klæði öll, er mest skyldi v.); vandaðr, *elaborate, highly finished* (vandaðr skipabúnaðr): vandaðar krásir, *choice dainties*; (2) *to pick out the best, choose carefully* (muntu þurfa at v. til ferðar þessar bæði menn ok skip); (3) *to find fault with, be particular about, care, mind*, with a negative (v. lítt um siðu manna): vanda ek eigi, þótt sá sé drepinn, *I mind not though he be killed*; v. um e-t við e-n, *to find fault with one for a thing, complain of*; (4) refl., vandast, *to become difficult, precarious* (þykki mér nú v. málit); impers., vandast um e-t, *it becomes difficult*.

vanda-, gen. from 'vandi'; **-bundinn**, pp. *closely allied, connected with* (-bundinn e-m): **-hlutr**, m. *difficult thing* (eigi lítill -hlutr).

vanda-, gen. pl. from 'vöndr'; **-hús**, n. *wicker-house*.

vanda-lauss, a. (1) *not difficult, easy*; (2) *unrelated with* (-lauss e-m): -lausir menn, *strangers*; (3) *free of any obligation* (ek vil vera -lauss af, þótt þú farir heim þangat): e-m er -laust við e-n, *one is in no relation to (quite neutral as to) a person*; **-litill**, a. *easy*; **-maðr**, m. *relation, friend*, = venzla-maðr; **-mál**, n. *a difficult, complicated case*; **-mikill**, a. *closely connected*; **-ráð**, n. = -mál.

vandar-högg, n. *flogging*.

vanda-samligr, a. *difficult*; **-sýsla**, f. *difficult task*.

vanda-tiðir, f. pl. *customary feasts*.

vand-bálkr, m. *a wall of wands or wicker, wattled partition*.

vand-blœtr, a. *fastidious, difficult to please*: **-fenginn**, pp. *difficult to get*; **-fœrr**, a. *difficult to pass*, of a road; **-gætt**, pp. n., in the phrase, e-m verðr -gætt til e-s, *a thing is difficult to keep or manage*; **-hœfi**, n. *difficulty, difficult management*; **-hœfr**, a. *difficult to manage*.

vandi, m. (1) *difficulty, difficult task* (lízt mér þat mikill v.); (2) *responsibility* (ek af sel vanda mér af höndum, hversu sem gefst); (3) *obligation, duty*, esp. of *relationship*; e-m er v. á við e-n, *one is under obligation to a person* (er þér miklu meiri v. á við Eirík konung en Egil); binda sér vanda við e-n, *to enter into obligation*.

vandi, m. *custom, habit, wont* (leggja e-t í vanda); at (*or* eptir) vanda, *as usual*.

vandindi, n. pl. *difficulties*.

vand-kvæði, n. *perplexity, trouble*; hitta (koma) í -kvæði, *to get into trouble*; **-launaðr**, pp. *difficult to reward as is due*.

vand-laupr, m. *basket of wands*.

vand-látr, a. *fastidious, difficult to please*; **-liga**, adv. (1) *carefully, exactly* (segja -liga frá e-u); gæta e-s -liga, *to watch closely*; (2) *completely, fully* (svá -liga týndu þeir sannleikinum, at engi vissi skapara sinn); **-líft**, a. n. *difficult to live* (e-m er -líft); **-lyndi**, n. *difficult temper*; **-lyndr**, a. *difficult of temper*: **-læta** (-tta, -tt), v. *to be zealous*; **-læti**, n. *zeal*.

vandlætis-maðr, m. *zealot*.

vand-mæli, n. *difficult question*.

vandr (vönd, vant), a. (1) *difficult, requiring pains and care*; sýndist henni vant at neita þessu boði, *it was a risk to refuse such an offer*: ór vöndu er at ráða, *this is a difficult case*: vera vant við kominn, *to be in a perplexity*; (2) e-m er vant við

e-n, *one is under obligation to a person,* = e-m er vandi á við e-n; (3) *careful;* v. at e-u, *particular about* (hversu v. muntu vera at kaupunautum?).

vand-raun, f. *hard trial.*

van-drengr, m. *mean, dishonourable fellow,* = ú-drengr.

vandræða-félag, n. *troublesome fellowship;* **-gripr,** m. *troublesome thing;* **-kostr,** m. *dire choice;* **-laust,** adv. *without troubles;* skildu þeir allir -laust, *they parted without a quarrel;* **-líkligr,** a. *likely to cause trouble;* **-maðr,** m. *troublesome person;* **-samr,** a. *troublesome;* **-skáld,** n. *troublesome poet,* a nickname.

vand-ræðast (dd), v. refl. *to grumble over, complain of* (-ræðast um e-t).

vandræða-tak, n. *troublesome taking;* **-vant,** a. n. *difficult.*

vand-ræði, n. *difficulty, trouble, perplexity* (hann leysti hvers manns -ræði); **-sénn,** pp. *difficult to see;* -sét er við e-u, *it is difficult to be on one's guard against;* **-settr,** pp. *difficult to place;* **-skipaðr,** pp. *difficult to man* (-skipaðr mun þér stafninn); **-stilltr,** pp. *difficult to temper.*

vand-styggr, a. '*wand-shy*', *flinching from the rod,* of a horse.

vand-tekit, pp. n. *difficult to receive;* -tekit er við e-m, *it is not safe to receive one;* **-veittr,** pp. *difficult to give;* **-virkliga,** adv. *painstakingly, carefully;* **-virkr,** a. *painstaking, careful;* **-virkt,** f. (1) *good workmanship;* (2) *carefulness, painstaking;* **-yrkliga,** adv. = -virkliga.

van-efni, n. pl. *lack of means;* **-farinn,** pp. *in a strait;* vér erum -farnir hjá honum, *we are much short of him;* **-ferli,** n. *things going wrong;* **-festr,** pp. *badly fastened;* **-frægð,** f, *disrepute;* **-frægja** (-ða, -ðr), v. *to bring a bad name on;* **-fœri,** f. *disability;* **-fœrr,** a. (1) *disabled, infirm;* (2) *unable, incapable* (-fœrr em ek til at gera þér veizlu).

vanga-bein, n. *cheek-bone;* **-filla,** f. *skin and flesh of the cheek;* **-gull,** n. *ear-ring;* **-högg,** n. *box on the ear.*

van-geyma (-da, -t), v. *to be negligent of;* **-geyminn,** a. *negligent;* **-geymni, -geymsla,** f. *negligence.*

vangi, m. *the upper part of the cheek.*

vangr, m. *field* (cf. 'himinvangr'); frá mínum véum ok vöngum, *from my hearth and home.*

van-gæzla, f. *negligence,* = -geymsla; **-hagr,** m. (1) *disadvantage;* (2) *misconduct;* **-hald,** n. *damage, loss* (bíða -hald af e-m); pl. *ill-luck, thriftlessness;* **-haldinn,** pp. *getting less than one's due, wronged;* **-heiðr,** m. *dishonour;* **-heila,** f. = -heilsa; **-heiligr,** a. *wretched, ill;* **-heilindi,** n. *failing health, illness;* **-heill,** a. (1) *not hale, disabled;* e-m verðr -heilt, *one is taken ill;* (2) *pregnant;* **-heilsa,** f. *failing health, illness;* **-henta,** v. *to stand in need of, want* (hann kvað sér -henta annat); **-hentr,** a. *not suitable;* e-m er e-t -hent, *it suits him not well;* **-herðr,** pp. *not pushed up to one's mettle;* **-hluta,** a. indecl. *unfairly dealt with;* verða -hluta, *to be worsted;* **-hlutr,** m. *damage, loss;* **-hyggja,** f. *lack of forethought.*

vani, m. *custom, usage;* leggja e-t í vana sinn, *to practise habitually.*

van-kunnandi, -kunnasta, f. *want of knowledge, ignorance;* **-launaðr,** pp. *badly rewarded;* **-lofaðr,** pp. *under-praised;* **-luktr,** pp. *half-finished;* **-lyktir,** f. pl. *neglect,* með (at) -lyktum, *unfinished, half done;* **-mátta,** a. indecl. *weak, infirm;* **-máttigr,** a. *failing in strength;* *unable, impotent;* **-máttr,** m. *failing strength, illness;* **-megin,** n. (1) *weakness, illness;* (2) *fainting, swoon;* **-meginn,** a. *feeble, weak;* **-megn,** n. = -megin; **-megna** (að), v. *to weaken;* refl., -megnast, *to grow faint;* **-menna,** f., **-menni,** n. *worthless person;* **-meta,** a. indecl. *in a weak, bad condition* (var fótrinn -meta); **-metnaðr,** m. *disgrace;* **-mettr,** pp. *hungry;* **-minni,** n. *forgetfulness;* **-mælt,** pp. n., eiga e-t -mælt, *to have anything unsaid, anything to say;* hvárt sem mér verðr of mælt eða -mælt, *whether I say too much or too little.*

vanr, a. (1) *wont, accustomed* (bað

hann ganga til sætis þess, er hann var v. at sitja); v. e-u, *used to a thing*; (2) *usual* (ekki fekk ek minna til bús en vant er).

vanr, a. *lacking, wanting*, with gen.; handar em ek v., *I lack a hand*; vön geng ek vilja, *I walk joyless*; e-s er vant, *something is wanting or missing*; eitt sinn var vant kýr í Þykkvabœ, *a cow was wanting.*

van-rétti, n. *loss of right, injury* (þola -rétti); **-rœkiliga**, adv. *carelessly, slovenly*; **-rœkinn**, a. *careless, negligent*; **-rœkja** (-ta, -tr), v. *to neglect, disregard*; **-rœkni, -rœkt**, f. *lack of care, negligence*; **-sami**, m. *dishonour*; **-sénn**, a. *difficult to see.*

vansi, m. (1) *lack, want* (v. matar ok klæða); (2) *shame, disgrace* (verða fyrir, fá, vansa); (3) *harm, injury*; þeir fengu engar bœtr fyrir vansa sína, *they got no compensation for their hurts.*

van-signaðr, pp. *cursed*; **-skörungr**, m. *wretched fellow*; **-stilli**, n., **-stilling**, f. *lack of moderation, intemperance*; **-stilltr**, pp. (1) *wanting in temper, rash*; (2) *excessive*; **-sætti**, n. *discord*; **-sœmd**, f. *dishonour, contumely*, = úsœmd.

vanta (að), v. *to want, lack*; impers. with acc. of the person and thing (e-n vantar e-t); vantaði þá eigi hesta né aðra hluti, *they wanted neither horses nor other things.*

van-talat, pp. n. = -mælt; á ek við hvárigan ykkar -talat, *I want to speak to neither of you*; **-talit**, pp. n. *not fully accounted for, short in the tale*; **-tempran**, f. *immoderation*; **-traust**, n. *lack of trust*; **-trú**, f. *unbelief*; **-trúaðr**, pp. *unbelieving*; **-trúnaðr**, m. *distrust*; **-trúr**, a. = -trúaðr; **-unninn**, pp. *unfinished*; **-virða** (-rða, -rðr), v. *disregard, dishonour, put to shame*; **-virða**, f. **-virðing**, f. *disgrace, shame*; **-virkja**, f. *defect, fault*; **-vizka**, f. *foolishness.*

vanyfla-sótt, f. *habitual illness.*

van-yfli, n. pl. *chronic ailments.*

var-, a prefixed particle, = van-.

vara (að), v. (1) *to warn, caution*; v. e-n við e-u, *to caution one against, bid one beware of* (þú hefir þat ráð upp tekit, er ek varaða þik mest við); v. sik, *to be on one's guard, beware*; (2) refl., varast = vara sik (þeir Þorgils vissu sér engis ótta ván ok vöruðust ekki); v. af e-u *to take warning from* (svá at aðrir varist af úförum þínum); v. e-t, *to be on one's guard against, shun, take care not to* (hann varaðist þat mest at koma við landit); bað jarlinn við v., *to be on his guard.*

vara (-ði), v. *to give (one) a foreboding of*; þess varir mik, at, *I have a presentiment that*; þeir kómu þar jafnan fram, er engi mann varði, *where no one expected*; bar hann skjótara at en þá varði, *sooner than they expected*; þá er minnst varir, *when one least expects it.*

vara, f. *wares*, in Norway chiefly of *fur* (grá-, skinna-vara), in Iceland of *wadmal* (vara íslenzk).

varan, f. (1) *warning*; (2) *shunning.*

varar-feldr, m. a kind of *cloak*; **-skinn**, n. *skin current in trade*; **-váð**, f. = vöruváð.

var-boðit, pp. n. *underbidden, underrated*; **-búinn**, pp. *unprepared.*

varða (að), v. (1) *to warrant, guarantee, answer for*; v. fyrir e-n, *to stand bail for one*; ek vil, at Flosi einn varði við mik, *my will is that F. alone shall be answerable* (for the fines) *to me*; (2) *to bargain for* (S. hefir áðr varðat viðinn fyrir þrjú hundruð einlit); (3) *to be of importance* (ef þér þykkir v. um mína vináttu); v. e-n, *to concern one, be of importance to one* (at segja þér þat, er þik varðar); v. miklu, litlu, engu, *to matter much, little, naught*; hann kvað þá engu þat v., *said it was no business of theirs*; varðar engu um vára aptrkomu, *it does not matter whether we come back or not*; (4) *to guard, watch, defend* (v. land, alla vega); v. e-m e-t, *to ward a thing off from a person, withhold it from him*; v. mér bátinn, *to forbid me the boat*, by force; v. e-m, with infin. *to hinder, prevent* (varðar hann fé váru at komast yfir ána); (5) *to be liable to, punishable by* (varðar þat fjörbaugsgarð); hvat varðar, þótt vér reynim, *what risk though we try?*; v. e-m e-t, *to entail as a penalty upon one* (spurði, hvat konu varðaði, ef hón væri í brókum jafnan svá sem karlar); v. við lög, *to be punishable by law* (þat ætla ek við lög v. at vinna á Mikjálsdegi); ok lét v. þriggja marka útlegð, *he asked for a fine of three marks*; (6) *to belong to* (sú jörð, er klaustrinu varðaði).

varða, f. *pile of stones, cairn* (hlaða, reisa vörðu).

varð-berg, n. '*watch-rock*', *outlook*; vera á -bergi, *to be on the lookout*; **-hald**, n. (1) *holding ward, keeping watch*; vera á -haldi, *to keep watch* (hann skyldi gæta hesta þeira ok vera á -haldi); (2) *custody* (hafa e-n í -haldi).

varðhalds-engill, m. *guardian angel*; **-maðr**, m. *watchman*.

varð-helgi, f. *sanctuary, asylum*; **-hundr**, m. *watch-dog*; **-hús**, n. *watch-house*.

varði, m. *cairn* = varða (var v. stórr fyrir ofan tjaldit).

varð-karl, m. *watch-carle, warder*; **-klokka**, f. *watch-bell*; **-lokkur**, f. pl. a kind of *magic song, charms*; **-maðr**, m. *watchman, warder*; **-veita** (-tta, -ttr), v. (1) *to keep, preserve*, with dat. (-veita þessum steini); later with acc., svá skal ek þik -veita, at þik skal ekki saka, *I shall take such good care of thee, that no harm shall come to thee*; -veita sik við e-u, frá e-u, *to abstain from*; ef maðr tekr grið ok -veitir þat ekki, *if a man takes up an abode and does not keep it*; (2) *to observe* (-veita guðs boðorðum); **-veizla**, f. *keeping, custody*; fá e-m fé til -veizlu, *to hand money over to one to keep*.

varðveizlu-lauss, a. *watchless, unguarded*; **-maðr**, m. *warder, keeper*.

var-fœri, f. *wariness*; **-fœrr**, a. *wary, cautious* (Ólafr bað hann vera varfœran).

varg-dropi, m. *son of an outlaw*.

var-gefin, pp. f. *ill-matched*, of a woman; **-goldinn**, pp. *underpaid*.

varg-hamr, m. *wolf's skin*; **-ljóð**, n. pl. *wolf-howlings*.

vargr (-s, -ar), m. (1) *wolf* (trollkona sat á vargi); (2) *thief, robber, miscreant*; eyða vörgum, *to destroy miscreants*; (3) *outlaw* (Eyvindr hafði vegit í véum, ok var hann v. orðinn).

varg-rækr, a. *who is to be hunted down as a wolf*.

vargs-hold, n. *wolf's flesh*.

varg-skinn, n. *wolf's skin*.

vargs-líki, n. *likeness of a wolf* (brugðu Æsir Vala í -líki); **-rödd**, f. *voice (howling) of a wolf*.

varg-stakkr, m. *a cloak of wolf's skin* (þeir höfðu -stakka fyrir brynjur); **-tré**, n. *gallows*.

varg-úlfr, m. *were-wolf*.

varg-ynja, f. *she-wolf*; **-öld**, f. *age (time) of wolves*.

var-haldinn, pp. *unfairly treated*; **-hluta**, a. indecl. verða -hluta fyrir e-m, *to get an unfair share, be wronged*; **-hugi**, m. *precaution*; gjalda -huga við e-u, *to beware of*; **-hygð**, f. *wariness, watchfulness*.

vari, m. *wariness, precaution*; betri er hinn fyrri varinn, *fore-thought is better than after-thought*; til vara, *by way of precaution*.

vari, m. *the watery substance of the blood* (vatn, er menn kalla vara).

varinn, pp. *conditioned* = farinn (svá er mér varit, at).

varla, adv. *hardly, scarcely*.

var-launaðr, pp. *insufficiently rewarded*; eiga e-m -launat, *to be in debt to one*; **-leika**, a. indecl., verða -leika, *to be worsted in a game*; **-leiki**, m. *wariness*; **-leitat**, pp. n. *insufficiently searched* (hafa -leitat e-s); **-liga**, adv. (1) *scarcely, hardly*; (2) *warily* (fara, mæla -liga); **-ligr**, a. *displaying wariness, cautious, safe* (þat þótti -ligra).

varma-hús, n. *a warmed room*.

varmr, a. *warm*; var honum varmt mjök, *he was very warm*.

var-mæltr, pp. *cautious in one's language*; cf. 'varorðr'.

varna (að), v. (1) *to withhold from one, deny one a thing*, v. e-m e-s (v. e-m liðveizlu, máls, réttinda); (2) v. við e-u, *to abstain from* (v. við kjötvi);

varnaði-t við tárum, *she could not forbear weeping.*

varnaðar-bréf, n. *letter of protection, safe-conduct*; **-maðr**, m. *warder, guardian.*

varnaðr (gen. -ar), m. (1) *protection, keeping* (hafði hann tekit mál þeira á sinn varnað); (2) *warning, caution*; láta sér annars víti at varnaði verða, *to be warned by another's woe*; bjóða, setja e-m varnað á e-u, *to bid one beware of a thing*; margir hlutir vóru þar til varnaðar mæltir, *were forbidden*; (3) *wares, goods* (Egill lét upp setja skip sín ok fœra varnað til staðar); (4) *household people.*

varnan, f. *warning, caution.*

varnar-, gen. from 'vörn'; **-aðili**, m. *defendant in a suit*, opp. to 'sóknaraðili'; **-eiðr**, m., **-gögn**, n. pl., **-kviðr**, m. *oath, evidence, verdict for the defence*; **-lauss**, a. *defenceless*; **-maðr**, m. *defender.*

varningr, m. *wares, goods, cargo.*

var-orðr, a. *wary in one's words, discreet*; cf. 'varmæltr'.

varp, n. *casting, throwing*, of a net.

varpa (að), v. *to cast, throw*, with dat. (v. frá sér kyrtlinum); v. öndinni, *to draw a deep breath.*

varpa, f. *fishing-net.*

varr (vör. vart), a. (1) *aware*; verða e-s v., verða v. við e-t, *to be aware of, learn, hear*; gera e-n varan við e-t, *to warn a person*; gera vart við e-t, *to draw attention to a thing*; (2) *wary, cautious*; vera v. um sik, *to be on one's guard*; v. við e-t, *on one's guard against.*

varr-sími, m. *the wake of a ship.*

vart, adv. (1) *scantily, poorly* (konur v. búnar); (2) *scarcely.*

varta, f. *wart* (þat tekr af vörtur).

vartari, m. *strap, thong.*

var-úð, f. *precaution*; gjalda varúð við e-u, *to beware of.*

varúðar-mál, n. pl. *warning words.*

var-úðigr, a. *wary, cautious.*

varúð-liga, adv. *warily.*

varzla, f. *surety, caution, guarantee*; ganga í vörzlu fyrir e-n, *to become surety for one.*

vasast (að), v. refl., v. í e-u, *to be entangled in, meddle with or in a thing* (eigi vil ek v. í slíku).

vaska (að), v. *to wash the head*, with dat. (v. höfði, honum, sér).

vask-leikr, m. *bravery, valour*; **-liga**, adv. *valiantly*; **-ligr**, a. *of brave or gallant bearing.*

vaskr, a. *manly, valiant* (þú ert maðr v. ok vel at þér).

vatn (gen. **vatns** or **vatz**), n. (1) *water, fresh water* (spratt þar v. upp); sól gengr at vatni, *the sun sets in the sea*; (2) *tears* (vatnit for niðr eptir kjálkanum á honum); halda vatni, *to forbear weeping*; (3) *lake* (Mjörs er svá mikit vatn, at líkara er sjó); (4) pl., vötn, *large rivers* (hnigu heilög vötn af Himin-fjöllum).

vatna (að), v. (1) *to water* (v. hestum, fénaði); (2) *to fast on water*, = vatnfasta; (3) impers., land vatnar, *the land disappears under the (horizon at) sea* (þeir sigldu þrjá daga til þess er landit var vatnat).

vatna-djúp, n. *abyss*; **-gangr**, m. *inundation, overflow, fall of rain*; **-hlaup**, n. *floods, rushing forth of waters*; **-vöxtr**, m. *swelling of rivers*; **-þytr**, m. *sound of falling waters.*

vatn-beri, m. = vatnsberi; **-bólginn**, a. *dropsical*; **-dauðr**, a. *drowned in fresh water*; **-dragari**, **-dragi**, m. *water-carrier*; **-fall**, n. (1) *stream, river* (svá mikit -fall sem áin Nið er); (2) *torrents of rain* (-fall fylgdi hér svá mikit ór lopti, at); **-fátt**, a. n. *short of water*; fá -fátt, *to become short of water*; **-fasta** (að), v. *to fast on water*; **-fasta**, f. '*water-fast*'; **-fiskr**, m. *fresh-water fish*; **-gangr**, m. *swelling of water*; **-kakki**, m. *water-butt*; **-karl**, m. *jug*; **-kálfr**, m. *dropsy*; **-ker**, **-kerald**, n. *water-vessel*; **-lauss**, a. = vatnslauss; **-ormr**, m. *water-serpent*; **-rás**, f. = vatnsrás.

vatns-bakki, m. *bank or shore of a lake*; **-beri**, m. *water-bearer, Aquarius*; **-botn**, m. *upper end of a lake*; **-burðr**, m. *carrying water*; **-drykkr**, m. *drink of water*; **-endi**, m. *end of a lake*; **-fall**, n. = vatnfall; **-farvegr**, m. *bed of a river*; **-fata**, f. *water-pail*; **-hríð**, f. *heavy shower of* *rain with wind*; **-íss**, m. *ice on a lake*; **-ker**, **-kerald**, n. *water-vessel*; **-lauss**, a. *waterless*; **-skírn**, f. *baptism in water*; **-skortr**, m. *lack of water*; **-óss**, m. *mouth of a lake* (connected with the sea); **-rás**, f. *water-course*; **-sótt**, f. *dropsy*; **-strönd**, f. *bank of a lake*; **-støkkull**, m. *a brush for sprinkling water*; **-veita**, f. *drain, trench, aqueduct*; **-vígsla**, f. *consecration of water*; **-vík**, f. *creek in a lake*; **-æðr**, f. *vein of water*.

vatta (að), v. *to grasp with gloves*.

vatz-, = vatns-, vaz-.

vax, n. *wax* (bráðna sem v. við eld).

vaxa (**vex**; **óx** or **vóx**, **óxum** or **uxum**; **vaxinn**), v. (1) *to wax, grow* (hann heyrir þat er gras vex á jörðu); v. upp, *to grow up* (þá er hann óx upp); honum vóx eigi skegg, *no beard grew on his chin*; (2) v. e-u, *to be overgrown with* (hrísi vex ok hávu grasi vegr, er vætki treðr); (3) *to wax, increase* (veðr, vindr vex); þá er honum óx aldr, *when he grew older*; e-m vex e-t í augu, *a thing grows big in one's eyes*; (4) *to grow greater* in fame (Sigurðr konungr þótti v. mikit af þessi veizlu).

vax-blys, n. *wax-torch*.

vaxinn, pp. (1) *grown up* (v. maðr); (2) *overgrown with* (grasi, skógi, viði, reyri v.); (3) *shapen, formed* (Nóregr er v. með þrem oddum); svá er við vaxit, *the matter stands so*.

vax-kerti, **-ljós**, n. *wax-candle, wax-light*; **-spjald**, n. *wax-tablet*, for writing on.

vaxta-lauss, a. *without increase or interest*.

vaxt-samr, a. *fruitful, productive*.

vaz-, (=vats-) the common spelling for 'vatns-'.

vaztir, f. pl. *fishing-bank* (á þær v., er hann var vanr at sitja).

vá (gen. **vár**), f. *woe, calamity, danger*; þat er lítil vá, *'tis no great harm*; e-m bregðr vá fyrir grön, *one gets a sudden fright* (brá þeim vá fyrir grön, er þeir sá Birkibeina).

vá, f. *nook, corner*, = vrá.

vá (**váða**), v. *to blame* (úkynnis þess vár þik engi maðr).

vá-beiða, f. *an evil-boding monster*; **-brestr**, m. *a sudden evil-boding crash or sound*; **-böl**, n. *an unlooked for calamity*.

váð (pl. **-ar**), f. (1) *stuff, cloth* as it leaves the loom (sat þar kona, sveigði rokk, bjó til váðar); (2) *fishing-net*; (3) pl., váðir, *clothes* (váðir mínar gaf ek tveimr trémönnum).

váða-hark, n. *terrible noise*; **-kuldi**, m. *perilous cold*; **-ligr**, a. *scatheful, perilous*; **-samligr**, a. = -ligr; **-verk**, n. *accidental deed*, of an unintentional harm inflicted.

váð-áss, m. *a pole to hang clothes on*; **-hæfr**, a. *fit for sail* (-hæft veðr).

váði, m. *scathe, danger, peril*, of extreme sudden danger (mér þykkir við váða búit, ef); stýra e-m til ens mesta váða, *to expose one to the greatest danger*.

váð-ker, n. *a tub in which clothes are stamped or trodden*; **-meiðr**, m. *clothes-pole* = -áss.

váð-veifliga, adv. *suddenly*.

váð-verk, n. *cloth-making*.

váð-vænligr, a. *perilous*; **-vænn**, a. *fraught with danger*; straumar váðvænir, *dangerous currents*.

váfa (-ða), v. *to swing, vibrate to and fro, hang*; v. yfir, *to be impending*.

váfa, f. *ghost, spectre, shade*.

vág, f. (1) *balance, scales* (hann biðr Gilla taka vágina); (2) *weight* (v. mín af gulli).

vága (að), v. *to dare, venture*.

vá-gestr, m. *dangerous guest*.

vág-föll, n. pl. *the running of blood and matter from a sore*.

vá-glati, m. *destruction*.

vág-marr, m. *'wave-steed', ship*.

vágr (**-s**, **-ar**), m. (1) *wave, sea*; (2) *creek, bay*; (3) *matter from a sore*.

vág-rek, n. *wreck, goods drifted ashore* (skyldi þat -rek heita).

vágs-botn, m. *inner end of a bay*.

vág-skorinn, pp. *indented with bays*.

vála (að), v. *to wail*.

válað, n. *misery, destitution* (hón grét mjök fátœki sitt ok v).

válaðr, a. *wretched, indigent, distressed* (vesall ok v. ok fátœkr).

vá-ligr, a. *hurtful, harmful* (spyrja

er bezt til váligra þegna); **-lítill,** a. (1) *harmless, doing small harm*; (2) *very little, very short*, of time; **-ljúgr,** m. *disappointment* (nú er mér orðinn -ljúgr at þeim átrúnaði).

válk, n. *tossing to and fro*, esp. at sea (fekk hann þá v. mikit).

válka (**að**), v. (1) *to toss to and fro, drag with oneself* (eigi hœfir svá gömlum karli at v. svá væna mey); (2) v. e-t fyrir sér, v. e-t í hugnum, *to ponder over*; (3) refl., válkast í e-u, *to wallow in* (þeir höfðu válkazt í róðru ok blóði).

vá-lyndi, n. *ill-will*; **-lyndr,** a. *ill-natured, scatheful.*

váma, f. *qualm, ailment.*

vámr, m. *a loathsome person.*

ván (pl. **-ir**), f. *hope, expectation, prospect*; mér er v., at, *I expect that*; er v. e-s, *it is to be expected*; slíks var v., *this was to be looked for*; þeim var ills ván at Þór, *they apprehended evil from Th.*; sem hann hafði áðr sagt á ván, *as he had given to understand*; sem v. var at, *as was to be expected*; vita sér engis ótta vánir, *to apprehend no danger*; konungs var þangat v., *the king was expected there*; e-t stendr til vánar, *it bids fair*; e-t er at vánum, *it is what could be looked for* (ok er þat at vánum við skaplyndi Þorgeirs); vita v. til e-s, *to expect*; hann vissi enga v., at, *he had no expectation that*; eiga barn í vánum, *to have a child in prospect*; draga e-t í v., *to hold out a prospect of*; mörgum þykkir fyrir v. komit, *many think it is past all hope*; þá er allar vánir vóru rannsakaðar, *when all likely places were searched*; dat., vánu, with compar., vánu bráðara, skjótara, *sooner than expected*; vánu verr, *worse than might be expected.*

vána (**að**), v. *to hope, look for, expect*, = vænta (ek vána, at góð verði þessi ferð).

vánar-lauss, a. *hopeless*; **-maðr,** m. (1) *a person who has a prospect of being saved*; (2) *almsman, beggar*; **-völr,** m. *beggar's staff* (bera -völ).

ván-biðill, m. *a wooer waiting for an answer.*

vándr, a. (1) *bad, wretched* (í vándum klæðum); (2) *bad, wicked* (v. hefi ek verit, en aldri hefi ek þjófr verit).

vándska, f., **vánd-skapr,** m. *wickedness*; *evil conduct.*

vánds-liga, adv. *badly*; **-ligr,** a. *bad, wicked*; *harmful.*

ván-leysi, n. *hopelessness*; **-ligr,** a. *likely, to be expected*; **-lygi,** m. *frustration of hope, disappointment.*

vápn, n. *weapon* (vóru sumir vápnum vegnir, sumir grýttir til bana).

vápna (**að**), v. *to furnish with arms*; v. sik, *to arm oneself*; refl., vápnast, *to take one's arms.*

vápna-afli, m. *stores of arms*; **-bit,** n. '*weapon-bite*', *wound*; **-brak,** n. *din of arms*; **-burðr,** m. (1) *carrying of arms* (þá var svá lítill -burðr, at ein var stálhúfa þá á alþingi); (2) *fray, shower of weapons in battle*; bar fyrir útan þat skip -burð heiðingja, *their missiles fell outside the ship*; **-búnaðr, -búningr,** m. *equipment of arms, armour*; **-gangr,** m. (1) *clash of weapons*; (2) *shower of missiles*; **-glam,** n., **-gnýr,** m. *clash of weapons*; **-kista,** f. *arm-chest*; **-mót,** n. *fight, battle*; **-samankváma,** f. *meeting of weapons, battle*; **-skipti,** n. (1) *exchange of weapons*; (2) *exchange of blows* (oss munu öll -skipti þungt ganga); **-staðr,** m. (1) *a place where one may be wounded* (sjá beran -stað á e-m); (2) *weapon-mark, wound*; **-stefna,** f. = -þing; **-tak,** n. (1) *weapon-grasping*, used to express consent by waving or brandishing the weapons (œptu upp allir með -taki, at þeir skyldi allir vera útlagir); gera -tak at e-u, *to pass a resolution at a public assembly*; (2) in the Icel. parliament, *the breaking up of the session*, when the men resumed their weapons (þat heitir -tak, er alþýða ríðr af alþingi); (3) = -þing; **-við-skipti,** n. = -skipti; **-þing,** n. *muster, wapenshaw* (um morgininn átti konungr -þing ok kannaði lið sitt).

vápn-bitinn, pp. *dead by the sword*; **-dauðr,** a. *weapon-dead*, = -bitinn; **-djarfr,** a. *gallant*; **-fimi,** f. *skill in arms*; **-fimr,** a. *dexterous in arms*;

-fœrr, a. (1) *able to bear arms* (M. hafði samnat hverjum manni, er -fœrr var); (2) *fit as a weapon*; **-föt**, n. pl. *armour*; **-göfigr**, a. *glorious in arms*; **-hanzki**, m. *war-glove*; **-hestr**, m. *war-horse*; **-hœfr**, a. *fit for, manageable, as a weapon*; **-lauss**, a. *weaponless, unarmed*; **-rokkr**, m. *coat worn above armour*; **-slœgr**, a. = -fimr; **-steinn**, m. *stone used as a weapon*; **-sœkja**, v. *to attack*; **-söngr**, m. *clash of arms*; **-vana**, a. indecl. = -lauss.

Vár, f. *one of the goddesses.*

vár, n. *spring*; um várit, á várin, *in the spring* (á várin, er ísa leysir); í vár, *last spring.*

vára (að), v. *to become spring*; impers. (þá er váraði; er vára tók); refl., en er váraðist, gerðist hann hljóðr mjök, *when spring came, he grew very silent.*

várar, f. pl. *solemn vow, oath*; Helgi ok Sváfa veittust v., *H. and S. plighted their faith*; armr er vára vargr, *wretched is the faith-breaker.*

vár-dagar, m. pl. *spring days*; **-ferill**, m. *spring-traveller*; **-gæra**, f. *spring-fleece.*

vár-kunn, f. (1) *what is to be excused*; er þat nökkur -kunn, at þú verðir oss eigi at liði, *there is some excuse for thee for not helping us*; (2) *compassion, pity*; **-kunna**, v. *to excuse, pity*, = -kynna.

várkunnar-bragð, n. = -verk; **-hugr**, m. *compassionate mind*; **-lauss**, a. (1) *unmerciful*; (2) *inexcusable*; **-leysi**, n. *mercilessness*; **-verk**, n. *excusable deed.*

várkunnigr, a. *merciful, forbearing, compassionate.*

várkunn-látr, a. *forbearing*; vera sér -látr um e-t, *to excuse oneself*; **-ligr**, a. *excusable*; **-læti**, n. *forbearance, mercy.*

vár-kynd, f. = -kunn; **-kynna** (-da, -t), v. (1) *to excuse*; (2) *to pity.*

vár-langr, a. *as long as in spring*; **-ligr**, a. *belonging to the spring.*

várr, poss. pron. *our*; sá v., er, *the one of us who*; skipi hvert várt stýrði, *each of us steered his own ship*; fundir várir (= okkrir) Hákonar, *the meetings of H. and myself.*

vár-tíð, f., **-tími**, m. *spring-tide, spring-time*; **-víking**, f. *freebooting expedition in spring*; **-yrkja** (-ta, -t), v. *to do the spring-work*, in a household; **-þing**, n. *spring-assembly*; **-önn**, f. *spring-work.*

vás, n. *toil, fatigue*, from bad weather (þola v. ok erfiði); **-búð**, f. = vás (var þar hörð vásbúð); **-ferð**, **-för**, f. *wet (rough) journey.*

vá-skapaðr, m. *mischief-maker*; **-skeytr**, a. *fickle, shifty.*

vás-klæði, n. pl. *bad-weather clothes*; **-kufl**, m. *rain-cloak*; **-kyrtill**, m. = -kufl; **-samr**, a. *wet and toilsome*; **-stakkr**, m. = -kufl.

vá-stigr, m. *woeful path.*

vás-verk, n. *wet work*; **-viðri**, n. *bad weather.*

váta-drífa, f. *fall of sleet*; **-reykr**, m. *wet reek, steam.*

vát-fœrr, a. *wet to pass*, of a road; **-lendi**, n. *wet soil.*

vátr, a. *wet* (þeir vóru vátir mjök).

vátta (að), v. *to witness, affirm.*

vátta-laust, adv. *without witnesses.*

vátt-bærr, a. *admissible as a witness*; **-lauss**, a. *unwitnessed*; **-nefna**, f. *calling witnesses*; **-næmdr**, pp. *attested by witnesses*; **-orð**, n. *evidence, testimony.*

váttr (-s, -ar), m. *witness* (hafa vátta við, nefna vátta).

vátt-vísi, f. *testimony.*

vátviðra-samr, a. *wet* (sumar þetta var illt ok -samt).

vát-viðri, n. *wet weather* (þá gerir á skúr mikla ok -viðri).

vá-veifi, n. *fearful suddenness*; **-veifis**, adv. *all of a sudden.*

váveif-liga, adv. *suddenly*; **-ligr**, a. *sudden* (-ligir hlutir).

vé, n. (1) *mansion, house*; byggja vé goða, *to dwell in the homes of the gods*; (2) *temple, sanctuary* (vega víg í véum).

vé, n. pl. *standard* (poet.).

vear, m. pl. *the gods* (poet.).

vé-bönd, n. pl. *the ropes fastened to stakes* (heslistengr) *by which the court was surrounded.*

veð (gen. pl. **veðja**), n. *pledge, surety*; setja e-t í v., at veði, *to pledge, give in pledge*; hann bauð at veði alla eign sína, *he offered all his property as a pledge*; leysa (út) v., *to redeem a pledge*; hafa e-t í veði, *to have at stake*; vera í veði, *to be at stake* (líf mitt er í veði).

veð-bróðir, m. *a plighted brother, confederate*; **-fé**, n. *a bet or wager*; dœmdu þeir, at dvergrinn ætti -féit, *that the dwarf had won the wager.*

veðja (**að**), v. *to stake in a wager*, with dat.; þá veðjaði Loki höfði sínu við þann dverg, *then L. wagered his head with that dwarf*; v. um við e-n, *to lay a wager with one* (búinn em ek at v. um við þik, at ek mun finna ljótara fót).

veðjan, f. *wagering, betting.*

veð-máli, m. *pledge, mortgage*; **-mæla** (**-ta, -tr**), v. *to demand as, bind by, a pledge.*

veðr, n. (1) *weather* (gott, illt v.); (2) *wind* (tók at lægja veðrit); sigla (stýra) á v. e-m, *to get to the windward of one, take the wind out of his sail*; (3) *quarter, tack*; veifði hann rœði annars veðrs til, *he steered round with his oar on the other tack*; (4) *the lower air* (þetta smíði var svá mikit vorðit, at þat tók upp ór veðrum); v. rauf upp, *the air cleared up*; (5) *wind, scent*; bersi hafði v. af manninum, *the bear had wind of the man, scented him*; komast við veðri, *to be scented, rumoured*; láta koma v. á e-n um e-t, *to let one get scent of, throw out hints to one about a thing*; staðarmenn mæltu mjök á v., *hinted broadly.*

veðr (gen. **-rs** and **-rar**, pl. **-rar**), m. (1) *wether*; (2) *battering-ram.*

veðra-bálkr, m. *continuous stormy weather*, **-bati**, m. *an improvement in the weather* (heita til -bata).

veðrar-horn, n. *a wether's horn.*

veðrátta, f. (*state of the*) *weather.*

veðr-belgr, m. *weather-bag*; **-blaka**, f. *breath of wind*; **-dagr**, m., einn tíma er -dagr var góðr, *one fine day*; **-eygr**, a. *weather-wise*; **-fall**, n. *condition* (*set*) *of the wind*; **-fastr**, a. *weather-bound*; **-gnýr**, m. *gust of wind*; **-góðr**, a. *with a mild climate* (land -gott); **-harðr**, a. *marked by hard weather* (haust -hart); **-himinn**, m. *atmosphere*; **-kœnn**, a. *skilful in forecasting the weather, weather-wise*; **-leikr**, m. = veðrátta; **-lítill**, a. *calm, light*, of wind; **-sjúkr**, a. *anxious about the weather*; **-spár**, a. *weather-wise*; **-staða**, f. *direction of the wind*; **-sæll**, a. *blessed with good weather*; **-vana**, a. indecl. *lacking favourable wind*; **-vandr**, a. *nice as to weather*; **-viti**, m. *vane.*

veð-setja, v. (1) *to pawn, mortgage* (-setja jarðir sínar); (2) *to hazard, stake* (-setja sik ok fé sitt); -setja sik í þetta mál, *to pledge oneself to* (*take part in*) *this case.*

vefa (**vef**; **vaf, váfum, vófum, ófum**; **ofinn, vofinn**), v. (1) *to weave* (v. vef, dúk); (2) *to plait, twist* (v. vandlaup).

vé-fang, n. *division or disagreement in court*; **-fengja** (**-da, -dr**), v. *to bring about a* véfang, *divide the court in a suit* (þeir munu ok ætla at -fengja brennumálit).

vefja (**vef**; **vafða**; **vafiðr, vafðr, vafinn**), v. (1) *to wrap, fold*; v. e-u um höfuð sér, at höfði e-m, *to wrap it round one's head*; hann tók vaðmál ok vafði at sér, *and wrapped it round himself*; v. e-t saman, *to fold or wrap it together* (vóru þar margir tötrar saman vafðir); v. e-t e-u (í e-u, með e-u), *to wrap it up in a thing* (barnit var vafit í dúki); meðal-kafli gulli vafiðr, *a sword-haft wound with gold*; (2) *to entangle, embroil* (þú lætr Egil v. öll mál fyrir þér); (3) refl., vefjast, *to be wrapped* (v. um fœtr e-m); *to straggle* (hrossin höfðu vafizt í einu lœkjarfari); *to be entangled* (vefjast í áhyggjum).

vefjar-möttull, m., **-skikkja**, f. *a costly woven mantle, cloak*; **-stofa**, f. *weaving-room.*

vefnaðr (gen. **-ar**), m. *weaving, woven stuff.*

vef-nistingar, f. pl. *sails* (poet.).

vefr (**-jar, -ir**), m. (1) *a web in the loom*; (2) *woven cloth* (dýrir vefir).

veftr, m. (1) *woof, weft*; (2) *cloth.*

vega (veg; **vá, vágum; veginn**), v. (1) *to lift* (hann vegr heyit upp á herðar sér); v. e-n á bál, *to lift one on the funeral fire*; v. e-n ór skógi, *to inlaw one*; (2) *to weigh* (verðum vér at leita at skálum ok v. hringinn); fig., skal yðr engi vera traustari vin, þótt þér vegit þat lítit, *though ye esteem it little*; (3) *to weigh, be of weight* (hvert haglkorn vá eyri); (4) *to fence, fight* (*smite*) *with a weapon* (hann vá svá skjótt með sverði, at þrjú þóttu á lopti at sjá); (5) v. at e-m, *to attack one, fight against one* (ungr skal at ungum vega); (6) *to gain by fighting*; v. sigr, *to gain the victory*; v. sigr á e-m, *to overcome, beat, vanquish*; v. til landa, *to win land weapon in hand*; (7) *to smite, slay, kill*; v. mann, v. víg, *to slay a man*; (8) refl., þat sverð, er sjálft mun vegast, *the sword that will fight of itself*; vást meirr á hlut Grikkja, *the Greeks lost more men*; recipr., vegast, *to slay one another.*

vega-bót, f. *way-mending*; **-mót**, n. pl. *meeting of roads.*

vegandi (pl. **-endr**), m. *slayer, killer* (ef v. beiðir sér griða).

veg-farandi(pl. **-endr**), m. *wayfarer.*

vegg-berg, n., **-hamarr**, m. *steep precipitous rock.*

veg-girni, f. *ambition, vanity.*

veggjaðr, pp. *walled* (veggjaðar ok vígskerðar borgir).

veg-gjarn, a. *ambitious, vainglorious* (fégjarn ok veggjarn).

veggr (gen. **-jar** and **-s**, pl. **-ir**), m. *wall* (hlaða vegg); fig., var lágr v. undir sólina, *the sun was low above the horizon.*

vegg-sleginn, pp. *wedge-formed* (øx -slegin ok þykk).

vegg-þili, n. *wainscoting* (veggþili vóru tjölduð með fögrum skjöldum).

veg-látr, a. *stately, high-minded*; **-liga**, adv. *nobly, magnificently*; **-ligr**, a. *grand, magnificent*; **-lyndi**, n. *generosity*; **-lyndr**, a. *generous, high-minded*; **-mannligr**, a. *magnificent*; **-menska**, f. *noble manners, generosity.*

veg-móðr, a. *tired of the journey.*

vegna (**að**), v. *to proceed, go* (v. vel, illa); þeim hafði illa vegnat, *they had done badly, had bad luck.*

vegna, gen. pl. (1) tveggja v., *on* (*from*) *two sides* (sœkja þeir nú at honum tveggja v.); (2) á (*or* af) v. e-s, *on one's behalf*, also simply, v. e-s, *on one's account or behalf, on the part of*; minna (várra) v., *on my* (*our*) *behalf.*

veg-nest, n. *travelling provisions.*

vegr (gen. **-ar** and **-s**; pl. **-ir** and **-ar**, acc. **-u** and **-a**), m. (1) *way, road* (á vegum úti); (2) fig. phrases, koma e-u til vegar, *to bring about*; fara til vegar, *to go, proceed* (ekki mun þér um at kenna, hversu sem til vegar ferr); ganga (koma) til vegar, *to come to an issue, be decided* (gekk þat ok eigi til vegar); gera endiligan veg á máli, *to bring it to an issue*; venda sínum vegi, *to wend one's way*; (3) *way, mode, manner*; þessir menn munu sœkja oss með eldi, er þeir megu eigi annan veg, *if they cannot* (*get at us*) *in any other way*; einn veg, *one way, in the same way*; annan veg, *otherwise* (er annan veg en ek hygg); þann veg, *thus, in that wise* (þetta er ekki þann veg at skilja); hvern veg, *how* (eigi veit ek hvern veg þá mun verða); þótti sinn veg hvárum, *each of the two had his own opinion, they disagreed*; á alla vega, *in every way, manner, respect*; á marga vega, *in many ways*; (4) *direction*; alla vega, *in all directions, on all sides* (kváðu við lúðrar alla vega í braut frá þeim); skjót annan veg, *in another direction*; snúa hverr síns vegar, *each his own way, in different directions*; flýja víðs vegar, *to flee scattered about*; (5) *side, hand*; eins vegar, *on one side* (var eins vegar sjór); á hœgra (vinstra) veg e-u, *on the right* (*left*) *hand of*; tvá vega, *on two sides.*

vegr (gen. **-s**), m. *honour, distinction* (er yðr þat v. mikill); til vegs guði, *to the glory of God.*

vegr, f. pl. *levers*, see 'vög'.

veg-sama (**að**), v. *to honour, glorify*; **-samliga**, adv. *honourably, gloriously* (taka -samliga við e-m); **-samligr**, a. *glorious* (-samlig veizla); **-semd**, f. *glory, honour* (veita e-m heiðr ok

-semd); **-skarð**, n. *a flaw in one's honour.*

vegs-kona, f. *stately lady* (A. var -kona mikil); **-munir**, m. pl. *honours, credit, fame*; **-þjónasta**, f. *honourable service.*

veg-tjón, n. *discredit*; **-tylla**, f. *a scrap of honour.*

veg-víss, a. *acquainted with the road.*

veg-þurðr, m. *impairment of honour* (vegþurðr eða sœmdarspell).

vei, interj. *woe*, with dat., v. er mér, *woe is me!* v. verði yðr, *woe to you!*

veiða (-dda, -ddr), v. (1) *to catch, hunt* (v. rauðdýri, hreina, fugla); v. fisk, *to catch fish*; (2) *to hunt down* an enemy; fá e-n veiddan, *to get one hunted down.*

veiðar-efni, n. *chance of a good catch*; **-fœri**, **-tœki**, n. *hunting-gear, fishing-gear.*

veiði-bráðr, a. *eager to make a catch* (vera of -bráðr); **-dýr**, n. *deer, game*; **-fang**, n., **-fangi**, m. *catch, haul*; **-ferð**, **-för**, f. *a fishing or hunting expedition*; **-gögn**, n. pl. *fishing-tackle*; **-horn**, n. *hunting-horn*; **-hundr**, m. *hound*; **-kona**, f. *fisher-woman, huntress*; **-konungr**, m. *hunting king*, a nickname; **-ligr**, a. *promising a good catch*; **-maðr**, m. *hunter, fowler, fisher*; **-mannligr**, a. *hunter-like*; **-matr**, m. *meat (food) from game or fishing*; **-mörk**, f. *hunting-forest.*

veiðinn, a. *expert in fishing or catching* (allra manna veiðnastr).

veiði-skapr, m. *a catch in hunting or fishing*; róa at -skap, *to row out to fish*; munum vér eigi þurfa -skap at kaupa, *to buy fish*; **-spell**, n. *spoiling the catch* (gera -spell); **-staða**, **-stöð**, f. *fishing-place, hunting-ground*; **-vatn**, n. *fishing-lake*; **-ván**, f. *prospect of a catch*; **-vélar**, f. pl. *traps or devices used in hunting or fishing.*

veiðr (gen. **-ar**, dat. and acc. **-i**; pl. **-ar**), f. *hunting, fishing, catch* (öll v. fugla ok fiska); fara á veiðar, *to go out hunting*; í honum er þó veiðrin meiri, *still there is bigger game in him.*

veifa (**-ða**, **-t**), v. *to wave, swing* (veifði hann Mjöllni morðgjörnum fram); veifði hann rœði, *he pulled the oar*; refl., veifast um lausum hala, *to 'wag a loose tail', be free to do as one pleases.*

veifi-skati, m. *spendthrift*; engi -skati, *rather close-fisted.*

veig (pl. **-ar**), f. (1) *strong beverage, drink* (hann skal drekka dýrar veigar); (2) *pith, strength* (fór þat lið aptr, er honum þótti minni veig í).

veigaðr, a. *brocaded* (?).

veik-dómr, **-leikr**, m. *weakness, infirmity*; **-ligr**, a. *weakly.*

veikr, a. *weak* (hornbogi v.).

veilindi, n. *disease, ailment.*

veill, a. (1) *ailing, diseased* (veill á fótum); (2) *wretched.*

veina (**að**), v. *to wail* (hann veinaði mjök, er hann hafði misst konu sína).

veinan, f. *wailing* (óp ok v.).

veisa, f. *pool, pond of stagnant water* (var v. ein yfir at fara).

veita (**-tta**, **-ttr**), v. (1) *to grant, give* (v. e-m lið, hjálp, huggun, grið, trygðir); (2) *to help, assist, stand by one* (þeir veittu Gizuri hvíta í hverju máli); (3) *to grant, permit* (Þ. beiddist at sjá gripina, ok þat veitti hón henni); v. e-m bœn, *to grant one a request*; (4) v. veizlu, *to give a feast*; v. brúðkaup e-s, *to hold a wedding*; v. útferð e-s, *to hold a funeral feast*; also absol. *to give a feast or entertainment* (v. stórmannliga, með inni mestu rausn); (5) *to entertain, treat* (konungr veitti sveitungum sínum); (6) *to sustain, support* an indigent person (síra Hafliði veitti þessi góðu konu allt til dauðadags); (7) of a performance; v. e-u áhald, *to lay hold on*; v. atför, heimferð at e-m, *to make an expedition against one*; v. e-m atsókn, *to attack*; v. e-m áverka, *to inflict a wound on*; v. e-m eptirför, *to pursue one*; (8) e-t veitir e-m þungt, erfitt, *it proves hard, difficult for one* (Dönum veitti þungt atsóknin); impers., keisaranum veitti þungt, *the emperor had the luck against him*; e-t veitir erfitt, *it is hard work*; Geirmundi veitti betr, *G. got the better of it, carried the day*; (9) *to happen* (þat veitir sjaldan, optliga, stundum); (10)

recipr., veitast at, *to back one another* (vit Egill munum nú v. at); þeir veittust at öllum málum, *they stood by one another in all suits.*

veita (**-tta, -ttr**), **v.** *to convey, lead* (water), with acc. or dat. (v. vatn *or* vatni); v. ánni ór enum forna farveg, *to divert the river from its old course*; impers., veitir vatn til sjóvar, *the rivers trend towards the sea.*

veita, f. (1) *draining*; (2) *ditch, trench*; (3) = veiti-engi.

veitall, a. *giving freely, generous* (v. af peningum).

veitandi (pl. **-endr**), m. (1) *giver*; (2) *helper, supporter* (margir vóru veitendr at málum með Þorbirni).

veitari, m. *giver, donor.*

veiti-engi, n. *a trenched meadow.*

veiting, f. *grant, gift.*

veizla, f. (1) *grant, gift, allowance*; (2) *help, assistance, backing*, = liðveizla; (3) *feast, banquet* (veizlan fór vel fram, ok var veitt með miklum kostnaði); (4) *the reception or entertainment* to be given to the Norse king by his landed men (lendir menn) and stewards (ármenn), and to the bishop by the priests; the king was said to 'fara at veizlum, taka veizlur'; (5) *a royal grant, revenue* (fekk konungr honum veizlur miklar); hann hafði áðr haft alla sýsluna suma at veizlu, en suma at léni, *partly as a grant, partly as a fief.*

veizlu-búnaðr, m. *preparation for a feast*; **-dagr,** m. *banquet-day*; **-fall,** n. *failure of a feast*; **-fé, -gjald,** n. *fee, money paid in lieu of* veizla 4.; **-gørð,** f. *feast-giving*; **-höll,** f. *banqueting-hall*; **-maðr,** m. *one sustained, supported by another* (E. kveðst ekki þurfa at vera hans -maðr); **-skáli,** m. = -höll; **-spjöll,** n. pl. *the spoiling of a feast* (gera -spjöll); **-stofa,** f. = -höll; **-sveinn,** m. *a lad supported by one*; **-taka,** f. *the receiving a* veizla 4.

vekja (**vek**; **vakta**; **vakiðr, vaktr, vakinn**), v. (1) *to waken, rouse from sleep* (þorði engi at v. hann); (2) *to stir, rouse* (gør þú eigi þat, son minn, at þú vekir þá, er þeir hafa áðr frá horfit); (3) *to cause, begin* (v. víg, styrjöld); (4) v. upp, *to waken, rouse* (H. vakti upp alla heimamenn sína); fig., hann vakti upp tvá boða mikla; (5) *to start (broach) a question* (E. vakti þat mál við Þórólf); v. til e-s (*or* v. til um e-t) við e-n, *to raise the question, introduce the mention of a thing with one* (S. konungr vakti þá til um eyrendi sitt við Sigurð jarl); (6) *to make to flow*; v. sér blóð, *to make one's blood flow, open a vein* (nú vekja þeir sér blóð ok láta renna saman dreyra sinn).

vekra (**að**), **v.** *to freshen up, rouse.*

vel, adv. (1) *well* (taka v. við e-m); v. í vexti, *well-grown, well-shapen*; vera v. til e-s, *to be kind to one*; mér gefr vel at skilja, *I understand quite well*; (2) *easily* (þat mætti v. verða þinn bani); (3) *fully, amply, largely* (v. vegnar fimm merkr); faðir hennar hafði v. fé, *plenty of money*; intensive, with adj.; v. flestir, *the most part*; v. mikill, *rather great*; v. tuttugu menn, *twenty and upwards*; hundrað manna eða v. svá, *a hundred or fully that.*

vél (pl. **-ar**), f. (1) *artifice, craft, device*; gørva vélar til e-s, *to contrive some trick to obtain a thing*; við vélar, *with artifice, cunningly*; draga v. at e-m, beita e-n vélum, *to use guile towards one, deal cunningly with one*; (2) *apparatus, machine*; vél til at taka fiska, *a contrivance to catch fish*; vél er menn kalla veðr, *an engine that is called a battering-ram.*

véla (**-ta, -tr**), v. (1) *defraud, betray* (illt er vin v. þanns þér vel trúir); v. frá honum sverðit, *to get the sword from him* (by tricks); ek vélta hann ór viti, *I wiled him out of his wit*; (2) v. um e-t, *to deal with, be busy with*; torveldligr um at v., *difficult to deal with.*

véla-kaup, n. *fraudulent bargain*; **-lauss,** a. *guileless*; **-maðr,** m. *fraudulent or deceitful person*; **-samliga,** adv. *guilefully, craftily.*

vel-borinn, pp., **-burðugr,** a. *well-born, noble.*

veldi, n. (1) *power* (með miklu v.); (2) *empire*; Dana-veldi, *Denmark.*

veldis-engill, m. *archangel*; **-hringr**, m. *halo* round the head of a saint; **-stóll**, m., **-sæti**, n. *throne*; **-vöndr**, m. *sceptre*.

vélendi, n. *gullet, oesophagus*.

vélendis-gangr, m. *belching*.

vel-farandi, m., **velfarar-minni**, n. *farewell cup* (drekka -faranda, -minni).

vel-ferð, f. *well-doing, welfare*; **-ferðugr**, a. *well-behaved, righteous*.

vél-fimi, **-finni**, f. *artifice*.

vel-gørð, **-gørning**, f., **-gørningr**, m. *benefit, goodness* (hann þakkaði honum -gørning sinn).

velgja (-da, -dr), v. *to warm*.

véli, n. *bird's tail*; **-fiðri**, n. *tail-feathers*; **-fjöðr**, f. *tail-feather*.

vélindi, n. pl. *tricks* (gera e-m v.).

vélinn, a. *wily, guileful*.

véli-stuttr, a. *short-tailed*, of a bird.

velja (vel; valda; valiðr, valdr, valinn), v. *to choose, select, pick out* (v. e-n til fylgdar við sik); v. um e-t, *to choose between*; er gott um at v., *there is plenty of choice*; eiga um tvá kosti at v., *to have two alternatives to choose between*; v. e-m hæðilig (hörð) orð, *to speak ignominiously to* (*or of*) *one*; hafa valit lið, *to have picked troops*; refl., veljast til e-s, *to come forward* (völdust margir göfgir menn til þessar ferðar).

velkja (-ta, -tr), v. (1) *to toss about* (þeir velktu Tuma lengi); impers., velkir e-n í hafi, *one is tossed about on the sea*; refl., velkjast úti, *to be tossed about on the sea*; (2) *to ponder over, consider*; hann sér, at eigi mun duga at v. ráðit, *to waver, hesitate*; v. e-t fyrir sér, *to turn over, revolve, a thing in one's mind*.

vel-kominn, pp. *welcome* (biðja e-n vera -kominn).

vell, n. *gold*; poet. and in compds.

vella (vell; vall, ullum; ollinn), v. (1) *to be in a state of ebullition, boil* (rigndi blóði vellanda); (2) *to well up, swarm*; v. möðkum, *to swarm with worms*; ullu út ór ormar, *worms swarmed out*.

vella (-da, -dr), v. *to prepare or cook by boiling* (v. lauk ok grös).

vella, f *boiling heat, ebullition*.

vell-auðigr, a. *rich in gold, immensely rich* (maðr -auðigr).

vél-lauss, a. *guileless*; at -lausu, -laust, *without fraud*.

vell-heitr, a. *boiling hot*.

vellingr, m. *pottage*.

vel-lyndr, a. *well-minded*; **-menning**, f. *good upbringing*.

vél-óttr, a. *wily, tricky*; **-prettr**, m. *wily trick*; **-ráðr**, a. *wily*; **-ræði**, n. *guileful design, deceitful act*; **-samligr**, a. *guileful* (með -samligri flærð); **-samr**, a. *wily*.

vel-setning, f. *well-doing, good position*; **-spár**, a. *good at sooth-saying* (völva -spá).

vél-stuttr, a. *short-tailed*.

velta (velt; valt, ultum; oltinn), v. *to roll, tumble over* (ultu báðir ofan fyrir brekkuna); impers., veltr til vanda, *it goes as usual* (ok valt til vanda, at bœndr flýðu).

velta (-lta, -ltr), v. *to roll, set rolling*, with dat. (v. manna búkum frá fótum jarli); impers., því næst velti skipinu, *she capsized*; refl., veltast, *to turn oneself, revolve* (sól veltist um átta ættir); hestrinn veltist um tólf sinnum, *the horse rolled itself over*; veltast ór konungdómi, jarldómi, *to give up one's kingdom, earldom* (veltist hann þá ór jarldómi ok tók höldsrétt).

velti-ligr, a. *rolling* (-ligt hjól).

velting (pl. -ar), f. *rolling, rotation*.

vel-viljaðr, **-viljugr**, a. *benevolent*.

venda (-nda, -ndr), v. (1) *to wend, turn* (vendi S. aptr herinum); v. sínum vegi, *to wend one's way* (hann vendir sínum vegi austr til landsenda); (2) *to change, convert* (guð vendi því ok sneri til góðs); (3) absol., *to turn* (þeir vendu þá á þat fjall, er kallat er Vazfell); v. aptr, *to return* (vendi hann aptr sömu leið).

venda (að), v. *to change, alter* (v. siðum sínum).

vendi-liga, adv. (1) *carefully* (spyrja -liga at e-u); segja -liga frá tíðindum, *to tell minutely*; (2) *quite, entirely* (svá var -liga upp gengit allt lausafé hans); **-ligr**, a. *careful*.

vengi, n. *pillow, cushion*.

venja (ven; vanda; vandr and

vaninn), **v.** (1) *to accustom* (v. e-n e-u *or* við e-t) v. hann við íþróttir ok hæversku, *to teach him, train him in*; v. barn af brjósti, *to wean a child* (þá var hann af brjósti vaninn); (2) *to train* animals (þar keypti Auðunn bjarndýri vel vanit); *to educate* children (var þat almælt, at engi börn væri svá vel vanin); (3) v. komur sínar til e-s, *to visit habitually* (hann venr komur sínar til Ormhildar); v. e-t af e-m, *to unteach one a thing* (kostgæfði hann af þeim at v. öll úkynni); (4) refl., venjast e-u, við e-t, *to get accustomed to, used to* (nú mun ek verða at v. hestinum um hríð; v. við íþróttir); with infin. *to be wont, used to* (vandist E. optliga at ganga til tals við Egil).

venja, f. *custom, habit* (þat var v. hans, at); at venju, *as usual*.

venju-bragð, n. *habit*; **-liga,** adv. *usually*; **-ligr,** *usual*.

venzl, n. pl. *relationship, ties of blood or affinity*; fyrir venzla sakir, *for kinship's sake*.

venzla-lauss, a. *bound by no ties*; -lausir menn, *persons not related, strangers*; **-maðr,** m. *kinsman, relation*, = vandamaðr.

veptr, m. *woof*, = veftr.

ver, n. (1) *station* for taking eggs, fishing, catching seals, &c. (cf. 'egg-, fiski-, sel-, út-ver'); (2) poet. *sea*; fyrir handan v., *beyond the sea*.

ver (gen. pl. **-ja**), n. *case, cover* (verit var af guðvefjarpelli).

vera (er; **var, várum** or **vórum**; **verit**), v. (1) *to be, exist*; þeir menn vóru, er, *there were men who*; (2) *to be, happen*; þat var, at hón fór brott, *so it was that she went away*; en er váraði, var þar búskortr, *there was scarcity in the household*; hvat er henni, *what is the matter with her?* þat var einn dag, at, *it happened one day that*; kann (má) v., at, *it is possible, it may be that*; (3) *to last*; meðan þingit væri, *while the Thing lasted*; (4) láta e-n v., *to leave one alone* (lát mik v. ok ger mér ekki illt); bað hann láta v., *begged him to leave it undone, not to do it*; (5) *to dwell, stay*; hann bað hana vera í búð sinni, *he asked her to stay in his booth*; hann var á Höskuldsstöðum um nótt, *he passed a night at H.*; (6) with infin., hlymr var at heyra, *a clattering was to be heard*; þar var at sjá, *there was to be seen*; v. at gera e-t, *to be doing a thing*; kvað hann v. at telja silfr, *said he was counting the money*; denoting necessity, a thing about to happen, or to be done; nú er þeim út at ganga öllum, er leyft er, *now all those must go out to whom leave is given*; er nú eigi Kára at varast, *now there is no need to beware of K.*; nú er þar til máls at taka, at, *now it is to be told that*; nú er at segja frá Skamkatli, *now we must tell of S.*; (7) with a predicate (noun, adj., or adv.); v. konungr, jarl, biskup, *to be king, earl, bishop*; v. glaðr, sæll, hryggr, ungr, gamall, *to be glad, happy, sad, young, old*; v. vel, illa til e-s, *to be well-, ill-disposed towards one*; þat er illa, *it is sad*; vera spakliga í heraði, *to behave gently*; orð kvað þá Vingi þats án veri, *words which he had better not have said*; (8) impers., e-m er varmt, heitt, kalt, *one is warm, cold*; (9) with past participles in passive sense; v. kallaðr, sagðr, tekinn, *to be called, said, taken*; (10) with preps., v. af e-u, *to be off, out of* (v. af klæðum); v. at e-u, *to be busy at*; verkmenn váru at arningu, *they were ploughing*; *to be present* (þar varstu at); ek var at ok vafk, *I was about weaving*; þeir höfðu verit at þrjú sumur, *they had been busy at it for three summers*; v. eptir, *to be left, remain* (A. kvazt vilja v. eptir ok hvílast); v. fyrir, *to lead* (see 'fyrir'); v. til, *to exist*; **v.** um, undir, see 'um, undir'.

vera, f. (1) *stay, sojourn*; ef hann á sér í vá veru, *if he has a corner to stay in*; (2) *comfort* (slíkt er válaðs v.).

veraldar-, gen. from 'veröld'; **-auðœfi,** n. pl. *worldly riches*; **-bygð,** f. *the inhabited world*; **-friðr,** m. *world-peace, universal peace*; **-frægr,** a. *world-famous*; **-girnd,** f., **-glys,** n. **-góz,** n. *worldly desires, toys, goods*; **-höfðingjar,** m. pl. *the great ones of the world*; **-klerkr,** m. =

-prestr; -lán, n. *worldly grants*; -lifnaðr, m., -líf, n. *life in this world*; -lög, n. pl. *civil law*; -maðr, m. *a man of this world, secular person, layman*; -prestr, m. *secular priest*; -ráð, n. pl. *management of worldly affairs*; -ríki, n. *worldly rank and power*; -ríkr, a. *immensely rich*; -sjór, m. *the ocean*; -spekingr, m. = -vitringr; -spekt, f. *worldly wisdom*; -starf, n. *worldly business*; -sæla, f. *worldly bliss*; -válað, n. *wretchedness of the world*; -vitringr, m. *philosopher*; -vizka, f. *secular wisdom, worldly knowledge*.

verald-ligr, a. *worldly, secular*.

veran, f. *being, essence* (guðlig v.).

verð, n. *worth, price* (galt hann þegar verðit í gulli ok brendu silfri); þetta eru þrenn verð, *three times as much as the thing is worth*; halda e-u til verðs, *to put out for sale*; marka v. á e-u, leggja v. á e-t, *to fix the price of, set a value on*.

verða (**verð**; **varð**, **urðum**; **orðinn**, **vorðinn**), v. (1) *to happen, come to pass*; ætluðu allir, at þeir myndi tala um mál sitt, en þat varð ekki, *but it came not to pass, it was not so*; þá varð óp mikit at lögbergi, *then there arose a great shout at the Lawhill*; (2) v. e-m, *to happen to, befall one* (slíkt verðr opt ungum mönnum); þat varð Skarphéðni, at stökk í sundr skóþvengr hans, *it happened to S. that his shoe-string snapped asunder*; sjaldan verðr víti vörum, *the wary man will seldom make a slip*; e-m verðr þörf e-s, *one comes to be in need of*; (3) *to happen to be, occur*; í lœk þann, er þar verðr, *in the brook that happens to be there*; varð fyrir þeim fjörðr, *they came on a fjord*; v. á leið e-s, *to be on one's path, happen to one*; (4) v. brottu, *to leave, absent oneself* (þeir sá þann sinn kost líkastan at v. á brottu); v. úti, *to go away* (verð úti ok drag øngan spott at oss); *to perish in a storm from cold* (sumir urðu úti); þeim þótti honum seint heim v., *they thought that he was long in coming home*; (5) with acc. *to lose*; kváðust okkr hafa orðit bæði, *said that they had lost us both*; (6) followed by a noun, adj., pp., adv., as predicate, *to become*; þá verðr þat þinn bani, *it will be thy death*; v. glaðr, hryggr, reiðr, *to become glad, sad, angry*; v. dauðr, *to die* (áðr Haraldr inn hárfagri yrði dauðr); with participles; ok varð ekki eptir honum gengit, *he was not pursued*; verða þeir ekki fundnir, *they could not be found*; blóð hans varð ekki stöðvat, *the blood could not be staunched*; þeim varð litit til hafs, *they happened to look seaward*; impers., e-m verðr bilt, *one is amazed*; Kolbeini varð ekki fyrir, *K. lost his head, was paralysed*; with adverbs; hann varð vel við skaða sinn, *he bore his loss well, like a man*; jarl varð illa við þetta, *the earl was vexed by this*; (7) with infin., denoting necessity, *one must, needs, is forced, obliged to do*; þat verðr hverr at vinna, er ætlat er, *every one must do the work that is set before him*; þar er bera verðr til grjót, *where stones have to be carried*; verð ek nú flýja, *now I must flee*; (8) with preps., v. af e-u, *to come to pass* (var um rœtt, at hann skyldi leita fara, en eigi varð af); varð ekki af ferðinni, *the journey came to nought, was given up*; verðr þetta af, at hann tekr við sveinunum, *the end was that at last he took the boys*; starf ok kostnaðr varð af þessu, *trouble and expenses arose from this*; hvat verðr af e-u, *what becomes of*; hvat varð af húnum mínum, *what has become of my cubs?*; v. at e-u, *to become* (v. at undri, undrsjónum); veiztu, hvat þér mun v. at bana, *knowest thou what will be the cause of thy death?*; v. at engu, *to come to nothing*; v. á, *to come on, happen*; hvat sem á yrði síðan, *whatever might happen later on*; e-m verðr á, *one makes a blunder, mistake* (þótti þér ekki á v. fyrir honum, er hann náði eigi fénu?); v. eptir, *to be left* (honum varð þar eptir geit ok hafr); v. fyrir e-u, *to meet with* (v. fyrir goða reiði); *to forebode* (v. fyrir stórfundum); v. fyrir e-m, *to be in one's way*, as a hindrance (því meira sem oss verðr fyrir, því harðara skulu þér niðr koma); v. í, *to happen* (tókust nú upp leikar sem ekki hefði í orðit); v. til e-s, *to come forth to do a thing, be ready to*; en sá er nefndr Hermóðr, er til þeirar farar varð, *who undertook this journey*; v. við e-m, *to respond to* (bið ek þik, at þú verðir við mér, þó at engi sé verðleiki til).

verð-aurar, m. pl. *medium of payment*; *value given or received.*

verð-gangr, m. *begging*; **-geta**, f. *entertainment, fare*; **-gjöf**, f. *the giving of a meal.*

verð-kaup, n. *reward*; **-keyptr**, pp. *purchased*; **-laun**, n. pl. *reward*; **-launa** (að), v. *to reward*; **-lauss**, a. *valueless*; **-leikr**, m. *merit, desert*; esp. pl., hafa -leika til e-s, *to deserve*; eptir -leikum, *according to one's deserts*; **-ligr**, a. *valuable.*

verðr (gen. **verðar**), m. *meal* (fá árliga verðar); cf. 'dag-, náttverðr.'

verðr, a. (1) *worth*, with gen. (meira þykki mér verð vinátta þín); svá þótti honum mikils um vert, *he took it so much to heart*; mikils v., *much worth*; (2) *worthy, deserving*; v. e-s, *worthy of* (þótti þér hann ekki drápunnar verðr?).

verð-skylda (að), v. *to deserve*; **-skyldan**, f. *merit, desert.*

verðugr, a. (1) *worthy* (v. e-s); (2) *deserved* (lofuðu allir guð sem verðugt var); at verðugu, *deservedly.*

verðu-liga, adv. *deservedly*; **-ligr**, a. *deserved.*

verðung, f. poet. *king's men.*

ver-fang, n. *taking a husband.*

verga (að), v. *to soil*; refl., vergast, *to be soiled* (klæði hans verguðust).

ver-gjörn, a. f. *mad after men.*

vergr, a. only in superl.; vinna it vergasta, *to do the dirtiest work.*

verja (**ver**; **varða**; **variðr**, **varðr**), v. (1) *to defend* (v. sik vel ok frœknliga); v. landit fyrir e-m, *to defend the country against one*; ek man þó engum hlífa, ef ek á hendr mínar at v., *if I have to fight for my life*; (2) v. mál, *to defend a cause*, opp. to sœkja; (3) v. e-t, or v. e-m e-t, *to guard a place, hold it against a comer* (at vísu ætla ek at v. þér ríki mitt); Egill varði dyrrnar, *E. held the door*; v. e-t laga lýriti, *to forbid by a lawful protest*; (4) v. e-u, *to keep away* (Birkibeinar vörðu eldinum ok fengu sløkkt); v. e-m e-u, *to withhold from one*; meyjar ástum muna þér verða of varið, *the maiden's love shall not be denied thee*; (5) refl., verjast, *to defend oneself* (þeir vörðust með drengskap); v. e-u, *to defend oneself against* (þar mœtti hann finngálkni ok varðist því lengi).

verja (**ver**; **varða**; **variðr**, **varðr**), v. (1) *to wrap, enclose*; v. e-n armi, faðmi, *to fold in one's arms, embrace*; mun ek vexa vel blæju at v. þitt líki, *to shroud thy body*; variðr, *mounted, adorned* (gulli, silfri, járni variðr); (2) v. sverði, *to swing, wield the sword*; (3) v. sér til, *to exert oneself*; en með því at hann varði sér mjök til, þá spruttu honum fœtr á jakanum, *as he exerted himself greatly, his feet slipped on the ice*; (4) *to invest money, lay out, expend* (hann selr jarðir sínar ok verr fénu til útanferðar); vænta ek, at ek hafa því vel varit, *that I have made a good bargain*; (5) pp. n., varit; áttu svá til varit of menn, at, *thou art so well provided with men that*; þú átt til þess varit, *it is thy nature*; e-m er svá varit, at, *one is so constituted that* (honum var svá v., at hann var undirhyggjumaðr).

verja, f. *outer garment, cloak* (hann hafði yfir sér verju, saumaða saman af mörgum tötrum).

verjandi (pl. **-endr**), m. *defendant*, opp. to 'sœkjandi'.

verk, n. (1) *work, business*; vera á verki, *to be at work*; (2) *a piece of work* (v. hefi ek hugat þér); (3) *act, deed*; Gunnarr sagði Njáli v. þessi, *G. told N. of these deeds.*

verka (að), v. *to work*; v. sér til e-s, *to deserve by one's deeds.*

verka-efni, n. = verkefni; **-kaup**, n. *wages*, = verk-kaup; **-kona**, f. *workwoman, servant*; **-laun**, n. pl. *reward*; **-lýðr** m. *workpeople*; **-maðr**, m. = verk-maðr; **-nauð**, f. *heavy task.*

verk-dagr, m. *work-day*; **-efni**, n. *work to be done*, *task*; **-fákr**, m. = -hestr; **-fœri**, n. *implement*, *tool*; **-fœrr**, a. *able to work*; **-hestr**, m. *work-horse*, *cart-horse*.

verki, m. *verse-making*.

verkja (-ti, -t), v. impers. *to feel pain*, *to smart* (eigi er sá heill, er í augun verkir).

verk-kaup, n. *wages*; **-kona**, f. = verkakona; **-laun**, n. pl. *reward*.

verk-lauss, a. *without pain* (verkr), *painless* (sár verklaus).

verk-ligr, a. *active*, *practical* (verkligt líf).

verklundar-maðr, m. *industrious*, *hard-working man*; Grettir var lítill -maðr, *G. had little mind for work*.

verk-maðr, m. *workman*, *labourer*; -maðr góðr, *a good worker*.

verknaðr (gen. -ar), m. *work*, *business*; taka upp verknað, *to take to some work*; halda verknaði á hendr e-m, *to put one to work*.

verk-óði, a. *mad with pain* (verkr).

verkr (-jar, -ir), m. *pain* (hafa verk í augum).

verk-reki, m. *servant* (-reki e-s).

verks-háttr, m. *working method*.

verk-smiðr, m. *workman*; **-smíð**, f. *craft*, *work*.

verksmíðar-maðr, m. *craftsman* (engi var hann -maðr).

verk-stjóri, m. *overseer*; **-stjórn**, f. *the supervision of work*; **-þræll**, m. *working slave*.

ver-lauss, a. (1) *without a husband*; (2) *without a case or cover* (dúnbeðr -lauss); **-liðar**, m. pl. *men*; vinr -liða, *friend of men*, *Thor*.

verma (-da, -dr), v. *to warm* (Egill fór til elds at v. sik).

ver-maðr, m. *fisherman at an outlying station* (ver).

vermi, m. *warmth* (hafa verma af eldinum; leita sér verma).

vermir, m. = vermi.

Vermir, m. pl. *the men from Vermaland*, in Sweden.

vermskr, a. *from Vermaland*.

vermsl, n. pl. *never-freezing spring*.

verna (að), v. *to protect*, *defend* (rare).

vernd, f. (1) *protection* (veita e-m v.); (2) *a point for the defence*, = vörn (en í máli vóru engar verndir); (3) = verndan; eiga v. á at gera e-t, *to have a right*, *title to do a thing*.

vernda (að), v. (1) *to protect*; (2) *excuse* (v. sik e-u).

verndan, f. *excuse*, *subterfuge*.

verndari, m. *protector*, *defender*.

verpa (verp; varp, urpum; orpinn), v. (1) *to throw*, with dat. (hann varp af sér skildinum); hestrinn féll ok varp honum af baki, *threw him off*; hann verpr sér í söðulinn, *he throws himself into the saddle*; v. af sér klæðum, *to throw off the clothes*; v. mœðiliga öndinni, *to draw a deep sigh*; v. orðum (*or* orði) á e-n, *to address* (þessi varp orðum á konung ok spurði); væntir mik þess, at margir verpi þar góðum orðum á mik, *that many men will have good words to say of me*; v. e-n inni, *to shut one in*; impers. *to be thrown*; þar varp út údaun miklum, *a great stench came out*; (2) v. á, *to guess at*, *calculate* (verpa menn svá á, at látizt hafi níu menn); (3) *to lay eggs* (= v. eggjum); (4) *to cast up* (v. haug eptir fornum sið); þeir urpu haug eptir Gunnar, *they raised a mound over G.*; v. aptr hauginn, *to shut the cairn*; v. vef, *to warp a web* (sá er orpinn vefr ýta þörmum); (5) pp., orpinn; sandi o., *covered with sand*; aldri o., *bent with age*; uppi o. fyrir e-m, *quite overwhelmed*, *at one's mercy*; (6) refl., urpust flestir vel við orðsending Danakonungs, *they turned a favourable ear to*, *responded to the call*.

verpill (pl. **verplar**), m. (1) *die* (kasta verplum til fjár sér); (2) *cask* (sumr drykkr var í verplum).

verpils-tala, f. *cubic number*.

verpla-kast, n. *cast* (*throw*) *of dice*.

verr (-s, -ar), m. (1) sing. *husband* (vildi hón ver sínum vinna ofrhefndir); (2) pl., verar, *men* (þú ert æ vísastr vera).

verr, adv. compar. *worse*; vánu v., *worse than expected*; **verst**, superl. *worst* (þykki mér þat verst).

verr-feðrungr, m. *a person worse than his father*.

verri, a. compar. *worse*; **verstr**, superl. *worst*.

vers, n. *verse*; Maríu v., *Ave Maria*.

versa (**að**), v. (1) *to put into verse* (v. sögu); (2) *to make verse*.

versa-bók, f. *a book in verse, poem*; **-gørð**, f. *verse-making*.

versna or **vesna** (**að**), v. *to get worse* (hlutr e-s versnar).

ver-sæl, a. f. *happy in one's husband*; **-þjóð**, f. *mankind, men*.

veröld (gen. **-aldar**, pl. **-aldir**), f. (1) *world*; (2) *age*.

vesa, v. *to be*, = vera.

vesala (**að**), v. *to make wretched*.

vesaldar-, genitive from 'vesöld'; **-auki**, m. *increase of wretchedness*; **-maðr**, m. *destitute person*.

vesalingr (**-s**, **-ar**), m. = veslingr.

vesall (**vesöl** or **vesul**, **vesalt**, pl. **vesalir** or **veslir**), a. (1) *poor, destitute, wretched* (vesöl arfasáta); (2) with gen. *wretched in respect of* (vesöl eru vér konungs).

vesal-látr, a. *shabby*; **-liga**, adv. *miserably*; **-ligr**, a. *wretched, wretched-looking*; **-mannligr**, a. = -ligr; **-menni**, n. *paltry person*; **-menska**, f. *stinginess, shabbiness*.

vesast (**að**), v. refl., *to be wretched and uncomfortable* (Austmenn vesuðust illa).

veski, n. *bag, knapsack*.

vé-sköp, n. pl. *holy ordinances*.

vesl, n. a kind of *cloak*.

vesla (**að**), v. *to make wretched*; refl., veslast, *to grow wretched, poor*.

veslingr (**-s**, **-ar**), m. *a poor, puny person, wretch* (hvat myndi v. þessi varða mér bátinn).

veslings-maðr, m. = veslingr.

veslugr, a. *poor, wretched* (fátœkr ok veslugr landskapr).

vesning, f. *being, essence*.

vestan, adv. (1) *from the west* (riðu síðan hina sömu leið vestr, sem þeir höfðu v. riðit); v. um haf, '*from west over the sea*', *from the British Islands*; (2) *on the western side of*, with gen. (v. bœjar); fyrir v., *west of*, with acc. (fyrir v. vötnin).

vestan-ferð, f. *journey from the west*; **-maðr**, m. *a man from the west*; **-veðr**, n. *west wind*; **-verðr**, a. *western, westerly* (hit þriðja bú átti hann við sjóinn á -verðum Mýrum); **-vindr**, m. *west wind*.

vestarr, adv. compar. *more to the west* (eigi v. en í Hrútafjörð).

vestar-liga, adv. *toward the west*.

vestastr, a. superl., see 'vestri'.

Vest-firðingar, m. pl. *the men from the West-fjords* (Vestfirðir), in Iceland.

vest-firðis, adv. *in the west of a fjord*; **-firzka**, f. *a custom in the West-fjords*; **-firzkr**, a. *from the West-fjords*.

Vest-fyldir, m. pl. *men from the Norse district* Vestfold; **-maðr**, m. *a man from the West, one from the British Isles*, esp. *from Ireland*, opp. to 'Austmaðr'.

vestr, n. (1) *the west* (frá vestri ok til norðrs); sá ek fugl fljúga ór vestri, *from the west*; (2) adv. *westwards, west, towards the west* (hvert sinn er þú ríðr v. eða vestan); þykki þér eigi gott v. þar, *there in the west*; sigla v. um haf, *to sail westwards over the sea*, to the British Isles.

vestr-ferð, **-för**, f. *a journey to the west*; **-hálfa**, f. *the western part or region*; **-heruð**, n. pl. *the western districts* (of Iceland).

vestri, a. compar. *more westerly* (v. bygð); **vestastr**, superl. *most westerly* (liggja þessi lönd vestust).

Vestr-lönd, n. pl. (1) *the British Isles*; (2) *the Occident*.

vestr-sveitir, f. pl. *the western districts* (of Iceland); **-vegr**, m. *the 'western way'*, i. e. the British Isles (herja í -veg); **-víking**, f. *a freebooting expedition to the West* (Vestrlönd); **-ætt**, f. *the western quarter*, of the heavens (líta í -ætt).

vest-rœna, f. *westerly wind*; **-rœnn**, a. *westerly* (vindar -rœnir).

vesæla, v. = vesala.

vesæll, a. = vesall.

vesöld (gen. **-aldar**), f. *misery, wretchedness*.

vetlingr, m. *glove* (cf. 'vöttr').

vetr (gen. **vetrar**, pl. **vetr**), m. (1) *winter*; miðr v., *midwinter*; í v., *this winter*; v. verðr mikill, *the winter* *becomes cold, severe*; á vetri, í vetri, *last winter*; (2) *year* (sextán vetra gamall); tíu vetrum síðarr, *ten years later.*

vetra (**að**), v. *to become winter*; líðr fram haustinu ok tekr at v., *the winter began to set in, it became wintry.*

vetrar-braut, f. *winter-road*; **-dagr**, m. *winter-day*; á -dag, *in the winter*; **-far**, n. *the course* (*character*) *of winter* (sagði hón mönnum forlög sín ok -far ok aðra hluti); **-langt**, adv. *during winter, throughout the winter*; **-megn**, n. *the severest part* (*the depth*) *of winter*; **-nauð**, f. *severe winter*; **-ríki**, n. = -nauð (-ríki var mikit); **-tíð**, f. *winter-tide*; **-tími**, m. *winter-time.*

vetra-tal, n. *number of winters, years* (fyrr rosknir at afli en -tali).

vetr-beit, f. *winter pasture*; **-björg**, f. *winter provender*; **-gamall**, a. *a year old* (-gamalt lamb); **-gata**, f. *winter-road*; **-gemlingr**, m. *a sheep a winter old*; **-gestr**, m. *winter-guest*; **-grið**, n. *winter-stay, winter-quarters* (bjóða e-m -grið); **-hagi**, m. *winter pasture*; **-hringr**, m. *the milky way*; **-hús**, n. pl. *winter-houses*, opp. to 'sel'; **-langt**, adv. = vetrarlangt; **-liði**, m. *one who has passed a winter, 'winter-old' bear*; **-ligr**, a. *wintry*; **-lægr**, a. *lying up in harbour for the winter.*

vetrnátta-helgr, f. *the first Sunday in the winter-season*; **-skeið**, n. *the season when winter sets in.*

vetr-nætr, f. pl. *the winter nights* (the three days which begin the winter season); **-seta**, f. *winter quarters*; **-taka**, f. *taking a winter-guest.*

vetrtaks-, or **vetrtöku-maðr**, m. *winter-guest.*

vetrungr (**-s, -ar**), m. *an animal one winter old, yearling*, esp. *a calf.*

vetr-veðr, n. *winter weather*; **-vist**, f. *winter abode, winter quarter.*

vett, n. *lid of a chest*, see 'vætt'.

vett-fangr, -rim, -vangr, see vætt-, etc.; **vettugi**, see vættugi.

véurr, m. *holy warder.*

vexa (**-ta, -tr**), v. *to rub with wax.*

við or **viðr**, prep. with dat. and acc.; I. with dat. (1) *against*; hann sló honum niðr v. steininum, *he dashed his head against the stone*; hús liggja v. velli, *the houses lie in ruins*; kasta sér niðr v. velli, *to cast oneself down on the ground*; er inn efri kjöptr v. himni, en inn neðri við jörðu, *the upper jaw touches the heaven, the lower the earth*; hann hjó hann upp v. garðinum, *he smote him close by the fence*; skera af sér strenginn við øxinni, *to cut the string asunder against the axe*; (2) *against, towards*, of direction; horfa v. e-m, *to look towards, face*; (3) *along with* (hann hafði marga smiðu v. sér); (4) *with*, of an instrument (jarl hljóp upp v. sverði); (5) *among*; gengu síðan í sæti sín v. öðrum mönnum, *among other men*; (6) denoting barter, exchange, *against, for* (geta gull v. grjóti); (7) denoting remedy, *against* (hjálpa e-m v. e-u); (8) *against*, denoting contest, warding off (hafa liðsafla v. e-m); hafa (viz. afl) v. e-m, *to be one's match*; (9) ellipt. usages; stinga v. fótum, *to stop*; hrífa v., *to catch hold*; búast v., *to make oneself ready*; rísa v., *to withstand*; hvatz hann fiðr v., *whatsoever he may object*; II. with acc. (1) *by, at, close to* (sníða skeggit við hökuna); skjöldr við skjöld, *shield to shield*; v. Sandhóla-ferju, *at Sandhol ferry*; v. veginn, *by the wayside*; v. ána, *by the river*; draga segl v. hún, *to hoist the sail to the top*; festa e-n v. meið, tré, *to fasten to a pole, tree*; binda v. fót e-s, *to bind up a broken leg*; dró upp flóka v. austr, *in the east*; (2) of time, *towards, at*; v. sólar-setr, *at sunset*; v. sól, *with the sun, at sunrise*; v. aptan, *towards evening*; vera v. aldr, *to be stricken in years*; (3) *at, by* (vera heima v. bú sitt); Hrútr var v. skip um sumarit, *H. stayed by his ship during the summer*; sitja v. stýri, *to sit at the rudder*; styðja sik v. e-t, *to lean on*; ganga v. staf, *to walk with a staff*; vera v. e-t, *to be present at*; sitja v. drykk, *to sit at drink*; (4) denoting direction; í sýn v. bœinn, *within sight of the town*; (5) denoting company, *with* (bauð þeim heim við alla sína menn); v. annan, þriðja, fjórða mann, *being two, three, four altogether*; (6) *towards* (*a person or thing*), *respecting, regarding* (mildr, blíðr, góðr v. e-n); til gæzlu v. e-n, *for keeping, watching one*; hræddr v. e-n, *afraid of one*; (7) of cause, *by, at*; falla v. högg, *to fall by a stroke*; sigla v. stjörnuljós, *to sail by starlight*; verða reiðr v. e-t, *to become wroth at*; (8) *as compared with, set off against* (þrjóta mun okkr illsku v. þik); eigi minna virðr en v. konunginn, *of equal worth with the king*; (9) *according to, after* (gera klæði v. vöxt e-s); v. sik, *in proportion*; hann var skapaðr allr v. sik, *well shaped, symmetrical*; vita, hvat v. sik væri, *to know what was the matter*; (10) denoting means, *with, by* (v. þessar fortölur); tendra eld v. e-t, *to make fire by*; (11) ellipt. usages; bregða við, *to start*; hann þagði v., *he remained silent*; fá v. þrjú skip, *to add three ships*; þurfa v., *to need*; bjarga, hjálpa e-u v., *to help, put right*; koma e-u við, *to bring about.*

við (gen. **-jar**, pl. **-jar**), f. *withy, withe*; *collar* (viðjar af gulli).

viða (að), v. *to furnish wood.*

viða, f. (1) *mast* (lét hann reisa viðuna ok draga seglit); láta skip renna at (*or* á) viðum, *to let the ship run under bare poles*; (2) *a high deck or bridge*, amidships on ships of war (Sverrir konungr hljóp upp á viðuna).

viðan, f. *cutting and fetching wood.*

viðar-bulungr, m., **-byrðr**, f., **-fang**, n. *a pile, burden, armful of wood*; **-flaki**, m. *hurdle* (*scaffolding*) *of wood*; **-föng**, n. pl. *wood-stores*; **-hlass**, n. *load of wood*; **-högg**, n. *wood-cutting*; **-lauf**, n. *wood-leaves*; **-mark**, n. *mark on a tree*; **-rif**, n. *the right of taking fagots*; **-rót**, f. *root of a tree*; **-runnr**, m. *grove*; **-taka**, f. *wood-pilfering*; **-tág**, f. *tough root*; **-tálga**, f. *wood-cutting*; **-teinungr**, m. *wand*; **-val**, n. *picked wood*; **-verk**, n. *wood-work*; **-vöxtr**, m. *young plantation, brushwood*; **-øx**, f. *wood-axe.*

viða-val, n. *selection of timber.*

við-band, n. *withy-band.*

við-bára, f. *objection, pretext*; **-bein, -beina**, n. *collar-bone*; **-bit**, n. *butter.*

við-bitull, m. *withy-bridle.*

við-bjóðr, m. *disgust, dislike* (mér er -bjóðr við e-u, um e-ð).

við-björn, m. *wood-bear, black bear.*

við-bland, n. *admixture* (taka -bland af e-u).

við-borði, m. *the broadside* turned towards the enemy; vera (hafa sik) á -borða, *to be broadside on, in an exposed position.*

við-bragð, n. (1) *quick movement, start*; skjótligr í -bragði, *on the alert*; seinligr í -bragði, *slow in his movements*; bregða engum -brögðum, *to make no starts, not to stir*; (2) *look, countenance, outward appearance* (skolbrúnn ok nökkut grimmligr í -bragði); **-brekt**, a. n. *steep, uphill*, opp. to 'forbrekkis' (var -brekt at ríða at bœnum); **-búnaðr**, m., **-búningr**, m. *preparation*; hafa -búnað, -búning, *to get oneself ready.*

við-fall, n. (1) *the lowering of a mast* (viðr); (2) *prosperous issue* (væntir mik, at eigi fái þeir -fall þaðan af); ná øngu -falli, *to come to no conclusion.*

við-fang, n. (1) *dealing with*; góðr, harðr, illr -fangs, *good, hard, bad to deal with*; (2) pl., -föng, *stores, provisions* (en er þat þrýtr, þá mun illt til -fanga).

viðfanga-laust, a. n. *without provisions.*

við-fellinn, a. *pliant, complaisant* (vera -fellinn við e-n); **-för**, f. *treatment* (hafa verri -farar); **-ganga**, f. *confession* (-ganga synda).

viðgørðar-mikill, a. *requiring great efforts, dangerous* (veðr var hvasst ok -mikit).

við-gørningr, m. *treatment* (góðr -gørningr); **-hjálp**, f. *help, support.*

við-högg, n. *wood-cutting.*

viði-hæll, m., see 'víði-hæll'.

viðja, f. *withy*, = við.

við-kenning, f. (1) *an additional kenning*; (2) *acknowledgement* (koma til -kenningar sannleiksins); **-koma,**

f. *touch*; **-kvað**, n. = -kveð; **-kváma**, f. = -koma; **-kveð**, n. *scream, yell, shriek*; **-kœmiliga**, adv. *becomingly*.

við-köstr, m. *pile of wood*.

við-lagning, f. *addition*; **-látinn**, pp. *prepared, ready* (kvezt eigi mundu í annat sinn betr -látinn); -látinn at greiða, *ready to pay*; nú er svá -látit, at, *now things stand so that*; **-leitinn**, a. *trying to do one's best, endeavouring* (viðleitinn um allar íþróttir); **-leitni**, f. *endeavour, attempt*; **-lífi**, n. *behaviour, conduct*; **-líkr**, a. *similar*; **-lögur**, f. pl. *fines*, = viðrlög (miklar viðlögur við manns aftak); **-mæli**, n. (1) *conversation, interview* (veita e-m -mæli); góðr, blíðr -mælis, *affable*; (2) *agreement* (þótti honum eigi haldizt hafa -mæli þeira); **-nám**, n. *resistance* (veita -nám).

viðr, prep. with dat. and acc. = við.

viðr (gen. -ar; pl. -ir, acc. -u), m. (1) *tree* (hann sá einn íkorna í viðum uppi); (2) *forest, wood*; sól gengr til viðar, *the sun sets*; (3) *felled trees, timber* (nú vil ek at þú takir mjöl ok við); (4) *mast*.

viðra (að), v. (1) *to blow, be such and such*, of the weather; fjöld um viðrir (= viðrar) á fimm dögum, *the weather often changes in five days*; (2) *to snuffle, scent* (refkeilan viðraði í allar ættir).

viðr-auki, m. *augmentation, addition*; **-borði**, m. = -borði; **-búnaðr**, **-búningr**, m. = viðbúnaðr, viðbúningr; **-eign**, f. (1) *dealing with, intercourse*; illr, harðr -eignar, *hard to deal with, ill to manage*; (2) *encounter* (-eign Sigmundar ok Haralds).

við-reki, m. *drift of wood*.

við-rétta, f. *redress, compensation*.

viðr-föng, n. pl. = viðfang 2; **-ganga**, f. (1) *resistance*; (2) = viðganga; **-hending**, f. '*after-rhyme*', the latter rhyme-syllable in a verse-line; **-hjal**, n. *conversation, talk*; **-hjálp**, f. *help, assistance*.

-viðri, n. *weather*; in compds., haf-, heið-, hvass-, land-, vát-viðri, &c.

viðr-jafna (að), v. *to compare* (e-t e-u); **-kenning**, f. = viðkenning; **-komning**, f. *compunction*; **-kveð**, n. = viðkveð; **-kvæmiliga**, a. *becomingly*; **-kvæmiligr** or kœmiligr, a. *becoming*; **-lifnaðr**, m. *means of sustenance*; **-lit**, n. (1) *a looking towards*; (2) *look, countenance* (Hornbogi var í viðrliti bjartlitaðr).

viðrlita-mikill, a. *big to behold*.

viðr-lífi, n. = -lifnaðr; **-líking**, f. *comparison, imitation*; **-líkjast** (t), v. refl. *to imitate*, with dat.; **-líkr**, a. *similar*, = viðlíkr; **-lægr**, a. *near*; var þá -lægt, at, *it was on the verge*; **-lög**, n. pl. *fine, penalty*; **-lögur**, f. pl. = -lög; **-mæli**, n. *conversation, talking together*; **-nám**, n. *resistance*, = viðnám; **-nefni**, n. *surname*; **-orð**, n. *adverb*; **-rœða**, f. = viðrœða.

viðr-sjón, f. *a warning, a thing to be shunned*; **-skipti**, n. = viðskipti; **-skotull**, a. *taunting*; **-slag**, n. *the parrying of a blow*; **-sýn**, **-sýnd**, f. = -sjón; **-taka**, f. = viðtaka; **-tal**, n. *conversation*; **-talan**, f. *talking together*; **-tekt**, f. *reception, receiving*; hafa -tektir góðar, *to be well received*; **-tœkiligr**, a. *susceptible, acceptable*; **-vera**, f. *presence*; **-verandi**, pr. p. *present*; **-vist**, f. (1) *presence*; (2) *means of sustenance* (öll önnur skepna var sköpuð manninum til -vistar); **-væri**, n. = -vist (2).

við-rœða, f. *conversation, talk*.

við-sjá (pl. -sjár), f. *a shunning, wariness* (vóru þá miklar dylgjur ok -sjár með þeim); gjalda (veita) -sjá, *to be on one's guard*; hann gerði at -sjám at finna hann, *he shunned him deliberately*; **-sjáll**, a. *on one's guard against* (við e-u).

við-sjá-, or **viðsjár-maðr**, m. *a person to be on one's guard against, to be shunned*; **-verðr**, a. *worth being on one's guard against*.

við-skipti, n. (1) *dealings*; illr, hœgr, góðr -skiptis, *ill, easy, good to deal with*; (2) plur. *hostile intercourse* (segir honum frá -skiptum þeira Ásgríms); (3) *sexual intercourse* (eiga -skipti við karlmenn).

viðskota-illr, a. *malicious*.

við-skraf, n. *talk, chat*.

við-smjör, n. '*wood-butter*', (*olive*) *oil* (smurðr helgu -smjöri).

viðsmjörs-horn, -ker, n., **-ketill,** m. *a horn, vessel, of oil*; **-kvistr,** m. *olive branch*; **-tré,** n. *olive tree.*

við-spell, -spjall, n. *conversation*; **-staða,** f. *resistance* (fekk hann enga -stöðu); **-sýnd,** f. = viðrsýn, viðrsjón; **-sœmandi,** pr. p. *beseeming*; **-sœming,** f. *respects, homage* (veita e-m -sœming); hœgr -sœmingar, *easy to get on with*; **-taka,** f. (1) *reception, receiving*; hann fekk þar enga -töku, *he was rejected*; veita konungi -töku, *to receive the king*; (2) pl., esp. *hospitality*; vera góðr -takna, *to be a good host*; fá góðar -tökur, *to be well received*; (3) *resistance*, = viðrtaka (var þar lítil -taka); **-takandi,** m. *receiver*; **-tal,** n. *conversation*, = viðrtal; **-tekja,** f. *reception* (fá góðar -tekjur); **-tekt,** f. = viðrtekt; **-tœkiligr,** a. *agreeable.*

viðtöku-maðr, m. *receiver.*

við-varan, f. *warning*; **-varnan,** f. *abstinence from* (-varnan fœzlu); **-vindill,** m. *woodbine*; **-væri,** n. = viðrværi; **-vörun,** f. = -varan.

vigg, n. poet. *horse, steed.*

vigr (pl. **vigrar**), f. poet. *spear.*

vika (gen. pl. **vikna**), f. (1) *week*; nú líðr sumarit til átta vikna, *till it was eight weeks to winter*; hin helga v., *Holy-week* (after Whitsun); efsta v., *the last week of Lent, Passion-week*; (2) *sea-mile*, = vika sjóvar, v. sævar (Ólafseyjar liggja út á firðinum hálfa aðra viku undan Reykjanesi).

vikna (að), v. *to give way* (v. fyrir, v. við); of ranks in battle, in wrestling (gekk L. svá fast fram, at þeir viknuðu fyrir Skotarnir).

vikóttr, a. *bald on the forehead above the temples* (bleikr á hár ok v. snemma).

vikr, f. *pumice-stone* (fló v. mikil á bœinn í Næfrholt).

vil (gen. **vilja**), n. pl. *entrails.*

vil, n. (1) *desire, lust* (dul ok v.); (2) í v. e-m, *at one's will, to one's liking* (ráða drauma í v. e-m).

vil-björg, f. *good help.*

vild, f. (1) *will, liking* (eptir várri v.); (2) *favour* (fyrir vildar sakir við lýðinn).

vildar-fólk, n. *the chosen people*; **-klæði,** n. pl. *the best clothes, state-robes*; **-lið,** n. *the best men, favourites*; **-maðr,** m. *a distinguished man, favourite* (konungr ok mart -manna); **-mær,** f. *favourite maid, maid of honour.*

vildis-lýðr, m. *the best men*, = vildarlið; **-maðr,** m. = vildarmaðr.

vildr (compar. **vildri** or **vildari,** superl. **vilztr** or **vildastr**), a. (1) *agreeable* (era sá vinr öðrum, er vilt eitt segir); (2) *good, choice*, esp. in compar. and superl. *better, best*; honum var ekki vildara af ván, *he expected nothing better*; vildra sverð, *better sword.*

vil-gali, m. *flattery*, = fagrgali.

vilgi, adv. (1) *very*; v. mjök, *very much* (hann kvíddi engu v. mjök); (2) *by no means, not at all* (hann vissi þat v. görla).

vilgis, adv. *very*, = vilgi (v. opt.).

vil-hallr, a. *partial*; segja -hallt, *to give a partial, unfair report* (liðsmenn segja opt -hallt, ok segja þat, er þeir vildi at væri).

vili (gen. **vilja**), m. (1) *will, wish, desire* (sigrsæll er góðr v.); (2) *disposition, mind* (vera e-m með góðum vilja); (3) *delight, joy*; vanr vilja, *joyless.*

vilja (vil, vilda, viljat), v. (1) *to will, wish*, with infin. (nú vil ek spyrja yðr); Austmaðr kvazt vildu (pret. infin.) fyrir hafa land, *the Easterling said he wished to have land for (the ship)*; with the infin. left out or understood; vildi Aðalráðr hann ekki þar, *A. wished him not (to be) there*; hón vildi hann feigan, *she wished him dead*; with subj., viltu, at ek fara til eyjanna, *wilt thou that I shall go to the islands*; (2) with acc. *to wish, want* (eigi vil ek þessa); hvat vilt þú honum, *what dost thou want with him?*; v. hverjum manni gott, *to wish good to everybody*; v. heldr, *to prefer* (viltu heldr dóminn ?); (3) impers., var siglt inn eptir firðinum svá sem vera vildi, *as best might be, at random*; þá er vel vildi, *when the luck was fair*; (4) v. e-m, *to favour* *one* (þat er ván, at þér mundi sœmdin v.); (5) v. til, *to happen* (ef þat á til at v.); (6) refl., þeir viljast eigi við oss, *they bear no good will towards us.*

viljaðr, a. (1) *willing, inclined*; nú væra ek á þat v. at, *I should like to*; skal ek eigi vera verr v. en hann, *I shall not be less eager* (*less ready*) *than he*; (2) *intentioned, disposed* (at drottning mundi miklu verr viljuð); vera e-m vel v., *well disposed towards one*; e-m er lítt viljat til e-s, *one does not like a person*; játta því nökkuru, er þeim væri eigi vel viljat, *not to their liking.*

vilja-góðr, a. *well disposed*; **-lauss**, a. *joyless*; **-leysa**, f., **-leysi**, n. *want of will*; **-ligr**, a. *voluntary.*

viljan-liga, adv. *willingly*; **-ligr**, a. *willing.*

viljari, a. compar., **viljastr**, a. superl. = vildari, vildastr, see 'vildr'.

viljug-liga, adv. *readily.*

viljugr, a. (1) *willing, ready* (v. til e-s); (2) *to one's liking* (hvárt sem henni væri þat viljugt eða miðr).

vilkit, a. n., poet. *not good, dismal.*

villa, f. (1) *error, falsehood*; (2) *heresy*; (3) *delusion.*

villa (-ta, -tr), v. (1) *to lead astray* (nótt hefir mik villt); ok er svá villt fyrir mér, at, *I am so bewildered that*; (2) *to falsify, counterfeit* (v. heimildir á fé); villtar rúnar, *dark, obscure runes*; rísta (rúnar) villt, *to mis-write, write wrong*; v. leitina fyrir e-m, *to confound the search, put one on a wrong scent*; (3) refl., villast, *to go astray, lose one's way* (hafði hann villzt ok snúizt frá guði); with gen., nú villtust þeir vegar, *now they lost the road*; villtust hundarnir farsins, *the hounds lost the track*; þeim öllum villtist sýn, at engi þeira mátti finna hann, *they were all so bewildered that none of them could find him.*

villi-bráð, f. *venison*; **-dýr**, n. *wild beast*; **-eldr**, m. *wild-fire*; **-fygli**, n. *wild fowl*; **-fœrr**, a. *bewildering, difficult to find the way* (var þeim -fœrt til bœjarins); **-graðungr**, m. *wild bull*; **-göltr**, m. *wild boar*; **-ráða**, a. indecl. *bewildered*; **-sauðr**, m. *wild sheep*; **-skógr**, m. *wild forest*; **-ský**, n. *bewildering cloud*; **-stígr**, m. *wild, false path*; **-svín**, n. *wild boar.*

villr, a. (1) *wild, false* (hverfa af villum götum); (2) *bewildered, erring, astray*; fara v., fara villt, *to go astray* (hann fór v. um stórar merkr ok úkunnar); (3) *perplexed, uncertain* (þeir urðu villir á hvára hönd þeim sjór skyldi liggja); with gen., fara v. vegar, *to go astray.*

villu-átrúnaðr, m. *false belief, unbelief*; **-biskup**, m. *false bishop*; **-bönd**, n. pl. *bonds of error*; **-dómr**, m. *error*; **-draumr**, m. *false dream*; **-dýr**, n. = villidýr; **-efni**, n. *cause of error*; **-fullr**, a. *erroneous*; **-gata**, f. *wrong path*; **-karl**, m. = -maðr; **-kast**, n. *wrong throw*; **-keisari**, m. *false* (*heretic*) *emperor*; **-lauss**, a. *free from error, orthodox*; **-maðr**, m. *heretic*; **-nótt**, f. *night of error*; **-samligr**, **-samr**, a. *erroneous, false*; **-spámaðr**, m. *false prophet*; **-stígr**, m. = villistígr; **-trú**, f. *unbelief, heresy*; **-vegr**, m. *way of error.*

vil-mál, **-mæli**, n. *kind word, word of good will* (hafa -mæli við e-n); **-mæltr**, pp. *speaking to one's liking* (vera -mæltr e-m).

vilna (að), v. (1) *to make concession to, favour one* (þau ein kaup höfðu þeir við átzt, at þeim var eigi vilnat í); (2) refl., vilnast e-s, *to hope for, wish for, a thing* (vilnaðist hann jafnan guðs miskunnar).

vilnaðr (gen. **-ar**), m. (1) *joy, comfort*; (2) *hope.*

vilnan, f. = vilnaðr; iðrast með v., *to repent with hope.*

vilt, a. n. from 'vildr' and 'villr'.

vimpill, m. '*wimple*', *veil.*

vin (gen. **-jar**), f. *meadow.*

vin, m. *friend*, = vinr.

vina, f. *female friend.*

vina-boð, n. *feast of friends*; **-fundr**, m. *meeting of friends*; **-skipti**, n. *change of friends*; **-styrkr**, m. *strength, backing of friends*; **-vandr**, a. *particular as to friends*; **-veizla**, f. = -boð.

vinátta, f. *friendship* (binda, halda, vináttu við e-n).
vináttu-boð, n. *friendly offer, offer of friendship*; **-bragð**, n. *friendly turn*; **-heit**, n. *promise of friendship*; **-kveðja**, f. *friendly greeting*; **-mark**, n. *token of friendship*; **-mál**, n. *message, intercourse, of friendship*; **-merki**, n. = -mark; **-samligr**, a. *friendly, amicable.*
vin-bein, n. *collar-bone*, = viðbein (lestist vinbein hans).
vinda (**vind**; **vatt**, **undum**; **undinn**), v. (1) *to twist, wring, squeeze*; v. klæði sín, *to wring one's wet clothes*; v. sik = v. klæði sín (vóru allir vátir ok tóku at v. sik); v. e-t sundr, *to break, snap asunder* (hann vatt ljáinn í sundr milli handa sér); (2) *to wind, twist*; v. vef, *to wind the woof*; þær ór sandi síma undu, *they wound a rope out of sand*; (3) *to wind, hoist up by means of a* 'vindáss'; v. segl, *to hoist sail* (þeir undu segl sín); v. upp akkeri, *to weigh anchor*; vindum af ræfrit af skálanum, *let us pull the roof off the hall*; (4) *to turn, swing*; höfði vatt þá Gunnarr ok Högna til sagði, *G. turned his head and spoke to H.*; v. eldskíðu í næfrarnar, *to hurl a burning brand on the roof*; vindr upp sjóðnum, *he suddenly lifted up the money-bag*; (5) refl., vindast, *to make a sudden movement, turn oneself quickly*; pres. 'vizt' (í því kemr Þorgerðr inn, ok vizt Helgi við fast ok fellr ofan af þilinu).
vinda, f. *hank of yarn.*
vinda-brú, f. *draw-bridge.*
vindandi, f. *the use of* v (vend) *before* r, *as in* v-rangr, v-reiðr.
vind-auga, n. *window*, = -gluggr.
vind-áss, m. *winding-pole, windlass* (þeir undu með -ásum).
vind-belgr, m. *wind-bag, bellows*; **-blaka**, f. *wind-flaw, breeze*; **-blásinn**, pp. *distended by the wind*; **-blástr**, m. *wind-blast*; **-blær**, m. *light air, breath*; **-fullr**, a. *windy*; **-gluggr**, m. *window*; **-gul**, n. *air, wind, breeze*; **-heimr**, m. *world of the winds, the air*; **-hjálmr**, m. '*wind-helmet*', *the sky.*

vindingr, m. *strips of cloth for winding round the leg.*
vind-kaldr, a. *wind-cold.*
vindla (að), v. *to wind up* (v. ull).
Vind-land, n. *the land of the Wends.*
vind-lauss, a. *windless, calm* (veðr var -laust ok sjákyrt).
vind-lenzkr, a. *Wendish.*
vindli, m. *wisp* (fjúka sem v.).
vind-ligr, a. *windy* (veðr var -ligt); **-lítill**, a. *light of wind, calm* (veðr vóru vindlítil).
vindr (**-s** or **-ar**), m. (1) *wind*; v. var á norðan, *it blew from the North*; (2) *air* (gekk svá milli úvina sinna náliga sem hann œði vind).
vindr, m. *winding-stairs.*
vindr (**vind**, **vint**), a. *awry.*
Vindr, m. pl. *the Wends.*
vinds-blær, m. = vindblær; **-bylr**, m. *gust of wind*; **-fullr**, a. = vindfullr; **-gnýr**, m. *squall of wind.*
vind-skeið, f. *barge-board.*
vind-stœði, n. *the direction of the wind*; **-svalr**, a. = -kaldr.
vindugr, a. *exposed to the wind* (ek hekk vin[d]ga meiði á).
vind-verska, f. *the Wendish language*; **-verskr**, a. *Wendish.*
vind-þrotinn, pp. *short of wind*; **-þurr**, a. *wind-dry, air-dried* (viðr -þurr); **-æðar**, f. pl. '*wind-veins*', *the arteries*; **-öld**, f. '*wind-age*', *a time of tempests.*
vin-fastr, a. *steadfast as a friend*; **-fengi**, n. *friendship*; **-festi**, f. *steadfastness in friendship.*
vingaðr, pp. *standing in friendly relations* (vel var Sveinn jarl v. við lenda menn).
vingan, f. *friendliness, friendship.*
vinganar-heit, n. pl., **-mál**, n. pl., **-orð**, n. pl., **-svipr**, m. *promise, assertions, words, look of friendship.*
vingast (að), v. *to make friends*; v. við e-n, til e-s, *to enter into friendship, or friendly relations, with a person.*
vin-gjarnliga, adv. *friendly, kindly*; **-gjarnligr**, a. *friendly, kind*; **-gjöf**, f. *friendly gift*; **-góðr**, a. *kind towards one's friends*; neut. -gott, *friendliness* (heldr vil ek gjalda féit, ok mun -gott

í móti koma); -gott var með þeim, *they were good friends*; eiga -gott við e-n, *to be good friends with a person.*

vingull, m. *a horse's male organ.*

vin-gæfr, a. *procuring friends* (mun oss sjá sigr ekki -gæfr vera); **-gœði,** n. *kindness, amiability*; **-hallr,** a. (1) *partial*; eigi var hann -hallr í dómum, *he was no respecter of persons in his decisions*; (2) = -hollr; **-hollr,** a. *true, steadfast as a friend, affectionate as a friend*; -hollr e-m, *friendly towards one*; **-kaup,** n. *acquisition of a friend* (honum þótti í þér mest -kaup); **-kona,** f. *female friend*; **-lauss,** a. *friendless*; **-margr,** a. *having many friends*; **-mál, -mæli,** n. *friendly words, assertions* (Egill þakkaði konungi gjafar ok -mæli).

vinna (vinn; vann, unnum; unninn), v. (1) *to work, labour, do work* (Ásmundr vildi lítit v.); v. á akri ok plœgja, *to work in the field and plough*; (2) *to work, till, cultivate* (v. akr, jörðina); (3) *to work, perform, do*; v. verk sín, *to do one's work*; þat verðr hverr at v., er ætlat er, *every one must do the work that is set before him*; þér hafið mikit stórvirki unnit, *ye have done a great deed*; v. eið, sœri, *to take an oath*; v. bœtr á e-u, *to redress*; v. e-m beinleika, beina, *to show hospitality to one*; v. e-m geig, bana, *to work harm, death, to one*; v. e-m úsœmd, *to bring shame, disgrace on one*; v. e-m bót (illt), *to do one good* (*harm*); v. e-m hefnd, *to take revenge on*; (4) v. e-m, *to wait upon, attend to, tend* (Höskuldr bað hana vinna þeim hjónum); (5) *to win, gain*; v. orrustu, sigr, *to gain a battle, victory*; v. sigr á e-m, *to obtain a victory over, defeat, one*; (6) *to win, conquer* (v. land, borgir, skip); v. e-t aptr, *to recover by conquest, reconquer* (v. aptr þat ríki, er látit er); (7) *to overcome, master, get the better of* (þeir ætla, at þeim muni illa sœkjast at v. oss); (8) *to avail* (veit ek eigi, hvat þat vinnr); e-t vinnr e-m þörf, *it suffices, is sufficient for one* (þörf vinnr hverjum presti at segja eina messu); v. e-m at fullu, *to be quite sufficient for one, do away with, kill* (tók hann sótt þá, er honum vann at fullu); (9) *to withstand*, with dat., = v. við e-u; sköpum viðr (= vinnr) manngi, *no man can withstand his fate*; (10) followed by an adj. or pp., *to make* (v. e-n sáran, reiðan, barðan, felldan); vann hann yfirkominn Harald, *he succeeded in vanquishing H.*; v. hefnt, *to take revenge*; v. sannat, *to prove*; (11) *to reach* (smíðuðu einn stöpul, þann er þeir ætluðu at v. skyldi til himins); (12) with preps., v. at e-u, *to be busy with* (v. at heyi); v. at svínum, sauðfé, *to tend swine, sheep*; fá ekki at unnit, *to effect nothing* (ekki munu þér fá at unnit svá búit); v. at e-m, *to do away with, kill* (þat var markat á tjaldinu, at Sigurðr vann at Fáfni); v. e-t á, *to do, effect* (höfum vér mikit á unnit í várri ferð); v. á e-m, *to do one bodily injury*, = v. áverka á e-m (með þann hug at v. á Gunnari); v. e-t til e-s, *to do one thing in order to obtain or effect another* (vildi hann v. þat til sættar með þeim brœðrum); þat vil ek til vinna, *that I am ready to do*; v. til e-s, *to make oneself worthy of, deserve* (v. til dauða); v. til fjár ok frægðar, *to act so as to gain money and fame*; v. við e-u, *to withstand* (mátti hann ok eigi við sköpum v. né sínu aldrlagi); v. e-n yfir, *to overcome*; (13) refl., vinnast, *to last, suffice*; meðan dagrinn vannst, *as long as the day lasted*; Illugi elti hann meðan eyin vannst, *to the end of the island*; festrin vannst eigi til jarðar, *the rope was not long enough to touch the ground*; þar sátu konur úti frá sem vannst, *as there was room*; ek vinnst eigi til þér at launa, *I am unable to reward thee*; ekki unnust þau mjök fyrir, *they did little to support themselves*; recipr., vinnast á, *to wound one another.*

vinna, f. *work, labour*; vera at vinnu, *to be at work.*

vinnandi (pl. -endr), **vinnari,** m. *worker.*

vinningr, m. *gain, profit.*

vinnu-fullr, a. *having plenty of work*; **-fœrr**, a. *able to work*; **-góðr**, a. *clever at work*; **-greifi**, m. *overseer*; **-hjún**, n. pl. *work-people, servants* on a farm; **-lítill**, a. *doing little work*; **-maðr**, m. *labourer, manservant* on a farm.

vinr (**-ar**, **-ir**), m. *friend*; í þörf skal vinar neyta, *a friend in need is a friend indeed*; hverr á sér vin með úvinum, *every one has a friend among foes*; vera e-m í vina húsi, *to be one's friend.*

vin-raun, f. *proof of friendship*; **-ræði**, n. pl. *friendliness*, = vinsemd; **-samliga**, adv. *in a friendly manner*; **-samligr**, a. *friendly, amicable*; **-semd**, **-semi**, f. *friendliness*; **-sending**, f. *friendly message or gift sent*; **-skapr**, m. *friendship*; **-slit**, n. pl. *breach of friendship* (þetta mun okkr verða at -slitum); **-spell**, n. *spoiling of friendship.*

vinstri, a. compar. *the left* (á v. hlið, til v. handar).

vin-sælast (d), v. refl. *to endear oneself to* (-sælast e-m); **-sæld**, f. *popularity* (tóku við slíkt at vaxa -sældir hans); **-sæll**, a. *blessed with friends, beloved, popular* (hann var -sæll af öllum mönnum); maðrinn var miklu -sælli en áðr, *much more liked than before*; **-tengdr**, pp. *bound in friendship*; **-traust**, n. *trust in a friend*; **-veittliga**, adv. *kindly, in a friendly manner*; **-veittligr**, a. *friendly*; **-veittr**, a. (1) *given in a friendly spirit, agreeable, favourable* (byrrinn ekki -veittr); nú mun ek gera þér um -veitt, *now I will do thee a friendly turn*; (2) of persons, *friendly, amiable* (úvandblœtr ok -veittr at veizlum).

vinza (**að**), v. *to winnow* (v. korn).

vin-þurfi, a. *in want of a friend.*

vipr, f. pl. *child's toys* (barna v.).

vipta, f. *woof, weft*, = veptr.

virða (**-rða**, **-rðr**), v. (1) *to fix the worth of a thing, to tax, value* (síðan vóru virð fé Hallgerðar); (2) fig., *to value, estimate* (þat kann engi v. nema guð einn); with gen., v. e-t mikils, *to rate highly, think much of*; v. lítils, *to think or make light of*; v. e-t engis (einskis), *to make nothing of*; v. e-t með sjálfum sér, *to bethink oneself of, consider*; konungr virði mest skáld sín, *he held his poets in the highest estimation*; virði jarl hann vel, *the earl showed him great honour*; v. til, *to pay heed to, regard*; hann kveðst vilja v. til enn heilaga Jacobum postola, *he said he would respect the sanctity of St. James*; v. e-t til e-s, *to consider (deem) as* (v. e-t til útrúleika við e-n); v. e-t vel, illa fyrir e-m, *to put it to his credit, discredit*; (3) refl., virðast vel, *to be highly esteemed* (hann virðist hvervetna vel); impers., virðist öllum mönnum vel til hans, *everybody liked him*; virðist oss svá, sem minnkaðist vár sœmd í því, *it seems to us, we think that . . .*; virðist hann konunginum afbragðsmaðr, *the king thought him to be an exceptional man.*

virðar, m. pl., poet. *men.*

virði-liga, adv. *worthily, honourably*; **-ligr**, a. (1) *worthy, worshipful*; (2) *stately, imposing* (-ligr maðr); (3) of things, *fine, splendid* (-ligr bústaðr).

virðing, f. (1) *valuation* (at lögligri virðingu); (2) *reputation, honour*; gera e-m þá v., *to do that honour to one*; leggja v. á e-n, *to make much of one*; (3) *opinion, esteem*; at minni v., *in my opinion.*

virðinga-maðr, m. *a man of distinction or rank*; **-mikill**, a. *distinguished, worshipful.*

virðingar-för, f. *honourable journey*; **-gjarn**, a. *ambitious*; **-heimboð**, n. *honourable invitation*; **-hlutr**, m. *great credit* (hafa -hlut af e-u); **-kona**, f. *worthy lady*; **-lauss**, a. *without honour, rank, or distinction*; **-maðr**, m. *appraiser*; **-munr**, m. *disparity in rank*; **-ráð**, n. (1) *respectable estate or condition*; (2) *honourable plan*; **-vænligr**, **-vænn**, a. *honourable.*

virðinga-samr, a. *ambitious.*

virði-samr, a. *vain-glorious.*

virðu-liga, adv. *respectfully* (kveðja e-n -liga); *magnificently* (búast -liga); **-ligr**, a. *worthy, fine, splendid.*

virgill, m. *halter* (var v. dreginn á háls honum).

virgil-nár, m. *a corpse on a gallows.*

virki, n. (1) *work*, = verk; esp. in compds., ill-, spell-, stór-, þrek-virki; (2) *stronghold, castle.*

virkis-armr, m. *wing of a castle*; **-maðr**, m. *defender in a castle.*

virkja (-ti, -t), v. impers. = verkja.

virkr, a. (1) *working*; in compds., góð-, harð-, mikil-, stór-; virkr dagr, *work-day, week-day*; (2) *careful, painstaking* (v. at e-u); (3) v. e-m, *valued by, dear to* (kærr var hann ok v. konunginum).

virkt, f. (1) *tender care* (Ástríðr læknaði hann með mikilli v.); hann bað af þeim (= h. bað þá) virkta vinum sínum ok frændum, *he recommended his friends and kinsmen to their special charge*; ok bað honum virkta við konunginn áðr þeir skildi, *recommended him to the king before they parted*; (2) *good wishes*; biðja e-m virkta, *to wish one all good wishes* (Ásdís bað honum margra virkta); (3) *fondness, affection*; spurði, hverja hluti H. hefði, þá er honum væri mest v. á, *which were dearest to him*; leggja á þá alla v., *to cherish them in every way*; hafa e-n í kærleik ok virktum, *to hold one in love and affection*; (4) af *or* með v., af *or* með virktum, *with special care* (hann lét gera skip af virktum).

virkta-lið, n. = -menn; **-maðr**, m. *a chosen man, favourite man* (-menn Sveins konungs); þeir kváðu hann vera -mann, *they said he was a capital man*; **-ráð**, n. *excellent advice*; **-vel**, adv. *very well*; **-vinr**, m. *intimate friend.*

virku-liga, adv. *carefully.*

virtr, n. *wort* (in brewing).

visinn, a. *wizened, withered.*

visk, f. *wisp* (hálm-visk, sef-visk).

visna (að), v. *to wither* (hönd visnaði; visnuð hönd).

vissa, f. *certain knowledge, certainty* (hafa vissu af e-u); gera e-m vissu af e-u, *to give notice of.*

vissu-liga, adv. *certainly* (vita -liga); **-ligr**, a. *certain* (-lig ván).

vist (pl. **-ir**), f. (1) *stay*; hann fór til vistar til Hlíðarenda, *he went to stay at H.*; hann var vistum með föður sínum, *he stayed with his father*; (2) *abode* (margar eru þá vistir góðar ok margar illar); veita e-m v., *to lodge one*; (3) *food, provisions*, often in pl.; ønga v. þarf hann, *he requires no food*; v. ok drykkr, *meat and drink*; Hrapp þraut vistir í hafi, *H. ran short of provisions at sea.*

vista (að), v. (1) *to lodge, find lodgings and food for* (hann vistar kaupmenn nær skipi); (2) *to furnish with food, provision* (þat var þá háttr, at menn vistuðu sik sjálfir til þings); (3) refl., vistast, *to take up a fixed abode, stay, sojourn* (hann vildi hér v. um sumarit).

vista-byrðingr, m. *store-ship*; **-fang**, n. *provisions, stores*; **-far**, n. *domicile*; **-fátt**, a. n. *running short of provisions* (hann hafði, *or* honum var, -fátt); **-ferli**, n. = -far; **-fæð**, f. *lack of provisions*; **-gjald**, n. *contribution in food* (leggja -gjald á e-n); **-gnótt**, *plenty of provisions*; **-lauss**, a. *without provisions*; **-leysi**, n. *lack of provisions*; **-malr**, m. *provision-bag.*

vistar-far, n. *domicile*; fara -fari á e-n stað, *to go to stay at a place*; **-gørð**, f. *fare* (eigi er hér vönd -gørð); **-laun**, n. pl. *board-wages*; **-maðr**, m. *lodger, boarder*; **-taka**, f. *foraging*; **-tekja**, f. *sojourning, boarding* (bjóða e-m marga kosti um -tekju); **-veizla**, f. *boarding or housing of a person*; **-vera**, f. *sojourn.*

vista-skip, n. *provision-ship*; **-skortr**, m. *want of provisions.*

vist-fang, n. = vistafang; **-fastr**, a. *having a fixed abode*; **-lauss**, a. *homeless, with no fixed domicile* (ek em maðr -lauss).

visundr (gen. **-s** or **-ar**, pl. **-ar**), m. *bison-ox.*

vit, n. (1) *consciousness*; hafa v. sitt, vita vits síns, *to be in one's senses, be conscious*; (2) *intelligence, cognizance*; á fárra (allra) manna viti, *within few (all) men's knowledge*; (3) *wit, understanding, reason*; vel viti borinn, *with a good understanding*; ganga af vitinu, *to go out of one's wits, go mad* (hann varð svá hræddr, at hann gekk náliga af vitinu); þat er mitt v., at, *it is my opinion that*; (4) *sense, organ of sense* (ekki v. manns heyrir nema eyru); (5) pl., *a place where a thing is kept, receptacle* (varðveita e-t í vitum sínum); (6) *visiting, searching*; fór M. jarl vestr um haf á v. ríkis síns, *M. returned to his kingdom*; ríða á v. sín, *to look after one's own affairs*.

vit or **við**, pers. pron. dual, *we two*.

vita (**veit, vissa, vitaðr**), v. (1) *to have sense, be conscious* (hann var enn eigi ørendr, en vissi þó ekki); with gen., gráðugr halr, nema geðs viti, *unless he has his senses about him*; (2) *to know*; engi vissi skapara sinn, *no one knew his maker*; þeir er vel mart vitu, *those who know many things*; v. sik saklausan, *to know oneself to be innocent*; veizt þú, hvat þér man verða at bana, *dost thou know what will be the cause of thy death?*; v. skyn á e-m, *to know one*; Flosi kvaðst eigi v. skyn á, hverir lögmenn væri beztir, *F. said that he knew nothing about who were the best lawyers*; v. ván *or* vánir e-s, *to expect, look for* (G. vissi slíks matar þar ekki ván); v. fram, *to be prescient, know the future*; veit þat trúa mín, *upon my faith!*; (3) *to see, try to find out* (bað þá v., hvat af Gretti yrði); vittu, ef þú hjálpir, *see if thou canst help*; vit, at þú náir sverði því, *try to get that sword*; (4) *to look, be turned towards*; v. upp, fram, aptr, *to look (be turned) upwards, forwards, backwards*; v. móti sólu, at sjánum, *to face the sun, the sea*; v. til norðrættar, *to look north*; ormahöfuð öll vitu inn í húsit, *all the heads of the serpents look into the hall*; with gen., þeir fundu vínvið allt þar sem holta vissi, *they found the vine wherever there was woodland*; (5) *to come under a certain head*; sökin veit til lands-laga, en ekki til Bjarkeyjarréttar, *the case comes under the country law, and not under the town-law*; (6) *to bode, betoken*, with gen. (ekki vita slík orð lítils); þat mun eigi øngra tíðinda v., *this betokens no small tidings*; (7) *to mean, have such and such bearing*; hvat veit óp þetta, *what means this shouting?*; eigi veit þannig við, *that is not the case*; seg mér hit sanna, hversu við veit, *how things stand*; ok rœddu um þat, at nú mundi vel v., *that things were likely to take a good turn*; (8) with preps., v. af e-u, *to know of* (ekki vissi A. af kaupi þeira); v. e-t at sér, *to know oneself to be guilty of*; v. e-t eptir sér = v. e-t at sér (v. eptir sér slíkan glœp); v. e-t frá sér, *to be conscious* (*sensible*) *of* (ek var svá syfjaðr, at ek vissa fátt frá mér); v. e-t fyrir, *to know beforehand* (ørlög sín viti engi maðr fyrir); v. til e-s, v. til um e-t, *to know of* (ekki vissu landsmenn til um ferð Þórólfs); v. ekki til sín, v. ekki til manna, *to have lost consciousness, one's senses*; recipr. *to know of one another* (þeir vissust jafnan til í hafinu); v. um e-t, *to make inquiries about* (fara at v. um e-t); *to know about* (eigi veit ek um gaman þetta); v. e-t við e-n, *to get to know a thing from one* (mun ek v. við skipverja mína, hvat þeim sýnist ráð).

vitaðr, pp. (1) *known, proved*; (2) *marked out* (sá er þeim völlr of v.).

vita-karl, m. *beacon-watchman*.

vitand, f. *knowledge, privity* (var þat gört með yðvarri v. ok ráði); at minni (várri) v., *to my (our) knowledge*.

vitan-ligr, a. *known* (-ligr e-m).

vita-vörðr, m. *beacon-watch*.

vit-fátt, a. n. *short of wit* (e-m verðr -fátt); **-firring**, f. *insanity, madness*.

viti, m. (1) *token, mark, signal*; þat þótti eigi góðs v., *it boded nothing good*; (2) as a naut. term; hafa vita af landi, *to stand so near land as to be aware of it*; (3) *a beacon*, kindled as a warning signal (brenna, kveikja, kynda vita).

vitja (**að**), v. *to go to a place, to visit* (tók hann þat ráð at v. eigi optarr til Íslands); with gen., v. frænda sinna, *to visit one's kinsmen*; at þeir mundi koma ok v. Gizurar, *pay G. a visit, attack him at his home*; þóttust þeir vita, hvar hans var at v., *where he was to be found*; þeir vitja graðungsins, *they went to fetch the bull*; v. ráðahags, ráðs, *to come to fetch one's* *bride*; v. einkamála, heita, *to come to claim the fulfilment of an agreement, or promise.*

vitjan, f. *visit* (hafið þér veitt oss sæmd með v. yðvarrar tignar).

vitkast (-að), v. refl. (1) *to recover one's senses*; (2) *to recover from a swoon* (úvit).

vitki, m. *wizard*; vitka líki, *in the form of a wizard.*

vit-lausa, f. = -leysa; **-lauss**, a. (1) *mad* (hann hleypr þegar sem hann sé vitlauss); (2) *unconscious, senseless* (Ölvir lá þar -lauss, en Bárðr veginn); (3) *foolish* (-lauss ok illviljaðr); **-leysa**, f., **-leysi**, n. *madness, nonsense*; **-leysingr**, m. *a witless, foolish person*; **-lítill**, a. *small-witted*; **-maðr**, m., **-menni**, n. *a man of great intellect, clever man*; **-mikill**, a. *of great intellect, clever.*

vitna (að), v. (1) *to witness, attest*, with acc. (v. málit); (2) v. undir e-n, *to call one as a witness.*

vitna-laust, adv. *without witnesses.*

vitneskja, f. *signal, sign* (góð v.).

vitni, n. (1) *witness, testimony*; bera v., *to bear witness*; bera e-m gott v., *to bear one good witness*; (2) = váttr, *witness*, of persons; nefna v., *to call witnesses*; (3) *evidence, outward mark or sign* (var þar orpinn sá haugr til vitnis).

vitnir (gen. -is), m. poet. *wolf.*

vitnis-burðr, m. *a bearing witness*; *giving evidence, testimony*; **-bœrr**, a. *able to bear witness*; **-fastr**, a. *proved by evidence*; **-fjall**, n. *the mount of the covenant*; **-lauss**, a. *unattested* (-lausar sögur); **-maðr**, m. *witness*, = váttr; **-örk**, f. *the ark of the covenant.*

vit-orð, n. (1) *knowledge* (ekki var margra manna -orð á hans ætterni); vera á (í, með) e-s -orði, *to be known to one* (þat var á margra manna -orði); (2) *privity* (vera í ráðum ok -orðum með e-m um verk).

vitorðs-maðr, m. *a person cognizant* (-maðr þess verks).

vitr (acc. vitran), a. *wise* (v. maðr).

vitra, f. (1) *wisdom, sagacity*; (2) *knowledge* (v. góðs ok ills).

vitra (að), v. *to manifest, reveal* (v. mönnum úorðna hluti); refl., vitrast, *to reveal oneself, appear in a dream or vision* (mikit er um fyrirburði slíka, er hann sjálfr vitrast okkr).

vitran, f. (1) *revelation*; (2) *vision, appearance in a dream.*

vitringr (-s, -ar), m. *wise man, sage* (var Þorgnýr inn mesti v.).

vitr-leikr, m. *wisdom, sagacity.*

vitrleiks-maðr, m. = vitringr.

vitr-liga, adv. *wisely, with wisdom*; **-ligr**, a. *wise, judicious, sensible* (-lig stjórn, ráðagørð); **-máll**, a. *wise in speech* (hon er væn ok -mál).

vits-munir, m. pl. *sense, sagacity*; koma á -muni við e-n, *to outwit one.*

vit-stola, a. indecl., **-stolinn**, pp. *out of one's mind, insane.*

vitt, n. *sorcery, charms.*

vitta (-tta), v. poet. *to bewitch, charm* (vitti hon ganda).

vitta-fullr, a. *full of charms.*

vittugr, a. *skilled in witchcraft.*

vitugr, a. *sensible, clever.*

vitund, f. = vitand.

vit-vandr, a. *requiring cleverness.*

vizka, f. *wisdom, sagacity.*

vizkr, a. *clever, sensible* (vel v.).

vizku-bragð, n. *wise contrivance*; **-liga**, adv. *wisely*; **-ligr**, a. *wise*; **-maðr**, m. *wise man*; **-munr**, m. *difference in wit*; **-samligr**, a. *wise*; **-tré**, n. *the tree of knowledge.*

víða (-ara, -ast), adv. (1) *widely, far and wide, in many places* (vóru þeir því ágætari ok víðfrægri sem þeir fóru víðara); víðast um veröldina (*in the wide world*) fannst eigi sá maðr; (2) *largely, extensively* (hann ló v. frá).

víða (-dda, -ddr), v. *to widen* (braut ísinn ok víddi vökina).

víðátta, f. *wideness, openness*, of a district (farið nú á víðáttu jarðar).

vídd, f. *width, wideness, extension.*

víðerni, n. *extension, extent.*

víð-faðmr, a. *extensive, far-reaching*; **-fleygr**, a. *wide-flying*; **-frægja** (-ða, -ðr), v. *to make widely known*; **-frægr**, a. *far-renowned, famous*; **-förli**, f. *extensive travelling*; **-förull**, a. *far-travelling.*

víði-hæll, m. *a peg of willow.*

víðir (gen. -is), m. *willow* (sjá dalr er mjök víði vaxinn).

víðka (að), v. *to widen.*

víð-leikr, m. *width, extent*; **-lenda** (-nda), v. *to extend, enlarge a territory*; **-lendi,** n. *broad lands, wideness of lands, extent*; **-lendr,** a. *having extensive lands,* of a king.

víðr, a. *wide, large, extensive* (víðir skógar); á víða vega, *widely abroad, broadcast*; víðs vegar, *in all directions* (flýja, dreifast víðs vegar); víðs fjarri, *far away.*

víð-ræss, a. *far-roaming,* of deer; **-sýnn,** a. *with wide prospect* (á haugum nökkurum, þar sem -sýnt var).

víf, n. poet. *woman, wife.*

vífandi, pr. p., in the phrase, **koma** at v., *to arrive as by chance.*

vífinn, a. *given to women.*

vífl, f. *cudgel, bat,* used in washing.

víg, n. (1) *fight, battle*; eiga v. móti e-m, *to fight against*; eiga v. saman, *to have a fight together*; verja e-t vígi, *to defend by fighting*; (2) *homicide, man-slaughter* (vega v.).

víga-far, n. *battle, slaughter* (úfriðr ok -far); **-ferði,** n., **ferðir,** f. pl., **-ferli,** n. pl. *man-slayings* (man þetta upphaf -ferla þinna); **-guð,** n. *god of battle*; **-hugr,** m. = víghugr; **-maðr,** m. *a fighting man*; -maðr mikill, *a great manslayer.*

víg-áss, m. *war-beam,* for defence (þeir höfðu -ása i dyrum); **-djarfr,** a. *daring in fight, stout-hearted*; **-drótt,** f. *warriors*; **-fimi,** f. *skill in arms*; **-fimr,** a. *skilled in feats of arms*; **-flaki,** m. *mantlet of boards*; **-fleki,** m. (1) = -flaki; (2) = -gyrðill; **-frekr,** a. *eager for fight*; **-frœkn,** a. *martial, gallant*; **-fœrr,** a. *able to fight*; **-gyrðill,** m. *a shelter used on ships during battle*; **-gyrðla** (að), v. *to protect, fortify with* 'víggyrðlar'; **-hestr,** m. *war-horse*; **-hugr,** m. *warlike* (*murderous*) *mood.*

vígi (gen. pl. **vígja**), n. (1) *vantage-ground, stronghold* (klettrinn var víðr ofan ok v. gott); (2) *the bulwarks or gunwale* of a ship.

vígis-munr, m. *difference in vantage-ground* (þar var svá mikill -munr, at þar mundi ekki vinna bergit).

vígja (-ða, -ðr), v. (1) *to hallow, consecrate,* in a heathen sense (tók upp hamarinn Mjölni ok vígði hafrstökurnar); (2) in a Christian sense, *to consecrate, ordain* (vígja biskup, prest, djákn; vígja e-n til biskups, prests, konungs).

víg-kœni, f. = -fimi; **-kœnn,** a. = -fimr; **-kœnska,** f. = -kœni; **-leysi,** n. *defencelessness*; **-lið,** n. *warriors*; **-ligr,** a. *martial, doughty*; -ligr á velli at sjá, *of martial appearance*; **-ljóss,** a. *having daylight for fighting* (þá var þó svá kveldat, at eigi var -ljóst); **-maðr,** m. *warrior*; **-mannliga,** adv. *martially*; **-mannligr,** a. *martial*; **-málugr,** a. *given to talk of battle*; **-móðr,** a. *weary in battle*; **-nest,** n. poet. *armour* (?); **-nesta böl,** *sword or spear.*

vígr, a. (1) *in fighting condition, able to fight* (hafa með oss alla víga menn); v. vel, *well skilled in arms*; (2) þeir drápu karla þá, er vígt var at, *they smote the men that might be slain.*

víg-reiðr, a. *in warlike mood*; **-risinn,** a. *gallant in war*; **-risni,** f. *prowess in arms*; **-roð,** n., **roði,** m. *glow of war* (verpr -roða um víkinga).

vígsakar-aðili, m. *prosecutor in a suit for manslaughter*; **-bœtr,** f. pl. = vígsbœtr.

vígs-bœtr, f. pl. *compensation for manslaughter*; **-gengi,** n. *backing one in battle* (veita e-m -gengi); **-gjöld,** n. pl. = -bœtr.

víg-skarða (að), v. *to furnish with ramparts, fortify*; **-skár,** a. *exposed to war* (-skátt ríki); **-skerðr,** pp. *furnished with* 'vígskörð'; **-skörð,** n. pl. *battlements, ramparts.*

vígsla, f. *consecration, ordination* (taka vígslu af biskupi).

víg-slóði, m. *the section of law treating of battle and manslaughter.*

vígslu-dagr, -eiðr, m. *day, oath of consecration*; **-faðir,** m. *ordaining father* (of a bishop); **-gull,** n. *coronation ring*; **-gørð,** f. *performance of ordination*; **-hrútr,** m. *sacrificial ram*; **-hönd,** f. *ordaining hand*;

leggja -hendr yfir e-n, *to lay hands on*, of a bishop; **-kaup**, n. *coronation-fee*; **-klæði**, n. pl. *consecration robes*; **-maðr**, m. *one in holy orders*; **-skrúð**, n. *coronation robes*; **-sverð**, n. *coronation sword*; **-vatn**, f. *holy water*.

vígs-mál, n. *a suit for manslaughter*.

víg-spár, a. *boding of war*; **-spjöll**, n. pl. *tidings of war*.

vígs-víti, n. *punishment for manslaughter*.

víg-sök, f. *suit of manslaughter*; **-tól**, n. pl. *murderous tools*; **-tönn**, f. *canine tooth, tusk*; **-vél**, f. *war-trick, war-engine*; **-völlr**, m. *battle-field*; **-völr**, m. '*battle-stick*', *weapon*; **-þrima**, f. *din of battle*; **-þrot**, n. *end of the battle*; **-æsa**, v. *to furnish with* vígásar; **-ör**, f. a kind of *dart*.

vík (gen. **víkr**, pl. **víkr**), f. *inlet, small bay*; róa v. á e-n, *to row one round, get the better of one*.

víking, f. *freebooting voyage, piracy* (hann var í v. á sumrum ok fekk sér fjár); liggja í víkingu ok hernaði, *to be engaged in a freebooting expedition and warfare*; fara í v., *to go out on a freebooting expedition*.

víkinga-bœli, n. *haunt of sea-rovers (vikings)*; **-höfðingi**, m. *chief of vikings*; **-lið**, n. *company of vikings*; **-skeið**, f., **-skip**, n. *viking's ship*.

víkingligr, a. *like a viking*.

víkingr (**-s**, **-ar**), m. (1) *freebooter, sea-rover, pirate, viking* (Flóki Vilgerðarson hét maðr, hann var v. mikill); (2) in later times, *robber, highwayman*.

víkings-efni, n. *one likely to become a great viking*.

víkingskapr (gen. **-ar**), m. *piracy*.

víkja (**vík**; **veik**, **vikum**; **vikinn**), v. (1) *to move, turn*, with dat. (sveinninn mátti hvergi v. höfðinu); hann veik sér hjá dyrunum, *he passed by the door*; v. e-m af hendi, *to turn one off, dismiss*; v. e-u af sér, *to decline* (A. veik því af sér); v. e-u til ráða (atkvæða) e-s, *to hand it over to one's decision*; v. tali, rœðu, máli til e-s, *to turn one's speech to one, address oneself to one*; v. til e-s, *to mention, refer to* (hefr hann svá kvæðit, at hann víkr til Ólafs konungs); **v.** til við e-n, *to broach it to one*; **v.** á e-t, *to hint at* (Þ. víkr á nökkut í Þorgeirsdrápu á misþokka þeira); v. á við e-n = v. til við e-n; víkja svá bœkr til, at, *the books indicate that*; (2) *to move, go* (þeir víkja þegar eptir þessum mönnum); v. aptr, *to return* (þeir viku aptr ok leita þeira); hann veik heim, *he returned home*; v. til norðrættar, *to trend north* (þat ríki víkr til norðrættar); v. inn til hafnar, *to veer round and seek harbour* (önnur skipin viku inn til hafna af leiðinni); v. eptir e-m, *to follow one's example*; v. eptir e-u, *to yield to* (v. eptir freistingu fjándans); (3) impers. *to turn, trend*; landinu víkr til landnorðrs, *the land trends to north-east*; svá veik viðr veginum, at þar var hraungata mikil, *the road was of this nature*; nú veik svá við, at liðit fór yfir á eina mikla, *now it came to pass*; nú víkr sögunni vestr til Breiðafjarðardala, *now the story turns west to B.*; en þar veik annan veg af, *it turned out quite another way*; (4) refl., víkjast, *to turn oneself*; v. aptr, *to return*; hón sat ok veikst eigi, *she sat and stirred not*; v. eptir e-u, *to turn after, imitate*; v. undan e-u, *to evade, decline*; v. undan við e-n, *to refuse one*; v. undir hlýðni við e-n, *to do homage to*; v. við e-t, *to respond to* (kvað hann vel hafa vikizt við sína nauðsyn).

víkjanligr, a. *yielding, pliant*.

víkva, v. = víkja (v. skapi sínu til e-s).

Vík-verjar, m. pl. *the men from the district* 'Vík' *in Norway*; **-verskr**, a. *from the* 'Vík', of persons.

víl, n. *misery, wretchedness* (v. ok erfiði); **-mögr**, m. *wretch, bondsman*; **-siðr**, m., **-sinni**, n. *misery, distress*; **-sinnis** spá, *evil prophecy*; **-stígr**, m. *path of misery, woeful path*.

vín, n. *wine*; **-belgr**, m. *wine-bag*; **-ber**, n. *grape*; **-berill** (pl. **-berlar**), m. *wine-vessel*.

vínberja-köngull, m. *bunch of grapes*.

vín-byrli, m. *cup-bearer*; **-dropi**, m. *drop of wine*; **-drukkinn**, pp. *drunken with wine*; **-drykkja**, f. *wine-drinking*; **-drykkr**, m. *drink of* *wine*; **-fat**, n. *wine-vat*; **-fátt**, a. n. *short of wine, scarcity of wine*; **-ferill**, m. *wine-vat*; **-garðr**, m. *vineyard*.

víngarðs-fágari, m. *vine-dresser*.

vín-guð, m. *the wine-god, Bacchus*; **-hús**, n. *wine-house*; **-höfugr**, a. *heavy with wine* (skálir vínhöfgar); **-kaggr**, m. *wine-jar*; **-ker**, n. *wine-beaker*; **-kjallari**, m. *wine-cellar*.

Vín-land, n. *Wineland, part of North America* (Vínland it góða).

Vínlands-ferð, **-för**, f. *expedition to Wineland*.

vín-laukr, m. a kind of *grass* or *herb*; **-lauss**, a. *wineless*; **-leysi**, n. *lack of wine*; **-óðr**, a. *wine-mad, drunk*; **-órar**, m. pl. *wine-ravings*; **-pottr**, m. *wine-pot*; **-tré**, n. *vine, vine-plant*; **-tunna**, f. *wine-cask*; **-viði**, n., **-viðr**, m. *vine*, = -tré; **-þröng**, f. *wine-press*.

víra-virki, n. '*wire-work*', *filigree*.

vírr, m. *wire, thread of metal*.

vísa (**að**, rarely **-ta**, **-t**), v. *to show, point out, indicate*; v. e-m leið, *to show one the way*; v. augum á e-n, *to direct, fix the eyes on one*; v. hundi at manni, *to set a hound on a person*; v. e-m til sætis, *to show one where to sit*; v. e-m til landskostar, *to direct one to the best of the land*; þeir vísuðu honum til Kols, *they showed him the way to Kol, told him where he was to be found*; v. e-m til vegar, *to show one the road*; v. e-m frá, *to send one away, reject an application*; v. á e-t, *to point at, indicate* (fleiri eru þau tíðindi, er kvæðit vísar á); v. svá til, at, *to indicate* (vísa ok svá til enskar bœkr, at); impers., vísar svá til í sögu Bjarnar, *it is indicated, referred to, in the story of B.*; with infin., v. e-m at gera e-t, *to tell, prompt one to do a thing*.

vísa, f. *verse, strophe, stanza* (hann orti kvæði ok eru þessar vísur í).

vísa-eyrir, m. *fixed, regular income*.

vísan, f. *direction, instruction* (nú skulu þeir fara eptir minni v.).

vísa-ván, f. *a thing sure to happen*.

vís-bending, f. *signal*; gera e-m -bending, *to give one a signal*; **-dómr**, m. (1) *knowledge, intelligence*; bera fullan (sannan) -dóm á e-t, *to know for certain*; (2) *wisdom, wise talk*, opp. to 'heimska'.

vísdóms-fullr, a. *full of wisdom, wise*; **-kona**, f. *wise woman, sibyl*; **-maðr**, m. (1) *sage*; (2) *soothsayer, prophet*; **-meistari**, m. *magician*.

vísendi, n. pl. = vísindi.

vís-eyrir, m. *a king's regular revenue*; cf. 'vísa-eyrir'.

vísi, m. poet. *leader, chief*.

vísinda-bók, f. *learned book*; **-kona**, f. *wise woman, sibyl*; **-maðr**, m. *soothsayer*; **-svör**, n. pl. *answers of information*; **-tré**, n. *the tree of knowledge*; **-vegr**, m. *the way of knowledge or truth*.

vísindi, n. pl. (1) *knowledge, intelligence*; taka v. af e-u, *to draw information from a thing*; svá er sagt í fornum vísindum, at, *in old lore* (*in old songs*) *it is said that*; hann (viz. Mímir) er fullr af vísindum, *he is full of wisdom* (*knowledge*); vita e-t með vísindum at segja, *to know for certain*; (2) *revelation* (urðu mörg v. sýnd mönnum í draumum); (3) *magic art* (fara með vísindum ok spádóm).

vísir, m. (1) *leader, king*, = vísi; (2) *sprout* (sýndist mér vísirinn vaxa).

vís-leikr, m. *knowledge, wisdom*; **-liga**, adv. (1) *for certain* (vita -liga); (2) *wisely*; **-ligr**, a. *certain, sure, safe* (þykkir mér vísligra at fara aptr í ríki mitt).

víss, a. (1) *certain* (þótti honum sér þá vísari dauði en líf); þótt ek vita vísan bana minn, *though I know my death is sure*; verða e-s v., *to ascertain, become aware of* (ek mun þessa brátt v. verða af konungi); impers., þessa mun aldri víst verða, *this will never be known*; verða e-s v. um e-t, af e-u, *to get some information of, as to*; víss vitandi, *knowingly, intentionally*; (2) *wise* (I. var inn vísasti maðr í öllu); (3) *known* (nú liðu svá sex vetr, at þetta varð eigi víst); (4) neut. as adv., vita e-t víst, *to know for certain*; þat vil ek víst, *surely I will*; víst eigi, *certainly not, by no means*; at vísu, *certainly, surely* (hann hefir þat at vísu í hug sér); til víss, *for certain* (sjá, vita kenna e-t til víss); fyrir víst = til víss.

vísu-helmingr, m. *half a strophe*; **-lengd**, f. *length of a strophe*; **-orð**, n. *a line of a strophe*.

vís-vitaðr, pp. *known for certain*.

víta (-tta, -ttr), v. *to fine, sconce* (víttr ertu nú skáld, er þú kemr eigi undir borð).

víta-verðr, a. *worthy of punishment or fine*.

víti, n. (1) *punishment*; skapa e-m v. fyrir e-t, *to punish one for a thing*; fá, taka v., *to suffer punishment* (Þorgils segir, at hún skal v. fyrir taka); láta sér annars v. at varnaði, *to be warned by another's woe*; (2) *fine, mulct*, = févíti (gjalda v.); (3) *sconce*, = borðvíti; en er kom at jólum, vóru v. upp sögð, *but when Yule came the sconces were declared*.

vítis-horn, n. *sconce-horn or cup*; **-lauss**, a. *without punishment, blameless*; **-leysi**, n. *impunity*.

vítt, adv. *far*, = víða.

víxl, n., only in the phrase, á víxl; (1) *passing by one another in opposite directions* (bryggjur svá breiðar, at aka mátti vögnum á v.); (2) *across*; standa á v. fótunum, *to stand cross-legged*.

víxlingr, m. *changeling*, = skiptingr.

víxtr or **víxltr**, pp. *changed*, of a changeling (at hann myndi v. vera).

voga (að), v. *to dare, venture*.

voldugr, a. *powerful*, = völdugr.

væða (-dda, -ddr), v. *to clothe*.

vægð (pl. -ir), f. *mercy, forbearance* (eiga øngrar vægðar ván).

vægðar-lauss, a. *merciless, exacting*; **-laust**, adv. *without mercy*.

vægi, n. *weight, moment*; vera lítils vægis, *to be of small moment*.

vægi-liga, adv. *forbearingly, leniently*; **-ligr**, a. *forbearing, lenient* (-ligr dómr).

væginn, a. *lenient, yielding*.

vægja (-ða, -t), v. (1) *to give way to*, with dat.; v. göngunni, *to yield the road*, when two meet one another; (2) absol., *to give way, yield* (jafnan vægir hinn vitrari); v. fyrir e-m, *to give way to one* (hón kvaðst aldri v. skyldu fyrir Hallgerði); v. eptir e-m, v. við e-n, *to yield to one*; (3) *to temper*, with dat. (v. reiði sinni); v. dómum, *to temper judgement*; v. orða atkvæðum, *to forbear from words*: (4) *to spare*, with dat. (Þorkell bað jarl v. bóndum); (5) refl., vægjast, *to yield, give way* (betra er at v. til góðs en bægjast til ills); v. til við e-n, *to give way to one*.

vægja (-ði, -t), v. impers. *to emit matter* (vágr), *suppurate* (hendr hans hafði vægt ok fœtr).

væg-leiðinn, a. = væginn (við e-n).

vægr, a. *nicely balanced*, of scales (vægar skálir).

væl, n., **vælan**, f. *wailing*.

væla (að), v. *to wail*.

væna (-da, -dr), v. (1) *to give one hope of*, v. e-m e-s *or* e-u (v. e-m miskunnar ok eilífrar dýrðar); (2) *to ween, think* (í kveld væni ek, at ek heiti Úfeigr); impers., e-n vænir, at, *one thinks that* (vænir mik nú, at þeir hafi aptr snúit); (3) v. e-n e-u, *to charge one with a thing* (v. e-n lygi); (4) refl., vænast e-s *or* e-u, *to hope for* (vænist hann ok øngra manna liðveizlu); v. e-u, *to boast of*.

vænd (pl. -ir), f. *prospect, expectation* (er í þær vændir komit, at).

vændis-fólk, n. *wicked people*; **-höfðingi**, m. *wicked, bad chief*; **-kona**, f. *harlot*; **-maðr**, m. *miscreant*.

væng-brotinn, pp. *broken-winged*.

vængi, m. *cabin on board a ship*.

vængjaðr, a. *furnished with wings*.

væng-knúi, m. *the wing joint*.

vængr (-jar, -ir), m. (1) *wing* (með vængjunum huldi hann landit allt); (2) *wing of a building*, esp. of a church.

væni, n. *prospect*; þótti öllum mikils ills af v., *every one thought that much evil might be looked for*.

væning (pl. -ar), f. *imputation*.

vænkast (að), v. *to bid fair, look well, take a good turn* (þykkir þeim v. um sinn hag).

væn-leikr, m. *bodily beauty* (þá var þeim eintalat um Helgu, ok lofaði hann mjök -leik hennar).

vænleiks-maðr, a. *a fine man.*

væn-liga, adv. *hopefully, promisingly*; **-ligr**, a. *hopeful, promising, fine* (mikill maðr ok -ligr).

vænn, a. (1) *likely, to be expected* (er vænst, at liðnar sé mínar lífsstundir); (2) *bidding fair, likely to succeed* (eigi mundi í annat sinn vænna at fara at jarli); hér ferr vænt at, *here it goes fairly*; (3) of persons, *hopeful, promising* (Björn þótti v. til höfðingja); (4) *fair to behold, fine, beautiful* (væn kona ok kurteis); of things, *fine* (kross v. með líkneskjum).

vænta (-nta, -nt), v. (1) *to give one hope of*, v. e-m e-u (ek vænti þér sættinni, en ek heit eigi); (2) *to hope for, expect*, with gen. (væntum vér oss góðra viðtakna); v. til e-s, *to hope for*; v. í e-u, *to hope in, set one's hope in* (væntum í hans miskunn); (3) impers., (þess) væntir mik, at, *I expect (hope) that* (væntir mik enn, at honum fari vel).

vænting, f. *hope, expectation.*

væpna (-ta, -tr), v. *to arm.*

vær, pron. *we*, = vér.

væra, f. *snugness, warmth.*

værð, f. *rest, tranquillity* (samfarar þeira vóru eigi með værðum).

væri, n. *abode, shelter* (þeir áttu hvárki vist né v. í Víkinni).

Væringja-lið, n. *the body of the Værings*; **-lög**, n. pl. *the league, guild of the V.*; **-seta**, f. *the guard of the V.*

Væringjar, m. pl. *Varangians*, Northern warriors who served as body-guard to the emperors of Constantinople.

vær-leikr, m. *rest, peace, tranquillity.*

værr, a. (1) *snug, comfortable, peaceful* (samfarar þeira vóru eigi værar); í væru ranni, *in the peaceful hall*; honum gerðist ekki mjök vært, *he did not feel much at ease*; (2) neut., vært, *fit to be or stay at a place* (þér er ekki vel vært hér í landi); eigi er ykkr saman vært, *ye cannot live together.*

væru-gjarn, a. *fond of rest and warmth.*

væstr, pp. *worn out by wet and toil* (kómu þeir væstir til bœjar).

væta, f. *wet, sleet, rain* (vóru vætur miklar bæði nætr ok daga).

væta (-tta, -ttr), v. *to wet, make wet* (at v. allan senn dúkinn).

vætr, n. indecl. *nought*; hyggst v. hvatr fyrir, *a valiant man fears nothing*; with gen., v. manna, *no man*; v. véla, *no fraud.*

vætt (pl. -ir), f. (1) prop. *weight* (þat fé allt, er at vættum skal kaupa); (2) of a definite weight, in Norway = $\frac{1}{24}$ of a 'skippund'; in Iceland = 80 lbs. (þrjár vættir ullar).

vætt, n. *lid of a chest or shrine.*

vætta (-tta, -tt), v. = vænta.

vætt-fangr, m., see 'vættvangr'.

vætti, n. *witness, testimony* (bera v.; fœra fram v. sín).

vættis-burðr, m. *bearing witness.*

vættki (gen. **vættkis**, **vættugis**; dat. **vættugi**), n. *no whit, nothing, nought*, = ekki vætta; hafða ek þess v. víss, *I got no favour from that lady*; vættugis verðr, *worthless*; varr at vættugi, *fearing nothing.*

vættr (pl. -ir), f. (1) *wight, being*; þegi þú, rög v., *hold thy tongue, vile being*; (2) esp. *a supernatural being*; hjálpi þér hollar vættir, *may the gracious powers help thee*; heiðnar vættir, *heathen fiends*; illar vættir, *evil beings*; (3) ekki vætta, *no whit, nothing at all* (höfðu þeir ekki vætta at sök); as adv. *not at all* (ekki vætta hræddr); øngu vætta vildi hann eira, *he would not spare anything.*

vætt-rim or **vett-rim**, f. *? a ridge along the middle of a sword-blade.*

vætt-vangr, m. *the spot where a battle, assault, or manslaughter has taken place.*

vættvangs-bjargir, f. pl. *the aiding or abetting an assault on the very spot*; **-búar**, m. pl. *neighbours to the scene of action*, to be summoned as 'búar'.

vætu-drífa, f. *sleet*; **-lopt**, n. *moist air*; **-sumar**, n. *wet summer.*

vœðr, a. *fordable*, = œðr.

vöðull (pl. **vöðlar**), m. = vaðill.

vöðva-sár, n., **-skeina**, f. *flesh-wound, slight wound.*

vöðvi, m. *muscle* (Grettir hjó til

hans á lærit hœgra svá at ór tók allan vöðvann).

vög (pl. **vegr**), f. *lever.*

vögn (pl. **vagnir**), f. a kind of *whale, a dolphin or grampus.*

vögn-, vögnu-hvalr, m. = vögn.

vögur, f. pl. *bier, hand-barrow.*

vök (gen. **vakar,** pl. **vakir** and **vakar**), f. *a hole, opening in the ice* (hann hratt hestinum í v. eina).

vökna (**að**), v. *to become wet.*

vökóttr, a. *full of holes,* of ice.

vökr (acc. **-van**), a. *wet, moist* (þeira líkamir eru vökvir ok vátir).

vöku-, gen. from 'vaka'; **-lið,** n. *watching-people, scouts*; **-maðr,** m. *watchman*; -nótt, f. *watchful night.*

vöku-, gen. from 'vökva'; **-samr,** a. *moist*; **-skortr,** m. *want of moisture.*

vökva (gen. **vöku**), **f., vökvi, m.** *moisture, humidity.*

vökva (að), v. (1) *to moisten, water* (v. landit, pálmviðinn); (2) = vekja; **v.** sér blóð, *to make blood flow.*

vökvi, m. *moisture, fluid,* = vökva.

völdug-leikr, m. *power, authority*; as a title, yðvarr -leikr, *your highness.*

völdugr, a. *mighty, powerful* (v. ok mikils ráðandi).

völdug-skapr (-ar), m. = völdugleikr.

völdu-liga, adv. *proudly* (láta -liga); **-ligr,** a. *powerful.*

völlr (gen. **vallar,** dat. **velli**; pl. **vellir,** acc. **völlu**), m. (1) *field,* (*level*) *ground* (þar vóru víða vellir sléttir); kasta sér niðr við vellinum, *to cast oneself down flat on the ground*; leggja e-n við (*or* at) velli, *to lay one level with the ground, kill one*; hús mín liggja við velli, *my house lies on the ground, is demolished*; lauss á velli, *loose in the ranks, not steady*; fastr á velli, *firm, steady*; vígligr á velli at sjá, *martial to look at*; fríðr, mikill á velli, *of fine, stout, appearance*; (2) *manured field, meadow* (reiða á völl).

völr (gen. **valar,** dat. **veli**; pl. **velir,** acc. **völu**), m. *round stick, staff*; cf. 'hjálm-, rið-, vígvölr.'

völu-leiði, n. *sibyl's barrow.*

völundr (**-ar, -ar**) m. *master smith, great artist* (Hrafn var v. at hagleik bæði at tré ok at járni).

völva (gen. **völu**; pl. **völur**), f. *prophetess, sibyl, wise woman, witch* (fóru þá um landit spákonur, er kallaðar vóru völur).

vömb (gen. **vambar**), f. '*womb*', *belly, paunch*; kýla vömbina, *to fill the belly.*

vömm (gen. **vammar**), f. *disgrace.*

vöndla (að), v. *to make up into a bundle* (v. e-t upp).

vöndr (gen. **vandar,** dat. **vendi**; pl. **vendir,** acc. **vöndu**), m. (1) *wand, switch, twig* (sverðit beit eigi heldr en vendi berði um); snúa vönd í hár e-m, *to twist a wand in one's hair,* preparatory to beheading a culprit; (2) *stripe,* in cloth (segl stafat vendi blám ok rauðum).

vöndull, m. *bundle of hay* (tóku þeir vöndul heys fyrir hvern hest).

vör (gen. **varar,** pl. **varar**), f. (1) *a fenced-in landing-place* (sigla ór vörum); (2) *wake*; (3) = vörr, m.

vörð (pl. **varðir**), f. poet. *woman.*

vörðr (gen. **varðar,** dat. **verði**; pl. **verðir,** acc. **vörðu**), m. (1) *ward, warder* (Heimdallr er v. goða); hafa á sér vörðu, *to have watches out* (þeir höfðu á sér vörðu; Sverrir konungr hafði fengit njósn af, hvar verðir þeira vóru); (2) *guard, watch*; halda vörð, *to keep watch or guard*; ganga á vörð, *to mount guard*; vera á verði, *to be on guard*; veita e-u vörð, *to watch, take care of.*

vörn (gen. **varnar,** pl. **varnir**), f. (1) *defence* (mun hans v. uppi, meðan landit er byggt); til varnar, *for defence* (þeir höfðu engan liðskost til varnar); (2) in law, *defence,* opp. to 'sókn'; bjóða til varna, *to call on the defendant to begin his pleadings*; fœra v. fram fyrir mál, *to act for the defendant in a suit*; (3) *a point for the defence, exception*; Ásgrími tókst svá til, at v. var í máli hans, *that there was a flaw in his suit.*

vörnuðr, m. *warning* (bjóða vörnuð); cf. 'varnaðr' (2).

vörpu-ligr, a. *of stout, stately appearance* (inn -ligsti maðr).

vörr (gen. **varrar**, pl. **varrar, varrir**), f. *lip*; vörr in efri, neðri, *the upper, lower lip*; G. beit á vörrinni, *G. bit his lip*.

vörr (gen. **varrar**, dat. **verri**; pl. **verrir**, acc. **vörru**), m. *a pull of the oar* (er þeir höfðu fá vörru róit frá landi); þeysa vörru, *to pull with might and main* (ríkuliga hygg ek þá vörru þeysa).

vöru-hlaði, m. *pile of wares* (vara); **-sekkr**, m. *sack* (*pack*) *of wadmal*; **-smíði**, n. *work in wood or metal*; **-váð**, f. *marketable cloth, common wadmal*; **-virðr**, a. *marketable*.

vörzlu-maðr, m. *warranter, surety*.

vöttr (gen. **vattar**, dat. **vetti**; pl. **vettir**, acc. **vöttu**), m. *glove* (hafa vöttu á höndum).

vöxtr (gen. **vaxtar**, dat. **vexti**; pl. **vextir**, acc. **vöxtu**), m. (1) *growth, increase*; ganga (fara) í vöxt, *to increase*; (2) *increase, interest*; taka fé til vaxta, *to make it productive*; (3) *size, stature* (mikill, lítill vexti); haffœranda skip at vexti, *a sea-going ship in size*; (4) *way of growth, shape* (líkr e-m á vöxt ok viðbragð); (5) *condition, state, the circumstance of a case* (hann sagði honum alla vöxtu, sem á vóru um þeira eyrendi); svá er mál með vexti, at, *the case stands so that*.

vöxtuligr, a. *big, of great size*.

vözt (pl. **vaztir**), f., see 'vaztir'.

Y

yðarr or **yðvarr**, poss. pron. *your*; yður för, *your journey*; yðvart ríki, *your kingdom*; tvá hesta skal hafa hverr yðarr, *each of you shall have two horses*.

ydda (**yddi**), v. *to show the point on the other side* (S. lagði sverðinu í gegnum hann, svá at út yddi um bakit).

yðr, pron., dat. and acc. pl. *you*.

yfir, prep. with dat. and acc.; I. with dat. *over, above* (hvers manns alvæpni hekk y. rúmi hans); sitja y. borðum, *to sit at table*; s. yfir málum manna, *to sit at, attend to cases*, as judge; konungr y. Englandi, *king over E.*; vaka y. e-m, *to wake or watch over*; II. with acc. (1) *over, above* (Skaði tók eitr-orm ok festi upp y. hann); hann tók y. sik skikkjuna, *he put on the mantle*; komast y. e-t, *to come by a thing*; (2) *over, across, through* (síðan fóru þeir y. Norðrá); (3) fig. *over, beyond*; hafa vöxt y. e-n, *to have growth over, be taller than*; fram y. aðra menn, *beyond, above other men*; (4) adverbial usages, sá kvittr kom y., *passed over*; kveld kemr y., *evening draws on*.

yfir-afli, m. *superior force*; **-afligr**, a. *over-strong, very strong*; **-band**, n. *string to fasten the mouth of a bag*; **-berligr, -berr**, a. *surpassing, extraordinary*; **-biskup**, m. *high priest*; **-bjóða**, v. *to rule over*; **-boð**, n. *rule, command, authority*; **-boðari, -boði**, m. *superior, master*; -bót, f. (1) *penance, penitence* (iðran ok -bót); (2) pl., -bœtr, *compensation, atonement* (bjóða e-m sætt ok -bœtr); **-bragð**, n. (1) *outward look, appearance, demeanour*; með miklu -bragði, *of very imposing demeanour, magnificent*; (2) *show, pretence, outer appearance* (með sáttgjarnligu -bragði); (3) *surface* (allt jarðarinnar -bragð).

yfirbragð-ligr, a. *extraordinary*.

yfirbragðs-lítill, -mikill, a. *poor, grand, in look or appearance*.

yfir-breizl, n., **-breizla**, f. *coverlet*; **-buga** (**að**), v. *to overcome, surpass*; **-burðr**, m. *excess* (-burðr um þat, er lögin segja); **-bæriliga**, adv. *surpassingly*; **-bæriligr**, a. *surpassing*; **-bœta** (**-tta, -ttr**), v. *to atone for*; **-dómandi, -dómari**, m. *over-judge*.

yfirdrepskapr (gen. **-ar**), m. *dissimulation, pretence*.

yfir-dróttning, f. *sovereign queen*; **-engill**, m. *archangel*; **-faðir**, m. *patriarch*; **-fat**, n. *over-garment*; **-ferð**, f. *a passage over or through a country*; *visitation*.

yfirferðar-illr, a. *difficult to pass.*

yfir-fœriligr, a. *passable*; **-för**, f. (1) = yfirferð (banna e-m -för); (2) *visitation* (hafa -för um sýslu sína); **-ganga**, f. (1) *passing through*; (2) *transgression*; **-gangr**, m. (1) *passing through*; (2) *overbearing conduct, tyranny, oppression.*

yfirgangs-maðr, m. *lordly man.*

yfir-gefa, v. *to forsake, abandon*; **-girnd**, f. *excessive ambition*; **-gjarn, -gjarnligr**, a. *ambitious*; **-gnæfa** (-ða, -t), v. (1) *to hang over*, with dat.; (2) *to impend, threaten*; **-gyðingr**, m. *Pharisee.*

yfirhafnarlauss, a. *without an upper garment* (vápnlausir ok -lausir).

yfir-hlaup, n. *skipping*; **-hylma** (-da, -dr), v. *to hide*; **-höfðingi**, m. *over-captain, ruler*; **-höfn**, f. *over-coat*; **-kennimaðr**, m. *high-priest*; **-klerkr**, m. *over-clerk, one of the highest clergy*; **-klæði**, n. *over-cloak*; **-koma**, v. *to overcome*; geta -komit e-n, fá e-n -kominn, *to manage to overcome one*; -kominn af mœði, *exhausted*; **-konungr**, m. *supreme king*; **-kussari**, m. *corsair-chief*; **-land**, n. *land on the other side*; **-lát**, n. *honour, favour*; hafði S. minnst -lát, *S. was made least of*; **-leðr**, n. *upper leather*, of shoes; **-lesning**, f. *perusal*; **-ligr**, a. *lying above, celestial*; **-lit**, n. *look, personal appearance* (-lit hennar ok kurteisi); esp. in pl., líkr feðr sínum at -litum ok skaplyndi; **-litr**, m. = -lit; **-læti**, n. = -lát; vera með e-m í miklu, góðu -læti, *to be in high favour with one*; **-maðr**, m. *superior, master* (Ólafr er betr til -manns fallinn en mínir synir); **-mannligr**, a. *chieftain-like*; **-meistari**, m. *head-master*; **-port**, n. *lintel*, = ofdyri; **-ráðandi**, m. *master, commander* (-ráðandi skipanna); **-reið**, f. '*riding over*', *visitation*; **-seta**, f. (1) *task, business* (ekki ætlaða ek, at þat væri mín -seta at dœma milli þeira); (2) *nursing a sick person.*

yfirsetu-kona, f. *midwife.*

yfir-sjón, f. (1) *supervision, inspection*; (2) *appearance, look*; **-skikkja**, f. *overcloak*; **-skipan**, f. *authority*; **-skygnari**, m. *supervisor*; **-sloppr**, m. *outer gown*; **-sókn**, f. = -ferð; **-sterkari**, a. compar. *stronger*; verða -sterkari, *to get the upper hand*; **-stiginn**, pp. *overcome*; **-stigning**, f. *hyperbaton*; **-stígari**, m. *conqueror*; **-stórmerki**, n. pl. *great wonders*; **-stöplan**, f. *transgression, infringement*; **-sýn**, f. (1) *appearance, look* (fríðr at -sýn); (2) *superintendence*; **-sýnd**, f. = -sýn 1; ljótr -sýndar = l. at -sýn; **-sögn**, f. *decision*; **-söngr**, m. *singing, service*; **-tak**, n. *transgression*; **-taka**, v. = taka yfir; **-tyrma** (-da, -dr), v. *to overwhelm*; **-vald**, n. (1) *power, rule* (Sveinn jarl hafði -vald í Nóregi); (2) *the authorities* (-vald staðarins); **-varp**, n. *outward show*; **-vettugis**, adv. *to excess*; **-vinna**, v. *to vanquish, overcome*; **-vættis**, adv. *exceedingly*; **-vættligr**, a. *exceedingly great.*

yfrinn, a. *over-great, abundant, large*, = ýrinn, œrinn (nú eru ok yfrin efni til, því at ekki skortir oss lið); neut. as adv. *very* (yfrit mikill, djarfr, lengi).

ygla (-da, -dr), v. *to wrinkle*; hann yglir brýnn, *he knits the brows, he frowns*; refl., yglast á e-n, *to frown at or upon one* (konungrinn ygldist á sveininn); **ygldr**, pp. *frowning.*

ygli-brún, f. *frowning brow.*

ykkarr, possess. pron., dual, *your*; ferð ykkur, *your journey*; hvárngan ykkarn Hákonar jarls mun hann spara, *he will spare neither of you, neither Hacon nor thee.*

ylfskr, a. *wolfish, treacherous.*

ylgjast (ð), v. refl. *to frown, look gloomy* (tekr veðrit at y.).

ylgr (gen. ylgjar, dat. and acc. ylgi), f. *she-wolf* (kom þar y. ein).

ylja (að), v. *to warm*, = verma.

ylmast (d), v. *to chafe, rage* (er hann fann þat, ylmdist hann í móti).

ylr (-jar, -ir), m. *warmth.*

yl-samligr, a. *warm.*

ymja (ym, umda, umit), v. *to whine, cry* (svá bar hann prúðliga sóttina, at engi maðr heyrði hann y.); ymr it aldna tré, *the old tree groans*; umdu ölskálir, *the ale-beakers rang.*

ymni, m. *hymn* (syngja helga ymna).

ymr, m. *humming sound, groaning* (þá heyrðu þau ym mikinn ok gný); ára y., *plashing of oars*.

ymta (**að**), v. *to talk of, mutter*.

ymtr, m. *rumour* (y. leikr á e-u).

yndi, n. *delight, happiness*; njóta yndis, *to enjoy happiness, live in bliss*; þeira samfarar urðu ekki at y., *their married life was not happy*; nema, festa y. á e-m stað, *to feel happy in a place*; ok hvárki nam hann y. á Íslandi né í Nóregi, *he found no rest in Iceland or in Norway*.

yndi-fall, n. *bereavement*; **-liga**, adv. *charmingly*; **-ligr**, a. *pleasurable* (með fagnaði ok -ligu lífi).

yndis-bót, f. *increase of bliss*; **-staðr**, m. *place of bliss* (of Eden).

ynglingr, m. *young person, youth*.

ynni-ligr, a., **-samligr**, a. *lovely*.

yppa (**-ta, -t**), v. *to lift up, raise*; y. hurðum, *to open the doors*; y. hans lofi, *to extol him*.

yppi-mannliga, adv. *like a great man* (þeir létu hit -mannligasta).

yr, prep. *out of*, = ór, úr, or.

yrkis-efni, n. pl. *subject of a poem*.

yrkja (**yrki, orta, ortr**), v. (1) *to work*, esp. *to till, cultivate* (y. jörðina, landit); (2) *to make verses* (y. kvæði, drápu, lof, níð, háðung um e-n); absol., hann var kærr konungi ok orti vel, *he was beloved by the king, and a good poet*; (3) y. á e-t, *to set about*; en er þeir fundust, ortu bœndr þegar á til bardaga, *the peasants at once set upon them*; Eiríkr jarl orti ekki á at berjast við Erling, *Eirik made no attempt to fight Erling*; y. á e-n, *to work upon*; hvárki eldr né járn orti á þá, *neither fire nor iron did them any harm*; y. orða á e-n, *to address one, speak to one* (hann svaraði stirt ok strítt, þá er menn ortu orða á hann); (4) refl., yrkist á um e-t, *it begins* (gerist nú svá sem dœmi finnast til, at á ortist um mannfallit); recipr. *to attack one another* (síðan fylktu þeir liði sínu ok ortust á ok börðust); þeir ortust á vísur, *they competed in verse-making*.

yrkr, a. *working, when one may work* = virkr (yrkir tímar).

yrmlingr, m. '*wormling*', *little snake* (ötul augu sem yrmlingi).

yrmt, a. n. *swarming with vermin* (hér er víða y.).

yss, m. *noise, bustle of a crowd* (þá var yss mikill í skálanum).

ystast, v. refl. *to curdle* (þat rennr saman ok ystist sem mjólk).

ytri, better **ýtri**, a. compar., **yztr**, better **ýztr**, superl. *outer, outermost*.

yxn, m. pl. or n. pl. *oxen*, see 'uxi'.

yxna, a. indecl. *in heat* (kýr y.).

yxna-flokkr, m. *a herd or drove of oxen*; **-líki**, n. *the shape of oxen*; **-réttr**, m. *ox-fold*.

yxni, n. *ox* (y. fimm vetra gamalt).

yxnis-fall, n. *carcase of an ox*; **-húð**, f. *hide of an ox*; **-hvarf**, n. *disappearance of an ox*.

yztr, a. superl., see 'ytri'.

Ý

ý-bogi, m. *a yew-tree bow*.

-ýðgi, f. *mind, disposition* (harðýðgi, grunnýðgi).

ýfa (**-ða, -ðr**), v. *to rip up* (ý. mál); refl., ýfast, *to become ruffled, get angry* (þótti mér sá björninn, er fyrir varð, ý. mjök); tók at ý. með þeim, *they began to be on bad terms*; ý. við e-n, *to provoke one, pick a quarrel with one* (Magnús son hans ýfðist mjök við Harald).

ýfinn, a. *ruffled, wroth, angry*.

ýfis-orð, n. pl. *irritating or ruffling words, taunts*.

ýgjast (**ð**), v. *to grow vicious*, of a bull (graðungrinn tók at ý.).

ýgr, a. *fierce, gruff, stern*.

ýja (**úði**), v. *to swarm, teem*.

ýki (dat. pl. **ýkjum**), n. (1) *exaggeration* (telja e-t með ýkjum); (2) *aggravation*.

ýkva, v. = víkva, víkja.

ýla (-**da**, -t), v. *to howl, yelp*, of dogs, wolves; ýla, f. *howl, howling*.

ýlda, f. *decay, rottenness, stench*.

ýling, f. *howling*.

ýmis-leikr, m. *fickleness, mutability*; **-liga**, adv. *variously*; **-ligr**, a. *various, diverse* (-ligir dauðligir hlutir, -ligar þjóðir).

ýmiss (neut. **ýmist**; pl. **ýmissir**, **ýmissar**, usually contracted **ýmsir** or **ymsir**, **ýmsar** or **ymsar**, neut. **ýmis**, **ýmsi** or **ýms**), a. *now this, now that* (ýmist hann hugði); hann gerði ýmist, hjó eða lagði, *he cut and thrust alternately*; esp. pl. *various, sundry, now these, now those, by turns* (höfðu ymsir sigr); í ymsum stöðum, *in various places*; reka kaupferðir til ýmissa landa, *to go on trading expeditions to various countries*; einir ok ýmissir, *one and another, sundry*; allir ok þó ýmissir, *all by turn*; ýmist ... eða, *now ... now, sometimes ... sometimes* (Bolli var ýmist í Tungu eða at Helgafelli).

ýr (gen. **ýs**, dat. **ý**), m. (1) *yew-tree*; (2) *bow of yew*, = ýbogi.

ýra (-**ða**), v. *to shed in small drops*; refl., ýrast, *to drizzle*; ýrðist dögg á reyfit, *dew settled on the fleece*.

ýrinn (contr. from 'yfrinn'), a. *abundant*, = yfrinn, œrinn.

ýsa, f. *haddock*.

ýskja (-**ta**, -t), v. = œskja.

ýta (**ýtta**, **ýtt**), v. (1) *to push out, launch* (ý. báti, skipi); ý. e-u at e-m, í hönd e-m, *to push it towards one*; (2) *to put out to sea, start on a voyage* (þat skal yðr kunnigt gera, at vér ýttum af Nóregi).

ýtar, m. pl., poet. *men* (ýta synir).

ýtri, **ýztr**, see 'ytri', 'yztr'.

Þ

þaðan, adv. (1) *thence, from there* (þ. heldu þeir suðr til Danmerkr); þ. af = þ. (þ. af falla ár þær, er svá heita); hón var skamt þ. á veizlu, *she was a little way off, at a feast*; (2) fig., þ. mátti skilja, *thence it could be understood*; skulu vér þ. at vera, *we will be on that side*; þ. af veit ek, *therefrom I know*; allan helming, eða þ. af meira, *a full half and even more*; (3) of time, *after that* (þ. eru tólf nætr til Þorláks-messu); þ. af, þ. frá, þ. í frá, *from that time* (þ. af varð hann hinn grimmasti).

þaðra, adv. *there*, = þar.

þafðr, pp., see 'þefja'.

þaga, f. *silence*, in 'endr-þaga'.

þagall, a. *silent*, = þögull.

þagat, adv. *thither*, = þangat.

þagga (**að**), v. *to silence, put to silence* (þ. mann, börn).

þag-mælskr, a. *silent, discreet*.

þagna (**að**), v. *to become silent* (konungr þagnar við); síðan er hann þagnaði, *when he left off speaking*.

þagnar-, gen. from 'þögn'; **-hald**, n. *keeping silent*; **-stund**, f. *pause*; **-tími**, m. *time of silence*.

þak, n. (1) *bed-cover*; (2) *thatch, roof*.

þakka (**að**), v. *to thank* (þ. e-m e-t).

þakkan, f. *thanking, thanks*.

þakk-látligr, a. *grateful* (-látlig tár); **-látr**, a. *thankful, grateful*; **-læti**, n. *thankfulness, gratitude*; **-næmr**, a. = -látr; **-samliga**, adv. *thankfully, gratefully*; biðja -samliga, *to beg hard*; **-samligr**, a. *thankful, grateful*.

þak-lauss, a. *thatchless, roofless*; **-næfrar**, f. pl. *bark used for thatching*; **-vana**, a. indecl. = -lauss.

þambar-skelfir, m. *paunch-shaker*, a nickname.

þang, n. *sea-weed, sea-wrack*.

þangat, adv. *thither, to that place* (hann hleypr þ.); hingat ok þ., *hither and thither*; þ. til, *till that time*.

þangat-ferð, **-för**, f. *a journey thither*; **-koma**, f. *a coming thither, arrival*.

þang-floti, m. *drift of sea-weed*; **-skurðr**, m. *cutting of sea-weed*.

þannig, **þannug**, **þanninn**, adv. = þann veg; (1) *that way, thither* (þeir höfðu þ. farit kaupferð); (2) *this way, thus, so* (Þorkell grunar, hvárt þ. mun farit hafa).

þanns = þann es, þann er.

þar, adv. (1) *there, at that place* (þ. var fjölmenni mikit); þ. er, þ. sem, *there where*; þeir þóttust þar eiga allt traust er hann var, *they thought that all their hope was there where he was*; fig. *there, in that case, at that point* (lýkr þar viðskiptum þeira); þ. sem, þ. er, *whereas*; þú gerir þik góðan, þ. sem þú ert þjófr ok morðingi, *whereas thou art both thief and murderer*; mun F. annat ráð taka, þar sem hann hefir drepit Njál föðurbróður minn, *seeing that he has killed N.*; (2) *there, thither* (var þat ákveðit nær konungr skyldi þar koma); (3) with prep. = an oblique case of the demonstr. pron.; þ. af, *therefrom, from that*, = af því; þ. at, *thereat*; þ. á, *thereupon*; þ. eptir, *after that, thereafter*; þ. fyrir, *therefore*; þ. í, *therein*; þ. í móti, *in return* (þ. í móti vil ek eiga hálft dýrit); þ. með, *therewith, besides*; þ. ór, *therefrom, thereout of*; þ. til, *thereto*; þ. til er, *to the place where* (O. gekk þ. til, er H. var); *till, until* (konungr ríðr langa leið þ. til er hann finnr eitt hús); þ. um, *about that*, = um þat (verið eigi þ. um hugsjúkir); þ. undir, *there underneath*; þ. út í frá, *furthermore, besides*; þ. við, *thereby, by that*; þ. yfir, *there above*.

þara-brúk, n. *heap of sea-weed*; **-nytjar**, f. pl. *the use of sea-weed*.

þar-borgarmaðr, m. *inhabitant of that town*.

þarfa (**að**), v. impers., e-m þarfar e-t, *it is necessary for one, one is in want of* (fekk svá mikinn fjárhlut sem honum þótti sér þ.).

þarfa-gangr, m. *urine, excrement*.

þarfi, a. *needing, in want of* (þá er hann þykkist liðs þ. vera).

þarfindi, n. pl. *things needful, necessaries* (keypti sér mat ok önnur þ.).

þarf-lausa, f. = -leysa; **-lausligr**, a. *needless*; **-lauss**, a. *needless, useless* (-laust eyrendi); at -lausu, *needlessly*; **-látliga**, adv. *meekly, humbly*; **-látr**, a. *humble*; **-leysa**, f. *needlessness* (láta þat mart eptir börnum, er -leysa er); **-leysi**, n. = -leysa.

þarfleysu-, in compounds, *useless, mischievous* (-erendi, -forvitni, -glens, -hugsan, -tal, -upphlaup).

þarf-liga, adv. *humbly* = -látliga; **-ligr**, a. *useful*.

þarfna (**að**), v. *to be needful, necessary*; refl., þarfnast, *to lack, want, be without*, with acc. (svá at vit þarfnimst eigi alla góða hluti).

þarfnan, f. *need, want*.

þarfr, a. *useful* (hann var þeim þ.).

þarf-samliga, adv. *duly, gratefully*; **-sæll**, **-sælligr**, *useful, profitable*.

þari, m. *sea-weed*.

þar-koma, **-kváma**, f. *coming there, arrival*; **-kominn**, pp. *arrived there*; **-lands**, adv. *in that land*.

þarlands-höfðingi, **-maðr**, m. *a chief, native, of that land*.

þar-lendr, **-lenzkr**, a. *native*.

þarmr (**-s**, **-ar**), m. *gut, intestine*; cf. 'endaþarmr', 'smáþarmar'.

þarna, adv. *there* (menn fara þ.).

þarnast (**að**), v. refl., see 'þarfna'.

þars, adv. = þar es, see 'þar'.

þar-vera, **-vist**, f. *sojourn* (*staying*) *there, at that place*.

þat, pron. (1) neut. from 'sá', *that, it* (þ. var einhverju sinni, at); (2) *so* = svá (sagðist hann mundu vera þeim þ. úþarfr sem hann mætti); (3) conj. *that*, = at (sagði sönn tíðindi af ferðum Þorgils ok þat hann hafði eltan Hrafn á fjöll upp).

þat-ki, '*that not*'; þatki at, *when ... not* (til hvers skal ek þjóna honum lengr, þatki at ek fá mála minn falslaust); *not even that* (þatki at þú hafir brœkr þínar).

þatz = þat es, þat er, = þaz.

þatztu = þat es þú, *that which thou*.

þaular, f. pl. *complicated state of things*; mæla sik í þ., *to talk oneself into troubles*.

þaular-vágr, m. *winding creek* (róum út ór þessum -vági).

þausn, f. *bustle, wild fray, tumult*.

þausna-lauss, a. *without tumult*.

þaz = þatz, þat es, þat er.

þá, adv. (1) *then, at that time* (var hón þá fjórtán vetra gömul); þá er, þá es, *when* (Y. var með Þorvaldi, þá er Einarr var veginn); þá ok þá, *at every moment* (létu sem þeir mundi fara norðr þá ok þá); (2) *then, thereupon* (et næsta Gunnari sat Njáll, þá Skarphéðinn, þá Helgi, þá Grímr); (3) *then, in that case* (þykki mér þá vel sýslat, ef þú heyrir orð Svíakonungs); (4) pleonastic, beginning the apodosis, *then* (ok er Illugi bjóst, þá sat Gunnlaugr í stofu); en af því at..., þá þá hann miskunn af konunginum, *but because* ..., *then he received mercy from the king*; (5) *when*, = þá er (ferr nú til Arna, þá konungr er þar at veizlu).

þá, f. *thawed ground* (þeir reka spor sem hundar bæði á þá ok hjarni).

þá-fjall, n. '*thawed fell*'; henda hrein á -fjalli, *to catch a reindeer on the thawing hill-side.*

þá-leiðar, -leiðis, adv. *that way, thus*, = á þá leið.

þána (að), v. *to thaw*, = þiðna.

þás, conj. *when*, = þá es, þá er.

þáttr (gen. **þáttar**, pl. **þættir**, acc. **þáttu**), m. (1) *a single strand of a rope* (skar í sundr átta þáttuna í festinni); fig., þættir ættar minnar, *strands of my race*; (2) *section, division*, esp. *a section of law* (kristinna laga þ.); (3) *short story* (Þ. Orms Stórólfssonar).

þefa (að), v. *to smell, sniff.*

þefaðr, pp., illa þ., *ill-smelling, foul.*

þefan, f. *smelling, smell.*

þef-góðr, a. *sweet-smelling.*

þefja (**þafða, þafðr**), v. *to stir, thicken*; remains only in the pp.; hann hafði þá eigi þafðan sinn graut, *he had not cooked his porridge thick.*

þefja (að), v. (1) *to smell*; (2) *to emit a smell* (mín fœzla þefjar betr hverjum ilm).

þefjaðr, pp. *smelling* (vel þ).

þefka (að), v. *to smell*, = þefja.

þef-lauss, a. *smell-less, vapid.*

þefr, m. (1) *smell*; (2) *taste.*

þega, f. *present, gift* (dýrlig þ.).

þegar, adv. (1) *at once, forthwith* (hón gekk þ. til hans); þá var hann þ. fjarri, *then he was already far away*; þ. á unga aldri, *when quite young*; þ. í stað, *at once*; Þ. bar merkit þ. eptir honum, *immediately after him*; (2) þ. er, þ. es, þ. sem, þ. at, *as soon as*; (3) = þ. er (þ. Skapti vissi þetta, gekk hann til búðar Snorra goða).

þegars = þegar er, *as soon as.*

þegat, adv. = þangat, þagat.

þegja (**þegi, þagða, þagat**), v. *to be silent* (R. þagði við); þegi þú!, *be silent!*; with gen., þegi þú þeira orða, *keep silence from such words, speak not so*; þ. yfir e-u, *to keep silent about, conceal* (kvað hana hølsti lengi hafa þagat yfir svá góðri ætt).

þegn, m. (1) *thane, franklin, freeman, man*; Mörðr kvaddi oss kviðar þegna níu, *M. summoned us nine franklins on this inquest*; hann lézt eigi vita, hverr þ. hann væri, *he said he knew not what person he was*; þ. ok þræll, *freeman and bondman, all men*; ek ok mínir þegnar, *I and my men*; (2) *a good* (*liberal*) *man* (svá er sagt, at hann sé ekki mikill þ. við aðra menn af fé sínu); (3) *liegeman, subject* (þeir játuðu skattgjöfum ok gerðust konungs þegnar).

þegn-gildi, n. *the weregild for a* 'þegn' 3.

þegnskapar-maðr, m. *liberal man.*

þegn-skapr, m. (1) *honour*; leggja (fela) e-t undir -skap sinn, *to swear upon one's honour, pledge one's honour to a thing*; (2) *liberality, generosity* (honum eyddist fé fyrir -skapar sakir); reyna -skap Flosa, *to put Flosi's generosity to the proof*; **-skylda**, f. *the duty of a thane towards his liege-lord, allegiance* (játa e-m -skyldu).

þeima, old dat., sing. and plur., = þessum, *to this, to these* (á þ. bœ, á þ. mánuðum).

þeimon, þeimun, *all the* = þeim mun (þ. harðara).

þeims = þeim es, þeim er.

þeir (**þær, þau**), demonstr. pron. pl. *they, those*, answering to the sing. 'sá, sú, þat', and 'hann, hón, þat'; (1) the neut. pl. 'þau' as collective for a masc. and fem.; síðan gengu þau (sc. Njáll and Bergthora) inn bæði; (2) 'þeir' is frequently used before an adv., or a prep. with its complement; þeir norðr þar, *those there in the north*; þeir fyrir austan árnar, *those east of the rivers*; (3) pleonast. before the names of two or more persons; þau Ásgerðr ok Þorsteinn, *Asgerd and Thorstein*; börn þeira Hildigunnar ok Kára váru þeir Starkaðr ok Flosi, *the children of H. and K. were these, S. and F.*; þeir feðgar, *father and son*; (4) ellipt., before the name of a single person; þeir Oddr, *O. and his men*; frá skiptum þeira Þórðar, *about the dealings of Thord and Björn*; þau Ásgerðr, *Asgerd and her son (Thorstein)*.

þeirs = þeir es, þeir er, *those who.*

þeisti, m. *black guillemot.*

þekja (**þek**; **þakta**; **þakiðr**, **þaktr**, **þakinn**), v. *to thatch, cover*; skjöldum er salr þakiðr, *the hall is thatched with shields*; þ. sundit alt með skipum, *to lay the ships right across the sound.*

þekja, f. *thatch, roof.*

þekki-liga, adv. *with grace*; **-ligr**, a. *handsome*; eigi -ligr, *ill-favoured.*

þekkja (**-ta**, **-tr**), v. (1) *to perceive, espy, notice* (ok er konungr þekkir, at sveinninn er heill); þás bani Fáfnis borg of þátti (old pret. = þekti), *when Fafnir's slayer espied the burg*; (2) *to comprehend* (mátt þú nú þat þ., er fyrr sagða ek þér); (3) *to know, recognize* (þóttist hón þ. barnit); (4) refl., þekkjast e-t, *to comply with, consent to, accept of* (þeir þektust þetta boð gjarna); þ. e-m, *to please*; megi þér (dat.) mitt líf þ., *may it please thee.*

þekkr, a. *agreeable, liked*; þ. e-m *or* við e-n (þýðr ok þ. við sína menn).

þekt, f. *agreeableness.*

þekta (**-kta**), v. *to silence*; hann þekti menn af orðum þessum, *he forbade men to utter these words.*

þel, n. *the inner and finer wool.*

þél, f. *file* (þ. er smíðar-tól).

þéla (**að**), v. *to file*, = sverfa.

þela-högg, n. *ice-hoe*; **-lauss**, a. *unfrozen, thawed*, of the ground (illt yfirferðar, þá er þelalaust er).

þel-högg, n. = þelahögg.

þeli, m. *frozen ground, frost in the ground* (var þá allr þ. ór jörðu).

þelli, n. *pine-wood*; **-safi**, n. *the sap of young pine-trees* (þeir átu -safa); **-viði**, n. *pine-trees.*

þéna (**að**, or **-ta**), v. *to serve.*

þénari, m. *servant.*

þénasta, f. *service*, = þjónusta.

þengill, m. poet. *prince, king.*

þenja (**þen**; **þandi**; **þaniðr**, **þandr**, **þaninn**), v. *to stretch, extend* (þ. skinn, húð); þ. vömbina, *to distend, fill the belly.*

þerfi-ligr, a. *useful, convenient.*

þermlast (**að**), v. refl. (1) *to lack, miss, want*, with gen. (þá er maðr þermlast síns gripar); (2) *to differ from*, with dat. (allt mál þat, er þermlast alþýðligu orðtaki).

þerms-ligr, a. *meet, fit.*

þerna, f. (1) *tern*; (2) *maid-servant.*

þerra (**-ða**, **-ðr**), v. (1) *to dry, make dry* (þ. hey, föt); (2) *to dry, wipe* (griðkona þerði fœtr sína á þúfu); hann þerði blóðit af andlitinu, *he wiped the blood off the face*; hón tók skikkjuna ok þerði með blóðit allt, *and wiped off all the blood with it*; þ. sér á e-u, *to wipe oneself on or with a thing.*

þerra, f. *towel*, = handklæði.

þerra-leysi, n. *want of dry weather.*

þerri-dagr, m. *dry day*; **-leysa**, f. *wet season.*

þerrileysu-sumar, n. *wet summer.*

þerrir (gen. **-is**, pl. **-ar**), m. (1) *drying*; breiða e-t til þerris, *to spread it out for drying*; (2) *dry weather* (um haustit kómu þerrar góðir).

þerri-samr, a. *good for drying*, of a season; **-sumar**, n. *dry summer* (= þerrisamt sumar).

þess, gen. sing. from 'sá, þat'; (1) denoting mode, kind, manner, *so, thus, of that kind* (sér þú nú þess, er þér þykki með undarligu móti); hefi ek nökkut þ. gört, at þér mislíki, *have I done aught that it should mislike thee?* (2) þ. er, *in so far as* (hón var allra kvenna kurteisust at öllum hlutum, þ. er hann hafði spurt); þ. þó, at, *yet so that* (vilda ek helzt hafa atferð ok höfðingskap Hrólfs kraka, þ. þó, at ek helda allri kristni ok trú minni); (3) with a compar. *the more, so much the more*, = því (þ. meirr er hinn drekkr, þ. meirr þyrstir hann).

þess-háttar, gen. *of that kind.*

þessi (**þessi**, **þetta**), demonstr. pron.

this (þ. kona, *or* kona þ.); í þessu, *in this moment.*

þess-konar, gen. *of that kind*; **-liga**, adv. *on this wise*; **-ligr**, a. *of such appearance, such* (-ligr er varningr þinn).

þétt-ligr, a. *tight* (skipin eigi -lig).

þéttr, a. *tight, watertight*, opp. to 'lekr' (í skinnbrókum þéttum).

þeygi, conj. *yet not*, = þó eigi; þ. Guðrún gráta mátti, *yet G. could not weep*; þeygi ... þótt, *not ... although.*

þeyr (gen. **þeys**, pl. **þeyir**), m. *thaw.*

þeysa (-ta, -tr), v. (1) *to spirt out, gush forth* (þeysti E. upp ór sér spýju mikla); (2) *to make rush on* (þá þeysti hann lið sitt at þeim fram); þ. reiðina, *to ride at a gallop*; with dat. (þ. út úvígum her ór borginni); absol., þeir þeystu þá sem harðast at þeim, *they rushed violently on them*; (3) refl., þeysast, *to dash, rush on* (þá þeystist eptir allr múgrinn).

þeyta (-tta, -ttr), v. *to make sound*; þ. lúðr, *to blow the trumpet.*

þey-viðri, n. *thawing weather, thaw*, = þeyr.

þið or **þit**, dual. *ye.*

þiðinn, a. *thawed, free from ice.*

þiðna (**að**), v. *to thaw, melt away* (fyrr en ísa leysti ok sjár tœki at þ.).

þiðurr (gen. **þiðurs**, pl. **þiðrar**), m. *wood-grouse, capercailye.*

þiggja (**þigg**; **þá**, **þágum**; **þeginn**), v. (1) *to receive, accept of*; þ. e-t af e-m, at e-m, *to receive (get) from one, at one's hands*; þ. e-t at gjöf, *to receive as a present*; þ. e-n undan, *to get one relieved, set free* (ef þér vilit þessa menn undan þ.); (2) absol., *to take lodging, receive hospitality for a night* (þigg þú hér, Sigurðr!); (3) *to accept* (þóttist jarl þá vita, at Óðinn mundi þegit hafa blótit).

þikkja, v.; see 'þykkja'.

þil, n. = þili; **-far**, n. *deck of a ship*; **-fjöl**, f. *deal-board.*

þili, n. *wainscot, panel, board-partition* (þeir brutu upp þilit).

þili-viðr, m. *wainscot.*

þilja (**þil**; **þilda**; **þiliðr**, **þildr**, **þilinn**), v. *to cover with deals, to board, plank.*

þilja, f. *deal, plank, planking*, esp. on a ship; pl. *the deck* (far þú undir þiljur niðr).

þing, n. (1) *assembly, meeting*; esp. for purposes of legislation, *a parliament*; slíta þingi, segja þ. laust, *to dissolve a meeting*; (2) *parish*; (3) *district, county, shire*; vera í þingi goða, *to be in the district of such and such a 'goði', to be his liegeman, in his jurisdiction*; (4) *interview*, of lovers; vera í þingum við konu, *to have a love intrigue with a woman* (þat var talat, at Þorbjörn væri í þingum við Þórdísi); (5) in pl. *things, articles, valuables* (síðan tók hón þing sín, en Þorsteinn tók hornin).

þinga (**að**), v. (1) *to hold a meeting* (konungar tóku þar veizlur ok þinguðu við bœndr); (2) *to consult, discuss* (ekki veit ek, hvat þeir þinga); þeir þinguðu um, hvat at skyldi gøra, *they discussed what was to be done.*

þinga-menn, m. pl. *the housecarles or bodyguard* of King Canute and his successors in England.

þingan, f. *debate, holding counsel.*

þinga-prestr, m. *vicar of a parish.*

þingat, adv. *thither*, = þangat.

þing-boð, n. *'assembly-summons'*, in the shape of a *stick, cross, or axe*; **-borinn**, pp. *presented at an assembly*; **-brekka**, f. *bank or slope at an assembly-place*; **-deila**, **-deild**, f. *a quarrel at a public meeting.*

þingfarar-kaup, n. *a fee for travelling to the parliament.*

þing-fastr, a. *belonging to a certain county* (þing); **-ferð**, f. *journey to the 'þing'*; **-festi**, f. *domicile in a* þing-*community*; **-fœrr**, a. *able to go to a public assembly*; eiga -fœrt = eiga -gengt; **-för**, f. = -ferð; **-gengt**, a. n., in the phrase, eiga -gengt, *to have free admission to the* 'þing'; **-há** (pl. **-hár**), f. *a* þing-*district or community* (konungr fór í allar -hár ok kristnaði þar allan lýð); **-heimr**, m. *the assembly at a* 'þing'; **-helgr**, f. (1) *the consecrated precincts or boundary of a public assembly*; (2) *the ceremony of hallowing an assembly*; **-heyjandi**, m. *a* 'þing-*performer*', any person who visits a 'þing', on a summons to perform any public duty; **-hús**, n. *a house in which a meeting is held*, esp. *a Jewish synagogue*; **-kostr**, m. = -veizla; **-lag**, n. *the public standard of value, as fixed at a* 'þing'; **-lausnir**, f. pl. *the dissolution of a parliament* (skal hann eigi fara af þingi fyrir -lausnir); **-logi**, m. *one who breaks his engagement to attend a meeting*; **-lok**, n. *the conclusion (end) of a* 'þing'; **-maðr**, m. (1) *a person present at an assembly, a member of parliament*; (2) *a liegeman belonging to this or that* þing-*community* (þeir vóru -menn Þorgeirs goða).

þingmanna-leið, f. *the way taken in riding to the* 'þing'; **-lið**, n. *the king's housecarles in England.*

þing-mark, n. (1) *the boundary or precincts of a public assembly*; (2) *district, jurisdiction* (ef maðr tekr hjú ór öðru -marki); **-mót**, n. *a public meeting*; **-nest**, n. *provisions on a journey to the* 'þing'; **-reið**, f. *a riding to attend parliament*; **-reitt**, a. n., in the phrase, eiga -reitt = eiga -fœrt; **-ríkr**, a. *influential in the parliament*; **-rof**, n. *dissolution of a public meeting.*

þings-afglöpun, f. *contempt of the* 'þing'; **-boð**, n. = þingboð.

þingskapa-bálkr, **-þáttr**, m. *the section of law relating to* 'þingsköp'.

þing-sköp, n. pl. *the rules or regulations of a parliament*; **-sókn**, f. = -há; **-staðr**, m. *a place where a parliament is held*; **-stefna**, f. *a summons to a* 'þing'; **-stöð**, f. = -staðr; **-tak**, n. *the passing of a law by a public meeting.*

þingu-nautr, m. (1) *a member of a community or* 'þing'; (2) *parishioner.*

þing-veizla, f. *entertainment at an assembly*; **-vika**, f. *the week during which the parliament sits*; **-vist**, f. = -festi; **-víti**, n. *a fine for not appearing when summoned*; **-vært**, a. n., in the phrase, eiga -vært, *to be allowed to be present at a* 'þing', of an outlaw; **-völlr**, m. '*parliament-field*', *a place where the* 'þing' *sat.*

þinig, **þinnig**, adv. poet. *hither*, = þenna veg.

þinn (**þín**, **þitt**), possess. pron. *thy, thine*; þ. heljar-karl, *thou hell-carle!*; hundrinn þ., *thou dog!*

þinnig, adv.; see 'þinig

þinull, m. *the edge-rope of a net.*

þinurr, m. (1) a kind of *resinous fir-tree*; (2) fig. *bow.*

þistill, m. *thistle* (þistlar ok illgresi).

þit or **þið**, dual, *ye two*, = it, ið.

þíða (**þídda**, **þíddr**), v. *to melt, thaw* (síðan vóru eldar görvir ok þídd klæði manna).

þíðna (**að**), v.; see 'þiðna'.

þíðr, a. *not ice-bound, thawed* (ísum þakt eða þítt); meðan áin er þíð, *whilst the river is open.*

þínsligr, a. *like thee.*

þísl, f. poet. *cart-pole.*

þjakaðr, pp. *exhausted, worn* (þ. af kulda, göngu ok erviði).

þjarfr, a. (1) *unleavened*, of bread; (2) *fresh*, of water; (3) *insipid, flat.*

þjarka, f. *quarrel* (gøra þjörku).

þjarma (**að**), v. *to handle roughly* (þ. at e-m).

þjá (**þjá**, **þjáða**, **þjáðr**), v. *to constrain, enthral, enslave*; hann var þjáðr til vinnu, *he was forced to work as a bondsman.*

þjákaðr, pp. = þjakaðr.

þjálmi, m. *snare, trap, toil.*

þján, f. *bondage, servitude, oppression* (þján ok þrældómr).

þjáning, f. *affliction, distress.*

þjokk-liga, adv. *frequently, often.*

þjokkr, a. *thick, dense*, = þykkr.

þjó, n. *the thickest part of the thigh.*

þjóð (pl. -ir), f. *people, nation* (allar þjóðir ok tungur); þ. eru þrír tigir, *thirty make a* 'þjóð'; þ. veit, ef þrír 'ro, *what three know, all the world (soon) knows.*

þjóðann, m. poet. *prince, ruler.*

þjóð-á, f. *great river, chief river*; **-braut**, f. *high road*; **-drengr**, m. *good man, brave fellow*; **-gata**, f. = -braut; **-góðr**, a. *very good, excellent*; **-hagr**, a. *masterly in skill or craft*; **-hlið**, n. *public (main) gate*; **-konungr**, m. *great king, sovereign*; **-kunnr**, a. *very famous*; **-land**, n. *great country*; **-leið**, f. *high road*, esp. on the sea (sigldu þeir -leið til

Líðandisness); -leiðr, a. *much hated, execrated*; -lygi, f. *great lie, slander, calumny*; -löð, f. *hearty welcome*; -menni, n. *brave man*; -mærr, a. *glorious*; -nýtr, a. *very excellent*; -ráð, n. *excellent plan* (þetta þykkir mér -ráð); -skáld, n. *great poet*; -smiðr, m. *master-craftsman, great artist*; -stefna, f. *a meeting of the whole people, public meeting*; -sterkr, a. *very strong*; -sýniliga, adv. *in the sight of all people, openly*; -sýniligr, a. *open, clear, vehement*; -vegr, m. *high road*, = -braut; -vel, *very well, excellently*; -vitnir, m. poet. *the great wolf.*

þjófa (**að**), v. *to call one a thief.*

þjóf-laun, f. *thievish concealment of a thing*; -**ligr**, a. *thievish.*

þjófnaðr (gen. -ar), m. *theft.*

þjófr (-s, -ar), m. *thief.*

þjófs-augu, n. pl. *thief's eyes.*

þjóf-skapr, m. *theft*; -**snara**, f. *thief's halter* (hanga í -snöru).

þjófs-nafn, n. *the name of a thief*; -**nautr**, m. *a partaker with thieves* (illa er þá, ef ek em -nautr).

þjóf-sök, f. *a charge or accusation of theft*; -**stolinn**, pp. *stolen.*

þjó-hnappr, m. *buttock*; -**leggr**, m. *the thigh bone.*

þjóna (**að**), v. (1) *to serve* (settist hann heima ok þjónaði ekki konungi); þ. til e-s, *to serve, pay homage to* (kvaðst hann skyldr at þ. til konungs); *to deserve* (launa þeim sem þeir hafa til þjónat); þ. undir e-n, *to serve under one*; (2) *to attend on as a servant, wait on* (hón þjónaði honum eigi verr enn bónda sínum).

þjónan, f. *service, attendance.*

þjónasta, f. = þjónosta, þjónusta.

þjónka (**að**), v. *to serve*, = þjóna.

þjónkan, f. *service*, = þjónan.

þjónn (-s, -ar), m. *servant, attendant.*

þjónosta, þjónusta, f. (1) *service* (vera í e-s þjónostu); (2) *divine service* (guðs þ.); (3) *the eucharist.*

þjónosta (**að**), v. *to serve*, esp. *to administer the sacrament to one.*

þjónostu-bundinn, pp. *bound in service or allegiance*; -**embætti**, n. *divine service*; -**fólk**, n. *servant-folk*; -**fullr**, a. *serviceable, ready to serve*; -**gjöld**, n. pl. *wages for service*; -**gørð**, f. *divine service*; -**kona**, f. *female servant*; -**lauss**, a. (1) *without sacrament*; (2) *without divine service*; -**maðr**, m. *man-servant*; -**mjúkr**, a. *officious, obliging*; -**mær**, f. *maid-servant*; -**samr**, a. *ready to serve*; -**semd**, f. *readiness to serve*; -**skyldr**, a. *in duty bound*; -**sveinn**, m. *page, male servant*; -**tekja**, f. *taking of the sacrament*; -**verk**, n. *performance of service* (gera -verk).

þjónusta, f. = þjónosta.

þjórr (-s, -ar), m. *bull.*

þjós, f. *carcase of a whale*, = fjós.

þjóstr, m. *anger, fury, vehemence.*

þjóst-samliga, adv. *furiously.*

þjóta (**þýt**; **þaut, þutum**; **þotinn**), v. (1) *to emit a loud or whistling sound*, of the wind, surf, waves, leaves of trees; øxin þaut, *the axe whistled*; á þaut af þjósti, *a river roared with fury*; reiðar-þrumur þjóta, *the thunder roars*; úlfar, vargar þjóta, *the wolves howl*; þ. í horn, *to blow a horn or trumpet* (áðr halr hugfullr í horn um þaut); (2) *to rush*; þ. upp, *to dart up, start up* (þá þutu upp allir); (3) þ. á, *to burst on one like a storm*, = dynja á (varði mik trautt, at svá skjótt mundi á þjóta, sem nú er).

þjótandi, f. the name of a *vein.*

þjörku-drjúgr, a. *quarrelsome.*

þoka, f. *fog, mist* (væta mikil ok þ.).

þoka (**að**), v. (1) *to move*, with dat. (Hrútr þokaði nú bústað sínum); (2) *to move oneself, move*, = þokast; þ. at e-m, *to go near to, approach*; fram þoki herr, *let the men move forwards*; þú skalt þ. fyrir konu þessi, *thou shalt give place to this woman*; þ. undan e-m, *to give way, yield to one*; þokar áleiðis um e-t, *it goes well* (húskarlinn kvað vel þ. áleiðis um heilsu manna); afleiðis þokar um kurteisi karlanna, *it goes backwards with the manners of men*; (3) *to change, alter* (eigi skal fornum samkomu-málum þ.); (4) refl., þokast, *to be displaced* (þokast þá nökkut steina-sørvit); lítt þokaðist á um mannfallit, *it made little progress.*

þokka (**að**), v. (1) *to think so and so*

of, like; ymsa vega þokka menn þat, *men think variously of it*; konungr þokkar ekki mitt mál, *he likes it not*; (2) þ. með e-m, *to side with one, take one's part* (hvárra liðsmenn þokkuðu með sínum höfðingja); (3) refl., þokkast, *to be liked* (hann kemr sér í tal við menn, ok þokkaðist hann vel).

þokka-bót, f. *reparation, redress.*

þokkaðr, pp., þ. e-m, af e-m, *liked by one*; illa þ., *ill-liked.*

þokka-góðr, a. *engaging, amiable*; **-gœði**, n. *favour, grace*; **-kona**, f. *mistress, paramour*; **-maðr**, m. *lover*; **-mót**, n. *good favour, grace*; **-samr**, a. *well-liked, popular* (-samr af e-m); **-sæld**, f. *popularity*; **-sæll**, a. *in good favour, well-beloved* (-sæll af alþýðu).

þokki, m. (1) *thought, opinion*; (2) *liking*; leggja þokka til e-s, á e-n, *to take a liking for* (Leifr lagði þokka á konu þá, er Þórgunna hét); mér er þú vel í þokka, *I like thee well*; (3) *consent, good-will* (hann tók ríki með alþýðu þokka of síðir); (4) *enmity, discord*, = þykkja.

þokknast (**að**), v. refl. *to please, be acceptable*, with dat.; Ólafi þokknaðist vel tal þeira, *O. was well pleased with their talk.*

þokkuligr, a. *agreeable.*

þoku-fullr, a. *foggy, misty*; **-lauss**, a. *free from fog, clear*; **-myrkr**, n. *murky fog*; **-myrkvi**, m. = -myrkr; **-samr**, a. *foggy*; **-veðr**, n. *foggy weather.*

þol, n. *patience, endurance* (hann bað Sturlu hafa þ. við ok bíða); þat er einskis manns þ., *no man can bear that*; cf. 'úþol'.

þola (**þolda, þolt** or **þolat**), v. (1) *to bear, endure, suffer* (þ. högg, mannraun, dauða); reyna, hvárt hann þyldi járn eða eigi, *to try whether he could bear iron or not*; þ. hart, *to suffer hardship*; hversu þoldi S. í brennunni, *how did S. bear the burning?*; (2) þ. e-m e-t, *to bear it at one's hand* (kann vera, at þá sé nökkurir svá röskvir, at ei þoli jarli allan ósóma); þ. eigi lög, *not to bear the law*; eigi skal þat, ok skal þ. Snorra lög, *S. shall have the benefit of the law*; (3) *to feel at rest, be still or quiet*; þá œðist dýrit svá at þat þolir hvergi, *so that it has no rest*; fylgdi svá mikill verkr, at hann mátti hvergi kyrr þola, *so great pain that he could nowhere remain quiet.*

þolanligr. a. *tolerable, to be tolerated.*

þolin-móðliga, adv. *with patience*; **-móðr**, a. *patient*; **-mœði**, f. *patience, long-suffering.*

þolinn, a. *lasting, durable*; *enduring* (þrekinn ok þ. við vás ok erviði).

þol-leysi, n. *lack of endurance*; **-ligr**, a. *tolerable*, = þolanligr.

þollr, m. *fir-tree, tree* in general.

þol-raun, f. *trial of one's patience.*

þopta, f. *rowing bench, thwart.*

þopti, m. *bench-fellow.*

þora (**þorða, þorat**), v. *to dare, have the courage to do a thing* (þorði hann þó ekki at synja þeim gistingar).

þoran, f. *daring, courage.*

þoran-raun, f. *trial of courage.*

þori, m. *the greater part, main part* (allr þ. liðsins; mestr þ. manna).

þorn (**-s, -ar**), m. (1) *thorn* (þornar ok þistlar); (2) *spike*, esp. *the tongue of a buckle, pin of a brooch* (þorni n í belti); (3) *the letter* þ.

þorna (**að**), v. *to become dry, dry up.*

þorn-gjörð, f. *crown of thorn*; **-runnr**, m. *thorn-bush.*

þorp, n. (1) *an isolated farm*; (2) in foreign countries, *a thorp or village* (Írar hlaupa saman í eitt þ.); (3) *an open, unsheltered place* (hrørnar þöll, sú er stendr þorpi á).

þorpara-ligr, a. *boorish, clownish*; **-skapr**, m. *clownishness.*

þorpari, m. *cotter, peasant, boor, churl* (þorparar ok verkmenn).

þorp-karl, m. *churl*; **-karlligr**, a. *churlish, clownish.*

Þorra-blót, n. *the great sacrifice when Thorri began* (in heathen times).

Þorri, m. *the fourth winter month*, the first after midwinter.

þorskr (**-s, -ar**), m. *cod, codfish.*

þorsta-drykkr, m. *a draught for slaking the thirst*; **-fullr**, a. *thirsty.*

þorsti, m. *thirst.*

þorst-lauss, a. *not thirsty*; **-látr**, a. *given to thirst, thirsty.*

þot, n. *rush*; in phr., sitja (standa)

í þot við e-n, *to sit (stand) ready to make (? or meet) an attack.*

þó, adv. (1) *yet, though, nevertheless, still* (þeir vóru síð búnir ok sigldu þó í haf); (2) connected with other particles; ok þó, *and besides, and even, to boot* (í Nóregi er lítil bygð ok þó sundrlaus); mörgum mönnum ófróðum ok þó óvitrum, *ill-informed and unwise as well*; er þó, *since yet, considering that* (kvazt hjá bóndum skyldu vera, er þó buðu þeir honum svá góða kosti); (3) conj., þó at, contracted þót, þótt, *although, even though*, with subj. (hann rengdi til augum, þó at úskygn væri); halda máttu þessu sæti, þótt hón komi sjálf til, *though she comes herself into the hall*; dropping the 'at'; þó þú sért lítillar ættar, *although thou art of low extraction.*

þóf, n. (1) *crowding, thronging, pressing*; leiðist mér þ. þetta, *this crowding wearies me*; (2) *wearisome, endless struggle* (þar kemr enn þófinu, at).

þófa-hattr, **-höttr**, m. *felt hood*; **-stakkr**, m. *felt cloak.*

þófi, m. (1) *felt*; (2) *saddle-cloth of felt.*

þóknast, see 'þokknast'.

þópta, see 'þopta'.

Þórr, m. *the god Thor.*

Þórs-dagr, m. *Thursday.*

þótt, conj. contr. from þó **at**, *although*; see 'þó' 3.

þótta-bragð, n. *angry look.*

þótti, m. (1) *thought, mind*; (2) *displeasure, anger.*

þóttr, m. = þótti; mæla sinn þótt, *to tell one's mind.*

þóttu, = þótt (þó at) þú.

þramma (**að**), v. *to trudge, trample.*

þramman, **þrömmun**, f. *trampling.*

þrap or **þrapt**, n. *quarrel.*

þrasa (pres. **þrasi**), v. *to talk big, to rage* (hví þrasir þú svá, Þórr!).

þraut (pl. **-ir**), f. *hard struggle, great exertion, labour, hard task* (ek mun láta þik vinna til ráðahags þessa þrautir nökkurar); þola þrautir, *to suffer hardships*; gera þ. til e-s, *to try hard*; berjast til þrautar, *to fight to the end.*

þrautar-laust, adv. *without a struggle, without resistance.*

þraut-góðr, a. *good in straits*; **-laust**, adv. = þrautarlaust.

þrá (**þrá**, **þráða**, **þráðr**), v. *to long, yearn* (slá ekki slíku á þik, at þ. eptir einni konu); refl., **þrást** á e-t, *to long for a thing.*

þrá, f. *longing, yearning*; leggja þrár á e-t, *to yearn after a thing.*

þrá, n. *obstinacy* (Hrafn harðnaði í sínu þrái við biskup); í þ. e-m, *in defiance of, in spite of* (gerði þat hverr í þ. öðrum); honum þótti þat mjök gert í þ. sér, *in his despite, in order to thwart him*; ganga á þ., *to veer round and become contrary*, of wind (því næst gekk veðr á þ.).

þrá-beiting, f. *continual tacking*; **-bœni**, f. *persistence in praying or asking*; **-bœnn**, a. *persistent in prayer or entreaty.*

þráðr (gen. **þráðar**; pl. **þræðir**, acc. **þráðu**; nom. and acc. also **þræðr**), m. *thread.*

þrá-fylginn, a. *persevering, persistent*; **-girni**, f. *obstinacy*; **-gjarn**, a. *obstinate*; **-gjarnliga**, adv. *obstinately*; **-halda**, v. *to hold fast, stick to* (á e-u); **-haldr**, a. *obstinate, stubborn.*

þrái, m. *obstinacy*, = þrá (n.).

þrá-látr, a. *stubborn, obstinate*; **-leikr**, m. *perseverance*; **-liga**, adv. (1) *obstinately* (neita e-u -liga); (2) *incessantly, continuously*; **-ligr**, a. *continuous, incessant*; **-lífr**, a. *tenacious of life*; **-lundaðr**, a. = -lyndr; **-lyndast**, v. refl. *to be obstinate in a thing* (í e-u); **-lyndi**, n. *stubbornness*; **-lyndr**, a. *obstinate, stubborn*; **-læti**, n. = -lyndi; **-mæli**, n. *obstinate talk.*

þrár (**þrá**, **þrátt**), a. *stubborn, obstinate* (þótt þú sér svá þ., at þú vilir engis manns ráði hlýða); neut., þrátt as adv., *frequently.*

þrá-reip, n. *tight or strong rope* (?); **-rækiligr**, a. *obstinate*; **-rækr**, a. *persistent*; **-samliga**, adv. *perseveringly, obstinately* (neita -samliga); **-seta**, f. *long sitting*; **-viðri**, n. *a constant adverse wind*; **-yrði**, n. pl. *obstinate speech* = -mæli.

þref, n. a kind of *upper floor*; fig., kemr nú á þ. um draumana, *the (dismal) dreams come again.*

þre-falda (**að**), v. *to triple*; **-faldan**, f. *a making threefold*; **-faldliga**, adv. *trebly*; **-faldr**, a. *threefold*.

þrefi, m. *a number of sheaves, thrave*.

þreifa (**að**), v. *to feel with the hand, touch* (far þú hingat ok vil ek þ. um þik); þ. í hönd e-m, *to shake one's hand*; refl., þreifast fyrir, *to feel for oneself, grope along*.

þreifanligr, a. *tangible*.

þrek, n., poet. **þrekr**, m., *pith, strength, courage, daring* (eigi höfum vér þrek til at berjast við Þorstein); hafa þrek við e-m, *to be a match for*.

þrekaðr, pp. *worn, exhausted*.

þrek-förlaðr, pp. *with failing courage or strength* (poet.).

þrekinn, a. *strong, enduring*.

þrekkóttr, a. *dirty, filthy*.

þrekkr, m. *dirt, filth*.

þrek-lauss, a. *pithless*; **-leysi**, n. *lack of fortitude, pithlessness*; **-liga**, adv. *strongly, stoutly*; **-ligr**, a. *strong, stout of frame*; **-maðr**, m. *a stout, strong man*; **-mannliga**, adv. *stoutly*; **-mikill**, a. *strong, valiant*.

þrekr, m. = þrek (mikill þ. ok afl).

þrek-raun, f. *trial of strength or courage* (þetta var mikil -raun).

þreku-ligr, a. = þrekligr.

þrek-vana, a. indecl. *destitute of strength*; **-virki**, n. *deed of derring-do* (þetta er hit mesta -virki).

þrenning, f. *trinity*, esp. *the Trinity* (þrenningar trú); **þrenningar-messa**, f. *Trinity-Sunday*.

þrennr, a. *triple, threefold*; plur. in distrib. sense, *three*; þrennar tylftir í fjórðungi hverjum, *three twelves in each quarter*; þetta eru þrenn verð, *three times the price*.

þrep, n., **þrepi**, m. *ledge*.

þreskja (**-ta, -tr**), v. *to thresh*.

þresköldr (gen. **-aldar**, dat. **-eldi**; pl. **-eldir**, acc. **-öldu**), m. (1) *threshold*; (2) *an isthmus or ridge flooded at high water*.

þrettán, card. numb. *thirteen*; **þrettándi**, ord. numb. *the thirteenth*.

þre-vetr, a. *three winters* (*or years*) *old* (þeir vóru -vetrir).

þreyja (**þrey, þreyða, þreyðr**), v. *to feel for, desire, yearn after*.

þreyta (**-tta, -ttr**), v. *to prosecute a thing stoutly, to strive hard in a thing*; þ. leik, rás við e-n, *to contend in a game, run a race with one*; þ. kapp-sigling, *to sail a race*; þ. drykkju við e-n, *to vie in drinking with one*; þ. á drykkjuna, *to strive hard to drink*; þ. e-t með kappmælum, *to dispute eagerly*; þ. lög um e-t, *to contend at law*; jarlarnir þreyttu þetta með sér, *it came to high words between them*; þeir þreyttu at komast inn í borgina, *they tried hard to get into the burgh*; þ. hest sporum, *to prick the horse with the spurs*.

þreyttr, pp. *exhausted, worn out*; þótt hann sé mjök at þ., *though he be sorely tried*.

þriði (gen., dat., acc. **þriðja**, pl. **þriðju**), ord. numb. *the third*; í þriðja sinn, *for the third time*.

þriðja-brœðra, indecl. *fourth* (*male*) *cousins*; **-brœðri**, m. *fourth cousin*.

þriðjunga-skipti, n. *a division into three parts*.

þriðjungr, m. *the third part*; aukast þriðjungi, *to be increased by a third*.

þriðjungs-auki, m. *an increase by a third*; *the third part the wife was entitled to of the joint property*.

þrif, n. pl. *thriving condition, well-doing, prosperity*; standa e-m fyrir þrifum, *to stand in the way of one's well-doing*; verða at þrifum, *to become prosperous*.

þrifgast (**að**), v. *to thrive*, = þrífast.

þrif-gjafari, m. *giver of good things*; **-gjafi**, m. = -gjafari; **-gjöf**, f. *gift of grace, salvation*.

þrifinn, a. (1) *active*; (2) *well-favoured* (þ. af sínum líkam).

þrif-liga, adv. (1) *deftly, briskly* (eta -liga); (2) *neatly, carefully* (-liga búinn); **-ligr**, a. *thrifty, well-looking*; **-mannligr**, a. = -ligr.

þrifnaðar-lauss, a. *miserable, wretched*; **-maðr**, m. *a well-to-do* (*prosperous*) *man*.

þrifnaðr, m. *thriving, prosperity, success in life*.

þrif-samligr, a. *wholesome*; **-samr**, a. *thriving, prosperous*; **-semd**, **-semi**, f. *prosperity, welfare*.

þrift, f. = þrif, þrifnaðr.

þriskja (-ta, -tr), v. = þreskja.

þrí-angaðr, a. *three-forked*; **-boginn**, pp. *thrice bent*; **-breiðr**, a. *of triple breadth*, of cloth; **-bryddr**, pp. *with threefold mounting*; **-deila** (-da, -dr), v. *to divide into three parts*; **-engdr**, pp. *three-pronged*.

þrífa (þríf; þreif, þrifum; þrifinn), v. (1) *to catch, grasp, to take hold of suddenly* (þ. e-n, eptir e-m, í e-n, til e-s); þ. á e-m, *to lay hands on*; (2) refl., þrífast, *to thrive* (hann bað hann illa fara ok aldri þ.).

þrí-falda (að), v. *to make threefold*; **-faldr**, a. *threefold*; **-forn**, a. *thrice-old, three years old* (-fornt smjör); **-fœttr**, a. *three-legged*; **-gilda** (-lda, -ldr), v. *to pay threefold*; **-greindr**, pp. *three-branched*; **-hendr**, a. *with three rhyming syllables in each line*; **-hyrndr**, pp. *three-horned, triangular*; **-hyrningr**, m. *triangle*; **-höfðaðr**, pp. *three-headed*; **-kvíslaðr**, pp. *three-branched*; **-menningr**, m. *second cousin*; **-merkingr**, m. *a ring weighing three ounces*; **-mútaðr**, pp. *thrice moulted*; **-nættr**, a. *three nights old*.

þrír (þrjár, þrjú), card. numb. *three*.

þrí-skafinn, pp. *thrice polished*; **-skeptr**, pp. (*wadmal*) *of three strands*; **-skeyta**, f. *triangle*; **-skipta** (-pta, -ptr), v. *to divide into three parts*; **-tugandi**, ord. numb. *the thirtieth*; **-tugr**, a. (1) *aged thirty* (-tugr at aldri); (2) *having thirty oar-benches*; (3) *of thirty* (fathoms, ells).

þrítug-sessa, f. *a ship having thirty oar-benches*.

þrítøg-náttr, a. *of thirty nights*.

þrí-tøgr, a. = þrítugr; **-vetr**, a. = þrevetr; **-vægr**, a. *of triple weight*; **-ærr**, a. *three years old*.

þrjóta (þrýt; þraut, þrutum; þrotinn), v. impers.; (1) þrýtr e-t (acc.) *it fails, comes to an end*; en er veizluna þrýtr, *when it came to the end of the banquet*; þar til er þraut dalinn, *till the dale ended* (*among the hills*); þar til er þraut sker öll, *till there was an end of all the skerries*; seint þrýtr þann, er verr hefir, *the man with a bad case has a hundred excuses*; (2) with acc. of person and thing (e-n þrýtr e-t); en er hann (acc.) þraut ørendit, *when breath failed him*; Hrapp þraut vistir í hafi, *H. ran short of food at sea*; (3) *to become exhausted, fail*; mara þraut óra, *our steeds were exhausted*.

þrjótkast (að), v. = þrjózkast.

þrjót-lyndi, n. *stubbornness*; **-lyndr**, a. *refractory, stubborn*.

þrjótr, m. (1) *knave*; (2) *defiance*; bjóða e-m þrjót, *to bid defiance to one*.

þrjózka, f. *refractoriness, obstinacy*.

þrjózkast (að), v. refl. *to be refractory or rebellious*.

þrjózkr, a. *refractory*.

þroskaðr, pp. *grown up, adult*.

þroska-maðr, m. *a stout, vigorous man*; **-mikill**, a. *vigorous*; **-munr**, m. *difference in vigour*; **-samr**, a. *manly, vigorous*.

þroskast (að), v. *to grow up to full age, live to be a man*.

þroska-vænligr, a. *promising*.

þroski, m. (1) *maturity, full age, manhood* (sveinninn var snimma með miklum þroska); (2) *promotion, advancement* (ek em því fegnust, at þinn þ. mætti mestr verða).

þroskr, a. *vigorous, mature, full-grown* (enn þroski Njarðar sonr).

þroskuligr, a. *vigorous* (snemma þ., mikill ok sterkr).

þrot, n. *lack, want* (þar er ekki þ. átu); at þrotum kominn, *worn out, exhausted* (þeir vóru þá allir at þrotum komnir of matleysi).

þrota (að), v. impers., e-n þrotar e-t, *one runs short of a thing* (ef þik þrotar föng); ráðin þrotar fyrir honum, *there is a lack of counsel for him, he is at his wit's end*.

þroti, m. *swelling, tumour*.

þrotinn, pp. from 'þrjóta', *at an end, past, gone* (get ek, at þrotin sé þín mesta gæfa); þ. at drykk, *out of drink*; hestrinn var þ., *quite exhausted*; en er allir vóru þrotnir á at biðja hann til, *when all were tired of begging him*.

þrotna (að), v. *to run short, dwindle away, come to an end* (Hreiðarr sá, at þeirra kostr mundi brátt þ.).

þrotnaðr, m., **þrotnan,** f. *vanishing*; vera í þrotnan, *to be waning*.

þrot-ráði, a. *destitute, helpless*.

þrots-maðr, m. *destitute person, pauper*.

þró (pl. **þrœr, þróar**), f. *hollowed wood or stone, trough*.

þróast (að), v. refl. *to wax, increase, grow*; metnaðr honum þróast, *pride waxes in him*.

þróttigr, a. *powerful, mighty*.

þrótt-lauss, a. *pithless, powerless*; **-leysi,** n. *want of strength*; **-liga,** adv. *mightily, forcibly*; **-mikill,** a. *doughty, strong*.

þróttr (gen. **-ar**), m. *strength, might, valour, firmness* (sannliga er skekinn þ. ór yðr).

þrótt-sinni, n. *endurance, vigour*; **-öflugr,** a. *mighty, powerful*.

þruma, f. *clap of thunder* (reiðar þ.).

þruma (að), v. *to rattle*.

þruma (**þrumi, þrumða, þrumat**), v. (1) *to stand, sit fast*; þars Valhöll víð of þrumir, *stands spacious*; þ. yfir öldrum, *to hover over banquets*; (2) *to stay behind, loiter, mope*.

þrunginn, pp. from 'þryngva', (1) *stifled, oppressed, moody* (þrungin goð); þrungin dœgr, *dismal days*; (2) *full of, fraught with*; hélu þ., *thick with rime*; hleifr þ. sáðum, *a loaf full of bran*; þ. mœði, *swollen with anger*; dynr var í garði, dröslum of þrungit, *crowded with horses*.

þrúð-hamarr, m. *strong hammer*.

Þrúð-heimr, m. '*the strong abode*', the habitation of Thor.

þrúðigr, þrúðinn, a. *strong, powerful, mighty*.

þrúð-móðugr, a. *heroic of mood*; **-valdr,** m. *the mighty ruler* (Thor).

Þrúð-vangr, m. = -heimr.

þrúgan, f. *compulsion* (þ. laganna).

þrútinn, a. *swollen, oppressed*.

þrútna (að), v. (1) *to swell* (fótrinn þrútnaði mjök); (2) *to increase, wax* (þrútnar at um e-t).

þrútnan, f. *swelling*.

þrútuligr, a. *swollen in the face*.

þrymill, m. *a hard knot in the flesh*.

þrymja (**þrumda**), v. *to lie, extend, spread* (þrymr of öll lönd ørlögsímu).

þryngva (**þryng; þröng, þrungum; þrunginn**), v. (1) *to press, thrust* (þistill, sá er var þrunginn í önn ofanverða); (2) *to rush, press onward*, = þröngvast (ok er liðit þröng í milli skipanna, þá brast niðr undir þeim íssinn); see 'þrunginn'.

þrysvar, adv. *thrice, three times*.

þrýsta (**-sta, -str**), v. (1) *to thrust, press* (þá tók H. konungr á öxl honum hendinni ok þrýsti); B. þrýstir at Eyjúlfi fast, *B. thrust E. hard*; hann þrýsti knénu við steininn, *he pressed his knee against the stone*; (2) *to force, compel* (þ. e-m til e-s).

þrýstiligr, a. *stout, robust*.

þrýsting, f. *pressure, compulsion*.

þræla-efni, n. pl. *persons to be made slaves of*; **-fólk,** n. *thralls, slaves*; **-tala,** f., hafa e-n í -tölu, *to treat one as a slave*; **-ætt,** n. *family of slaves*; sú kona er eigi -ættar, *that woman is of no mean extraction*.

þræl-baugr, m. *money paid as weregild for a thrall*; **-borinn,** pp. *thrallborn*; **-dómr,** m. *thraldom*.

þrælka (að), v. *to enthral*.

þrælkan, f. *thraldom* (leiða e-n í þ.).

þræll (**-s, -ar**), m. *thrall, slave*; fig. *wretch, scoundrel*.

þræls-efni, n. *a person to be made a slave of*; **-gjöld,** n. pl. *weregild for a thrall*; **-jafningi,** m. *thrall's equal*; **-kona,** f. *thrall's wife*; **-ligr,** a. *slavish*; **-nafn,** n. *name of a thrall*; bera -nafn, *to be called thrall*; **-verk,** n. *work of a thrall*.

þræta (**-tta, -tt**), v. *to wrangle, litigate*; þ. e-s, *to gainsay, contradict, deny* (eigi mun ek þess þurfa at þ.); þ. um e-t, *to wrangle about* (um þetta þrættu þeir); þ. í móti, *to gainsay, contradict*.

þræta, f. *quarrel, wrangling, litigation* (þar sló í þrætu).

þrætinn, a. *litigious, contradictory*.

þrætni, f. *disputatiousness*.

þrætu-bók, f. *book of dialectics*; **-dólgr,** m. *quarrelsome litigant*; **-fullr,** a. *disputatious*; **-hagi,** m. *disputed pasture*; **-ligr,** a. *dialectical*; -lig íþrótt, *art of dialectics*; **-maðr,** m. (1) *disputer, disputant*; (2) *schis-*

matic; **-mál**, n. *litigation*; **-páfi**, m. *schismatic pope*; **-samligr**, a. *contentious*; **-sterkr**, a. *strong in dispute*.

þrömmun, f. *trampling*, = þramman.

þrömr (gen. þramar, dat. þremi; pl. þremir, acc. þrömu), *brim, edge, verge* (kominn á heljar þröm).

þröng (pl. þröngvar), f. (1) *throng, crowd* (varð þ. mikil); (2) *narrow place* (sumir vörðust í þröngunum); (3) fig. *straits* (alla þá þ. ok nauð, er hann þoldi); (4) *short breath and cough* (þá setti at honum þ. mikla).

þröng-brjóstaðr, a. *mean-spirited*.

þrøngð, f. = þröng.

þröng-fœrr, a. *narrow to pass*.

þrønging, f. = þrøngving.

þröng-leikr, m. *narrowness*; **-lendi**, n. *narrow land*; **-lendr**, a. *narrow*, of a land (þar var svá -lent); **-liga**, adv. *narrowly, in straits*; **-meginn**, a. *oppressed*.

þröngr (acc. **-van** and **-an**), a. (1) *narrow, close, tight* (vefjar-upphlutr þ.); skógrinn var þ., *the wood was thick*; (2) *thronged, crowded* (þröngt var á skipinu).

þröng-rýmt, a. n. *narrow* (*scanty*) *land* (hafa -rýmt).

þrøngsl, n. pl. *straits, distress*.

þrøngva (**-ða**, **-ðr**), v. (1) *to press on one* (þ. e-m); with acc., hann tók at þ. mik mjök, *he took and pressed me hard*; (2) *to straiten, tighten* (þ. kosti e-s); impers., er Ribbungar sá, at alla vega þrøngði kosti þeira, *that on all sides their means were straitened*; (3) þ. e-m til e-s, *to force one to a thing*; þ. e-m undir sik, *to subdue one by force*; þ. e-t út af e-m, *to extort from one*; (4) refl., þrøngvast, *to throng, press forward* (þeir réðust í móti ok þrøngðust at vaðinu); loftit þrøngvist ok þykknar, *the air waxes close and thickens*.

þrøngving, f. *straits*; fig. *distress*.

þrøngvingar-þél, f. *file of adversity*.

þrøsköldr, m. = þresköldr.

þröstr (gen. **þrastar**; dat. **þresti**; pl. **þrestir**, acc. **þröstu**), m. *thrush*.

þukla (**að**), v. *to feel, touch* (þ. sullinn *or* á sullinum); var svá til þuklat, at, *it was handled so that*.

þula, f. *rhapsody, rigmarole*; Rígs þ., *the Lay of Rig*.

þular-stóll, m. *wise-man's chair*.

þulr (gen. **-ar**), m. *wise-man, sage*.

þumal-fingr, m. *thumb-finger*; **-tá**, f. *the great toe*; **-öln**, f. *thumb-ell*.

þumlungr (**-s**, **-ar**), m. (1) *the thumb* (of a glove); (2) *inch*.

þunga (**að**), v. *to load* (þ. skip sitt); þunguð kona, *a woman with child*; Þórey var mjök þunguð, *Th. was far advanced*.

þunga-fullr, a. (1) *heavy* (-fullr svefn); (2) *burdened, oppressed*.

þungan, f. *burden*.

þunga-varnaðr, **-varningr**, m. *heavy goods*.

þung-býlt, a. n., e-m verðr -býlt, *one has troublesome neighbours*; **-bærr**, a. *heavy to bear, burdensome*; **-eygr**, a. *heavy-eyed, dim-eyed*; **-fœrast**, v. refl., *to become heavy, infirm*; **-fœrr**, a. (1) *heavy to move*; (2) *infirm* (Þórir var gamall ok -fœrr); **-gengt**, a. n. *difficult to walk* (e-m verðr -gengt).

þungi, m. (1) *heaviness, weight* (Ginnungagap fylltist með þunga og höfugleik íss ok hríms); (2) *burden, encumbrance* (verðr mér heldr at því þ. en gagn); (3) *load, cargo* (Þórir spurði, hvat þunga Ásbjörn hefði á skipinu); (4) *heaviness, drowsiness* (þótt þunga eðr geispa slái á hann).

þungleika-aldr, m. *age of infirmity*.

þung-leikr, m. *heaviness, infirmity*; **-liga**, adv. *heavily* (Njáll tók þessu -liga); vera -liga haldinn, *to be very ill*; **-ligr**, a. *heavy, difficult* (eigi lízt mér þetta mál -ligt); **-lífr**, a. *heavy in the body*; **-meginn**, a. *oppressed* (þeir vóru fáir ok -megnir).

þungr, a. (1) *heavy, weighty* (þótti mér hann nökkurs til þ.); þ. á baki, *heavy to carry on horseback*; skip þungt undir árum, *heavy to pull with oars*; (2) fig. *heavy, oppressive* (mannfæðin var hin þyngsta); honum vóru augu þung, *he was heavy-eyed*; með þungu yfirbragði, *with a gloomy mien*; henni féll þungt til fjár, *her money affairs were bad*; e-m veitir þyngra, *one gets the worst of it*; fá þungt af e-m, *to suffer hard treatment from* *one*; mér er þungt, segir Eyjólfr, *I do not feel well, says E.*

þung-reiðr, a. *heavy to ride through*; **-ræðr**, a. *difficult, laborious*; **-yrkr**, a. *hard, severe.*

þunn-bygðr, pp. *thinly inhabited*; **-býlt**, a. n. *thinly peopled with farms*; **-eggjaðr**, *thin-edged*; **-geðr**, a. *weak-minded, fickle*; **-hárr**, a. *thin-haired*; **-heyrðr**, pp. *keen of hearing*; **-leitr**, a. *thin-faced*; **-meginn**, a. *weak, feeble.*

þunnr, a. *thin*; þunnt hár, *thin hair*; þunn øx, *a thin-edged axe*; þunnt veðr, *clear weather*; þegja þunnu hljóði, *to keep a watchful silence.*

þunn-skafinn, pp. *thin-scraped*; **-skipaðr**, pp. *thinly manned*; **-sleginn**, pp. *thinly beaten, thinly mounted*; **-vangi**, m. *the temple.*

þurðr (gen. -ar), m. *decrease, waning* (ekki fara í þurð draumarnir).

þurfa (**þarf, þurfta, þurft**), v. (1) *to need, want* (ekki þarft þú at ganga í hús mín); with gen., þ. e-s, *or* þ. e-s við, *to stand in need of* (ek þyrfta nú guðs miskunnar); Gunnarr kvað einskis mundu við þ., *G. said there was no need of anything*; (2) impers., þess þarf (við), *it is needed*; þess þyrfti, at, *it would be necessary that*; with acc. (hversu marga munu vér menn þ.); ekki var sá leikr, er nökkurr þyrfti við hann at reyna, *it was no use for anybody to strive with him in any game.*

þurfa-maðr, m. *poor man, needy person* (-mannatíund).

þurfandi (pl. -endr), m. = prec.

þurfi or **þurfa**, a. *wanting, in need of* (liðs þíns væra ek þá þ.).

þurfsamr, a. *helping* (e-m).

þurft, f. (1) *need, want, necessity*; (2) *necessary discharge*, esp. *urine*; ganga innar þynnri þurftarinnar, *to make water.*

þurftugr, a. (1) *in need of* (nú em ek þ. yðars fulltings); (2) *poor, indigent* (gamall maðr ok þ.).

þurftuligr, a. *useful, profitable.*

þurka (**að**), v. *to dry, make dry* (gerðu þeir mikinn eld ok þurkuðu sik).

þurka, f. (1) *drought, dryness*; (2) *towel.*

þurkan, f. *drying* (Karlsefni lagði viðinn til þurkanar).

þurku-samr, a. *dry* (-samt sumar).

þurr, a. *dry* (hrár viðr eða þ.); þ. klæði, *dry clothes*; ganga þurrum fótum (*or* þurt) yfir ána, *with dry feet, without wetting the feet*; sitja þurt um allar vitundir, *to be clear of all cognizance*; á þurru, *on dry land*; fasta þurt (*or* við þurt), *to fast on fish and vegetable food.*

þurra-frost, n. *dry frost.*

þurr-fasta, f. *fasting on fish and vegetable food*; **-fasta** (**að**), v. *to fast on fish and vegetable food*; **-fjallr**, a. *dry-skinned, in dry clothes*; **-fœtis**, adv. *without wetting the feet*; **-leikr**, m. *dryness*; **-lendi**, n. *dry land*; **-lendr**, a. *with dry soil* (jörð -lend); **-ligr**, a. *dry* (veðr gott ok -ligt); **-lyndi**, n. *dryness, surliness*; **-viðri**, n. *dry weather.*

þurs or **þuss**, m. *giant, ogre, monster* (líkir þursum at vexti); þursa ráðbani, *slayer of giants* (*Thor*).

þurs-ligr, a. *like a giant.*

þú (gen. **þín**, dat. **þér**, acc. **þik**; pl. **þér** or **ér**, gen. **yðar**, dat. and acc. **yðr**), *thou.*

þúfa (gen. pl. **þúfna**), f. *mound, knoll* (H. sat við þúfu eina).

þús-hundrað, n. = **þúsund.**

þúst, n. *flail.*

þústr, m. (1) *stick*; (2) *chafing, anger, enmity* (þótti honum mjök vaxa þ. milli manna í heraðinu).

þúsund (pl. -ir), f. *thousand.*

þvara, f. *pot-stick, stirrer.*

þvari, m. *bolt, spear.*

þvá (**þvæ**; **þó, þógum**; **þveginn**), v. (1) *to wash* (þ. lík, sár manna, höfuð sitt); þ. sik *or* þ. sér, *to wash oneself*; (2) *to remove by washing.*

þvátt-aptann, m. *Saturday evening.*

þváttari, m. *washer.*

þvátt-dagr, m. *Saturday*; **-kona**, f. *washer-woman*; **-nótt**, f. *Saturday night.*

þváttr (gen. **þváttar**, dat. **þvætti**), m. (1) *wash, washing* (kona nökkur fór með klæði til þváttar); (2) *clothes washed at one time, washing* (hengja upp þvátt).

þvatt-steinn, m. *washing-stone*; **-vífl**, n. *bat used in washing*.

þveita (-tta, -tt), v. *to hurl, fling*.

þveiti, n. *a small weight of silver*.

þvengr (-jar, -ir), m. *thong, latchet*.

þverast (að), v. refl. *to move athwart, aside* (þveraðist Steinarr fram á bakkann).

þver-á, f. *side river, tributary river*; **-bak**, n., um -bak, *across a horse's back*; **-brestr**, m. *cross chink*; **-brot**, n. *a break across, breach*; **-dalr**, m. *side dale*; **-feta** (að), v. *to go aslant*; **-fingr**, m. *finger's breadth*; **-fjörðr**, m. *cross-fjord, side-fjord*; **-gyrðingr**, m. *cross-girding*; **-høggr**, a. *cut across, steep, abrupt*; **-hönd**, f. *hand's breadth*; **-knýta** (-tta, -ttr), v. *to refuse flatly*; **-kominn**, pp. *in an awkward position*; **-kyrfa** (-ða, -ðr), v. *to divide* (a house) *across or transversely*, opp. to 'at endilöngu'; **-liga**, adv. '*athwart*', *flatly* (neita, synja, taka e-u -liga); **-lyndi**, n. *refractoriness, wrong-headedness*; **-lyndr**, a. *wrong-headed, refractory*; **-neita** (að), v. *to deny flatly*; **-pallr**, m. *cross dais, the high-floor at the hall's end*.

þverr, a. (1) *athwart, transverse*, opp. to 'endilangr' (tjalda um þveran skálann); lá hverr um annan þveran, *in heaps*; fara þ. á fœti at e-u, *to be unwilling for a thing*; beita þvert, *to sail close-hauled, near the wind*; (2) *adverse, contrary* (veðr hörð ok þver); (3) *cross, obstinate*; hann kvazt ekki þ. vera í því at selja skipit, *he said he would not be hard about selling the ship*; setja þvert nei fyrir, *to deny flatly*; ek vil þó eigi þvert taka, ef þér er lítit um, *I will not take it crossly, if it is not to thy mind*.

þverra (þverr; þvarr, þurrum; þorrinn), v. *to wane, grow less, decrease* (í þenna tíma þurru mjök vinsældir Valdemars konungs).

þverra (-ða), v. *to make to decrease*.

þvers, adv. *across, athwart*; hann snýr þ. af leiðinni, *he turns abruptly away from the path*; þ. í móti e-u, *quite contrary to*.

þver-skeytingr, m. *cross-wind, side-wind*; **-skipa**, adv. *athwart the ship*; **-skurðr**, m. *transverse cut*; **-skytningr**, m. = -skeytingr; **-slag**, n. *cross-stroke*; **-stígr**, m. *cross-path, side-path*; **-stræti**, n. *cross-street*; **-syll**, f. *cross-sill*.

þverst or later **þvest**, n. *the lean flesh underneath the blubber of a whale*.

þver-taka, v. *to deny flatly*, = taka e-u þvert; **-tré**, n. *cross-tree*; **-úð**, f. (1) *discord*; (2) *disobedience*; **-vegr**, m. *cross-way*; á -veginn, *across, cross-wise, athwart*; **-þili**, n. *cross-deal, transverse partition*.

þvinga (að), v. (1) *to weigh down, oppress*; (2) *to compel, force*.

þvingan, f. *oppression, hardship* (til þvingunar ok ófrelsis).

þvis, interj. (hvis, þ., af tjöldin!).

þviti, m. a kind of *stone* (tóku þeir mikinn stein; sá heitir þ.).

því (prop. dat. from 'þat'), adv. and conj. (1) *therefore* (varð þ. ekki af ferðinni); af þ., *therefore*; (2) af þ. at, þ. at, *because, for* (tókst eigi atreiðin, því at búendr frestuðu); (3) þ. at eins, *only on that condition*; (4) *why*, = hví (only in later texts); (5) with compar., *the*; hann var þ. ástsælli sem hann var ellri, *he was the more beloved the older he grew*.

þvígit = því-gi at; with compar. *not the*; þ. fleira, *not the more, no more*.

því-líkr, a. '*such-like*', *such* (mundi engi eiga -líkan hest).

þvísa, old dat. sing. neut., = þessu; í þ. ljósi, *in this light, in this world*.

þykk-byrt, a. n., hafa -byrt, *to have thick, stout armour*; **-býlt**, a. n. *thick-set, studded, with hamlets*; **-farit**, pp. n., gera -farit, *to make frequent visits*.

þykkja (þykki, þótta, þótt), v. (1) *to be thought to be, seem to be, be esteemed or reckoned as*; hón þótti beztr kostr, *she was thought the best match*; (2) with dat. *it seems to one, one thinks* (þykki mér ráð, at þú farir at finna Gizur hvíta); e-m þykkir at e-u, *one feels hurt at, takes it to heart, is displeased with* (þótti mönnum mikit at um víg Kjartans); mér þykkir fyrir (*or* fyr) e-u, *I dislike, am unwilling to* (mér þykkir meira fyrir en öðrum mönnum at vega menn); e-m þykkir mikit um e-t, *one takes it much to heart* (honum þótti svá mikit um fall Ólafs konungs, at); e-m þykkir mikit undir e-u, *one thinks it of great importance* (mikit þótti spökum mönnum undir því, at); impers., vilda ek, at þér þœtti eigi verr, *I wish that thou wouldst not take it amiss*; þótti sinn veg hvárum, *they disagreed*; þykki mér sem undan sé gaflveggrinn, *it seems to me as though the gable-wall were down*; þótti mér þeir sœkja at (= sem þeir sœkti at), *methought they pressed hard on me*; (3) refl., þykkjast, *to seem to oneself, think oneself, think* (en ek þykkjumst þó mjök neyddr til hafa verit); hann þykkist einn vita allt, *he thinks he alone knows everything*; þykkist hann mjök fyrir öðrum mönnum, *he thinks himself far above other men*; en Brynhildr þykkist brúðr var-gefin, *but B. will think she is ill-matched.*

þykkja, f. (1) *thought*; *liking, sentiment, disposition*; fóru þykkjur þeira saman, *their sentiments went together*; (2) *dislike, displeasure* (leggja þykkju á e-n *or* e-t).

þykkjast (t), v. refl. *to take offence at, take amiss, get angry with* (þ. við e-t *or* við e-n).

þykkju-dráttr, m. *discord*; **-lauss**, a. *good-natured, careless, easy*; **-mikill**, a. *choleric of temper.*

þykk-leikr, m. *thickness*; **-leitr**, a. *chubby-faced*; **-liga**, adv. *proudly, sulkily* (svara -liga); **-mikill**, a. *very thick*, of weather.

þykkna (að), v. *to thicken, become thick* (tók veðrit at þ.).

þykkr, m. *thwack, hurt.*

þykkr (acc. **-van**), a. *thick*, = þjokkr (garðr fimm feta þ.); þykkt veðr, *thick weather*; þ. skógr, *dense forest*; þykkt hár, *thick hair.*

þykk-röggvaðr, pp. *thick-furred*; **-settr**, pp. *thick-set, thick-ranked*; **-skipaðr**, pp. *thickly manned*; **-skýjaðr**, pp. *thick-clouded*; **-varraðr**, pp. *thick-lipped*; **-vaxinn**, pp. *thick-set, stout of growth.*

þykt, f. *thickness, denseness.*

þykt, f. *resentment, displeasure.*

þylja (þyl; þulda; puliðr, þulinn), v. *to speak, recite, chant*; *to mutter to oneself*; þ. í feld sinn, *to murmur into one's cloak*; refl., þyljast um, *to mutter to oneself.*

þyngd, f. (1) *heaviness, weight*; (2) *illness, sickness* (H. tók þá þ. mikla ok lá þó eigi); (3) *troubles* (síðan er vér mistum skipa várra, er oss hefir öll þ. af staðit).

þynging, f. *burden, heaviness.*

þyngja (**-da**, **-dr**), v. *to weigh down, make heavy*; impers., sóttinni þyngir, *the illness grows worse*; þyngir e-m, *one grows worse (from illness)*; *one grows heavy from sleep*; refl., þyngjast, *to grow heavy, adverse* (tekr nú bardaginn at þ.); e-m þyngist = e-m þyngir (þá tók honum at þyngjast).

þyngsl, n. pl. (1) *burden*; gera e-m þ., vera e-m til þyngsla, *to be a burden to one*; (2) *heavy affliction* (mér þykkir illt, at menn hljóti svá mjök þ. af mér).

þynna (**-ta**, **-tr**), v. *to make thin*; impers., þynnir kóf, þoku, *the fog begins to lift.*

þyrja (þurða), v. poet. *to sweep, rush.*

þyrma (**-da**, **-t**), v. (1) *to deal reverently with, show respect to, keep, observe*, with dat. (þ. eiðum, griðum); þ. hátíð, *to respect the holy-day*; (2) *to show mercy to, spare* (þ. úvinum sínum); (3) refl., þyrmast, *to display forbearance*; konungr bað hann, at hann skyldi þ. við Magnús konung, *to forbear from violence towards king M.*

þyrmi-liga, adv. *gently, forbearingly.*

þyrm-liga, **-samliga**, adv. = þyrmiliga (bundinn eigi -samliga).

þyrna-fullr, a. *full of thorns.*

þyrni-hjálmr, m. *thorn-helmet*; **-koróna**, m. *crown of thorns.*

þyrnir (pl. **þyrnar**), m. *thorn.*

þyrni-tré, n. *thorn-bush.*

þyrpast (t), v. refl. *to crowd, throng* (þyrptust menn at honum).

þyrsklingr, m. *codling.*

þyrsta (**-sti**, **-st**), v. impers., mik þyrstir, *I am thirsty* (hana þyrsti at meirr; þar þyrstir jörðina).

þyrstr, a. *thirsty* (þ. til e-s, í e-t).

þys-höll, f. *a crowded hall.*

þysja (**þys, þusta, þust**), v. *to rush* (þustu þeir þá fram ór skóginum).

þys-mikill, a. *noisy, uproarious.*

þyss, m. *noise, uproar, riot* (þá gerðist þ. mikill í bœnum).

þytr, m. *noise, whistling sound* (þ. vatna); þ. smábarna, *cries, wailings.*

þý (gen. **-jar**, dat. **-ju**; pl. **-jar**), f. *bondmaid, bondwoman.*

þý-borinn, pp. *born of a bondwoman.*

þýða (**-dda, -ddr**), v. (1) *to win over, attach*; þ. sér, *to attach to oneself* (hann ferr víða um lönd ok þýddi sér fólkit); (2) *to explain, interpret* (þ. draum); (3) *to signify* (hvat ætlar þú þenna draum þ.?); (4) refl., þýðast e-n, *to attach oneself to, associate with one*; þ. e-n með vináttu, *to be on a friendly footing with one*; þ. e-m = þ. e-n; Uni þýddist Þórunni, dóttur Leiðólfs, *U. paid court to Th., daughter of L.*; þ. til e-s, undir e-n, *to attach oneself to, pay homage to, submit to* (vildu þeir heldr þ. undir hans konungdóm en undir Svía-konung; þýddust til hans margir höfðingjar af öðrum löndum).

þýða, f. *attachment, love.*

þýðerska, -eska, f. = þýðverska.

þýðerskr, -eskr, a. = þýðverskr.

þýðing, f. (1) *interpretation, translation*; (2) *sense, meaning.*

þýð-leikr, m. *attachment, affection*; **-ligr**, a. *attached, affectionate*; **-læti**, n. = -leikr.

þýðr, a. *kind, affectionate, affable.*

þýð-verska, f. (1) *German language or custom*; (2) *Germany* (= þýðversku-land); **-verskr**, a. *German.*

þýfð, f. (1) *theft*; (2) *stolen goods.*

þýfðr, pp. *covered with little hillocks* (þúfur), *uneven*, of a field (þar var þýft mjök).

þýfi, n. *theft, stolen goods.*

þýfi-gjöld, n. pl. *a fine for theft.*

þýfska, f. *theft, stolen goods.*

þýzkr, a. = þýðverskr (þ. söðull).

þægiligr, a. *acceptable, agreeable.*

þægindi, n. pl. *pleasure*; gera e-m e-t til þæginda, *to do a thing to please one.*

þægja (**-ða, -ðr**), v. (1) *to make acceptable*; (2) *to push roughly, shove*, with dat.; Þorsteinn þægir honum í bekkinn, *Th. pushes him roughly on the bench.*

þægr, a. *acceptable, agreeable.*

þœfa (**-ða, -ðr**), v. (1) *to full* (þ. klæði); (2) *to press*; þ. e-n um liðsbeina, *to press one for help*; (3) *to walk heavily, lumber* (þœfði hón þá ofan til árinnar); (4) refl., þœfast við, *to quarrel, squabble*; þ. til e-s, *to struggle* (*fight*) *for a thing* (eigi mun ek lengi þ. til hvílunnar við þik).

þœfa, þœfð, f. *quarrel, squabble.*

þœfni, f. *disposition to quarrel.*

þögn (gen. **þagnar**), f. *silence*; slær þ. á e-n, *one is struck dumb.*

þögull, a. *habitually silent, taciturn.*

þökk (gen. **þakkar**, pl. **þakkir**), f. (1) *pleasure, liking*; gera e-t til þakka e-s, *to one's liking, to please a person*; (2) *thanks* (Auðr tók þat með þökkum); mér er þ. á e-u, *I am thankful for a thing*; kunna e-m þ. fyrir e-t, *to be much obliged to one for a thing*; gera guði þakkir fyrir e-t, *to thank God for a thing.*

þöll (gen. **þallar**), f. *young fir-tree.*

þömb (gen. **þambar**), f. *paunch.*

þön (gen. **þanar**, pl. **þanir**), f. *tenter, stretcher* (þeir tóku gærur af þönum).

þöngull (pl. **þönglar**), m. *stem of tangle* (S. greip upp einn þöngulinn).

þörf (gen. **þarfar**, pl. **þarfar**), f. *want, need, necessity*; e-s er þ., *a thing is wanted, is necessary* (hón kvað þess litla þ.); e-m er e-s þ., e-m er þ. á e-u, *one is in need of*; þá er þ. verðr, *when wanted*; ef gørast þarfar þess, *if need be*; þola þ. e-s, *to be in want of*; fjár síns, er fengit hefir, skylit maðr þ. þola, *a man should not stint himself of money he has made*; þörfum meirr, *more than wanted, excessively*; e-t kemr vel í þarfar, *it comes to good use, comes in when wanted*; vinna þ., *to suffice*; kunna þ. (with infin.), *to long to, feel impelled to.*

þörf-gi, poet. *no need, not needed.*

Æ

æ, interj. *ah! o! oh!* (denoting pain).

æ, adv. (1) *aye, ever, always* (við vín eitt Óðinn æ lifir); æ ok æ, *for ever and ever*; æ jafnan, *for ever and aye*; (2) with compar.; gljúfrin vóru æ því breiðari er ofarr dró, *the ravine became ever the broader the higher one went up*; æ sem fyrst, *the soonest possible*; (3) *never* (æ menn hann sjálfan um sjá).

æða-blóð, n. *blood running in the veins*; taka e-m -blóð, *to bleed one.*

æðar-fugl, m. *eiderbird*, = æðr.

æðr (gen. **æðar,** dat. and acc. **æði**; pl. **æðar**), f. *eiderduck.*

æðr (gen. **æðar,** dat. and acc. **æði**; pl. **æðar**), f. *vein* (blóð hans var allt ór æðum runnit).

æðra, f. *fear, despondency, despair*; mæla æðru, *to utter words of despair.*

æðrast (að), v. refl. *to falter from fear, lose heart* (eigi skyldim vér æ. at leggja til bardaga).

æðru-orð, n. *word of fear* (engi maðr skyldi þar -orð mæla).

æfar, adv. *very, exceedingly*, = afar.

æfi, f. *age*, etc., see 'ævi'.

æfintýr, n., see 'ævintýr'.

ægir (gen. **ægis),** m. (1) *the sea, ocean, main*; sól gengr í ægi, *the sun sets in the sea*; (2) *the giant Ægir, the husband of Ran*; Ægis dœtr, *the daughters of Æ., the waves, billows.*

ægi-sandr, m. *sea-sand.*

æja (**æ, áða, áð**), v. *to rest and bait* (æ. hestum sínum); absol., þeir áðu í Kerlingardal, *they baited their horses in Carline-dale.*

æligr, a. *vile, wretched.*

æ-lífr, a. *eternal*, = eilífr.

ær (gen. **ær,** dat. and acc. **á**; pl. **ær,** gen. **á,** dat. ám), f. *ewe* (kýr ok ær).

æra, f. *honour* (engrar æru verðr).

æra (**-ða, -t**), v. *to row, pull* (from 'ár', *oar*); æ. undan e-m, *to row away from, retreat before, one.*

æra (**-ða, -t**), v. *to give a good crop* (from 'ár', *year*); impers., ærir akr (acc.), *the field becomes fertile.*

ær-ligr, a. *honest* (for. and late).

-ærr, a. *-oared*, in compds.

ært, a. n., in the phrase, vel æ., illa æ., *a good, bad year or season.*

æru-fullr, a. *worthy*; **-lauss,** a. *dishonest*; **-ligr,** a. *honourable.*

æs (pl. **-ar**), f. *thread-hole in a shoe.*

æsta (**æsta, æstr**), v. *to ask, demand, request* (æ. e-n e-s); æ. sér griða, *to ask for a truce.*

æta, f. *eater*, in 'mann-æta'.

-æti, n. *edible thing*, in 'úæti'.

æ-tíð, adv. *at every time, ever.*

ætla (**að**), v. (1) *to think, mean, suppose* (munu þeir æ., at vér hafim riðit austr); hann ætlaði henni líf en sér dauða, *he expected life for her, but death for himself*; (2) *to intend, purpose* (ek ætla ok at styrkja Gunnar at nökkuru); þeir ætluðu ekki lengra í kveld, *they did not intend to go any farther to-night*; þat verðr hverr at vinna, er ætlat er, *every one must do the work that is set before him*; æ. e-m e-t, *to set apart for one, allot to one* (hann ætlaði þrælum sínum dagsverk); *to intend a thing for one* (hann keypti þar pell ágætt, er hann ætlaði Ólafi konungi); *to expect from one, suspect one of* (þér mundi þat engi maðr æ.); æ. sér hóf, *to keep within bounds*; æ. sér (with infin.), *to intend, purpose* (ef hann ætlar sér at keppa við oss); suðr ætla ek mér at ganga, *I intend to go south* (to Rome); æ. fyrir (with infin.), *to intend* (eru þat hin mestu firn, at þér ætlið fyrir at leggja á allt fólk ánauðarok); æ. e-t fyrir, *to foredoom, foreordain* (þat mun verða um forlög okkur sem áðr er ætlat fyrir); æ. fyrir sér, *to think beforehand, expect* (mart verðr annan veg en maðrinn ætlar fyrir sér); æ. til e-s staðar, *to intend to go to a place* (þeir sigldu nú ok ætla til Miklagarðs); æ. til e-s, *to reckon upon, expect* (eigi þarftu til þess at æ., at ek ganga við frændsemi við yðr); hann tók sér bústað ok ætlaði þar landeign til, *he destined a piece of land for that purpose*; (3) refl., ætlast, *to intend,* *purpose*, = ætla sér (hann ætlast at fara til Jómsborgar); æ. e-t fyrir, *to intend to do a thing* (vér skulum halda til njósn, hvat Ólafr ætlast fyrir).

ætlan, f. (1) *thought, meaning, opinion* (hverja æ. hafið þér um úfrið þenna); (2) *plan, design* (brást sú æ., sem áðr var gör um atlöguna); (3) *reason, meaning*; þat er engi æ., *there is no use thinking of that*; (4) *estimate* (meiri fjöldi en hœgt væri at telja eða æ. á koma).

ætlanar-maðr, m. *steward*, = bryti, ráðsmaðr; **-verk**, n. *task*.

ætni, f., **-löstr**, m. *gluttony*.

ætr, a. *eatable* (allt þat er ætt er).

ætt (pl. -ir), f. (1) *quarter of the heaven, direction*, = átt (flugu þau í brott bæði samt í sömu æ.); (2) *one's family, extraction, pedigree* (hann var sœnskr at æ.); þaðan eru komnar þræla ættir, *the race of thralls*; telja æ. til e-s, *to trace one's pedigree to*; e-t gengr í æ., *it is hereditary*; (3) *generation* (í ina þriðju eða fjórðu æ.).

ættaðr, pp. *descended* (hón var ættuð ór Mostr); **æ.** vel, *well-born, of good family*.

ættar-bragð, n. *family trait*; **-bœtir**, m. *betterer of one's family*; **-ferð**, f. *origin, descent*; **-fylgja**, f. *family guardian spirit*; **-gift**, f. *family luck*; **-gripr**, m. *heirloom*; **-haugr**, m. *family cairn, family tomb*; **-högg**, n. *family blow, calamity*; **-mót**, n. *family likeness* (er þat -mót með okkr); **-nafn**, n. *hereditary title*; **-réttr**, m. *hereditary right*; **-ríki**, n. *hereditary kingdom*; **-skarð**, n. *a loss (by death) in a family*; **-skömm**, f. *a disgrace to a family* (of a person); **-spillir**, m. *family spoiler, disgracer*; **-svipr**, m. = -mót; **-tal**, n., **-tala**, f. *pedigree, genealogy*.

ætt-bálkr, m. *lineage, family*; **-bogi**, m. *lineage*; **-borinn**, pp. (1) *born, native*; þar -borinn í Þrándheimi, *a native of Th.*; vel -borinn, *well-born, of good family*; (2) *born to, entitled to by birth*; -borinn til lands, *a rightful heir of the land*; (3) *legitimate* (sonr -borinn).

ætterni, n. (1) *descent, extraction, origin* (ekki var margra manna vitorð á hans æ.); suðreyskr at æ., *by birth*; telja æ. til e-s, *to reckon one's pedigree up to a person*; (2) *family, kindred, kinsmen* (þar er æ. hans allt).

ætt-fólk, n. *relations, kinsmen*; **-fróðr**, a. *well versed in pedigrees*; **-fœrsla**, f. *adoption*; **-gangr**, m. *succession*; **-geigr**, m. *family calamity*; **-gengr**, a. *characteristic of one's family, born in the blood* (e-m er e-t -gengt); **-góðr**, a. *of good family*; **-gœði**, n. *goodness of origin, rank, high birth*; **-göfugr**, a. *of noble extraction*; **-hagi**, m. = átthagi; **-hringr**, m. *lineage, pedigree*.

ættingi (pl. -jar), m. *kinsman*.

ætt-jörð, f. *native country*; **-kvísl**, f. *a line, branch of family*; **-land**, n. *one's native land*; **-leggr**, m. *stem, lineage*; **-leiða** (-dda, -ddr), v. *to legitimate* (a natural child); **-leiðing**, f. *legitimation* (of a natural child); **-leiðingr**, m. *a legitimated child*; **-leifð**, f. *patrimony*; **-lera**, a. indecl. *degenerate*; **-leri**, m. *a degenerate person, a discredit to a family*; **-liðr**, m. *a link in a pedigree*; **-menn**, m. pl. *kinsmen*; **-nafn**, n. *a (Christian) name usual in a family*; **-niðr**, m. *descendant*; **-rif**, n. = -leggr; **-smár**, a. *of low extraction*; **-stórr**, a. *high-born*; **-stœri**, f. *greatness of extraction*; **-víg**, n. *slaying of a kinsman*; **-vísi**, f. *knowledge of genealogies*.

æva, adv. (1) *never* (sá er æ. þegir); Gísli kvað þá vísu, er æ. skyldi, *G. repeated a verse that he never should*; (2) *at any time, ever*; æ. ekki, *never*, = æva-gi; (3) *not* (jörð fannst æ. né upphiminn).

æva-gi, adv. *never*, = æva ekki.

ævar, adv. = afar, æfar.

æ-verðligr, a. *everlasting*.

ævi (gen. **ævi**), f. (1) *age, time*; hann var konungr yfir Nóregi langa æ., *for a long time*; um aldr ok æ., *for ever and ever*; alla æ., *for all time, ever*; in forna (nýja) æ., *the old (new) era*; (2) *lifetime* (helzt þat allt um hans æ.); (3) *a life-story, biography* = ævi-saga (hann ritaði æ. Nóregs konunga).

ævi-dagar, m. pl. *life-days*; **-liga**,

adv. *for ever*; **-ligr**, a. *everlasting*; **-lok**, n. pl. *life's end, death.*

ævin-lengd, f. *a life's course*; **-liga,** adv. *for ever*; **-ligr**, a. *everlasting*; **-rúnar**, f. pl. *everlasting runes or mysteries*; **-trygðir**, f. pl. *everlasting truce* (aldrtrygðir ok -trygðir).

ævintýr, n. (1) *adventure*; vita sitt eptirkomanda ævintýr, *to know one's future lot*; (2) *tale, story.*

ævintýrr, m. = ævintýr.

ævi-saga, f. *life, biography.*

æzka, f. *relationship, kinship* (vera í æzku við e-n).

æzkaðr, pp. = ættaðr.

æzli, n. *carrion.*

Œ

œða (œdda, œddr), v. *to make furious*; mostly refl., œðast, *to become frantic or furious* (hestrinn œddist ok sleit reipin).

œði, f. (1) *rage, fury* (R. spratt upp af œ. mikilli ok mælti); (2) *madness, frenzy.*

œði, n. *nature, disposition, mind,* also *manners* (hann hafði mjök á sér kaupmanns œ.); er þat ok ekki við þitt œ., *it does not suit thee.*

œði-fullr, a. *furious*; **-samligr**, a. = -fullr; **-stormr**, m. *furious gale*; **-straumr**, m. *furious current*; **-veðr**, n. = -stormr; **-verkr**, m. *furious pain*; **-vindr**, m. = -veðr.

œðr, a. *that may be waded, fordable,* = vœðr (áin var eigi œð).

œðri, a. compar., **œztr**, a. superl. *higher, highest*; (1) in a local sense; uppi ok niðri leitaða ek œðra vegar, *up and down I sought for the higher road*; œðra öndvegi, œðri bekkr, *the upper high-seat, higher bench,* opp. to úœðra ö., úœðri b., *the lower high-seat or bench*; (2) fig. *higher* (*highest*) *in rank* or *dignity* (tólf hofgoðar vóru œztir).

œfi-maðr, m. *man of violence.*

œfr, a. *vehement, angry, chafing* (var þá konungr svá œ. ok œrr, at).

œgi-liga, adv. *terribly, threateningly*; **-ligr**, a. *terrible, awful.*

œgir (gen. **-is**), m. *frightener, terrifier* (Engla œ., gumna œ.).

œgis-heimr, m. poet. *this world*; **-hjálmr**, m. *helmet of terror*; bera -hjálm yfir e-m, *to hold one in awe and submission*; bera -hjálm í augum, *to have a terror-striking glance.*

œgja (**-ða**, **-ðr**), v. (1) *to make terrible, exaggerate*; mjök hafa þessir œgðir verit í frásögnum, *made more terrible than they are*; (2) *to scare, frighten,* with dat. (œgir mér ekki þetta fégjald); impers., e-m œgir, *one is afraid* (er eigi þat, at þér œgi við mik at berjast?); (3) *to threaten*; hón œgði mér af afbrýði, *she threatened me in her jealousy*; œ. e-m píslum, *to threaten with tortures.*

œgr, a. *terrible,* = ógurligr.

œliligr, a. *fit to be brought up.*

œll, a. *fit to be fed or harboured.*

œmta (**-mta**, **-mt**), v. *to mutter* (kerlingin œmtir við innar í húsinu); œ. e-u *or* e-m, *to say a word to, pay attention to, take heed of.*

œpa (**-ta**, **-t**), v. *to cry, shout* (bónda múgurinn œpti ok kallaði, at þeir vildi hann til konungs taka); œ. upp, *to shout out*; œ. at e-m, œ. á e-n, *to call, cry out to one*; with acc., œ. heróp, sigróp, *to raise a war-cry, a shout of victory.*

œra (**-ða**, **-ðr**), v. *to madden, make mad* (illr andi œrði Saul); refl., œrast, *to run mad, run wild* (œrast nú hestarnir báðir).

œri, a. compar. *younger* (engi maðr œ. en átján vetra gamall).

œri-liga, adv. *furiously, madly* (láta -liga); **-ligr**, a. *mad, absurd.*

œrinn, a. *sufficient,* = ýrinn, yfrinn (œrin var nauðsyn til þessa verks); er þat ok œrit eitt, at, *it is quite sufficient that*; œrit fagr, *fair enough*; til œrins, *sufficiently.*

œrr, a. *mad, furious* (œ. ok ørvita).

œrsl, n. pl. *madness, frenzy*; taka

œ., *to run mad*; hann gerði þat eigi í œrslum, *in fits of madness*; stormr mikill með œrslum, *a violent gale*.

œrsla, f. *madness, fury*.

œrsla-fullr, a. *raging, raving* (-full grimd móður þinnar); **-læti**, n. pl. *ravings*; **-sótt**, f. *madness*.

œsa (-ta, -tr), v. *to stir up, excite*; œ. úfrið, *to stir up war*; œ. e-n fram, *to egg on*; impers., œsti storminn svá, at, *the storm became so violent, that*; refl., œsast, *to be stirred up, swell* (vötn œsast, eldr œsist).

œsi-, with adjectives and nouns, *violently, very* (-mikill, -hvatligr); **-frost**, *a sharp frost*.

œsi-liga, adv. *violently, furiously* (falla vötnin -liga); **-ligr**, a. *vehement* (-lig sótt).

œsing, f., **œsingr**, m. *vehemence, fury* (með svá miklum œsingi, at).

œsir, m. *inciter, stirrer, ringleader*.

œska, f. *youth, childhood*.

œski-liga, adv. *to one's wishes*; **-ligr**, a. *to be wished* (-lig hvíld); -ligr sonr, *an adopted son*.

œskingar-sonr, m. = óskasonr.

œskja (-ta, -tr), v. *to wish* (þess œski ek, at ek öðlist ilíft elíf eptir dauðann); œ. e-m e-s (*or* e-t), *to wish a thing for one*.

œsku-aldr, m. *youthful days or age, youth*; **-blómi**, m. *flower of youth*; **-bragð**, n. *youthful trick*; **-fullr**, a. *youthful*; **-gleði**, f. *glee of youth*; **-maðr**, m. *a youth*; **-mót**, n. *youthfulness*; **-skeið**, n. *the prime of life*; vera af -skeiði, *to be no longer a young man*; **-synd**, f. *sin of one's youth* (-syndir mínar ok óvizkur).

œstr, pp. *excited, eager, ardent*; œ. á ímu, *eager for fight*; neut. **œst** as adv. = œsiliga.

œxl, n. *excrescence* (on the body).

œxla (œxlta or œxta, œxltr or œxtr), v. *to cause to increase* (dvergrinn lézt mega œ. sér fé af bauginum); œxti hón öldrykkjur, *she made a great ale-drinking*.

œxla (að), v. = œxla (œxlta).

œxling, f. *increase*.

Ö—Ø

öðlast or **øðlast** (að), v. refl. *to win, gain as property, get for oneself* (ef þú vill ö. ástir mínar).

øðli, n. *origin, extraction*, = eðli.

öðlingr, m. *a noble captain, prince*.

öðru-vís, **-vísa**, **-vísi**, **-vísu**, adv. *otherwise, in another manner*.

öfga (að), v. (1) *to reverse* (allir stafir eru öfgaðir þess nafns [Eva] ok gört af Ave); (2) *to distort, misrepresent* (ö. orð e-s).

öflgast (að), v. refl. *to get strong, wax* (þá öflgaðist ágirni til fjár); ö. í móti e-m, *to rise strong against*.

öflugr, a. *strong, powerful* (mikill vexti ok ö); leggja öflga hönd á e-n, *to lay violent hands on one*.

öflun, f. *gain*, = aflan.

öflunar-maðr, m. *a good steward*.

øfri, **øfstr**, see 'efri', 'efstr'.

öfugr, a. (1) *turned the wrong way with the tail or back foremost*; ganga, hlaupa ö., *to walk, leap backward*; drepa, höggva öfgri hendi, *with the back of the hand*; (2) *unkind, harsh* (mæla öfugt orð til e-s).

öfund, f. *grudge, envy, ill-will, hatred* (sakir öfundar við Nóregs konung); e-m leikr (vex) ö. á e-u, *one envies, feels envy at*; verk þat var með hinni mestu ö., *that act was the object of the greatest indignation*.

öfunda (að), v. *to envy, bear a grudge against* (ö. e-n); ö. vinsæld e-s, *to envy his popularity*; ö. e-n við e-n, *to disparage one*.

öfundar-andi, m. *malice*; **-blóð**, n. *blood shed in enmity*; **-bragð**, n. *malicious trick*; **-fé**, n. *money which is a cause of envy*; **-flokkr**, m. *a troop of ill-wishers* (-menn); **-fullr**, a. *full of envy*; **-grein**, f. *hostile quarrel*; **-kent**, a. n., e-m er -kent til e-s, *one bears malice to a person*; **-krókr**, m.

malicious trick; **-lauss**, a. *unenvied*; **-maðr**, m. *ill-wisher, enemy*; **-mál**, n. *slander, calumny*; **-orð**, n. pl. *words of envy, slander*; **-samr**, a. *envious*; **-verk**, n. *work of envy*; **-þáttr**, m. = -verk.

öfund-fullr, a. *envious*; **-kent**, a. n. = öfundar-kent (e-m er -kent við e-n); **-lauss**, a. *unenvied*; **-samliga**, adv. *enviously*; **-samr**, a. (1) *envious*; (2) *causing envy, envied*; **-sjúkr**, a. *envious, jealous*; **-sýki**, f. *envy*.

öfúsa, f. *thanks, gratitude*, = aufúsa.

öfúsu-gestr, m. *a welcome guest*.

ögn (gen. **agnar**, pl. **agnar, agnir**), f. *chaff, husks* (blanda agnar ok sáðir við brauð).

ögr, n. *inlet, small bay*.

økkvinn, a. *thick, clodded* (ø. hleifr).

ökla (pl. **öklu**), n. *ankle*.

ökla-eldr, m. *a fire reaching to the ankles*; **-liðr**, m. *ankle-joint*.

ökul-brœkr, f. pl. *breeches reaching down to the ankles*; **-skúaðr**, pp. *wearing shoes up to the ankles*.

öku-vegr, m. *carriage road, cart road* (-vegrinn var ekki breiðr).

ökvisi, m., see 'aukvisi'.

öl (dat. **ölvi**, gen. pl. **ölva**), n. *ale*.

öl-bekkr, m. *ale-bench, drinking-bench*; sitja á -bekki, *to sit drinking*.

öl-bogi, m., see 'ölnbogi'.

öl-búð, f. *ale-booth*.

öld (gen. **aldar**, pl. **aldir**), f. (1) *time, age* (var ö. hans góð landsfólkinu); of allar aldir, *through all ages*; at alda øðli, *to everlasting possession, for ever*; (2) *cycle, period*; gamla ö., *the old cycle*; (3) poet., *men, people*; alda börn, *children of men*.

öldr, n. (1) *ale* (drekka öldr); (2) *drinking-party* (at öldri ok at áti).

öldr-mál, n. pl. *talk over ale*.

öl-drukkinn, pp. *drunk with ale*; **-drykkja**, f. *ale-drinking*; **-drykkjar**, m. pl. *drinking-mates*.

öldungr (-s, -ar), m. (1) *elder, alderman*; *senator*; (2) *hero, champion* (mikinn öldung höfum vér hér at velli lagt); (3) *old bull*.

öldungs-húð, f. *hide of an old bull* (hann lætr breiða eina -húð).

öldur-maðr, m. *alderman, man of rank*; **-mannligr**, a. *aldermanlike, portly, venerable*.

öl-eysill, m. *ale-ladle*; **-föng**, n. pl. *ale-stores*; **-gögn**, n. pl. *drinking-vessels*; **-gørð**, f. *ale-making, brewing*.

ölgørðar-maðr, m. *brewer*.

öl-hita, f. *ale-brewing*; **-horn**, n. *ale-horn, drinking-horn*; **-kátr**, a. *merry with ale*; **-kelda**, f. *mineral well*; **-ker**, n. *ale-cask*; **-kjóll**, m. *ale-cauldron*; **-krásir**, f. *ale-dainties*.

öllungis, adv. *altogether, quite*.

öl-mál, n. pl. *talk over ale, table-talk*; **-móðr**, a. *dull with drink*.

ölmusa, f. (1) *alms, charity* (gera e-m ölmusu); (2) *imbecile person* (eru þér þó ölmusur hjá mér).

ölmusu-barn, n. *pauper child*; **-gjarn**, a. *charitable*; **-gjöf**, f. *alms-giving*; **-góðr**, a. = -gjarn; **-gœði**, f. *charitableness*; **-kona**, f. *poor woman*; **-maðr**, m. *almsman*; **-moli**, m. *crumb of charity* (þurfandi -mola).

öl-mæli, n. = ölmál, öldrmál.

öln (gen. **alnar**, pl. **alnar, alnir**), f. (1) *fore-arm*; (2) *cubit, ell*.

ölnboga-bót, f. *the hollow of the arm*; cf. 'knésbót'.

öln-bogi, m. *elbow*.

öl-óðr, a. *drunk* (hann **varð -óðr**).

ölr, a. *drunk* (ö. ek varð).

ölr, m. *alder-tree*, = elrir.

öl-reifr, a. = -kátr; **-rúnar**, f. pl. a kind of *runes*; **-selja**, f. *a female cup-bearer*; **-siðr**, m. *a custom at a drinking-party*; **-skál**, f. *ale-cup*; **-stofa**, f. *ale-room, drinking-hall*.

ölstr, n. *alder-bush* (?).

öl-teiti, f. *cheer, merriment, over drink*; **-teitr**, a. = -kátr; **-tól**, n. *drinking-vessel*.

öl-úð, f. *sincerity, affection*; taka við e-m með -úð, *to give one a hearty reception*; veita með -úð, *to give hospitable treatment*.

ölúðar-vin, m. *sincere friend*.

ölvaðr, pp. *worse for drink, tipsy*.

öl-værð, f. = ölúð (taka við e-m með -værð); **-værliga**, adv. *heartily*; **-værr**, a. *affectionate, kind*.

ömbun, f. *payment for service, reward, return* (ef þeir mætti hafa ö. erfiðis síns).

ömbuna (**að**), v. *to reward, make a return for* (ö. e-m e-t).

ömbunari, m. *rewarder.*

ömstr, m. *stack, rick,* = amstr.

ömurligr, a. *detestable, disgusting.*

önd, f. *porch,* = anddyri.

önd (gen. **andar**, pl. **endr** and **andir**), f. *duck* (fundu þeir þar andir margar; endr ok elptr).

önd (gen. **andar**, dat. **önd** and **öndu**; pl. **andir**), f. (1) *breath*; draga öndina, *to draw breath*; verpa, varpa öndu, *to draw a sigh*; (2) *breath, life*; týna öndu, *to lose breath, die*; fara öndu e-s, *to put to death*; (3) *soul*; fela guði ö. sína á hendi, *to give over one's soul into God's hands.*

önd-, = **and-**, before v and u.

öndóttr, a. *fiery, awful,* of the eyes.

öndugi, n. *the high-seat,* = öndvegi.

öndurðr, a. = öndverðr.

öndurr, m. = andri.

önd-vegi, n. *high-seat* (sitja í -vegi).

öndvegis-höldr, -maðr, m. *the man sitting in the high-seat* (öndvegi) *opposite to the lord of the house, the king's first man*; **-súla**, f. *high-seat post or pillar.*

önd-verða, f. *beginning* (fyrir -verðu heims þessa); **-verðliga**, adv. *early, at the outset*; **-verðr** and **-urðr**, a. (1) *standing face to face* (-urðir skulu ernir klóast); (2) *lying in front*; í -urðri fylkingu, *in the front of the battalion*; (3) of time, *coming first, earlier, former* (part of a period); á -verðum vetri, *in the beginning of the winter*; bæði -verðar nætr ok ofanverðar, *both in the beginning and end of the night*; af -verðu, *from the beginning*; fyrir -verðu, *at the outset.*

øngd, f. *strait, affliction.*

öng-, øng-leiki, m. *straitness, narrowness*; **-liga**, adv. *in straits* (-liga staddr).

øngr (acc. **-van**), pron. *none,* = engi.

öngr and **øngr**, a. *narrow, strait.*

öngull (pl. **önglar**), m. *fish-hook.*

øngva (**-ða, -ðr**), v. *to straiten, oppress* (ø. e-m).

öngva (**að**), v. *to press* (ö. saman).

öngvar, f. pl. *straits*; aka ór öngum, *to get out of a strait.*

øngving, f. *distress, affliction.*

öng-vit, n. *fainting-fit, swoon,* = úvit (falla í -vit); **-værr**, a. *in anguish, distressed*; **-þveiti**, n. *straits*; koma í -þveiti, *to get into a strait.*

önn (gen. **annar**, pl. **annir**), f. (1) *work, business, trouble*; hann var í mikilli ö., *very busy*; fá e-m ö., *to give one trouble*; (2) pl. annir, *working season,* esp. *the hay-making season* (en þetta var of annir).

önn, f. for 'önd' = anddyri (?).

önn-kostr, m., in the phrase, fyrir -kost, *intentionally, purposely*; sigla skipi á sker fyrir -kost, *to run a ship ashore purposely.*

önnugr, a. *busy* (ö. í e-u).

önnungr, m. *labourer, toiler.*

önnungs-verk, n. *hard work.*

ör (gen. **-var**, pl. **-var**), f. *arrow*; skjóta öru, *to shoot an arrow*; frequently used as a token sent round to summon a meeting (skera ör, skera ör upp); cf. 'herör'.

ør-, a prefixed particle, prop. = ór; also spelt eyr-, er- (eyrendi, erendi).

ør-bjarga, a. indecl. *helpless.*

örð (gen. **arðar**), f. *crop, produce.*

örðga or **örga** (**að**), v. *to raise, lift* (ö. augum); örðgast upp sem leo, *to rise to one's feet like a lion.*

örðigr, a. (1) *erect, upright, rising on end*; ríss hestrinn ö. undir honum, *the horse rears under him*; (2) fig. *difficult, arduous* (en hitt mun mér örðigra þykkja at lúta til Selþóris); (3) *harsh, hard* (sumt þykkir heldr örðigt í orðum konungs).

ör-drag, n. *arrow-shot,* used to express distance (Sveinki mun eigi flýja eitt -drag).

ør-eigð, f. *utter poverty, destitution*; **-eigi**, m. *indigent* (*destitute*) *person*; a. indecl. *destitute, poor*; **-eign**, f. = -eigð (öreignarinnar eldr).

ør-endi (from 'ør' and 'önd'), n. (1) *breath*; e-n þrýtr -endit, *one's breath fails, one loses breath*; Þórr þreytir á drykkjuna, sem honum vannst til -endi, *Thor drank hard while his breath lasted*; (2) *strophe, stanza* (of a poem); cf. 'erendi, eyrendi, eyrindi'; **-endr**, a. *having breathed one's last,* *dead* (hón hné í fang bónda sínum ok var þá -end); cf. 'eyrendr'.

ör-falr, m. *socket of an arrow-head.*

ør-ferð, f. *fate, doom*; **-firi**, n., **-fjara**, f. *an out-going, ebbing.*

örga (**að**), v. = örðga (ö. augunum).

ør-gáti, m. *cheer, fare.*

örglast (**að**), v. refl. *to rise up* (hann örglaðist þegar á fœtr).

ør-grynni, n. *countless multitude*, = úgrynni; **-hilpr**, a. *helpless*; **-hjarta**, a. indecl. *out of heart, having lost heart*; **-hóf**, **-hœfi**, n. = -óf, -œfi.

örk (gen. **arkar** and **erkr**, pl. **arkir**), f. (1) *ark, chest* (gengr Vigdís inn ok til erkr þeirar, er Þ. átti); (2) *coffin.*

ørkn, n. a kind of *seal.*

ør-kola, a. indecl. *burnt out*; fig., verðr -kola fyrir mörgum, *many are at the end of their resources*; **-kosta**, f. *good fare, provisions*; **-kostr**, m. (1) *resource, means*; (2) *abundance* (-kostr hvera); **-kuml**, **-kumbl**, n. *lasting scar, bodily blemish, maiming, mutilation* (lifa við -kuml); **-kumla** (**að**), v. *to maim, mutilate*; **-kumlaðr** maðr, *a maimed invalid.*

ørkumla-lauss, a. *unmaimed, unblemished*; sá maðr féll ok varð aldri -lauss meðan hann lifði, *he was ever after a cripple so long as he lived*; **-maðr**, m. = ørkumlaðr maðr.

ør-kunnast (**að**), v. refl. *to degenerate*; **-kymsl**, n. *maim* = -kuml; **-kynja**, a. indecl. *degenerate*; **-kynjast** (**að**), v. *to degenerate* (-kynjazt hefir þú ok afspringi föður þíns með þér).

ørlags-þráðr, m. *thread of life.*

ör-látr, a. *open-handed*; **-leikr**, m. *liberality, munificence.*

ør-lendast, **-lendis**, **-lendr**, a., see 'erlendast', &c.

ör-liga, adv. *largely, abundantly*; **-ligr**, a. *abundant* (-ligr ávöxtr); **-lyndi**, f. *bountiful mind*; **-lyndr**, a. (1) *bountiful, liberal, free-handed*; (2) *impetuous, headstrong*; **-læti**, n. *liberality, charitableness.*

ør-lygi, n. *fight, war*; **-lög**, n. pl. *fate, doom, fortunes* (segja fyrir, sjá fyrir, -lög manna); þat er líkast, at liðin sé mín -lög, *that my life-time is at an end*; ef nornir ráða -lögum manna, *if the Norns rule over the fortunes of men.*

ørlög-lauss, a. *futureless, with fortune still undecided*; **-símu**, n. pl., **-þættir**, m. pl. *threads, strands of fate* (snøru af afli -þáttu).

ör-malr, m. *arrow-case, quiver.*

ör-málugr, a. *hasty of speech.*

ør-mul, n. pl. *remnants, traces* (engi -mul fundust af Háreki).

ör-mælir, m. *quiver*, = örva-mælir.

örn (gen. **arnar**, pl. **ernir**, acc. **örnu**), m. *eagle* (gunni at heyja ok glaða örnu).

ørna, gen. pl.; see 'erendi'.

ør-nafn, **-nefni**, n. *local name* (hann skyldi af hans nafni ørnefni gefa).

ör-orðr, a. *hasty of speech, frank, outspoken*, = örmálugr.

ør-óf, n. *immensity* (-óf manna ok vápna); **-ófi** vetra áðr væri jörð of sköpuð, *winters unnumbered ere earth was fashioned.*

ørr, n. *scar* (hann hafði ø. í andliti).

örr (acc. **örvan**), a. (1) *swift, ready*; neut., ört, *fast*; ísinn rak svá ört, at, *the ice drifted so fast, that*; (2) *liberal, open-handed* (allra manna örvastr); neut., ört, *fully, quite*; eigi ört hálfr fjórði tugr manna, *not quite thirty-five men*; (3) *active, energetic.*

ørróttr, a. *scarred, covered with scars* (hendr ørróttar).

ør-sauði, a. *sheepless*, = sauðlauss; **-sekr**, a. *'clear of guilt', free*; **-skamma**, a. indecl. *shameless, unblushing*; **-skemd**, f. *a great shame, disgrace*; **-skemmiliga**, adv. *shamelessly, unblushingly.*

ørskipta-maðr, m. *an eccentric, overbearing person.*

ør-skipti, n. pl. *eccentricity, strange affairs*; segja frá nökkurs konar -skiptum, *to relate strange things.*

ör-skot, n. *arrow-shot*, = -drag.

örskots-helgr, f. *asylum or sanctuary within arrow-shot*; **-lengd**, f. *range of an arrow.*

ör-skreiðr, a. *swift-gliding*, of a ship (skipin vóru örskreið).

ør-taka, a. indecl. *losing one's grasp*; verða -taka, *to lose hold.*

ørtog, f. *an old Norse weight*, = *a third part of an ounce* (eyrir).

ør-ugga (**að**), v. *to comfort*; -ugga sik, *to cheer one's heart, take heart.*

ørugg-leikr, m. (1) *security, confidence*; (2) *fearlessness*; **-liga**, adv. *unfailingly, without fear, boldly.*

ør-uggr, a. (1) *out of danger, safe, secure*; (2) *fearless, undaunted* (-uggr í framgöngu); (3) *resolved* (þeir vóru -uggir í því at firrast Nóreg sem mest); (4) *trusty, to be relied on* (gefið eignir þeim, sem yðr eru -uggir); of things, *safe* (-uggr íss, -uggt fylgsni).

örva (**að**), v. *to incite.*

örva-drif, n., **-drífa**, f. *shower of arrows*; **-flug**, n. *flight of arrows*; **-malr**, **-melr**, **-mælir**, m. *quiver.*

örvar-boð, n. *a message or summons by an arrow*; **-drag**, n. = ördrag; **-oddr**, m. *arrow-point, arrow-head*; **-skapt**, n. *shaft of an arrow*; **-skot**, n. = örskot; **-skurðr**, m. *despatching an arrow-message*; **-þing**, n. *an assembly summoned by means of an arrow-message.*

ør-vasi, a. *decrepit, worn out* (gamall ok allnær -vasi at aldri); á -vasa aldri, *in one's old age.*

ørvendr, a. *left-handed* (ø. maðr).

ør-verpi, n. *decrepitude* (?).

ør-vilnan, f. *despair, despondency*; **-vilnast** (**að**), v. refl. *to despair* (-vilnast e-s); **-viti**, a. *out of one's senses, frantic, mad*; banvænn ok nær -viti, *sinking fast and well-nigh senseless*; **-vínan**, f. *vinegar*; **-væna**, f. *anything beyond hope*; mér er Sveins á engri stundu -væna, *I may expect S. at any time*; **-væni**, n. '*non-expectation*'; vissi engi hans náttstað, ok engi hans -væni, *nobody knew when he might not be expected, no one felt safe from him*; **-vænliga**, adv. *feignedly*; láta -vænliga, *to feign, make believe*; **-vænn**, a. *beyond expectation, past hope*; fyrir hann var einskis -vænt, *anything might be expected from him*; eigi er -vænt, at, *it is not unlikely, it is to be looked for, that* (eigi er -vænt, at skjótt steypist hans ríki); **-vænta** (**-nta**, **-nt**), v. *to despair*, with gen.; einskis ills -vænti ek fyrir yðr, *there is no wicked thing that may not be expected from you*; -vænta sér e-s, *to despair of*; refl., -væntast e-s = -vænta sér e-s; **-væntan**, f. *despair, hopelessness*; **-vætta**, v. = -vænta (Danir ørvæntu sér sigrs).

ørþrif-ráða, a. indecl. *destitute of expedients, at a loss what to do* (Vagn verðr eigi -ráða).

ørþrifs-ráði, a. = ørþrifráða.

ør-œfi, n. *an open, harbourless coast-land* (fyrir hafnleysis sakir ok -œfis).

öskra (**að**), v. *to roar, bellow.*

öskran, f. *roaring, bellowing.*

öskran-ligr, a. *horrible*, = öskurligr (óp mikit ok -ligt).

ösku-, gen. from 'aska'; **-bakaðr**, pp. *baked in ashes*; **-dagr**, m. *Ash Wednesday*; **-dreifðr**, pp. *besprinkled with ashes*; **-dyngja**, f. *heap of ashes*; **-fall**, n. *fall of ashes* (from a volcano); **-fölr**, a. *ash-pale, pale as ashes*; **-haugr**, m. = -dyngja; **-óðins-dagr**, m. = -dagr.

öskur-liga, adv. *horribly, hideously* (œpa -liga); **-ligr**, a. *hideous, terrible* (belja -ligri röddu).

ösla (**að**), v. *to wade or splash* (hón öslar apir til meginlands).

ösnu-ligr, a. *like a she-ass*; -ligr kvern-steinn, *the upper mill-stone* (mola asinaria).

ösp (gen. **aspar**, pl. **aspir**), f. *aspen-tree* (einstœð sem ö. í holti).

ötu-fœrr, a. *able to fight*, of a horse.

øx (gen. **øxar**, **exar**, dat. and acc. **øxi**, **exi**, pl. **øxar**, **exar**), f. *axe* (hann hafði í hendi øxi mikla).

øxa (**að**), v. *to cut or shape with an axe* (ø. kirkjuvið).

øxar-egg, f. *edge of an axe*; **-hamarr**, m. *back of an axe.*

øxarhamars-högg, n. *a blow with the back of an axe.*

øxar-hyrna, f. *the hooked point of an axe-blade*; **-skapt**, n. *handle of an axe*; **-tálga**, f. *cutting with an axe* (hvárki hamarshögg né -tálga).

øxa-tré, n. *a beam on the house-wall for hanging up axes.*

öxl (gen. **axlar**, pl. **axlir**), f. (1) *shoulder-joint, shoulder* (hendr blóðgar upp til axla); hann hafði øxi um öxl, *he carried an axe over his shoulder*; sat Þorkell upp við ö., *Th. sat half up, leaning on his arm*; líta um ö., *to look over one's shoulder*; (2) fig. *the shoulder of a mountain* (en er þeir kómu inn fyrir öxlina); (3) *axle* = öxull.

øxn, m. pl., see 'oxi'.

öxull, m. *axle* (himinn sýnist um þær veltast sem hvel um öxul).

öxul-tré, n. *axle-tree*.

ADDITIONS

afr, a. *strong* (a. í tvau áss brotnaði).
al-vítr, f. *fairy maid, Valkyrie.*
atrið. n. *movement*; hann hafði allt eitt atriðit, *he did both things at once.*
beiti, n. *heather* (beiti tekr við bit-sóttum).
bekk-sœmr, a. *adorning the bench.*
bjöð, f. *flat land*; áðr Börs synir bjöðum of yptu, *ere the sons of B. raised the ground.*
bót-leysi, n. '*bootlessness*'; lemja e-n til -leysis, *past reparation.*
braukun or **brökun**, f. ? *violent behaviour* (b. berserkja).
bölva-fullr, a. *hapless, cursed.*
eld-skíða, f. = eldskíð, eldiskíð.
(**feigr**, a.); add, *dead* (fyllist fjörvi feigra manna).
fé-skylmt, a. n. = féskylft.
fjöl-nýtr, a. *useful in many ways.*
fjör-lok, n. pl. *end of life, death.*
flaugun, f. *flying, flight.*
fólk-djarfr, a. *brave in battle*; **-líð-endr**, m. pl. *wayfarers*; **-ræði**, n. *rule over people*; **-vítr**, f. '*battle wight*', *Valkyrie.*
frið-drjúgr, a. *peaceful.*
fælt, adv. *fearfully, in fearful mood* (fóra f. þeygi).
geir-mímir, m. poet. *warrior.*
geir-njörðr, m. poet. *warrior.*
genginn, pp. *gone, dead.*
geymiliga, adv. = gætiliga.
gífr, a. poet. *bloodthirsty, savage.*
glugga-þykkn, f. *dense clouds with openings in them.*
Grettis-haf, **-tak**, n. *Grettir's lift.*
(**grunr**, m.); add, um grun, *by guile* (sem þetta væri eigi um grun gört).
gylfi, m. *prince, king* (poet.).
gøróttr, a. *poisonous* (g. er drykkr-inn, ái!).

hags-munir, m. pl. *profit, advantage.*
hald-kvæmast (d), v. refl. *to avail, be of use to* (-kvæmast e-m).
há, f. *hide* (hangir með hám).
hála, f. *giantess*; hálu skær, *wolf* (poet.).
hálf-neytr, a. '*half-good*'; þótti Birni eigi verr en -neytt, þó at, *B. was but half-loath, though.*
(**heil-ráðr**, a.); add, *taking whole-some counsel.*
heljast, v. refl. *to work hard* (hann heljast á skálasmíð).
hjálm-vítr, f. '*helm-wight*', *Val-kyrie.*
hlaut-viðr, m. *rod immersed in sacrificial blood, divination rod.*
hléðr, a. *famous, renowned* (?).
hnit-bróðir, m. '*near brother*'.
hrøðast, v. refl. *to grow old and decrepit.*
hröðuðr, m. '*the swift one*', poet. name of *fire.*
hrørast, v. refl. = hrøðast.
hugat, adv. *frankly, sincerely* (mæla hugat).
(**hverr**, m.); add, holtriða h., '*rock-cauldron*', *cave.*
hvörfun, f. *vacillation*; á h., *waver-ing* (var á h. hugr minn of þat).
hvötun, f. *instigation, egging*; ganga at h. e-s, *to follow one's egging.*
hý-róg, n. *servants' slander* (*quar-relling*).
(**hættr**, a.); add, (5) *doubtful, un-certain.*
(**höfn**, f.); add, (5) *crew*, = skips-höfn.
igða, f. *a kind of small bird.*
inn-fjálgr, a. *hot, burning* (tár innfjálgt).
ísarn-borg, f. *iron plating of a ship*

(poet.); **-kol, -kul**, n. *iron chill or coldness.*
í-vera, f. '*dwelling-in*' (kjósa sér stað til íveru).
í-vist, f. = ívera; hús til ívistar, *a house to dwell in.*
jarp-skamr, m. '*the brown pygmy*' (viz. Erpr).
kafinn, pp. from 'kefja', fig. *absorbed.*
(**lauga**, v.); add, *to coat, overlay* (skjöldr laugaðr í rauðu gulli).
lá, f. (?) *blood*, (?) *warmth.*
(**leggja**, v.); add, l. niðr fé, *to slaughter sheep* (haf frjálst þat, sem þú hefir niður lagt af fé váru).
lind, f. *source, spring*; lindar logi, *gold* (poet.).
(**lind**, f. (1)); add, lindar váði, *fire* (poet.).
líðendr, m. pl. *wayfarers* (ok býðrat líðöndum löð).
(**lyf**, n.); add, ekki l., *nought, not the least.*
manns-lið, n. *a man's aid.*
marka-menn, m. pl. '*forest-men*', *outlaws, robbers.*
(**mál**, n.); add, (12) *three months* (m. ok misseri).
mjó-fingraðr, a. *slender-fingered.*
mun-ráð, n. *dearest wish* (hefk míns föður -ráð brotit).
mæ-fingr, a. = mjófingraðr.
(**mæla**, v.); add, m. sér konu, *to court (woo) a lady* (ef þú vilt þér m. man).
(**nenna**, v.); add, n. e-m, *to attend on one, to grant one's love to one.*
neppr, a. (1) *overcome, fainting*; (2) *deadly* (?).
(**niðjar**, m. pl.); add, *ancestors.*
njósnar-för, f. *spying journey.*
(**opt**)**-sinnis, -sinnum**, adv. *oftentimes.*
(**orð**)**-svif**, n. *rumour.*
(**orka**, v. 3); *add*, o. á, *to begin*; orkum ekki á fyrri, *let us not be the first to attack.*
organs-meistari, m. *organ-builder.*
(**orma**) **-látr**, n. = orma-bæli.
(**orm**) **-ligr**, a. fig. *sly, cunning.*
ógn, f. poet. *river*; ógnar ljómi, *gold.*
ón, f. = ván (ón es þess engi).
píningar-staðr, m. = píslarstaðr.
(**píslar**)**-tíð**, f. *time of passion.*
(**prédikara**)**-bróðir**, m. *Dominican friar.*
(**prett**)**-vísliga**, adv. *deceitfully.*
(**purpura**)**-pell**, n. *costly stuff.*
(**rang**)**-leikr**, m. = ranglæti.
(**rang**)**-semi**, f. *unrighteousness.*
rati, m. the name of Odin's *gimlet.*
(**rauða**, f.); add, (2) *red colour*; (3) *blood.*
(**raust**, f.); add, renna raustum, *to sing.*
(**ráða**, v.); add, vel hefir ór ráðizt, *things have turned out well.*
(**ráða-hagr**, m. (1)); add, *way of life* (nú vil ek breyta ráðahag okkrum); **-leitan**, f. *asking in marriage.*
(**reifa**, v. (4)), add, þat mun eigi góðu r., *that will bear no good.*
reini, m. *stone horse, stallion.*
rendr, a. *brimmed* (skjöldr járni r.).
rengi, n. the *eatable fibrous substance* from the plaited undersurface of the rorqual.
rétti, n. *stretching*; rifja r., *rib-stretching.*
(**réttr**, m.); add, (6) *storm, heavy sea* (fengu þeir rétt mikinn; skipit var lekt ok þoldi illa réttinn).
rinna, v. = renna (rann).
(**rýma**, v.); add, rýmdi Grettir þá fram á gólfit, *then G. stepped forth on the floor.*
sann-ráðinn, pp. *verily betrayed.*
skegg-öld, f. *age of axes* (skeggöld, skálmöld); cf. 'skeggja'.
(**skemma**, f.); add, *storehouse.*
skíð, n. *lintel*; hurð vár á skíði, *the door was shut.*
skoll-víss, a. '*skilled in tricks*', *deceitful* (-vís kona).
skuld, f. = skyld; fyrir þann (=þá) s., at, *because that.*
slyðra, f. *fibre.*
snæfugr, a. = snefugr.
sonar-blót, n., etc., see 'sónar-blót' (*sonar-* is probably the correct form = OE. *sunor*, herd of swine).
sveip-víss, a. *treacherous, false.*
sýja (only pret. pl. **séðu**, pp. **séðr**, **sœðr**), v. *to fasten together* (the outer planking in a ship or boat).
sæing, f. *sacrifice, sacrificial beast.*

tilt, a. n. *peaceful*; bera t. með tveim, *to set goodwill between two.*

urðr, m. *bane, curse* (u. öðlinga).

útidyra-umbúningr, m. *fittings of the outer-door.*

vá-sjaldan, adv. *very seldom.*

(**vekja**, v.); add, verjum hendr várar, ef þeir vekja fyrri við oss, *if they be the first to quarrel with us.*

vili-sess, m. *pleasant seat* (?).

(**víss**, a.); add, *acquainted with* (dvergar veggbergs vísir).

vítka, v. *to blame* (v. e-n e-s).

yggjungr, m. '*the wise one*'; y. ása, *Odin.*

yggr, a. *anxious* (yggt vas þeim síðan).

þakiðr, pp. from 'þekja'; kunna mjöt þakinna næfra, *to know how many bark-flakes to use in thatching.*

øðli, in the phr. at aldar øðli, *in everlasting possession.*

örku-fótr, m. *the foot of a chest.*

SUBSTANTIVES.

A. STRONG NOUNS.

Masculine.

		1st Declension, gen. sing. **-s**, nom. pl. *-ar*, acc. pl. **-*a*.**			2nd Declension, gen. sing. *-ar*, nom. pl. *-ir*, acc. pl. *-i*.		3rd Declension, acc. pl. *-u*.	4th Declension, nom. and acc. pl. **-*r*.**	
Sing.	Nom.	heim-r	himin-n	lækn-ir	fund-r	bekk-r	kött-r	vetr	
	Gen.	heim-s	himin-s	lækn-is	fund-ar	bekk-jar	katt-ar	vetr-ar	
	Dat.	heim-i	himn-i	lækn-i	fund-i	bekk	kett-i	vetr-i	
	Acc.	heim	himin	lækn-i	fund	bekk	kött	vetr	
Plur.	Nom.	heim-ar	himn-ar	lækn-ar	fund-ir	bekk-ir	kett-ir	vetr	eigend-r
	Gen.	heim-a	himn-a	lækn-a	fund-a	bekk-ja	katt-a	vetr-a	eigand-a
	Dat.	heim-um	himn-um	lækn-um	fund-um	bekk-jum	kött-um	vetr-um	eigönd-um
	Acc.	heim-a	himn-a	lækn-a	fund-i	bekk-i	kött-u	vetr	eigend-r

Feminine.

		1st Declension, gen. sing. and nom. pl. *-ar*.			2nd Declension, gen. sing. *-ar*, nom. pl. *-ir*.			3rd Declension, nom. pl. *-r*	
Sing.	Nom.	nál	fit	heið-r	tíð	höfn	sól	eik	bók
	Gen.	nál-ar	fit-jar	heið-ar	tíð-ar	hafn-ar	sól-ar	eik-ar	bók-ar
	Dat.	nál	fit	heið-i	tíð	höfn	sól-u	eik	bók
	Acc.	nál	fit	heið-i	tíð	höfn	sól	eik	bók
Plur.	Nom.	nál-ar	fit-jar	heið-ar	tíð-ir	hafn-ir	sol-ir	eik-r	bœk-r
	Gen.	nál-a	fit-ja	heið-a	tíð-a	hafn-a	sól-a	eik-a	bók-a
	Dat.	nál-um	fit-jum	heið-um	tíð-um	höfn-um	sól-um	eik-um	bók-um
	Acc.	nál-ar	fit-jar	heið-ar	tíð-ir	hafn-ir	sól-ir	eik-r	bœk-r

Neuter.

		1st Declension.				2nd Declension.	
Sing.	Nom.	skip	barn	nes	högg	klæði	ríki
	Gen.	skip-s	barn-s	nes-s	högg-s	klæði-s	ríki-s
	Dat.	skip-i	barn-i	nes-i	högg-vi	klæði	ríki
	Acc.	skip	barn	nes	högg	klæði	ríki
Plur.	Nom.	skip	börn	nes	högg	klæði	ríki
	Gen.	skip-a	barn-a	nes-ja	högg-va	klæð-a	rík-ja
	Dat.	skip-um	börn-um	nes-jum	högg-um	klæð-um	rík-jum
	Acc.	skip	börn	nes	högg	klæði	ríki

B. WEAK NOUNS.

		Masculine.		*Feminine.*			*Neuter.*	
Sing.	Nom.	tím-i	steð-i	tung-a	ald-a	ell-i	aug-a	hjart-a
	Gen. Dat. Acc.	tím-a	steð-ja	tung-u	öld-u	ell-i (unchanged)	aug-a (unchanged)	hjarta
Plur.	Nom.	tím-ar	steð-jar	tung-ur	öld-ur	no plur.	aug-u	hjört-u
	Gen.	tím-a	steð-ja	tung-na			aug-na	hjart-na
	Dat.	tím-um	steð-jum	tung-um	öld-um		aug-um	hjört-um
	Acc.	tím-a	steð-ja	tung-ur	öld-ur		aug-u	hjört-u

ADJECTIVES.

A. STRONG DECLENSION, used of Adjectives, both positive and superlative, when indefinite.

		Masc.	*Fem.*	*Neut.*	*Masc.*	*Fem.*	*Neut.*	*Masc.*	*Fem.*	*Neut.*
SING.	NOM.	ung-r	ung	ung-t	fagr	fögr	fagr-t	há-r	há	há-tt
	GEN.	ung-s	ung-rar	ung-s	fagr-s	fagr-ar	fagr-s	há-s	há-rrar	há-s
	DAT.	ung-um	ung-ri	ung-u	fögr-um	fagr-i	fögr-u	há-um	há-rri	há-u
	ACC.	ung-an	ung-a	ung-t	fagr-an	fagr-a	fagr-t	há-van	há-va	há-tt
PLUR.	NOM.	ung-ir	ung-ar	ung	fagr-ir	fagr-ar	fögr	há-vir	há-var	há
	GEN.	ung-ra	in all genders		fagr-a	in all genders		há-rra	in all genders	
	DAT.	ung-um	in all genders		fögr-um	in all genders		há-um	in all genders	
	ACC.	ung-a	ung-ar	ung	fagr-a	fagr-ar	fögr	há-va	há-var	há

THE ARTICLE. — PARTICIPIAL ADJECTIVES in *-inn.*

		Masc.	*Fem.*	*Neut.*	*Masc.*	*Fem.*	*Neut.*	*Masc.*	*Fem.*	*Neut.*
SING.	NOM.	ný-r	ný	ný-tt	hin-n	hin	hi-t	komin-n	komin	komi-t
	GEN.	ný-s	ný-rrar	ný-s	hin-s	hin-nar	hin-s	komin-s	komin-nar	komin-s
	DAT.	ný-jum	ný-rri	ný-ju	hin-um	hin-ni	hin-u	komn-um	komin-ni	komn-u
	ACC.	ný-jan	ný-ja	ný-tt	hin-n	hin-a	hi-t	komin-n	komn-a	komi-t
PLUR.	NOM.	ný-ir	ný-jar	ný	hin-ir	hin-ar	hin	komn-ir	komn-ar	komin
	GEN.	ný-rra	in all genders		hin-na	in all genders		komin-na	in all genders	
	DAT.	ný-jum	in all genders		hin-um	in all genders		komn-um	in all genders	
	ACC.	ný-ja	ný-jar	ný	hin-a	hin-ar	hin	komn-a	komn-ar	komin

B. WEAK DECLENSION, used of Adjectives, both posit. and superl., when def.; and general in compar. and part. act. sing.

		Positive (definite).			Comparative (def. and indef.).			Superlative (definite).		
		Masc.	*Fem.*	*Neut.*	*Masc.*	*Fem.*	*Neut.*	*Masc.*	*Fem.*	*Neut.*
Sing.	Nom.	ung-i	ung-a	ung-a	yng-ri	yng-ri	yng-ra	yng-sti	yng-sta	yng-sta
	Gen. Dat. Acc.	ung-a	ung-u	ung-a	yng-ra	yng-ri	yng-ra	yng-sta	yng-stu	yng-sta
Plur.	Nom. Gen. Acc.	ung-u	in all genders		yng-ri	in all genders		yng-stu	in all genders	
	Dat.	ung-um	in all genders		yng-rum	in all genders		yng-stum	in all genders	

C. INDECLINABLE ADJECTIVES in *-a* and *-i*.

D. THE ARTICLE SUFFIXED TO NOUNS.

		Masc.	*Fem.*	*Neut.*	*Masc.*	*Fem.*		*Neut.*
Sing.	Nom.	heimr-inn	tíð-in	skip-it	tími-nn	tunga-n	elli-n	auga-t
	Gen.	heims-ins	tíðar-innar	skips-ins	tíma-ns	tungu-nnar	elli-nnar	auga-ns
	Dat.	heimi-num	tíð-inni	skipi-nu	tíma-num	tungu-nni	elli-nni	auga-nu
	Acc.	heim-inn	tíð-ina	skip-it	tíma-na	tungu-na	elli-na	auga-t
Plur.	Nom.	heimar-nir	tíðir-nar	skip-in	tímar-nir	tungur-nar		augu-n
	Gen.	heima-nna	tíða-nna	skipa-nna	tíma-nna	tungna-nna		augna-nna
	Dat.	heimu-num	tíðu-num	skipu-num	tímu-num	tungu-num		augu-num
	Acc.	heima-na	tíðir-nar	skip-in	tíma-na	tungur-nar		augu-n

PRONOUNS.

		Personal (1st and 2nd pers.) without gender.		Personal (3rd pers.) with gender.			Reflexive.	Demonstrative (sá, *the, that*; þessi, *this*).					
				Masc.	*Fem.*	*Neut.*		*Masc.*	*Fem.*	*Neut.*	*Masc.*	*Fem.*	*Neut.*
Sing.	Nom.	ek	þú	han-n	hon (hón)	þat		sá	sú	þat	þessi	þessi	þetta
	Gen.	mín	þín	han-s	hen-nar	þess	sín	þess	þei-(r)rar	þess	þessa	þessa-(r)rar	þessa
	Dat.	mér	þér	hon-um	hen-ni	því	sér	þeim	þeir-(r)i	því	þess-um	þessa-(r)ri	þessu
	Acc.	mik	þik	han-n	han-a	þat	sik	þann	þá	þat	þenna	þessa	þetta
Dual.	Nom.	vit	þit (it)										
	Gen.	okkar	ykkar				as in sing.						
	Dat. Acc.	okkr	ykkr										
Plur.	Nom.	vér	þér (ér)	þei-r	þæ-r	þau		þeir	þær	þau	þess-ir	þess-ar	þessi
	Gen.	vár	yðar	þei-r(r)a	in all genders				etc.		þessa-ra	in all genders	
	Dat.	oss	yðr	þei-m	in all genders		as in sing.				þess-um	in all genders	
	Acc.			þá	þæ-r	þau					þess-a	þess-ar	þessi

INTERROGATIVE.

		In plural sense ('who or which of many').			In dual sense ('who or which of two').		
		Masc.	*Fem.*	*Neut.*	*Masc.*	*Fem.*	*Neut.*
Sing.	Nom.	hver-r	hver	hver-t	hvár-r	hvár	hvár-t
	Gen.	hver-s	hver-rar	hver-s	hvár-s	hvár-rar	hvár-s
	Dat.	hver-jum	hver-ri	hver-ju	hvár-um	hvár-ri	hvár-u
	Acc.	hver-n	hver-ja	hver-t	hvár-n	hvár-a	hvár-t
Plur.	Nom.	hver-ir	hver-jar	hver	hvár-ir	hvár-ar	hvár
	Gen.	hver-ra	in all genders		hvár-ra	in all genders	
	Dat.	hver-jum	in all genders		hvár-um	in all genders	
	Acc.	hver-ja	hver-jar	hver	hvár-a	hvár-ar	hvár

INDEFINITE (*one, some one*).

		Masc.	*Fem.*	*Neut.*
Sing.	Nom.	nökkur-r	nökkur	nökku-t
	Gen.	nökkur-s	nökkur-rar	nökkur-s
	Dat.	nökkur-um	nökkur-ri	nökkur-u
	Acc.	nökkur-n	nökkur-a	nökku-t
Plur.	Nom.	nökkur-ir	nökkur-ar	nökkur
	Gen.	nökkur-ra	in all genders	
	Dat.	nökkur-um	in all genders	
	Acc.	nökkur-a	nökkur-ar	nökkur

NUMERALS (*two, both, three, four*).

	Masc.	*Fem.*	*Neut.*	*Masc.*	*Fem.*	*Neut.*	*Masc.*	*Fem.*	*Neut.*	*Masc.*	*Fem.*	*Neut.*
Nom.	tvei-r	tvæ-r	tvau	báð-ir	báð-ar	bæð-i	þrí-r	þrj-ár	þrj-ú	fjór-ir	fjór-ar	fjogur
Gen.	tve-ggja	in all genders		be-ggja	in all genders		þri-ggja	in all genders		fjog-urra	in all genders	
Dat.	tvei-m or tvei-mr	in all genders		báð-um	in all genders		þri-m or þri-mr	in all genders		fjór-um	in all genders	
Acc.	tvá	tvæ-r	tvau	báð-a	báð-ar	bæð-i	þrj-á	þrj-ár	þrj-ú	fjór-a	fjór-ar	fjogur

VERBS.

A. WEAK VERBS, i.e. Verbs in which the Preterite is formed by adding a Termination.

		1st Conjugation, characteristic vowel *a*.		2nd Conjugation, characteristic vowel *i*.		3rd Conjugation, characteristic vowel *i*.		4th Conjugation, characteristic vowel *i*.	
INDIC. *Pres.* Sing.	1.	boð-a	kall-a	dœm-i	fylg-i	gleð	spyr	vak-i	dug-i
	2.	boð-ar	kall-ar	dœm-ir	fylg-ir	gleð-r	spyr-r	vak-ir	dug-ir
	3.	boð-ar	kall-ar	dœm-ir	fylg-ir	gleð-r	spyr-r	vak-ir	dug-ir
Plur.	1.	boð-um	köll-um	dœm-um	fylg-jum	gleð-jum	spyr-jum	vök-um	dug-um
	2.	boð-ið,(-it)	kall-ið	dœm-ið	fylg-ið	gleð-ið	spyr-ið	vak-ið	dug-ið
	3.	boð-a	kall-a	dœm-a	fylg-ja	gleð-ja	spyr-ja	vak-a	dug-a
Pret. Sing.	1.	boð-aða	kall-aða	dœm-da	fylg-da	glad-da	spur-ða	vak-ta	dug-ða
	2.	boð-aðir	kall-aðir	dœm-dir	fylg-dir	glad-dir	spur-ðir	vak-tir	dug-ðir
	3.	boð-aði	kall-aði	dœm-di	fylg-di	glad-di	spur-ði	vak-ti	dug-ði
Plur.	1.	boð-uðum	köll-uðum	dœm-dum	fylg-dum	glöd-dum	spur-ðum	vök-tum	dug-ðum
	2.	boð-uðuð	köll-uðuð	dœm-duð	fylg-duð	glöd-duð	spur-ðuð	vök-tuð	dug-ðuð
	3.	boð-uðu	köll-uðu	dœm-du	fylg-du	glöd-du	spur-ðu	vök-tu	dug-ðu
IMPERAT.		boð-a	kall-a	dœm	fylg	gleð	spyr	vak (vak-i)	dug (dug-i)
SUBJ. *Pres.* Sing.	1.	boð-a	kall-a	dœm-a	fylg-ja	gleð-ja	spyr-ja	vak-a	dug-a
	2.	boð-ir	kall-ir	dœm-ir	fylg-ir	gleð-ir	spyr-ir	vak-ir	dug-ir
	3.	boð-i	kall-i	dœm-i	fylg-i	gleð-i	spyr-i	vak-i	dug-i
Plur.	1.	boð-im	kall-im	dœm-im	fylg-im	gleð-im	spyr-im	vak-im	dug-im
	2.	boð-ið	kall-ið	dœm-ið	fylg-ið	gleð-ið	spyr-ið	vak-ið	dug-ið
	3.	boð-i	kall-i	dœm-i	fylg-i	gleð-i	spyr-i	vak-i	dug-i
Pret. Sing.	1.	boð-aða	kall-aða	dœm-da	fylg-da	gled-da	spyr-ða	vek-ta	dyg-ða
	2.	boð-aðir	kall-aðir	dœm-dir	fylg-dir	gled-dir	spyr-ðir	vek-tir	dyg-ðir
	3.	boð-aði	kall-aði	dœm-di	fylg-di	gled-di	spyr-ði	vek-ti	dyg-ði
Plur.	1.	boð-aðim	kall-aðim	dœm-dim	fylg-dim	gled-dim	spyr-ðim	vek-tim	dyg-ðim
	2.	boð-aðið	kall-aðið	dœm-dið	fylg-dið	gled-dið	spyr-ðið	vek-tið	dyg-ðið
	3.	boð-aði	kall-aði	dœm-di	fylg-di	gled-di	spyr-ði	vek-ti	dyg-ði
INFIN.		boð-a	kall-a	dœm-a	fylg-ja	gleð-ja	spyr-ja	vak-a	dug-a
PART. *Act.*		boð-andi	kall-andi	dœm-andi	fylg-jandi	gleð-jandi	spyr-jandi	vak-andi	dug-andi
PART. *Pass.* Masc.		boð-aðr	kall-aðr	dœm-dr		glad-dr	spur-ðr		
Fem.		boð-uð	köll-uð	dœm-d		glöd-d	spur-ð		
Neut.		boð-at	kall-at	dœm-t	fylg-t	glat-t	spur-t	vak-at	dug-at

B. STRONG VERBS, i.e. Verbs in which the Preterite and Participle Passive are formed by changing the Root Vowel.

			1st Class, interchange of *i* (*e*), *a*, *u*.	2nd Class, of *í*, *ei*, *i*.	3rd Class, of *jó*, *au*, *u*.	4th Class, of *a*, *ó*.	5th and 6th Class, of *e*, *a*, *á*, and *a*, *á*, *o*.		7th Class, of *á*, *é*, and *au*, *jó*.	
INDIC. *Pres.*	Sing.	1.	brenn	rís	býð	fer	gef	ber	græt	hleyp
		2.	brenn-r	rís-s	býð-r	fer-r	gef-r	ber-r	græt-r	hleyp-r
		3.	brenn-r	rís-s	býð-r	fer-r	gef-r	ber-r	græt-r	hleyp-r
	Plur.	1.	brenn-um	rís-um	bjóð-um	för-um	gef-um	ber-um	grát-um	hlaup-um
		2.	brenn-ið	rís-ið	bjóð-ið	far-ið	gef-ið	ber-ið	grát-ið	hlaup-ið
		3.	brenn-a	rís-a	bjóð-a	far-a	gef-a	ber-a	grát-a	hlaup-a
Pret.	Sing.	1.	brann	reis	bauð	fór	gaf	bar	grét	hljóp
		2.	brann-t	reis-t	baut-t	fór-t	gaf-t	bar-t	grét-st	hljóp-t
		3.	brann	reis	bauð	fór	gaf	bar	grét	hljóp
	Plur.	1.	brunn-um	ris-um	buð-um	fór-um	gáf-um	bár-um	grét-um	hljóp-um
		2.	brunn-uð	ris-uð	buð-uð	fór-uð	gáf-uð	bár-uð	grét-uð	hljóp-uð
		3.	brunn-u	ris-u	buð-u	fór-u	gáf-u	bár-u	grét-u	hljóp-u
IMPERAT.			brenn	rís	bjóð	far	gef	ber	grát	hlaup
SUBJ. *Pres.*	Sing.	1.	brenn-a	rís-a	bjóð-a	far-a	gef-a	ber-a	grát-a	hlaup-a
		2.	brenn-ir	rís-ir	bjóð-ir	far-ir	gef-ir	ber-ir	grát-ir	hlaup-ir
		3.	brenn-i	rís-i	bjóð-i	far-i	gef-i	ber-i	grát-i	hlaup-i
	Plur.	1.	brenn-im	rís-im	bjóð-im	far-im	gef-im	ber-im	grát-im	hlaup-im
		2.	brenn-ið	rís-ið	bjóð-ið	far-ið	gef-ið	ber-ið	grát-ið	hlaup-ið
		3.	brenn-i	rís-i	bjóð-i	far-i	gef-i	ber-i	grát-i	hlaup-i
Pret.	Sing.	1.	brynn-a	ris-a	byð-a	fœr-a	gæf-a	bær-a	grét-a	hlyp-a
		2.	brynn-ir	ris-ir	byð-ir	fœr-ir	gæf-ir	bær-ir	grét-ir	hlyp-ir
		3.	brynn-i	ris-i	byð-i	fœr-i	gæf-i	bær-i	grét-i	hlyp-i
	Plur.	1.	brynn-im	ris-im	byð-im	fœr-im	gæf-im	bær-im	grét-im	hlyp-im
		2.	brynn-ið	ris-ið	byð-ið	fœr-ið	gæf-ið	bær-ið	grét-ið	hlyp-ið
		3.	brynn-i	ris-i	byð-i	fœr-i	gæf-i	bær-i	grét-i	hlyp-i
INFIN.			brenn-a	rís-a	bjóð-a	far-a	gef-a	ber-a	grát-a	hlaup-a
PART. *Act.*			brenn-andi	rís-andi	bjóð-andi	far-andi	gef-andi	ber-andi	grát-andi	hlaup-andi
PART. *Pass.*	Masc.		brunn-inn	ris-inn	boð-inn	far-inn	gef-inn	bor-inn	grát-inn	hlaup-inn
	Fem.		brunn-in	ris-in	boð-in	far-in	gef-in	bor-in	grát-in	hlaup-in
	Neut.		brunn-it	ris-it	boð-it	far-it	gef-it	bor-it	grát-it	hlaup-it

C. IRREGULAR VERBS.

The Verb Substantive

		Indic. Pres.	Pret.	Imperat.	Subj. Pres.	Pret.	Infin.	Past Part.
Indic. *Pres.* Sing.	1.	em	*Pret.* var (vas)		sjá, sé	vær-a	ver-a	ver-it
	2.	er-t	var-t	ver (ver-tu)	sé-r	vær-ir		
	3.	er (es)	var (vas)		sé	vær-i		
Plur.	1.	er-um	vár-um		sé-m	vær-im		
	2.	er-uð	vár-uð	verið	sé-ð	vær-ið		
	3.	er-u	vár-u		sé	vær-i		

Ten Verbs with Present in Preterite Form.

Indic. *Pres.* Sing.	1.	á	kná	má	skal	kann	mun (mon)	man	þarf	ann	veit
	2.	á-tt	kná-tt	má-tt	skal-t	kann-t	mun-t	man-t	þarf-t	ann-t	veiz-t
	3.	á	kná	má	skal	kann	mun	man	þarf	ann	veit
Plur.	1.	eig-um	kneg-um	meg-um	skul-um	kunn-um	mun-um	mun-um	þurf-um	unn-um	vit-um
	2.	eig-uð	kneg-uð	meg-uð	skul-uð	kunn-uð	mun-uð	mun-ið	þurf-uð	unn-ið	vit-uð
	3.	eig-u	kneg-u	meg-u	skul-u	kunn-u	mun-u	mun-a	þurf-u	unn-a	vit-u
Pret. Sing.	1.	á-tta	kná-tta	má-tta		kunn-a	mun-da	mun-da	þurf-ta	unn-a	vis-sa
		as regular weak verbs									
Imperat.		eig				kunn		mun		unn	vit
Subj. *Pres.* Sing.	1.	eig-a	knega	meg-a	skyl-a	kunn-a	myn-a	mun-a	þurf-a	unn-a	vit-a
		as regular weak verbs									
Pret. Sing.	1.	æt-ta	knætt-a	mætt-a	skyl-da	kynn-a	myn-da	myn-da	þyrf-ta	ynn-a	vis-sa
		as regular weak verbs									
Infin. *Pres.*		eig-a		meg-a	skyl-u	kunn-a	mun-u	mun-a	þurf-a	unn-a	vit-a
Pret.			knáttu		skyl-du		mun-du				
Part. *Act.*		eig-andi		meg-andi		kunn-andi		mun-andi	þurf-andi	unn-andi	vit-andi
Part. *Pass.* Neut.		á-tt		má-tt		kunn-at		mun-at	þurf-t	unn-(a)t	vit-at

EIGHT VERBS WITH THE PRETERITE IN *-ra*.

INDIC. *Pres.* Sing.	3.	rœ-r	grœ-r	sæ-r	gný-r	sný-r	frýs-s	kýs-s	slæ-r	veld-r
Plur.	3.	ró-a	gró-a	sá	gnú-a	snú-a	frjós-a	kjós-a	slá	vald-a
Pret. Sing.	3.	rö-ri	grö-ri	sö-ri	gnö-ri	snö-ri	frö-ri	kö-ri	slö-ri	ol-li
		(or re-ri	gre-ri	se-ri	gne-ri	sne-ri	fre-ri	ke-ri	sle-ri)	
IMPERAT.		ró	gró	sá	gnú	snú	frjós	kjós	slá	vald
SUBJ. *Pret.* Sing.	3.	rö-ri	grö-ri	sö-ri	gnö-ri	snö-ri	frö-ri	kö-ri	slö-ri	yll-i
INFIN.		ró-a	gró-a	sá	gnú-a	snú-a	frjós-a	kjós-a	slá	vald-a
PART. *Pass.*		ró-inn	gró-inn	sá-inn	gnú-inn	snú-inn	fros-inn frör-inn	kos-inn kör-inn	sleg-inn	vald-it

D. VERBS WITH THE REFLEXIVE OR RECIPROCAL SUFFIX *-sk, -z, -st* (*-mk*).

		Present.		*Preterite.*		*Present.*		*Preterite.*	
		Indic.	*Subj.*	*Indic.*	*Subj.*	*Indic.*	*Subj.*	*Indic.*	*Subj.*
Sing.	1.	kalla-st	kalli-st	kallaði-st	kallaði-st	læzt	láti-st	lézt	léti-st
	2.	kalla-st	kalli-st	kallaði-st	kallaði-st	læzt	láti-st	lézt	léti-st
	3.	kalla-st	kalli-st	kallaði-st	kallaði-st	læzt	láti-st	lézt	léti-st
Plur.	1.	köllu-mk	kalli-mk	kölluðu-mk	kallaði-mk	látu-mk	láti-mk	létu-mk	léti-mk
	2.	kalli-zt	kalli-zt	kölluðu-zt	kallaði-zt	láti-zt	láti-zt	létu-zt	léti-zt
	3.	kalla-st	kalli-st	kölluðu-st	kallaði-st	láta-st	láti-st	létu-st	leti-st

PART. *Pass.* Neut. kalla-zt, láti-zt, (glað-zt, gefi-zt, bori-zt,) &c.

E. VERBS WITH THE NEGATIVE SUFFIX.

			Pres.	*Pret.*	*Pres.*	*Pret.*	*Pres.*	*Pret.*	*Pres.*	*Pret.*
INDIC.	Sing.	1.	em-k-at	var-k-at (vas-k-at)	skal-k-at	skyldi-g-a	mon-k-a	mundi-g-a	hyk-k-at	átti-g-a
		2.	ert-at-tu	vart-at-tu	skalt-at-tu	skyldir-a	mont-at-tu	mundir-a	hyggr-at	áttir-a
		3.	er-at (es-at)	var-at (vas-at)	skal-at	skyldi-t	mon-at	mundi-t	hyggr-at	átti-t
	Plur.	3.	eru-t	váru-t	skulu-t	skyldu-t	monu-t	mundi-t	hyggja-t	áttu-t

IMPERAT. ver-at-tu (*be not thou!*), lát-at-tu (*let not thou!*), grát-at-tu (*weep not thou!*), &c.

A LIST OF IRREGULAR FORMS.

I. *Verbal Forms.*

ann, annt, from unna.
arði, from erja.
atti, from etja.
á, átt, from eiga.
áði, áit, from æja.
át, ázt, átu, from eta.
bað, báðu, from biðja.
bar, báru, from bera.
barði, from berja.
barg, from bjarga.
batt, bazt, from binda.
bauð, bautt, from bjóða.
beðið, from biðja and bíða.
beið, biðu, from bíða.
beit, bitu, from bíta.
bergr, from bjarga.
bittu, from binda.
bjó, bjoggu, bjuggu, from búa.
blend, from blanda.
blés, from blása.
blét, blétt, from blóta and blanda.
blæs, from blása.
boðinn, buðu, from bjóða.
borginn, from bjarga.
borinn, from bera.
brann, from brenna.
brast, brustu, from bresta.
braut, brotinn, from brjóta.
brá, brygði, from bregða.
brostinn, brysti, from bresta.
brugðinn, from bregða.
brunninn, from brenna.
brýt, bryti, from brjóta.
bundinn, from binda.
byndi, from binda.
byrgi, from bjarga.
bý, from búa.
býð, byði, from bjóða.
bæði, from biðja.
bæri, from bera.
datt, dottinn, from detta.
dáinn, from deyja.
dó, dœi, from deyja.
drakk, from drekka.
drap, drápu, from drepa.
draup, dropit, from drjúpa.
dreg, from draga.
dreginn, from draga.
dreif, drifinn, from drífa.
dró, drógu, from draga.
drukkinn, from drekka.
drundi, from drynja.
drykki, from drekka.
drýp, from drjúpa.
drœgi, from draga.
dulði, dult, from dylja.
dunði, from dynja.
duttu, from detta.
dúði, from dýja.
dvalði, dvalit, from dvelja.
dygði, from duga.
dytti, from detta.
dœi, from deyja.
ek, from aka.
el, from ala.
em, er, eru, from vera.
eyk, from auka.
eys, from ausa.
fal, fálu, from fela.
fann, from finna.
fat, fátu, from feta.
fauk, from fjúka.
fekk, fenginn, from fá.
feld, felt, from falda.
féll, from falla.
fell, from falla.
ferr, from fara.
fiðr = finnr, from finna.
flatti, from fletja.
flaug, fló, from fljúga.
flaut, flutu, from fljóta.
floginn, from fljúga.
flotinn, from fljóta.
fló, from flýja.
fló, flógu, fleginn, from flá.
flutti, from flytja.
flýg, flygi, from fljúga.
flýt, flyti, from fljóta.
flæ, from flá.
flœgi, from flá.
fokinn, from fjúka.
folginn, from fela.
fór, fóru, from fara.
framði, from fremja.
fraus, frusu, frosinn, frörinn, from frjósa.
frá, frágu, from fregna.
frýs, frysi, from frjósa.
frömd, from fremja.
fundinn, from finna.
fyndi, from finna.
fýk, fyki, from fjúka.
fæ, from fá.
fæli, from fela.
gaf, gáfu, from gefa.
gakk, from ganga.
gall, from gjalla.
galt, from gjalda.
gat, gátu, from geta.
gaus, gusu, from gjósa.
gaut, gotinn, from gjóta.
gein, ginu, from gína.
gekk, gengu, gengit, from ganga.
geld, from gjalda.
gellr, from gjalla.
geng, from ganga.
gladdi, glatt, from gleðja.
glapði, from glepja.
glumði, from glymja.
glödd, from gleðja.
gnast, gnustu, from gnesta.
gný, from gnúa.
gnýr, from gnúa.
gnöri, gneri, from gnúa.
goldinn, guldu, from gjalda.
gollit, gullu, from gjalla.
gosit, gusu, from gjósa.
gotinn, gutu, from gjóta.
gó, from geyja.
gól, from gala.
gramði, from gremja.
gref, from grafa.
grét, from gráta.
gróf, from grafa.
grœ, from gróa.
grœfi, from grafa.
græt, from gráta.
gröri, greri, from gróa.
gyldi, from gjalda.
gylli, from gjalla.
gýss, gysi, from gjósa.
gæði, from gá.
gæfi, from gefa.
gœli, from gala.
gæti, from geta.
gœtt, from gœða.
halp, from hjálpa.
hamði, from hemja.
háði, háið, from heyja.
hefi, hefði, from hafa.
hekk, hengu, from hanga.

held, from halda.
helpr, from hjálpa.
hélt, from halda.
hét, from heita.
hjó, hjoggu, from höggva.
hlaut, hlutu, from hljóta.
hleð, from hlaða.
hlegit, from hlæja.
hleyp, from hlaupa.
hljóp, hlupu, hlypi, hlœpi, from hlaupa.
hlotinn, from hljóta.
hló, hlógu, from hlæja.
hlóð, from hlaða.
hlýt, from hljóta.
hnauð, hnoðinn, from hnjóða.
hnaus, from hnjósa.
hneig, hné, hniginn, from hníga.
hneit, hnitu, from hníta.
hnugginn, from hnöggva.
hnýs, from hnjósa.
holpinn, from hjálpa.
horfinn, from hverfa.
hóf, from hefja.
hrakði, from hrekja.
hratt, hritt, from hrinda.
hrauð, from hrjóða.
hraut, hrutu, hrotit, from hrjóta.
hreif, hrifinn, from hrífa.
hrein, from hrína.
hroðinn, from hrjóða.
hrokkit, hrukku, hrykki, from hrökkva.
hrundi, from hrynja.
hrundinn, from hrinda.
hryndi, from hrinda.
hrýð, from hrjóða.
hrýs, from hrjósa.
hugði, from hyggja.
hulði, hulit, from hylja.
hulpu, hylpi, from hjálpa.
hurfu, hyrfi, from hverfa.
hvatti, from hvetja.
hvein, from hvína.
hvött, from hvetja.
hœfi, from hefja.
höfð, from hafa.
höggvinn, from höggva.
jók, from auka.
jós, from ausa.
kafði, from kefja.
kann, from kunna.
kaus, from kjósa.
kell, from kala.
kemr, kømr, from koma.
keypti, from kaupa.
köri, keyri, from kjósa.
klakði, from klekja.
klauf, klufu, klofinn, from kljúfa.
kleif, klifu, from klífa.
kló, kleginn, from klá.
klýf, klyfi, from kljúfa.
knegum, from kná.
knúði, knúinn, from knýja.
kosinn, from kjósa.
kóðu, from kveða.
kól, from kala.
kómu, from koma.
krafði, from krefja.
kramði, from kremja.
kraup, krupu, kropinn, from krjúpa.
krufði, from kryfja.
krýp, krypi, from krjúpa.
kvað, kváðu, from kveða.
kvaddi, kvatt, from kveðja.
kvalði, from kvelja.
kvámu, kvæmi, kœmi, from koma.
kvödd, from kveðja.
kvölð, from kvelja.
kynni, from kunna.
kýs, kysi, from kjósa.
kœli, from kala.
lagði, lagt, from leggja.
lak, láku, from leka.
lamði, from lemja.
lapði, from lepja.
las, lásu, from lesa.
latti, from letja.
laug, from ljúga.
lauk, from lúka.
laust, from ljósta.
laut, from lúta.
lá, látt, lágu, leginn, from liggja.
lé, léði, from ljá.
lék, from leika.
leið, liðinn, from líða.
leit, litu, litinn, from líta.
loginn, from ljúga.
lokinn, luku, from lúka.
lostinn, lustu, from ljósta.
lotinn, lutu, from lúta.
ló, lótt, from ljúga.
lukði, from lykja.
lúinn, from lýja.
lýg, lygi, from ljúga.
lýk, lyki, from lúka.
lýt, lyti, from lúta.
lægi, from liggja.
læki, from leka.
læt, from láta.
lögð, from leggja.
man, from muna, munu
marði, from merja.
mat, mátu, from meta.
má, mátti, mætti, from mega.
meig, from míga.
mól, from mala.
mulði, from mylja.
myndi, or möndi, from munu.
mœli, from mala.
mætti, from mega.
nam, námu, from nema.
naut, nutu, notinn, nýt, from njóta.
numinn, from nema.
næmi, from nema.
ofinn, from vefa.
olli, from valda.
ollinn, from vella.
oltinn, from velta.
orðinn, from verða.
orpinn, from verpa.
orti, ort, from yrkja.
óð, óðu, from vaða.
óf, ófu, from vefa.
ók, from aka.
ól, from ala.
óru, from vera.
óx, óxu, from vaxa.
rak, ráku, from reka.
rakði, from rekja.
rann, from renna.
rauð, ruðu, from rjóða.
rauf, rufu, from rjúfa.
rauk, ruku, from rjúka.
raut, rutu, from rjóta.
réð, réðu, from ráða.
reið, riðinn, from ríða.
reif, rifinn, from rífa.
reis, risinn, from rísa.
reist, ristu, from rista.
reit, ritinn, from rita.
ro, i.e. ero, from vera.
roðinn, from rjóða.
rofinn, from rjúfa.
rokinn, from rjúka.
ruddi, rutt, from ryðja.
runninn, from renna.
rýð, ryði, from rjóða.
rýf, ryfi, from rjúfa.
rýk, ryki, from rjúka.
rœ, from róa.
ræð, from ráða.
röri, reri, from róa.
saddi, from seðja.

sagði, sagt, from segja.
samði, from semja.
sarð, from serða.
sat, sátu, from sitja.
sauð, from sjóða.
saug and só, from sjúga.
saung (söng), from syngja.
saup, from súpa.
sá, sátt, from sjá.
sé, sér, sém, séð, from vera.
sé, séðu, sénn, from sjá.
séðu, from sýja.
sef, söf, from sofa.
seig and sé, sigu, siginn, from síga.
seri, söri, from sá.
setið, from sitja.
skaddi, from skeðja.
skal, skalt, from skulu.
skalf, from skjálfa.
skall, from skjalla.
skapði, from skepja.
skar, skáru, from skera.
skaut, from skjóta.
skef, from skafa.
skein, skinu, skininn, from skína.
skek, from skaka.
skekinn, from skaka.
skelf, from skjálfa.
skellr, from skjalla.
skorinn, from skera.
skotinn, from skjóta.
skóf, skófu, from skafa.
skók, from skaka.
skóp, from skapa.
skrapp, skruppu, skroppinn, from skreppa.
skreið, skriðu, from skríða.
skulfu, skolfið, from skjálfa.
skullu, skollið, from skjalla.
skutu, skyti, from skjóta.
skyldi, from skulu.
skylli, from skjalla.
sködd, from skeðja.
slapp, sluppu, from sleppa.
sleginn, from slá.
sleit, slitu, slitinn, from slíta.
sloppinn, from sleppa.
sló, slógu, from slá.
slungu, from slöngva.
slæ, from slá.
small, from smella.
smaug, smó, smoginn, from smjúga.
smurði, from smyrja.
smýg, from smjúga.
snart, snurtu, snyrti, snortinn, from snerta.
sneið, sniðinn, from sníða.
sný, from snúa.
snöri, sneri, from snúa.
soðinn, from sjóða.
soginn, from sjúga.
sokkinn, from sökkva.
solginn, from svelgja.
sollinn, from svella.
soltinn, from svelta.
sopinn, from súpa.
sorðinn, from serða.
sorfinn, from sverfa.
sór, sóru, from sverja.
sótti, sótt, from sœkja.
spanði, from spenja.
spann, from spinna.
spjó, from spýja.
sprakk, sprungu, sprunginn, from springa.
spratt, spruttu, sprottinn, from spretta.
spunninn, from spinna.
spurði, spurt, from spyrja.
spönð, from spenja.
staðið, from standa.
stakk, from stinga.
stal, stálu, from stela.
steig, sté, stigu, from stíga.
stend, from standa.
stikk, from stinga.
stokkinn, from stökkva.
stolinn, from stela.
stóð, stóðu, from standa.
strauk, struku, strokinn, from strjúka.
studdi, stutt, from styðja.
stukku, from stökkva.
stunði, from stynja.
stœði, from standa.
stæli, from stela.
stödd, from steðja.
suðu, from sjóða.
sugu, from súga.
sukku, from sökkva.
sulgu, from svelgja.
sullu, from svella.
sultu, from svelta.
summu, from svimma.
sunginn, sungu, from syngja.
supu, sypi, from súpa.
surfu, from sverfa.
svaf, sváfu, svæfi, from sofa.
svalg, from svelgja.
svalt, from svelta.
svamm, from svimma.
svarf, surfu, from sverfa.
svarinn, from sverja.
sveið, sviðinn, from svíða.
sveik, sviku, from svíkja.
sykki, from sökkva.
sylgi, from svelgja.
sýð, syði, from sjóða.
sýg, sygi, from sjúga.
sýp, sypi, from súpa.
sæi, from sjá.
sœri, from sverja.
sæti, from sitja.
sœðr, from sýja.
södd, from seðja.
sögð, from segja.
söri, from sá.
taddi, from teðja.
tafði, from tefja.
talði, from telja.
tamði, from temja.
té, téðr, from tjá.
trað, tráðu, træði, from troða,
treð, from troða.
trýði, from trúa.
trödd, from treðja.
tœki, from taka.
töfð, from tefja.
tögg, tugði, tugginn, from tyggja.
tölð, from telja.
ullu, from vella.
ultu, from velta.
umði, from ymja.
undu, undinn, from vinda.
unnu, unninn, from vinna.
urðu, from verða.
urpu, from verpa.
uxu, from vaxa.
vaf, from vefa.
vafði, from vefja.
vakði, from vekja.
valði, from velja.
vall, from vella.
valt, from velta.
vanði, from venja.
vann, from vinna.
var, váru, from vera.
varð, from verða.
varði, from verja.
varp, from verpa.
vatt, from vinda.
vá, vátt, vágu, from vega.
veð, from vaða.
veik, vikinn, from víkja.
veit, veizt, vitu, from vita.
veld, from valda.
vex, from vaxa.

viðr = vinnr, from vinna.
vittu, from vinda.
voldi, from valda.
væri, from vera.
vöfð, from vefja.
vökð, from vekja.
vönd, from venja.
yggi, from ugga.
yki, from auka.
ylli, from valda.
ylti, from velta.
ynði, from una.
yndi, from vinda.
ynni, from unna and vinna.
yrði, from verða.
yrpi, from verpa.
yxi, from vaxa.
þagði, from þegja.
þakði, from þekja.
þanði, from þenja.
þarf, þarft, from þurfa.
þaut, from þjóta.
þá, þágu, from þiggja.
þátti, from þekkja.
þorrinn, from þverra.
þotinn, from þjóta.
þó, þógu, from þvá.
þótti, þótt, from þykkja.
þraut, þrotinn, from þrjóta.
þreif, þrifu, from þrífa.
þrýt, from þrjóta.
þulði, from þylja.
þurru, from þverra.
þusti, from þysja.
þvarr, þurru, þyrri, þorrinn, from þverra.
þveginn, from þvá.
þvæ, from þvá.
þylði, þölði, from þola.
þyrði, þörði, from þora.
þyrfti, from þurfa.
þyrri, from þverra.
þyti, from þjóta.
þýt, from þjóta.
þægi, from þiggja.
þœtti, from þykkja.
þökð, from þekja.
þönd, from þenja.
œði, from vaða.
œki, from aka.
œli, from ala.
æti, from eta.
ætti, from eiga.
orðu, from erja.
öttu, from etja.
ǫ́ttu, = áttu, from eiga.
ǫ́tu = átu, from eta.

II. *Nominal Forms.*

aðrir, from annarr, *other.*
Agli, from Egill.
agnar, from ögn, *chaff.*
aldar, from öld, *age.*
alnar, from öln or alin, *ell.*
andar, from önd, *breath, duck.*
annar, from önn, *labour.*
arðar, from örð, *tilling.*
arkar, from örk, *chest.*
arnar, from örn, *eagle.*
aspar, from ösp, *asp.*
aungan, aungva, &c., from öngr, *none.*
aurar, from eyrir, *ounce.*
axar, from öx, *axe.*
axlar, from öxl, *shoulder.*
á and ána, from á, *river.*
á, from ær, *ewe.*
ár, from á, *river.*
ballar, from böllr, *ball.*
barkar, from börkr, *bark.*
beggja, from báðir, *both.*
birni, bjarnar, from björn, *bear.*
bjargar, from björg, *help.*
björg, from bjarg, *rock.*
björt, from bjartr, *bright.*
blátt, from blár, *blue.*
blint, from blindr, *blind.*
blöð, from blað, *blade, leaf.*
botz, from botn, *bottom.*
breitt, from breiðr, *broad.*
brýnn, from brún, *brow.*
brýr, from brú, *bridge.*
brœðr, from bróðir, *brother.*
brœkr, from brók, *breeches.*
brögð, from bragð, *exploit.*
brött, from brattr, *steep.*
búendr, from búandi, *franklin.*
bæði, from báðir, *both.*
bœgi, from bógr, *shoulder.*
bœjar, býjar, from bœr, býr, *town.*
bœkr, from bók, *book.*
bælki, from bálkr, *bulk, partition.*
bœndr, from bóndi, *franklin.*
bœtr, from bót, *remedy.*
bök, from bak, *back.*
bönd, from band, *bond.*
börð, from barð, *brim.*
börn, from barn, *bairn, child.*
degi, from dagr, *day.*
djörf, from djarfr, *daring.*
drætti, from dráttr, *pulling.*
dura, from dyrr, *door.*
dvalar, from dvöl, *delay.*
dýpri, from djúpr, *deep.*
dœtr, from dóttir, *daughter.*
dögum, from dagr, *day.*
dögurðr = dagverðr, *dinner.*
dölum, from dalr, *dale.*
Dönum, from Danir, *Danes.*
döpr, from dapr, *dismal.*
eitt, from einn, *one.*
elptr, from álpt, *swan.*
endr, from önd, *duck.*
erni, from örn, *eagle.*
eyjar, from ey, *island.*
fannar, from fönn, *snow-wreath.*

farar, from för, *journey.*
fátt, from fár, *few.*
feðr, from faðir, *father.*
fegri, fegrstr, from fagr, *fair.*
firði, from fjörðr, *firth.*
firri, firstr, from fjarri, *far.*
fjaðrar, from fjöðr, *feather.*
fjalar, from fjöl, *deal.*
fjarðar, from fjörðr, *firth.*
fjár, from fé, *cattle.*
fjogur, from fjórir, *four.*
fjöll, from fjall, *fell.*
flatar, fleti, from flötr, *flat.*
flœr, from fló, *flea.*
flöt, from flatr, *flat.*
fremri, fremstr, fr. fram, *forward.*
frítt, from fríðr, *handsome.*
fyllri, fyllstr, from fullr, *full.*
færi, fæstr, from fár, *few.*
fœtr, from fótr, *foot.*
föður, from faðir, *father.*
fögnuðr = fagnaðr, *joy.*
fögr, from fagr, *fair.*
föll, from fall, *fall.*
för, from far, *footprint.*
föst, from fastr, *firm.*
föt, from fat, *garment.*
galtar, gelti, from göltr, *hog.*
garnir, from görn, *gut.*
gjafar, from gjöf, *gift.*
gjarðar, from gjörð, *girdle.*
gjöld, from gjald, *payment.*
gjörn, from gjarn, *willing.*
glatt, from glaðr, *glad.*
glœðr, from glóð, *embers.*
glöð, from glaðr, *glad.*
gott, from góðr, *good.*
grafar, from gröf, *grave.*
graftar, grefti, from gröftr, *digging.*
grátt, from grár, *gray.*
grynnri, grynnstr, from grunnr, *shallow.*
grös, from gras, *grass.*
gæss, from gás, *goose.*
gömul, from gamall, *old.*
götu, from gata, *path.*
Haðar, Heði, from Höðr.
hafnar, from höfn, *haven.*
hallar, from höll, *hall.*
handar, from hönd, *hand.*
Harðar, Herði, from Hörðr.
hattar, hetti, from höttr, *hood.*
hátt, from hár, *high.*
heilög, from heilagr, *holy.*
helgan, helgari, from heilagr, *holy.*
hendi, hendr, from hönd, *hand.*
himni, from himinn, *heaven.*
hirti, from hjörtr, *hart.*
hitt, from hinn, *the other.*
hjarðar, from hjörð, *herd.*
hjörtu, from hjarta, *heart.*
hlýtt, from hlýr, *warm.*
hnötr, hnetr, from hnot, *nut.*
hrátt, from hrár, *raw.*
hundruð, from hundrað, *hundred.*
hvannar, from hvönn, *angelica.*
hvöss, from hvass, *sharp.*
hvöt, from hvatr, *vigorous.*
hæri, hæstr, from hár, *high.*
hætti, from háttr, *mode.*
höf, from haf, *sea.*
höfði, from höfuð, *head.*
hög, from hagr, *handy.*
höll, from hallr, *slant.*
hölt, from haltr, *lame*
höpt, from hapt, *bond.*
hörð, from harðr, *hard.*
jarðar, from jörð, *earth.*
jöfn, jömn, from jafn, jamn, *even.*
karar, from kör, *bed of a bedridden person.*
kastar, kesti, from köstr, *pile.*
katli, from ketill, *kettle.*
kattar, ketti, from köttr, *cat.*
kili, from kjölr, *keel.*
kljá, from klé, *weaver's weight.*
knarrar, knerri, from knörr, *ship.*
knjá, knjám, from kné, *knee.*
kramar, from kröm, *wasting sickness.*
kú, from kýr, *cow.*
kvalar, from kvöl, *torment.*
kvenna, from kona, *woman.*
köku, from kaka, *cake.*
köld, from kaldr, *cold.*
köll, from kall, *call.*
kölluð, from kallaðr, *called.*
laðar, from löð, *bidding.*
laga, from lög, *law.*
lagar, legi, from lögr, *water.*
lanz, from land, *land.*
lasta, lesti, from löstr, *fault.*
látum, from læti, *manners.*
leitt, from leiðr, *loathed.*
lítit, from lítill, *little.*
ljá, from lé, *scythe.*
lukli, from lykill, *key.*
lýss, from lús, *louse.*
lægri, lægstr, from lágr, *low.*
lœr, from ló, *plover.*
lömb, from lamb, *lamb.*
lönd, from land, *land.*
löng, from langr, *long.*
magar, megi, from mögr, *son.*
malar, from möl, *gravel.*
manar, from mön, *mane.*
manna, manni, mannr, from maðr, *man.*

marðar, merði, from mörðr, *marten.*
markar, from mörk, *mark, march.*
mart, from margr, *many.*
máttkan, from máttigr, *mighty.*
megri, from magr, *meager.*
menn, meðr, from maðr, *man.*
merkr, from mörk, *mark.*
mey, meyjar, from mær, *maid.*
miði, from mjöðr, *mead.*
mikit, from mikill, *mickle.*
mitt, from minn, *mine.*
mitt, from miðr, *middle.*
mjaðar, from mjöðr, *mead.*
mjallar, from mjöll, *snow.*
mjótt, from mjór, *slim.*
morni, from morginn, *morning.*
mónoðr = mánaðr, *month.*
muðr = munnr, *mouth.*
mykill = mikill, *mickle.*
mýss, from mús, *mouse.*
mœðr, from móðir, *mother.*
mætti, from máttr, *might.*
möðru, from maðra, *madder.*
mögn, from magn, *might.*
mögr, from magr, *meagre.*
mörg, from margr, *many.*
mörk, from mark, *march, border.*
mǿl, from mál, *speech.*
nasar, from nös, *nostril.*
nánari, from náinn, *near.*
náttar, from nótt, *night.*
negl, from nagl, *nail.*
Nirði, Njarðar, from Njörðr.
nýtt, from nýr, *new.*
nætr, from nótt, *night.*
nœtr, from nót, *net.*
nöfn, nömn, from nafn, namn, *name.*
nörðri, nerðri, = nyrðri, *more north.*
orz, from orð, *word.*
ótt, from óðr, *enraged.*
raðar, from röð, *row, series.*
raddar, from rödd, *voice.*
randar, from rönd, *stripe.*
rastar, from röst, *mile.*
rótt, from rór, *resting.*
rœr, from ró, *burr (for a nail).*
rœtr, from rót, *root.*
römm, from rammr, *strong, bitter.*
röng, from rangr, *wrong.*
rönn, from rann, *house.*
rǿ = rá, *nook, yard.*
saðr = sannr, *sooth.*
sagar, from sög, *saw (to saw).*
sagnar, from sögn, *saw (to say).*
sakar, from sök, *sake.*
sannz, from sandr, *sand.*
satt, from sannr, *sooth.*
sitt, from sinn, *suus.*
sitt, from síðr, *long.*
skemri, skemstr, from skammr, *short.*
skildi, from skjöldr, *shield.*
skúar, from skór, *shoe.*
skömm, from skammr, *short.*
sköpt, from skapt, *shaft, handle.*
sköpuð, from skapaðr, *shaped.*
skörð, from skarð, *cleft.*
skörp, from skarpr, *sharp.*
slætt, from slær, *blunt.*
slætti, from sláttr, *smiting.*
smæri, smæstr, from smár, *small.*
snautt, from snauðr, *poor.*
spalar, speli, from spölr, *rail.*
spjöld, from spjald, *tablet.*
spjöll, from spjall, *spell.*
spæni, from spánn, *chip.*
spök, from spakr, *wise.*
stangar, stengr, from stöng, *pole.*
steðja, from steði, *stithy.*
strandar, strendr, from strönd, *strand.*
styttri, styztr, from stuttr, *short.*
stœri, stœrstr, from stórr, *great.*
stöðr, steðr, from stoð, *pillar.*
sumur, from sumar, *summer.*
sú, from sá, *that.*
sú, from sýr, *sow.*
svarðar, sverði, from svörðr, *sword.*
sveppi, from svöppr, *mushroom.*
sviðr = svinnr, *wise.*
svör, from svar, *answer.*
syni, sœni, from sonr, *son.*
sætt, from sær, *seen.*
sævar, from sær, *sea.*
sögu, from saga, *story.*
sölt, from saltr, *salt.*
sölu, from sala, *sale.*
söm, from samr, *same.*
sönn, from sannr, *true.*
söx, from sax, *sword.*
sǿr = sár, *sore, wound.*
tafar, from töf, *delay.*
tangar, from töng, *tongs.*
tennr, teðr, tanna, from tönn, *tooth.*
tjarnar, from tjörn, *tarn.*
traðar, from tröð, *enclosure.*
trjá, trjám, from tré, *tree.*
trútt, from trúr, *true.*
tugli, from tygill, *strap.*
tveggja, from tveir, *two.*
tvær, tvá, tvau, from tveir, *two.*
tær, from tá, *toe.*
töðu, from taða, *hay.*
töfl, from tafl, *same.*
tölu, from tala, *speech, tale.*
töluð, from talaðr, *told, spoken.*

töm, from tamr, *tame*.
töpuð, from tapaðr, *lost*.
tösku, from taska, *bag*.
tǿr = tár, *tears*.
vakar, from vök, *hole*.
valar, veli, from völr, *stick*.
vallar, velli, from völlr, *field*.
vambar, from vömb, *womb*.
vamma, from vömm, *fault*.
vandar, vendi, from vöndr, *wand*.
vant, from vandr, *difficult*.
varðar, verði, from vörðr, *ward*.
varnar, from vörn, *defence*.
varrar, from vörr, *lip*.
varrar, verri, from vörr, *pull*.
vattar, vetti, from vöttr, *glove*.
vatz, from vatn, *water*.
vaxtar, vexti, from vöxtr, *growth*.
vánt, from vándr, *bad*.
veraldar, from veröld, *world*.
vesöl, from vesall, *wretched*.
vilja, from vili, *will*.
vinz, from vindr, *wind*.
vítt, from víðr, *wide*.
vöð, from vað, *ford*.
vöknuð, from vaknaðr, *awake*.
vöku, from vaka, *waking*.
völd, from vald, *power*.
völu, from vala, *knuckle*.
vön, from vanr, *want*.
vönd, from vandr, *difficult*.
vör, from varr, *aware*.
vörðu, from varða, *beacon*.
vörm, from varmr, *warm*.
vörtu, from varta, *wart*.
vöru, from vara, *wares*.
vösk, from vaskr, *valiant*.
vötn, from vatn, *water*.
vǿn = ván, *hope*.
vǿpn = vápn, *weapon*.
yngri, yngstr, from ungr, *young*.
yxn, from uxi, *ox*.
þagnar, from þögn, *silence*.
þakkar, from þökk, *thanks*.
þau, þær, from þeir, *they*.
þitt, from þinn, *thine*.
þramar, þremi, from þrömr, *rim, border*.
þrastar, þresti, from þröstr, *thrush*.
þriggja, from þrír, *three*.
þrjár, þrjú, from þrír, *three*.
þræði, from þráðr, *thread*.
þvætti, from þváttr, *wash*.
þyngri, þyngstr, from þungr, *heavy*.
þynnri, þynnstr, from þunnr, *thin*.
þætti, from þáttr, *strand*.
þök, from þak, *thatch*.
ærir, from árr, *messenger*.
æsir, from áss, *god*.
öðrum, from annarr, *other*.
öðu, from aða, *shell*.
öfl, from afl, *strength*.
ögn, from agn, *bait*.
ökrum, from akr, *acre*.
öldruð, from aldraðr, *aged*.
öldrum, from aldr, *eld, age*.
öldur, from alda, *wave*.
ömmu, from amma, *grandmother*.
önduð, from andaðr, *dear*.
ondurðr = öndverðr, *opposed*.
önnur, from annarr, *other*.
öpnum, from aptan, *evening*.
örg, from argr, *mean*.
örm, from armr, *poor*.
örmum, from armr, *arm*.
örnum, from arinn, *hearth*.
örvar, from ör, *arrow*.
ösku, from aska, *ashes*.
ösnu, from asna, *she-ass*.
ötul, from atall, *dire*.
öx, from ax, *ear of corn*.
ǿ = á, *river*.
ǿ = á, from ær, *ewe*.
ǿl = ál, *strap*.
ǿr = ár, *oar*.
ǿr = ár, *years*.
ǿrr = árr, *messenger*.
ǿss = áss, *god*.
ǿst = ást, *love*.

CPSIA information can be obtained
at www.ICGtesting.com
Printed in the USA
BVHW082050310720
585152BV00006B/245

9 781781 396612